Perú

Cuenca del
Amazonas
p. 447

Costa
norte
p. 316   Norte del
Altiplano
p. 413

Huaraz y las
cordilleras
p. 372

Centro del
Altiplano
p. 276

Lima ✪
p. 56

Cuzco y el
Valle Sagrado
p. 201

Costa
sur
p. 109

Arequipa
y la tierra de
los cañones
p. 145

Lago
Titicaca
p. 175

EDICIÓN ESCRITA Y DOCUMENTADA POR

Carolyn McCarthy, Greg Benchwick, Alex Egerton,
Phillip Tang, Luke Waterson

BOTE DE TOTORA, LAGO TITICACA P. 188

RICHARD MASCHMEYER/GETTY IMAGES ©

ANTICUCHOS P. 523

BONCHAN/SHUTTERSTOCK ©

JOHN COLETTI/GETTY IMAGES ©

Sumario

PARAPENTE,
PLAYA COSTA VERDE P. 79

EXPLORAR

MARINERA, DANZA
TRADICIONAL PERUANA P. 327

MATT MUNRO/GETTY IMAGES ©

FRISO DECORATIVO
CHAN CHAN P. 332

DANITA DELIMONT/GETTY IMAGES ©

Sumario

GIBONES, PARQUE
NACIONAL MANU P. 470

Bienvenidos a Perú

Perú es tan complejo como sus tejidos: los festivales dan vida a antiguos ritos, la vanguardia urbana irradia innovación y la naturaleza rebosa de diversidad.

La herencia antigua

La ciudadela inca de Machu Picchu representa tan solo un fragmento de los 5000 años de historia de Perú. Otros iconos a explorar son las ruinas precolombinas de Chan Chan, las más extensas de América; los enigmáticos geoglifos excavados en el suelo de Nazca, visibles desde el aire; o la fortaleza de Kuélap, envuelta en naturaleza. Los museos de Lima recogen la sofisticación, el talento y la pasión de estas civilizaciones, y en algunas comunidades remotas todavía se pueden experimentar tradiciones antiguas.

El placer del paladar

Una cuestión existencial obsesiona a los peruanos: la comida. El ceviche con maíz y chili, guisos cocinados a fuego lento, o el chocolate del Amazonas, son algunas de las opciones de la capital de la gastronomía latina. La variedad geográfica y cultural aporta diversidad en los ingredientes (desde tubérculos del altiplano a frutas tropicales) a la cocina de influencia española, indígena, africana y asiática. La fusión ya existía en Perú mucho antes de que estuviera de moda. En los mercados la abundancia es abrumadora, y vale la pena probar los anticuchos (pinchos de ternera) en los puestos callejeros, así como la cocina novoandina.

La vida es un carnaval

Las creencias míticas se despliegan en desfiles tradicionales al ritmo de bandas de metal. La locura de los festivales callejeros convierte la rica herencia cultural de Perú en una experiencia visceral. Deidades antiguas reencarnadas como santos cristianos, peregrinos que ascienden montañas en plena noche y procesiones con iconos en plazas abarrotadas. Qué mejor para experimentar la potente historia de este país, todavía viva.

Aventuras

De la agitación de la capital a las dunas gigantescas, los picos cincelados y el Pacífico solo hay cortas excursiones: del centro de Lima a los rincones más remotos, este extenso país es un paraíso para los viajeros dinámicos. Los deportes de aventura habituales (*rafting*, parapente, tirolina y bicicleta de montaña) se combinan con el avistamiento de guacamayos escarlata en el Amazonas, o la puesta de sol sobre las ruinas de una civilización antigua. Este enorme país es para degustarlo en pequeñas porciones y sin prisas. El ritmo es lento, y los festivales pueden engullir durante días al viajero, que entonces se da cuenta de que aquí con frecuencia la aventura consiste en llegar al destino.

PHILIPE LEE HARVEY / LONELY PLANET ©

Por qué me encanta Perú

Por Carolyn McCarthy, autora.

Para mí, Perú es la esencia de Sudamérica: una síntesis de tradiciones antiguas y de lo más bello en arte, tejidos y arquitectura, de la mano de las culturas más sofisticadas del continente. Sus paisajes, desde los picos nevados de los Andes a la profunda Amazonia, refuerzan la conexión con el mundo natural. Asimismo, es un caleidoscopio cultural, donde conviven varios pueblos que han encontrado un compromiso con la vida moderna. Solo por su cocina ya vale la pena el viaje, y cada regreso resulta rico y sorprendente. **Para saber más sobre los autores, véase p. 584.**

Para saber más sobre los autores, véase p. 584.

Arriba: Mujeres bordando tejidos en una cabaña de cañas, lago Titicaca (p. 175)

Perú

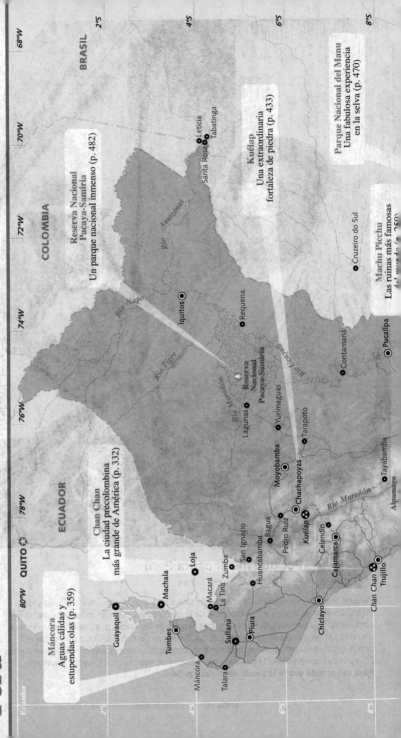

Máncora
Aguas cálidas y
estupendas olas (p. 359)

Chan Chan
La ciudad precolombina
más grande de América (p. 332)

**Reserva Nacional
Pacaya-Samiria**
Un parque nacional inmenso (p. 482)

Kuélap
Una extraordinaria
fortaleza de piedra (p. 433)

Parque Nacional del Manu
Una fabulosa experiencia
en la selva (p. 470)

Machu Picchu
Las ruinas más famosas
del mundo (p. 250)

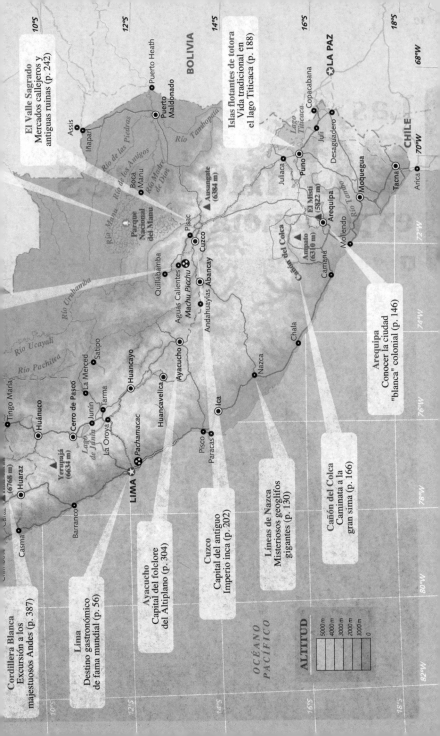

Cordillera Blanca
Excursión a los
majestuosos Andes (p. 387)

Lima
Destino gastronómico
de fama mundial (p. 56)

Ayacucho
Capital del folclore
del Altiplano (p. 304)

Cuzco
Capital del antiguo
Imperio inca (p. 202)

Líneas de Nazca
Misteriosos geoglifos
gigantes (p. 130)

Cañón del Colca
Caminata a la
gran sima (p. 166)

Arequipa
Conocer la ciudad
"blanca" colonial (p. 146)

Islas flotantes de totora
Vida tradicional en
el lago Titicaca (p. 188)

El Valle Sagrado
Mercados callejeros y
antiguas ruinas (p. 242)

OCÉANO
PACÍFICO

ALTITUD

5000 m
4000 m
3000 m
2000 m
1000 m
0

BOLIVIA

CHILE

Las
20 mejores
experiencias

Machu Picchu

1 Machu Picchu (p. 259), una fantástica ciudadela inca descubierta a principios del s. xx, se alza entre ruinas. Sus terrazas color esmeralda, con picos y cordilleras andinas conforman un hermoso espectáculo que supera todo lo imaginable. Esta maravilla de la ingeniería ha soportado seis siglos de terremotos, invasiones extranjeras y tiempo desapacible. Es mejor descubrirla por uno mismo, pasear por sus templos de piedra y ascender a las vertiginosas alturas del Huayna Picchu.

Islas flotantes de totora, lago Titicaca

2 Más un océano en el Altiplano que un lago, la zona del Titicaca alberga fabulosos puntos de interés, y el mejor de ellos son las maravillosas islas flotantes hechas con totora entretejida. Los uros las construyeron (p. 183; foto abajo) hace siglos como refugio para escapar de los pueblos más agresivos del interior, como los incas. Los juncos requieren una renovación constante y se utilizan también para construir viviendas, barcas e incluso arcadas y columpios para los niños. Es posible el alojamiento en casas particulares, que incluye la pesca y el aprendizaje de las costumbres tradicionales.

PHILIP LEE HARVEY / LONELY PLANET ©

CHRIS CHEADLE / GETTY IMAGES ©

DAMIAN TURSKI / GETTY IMAGES ©

Excursionismo en la cordillera Blanca

3 Los picos de la cordillera Blanca (p. 387) vigilan Huaraz y la región circundante como un guardia de granito. Es la cordillera más alta después de la del Himalaya, y 16 de sus cimas, que alcanzan los 6000 m, conforman la colección de picos más atractiva del continente. Sus lagos glaciares, enormes plantas *Puya raimondii* y rocas culminan en el Parque Nacional Huascarán, en el que el sendero Santa Cruz recompensa con un museo viviente de afilados picos.

Arequipa colonial

4 La segunda metrópoli más grande de Perú salva la distancia entre el esplendor inca de Cuzco y la modernidad de Lima. Con joyas de la arquitectura barroca andina talladas en sillar (piedra blanca volcánica), Arequipa (p. 146) es una ciudad colonial española que se mantiene fiel a su origen. Su emplazamiento, entre volcanes durmientes y la pampa alta, se ve complementado por un monasterio de 400 años, una gran catedral y una cocina peruana de fusión, expuesta en las tradicionales picanterías. Arriba: Iglesia de la Compañía (p. 150).

Parque Nacional del Manu

5 Para llegar a la jungla del Parque Nacional del Manu (p. 470), la mejor aventura del Amazonas, se atraviesan tres zonas climáticas, de las montañas de los Andes a los bosques con niebla de las laderas. Manu es la zona natural más protegida de Perú, en la que abundan fabulosas criaturas de la jungla, como anacondas, tapires, jaguares y guacamayos que engalanan las paredes de arcilla mientras se alimentan de sus minerales. Las tribus de este bosque siguen viviendo con escaso contacto con el mundo exterior.

Camino Inca

6 La vía peatonal más famosa del continente, el Camino Inca (p. 41), serpentea a lo largo de 43 km, asciende escalones de piedra y atraviesa densas nieblas de bosques. La excursión de 4 a 5 días, una verdadera peregrinación, finaliza en el Intipunku –o Puerta del Sol– desde donde se divisan las ruinas de Machu Picchu. A pesar de las numerosas vías antiguas que hay en Perú, el Camino Inca, con sus vistas majestuosas, pasos de montaña y conjuntos de ruinas, es el favorito de los viajeros.

SHARPTOYOU / SHUTTERSTOCK ©

DANITA DELIMONT / GETTY IMAGES ©

Cuzco

7 Por sus antiguas calles adoquinadas, grandiosas iglesias barrocas y los restos de templos incas con tallas centenarias, ninguna ciudad destaca en la historia andina como Cuzco (p. 202), habitada desde tiempos prehispánicos. Antaño capital del Imperio inca, esta turística población es la puerta a Machu Picchu. Mística, comercial y caótica, esta ciudad única sigue siendo una maravilla. ¿Dónde iban a encontrarse mujeres engalanadas llevando llamas de una correa, un museo de plantas mágicas y la vida nocturna más animada de los altos Andes?

Cocina de Lima

8 Lima (p. 56) es famosa porque la vida gira en torno a la comida. La capital costera está llena de opciones –desde puestos callejeros a restaurantes de alta cocina– que ofrecen exquisitas interpretaciones de la cocina de fusión de Perú. Los platos muestran una compleja mezcla de influencia española, indígena, africana y asiática (china y japonesa). Sus chefs y restaurantes son agasajados en revistas *gourmet* y aparecen en las clasificaciones de los mejores restaurantes a nivel mundial, además de recibir premios internacionales. Superior derecha: Ceviche.

El Valle Sagrado

9 Conforme el río Urubamba se ensancha en el Valle Sagrado (p. 242), enlaza pueblos andinos, demolidos puestos de avanzadas militares incas y terrazas agrícolas de tiempos inmemoriales. Su ubicación entre Cuzco y Machu Picchu lo convierte en una base ideal para explorar los célebres mercados y las ruinas de la zona. El alojamiento va desde acogedoras posadas a lujosos complejos hoteleros y su oferta de actividades incluye paseos a caballo, *rafting* y excursiones a pueblos de tejedores y agrícolas. Inferior derecha: Mercado de Chinchero (p. 249).

Líneas de Nazca

10 ¿Obra de extraterrestres? ¿Trazos de aeronautas prehistóricos? ¿Un mapa astronómico? Ninguna explicación sobre los geoglifos del sur de Perú, las líneas de Nazca (p. 130), coincide. Su misterio ha atraído a visitantes desde la década de 1940, cuando la arqueóloga Maria Reiche dedicó la mitad de su vida a estudiarlas. Pero ni Reiche ni ningún arqueólogo posterior ha conseguido descifrarlas. Son líneas arcanas, enigmáticas y cargadas de una intriga que impresiona a todo el que las contempla.

Chavín de Huántar

11 Las ruinas de Chavín de Huántar (p. 405), catalogadas por la Unesco, fueron en su día un centro ceremonial. Hoy, esta proeza de la ingeniería, datada entre el 1200 y el 800 a.C., muestra unas impresionantes estructuras similares a templos y una laberíntica red de corredores, pasajes y cámaras subterráneos que invitan a recorrerlos. Cerca, el asombroso Museo Nacional Chavín alberga la mayor parte de las complejas y aterradoras cabezas clavas que en tiempos embellecían las murallas de Chavín.

PUESTA A PUNTO LAS 20 MEJORES EXPERIENCIAS

Semana Santa en Ayacucho

12 La Semana Santa de Ayacucho (p. 308) empieza 10 días antes del Domingo de Resurrección. El espectáculo religioso es conmovedor, con recreaciones de escenas como la procesión de Cristo en burro por las calles, entre flores y palmas. Pero la verdadera fiesta comienza después: el Domingo de Resurrección hay ferias, banquetes y fuegos artificiales, tras el sábado en el que se considera que, puesto que Cristo murió el viernes y resucitó el domingo, no puede cometerse ningún pecado.

Kuélap

13 Aunque no se encuentra en la lista de la Unesco, la fortaleza de Kuélap (p. 433) ocupa el segundo lugar en importancia de los restos arqueológicos de Perú. Escondida en un bosque nuboso a 3100 m por encima del río Urubamba, junto a Chachapoyas, esta conservada ciudadela es la herencia del enigmático y decidido "pueblo de las nubes". Unas 400 viviendas circulares, algunas bien adornadas y rodeadas de una imponente pared de roca, son el punto culminante de estas hermosas y misteriosas moles de piedra en las nubes.

Islas Ballestas

14 Las islas Ballestas (p. 119), un grupo de áridas rocas cubiertas de guano en el océano Pacífico, poseen un extraordinario ecosistema de aves, mamíferos marinos y peces (en especial anchoas). También son el resultado de uno de los proyectos de conservación más exitosos de Perú; el Ministerio de Agricultura gestiona el guano y el archipiélago está protegido en una reserva nacional. Los paseos en barco a sus acantilados permiten ver de cerca aulladores leones marinos, pingüinos de Humboldt acurrucados y miles de aves.

Trujillo

15 La colonial Trujillo (p. 321), que se eleva en el desierto como un espejismo, muestra su esplendor bien conservado. El centro histórico está repleto de iglesias, mansiones y construcciones coloniales de gran belleza. Pero también se ha impregnado de rasgos modernos y proporciona un ambiente encantador. Si se añaden las impresionantes ruinas chimúes de Chan Chan y las huacas mochicas del Sol y de la Luna, Trujillo supera a sus rivales norteños en estilo y gracia. Arriba: Basílica Menor Catedral (p. 324).

Cañón del Colca

16 El cañón del Colca (p. 166) tiene muchos atractivos. La cultura de esta zona colonizada por las civilizaciones preincaica, inca y española es tan seductora como sus opciones de hacer excursiones. Con una longitud de 100 km y 3400 m de profundidad, el cañón se embelleció con terrazas agrícolas, pueblos, iglesias coloniales españolas y ruinas preincaicas. Se puede recorrer a pie, en bicicleta, haciendo *rafting* o en tirolina, solo hay que estar ojo avizor a sus cóndores.

Chan Chan

17 La extraordinaria capital chimú de Chan Chan (p. 332) es la ciudad precolombina más grande de América y la mayor del mundo construida en adobe. En su día albergó 60 000 habitantes y muchos tesoros escondidos, y en la actualidad está siendo restaurada. El complejo Tschudi es la única de las 10 ciudadelas amuralladas que ya ha recuperado su antiguo esplendor. A pesar de la erosión, destaca el buen estado de conservación de lo. patios ceremoniales, los muros decorados y las laberínticas salas de audiencia.

16

17

HUGHES HERVE / HEMIS.FR / GETTY IMAGES ©

EMIL VON MALTITZ / AGE FOTOSTOCK ©

Museos de Lima

18 Para comprender las antiguas civilizaciones de Perú hay que empezar el viaje por aquí. Estos museos (p. 60) contienen tesoros milenarios: desde cerámica y estelas de roca talladas a bellos ancestrales tejidos. Algunas de las mejores colecciones se hallan en el Museo Larco, Museo Andrés del Castillo y el Museo Nacional de Antropología, Arqueología e Historia del Perú. El amplio horario del Museo Larco es una alternativa a la vida nocturna convencional. Arriba izquierda: Ídolo chimú, Museo Larco.

Surf en la costa norte

19 Los surfistas resueltos a pasar un verano interminable acuden a la costa norte de Perú para deslizarse en algunas de las olas más grandes y constantes del mundo. El ambiente surfista alcanza su auge en la tumultuosa Máncora (p. 359), único centro turístico genuino de Perú, que atrae a los amantes de las olas y de la arena a su costa en forma de media luna durante todo el año.

Reserva Nacional Pacaya-Samiria

20 El parque nacional más grande de Perú (p. 482) alberga extrañas criaturas: manatíes del Amazonas, delfines rosados de río, caimanes de 6 m y tortugas de río gigantes. Solo llegar aquí es un desafío: el viaje consiste en un trayecto en bote desde Yurimaguas hasta Iquitos. En comparación con otras reservas del país, la visita es una auténtica aventura. El transporte consiste en piraguas, no dispone de alojamiento de lujo y se necesitan días de preparación para ver lo mejor: naturaleza pura.

Lo esencial

Para más información, véase 'Guía práctica' (p. 541)

Moneda
Nuevo sol (PEN)

Idioma
Español, aimara
y quechua.

Visados
Los nacionales de
España, la UE y EE UU
no lo necesitan para
estancias inferiores
a 90 días.

Dinero
En las grandes ciudades
y pueblos abundan los
cajeros automáticos.
Las tarjetas de crédito
se suelen aceptar,
aunque no tanto los
cheques de viaje.

Teléfono móvil
Las tarjetas SIM locales
(y las recargas) son
baratas, omnipresentes
y sirven para teléfonos
tribanda GSM 1900
liberados.

Hora local
Hora estándar del este
(EST), 5 h menos que
la GMT; sin horario de
verano.

Cuándo ir

Trujillo
todo el año

Huaraz
• may-sep

Lima •
todo el año

Cuzco
• jun-sep

Puno
• jun-sep

Desierto andino (con nieve)
Clima tropical, lluvias todo el año
Clima semitropical, estación seca y estación lluviosa
Veranos de calurosos a tórridos, inviernos suaves

Temporada alta (jun-ago)
➡ Estación seca en
el Altiplano andino y
las selvas orientales.

➡ Mejor época para
fiestas, deportes de
altura y excursiones.

➡ Temporada
concurrida.

Temporada media (sep-nov y mar-may)
➡ Primavera y otoño
en el Altiplano.

➡ Ideal para visitas
sin multitudes.

➡ De septiembre
a noviembre
estupendas
excursiones en
la selva.

Temporada baja (dic-feb)
➡ Estación de lluvias
en el Altiplano.

➡ El Camino Inca
cierra en febrero.

➡ Temporada alta
en la costa y para las
actividades playeras.

➡ Época de lluvias
en el Amazonas
hasta mayo.

Webs

Lonely Planet (www.lonely planet.es) Información sobre destinos, foro de viajeros, etc.

Expat Peru (www.expatperu. com) Útil para departamentos gubernamentales y aduanas.

Latin America Network Information Center (http://lanic.utexas.edu/indexesp.html) Enlaces sobre investigación académica.

Perú Travel (www.peru.travel) Portal oficial de turismo del país.

Perú.com (http://peru.com) Noticias de Perú.

Embajada de Perú (www. peruviantimes.com) Portal de la embajada de Perú en España.

Bus Portal (https://busportal. pe) Billetes de autobús para todo el país.

Teléfonos útiles

Prefijo de país	☑51
Prefijo de acceso internacional	☑00 + código de país
Información telefónica	☑103
Información turística (24 h)	☑511-574-800
Policía	☑105

Tipos de cambio

Argentina	1 ARS	2,33 PEN
Chile	1000 CLP	5,02 PEN
Colombia	1000 COP	1,09 PEN
Europa	1 €	3,87 PEN
EEUU	1 US$	3,39 PEN
México	10 MXN	1,90 PEN
Venezuela	10 VEF	5,37 PEN

Para consultar tipos de cambio actualizados, véase www. xe.com.

Presupuesto diario

Económico: menos de 300 PEN

➡ Habitación de hotel barato o dormitorio colectivo: 25-85 PEN

➡ Menú del día: menos de 15 PEN; comida de supermercado

➡ Entrada a monumentos: media 10 PEN

Medio: 300-550 PEN

➡ Habitación doble en hotel de precio medio: 140 PEN

➡ Varios platos en restaurante de gama media: 40 PEN

➡ Circuitos en grupo: desde 120 PEN

Alto: más de 550 PEN

➡ Habitación doble en hotel de precio alto: 300 PEN

➡ Circuito privado en la ciudad: desde 180 PEN/persona

➡ Cena en restaurante refinado: desde 70 PEN

Horario comercial

Los horarios varían según la época del año; aquí se indican los que corresponden a la temporada alta (en temporada media y baja el horario suele ser reducido).

Bancos 9.00 a 18.00 lu-vi, algunos sábados de 9.00 a 18.00

Restaurantes 10.00 a 22.00, muchos cierran de 15.00 a 18.00

Museos A menudo cerrados los lunes

Oficinas del Gobierno y negocios 9.00 a 17.00 lu-vi

Tiendas 9.00 a 18.00, algunas abren el sábado

Cómo llegar

Aeropuerto Internacional Jorge Chávez (p. 554) Muchos vuelos llegan de madrugada, por lo que conviene tener reservado un hotel.

Autobús La empresa de combis La S (2-3 PEN/persona) opera varias rutas a Miraflores y más allá. Al sur de la av. Elmer Faucett.

Taxi 45 PEN, 30 min-1 h (hora punta) a Miraflores, Barranco o San Isidro, más rápido al centro de Lima.

Cómo desplazarse

El transporte público es barato, con multitud de opciones y amplia frecuencia de salidas.

Tren ligero El Metropolitano de Lima ofrece un servicio eficiente y rápido para llegar al centro.

Tren Caro y enfocado al turismo.

Automóvil Para los que quieren viajar a su ritmo, aunque conducir en las ciudades y encontrar un aparcamiento puede ser complicado.

Autobús La opción más barata, con asientos reclinables en los de larga distancia.

Taxi Una buena opción para hacer turismo. En las zonas de provincias compartir un taxi es una práctica habitual.

Para más información sobre **Cómo desplazarse,** véase p. 557.

Lo nuevo

Qhapaq Ñan

Esta red de caminos inca, de 22 530 kilómetros, fue declarada Patrimonio Mundial de la Unesco en el 2014.

Museos de Lima

Entre las novedades se incluyen la ampliación del MAC (Museo de Arte Contemporáneo), el Lugar de la Memoria, el Museo Mario Testino de la moda y la nueva Casa de la Gastronomía Peruana.

Museo Machu Picchu, Cuzco

Un siglo después de que Hiram Bingham se llevara los tesoros de Machu Picchu a Yale, 500 de estos artefactos han regresado a Perú y se exponen en el museo situado en la Casa Concha.

Cerveza artesanal peruana

Lima celebró en el 2014 el primer Festival de Cerveza Artesanal, que demostró el auge de esta actividad. Hay nuevas fábricas de cerveza en Lima, el Valle Sagrado, e incluso en alojamientos modestos.

Aventuras en la costa

Antes se iba a la playa a tomar el sol. Ahora también se puede practicar *kitesurf* cerca de Paracas, o surf de remo en Máncora, además de submarinismo rodeado de tortugas al lado de una petrolífera.

Reserva Tingana, Moyobamba

Ya están en marcha las visitas a esta zona accesible de la jungla, organizadas por la comunidad local como parte de un programa pionero de protección medioambiental.

Bicicleta de montaña en cañón del Pato

En este cañón espectacular en el que se unen las cordilleras Negra y Blanca, recientemente asfaltado, se puede pedalear bordeando los precipicios y atravesando decenas de túneles.

La carretera asfaltada a Marcahuamachuco

Llegar a estas ruinas era una pesadilla. Ahora el trayecto desde Trujillo o Cajamarca por esta vía acabada de asfaltar es todo un placer.

Alojamiento en la selva

El lujo ha llegado a la Amazonia peruana con alojamientos como el Treehouse, situado en la confluencia de los ríos Parapa y Cumaceba, cerca de Iquitos.

Nauta, centro neurálgico de la Amazonia

La localidad de Nauta se ha convertido en el punto de partida de muchos circuitos por la selva en Iquitos.

Aventura en el Amazonas

Nuevos parques de aventura en el Monte Amazonico Lodge, cerca de Puerto Maldonado y la isla Las Turunas en San Ramón, garantizan la descarga de adrenalina.

Carreteras del altiplano

Las mejoras en la carretera de Lima a Cerro de Pasco la convierten en una excelente opción para llegar al centro del Altiplano.

Véase lonelyplanet.es para consultar otras recomendaciones y reseñas.

En busca de...

Ruinas

Kuélap Esta monumental ciudad fortificada, en lo alto de una montaña de piedra caliza, es el monumento mejor conservado de Chachapoyas (p. 433).

Tambo Colorado Para disfrutar a fondo esta subestimada joya de la costa sur es mejor ir con guía (p. 121).

Cahuachi En Nazca hay que ver estas pirámides y otras ruinas de 2000 años (p. 131).

Huari La capital del imperio que gobernaba el Altiplano antes de la invasión inca (p. 409).

Huánuco Viejo Para explorar este vasto asentamiento inca hay que ascender al altiplano por encima de La Unión (p. 284).

Excursionismo

El Clásico La mejor excursión del cañón del Colca para ver un poco de todo, excepto una carretera asfaltada (p. 171).

Ausangate La ruta de senderismo más exigente de Cuzco, en una zona sorprendente de glaciares, lagos turquesa y aldeas rurales (p. 273).

Santa Cruz Excursión de cinco días por aldeas y valles andinos, con excelentes vistas de Huascarán, el pico más alto de Perú (p. 388).

Lares El estilo de vida en las remotas áreas rurales es la principal atracción del Valle Sagrado, enmarcado en bellos paisajes andinos (p. 41).

Quilcayhuanca-Cojup Esta ruta de senderismo con vistas a los picos de la cordillera Blanca, alejada de las multitudes, es todo un reto (p. 391).

Delicatesen peruanas

Cursos de cocina Para aprender de los maestros en Arequipa (p. 159)

Patarashca Un plato de marisco con tomates, pimientos, cebollas, ajos y *sacha culantro*, envueltos en una hoja de bijao (p. 444).

Chocolate Cacao caliente al estilo andino aderezado con chili y miel en el Choco Museo (p. 209).

Picanterías La mejor oferta gastronómica de Arequipa con énfasis en la autenticidad y las especias (p. 157).

Mercado de Belén Los cursos intensivos de cocina de la Amazonia incluyen una visita a este bullicioso mercado flotante (p. 486).

Naturaleza

Los ecosistemas de Perú van de áridos desiertos a exuberantes selvas amazónicas y picos andinos con glaciares, por lo que sus paisajes son impresionantes.

Circuito por la cordillera Huayhuash Una odisea de 10 días entre lagos andinos, con cóndores sobrevolando picos de 6000 m (p. 393).

Las fuentes del Amazonas Una excursión a pie de tres días desde el cañón del Colca a la génesis del río más largo del mundo (p. 168).

Cotahuasi El viaje por carretera de 12 h desde Arequipa recorre el cañón más profundo del mundo (p. 173).

Choquequirao Para llegar a este yacimiento remoto son necesarios cuatro días de marcha (p. 274).

Río Heath El Parque Nacional Bahuaja-Sonene es una de las mayores regiones salvajes de Perú, y de mayor diversidad (p. 465).

Pisco

Este potente brandi, emblemático de Perú, es famoso en cócteles con parte de limón, pero también en nuevas combinaciones con frutas y hierbas tropicales que lo suavizan. Para hacer un recorrido del productor a la barra del bar:

Tacama Visitas gratuitas y catas en esta encantadora hacienda colonial (p. 125).

Museo del Pisco Elegante bar de Cuzco con una extensa lista de piscos y cócteles originales (p. 233).

Bares de Lima Para probar el pisco *sour* en origen, El Bolivarcito (p. 96); otros cócteles exóticos en el bar-mansión Ayahuasca (p. 97).

Lunahuaná En la Bodega Santa María se puede degustar un pisco muy potente, en una excursión de un día desde Lima (p. 112).

Culturas para viajar en el tiempo

En Perú se pueden presenciar las tradiciones de las culturas indígenas en festivales religiosos o estacionales. Para quienes deseen profundizar en este aspecto:

Casas particulares de Colca La estancia en las casas de los pueblos de Sibayo y Yanque, permiten apreciar la vida rural (p. 169).

Aldeas de tejedoras Los operadores turísticos con base en Cuzco ofrecen visitas a las aldeas más remotas del Valle Sagrado (p. 243).

Nazca Además de las famosas Líneas, su colorida cerámica también asombra (p. 129).

Turismo en comunidad Se puede convivir con los lugareños en el área de Huaraz (p. 377).

Arriba: Senderismo en la cordillera Huayhuash (p. 393).
Abajo: Figura de terracota del típico estilo Nazca.

Mes a mes

PRINCIPALES CELEBRACIONES

Qoyoriti, mayo/junio

Semana Santa, marzo/abril

Carnaval, febrero/marzo

Verano Negro, febrero/marzo

Fiesta de la Vendimia, marzo

La temporada más animada (y más cara) en la costa son los meses de verano, de enero a marzo, cuando las instalaciones están abiertas y las fiestas están en pleno auge. En cambio, en las montañas y cañones es época de lluvias y es mejor que los excursionistas los eviten.

Enero

Año Nuevo

Es importante sobre todo en Huancayo, donde la fiesta dura hasta la Epifanía (6 de enero).

Danza de los negritos

Esta danza se celebra en Huánuco, ciudad del centro del Altiplano. Los participantes van disfrazados con máscaras negras en homenaje a sus antepasados, que trabajaron como esclavos en las minas durante el período colonial.

Fiesta de la Marinera

El Concurso Nacional de Marinera de Trujillo se celebra la última semana de enero para difundir y promover esta danza nacional de Perú.

Febrero

El Camino Inca está cerrado todo el mes. Muchas fiestas tradicionales peruanas se hacen eco del calendario católico romano y se celebran con gran boato, en especial en pueblos indígenas del Altiplano, donde las festividades católicas suelen estar ligadas a fiestas agrícolas ancestrales.

La Virgen de la Candelaria

Esta fiesta del Altiplano, que tiene lugar el 2 de febrero, es muy colorida en los alrededores de Puno, donde los festejos de música y baile folclóricos duran dos semanas.

Carnaval

Los días previos a la Cuaresma (febrero o marzo) a menudo se festejan con semanas de batallas de agua. Es muy popular en el Altiplano, y el de Cajamarca es uno de los carnavales más importantes. También se festeja en los pueblos playeros.

Festival de Deportes de Aventura de Lunahuaná

En Lunahuaná se practican diversos deportes de aventura, en especial el descenso de ríos. Se lleva a cabo a finales de febrero/principios de marzo.

Marzo

Los precios bajan y las multitudes se dispersan en las zonas playeras, aunque la costa sigue soleada. Las orquídeas florecen tras la estación de las lluvias en el Camino Inca y las aves amazónicas inician sus ritos de apareamiento.

✨ Verano Negro

El festival de Chincha, a finales de febrero o principios de marzo, es de asistencia obligada para los aficionados a la cultura afroperuana; se celebra con profusión de música y bailes.

✨ Fiesta de la Vendimia

Se lleva a cabo en las dos principales regiones vitícolas de la costa sur: Ica y Lunahuaná. Se suele pisar uva.

Abril

Las multitudes y la temporada alta marcan la Semana Santa. Abunda el turismo nacional en marzo o abril. Aunque los hoteles son mucho más caros, hay pocas plazas libres, por lo que conviene reservar con bastante antelación.

✨ Semana Santa

La semana anterior al Domingo de Pascua, la Semana Santa, se desarrollan espectaculares procesiones religiosas casi a diario. Ayacucho cuenta con la mayor celebración de Perú, que dura 10 días. En Arequipa y Huancayo también hay procesiones.

Mayo

Tras las fuertes lluvias que dotan al Altiplano de verdor y exuberancia, viene la época seca; lo que significa que empieza la temporada de senderismo en Huaraz y Cuzco.

✨ El Señor de Muruhuay

Este peregrinaje anual tiene lugar a finales de mayo, con procesiones y fuegos artificiales que acompañan el fervor religioso.

✨ Noche en Blanco

Inspirada en las noches blancas europeas, las calles de Miraflores, en Lima, se cierran al tráfico y se llenan de arte, música y baile. Se celebra a principios de mayo.

✨ Festival de las Cruces

Este fascinante festival religioso tiene lugar el 3 de mayo en Lima, Apurímac, Ayacucho, Junín, Ica y Cuzco.

✨ Festival del Mar

En la primera semana de mayo se conmemora la llegada de Takaynamo, presunto fundador de Chan Chan. Se celebra cada dos años en Huanchaco con competiciones de surf, bailes y fiestas.

✨ Q'oyoriti

Peregrinación indígena a la montaña sagrada de Ausangate, a las afueras de Cuzco, en mayo o junio. Aunque poco conocida por los forasteros, merece la pena.

Junio

La temporada alta para el turismo internacional va de junio a agosto. En estas fechas conviene reservar los billetes de tren y la entrada a Machu Picchu. También es tiempo de más fiestas en Cuzco y sus alrededores.

👁 Avistamiento del maravilloso cola de espátula

Junio es el mejor momento para avistar este colibrí único, en peligro de extinción, en áreas forestales próximas al valle del río Utcubamba, cerca de Chachapoyas.

🏃 Semana de Andinismo

Los aficionados a la montaña se dirigen a Huaraz para disfrutar de los Andes con excursiones, escalada en roca, parapente, esquí y conciertos.

✨ Corpus Christi

Las procesiones de esta festividad católica en Cuzco son especialmente teatrales. Se celebra el noveno jueves después de Semana Santa.

✨ Inti Raymi

La Fiesta del Sol o Fiesta de San Juan Bautista y Día del Campesino, es la mayor fiesta inca para conmemorar el solsticio de verano, el 24 de junio. Es el evento anual más destacado de Cuzco y atrae a miles de peruanos y forasteros. También es importante en muchos pueblos de la selva.

✨ Selvámonos

Reggae, cumbia y música electrónica inundan la selva en este nuevo festival cerca de Oxapampa, en un espectacular parque nacional.

✨ San Juan

La festividad de San Juan es sinónimo de disipación

Arriba: Procesión de la Virgen del Carmen, en julio.
Abajo: Participantes del Festival del Sol, Inti Raymi, en junio.

en Iquitos, en la que la víspera del 24 de junio los bailes, la comida y las peleas de gallos se alargan hasta la madrugada.

San Pedro y San Pablo

Más celebraciones el 29 de junio, en especial en los alrededores de Lima y el Altiplano.

Julio

Continúa la temporada alta de turismo. En Lima el tiempo lo protagoniza la garúa, una espesa y grisácea bruma que se instala en la ciudad durante unos meses y refresca el ambiente.

Fiesta de Santiago

En las ciudades del valle del río Mantaro, especialmente en Huancayo, se viste al ganado para que desfile por las calles. También hay baile y cánticos en este supuesto ritual antiguo en honor a la fertilidad.

La Virgen del Carmen

Esta fiesta se celebra el 16 de julio principalmente en la sierra sur, en especial en Paucartambo y Pisac, junto a Cuzco, y en Pucará, cerca del lago Titicaca.

Fiestas Patrias

Los Días de la Independencia Nacional se celebran en todo el país el 28 y 29 de julio; en la sierra sur las festividades comienzan con la fiesta de Santiago, el 25 de julio.

Agosto

En el último mes de la temporada alta en Perú es cuando se concentran más turistas en Machu Picchu. Se recomienda reservar con mucha antelación.

Fiesta de Santa Rosa de Lima

Conmemora la principal santa del país, el 30 de agosto se llevan a cabo solemnes procesiones en Lima, Arequipa y Junín para honrar a la patrona de Lima y de América.

Septiembre

Aunque ya es temporada baja, en septiembre y octubre todavía suele hacer buen tiempo para hacer excursiones en el Altiplano, sin multitudes. Las aves migratorias constituyen un atractivo adicional para los ornitólogos.

Mistura

Este festival gastronómico de renombre internacional tiene lugar durante una semana de septiembre en Lima, y atrae a medio millón de visitantes que desean catar tanto la comida callejera, como la de los mejores restaurantes.

El Festival Internacional de la Primavera

Se celebra la última semana de septiembre en Trujillo, con impresionantes exhibiciones ecuestres, bailes y actos culturales.

Octubre

La mejor temporada para visitar el Amazonas es de septiembre a noviembre, cuando la estación seca propicia la observación de aves.

El Señor de Luren

A finales de octubre tiene lugar en Ica este festival religioso, que destaca por sus fuegos artificiales, procesiones y mucha diversión.

Carrera de balsas en el río Amazonas

La mayor carrera en balsas del mundo se disputa entre Nauta e Iquitos en septiembre o principios de octubre.

La Virgen del Rosario

Se celebra el 4 de octubre en Lima, Apurímac, Arequipa y Cuzco. La de Ancash, con un enfrentamiento simbólico entre moros y cristianos, es su mayor exponente.

El Señor de los Milagros

Esta importante fiesta religiosa se celebra en Lima el 18 de octubre y por esas fechas da comienzo la temporada taurina.

Noviembre

Un buen mes para festivales, destacan las celebraciones de Puno. Y vuelven las olas que convocan a los surfistas.

Todos Santos

El 1 de noviembre, es el antecesor del Día de los Muertos, celebrado por multitud de católicos.

Día de los Muertos

El 2 de noviembre los cementerios se abarrotan de gente que lleva ofrendas de alimentos, bebida y flores a las tumbas de sus familiares. En los Andes, donde se consumen algunas de las 'ofrendas' y el ambiente es más festivo que sombrío, se trata de una fiesta muy colorida.

Semana de Puno

Este festival comienza el 5 de noviembre, con espectaculares vestidos y bailes en la calle para conmemorar la aparición del primer inca, Manco Cápac.

Diciembre

La temporada playera regresa con temperaturas más cálidas en el Pacífico. En la Amazonia empieza a llover a finales de mes hasta principios de abril.

Fiesta de la Purísima Concepción

Esta fiesta nacional tiene lugar el 8 de diciembre con procesiones religiosas en honor a la Virgen María.

Día de Navidad

El 25 de diciembre es una fiesta de carácter más religioso, sobre todo en el Altiplano andino.

La Virgen del Carmen de Chincha

Bailes desenfrenados y música toda la noche en las peñas (bares o clubes con música folclórica en directo) de El Carmen el 27 de diciembre.

Itinerarios

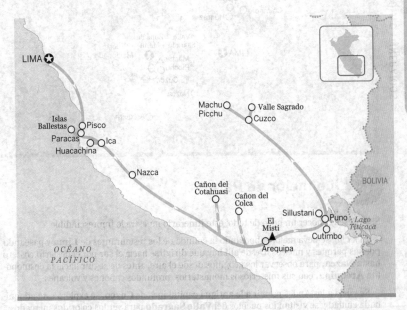

2-4 SEMANAS  **El Sendero Gringo**

Se recorren algunos de los puntos más destacados. Desde **Lima** se viaja hacia el sur hasta **Pisco** y **Paracas,** donde se puede pernoctar para hacer una excursión en bote hasta las **islas Ballestas,** con abundante fauna salvaje. Se continúa hacia **Ica,** capital del vino y el pisco, y después hacia el oasis de **Huacachina,** famoso por el sandboard, además de un buen lugar para pasar la noche. La escala siguiente es **Nazca,** donde se verán desde el aire las misteriosas líneas.

Se regresa al interior, para visitar la "Ciudad Blanca" de **Arequipa,** con su arquitectura colonial y su vida nocturna. Es el momento de recorrer el **cañón del Colca** o el **cañón del Cotahuasi** –quizá el más profundo del mundo– o ascender el **Misti,** un volcán de 5822 m de altura. Se sigue hasta **Puno,** el puerto peruano en el **lago Titicaca,** uno de los lagos navegables a mayor altura del mundo, desde donde se va en barco a las islas para explorar la extrañas *chullpas* (torres funerarias) en **Sillustani** y **Cutimbo.**

Desde los Andes se llega a **Cuzco,** la ciudad habitada más antigua de Sudamérica. Se visitan sus mercados, los yacimientos arqueológicos del **Valle Sagrado** y se va a **Machu Picchu.**

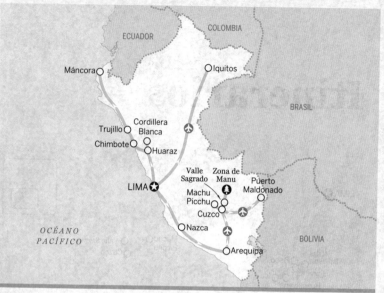

4 SEMANAS Lo mejor de Perú

Si se desea conocer un poco de todo, este itinerario muestra lo imprescindible.

El *jet lag* se lleva mejor saboreando la comida de los restaurantes de **Lima** y paseando por sus parques y museos. Desde allí hay que dirigirse hacia el sur por el desierto costero hasta **Nazca,** para observar los geoglifos desde el aire, antes de seguir hacia la cosmopolita **Arequipa,** con sus misteriosos monasterios, profundos cañones y volcanes.

Se vuela a los Andes para ir a la antigua capital inca de **Cuzco,** se explora esta adoquinada ciudad y se visitan los pueblos del **Valle Sagrado** para ver los coloridos mercados donde se venden telas, talismanes y docenas de tubérculos diferentes. Se sigue en tren a **Machu Picchu,** el yacimiento arqueológico más visitado de Sudamérica.

De Cuzco se vuela a **Puerto Maldonado** (o se soportan las 10 horas de autobús) para relajarse en un alojamiento en plena naturaleza, en uno de los imponentes ríos de la cuenca del Amazonas. También es interesante el circuito por tierra desde Cuzco a la **zona de Manu,** que alberga una de las mayores biodiversidades del planeta y en cuyos remotos bosques vírgenes viven animales como el kinkajú o el caimán. Otra opción para explorar la selva amazónica es volar a Lima y dirigirse a **Iquitos,** un animado puerto y punto de partida de excursiones a la jungla.

Se vuelve a Lima para tomar un autobús o un avión hacia el norte, hasta el campo base para aventureros de **Huaraz,** desde donde una corta excursión lleva a los escarpados picos de la **cordillera Blanca.** Otra excursión a Chavín de Huántar conduce a uno de los yacimientos más antiguos de Perú. De regreso a la costa, merece la pena visitar **Chimbote** antes de dirigirse hacia el norte hasta la histórica **Trujillo,** que ofrece picantes platos norteños en un entorno en el que abundan los yacimientos arqueológicos, como las ruinas de la mayor ciudad precolombina de América, Chan Chan, y las fascinantes huacas del Sol y de la Luna. El viaje finaliza con un respiro playero en el animado pueblo para surfistas de **Máncora.**

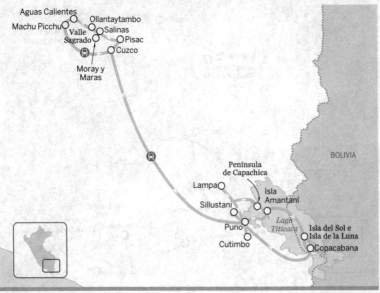

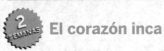

El corazón inca

Un vuelo de Lima a Cuzco acerca al viajero al **Valle Sagrado,** donde se pasarán los primeros 3 o 4 días para aclimatarse a la altitud. Se visita el mercado de **Pisac,** se ven las ruinas y se pasea a caballo en **Moray** y **Maras.** El pintoresco pueblo inca de **Ollantaytambo** ofrece alojamiento en un lujoso complejo del valle o en los B&B de la zona.

Por la mañana se visitan las ruinas o las **salinas,** y por la tarde se toma un tren a **Aguas Calientes.** Tras una relajada cena, conviene acostarse pronto para tomar el primer autobús a la gran ciudadela de **Machu Picchu** y pasar allí el día.

A la mañana siguiente se va en tren hasta **Cuzco.** Una vez aclimatado, se pasan unos días disfrutando del encanto colonial de esta antigua capital inca, ya sea mediante un circuito a pie, visitando algunos museos o el esplendoroso **Qorikancha,** un espectacular templo inca, y cómo no, degustando la excepcional cocina de la ciudad.

La siguiente parada es **Puno,** en el Altiplano (meseta andina), adonde se llega en un cómodo autobús para turistas o en un histórico tren. Si es posible, hacerlo coincidir con alguna fiesta con trajes, bandas de metales y mucha alegría. También se puede disfrutar de la música folclórica en una cena con espectáculo o decidirse por un alojamiento acuático en el antiguo barco de vapor *Yavari.*

Desde Puno se puede hacer una excursión a las torres funerarias de los collas, lupacas e incas en **Sillustani** y **Cutimbo,** y luego ir a **Lampa** y ver su histórica iglesia. Un circuito en barco por el **lago Titicaca,** permite visitar las islas de juncos y pernoctar en una vivienda familiar en la **isla Amantaní.** Si se dispone de unos días extra, se recomienda ir en catamarán a las bolivianas **isla del Sol** e **isla de la Luna,** y finalizar el paseo en **Copacabana,** desde donde se toma un autobús a Puno.

Una vez allí se explora la costa de la **península de Capachica,** que alberga poblaciones enraizadas en las antiguas tradiciones del Altiplano, con pocos turistas.

Preparados ya para el choque cultural de la vida en una gran ciudad, se vuela a Lima.

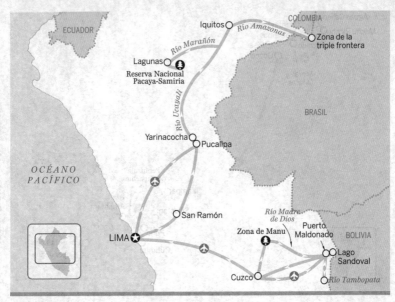

Explorando la Amazonia

2-4 SEMANAS

Más de la mitad de Perú es selva, poblada por una espectacular fauna y pueblos tribales. Las laderas orientales de los Andes se adentran en la cuenca del Amazonas, que se extiende hasta el Atlántico. Completar este itinerario requiere un mes, pero puede dividirse por regiones, en tramos de una o dos semanas.

La excursión más popular comienza en **Cuzco** y se dirige hacia la **zona de Manu,** del tamaño de un país pequeño, cuyos reinos son los alojamientos de la jungla. Otra opción es volar de Cuzco a **Puerto Maldonado** y relajarse en un bungaló con buenas vistas en el **río Madre de Dios,** acceso al encantador **lago Sandoval,** o el **río Tambopata,** en el que una reserva nacional protege una de las mayores paredes de arcilla del país. La estación seca (julio y agosto) es tradicionalmente la mejor para regresar por tierra a Cuzco, aunque el reciente asfaltado de la carretera permite hacerlo ahora en otros meses.

Otra alternativa es regresar a Lima y dirigirse hacia el norte. La mejor forma de llegar es volando desde Lima a **Pucallpa** y alojarse en un hotel o bungaló en la cercana **Yarinacocha.** Este encantador lago con forma de herradura está rodeado de pueblos tribales. Algunos se pueden visitar, como el pueblo matriarcal Shipibo, famoso por su cerámica. Los viajeros más resueltos pueden optar por llegar a Pucallpa desde Lima a través del asentamiento cafetero de **San Ramón**.

Desde Pucallpa se comienza el lento viaje en barca hacia el norte por el **río Ucayali** hasta **Iquitos,** la mayor ciudad del mundo sin acceso por carretera. Esta capital de la jungla norteña cuenta con un mercado flotante y un concurrido puerto del que parte el crucero más cómodo hacia el mayor parque nacional de Perú, la **Reserva Nacional Pacaya-Samiria,** vía **Lagunas.** También resulta tentador navegar hasta Brasil a través de la **zona de la triple frontera.**

Si se carece de tiempo, es mejor ir en avión; si no, se invierten semanas en épicos viajes por el río y la carretera. Conviene ir cargado de paciencia y provisiones, y la suerte tampoco viene mal.

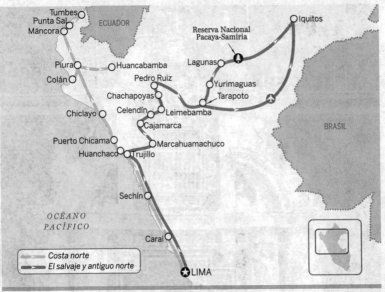

La costa norte

1-2 SEMANAS

La primera parada al norte de **Lima** es **Caral,** cuna de la civilización más antigua de Sudamérica, de unos 5000 años. Se visitan los antiguos grabados de sacrificios humanos en **Sechín** y se sigue hasta **Trujillo,** sin perderse las pirámides mochicas de las **huacas del Sol y de la Luna** y las ruinas de **Chan Chan.**

En las playas de **Huanchaco** los surfistas buscan las olas y los pescadores rastrean la costa. Hacia el norte, el destino surfista de **Puerto Chicama** ofrece una de las mayores olas de izquierda del mundo. Luego se llega a **Chiclayo,** cuyos museos exhiben los tesoros del yacimiento arqueológico de **Sipán.**

El eje de la artesanía, **Piura,** ofrece buenas opciones gastronómicas. **Huancabamba** es famosa por sus curanderos. Las mejores playas están en la costa del Pacifico. Se puede degustar marisco y bailar en los complejos turísticos de **Colán**, **Máncora** y **Punta Sal.**

Se finaliza en **Tumbes,** puerta de acceso a Ecuador, donde empiezan los manglares en peligro de extinción de Perú, ricos en fauna (¡cuidado con los cocodrilos!).

El salvaje y antiguo norte

2-4 SEMANAS

La ruta parte de **Lima** hacia **Trujillo,** donde se prueba la picante cocina costera y se exploran las ruinas de **Chan Chan** y de las **huacas del Sol y de la Luna.** Desde Trujillo se toma la carretera hasta Cajamarca, pasando por las magnificas ruinas de **Marcahuamachuco.**

Cajamarca es una encantadora ciudad del Altiplano, donde los conquistadores capturaron al inca Atahualpa. En la estación seca se puede recorrer la ruta a **Celendín** y **Leimebamba** para ver el colibrí de cola de espátula. Se continúa hasta **Chachapoyas,** cuyo bosque nuboso oculta la fortaleza monolítica de **Kuélap.**

De Chachapoyas se va a **Tarapoto** vía **Pedro Ruiz** para ver las cascadas. Después se vuela a la ciudad de **Iquitos,** en la jungla, o se continúa vía **Yurimaguas,** donde hay cargueros que hacen el accidentado viaje de dos días a Iquitos pasando por el pueblo de **Lagunas,** punto de entrada a la **Reserva Nacional Pacaya-Samiria,** para contemplar la mayor cuenca fluvial del mundo. En Iquitos se organizan viajes en barco para adentrarse en la selva y llegar hasta Brasil o Colombia.

Arriba: Fachada colorista en la plaza de Armas (p. 323), Trujillo.

Abajo: *Rafting* en el río Alto Madre de Dios (p. 469), zona de Manu .

Puesta a punto

Actividades al aire libre

Su impresionante y diverso paisaje –donde es posible escalar gélidos picos andinos, practicar *rafting* en uno de los cañones más profundos del mundo, hacer surf en el Pacífico o pasear por las laderas de un venerado volcán latente– hace de Perú un centro natural de aventuras. Solo se puede esperar un viaje emocionante.

Excursionismo y senderismo

Los principales centros de senderismo son Cuzco y Arequipa, en el sur de los Andes, y Huaraz, en el norte. Hay senderos accesibles alrededor de las ruinas arqueológicas, que son también el destino final de rutas más osadas.

La historia está presente en los senderos que atraviesan campos terraplenados y siguen antiguas rutas comerciales o caminos usados por los mensajeros incas. Y sin embargo, puesto que el desarrollo de estas actividades está en ciernes, en algunos casos se puede disfrutar a solas de la montaña, la playa o un complejo arqueológico.

Las obras para reformar Qhapaq Ñan, la red inca de caminos que pasó a engrosar la lista de la Unesco en el 2014, son ambiciosas. Esta red se extiende durante 22 530 km desde Colombia a Chile por una de las rutas más bellas, que pone en evidencia la maestría de los incas. Los promotores turísticos esperan que el reconocimiento de la Unesco estimule la inversión para la conservación de los caminos. Hay nuevas opciones de senderismo en esta ruta.

El sendero más famoso es el Camino Inca a Machu Picchu. Su aforo limitado obliga a reservar la excursión con meses de antelación. Si no se ha planificado de antemano, existen rutas alternativas que valen

Los mejores lugares para observar la naturaleza

Parque Nacional del Manu Este gran parque en la selva amazónica, uno de los más salvajes del continente, está habitado por jaguares, tapires y monos.

Cañón del Colca Los cóndores andinos sobrevuelan este cañón, el segundo más profundo del mundo.

Islas Ballestas Las colonias de leones marinos y de pingüinos reivindican estos afloramientos rocosos del Pacífico frente a la costa sur de Perú.

Parque Nacional Huascarán Las titancas gigantes *(Puya raimondii)* florecen mientras las vicuñas y vizcachas corretean por el paisaje andino de la cordillera Blanca.

Tumbes Excepcional manglar en la costa norte, hogar de cocodrilos, aves marinas, flamencos y cangrejos.

la pena. Otras opciones cercanas a Cuzco incluyen la espectacular excursión de seis días al venerado Ausangate (6372 m), que atraviesa pasos a más de 5000 m de altitud y se ven manadas de alpacas y diminutas aldeas que no han cambiado en siglos. El yacimiento inca de Choquequirao es otro destino fabuloso.

En la cercana Arequipa se puede bajar por varios de los cañones más profundos del planeta, como los célebres cañones del Colca y de Cotahuasi. El paisaje deja sin aliento y es más accesible que otros destinos situados a mayor altitud. En la temporada de lluvias, cuando algunas rutas andinas son impracticables, el Colca se muestra verde y frondoso. Además, es el mejor lugar de Perú para la práctica del senderismo por cuenta propia entre aldeas rurales. El cañón del Cotahuasi, más remoto y accidentado, conviene visitarlo con un guía local experimentado y solo en temporada seca.

A las afueras de Huaraz, las vistas de los montes rocosos nevados de la cordillera Blanca no tienen parangón, así como la escarpada cordillera Huayhuash. La ruta clásica y preferida es el viaje de cuatro días desde Llanganuco a Santa Cruz, donde los montañeros curtidos escalan el paso de 4760 m de Punta Unión, rodeado de picos cubiertos de hielo. La ruta septentrional por los alrededores del Alpamayo brinda otra excursión más larga, de una semana como mínimo. En viajes más cortos de una noche por la zona se visitan campamentos base, lagos alpinos e incluso una antigua carretera inca.

En Cuzco y Huaraz –y en menor grado en Arequipa– hay especialistas que ofrecen equipamiento, guías y porteadores. Si se prefiere viajar ligero de peso es mejor llevar el equipo propio, sobre todo el saco de dormir, pues los artículos de alquiler suelen ser anticuados y, por tanto, pesados. La decisión de contratar un guía dependerá de adónde se vaya. En ciertas zonas de Perú, como el Camino Inca, son necesarios. En otras, como la cordillera Huayhuash, se han producido atracos, de modo que es mejor ir acompañado de un lugareño. Por suerte, muchas otras rutas de senderismo se pueden recorrer muy bien por cuenta propia. Habrá que hacerse con mapas topográficos de las rutas principales en las ciudades más cercanas que sirvan de base o, mejor aún, en el Instituto Geográfico Nacional (IGN) o en el South American Explorers Club, en Lima.

Sea cual fuere la aventura elegida siempre es recomendable pasar unos días aclimatándose a la altitud, o se corre el riesgo de sufrir de mal de altura.

SENDERISMO RESPONSABLE

→ No se hacen hogueras, se cocina en hornillos de *camping* ligeros y los cartuchos se tiran de forma responsable.

→ Se recoge toda la basura.

→ La contaminación de manantiales con desechos humanos puede transmitir infecciones. Si hay lavabos, deben utilizarse. Si no, se entierran los excrementos: se excava un agujero de unos 15 cm de profundidad, al menos a 100 m de cualquier cauce, y se cubre con tierra y una piedra; el papel higiénico se guarda.

→ Para lavar, se utiliza jabón biodegradable y una palangana, al menos a 50 m de cualquier cauce. El agua utilizada se desparrama para que la filtre la tierra.

→ No se alimenta a los animales salvajes.

→ Algunos senderos pasan por propiedades privadas. Conviene pedir permiso antes de cruzarlas; los cercados para ganado se dejan tal como estaban.

→ No debe darse dinero, dulces o regalos a los niños. Fomenta la mendicidad, que se ha convertido en un problema en algunas de las rutas más transitadas. Si se desea ayudar, se aconseja dar un donativo a las escuelas locales, ONG y organizaciones de voluntarios.

→ Conviene ser discreto, el equipo que se acarrea cuesta más de lo que ganan muchos lugareños en un mes (¡o un año!). Por la noche hay que guardarlo todo en la tienda.

La mejor época para el senderismo en los Andes es la temporada seca (may-sep). Se aconseja evitar el período de lluvias (dic-mar), ya que algunas zonas son infranqueables.

Escalada en montaña, roca y hielo

Perú posee las montañas tropicales más altas del mundo, que permiten excelentes ascensos, aunque es esencial aclimatarse a la altura. La cordillera Blanca, con sus docenas de picos nevados de más de 5000 m, es uno de los mejores destinos de Sudamérica para la practica de la escalada. El pueblo andino de Huaraz cuenta con agencias de circuitos, tiendas de artículos deportivos, guías, información y alquiler de equipo de escalada. Con todo, en los ascensos más difíciles conviene llevar equipo propio. Ishinca (5530 m) y Pisco (5752 m), cerca de Huaraz, son rutas fáciles para principiantes. También son un buen entrenamiento para los expertos que emprenden aventuras de mayor calibre, como el Huascarán (6768 m), el pico más alto de Perú. Otros picos arriesgados son el imponente y afilado Alpamayo (5947 m) y el Yerupajá (6634 m), el segundo más alto de Perú, en la cordillera Huayhuash. La escalada en roca y hielo está en auge en los alrededores de Huaraz, donde algunos especialistas tienen muros de escalada interiores, alquilan equipo técnico y organizan viajes para grupos.

Algunos montañeros novatos se atreven con los nevados picos volcánicos cercanos a Arequipa, en el sur de Perú. El más popular es El Misti (5822 m), un antiguo lugar inca de sacrificios humanos. A pesar de su altitud, es, de hecho, un largo y arduo paseo. Chachani (6075 m) es uno de los picos de 6000 m más fáciles del mundo, aunque requiere crampones, piolet y un buen guía. Por encima del cañón del Colca se alzan otras tentadoras cimas.

Para los principiantes, tal vez Perú no sea el lugar más indicado. No todos los guías saben de primeros auxilios y de búsqueda y salvamento en la naturaleza. Conviene comprobar sus credenciales, elegir los recomendados personalmente y comprobar el equipo de alquiler antes de la escalada.

TOCANDO EL VACÍO

¿Qué lleva a una persona a soportar climas inhóspitos, hambre, agotamiento y falta de oxígeno a fin de conquistar imposibles cimas montañosas? Sobre esta pregunta ha reflexionado en profundidad Joe Simpson en su célebre libro, *Tocando el vacío*. Esta apasionante obra narra la historia de la ascensión que Simpson realizó junto a su compañero de escalada Simon Yates. Todo empezó bien, con un desafiante –y finalmente exitoso– ascenso por el abrupto Siula Grande, en la cordillera Huayhuash. Pero en el descenso, un accidente casi le cuesta la vida. El libro trata de las emociones, recompensas y angustias del montañismo. Un galardonado documental británico del 2003 recrea esta aventura.

Como sucede con el senderismo, la mejor época para la escalada a gran altura es la temporada seca (med jun-med jul).

'Rafting' y kayak

El descenso de ríos es cada vez más popular, con opciones que van de viajes de dos horas a más de dos semanas.

Cuzco es el punto de partida de la mayor variedad de descensos. Desde unas horas de *rafting* moderado en el Urubamba hasta circuitos para expertos por el Santa Teresa o varios días por el Apurímac –técnicamente la fuente del Amazonas–, con *rafting* de talla mundial entre mayo y noviembre. Una salida de *rafting* por el Tambopata, que puede hacerse entre junio y octubre, desciende por las laderas orientales de los Andes y culmina en un par de días de suave viaje a la deriva por la selva virgen.

Arequipa es otro centro de descensos y el río Chili es el más adecuado para los novatos entre marzo y noviembre. El río Majes, más lejos y arriesgado, cuenta con rápidos de niveles II y III. En la costa sur, el Lunahuaná, no muy lejos de Lima, es excelente para principiantes y expertos. Entre diciembre y abril, los rápidos pueden llegar a ser de nivel IV.

TODD LAWSON / GETTY IMAGES ©

Arriba: *Sandboard*. Huacachina (p. 127).

Abajo: *Rafting*, Caraz (p. 400).

Debe tenerse en cuenta que en Perú el *rafting* no está regulado. Todos los años se producen accidentes mortales y algunos ríos son tan remotos que los rescates pueden llevar días. Además, algunas empresas no respetan el medio ambiente y dejan sucias las playas. Por ello, se aconseja contratar excursiones solo con agencias recomendadas y de buena reputación, y evitar los viajes muy baratos. Un buen operador estará asegurado, mostrará su acreditación, contará con guías expertos y con certificados sobre primeros auxilios y llevará consigo un completo botiquín. Se recomienda escoger uno con equipo de primera clase que incluya balsas autoachicables, chalecos salvavidas aprobados por la US Coast Guard, cascos de primera y remos de recambio. Muchas compañías profesionales llevan en sus salidas de *rafting* un experto en kayak especializado en rescates en ríos.

Para más información sobre *rafting* en aguas rápidas en Perú, visítese www.pe ruwhitewater.com.

Surf, 'kitesurf' y surf de remo

El panorama surfista de Perú, con olas contundentes, pocos visitantes y un sinfín de rompientes remotos por explorar, atrae por igual a lugareños y forasteros. El *kitesurf* y el surf de remo también se están poniendo de moda.

En todo el sur de Lima los surfistas se deslizan en zonas populares y rompientes playeras en Miraflores (conocida como Waikiki), Barranquito y La Herradura. Las excepcionales olas que se abren por la izquierda en La Herradura están muy concurridas cuando hay fuerte oleaje. Los expertos prefieren Punta Hermosa, más al sur y con menos gente. En la cercana Punta Rocas y en Pico Alto –un arrecife "kamikaze" solo para iniciados, con algunas de las olas más grandes de Perú– se celebran competiciones nacionales e internacionales. La isla de San Gallán, frente a la península de Paracas, ofrece olas de derecha de talla mundial a los expertos. Solo se puede acceder en barco; los pescadores locales y los hoteles ofrecen información.

La costa norte tiene una hilera de rompientes excelentes. El más famoso es Puerto Chicama, donde se hacen deslizamientos de más de 2 km, en una ola de izquierda considerada la más larga del mundo. Pacasmayo, y Pimentel y Santa Rosa, cerca de Chiclayo, también ofrecen olas constantes. También vale la pena visitar Lobitos y Máncora, que es el núcleo de actividades como el surf de remo y el *kitesurf*, así como también Paracas.

El agua está fría de abril a mediados de diciembre (baja hasta 15°C) y son necesarios los trajes isotérmicos. De hecho, muchos surfistas los llevan todo el año (bastan 2/3 mm), aunque el agua esté algo más templada de enero a marzo (20°C aprox. en la zona de Lima). El extremo de la costa norte (al norte de Talara) permanece por encima de los 21°C casi todo el año.

Aunque no suele haber mucha gente, practicar surf puede ser todo un reto, pues la infraestructura es limitada y el alquiler del equipo, caro. La costa norte ofrece los mejores servicios, con tiendas de surf y hostales donde se pueden alquilar tablas y contratar excursiones; Huanchaco es una buena base. Los surfistas veteranos deberían llevar su propia tabla.

Las mejores webs para surfistas son www.peruazul.com, www.vivamancora. com y www.wannasurf.com, que ofrecen una exhaustiva y detallada lista de casi todos los rompientes de Perú, y www.magic seaweed.com y www.windguru.com, que publican lugares con buenas olas y partes meteorológicos.

'Sandboard'

Deslizarse por las gigantes dunas del desierto está ganando popularidad en lugares como Huacachina y las inmediaciones de Nazca, en la costa sur. Cerro Blanco (2078 m), en Nazca, es la duna de arena más alta del mundo. Varios hoteles y agencias de viajes ofrecen circuitos en *areneros* (vehículos que llevan a lo alto de las dunas y recogen a sus pies). Hay que escoger bien al conductor; algunos son muy temerarios.

Para más información sobre *sandboard* en el mundo, consúltese la revista *Sandboard Magazine* en www.sandboard.com.

Bicicleta de montaña y ciclismo

En los últimos años, la bicicleta de montaña ha ganado muchos adeptos, aunque en Perú sigue siendo un deporte en ciernes. Se puede practicar en muchas partes, y hay pistas de un solo carril, de distintos niveles de dificultad, a las afueras de Huaraz, Arequipa e incluso Lima. Los más expertos gozarán de una increíble oferta de rutas de montaña en los alrededores del Valle Sagrado y descensos hasta la selva amazónica, todos accesibles desde Cuzco. Entre las rutas más sencillas se cuentan las tierras de viñedos que rodean Lunahuaná y el cañón del Colca, empezando desde Chivay.

Las tiendas de alquiler suelen tener bicicletas de montaña muy sencillas, de modo que si se tiene pensado practicar ciclismo en serio, será mejor llevar la propia. El transporte de bicicletas en avión depende de cada compañía, por lo que conviene consultar varias. También habrá que llevar piezas de recambio y herramientas.

Natación

Es un deporte muy popular en la costa del desierto de enero a marzo, cuando el agua del océano Pacífico está más caliente y los cielos son azules. Los mejores lugares se hallan al sur de Lima. Pero es más bonito el tramo de la costa norte, sobre todo la tranquila Huanchaco, los alrededores de Chiclayo y los complejos turísticos para la *jet set,* siempre llenos, de Máncora.

El agua solo está templada todo el año al norte de Talara. Mucho cuidado con las corrientes peligrosas y recuérdese que las playas cercanas a las grandes ciudades suelen estar contaminadas.

Submarinismo

En Perú es una actividad limitada. El agua está fría salvo de mediados de diciembre a marzo. Durante esos meses está muy turbia, debido al vertido de los ríos de montaña. Las tiendas de submarinismo de Lima ofrecen cursos de certificación PADI, alquiler de equipos, y organizan excursiones a las colonias de leones marinos. Máncora es también un centro importante para la práctica de este deporte.

Equitación

En muchos destinos turísticos se alquilan caballos, pero no siempre se los trata bien, por lo que conviene examinarlos antes de montarlos. Un verdadero capricho es dar un paseo sobre un grácil caballo de paso peruano. Los descendientes de los equinos con pedigrí español y árabe, como los que montaban los conquistadores, tienen fama de dar el paso más fino del mundo. Hay establos por todo el país que ofrecen paseos de medio día o más, en especial en el Valle Sagrado, en Urubamba.

Parapente

Entre los diversos rincones para practicar este deporte se cuentan los acantilados costeros de la residencial Miraflores, a las afueras de Lima, y varios parajes de la costa sur, como Pisco y Paracas (y tal vez hasta puedan sobrevolarse las Líneas de Nazca). Como hay pocos operadores de parapente, conviene reservar con antelación a través de las agencias limeñas.

Por el Camino Inca

Si se imaginan profundas gargantas de color verde, perdidas ciudadelas y neblinosos picos que aparecen y desaparecen en el horizonte, se tendrá una idea de la experiencia que supone. Es increíble ascender estas escaleras de piedra milenarias para seguir la ruta andina oculta a los españoles durante siglos. Sin duda alguna, recorrer el Camino Inca es un rito de iniciación para el viajero, además de toda una aventura. La logística puede resultar complicada, así que es esencial planificar todo antes de calzarse las botas.

Planificar la excursión

Cuándo ir

Se organizan grupos durante todo el año, excepto en febrero, cuando llueve a cántaros y el Camino Inca se cierra para su mantenimiento. Los meses más fríos, secos y populares son de junio, julio y agosto, pero si se va bien preparado y con el equipo adecuado se puede recorrer en otra época.

Para evitar las aglomeraciones conviene ir antes o después de la estación de las lluvias: de marzo a mayo (vegetación, orquídeas y aves) o de septiembre a noviembre.

Expectativas

La excursión requiere estar en buena forma física, aunque no se cargue una mochila grande. Además de hacer ejercicio regularmente, las semanas previas al viaje (buen momento para comprobar el equipo) conviene entrenarse con otras excursiones y largos paseos. Las botas han de estar ya domadas. Por el camino quizá deba hacerse frente a cuestiones como el calor y la altitud. Caminando a un paso razonable se evitan muchos problemas.

Rutas alternativas a Machu Picchu

Camino Inca de dos días Ruta guiada con pernoctación en los puntos destacados del camino. Los permisos son limitados: conviene reservar con mucha antelación.

Lares Esta opción, más cultural, se hace mejor con guía. Es una excursión flexible de varios días a pintorescos pueblos andinos, con viaje en tren de Ollantaytambo a Aguas Calientes.

Sendero de Salkantay Pintoresca, aunque agotadora, excursión de cinco días que va de la jungla a terrenos andinos a 4700 m de altitud. Se puede ir por libre o con guía.

Camino Inca alternativo por la selva Esta ruta guiada, con opciones de excursionismo, ciclismo y *rafting*, lleva a Machu Picchu pasando por Santa Teresa.

Arriba: Machu Picchu (p. 44).

Abajo: El sendero Salkantay a Machu Picchu.

Reservar el viaje

Entre mayo y agosto conviene reservar el viaje con al menos seis meses de antelación. El resto de meses se puede conseguir un permiso pocas semanas antes, pero es difícil predecirlo. Solo los operadores autorizados los obtienen, aunque se puede comprobar la disponibilidad general en www.camino-inca.com.

Para relajar el paso y disfrutar de la naturaleza y las ruinas es mejor contratar un viaje de cinco días. Así, también, es más fácil encontrar lugares de acampada menos concurridos y pernoctar la tercera noche en el más pintoresco, Phuyupatamarka (3600 m).

Deben sondearse bien las opciones; conviene asesorarse en las agencias hasta dar con la que encaje. También es necesario contratar un seguro de viaje internacional que cubra las actividades al aire libre.

Reglamento y precios

El Camino Inca es la única excursión en la zona de Cuzco que no puede hacerse por libre; es obligatorio reservarla a través de un operador autorizado. Los precios van de 550 a 1465 US$.

Solo se permite el acceso al trayecto a 500 personas (incluidos guías y porteadores) por día, por lo que se precisa la mediación de un operador autorizado, que recibe los permisos por orden de solicitud. Es necesario proporcionar el número del pasaporte y enseñarlo en los controles a lo largo del camino. Si se tiene un nuevo pasaporte y se ha hecho el trámite con el antiguo quizá surjan problemas.

Los permisos son intransferibles: no se permiten cambios de nombre.

Elegir un operador

A pesar de que resulta tentador reservar cuanto antes la excursión es mejor estudiar las opciones con atención antes de dejar un depósito. Si el precio es lo esencial, conviene tener presente que las agencias más baratas pueden recortar gastos pagando poco a sus guías y porteadores. Otros inconvenientes son la peor calidad del equipo (p. ej., tiendas con goteras) y guías poco motivados.

El pagar más tampoco significa mayor calidad, pues los operadores internacionales se llevan su parte y contratan agencias

> ### RESERVAR CON ANTELACIÓN
>
> Debido a la popularidad del Camino Inca hay que hacer la reserva al menos con seis semanas de antelación en fechas fuera de temporada alta y de seis meses a un año de mayo a principios de septiembre. Esa misma antelación ha de aplicarse a la ruta de dos días.
>
> Si todas las fechas están reservadas, se puede realizar alguna de las rutas alternativas (p. 47).

peruanas. Es mejor contactar con varias agencias para comprobar la calidad de sus servicios. Se puede pedir un listado de lo que está incluido e información sobre el tamaño del grupo y el transporte que se utilizará. Hay que asegurarse de que el circuito incluye tienda, comida, cocinero, entrada de un día a las ruinas y viaje de regreso en tren.

Si se sigue una dieta específica hay que indicarlo claramente antes de partir e insistir en las alergias (y no en cuestiones de preferencias). A los veganos se les suele ofrecer mucha quinua y lentejas. De ser posible, conviene confirmar por escrito la aceptación de estos requerimientos.

Los porteadores del equipo –tiendas, comida, etc.– están incluidos. El viajero debe llevar sus efectos personales, incluido el saco de dormir. Si no se tiene experiencia, se aconseja contratar a un porteador para llevar el equipo personal, por aproximadamente 50 US$/día/10 kg.

Una parte del encanto del viaje es conocer a viajeros de otros países. Hay que tener en cuenta que el paso de cada uno varía y que la dinámica del grupo requiere cierto grado de compromiso.

Los que prefieran servicios más exclusivos pueden organizar excursiones privadas con un guía autorizado independiente (de 1250 a 2000 US$/persona). Es más caro, pero si se reúnen seis o más personas puede resultar más barato que los grupos estándar. Los precios varían mucho, así que se recomienda comparar varios.

La protección social de los porteadores es una cuestión de suma importancia en la región de Cuzco y el Ministerio de Trabajo de Perú hace respetar las leyes mediante multas y suspensión de licencias.

Machu Picchu

La impresionante ciudadela inca del s. xv está situada a 2430 m sobre el río Urubamba. Hasta ahora se la consideraba un centro político, religioso y administrativo, pero nuevas teorías indican que podría haber sido un palacio real diseñado por Pachacutec, el gobernante inca cuyas conquistas transformaron el imperio. Muchos caminos la unen a Cuzco, la capital inca, y a puntos importantes en la selva. Los conquistadores españoles nunca la descubrieron, y por eso los expertos se preguntan cuándo y por qué fue abandonada.

Se cree que en su momento álgido Machu Picchu tenía 500 habitantes. Es una maravilla de la ingeniería; las famosas murallas incas están construidas sin argamasa, solo con piedras encajadas entre sí. La edificación de la ciudadela necesitó miles de obreros y 50 años, y actualmente costaría más de mil millones de dólares.

Para que fuera habitable hubo que nivelar el suelo, canalizar el agua de manantiales de alta montaña por acueductos de piedra, y construir muros de contención verticales que se convirtieron en bancales agrícolas para cultivar maíz, patatas y coca. El sistema de drenado permitía desviar el agua de lluvia y aprovecharla para el riego. Los tejados y los bancales agrícolas, orientados al este, se beneficiaban al máximo del sol.

El yacimiento atrae tanto a estudiantes de historia como a aventureros o a místicos. Aunque aún se discute acaloradamente su función, lo que está fuera de discusión es la grandeza de Machu Picchu.

LOS MEJORES CONSEJOS

» **Visitar** antes de la llegada de la muchedumbre al mediodía.

» **Invertir** un mínimo de 3 h en la visita.

» **Usar** calzado cómodo y sombrero.

» **Llevar** agua para beber.

» **Encabezar** las excursiones para poder tener mejores vistas.

Intihuatana
Esta roca exquisitamente esculpida, cuyo nombre sign amarre del sol, fue usada por los astrónomos incas pa predecir los solsticios.

Bancales agrícolas del oeste

Plaza

A la Cabaña del Guardián de la Roca Funeraria

Templo de las Tres Ventanas
Desde las enormes ventanas trapezoidales enmarcada por dinteles de tres toneladas se divisa la plaza de aba La presencia de tres ventanas debe tener un significad especial, pues no es común en la arquitectura incaica.

ayna Picchu

ima de este pico de 2720 m, que esconde
vas y pequeños templos, se puede alcanzar
5-90 min. Atención con los escalones
ados, pues son resbaladizos. Cómprese el
ciado permiso con antelación.

Plaza Central

Amplia zona verde donde se pueden ver llamas
pasturando; separa la zona ceremonial de la
industrial y residencial.

**Entrada al Camino
de Huayna Picchu**

Zona residencial

emplo Principal

Zona industrial

**Casa del Sumo
Sacerdote**

Baños Ceremoniales

Fuentes

A la entrada principal

**A los bancales
agrícolas**

emplo del Sol

ta torre redonda se ve mejor desde arriba.
ene la mejor mampostería del yacimiento,
altar y una ventana trapezoidal, por lo que
odría haberse usado con fines astronómicos.

Tumba Real

Se cree que esta cueva de roca natural bajo el
Templo del Sol tenía un significado ceremonial.
Aunque está fuera del recinto, los visitantes
pueden ver su altar en forma de peldaño y los
nichos sagrados desde la entrada.

Templo
del Cóndor

Presidido por la figura
tallada en la roca de
una cabeza de cóndor
junto a lo que parecen
ser unas alas extendi-
das. Tras una cavidad,
fuera del recinto, hay
una pequeña celda
bajo tierra a la que
sólo se puede entrar
agachado.

Lonely Planet solo menciona a operadores que no han sido sancionados en el momento de preparar la guía. Por supuesto, hay muchos más operadores respetuosos con los trabajadores, y algunos de ellos ofrecen otras rutas, además de senderismo.

Amazonas Explorer (📞84-25-2846; www.amazonas-explorer.com) El proveedor más veterano de Cuzco, social y ecológicamente responsable. Ofrece excursiones de cinco días y rutas alternativas.

Aracari (📞en Lima 01-651-2424; www.aracari.com) Reputada agencia de Lima con circuitos de lujo.

Aventours (📞84-22-4050; www.aventours.com; Saphi 456, Cuzco) Agencia responsable con personal experto.

Culturas Peru (📞84-24-3629; www.iperutravel.com; Tandapata 354-A, Cuzco) Empresa muy respetada, de propiedad y dirección local, con prácticas sostenibles.

Explorandes (📞en Lima 01-715-2323; www.explorandes.com/es) Ofrece itinerarios de cinco días y una versión de lujo; con certificado ISO.

Intrepid Adventures (📞en Australia 61-3-9473-2626; www.intrepidtravel.com) Reconocida agencia australiana con prácticas sostenibles.

Peruvian Odyssey (📞84-22-2105; www.peruvianodyssey.com; Pasaje Pumaqchupan 204, Cuzco) Operador con 20 años de experiencia que también ofrece una ruta alternativa vía Santa Teresa.

Tambo Trek (📞84-23-7718; www.tambotreks.net) Compañía pionera que ofrece rutas clásicas y alternativas, y apoya las iniciativas de limpieza.

DERECHOS DE LOS PORTEADORES

En el pasado, los porteadores cobraban muy poco por llevar cargas excesivas, con lamentables condiciones laborales. Hoy en día, las leyes estipulan un pago mínimo de 170 PEN, equipo adecuado para dormir y comida, y tratamiento para las lesiones producidas en horas de trabajo. La carga se pesa en los controles del camino (cada porteador carga 20 kg de equipo del grupo y 5 kg de equipo propio).

Sin embargo, esas condiciones pueden mejorarse eligiendo bien la agencia. Hay operadores muy respetables, pero solo unos pocos se atreven a cobrar el precio que requiere un viaje bien organizado, equipado y guiado. Una excursión de calidad cuesta unos 500 US$. Por debajo de este precio a menudo las condiciones de los porteadores se ven afectadas (en el Camino Inca y otras rutas de senderismo). Se aconseja acudir a una agencia recomendada.

En el trayecto se puede hacer más para facilitar el trabajo de los porteadores:

➡ No llevar una carga excesiva. Alguien tendrá que acarrear la carga extra y los porteadores quizá no puedan llevar su equipo personal.

➡ No permanecer en la tienda-comedor hasta tarde; allí duermen los porteadores.

➡ Dar propina a los cocineros si gusta la comida y siempre a los porteadores.

➡ Dar propina a los porteadores directamente y en soles. No hay que hacerlo a través de la agencia o el guía.

➡ Si no se va a utilizar más el equipo, los pertrechos, como los sacos de dormir, son muy apreciados entre los porteadores. La ropa de abrigo, herramientas de bolsillo y linternas de cabeza son buenos regalos de fin de viaje.

➡ Si no gusta lo que se recibe hay que quejarse al guía y a la agencia, y formalizar una queja oficial en iPerú (www.peru.info), en una de sus sucursales o en línea.

A pesar de las evaluaciones anuales a los guías y las agencias, inhabilitar una empresa que haya actuado de forma irresponsable puede llevar tiempo, por lo que la información de los excursionistas es muy importante. Para conocer más sobre la vida de los porteadores se recomienda el documental *Mi Chacra*, galardonado con el premio a la mejor película del Banff Film Festival en el 2011.

Qué llevar

Se recomienda llevar bastones. En el Camino Inca hay varios descensos de escalones de piedra que destrozan los cartílagos. Otros cosas útiles: botiquín, filtro solar, sandalias para acampar, chaqueta de plumas para las noches frías, impermeable, gorro y guantes, sombrero para el sol, toalla de viaje, botas de montaña domadas, calcetines gruesos, ropa interior térmica, forro polar, cantimplora o mochila de hidratación, repelente de insectos, pantalones largos y gafas de sol. Hay que asegurarse de que la mochila no pesa demasiado y que se llevan suficientes pilas para la cámara, pues por el camino no hay tiendas.

Conviene llevar dinero en efectivo (soles) para las propinas; la cantidad adecuada para un porteador es 100 PEN y 200 PEN para un cocinero.

> ### CONSEJOS SOBRE EL AGUA
>
> De camino se aconseja calentar el agua del día siguiente y guardarla en una botella hermética; sirve para calentar el saco de dormir y cuando se comienza a andar ya está fría para beberla.

Rutas alternativas a Machu Picchu

Si se desea más información sobre rutas alternativas a Machu Picchu, la asesoría del South American Explorers Club es un buen recurso.

Camino Inca de dos días

Esta versión de 10 km del Camino Inca es una buena muestra de lo que implica el trayecto más largo. Es todo un entrenamiento y pasa por algunos de los paisajes más bonitos y las ruinas y terrazas más impresionantes del camino.

Consta de una empinada ascensión de tres a cuatro horas desde el km 104 hasta Wiñay Wayna y después otras dos horas por terreno más o menos llano hasta Machu Picchu. Se puede hacer en más tiempo para disfrutar de las vistas y explorar con calma la zona. Se recomienda tomar el primer tren desde Cuzco u Ollantaytambo.

Se pernocta en Aguas Calientes y se visita Machu Picchu al día siguiente, por lo que en realidad solo se camina un día. El precio medio va de 400 a 535 US$.

Excursión al valle de Lares

No se trata de un camino en sí, sino de una excursión por alguna de las diferentes rutas que llevan a Ollantaytambo por el espectacular valle de Lares. La ruta comienza en unas fuentes termales y pasa por pueblos agrícolas andinos, yacimientos arqueológicos incas poco conocidos, exuberantes lagunas y gargantas de ríos. Finaliza con un viaje en tren de Ollantaytambo a Aguas Calientes. A pesar de ser una excursión más cultural que técnica, el paisaje montañoso es impresionante y el paso de montaña más alto (4450 m) no es poca cosa. El precio medio es de 460 US$.

Excursión a Salkantay

Es una excursión más larga y espectacular, con un acceso a Machu Picchu algo más difícil que el del Camino Inca. El punto más alto es un paso a más de 4700 m de altura cerca del magnífico pico cubierto por glaciares de Salkantay (6271 m; "montaña salvaje" en quechua). Desde allí se desciende hasta los vertiginosos valles subtropicales. Se tardan de cinco a siete días en llegar a Machu Picchu y el precio medio es 400 US$.

Una alternativa más lujosa es acudir a **Mountain Lodges of Peru** (☎84-26-2640; www.mountainlodgesofperu.com; 2390-2990 US$/persona), que ofrece un servicio de guías de alta calidad y alojamientos confortables con bañeras de agua caliente. El precio varía según la temporada.

Camino Inca alternativo por la selva: la puerta trasera de Machu Picchu

Esta ruta ideada por proveedores y guías entre Cuzco y Machu Picchu pasa por Santa Teresa y ofrece opciones de dos a cinco días para hacer el camino en bicicleta, andando o en balsa. Recibe el sobrenombre de "puerta trasera de Machu Picchu". El número de días y de actividades varían, pero la parte esencial de los circuitos es la misma.

Comienza con un largo viaje en automóvil de cuatro a cinco horas de Cuzco a Abra Málaga –el paso más alto (4350 m) entre Ollantaytambo y la cuenca del Amazonas. En un punto en el lado del Amazonas se usan bicicletas de montaña para hacer el largo viaje a Santa María. Se empieza en una carretera asfaltada que se convierte en pista a los 20 km y es un increíble y paisajístico descenso de la zona glacial a la tropical, de 71 km en total.

Con algunos operadores se recorren a pie los 23 km de Santa María a Santa Teresa y con otros, que argumentan que no es una excursión interesante, aunque se hace un corto tramo del "camino de hierro" anterior a la conquista, la versión inca de una autopista, se va en automóvil (1 h).

De cualquier forma, se llega a las aguas termales de Cocalmayo en Santa Teresa. Algunos operadores incluyen *rafting* cerca de Santa Teresa o las tirolinas de Cola de Mono.

Desde Santa Teresa se pueden caminar los 20 km a Machu Picchu, 12 de ellos por vías férreas. El paisaje del río es bonito, aunque no especialmente atractivo, además suele haber polvo y se pasa calor. También existe la opción de ir en autobús o en tren. Se puede desandar esta ruta para volver a Cuzco, pero es mucho más rápido tomar el tren que pasa por el Valle Sagrado.

Hay muchas variantes de este viaje y las más básicas no incluyen hoteles o el precio de la entrada, por lo que conviene leer la letra pequeña. Tanto si se está en una tienda o un albergue, lo más importante es la calidad de las bicicletas, guías profesionales y si se camina o se toma el tren a Aguas Calientes. Pueden hacerse excursiones de 3 días/2 noches a partir de 465 US$ que normalmente incluyen una visita guiada a Machu Picchu y el tren de regreso a Ollantaytambo.

Gravity Peru (p. 219) ofrece las mejores bicicletas. Otros operadores de renombre son **Reserv Cusco** (☑84-26-1548; www.reserv-cusco-peru.com; Plateros 326, Cuzco) y X-Treme Tourbulencia (p. 216).

Puesta a punto

Viajar con niños

Viajar con niños en Perú puede resultar ventajoso, ya que se trata de una sociedad muy familiar que valora a los pequeños como tesoros. Los padres podrán entablar conversación con los lugareños más fácilmente gracias a sus hijos, rompiendo las posibles barreras culturales. Además, Perú es un lugar estupendo para los niños, ya que les ofrece muchas posibilidades de explorar e interactuar.

Perú para niños

Aunque es un destino ideal para ir con niños, no está de más tomar las precauciones habituales, entre ellas las vacunas. Las tarifas también suelen ser más baratas o incluso gratuitas.

Datos de interés

➡ **Transporte público** A menudo se cede el asiento a los niños, e incluso hay quien ofrece a los padres que sienten al niño sobre su regazo. En general, los niños no pagan el billete si viajan sentados sobre sus padres.

➡ **Conducción** Las agencias de alquiler de coches no siempre cuentan con elevadores para niños; es mejor contar con uno propio.

➡ **Embarazadas y lactantes** Las embarazadas disfrutan de plazas de aparcamiento especiales y no hacen cola en las tiendas de alimentación. Dar el pecho en público es muy frecuente, aunque debe hacerse de forma discreta.

➡ **Canguros** Los servicios de canguros o los clubes de actividades infantiles suelen restringirse a los hoteles de lujo y complejos turísticos.

➡ **Baños públicos** En general, los lavabos públicos no están bien cuidados. Siempre hay que llevar papel higiénico. Una mujer puede

Las mejores regiones para niños

Lima

A los niños les encanta el Parque del Amor, el Circuito Mágico del Agua, visitar los mercados y participar en las actividades al aire libre.

Cuzco y el Valle Sagrado

Ofrece algo para todas las edades, ya sea explorar los estrechos pasajes del casco antiguo de Cuzco, visitar un mercado tradicional o ascender la *via ferrata*.

La costa

Los complejos costeros como Paracas y Huanchaco ofrecen playas y olas. Su suave y soleado clima facilita los objetivos.

Machu Picchu

¿Qué puede ser más intrigante para un adolescente que los misterios de los incas? Los yacimientos cercanos de Ollantaytambo, Pisac y Maras también ofrecen emocionantes posibilidades de exploración.

entrar en el lavabo para señoras con un niño, pero está mal visto que un hombre entre en el de caballeros con una niña.

➡ **Vuelos** Suele haber descuentos para niños menores de 12 años, y los bebés menores de 2 años solo pagan 10% de la tarifa si no ocupan asiento.

Salud y seguridad

Lo más importante es la dieta. Solo debe beberse agua filtrada o mineral. También conviene evitar las verduras crudas, a menos que se hayan preparado de forma correcta. Hay que ser especialmente cuidadoso con la comida para evitar peligrosas diarreas. Los bebés son más vulnerables ante la hepatitis A y la fiebre tifoidea, que se contraen vía comida o agua contaminada, porque normalmente todavía no han sido vacunados.

El sol puede ser peligroso, en especial en las alturas, por lo que conviene que estén bien tapados y protegidos con filtro solar. Y no hay que olvidar el mal de altura, por lo que es importante realizar una buena aclimatación. No se recomienda llevar a niños menores de 3 años a gran altitud. Conviene consultar al pediatra sobre la aclimatación de los niños a la altitud.

No se debe llevar a niños menores de 9 meses a regiones selváticas, puesto que la vacuna de la fiebre amarilla no es segura en esta edad.

Todos los viajeros que visitan países con malaria endémica deben consultar a su médico para contar con medidas de quimioprofilaxis según la edad y factores de riesgo. Las directrices actuales recomiendan la mefloquina, doxiciclina y atovaquona/proguanil, también aptas para niños aunque con restricciones según la edad y la fórmula. En algunos casos el tratamiento debe comenzar dos semanas antes de viajar, por lo que se debe planificar con antelación.

Los repelentes para insectos con DEET son seguros para niños en concentraciones inferiores al 30%, según la American Academy of Pediatrics (para adultos hasta 50%), pero no se recomiendan para bebés menores de 2 años (se aconseja protegerlos con telas o utilizar mosquitera).

AVENTURAS PARA NIÑOS EN PERÚ

Existe una gran oferta para satisfacer a los jóvenes aventureros:

Aventura
➡ *Rafting* cerca de Cuzco
➡ Paseos a caballo en las estribaciones andinas
➡ Zambullirse en las pozas calientes de La Calera en el cañón del Colca
➡ Tirolinas en el Valle Sagrado
➡ Rutas en bicicleta en los senderos costeros de Lima
➡ Explorar las ruinas de Chachapoyas, el Valle Sagrado y Machu Picchu
➡ Contemplar la naturaleza del Amazonas

Ocio
➡ Fiestas con bailes tradicionales
➡ Cuerdas elásticas y muros de escalada en verano
➡ Llamas y alpacas en granjas y zoos infantiles

Comida
➡ Quintas (restaurantes de comida andina) con parrillas enormes y jardines con entretenimientos
➡ Pícnics en afloramientos rocosos con vistas al mundo

Refugios en días lluviosos
➡ Chiquity Club en Cuzco y ludotecas en Lima
➡ Preparar chocolate en los museos del chocolate de Lima y Cuzco

Debido a que abundan los perros callejeros no está de más vacunarlos contra la rabia. La mayoría de los perros son tranquilos, pero es mejor evitar los que parezcan agresivos.

Comida

Los restaurantes no cuentan con menús para niños, pero la mayoría ofrece platos adecuados para ellos o atiende peticiones especiales. Se pueden pedir platos sin picante para compartirlo con otro niño o con un adulto. No hay que esperar a que todos tengan hambre, pues el servicio puede ser lento. Algunos restaurantes grandes cuentan con tronas.

Aventura

Los viajes en tren o en piragua por la selva son toda una aventura para ellos. El turismo comunitario en zonas rurales puede ser una estupenda opción. Muchas de las actividades para adultos pueden adaptarse a los niños. Los paseos a caballo o el barranquismo suelen tener un límite de edad (a partir de 8 años), pero son perfectos para los adolescentes. Algunos ríos son apropiados para que los niños vayan en barca o hagan *rafting;* hay que asegurarse de que las agencias proporcionan salvavidas y trajes de neopreno de la talla adecuada.

Planificación

Cuándo ir

En verano (de diciembre a febrero) hay más posibilidades de disfrutar de buen tiempo y divertirse en la playa, aunque se puede ir a la costa todo el año. Conviene evitar el Altiplano durante los meses de lluvia (de diciembre a marzo). La estación seca en el Altiplano, de junio a agosto, es ideal para explorar Cuzco y Machu Picchu, aunque es la temporada de mayor afluencia de turistas.

Alojamiento

La mayoría de los hoteles de precio medio y alto ofrecen descuentos si los padres comparten la habitación con niños menores de 12 años, y solo los de lujo proporcionan cunas. Las cabañas y apartamentos en destinos playeros, son una buena opción para cocinar por cuenta propia.

Qué llevar

➡ Es conveniente hacer acopio de pañales en Lima o ciudades grandes antes de viajar a zonas rurales. También se deben llevar las medicinas habituales, termómetro y, por supuesto, juguetes. La leche en polvo y la comida para bebé se encuentran fácilmente.

➡ En los baños no suele haber jabón, así que no está de más llevar desinfectante para las manos.

➡ Se puede encontrar repelente de insectos, pero no siempre sin componentes tóxicos.

➡ Conviene llevar medicación para la diarrea, por si acaso.

➡ Los niños deben llevar ropa cómoda para las actividades al aire libre, bañador, sombrero para el sol, chaqueta de chándal y ropa de abrigo para los días y noches fríos. Antes de partir, hay que asegurarse de que llevan calzado domado. Las sandalias también son útiles en la costa.

➡ Una cámara digital barata o unos binoculares proporcionan grandes dosis de esparcimiento.

➡ Se pueden alquilar bicicletas y cascos para niños y equipo de surf.

➡ Los cochecitos solo son útiles en las ciudades.

➡ Las mochilas portabebés son prácticas en las visitas a los mercados o en las excursiones con bebés o niños de más de seis meses.

➡ Las tabletas o consolas llaman mucho la atención, por lo que debe cuestionarse su uso o restringirlo a la intimidad del hotel.

Antes de partir

Cuando se planea un itinerario conviene involucrar a los niños en la planificación desde el principio. En caso de alquilar un coche, se debe preguntar si se puede reservar un elevador. *Viajar con niños* de Lonely Planet (2017) ofrece buena información, consejos y anécdotas.

En Perú no es necesario ceñirse a un plan, puesto que muchas actividades se pueden reservar con poca antelación.

De un vistazo

Con un desierto costero, los abruptos Andes y la exuberante selva amazónica, Perú rebosa diversidad paisajista. La vida urbana en Lima es una de las más sofisticadas del continente, mientras que las comunidades de las áreas remotas siguen fieles a tradiciones milenarias. En este mosaico cultural, los peregrinajes cristianos o los que honran a los dioses indígenas conviven con las discotecas y con antiguas ruinas. A todo ello se añade la sublime cocina peruana, distinta en cada región, y basada en ingredientes locales con un toque contemporáneo. Bienvenidos a Perú, un deleite para los sentidos.

Lima

Comida
Cultura
Vida nocturna

Novoandina y mucho más

La cocina multicultural de autor de Lima introduce ingredientes de la tradición indígena en platos sofisticados. Se recomienda visitar el festival gastronómico de Mistura, con medio millón de visitantes.

De discotecas a catacumbas

Fundada en el siglo xv, tiene una gran oferta cultural, con catacumbas coloniales, museos, clubes y galerías en el distrito de Barranco.

La noche

Tras la puesta de sol, millones de luces invitan a disfrutar de la noche. Primero, se toma un pisco *sour* o un chilcano en un bar curtido o en un salón. Y después, baile hasta el amanecer a ritmo de cumbia, *house, tecno, rock* latino o reguetón.

p. 56

Costa sur

Historia
Aventura
Vino

Historia entre líneas

Dos civilizaciones preincaicas dejaron su huella en Perú: los famosos geoglifos de Nazca en el desierto al sur de Ica y los tejidos de Paracas, enterrados en las necrópolis cerca de Pisco.

Dosis de adrenalina

Hacer *rafting* en el río de Lunahuaná y *sandboard* en el desierto de Huacachina y Cerro Blanco, donde se encuentra la mayor duna del mundo, y se puede alquilar un todoterreno para descubrir zonas inexploradas.

Viñedos en el desierto

Las mejores viñas crecen en este desierto del sur. Ica es la capital del vino y el pisco, pero también hay buenas bodegas en Lunahuaná y Moquegua.

p. 109

Arequipa y la tierra de los cañones

Senderismo
Arquitectura
Comida

Cañón del Colca

Aquellos que deseen alejarse de las multitudes podrán disfrutar de los solitarios senderos de los cañones del Colca y del Cotahuasi.

La ciudad blanca

Arequipa, construida con sillares volcánicos blancos, es una de las ciudades coloniales españolas mejor conservadas de América. Sin embargo, a las muy bien mantenidas iglesias barrocas de los pueblos del cañón del Colca se les hace menos propaganda.

La picantería

Antes de Gastón Acurio, Arequipa ya fusionaba las culturas quechua, española y china, ofreciendo una cocina híbrida que queda reflejada en sus restaurantes.

p. 145

Lago Titicaca

Fiestas
Cultura
Desvíos

"Like a Virgin"

Puno es conocido por sus festivales, sus trajes y los más de 300 bailes tradicionales. La Virgen de la Candelaria (2 de febrero) honra a la patrona de la ciudad con la fiesta más importante del año.

Islas flotantes

Experimentar la vida en las comunidades es la mejor opción en esta gran extensión a casi 4000 m de altura. Los isleños viven en otra dimensión, marcada por las construcciones surrealistas de juncos de los uros, o el ritmo rural de la isla Amantaní.

Maravillas remotas

Visitar la reserva natural de la isla Suasi o pasar unos días en una casa particular de la orilla del lago para experimentar el intemporal Titicaca.

p. 175

Cuzco y el Valle Sagrado

Ruinas
Aventura
Cultura

Ruinas del Valle Sagrado

Se puede pernoctar en Ollantaytambo o Pisac para sumergirse en la cultura y los paisajes andinos, antes de ir al Machu Picchu.

Salto a la aventura

Viajar de los Andes a la jungla en bicicleta, ascender una pared por la *vía ferrata* o explorar la naturaleza en los alrededores de Ausangate. Cuzco es el centro de actividades de aventura.

Mundo quechua

La cultura inca impregna los yacimientos, pero las comunidades indígenas también tienen mucho que ofrecer. Se puede hacer turismo, unirse a alguna fiesta o hacer la excursión a Lares, a través de pueblos andinos.

p. 201

Centro del Altiplano

Arquitectura
Desvíos
Fiestas

Alternativas coloniales

Ayacucho y Huancavelica ofrecen una visión distinta del Perú colonial. Sin fondos para su conservación, no han sucumbido a las cadenas comerciales occidentales: vagabundear por sus calles es un viaje en el tiempo.

Rutas por las carreteras andinas

Los Andes de siempre: autobuses que discurren por carreteras atravesando desfiladeros hasta lugares apenas visitados por turistas.

La Semana Santa

Hay valles en los que hay un festival distinto cada día. Es imprescindible asistir a la mejor Semana Santa de Sudamérica y visitar las localidades del río Mantaro.

p. 276

Costa norte

Ruinas
Comida
Playas

Tras la historia

En la costa norte, cada grano de arena de su desértico paisaje de grandes dunas oculta una ruina antediluviana casi intacta.

Ceviche

El plato icónico de Perú es el ceviche (pescado crudo marinado en limón y chili, servido con cebollas, maíz y boniatos), una de las mejores cartas del renacimiento gastronómico del país.

Arena dorada

Quienes deseen unas vacaciones playeras disfrutarán al pisar la arena de Huanchaco, Colán, Máncora o Punta Sal, y tal vez no querrán regresar a casa.

p. 316

Huaraz y las cordilleras

Senderismo
Aire libre
Ruinas

La capital del senderismo

Los majestuosos picos de las cordilleras Blanca, Negra y Huayhuash albergan los senderos más emblemáticos de Sudamérica, incluidos en una vasta red de rutas con paisajes de postal.

Al aire libre

Además de senderismo, estas montañas ofrecen multitud de actividades de aventura al aire libre: bicicleta de montaña, excursiones a caballo, escalada en roca y en hielo, y expediciones andinistas.

Chavín de Huántar

Estas ruinas catalogadas por la Unesco son uno de los yacimientos más importantes; una opción cultural para descansar de las actividades de aventura.

p. 372

Norte del Altiplano

Naturaleza
Ruinas
Comida

Regreso a la naturaleza

Ofrece algunos de los paisajes más impresionantes, entre ellos la cascada Gocta, de 771 m de altura, además del avistamiento de aves y alojamientos en plena naturaleza.

Kuélap

Las ruinas de Kuélap, muy bien conservadas y casi tan impresionantes como Machu Picchu, se esconden en bosques cercanos a Chachapoyas, y son una razón para aventurarse en este rincón de la selva.

Sabores de las tierras bajas

Las recetas de Tarapoto y Chachapoyas con influencia de las zonas selváticas ofrecen sabores originales: se pueden degustar en los restaurantes de Lima, junto a sus elixires regionales.

p. 413

Cuenca del Amazonas

Aventura
Flora y fauna
Fiestas

Exploración a la antigua

Hacer senderismo en un follaje tan denso que obliga a cortarlo, recorrer ríos en piraguas; lanzarse en tirolina... Hecho a medida para aventureros.

Animales escurridizos

Atisbar anacondas, insectos gigantes, delfines de río rosados, gallitos de las rocas exclusivos del bosque de Manu, o incluso jaguares, puede ser toda una aventura salvaje.

Potentes celebraciones

Las dos fiestas más importantes del Amazonas, San Juan (Iquitos) y Selvámonos (Oxapampa), son de las mejores de Perú; se celebran en junio, con solo una semana de diferencia entre sí.

p. 447

En ruta

Lima

🎵 01 / 9.8 MILLONES DE HAB.

Los mejores restaurantes

➡ Central (p. 93)

➡ Astrid y Gastón Casa Moreyra (p. 90)

➡ ámaZ (p. 92)

➡ El Rincón que no Conoces (p. 95)

Los mejores alojamientos

➡ Hotel de Autor (p. 85)

➡ Casa Cielo (p. 83)

➡ Second Home Perú (p. 87)

➡ 3B Barranco B&B (p. 86)

➡ Casa nuestra (p. 86)

Por qué ir

Cuando la niebla envuelve sus fachadas coloniales y promontorios, los encantos de Lima aparecen con sutileza. Esta extensa metrópoli, que se eleva sobre una larga costa de acantilados desmoronados, es la segunda capital más seca del mundo después de El Cairo. Para disfrutarla no hay nada como sumergirse en el caos de altas torres de pisos erigidas junto a templos precolombinos y en el ruidoso tráfico acompañado del rumor de las olas del océano Pacífico.

Sin embargo, también es sofisticada y atesora una cultura milenaria. Los museos estatales albergan una cerámica sublime; las galerías exponen arte vanguardista; las solemnes procesiones religiosas recuerdan al s. XVIII y las atestadas discotecas difunden ritmos tropicales. Nadie debería pasar por alto su talento culinario, una revolución gastronómica gestada durante más de 400 años.

Esta es Lima. Envuelta en historia, en su encantador desorden, pletórica de delicias estéticas. Imposible obviarla.

Cuándo ir
Lima

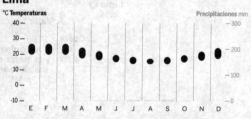

Todo el año Un clima suave y seco permite visitar cómodamente la capital.	**Dic-mar** Meses más cálidos y cielos azules, ideales para hacer surf.	**Finales ago** Procesiones en la fiesta de Santa Rosa de Lima, la santa más importante de Perú.

Historia

Lima ha sobrevivido a terremotos y guerras, así como al esplendor y declive de varias civilizaciones, y ha renacido tras cada devastación. En tiempos prehispánicos la zona fue el centro urbano de las culturas lima, huari, ichsma e incluso de los incas en diferentes períodos.

Cuando en enero de 1535 Francisco Pizarro esbozó los límites de su "Ciudad de los Reyes" vivían en el lugar unos 200 000 indígenas. En el s. XVIII la aldea española original de adobe y madera había dado paso a la capital del virreinato a la que acudían las flotas para cargar el oro con destino a Europa. En 1746, un fuerte terremoto destruyó gran parte de la ciudad, que se reconstruyó con bellas iglesias y amplias casonas. Tras la independencia, en 1821, empezó a declinar, pues otros centros urbanos se erigieron como capitales de los nuevos estados independientes.

En 1880 la ciudad fue saqueada y ocupada por las tropas chilenas durante la llamada Guerra del Pacífico (1879-1883); el ejército chileno se llevó miles de tomos de la Biblioteca Nacional (devueltos en el 2007). En la década de 1920, gracias a la expansión posterior a la guerra, Lima creció surcada por una red de anchos bulevares inspirados en el diseño urbano de París. En 1940, otro devastador terremoto obligó a reconstruirla de nuevo.

A mediados del s. XX la población aumentó de forma exponencial. La llegada de campesinos pobres hizo crecer el número de habitantes del área metropolitana, que pasó de 661 000 en 1940 a 8,5 millones en el 2007. La inmigración fue especialmente intensa en la década de 1980, cuando los conflictos armados en los Andes desplazaron a muchas personas. Surgieron las chabolas, proliferó la delincuencia y la ciudad empezó a decaer. En 1992, el grupo terrorista Sendero Luminoso atentó con camiones bomba contra el barrio de clase media de Miraflores y sumió a Lima en uno de los más tristes períodos de su historia.

En la actualidad se ha rehecho y goza de un nivel impresionante. Una economía sólida y un conjunto de mejoras municipales destinadas a su recuperación han llevado a pavimentar sus calles, renovar los parques y crear zonas públicas más seguras.

⊙ Puntos de interés

Lima Centro, el casco histórico de la ciudad, es una cuadrícula de animadas calles trazadas en el s. XVI, en tiempos de Francisco Pizarro, que alberga la mayor parte de la arquitectura colonial que se conserva. El opulento San Isidro es el centro financiero y uno de sus distritos más acomodados. Bordea el contiguo barrio costero de Miraflores, el centro

LIMA PUNTOS DE INTERÉS

LIMA EN...

Dos días

Este **circuito a pie** (p. 68) empieza en el centro colonial. Se come en el histórico **El Cordano** (p. 88) o en el precioso **Domus** (p. 88). Después se ve la cerámica chancay en la impecable mansión histórica del **Museo Andrés del Castillo** (p. 66) y se termina el día con una peregrinación más importante: un pisco *sour* en **El Bolivarcito** (p. 96), el famoso bar del Gran Hotel Bolívar, o en el **Museo del Pisco** (p. 96).

El segundo día puede ser precolombino o contemporáneo: se ve la impresionante cerámica mochica en el **Museo Larco** (p. 77) o una emocionante exposición sobre el Conflicto Interno en el **Museo de la Nación** (p. 69). Por la tarde, se toma un café exprés en **Cafe Bisetti** (p. 95) y se pasea por los jardines de los acantilados de **Barranco** (p. 75); también se puede visitar **Huaca Pucllana** (p. 75), el centenario templo de adobe en pleno Miraflores. Por la tarde se puede probar la cocina novoandina en uno de los muchos y magníficos restaurantes de la ciudad.

Tres días

Si se quiere algo colonial, por la mañana visítese el exquisito **Museo Pedro de Osma** (p. 77), en Barranco, para ver algunos de los más misteriosos lienzos de la Escuela de Cuzco y abundantes reliquias de la época del virreinato. Después, al lado, se da un paseo por **MATE** (p. 76), para ver el apasionante legado del fotógrafo Mario Testino. O se va de excursión de un día a **Pachacamac** (p. 106) para admirar unas ruinas de hace casi dos milenios. La tarde se puede pasar regateando artesanías en el **Mercado Indio** (p. 99) de Miraflores.

1 Probar deliciosos platos peruanos en los innovadores restaurantes de **Miraflores** (p. 90).

2 Tomar cócteles de pisco en los bares y *lounges* de **Barranco** (p. 97).

3 Admirar las obras maestras precolombinas, desde tapices hasta orfebrería en oro, en el **Museo Larco** (p. 77).

4 Explorar las arenosas ruinas con templos de distintas civilizaciones en **Pachacamac** (p. 106).

5 Saltar en **parapente** (p. 79) desde los acantilados de Miraflores y volar entre sus altas torres con el Pacífico en el horizonte.

6 Observar las calaveras de los santos más venerados de Latinoamérica en **la iglesia de Santo Domingo** (p. 65) en Lima Centro.

7 Pasear a pie o en bicicleta por los exuberantes **parques de la costa** (p. 70).

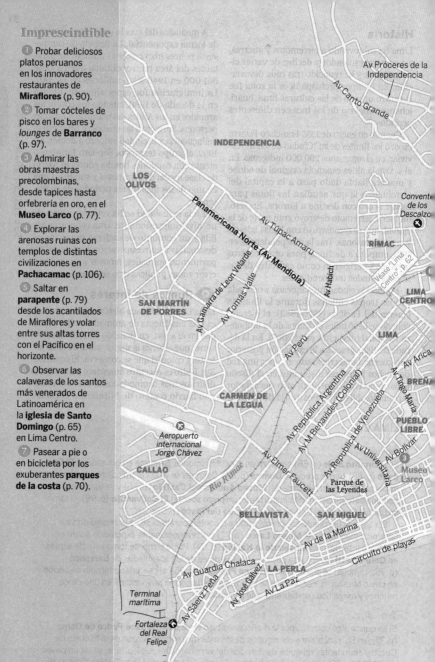

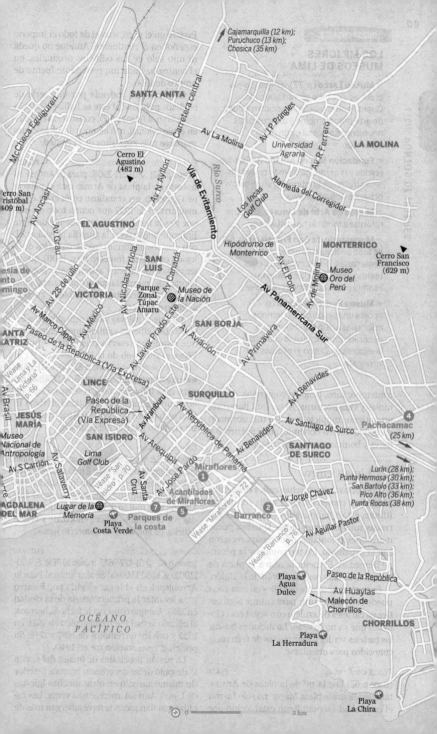

Cajamarquilla (12 km);
Puruchuco (13 km);
Chosica (35 km)

SANTA ANITA

Carretera central

Av La Molina

Av J P Pringes

Av R Ferrero

Universidad
Agraria

LA MOLINA

Cerro El
Agustino
(482 m)

Av N Ayllon

Río Surco

Alameda del Corregidor

Cerro San
Cristóbal
(409 m)

Av Ancash

Av Grau

EL AGUSTINO

Av 28 de Julio

Av Nicolás Arriola

SAN
LUIS

Av Canadá

Los Incas
Golf Club

MONTERRICO

Cerro San
Francisco
(629 m)

Hipódromo de
Monterrico

Av El Polo

Av de Molina

Museo
Oro del
Perú

iglesia de
nto
mingo

LA
VICTORIA

Av México

Parque
Zonal
Túpac
Amaru

Museo de
la Nación

Av Javier Prado Este

Av Aviación

SAN BORJA

Av Primavera

Av Panamericana Sur

ANTA
ATRIZ

Av Manco Cápac

Paseo de la República (Vía Expresa)

Véase
"Lima y La
Victoria" p. 66

LINCE

Paseo de la
República
(Vía Expresa)

Av Arambaru

SURQUILLO

Av República de Panamá

Av Benavides

Av A Benavides

Av Santiago de Surco

Pachacamac
(25 km)

JESÚS
MARÍA

Museo
Nacional de
Antropología

Av S Carrión

Av Salaverry

SAN ISIDRO

Lima Golf Club

Av Arequipa

Av Jose Pardo

Véase "San
Isidro" p. 70

Av Santa
Cruz

Miraflores

SANTIAGO
DE SURCO

Av Jorge Chávez

Lurín (28 km);
Punta Hermosa (30 km);
San Bartolo (33 km);
Pico Alto (36 km);
Punta Rocas (38 km)

MAGDALENA
DEL MAR

Lugar de la
Memoria

Playa
Costa Verde

Parques de
la costa

Acantilados
de Miraflores

Véase "Miraflores" p. 72

Barranco

Véase "Barranco" p. 76

Av Aguilar Pastor

OCÉANO
PACÍFICO

Playa
Agua
Dulce

Paseo de la República

Av Huaylas

Malecón de
Chorrillos

CHORRILLOS

Playa
La Herradura

Playa
La Chira

0   3 km

INDISPENSABLE

LOS MEJORES MUSEOS DE LIMA

➡ **Museo Larco** (p. 77), exhibe vasijas eróticas y es todo menos aburrido. Cuenta con la mayor colección mundial de arte precolombino y ofrece visitas nocturnas con cena en un patio iluminado.

➡ **Fundación Museo Amano** (p. 70), los tejidos y la cerámica de esta colección se disfrutan en la intimidad en circuitos privados con cita previa.

➡ **Museo de Arte de Lima** (p. 67), una reforma a fondo lo ha revitalizado.

➡ **Monasterio de San Francisco** (p. 61), es todo un tesoro de catacumbas centenarias, pero también alberga textos anteriores a la conquista y asombrosos accesorios coloniales.

➡ **Museo Pedro de Osma** (p. 77), aporta una visión de los tiempos coloniales en un bonito entorno, decorado con exquisitos cuadros de la escuela de Cuzco y reliquias del virreinato.

contemporáneo, lleno de comercios, restaurantes y vida nocturna. Al sur está Barranco, un antiguo complejo turístico transformado en activo núcleo bohemio, con concurridos bares y bonitas zonas para pasear.

◉ Lima Centro

Las bulliciosas y estrechas calles del centro histórico y comercial, en la orilla sur del río Rímac, están flanqueadas por iglesias barrocas muy ornamentadas. Quedan pocas mansiones coloniales, pues desaparecieron con la expansión, los terremotos y la perenne humedad. El mejor acceso a la plaza de Armas es la calle peatonal Jirón de la Unión.

Encontrar nombres de calles en esta zona puede ser una locura; para colmo, algunas tienen carteles de azulejo con nombres coloniales que ya no se usan. Lo mejor es buscar los carteles verdes y usar puntos de referencia conocidos para orientarse.

Plaza de Armas   PLAZA

(plano p. 62) Los 14 m² de la plaza de Armas, también llamada plaza Mayor, no solo fueron el centro del asentamiento establecido por

Pizarro en el s. xvi, sino el de todo el Imperio español en el continente. Aunque no queda ni uno solo de sus edificios originales, en el centro hay una impresionante fuente de bronce de 1650.

La plaza está rodeada por una serie de edificios públicos: al este se halla el Palacio Arzobispal (plano p. 62), construido en 1924 en estilo colonial, con algunos de los balcones moriscos más exquisitos de la ciudad.

Palacio de Gobierno   PALACIO

(plano p. 62; ☏01-311-3908; plaza de Armas) Al noreste de la plaza de Armas está el palacio de Gobierno, un grandioso edificio de estilo neobarroco de 1937 que ocupa todo un bloque y es la residencia del presidente de Perú. Enfrente puede verse la guardia presidencial, con vistosos uniformes (recuerdan a los de la legión extranjera francesa de c. 1900), que al lento paso de la oca y acompañada por una banda que interpreta como una marcha militar *El cóndor pasa* hace el cambio de guardia a diario a las 12.00.

Aunque el palacio ya no está abierto a los visitantes, alberga exhibiciones temporales que requieren reserva previa de 48 horas. Véase el sitio web de la Presidencia de la República de Perú (plano p. 62; ☏01-311-3908; www.presidencia.gob.pe; ⊗visits 9.00-11.00 sa y do) para más información y reservas. Hay que llevar un documento de identidad en vigor. El sitio web ofrece una visita virtual que muestra el lujoso interior del edificio.

Choco Museo   MUSEO

(plano p. 62; www.chocomuseo.com; Jirón Junin esq. Peatonal Carabaya; taller 2 h adultos/niños 75/ 55 PEN) Situado en un edificio histórico del s. xvi donde durmió una vez el general San Martín, este museo del cacao, que tiene tiendas por la ciudad, elabora chocolate y vende delicias ecológicas y de comercio justo.

Catedral de Lima   CATEDRAL

(plano p. 62; ☏01-427-9647; museo 10 PEN; ⊗9.00-17.00 lu-vi, 10.00-13.00 sa) Se alza junto al Palacio Arzobispal, en el lugar elegido por Pizarro para levantar la primera iglesia de la ciudad en 1535. Aunque conserva la fachada barroca, el edificio actual fue reconstruido en 1551, en 1622 y tras los terremotos de 1687 y 1746. Su principal restauración fue en 1940.

La pasión neoclásica de finales del s. xviii lo despojó de su decoración barroca interior (lo mismo sucedió en otras muchas iglesias de Lima). Aun así, merece una visita. Las capillas que flanquean la nave albergan más de una docena de altares tallados en variados estilos, y el ornamentado coro de madera de Pedro de Noguera, de principios del s. XVII, es una obra maestra de la escultura rococó. El museo conserva pinturas, ornamentos y una intrincada sacristía.

Junto a la entrada principal se halla la capilla recubierta de mosaicos, donde yacen los restos de Pizarro. Su autenticidad se cuestionó en 1977, cuando unos trabajadores que limpiaban una cripta descubrieron varios cuerpos y una urna de plomo sellada con la inscripción "Aquí yace la cabeza del caballero marqués don Francisco Pizarro, que descubrió y ganó los reinos del Perú...". Tras una serie de pruebas realizadas en la década de 1980, científicos forenses estadounidenses concluyeron que el cuerpo que había sido expuesto en la capilla era el de un oficial desconocido, y que el cuerpo brutalmente acuchillado y decapitado de la cripta era el de Pizarro. Ambos, cabeza y cuerpo, se llevaron a la capilla, donde también puede verse la urna de plomo con dicha inscripción.

Es posible acordar una visita guiada por una módica suma.

Parque de la Muralla PARQUE
(plano p. 62; ☏01-427-4125; Amazonas, entre Lampa y av. Abancay; ⊗9.00-21.00) GRATIS Durante el s. XVII el centro de Lima estaba rodeado por una muralla que fue derribada en gran parte en la década de 1870, durante la expansión de la ciudad. Sin embargo, se puede ver un conjunto de restos excavados en el parque, donde además de la muralla, hay un pequeño museo (de horario variable) sobre el desarrollo de la ciudad y algunos objetos.

En el parque luce una estatua de bronce de Francisco Pizarro, obra del escultor estadounidense Ramsey MacDonald, de principios del s. XX. Antes se hallaba en el centro de la plaza de Armas, pero a medida que se ha ido cuestionando la figura histórica de Pizarro ha ido cambiando de ubicación. Lo curioso es que la escultura no representa a Pizarro, sino a un conquistador anónimo, una invención del escultor. MacDonald realizó tres piezas de esta estatua. Una se quedó en EE UU, otra fue a España y la tercera se donó a la ciudad de Lima tras la muerte del artista en 1934 (después de que México la rehusara). Por eso Pizarro –o mejor dicho su representante– se halla en los límites de este parque, testigo silencioso de los escarceos amorosos de los adolescentes peruanos.

ⓘ CALLE CONFUSIÓN

Una misma calle puede tener varios nombres en distintos tramos, como la av. Arequipa (también Garcilaso de la Vega o Wilson). El nombre de algunas de ellas se repite en varios distritos, por lo que conviene indicar el barrio adecuado a los taxistas. Otras pueden cambiar de nombre: en esta guía se utilizan los más comunes.

Monasterio de San Francisco MONASTERIO
(plano p. 62; ☏01-426-7377; www.museocatacumbas.com; Lampa esq. Ancash; adultos/niños menores de 15 años 7/1 PEN; ⊗9.30-17.30) Edificio perteneciente a los franciscanos, de intenso color amarillo, famoso por sus catacumbas (un osario con 70 000 piezas aprox.) y su admirable biblioteca, que cuenta con 25 000 textos antiguos, algunos anteriores a la conquista. La entrada incluye una visita guiada de 30 min, que empieza cuando se reúne un grupo.

El edificio barroco alberga otros tesoros: el más espectacular es la cúpula morisca geométrica, sobre la escalera principal, tallada en 1625 (y restaurada en 1969) en cedro nicaragüense. Además, el refectorio contiene 13 pinturas del patriarca bíblico Jacob y sus 12 hijos, que se atribuyen al taller del maestro español Francisco de Zurbarán.

Casa de Pilatos EDIFICIO HISTÓRICO
(plano p. 62; ☏01-427-5814; Ancash 390; ⊗8.00-13.00 y 14.00-17.00 lu-vi) GRATIS De color rojo y ubicada al este de la plaza, alberga las oficinas del Tribunal Constitucional. Es complicado acceder a ella ya que solo se permite la entrada de visitantes al patio, y siempre que no se celebren actos oficiales. Se entra por la puerta lateral de Azángaro.

Museo de la Inquisición MUSEO
(plano p. 62; ☏01-311-7777, ext 5160; www.congreso.gob.pe/museo.htm; Jirón Junín 548; ⊗9.00-17.00) GRATIS Un elegante edificio neoclásico frente a la plaza Bolívar alberga este diminuto museo donde la Inquisición española hacía de las suyas. En la década de 1800, se amplió el edificio y se convirtió en sede del senado peruano. En la actualidad se puede visitar el sótano, donde hay cómicas figuras de cera tendidas sobre potros de tortura, que son azotadas para deleite de los visitantes más pequeños. La antigua biblioteca del primer piso conserva un extraordinario techo barro-

Lima Centro

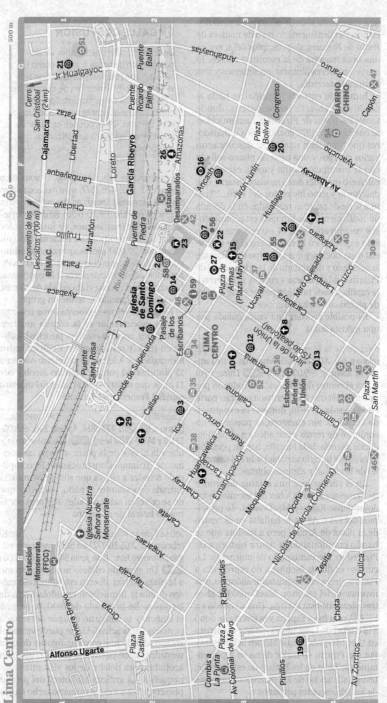

500 m

Cerro San Cristóbal (2 km)

Convento de los Descalzos (700 m)

RIMAC

Río Rímac

Iglesia de Santo Domingo

LIMA CENTRO

BARRIO CHINO

Plaza Bolívar

Congreso

Plaza de Armas (Plaza Mayor)

Estación Desamparados

Pasaje de los Escribanos

Jirón de la Unión (Solo peatonal)

Estación Jirón de la Unión

Plaza San Martín

Estación Monserrate (FFCC)

Iglesia Nuestra Señora de Monserrate

Alfonso Ugarte

Plaza Castilla

Plaza 2 de Mayo

Combis a La Punta

Av Colonial de Mayo

Puente Balta

Puente Ricardo Palma

Puente de Piedra

Puente Santa Rosa

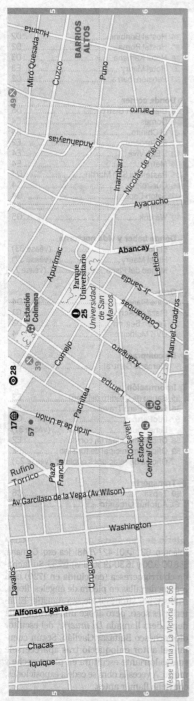

co de madera. Tras una visita obligatoria de ½ h, se puede visitar por libre.

Iglesia de San Pedro   IGLESIA

(plano p. 62; 01-428-3010; www.sanpedrodelima. org; Azángaro esq. Ucayali; 8.30-13.00 y 14.00-16.00 lu-vi) GRATIS Esta pequeña iglesia del s. XVII es uno de los más bellos exponentes del barroco colonial de Lima. Consagrada por los jesuitas en 1638, poco ha cambiado desde entonces. Su interior está suntuosamente decorado con altares dorados, tallas de estilo morisco y azulejos.

Palacio Torre Tagle   EDIFICIO HISTÓRICO

(plano p. 62; 01-427-3860; Ucayali 363; lu-vi) La casona histórica más impecable de la ciudad se acabó de construir en 1735, con un pórtico barroco (el mejor de Lima) y llamativos balcones de estilo morisco. Hoy en día alberga el Ministerio de Asuntos Exteriores de Perú, por lo que el acceso está restringido. Sin embargo, los grupos e instituciones educativas pueden solicitar una visita con antelación a través de la oficina cultural (01-311-2400).

Museo Banco Central de Reserva del Perú   MUSEO

(plano p. 62; 01-613-2000, ext 2655; www.bcrp. gob.pe/proyeccion-institucional/museo.html; Lampa esq. Ucayali; 10.00-16.30 ma-vi, hasta 13.00 sa y do) GRATIS Alojado en el elegante edificio sede de un banco, exhibe una visión de conjunto de varios milenios de arte peruano, desde objetos de oro y cerámica precolombinos a una selección de cuadros de los ss. XIX y XX. No hay que perderse las acuarelas de Pancho Fierro expuestas en el piso superior, que ofrecen una relación insuperable de vestuario y clase en la Lima del s. XIX. Se requiere identificación para entrar.

Iglesia de la Merced   IGLESIA

(plano p. 62; 01-427-8199; Jirón de la Unión esq. Miró Quesada; 10.00-12.00 y 17.00-19.00) GRATIS La primera misa en latín en Lima se celebró en 1534, en el terreno donde hoy se alza esta iglesia. Fue construida en 1541 y reconstruida a lo largo de los dos siglos siguientes. Gran parte de la estructura actual data del s. XVIII. Destaca la imponente fachada de granito, tallada en estilo churrigueresco (estilo muy recargado, popular durante el barroco tardío español). En su interior, la nave está flanqueada por más de dos docenas de altares de estilo barroco y renacentista, algunos de ellos tallados en caoba.

Lima Centro

A la derecha de la entrada se halla una gran cruz de plata que perteneció al padre Pedro Urraca (1583-1657), célebre por su visión de la Virgen. Es un lugar de peregrinación para los fieles peruanos, que acuden para poner la mano en la cruz y rezar por sus milagros.

Instituto Riva-Agüero EDIFICIO HISTÓRICO
(plano p. 62; ☎01-626-6600; Camaná 459; entrada 2 PEN; ⊙10.00-13.00, 14.00-19.00 lu-vi) Tradicional casona que alberga el pequeño Museo de Artes y Tradiciones Populares.

Iglesia de San Agustín IGLESIA
(plano p. 62; ☎01-427-7548; Ica esq. Camaná; ⊙8.00-9.00 y 16.30-19.30 lu-vi) GRATIS Su fachada churrigueresca (concluida en 1720) está repleta de tallas en piedra de ángeles, flores, frutas y, por supuesto, de san Agustín. El interior es soso, pero acoge una curiosa talla de madera llamada *La muerte,* del escultor dieciochesco Baltazar Gavilán. Según cuentan, el autor enloqueció tras aparecérsele su escalofriante escultura en plena noche y murió. A veces la obra se cede a exposiciones; conviene llamar antes.

El reducido horario de visita puede ser un inconveniente.

Iglesia de las Nazarenas IGLESIA

(plano p. 62; ☎01-423-5718; Tacna esq. Huancavelica; ☺7.00-13.00 y 17.00-21.00) GRATIS Es una de las más profusamente decoradas de Lima y se alza en un solar que formaba parte de un antiguo barrio de chabolas habitado por esclavos en el s. XVII. Uno de ellos pintó la imagen de Cristo en la Cruz en un muro, que sobrevivió al devastador terremoto de 1655. La iglesia se construyó a su alrededor en el s. XVIII (la pintura está en el centro del altar principal). Aunque ha sido reconstruida en numerosas ocasiones, el muro ha resistido. Cada año, el 18 de octubre se lleva en procesión el lienzo del *Señor de los Milagros* durante varios días y tiene miles de seguidores.

Casa de la Riva EDIFICIO HISTÓRICO

(plano p. 62; Ica 426; entrada 5 PEN; ☺10.00-13.00 y 14.00-16.00 lu-vi) Espléndida mansión del s. XVIII, con bonitos balcones de madera, un elegante patio y mobiliario de época.

Casa-Capilla de San Martín de Porres IGLESIA

(plano p. 62; ☎01-423-0707; Callao 535; ☺9.00-13.00 y 15.00-18.00 lu-vi, 9.00-13.00 sa) GRATIS Este edificio (hoy un centro de estudios religiosos), situado al cruzar la calle desde el santuario de Santa Rosa de Lima, conmemora el lugar donde nació san Martín. Se pueden visitar los luminosos patios del interior y la diminuta capilla.

Santuario de Santa Rosa de Lima IGLESIA

(plano p. 62; ☎01-425-1279; Tacna esq. Callao; ☺7.30-12.00 y 17.00-20.00) GRATIS Esta sencilla iglesia de color terracota, situada en una concurrida avenida, honra a la primera santa de América y se erige más o menos en el lugar donde ella nació. En el jardín hay un santuario de adobe, del s. XVII, dedicado a la oración y la meditación de los devotos de la santa.

Casa de Oquendo EDIFICIO HISTÓRICO

(plano p. 62; ☎01-427-7987; Conde de Superunda 298; ☺9.00-17.00 lu-vi, hasta 12.00 sa) De color añil y ubicada dos manzanas al norte de la Casa de la Riva, esta casa data de principios del s. XIX y en su tiempo fue la más alta de Lima. Desde su torre de observación, en un día despejado, se ve Callao. Avisando con antelación se organizan circuitos para grupos pequeños a cambio de un donativo.

★ Iglesia de Santo Domingo IGLESIA

(plano p. 62; ☎01-427-6793; Camaná esq. Conde de Superunda; ☺9.00-13.00 y 17.00-19.30 lu-sa) GRATIS La iglesia de Santo Domingo y su enorme convento (entrada 7 PEN) forman uno de los conjuntos religiosos con más historia de la ciudad. Están construidos sobre un terreno concedido por el fraile dominico Vicente de Valverde, que acompañó a Pizarro a lo largo de la conquista y fue clave para convencerlo de que ejecutara al prisionero inca Atahualpa. El impresionante templo de color rosa se terminó de construir en el s. XVI, pero ha sido reconstruido y remodelado en varias ocasiones. Es célebre porque allí reposan los restos mortales de tres santos peruanos: san Juan Macías, santa Rosa de Lima y san Martín de Porres (primer santo negro del continente). El convento –un amplio conjunto de patios adornados con pinturas barrocas y antiguos azulejos españoles– alberga las tumbas de los santos. Pero las reliquias más interesantes están en la iglesia: los cráneos de san Martín y santa Rosa, conservados en urnas de cristal, situados en un santuario a la derecha del altar principal.

La Casa de la Gastronomía Peruana MUSEO

(plano p. 62; ☎01-321-5627; Conde de Superunda 170; entrada 3 PEN; ☺9.00-17.00 ma-do) Nuevo museo que ofrece una introducción breve pero útil al famoso mundo de la cocina peruana, con tres salas que presentan la dieta inca, la gastronomía regional y la influencia de la inmigración. Al otro lado del patio hay una sala dedicada exclusivamente a la quinua.

Casa de Aliaga EDIFICIO HISTÓRICO

(plano p. 62; ☎01-619-6900; www.casadealiaga.com; Jirón de la Unión 224; entrada 30 PEN; ☺9.30-17.00, solo con reserva) Emplazada en una calle secundaria, junto a la oficina de correos, la Casa de Aliaga se levanta sobre un terreno otorgado en 1535 a Jerónimo de Aliaga, uno de los hombres de confianza de Pizarro, y ha sido ocupada por 16 generaciones de la misma familia. Su fachada no impresiona, pero el interior es maravilloso, con mobiliario antiguo y azulejos. También puede visitarse en un circuito organizado por Lima Tours (p. 98).

Jirón de la Unión LUGAR HISTÓRICO

(plano p. 62) Desde finales del s. XIX a principios del s. XX, las cinco manzanas peatonales de Jirón de la Unión, desde la plaza de Armas hasta la plaza San Martín, eran el lugar donde exhibirse y observar. Ahora estas calles

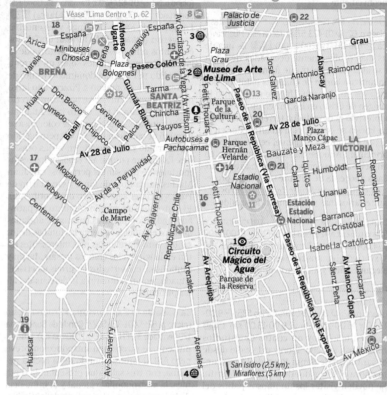

han perdido su lustre aristocrático, pero conservan las conchas de los edificios neocoloniales y *art déco*. Atención a los carteristas que aprovechan la distracción del público que observa a los artistas callejeros.

Plaza San Martín   PLAZA
(plano p. 62) Construida a principios del s. xx, se ha revitalizado en los últimos años tras la restauración de su parque y el lavado de cara de la arquitectura *beaux arts* que la rodea. Es especialmente encantadora al atardecer, cuando se ilumina. La plaza lleva el nombre del libertador de Perú, José de San Martín, cuya escultura ecuestre se halla en el centro. En la base de la estatua figura una pieza de bronce que representa a la Madre Patria. Se encargó en España con la consigna de dotar la cabeza de la dama con una corona de llamas, pero se produjo un equívoco por homonimia y el desafortunado artesano colocó una preciosa llamita (animal) en su cabeza.

El antaño majestuoso **Gran Hotel Bolívar** (p. 81), construido en la década de 1920, preside la plaza al noroeste.

Museo Andrés del Castillo   MUSEO
(plano p. 62; ☎01-433-2831; www.madc.com.pe; Jirón de la Unión 1030; entrada 10 PEN; ☺9.00-18.00, cerrado ma) Una prístina mansión del s. xix, con suelos de azulejos españoles, es la sede de este recomendable y nuevo museo privado que alberga una gran colección de minerales, además de una asombrosa selección de telas de Nazca y alfarería chancay, que incluye notables representaciones de perros sin pelo peruanos.

Panteón de los Próceres   MONUMENTO
(plano p. 62; ☎01-427-8157; Parque Universitario; ☺10.00-17.00) Ubicado en una iglesia jesuita del s. xviii poco visitada, rinde homenaje a los héroes peruanos: de Túpac Amaru II, el líder quechua del s. xviii que acaudilló una

Lima y La Victoria

LIMA PUNTOS DE INTERÉS

sublevación indígena, a José de San Martín, que condujo al país a la independencia en la década de 1820. La cripta, con hileras de mosaicos, contiene los restos de Ramón Castilla, presidente de Perú durante gran parte del s. XIX. Destaca un impresionante altar barroco tallado en caoba ecuatoriana, del s. XVI.

Museo Nacional de la Cultura Peruana MUSEO
(plano p. 62; ☎01-423-5892; www.limacultura.pe/directorio-cultural/museo-nacional-de-la-cultura-peruana; Alfonso Ugarte 650; entrada 5 PEN; ☺10.00-17.00 ma-sa) Situado unas seis calles al oeste de la plaza San Martín, en una concurrida avenida. La colección, formada por elaborados retablos de Ayacucho, alfarería de Puno y obras en pluma del Amazonas, se expone en un edificio cuya fachada está inspirada en la arquitectura precolombina.

Parque de la Cultura PARQUE
(plano p. 66) En origen conocido como parque de la Exposición, hoy alberga jardines y un pequeño anfiteatro para espectáculos al aire libre. Acoge dos de los museos de arte más importantes de Lima.

★**Museo de Arte de Lima** MUSEO
(plano p. 62; ☎01-204-0000; www.mali.pe; Paseo Colón 125; adultos/niños 12/4 PEN; ☺10.00-20.00 ma, ju y vi, hasta 17.00 sa y do) El principal museo de arte de Lima, conocido como MALI, se encuentra en un imponente edificio *beaux arts* renovado hace poco. Exhibe desde arte precolombino a contemporáneo y ofrece vi-

sitas guiadas a las exposiciones especiales. Los domingos la entrada solo cuesta 1 PEN. En Barranco se está construyendo un museo satélite.

Museo de Arte Italiano MUSEO
(plano p. 66; ☎01-321-5622; paseo de la República 250; adultos/niños 6/1 PEN; ☺10.00-17.00 lu-vi) Situado al norte del MALI, expone una colección de arte académico italiano de los ss. XIX y XX. Lo más notable son los bellos mosaicos venecianos de su fachada principal.

★**Circuito Mágico del Agua** FUENTE
(plano p. 66; Parque de la Reserva, av. Petit Thouars, cuadra 5; entrada 4 PEN; ☺15.30-22.30) Conjunto de 13 fuentes de diversas formas y colores; ofrecen un espectáculo con láser que concluye en la fuente de la Fantasía (de 120 m de altura). Todo ello acompañado de música, desde valses peruanos hasta canciones de Abba. Ver para creer.

De día, cuando las fuentes están apagadas, la entrada es gratis.

Museo de Historia Natural MUSEO
(plano p. 66; ☎01-471-0117; museohn.unmsm.edu.pe; Arenales 1256, Jesús María; adultos/niños 7/5 PEN; ☺9.00-17.00 lu-sa, 10.00-13.30 do) Gestionado por la Universidad de San Marcos y situado una manzana al oeste de la cuadra 12, cerca de la av. Arequipa, al sur del parque de la Reserva. Tiene una modesta colección de taxidermia que ofrece una útil visión de conjunto de la fauna peruana. Hacen visitas guiadas (25 PEN).

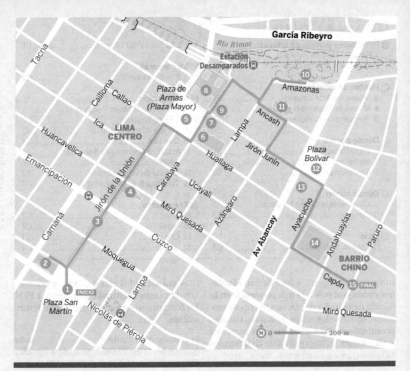

Circuito a pie
Lima Centro

INICIO PLAZA SAN MARTÍN
FINAL BARRIO CHINO
DISTANCIA 3 KM, 2 H

Se empieza en la ① **plaza San Martín** (p. 66), con la majestuosidad del ② **Gran Hotel Bolívar** (p. 81), el primer hotel bueno de la ciudad. Se camina por la calle de ③ **Jirón de la Unión** (p. 65); antaño corazón de la vida aristocrática y ahora llena de cines y zapaterías. A la derecha está la ④ **iglesia de la Merced** (p. 63), de 1541, que destaca por sus altares de caoba. Aquí se celebró la primera misa de Lima.

El bulevar termina en la ⑤ **plaza de Armas** (p. 60), rodeada de palmeras y edificios de color canario. En tiempos de los virreyes se utilizó como mercado, toril y patíbulo. La ⑥ **catedral de Lima** (p. 60) alberga en una caja de plomo los restos del conquistador Francisco Pizarro. El anejo ⑦ **Palacio Arzobispal** (p. 60) tiene unos de los balcones de decoración morisca mejor conservados de la ciudad. Al noreste, está el barroco ⑧ **palacio de Gobierno** (p. 60), el palacio presidencial de Perú. A las 12.00 tiene lugar el cambio de guardia y una banda de instrumentos de viento y metal toca *El cóndor pasa*. Al otro lado de la calle, el ⑨ **Museo del Pisco** (p. 96) merece una parada, pero también se puede terminar el paseo con una bebida.

El palacio está frente al río Rímac. Por detrás se llega al ⑩ **parque de la Muralla** (p. 61), paralelo a los restos de la muralla original de la ciudad. Se vuelve por Amazonas hacia Lampa hasta el ⑪ **monasterio de San Francisco** (p. 61) para ver las catacumbas. Luego, se va hacia la ⑫ **plaza Bolívar** y el Congreso y se pasa por el macabro ⑬ **Museo de la Inquisición** (p. 61), que muestra cómo torturan figuras de cera en el sótano. Dos manzanas después, en Ayacucho, se llega al ⑭ **Mercado Central** (p. 100), con puestos desde camisetas de fútbol a fruta tropical. Por la calle peatonal Capón se llega al **barrio chino,** donde se toma un almuerzo cantonés.

Rímac

El barrio de Rímac puede resultar peligroso. Los taxis y circuitos organizados son las mejores opciones para casi todos los lugares de interés.

Museo Taurino   MUSEO
(plano p. 62; 01-481-1467; Hualgayoc 332; entrada 5 PEN; 9.00-16.30 lu-vi) El coso de Lima, la plaza de Acho, se construyó al norte del río Rímac en 1766. Algunos de los toreros más famosos del mundo han toreado en ella. La visita incluye un circuito guiado gratis por las salas donde se exponen espadas, pinturas, fotografías y trajes de luces de varios toreros, algunos con agujeros y manchas de sangre.

Cerro San Cristóbal   MIRADOR
En lo alto de este cerro de 409 m, al noreste de Lima Centro, se halla un mirador con vistas a la ciudad que alcanzan hasta el Pacífico (si la garúa invernal no lo impide). Se puede ir en taxi desde la plaza de Armas (desde 16 PEN) o esperar el autobús Urbanito (plano p. 62; 01-428-5841; www.urbanito.com.pe; Jirón Manoa 391, Breña; 5 PEN/persona; 10.00-19.00), en la esquina suroeste de la plaza (1h, desde las 14.00, cada 30 min).

De noche, impresiona la gran cruz iluminada, construida en 1928, y lugar de peregrinación en Semana Santa y el primer domingo de mayo. También hay un pequeño museo (entrada 1 PEN).

Convento de los Descalzos   MUSEO
(01-481-0441; Manco Cápac 202A, alameda de los Descalzos; adultos/estudiantes 5/3 PEN; 9.30-13.00 y 14.30-17.30) Este convento y museo del s. XVI dirigido por los "descalzos" (frailes franciscanos) se halla en un extremo de la atractiva alameda de los Descalzos. Se puede visitar la antigua sala de elaboración de vino en la cocina, un refectorio, una enfermería y las celdas monásticas. También se exponen unas 300 pinturas coloniales, entre las que hay algunas del reconocido artista de la escuela cuzqueña Diego Quispe Tito. Ofrece circuitos de 45 min. Un taxi desde la plaza de Armas cuesta un mínimo de 12 PEN.

Lima Este

Conforme se avanza hacia el este, la ciudad empieza a trepar por las estribaciones de los Andes, una zona sembrada de edificios gubernamentales y ordenados barrios residenciales.

Museo de la Nación   MUSEO
(01-476-9878; av. Javier Prado Este 2466, San Borja) Cuando se estaba redactando esta obra el museo estaba cerrado, pero puede que vuelva a abrir pronto; consúltese iPerú (p. 103) para información actualizada. Ofrece un somero resumen de las civilizaciones de Perú: piedras talladas de Chavín, quipus (sistema de contabilidad a base de cuerdas con nudos) de los incas, objetos coloniales... La exposición permanente Yuyanapaq, que en quechua significa "recordar", es una conmovedora muestra fotográfica del Conflicto Interno Armado (1980-2000), creada por la Comisión de la Verdad y Reconciliación de Perú en el 2003.

Desde San Isidro se puede tomar uno de los muchos autobuses o combis (furgonetas) que se dirigen al este por la av. Javier Prado Este en dirección a La Molina.

Museo Oro del Perú   MUSEO
(01-345-1292; www.museoroperu.com.pe; Alonso de Molina 1100, Monterrico; adultos/niños menores de 11 años 33/16 PEN; 10.30-18.00) Este museo privado fue uno de los más importantes de Lima hasta el 2001, cuando un estudio reveló que el 85% de las piezas de su colección eran falsas. Reabrió sus puertas garantizando que los objetos expuestos son auténticos, aunque en algunos se indica que son reproducciones. Las abarrotadas y poco documentadas muestras siguen siendo objeto de deseo.

De mayor interés (y quizá más auténticas) son las miles de armas expuestas en el Museo de Armas, que ocupa la planta baja del edificio. Repartidos en varias salas se exponen rifles, espadas y pistolas de todas las épocas, e incluso un arma de fuego que perteneció a Fidel Castro.

Se llega en taxi o en combi yendo hacia el noroeste por Angamos hacia Monterrico y bajándose en la av. Primavera. Desde allí hay unos 15 min a pie hasta el museo.

Asociación Museo del Automóvil   MUSEO
(01-368-0373; av. La Molina, cuadra 37, esq. Totoritas, La Molina; adultos 20 PEN; 9.30-19.00) Muestra una impresionante colección de automóviles clásicos que datan de hasta 1901, desde un Ford T al Cadillac Fleetwood utilizado por cuatro presidentes peruanos.

San Isidro

Una serie de barrios de clase media y alta ofrecen algunos puntos de interés a destacar.

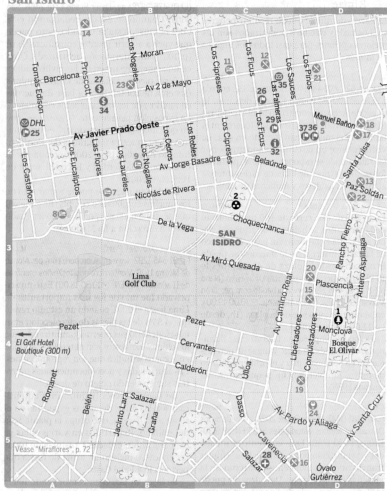

Huaca Huallamarca
RUINAS
(plano p. 70; 📞01-222-4124; Nicolás de Rivera 201; adultos/niños 10/5 PEN; ⊙9.00-17.00 ma-do) Sencilla y muy restaurada pirámide de adobe de la cultura inca que data de entre el año 200 y el 500. Está escondida entre torres de apartamentos y lujosas residencias, junto a un pequeño museo que informa sobre su excavación y exhibe unas momias.

Bosque El Olivar
PARQUE
(plano p. 70) Este **parque** tranquilo, verdadero oasis en medio de San Isidro, está formado por los restos de un antiguo olivar que fue en parte plantado por el venerado san Martín de Porres en el s. XVII.

👁 Miraflores
El bullicioso centro urbano moderno –lleno de restaurantes, tiendas y locales nocturnos– mira al Pacífico desde un conjunto de abruptos acantilados.

Fundación Museo Amano
MUSEO
(plano p. 72; 📞01-441-2909; www.museoamano.org; Retiro 160; ⊙15.00-17.00 lu-vi, solo con reserva) GRATIS La bien diseñada Fundación Museo

Amano expone una buena colección privada de cerámica, con una importante representación de objetos de las culturas chimú y nazca. Destacan la variedad de bordados y tejidos de la cultura litoral chancay. Solo se puede visitar en circuitos guiados de 1 h.

Lugar de la Memoria MUSEO
(LUM; ☎01-261-8136; lugardelamemoria.org; Bajada San Martín 151) Ambicioso proyecto estatal para recordar a las víctimas de la violencia durante el tumultuoso período que vivió Perú de 1980 a 2000. Este nuevo museo está aún a medio hacer, pero mientras tanto tiene exposiciones itinerantes al aire libre (véase el sitio web para más información). Las exposiciones reflejan los acontecimientos y homenajean a las víctimas para ayudar a que los peruanos se reconcilien y adopten una postura firme sobre los derechos humanos. Está concebido sobre todo para las generaciones más jóvenes que no vivieron esa época, pero también es fascinante para los foráneos.

Miraflores

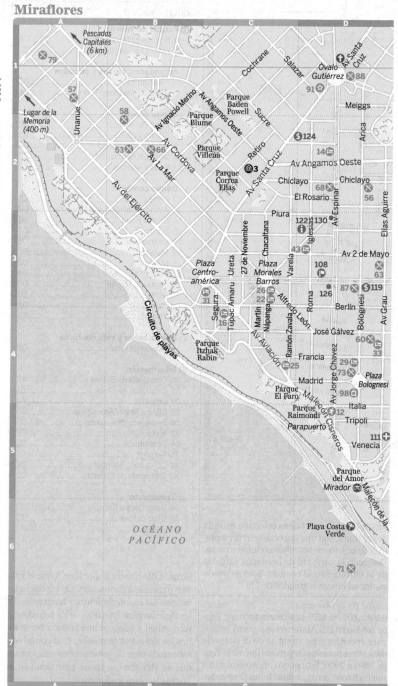

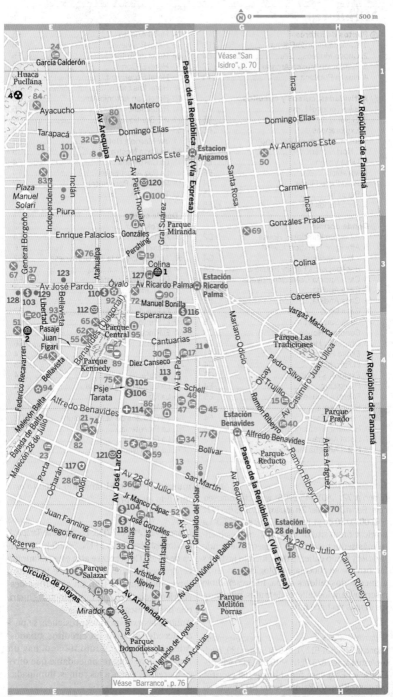

Véase "San Isidro", p. 70

N 0 _____ 500 m

Huaca Pucllana

García Calderón
24

84
Ayacucho

Tarapacá

81   101

83

Plaza Manuel Solari

9

Inclán

Piura

Enrique Palacios

General Borgoño

67   37

123

Av José Pardo

128   129
103
Libertad
20   93
51   65
2   62
Pasaje Juan Figari
64   55
27
Parque Kennedy
89

94

Bellavista

Maleçón Balta
Bajada de Balta
Malecón 28 de Julio

21   74

82

23

Porta

Ochárán

28   117

Colón

Juan Fanning

Diego Ferre

Reserva

Circuito de playas

10   Parque Salazar

99

Mirador

Carolinos

Montero

Av Arequipa

80

Domingo Elías

32   8

Av Angamos Este

Av Petit Thouars

120
100

97
Gonzáles
Pershing
76   19

Colina
127   1

Óvalo   Av Ricardo Palma
110   92
112   72   Manuel Bonilla
Esperanza   90
116
38
Parque Central   95
Cantuarias
30   17
Diez Canseco
113
75   105
Psje   106
Tarata
114   86
96
Alfredo Benavides   47   45
Schell
46

5   49
121   59
36
Av José Larco
Av 28 de Julio
Jr Manco Cápac
104   52
41
118   José Gonzáles
35   Las Dalias
Alcanfores
Santa Isabel
39
44   Aljovín   7
54
Parque Domodossola

Paseo de la República (Vía Expresa)

Estación Angamos

Santa Rosa

Gral Suárez
Parque Miranda

Inca

Domingo Elías

Av Angamos Este
50

Carmen

Gonzáles Prada
69

Colina

Estación Ricardo Palma

Cáceres

Vargas Machuca

Mariano Odicio

Parque Las Tradiciones

11
Cantuarias

Bolívar
77
13   6
San Martín

Olay Trujillo
Ramón Ribeyro

Estación Benavides
Alfredo Benavides
40

Pedro Silva

Av Casimiro o Juan Ulloa

15

Parque Reducto

Av Reducto

85

78
Grimaldo del Solar
Av La Paz

Av Vasco Núñez de Balboa

61

Parque Melitón Porras

Las Acacias

San Ignacio de Loyola

48

Paseo de la República (Vía Expresa)

Estación 28 de Julio
18

70

Parque L Prado

Arias Aráguez

Ramón Ribeyro

Av República de Panamá

Inca

Av República de Panamá

Véase "Barranco", p. 76

Miraflores

Choco Museo
MUSEO

(plano p. 72; ☎01-445-9708; www.chocomuseo. com; Berlín 375; taller 2 h adultos/niños 75/55 PEN; ⊙11.00-20.30 do-ju, hasta 21.30 vi y sa) GRATIS La fabricación in situ de chocolate es el elemento más seductor de este 'museo', que vende *fondue* y cacao caliente de comercio justo. Es famoso por su chocolate ecológico y organiza al menos dos talleres al día. Imprescindible reservar para los talleres de trufas, pero para los demás no hace falta.

Casa de
Ricardo Palma
EDIFICIO HISTÓRICO

(plano p. 72; ☎01-617-7115; Gral Suárez 189; adultos/estudiantes 6/3 PEN; ⊙10.00-13.00 y 15.00-17.00 lu-vi) Esta casa fue el hogar del escritor peruano Ricardo Palma desde 1913 hasta su muerte, en 1919. El lánguido circuito está incluido en el precio.

Huaca Pucllana
RUINAS

(plano p. 72; ☎01-617-7138; Borgoño esq. Tarapacá; adultos/estudiantes 12/5 PEN; ⊙9.00-16.30) Cerca de Óvalo Gutiérrez se alza este restaurado centro ceremonial de adobe de la cultura lima, que data del 400. En el 2010 se descubrieron cuatro importantes momias huari, que habían escapado al pillaje.

Aunque las excavaciones prosiguen, se puede acceder al lugar en circuitos guiados. Además de un diminuto museo, hay un restaurante muy recomendable que ofrece increíbles vistas a las ruinas, iluminadas de noche.

Barranco

Una urbanización elegante donde se alinean magníficas casonas antiguas, muchas de ellas ocupadas hoy por restaurantes y hoteles.

Museo de Arte Contemporáneo MUSEO
(MAC; plano p. 76; 01-514-6800; www.maclima.pe; av. Grau 1511; adultos/niños 10/6 PEN; 10.00-18.00 ma-do;) La colección permanente del MAC se ve rápido pero hay exposiciones temporales muy atractivas, como una retrospectiva de David Chapelle. Cuenta con un buen **café** y un **parque de esculturas** (entrada gratis) con jardines sombreados que ofrecen a las familias un retiro de lo urbano. Aparcamiento gratis.

Galería Lucía de la Puente GALERÍA
(plano p. 72; 01-477-9740; www.gluciadelapuente.com; Sáenz Peña 206; 11.00-20.00 lu-vi, desde 15.00 sa) Una magnífica casona de dos pisos alberga la galería de arte contemporáneo más prestigiosa de Lima. Expone obras de pintores innovadores como Fernando Gutiérrez, cuyos lienzos suelen ser afilados cuchillos contra la cultura peruana.

Puente de los Suspiros PUENTE
(plano p. 72) Una manzana al oeste de la plaza principal se encuentra este estrecho puente de madera recién renovado y situado sobre una antigua escalera de piedra que lleva a la playa. El puente ha inspirado muchas canciones folclóricas peruanas y lo frecuentan las parejas en sus primeras citas.

Barranco

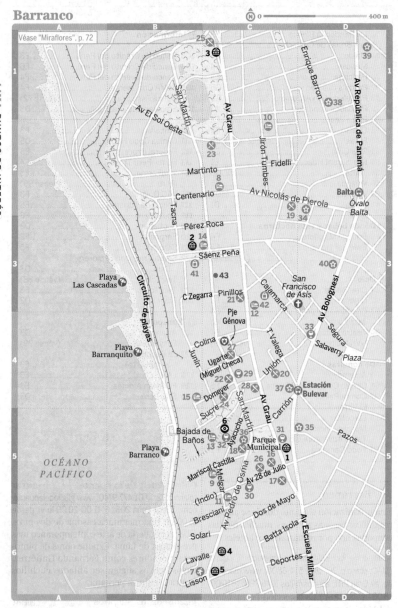

Véase "Miraflores", p. 72

Playa Las Cascadas

Playa Barranquito

Playa Barranco

OCÉANO PACÍFICO

Circuito de playas

Choco Museo   MUSEO
(plano p. 72; ☎01-477-3584; www.chocomuseo.
com; av. Grau 264; taller 2 h adultos/niños 75/
55 PEN; ⏱11.00-22.00) Tienen otros locales en
la ciudad, pero este es famoso por sus talleres diarios de elaboración de chocolate: se ve

cómo se fabrica, desde las semillas de cacao
hasta las sabrosas tabletas. También venden
cacao de comercio justo.

Museo Mario Testino   MUSEO
(MATE; plano p. 76; ☎01-251-7755; www.mate.pe; av.
Pedro de Osma 409; adultos/estudiantes 15/5 PEN;

Barranco

⊘11.00-20.00 ma-do) Pequeño y maravilloso museo dedicado a la obra de Mario Testino, fotógrafo peruano de fama mundial y natural de Barranco. La exposición permanente incluye retratos emblemáticos de la princesa Diana de Gales, Kate Moss y de actores famosos. También hay hermosos retratos de habitantes de los Andes con ropa tradicional.

Museo Pedro de Osma MUSEO
(plano p. 76; ☎01-467-0141; www.museopedrodeosma.org; av. Pedro de Osma 423; entrada 20 PEN; ⊘10.00-18.00 ma-do) Situado en una bella mansión de estilo *beaux arts* rodeada de jardines, este museo poco visitado tiene una exquisita colección de muebles coloniales, platería y arte, que en algunos casos se remonta al s. XVI. Entre las muchas piezas notables destaca un lienzo de 2 m de ancho que representa la procesión del Corpus Christi en Cuzco, de finales del s. XVII.

◉ Lima Oeste y Callao

Al oeste de Lima Centro, los barrios abigarrados de clase media y baja acaban dando paso a la ciudad portuaria de Callao, donde antiguamente embarcaban el oro los españoles. Algunas zonas son peligrosas, incluso de día, así que conviene ser muy precavido.

★**Museo Larco** MUSEO
(☎01-461-1312; www.museolarco.org; Bolívar 1515, Pueblo Libre; adultos/niños menores de 15 años 30/15 PEN; ⊘9.00-22.00) Esta mansión del s. XVIII alberga una de las mayores y mejor presentadas colecciones de cerámica de Lima. Fundada por el coleccionista precolombino Rafael Larco Hoyle en 1926, cuenta con 50 000 vasijas y obras de cerámica de las culturas cupisnique, chimú, chancay, nazca e inca. Destacan los sublimes retratos de cerámica mochica, presentados en sencillas vitrinas con una iluminación espectacular, y un tejido huari en una de las galerías traseras que contiene 398 hilos por pulgada lineal, todo un récord.

También exhibe oro y joyas. Muchos visitantes se sienten atraídos por la colección, en una sala aparte, de objetos eróticos precolombinos muy explícitos. No hay que perderse la vitrina que contiene las enfermedades de transmisión sexual.

El Café del Museo, muy recomendado, da a un jardín privado cubierto de buganvillas y es un lugar perfecto para comer ceviche.

Se puede tomar un autobús desde la av. Arequipa, en Miraflores, con el rótulo "Todo Bolívar", para ir hasta la cuadra 15 de Bolívar. Una línea azul pintada en la acera une este edificio con el Museo Nacional de Antropología, Arqueología e Historia del Perú, a unos 15 min a pie.

Museo Nacional de Antropología, Arqueología e Historia del Perú MUSEO
(☎01-463-5070; http://mnaahp.cultura.pe; Plaza Bolívar, San Martín esq. Vivanco, Pueblo Libre; adultos/niños 10/1 PEN; ☉9.00-17.00 ma-sa, hasta 16.00 do) Recorre la historia de Perú desde el período precerámico hasta los inicios de la república. Las exposiciones incluyen la famosa Estela de Raimondi, una roca tallada de 2,1 m perteneciente a la cultura chavín, una de las primeras que tuvo un estilo artístico reconocible y generalizado. Hay cuadros de la última etapa colonial y principios de la republicana como *La última cena* (s. XVIII), en la que Cristo y sus discípulos comen cuy (cobaya). El edificio hospedó a los héroes revolucionarios San Martín (de 1821 a 1822) y Bolívar (de 1823 a 1826).

Desde Miraflores se toma una combi "Todo Brasil" desde la av. Arequipa (al norte desde el Óvalo) hasta la cuadra 22, en la esquina de Vivanco, y luego se suben a pie siete calles. Una línea azul en la acera conecta este museo con el Larco.

Parque de las Leyendas ZOOLÓGICO
(☎01-717-9878; www.leyendas.gob.pe; av. Las Leyendas 580-86, San Miguel; adultos/niños 10/5 PEN; ☉9.00-18.00) Situado entre Lima Centro y Callao, el zoo abarca las principales zonas geográficas de Perú: costa, montaña y selva. Alberga unos 210 animales autóctonos, y unos pocos foráneos (como los hipopótamos). Está en buenas condiciones y bien conservado.

Del centro de Lima salen autobuses y colectivos (taxis compartidos) desde el cruce de av. Abancay y Garcilaso de la Vega (cada 30 min) que pasan por el parque.

⊙ La Punta

Es una península estrecha que se adentra hacia el Pacífico por el oeste. La Punta fue primero una aldea de pescadores, y luego, en el s. XIX, un centro veraniego de alto nivel. Hoy, este agradable barrio de clase media alta, con viviendas neocoloniales y *art déco*, es estupendo para pasear a orillas del mar y disfrutar de una mariscada.

Se puede tomar un taxi desde Miraflores (30 PEN aprox.). En Lima Centro hay combis que van a Callao, en dirección oeste, por la av. Colonial desde la plaza Dos de Mayo; tómese el que indica "La Punta". Un buen lugar desde donde salir es la plaza Gálvez; desde allí se puede ir al oeste recorriendo todo el malecón Figueredo, que ofrece magníficas vistas de la escarpada isla de San Lorenzo, justo enfrente de la costa.

Fortaleza del Real Felipe FUERTE
(☎01-429-0532; Plaza Independencia, Callao; adultos/niños 12/3 PEN; ☉9.00-14.00) Fue construida en 1747 para hacer frente a los ataques de corsarios y piratas, y en la década de 1820 los realistas españoles se atrincheraron allí durante la guerra por la independencia. Aún hoy alberga un pequeño contingente militar. Se accede mediante visitas guiadas.

Se aconseja dar un paseo por el peculiar parque temático de la Policía, en la orilla oeste de la fortaleza, un bonito jardín salpicado de tanques de policía y estatuas de tamaño natural de policías antidisturbios; es perfecto para tomar fotografías surrealistas de unas vacaciones familiares.

La cercana zona portuaria es bastante peligrosa; se recomienda ir en taxi.

🏃 Actividades

Ciclismo
Entre las excursiones más populares desde Lima figuran el circuito de 31 km hasta Pachacamac, donde hay buenos senderos locales abiertos entre abril y diciembre. Los ciclistas expertos pueden preguntar por el descenso estelar de montaña, que va desde Olleros hasta San Bartolo, al sur de Lima. La Federación Deportiva Peruana de Ciclismo (☎01-346-3493; www.fedepeci.org; av. San Luis 1308, San Luis) ofrece información general sobre ciclismo. También hay información en la página de Facebook de Ciclismo Sin Fronteras Miraflores.

En las páginas amarillas de Lima hay docenas de tiendas de bicicletas en el apartado "Bicicletas".

Bike Tours of Lima CIRCUITOS EN BICICLETA
(plano p. 72; ☎01-445-3172; www.biketoursoflima. com; Bolívar 150, Miraflores; circuito 3 h 105 PEN; ☉9.00-19.00 lu-sa) Muy recomendado por sus circuitos organizados de un día por Barranco,

Miraflores y San Isidro, además de por sus excursiones en domingo a Lima Centro. Alquilan bicicletas.

Perú Bike CIRCUITOS EN BICICLETA
(plano p. 76; ☑01-260-8225; www.perubike.com; Punta Sal D7, Surco; ☺9.00 y 16.00-20.00 lu-sa) Tienda y taller recomendables. Los circuitos en bicicleta de montaña siguen rutas convencionales o más exigentes. Se puede ir cuesta abajo o salir de ruta varios días por los Andes y la selva.

Mirabici ALQUILER DE BICICLETAS
(plano p. 72; ☑01-673-3908; www.mirabiciperu.pe; Costanera s/n; 20 PEN/h; ☺9.30-18.30) Práctica parada en los caminos costeros. Alquilan bicicletas y ofrecen circuitos.

Parapente

En lo alto de los acantilados de Miraflores se realizan vuelos biplaza (240 PEN/10 min) que salen del "parapuerto" del parque Raimondi para planear sobre los rascacielos de la costa y ver a los surfistas abajo.

Peru Fly PARAPENTE
(plano p. 72; ☑01-959-524-940; www.perufly.com) Escuela de parapente que también ofrece vuelos biplaza en Miraflores.

Andean Trail Peru PARAPENTE
(andeantrailperu.com) Vuelos biplaza sobre Miraflores y Pachacamac, además de cursos básicos de parapente.

Natación y surf

A pesar de las advertencias en los medios sobre la contaminación, los limeños acuden en masa a la costa en verano (de enero a marzo). La playa Costa Verde de Miraflores (apodada Waikiki) es la favorita de los surfistas locales y tiene buenas rompientes todo el año. Las playas de Barranco tienen olas más adecuadas para tablas largas. Hay otras siete playas en Miraflores, y cuatro más en Barranco. Los surfistas expertos también pueden probar en la playa La Herradura, en Chorrillos, con olas de hasta 5 m de altura cuando hay crecida. Atención con las pertenencias, ya que se producen robos.

Focus SURF
(☑01-430-0444; www.focussurf.com; Leonardo da Vinci 208, Surquillo; ☺8.00-20.00 lu-vi, 9.00-13.00 sa) Consolidada tienda de fabricación de tablas. También ofrece clases y un campamento de surf al sur de Lima, en Lurín.

Wayo Whilar SURF
(☑01-254-1344; www.wayowhilar.com.pe; Alameda Garzas Reales Mz-FA 7, Chorrillos; ☺9.00-19.00 lu-ju, hasta 16.00 vi y sa) Regentada por un veterano surfista peruano, esta tienda vende su propia línea de tablas de surf modeladas a mano.

Perú Divers SUBMARINISMO, BUCEO
(☑01-251-6231; www.perudivers.com; av. Defensores del Morro 175, Chorrillos) La práctica del submarinismo frente a la costa sur tiene un precio razonable. Luis Rodríguez, un instructor con certificado PADI, es el propietario de esta excelente tienda que vende equipo y organiza excursiones de submarinismo y clases para obtener el certificado. También ofrece excursiones regulares para ver una colonia de leones marinos que vive todo el año en Islas Palomino, frente a la costa de Callao.

Circuitos

Para visitas guiadas a Lima y los yacimientos arqueológicos de los alrededores, como Pachacamac, además de circuitos por Perú, se recomiendan las siguientes agencias. Además, las compañías de viajes organizan circuitos locales, regionales y nacionales. Es útil buscar guías con licencia en Agotur (Asociación de Guías Oficiales de Turismo; www.agotur. com). Otro recurso es www.leaplocal.com. Los números de teléfono solo se usan durante el día (hora peruana). Los circuitos de un día por Lima suelen costar 70 US$ como mínimo.

Respons CIRCUITOS
(☑01-995-057-612; www.responsibletravelperu.com; Canarias, Chorrillos) Circuitos exclusivos por todo Perú. Su especialidad es el turismo sostenible.

Lima Tasty Tours CIRCUITOS GASTRONÓMICOS
(☑01-958-313-939; www.limatastytours.com) Son excelentes, ofrecen opciones a medida y muestran tesoros culinarios difíciles de conocer de otro modo.

Jorge Riveros Cayo CIRCUITOS GUIADOS
(☑01-944-324-637; jorge.riveros.cayo@gmail.com) Periodista que propone recomendables circuitos gastronómicos, excursiones por la ciudad y viajes más largos a medida con énfasis en lo cultural.

Explorandes CIRCUITOS DE TURISMO ACTIVO
(plano p. 72; ☑01-8423-8380; www.explorandes. com; Arístides Aljovín 484, Miraflores) Ganador de varios premios de viaje ecológico. Se centran en actividades al aire libre y sus

especialidades son senderismo, ciclismo y deportes de aventura.

Ecoaventura Vida CIRCUITOS CULTURALES
(☑01-461-2555; www.ecoaventuravida.com; circuito a pie por la ciudad 70 US$ o 231 PEN) 🌿 Además de los circuitos por la ciudad y el turismo activo por todo el país, ofrece viajes sostenibles y estancias con familias peruanas.

InkaNatura
(plano p. 70; ☑01-203-5000; www.inkanatura.com; Manuel Bañón 461, San Isidro) Circuitos de calidad por Perú, incluidos Chachapoyas y la jungla.

Lima Visión CIRCUITOS
(plano p. 72; ☑01-447-7710; www.limavision.com; Chiclayo 444, Miraflores) Organiza diversos circuitos de 4 h por la ciudad (70 PEN), además de excursiones a las ruinas de Pachacamac.

Peru Expeditions CIRCUITOS DE TURISMO ACTIVO
(plano p. 72; ☑01-447-2057; www.peru-expeditions. com; Paseo de la República 5662, oficina 1201, Miraflores) Reserva viajes y circuitos organizados por la región y las inmediaciones; también se especializa en excursiones en todoterreno.

Peru Hands On CIRCUITO
(plano p. 72; ☑999-542-728; www.peruhandson. com; av. La Paz 887, apt 401, Miraflores) Agencia local especializada en itinerarios fijos y a medida por todo Perú.

Mónica Tours CIRCUITOS GUIADOS
(☑99-943-0796; www.monicatoursperu.com) Circuitos recomendados por los lectores.

Condor Travel CIRCUITOS
(☑01-615-3000; www.condortravel.com; Blondet 249, San Isidro) Los mejores circuitos e itinerarios a medida por los Andes.

⭐ Fiestas y celebraciones

Para información sobre celebraciones, consúltense los periódicos locales o visítese *The Peru Only Guide* (http://theonlyperuguide. com). Los festivos específicos de la ciudad son la fiesta de Lima, la feria de Santa Rosa de Lima y El Señor de los Milagros.

Fiesta de Lima CULTURAL
Conmemora la fundación de la ciudad el 18 de enero.

Feria de Santa Rosa de Lima FIESTA RELIGIOSA
El 30 de agosto tiene lugar esta fiesta en honor a santa Rosa, la venerada patrona de Lima y América. Los creyentes visitan el santuario en el centro histórico. Desde aquí sale una procesión que va a la ciudad de la santa, Santa Rosa de Quives, cerca de Lima.

El Señor de los Milagros FIESTA RELIGIOSA
La ciudad se viste de morado durante esta enorme procesión religiosa por el centro histórico el 18 de octubre en honor del Cristo de la iglesia de las Nazarenas; hay procesiones más pequeñas otros domingos de octubre.

🛏 Dónde dormir

Desde diminutas pensiones familiares hasta hoteles en torres acristaladas y servicios de *spa*: en Lima hay numerosos y variados alojamientos. Es también uno de los destinos más caros del país (al margen de la meca turística de Cuzco).

El barrio preferido de los viajeros es Miraflores, que ofrece numerosos albergues, posadas y cadenas hoteleras de lujo, así como vigilancia y seguridad. El cercano Barranco se ha convertido en un barrio muy popular y es una de las mejores zonas para pasear, con abundantes jardines y arquitectura colonial. El centro financiero de San Isidro es más lujoso y normalmente más tranquilo. En el centro de Lima se encuentran alojamientos más económicos, aunque está bastante retirado de los animados restaurantes y discotecas de moda.

Si se llega de noche, vale la pena llamar a los hoteles con antelación para concertar una recogida en el aeropuerto; hasta los hostales más económicos facilitan este servicio, a veces por algo menos que el servicio oficial del aeropuerto.

🛏 Lima Centro

Las ofertas del centro no se pueden comparar con las de otros barrios. El comercio de lujo ha desaparecido de esta zona en beneficio de los barrios de San Isidro y Miraflores. Hay alojamientos con buena relación calidad-precio cerca de algunos de los lugares históricos, pero aunque la zona está animada de día, de noche puede parecer un poco abandonada. La seguridad ha mejorado mucho, pero se aconseja tomar un taxi de noche y no mostrar nunca joyas o artículos de fotografía caros.

⭐ **1900 Backpackers** ALBERGUE $
(plano p. 66; ☑01-424-3358; www.1900hostel.com; av. Garcilaso de la Vega 1588; dc 25-37 PEN, i/d/ tr desayuno incl. 62/87/130 PEN; @🏠) Antigua

mansión diseñada por Gustavo Eiffel y renovada con toques de diseño moderno, aunque
conserva los suelos de mármol y otros detalles de principios del s. xx. Como albergue es
muy bonito, y las habitaciones son elegantes
y sencillas, con literas muy juntas. Cuenta
con una cocina pequeña y espacios comunes,
como una sala de billar con bar y araña de
color rojo. Posee el extra de tener un museo
de primera cruzando la calle.

Familia Rodríguez CASA PARTICULAR $
(plano p. 62; ☎01-423-6465; jotajot@terra.com.pe;
av. Nicolás de Piérola 730, apt 201; d desayuno incl.
70 PEN; @🛜) Un edificio de principios del
s. xx, al oeste de la plaza San Martín, alberga
un amplio apartamento antiguo con suelos
de parqué y baños inmaculados, en una tranquila y recomendada casa familiar. Todos los
baños son compartidos.

Hostal Iquique HOTEL $
(plano p. 66; ☎01-433-4724; www.hostaliquique.
com; Iquique 758; i/d sin baño 54/90 PEN, i/d/tr
desayuno incl. 75/96/132 PEN; @) Este hotel recomendado es básico, pero limpio y seguro.
Sus habitaciones son pequeñas y algo oscuras, los baños se han renovado con duchas de
agua caliente. En la terraza de la azotea hay
una mesa de billar y los clientes comparten
la cocina. Acepta tarjetas de crédito.

Pensión Ibarra PENSIÓN $
(plano p. 62; ☎01-427-8603; pensionibarra@gmail.
com; Tacna 359, piso 14; i/d sin baño desde 25/
35 PEN; 🛜) En una destartalada torre de apartamentos, las serviciales hermanas Ibarra
ofrecen siete habitaciones básicas, con buenas camas y un balcón pequeño con vistas a
la ruidosa ciudad. La cocina es compartida y
hay servicio de lavandería.

Hostal Roma HOTEL $
(plano p. 62; ☎01-427-7576; Ica 326; i/d/tr 50/
80/105 PEN; @🛜) Es una reliquia. Las pulcras habitaciones son sosas (algunas sin
ventana) pero tranquilas y están dispuestas
en torno a un patio interior soleado. Las camas se hunden (¿qué se puede esperar por
esta ganga?), pero algunas estancias tienen
televisión por cable. Hay una cafetería que
sirve desayunos.

Hotel Kamana HOTEL $$
(plano p. 62; ☎427-7106, 01-426-7204; www.hote
lkamana.com; Camaná 547; i/d/tr desayuno incl.
152/193/234 PEN; ✻@🛜) Frecuentado por
grupos de turistas y viajeros de negocios, se
trata de un alojamiento formal y seguro, con

LA CONFIGURACIÓN DEL TERRENO

Lima cuenta con más de 30 barrios, el
casco histórico es Lima Centro. La av.
Arequipa, una de las principales arterias
de la ciudad, discurre en dirección su-
reste hacia el acaudalado San Isidro y el
moderno barrio costero de Miraflores y,
al sur, a Barranco.

Las principales rutas de autobús que
comunican Lima Centro con San Isidro
y Miraflores recorren amplias avenidas
como Tacna, Garcilaso de la Vega y
Arequipa. A estos barrios llega también
el paseo de la República o Vía Expresa,
popularmente llamada el "Zanjón".

46 habitaciones enmoquetadas y animadas
por colchas de colores. Aceptan tarjetas de
crédito. El café-restaurante está abierto las
24 horas.

Hostal Bonbini HOTEL $$
(plano p. 62; ☎01-427-6477; www.hostalbonbini.com;
Cailloma 209; i/d/tr desayuno incl. 110/140/170 PEN;
@🛜) Situado en una calle llena de impren-
tas, cuenta con 15 habitaciones enmoquetadas sencillas, baños inmaculados y televisión
por cable. El servicio podría ser más atento.
Acepta tarjetas de crédito.

Hotel Maury HOTEL $$
(plano p. 62; ☎01-428-8188; hotmaury@rcp.net.pe;
Ucayali 201; i/d desayuno incl. 135/165 PEN; ✻@🛜)
Es famoso por inventar el cóctel conocido
como pisco *sour* en la década de 1930. Aun-
que las zonas comunes conservan florituras
del Viejo Mundo como espejos dorados y
muebles decimonónicos, las 76 sencillas ha-
bitaciones son más modernas, algunas con
jacuzzi y cajas de seguridad. Aceptan tarjetas
de crédito.

Gran Hotel Bolívar HOTEL HISTÓRICO $$$
(plano p. 62; ☎01-619-7171; www.granhotelbolivar.
com.pe; Jirón de la Unión 958; i/d/tr 247/278/
309 PEN; @) Los aficionados a las épocas doradas deben saber que este venerable hotel
de 1924 ha hospedado a Clark Gable, Mick
Jagger y Robert Kennedy. Aunque ahora está
ajado, conserva una cierta elegancia clásica
y está en la plaza de San Martín. Además,
sus empleados son los dueños, una rareza en
el mundo hotelero, lo que se traduce en un
servicio impecable.

Sheraton Lima HOTEL $$$

(plano p. 66; ☑01-619-3300; www.sheraton.com.pe; paseo de la República 170; d 584 PEN; ✳@☎☞) Enfrente del adusto Palacio de Justicia, este hotel de lujo tiene más de 400 habitaciones y suites decoradas en varios tonos arena. Además del servicio de habitaciones las 24 horas, cuenta con conserjería, dos restaurantes, bar, gimnasio, piscina y salón de belleza.

San Isidro

San Isidro posee un campo de golf muy exclusivo y es la cuna de la élite de Lima, que vive en grandes casas modernistas y toma cócteles en selectos clubes privados; si no se quiere desentonar, hay que ir con una raqueta de tenis. El alojamiento es inevitablemente lujoso.

Malka Youth Hostel ALBERGUE $

(plano p. 70; ☑01-222-5589; www.youthhostelperu.com; Los Lirios 165; dc 35 PEN, d desayuno incl. con/sin baño 128/112 PEN; @☎) Madre e hija regentan este silencioso albergue de 10 habitaciones a una manzana de un parque. La casa cuenta con un bonito jardín con pared de escalada, una amplia cocina compartida, lavandería, salón con TV y DVD, consigna y un pequeño café que sirve comidas ligeras. Cercano a las muy transitadas avenidas Arequipa y Javier Prado.

Casa Bella Perú PENSIÓN $$

(plano p. 70; ☑01-421-7354; www.casabellaperu.net; Las Flores 459; d desayuno incl. 232 PEN; @☎) Una magnífica opción a precio medio en una zona muy cara. Esta antigua vivienda de la década de 1950 ofrece habitaciones modernas, decoradas con tejidos indígenas. Posee 14 unidades distintas con camas confortables, almohadas consistentes, grandes televisores de plasma y baños renovados. Hay también cocina, un amplio jardín y salón. Acepta tarjetas de crédito.

Hotel Basadre Suites HOTEL $$

(plano p. 70; ☑01-442-2423; www.hotelbasadre.com; Jorge Basadre 1310; i/d desayuno incl. 217/248 PEN; ✳@☞) Una buena opción: 20 atractivas y contemporáneas habitaciones, algunas muy espaciosas; todas cuentan con minibar, secador de pelo, televisión por cable y caja fuerte. El desayuno, servido en un pequeño salón junto al jardín, es abundante. Acepta tarjetas de crédito; consúltense en su página web las ofertas especiales.

El Golf Hotel Boutique HOTEL-BOUTIQUE $$$

(☑01-677-8888; www.elgolfhb.com; Valle Riesta 576; i/d/ste desayuno incl. 340/433/494 PEN; ✳@☎☞) Tiene 20 elegantes habitaciones con sábanas suaves, zapatillas y baños de mármol. El servicio es de calidad y el restaurante ofrece comidas o cenas. Está en una tranquila calle residencial, dos manzanas al oeste del Lima Golf Club. Aceptan tarjetas de crédito.

Country Club Lima Hotel HOTEL DE LUJO $$$

(plano p. 70; ☑01-611-9000; www.hotelcountry.com; Los Eucaliptos 590; d desde 802 PEN; ✳@☎☞) Rodeado de césped y palmeras, ocupa uno de los edificios más refinados de Lima, construido en 1927 en estilo español. Equipado con coloridas baldosas, techos con vigas a la vista y réplicas de cuadros de la Escuela de Cuzco, su atributo más distintivo es un atrio redondo de cristal en el que se sirve el desayuno. Las 83 habitaciones, con todo tipo de comodidades, van de las lujosas habitaciones matrimoniales a la opulenta suite presidencial. Acepta tarjetas de crédito.

Suites Antique APARTAMENTOS $$$

(plano p. 70; ☑01-222-1094; www.suites-antique.com; av. 2 de Mayo 954; i/d/ste desayuno incl. 423/485/562 PEN; ✳@) Pequeño, céntrico y tranquilo. Las estancias son elegantes y luminosas, aunque de precio considerable. Las 23 suites inmaculadas son espaciosas y poseen pequeñas cocinas equipadas con microondas y mininevera. El desayuno se sirve en una cafetería acogedora.

Miraflores

En este barrio, con vistas al océano y calles peatonales, abundan los cafés, restaurantes, hoteles, bloques de pisos, bancos, tiendas y clubes nocturnos que vibran con todo tipo de música, desde disco hasta cumbia. También hay muchas zonas tranquilas.

Ekeko Hostel ALBERGUE $

(plano p. 72; ☑01-635-5031; García Calderón 274; dc/i/d sin baño 31/50/93 PEN, d desayuno incl. 99 PEN; @☎) Situada en un cómodo barrio de clase media, esta espaciosa casa tiene una cocina enorme y una mesa de desayuno gigantesca, además de servicios no habituales como secadores de pelo. Cuenta con un patio agradable y un buen servicio.

Dragonfly Hostel ALBERGUE $

(plano p. 72; ☑01-654-3226; www.dragonflyhostels.com; av. 28 de Julio 190; dc 31-35 PEN, i sin baño desayuno incl. 70 PEN, d 78-99 PEN; @☎) Este diminuto albergue céntrico situado en un segundo piso es muy popular. Tiene todos los servicios: taquillas, cocina para huéspedes, bar y transporte al aeropuerto. Las pulcras habitaciones están decoradas con colores vivos. Los huéspedes también pueden relajarse en la azotea y disfrutar de la buena cerveza artesanal elaborada por sus dueños.

Hitchhikers ALBERGUE $
(plano p. 72; ☎01-242-3008; www.hhikersperu.com; Bolognesi 400; dc/i/d sin baño 28/65/70 PEN, i/d desayuno incl. 70/84 PEN; @🛜) Instalado en una hermosa y centenaria casona, dispone de una amplia gama de habitaciones. Seguro y silencioso, incluye un salón con televisión por cable y biblioteca de DVD, y su sobrio patio tiene una barbacoa y un tablero para jugar al tenis de mesa. También se puede aparcar con auto-caravanas (18 PEN). En general, es una buena opción.

Condor's House ALBERGUE $
(plano p. 72; ☎01-446-7267; www.condorshouse.com; Napanga 137; dc 25-30 PEN, d/tr 50/75 PEN; @🛜) Este albergue bien situado ofrece barbacoas y música en directo los fines de semana, tenis de mesa y bar. Las habitaciones dobles tienen literas y los baños, duchas eléctricas. Cuenta con un bonito patio, pero no mucho espacio para guardar el equipaje.

Backpacker's Family House ALBERGUE $
(plano p. 72; ☎01-447-4572; www.backpackersfamilyhouse.com; Juan Moore 304; dc/d desayuno incl. 47/126 PEN; @🛜) Pequeña casa de ladrillo con suelos de parquet, murales con grafitis y juegos como futbolines o tenis de mesa. Está cuidado pero un poco de capa caída y las camas podrían ser más duras. Los baños de las habitaciones de la planta alta están en el rellano de abajo.

Flying Dog ALBERGUE $
(plano p. 72; ☎01-444-5753; www.flyingdogperu.com; Lima 457; dc 35 PEN, d con/sin baño 115/135 PEN; @🛜) Es el mejor de las cuatro opciones en Lima de Flying Dog, con un encantador bar y un salón en el tercer piso con amplias vistas al parque Kennedy. Tiene dos cocinas y el desayuno incluido se sirve en la terraza del restaurante, al otro lado del parque. El albergue de mayor tamaño, al otro lado del parque, está bastante polvoriento y dejado.

Albergue Turístico Juvenil Internacional ALBERGUE $
(plano p. 72; ☎01-446-5488; www.limahostell.com.pe; av. Casimiro Juan Ulloa 328; dc 52 PEN,

i/d 157/185 PEN; @🖂) Este albergue juvenil de primera generación se centra sobre todo en grupos. Los dormitorios colectivos están impecables y las espaciosas habitaciones privadas están decoradas como una casa, pero el ambiente es un poco insípido y está muy aislado de los principales puntos de interés. La infraestructura es uno de sus fuertes, con una cocina amplia y un espacioso patio trasero con piscina.

Friend's House ALBERGUE $
(plano p. 72; ☎01-446-6248; friendshouseperu@ yahoo.com.mx; Jirón Manco Cápac 368; dc/i/d 27/35/60 PEN, i/d desayuno incl. 40/70 PEN; 🛜) Este refugio para mochileros atestado de jóvenes es modesto y muy sociable, aunque los dormitorios están saturados y un tanto desvencijados. Ofrece acceso a la cocina y a un pequeño salón con televisión por cable.

Explorer's House ALBERGUE $
(plano p. 72; ☎01-241-5002; www.explorershouselima.com; Alfredo León 158; dc/i/d sin baño 25/60/70 PEN, d desayuno incl. 80 PEN; @🛜) Sencillo y algo raído (a los sofás les queda un suspiro), pero los baños compartidos están limpios. Ofrece una cocina compartida, wifi, una terraza con vistas en la azotea y los gerentes son muy amables.

⭐**Casa Cielo** HOTEL-BOUTIQUE $$
(plano p. 72; ☎01-242-1127; www.hotelcasacielo.com; Berlín 370; i/d 164/275 PEN; 🅿🛜) Precioso y céntrico, con un servicio de primera y una estupenda relación calidad-precio. Tiene un aire andino moderno, con toros de cerámica y fotografías de Mario Testino sobre colores neutros. En las habitaciones hay almohadas hipoalergénicas, ventanas de cristal y caja fuerte. Las camas extragrandes cuestan 10 US$ más. El desayuno de bufé se sirve en un café en la planta superior.

Hotel Antigua Miraflores PENSIÓN $$
(plano p. 72; ☎01-241-6116; www.peru-hotels inns.com; av. Grau 350; i/d/tr desayuno incl. 284/328/439 PEN; ✳@🛜) Esta tranquila y evocadora mansión del s. xx reformada, con un encantador patio, exuda encanto colonial, pero el mobiliario aporta toques barrocos. Las habitaciones, de diversos tamaños y estilos, ofrecen todas las comodidades; las más caras tienen bañeras de hidromasaje y pequeñas cocinas.

Inka Frog HOTEL $$
(plano p. 72; ☎01-445-8979; www.inkafrog.com; Iglesias 271; i/d/tr desayuno incl. 170/201/

263 PEN; @🛜) Entre los alojamientos de Lima, es de los que ofrecen mejor relación calidad-precio. Su público son alberguistas maduros que quieren habitaciones privadas. Tranquilo y agradable, propone habitaciones modernas, amplias e impecables con ventiladores y televisor de pantalla plana. Las que dan a un recoleto patio con tejado disponen de aire acondicionado sin coste adicional. Se puede disfrutar de la hora de café gratuito en los lujosos sofás. El personal es atento y la calle muy tranquila.

Hostal El Patio
PENSIÓN $$
(plano p. 72; ☎01-444-2107; www.hostalelpatio.net; Ernesto Diez Canseco 341A; i/d desayuno incl. 126/156 PEN, i/d superior 156/186 PEN; @🛜) Esta joya, situada en una tranquila calle lateral a pocos pasos del parque Kennedy, merece su nombre por el patio lleno de flores y su fuente. Ofrece habitaciones pequeñas e inmaculadas, decoradas con camas de hierro forjado y objetos de arte de estilo colonial. Algunas están equipadas con cocinas pequeñas y minineveras. Consúltense en la página web las ofertas especiales.

Casa San Martín
PENSIÓN $$
(plano p. 72; ☎243-3900, 01-241-4434; www.casasanmartinperu.com; San Martín 339; i/d/tr desayuno incl. 185/260/325 PEN; @🛜) Este edificio neocolonial español es una de las opciones más evocadoras a la vez que luce moderno y ordenado. Tiene 20 agradables habitaciones de techo alto con baldosas de terracota y tejidos andinos. El desayuno se sirve en un luminoso café que da a la terraza. Aceptan tarjetas de crédito.

Hotel Ibis Larco
HOTEL $$
(plano p. 72; ☎01-634-8888; www.ibishotel.com; av. José Larco 1140; d 241 PEN; @🛜) Este nuevo establecimiento de la cadena hotelera es una buena opción con una estupenda ubicación. Posee un elegante estilo Ikea, cortinas opacas y ventanas insonorizadas. Está sabiamente dividido en pisos de fumadores y no fumadores, aunque las habitaciones son algo pequeñas. Los artículos de tocador biodegradables y la política de ahorro de agua son algunos de sus extras. El desayuno se paga aparte.

Albergue Miraflores House
ALBERGUE $$
(plano p. 72; ☎01-447-7748; www.alberguemirafloreshouse.com; av. Espinar 611; i/d/tr desayuno incl. 180/225/300 PEN, d sin baño 150 PEN; @🛜) El ambiente acogedor de este albergue situado en una calle céntrica y muy transitada se debe a la pasión del dueño por los viajes. Es antiguo pero está impoluto y ofrece el valor añadido de los tambores y las guitarras para las sesiones de improvisación, además de abundantes juegos. Los huéspedes pueden hacer llamadas nacionales a teléfonos fijos gratis.

El Faro Inn
HOTEL $$
(plano p. 72; ☎01-242-0339; www.elfaroinn.com; Francia 857; i/d desayuno incl. 185/232 PEN; @🛜) Esta tranquila opción se halla tras una serie de banderas internacionales (no tiene cartel), cerca del relajante parque, en lo alto de los acantilados de la zona norte de Miraflores. Las habitaciones son pequeñas pero tienen todos los detalles. Algunos lectores dicen que el servicio podría mejorar.

Hotel San Antonio Abad
HOTEL $$
(plano p. 72; ☎01-447-6766; www.hotelsanantonioabad.com; Ramón Ribeyro 301; i/d desayuno incl. 210/280 PEN; ✳@🛜) Mansión de color amarillo, de la década de 1940, que acoge un agradable hotel recomendado por los lectores. 24 amplias habitaciones con paneles oscuros de madera (algunas tienen aire acondicionado), televisión por cable y ventanas insonorizadas. El desayuno se sirve en una terraza frente al jardín. Se puede concertar la recogida en el aeropuerto mediante reserva previa. Acepta tarjetas de crédito.

Hotel Alemán
HOTEL $$
(plano p. 72; ☎01-445-6999; www.hotelaleman.com.pe; av. Arequipa 4704; i/d/tr desayuno incl. 216/247/278 PEN; @🛜) Ocupa una encantadora casa de estilo español junto a una ruidosa avenida. Las 24 habitaciones son sencillas, decoradas con tejidos peruanos y mobiliario de estilo colonial, y tienen televisión por cable, teléfono, mesa y mininevera. Acepta tarjetas de crédito.

La Casa Nostra
PENSIÓN $$
(plano p. 72; ☎01-241-1718; www.lacasanostraperu.com; Grimaldo del Solar 265; i/d/tr desayuno incl. 120/152/196 PEN; @🛜) Todos los espacios comunes de esta casona, incluido el vestíbulo con vigas a la vista, rezuman estilo español. Pero sus siete habitaciones, que si bien están limpias, no son muy confortables, tienen colchones poco mullidos y estrechas camas individuales.

Hotel Esperanza
HOTEL $$
(plano p. 72; ☎01-444-2411; www.hotelesperanza.com.pe; Esperanza 350; i/d desayuno incl. 139/186 PEN; 🛜) El mobiliario de estilo barroco y

las colchas de satén de este acogedor hotel contrastan con sus 39 monásticas habitaciones. Ventajas: es un alojamiento limpio, funcional y céntrico.

Hostal Torreblanca
HOTEL $$

(plano p. 72; ☎01-447-3363; www.torreblancaperu.com; av. José Pardo 1453; d/tr desayuno incl. 223/272 PEN) El vestíbulo está abarrotado y los pasillos son estrechos, pero las habitaciones de este edificio de estilo español son limpias, modernas y cómodas. Algunas del piso superior tienen techos con vigas de madera, baldosas rojas y chimenea. Todas están equipadas con edredones de plumas, televisión por cable, minibar y teléfono. Acepta tarjetas de crédito.

Hotel Bayview
HOTEL $$

(plano p. 72; ☎01-445-7321; www.bayviewhotel.com. pe; Las Dalias 276; i/d/tr desayuno incl. 201/232/ 297 PEN; @🖥) Sencillo, agradable y con un buen restaurante. Ofrece habitaciones enmoquetadas, decoradas con rústicos cuadros peruanos y comodidades como minibar y televisión por cable. Buena relación calidad-precio; suele llenarse.

La Castellana
PENSIÓN $$

(plano p. 72; ☎01-444-4662; www.castellanahotel. com; Grimaldo del Solar 222; i/d/tr desayuno incl. 180/212/252 PEN; 🖥) Instalado en una mansión que data de 1912, ofrece 42 habitaciones agradables, aunque oscuras, muchas alrededor de un bonito patio con jardín, donde se sirve el desayuno. Algunas no tienen wifi, por lo que conviene preguntar antes de reservarlas.

Hotel Señorial
HOTEL $$

(plano p. 72; ☎01-445-1870, 01-445-7306; www.senorial.com; José González 567; i/d/tr desayuno incl. 250/355/433 PEN; @🖥) Aunque algo antiguo, cuenta con más de 100 habitaciones y un agradable jardín. Tienen lo estándar: televisión por cable y una decoración tradicional. Aceptan tarjetas de crédito.

★Hotel de Autor
B&B $$

(plano p. 72; ☎01-681-8074; www.hoteldeautor.com; av. 28 de Julio 562B, Quinta Bustos; d desayuno incl. 541 PEN; P✳🖥) ¿Por qué no pueden ser así todos los hoteles? El servicio es personal, los desayunos abundantes y el estilo es clásico y moderno, con recuerdos de viajes auténticos que guían y motivan a viajar por Perú. Las habitaciones son espaciosas, todas con camas extragrandes, ropa de cama exuberante y es-

critorio. Los balcones y las bañeras de patas le añaden un toque romántico.

Ofrecen bicicletas playeras en préstamo.

Miraflores Park Hotel
HOTEL DE LUJO $$$

(plano p. 72; ☎01-242-3000; www.mirafloorespark. com; Malecón de la Reserva 1035; d desde 1236 PEN; ✳@🖥≋) Es el mejor hotel pequeño de lujo de Lima. Pertenece a la cadena Belmond y goza de una gloriosa ubicación junto al mar. La imponente escalera de caracol, la preciosa biblioteca, los servicios de *spa* y una piscina infinita contribuyen al ambiente de cuento de hadas.

Tragaluz, su restaurante, se llena de treintañeros y cuarentañeros y tiene una decoración de autor, cocina internacional y baristas excelentes.

IFE Boutique Hotel
HOTEL-BOUTIQUE $$$

(plano p. 72; ☎01-677-2229; www.ifeboutique.com; San Ignacio de Loyola 646; d desayuno incl. 380-618 PEN; ✳🖥) Pequeño, distinguido, elegante y bien situado. Sus ocho habitaciones están decoradas en estilos que van del clásico al arte pop y tienen televisores LCD, minibares, puertos para iPod y cajas fuertes. Las camas grandes y extragrandes tienen sábanas de lujo. El personal es muy atento.

JW Marriott Hotel Lima
HOTEL $$$

(plano p. 72; ☎01-217-7000; www.marriotthotels. com/limdt; Malecón de la Reserva 615; d desayuno incl. desde 643 PEN; ✳@🖥≋) El animado Marriott, de cinco estrellas, tiene una ubicación soberbia frente al mar y junto al centro comercial LarcoMar, ideal para ver a los parapentistas flotando al otro lado de las paredes de cristal. Las habitaciones relucen y cuentan con todas las comodidades: minibar, televisor de plasma y bañera de hidromasaje. El wifi se paga aparte.

Quien esté nervioso por su vuelo puede comprobar las horas de salida y llegada en el vestíbulo.

Casa Andina
HOTEL $$$

(plano p. 72; ☎01-241-4050; www.casa-andina. com; av. 28 de Julio 1088; d desayuno incl. 294 PEN; ✳@🖥) Esta exclusiva cadena peruana tiene tres hoteles de precios diversos repartidos por Miraflores. Los de San Antonio y Miraflores Centro (plano p. 72; ☎01-447-0263; av. Petit Thouars 5444; d desayuno incl. 294 PEN; ✳@🖥) son más económicos y tienen más de 50 habitaciones decoradas con motivos andinos contemporáneos.

Casa Andina Colección Privada (plano p. 72; ☑01-213-4300; av. La Paz 463, Colección Privada; d/ste desayuno incl. desde 470/578 PEN; ❋@🤶🛋) es la avanzadilla del lujo, con 148 espaciosas habitaciones elegantes en tonos tierra, con detalles precolombinos y productos de baño ecológicos.

Terra Viva HOTEL $$$
(plano p. 72; ☑01-637-1003; tierravivahoteles.com/tierra-viva-miraflores-larco; Bolívar 176-180; i/d desayuno incl. 457/488 PEN) Agradable novedad en los alojamientos limeños. Esta impecable cadena peruana ofrece buen servicio y habitaciones modernas con cajas fuertes, alfombras bereberes, camas extragrandes y mantas de tejidos andinos que añaden una nota de color. El desayuno se sirve en la terraza del octavo piso.

La Paz Apart Hotel APARTAMENTOS $$$
(plano p. 72; ☑01-242-9350; www.lapazaparthotel.com; av. La Paz 679; i/d desayuno incl. 371/464 PEN, ste 773 PEN; ❋@🤶) Puede que este moderno edificio tenga un aire serio, pero el servicio es atento y las habitaciones cómodas. Las impecables 25 suites, todas con una cocina pequeña, mininevera y sala de estar separada, están decoradas con buen gusto. Las más espaciosas son para cinco personas. También tiene un gimnasio y una sala de conferencias pequeños.

Hotel El Doral HOTEL $$$
(plano p. 72; ☑01-242-7799; www.eldoral.com.pe; av. José Pardo 486; i/d desayuno incl. 328/359 PEN; ❋@🤶🛋) Por fuera parece muy comercial, pero sus 39 relucientes suites (década de 1980) dan a un agradable interior lleno de plantas. Todas las habitaciones tienen televisión por cable, minibar y sala de estar, además de ventanas de cristal doble para aislarlas del ruido. El desayuno se sirve en la terraza superior, frente a la piscina.

Hotel Ariosto HOTEL $$$
(plano p. 72; ☑01-444-1414; www.hotelariosto.com.pe; av. La Paz 769; i/d desayuno incl. 340/371 PEN; ❋@🤶) Este hotel de siete pisos transpira formalidad peruana, aire colonial y de la década de 1960. El amplio vestíbulo tiene sofás de cuero y detalles barrocos. Las 96 habitaciones son espaciosas, con alfombras y camas de matrimonio grandes. Dispone de un salón y un pequeño centro de negocios, y el bufé del desayuno es copioso. Las tarifas incluyen la recogida en el aeropuerto.

🛏 Barranco

A principios del s. xx era el destino veraniego de la clase alta limeña y en la década de 1960, el centro de la vida bohemia. Hoy en día está atestado de restaurantes y bares bulliciosos, y sus bellas mansiones se han convertido en hoteles de todos los precios.

Barranco's Backpackers Inn ALBERGUE $
(plano p. 76; ☑01-247-1326; www.barrancobackpackersperu.com; Mariscal Castilla 260; dc/tw desayuno incl. 37/109 PEN) Albergue de mochileros británico en una ajada pero limpia mansión situada en una calle tranquila con seguridad las 24 horas. Los dormitorios son amplios y algunos tienen vistas al mar.

Hay cocina, ocho habitaciones, sala de TV y un práctico acceso a la Bajada de Baños, que lleva a la playa. Ayudan con viajes y circuitos.

Hostal Kaminu B&B $
(plano p. 76; ☑01-252-8680; www.kaminu.com; Bajada de Baños 342; dc 30-35 PEN, d desayuno incl. con/sin baño 100/68 PEN; @) Para bien o para mal, esta lata de sardinas diminuta y llena de recovecos está en plena zona de marcha de Barranco. Tiene una animada terraza en la azotea.

⭐**3B Barranco B&B** B&B $$
(plano p. 76; ☑01-247-6915, 01-719-3868; www.3bhostal.com; Centenario 130; i/d desayuno incl. 230/250 PEN; @🤶) Es limpio y moderno, tiene muy buen servicio y a los viajeros les encanta. Una zona común adornada con imitaciones Warhol lleva a 16 habitaciones minimalistas con afelpadas colchas color arpillera, encimeras de granito y ventanas luminosas que dan a un cuidado jardín. Buena relación calidad-precio.

⭐**Casa Nuestra** B&B $$
(plano p. 76; ☑01-248-8091; casanuestraperu.com; Jirón Tumbes 270; i/d 120/180 PEN, d sin baño desayuno incl. 155 PEN; @🤶) Esta encantadora casa decorada con murales y carteles de arte *retro* está en una calle lateral tranquila y sombreada y la lleva una pareja ítalo-peruana. Es una base estupenda para explorar Barranco y hacen descuentos por estancias largas. Las habitaciones del segundo piso son las mejores, las del primero necesitan una pequeña renovación. Se pueden usar la cocina y una preciosa azotea. Solo admiten reservas.

D'Osma B&B   B&B $$

(plano p. 76; ☑01-251-4178; www.deosma.com; av. San Pedro de Osma 240; i/d desayuno incl. desde 115/180 PEN, d sin baño 130 PEN; @🛜) ⏁ Un ambiente agradable y familiar anima este sencillo B&B, una opción barata dentro del precio medio, con pequeñas habitaciones enmoquetadas con claraboyas y ventiladores. Reciclan y ofrecen desayunos abundantes con huevos y fruta. El único inconveniente es la calle ruidosa de delante. Son preferibles las habitaciones de atrás.

Hostal Gémina   HOTEL $$

(plano p. 76; ☑01-477-0712; hostalgemina.com; av. Grau 620; i/d/tr desayuno incl. 105/150/195 PEN; @🛜) Situado en una pequeña galería comercial, este lugar acogedor tiene un aire *retro* sin pretenderlo. Ofrece 31 habitaciones limpias y espaciosas de estilo setentero, con TV y tejidos tradicionales. Aceptan tarjetas de crédito.

★ Second Home Perú   B&B $$$

(plano p. 76; ☑01-247-5522; www.secondhomeperu.com; Domeyer 366; d/ste desayuno incl. 386/556 PEN; @🛜▦) Encantadora casona de estilo Tudor, con cinco habitaciones y ambiente de cuento de hadas, además de una bonita piscina e impresionantes vistas al mar. Dirigido por los hijos del artista Víctor Delfín, cuyas pinturas y esculturas se hallan distribuidas por el jardín y la casa; de hecho, aquí tiene su taller. Acepta tarjetas de crédito.

Hotel B   HOTEL-BOUTIQUE $$$

(plano p. 76; ☑01-206-0800; hotelb.pe; Sáenz Peña 204; d 1112 PEN; @🛜) Esta mansión renovada es una novedad destacable que mezcla lo moderno con lo clásico para obtener un efecto espectacular. Sus 17 habitaciones eclécticas (aunque algunas pueden parecer atiborradas) rodean un patio con una pared natural de higueras. El precioso bar, popular no solo entre los huéspedes, está especializado en *gintonic* y cócteles de los años veinte. También se puede visitar la galería aneja o la azotea con vistas al mar.

🛏 Lima Oeste

Mami Panchita   PENSIÓN $$

(☑01-263-7203; www.mamipanchita.com; av. Federico Gallesi 198, San Miguel; i/d/tr desayuno incl. 124/155/185 PEN; @🛜) Se encuentra en una cómoda casa de estilo español, en un agradable barrio cercano a Miraflores. Sus propietarios también dirigen una agencia de viajes.

Buena opción para familias, con habitaciones amplias y hogareñas, cunas y patio engalanado con flores, ideal para relajarse.

🍴 Dónde comer

En Lima, capital gastronómica del continente, se encuentran algunas de las creaciones culinarias más sublimes del país: simples cevicherías, puestos de anticucho (brocheta de corazón de ternera) o una espectacular cocina molecular. Su ubicación en el litoral le facilita el acceso a una gran variedad de marisco fresco y su estatus de capital garantiza la presencia de todo tipo de especialidades regionales.

Desde cócteles con bayas del Amazonas a guisos de pollo con nuez de Arequipa (ají de gallina), y una de las especialidades más exquisitas del país: el arroz con pato al estilo Chiclayo, cocido lentamente en cilantro, ajo y cerveza. De hecho, la ciudad tiene una variedad gastronómica tan amplia que uno puede pasar semanas aquí sin probarlo todo. Hay que venir con hambre.

🍴 Lima Centro

Miraflores y San Isidro poseen los restaurantes más elegantes de la ciudad, pero Lima Centro tiene buenos precios e historia: desde comedores funcionales atestados de oficinistas hasta locales con ambiente que han tenido entre sus clientes a presidentes de Perú. Muchos de los restaurantes más económicos ofrecen menús en torno a los 10 PEN.

LOS MEJORES LUGARES ECONÓMICOS PARA COMER

➡ Bocadillos enormes en **El Enano** (p. 91)

➡ Ceviche al aire libre en **Al Toke Pez** (p. 96)

➡ Abundantes panes acompañados de aceitunas y queso en **El Pan de la Chola** (p. 91)

➡ Exóticas mezclas de zumos y hierbas en **Kulcafé** (p. 91)

➡ Tacos de pescado en **Burrito Bar** (p. 95)

➡ Diversas opciones para llevarse de pícnic en **Delifrance** (p. 95)

A LA LIMEÑA

Muchos restaurantes de Lima rebajan la condimentación de sus platos tradicionales para adaptarlos al gusto de los extranjeros. Si se desea tomar una comida picante, hay que pedirla "a la limeña", al estilo de Lima.

Domus
PERUANA $

(plano p. 62; ☎01-427-0525; Miró Quesada 410; menú 20 PEN; ⏱7.00-17.00 lu-vi) Mansión del s. XIX restaurada que alberga un restaurante moderno pero íntimo, con dos salones. Muchos de sus clientes son periodistas del cercano periódico *El Comercio*. No hay cenas a la carta, sino una lista de especialidades ítalo-peruanas que cambia a diario e incluye una opción vegetariana. Sirven zumos de fruta naturales.

El Chinito
SÁNDWICHES $

(plano p. 62; ☎01-423-2197; Chancay 894; sándwiches 12 PEN; ⏱8.00-22.00 lu-sa, hasta 13.00 do) Este venerable local de casi medio siglo, cubierto de azulejos españoles, es el mejor para comer enormes sándwiches rellenos de diversas carnes asadas: pavo, cerdo, ternera, jamón y lo más popular: chicharrones; todo ello servido con un adobo tradicional de cebollas rojas, guindillas y cilantro.

El Cordano
CAFETERÍA $

(plano p. 62; ☎01-427-0181; Ancash 202; principales 10-32 PEN; ⏱8.00-21.00) Este clásico comedor, toda una institución en Lima desde 1905, ha atendido a casi todos los presidentes peruanos durante los últimos 100 años (el palacio presidencial está cruzando la calle). No hay que esperar nada innovador. Es célebre por la calidad de su *tacu tacu* (arroz con frijoles fritos) y su butifarra (bocadillo de pan francés con jamón del país).

Pastelería San Martín
PANADERÍA $

(plano p. 62; ☎01-428-9091; Nicolás de Piérola 987; tentempiés 6 PEN; ⏱9.00-21.00 lu-sa) Fundada en 1930, esta sencilla panadería sirve el que se considera el mejor turrón de Doña Pepa de toda Lima, un postre asociado a la fiesta religiosa del Señor de Los Milagros, hojaldrado, pegajoso y dulcísimo; va bien con un café exprés bien fuerte.

Queirolo
PERUANA $

(plano p. 62; ☎01-425-0421; Camaná 900; principales 12-38 PEN; ⏱9.30-1.00 lu-sa) Muy popular entre los oficinistas por sus menús baratos, con platos principales como la patata rellena. También es muy frecuentado por los lugareños, que al atardecer salen a tomar su *chilcano* de pisco (pisco con *ginger ale* y zumo de lima) y a charlar. La oferta para la cena es escasa.

Rovegno
DELICATESEN $

(plano p. 66; ☎01-424-8465; Arenales 456; principales 13-25 PEN, bufé 28 PEN; ⏱7.00-22.00 lu-sa) Esta panadería y tienda de especialidades con servicio de restauración, vende buen vino, panes, quesos, jamón y aceitunas, además de muchas pastas de todos los colores. Sus platos de restaurante son las especialidades peruanas típicas, como el lomo saltado (salteado de ternera con cebolla y pimiento).

Blanchaert Bistro
BELGA $$

(plano p. 62; ☎01-428-4101; av. Nicolás de Piérola 1018; principales 25-50 PEN; ⏱8.00-22.00 lu-mi, hasta 24.00 ju y vi, 12.00-24.00 sa, 12.00-16.00 do) Nuevo y elegante local centrado en la cocina belga casera, con asados cocinados a fuego lento con manzanas, patatas fritas y 16 tipos de cerveza, belga por supuesto. El postre es, obviamente, gofres con Nutella y nata montada.

Wa Lok
CHINA $$

(plano p. 62; ☎01-427-2750, 01-447-1329; Paruro 878; principales 15-80 PEN; ⏱9.00-23.00 lu-sa, hasta 22.00 do) Es uno de los mejores chifas (restaurantes chinos) del barrio chino y sirve marisco, arroz frito ligero y recién hecho, y carnes humeantes presentadas en bandejas. Su carta cantonesa de 16 páginas incluye bolas de masa, fideos, salteados y una buena selección de opciones vegetarianas (como el estofado de tofu). Las raciones son enormes.

Cevichería la Choza Náutica
CEVICHE $$

(plano p. 66; ☎01-423-8087; www.chozanautica. com; Breña 204; ceviches 20-42 PEN, principales 19-45 PEN; ⏱8.00-23.00 lu-sa, hasta 21.00 do) Un local muy animado en una zona algo lúgubre, atendido por camareros con pajarita, que propone más de una docena de ceviches y tiraditos (ceviche al estilo japonés, con cebolla), además de una larga lista de sopas, platos de marisco y arroces. Música en directo algunas noches.

L'Eau Vive
FRANCESA $$

(plano p. 62; ☎01-427-5612; Ucayali 370; principales 25-35 PEN, 3-menús 30-50 PEN; ⏱12.30-15.00 y 19.30-21.30 lu-sa; ✱) Este sencillo y poco habitual restaurante en un edificio del s. XVIII lo llevan unas monjas carmelitas francesas. Sirven especialidades francesas y continentales (como *coquilles St Jacques*) con influencias peruanas. No destaca por su comida, en realidad su mayor reclamo es la "serenata": todas las noches, después de cenar (hacia las 21.00 h), las monjas cantan el *Ave María*.

Tanta
CAFÉ $$
(plano p. 62; ✏01-428-3115; Pasaje de los Escribanos 142, Lima Centro; principales 21-46 PEN; ⊙9.00-22.00 lu-sa, hasta 18.00 do) Es uno de los varios bistrós informales de la marca Gastón Acurio y sirve platos peruanos, pastas de fusión, y enormes ensaladas y sándwiches. Resulta una buena apuesta en el centro de la ciudad, donde no hay tanto que elegir. La comida suele ser buena pero lo mejor son los postres: imprescindible la celestial *mousse* de tarta de queso con maracuyá. Tienen locales en **Miraflores** (plano p. 72; ✏01-447-8377; av. 28 de Julio 888) y **San Isidro** (plano p. 70; ✏01-421-9708; Pancho Fierro 115).

Salon Capon
CHINA $$
(plano p. 62; ✏01-426-9286; Paruro 819; principales 12-48 PEN; ⊙9.00-22.00 lu-sa, hasta 19.00 do) Frente al Wa Lok, este restaurante más pequeño ofrece también una extensa carta cantonesa, buen *dim sum* y una pastelería tradicional con deliciosas y hojaldradas tartas.

Compra de alimentos

Metro
SUPERMERCADO $
(plano p. 62; Cuzco 255; ⊙9.00-22.00) Es el mejor supermercado del centro de Lima, ocupa todo un bloque y también vende comida preparada.

San Isidro

Restaurantes elegantes, cócteles espumosos y alta cocina de fusión: San Isidro es un bastión del buen comer, y poco más. Quienes viajen con presupuesto ajustado quizá prefieran prepararse su propia comida o dirigirse al cercano barrio de Miraflores, en general más económico.

Coffee Road
CAFÉ $
(plano p. 70; ✏01-637-2028; av. Prescott 380; principales 6-12 PEN; ⊙7.30-22.00 lu-sa, 13.00-21.00 do) Para los entendidos en café: este diminuto local de barras largas y taburetes de cuero prepara deliciosos cafés exprés elaborados con Chemex, cafetera de émbolo o Aeropress, y muchas más opciones, todo ello con granos peruanos de calidad. Para algunos es el mejor café de la ciudad. También sirve quiches y postres.

La Balanza
BISTRÓ $$
(plano p. 70; ✏01-222-2659; Cavenecia 162; principales 32-60 PEN; ⊙13.00-16.00 y 19.00-24.00 lu-sa; ✈) ✍ Un bistró sostenible, donde elaboran abundantes platos con ingredientes locales y orgánicos. Por supuesto es un éxito entre las familias y las parejas por la noche. Pollo de corral, ensaladas ecológicas y maravillas como ñoquis con remolacha y sabroso queso azul fundido, que se pueden acompañar con un vaso de *chicha morada* con gusto a anís estrellado. El ambiente también se tiñe de verde, ya que hay pequeños huertos alrededor de las mesas vestidas con originales mantelitos reciclados.

Matsuei
JAPONESA $$
(plano p. 70; ✏01-422-4323; Manuel Bañon 260; maki 30-55 PEN; ⊙12.30-15.30 y 19.30-23.00 lu-sa) El venerado chef japonés Nobu Matsuhisa fue uno de los dueños de este diminuto bar de *sushi*. No hay que dejarse disuadir por su apariencia modesta: elabora algunos de los *sashimis* y *makis* (rollos de *sushi*) más espectaculares de Lima. Un imperativo: el "acevichado", un rollo relleno de gambas y aguacate bañado en una mayonesa casera hecha con caldo de ceviche. Es estremecedor.

Spizza
PIZZERIA $$
(plano p. 70; ✏01-222-2228; Av 2 de Mayo 455; *pizza* 29-50 PEN; ⊙12.30-15.30 y 19.00-23.00 lu-sa, 12.30-22.00 do) Nunca hay que menospreciar el valor de una *pizza* margarita de masa fina hecha en un abrasador horno de leña. Manteniendo la tradición napolitana, este diminuto restaurante acompaña su comida con cerveza artesana y sangría con hierba luisa fresca.

Segundo Muelle
CEVICHE $$
(plano p. 70; ✏01-421-1206; www.segundomuelle.com; Conquistadores 490; principales 32-40 PEN; ⊙12.00-17.00) ✍ Un baluarte por su impecable servicio y sus afamados ceviches con toques innovadores. Pruébese el de marisco a los tres ajíes, una mezcla de pescado y marisco bañada en tres salsas distintas de pimienta picante. El menú también incluye variedad de arroces y otros platos de marisco, como la recomendada parrilla marina (marisco asado).

Punta Sal
CEVICHE $$
(plano p. 70; ✏01-441-7431; www.puntasal.com; Conquistadores 958; principales 24-40 PEN; ⊙11.00-17.00) Otra cevichería estupenda que lleva dé-

cadas sirviendo al menos nueve tipos diferentes de este plato peruano. Pruébese el "ceviche asesino": una paradisíaca mezcla de pulpo, calamar, cangrejo, platija y berberechos.

Hanzo
JAPONESA **$$**

(plano p. 70; 📞01-422-6367; www.hanzo.com.pe; Conquistadores 598; principales 23-50 PEN; ⏰12.30-16.00 y 19.30-23.30 lu-sa, 12.30-16.00 do) Evocador y animado lugar para comer *sushi*. No apto para puristas. El *maki* acevichado y los rollos de mantequilla con arroz frito son guiños a la influencia peruana.

Antica
PIZZERÍA **$$**

(plano p. 70; 📞01-222-9488; av. 2 de Mayo 732; principales 29-42 PEN; ⏰12.00-24.00) Situado en una calle llena de restaurantes, es uno de los más razonables: sirve pastas caseras, ñoquis y *pizzas* preparadas en horno de leña. Muy popular entre las familias del barrio, ofrece antipasto y una buena carta de vinos, con predominio de marcas sudamericanas (desde 40 PEN).

⭐ Astrid y Gastón Casa Moreyra
NOVOANDINA **$$$**

(plano p. 70; 📞01-442-2775; www.astridygaston. com; av. Paz Soldán 290; principales 53-89 PEN; ⏰12.30-15.30 y 18.30-24.00 lu-sa) El buque insignia de la cocina novoandina en Lima es este restaurante de Gastón Acurio, dirigido por el chef limeño Diego Muñoz. La carta de temporada ofrece platos tradicionales peruanos, pero lo sublime de comer aquí se debe a las exquisitas especialidades de la cocina de fusión. El menú de degustación de 28 platos muestra el profundo y amplio potencial del lugar. Imprescindible.

Los comensales pueden visitar la cocina y ver a los cocineros vestidos de blanco que trabajan con precisión de relojero. El local está en una preciosa mansión con múltiples comedores y un servicio admirable, incluido un sumiller muy atento.

Malabar
FUSIÓN **$$$**

(plano p. 70; 📞01-440-5200; www.malabar.com.pe; av. Camino Real 101; principales 52-68 PEN; ⏰12.30-16.00 y 19.30-23.00 lu-sa) Con un toque amazónico, la carta de temporada del chef Pedro Miguel Schiaffino ofrece exquisiteces hábilmente preparadas como un crujiente cuy a la brasa y caracoles del río Amazonas en una picante salsa de chorizo. No hay que perderse los cócteles (el padre del chef, destacado experto en pisco, colabora en la confección de la carta) ni los postres, que quizá sean los más ligeros y refrescantes de Lima.

🍴 Miraflores

Es, sin duda, el barrio más variado para comer, y ofrece todo tipo de cocina a diversos precios: desde comedores diminutos con económicos menús de almuerzo hasta algunos de los locales de innovación gastronómica más reverenciados. Los cafés con terraza son ideales para tomar pisco *sour* y ver pasar la gente.

COCINA URBANA

En Lima la comida inspira tanto fervor como la religión. Así que la cuestión más difícil es qué comer. Se empieza probando platos locales:

➡ Los anticuchos (brochetas de corazón de ternera) más tiernos de Lima están en los carros callejeros y en un lujoso restaurante de Miraflores, Panchita (p. 92).

➡ Se encuentran versiones sublimes del plato más seductor del país, el ceviche, tanto en lugares económicos como El Rincón del Bigote (p. 92), como en restauranres exclusivos como Pescados Capitales (p. 93). Quien quiera algo realmente diferente puede probarlo a la brasa en Fiesta (p. 94).

➡ La cocina criolla peruana es una mezcla singular de influencias española, andina, china y africana y alcanza cotas inigualables en restaurantes de barrio como Isolina (p. 95) y El Rincón que no Conoces (p. 95), además de en el elegantísimo Restaurant Huaca Pucllana (p. 92).

➡ El culmen del servicio de primera clase, las cartas de vinos enciclopédicas y los platos esculturales que mezclan lo tradicional y lo nuevo está en Astrid y Gastón Casa Moreyra y en Central (p. 93).

➡ La causa, un plato tan bonito como delicioso, ensalza la humilde patata y se ofrece en todos los restaurantes tradicionales.

Los locales informales con menús baratos abundan en las diminutas calles situadas al este de la av. José Larco, saliendo del parque Kennedy.

El Enano
BOCADILLOS $

(plano p. 72; Chiclayo 699; sándwiches 8-12 PEN; ☻6.00-1.00 do-ju, hasta 3.00 vi y sa) Se recomienda sentarse en la barra al aire libre y ver cómo trabajan los maestros. Bocadillos de pollo recién asado, jamón, pavo y chicharrones con cebollas marinadas y guindillas. La mejor cura para el exceso de pisco: sirven zumos frescos y exóticos en jarras de cristal.

El Pan de la Chola
CAFÉ $

(plano p. 72; av. La Mar 918; principales 8-18 PEN; ☻8.00-22.00 lu-sa) Encontrar pan integral crujiente es tan difícil como encontrar oro, pero este pequeño café con paredes de ladrillo hornea cuatro deliciosas variedades y sirve café ecológico del Amazonas peruano, yogur griego y pasteles. Cuenta con grandes mesas de madera para sentarse a la europea, en las que tomar un sándwich o compartir el plato degustación con pan, olivas, *hummus* y queso fresco.

Anticuchos de la Tía Grimanesa
BARBACOA $

(plano p. 72; av. Ignacio Merino 465; anticucho 12 PEN; ☻17.00-23.00 lu-sa) La legendaria doña Grimanesa Vargas regentó un humilde puesto callejero de anticucho durante más de 30 años y se ganó un buen grupo de aficionados. Ahora tiene su propio local, por el que pasan todos los limeños.

Raw Cafe
VEGANA $

(plano p. 72; ☎01-446-9456; Independencia 587; principales 10-18 PEN; ☻9.00-21.00 lu-vi, hasta 18.00 sa; ☑) El crudivorismo ha llegado a Lima y este popular local es la prueba: hamburguesas de remolacha, *pizzas* con queso de anacardos, ensaladas con "beicon" de coco tostado, zumos verdes y *kombucha*. También sirve café ecológico.

La Matilda
CAFÉ $

(plano p. 72; ☎01-444-3187; av. 2 de Mayo 535; principales 8-25 PEN; ☻9.00-20.00 lu-sa; ☑) Este almacén y tetería argentino tiene un encanto *vintage* femenino. La selección de tés a granel, café y los deliciosos postres caseros se sirven en una magnífica porcelana. También hay bocadillos y opciones veganas.

La Lucha Sanguchería
SÁNDWICHES $

(plano p. 72; ☎01-241-5953; Benavides 308; sándwiches 13-16 PEN; ☻8.00-1.00 do-ju, hasta 3.00 vi y sa) Esta pequeña tienda abierta casi todo el día es perfecta para los antojos de medianoche. Su especialidad es el lechón a la leña, pero también sirven pollo o jamón asados en panecillos esponjosos con zumo recién exprimido.

Kulcafé
CAFÉ $

(plano p. 72; ☎993-325-5445; Bellavista 370; principales 8-12 PEN; ☻8.30-23.00 lu-sa, 10.00-22.00 do; ☑) Ideal para tomar pasteles, café y batidos alemanes. Conviene atreverse con el batido de espinacas, sandía y mango, es una delicia. También vende alimentos ecológicos y *bagels* integrales servidos en un acogedor ambiente familiar.

Pardo's Chicken
PERUANA $

(plano p. 72; ☎01-446-4790; www.pardoschicken.pe; Benavides 730; principales 17-25 PEN) Lima está repleta de cadenas de asadores de pollo pero sin duda esta es la mejor. Hay que ir pronto porque se llena.

Dédalo Arte y Café
CAFÉ $

(plano p. 72; Benavides 378; tentempiés 3-10 PEN; ☻8.00-21.30 lu-sa; ☑) Los adictos a la cafeína saben encontrar este discreto café del parque Kennedy. Se sirve en todas sus formas habituales y también en el infrecuente *ristretto*, además de una versión australiana del café con leche. Pertenece a la misma familia que regenta la bonita tienda de decoración y accesorios de Barranco.

Pastelería San Antonio
CAFÉ $

(plano p. 72; ☎01-241-3001; av. Vasco Núñez de Balboa 770; sándwiches 12-25 PEN; ☻7.00-21.00 lu-ju, hasta 20.00 vi, 9.00-18.00 sa) Esta institución de 50 años concentra una muestra de mermeladas de Miraflores y elabora una infinita variedad de sándwiches, además de una amplia selección de productos de pastelería, entre ellos un cruasán de chocolate de ensueño (pídase caliente).

Manolo
CAFÉ $

(plano p. 72; ☎01-444-2244; www.manolochurros. com; av. José Larco 608; churros 4 PEN; ☻7.00-1.00 do-ju, hasta 2.00 vi y sa) Siempre animado, es famoso por sus abrasadores churros, perfectos para mojar en su espeso chocolate caliente.

Haití
CAFÉ $

(plano p. 72; ☎01-445-0539; Diagonal 160; tentempiés 12 PEN) Este café de casi medio siglo de antigüedad es como adentrarse en la Lima de la década de 1960: camareros de chaqueta verde atienden a señoras repeinadas y dan

MARISCO EN LA PUNTA

Un barrio tranquilo, residencial, con magníficas vistas al mar; es ideal para un almuerzo de placer. En el humilde restaurante de pescado Manolo (☎01-429-8453; Malecón Pardo s/n, cuadra 1; principales 15-38 PEN; ☺11.30-15.30) los enamorados del marisco hacen cola para probar el ceviche fresco, el pescado a la parrilla y las abundantes sopas. También se puede comer con estilo junto al mar, en La Rana Verde (☎01-429-5279; Parque Gálvez s/n; principales 25-53 PEN; ☺11.30-18.00), ideal para cenar los domingos con vistas a la isla de San Lorenzo. Todos los platos están bien preparados, y el pulpo al olivo es uno de los mejores de Lima. Está en el muelle del Club Universitario de Regatas. Un taxi desde Miraflores cuesta 30 PEN aproximadamente.

conversación a hombres de negocios. Ideal para tomar un postre o un bocadillo de cerdo a la plancha contemplando cómo pasa la vida.

Quattro D HELADERÍA $
(plano p. 72; ☎01-445-4228; av. Angamos Oeste 408; principales 18-32 PEN, helados desde 10 PEN; ☺6.30-23.45 lu-ju, hasta 24.30 vi y sa, 7.00-11.00 do) Animado local que sirve bocadillos a la plancha, pasta y otros platos, además de un surtido de dulces y helados no aptos para diabéticos (aunque hay algunos sabores sin azúcar).

Bodega Miraflores CAFÉ
(plano p. 72; av. Ernesto Diez Canseco 109; café 3 PEN; ☺9.30-13.00 y 15.30-19.30 lu-sa) Un local desaliñado, con un camarero gruñón que sirve cortados espesos como la tinta, hechos de café de Chanchamayo. Vende café molido y sin moler, empaquetado y listo para llevar a casa.

★ámaZ AMAZÓNICA $$
(plano p. 72; ☎01-221-9393; www.amaz.com.pe; av. La Paz 1079; principales 12-44 PEN; ☺12.30-23.30 lu-sa, 12.30-16.30 do; ☑) La última maravilla del chef Schiaffino está completamente dedicada a difundir los insumos de la Amazonia. Se empieza con ácidos cócteles de frutas selváticas y enormes tostones (plátano verde aplanado y frito). Luego, se saborea el juane de pato Pekín, fragante pato a la pequinesa

con arroz envuelto en hojas de banano. O se opta por el generoso menú vegetariano para dos (270 PEN), que es una forma deliciosa de saborear la variedad.

El mercado PESCADO $$
(plano p. 72; ☎01-221-1322; Unanue 203; principales 15-58 PEN; ☺12.30-17.00 ma-do) La estrella culinaria Rafael Osterling regenta esta moderna y sencilla cevichería. Las hordas de comensales acuden en busca de la cocina de fusión con marisco fresco y los ocho ceviches distintos que ofrecen, pero los bocadillos de pescado a la brasa (15 PEN) presentan una buena relación calidad-precio. De postre, helado de canela perfumado con anís.

Restaurant Huaca Pucllana PERUANA $$
(plano p. 72; ☎01-445-4042; www.resthuacapucllana.com; Gral Borgoño cuadra 8; principales 24-60 PEN; ☺12.30-24.00 lu-sa, hasta 16.00 do) Con vistas a las ruinas iluminadas de Huaca-Pucllana, este sofisticado establecimiento ofrece una variedad de platos peruanos contemporáneos (cuy a la parrilla, sopa de marisco...), además de algunos de fusión italiana. Las raciones son copiosas. Hay que reservarse para el postre de *parfait* de pisco con limón.

Panchita PERUANA $$
(plano p. 72; ☎01-242-5957; av. 2 de Mayo 298; principales 33-60 PEN; ☺12.30-21.00 lu-sa, hasta 17.00 do) Homenaje de Gastón Acurio a la comida callejera peruana en un entorno contemporáneo rodeado de arte folclórico. Los anticuchos se asan en su punto a la parrilla sobre la llama. Destaca el pulpo asado. Merece una mención especial el crujiente lechón con *tacu tacu*. La barra de ensaladas es estupenda. Las raciones son grandes y contundentes; mejor no ir solo. El servicio es increíble.

El Rincón del Bigote CEVICHE $$
(plano p. 72; José Gálvez 529; principales 32-36 PEN; ☺12.00-16.00 ma-do) Conviene ir pronto. Los fines de semana, turistas y lugareños hacen cola para sentarse. Su especialidad son las almejas en su concha que, si se maridan con crujiente yuca y una botella de cerveza fría, saben a gloria.

El Punto Azul CEVICHE $$
(plano p. 72; ☎01-445-8078; San Martín 595; principales 22-40 PEN; ☺12.00-17.00) Este agradable restaurante familiar prepara ceviches frescos, tiraditos y platos de arroz de tamaño familiar. Hay que probar el *risotto* con parmesano, gambas y ají amarillo, así como la reata de postres maravillosos. Se llena, así

que conviene ir antes de la una del mediodía si se quiere una mesa. Excelente relación calidad-precio.

AlmaZen VEGETARIANA $$

(plano p. 72; 📞01-243-0474; Federico Recavarren 298; principales 30-40 PEN; ⊕9.00-22.00 lu-vi; 🖋) Un lugar muy especial y lleno de paz. Este restaurante de cocina orgánica y tetería ofrece una selección diaria rotatoria de platos ecológicos, veganos y sin gluten preparados con arte. Su ceviche con mango no tiene igual y los zumos, por ejemplo el de *lulo,* son deliciosos. Mejor ir sin prisa porque el servicio es lentísimo. Entre el almuerzo y la cena no sirven comidas pero el café sigue abierto.

⭐ **Central** PERUANA $$$

(plano p. 72; 📞01-242-8515; centralrestaurante.com. pe; Santa Isabel 376; principales 52-88 PEN; ⊕24.45-15.15 y 19.45-23.15 lu-vi) 🖋 Es un restaurante y laboratorio que reinventa la cocina andina y rescata antiguos ingredientes peruanos que no se encuentran en ningún otro lado. Comer aquí es una experiencia, prueba de ello son las tiernas patatas autóctonas servidas en una arcilla comestible. El chef Virgilio Martínez quiere que el comensal saboree los Andes. Trabajó en las mejores cocinas de Europa y Asia pero es aquí donde su obra encandila.

Las estrellas son los productos del mar, como el entrante de pulpo asado, pero hay clásicos infalibles como el lechón, servido con verduras encurtidas y calabaza especiada. La carta se nutre de la pesca sostenible y del huerto de hierbas de la azotea, lo que otorga aún más frescor y encanto.

La Mar PESCADO $$$

(plano p. 72; 📞01-421-3365; www.lamarcebicheria. com; av. La Mar 770; principales 29-69 PEN; ⊕12.00-17.00 lu-vi, 11.45-17.30 sa y do) Alegre cevichería con un servicio increíble y deliciosos ceviches y tiraditos, además de *chifón chaufa* (arroz frito) ligero y recién hecho. Este local de Gastón Acurio no es mucho más que un patio de cemento pulido lleno de gente VIP. Hay que probar su deliciosa versión del *bloody Mary,* el sublime *bloody locho,* con conchas de marisco y todo. Los postres también están bien. No aceptan reservas.

Maido JAPONESA $$$

(plano p. 72; 📞01-446-2512; www.maido.pe; San Martín 399; principales 35-78 PEN; ⊕12.30-16.00 y 19.30-23.00 lu-sa, 12.30-16.00 do) 🖋 Un verdadero arte y exquisitos sabores hacen de Maido una parada excelente para probar la comida

MISTURA

Todo un acontecimiento culinario, Mistura (www.mistura.pe; Parque de la Exposición, Lima Centro) es la prestigiosa feria gastronómica de Lima, que ocupa toda una semana de septiembre. Se accede con entrada y en ella participan, con platos asombrosos, desde los restaurantes más refinados a los mejores puestos callejeros.

LIMA DÓNDE COMER

nipona. La carta ofrece *sushi, okonomiyaki* y *ramen,* pero con un acento peruano. Los postres son una delicia: *mochi* de yuca, huevo de chocolate blanco con sorbete de yema de huevo... Apoyan la pesca sostenible.

Rafael NOVOANDINA $$$

(plano p. 72; 📞01-242-4149; www.rafaelosterling. com; San Martín 300; principales 39-78 PEN; ⊕13.00-15.00 y 20.00-23.00 lu-mi, hasta 24.00 ju-sa) Un eterno favorito entre los paladares entendidos. El chef Rafael Osterling elabora platos de fusión, como el tiradito bañado en cítricos japoneses o el cabritillo guisado con vino de Madeira. Para los presupuestos ajustados, las crujientes *pizzas* están divinas. Todo esto se riega con unos generosos cócteles o con su decente y larga carta de vinos internacionales.

IK NOVOANDINA $$$

(plano p. 72; 📞01-652-1692; Elías Aguirre 179; principales 45-75 PEN; ⊕12.30-15.00 y 19.30-23.00 ma-sa, 19.30-23.00 lu) Combinar tradiciones ancestrales con la vanguardia peruana de la gastronomía molecular es una gran empresa, pero casi todos piensan que IK lo logra con creces. El restaurante es un tributo a un famoso chef de la zona y su vigorizante ambiente de plantas, sonidos naturales y proyecciones de luces aportan algo nuevo a la experiencia culinaria. Los platos están bien equilibrados y presentados con meticulosidad. La guinda: camareros muy premiados y un maestro sumiller que ayuda con la impresionante selección de vinos.

Pescados Capitales PESCADO $$$

(plano p. 72; 📞01-421-8808; www.pescadoscapi tales.com; av. La Mar 1337; principales 35-65 PEN; ⊕12.30-17.00) De estilo industrial y contemporáneo, sirve uno de los mejores ceviches de la zona en una calle que antes estaba llena de estrepitosos talleres de reparación de automóviles. Pruébese el "ceviche capital", con platija, salmón y atún macerados en cebolla roja, blanca y verde y bañados en crema de tres chiles. Una extensa carta de vinos ofrece una selección de añejos chilenos y argentinos.

Fiesta
PERUANA $$$

(plano p. 72; 01-242-9009; www.restaurantfiesta gourmet.com; av. Reducto 1278; principales 40-65 PEN; 12.00-24.00 lu-sa) La mejor cocina del norte de Perú se sirve en Lima en este concurrido local del este de Miraflores. El arroz con pato a la chiclayana está muy tierno y el ceviche a la brasa es exquisito; hay que comerlo para creerlo.

Las Brujas de Cachiche
PERUANA $$$

(plano p. 72; 01-444-5310; www.brujasdecachiche. com.pe; Bolognesi 460; principales 35-80 PEN; 12.00-24.00 lu-sa, hasta 16.00 do) Cocina peruana de calidad acompañada de la música de un piano en directo. La carta ofrece clásicos preparados de maravilla como el ají de gallina, así como especialidades menos conocidas como la *carapulcra,* un guiso de patata seca. El bufé del almuerzo permite probar un poco de todo (89 PEN).

La Tiendecita Blanca
EUROPEA $$$

(plano p. 72; 01-445-9797; av. José Larco 111; principales 38-72 PEN; 7.00-24.00) Este bistró situado en una plaza es un punto de referencia en Miraflores desde hace más de medio siglo. Los amantes de la cocina suiza encontrarán *röstis* de patata, *fondues* y una exquisita selección de tartas de manzana, napoleones y quiches.

La Rosa Náutica
PESCADO $$$

(plano p. 72; 01-445-0149; Circuito de Playas; principales 34-72 PEN; 13.00-21.00) Excelente ubicación. Aunque se puede conseguir marisco más barato en otro lado, las vistas del muelle viejo no tienen rival. Durante la *happy hour* (17.00 a 19.00) se puede ver a los últimos surfistas deslizarse por la crestas de las olas. Se toma un taxi hasta el muelle y solo hay que andar unos 100 m.

MÁS, POR FAVOR

¿Se desea comer como los lugareños? Cuando se come en hogares, fondas o quintas (restaurantes familiares) las raciones grandes se piden diciendo "bien taipá". Si se quiere repetir se dice "yapa", que se entiende como "más, por favor".

Compra de alimentos

Los sábados se instala un pequeño mercado de verduras en el parque Reducto, junto a Alfredo Benavides y Ribeyro. También se pueden probar los excelentes mercados de barrio:

La Preferida
DELICATESEN $

(plano p. 72; 01-445-5180; Arias Araguez 698; principales 18-26 PEN, tapas 6 PEN; 8.00-17.00 lu-sa) Situado un par de calles al norte de la av. 28 de Julio, al este de la Vía Expresa, este encantador local de comidas prepara unas magníficas causas y especialidades de marisco fresco, como el pulpo al olivo (en aceite de oliva) o los choros a la chalaca (mejillones con salsa de maíz y tomate), que se sirven en raciones tipo tapa. Hay unos pocos taburetes para los comensales.

Tienen otro local en LarcoMar.

La Pascana de Madre Natura
CAFÉ $

(plano p. 72; Chiclayo 815;) Tienda de comida natural y panadería.

Plaza Vea
SUPERMERCADO $

(plano p. 72; 01-625-8000; www.plazavea.com. pe; av. Arequipa 4651; 8.00-22.00) Gran supermercado.

Vivanda
SUPERMERCADO $

(plano p. 72; www.vivanda.com.pe; Benavides 487; 24 h) Hay muchos supermercados muy bien surtidos pero este es uno de los mejores. También tienen tiendas en José Pardo (plano p. 62; av. José Pardo) y en San Isidro (plano p. 70; av. 2 de Mayo 1420; 8.00-22.00).

Wong
SUPERMERCADO $

(plano p. 72; 01-625-0000, ext 1130; www.ewong. com; Óvalo Gutiérrez, av. Santa Cruz 771) Enorme supermercado en una esquina de Óvalo Gutiérrez.

Barranco

Aunque Barranco ha mejorado su nivel en los últimos años, con restaurantes elegantes de cocina de fusión, el barrio conserva su ambiente local, donde no se va más allá del ceviche y la cerveza. Unos cuantos restaurantes informales sirven anticuchos y menús económicos a lo largo de la av. Grau y en el cruce con Unión.

★ Blu
HELADERÍA $

(plano p. 76; 01-247-3791; av. 28 de Julio 202; conos 9 PEN; 12.00-22.00 mi-sa, hasta 20.00 do) Chocolate denso y cremoso, hierbas intensas, vainilla de Madagascar o ácidas frutas selváticas: así es el mejor helado de Lima, recién hecho cada día.

Burrito Bar
MEXICANA $

(plano p. 76; ☑987-352-120; av. Grau 113; principales 12-18 PEN; ☻13.00-23.00 ma-sa, 12.00-17.00 do) Londoner Stew creó este furor de la comida rápida y fresca mexicana después de estudiar en YouTube cómo se hacían las tortillas. El experimento fue un éxito rotundo: tacos de pescado al estilo de Baja, salsas frescas o una refrescante limada con menta. También sirven microcervezas de Sierra Andina. De postre, el tamal de chocolate quita el sentido.

Delifrance
PANADERÍA $

(plano p. 76; av. Grau 695; tentempiés 4-7 PEN; ☻9.00-20.00 ma-sa, hasta 14.00 do) Aquí uno puede llenar la cesta con auténtico *pain au chocolat,* baguetes y *brioches* recién horneados, carnes y quesos de primera calidad o deliciosos postres franceses y llevárselos para merendar.

Cafe Bisetti
CAFÉ $

(plano p. 76; ☑01-713-9565; av. Pedro de Osma 116; café 8-16 PEN; ☻8.00-21.00 lu-vi, 10.00-23.00 sa, 15.00-21.00 do) Este tostadero dedicado a la venta de cafés especiales de productores peruanos sirve uno de los mejores *lattes* de la ciudad, bien acompañado de pasteles recién hechos o de tarta de chocolate amargo. Ofrece cursos y degustaciones.

La Bodega Verde
CAFÉ $

(plano p. 76; ☑01-247-8804; Sucre 335A; principales 18-23 PEN; ☻9.00-22.00 lu-sa, hasta 20.00 do; ☎▥) Se trata de un café-galería situado en un jardín tapiado, muy agradable para pasar el rato. Tienen Scrabble (o juguetes para niños) y ofrecen ensaladas, batido de *lúcuma* con fruta de su huerto, té servido en tazas de cerámica o café ecológico. El desayuno incluye panes integrales. Destacan los dulces, como la tarta de zanahoria.

El **Museo de Arte Contemporáneo** (☑248-8559; av. Grau 1511, MAC; ☻8.00-20.00; ▥) tiene un parque ideal para familias.

La Calandria
VEGETARIANA $

(plano p. 76; ☑01-248-7951; av. 28 de Julio 202; menú 14 PEN; ☻8.00-18.00; ☑) Sencillo comedor vegetariano en una pequeña tienda de productos ecológicos. Ofrecen raciones abundantes de comidas sanas. Es una solución rápida.

EL RINCÓN QUE NO CONOCES

El Rincón que no Conoces (☑01-471-2171; av. Bernardo Alcedo 363, Lince; principales 21-55 PEN; ☻12.30-17.00 ma-do) Vale la pena ir en taxi hasta Lince. Esta meca de la comida criolla la fundó la difunta Teresa Izquierdo González, una cocinera que aprendió en casa y se convirtió en un querido icono nacional. Todo es bueno: el cremoso ají de gallina, las causas y los abundantes platos de cordero al seco, acompañado con chicha morada, una bebida dulce de maíz. Hay que reservar apetito para los picarones, unos ligeros pasteles de calabaza empapados en melaza. Se recomienda ir pronto y preparado para esperar, porque es muy popular.

Las Mesitas
PERUANA $

(plano p. 76; ☑01-477-4199; av. Grau 341; principales 8-30 PEN; ☻12.00-2.00) Lugar *vintage* con poco ambiente, al margen de los suelos de terracota. A los comensales les atraen los baratos clásicos peruanos; su ají de gallina es famoso. También se puede ir solo por probar un postre tradicional, como su maravilloso suspiro limeño, un dulce de merengue y caramelo).

★Isolina
PERUANA $$

(plano p. 76; ☑01-247-5075; av. San Martín 101; principales 22-48 PEN; ☻10.00-24.00) Comida criolla casera en estado puro. Isolina no huye de las tripas y riñones, pero también ofrece en su carta manuscrita suculentas costillas, causa escabechada con cebollas marinadas e intensas ensaladas verdes. Las enormes raciones se sirven en latas antiguas, pero también se puede comer ligero con unos entrantes como almejas marinadas o ceviche.

Quizá no haya hueco para el postre, pero tiene muy buena pinta. Se recomienda el pisco *sour.*

La Canta Rana
CEVICHE $$

(plano p. 76; ☑01-247-7274; Génova 101; principales 28-45 PEN; ☻8.00-23.00 ma-sa) Sencillo local cubierto de banderas y fotos que lleva décadas llenándose de lugareños por su oferta de más de 17 ceviches diferentes.

Café Tostado
PERUANA $$

(plano p. 76; ☑01-247-7133; av. Nicolás de Piérola 222; principales 10-32 PEN, menú 20 PEN; ☻12.30-21.00 lu-sa, 7.30-18.00 do) Antiguo taller mecánico convertido hace tiempo en un bastión de la cocina tradicional, con largas mesas de madera y cocina abierta; es una experiencia cultural. Los platos del día varían, pero su codiciado plato estrella es el conejo, para compartir hasta con tres personas, por 45 PEN.

El premiado café Tunki se sirve con chicharrones los domingos en el desayuno típico peruano.

Chifa Chung Yion CHINA $$
(plano p. 76; ☎01-477-0550; Unión 126; principales 18-37 PEN; ⊗12.00-17.30 y 19.00-24.00) Conocido como el "Chifa Unión", este animado restaurante es famoso por sus enormes cuencos de sopa *wonton* y su bien presentado arroz con gambas. Las raciones son generosas y el dueño siempre está paseándose por los antiguos reservados con cortinas. También cuenta con varias opciones vegetarianas.

La 73 BISTRO $$
(plano p. 76; ☎01-247-0780; av. El Sol Oeste 175; principales 29-45 PEN; ⊗12.00-24.00) 🌱 Este bistró contemporáneo, cuyo nombre se debe a un emblemático autobús local, sirve comida peruana y mediterránea y apoya la pesca sostenible. Algunos platos parecen hechos precipitadamente, pero destacan los raviolis caseros con alcachofas, rellenos de queso de cabra, y el *risotto* de pato. El bar sirve vino, combinados de pisco o una increíble limonada de hierba luisa. De postre, unos crujientes churros calientes.

🍴 Surquillo

Al Toke Pez PESCADO $
(plano p. 72; av. Angamos Este 886; principales 10-20 PEN; ⊗11.30-15.30 ma-do) Antes del amanecer, el chef Tomas Matsufuji compra la captura del día en el mercado de pescado y la filetea para servir un ceviche fresquísimo en su modesta tienda con media docena de taburetes junto a la barra. Su menú del día (15 PEN) es un plato enorme de chicharrón de marisco, ceviche y arroz con marisco hechos a la perfección.

★La Picantería PERUANA $$
(plano p. 72; ☎01-241-6676; www.picanteriasdelperu.com; Santa Rosa 388, Surquillo; principales 20-52 PEN; ⊗12.00-17.30 ma-sa) A unas manzanas del famoso mercado de Surquillo, los comensales comparten dos mesas largas para darse un festín de tortilla de erizo de mar, pimientos rocotos rellenos y guiso de osobuco. Estos platos tradicionales, originarios del norte y sur de Perú, tienen un toque especial. El chef Héctor Solís conoce los chiles y reparte el picor justo para dejar con ganas de más.

🍷 Dónde beber y vida nocturna

En Lima abundan los locales de todo tipo, desde tabernas de cerveza hasta salones clásicos, pasando por bares antiguos con ambiente. En el centro están los más baratos, mientras que en San Isidro, Miraflores y Barranco se congregan los locales de moda que sirven cócteles de primera.

La vida nocturna de los clubes empieza bien entrada la noche y termina al amanecer. Barranco y Miraflores son los mejores barrios para catarla. Los locales abren y cierran con frecuencia, así que conviene informarse antes de ir. Los estilos musicales y el precio de las entradas varían según la noche de la semana.

Para otras opciones, se pude ir a la "Pizza Street" (pasaje Juan Figari) de Miraflores, con una ristra de clubes estridentes.

El diario *El Comercio* informa sobre cine, teatro, exposiciones de arte itinerante y conciertos, y la cartelera más detallada aparece los lunes en la sección «Luces». Asimismo, el portal de información **Living in Peru** (www. livinginperu.com) tiene un calendario actualizado de eventos. **Oveja Negra** (ovejanegra.peru. com), una guía de bolsillo gratuita distribuida en bares y restaurantes, se centra más en los jóvenes y ofrece agendas mensuales de programas culturales y de la vida nocturna.

🍸 Lima Centro

La vida nocturna en Lima Centro es para los nostálgicos, ya que abundan los bares de hoteles con solera y los salones de época.

★Museo del Pisco BAR
(plano p. 62; ☎99-350-0013; museodelpisco.org; Jirón Junín 201; ⊗10.00-24.00) El aspecto 'educativo' de este maravilloso bar es atractivo pero lo que enamora es su ambiente agradable y sus originalísimos cócteles. Destacan el *Asu mare*, un martini de pisco con jengibre, pepino, melón y albahaca. Es una réplica del popular bar original de Cuzco y está en la Casa del Oidor, una casona del s. XVI.

Sirven un menú para el almuerzo. En su página de Facebook se pueden consultar las noticias sobre música en directo.

El Bolivarcito BAR
(plano p. 62; ☎01-427-2114; Jirón de la Unión 958) Enfrente de la plaza San Martín, mirando

desde el Gran Hotel Bolívar, este local ajado pero muy concurrido se conoce como "Catedral del Pisco" por haber elaborado algunos de los primeros pisco *sour* de Perú. Pídase un pisco catedral doble, si el hígado lo permite.

Hotel Maury BAR

(plano p. 62; ☑01-428-8188; Ucayali 201) Otro bar añejo, célebre por popularizar el pisco *sour*. Es un local íntimo, clásico, flanqueado de vidrieras y atendido por un batallón de camareros con pajarita.

San Isidro

Bravo Restobar COCTELERÍA

(plano p. 70; ☑01-221-5700; www.bravorestobar. com; Conquistadores 1005; ☺12.30-24.00 do-vi, 19.00-3.00 sa) Los hábiles camareros de este local preparan una enciclopédica carta de cócteles (se recomienda el *aguaymanto sour,* de pisco y bayas del Amazonas). Su excelente selección de piscos de producción limitada convierte este apacible *lounge* de San Isidro en un buen lugar donde beber y dejarse ver. También sirve una alabada comida de fusión ítalo-peruana.

Miraflores

Cafés clásicos, donde los camareros trajeados sirven espumosos pisco *sour,* y tugurios estentóreos donde resuenan el *techno* y la salsa... Miraflores tiene un poco de todo. Los alrededores del parque Kennedy son una zona adecuada para tomar copas y ver pasar la gente. Las discotecas se han llevado su merecido últimamente, pues varias de ellas fueron acusadas de discriminación y clausuradas.

Huaringas LOUNGE

(plano p. 72; ☑01-447-1883; Bolognesi 460; ☺21.00-hasta tarde ma-sa) Popular bar y salón de Miraflores situado dentro del restaurante Las Brujas de Cachiche. Propone una amplia gama de cócteles, entre ellos un muy recomendable *sour* de frutas de la pasión. En los fines de semana concurridos hay pinchadiscos.

Café Bar Habana CAFÉ

(plano p. 72; ☑01-446-3511; www.cafebarhabana. com; Manuel Bonilla 107; ☺18.00-hasta tarde lu-sa) Su inquieto propietario cubano, Alexis García, y su mujer peruana, Patsy Higuchi, regentan este hogareño establecimiento que sirve

deliciosos mojitos. Ambos son artistas y a veces exponen sus obras en la galería contigua.

Barranco

Los bares y clubes de Barranco se concentran en torno al parque Municipal, atestado de juerguistas las noches de los viernes y sábados.

★**Ayahuasca** COCTELERÍA

(plano p. 76; ☑01-247-6751; ayahuascarestobar. com; San Martín 130; ☺20.00-cerca de lu-sa) Es un *lounge* en una impresionante casona restaurada llena de florituras arquitectónicas moriscas. En realidad pocos admiran la arquitectura porque casi todo el mundo está ocupado observando a los demás. La decoración hiperrealista incluye un colgante hecho con los trajes que se usan en las danzas folclóricas de Ayacucho. Cuenta con una extensa lista de cócteles de pisco, como el exquisito Ayahuasca *sour,* preparado con frutas de la jungla y hojas de coca.

Bar Piselli BAR

(plano p. 76; ☑01-252-6750; av. 28 de Julio 297; ☺10.00-23.00 lu-ju, hasta 3.00 vi y sa) Este bar de barrio, que recuerda a los del Buenos Aires antiguo, supera a todos en ambiente. La música en directo los jueves suscita escandalosos coros de clásicos peruanos.

Juanito BAR

(plano p. 76; av. Grau 274; ☺11.30-2.00 lu-sa, 12.00-24.00 do) Fue un local izquierdista en los años sesenta y ahora es uno de los más apacibles de Barranco. Decorado con carteles de teatro desde hace décadas, acoge a escritores que acuden a beber *chilcano* de pisco y deconstruir el estado de la humanidad. No hay cartel; está lleno de gente y botellas de vino.

Santos LOUNGE

(plano p. 76; ☑01-247-4609; Jirón Zapita 203; ☺17.00-1.00 lu-ju, hasta 3.00 vi y sa; ☎) Este enrollado y agradable bar instalado en una decrépita mansión cuenta con varios salones y un balcón con vistas al mar (perfecto para ver pasar la gente). Los lugareños veinteañeros y treintañeros comienzan la noche con tapas y su oferta diaria de "dos por uno" hasta las 21.00.

Wahio's BAR

(plano p. 76; ☑01-477-4110; plaza Espinosa; ☺ju-sa) Grande y animado, con muchas rastas y una banda sonora clásica de *reggae, ska* y *dub* que atrae a un público joven.

☆ Ocio

Algunas de las mejores ofertas de la ciudad –cine, exposiciones de arte, teatro y danza– proceden de sus diversos institutos culturales, algunos de ellos con varias sedes. Consúltense las páginas web individuales, los periódicos o el portal *The Only Peru Guide* http://theonlyperuguide.com) para conocer la programación.

Música en directo

Muchos restaurantes y bares ofrecen actuaciones de artistas locales, mientras que las bandas grandes suelen tocar en casinos y estadios. Casi todos los locales enumerados a continuación aceptan reservas.

El Dragón　MÚSICA EN DIRECTO
(plano p. 76; ☎01-715-5043; www.eldragon.com.pe; av. Nicolás de Piérola 168, Barranco; hasta 20 PEN; ☻ju-sa) Este popular local con música en directo o DJ atrae a un público heterogéneo con su *rock* latino, tropicalismo, soul y *funk*.

Cocodrilo Verde　MÚSICA EN DIRECTO
(plano p. 72; ☎01-242-7583; www.cocodriloverde. com; Francisco de Paula 226; mínimo por mesa 25 PEN; ☻18.30-cerca de lu-sa) Una enrollada sala donde actúan grupos desde música popular a *jazz* y *bossa nova*. Ideal para la noche.

La Noche　MÚSICA EN DIRECTO
(plano p. 76; ☎01-247-1012; www.lanoche.com.pe; av. Bolognesi 307, Barranco) Este famoso bar de tres plantas es ideal para oír *rock*, *punk* y música latina en Lima, aunque las bebidas son mejorables.

La Estación de Barranco　CLUB
(plano p. 76; ☎01-247-0344; www.laestacionde barranco.com; av. Pedro de Osma 112, Barranco) Espectáculos de *jazz*, cabaret, musicales y comedias.

TELETICKET

Teleticket (plano p. 72; ☎01-613-8888; www.teleticket.com.pe) Práctico portal que vende entradas para acontecimientos deportivos, conciertos, teatro y algunas *peñas* que ofrecen música folclórica en directo, así como para el tren turístico a Huancayo. Hay oficinas de Teleticket en la 2ª planta del supermercado Wong, en Óvalo Gutiérrez, y dentro del supermercado Metro, en el centro de Lima. Su página web indica otras ubicaciones en toda Lima.

Jazz Zone　CLUB
(plano p. 72; ☎01-241-8139; www.jazzzoneperu.com; centro comercial El Suche, av. La Paz 656, Miraflores; entrada desde 5 PEN) En un ambiente íntimo, muy recomendable, ofrece *jazz*, folk, cumbia, flamenco y otros estilos en el lado este de Miraflores.

Sargento Pimienta　CLUB
(plano p. 76; ☎01-247-3265; www.sargentopimienta. com.pe; av. Bolognesi 755, Barranco; entrada desde 15 PEN) Un local de fiar en Barranco. Acoge varias noches temáticas y algunas bandas en directo.

Peñas

En las peñas se interpretan melodías y bailes tradicionales peruanos los fines de semana. La música es sobre todo de dos tipos: folclórica y criolla. La primera es típica de las tierras altas andinas, y la segunda del litoral, con ritmos de influencia africana. El precio de la entrada varía, y a veces esta incluye la cena.

La Peña del Carajo　MÚSICA EN DIRECTO
(☎01-247-7023; www.delcarajo.com.pe; Miranda 158) Los lugareños recomiendan esta peña llena de energía que siempre emociona a sus espectadores. Ofrece espectáculos diversos.

Las Brisas del Titicaca　MÚSICA TRADICIONAL
(plano p. 66; ☎01-715-6960; www.brisasdeltiticaca. com; Wakuski 168, Lima Centro; entrada desde 30 PEN) Elogiados espectáculos folclóricos cerca de la plaza Bolognesi, en el centro, en un local enorme.

La Candelaria　MÚSICA TRADICIONAL
(plano p. 76; ☎01-247-1314; www.lacandelariaperu. com; av. Bolognesi 292, Barranco; entrada desde 35 PEN) Espectáculo que incorpora música y baile folclórico y criollo en Barranco.

La oficina　MÚSICA TRADICIONAL
(plano p. 76; ☎01-247-6544; Enrique Barron 441, Barranco) Sala de conciertos criollos tradicionales recomendada por los lugareños, cerca del cruce de la av. Grau y la av. El Sol; más información en su página de Facebook.

Cines

Los estrenos internacionales (16 PEN) se suelen proyectar con subtítulos en español, excepto los infantiles, que siempre se doblan. Algunos cines ofrecen día del espectador. La cartelera puede consultarse en línea o en las páginas culturales de los periódicos locales.

Cine Planet
CINE

(plano p. 62; ☎01-624-9500; www.cineplanet.com. pe; Jirón de la Unión 819) Cadena con salas por toda la ciudad, incluido Miraflores (plano p. 72; Av Santa Cruz 814).

Cinerama
CINE

(plano p. 72; ☎01-243-0541; www.cinerama.com. pe; av. José Pardo 121, Miraflores) Suele llenarse.

UVK Multicines
CINE

(plano p. 72; ☎01-446-7336; www.uvkmulticines. com; LarcoMar, Malecón de la Reserva 610; entrada 9-17 PEN) En su Cine Bar (23 PEN), sirven cócteles directamente en la butaca. Tienen otra sala en la Plaza San Martín (plano p. 62; ☎01-428-6042; Ocoña 110; entrada 6,50-8,50 PEN).

Teatros

Teatro Británico
TEATRO

(plano p. 72; ☎01-615-3434; www.britanico.edu.pe; Bellavista 527, Miraflores) Ofrece diversas producciones que merecen la pena.

Teatro Segura
TEATRO

(plano p. 62; ☎01-426-7189; Huancavelica 265, Lima Centro) Construido en 1909, este maravilloso teatro programa ópera, teatro y *ballet*.

Deportes

Estadio Nacional
ESTADIO

(plano p. 66; Lima Centro) El fútbol es la obsesión nacional, y en este estadio, situado en las cuadras 7 a 9 del paseo de la República, se juegan los partidos más importantes y otros eventos deportivos. En Teleticket se puede consultar la programación y comprar entradas.

Plaza de Acho
TAUROMAQUIA

(plano p. 62; ☎481-1467; www.plazaacho.com; Jirón Hualgayoc 332, Rímac) El toreo sigue siendo popular en Lima, aunque crea controversia en algunos círculos. El momento álgido de la temporada es octubre, durante la fiesta religiosa del Señor de los Milagros, cuando compiten los mejores toreros de Perú. El cartel se puede consultar en Teleticket.

Jockey Club del Perú
CARRERAS DE CABALLOS

(☎01-610-3000; www.hipodromodemonterrico. com.pe; Hipódromo de Monterrico) Situado en el cruce de la Panamericana Sur y la av. Javier Prado, programa carreras tres o cuatro días a la semana.

🔒 De compras

En general, en Lima se puede encontrar ropa, joyas y artesanía de todo Perú. Los precios suelen ser altos, pero si se dispone de poco dinero se puede regatear a conciencia en los mercados de artesanía. El horario comercial suele ser de 10.00 a 20.00 de lunes a sábado, aunque la hora del almuerzo varía. En algunos lugares aceptan tarjetas de crédito y cheques de viaje, pero se requiere un documento con foto para la identificación.

Es posible comprar pisco de calidad en la tienda libre de impuestos del aeropuerto, antes de la salida.

Artesanías

En las principales zonas turísticas alrededor del pasaje de los Escribanos, en Lima Centro, y cerca del cruce de Diez Canseco y La Paz, en Miraflores, hay pequeñas tiendas de artesanías. Para comprar directamente a los artesanos, véase el colectivo Ichimay Wari (p. 107) de Lurín.

Varias tiendas de Miraflores venden tejidos modernos de alpaca de calidad.

Mercado Indio
MERCADO

(plano p. 72; av. Petit Thouars 5245, Miraflores) Aquí se encuentra de todo, desde alfarería de barro al estilo precolombino hasta alfombras de pelo de alpaca o asombrosas telas de la escuela cuzqueña. Los precios varían; conviene preguntar en varios sitios.

Feria Artesanal
MERCADO

(Av. de la Marina, Pueblo Libre) Algo más barato que el Mercado Indio es esta feria de artesanía de Pueblo Libre.

Centro Comercial El Suche
MERCADO

(plano p. 72; av. La Paz, Miraflores) Un pasaje sombrío, lleno de tiendas de artesanías, antigüedades y joyas.

Dédalo
ARTESANÍA

(plano p. 76; ☎01-652-5400; dedaloarte.blogspot. com; Sáenz Peña 295, Barranco; ◉10.00-20.00 lu-sa 11.00-19.00 do) Instalada en una casona, es una tienda moderna de artesanía, con un encantador café en el patio.

Las Pallas
ARTESANÍA

(plano p. 76; ☎01-477-4629; www.laspallasperu.com; Cajamarca 212, Barranco; ◉10.00-19.00 lu-sa) Para regalos especiales se recomienda esta tienda de artesanía, que vende una selección de productos peruanos de calidad; incluso la conoce Sotheby's. Si la puerta está cerrada en horario comercial hay que llamar al timbre.

La Casa de la Mujer
Artesana Manuela Ramos
ARTESANÍA

(☎01-423-8840; www.casadelamujerartesana. com; av. Juan Pablo Fernandini 1550, Pueblo Libre; ◉11.00-13.00 y 14.00-18.00 lu-vi) 🍃 Cooperativa de artesanía en la cuadra 15 de la av. Brasil, cuyos beneficios se destinan a programas de desarrollo económico para mujeres.

Mercados locales

Suele haber mucha gente; cuidado con la cartera.

Mercado Central   MERCADO
(plano p. 62; Ayacucho esq. Ucayali, Lima Centro) Desde pescado fresco hasta vaqueros, se puede comprar casi de todo en este mercado superpoblado, cerca del barrio chino.

Polvos Azules   MERCADO
(plano p. 66; www.polvosazules.pe) Si se necesita una llave de tubo o una camiseta con un Jesucristo luciendo la equipación del club de fútbol de Alianza Lima, este es el lugar adecuado. Distribuido en varios pisos, este popular mercado atrae a personas de todas las clases sociales por su surtido aturdidor de objetos baratos.

Centros comerciales

En San Isidro, la calle Conquistadores está repleta de *boutiques* exclusivas, aunque también se pueden visitar los masificados centros comerciales peruanos.

Jockey Plaza   CENTRO COMERCIAL
(Av. Javier Prado Este 4200, Monterrico) Enorme y exclusivo, lleno de grandes almacenes, tiendas, cines y una zona de restauración.

LarcoMar   CENTRO COMERCIAL
(plano p. 72; Malecón de la Reserva 610) Un centro acomodado al aire libre, junto al acantilado y bajo el parque Salazar, lleno de tiendas elegantes, discotecas y muchos restaurantes. Cuenta con una bolera.

Equipamiento para acampada

Hay varias tiendas que venden ropa especial, mochilas y todo tipo de equipamiento.

Alpamayo   MATERIAL PARA ACTIVIDADES AL AIRE LIBRE
(plano p. 72; ☎01-445-1671; 2º piso, av. José Larco 345, Miraflores) Material para actividades al aire libre.

Tatoo Adventure
Gear   MATERIAL PARA ACTIVIDADES AL AIRE LIBRE
(plano p. 72; ☎01-242-1938; www.tatoo.ws; Larco-Mar, Malecón de la Reserva 610, Miraflores) Ropa de la marca Tatoo y complementos.

Todo
Camping   MATERIAL PARA ACTIVIDADES AL AIRE LIBRE
(plano p. 72; ☎01-242-1318; av. Angamos Oeste 350, Miraflores) Vende hornillos y también material de escalada.

Libros y electrónica

El Virrey   LIBROS
(plano p. 72; ☎01-444-4141; www.elvirrey.com; Bolognesi 510, Miraflores; ◷10.00-19.00) Destaca una sala con miles de ediciones antiguas únicas.

CompuPalace   ELECTRÓNICA
(plano p. 72; av. Petit Thouars 5358, Miraflores) Galería comercial de material electrónico que ocupa una cuadra y vende pilas recargables y de litio, componentes para ordenadores y piezas de recambio.

🛈 Información

PELIGROS Y ADVERTENCIAS

Como cualquier gran ciudad latinoamericana, Lima es una tierra de ricos y pobres, por lo que hay muchas leyendas sobre crímenes. Aun así la ciudad ha mejorado mucho desde los anárquicos años ochenta y casi todo el mundo tiene una estancia segura. No obstante, conviene ser cauto.

Aeropuerto Conviene no descuidar las pertenencias y tener cuidado, si se sale fuera del recinto, con cualquiera que se acerque, diga que el vuelo está retrasado y ofrezca transporte a la oficina de la aerolínea para ayudar, porque esta es una táctica de secuestro exprés para vaciar tarjetas de crédito en varios cajeros automáticos de la ciudad. Al llegar al aeropuerto, hay que quedarse dentro y no pasearse fuera de la zona reservada a los pasajeros.

Barrios El aumento de policía y seguridad privada en Miraflores y en los parques de lo alto de los acantilados los convierte en unas de las zonas más seguras de la ciudad. Barranco suele ser seguro y apto para peatones pero ha habido algunos robos nocturnos en algunos bares y restaurantes. Para cuando se publique esta guía es posible que haya aumentado la seguridad, pero no viene mal salir con lo mínimo y dejar el resto en una caja fuerte en el hotel. Los barrios más peligrosos son San Juan de Lurigancho, Los Olivos, Comas, Vitarte y El Agustino.

Precauciones No conviene lucir joyas vistosas, y se aconseja tener la cámara guardada cuando no se utiliza. Es mejor ser discreto con el dinero en efectivo y llevar solo lo que se necesite para el día. A menos que haga falta el pasaporte para algo oficial, es mejor dejarlo en una caja fuerte en el hotel; una fotocopia es suficiente. También ayuda pasar desapercibido: los limeños dejan el pantalón corto para la playa.

Robos Los delitos más comunes son el hurto y el atraco. En caso de robo, es mejor no resistirse. Resultar herido es poco probable pero nunca viene mal ir con ojo.

Transporte Extrémese el cuidado en los eventos masivos y cerca de las paradas y terminales de autobús, que atraen a carteristas, incluso en los distritos ricos. A altas horas de la noche es preferible tomar taxis oficiales. Las zonas de Rímac, Callao, Surquillo y La Victoria pueden ser peliagudas; hay que ir con cuidado (mejor tomar un taxi).

Captadores Más vale no fiarse de los captadores y taxistas que van por libre e intentan vender circuitos o dicen que el hotel que el viajero ha reservado está cerrado o es malo. Muchos de ellos son artistas del timo que intentan llevar gente a lugares donde les dan comisión.

URGENCIAS

Policía de Turismo (Poltur; ☑01-225-8698; av. Javier Prado Este 2465, 5º piso, San Borja; ⊙24 h) Es la división principal de la Policía Nacional en el Museo de la Nación. Se pueden hacer denuncias de robos para reclamar a las aseguradoras o pedir reembolsos de cheques de viaje. En zonas muy turísticas, es fácil identificar a los agentes de la Poltur por sus camisas blancas.

Comisaría Central de la Policía Nacional (☑01-460-0921; Moore 268, Magdalena del mar; ⊙24 h)

INMIGRACIÓN

Oficina de Migraciones (plano p. 66; ☑01-200-1000; www.migraciones.gob.pe; Prolongación España 734, Breña; ⊙8.00-13.00 lu-vi) Gestionan visados y solicitudes de residencia. Los turistas pueden quedarse en Perú 183 días. Si se piensa estar el período completo, hay que especificarlo antes de que sellen el pasaporte para que concedan el máximo tiempo permitido. Si no, puede que solo permitan 30 o 90 días.

Durante toda la estancia hay que conservar en el pasaporte la tarjeta de turista que se recibe al entrar en Perú; hace falta al salir del país. Ya no se permite prolongar las tarjetas de turista. Algunos lectores han comentado que algunos viajeros han podido pagar in situ diversas cantidades con algunos agentes 'flexibles'; Lonely Planet no aprueba este comportamiento arriesgado.

ATENCIÓN MÉDICA

Hay diversas clínicas con servicios de urgencias. Las consultas cuestan 80 PEN o más, dependiendo de la clínica y el médico. Los tratamientos y la medicación suponen un coste adicional, como también las visitas a los especialistas.

En Lima abundan las farmacias. **Botica Fasa** (plano p. 72; ☑01-619-0000; www.boticafasa. com.pe; av. José Larco 129-35, Miraflores; ⊙24 h) e **InkaFarma** (plano p. 72; ☑01-315-9000, reparto a domicilio 01-314-2020; www.inkafarma. com.pe; Benavides 425, Miraflores; ⊙24 h) son cadenas bien abastecidas y abren las 24 horas. Suelen ofrecer reparto a domicilio gratuito.

También pueden encargarse gafas baratas en las ópticas de Miró Quesada, cerca de Camaná, en Lima Centro o cerca de Schell y la av. José Larco, en Miraflores.

Clínica anglo-americana (☑01-436-9933; www.clinangloamericana.com.pe; av. La Fontana 362) Hospital de renombre pero caro. Hay un centro en La Molina al que se puede ir sin cita, cerca de la embajada de EE UU, y otro en San Isidro (plano p. 70; ☑616-8900; Salazar 350).

Clínica Good Hope (plano p. 72; ☑01-610-7300; www.goodhope.org.pe; Malecón Balta 956) Atención de calidad a buen precio; cuenta con unidad dental.

Clínica Internacional (plano p. 66; ☑01-619-6161; www.clinicainternacional.com.pe; Garcilaso de la Vega 1420, Lima Centro) Bien equipada, con especialidades de gastroenterología, neurología y cardiología.

Clínica Montesur (☑01-317-4000; www. clinicamontesur.com.pe; av. El Polo 505, Monterrico) Dedicada en exclusiva a la salud de la mujer.

Clínica San Borja (☑01-475-4000; www. clinicasanborja.com.pe; av. Guardia Civil 337, San Borja) Otra reputada clínica con servicio de cardiología.

Instituto de Medicina Tropical (Hospital Nacional Cayetano Heredia; ☑01-482-3910, 01-482-3903; www.upch.edu.pe/tropicales; av. Honorio Delgado 430, San Martín de Porres) Buen lugar para tratar enfermedades tropicales; funciona dentro del Hospital Nacional Cayetano Heredia. Las inmediaciones del hospital son zona segura, pero el barrio que lo rodea es peligroso.

Instituto Nacional de Salud del Niño (plano p. 66; ☑01-330-0066; www.isn.gob.pe; Brasil 600, Breña) Hospital pediátrico; vacuna contra el tétanos y la fiebre amarilla.

EXPLORADORES SUDAMERICANOS

El venerable **South American Explorers Club** (SAE; plano p. 72; ☑447-7731; www.saex plorers.org; Enrique Palacios 956, Miraflores; ◷9.30-16.30 lu-vi, hasta 13.00 sa), que ya tiene más de tres décadas, es un recurso indispensable para quienes viajan por mucho tiempo, así como para periodistas y científicos que pasan largos períodos en Perú, Ecuador, Bolivia y Argentina. Tiene una gran biblioteca, así como una enorme variedad de guías y mapas en venta, incluidos algunos de rutas como el Camino Inca, el cañón del Colca, el monte Ausangate, la cordillera Blanca y la cordillera Huayhuash. También se puede asistir a charlas, conseguir información útil sobre condiciones de viaje en zonas remotas y buscar ofertas de voluntariado.

Esta organización sin ánimo de lucro, mantenida por sus miembros, promocionó la primera limpieza del Camino Inca y ha apoyado campañas de medicina local. La cuota anual es de 60 US$/persona (90 US$/pareja); la trimestral, 30 US$. También tienen clubes en Cuzco, Quito y Buenos Aires (búsquese la información de contacto en línea). Las inscripciones pueden hacerse en persona en una de las oficinas o en el sitio web.

Los miembros pueden usar el club y sus servicios: consigna de equipaje, lista de correos, intercambio de libros y descuentos en los artículos que venden. También se benefician en el alquiler de habitaciones del club, pueden obtener descuentos en todo Perú y pueden consultar su kit de supervivencia para Lima, una útil guía para nuevos residentes de larga duración.

Quienes no sean miembros pueden pedir información y comprar guías o mapas.

DINERO

Hay muchos bancos, y casi todos tienen cajeros automáticos en servicio las 24 horas y con buen cambio de divisas. Para mayor seguridad, conviene usar los que están dentro de los bancos y no los de la calle o los supermercados, cubrir el teclado al introducir la contraseña y rozar todo el teclado para evitar que intercepten la contraseña con infrarrojos. Mejor no sacar dinero de noche.

Las casas de cambio de Lima ofrecen tarifas similares o un poco mejores que las de los bancos para el dinero en efectivo (no para cheques de viaje). Están en el centro, en Ocoña y Camaná, y en la av. José Larco en Miraflores. Conviene tener cuidado con los cambistas de la calle ya que se dan casos de falsificaciones.

Banco de Crédito del Perú (BCP; plano p. 62; www.viabcp.com; av. José Larco esq. José Gonzáles; ◷9.00-18.30 lu-vi, 9.30-13.00 sa) Cuenta con cajeros automáticos las 24 horas, Visa y Plus; también proporciona anticipos en efectivo de Visa y cambia cheques de viaje Amex, Citicorp y Visa. La oficina central de Lima (plano p. 62; ☑427-5600; Lampa esq. Ucayali) tienen unos vitrales increíbles en el techo. Hay otra sucursal en José Pardo (plano p. 62; ☑445-1259; av. José Pardo 491).

BBVA Continental (plano p. 62; ☑01-595-0000; www.bbvacontinental.pe; av. José Larco 631; ◷9.00-18.00 lu-vi, 9.30-12.30 sa) Representante de Visa pero sus cajeros automáticos también aceptan Cirrus, Plus y MasterCard.

Citibank (plano p. 70; ☑01-221-7000; www. citibank.com.pe; av. 2 de Mayo 1547; ◷9.00-18.00 lu-vi, 9.30-13.00 sa) Esta sucursal y la de Miraflores (plano p. 72; av. José Pardo 127) tienen cajeros automáticos que funcionan las 24 horas y aceptan Cirrus, Maestro, MasterCard y Visa; cambian cheques de viaje de Citicorp.

LAC Dólar (plano p. 72; ☑01-242-4085; av. La Paz 211; ◷9.30-18.00 lu-vi, 9.00-14.00 sa) Oficina de cambio fiable. Envía efectivo al hotel a cambio de los cheques de viaje.

Scotiabank (plano p. 70; ☑01-311-6000; www.scotiabank.com.pe; av. 2 de Mayo 1510-1550; ◷9.15-18.00 lu-vi, hasta 12.30 sa) Los cajeros (24 h) aceptan MasterCard, Maestro, Cirrus, Visa y Plus y dispensan soles y dólares estadounidenses. También hay sucursales en Miraflores Larco (plano p. 72; av. José Larco 1119) y Miraflores Pardo (plano p. 72; av. José Pardo esq. Bolognesi).

Travex (plano p. 72; ☑01-630-9800; www. travex.com.pe; av. Santa Cruz 873, Miraflores; ◷8.00-17.00 lu-vi) Venden cheques de viaje o reponen los perdidos.

CORREOS

Serpost, el servicio postal nacional, tiene oficinas en toda Lima. El correo enviado a "Lista de Correos, Correo Central, Lima", puede recogerse en la oficina central de correos, en el centro. Solo es preciso identificarse.

DHL (plano p. 70; ☑01-221-0816; www.dhl. com.pe; av. 2 de Mayo 635, San Isidro; ◷9.00-20.00 lu-vi, hasta 13.00 sa)

Federal Express (FedEx; plano p. 72; ☎01-242-2280; www.fedex.com.pe; Pasaje Olaya 260, BSC Miraflores, Miraflores; ☺9.00-19.00 lu-vi, 10.00-15.00 sa)

Oficina principal de correos (plano p. 62; ☎01-511-5000; www.serpost.com.pe; Pasaje Piura, Lima Centro; ☺8.00-21.00 lu-sa) Aquí se puede recoger correo de listas de correos, aunque no es 100% de fiar. Hay que llevar un documento de identidad.

INFORMACIÓN TURÍSTICA

iPerú (☎01-574-8000; Aeropuerto Internacional Jorge Chávez) La reputada oficina de turismo del Gobierno reparte planos, da buenos consejos y puede ayudar a presentar quejas. La oficina de Miraflores (plano p. 72; ☎01-445-9400; LarcoMar; ☺11.00-14.00 y 15.00-20.00) es diminuta pero muy útil los fines de semana. Hay otra en San Isidro (plano p. 70; ☎01-421-1627; Jorge Basadre 610; ☺9.00-18.00 lu-vi).

Oficina municipal de turismo (plano p. 62; ☎01-632-1300; www.munlima.gob.pe; Pasaje de los Escribanos 145, Lima Centro; ☺9.00-17.00 lu-vi, 11.00-15.00 sa y do) De escasa utilidad; su web ofrece un exiguo listado de espectáculos locales e información sobre circuitos gratuitos en el centro.

Trekking & Backpacking Club (plano p. 66; ☎01-423-2515; www.angelfire.com/mi2/tebac; Huascar 1152, Jesús María) Información, planos, folletos, alquiler de material e información para senderistas independientes.

AGENCIAS DE VIAJES

Hacen reservas de vuelos, entre otros servicios.

Fertur Perú Travel (plano p. 62; ☎01-427-1958, 01-427-2626; www.fertur-travel; Jirón Junín 211; ☺9.00-19.00 lu-vi, hasta 12.00 sa) Agencia muy recomendable que reserva viajes locales, regionales e internacionales y organiza circuitos en grupo a medida. Ofrece descuentos para estudiantes y miembros de SAE. Hay otra agencia en Miraflores (plano p. 72; ☎01-242-1900; Schell 485).

InfoPerú (plano p. 62; ☎01-425-0414; info peru.com.pe; Jirón de la Unión 1066, Lima Centro; ☺9.30-18.00 lu-vi, 10.00-14.00 sa) Reserva billetes de autobús y avión y ofrece información fiable sobre hoteles y puntos de interés.

InteJ (plano p. 76; ☎01-247-3230; www.intej. org; San Martín 240, Barranco; ☺9.30-24.45 y 14.00-17.45 lu-vi, 9.30-24.45 sa) Es la delegación oficial de la International Student Identity Card (ISIC). Tramita descuentos en billetes de avión, tren y autobús, además de otros servicios.

Lima Tours (plano p. 62; ☎01-619-6900; www.limatours.com.pe; Nicolás de Piérola 589, piso 18, Lima Centro; ☺9.30-18.00 lu-vi, hasta 13.00 sa) Famosa agencia exclusiva que organiza todo tipo de viajes. También especiales para gais y circuitos gastronómicos básicos por Lima.

Tika Tours (plano p. 72; ☎01-719-9990; www. tikagroup.com.pe; José Pardo 332-350, Miraflores) Operador turístico y agencia de viajes útil para información local y para viajar por Perú.

SITIOS WEB ÚTILES

→ www.lonelyplanet.es
→ www.livinginperu.com
→ www.peru.travel
→ www.saexplorers.org
→ www.lima.dailysecret.com

 **Cómo llegar y salir**

AVIÓN

El Aeropuerto Internacional Jorge Chávez de Lima (p. 554) dispone de los servicios habituales, además de una *boutique* de pisco, una oficina de correos y una consigna de equipajes. Hay acceso a internet en el segundo piso.

Todas las tasas de salida se incluyen en los precios de los billetes. Se puede obtener información sobre vuelos, comprar billetes y confirmar salidas en línea o por teléfono, pero para cambiar billetes o solventar problemas lo mejor es acudir a la oficina de la compañía en persona.

Avianca (plano p. 72; ☎01-511-8222; www. avianca.com; av. José Pardo 811; ☺8.30-19.00 lu-vi, 9.00-14.00 sa) Vuela a Cuzco.

LAN (plano p. 72; ☎01-213-8200; www.lan. com; av. José Pardo 513, Miraflores) Va a Arequipa, Chiclayo, Cuzco, Iquitos, Juliaca, Piura, Puerto Maldonado, Tacna, Tarapoto y Trujillo. También ofrece servicios de enlace entre Arequipa y Cuzco, Arequipa y Juliaca, Arequipa y Tacna, Cuzco y Juliaca, y Cuzco y Puerto Maldonado.

LC Perú (☎01-204-1313; www.lcperu.pe; av. Pablo Carriquirry 857, San Isidro) Vuela de Lima a Andahuaylas, Ayacucho, Cajamarca, Huánuco, Huaraz, Iquitos y Huancayo (Jauja) en aviones turbohélice más pequeños.

Peruvian Airlines (plano p. 72; ☎01-716-6000; www.peruvianairlines.pe; av. José Pardo 495, Miraflores; ☺9.00-19.00 lu-vi, hasta 17.00 sa) Va a Arequipa, Cuzco, Piura, Iquitos, Pucallpa, Tarapoto y Tacna.

Star Perú (plano p. 72; ☎01-705-9000; www. starperu.com; av. Espinar 331, Miraflores) Va a Ayacucho, Cuzco, Huánuco, Iquitos, Pucallpa, Puerto Maldonado y Tarapoto.

AUTOBÚS

No existe una terminal central de autobuses; cada compañía vende sus propios billetes y ofrece puntos de salida independientes. Algunas tienen varias terminales, por lo que al comprar los billetes conviene aclarar desde qué punto sale el autobús. Las épocas del año más concurridas son Semana Santa (la semana anterior al Domingo de Pascua) y las semanas cercanas a las Fiestas Patrias (28 y 29 de julio), en las que miles de limeños se escapan de la ciudad y los precios se duplican. En esas fechas conviene reservar con mucha antelación.

Algunas estaciones están en barrios peligrosos. Si se puede, lo mejor es comprar el billete previamente y tomar un taxi si se lleva equipaje.

Civa (plano p. 66; ☏01-418-1111; www.civa. com.pe; av. 28 de Julio esq. Paseo de la República 569) Para ir a Arequipa, Cajamarca, Chachapoyas, Chiclayo, Cuzco, Ilo, Máncora, Nazca, Piura, Puno, Tacna, Tarapoto, Trujillo y Tumbes. La compañía fleta también autobuses más lujosos con literas que se llaman **Excluciva** y van a varios destinos de la costa.

Cruz del Sur (plano p. 70; www.cruzdelsur. com.pe; av. Javier Prado Este 1109) Una gran compañía que cubre la costa –además de ciudades del interior como Arequipa, Cuzco, Huancayo y Huaraz– con tres clases de servicio: el Ideal económico y los lujosos Imperial y Cruzero.

Móvil Tours (plano p. 66; ☏01-716-8000; www.moviltours.com.pe; paseo de la República 749) Viaja a Chachapoyas, Chiclayo, Huancayo, Huaraz y Tarapoto.

Oltursa (☏01-708-5000; www.oltursa.pe; av. Aramburu 1160, San Isidro) Cerca de San Isidro está la terminal principal de esta prestigiosa compañía que viaja a Arequipa, Chiclayo, Ica, Máncora, Nazca, Paracas, Piura, Trujillo y Tumbes.

Ormeño (☏01-472-1710; www.grupo-ormeno. com.pe; av. Javier Prado Este 1059) Gran compañía de autobuses limeña que ofrece servicios diarios a Arequipa, Ayacucho, Cajamarca, Cañete, Chiclayo, Chincha, Cuzco, Huaraz, Ica, Ilo, Nazca, Paracas, Piura, Puno, Tacna, Trujillo y Tumbes, todos con salida desde la terminal de La Victoria.

La estación central de Lima (plano p. 62; ☏472-5000; www.grupo-ormeno.com.pe; Carlos Zavala Loayza 177) es para comprar billetes o conseguir transporte en una de las filiales: Expreso Continental (norte de Perú), Expreso Chinchano (costa sur y Arequipa) y San Cristóbal (Puno y Cuzco).

Ofrece tres clases de servicio: Econo, Business y Royal.

Soyuz (plano p. 66; ☏01-205-2370; www. soyuz.com.pe; av. México 333, La Victoria) Autobuses frecuentes a Cañete, Chincha, Ica y Nazca.

Tepsa (plano p. 62; ☏01-428-4635, 01-427-5642; www.tepsa.com.pe; paseo de la República 151A) Autobuses cómodos que viajan a Arequipa, Cajamarca, Chiclayo, Cuzco, Ica, Lambayeque, Máncora, Nazca, Piura, Tacna, Trujillo y Tumbes. Hay otra estación en Javier Prado (plano p. 70; ☏01-470-6666; www.tepsa. com.pe; av. Javier Prado Este 1091).

AUTOMÓVIL

Lima tiene cruces principales sin semáforos, los conductores de autobús son como kamikazes, hay embotellamientos y el estacionamiento en la calle es mínimo o inexistente. Si aun así apetece conducir, hay varias empresas que tienen mostradores abiertos las 24 h en el aeropuerto. Los precios oscilan entre 85 PEN y 190 PEN al día y no incluyen gastos adicionales, seguros ni tasas (19% aprox.). Hay servicios de envío.

Budget (☏01-204-4400; www.budgetperu. com)

Dollar (☏01-444-3050; www.dollar.com)

Hertz (☏01-445-5716; www.hertz.com.pe)

National (☏01-578-7878; www.nationalcar. com.pe)

TREN

Ferrocarril Central Andino (☏01-226-6363; www.ferrocarrilcentral.com.pe; adultos/niños ida 120/85 PEN, ida y vuelta 195/130 PEN) Este tren turístico ofrece una odisea de 12 horas por los paisajes de las montañas andinas y puentes de vértigo mientras sube del nivel del mar a 4829 m (el segundo punto más alto del mundo para trenes de pasajeros) antes de descender a Huancayo, a 3260 m. El trayecto es quincenal, de mediados de abril a mediados de octubre. Hay que confirmar los horarios con antelación, ya que no siempre está operativo.

ⓘ Cómo desplazarse

A/DESDE EL AEROPUERTO

El aeropuerto está en la ciudad portuaria de Callao, unos 12 km al oeste del centro o 20 km al noroeste de Miraflores. En un taxi privado, calcúlese al menos una hora para llegar al aeropuerto desde San Isidro, Miraflores o Barranco; en combis, el trayecto dura al menos dos horas, con muchas paradas intermedias. El tráfico es menos denso antes de las 6.30.

Al pasar la aduana, dentro del aeropuerto, a la derecha, está el servicio oficial de taxis: **Taxi Green** (☏01-484-4001; www.taxigreen.com.pe).

AUTOBUSES DESDE LIMA

DESTINO	TARIFA* (PEN)	DURACIÓN (H)
Arequipa	80/170	16-18
Ayacucho	70/160	9-11
Cajamarca	90/150	16
Chiclayo	60/125	12-14
Cuzco	110/210	22-23
Huancayo	35/80	7-8
Huaraz	60/160	8
Ica	30/80	4½-5½
Nazca	80/160	6-8
Piura	80/184	16
Puno	140/170	22
Tacna	115/190	18-22
Trujillo	40/125	9-10
Tumbes	80/200	20

*Las tarifas son cálculos generales para autobuses normales/de lujo.

Fuera del perímetro del aeropuerto hay también taxis "locales". Tomar uno no siempre supone un ahorro, además existen riesgos: pueden ser desaprensivos que recogen a extranjeros y aprovechan para robarles. Es preferible utilizar un taxi oficial del aeropuerto, o concertar un servicio de recogida con el alojamiento.

La forma más barata de ir y venir del aeropuerto es con la empresa de combis conocida como **La S** (plano p. 62; desde 2,50 PEN/persona). Los vehículos llevan una letra 'S' gigante pegada en los parabrisas delanteros y ofrecen varias rutas desde Callao a Miraflores y más allá. Desde el aeropuerto se hallan avanzando hacia el sur por la av. Elmer Faucett. Para el viaje de vuelta al aeropuerto, las combis La S están al norte, siguiendo la av. Petit Thouars, y al este por la av. Angamos de Miraflores. Su emplazamiento más céntrico es el del "paradero" (parada de autobuses) de la av. Petit Thouars, al norte de la av. Ricardo Palma. Hay que pagar un precio adicional si el equipaje ocupa asiento. Las compañías de combis cambian regularmente de ruta, por lo que conviene preguntar antes de salir.

AUTOBÚS

El nuevo sistema de autobuses eléctricos exprés de Lima, **El Metropolitano** (www.metropolitano.com.pe), es la forma más rápida y eficiente de llegar al centro. Hay pocas rutas, aunque se está ampliando la red a la parte norte de la ciudad. La Ruta Troncal (2,50 PEN) atraviesa Barranco, Miraflores y San Isidro hasta la plaza Grau, en el centro de Lima. Para usarla hay que comprar una tarjeta inteligente (4,50 PEN) que se puede rellenar con saldo.

También hay muchos microbuses que pasan a toda velocidad y atascan el tráfico, con un cobrador agarrado a la puerta que anuncia las paradas. Hay que fijarse en los letreros del parabrisas. Lo mejor es conocer la intersección principal más próxima o lugar destacado más cercano a la parada (p. ej., parque Kennedy) y decírselo al cobrador; él indicará cuándo bajar. Las combis suelen ser más lentas y van más llenas, pero resultan baratísimas: los billetes cuestan de 1 a 3 PEN, según la duración del trayecto.

Las rutas más útiles son las que unen Lima Centro y Miraflores por la av. Arequipa o el paseo de la República. Los microbuses que van por Garcilaso de la Vega (también llamada av. Wilson) y la av. Arequipa llevan el cartel "Todo Arequipa" o "Larco/Schell/Miraflores" cuando se dirigen a Miraflores, y "Todo Arequipa" y "Wilson/Tacna" cuando van de Miraflores al centro. En Miraflores se toman a lo largo de las avenidas José Larco o Arequipa.

Para ir a Barranco, búsquense los autobuses que circulan por la av. Arequipa con el rótulo "Chorrillos/Huaylas/Metro" (algunos también llevan carteles que anuncian "Barranco"). También se encuentran en la Diagonal, al oeste del parque Kennedy, en Miraflores.

TAXI

Los taxis de Lima no tienen taxímetro, así que hay que negociar el precio antes de subir. Este varía según la duración del trayecto, las condiciones del tráfico y la hora (por la noche son más caros), entre otros. Los taxis registrados o los que se toman cerca de una atracción turística son más caros. Como indicación (muy) aproximada, un viaje dentro de Miraflores cuesta de 5 a 10 PEN. De Miraflores a Lima Centro de 10 a 15 PEN, a Barranco de 8 a 12 PEN, y a San Isidro de 6 a 12 PEN. Se puede regatear, pero es más difícil en hora punta. Cuando viajan dos o más pasajeros hay que aclarar si el precio es por persona o por trayecto.

La mayor parte de los taxis de Lima no están registrados (no son oficiales). Usarlos durante el día no suele ser problemático. De noche es importante usar taxis registrados por seguridad; se pueden localizar por el número de licencia que llevan pintado en el lateral. También deberían tener una franja de ajedrezado, una pegatina rectangular de autorización con la palabra SETAME en la esquina superior izquierda del parabrisas y muchos están pintados de amarillo.

Los taxis registrados se pueden llamar por teléfono o encontrar en las paradas de taxis, por ejemplo en la del Sheraton, en el centro de Lima, o fuera del centro comercial LarcoMar, en Miraflores. Estos vehículos cuestan en torno a un 30% más que los que se encuentran por la calle pero la seguridad vale la pena.

Easy Taxi (plano p. 72; LarcoMar) Tienen una aplicación para teléfonos inteligentes que permite un servicio más rápido o calcular los costes. Recomendable.

Taxi Lima (☎01-271-1763)

Taxi Móvil (☎01-422-6890)

Taxi Real (☎01-215 1414; www.taxireal.com) Recomendado

Taxi Seguro (☎01-241-9292)

ALREDEDORES DE LIMA

Los fines de semana y festivos los limeños van a la playa o las colinas. Si se dispone de unos días extra hay mucho que hacer fuera de la ciudad, desde explorar ruinas a relajarse en la playa.

Pachacamac

☎01

Situado unos 31 km al sureste del centro de la ciudad, Pachacamac (☎01-430-0168; pachacamac.perucultural.org.pe; entrada 10 PEN; ☺9.00-16.00 ma-sa, hasta 15.00 do) es un complejo arqueológico con una ciudadela precolombina de adobe, palacios de piedra y templos piramidales. Si se ha estado en Machu Picchu, tal vez parezca poca cosa, pero fue un importante centro inca cuando llegaron los españoles. Empezó siendo un centro ceremonial de la cultura lima hacia principios del año 100, y luego se expandió con los huari, para ser finalmente tomada por los ichsmas. Los incas añadieron numerosas estructuras a la zona a su llegada en 1450. El topónimo Pachacamac, que puede traducirse de diversos modos, como "El que animó el mundo" o "El que creó la tierra y el tiempo", procede del dios huari de dos cabezas, representado en madera, que se conserva en el museo del lugar.

Gran parte de los edificios son poco más que montículos de escombros esparcidos por un paisaje desértico, pero algunos templos principales han sido excavados y sus rampas y laterales escalonados están a la vista. Se puede ascender por el sendero en zigzag que culmina en el templo del Sol, desde donde en días claros se observan excelentes vistas de la costa. Sin embargo, el edificio más destacado es el palacio de las Mamacuna ("Casa de las mujeres elegidas"), comúnmente llamado Acllahuasi, con entradas trapezoidales de estilo inca. Por desgracia, el fuerte terremoto del 2007 afectó su estructura, por lo que los visitantes solo pueden verlo desde lejos. La falta de financiación para restaurarlo lo sitúa entre los yacimientos en peligro de extinción del mundo.

Hay un centro de visitantes y un café a la entrada, que se encuentra en la carretera de Lurín. Se puede conseguir un mapa sencillo en la taquilla, desde la que un sendero lleva directamente al conjunto. La visita a pie supone al menos 2 h. En verano conviene llevar agua y gorra, no hay sombra durante el camino. En vehículo propio se puede ir de un monumento a otro.

Varias agencias de Lima ofrecen circuitos guiados (medio día aprox. 115 PEN/persona) que incluyen transporte y guía. Los circuitos en bicicleta de montaña son una excelente opción.

También salen microbuses con el cartel "Pachacamac" de la av. 28 de Julio o de la carretera socavada en la esquina de Andahuaylas y Grau, en el centro de Lima (3 PEN, 45 min, cada 15 min durante las horas de luz). Desde Miraflores, se puede tomar un autobús en av. Benavides en dirección este, hacia la Panamericana y Puente Primavera y tomar allí el autobús con el cartel "Pachacamac/

ESTUDIOS DE ARTESANOS EN LURÍN

Lurín es una población de clase trabajadora 50 km al sur de Lima Centro por la Panamericana. En su extremo sur están los talleres del colectivo de artesanos de Ayacucho **Ichimay Wari** (📞01-430-3674; Jirón Jorge Chávez, Manzana 22, Lote A; ⊙8.00-13.00 y 14.00-17.00 lu-vi). Producen retablos tradicionales (dioramas religiosos), cerámica, decoraciones navideñas de estilo andino y los coloridos árboles de arcilla conocidos como "arbolitos de la vida". Conviene concertar con 24 h de antelación el circuito por sus talleres.

Un taxi desde Lima cuesta aproximadamente 100 PEN ida y vuelta. En autobús, desde el Puente Benavides o el Puente Primavera, hay que tomar uno a Lurín, San Bartolo o San Miguel y bajarse en el semáforo principal de Lurín. Desde allí se llama a un mototaxi y se pide al conductor que se dirija al sur, hasta el barrio artesano. Algunas partes de Lurín son peliagudas; mejor ir en taxi y no llevar la cámara a la vista.

Lurín" (3 PEN, 30 min). En ambos casos hay que pedir al conductor que pare cerca de las ruinas, o uno acaba en el pueblo de Pachacamac, a casi 1 km de la entrada. Para regresar a Lima, se puede tomar cualquier autobús desde la puerta, pero suelen tardar en pasar. También se puede alquilar un taxi (desde 40 PEN/h) desde Lima.

Playas del sur

📷01

Todos los veranos, los limeños invaden las playas que se alinean a lo largo de la Panamericana, en sentido sur. El éxodo tiene lugar los fines de semana, cuando la carretera se colapsa y temporalmente se convierte en vía de un solo sentido. Los principales pueblos playeros son El Silencio, Señoritas, Caballeros, Punta Hermosa, Punta Negra, San Bartolo, Santa María, Naplo y Pucusana. No hay centros veraniegos al estilo tropical; este tramo de costa estéril y desierta está bañado por agua fría y corrientes fuertes. Pregúntese a los lugareños antes de tomar un baño, pues todos los años hay accidentes. Apenas se alquilan tablas de surf; es mejor llevarse una propia.

Un destino familiar es **San Bartolo**, salpicado de albergues con tarifas económicas y medias en pleno verano. Situado sobre la bahía, el **Hostal 110** (📞01-430-7559; www.hostal110.com; Malecón San Martín Norte 110; d 150-170 PEN, persona extra 30 PEN; ☀) tiene 14 espaciosas habitaciones con azulejos bien cuidados, así como apartamentos (algunos de hasta seis personas) repartidos en torno a una piscina en lo alto del acantilado. Los sábados es más caro. En la parte sur de la ciudad (se puede ir en mototaxi), frente al campo de fútbol, el recomendable **Restaurant Rocío** (📞01-430-

8184; www.restaurant-rocio.com; Urb. Villa Mercedes, Mz A, Lte 5-6; principales 20-50 PEN; ⊙11.00-23.00) sirve leche de tigre (caldo de marisco) y pescado fresco bañado en ajo, frito y a la parrilla.

Más al sur, Punta Hermosa, con olas continuas, es el destino de los surfistas. Hay muchos alojamientos. Una buena opción es la compacta **Punta Hermosa Surf Inn** (📞01-230-7732, 505-8810-4144; www.puntahermosasurfinn.com; Bolognesi 407, esq. Pacasmayo; dc/i/d desayuno incl. 55/70/150 PEN; @📶), que tiene seis habitaciones, una acogedora zona para estar con hamacas y televisión por cable. En fin de semana las habitaciones cuestan 30 PEN más y las compartidas 10 PEN más. Las olas más altas de Perú, que pueden ser de 10 m de altura, se hallan en las cercanías de **Pico Alto** (km 43 de la Panamericana).

Punta Rocas, algo más al sur, suele recibir surfistas experimentados (se organizan competiciones anuales), que suelen quedarse en el sencillo **Hostal Hamacas** (📞505-8810-4144; www.hostalhamacas.com; Panamericana km 47; i/d con aire acondicionado 124/139 PEN, con ventilador 77/93 PEN), que está justo en la playa. Tiene 15 habitaciones y 5 bungalós (con cabida para seis), todos con baño privado, agua caliente y vistas al mar. En temporada alta (de octubre a abril) abre su propio restaurante. También alquila tablas.

Para llegar a estas playas se toma un autobús con el rótulo "San Bartolo" desde la Panamericana Sur, en el puente Primavera de Lima. Se puede bajar en todos los pueblos playeros del trayecto, pero casi siempre hay que andar 1 o 2 km hasta la playa. (Suele haber taxis locales esperando en la carretera.) Un taxi desde Lima cuesta entre 70 y 110 PEN.

También hay playas al sur, como Pucusana.

Carretera Central

La carretera Central avanza hacia el este desde Lima siguiendo el valle del Rímac hasta los pies de los Andes y prosigue hasta La Oroya, en las tierras altas centrales de Perú.

Hay microbuses frecuentes a Chosica desde Arica en la plaza Bolognesi. Se pueden usar para viajar a Puruchuco (3 PEN, 50 min) y Chosica (4 PEN, 2 h). Puede que sea difícil reconocer los destinos desde la carretera, por lo que se recomienda avisar al conductor dónde se desea bajar.

Puruchuco

☑01

El yacimiento de **Puruchuco** (☑01-321-5623; museopuruchuco.perucultural.org.pe; entrada 5 PEN; con guía 20 PEN; ☺8.30-16.00 ma-do) dio que hablar en la prensa en el 2002, cuando se desenterraron unos 2000 fardos de momias bien conservadas en el enorme cementerio inca. Es uno de los mayores hallazgos de estas características, y entre los muchos objetos funerarios encontrados figuran numerosos quipus en buen estado. La casa del jefe está muy reconstruida; una sala se identifica como granja de cobayas. Situado en medio del barrio de chabolas de Túpac Amaru, Puruchuco queda a 13 km de Lima Centro. Es mejor ir en taxi (30 PEN ida desde Lima). En la carretera hay un desvío señalizado a la derecha, del que parte otra carretera de unos cientos de metros.

Cajamarquilla

☑01

Otro yacimiento precolombino es el de **Cajamarquilla** (☑01-321-5623; ☺9.00-16.00), una ciudad de adobe en ruinas, erigida por los huari (700-1100 d.C.), sobre un antiguo asentamiento de la cultura lima. Cerca del km 10 desde Lima (a 18 km desde Lima Centro) hay una carretera que sale a la izquierda hacia la refinería de cinc de Cajamarquilla, a casi 5 km de la autopista. Las ruinas se hallan casi a medio camino por esa carretera; se toma un corto desvío a la derecha. Está indicado, pero en caso de duda, se puede preguntar a los lugareños.

Mientras se escribía esta guía, este yacimiento estaba cerrado por restauración. Conviene buscar información actualizada en Puruchuco o iPerú (p. 103).

Chosica

☑01

Aproximadamente a 40 km de Lima se encuentra el pueblo montañés de Chosica, a 860 m sobre el nivel del mar, por encima de la línea de la garúa. Durante la primera mitad del s. xx fue un destino popular de fin de semana entre los limeños que intentaban tomar el sol en invierno. Hoy, su popularidad ha disminuido, pero aún acuden visitantes en excursiones de un día. La plaza está rodeada de restaurantes y, al atardecer, los vendedores de anticucho se concentran a lo largo de algunos paseos con fuentes. Desde Chosica, la carretera principal lleva a las ruinas de **Marcahuasi**.

Costa sur

Los mejores restaurantes

➡ Café Da Vinci (p. 141)

➡ As de Oro's (p. 118)

➡ Mamashana (p. 135)

➡ El Chorito (p. 123)

Los mejores alojamientos

➡ Casa-Hacienda San José (p. 115)

➡ Banana's Adventure (p. 128)

➡ Hotel El Molino (p. 113)

➡ Hotel Oro Viejo (p. 133)

Por qué ir

Los visitantes de esta costa solitaria y salvaje quedarán embelesados con sus impresionantes dunas, verdes oasis, remotos pueblos pesqueros, dibujos excavados en la tierra, y espacios naturales abiertos que invitan a despertar la imaginación.

Esta franja de territorio seco y desolado, comprendida entre los Andes y el mar, solo da muestras de vida en los fértiles valles de los ríos que producen frutas y vino, a la vez que ofrecen un fugaz respiro de la dureza implacable del desierto.

Entre otras aventuras, la ruta clásica incluye hacer *rafting* en Lunahuaná, observar la fauna salvaje en las islas Ballestas, practicar *sandboard* en Huacachina, y la visita obligada de las misteriosas líneas y extraños geoglifos dibujados en el lienzo del desierto de Nazca. Pero también existe la posibilidad de explorar fuera del Sendero Gringo en busca de lugares vírgenes para hacer surf, aldeas agrícolas llenas de vida y circuitos culturales más modestos.

Cuándo ir
Nazca

Ene-mar Es pleno verano, los complejos playeros desbordan de actividad.

Mar Época de la vendimia y festivales del vino en Ica y Lunahuaná.

Jun y jul Temperaturas más frescas, menos turistas y festivales esotéricos en Ica y Chincha.

Imprescindible

1 Descifrar los misterios de las **Líneas de Nazca** (p. 130) en una excursión aérea irrepetible.

2 Capturar con la cámara los depósitos de guano en la visita a las colonias de aves y leones marinos durante la excursión en barco a las **islas Ballestas** (p. 119).

3 Contemplar la puesta de sol en una duna gigante del oasis de **Huacachina** (p. 127).

4 Seguir el ritmo de la música afroperuana y bailar en la **Casa-Hacienda San José** (p. 114), en El Carmen.

5 Practicar *rafting* en los rugientes rápidos del río Cañete en el centro de deportes de aventura de **Lunahuaná** (p. 112).

6 Catar algunos de los mejores vinos y piscos de Perú en la **Bodega Tacama** (p. 125), cerca de Ica.

7 Hacer excursionismo en la desierta península de Paracas y almorzar marisco en **Lagunillas** (p. 121).

8 Salir del Sendero Gringo en un safari para hacer surf en **Mollendo** (p. 137).

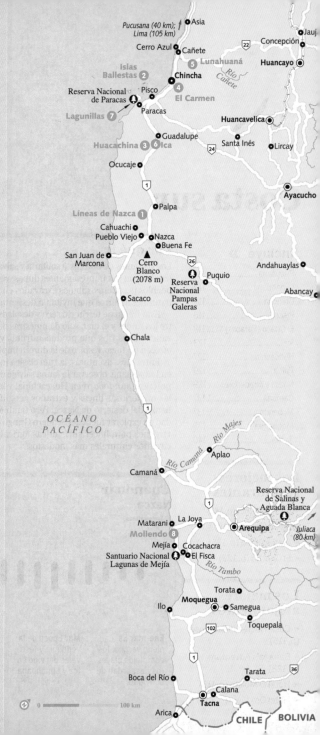

Pucusana

☑ 01 / 10 000 HAB.

La primera parada que merece la pena en la costa es Pucusana, que aparece entre la niebla y la contaminación que se cierne sobre los barrios del sur de Lima. En apariencia es un típico pueblo pesquero peruano: ruidoso, algo sucio y con cientos de barcas de madera en su puerto. Pero tiene también una cualidad vital innata. Si se ha salido de Miraflores pensando que se había estado en una versión latinoamericana de LA, en Pucusana están presentes todas las imperfecciones de Perú.

⊙ Puntos de interés y actividades

El Gremio de Pescadores de Pucusana, el puerto pesquero de Pucusana, es interesante a cualquier hora del día, con pescadores que se debaten con enormes piezas, mientras los pelícanos de pico ágil les observan desde cerca. A la entrada hay barcos que ofrecen excursiones para ir de pesca y circuitos por el puerto (desde 40 PEN).

Las playas constituyen otro de sus atractivos. Destacan las pequeñas poblaciones de Pucusana y Las Ninfas, pero también se puede ir en barco (1 PEN) a La Isla, un islote con una franja de arena y un alto peñasco. Otra posibilidad es dejarse guiar por el ruido de las olas hasta el orificio de El Boquerón, una manzana al oeste del Malecón, con una pequeña playa y restaurantes que sirven excelentes percas.

🛏 Dónde dormir y comer

Hospedaje 717   PENSIÓN $$
(☎01-430-9248; jramosvilchez@gmail.com; Prado 717; i/d 100/150 PEN; 🖧) Tiene solo tres habitaciones, pero es la mejor opción en la zona. La decoración de esta pensión es acogedora, con tapetes adornados con blondas y un toque antiguo. Es como la casa de la abuela. La terraza del restaurante es uno de sus mayores atractivos.

Restaurante Jhony   PERUANA $$
(principales 20-30 PEN) Los amantes del marisco disfrutarán en las cevicherías (restaurantes que sirven ceviche) del Malecón. El Restaurante Jhony es el mejor; se recomienda probar la sabrosa tortillita de camarones sin pelar.

❶ Cómo llegar y salir

Desde el centro de Lima hay combis (microbuses) que salen con frecuencia hacia Pucusana desde la plaza Bolognesi (5 PEN ida). También se puede tomar un taxi desde Lima al puente Primavera, en el cruce de la av. Primavera y la Panamericana Sur. Desde allí parten los autobuses costeros que circulan por la Panamericana Sur y paran en el km 57, desde donde salen microbuses durante el día al centro de Pucusana (1 PEN, 10 min).

Asia

☑ 01 / 4000 HAB.

Con una tasa de crecimiento que recuerda a la costa asiática del Pacífico, se trata de una nebulosa área comercial al sur de Lima con más de 30 playas (muchas de ellas con acceso restringido), miles de ofertas de alojamiento de lujo y un enorme centro comercial, el Sur Plaza Boulevard. Gran parte de la actividad se centra alrededor del km 97,5 de la Panamericana Sur, aunque los clubes, restaurantes y condominios llegan hasta Pucusana hacia el norte y a Cerro Azul hacia el sur. A buen seguro, no representa el Perú tradicional (más bien parece Dubái en miniatura), pero es un lugar animado al que acuden los adinerados jóvenes limeños atraídos por la vida nocturna y la playa (de enero a marzo). El resto del año suele estar vacío.

Algunas de las mejores playas se encuentran en los alrededores de Chilca (varias playas largas, km 64), San Antonio (km 80) y Playa Asia (donde está el centro comercial, km 97,5).

La mayoría de los autobuses que circulan por la Panamericana Sur paran en Asia si se solicita. En el bulevar principal hay algunas pensiones bastante caras, pero Lima está a menos de una hora y circulan numerosos autobuses a todas horas. Los billetes cuestan a partir de 16 PEN.

Cañete y Cerro Azul

☑ 01 / 37 000 HAB.

El nombre completo de esta pequeña población con mercado y centro de transportes, 145 km al sur de Lima, es San Vicente de Cañete. La mayoría de los veraneantes peruanos acude al norte del pueblo, a Cerro Azul, una playa muy popular entre los surfistas más avezados. Está a 15 min a pie al oeste del

PLAYAS PARA HACER SURF EN LA COSTA SUR

La costa sur es un territorio relativamente virgen para la práctica del surf. Basta con un todoterreno, cargado con las tablas y una caja de cervezas, para explorar esta extensa franja del Pacífico. Desgraciadamente, muchos tramos de costa al norte de Asia han sido artificialmente 'privatizados' por bloques de apartamentos, pero todavía quedan muchos lugares remotos por descubrir, con oleaje constante en invierno. La web www.magicseaweed.com ofrece algunos consejos:

➨ **Mollendo** (p. 137) ofrece olas de derecha de 1 a 2 m en una playa de la ciudad, además de media docena de famosos lugares para hacer surf en la carretera de la costa más hacia el sur y en los alrededores de Ilo (p. 140).

➨ **Cerro Azul** (p. 111) es un lugar excelente para hacer surf, con una larga rompiente de izquierda.

➨ Desde **Tacna** (p. 140) se puede ir hacia la costa para aprovechar buenas rompientes: Boca del Río, famoso por olas cortas; Punta Colorado, perfecto para el *bodyboard*; y la poderosa rompiente de izquierda de Caleta Sama.

km 131 de la Panamericana Sur, 15 km al norte del pueblo. En la zona hay un pequeño fuerte inca conocido como **Huarco**, pero está en mal estado.

Al sur del muelle, una **furgoneta VW** alquila tablas de surf y ofrece cursos.

🛏 Dónde dormir y comer

Hostal Cerro Azul   HOTEL **$$**
(☑01-284-6052; www.cerroazulhostal.com; Puerto Viejo 106, Cerro Azul; h 180 PEN; 🛜🏊) Con sus amplias habitaciones y camas duras, este establecimiento acoge de buen grado a los surfistas, y se encuentra a menos de 100 m de la orilla, justo al sur del embarcadero.

Restaurante Juanito   PERUANA **$$**
(Rivera del mar; principales 20-25 PEN; ⊘8.00-21.00) Es un local popular entre los muchos puestos de playa que sirven marisco fresco.

ℹ Cómo llegar y salir

Desde Lima los autobuses a Pisco o Ica paran en Cañete y, a veces, en Cerro Azul (15-21 PEN, 2½ h). Los de regreso a Lima están siempre llenos, en especial los domingos de enero a abril. También hay combis entre Cañete y Cerro Azul (2,50 PEN, 30 min) o hacia el sur hasta Chincha (2 PEN, 1 h).

Lunahuaná

🎣 01 / 3600 HAB. / ALT. 1700 M

Este pequeño pueblo, una romántica sección del desierto, se alza sobre la brumosa y descuidada costa del sur de Lima. Se llega por una sinuosa carretera de 38 km que se dirige hacia el este desde Cañete y aparece casi como por arte de magia: un estrecho tramo verde en el polvoriento desierto, que brilla con indicios prometedores de Oriente Medio. Pero aquí no hay jaimas ni minaretes, sino bodegas y *rafting*. Ambas actividades son posibles gracias al turbulento río Cañete, cuyos rápidos de nivel IV procuran emociones a los adeptos al *rafting* e irrigación a los viñedos locales.

Algunos viajeros que acuden desde Lima pernoctan en Lunahuaná, lo que, sin duda, merece la pena. La mejor época para ir es la segunda semana de marzo, para la Fiesta de la Vendimia. A finales de febrero o principios de marzo suele celebrarse un festival de deportes de aventura.

◉ Puntos de interés

Lunahuaná es pequeño y, aparte de la plaza principal, coronada por la iglesia de Santiago Apóstol de 1690, cuenta con pocos tesoros arquitectónicos. Los rectangulares portales de la plaza cobijan bares y tiendas especializadas en vino y pisco, y a 5 min a pie hay un mirador con estupendas vistas del pueblo y alrededores.

Bodega Santa María   BODEGA
(www.bodegasantamaria.com; ctra. Cañete-Lunahuaná km 39) Refinado y semiindustrial establecimiento 1 km al norte pueblo, cuyas instalaciones y grandes cubas de madera recuerdan a una bodega andaluza. Su aromática sala de catas ofrece degustaciones de vinos dulzones (tinto, blanco y rosado) y fuertes piscos. También vende miel casera.

Catapalla

Se trata de una pequeña localidad 6 km al norte del valle desde Lunahuaná, famosa por tener una de las bodegas artesanales más antiguas de la zona, la venerada Reyna de Lunahuaná (☎99-477-7117; ⏱7.00-13.00 y 14.00-17.00) GRATIS, en la plaza principal. Sus amables propietarios ofrecen todo tipo de información sobre la producción de pisco y vino. El otro punto de interés del pueblo es el puente colgante sobre los rápidos del río Cañete. La ida en taxi desde Lunahuaná cuesta a partir de 6 PEN, pero hay que esperar a que aparezca otro para regresar.

Incahuasi

(ctra. Cañete-Lunahuaná km 39; entrada 5 PEN; ⏱9.00-17.00) Las ruinas amuralladas del cuartel general del 10º inca, Túpac Yupanqui, situadas en las afueras de Lunahuaná, son el yacimiento arqueológico más importante del valle del río Cañete. Se cree que sus edificios datan aproximadamente de 1438, poco después de la llegada al poder del soberano Pachacuti. No hay muchas indicaciones ni viajeros, pero en ello reside su atractivo. Se encuentran en la carretera principal, a 10 km al oeste de Lunahuaná. Un taxi ida y vuelta cuesta entre 10 y 12 PEN.

🏃 Actividades

Descenso de ríos
Se puede practicar *rafting* todo el año, pero la mejor temporada es de diciembre a abril, los meses de lluvias en los Andes, cuando más crecido discurre el Cañete. El río se divide en tres secciones: la más difícil (ruta alta) es la que se halla al este de Lunahuaná hasta Catapalla, que en verano tiene nivel III-IV. Las secciones más fáciles se encuentran al oeste, entre Lunahuaná y Paullo, y Paullo y Socsi, tienen nivel I-III y solo se descienden en verano.

Entre las empresas de *rafting* con buena reputación destacan Río Cañete Expediciones (☎01-284-1271; www.riocanete.com), con base en el Camping San Jerónimo, y Laberinto Explorer (☎01-284-1057; laberinto_explorer@hotmail.com; Jirón Bolognesi 476), a un par de manzanas de la plaza principal de Lunahuaná. Casi siempre se requiere un mínimo de cuatro personas (la empresa forma los grupos), y el descenso dura entre 1 y 3 h por un precio entre 60 PEN y 330 PEN.

Tirolina
Luanahuaná ofrece cinco fabulosos cables que suman 2500 m, una de las distancias más largas de Latinoamérica, y lanzan sobre el río Cañete a los interesados en desafiar al vértigo. El precio de los cinco cables, que parten del Camping San Jerónimo, es 100 PEN.

Rápel
Para descensos más verticales se puede hacer rápel en la pared de uno de los acantilados del río Cañete, unos 7 km al norte del pueblo. La mayoría de las agencias de la av. Grau organizan excursiones.

Ciclismo
Lunahuaná se puede recorrer fácilmente en bicicleta; de hecho, es una buena forma de visitar los lugares más remotos y las bodegas. La mayoría de las agencias de viajes de la av. Grau alquilan bicicletas con marchas por 40 PEN/2 h.

🛏 Dónde dormir

Hostal Los Andes

(☎01-284-1041; Los Andes; i/d/tr 40/50/70 PEN; 🛜) Básico pero serio edificio amarillo de tres pisos. Algunas habitaciones del 2º piso ofrecen exiguas vistas al río. Cuenta con agua caliente y televisión por cable.

Camping San Jerónimo

(☎01-284-1271; ctra. Cañete–Lunahuaná km 33; parcela/persona 15 PEN) Este *camping* bordea el río en el extremo oeste del pueblo. Es el campamento base de Río Cañete Expediciones y ofrece buenas instalaciones y una pared de roca artificial gratis para los clientes.

Hostal Río Alto

(☎01-284-1125; www.rioaltohotel.com; ctra. Cañete-Lunahuaná km 39; i/d 156/177 PEN; 🛜🅿) Esta agradable pensión se halla a 1 km por la autopista que discurre al este de Lunahuaná y tiene vistas al río desde una sombreada terraza llena de plantas. Las habitaciones, sencillas pero modernas, tienen duchas con agua caliente.

★ Hotel El Molino

(☎01-378-6061; www.hotelelmolino.com.pe; Malecón Araoz s/n, alt. km 39 ctra. Cañete-Lunahuana; i/d 350/550 PEN; ❄🛜🅿) Este cuidado complejo hotelero instalado en la orilla del río Cañete, cerca de Lunahuaná, no queda lejos de los barrios meridionales de Lima. Se inauguró en el 2011 y sus habitaciones estilo *boutique*, con grandes cristaleras, dan al río. Cuenta con dos piscinas, futbolín y un buen restaurante en sus ajardinadas instalaciones.

Refugio de Santiago HOTEL **$$$**
(☑99-199-1259; www.refugiodesantiago.com; ctra. Cañete-Lunahuaná km 31; h desayuno incl. /pensión completa 240/450 PEN/persona) Este renovado caserón colonial a pocos kilómetros al oeste de Lunahuaná es el refugio perfecto para relajarse. Las habitaciones son rústicas pero elegantes, y sus instalaciones cuentan con un jardín botánico y un restaurante de especialidades locales (principales 32-48 PEN). El precio incluye visitas guiadas al jardín.

🍴 Dónde comer

Sabores de mi Tierra PERUANA **$**
(Bolognesi 199: comidas desde 6 PEN) Sabores sencillos, un plato principal más entrante cuesta solo 6 PEN. Se recomienda el guiso de pollo y la sopa de gambas.

Don Ignacio La Casa del Pisco PERUANA **$**
(Plaza de Armas; principales desde 10 PEN) Es uno de los mejores restaurantes de la plaza de Armas que sirven pisco, en el que se empapa el "combustible para cohetes" local con comida típica de la zona, incluido un memorable cangrejo de río.

ℹ Cómo llegar y salir

Desde Cañete se toma una combi a Imperial (1 PEN, 10 min), desde donde hay combis a Lunahuaná (3,50 PEN, 45 min). Los colectivos (taxis compartidos), más rápidos, esperan a los pasajeros en la carretera principal, bajando desde la plaza de Lunahuaná, para volver a Imperial (4 PEN, 25 min).

Chincha

☑056 / 194 000 HAB.

Deliciosamente caótico o frustrantemente anárquico (según la tolerancia de cada uno al polvo y al ruido), es Perú en bruto y a granel, una vorágine de autobuses, taxis e imprudentes peatones. A simple vista es como cualquier otra población de la costa sur, pero enseguida se descubren detalles reveladores: vendedores de zumo de caña de azúcar o figurillas negras africanas, y menús con especialidades criollas. Chincha es un baluarte de la cultura afroperuana, componente poco conocido de la identidad nacional, y testimonio de un brutal pasado esclavista.

👁 Puntos de interés

No hay mucho que ver en el centro, aunque la plaza principal con su iglesia de terracota y las altas y sinuosas palmeras es un lugar sorprendentemente agradable.

★Casa-Hacienda San José MUSEO
(☑056-31-3332; www.casahaciendasanjose.com; El Carmen; entrada 20 PEN; ☺9.00-12.00, 15.00-17.00 lu-vi y 9.00-12.00 sa y do) Esta antigua plantación azucarera con una majestuosa hacienda, esconde entre sus gruesos muros un pasado esclavista, razón de sobra para hacer el viaje desde Lima, pues presenta una oportunidad única de sumergirse en la historia afroperuana, en parte dorada y en parte aterradora.

Las visitas de una hora a la hacienda y sus famosas catacumbas, que no eran sepulturas sino un lúgubre alojamiento de esclavos, incluyen además del edificio original, una bonita capilla barroca de 1688.

Entre los objetos que sobrevivieron se aprecian frescos, herramientas agrícolas y la extensa red de catacumbas y túneles subterráneos (que se exploran con velas), utilizada en el contrabando de esclavos. Si se va en domingo se aconseja ver el espectáculo-bufé de la cena (70 PEN), que se remata con bailes afroperuanos en el sombreado patio. Al lado hay una espectacular fábrica de algodón de 1913 en ruinas.

Distrito de El Carmen POBLACIÓN
Incluso los habituales de Cuba se detienen a mirar dos veces en El Carmen, donde las culturas africana y latinoamericana se funden dando como resultado interesantes movimientos de cadera. La pequeña "aldea" rústica es famosa por los ritmos contundentes afroperuanos de las peñas (bares y discotecas con música folclórica en vivo). Los mejores locales se encuentran a 15 km de la ciudad, aunque hay algunos más modestos en la plaza principal.

Se recomienda visitar El Carmen durante los festivales culturales.

Casa Ballumbrosio EDIFICIO HISTÓRICO
(San José 325) El hogar de la familia de músicos más famosa de El Carmen es un museo de la cultura afroperuana, donde casi todos los fines de semana hay música en vivo, además de una colección de fotos y pinturas.

La Plazuela BODEGA
(Av. Benavides 501) La importancia de la industria vitícola local queda reflejada en las tiendas de la av. Benavides entre la plaza y la

MÚSICA Y BAILE AFROPERUANOS

Los hipnotizantes ritmos y movimientos de esta danza tradicional inducen a participar en el baile. Durante el período colonial, cuando los colonizadores españoles prohibieron el uso de tambores, los esclavos africanos que trabajaban en las plantaciones peruanas comenzaron a utilizar cajas de madera (lo que hoy en día se llama cajón) y quijadas de burro para acometer la percusión, propia de este estilo musical. La música a menudo se acompaña de un impresionante baile tipo flamenco llamado "zapateo" y un apasionado cante.

En las últimas décadas grupos como Perú Negro y la familia Ballumbrosio han seducido a muchos, dentro y fuera del país, y se han propuesto preservar la herencia africana de Perú a través de su música y sus bailes. Si se está en el lugar adecuado en el momento oportuno se podrá presenciar uno de esos espectáculos en la comunidad que los ha hecho famosos, El Carmen.

estación de autobuses. En La Plazuela se puede catar gratis el vino dulce local y el pisco de alta graduación. Al lado hay un restaurante de los mismos propietarios, para los que quieran seguir con la cata.

Yacimientos arqueológicos

En tiempos, el pequeño imperio Chincha floreció en esta región hasta que fue arrasado por los incas a finales del s. xv. Los yacimientos más destacados de la zona son Tambo de Mora, en la costa, a unos 10 km de Chincha, y el templo de La Centinela, al noroeste de la ciudad, a unos 8 km saliendo de la Panamericana Sur. Pueden visitarse en taxi (15 PEN ida).

✵ Fiestas y celebraciones

Entre los muchos festivales locales destacan el llamado **Verano Negro** (◉fin feb-ppios mar), las **Fiestas Patrias** (◉ 28 y 29 jul) y **La Virgen del Carmen de Chincha** (◉27 dic). Durante estas celebraciones hay minibuses de Chincha a El Carmen toda la noche, y las peñas están llenas de limeños y habitantes del lugar bailando. Un baile tradicional es "El Alcatraz", en el que el bailarín intenta encender con una vela un pañuelo sujeto a la parte trasera de la falda de su pareja.

🛏 Dónde dormir y comer

Hay hoteles y chifas (restaurantes chinos) básicos y baratos en la plaza de Chincha. La mayoría se llenan y duplican o triplican sus precios durante las fiestas, aunque es un problema que puede evitarse si se baila toda la noche y se toma un autobús por la mañana a Lima o hacia el sur por la costa.

En El Carmen algunas familias admiten huéspedes y preparan comidas por 10-20 PEN/persona y noche.

Casa-Hacienda San José HOTEL HISTÓRICO **$$**
(☑056-31-3332; www.casahaciendasanjose.com; El Carmen; h desde 200 PEN; P✳⊛☎) Esta antigua casa colonial es el hotel histórico mejor conservado de la costa peruana, con pequeños jardines, antigüedades y una bonita piscina. Los bungalós ofrecen todas las comodidades modernas, pero las habitaciones del ala histórica son más auténticas.

El servicio deja que desear, pero si mejora, esta opción será una de las primeras en próximas ediciones.

Casa Andina – Chincha Sausal HOTEL-BOUTIQUE **$$**
(☑056-26-2451; www.casa-andina.com; Panamericana Sur km 197,5; d 204 PEN; ✳@⊛☎) Es una sucursal de la cadena hotelera más lujosa de Perú, situada junto a la Panamericana Sur, 1 km al norte de la estación de autobuses de Chincha. Está orientada a la clientela empresarial, por lo que resulta algo estirada. Las instalaciones son magníficas, con jardines, ropa de cama de lujo y un buen restaurante.

Hostal El Condado HOTEL **$$**
(☑056-26-1424; Panamericana Sur km 195; h desde 100 PEN; ☎) Este hotel es una bocanada de aire fresco en la congestionada Panamericana Sur, con pulcras habitaciones, un servicio agradable y un bonito restaurante donde se sirven generosas porciones.

Restaurante Doña Jita PERUANA **$**
(Av. Benavides 293; principales desde 6 PEN) En este popular local lo normal es pedir uno de los menús propuestos a diario: el ejecutivo de dos platos (10 PEN) o el económico (6 PEN). Los garbanzos y lomo saltado (tiras de ternera salteadas con cebollas, tomates, patatas y chiles) son de lo mejor (y barato) que se prueba a este lado de Lima.

ⓘ Cómo llegar y desplazarse

En la Panamericana Sur muchas empresas ofrecen autobuses a Chincha, en la ruta entre Lima (20-23 PEN, 2½ h) e Ica (7-10 PEN, 2 h). Si se desea ir a Pisco, la mayoría de los autobuses en dirección sur paran en el desvío a San Clemente de la Panamericana Sur (4 PEN), desde donde hay frecuentes colectivos y combis para hacer los 6 km a Pisco (3 PEN). Desde Chincha hay combis en dirección norte hasta Cañete (2 PEN, 1 h) y hacia el sur hasta Paracas (3 PEN, 1 h), que salen cerca de la plazuela Bolognesi.

Las combis a El Carmen (2-2,50 PEN, 30 min) parten del mercado central de Chincha, a pocas cuadras de la plaza.

La plaza está a 500 m de la Panamericana Sur, donde paran los autobuses de la costa.

Pisco

📞 056 / 58 200 HAB.

Asolada en el 2007 por un terremoto que acabó con la mayoría de sus infraestructuras, pero no con su espíritu, es una ciudad que se repone y reinventa casi a diario cual ave fénix. Independientemente del daño sufrido, sigue abierta al comercio y se promociona, junto con el cercano centro turístico de El Chaco (Paracas), como base para visitar la Reserva Nacional de Paracas y las islas Ballestas, aunque El Chaco la supera en términos de ubicación y servicios.

Pisco comparte nombre con la bebida nacional, un licor que se elabora en toda la región. La zona despierta interés histórico y arqueológico, pues entre el 700 a.C. y el 400 d.C. estuvo habitada por una de las civilizaciones preincaicas más desarrolladas, la paracas. Más tarde, a comienzos del s. XIX, fue la cuna de la fiebre revolucionaria de Perú.

A pesar de ser muy extensa, la zona de Pisco-Paracas se recorre con facilidad. El transporte público entre Pisco y el puerto de Paracas, 15 km al sur por la costa, sale del mercado de Pisco y la plaza principal de El Chaco, en la zona de Paracas.

◉ Puntos de interés y actividades

Pisco es viable como base para hacer circuitos por la península de Paracas y las islas Ballestas. En la zona centro hay varias agencias.

Plaza de Armas PLAZA

La plaza de Armas de Pisco es un batiburrillo de lo que se destruyó y se recuperó tras

el terremoto. La estatua ecuestre de José de San Martín, con la espada en ristre, pertenece a la segunda categoría. Otro superviviente es la Municipalidad (ayuntamiento), un edificio morisco que data de 1929 y cuyo exterior dañado aún espera reformas. La víctima principal del terremoto fue la catedral colonial de San Clemente, en cuyo solar se ha construido una moderna iglesia de ladrillo rojo financiada por España, no tan bonita, pero que, en cualquier caso, es todo un logro. El comercio ha regresado a la peatonal San Martín, que discurre hacia el oeste desde la plaza y se ha embellecido con bancos, enrejados con flores y una refrescante fuente.

Aproturpisco CIRCUITOS

(📞056-50-7156; aproturpisco@hotmail.com; San Francisco 112) Agencia de viajes de aspecto informal pero profesional que organiza excursiones a todos los puntos de interés locales, incluidas las islas Ballestas (70 PEN) y las Líneas de Nazca (140 US$).

🛏 Dónde dormir

La mayoría de los hoteles ofrece servicio de recogida en el desvío a San Clemente de la Panamericana Sur.

Hotel Posada Hispana HOTEL $

(📞056-53-6363; www.posadahispana.com; Bolognesi 236; i/d 50/70 PEN; 🅿🛜) La mejor opción, con habitaciones decoradas con textiles locales y maderas nobles. Cuenta con una terraza en la azotea y el restaurante es uno de los mejores de la ciudad, con un comedor de bambú en dos niveles. El menú de mediodía cuesta 10 PEN.

Hostal La Casona HOTEL $

(📞056-53-2703; www.hostallacasona.com; San Juan de Dios 252; i 60-70 PEN, d 70-90 PEN; 🅿🛜) La enorme puerta de madera de este hotel a media manzana de la plaza de Armas resulta engañosa, puesto que el interior no es tan ostentoso. Las habitaciones están limpias y aunque el aire a veces esté un poco viciado, se ventila rápidamente.

Hostal Villa Manuelita HOTEL $$

(📞056-53-5218; www.villamanuelitahotel.com; San Francisco 227; i/d/tr desayuno incl. 110/150/190 PEN; 🅿🛜) A pesar de la gran reconstrucción tras el terremoto, aún conserva el esplendor de sus raíces coloniales. Excelente ubicación, a pocos pasos de la plaza.

Pisco

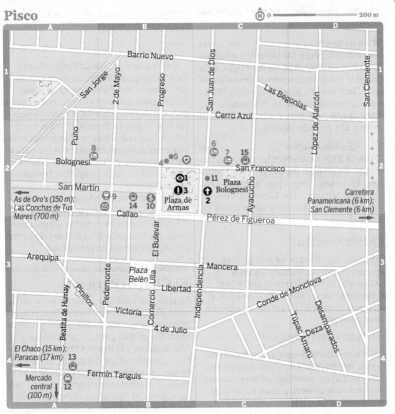

Pisco

◉ Puntos de interés
1 Plaza de Armas...B2
2 Catedral colonial de San Clemente C2
3 Estatua de José de San Martín..............B2

◉ Actividades, cursos y circuitos
4 Aproturpisco..B2
5 Paracas Overland.....................................B2

◉ Dónde dormir
6 Hostal La Casona.....................................C2
7 Hostal Villa Manuelita..............................C2
8 Hotel Posada Hispana............................A2

◉ Dónde beber y vida nocturna
9 Taberna de Don Jaime............................B2

◉ Información
10 Interbank..B2
11 Municipalidad..C2

◉ Transporte
12 Colectivos a Paracas y al desvío de
   San Clemente de la
   Panamericana..A4
13 Combis a Paracas....................................A4
14 Flores..B2
15 Ormeño..C2

🍴 Dónde comer y beber

Pocos cafés en Pisco abren temprano para tomar un desayuno antes de la salida del circuito por las islas Ballestas, por lo que muchos hoteles lo incluyen en el precio.

Las Conchas de Tus Mares PERUANA $$
(Muelle 992; principales 15-25 PEN) Unas fotografías de Pisco antes del 2007 adornan las paredes de este nostálgico local cercano al Colegio Alexander von Humboldt, 1 km al sur

del centro. Sirve copiosas raciones de pescado y es muy apreciado entre los lugareños.

⭐ **As de Oro's** PERUANA $$$
(www.asdeoros.com.pe; San Martín 472; principales 30-50 PEN; ☺12.00-24.00 ma-do) Mientras la ciudad se recupera, el lujoso As de Oro's sirve un picante puré de patata con pulpo, platija con mantequilla y alcaparras, y gambas a la plancha con yuca frita y salsa tártara, con vistas a una pequeña piscina.

Taberna de Don Jaime BAR
(☎056-53-5023; San Martín 203; ☺16.00-2.00) Es el lugar de reunión preferido de los lugareños y los turistas. Buena para degustar vinos y piscos artesanales. Los fines de semana se baila al ritmo de la música latina y *rock* en directo hasta la madrugada.

ℹ️ Información

En Pisco no hay oficina de turismo, pero las agencias de viajes de la plaza y la **policía** (☎056-53-2884; San Francisco 132; ☺24 h) ofrecen información. El resto de lo necesario se encuentra cerca de la plaza de Armas, incluidos varios cibercafés.

PELIGROS Y ADVERTENCIAS

Tras el terremoto Pisco quedó a merced de la delincuencia, pero las cosas están cambiando. Durante el día y en las calles comerciales no hay problemas (en el centro hay presencia policial). Por la noche es mejor utilizar taxis, sobre todo cerca de la estación de autobuses y el mercado. Si se llega tarde, se aconseja pedir al responsable de la compañía de autobuses que llame a un taxi de confianza.

DINERO

Interbank (San Martín 101) cuenta con un cajero automático 24 h.

ℹ️ Cómo llegar y desplazarse

Pisco se encuentra 6 km al oeste de la Panamericana Sur, y solo llegan aquí los autobuses que tienen como destino esta localidad. **Ormeño** (☎056-53-2764; San Francisco), **Flores** (☎056-79-6643; San Martín) y **Soyuz** (www.soyuz.com.pe; av. Ernesto R Diez Canseco 4) ofrecen varias salidas diarias hacia el norte, a Lima, y al sur, hacia Ica y Arequipa. No hay autobuses directos de Pisco a Nazca, por lo que se debe salir de Paracas o hacer transbordo en Ica. Las tarifas y la duración se indican a continuación:

DESTINO	TARIFA (PEN)	DURACIÓN (H)
Arequipa	60-144	12-15
Ica	5-15	1½-2

DESTINO	TARIFA (PEN)	DURACIÓN (H)
Lima	25-70	4½
Nazca	17-35	4

Si no se viaja en un autobús directo a Pisco o Paracas hay que pedir que pare en el desvío de San Clemente, en la Panamericana Sur, donde hay colectivos que llevan a los pasajeros a la plaza de Armas de Pisco (1,50 PEN, 10 min) o Paracas (10 PEN, 20 min). En dirección contraria, los colectivos hacia el desvío de San Clemente salen de las cercanías del mercado central de Pisco. Por la noche conviene evitar la peligrosa zona del mercado central y tomar un taxi (5 PEN). En el desvío de San Clemente se pueden parar los autobuses que pasan con frecuencia hacia el norte o el sur.

Se puede ir de Pisco a Paracas en combi (1,50 PEN, 30 min) o en colectivo (20 min), que parten con frecuencia cerca del mercado central (3 PEN) o el centro (4-5 PEN) de Pisco.

El Chaco (Paracas)

La principal localidad de la península de Paracas, El Chaco (aunque a menudo se la denomina erróneamente Paracas) es el principal punto de partida para las excursiones a las islas Ballestas y la Reserva Nacional de Paracas. Al norte y al sur del pueblo hay nuevos bloques de apartamentos y hoteles de lujo. Es un lugar divertido y con buen ambiente para los viajeros. El Malecón es el centro neurálgico, con una amplia variedad de restaurantes y bares. Sus atractivos naturales y extensas playas destacan entre los muchos destinos de la costa sur, por lo que muchos viajeros acaban dedicándole tres días para poder disfrutar de la playa, hacer una excursión a las islas, o incursiones más extensas al otro lado de la península. El terremoto del 2007 afectó mucho a esta localidad, pero en la actualidad todos los sistemas funcionan, con un nuevo malecón, un muelle turístico y un aeropuerto internacional.

👁️ Puntos de interés y actividades

Las excursiones en barco a las islas Ballestas constituyen el negocio esencial en esta región, junto con las estancias de un día en la árida y desolada península de Paracas. Las aves y los mamíferos marinos son su reclamo, aunque no hay que olvidar los tesoros preincaicos: uno de los yacimientos arqueológicos más importantes de Perú, descubierto en la década de 1920 por el arqueólogo Julio Tello.

LA GUERRA DEL GUANO

En la historia de las guerras sin sentido, la escaramuza entre España y sus antiguas colonias de Perú y Chile de 1864 a 1866, parece la más inútil de todas. No la provocó la supervivencia o la necesidad de salvar al mundo de los extraterrestres, sino el guano, o, expresado en román paladino, la caca de pájaro. Desde hace mucho, el guano ha sido uno de los principales puntales de la economía peruana y un recurso merecedor de protección ante la intromisión extranjera. A comienzos del s. xix, el botánico alemán Alexander von Humboldt envió muestras a Europa y los granjeros ingleses descubrieron que como fertilizante era 30 veces más eficaz que el estiércol de vaca. En la década de 1850, Gran Bretaña, en pleno proceso de industrialización, importaba 200 000 t anuales de excrementos para fortalecer su agricultura. Pronto, las blancas deyecciones que cubrían las islas peruanas del Pacífico abarrotadas de aves aportaron gran parte del PIB de Perú. España se percató de ello en 1864, cuando en una manifiesta actitud de prepotencia poscolonial ocupó las islas de Chincha para asegurarse la indemnización de Perú tras un pequeño incidente en Lambayeque. Perú no dudó en contraatacar y estalló una prolongada guerra que involucró a Chile antes de que las islas y su preciada caca fueran recuperadas en 1866.

Hoy, y sin mediar conflictos, aún es una industria lucrativa. El guano endurecido al sol y rico en nitrógeno sigue cubriendo las islas de Chincha así como las cercanas islas Ballestas, aunque la sobrepesca de anchoas (principal alimento de las aves) en las décadas de 1960 y 1970 provocaron una reducción de las existencias. La producción actual de guano está regulada rigurosa y pacíficamente por el Ministerio de Agricultura de Perú.

👁 El Chaco

Museo de Historia de Paracas   MUSEO
(Av. Los Libertadores; entrada 10 PEN; ⊙9.00-17.30)
Pequeño museo que exhibe solo algunos de los restos arqueológicos descubiertos en las cercanías, ya que la mayor parte se ha llevado a Lima. Destacan las calaveras alargadas.

👁 Islas Ballestas

Con el sobrenombre de "las Galápagos de los pobres", las islas Ballestas (circuitos 35 PEN, islas 10 PEN, islas y península 15 PEN) son un buen destino para una memorable excursión en barco, que ofrecen muchas agencias y hoteles. Las embarcaciones salen a las 8.00, 10.00 y 12.00 de la Marina Turística de Paracas. A primera hora el mar suele estar más tranquilo y las posibilidades de observar la fauna salvaje son mayores. Las rutas de dos horas de duración no desembarcan en las islas, pero se acercan considerablemente a las colonias de una gran variedad de animales.

Los barcos son descubiertos, por lo que ha de irse provisto contra el viento, la espuma y el sol. En ocasiones el mar se encrespa y, si se tiene tendencia al mareo, conviene tomar alguna medicación antes de subir a bordo. Lo mejor es llevar un sombrero (en el puerto se venden baratos), pues suelen recibirse impactos de guano de las aves.

El viaje de ida dura 30 min aproximadamente, y se hace una parada para admirar el famoso geoglifo del Candelabro, un tridente gigante excavado en las colinas de arena, de más de 150 m de altura y 50 m de ancho. Nadie sabe exactamente quién realizó este dibujo; tampoco su antigüedad o qué significa, aunque hay muchas teorías, algunas relacionadas con las Líneas de Nazca y otras que sugieren que servía para guiar a los marinos basándose en la constelación de la Cruz del Sur (o incluso en un símbolo masónico). También hay quien cree que está inspirado en un cactus local con propiedades alucinógenas.

Se dedica otra hora a recorrer los arcos y cuevas de las islas, donde se pueden ver manadas de ruidosos leones de mar en las rocas. Las colonias de miles de cormoranes guanay, piqueros peruanos y pelícanos peruanos son los mayores productores de guano de esta zona. Se pueden ver las instalaciones de extracción de guano en algunas islas. El gobierno de Perú sigue realizando esta práctica (el guano es un fantástico abono natural), pero solo cada ocho años.

También se ven cormoranes, pingüinos de Humboldt y, con suerte, delfines; estos últimos se observan mejor con binoculares.

De regreso se puede tomar algo en los restaurantes frente al mar junto al muelle de El Chaco o hacer un circuito por la Reserva Nacional de Paracas.

Reserva Nacional de Paracas

Véase "Pisco", p. 117

Reserva Nacional de Paracas

👁 Reserva Nacional de Paracas

Esta vasta reserva (islas Ballestas 10 PEN, islas y península 15 PEN) desértica ocupa casi toda la península de Paracas. Como alternativa a los operadores turísticos, es posible contratar como guía a uno de los taxistas que a menudo esperan en el muelle a los turistas que desembarcan en el pueblo playero de El Chaco, y que llevan grupos a la reserva por unos 50 PEN por tres horas de visita. También se puede ir a pie desde El Chaco o alquilar una bicicleta. Hay que calcular bastante tiempo y no olvidarse de llevar comida y mucha agua. Se sale del obelisco que conmemora el desembarco del libertador José de San Martín, junto a la entrada de El Chaco, y se sigue la carretera asfaltada que se dirige al sur.

Centro de Interpretación MUSEO
(⊗7.00-18.00) GRATIS Situado 1,5 km al sur de la entrada de la Reserva Nacional de Paracas, este modesto centro da la bienvenida a los visitantes con un vídeo de 12 min un tanto cursi, que parece estar dirigido a adolescentes.

El resto de exposiciones sobre fauna, arqueología y geología son más profundas e interesantes. La bahía frente al complejo es un buen lugar para ver flamencos chilenos, y hay una pasarela que lleva a un mirador desde donde, de junio a agosto, aún se ven mejor.

Necrópolis de Paracas YACIMIENTO ARQUEOLÓGICO
A unos cientos de metros detrás del centro de visitantes de Cerro Colorado se hallan los restos de una necrópolis de 5000 años de antigüedad relacionada con la cultura paracas,

1000 años anterior a la inca. En ella se descubrieron más de 400 fardos funerarios envueltos en varias capas de los coloridos tejidos por los que es famosa esta cultura. Hay poco que ver y las señales desaconsejan acercarse. El Museo Larco de Lima y el Museo Regional de Ica exhiben algunos de esos exquisitos tejidos y otros hallazgos del yacimiento.

Más allá del centro de visitantes, la pista asfaltada lleva hasta el Puerto General San Martín, con una odorífera planta de harina de pescado y un puerto en el extremo norte de la península.

Lagunillas   PUEBLO, PLAYA

Los gallinazos comunes se abalanzan sobre los restos de animales que el mar arrastra a su solitaria playa, 5 km al sur del Centro de Interpretación, en la que tres excelentes restaurantes casi idénticos constituyen "el pueblo".

Punta Arquillo   MIRADOR

Desde Lagunillas, la carretera continúa unos kilómetros hasta un aparcamiento junto a este mirador, con imponentes vistas del mar, una colonia de leones marinos en las rocas cercanas y abundantes aves.

Otros animales de la costa de la reserva son las medusas (cuidado al bañarse), que alcanzan hasta 70 cm de diámetro y poseen tentáculos de 1 m de largo con aguijón. A menudo varan en la playa, donde se secan y conforman dibujos similares a un mándala. En la arena también hay caracoles, cangrejos fantasmas y conchas. Los cóndores andinos descienden a veces a la costa en busca de capturas.

Playa La Mina   PLAYA

Queda a poca distancia en automóvil o a pie al sur de Lagunillas por una pista de tierra. En verano (enero-marzo) se va a tomar el sol y hay algún puesto de bebidas. También está permitido acampar. Se recomienda llevar abundante agua y no acampar solo, pues se sabe de robos. Al lado está la **playa El Raspón,** más rocosa.

Playas Yumaque
y La Catedral   PLAYA, PUNTO DE INTERÉS

La reserva se extiende unos kilómetros al sur de la península de Paracas. Unas pistas de tierra salen al este de Lagunillas hacia las playas de Yumaque y La Catedral. Esta última –un majestuoso arco que sobresalía en el mar– fue destruida en el terremoto del 2007. Tras formarse durante miles de años de viento y erosión de las olas, se desplomó en menos de un minuto. Hoy apenas es una columna de roca.

◉ Tambo Colorado

Este puesto fronterizo de los primeros incas situado 45 km al noreste de Pisco recibe el nombre de **Tambo Colorado** (entrada 10 PEN; ⊘amanecer-anocher) por la pintura roja que recubría por completo sus muros de adobe. Es uno de los lugares mejor conservados de la costa sur y se cree que se utilizó como base administrativa y puesto de control del tránsito, sobre todo de pueblos conquistados.

Desde Pisco se tarda 1 h en automóvil. Se puede alquilar un taxi durante medio día (50 PEN) o hacer un circuito desde Pisco (60 PEN, mínimo 2 personas). Las combis a Humay pasan por Tambo Colorado 20 min después; salen temprano del mercado de Pisco (8 PEN, 3 h). Una vez allí los lugareños informan sobre el autobús de regreso, pero el transporte a Pisco es poco frecuente y suele ir lleno, por lo que puede no haber forma de volver.

☞ Circuitos

Los precios y servicio de los circuitos en las islas Ballestas y la Reserva Nacional de Paracas son similares. Los mejores cuentan con un naturalista titulado. La mayoría de los barcos salen a diario a las 8.00, 10.00 y 12.00, y cuestan 35 PEN aproximadamente por persona. Los circuitos y horarios de salida varían; conviene reservar con un día de antelación. Por la tarde hay circuitos terrestres menos interesantes por la península de Paracas (25 PEN), que paran brevemente en el centro de visitantes de la reserva nacional, pasan por formaciones geológicas costeras y dedican un buen rato a almorzar en un remoto pueblo de pescadores. Los circuitos por la reserva pueden combinarse con otro en las islas Ballestas para hacer una excursión de un día completo (60 PEN). Paracas Backpackers House (p. 122) alquila bicicletas por 30 PEN (todo el día).

PeruKite   KITESURF

(☏99-456-7802; www.perukite.com; Paracas s/n, Restaurante Paracas) Paracas ofrece buenas condiciones para el *kitesurf* para principiantes, fácil acceso y buenos vientos. Se pueden hacer cursillos de 1 h (60 US$), 3 h (175 US$) y 6 h (2 días, 320 US$).

Paracas Explorer CIRCUITOS GUIADOS
(☎056-53-1487; www.paracasexplorer.com; av. Paracas 9) Esta agencia de El Chaco para mochileros ofrece los circuitos habituales a las islas y la reserva, así como viajes de varios días a Ica y Nazca (80-90 US$/persona).

Paracas Overland CIRCUITOS GUIADOS
(☎056-53-3855; www.paracasoverland.com.pe; San Francisco 111) Esta popular agencia para mochileros ofrece circuitos por las islas Ballestas en su propia flota y también a la Reserva Nacional de Paracas y Tambo Colorado. Además organiza viajes para hacer *sandboard* en las dunas cercanas.

🛏 Dónde dormir

Quienes lleguen directamente a Paracas, pueden solicitar a la mayoría de los hoteles y albergues que los recojan en la terminal de autobuses.

Paracas Backpackers House ALBERGUE $
(☎056-63-5623; www.paracasbackpackershouse.com.pe; av. Los Libertadores; dc 17,50 PEN, i sin baño 40 PEN, d con/sin baño 80/45 PEN; 🛜) De todos los albergues de mochileros de la zona, este es el primero y sigue siendo el más popular. La mayoría de las habitaciones cuentan con baño privado y dan a la terraza con hamacas. También ofrecen bungalós con dos camas y baño compartido a un precio razonable, aunque sin la brisa que caracteriza los cuartos de la planta superior.

Los dormitorios comunitarios alojan de 8 a 10 personas, siendo el superior el que goza de mejor ventilación.

Willy's House ALBERGUE $
(☎95-688-0822; willyshouse@outlook.es; c. San Martín; dc/h 20/60 PEN; 🛜) Alojamiento para mochileros que cuenta con dormitorios de cuatro camas y una zona de ambiente relajado con billares en la parte trasera, además de pulcras habitaciones privadas. Aunque las estancias no son demasiado espaciosas, presenta una buena relación calidad-precio. Dispone de una cocina comunal para quienes deseen cocinar.

Bamboo Lodge HOTEL $$
(☎99-904-5654; bamboolodgeparacas@hotmail.com; Malecón s/n; h desayuno incl. 160-180 PEN) Una excelente opción si se consigue una de las habitaciones con balcón y vistas al malecón, aunque las que dan al patio interior también valen la pena. Con bambú por doquier, un mobiliario simple y ligero, y baños

con mosaicos, es un buen alojamiento de gama media.

Hostal Santa María HOTEL $$
(☎056-77-5799; www.hostalsantamariaparacas.com; av. Paracas s/n, Plaza de Paracas; i/d/tr desayuno incl. 80/100/120 PEN; @🛜) Las habitaciones son funcionales y están impolutas, todas con televisión por cable, ropa de cama limpia y ventiladores. Hay una terraza en la azotea y cuenta con un anexo. El servicio conoce la zona y puede ayudar a organizar excursiones, aunque a veces están demasiado ocupados en el restaurante adyacente.

Hospedaje del Pirata HOTEL $$
(☎056-54-5054; www.refugiodelpirata.com; av. Paracas 6; i 80-100 PEN, d 140-180 PEN, desayuno incl.; @🛜🏊) Las habitaciones son pequeñas y no demasiado luminosas, pero están bien, algunas incluso tienen vistas al océano. La terraza es un bonito lugar para disfrutar de la puesta de sol con un pisco *sour*. Enfrente hay un edificio nuevo más sofisticado con piscina, que suelen dejar utilizar a los clientes de este antiguo hotel si se pregunta con amabilidad.

Hotel Gran Palma HOTEL $$$
(☎056-65-5932; www.hotelgranpalma.com; av. Paracas lote 3; i/d desayuno incl. 170/260 PEN; ❄🛜) Es bastante nuevo y ofrece habitaciones impolutas, funcionales y minimalistas, pero carecen de espacio para el equipaje. El desayuno se sirve en la agradable terraza de la azotea. Es caro en proporción, y el servicio puede ser un poco brusco.

Hotel Paracas CENTRO VACACIONAL $$$
(☎056-58-1333; www.luxurycollection.com/hotelparacas; av. Paracas 178; h 2048-2170 PEN, ste 2294-3155 PEN; P❄@🛜🏊🐾) Un sueño salido de un folleto turístico con blandos cojines, un servicio siempre sonriente, instalaciones excelentes para los niños y una playa de lujo. Este complejo turístico de Starwood Hotels & Resorts ofrece las mejores habitaciones de la zona (las de estilo cabaña tienen balcón privado y enormes cuartos de baño), aunque en su mayoría no tienen vistas al océano. Se compone de tres hoteles, dos piscinas y un embarcadero privado.

El precio incluye el uso de kayaks, planchas de surf de remo y catamaranes.

Double-Tree Hilton CENTRO VACACIONAL $$$
(☎01-617-1000; www.doubletree.com; 2 km al sur de El Chaco; h desde 229 US$; P❄@🛜🏊🐾) Este hotel de suites es la principal elección entre los complejos turísticos, con patios privados,

una piscina con agua de color turquesa y fantásticas vistas al océano. Es una estupenda opción para familias gracias a la gran sala de estar de las suites.

✖ Dónde comer y beber

En el muelle hay muchos restaurantes parecidos, que sirven marisco todo el día.

Punta Paracas CAFÉ, INTERNACIONAL **$**
(Blvd. Turístico; principales 15-35 PEN; ⊙7.00-22.00) Estupendo café y magdalenas de chocolate en este local abierto todo el día, que sigue animado cuando cierran los demás.

★ El Chorito PERUANA **$$**
(Paracas; principales 20-30 PEN; ⊙12.00-21.00) Los italianos acuden al rescate en el limpio y reluciente Chorito –parte del Hostal Santa María–, donde el café Illy salva del omnipresente Nescafé. El pescado, cocinado al gusto y local, tampoco está mal.

Pisco & Olé PERUANA **$$**
(Malecón s/n; principales 25-35 PEN; ☎) Este restaurante es más elegante que otros del malecón y ofrece platos típicos de marisco. La diferencia la marca un servicio agradable y la decoración de estilo europeo. También es un buen lugar para ver la puesta de sol saboreando un cóctel.

Misk'i BAR
(calle 1, enfrente del muelle; ⊙18.00-1.00) Turístico bar-restaurante cuyos protagonistas son los cócteles y un buen ambiente relajado; además sirve comida internacional con música *reggae* de fondo.

ℹ Cómo llegar y desplazarse

En el momento de publicación de esta guía ya debería estar en funcionamiento un nuevo aeropuerto internacional. Es posible que ya sea uno de los destinos de algunas de las aerolíneas peruanas.

Algunas de las empresas de autobuses que efectúan a diario el trayecto entre Lima y el distrito de Paracas de El Chaco (40-55 PEN, 3½ h), antes de continuar hacia otros destinos del sur, son **Cruz del Sur** (www.cruzdelsur.com.pe) y **Oltursa** (www.oltursa.com.pe), que también ofrece servicio directo a Nazca, Ica, Arequipa y Lima desde Paracas. Los precios son los mismos desde Pisco. Casi todas las agencias de El Chaco venden billetes de autobús, incluida Paracas Explorer (p. 122).

Se puede ir de Paracas a Pisco en combi (1,50 PEN, 30 min) o colectivo (3-5 PEN, 20 min).

La mayoría de las excursiones a las islas Ballestas salen del nuevo puerto **Marina Turística de Paracas** (Malecón s/n, El Chaco).

Ica

📞056 / 125 000 HAB. / ALT. 420 M

En medio de un paisaje árido que parece apto para marcianos surge Ica, el milagro agrícola del desierto de Perú, con cosechas abundantes de espárragos, algodón y fruta, además de ser considerada la principal (y la mejor) región vitícola del país. Al igual que Pisco, Ica sufrió importantes daños durante el terremoto del 2007, los que, entre otros, afectaron a su bonita catedral y otras dos iglesias, en proceso de reconstrucción. La mayoría de los visitantes se aloja en Huacachina, más atractivo, 4 km al oeste, aunque Ica tiene motivos para alegrarse: posee el mejor museo de la costa sur (aparte de Arequipa) y, sin duda, la mejor bodega de Perú. Si Nazca da la impresión de ser un circo, también se pueden organizar excursiones a las Líneas de Nazca desde Ica, los geoglifos se hallan a 1½ h hacia el sur.

◉ Puntos de interés y actividades

Tras el terremoto, la plaza principal de Ica se pintó en tono mostaza para realzar su apodo: "Ciudad del sol eterno". Los dos obeliscos del centro representan las culturas nazca y paracas, y el resto de la ciudad ha recuperado su animado comercio.

Museo Regional de Ica MUSEO
(Ayabaca cuadra 8; entrada 10 PEN; ⊙8.00-19.00 lu-vi, 9.00-18.00 sa y do) Ica ofrece su mejor baza en el barrio de San Isidro: un museo propio de una gran ciudad. Esta subestimada joya cataloga las dos principales civilizaciones preincaicas de la costa sur de Perú: la paracas y la nazca; la primera, famosa por sus intrincados tejidos y la segunda, por su característica cerámica. Todo intento de conocer la historia de la región debería comenzar admirando la amplia gama de objetos expuestos, que fueron descubiertos en las cercanías. Por desgracia, en el 2004 se produjo un robo y los ladrones se llevaron tres tejidos de incalculable valor.

Para llegar al museo, situado 2,5 km al suroeste de la ciudad, conviene tomar un taxi desde la plaza de Armas (3 PEN). También se puede ir a pie, pero no es seguro hacerlo solo, incluso grandes grupos pueden tener problemas.

Ica

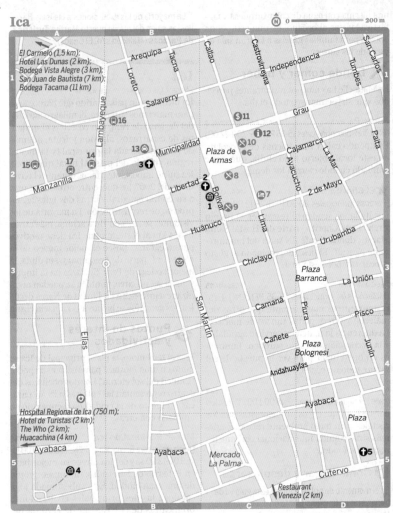

El Carmeló (1,5 km);
Hotel Las Dunas (2 km);
Bodega Vista Alegre (3 km);
San Juan de Bautista (7 km);
Bodega Tacama (11 km)

Hospital Regional de Ica (750 m);
Hotel de Turistas (2 km);
The Who (2 km);
Huacachina (4 km)

Restaurant
Venezia (2 km)

Iglesia de La Merced   IGLESIA

(Bolívar esq. Libertad) Esta catedral fue la última iglesia construida por los jesuitas en Perú antes de su expulsión. Se reconstruyó en el s. XIX y posee un altar de madera de delicada talla. En el terremoto del 2007, una de sus agujas y parte del techo se derrumbaron. En el momento de escribir esta guía se encontraba cerrada por obras.

Santuario de El Señor de Luren   IGLESIA

(Cutervo) Esta bonita iglesia alberga la imagen del patrono de la ciudad, venerado por los peregrinos en Semana Santa y en octubre. En las calles que circundan la plaza de Armas y en la primera manzana de Libertad hay algunas mansiones coloniales españolas impresionantes. La torre de la iglesia no resistió el terremoto del 2007, pero sí su cúpula. Aunque ya han pasado varios años, todavía se encuentra en proceso de restauración.

Iglesia de San Francisco   IGLESIA

(Municipalidad esq. San Martín) Este templo descomunal resistió el terremoto del 2007 y sigue haciendo alarde de sus bellas vidrieras.

Ica

Centro Cultural UNICA GALERÍA
(Bolívar 232; ⊙9.00-17.00) GRATIS Perteneciente a la Universidad San Luis Gonzaga (UNICA), esta galería de arte está alojada en un patio restaurado junto a la catedral. Alberga pequeñas colecciones que son una muestra del talento local y también organiza conferencias, música y otras actividades culturales.

Bodegas

Ica es el mayor y más venerado productor de vinos de Perú, aunque es difícil que sus viñedos, que desafían al desierto, atraigan a los entendidos en vinos europeos. La mayor desventaja es su dulzor. Incluso los vinos semisecos son dulces para muchos paladares. Sin embargo, los circuitos por los viñedos merecen la pena y la mayoría ofrece catas gratuitas. Las bodegas pueden visitarse todo el año, pero el mejor momento es durante la vendimia, de finales de febrero a comienzos de abril.

En los alrededores de Ica abundan las bodegas familiares artesanales, como la de **San Juan Bautista**, a 7 km en taxi (7 PEN/ida) o colectivo (1,50 PEN) desde Ica. Los colectivos salen de la esquina de la Municipalidad y Loreto.

Bodega Tacama CATA DE VINOS
(☑056-58-1030; www.tacama.com; Camino Real s/n, La Tinguiña; ⊙9.30-16.30 ma-do) GRATIS La bodega más profesional y alabada de Ica se dirige desde una gran hacienda de color rosa, con campos llenos de viñas. Evita la tendencia peruana por los vinos dulces y produce unos buenos *chardonnay* y *malbec*, que con el tiempo harán sudar tinta a los vinos chilenos.

La visita gratuita de media hora incluye cata, las vistas desde un mirador, el proceso de envejecimiento (nada menos que en barriles de roble francés) y la antigua capilla dañada en el terremoto del 2007. Está 11 km al noroeste de la ciudad, es necesario ir en taxi (15 PEN/ida).

Bodega Ocucaje CATA DE VINOS
(☑056-40-8011; www.ocucaje.com; av. Principal s/n; ⊙catas 9.00-12.00 y 14.00-17.00 lu-vi, 9.00-12.00 sa, circuitos 11.00-15.00 lu-vi) GRATIS Se comenta que produce algunos de los mejores vinos de Perú, pero, por desgracia está muy aislada, a más de 30 km al sur de Ica, saliendo de la Panamericana Sur. Ir en taxi cuesta unos 30 PEN cada viaje. También se puede visitar en un circuito que sale de Ica.

Bodega Vista Alegre CATA DE VINOS
(www.vistaalegre.com.pe; camino a La Tinguiña km 2,5; entrada 5 PEN; ⊙8.00-12.00 y 13.45-16.45 lu-vi, 7.00-13.00 sa) Es la bodega comercial más fácil de visitar (ida en taxi 5 PEN), 3 km al noroeste de Ica, en el distrito de La Tinguiña. Lo mejor es ir por la mañana, pues a veces cierra por la tarde.

☞ Circuitos

Desert Travel CIRCUITO
(☑056-22-7215; desert_travel@hotmail.com; Lima 171) Ofrece rutas por la ciudad (25 PEN, 4 h), excursiones en *buggy* por las dunas de Huacachina (45 PEN) y también en barco a las islas Ballestas (50 a 60 PEN).

✷ Fiestas y celebraciones

Carnaval de Ica RELIGIOSA
(⊙feb) El Carnaval inspira los juegos de agua típicos de esta celebración en toda Latinoamérica, así como los bellos trajes con los que desfilan los danzantes.

Fiesta de la Vendimia VENDIMIA
(⊙ppios-med mar) Este famoso festival que celebra la vendimia incluye procesiones variadas, concursos de belleza, peleas de gallos, exhibiciones de caballos, música, baile y, por supuesto, pisco y vino a voluntad.

Semana de Ica CULTURAL

(☉med jun) Se conmemora la fundación de la ciudad por los conquistadores españoles el 17 de junio de 1563.

Semana turística MÚSICA, COMIDA

(☉med sep) Con festivales, comida, baile y mucho más.

El Señor de Luren RELIGIOSA

(☉finales oct) Peregrinaje religioso que concluye con fuegos artificiales y una procesión tradicional de los creyentes que dura toda la noche.

🛏 Dónde dormir

Conviene tener en cuenta que los hoteles se llenan y duplican o triplican sus precios durante muchas fiestas. La mayoría de los viajeros con presupuesto ajustado se dirigen a Huacachina, 4 km al oeste de la ciudad, pero en Ica hay varias opciones.

Hostal Soyuz HOTEL $

(☏056-22-4138; Manzanilla 130; i/d/tr 40/50/70 PEN; ✳) Frente a la terminal de autobuses Soyuz, con habitaciones enmoquetadas, aire acondicionado y televisión por cable, es una opción muy práctica si se llega tarde o se quiere salir de viaje temprano, siempre y cuando se consiga dormir con el ruido de la calle. La reserva se hace en la taquilla de los autobuses.

El Carmelo HOTEL HISTÓRICO $$

(☏056-23-2191; www.elcarmelohotelhacienda. com; ctra. Panamericana Sur km 301; i/d/tr/c desde 100/150/200/250 PEN; @🛜🏊) Romántico hotel de carretera a las afueras de la ciudad. Es una encantadora hacienda de 200 años, con innegable encanto rústico. Cuenta con un buen restaurante y bodega. Se llega en taxi desde la ciudad (3 PEN).

Hotel Sol de Ica HOTEL $$

(☏056-23-6168; www.hotelsoldeica.com; Lima 265; i/d/tr desayuno bufé incl. 145/180/230 PEN; @🛜🏊) La recepción de este céntrico hotel de tres plantas, un tanto tétrica, no hace justicia a las ventajas que ofrece este alojamiento. Las habitaciones son pequeñas, con detalles en madera natural, aunque la decoración no es su punto fuerte (las sábanas son de color mostaza). Cuenta con un gran jardín y piscina.

Hotel Las Dunas CENTRO VACACIONAL $$$

(☏056-25-6224; www.lasdunashotel.com; av. La Angostura 400; i/d/tr desde 400/600/800 PEN;) Este extenso complejo turístico, sin duda el hotel más lujoso de la ciudad, posee piscina, sauna, pistas de tenis, pista de minigolf, centro de negocios, restaurantes y bares. Ofrece excursiones (no incluidas en el precio) como paseos a caballo, *sandboard* y circuitos por bodegas. El servicio es un tanto descuidado. Se halla saliendo en el km 300 de la Panamericana Sur.

🍴 Dónde comer

Varias tiendas de las calles al este de la plaza principal venden tejas (dulces cubiertos de caramelo y rellenos de frutas, frutos secos, etc.).

El Otro Peñoncito PERUANA, INTERNACIONAL $

(Bolívar 225; principales 9-26 PEN; ☉8.00-24.00 lu-vi; 🍴) El restaurante más histórico y con carácter de la ciudad sirve una variada carta de comida peruana e internacional que incluye numerosas opciones para los vegetarianos. Sus correctos camareros preparan un excelente pisco *sour*.

Plaza 125 PERUANA $

(Lima 125; principales 10-16 PEN, menú 14 PEN) El plato fuerte de este local de la plaza principal es el lomo saltado casero (tiras de ternera frita con cebolla, tomates, patatas y chili), además de filetes de pollo de estilo más internacional. Goza de gran popularidad entre los lugareños. El menú del día es una buena opción.

Anita PANADERÍA $$

(Libertad 135; principales 15-36 PEN, menús desde 12 PEN; ☉8.00-24.00) Los camareros con pajarita le dan un toque un tanto exagerado (no es el Ritz), pero es el mejor restaurante de la plaza principal con diferencia. El aguacate relleno es formidable y resulta difícil resistirse ante algunos de sus pasteles.

Restaurant Venezia ITALIANA $$

(San Martín 1229; principales 12-29 PEN; ☉almuerzo y cena ma-do) Popular restaurante italiano regentado por una familia en un barrio 2,5 km al sur del centro. Se recomienda ir con tiempo pues todos los platos se preparan en el momento.

🍷 Dónde beber

Aparte de las fiestas no hay mucho que hacer en Ica, aunque, si lo que se busca es vida nocturna gringa, Huacachina (p. 129) es como el canto de una sirena en el desierto. En la plaza de Armas de Ica hay varias salas de catas de vino y pisco en las que tomar un trago rápido.

Al sur de la plaza los bares y clubes de la calle Lima anuncian música en directo, DJ y baile, pero son bastante toscos. La discoteca más delirante, The Who (www.discotecathewho.com; av. de Los Maestros 500; entrada 10 PEN) se encuentra alojada en el ala norte del Hotel de Turistas, 3 km al suroeste de la plaza, y el taxi cuesta 3 PEN.

❶ Información

En la zona de la plaza de Armas abundan las agencias de viajes y los cibercafés.

BCP (Plaza de Armas) Con cajero Visa/Master-Card, también se pueden cambiar dólares estadounidenses.

Dircetur (☎056-21-0332; www.dirceturica.gob.pe; Grau 148) Oficina de turismo subvencionada por el Gobierno.

Hospital Regional de Ica (☎056-23-4798; www.hrica.gob.pe; Prolongación Ayabaca s/n; ⊗24 h) Para urgencias.

Policía (☎056-23-5421; JJ Elías, cuadra 5 s/n; ⊗24 h) En un extremo del centro de la ciudad.

Serpost (San Martín 521) Al suroeste de la plaza de Armas.

PELIGROS Y ADVERTENCIAS

Se producen pequeños robos. Conviene tomar las precauciones habituales, en especial en los alrededores de las terminales de autobuses y mercados.

❶ Cómo llegar y salir

Ica es uno de los destinos principales de los autobuses que circulan por la Panamericana Sur, así que es fácil ir y volver de Lima o Nazca. La mayoría de las compañías de autobuses se concentran en una zona muy peligrosa en el extremo oeste de Salaverry, y en Manzanilla, al oeste de Lambayeque.

Soyuz (☎056-22-4138; www.soyuzonline.com.pe; Manzanilla 130) opera el "PerúBus" a Lima vía Chincha y Cañete con salidas cada 15 min. Se recomienda vigilar el equipaje en Soyuz, especialmente en las paradas, porque los robos son frecuentes. **Cruz del Sur** (☎0-801-11111; www.cruzdelsur.com.pe; Lambayeque 140) y **Ormeño** (☎056-21-5600; www.grupoormeno.com.pe; Lambayeque s/n) ofrecen un servicio más lujoso en dirección norte y sur.

Autobuses desde Ica:

DESTINO	TARIFA (PEN)	DURACIÓN (H)
Arequipa	50-144	12
Cañete	8	3
Chincha	6	2
Cuzco	140-165	14
Lima	25-41	4½
Nazca	12	2½
Pisco	4-15	1½-2

Hay combis y colectivos, más rápidos aunque algo más caros, a Pisco y Nazca que salen cuando están llenos del cruce de Lambayeque y Municipalidad en Ica.

Ormeño y algunas compañías pequeñas tienen servicios al centro del Altiplano, como Ayacucho y Huancavelica.

Los colectivos a Huacachina cuestan 6,50 PEN.

Huacachina

☎056 / 200 HAB.

Son las seis de la tarde y se está en lo alto de una gigantesca duna esculpida por el viento, observando la psicodélica puesta de sol en un paisaje de amarillos dorados y rojos óxido. Doscientos metros más abajo hay una onírica laguna en el desierto, rodeada de exóticas palmeras y equipada con un puñado de rústicos, aunque elegantes hoteles. Llegar a la cima de ese punto panorámico ha costado 20 agotadores minutos, pero con una tabla de *sandboard* bien encerada bajo el estómago se puede descender en menos de uno.

A pesar de no ser tan famoso como Nazca, más al sur, Huacachina es un oasis estéticamente perfecto 4 km al oeste de Ica y una parada fija en el frecuentado Sendero Gringo del sur de Perú. Su oferta del día es *sandboard,* paseos en *buggy* por las dunas y un romántico descanso. Es un punto neurálgico para los mochileros, con discotecas abiertas hasta muy tarde y sabores internacionales. Muchos viajeros pasan una noche para hacer una excursión a las dunas el día siguiente, pero también hay quien dedica más tiempo a pasear tranquilamente y subir dunas para conectar con su *chi* interior.

🏃 Actividades

La arena es parte esencial en la mayoría de las actividades en esta población.

'Sandboard'

Pueden alquilarse tablas de *sandboard* por 5 PEN/h para deslizarse, hacer surf o esquiar en las dunas y que la arena penetre en todos los orificios del cuerpo. No hay remolques ni telesillas, sino que se debe subir con esfuerzo las dunas para disfrutar de 45 segundos de subidón de adrenalina. Cuando se alquila una tabla conviene pedir cera (normalmente ofrecen una vela usada), pues si no se enceran con regularidad son inútiles. Se recomienda empezar en las laderas más bajas y no dejarse engañar por una falsa sensación de seguridad, mucha gente ha sufrido serios accidentes al perder el control de las tablas. La mayoría de los aficionados acaban deslizándose con la tabla debajo del vientre y utilizando los pies como frenos de emergencia. Imprescindible tener la boca cerrada.

'Buggies' en las dunas

Muchos hoteles ofrecen emocionantes viajes en **areneros** (*buggies* de dunas) que salen por la mañana temprano (8.00) o por la tarde (16.00) para evitar el sol más intenso. Paran en lo alto de las suaves laderas, desde donde se desciende haciendo *sandboard,* y después pasan a recogerle. Algunos conductores corren riesgos innecesarios, por lo que conviene elegir bien la agencia. Hay que asegurarse de que las cámaras están bien protegidas, pues la arena puede dañarlas. El precio de los circuitos es de 45 PEN, pero conviene preguntar si está incluido el alquiler de la tabla y cuál es la duración del circuito. El precio no incluye la tarifa de 4 PEN que se paga al entrar en las dunas (que no afecta a los que van a pie).

La basura es un problema en las dunas de Huacachina, y en gran parte de Perú. Huelga decir que hay que llevarse todos los residuos después de la visita.

Natación y barcos

Se dice que las turbias aguas de la laguna tienen propiedades curativas, aunque nadar en las piscinas (hay media docena) de los hoteles quizá resulte más atractivo. También se pueden alquilar barcos –de remos y a pedales– en un par de puntos de la laguna por 12 PEN/h.

Circuitos

Casi todos los hoteles organizan viajes en *buggy* por las dunas.

Pelican Travel CIRCUITO DE AVENTURA
(☏056-25-6567; www.pelicanperu.com; Perotti s/n) Ofrece paseos en *buggy* por las dunas (45 PEN/2h), excursiones a Paracas y las islas Ballestas (70 PEN), acampadas nocturnas con barra libre (300 PEN), rutas del vino (50 PEN) y un recorrido por las tabernas, el sello de la casa (80 PEN).

Dónde dormir

Hospedaje Mayo ALBERGUE $
(☏056-22-9005; hospedajemayo@gmail.com; dc/i/d/tr 20/40/60/90 PEN; ☎☒) Esta pensión que da a las dunas en el sur se ha convertido en un albergue con habitaciones bien cuidadas y alegres colchas azules y color mandarina. El dormitorio colectivo da cabida a 10 personas y, aunque tiene ventiladores en el techo, puede hacer mucho calor. Hay una pequeña piscina en la parte trasera y un futbolín.

Casa de Arena ALBERGUE $
(☏056-21-5274; www.casadearena.net; Balneario de Huacachina; dc 25 PEN, i/d 40/120 PEN, i/d sin baño 35/100 PEN; @☎☒) Tiene reputación de ser muy ruidoso por sus fiestas. Dispone de habitaciones con baño privado y otras sin baño para los que quieran ahorrar. Los viernes por la noche el ambiente en la discoteca puede ser desenfrenado. No es la mejor opción para los que deseen tranquilidad, pero sí para los amantes de la fiesta.

★**Banana's Adventure** ALBERGUE $$
(☏056-23-7129; bananasadventure@hotmail.com; Perotti s/n; h desayuno incl. y excursión 75-110 N/persona; ☎☒) Este tranquilo albergue situado al norte de la laguna ofrece un paquete vacacional que incluye la estancia en una habitación lujosa y elegante con grandes ventanales y comodidades modernas, o un dormitorio para cuatro personas con camas duras, a elegir, además de un paseo en *buggy* por las dunas y *sandboard.*

Es la mejor opción económica en la ciudad, por sus amplios ventanales, el animado bar y la pequeña piscina.

El Huacachinero Hotel HOTEL $$
(☏056-21-7435; www.elhuacachinero.com; Perotti; i/d/tr desayuno incl. 176/202/265 PEN; ❋☎☒) Recién modernizado, cuenta con el mejor restaurante del oasis (con diferencia), una relajante zona cerca de la piscina (sin música atronadora) y acceso inmediato a las dunas por una puerta trasera, por si apetece ascender dando un paso adelante y dos atrás por el terreno inclinado a 45º para contemplar la puesta de sol soñada. Las habitaciones de estilo rustico son agradables, con camas muy cómodas y mobiliario de mimbre.

Hostería Suiza HOTEL $$
(☏056-23-8762; www.hosteriasuiza.com.pe; Balneario de Huacachina; i/d/tr/c desayuno incl. 125/205/255/375 PEN; ❋☎☒) Este elegante establecimiento erigido en el extremo

noroeste de la laguna ofrece habitaciones de techos altos en un edificio que recuerda a una hacienda de estilo morisco. Las mejores estancias son las que dan al jardín trasero y a la piscina, con cubrecamas verdes y baños modernos recientemente renovados.

Hostal Curasi HOTEL $$
(☎056-21-6989; www.huacachinacurasi.com; Balneario de Huacachina; i/d desayuno incl. 105/150 PEN; ☞☲) Tranquilo oasis con jardín y piscina para refrescarse en los días calurosos de la costa sur. La decoración de las habitaciones incluye colchas coloridas y óleos muy *kitsch*.

Hotel Mossone HOTEL HISTÓRICO $$$
(☎01-614-3900; www.dematoursholeles.com; Balneario de Huacachina; d/tr/ste 355/449/464 PEN; ❄@☞☲) Lleva el nombre de la familia ítalo-peruana que construyó el edificio a principios del s. xx. En el primer hotel de Huacachina, el patio central adoquinado y la pajarera de tela metálica evoca a la Cuba atrapada en el tiempo de Fidel Castro. Las habitaciones son muy espaciosas, con techos altos, e incluyen una sala de estar y un dormitorio, pero dejan que desear el mobiliario y la iluminación, lo que hace que este alojamiento pierda puntos en el escalafón.

✗ Dónde comer

Desert Nights INTERNACIONAL $
(Blvd de Huacachina; principales 15-25 PEN; ☞) Aunque el menú es idéntico al de cualquier otro local turístico, este albergue internacional cuenta con una cafetería decente y muy popular que es un concurrido punto de encuentro para viajeros. Sirven un excelente café de Perú cultivado a la sombra, que puede combinarse con sándwiches de mantequilla de cacahuetes y mermelada, hamburguesas, *pizzas* y *brownies*.

Casa de Avinoam PIZZERÍA $$
(Perotti; *pizzas* 15-25 PEN) Funciona en el hotel Carola del Sur. Cuenta con una buena pizzería y uno de los bares con más ambiente y más espaciosos del oasis.

🍺 Dónde beber y vida nocturna

Los bares y las discotecas normalmente están integrados en los distintos hoteles, y la clientela es, en su mayoría, extranjera. El bullicioso albergue Casa de Arena (p. 128) con sus fiestas de fin de semana se lleva la palma. Al lado, el **Pub** (Balneario de Huacachina) es un enrollado bar-restaurante, de los mismos propietarios del Desert Nights.

ℹ Información

PELIGROS Y ADVERTENCIAS
Aunque más seguro que Ica, Huacachina no es un lugar en el que descuidar la seguridad o desatender las pertenencias. Algunas pensiones tienen fama de estafar a los viajeros y molestar a las jóvenes con insinuaciones. Antes de elegir una habitación hay que estudiar con atención todas las opciones. Las pocas y pequeñas tiendas de la laguna tienen abundantes recuerdos, pero carecen de productos básicos, por lo que conviene ir preparado.

ℹ Cómo llegar y salir

La única forma de llegar a Huacachina desde Ica es en taxi (5-7 PEN ida).

Palpa
☎056 / 7200 HAB. / ALT. 300 M
Desde Ica, la Panamericana Sur se dirige hacia el sur a través del pequeño oasis de Palpa, famoso por sus naranjales.

Líneas de Palpa YACIMIENTO ARQUEOLÓGICO
Al igual que Nazca, Palpa está rodeado de unos asombrosos geoglifos, las llamadas Líneas de Palpa, eclipsadas por las más famosas pero menos numerosas Líneas de Nazca, más al sur. Las Líneas de Palpa muestran una gran abundancia de formas humanas, como la Familia Real de Paracas, un grupo de ocho figuras en una colina.

Gracias a su elevada ubicación, las figuras se pueden observar desde tierra firme en el mirador situado 8 km al sur de la ciudad. Un pequeño museo cercano ofrece información sobre el yacimiento. La mejor manera de ver más líneas es sobrevolándolas desde Nazca.

Nazca y alrededores
☎056 / ALT. 590 M
Resulta difícil hablar de Nazca sin anteponerle las "Líneas de", una referencia no solo a los antiguos y geométricos surcos que se entrecruzan en el desierto, sino también a los enigmáticos geoglifos de animales que las acompañan. Al igual que otros grandes e inexplicables misterios, estos imponentes grabados en mitad de la pampa, atribuidos a una civilización preincaica y datados entre los años 450 y 600 a.C., atraen a un público

variado, desde arqueólogos, científicos, aficionados a la historia, místicos *New Age*, turistas curiosos, y peregrinos de camino hacia Machu Picchu (o de regreso).

Sigue sin saberse quién y por qué las hizo, y las respuestas que se aportan a menudo son descabelladas conjeturas sin base científica (¿extraterrestres? ¿Aeronautas prehistóricos?). Documentadas por primera vez por el científico estadounidense Paul Kosok en 1939 y declaradas Patrimonio Mundial en 1994, en la actualidad son la mayor atracción turística de la costa sur, lo que conlleva que, la pequeña y sin ellas insignificante ciudad del desierto de Nazca, se haya convertido en una especie de circo.

⊙ Puntos de interés y actividades

Líneas de Nazca

Las más conocidas se hallan en el desierto 20 km al norte de Nazca y, sin duda, la mejor forma de apreciarlas es a vista de pájaro en un sobrevuelo con avioneta.

Mirador   MIRADOR

(entrada 2 PEN) Desde este mirador en la Panamericana Sur, 20 km al norte de Nazca, que ofrece una vista oblicua de tres figuras: el lagarto, el árbol y las manos (o rana, según el punto de vista), uno solo se forma una idea aproximada de lo que son las líneas. También sirve para informar sobre el peligro que estas corren: la Panamericana Sur corta por el medio al lagarto, que desde cerca parece casi destruido. Los carteles que advierten sobre minas recuerdan que está estrictamente prohibido caminar sobre las líneas; causa un daño irreparable y, además, a ras de suelo no se ve nada. Para ir al mirador desde Nazca se toma cualquier autobús o colectivo en dirección norte por la Panamericana Sur (1,50 PEN, 30 min). Algunos circuitos (desde 50 PEN/persona) combinan el viaje al mirador con una visita a otro mirador natural y al Museo Maria Reiche. Desde el mirador natural (gratis), situado en una pequeña colina parecida a un otero, 1 km al sur del otro, se puede ver de cerca una de las líneas geométricas y comprobar que se realizaron retirando las piedras rojizas superficiales para dejar al descubierto la capa de tierra grisácea inferior.

Museo Maria Reiche   MUSEO

(entrada 25 PEN; ⊗9.00-18.00) En 1998, tras el fallecimiento de Maria Reiche, la matemática alemana que dedicó gran parte de su vida a investigar las Líneas de Nazca, su casa situada 5 km al norte del mirador de la Panamericana Sur se convirtió en un pequeño museo. A pesar de que carece de información, resulta interesante ver cómo vivió esta investigadora, así como observar sus herramientas y obsesivos bocetos.

Aunque el sol puede ser abrasador, es posible salvar el trayecto hasta el mirador a pie (1 h); con suerte, a veces pasan colectivos que pueden acercar al viajero (1 PEN). Para regresar a Nazca solo hay que pedir al portero que pare algún autobús o colectivo en dirección sur. La visita al museo puede organizarse como parte del circuito al cercano mirador.

Museo Didáctico Antonini   MUSEO

(☎056-52-3444; av. de la Cultura 600; entrada 20 PEN, derecho a fotografía 5 PEN; ⊗9.00-19.00) Este excelente museo arqueológico situado en la parte oriental de la ciudad posee un acueducto que discurre por el jardín trasero, interesantes reproducciones de tumbas, una valiosa colección de flautas de Pan de cerámica y una maqueta a escala de las Líneas de Nazca. Ofrece una visión general de la cultura nazca e información más limitada sobre sus asentamientos más remotos. Se accede siguiendo la calle Bolognesi hacia el este hasta salir a 1 km de la ciudad o se toma un taxi (2 PEN).

Planetario de Nazca   PLANETARIO

(☎056-52-2293; Hotel Nazca Lines, Bolognesi 147; entrada 20 PEN; ⊗en inglés 19.00, en español 20.15) Este pequeño planetario se encuentra en el Hotel Nazca Lines y ofrece conferencias nocturnas sobre las líneas, acompañadas de imágenes reproducidas en una pantalla abovedada, que duran 45 min. Hay que llamar o comprobar los horarios de los espectáculos.

Puntos de interés cercanos

En casi todos los casos la visita se puede organizar desde Nazca, pero puede que los que viajan solos o en pareja tengan que esperar un día o dos hasta que la agencia encuentre gente suficiente para formar un grupo.

**Cementerio
Chauchilla**   YACIMIENTO ARQUEOLÓGICO

(entrada 7,50 PEN; ⊗8.00-14.00) Situado 30 km al sur, es la excursión más popular desde Nazca y satisface todos los deseos de ver momias huesos y calaveras. Hasta hace poco las momias –que datan de la cultura ica-chinca de alrededor del año 1000– estaban esparcidas por el desierto, pues habían sido

GREENPEACE Y LAS LÍNEAS DE NAZCA

Aunque la Tierra se merece un portavoz, para muchos peruanos y ciudadanos de todo el mundo, la acción de Greenpeace del 8 de diciembre del 2014 fue un acto de vandalismo que causó daños irreparables a un lugar declarado Patrimonio Mundial. La organización escribió el mensaje "Time For Change! The Future is Renewable" (Es hora de cambiar. El futuro es renovable) en grandes letras amarillas al lado del geoglifo icónico del colibrí.

La acción iba dirigida a atraer la atención de los líderes mundiales que asistían a la Cumbre del Clima de la ONU en Lima. Greenpeace pidió disculpas, y tres de los veinte activistas fueron acusados públicamente (Greenpeace facilitó los nombres de cuatro activistas más, con la esperanza de que los cargos a los periodistas que cubrían el evento fueran retirados).

Debido a la vulnerabilidad de estas misteriosas formaciones de más de 1500 años de antigüedad, nadie puede adentrarse en el complejo de las Líneas de Nazca (ni mochileros, ni presidentes). Los arqueólogos solo pueden acceder con un calzado especial acolchado.

Aunque Greenpeace reivindica que los activistas no caminaron en la zona del geoglifo, se ha demostrado que movieron piedras: las tomas aéreas realizadas con drones muestran las alteraciones en la zona por la que entraron los activistas (que algunos califican de vándalos), y también se pueden ver restos de la letra "C". El incidente desencadenó la indignación internacional. El gobierno peruano está considerando la manera de reparar los daños, mientras el proceso criminal sigue abierto. Aunque esta acción ha dejado una impronta duradera en relación con el debate global sobre el medioambiente, sus consecuencias siguen dando lugar a interpretaciones polémicas.

abandonadas allí por los ladrones de tumbas. Hoy en día todo está dispuesto cuidadosamente en el interior de una docena de tumbas, aunque fuera del camino señalado sigue habiendo trozos de tejidos, cerámica y huesos. Los circuitos organizados duran 3 h y cuestan 10-35 US$/persona.

Ruinas de Los Paredones　　　RUINAS
(entrada 10 PEN, incl. entrada a los acueductos de Cantalloc) Se encuentran 2 km al sureste de la ciudad, pasando Arica y el río, pero no se han conservado muy bien, sobre todo porque eran construcciones de adobe y no de piedra. Su ubicación en una ladera sobre la ciudad es imponente y quizá por ello los incas la utilizaron como centro de control administrativo entre las montañas y la costa.

**Acueductos
de Cantalloc**　　　YACIMIENTO ARQUEOLÓGICO
(entrada 10 PEN, incl. entrada a las ruinas de Los Paredones) A unos 4 km al sureste de la ciudad se encuentran los más de 30 acueductos subterráneos de Cantalloc, que se siguen utilizando en el riego de los campos circundantes. Aunque antes era posible acceder a ellos por las ventanas en espiral que los lugareños utilizaban para limpiarlos una vez al año, en la actualidad la entrada está prohibida, pero desde fuera se puede admirar el excepcional trabajo de cantería realizado por los nazca.

Se puede ir a pie, aunque no es muy seguro, y conviene no llevar objetos de valor. Otra opción es ir en taxi, por un precio entre 40 y 50 PEN ida y vuelta. También es posible contratar una excursión desde Nazca de 2½ h, por un precio de 15 PEN/persona, que se puede combinar con una visita al geoglifo de El Telar, en la localidad de Buena Fe, y con talleres de minería de oro o de cerámica dirigidos a turistas.

Cahuachi　　　RUINAS
(⊙9.00-16.00) GRATIS Una pista de tierra de 25 km sale del oeste de Nazca hasta Cahuachi, el centro más importante de la cultura nazca y en el que aún hoy se realizan excavaciones. Comprende varias pirámides, un cementerio y un enigmático espacio llamado Estaquería, que podría haberse utilizado como lugar de momificación. Los circuitos desde Nazca duran 3 h, cuestan 15-50 US$/persona y pueden incluir un viaje a Pueblo Viejo, un asentamiento cercano anterior a la cultura nazca.

Se recomienda contratar la visita en una agencia con bastante antelación.

**Reserva Nacional
Pampas Galeras**　　　RESERVA DE FAUNA SALVAJE
Este lugar es un santuario de la vicuña (camélido silvestre en peligro de extinción), y se encuentra en las montañas 90 km al este de Nazca en la carretera a Cuzco. Es el mejor

Nazca

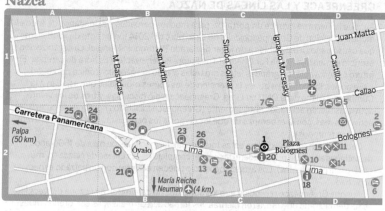

Nazca

sitio de Perú para ver a esos tímidos animales, aunque los servicios turísticos son casi inexistentes. Todos los años a finales de mayo o principios de junio se lleva a cabo el 'chaccu', en el que cientos de lugareños acorralan a las vicuñas para esquilarlas y se celebran tres días festivos de ceremonias tradicionales, con música, baile y, por supuesto, bebida. Los circuitos de día completo o con pernocta desde Nazca cuestan 30-90 US$/persona.

Cerro Blanco CIRCUITO DE AVENTURAS
Cerro Blanco, 14 km al este de Nazca, supera al resto de aspirantes y es la duna más alta del mundo: se alza a 2078 m por encima del nivel del mar y –lo que es más importante–

tiene 1176 m de la base a la cima, con lo que sobrepasa a la montaña más alta de Inglaterra y de muchos otros países. Si la arena de Huacachina no ha arruinado irremediablemente la ropa interior, es una experiencia que gustará. Debido a su altura y pronunciada inclinación es mejor ir en una excursión organizada desde Nazca, que normalmente salen a las 4.00 para evitar el intenso calor. Se tardan unas 3 h en completar la ardua ascensión a la cima (los *buggies* no consiguen subir este gigante). Se baja en cuestión de minutos, con descensos de hasta 800 m seguidos. Muchas agencias de Nazca, como Kunan Tours, organizan esta excursión.

Museo Didáctico
Antonini (1 km);
Buena Fe (15 km)

Plaza de
Armas

Mercado

⟲ Circuitos

La mayoría de los viajeros se limitan a sobrevolar las Líneas (80 US$) y después siguen su ruta, pero Nazca tiene más que ofrecer. Los numerosos circuitos locales suelen incluir una demasiado prolongada visita a talleres de ceramistas o de mineros de oro para ver cómo trabajan (los que enseñan sus técnicas esperan que se les dé una propina).

Los hoteles ofrecen sus propias excursiones. Entre ellos destacan el Hotel Nazca Lines y Casa Andina.

Alegría Tours   CIRCUITO DE AVENTURAS

(☑056-52-3775; www.alegriatoursperu.com; Hotel Alegría, Lima 168) Enorme agencia que ofrece los circuitos locales habituales, así como opciones poco convencionales y *sandboard*. Las excursiones individuales son caras, por lo que se recomienda pedir ser incluido con otros viajeros y disfrutar del descuento a grupos.

Kunan Tours   CIRCUITOS GUIADOS

(☑056-52-4069; www.kunantours.com; Arica 419) Con base en el Hotel Kunan Wasi, esta agencia abarca todos los circuitos posibles en Nazca, además de excursiones a las islas Ballestas, Huacachina y Chincha.

🛏 Dónde dormir

Fuera de la temporada alta, de mayo a agosto, los precios bajan hasta un 50%.

Kunan Wasi Hotel   HOTEL $

(☑056-52-4069; www.kunanwasihotel.com; Arica 419; i/d/tr 70/90/120 PEN; @🛜) Limpio y luminoso, con inmaculadas habitaciones decoradas en distintos tonos y un servicio muy

amable. Además, cuenta con una encantadora terraza en la azotea. Una ganga en Nazca, perfectamente presentada.

Hospedaje Yemayá   HOTEL $

(☑056-52-3146; www.hospedajeyemaya.com; Callao 578; i/d 45/60 PEN, i/d sin baño 30/45 PEN; @🛜) Una familia acogedora se ocupa hábilmente de que todos los mochileros que entran por su puerta se sientan cómodos. Ofrece pequeños pero cuidados dormitorios, con duchas de agua caliente y televisión por cable. Cuenta con una agradable terraza con lavadora y secadora.

Hotel Nasca   HOTEL $

(☑056-52-2085; marionasca13@hotmail.com; Lima 438; i/d/tr 35/45/65 PEN) Situado en un sótano, con propietarios cordiales y ancianos, y a un precio muy económico. Sus habitaciones tipo cuartel ofrecen servicios muy básicos; algunas tienen baño.

★Hotel Oro Viejo   HOTEL $$

(☑056-52-2284; www.hoteloroviejo.net; Callao 483; i/d/tr/ste desayuno bufé incl. 150/200/240/450 PEN; 🅿❄@🛜🏊) Este excelente establecimiento de gama media tiene un toque oriental, con jardines abiertos y una reluciente piscina. La decoración de los espacios comunes incluye aperos de labranza, mientras que las habitaciones perfumadas ofrecen todas las comodidades y son tranquilas. Destacan los dormitorios nuevos en la parte trasera.

Hotel La Encantada   HOTEL $$

(☑056-52-2930; www.hotellaencantada.com.pe; Callao 592; i/d/tr 105/140/160 PEN; @🛜) Es moderno y cuenta con habitaciones luminosas recién pintadas, aunque adolecen de pulcritud. Tiene una agradable terraza.

Hotel Alegría   HOTEL $$

(☑056-52-2702; www.hotelalegria.net; Lima 168; i/d desayuno incl. 210/240 PEN; ❄@🛜🏊) Se trata de un alojamiento clásico para viajeros, con restaurante, cuidados jardines y piscina. Los cuartos están enmoquetados y no son muy espaciosos. Es una buena opción, aunque deja un poco que desear en relación con el precio.

Hotel Nazca Lines   HOTEL $$$

(☑056-52-2293; www.peru-hotels.com/nazlines.htm; Bolognesi s/n; d/tr/ste desayuno incl. 445/529/573 PEN; 🅿❄@🛜🏊) Teniendo en cuenta su céntrica ubicación este reputado hotel es sumamente tranquilo. La decoración presenta un toque clásico, con mosaicos y

LAS LÍNEAS DE NAZCA: MISTERIOS ANTIGUOS EN LA ARENA

Repartidas en un área de 500 km² de la árida llanura salpicada de rocas de la Pampa Colorada, las Líneas de Nazca constituyen uno de los mayores misterios arqueológicos del mundo. Las líneas, casi imperceptibles a nivel del suelo, comprenden más de 800 rectas, 300 figuras geométricas (geoglifos) y 70 dibujos de animales y plantas (biomorfos). Desde el aire, forman una red impresionante de figuras estilizadas y canales, muchos de los cuales se extienden desde un eje central.

La mayoría de las figuras están grabadas en líneas continuas y los geoglifos que las rodean forman triángulos, rectángulos y líneas rectas que se despliegan en varios kilómetros de desierto.

Se llevaron a cabo retirando las oscuras piedras quemadas por el sol de la superficie del desierto y amontonándolas a ambos lados de las líneas, con lo que se dejó al descubierto la tierra, más ligera y arenosa, rica en yeso, y por tanto, más clara. Los diseños más elaborados representan animales, entre ellos una lagartija de 180 m de largo, un mono con una cola extravagantemente retorcida, y un cóndor con una envergadura de 130 m. También se puede apreciar un colibrí, una araña y una intrigante figura humana con cabeza de búho en una colina, que recibe el sobrenombre popular del "astronauta" por la forma de pecera del cráneo, aunque algunos creen que representa a un sacerdote con una mística cabeza de lechuza.

Son innumerables las preguntas sin respuesta. ¿Quién las hizo y por qué? ¿Cómo sabían lo que estaban haciendo si solo pueden verse bien desde el aire? Maria Reiche (1903-1998), una matemática alemana que investigó las líneas durante muchos años, llegó a la conclusión de que habían sido realizadas por las culturas paracas y nazca entre el 900 a.C. y el 600 d.C., con añadidos de los colonizadores huari de las tierras altas en el s. VII. También aseguró que se trata de un calendario astronómico desarrollado para usos agrícolas y que se habían trazado con exactitud matemática (y una cuerda muy larga). Sin embargo, los alineamientos que descubrió entre el sol, las estrellas y las líneas no consiguieron convencer a los expertos.

Más tarde, el director de documentales británico Tony Morrison planteó la hipótesis de que podían ser caminos que enlazaban huacas (lugares ceremoniales). Una teoría algo más surrealista del explorador Jim Woodman dice que el pueblo nazca sabía construir globos de aire caliente y que observaban las líneas desde el aire. O, si se cree al escritor George Von Breunig, las líneas eran una gigantesca pista de atletismo.

El antropólogo Johann Reinhard aportó una teoría más realista y, teniendo en cuenta el valor del agua en el desierto reseco por el sol, sugirió que las líneas estaban relacionadas con la adoración a la montaña y el culto a la fertilidad y el agua. Las recientes investigaciones del Swiss-Liechtenstein Foundation (SLSA; www.slsa.ch) coinciden en que tenían relación con el culto al agua, con lo que resulta paradójico que la teoría sobre la desaparición de la cultura nazca sugiera que se debió no a la sequía, sino a una devastadora lluvia causada por un fenómeno como El Niño.

arcos de reminiscencias andalusíes. Cuenta con un gran patio ajardinado donde hay una bonita piscina y una fuente, además de un planetario (con pases diarios), una tienda, una sala de estar confortable y un servicio eficiente y discreto.

Las habitaciones de la planta baja son más tradicionales y dan al romántico jardín; las de la planta superior son más modernas.

Casa Andina HOTEL-BOUTIQUE **$$$**
(☏01-213-9718; www.casa-andina.com; Bolognesi 367; h. desayuno bufé incl. 433-484 PEN; ❋@⍾☎)

Este hotel de una cadena peruana se encuentra entre las estaciones de autobuses y la plaza de Armas. Con un toque andino contemporáneo (lámparas de cuero y caminos de cama de tejidos típicos), ha consolidado su posición entre los alojamientos de alta categoría. Tiene un encantador aunque pequeño patio con palmeras y una piscina.

🍴 Dónde comer y beber

La calle Bolognesi, al oeste de la plaza de Armas, está llena de pizzerías, restaurantes y bares orientados a los forasteros.

VISTA DE CONJUNTO DESDE EL AIRE

En el 2010, cuando en un período de ocho meses dos pequeñas avionetas con turistas se estrellaron y murieron 13 personas, la mala publicidad se cebó con las Líneas de Nazca. Anteriormente, en el 2008, se había producido otro accidente igual de catastrófico en el que cinco turistas franceses perdieron la vida y, en el 2009, una avioneta tuvo que realizar un aterrizaje de emergencia en la Panamericana Sur.

Tras estos sucesos se llevaron a cabo varios cambios. Las 15 empresas de aeroplanos se han reducido a seis, todos los aparatos vuelan con dos pilotos y los precios se han encarecido con el fin de favorecer la revisión a conciencia de los aviones y evitar que se abarroten los vuelos para recortar gastos.

Con todo, cuando se elije una aerolínea no está de más anteponer la seguridad al dinero. Hay que recelar de cualquiera que pida menos de 80 US$ por la habitual excursión de 30 min y no dudar a la hora de preguntar por sus antecedentes en cuestión de seguridad y políticas de vuelo. **Aeroparacas** (☎01-641-7000; www.aeroparacas.com) es una de las mejores. Otros operadores con larga experiencia son **Aerodiana** (☎01-447-6824; www.aerodiana.com.pe) y **Alas Peruanas** (☎056-52-2444; www.alasperuanas.com). Algunos países, como EE UU, publican advertencias sobre los vuelos en las webs de sus ministerios de asuntos exteriores.

Si se realiza un vuelo conviene tener presente que, debido a que las avionetas viran a babor y estribor, la experiencia puede revolver el estómago, por lo que las personas que sufren mareos deberían tomar medicación antes de volar. Mirar al horizonte suele aliviar las náuseas ligeras.

La mayoría de las avionetas utilizan el **aeropuerto María Reiche Neuman**, 4 km al suroeste de Nazca, aunque también se puede despegar de Pisco y Lima. Además del precio del circuito el aeropuerto suele cobrar un impuesto de salida de 20 PEN.

Rico Pollo
PERUANA **$**

(Lima 190; principales desde 12 PEN) Local especializado en pollo, siempre abarrotado a la hora del almuerzo. Es una de las mejores opciones de la costa sur para comer carne a la barbacoa. Por 12 PEN sirve una comida de pechuga de pollo con patatas fritas y verdura. Las tartas y ensaladas son unos excelentes teloneros.

La Taberna
PERUANA **$**

(Lima 321; principales desde 15 PEN, menú 6 PEN; ⊙almuerzo y cena; 🖉) Las paredes de este tugurio están recubiertas de garabatos como testimonio de su popularidad. Se recomienda el pescado picante con salsa y una mezcla de marisco bautizada con el nombre provocador "Pescado a lo Macho", pero también hay platos vegetarianos.

La Kañada
PERUANA **$**

(Lima 160; principales 12-16 PEN, menú 10 PEN; ⊙8.00-23.00) Muy cerca de las estaciones de autobuses, este local con solera sirve todos los platos típicos peruanos. Su decente carta de cócteles incluye la algarrobina, un cóctel de pisco, leche y sirope de huarango.

⭐ Mamashana
INTERNACIONAL **$$**

(☎056-21-1286; www.mamashana.com; Bolognesi 270; principales 20-35 PEN; ⊙10.00-23.00; 🖉) Es uno de los restaurantes favoritos de los turistas. La comida es bastante buena, aunque pensada para satisfacer una clientela internacional, con bistecs, marisco, lasaña y hamburguesas. La planta superior ofrece buenas vistas; el comedor decorado con mimbre y madera a la vista le confieren un aire sudamericano.

Café La Encantada
INTERNACIONAL **$$**

(www.hotellaencantada.com.pe; Bolognesi 282; principales 20-40 PEN) Un establecimiento estupendo que destaca en el centro polvoriento de Nazca por su buena selección de vinos, excelente café, y un servicio amable. La extensa carta es una mezcla de sabores europeos (pasta, etc.) y platos típicos de Perú.

El Portón
PERUANA **$$**

(www.elportonrestaurante.com; Ignacio Moreseky 120; principales 20-35 PEN) Los comensales independientes quizá se sientan solos en este laberíntico restaurante nutrido con una dieta habitual de grupos de los circuitos de las Líneas de Nazca. Su carta se basa en patatas con salsa Huancayo, mejores que las habituales, aguacates rellenos y algunos platos principales más elaborados. Hay tríos musicales que se acercan a las mesas y cuya canción por defecto es *El cóndor pasa*.

La Estación Plaza Mayor BISTECS **$$**
(Bolognesi esq. Arica; comidas 15-25 PEN) Este antiguo local cuenta con un comedor rústico de madera y bambú con vistas a la plaza de Armas. La especialidad es la carne a la barbacoa.

❶ Información

BCP (Lima 495) Con cajero Visa/MasterCard; también cambian dólares estadounidenses.

Dircetur (Tacna 448, 3er piso) Oficina de información turística financiada por el Gobierno, que recomienda operadores turísticos. En el parque hay un puesto de información.

Hospital de Apoyo Nazca (☎056-52-2586; www.hospitalnazca.gob.pe; Callao s/n; ⊙24 h) Para urgencias.

Información turística Cabina con personal de turismo.

Comisaría de policía

Serpost (Castillo 379) Dos cuadras al oeste de la plaza de Armas.

PELIGROS Y ADVERTENCIAS

Nazca es generalmente segura para los viajeros, aunque no hay que bajar la guardia cuando se cruzan los puentes al sur de la ciudad por la noche. A los viajeros que lleguen en autobús los recibirán unos insistentes captadores (representantes) que intentan vender circuitos o llevarlos a hoteles. Puede que estas personas utilicen los nombres que se listan en esta guía, pero es mejor no confiar en ellos. No hay que desembolsar dinero hasta hablar personalmente con el propietario del hotel o de la agencia de circuitos y conseguir un itinerario confirmado por escrito. Conviene hacer los circuitos terrestres con una agencia de confianza, pues se han denunciado asaltos y robos a turistas extranjeros.

❶ Cómo llegar y desplazarse

Nazca es un destino principal de los autobuses que circulan por la Panamericana Sur y se llega fácilmente desde Lima, Ica o Arequipa. Las compañías de autobuses se congregan en el extremo oeste de la calle Lima, junto al óvalo (rotonda principal) y una manzana hacia la ciudad en esa misma calle. Los autobuses a Arequipa generalmente salen de Lima y para conseguir asiento hay que pagar la tarifa de Lima.

La mayoría de los servicios de largo recorrido salen a última hora de la tarde o por la noche.

Cruz del Sur (☎0801-11111; www.cruzdelsur. com.pe; av. Los Incas) y **Ormeño** (☎056-52-2058; www.grupo-ormeno.com.pe; av. Los Incas) operan unos cuantos autobuses diarios a Lima. Para arribar a paradas intermedias, como Ica y Pisco, se llega más rápido con las empresas más pequeñas de autobuses 'económicos', entre ellas **Flores** y **Soyuz** (☎056-52-1464), con autobuses a Ica cada media hora desde la av. Los Incas. Sus vehículos también paran en Palpa (3 PEN, 1 h).

Para ir directamente a Cuzco, algunas compañías como Cruz del Sur toman la carretera asfaltada hacia el este vía Abancay. Esta ruta sube a 4000 m de altura y hace mucho frío, por lo que se aconseja vestir ropa de abrigo y llevar el saco de dormir si se dispone de uno. También hay compañías que ofrecen autobuses directos a Cuzco vía Arequipa.

Autobuses de Nazca:

DESTINO	TARIFA (PEN)	DURACIÓN (H)
Arequipa	59-140	10-12
Camaná	60-120	7
Chala	15	3½
Cuzco	80-140	14
Lima	55-145	8
Ica	30-65	2½
Pisco	30-65	1½-2
Tacna	70-165	15

Para ir a Ica se puede elegir entre unos colectivos rápidos (15 PEN, 2 h) o unos microbuses, más lentos, que salen cuando están llenos desde la gasolinera cercana al óvalo. Unos anticuados colectivos esperan llenarse en la parte sur de la rotonda principal para ir a Chala (15 PEN, 2½ h).

El taxi desde el centro de Nazca al aeropuerto, a 4 km, cuesta unos 4 PEN.

Chala

☑054 / 2500 HAB.

Este pequeño y destartalado pueblo costero a unos 170 km de Nazca ofrece a los viajeros intrépidos la posibilidad de hacer una parada en el trayecto a Arequipa para visitar el yacimiento arqueológico de **Puerto Inca** (⊙24 h) GRATIS. De aquí solían partir recaderos con pescado fresco hasta Cuzco (un poco de Omega 3 justifica cualquier esfuerzo). El desvío, bien señalizado, está 10 km al norte del pueblo, en el km 603 de la Panamericana Sur, desde el que una pista de tierra de 3 km hacia el oeste lleva a las ruinas costeras.

El **Hotel Puerto Inka** (☎054-69-2608; www.puertoinka.com.pe; Panamericana Sur km 603; parcela/persona 15 PEN, i/d/tr/c desayuno incl. 119/189/249/299 PEN; Ⓟ☀♨), muy cerca del yacimiento, es un gran complejo turístico situado en una bonita bahía privada. Posee una zona de acampada con un edificio para las duchas junto al mar. También ofrece paseos a caballo y alquila *bodyboards*, kayaks y motos acuáticas. Las duchas son de agua salobre, pero los bungalós están bastante bien. El restaurante está abierto a mediodía, también para los que no sean clientes del hotel, pero solo se puede pagar en efectivo.

Los colectivos a Chala (15 PEN, 2½ h) salen del óvalo en Nazca cuando se llenan, desde primera hora de la mañana hasta media tarde. Los autobuses a Arequipa (35 PEN, 8 h) paran en Chala en una pequeña taquilla en la Panamericana Sur y la mayoría de los autobuses salen por la noche.

Camaná

☎054 / 14 600 HAB.

Tras dejar Chala sumida en el polvo, la Panamericana Sur se dirige 220 km hacia el sur aferrándose tortuosamente a las dunas que se abalanzan hacia el mar, hasta llegar al núcleo urbano de Camaná. Este pueblo costero ha sido desde siempre un popular complejo turístico veraniego para los arequipeños, que acuden a sus playas situadas a unos 5 km del centro. Aparte de estas, no hay mucho más que ver.

En la costa hay unos cuantos restaurantes y hoteles, algunos todavía con daños ocasionados por el tsunami del 2001, pero los viajeros en su mayoría se quedan en la ciudad, por lo que fuera de la temporada alta esta zona turística por la noche parece una ciudad fantasma. Los hoteles están abarrotados los fines de semana de verano de enero a abril.

El **Hotel de Turistas** (☎054-57-1113; Lima 138; i/d desayuno incl. 140/200 PEN; Ⓟ@☎♨) es un gran edificio elegante rodeado de amplios jardines, con un restaurante y un tobogán de agua dulce, que no tiene rival. Se puede ir a pie o en taxi desde las estaciones de autobuses.

La plaza principal está 15 min a pie en dirección a la costa por la carretera en la que paran todos los autobuses. Para ir al mar, los colectivos a la playa de La Punta (1 PEN, 10 min) salen del cruce en el que la av. Lima se vuelve peatonal.

Varias empresas operan autobuses con frecuencia hasta Arequipa (12 a 45 PEN, 3½ h), todas ellas con sucursal en Lima, incluida la lujosa **Cruz del Sur** (☎0801-11111; www.cruzdelsur.com.pe; Lima 474), y la más económica **Flores** (☎054-57-1013; www.floreshnos.net; Lima 200). Cruz del Sur y otras compañías de autobuses más pequeñas también ofrecen servicios diarios a Lima (35-135 PEN, 12 h) que paran en la mayoría de los puntos costeros intermedios como Chala (15 PEN, 4½ h) y Nazca (45 PEN, 7 h).

Mollendo

☎054 / 22 800 HAB.

El Sendero Gringo gira bruscamente a la izquierda al sur de Camaná para desviarse hacia el interior en dirección a Arequipa, por lo que la siguiente parada en la costa, Mollendo, es el reducto de unos cuantos surfistas intrépidos, que se unen al flujo estacional de arequipeños con ganas de playa. Es el pueblo más bello con diferencia del sur de la costa meridional, que desciende hacia la playa en forma de concha, con unos cuantos bonitos edificios de madera de dos plantas, de más de cien años de antigüedad.

No es una población muy animada (no hay mucha gente) fuera de la temporada de verano (enero a abril). La historia de Mollendo atestigua su ocupación inca y chilena. Pero es más famoso por ser el lugar en el que nació

FUERA DE RUTA

SANTUARIO NACIONAL LAGUNAS DE MEJÍA

Este **santuario** (ctra. Mollendo km 32; entrada 5 PEN; ☺amanecer-anochecer) de 690 Ha, que abarca una sucesión de playas 6 km al sureste de Mejía, protege las lagunas costeras, que son los mayores depósitos permanentes de agua en 1500 km de costa del desierto. Atraen a más de 200 especies de aves costeras y migratorias, las cuales se observan mejor a primera hora de la mañana. El centro de visitantes ofrece mapas de los senderos que conducen a los miradores a través de las dunas. Durante el día parten frecuentes colectivos desde Mollendo que pasan junto al centro de visitantes (3 PEN, 30 min). El personal ayuda a conseguir transporte, que es más escaso a últimas horas de la tarde.

Abimael Guzmán, alias presidente Gonzalo, el profesor de filosofía convertido en agitador político y líder de Sendero Luminoso en 1980. Entre los que no toman el sol, Mollendo es venerado por su reserva de aves en la cercana laguna de Mejía.

Puntos de interés y actividades

Hay varias olas famosas (casi todas de izquierda) en la carretera costera al sur del parque acuático. Suelen ser buenas en invierno, pero si son demasiado grandes hay que saber retirarse a tiempo.

Parque acuático PARQUE DE ATRACCIONES
(adultos/niños 4/2 PEN) Cuando las temperaturas son abrasadoras (de enero a marzo) el parque acuático abre sus puertas y las discotecas frente a la playa no cierran hasta la madrugada.

El Castillo de Forga EDIFICIO HISTÓRICO
Fue erigido en 1908 en un risco entre dos playas justo al sur del centro de la ciudad, por orden de un rico arequipeño enamorado de la arquitectura europea. Esta mansión solariega está desocupada en la actualidad, pero se han recibido propuestas de convertirla en un casino.

Dónde dormir y comer

En temporada alta, de enero a abril, es imperativo reservar.

Hostal La Casona HOTEL $
(☏054-53-3160; henrymagrove@hotmail.com; Arequipa 188-192; i/d 50/60 PEN; ☎) Es la opción más económica en el centro, con habitaciones luminosas de techos altos, televisión por cable y agua caliente. El personal es algo estirado, pero el ambiente es relajado.

Hotel Bahía del Puerto HOTEL $$
(☏054-53-2990; hotelbahiadelpuerto@hotmail.com; Ugarte 301; i/d desayuno incl. 60/110 PEN; ❋@☎☀) El mejor hotel de Mollendo es una ganga: algunas habitaciones tienen vistas al océano, grandes televisores de pantalla plana y colchas hechas a mano.

El Hostalito HOTEL $$
(☏054-53-4365; el_hostalito_mollendo@yahoo.com; Blondell 169; i/d/tr incl. desayuno 70/120/160 PEN; ☎) Situado en lo alto de una colina, dos manzanas al sur de la plaza principal, es una buena opción económica, con vistas limitadas al océano desde la planta superior. Las estan-

cias son pequeñas pero acogedoras, con motivos florales y ventiladores. También cuenta con una pequeña terraza en la parte trasera.

★**Marco Antonio** PERUANA $$
(Comercio 258; principales 20-30 PEN; ☺8.00-20.00 lu-sa, 8.00-19.00 do; ☎) Este café restaurante destaca por su buen ambiente, con un estilo clásico y algún toque moderno. Los platos de marisco son sencillos y modestos, pero deliciosos.

Cómo llegar y desplazarse

La terminal terrestre (estación de autobuses) está 2 km al noroeste del centro; cobra un impuesto de salida de 1 PEN. **Santa Úrsula** (☏054-53-2586) ofrece autobuses frecuentes todo el día a Arequipa (8 PEN, 2 h). Los colectivos esperan fuera de la terminal para llevar a los pasajeros que llegan a las plazas y la playa del pueblo (1 PEN, 10 min); también se puede ir a pie.

Las combis (1,20 PEN, 20 min) y los colectivos (2 PEN, 15 min) al complejo playero de Mejía salen de la esquina de Valdivia y Arequipa. Por desgracia, no hay autobuses directos a Moquegua o Tacna. Los colectivos y microbuses con el cartel "El Valle" salen de Mollendo desde el extremo de Mariscal Castilla, junto a una gasolinera, y pasan por Mejía y el valle del río Tambo antes de llegar a Cocachacra (4 PEN, 1½ h). Allí se puede tomar un colectivo en dirección El Fiscal (3 PEN, 15 min), una gasolinera de mala muerte en la que paran los atestados autobuses a Moquegua, Tacna, Arequipa y Lima.

Moquegua

☏053 / 56 000 HAB. / ALT. 1420 M
Esta ciudad, situada en el extremo del desierto más seco del mundo, desafía la casi ausencia total de lluvia con su próspera industria vinícola y un valle repleto de campos verdes y vacas, que parece sacado del norte de Francia (sin duda por los ríos). Posee una pintoresca plaza, aunque no hay más con lo que entretenerse durante una rápida, pero en absoluto desagradable, parada para pernoctar.

Puntos de interés y actividades

La pequeña y sombreada plaza de Armas posee una fuente de hierro forjado del s. XIX, que se cree fue diseñada en el taller de Gustavo Eiffel, y unos jardines con flores que la convierten en un preciado oasis lejos del invasor desierto.

El **Museo Contisuyo** (☎053-46-1844; www.museocontisuyo.com; Tacna 294; entrada 3 PEN; ⊙8.00-13.00 y 14.30-17.30 mi-lu, 8.00-12.00 y 16.00-20.00 ma), con financiación extranjera, alberga una pequeña pero excelente reserva de piezas arqueológicas, con fotos de excavaciones recientes, además de exposiciones de artistas locales.

La **Iglesia Matriz** (plaza de Armas) es la más antigua de la ciudad; se halla en un estado ruinoso desde el terremoto de 1868. Enfrente se encuentra la **prisión colonial** española del s. XVIII, con intimidantes rejas de hierro. En una esquina de la plaza de Armas puede verse la **Casa Posada de Teresa Podesta** (Ancash esq. Ayacucho; entrada 2 PEN; ⊙10.00-15.00 lu-vi), una imponente mansión colonial cuyo interior sigue intacto.

El centro invita a pasear para conocer los típicos tejados de paja de caña de azúcar, en especial en la calle Moquegua, y ver el interior de la **catedral de Santa Catalina** (Ayacucho), que alberga el cuerpo de santa Fortunata, del s. XVIII, cuyo cabello y uñas al parecer siguen creciendo.

El **Cristo Blanco,** una estatua blanca de Jesucristo instalada en el 2002, domina el parque del acantilado cercano a la ciudad, que cuenta con columpios, un pequeño puente colgante y amplias vistas del oasis de Moquegua y el desierto circundante.

Cerro Baúl

Una excursión fuera de la ciudad que merece la pena es la empinada colina con cima plana del **cerro Baúl,** 18 km al noroeste de Moquegua, que en tiempos fue una cervecería real del pueblo huari. Al igual que en las posteriores tradiciones incas, las encargadas de elaborar la cerveza eran las mujeres huari de clase alta. Los arqueólogos que continúan trabajando en las excavaciones creen que las instalaciones fueron destruidas por un incendio ceremonial tras una última fiesta con chicha (cerveza de maíz fermentado), aunque sigue siendo un misterio por qué se abandonó con tal celeridad. La accidentada ascensión a la cima, que ofrece vistas panorámicas, dura cerca de una hora. Un taxi ida y vuelta desde Moquegua cuesta 30 PEN, pero también se puede tomar una combi (1,50 PEN) o un colectivo (3 PEN) en dirección a Torata desde el centro de Moquegua y pedir que pare en Cerro Baúl.

🛏 Dónde dormir y comer

Se recomienda evitar los albergues baratos cercanos a las estaciones de autobuses y elegir una opción más segura en el centro.

Hostal Plaza HOTEL **$**
(☎053-46-1612; Ayacucho 675; i/d/tr 55/60/75 PEN; 🖢) Limpio hotel junto a la plaza. Algunas de las habitaciones de la parte superior tienen buenas vistas a la catedral; todas son espaciosas y cuentan con televisión por cable de pantalla grande.

Hostal Arequipa HOTEL **$**
(☎053-46-1338; Arequipa 360; i/d/tr 50/60/70 PEN; 🖢) Ubicado en una animada calle principal cercana a la plaza, ofrece habitaciones limpias y acogedoras, con duchas de agua caliente y televisión por cable. El servicio es razonablemente agradable y servicial.

Vissios Pizzeria PIZZERÍA **$**
(Plaza de Armas 343; principales 13-23 PEN) Las modernas fotografías de sus paredes rojas y el servicio de sus camareros consiguen que el ambiente sea más elegante que el de las pizzerías habituales. Las *pizzas,* pastas y un sospechoso y dulzón vino de Moquegua encabezan su próspero negocio de comidas para tomar o llevar. A pesar de no ser Nápoles, se agradece su presencia en medio del desierto peruano.

Roda Fruta DESAYUNO **$**
(Moquegua 439; desayuno 8-12 PEN) Saludable establecimiento de desayunos que sirve huevos, cereales, yogur y ensalada de frutas en un ambiente distendido. Cuenta con una sucursal en la calle Arequipa.

ℹ Información

BCP (Moquegua 861) Posee un cajero automático Visa/MasterCard 24 h.
Oficina de turismo Municipal (Casa de la Cultura, c. Moquegua; ⊙7.00-16.00) Gestionada por el Gobierno local.

ℹ Cómo llegar y salir

Los autobuses salen de varias terminales pequeñas situadas al suroeste de la plaza de Armas, donde también hay colectivos más rápidos, aunque menos seguros y más caros, que salen cuando están llenos a Ilo (12 PEN, 1½ h) y Arequipa (30 PEN, 3½ h).

Los lujosos autobuses **Ormeño** (☎053-76-1149; www.grupo-ormeno.com.pe; av. La Paz 524) y los más económicos de la empresa **Flores**

(☎053-46-2647; www.floreshnos.net; av. Ejercito s/n) van a Lima vía Nazca e Ica, y hacia el sur hasta Tacna. Esta última y otras dos compañías también van al oeste hasta Ilo. Hay muchas empresas con servicios a Arequipa.

Los autobuses de otras compañías más pequeñas, como **San Martín** (☎95-352-1550; av. La Paz 175), toman una ruta casi toda asfaltada hasta Puno (25 PEN, 9 h) vía Desaguadero, en la frontera boliviana (18 PEN, 6 h), y normalmente salen por la noche.

Autobuses desde Moquegua:

DESTINO	TARIFAS (PEN)	DURACIÓN (H)
Arequipa	30	3½-4
Ilo	20-30	1½
Lima	50-144	16-20
Puno	25	9
Tacna	10	3

Ilo

☎053 / 58 700 HAB.

Es un feo puerto departamental 95 km al suroeste de Moquegua que se utiliza principalmente para enviar por barco el cobre de la mina de Toquepala y vino y aguacates de Moquegua más al sur. Cabe destacar el agradable paseo marítimo. A lo largo de la costa se sitúan algunos hoteles de lujo, que en verano se llenan de peruanos de vacaciones, pero aunque la playa es larga y en curva, el agua está turbia y no invita al baño.

◉ Puntos de interés

Museo Municipal de Sitio　　　　MUSEO
(☎053-83-5000; Centro Mallqui; entrada 5 PEN; ◐10.00-15.00 lu-sa, 10.00-14.00 do) Posee una notable colección de exposiciones sobre la arqueología y la agricultura de la zona, con cerámica, tejidos, sombreros de plumas y una llama momificada. Está 15 km hacia el interior, en El Algarrobal. Un taxi ida y vuelta cuesta 30 PEN.

🛏 Dónde dormir y comer

No hay razón para pasar la noche aquí, aunque hay muchas opciones.

Hotel Kristal Azul　　　　HOTEL $$
(☎053-48-4050; av. 28 de Julio 664; i/d 60/90 PEN; 🕿) A dos manzanas de la estación de autobús, este hotel situado encima de una pizzería, aunque no tiene nada especial, está limpio y el precio incluye el desayuno.

Los Corales　　　　MARISCO $$
(Malecón Miramar 504; principales 14-30 PEN; ◐almuerzo y cena; 🕿) Su excelente ubicación frente al mar garantiza la frescura de su marisco, como el pulpo al olivo (con aceite de oliva), el aperitivo frío favorito de los lugareños.

❶ Cómo llegar y salir

La mayoría de los autobuses salen de la terminal del centro, a un par de manzanas de la plaza y de la playa.

Flores (☎053-48-2512; www.floreshnos.net; Ilo esq. Matará) va a Tacna (10 PEN, 3½ h), Moquegua (8 PEN, 1½ h) y Arequipa (18 PEN, 5½ h) donde se puede hacer transbordo para seguir viaje.

Los colectivos a Tacna, y a veces a Moquegua, más rápidos y algo más caros, salen cuando están llenos de las calles cercanas a las estaciones de autobuses más pequeñas.

Tacna

☎052 / 262 700 HAB. / ALT. 460 M

Un acerado patriotismo reina en esta ciudad, el asentamiento más meridional del país, que perteneció a Chile hasta 1929 (el presidente chileno Salvador Allende pasó allí ocho años de su infancia) y en la actualidad es parte orgullosa e inequívoca de Perú. Para recordarlo, los domingos por la mañana se lleva a cabo una solemne ceremonia en la plaza principal, en la que se iza la bandera. Abundan las estatuas de héroes, las frondosas avenidas e hiperbólicas exposiciones en museos dedicados al glorioso pasado de Perú.

Para los forasteros el papel principal de esta población es el de una escala, de camino a su antiguo enemigo, Chile. Las cordiales relaciones actuales entre los dos países simplifican enormemente el cruce de la frontera. Si se sufre algún retraso en la ciudad, un trío de pequeños museos y algunos bares y restaurantes de estilo europeo entretienen la espera.

◉ Puntos de interés

Plaza de Armas　　　　PLAZA
En la plaza principal de Tacna hay palmeras y pérgolas con una cubierta vegetal que recuerdan a champiñones. Esta plaza, que aparece en el anverso de los billetes de 100 PEN, cuenta con un gran arco, que es un monumento a los héroes de la Guerra del Pacífico, flanqueado por las épicas estatuas en bronce del almirante Grau y el coronel Bolognesi. La **fuente** de bronce

cercana, de 6 m de altura, es una creación del ingeniero francés Gustavo Eiffel, que también diseñó la catedral, famosa por sus pequeñas, pero exquisitas vidrieras y el altar mayor de ónice.

Museo Ferroviario   MUSEO
(📞052-24-5572; entrada 5 PEN; ⏰8.00-18.00) Está ubicado en la estación de trenes –hay que llamar al timbre en la puerta sur– y da la impresión de que se retrocede en el tiempo. Se puede pasear entre bonitas máquinas de vapor del s. xx no demasiado bien conservadas y otros artefactos del parque móvil.

A unos 15 min a pie al sur de la estación, se halla una locomotora británica construida en 1859 y utilizada para transportar a la tropa en la Guerra del Pacífico. La máquina es la atracción principal del parque de la Locomotora, que, por lo demás, es un vacío terreno junto a la carretera.

Casa Museo Basadre   MUSEO
(Plaza de Armas 212; donativo recomendado; ⏰9.00-17.00) Bautizada con el nombre de un historiador local nacido en 1903, es más un centro cultural que un museo (aunque cuenta con algunas fotos y exposiciones). En el interior hay carteles que anuncian actividades musicales y artísticas.

Museo de Zela   MUSEO
(Zela 542; ⏰8.00-12.00 y 15.00-17.00 lu-sa) GRATIS Este pequeño y anticuado museo proporciona acceso al interior de uno de los edificios coloniales más antiguos de Tacna, la Casa de Zela.

Museo Histórico Regional   MUSEO
(Casa de la Cultura, Apurímac 202; entrada 5 PEN; ⏰8.00-12.00 y 13.30-17.00 lu-vi) Se halla en la parte superior de la biblioteca y es tan patriótico como todo en Tacna. Cinco grandes cuadros adornan las paredes y hay bustos de héroes como Zela, Bolognesi y Ugarte entre vetustas espadas, cartas amarillentas e información sobre la Guerra del Pacífico contra el antiguo enemigo, Chile.

🛏 Dónde dormir

Existen muchas opciones de alojamiento para los viajeros que cruzan la frontera en Tacna, aunque casi todos son muy caros y suelen estar bastante llenos, sobre todo por la afluencia de chilenos que aprovechan el fin de semana para ir de compras o al dentista en Perú.

Hostal Le Prince   HOTEL $
(📞052-42-1252; Zela 728; i/d 70/80 PEN; 🅿🛜) Un alojamiento económico y moderno, además de una buena alternativa si no se quiere pagar el precio de las opciones más elegantes de la ciudad.

Hotel Dorado   HOTEL $$
(📞052-41-5741; www.doradohoteltacna.com; av. Arias Aragüez 145; i/d/tr desayuno incl. 129/179/209 PEN; @🛜) Presume de ser el hotel más distinguido de Tacna. Sus cortinas son gruesas, en el vestíbulo destacan relucientes balaustradas y los botones llevan las maletas a la habitación. A pesar de que no logra emular la elegante exclusividad de un hotel urbano europeo, hace todo lo posible por intentarlo.

Gran Hotel Tacna   HOTEL $$
(📞052-42-4193; www.granhoteltacna.com; Bolognesi 300; i/d desayuno incl. 214/244 PEN; @🛜🏊) Su arquitectura resulta poco interesante, por lo que da la sensación de un resort en el centro de la ciudad y, ciertamente, posee varios bares y restaurantes, tienda, piscina y camareros con chaleco que se afanan por parecer muy ocupados. No es el establecimiento más elegante, pero sin duda es el más completo (y caro).

🍴 Dónde comer

Los platos locales más populares son la patasca a la tacneña, una espesa y picante sopa de verdura y carne, y el picante a la tacneña, callos muy picantes (sabe mejor de lo que parece).

Café Verdi   CAFÉ $
(Vigil 57; tentempiés 3-8 PEN, menú 7,50 PEN; ⏰8.30-21.00 lu-sa) Una cafetería de la vieja escuela con bollería y postres, además de un menú a precio asequible, donde las mesas siempre están ocupadas. La mitad de la clientela parece llevar 50 años utilizándolas. Seguramente lo ha hecho.

⭐ Café Da Vinci   EUROPEA $$
(Av. Arias Aragüez 122; principales 23-40 PEN; ⏰11.00-23.00) Sin duda hay algo europeo en la comida y decoración de este establecimiento con paneles de madera, en el que los camareros bien vestidos y con sonrisa a lo Mona Lisa ofrecen cartas en las que aparecen fabulosas baguetes, *pizzas*, generosas copas de vino tinto seco y decente comida peruana. El lugar de honor lo ocupa su auténtica cafetera italiana.

Tacna

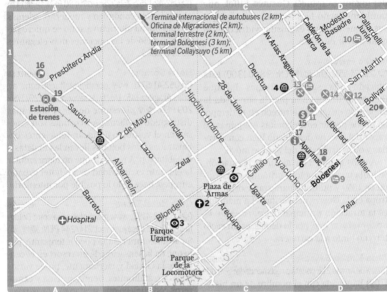

COSTA SUR TACNA

Restaurante Uros FUSIÓN **$$**
(www.restauranteuros.com; av. San Martín 608; principales 22-35 PEN) Una muestra de la cocina novoandina (*nouvelle cuisine* peruana) sin demasiadas pretensiones, con fotos de los platos incluidos en la carta.

Mushna INTERNACIONAL **$$**
(Av. Arias Aragüez 204; principales 25-35 PEN) Restaurante-bar posmoderno que parece proceder de Arica, Chile. La presentación de los platos es muy artística y su interior es más de local nocturno que de restaurante. Abundan los cócteles.

🍷 Dónde beber

Las pequeñas calles peatonales Libertad y Vigil son el centro de la limitada vida nocturna de Tacna.

🛈 Información

Hay abundantes cibercafés y la mayoría ofrece llamadas locales, de larga distancia e internacionales baratas. Es fácil cambiar pesos chilenos, nuevos soles peruanos y dólares estadounidenses. En la terminal terrestre (estación de autobuses) hay un cajero internacional.

BCP (San Martín 574) Con cajero Visa/Master-Card y anticipos de efectivo con tarjeta Visa.

Consulado de Bolivia (☑052-25-5121; Bolognesi 1751) Los ciudadanos de ciertos países (incluidos los de EE UU) tienen que pedir un visado con un mes de antelación, con un coste de 135 US$. En algunos puestos fronterizos bolivianos se emiten visados al momento al pagar en US$. Conviene informarse antes.

Consulado de Chile (☑052-42-3063; Presbítero Andía s/n) La mayoría de los viajeros no necesita visado chileno para cruzar la frontera.

Hospital (☑052-42-2121, 052-42-3361; Blondell s/n; ☼24 h) Para urgencias.

iPerú (☑052-42-5514; San Martín 491; ☼8.30-19.30 lu-vi, hasta 14.30 sa) Oficina de turismo nacional con información y folletos gratuitos.

Oficina de Migraciones (☑052-24-3231; Circunvalación s/n, Urb. El Triángulo; ☼8.00-16.00 lu-vi) Oficina de inmigración.

Policía (☑052-41-4141; Calderón de la Barca 353; ☼24 h) Policía.

🛈 Cómo llegar y salir

AVIÓN

El **aeropuerto** de Tacna (TCQ) se encuentra 5 km al oeste de la ciudad. **LAN** (☑052-42-8346; www.lan.com; Apurímac 101; ☼8.30-19.00 lu-vi, 9.00-14.00 sa) y **Peruvian Airlines** (www.peruvian.pe; av. Bolognesi 670) ofrecen conexiones diarias con Lima, además de vuelos a Arequipa y Cuzco en temporada alta.

Tacna

⊙ Puntos de interés
1 Casa Museo Basadre..........................C2
2 Catedral...C3
3 Fuente...B3
4 Museo de Zela....................................C1
5 Museo Ferroviario..............................A2
6 Museo Histórico Regional..................D2
7 Plaza de Armas..................................C2

⊜ Dónde dormir
8 Hotel Dorado.....................................D1
9 Gran Hotel Tacna...............................D2
10 Hostal Le Prince.................................D1

⊗ Dónde comer
11 Café Da Vinci.....................................D2
12 Café Verdi..D1
13 Mushna..D1
14 Restaurante Uros..............................D1

❶ Información
15 BCP...D2
16 Consulado de Chile.............................A1
17 iPerú..D2

❶ Transporte
18 LAN...D2
19 PeruRail (venta de billetes)................A1
20 Peruvian Airlines...............................D2

AUTOBÚS

La mayoría de los autobuses de largo recorrido salen de la **terminal terrestre**, en Hipólito Unanue, en el extremo noroeste de la ciudad, excepto algunos autobuses a Juliaca, Desaguadero y Puno, que salen de la **terminal Collaysuyo**, situada en el distrito de Alta Alianza, en el norte de la ciudad.

Hay transportes frecuentes (10 PEN) a Arica, en Chile, entre las 6.00 y las 22.00 desde la terminal internacional, frente a la terminal terrestre.

San Martín (☏952-524-252; Terminal Collaysuyo) opera autobuses nocturnos económicos y otros de lujo a Puno vía Desaguadero en la frontera boliviana, con Cuzco como destino final. Suelen salir por la noche de la terminal Collaysuyo. Para hacer esta ruta conviene elegir el mejor autobús, pues si no el viaje puede resultar una pesadilla: frío, sacudidas y pocas paradas para ir al servicio. También se puede volver a Arequipa y hacer un transbordo allí.

Los agentes de inmigración o de aduanas paran y registran con frecuencia los autobuses de largo recorrido cerca de Tacna, por lo que conviene tener el pasaporte a mano.

En la terminal terrestre se paga un impuesto de 1 PEN por el uso de la misma. Las compañías habituales cubren todos los destinos del norte, entre ellas **Ormeño** (☏052-42-3292; www.grupo-ormeno.com.pe; terminal terrestre) y la más económica **Flores** (☏052-74-1150; www.floreshnos.net; terminal terrestre).

Autobuses desde Tacna:

DESTINO	TARIFA (PEN)	DURACIÓN (H)
Arequipa	15-35	7
Cuzco	60-125	17
Ilo	10	3½
Lima	50-144	18-22
Moquegua	10	3
Puno	25-45	10

TAXI

Muchos colectivos (18 PEN, 1-2 h) a Arica, en Chile, salen de la terminal internacional, frente a la terminal terrestre, para cruzar la **frontera chilena** (⊘8.00-24.00 do-ju, 24 h vi y sa).

Los colectivos a Moquegua (15 PEN, 2½ h), y a veces a Ilo, más rápidos pero mucho menos seguros, salen cuando están llenos desde el mercado Grau, a corta distancia a pie de la terminal terrestre. En la peligrosa zona del mercado se recomienda andar con cuidado.

CHILE POR EL PASO FRONTERIZO DE TACNA

Las formalidades para atravesar la frontera son relativamente sencillas. Existen tres tipos de transporte: tren, autobús público o colectivo (taxi compartido), este último es el más eficaz. Unas empresas profesionales con mostradores en la terminal internacional de autobuses de Tacna gestionan los taxis de cinco pasajeros. Cobran en torno a 18 PEN por el viaje de 65 km hasta Arica, en Chile, con paradas en los dos puestos fronterizos. La mayoría del papeleo se realiza antes de subir al vehículo. En un buen día el viaje se realiza en poco más de una hora. El autobús público es más barato (10 PEN), pero más lento, pues hay que esperar a que bajen todos los pasajeros y pasen por la aduana.

El puesto fronterizo chileno abre de 8.00 a 24.00 de domingo a jueves, y las 24 horas los viernes y sábados. Chile tiene una hora de adelanto respecto a Perú y dos durante el horario de verano, del último domingo de octubre al primer domingo de abril. Desde Arica se puede continuar hacia el sur hasta Chile, o hacia el noroeste hasta Bolivia, en avión o autobús. Para más información consúltese *Sudamérica para mochileros* y *Chile y la isla de Pascua* de Lonely Planet.

TREN

El ferrocarril entre la estación de trenes (av. 2 de Mayo) de Tacna y Arica, en Chile (10 PEN/ 2000 CLP, 1½ h), es la forma más barata y encantadora de cruzar la frontera, aunque también la más lenta. El pasaporte se sella en la estación de Tacna, antes de subir al tren. No hay parada en la frontera y cuando se llega a Chile, junto a la plaza de Armas de Arica, se estampa el sello de entrada. Aunque esta histórica vía férrea es obligatoria para los aficionados al ferrocarril, el servicio es imprevisible y los horarios, poco prácticos. En el momento de redactar esta guía había dos trenes diarios que salían de Tacna a las 4.00 y 6.00. Los de regreso salen de Arica a las 16.00 y 18.00. Conviene comprobar los horarios actualizados en la estación.

❶ Cómo desplazarse

Un taxi entre el aeropuerto y el centro de la ciudad cuesta 5 PEN y desde el centro a las terminales de autobuses 3 PEN aproximadamente.

Arequipa y la tierra de los cañones

Incluye »

Los mejores restaurantes

➡ Zíngaro (p. 158)

➡ Tradición Arequipeña (p. 157)

➡ Zig Zag (p. 158)

➡ Chicha (p. 160)

Los mejores alojamientos

➡ Hotel Casona Solar (p. 156)

➡ Hostal Los Tambos (p. 156)

➡ Colca Lodge (p. 170)

➡ Casa Andina (p. 168)

Por qué ir

La provincia de Arequipa es la gran entrada combinada de Perú: auténtica inmersión histórica y apasionante aventura andina en el mismo espacio vital. Un espectacular contraste donde las riquezas culturales de una de las más refinadas ciudades coloniales de Sudamérica quedan a 1 h por carretera de los dos cañones más profundos del mundo. Arequipa, la artística, audaz e infatigable metrópoli a la sombra del volcán Misti, ofrece abundante esparcimiento urbano. Hacia el noroeste se hallan los cañones del Colca y del Cotahuasi, cuya profundidad impresionante es pura estadística comparada con los cóndores andinos, épicas excursiones y antiguas tradiciones españolas, incas y preincaicas que cobijan. Otras de sus propuestas son el valle de los Volcanes, incrustado en lava, los inquietantes petroglifos de Toro Muerto y el árido paso de Patapampa, cuya carretera asciende a 4910 m, una altitud que no poseen ni Europa Occidental ni Norteamérica.

Cuándo ir
Arequipa

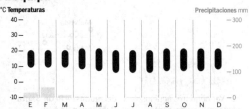

Mar-abr Las procesiones de Semana Santa de Arequipa rivalizan con las de España.

Abr-dic Sublimes excursiones por los cañones del Colca y del Cotahuasi, cuando finaliza la época de las lluvias.

Jun-sep Es la epoca ideal para ver cóndores andinos sobrevolando el cañón del Colca.

AREQUIPA

054 / 969 300 HAB. / ALT. 2350 M

Ser comparsa de Cuz*y Machu Picchu en el circuito turístico de Perú no es agradable, aunque ese detalle preocupa poco a los arequipeños. Hay peruanos que bromean sobre la necesidad de un pasaporte distinto para entrar en la segunda ciudad más grande de Perú, una metrópolis diez veces menor que

Lima, pero igual en términos culinarios, importancia histórica y conciencia de sí misma.

Esta ciudad, protegida por tres espectaculares volcanes, disfruta de una espléndida ubicación, aunque precaria, pues se halla en una región sacudida por terremotos. El último causó importantes daños en el 2001. Por suerte, la arquitectura de la ciudad, un formidable conjunto de edificios barrocos

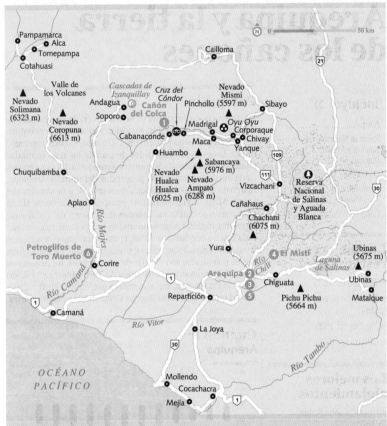

Imprescindible

① Ver cóndores andinos planeando en corrientes térmicas sobre las paredes casi verticales del **cañón del Colca** (p. 166).

② Imaginar la austera y monástica vida que se llevaba en el interior de los altos muros de piedra

del **monasterio de Santa Catalina** (p. 147) de Arequipa.

③ Tomar una cena tradicional en una de sus **picanterías** (p. 157).

④ Intentar llegar a la cima del cono casi simétrico del **volcán Misti** (p. 165).

⑤ Observar los restos congelados de Juanita en el **Museo Santuarios Andinos** (p. 150).

⑥ Meditar sobre el sentido de los misteriosos **petroglifos de Toro Muerto** (p. 172).

extraídos de la blanca roca de sillar volcánico de la zona, ha resistido casi todo lo que la madre tierra le ha echado. En el 2000, su casco viejo fue declarado Patrimonio Mundial por la Unesco y la imagen de su enorme catedral, con la etérea silueta de los 5825 m del Misti como telón de fondo, es razón más que suficiente para visitarla.

Aparte de su bonito paisaje urbano, Arequipa ha desempeñado un papel fundamental en el renacer gastronómico de Perú; clásicos platos especiados como el rocoto (pimiento rojo picante) relleno, el chupe de camarones y la *ocopa* (patata hervida, con una salsa cremosa y especiada), se disfrutan mejor en los restaurantes comunes de la ciudad, pues todos son originarios de aquí.

Los arequipeños son gente orgullosa a la que le gusta el debate intelectual, especialmente sobre sus fervientes creencias políticas, que históricamente han encontrado voz a través de manifestaciones regulares en la plaza de Armas. No sorprende que sea la cuna de Mario Vargas Llosa, uno de los novelistas más influyentes de Latinoamérica, que en 1990 fue candidato a la presidencia.

Historia

Los restos de asentamientos de pueblos indígenas preincaicos procedentes del lago Titicaca llevaron a pensar que los aimara dieron nombre a la ciudad (en aimara *ari* significa "pico" y *quipa* "detrás"; por lo que Arequipa es "el lugar detrás del pico" del Misti). Sin embargo, según otra leyenda, el cuarto inca, Mayta Cápac, que estaba de viaje por el valle, le encantó y ordenó a su séquito: "Ari, quipay", que quiere decir "Sí, parad". Los españoles volvieron a fundar la ciudad el 15 de agosto de 1540, una fecha que se celebra con una semana de festejos.

Arequipa se halla en una zona propensa a los desastres naturales; fue totalmente destruida por terremotos y erupciones volcánicas en 1600 y desde entonces ha sufrido devastadores terremotos en 1687, 1868, 1958, 1960 y en el 2001. Por ello, muchos de sus edificios son bajos, con el fin de dotarlos de más estabilidad. A pesar de ello, muchas de sus estructuras históricas siguen en pie.

◉ Puntos de interés

Monasterio de Santa Catalina   MONASTERIO
(✆054-22-1213; www.santacatalina.org.pe; Santa Catalina 301; entrada 40 PEN; ⊙8.00-17.00, hasta 20.00 ma y ju, último acceso 1 h antes del cierre) De visita obligada, incluso si se sufre una sobre-

dosis de edificios coloniales. Ocupa toda una cuadra, está resguardado por unos imponentes muros y es uno de los edificios religiosos más fascinantes del país. Y no solo eso, este complejo de 20 000 m² es casi una ciudadela dentro de la ciudad. Fue fundado en 1580 por una rica viuda, doña María de Guzmán. Se entra por la esquina sureste.

La mejor forma de visitarlo es contratar a uno de los guías, disponibles por 20 PEN a la entrada, ya que brindan mucha información interesante. Los circuitos guiados duran 1 h y después se sigue la visita solo, hasta la hora de cierre. También abre dos noches a la semana para que los visitantes puedan recorrer sus tenebrosas instalaciones con velas, tal como hacían las monjas hace siglos.

También se puede visitar sin guía, emparparse del ambiente meditativo y perderse (hay un plano en miniatura muy bien impreso en el reverso de la entrada, por si alguien prefiere orientarse solo). Una buena forma de emprender una visita por cuenta propia es empezar por los tres **claustros** principales. El arco del silencio conduce al **claustro de las novicias**, con un árbol del caucho en el centro del patio. Una vez atravesado el arco, las novicias debían cerrar los labios en un solemne voto de silencio y entregarse a una vida de trabajo y oración. El noviciado duraba cuatro años, durante los cuales sus ricas familias debían pagar una dote de 100 monedas de oro al año. Luego podían hacer los votos y entrar en la orden, o abandonar el convento, opción que sin duda habría deshonrado a la familia.

Las novicias graduadas pasaban al **claustro de los naranjos**, que debe su nombre a los naranjos que adornan su patio, que representaban la renovación y la vida eterna. Desde allí se accede a la **sala profundis**, la capilla ardiente en la que se lloraba a las monjas fallecidas y en cuyas paredes hay cuadros de las difuntas. Los pintores tenían 24 h para hacer esos retratos póstumos, pues realizarlos en vida era impensable.

La **calle Córdoba**, que sale del claustro de los naranjos, está flanqueada por las celdas de las religiosas. Aquí vivían una o más monjas, junto con algunas sirvientas, puesto que esas moradas eran austeras o lujosas, dependiendo de la riqueza de sus ocupantes. La **calle Toledo** conduce a la cafetería, que sirve pasteles recién horneados y café, y al lavadero comunal, en el que las sirvientas lavaban con el agua de las escorrentías de la montaña, canalizada a tinajas de barro.

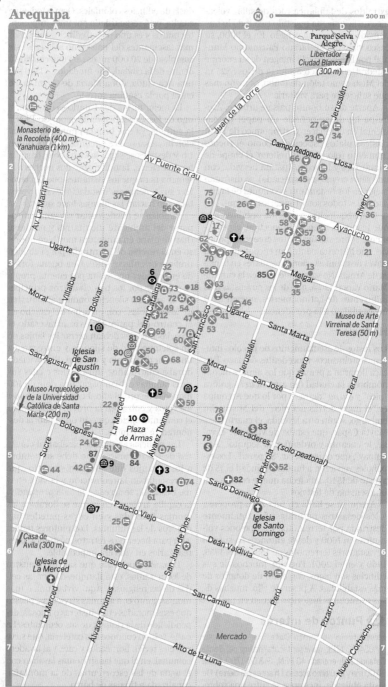

Arequipa

AREQUIPA Y LA TIERRA DE LOS CAÑONES PUNTOS DE INTERÉS

Al bajar por la **calle Burgos** hacia la reluciente torre de sillares de la catedral, se entra en la oscura y húmeda cocina comunal, utilizada como iglesia hasta la reforma de 1871. Detrás está la **plaza Zocodober** (palabra árabe que significa "trueque"), en la que las monjas se reunían los domingos para intercambiar los jabones y repostería artesanos que elaboraban. Más adelante, a la izquierda, se encuentra la celda de la legendaria sor Ana, una monja famosa por sus precisas predicciones y los milagros que se dice realizó hasta su muerte en 1686.

Por último, el claustro mayor está flanqueado por la capilla a un lado, y al otro, por la galería de arte, que se utilizaba como dormitorio colectivo. El edificio tiene planta de cruz y los murales de las paredes muestran escenas de la vida de Jesús y la Virgen María.

Museo Santuarios Andinos
MUSEO

(☎054-20-0345; La Merced 110; entrada 20 PEN; ☺9.00-18.00 lu-sa, hasta 15.00 do) Un gradual dramatismo invade el ambiente de este museo teatralmente presentado y dedicado a la conservación de una 'momia' congelada. El obligado circuito guiado comienza con un corto de 20 min, muy bien filmado, sobre cómo se desenterró a Juanita, conocida como la "doncella de hielo", en lo alto del Nevado Ampato en 1995. Después, unos versados guías, estudiantes de universidad, conducen por una serie de lúgubres y poco iluminadas salas con objetos de la expedición que encontró la momia. El clímax llega con la visión algo macabra y siniestra de la pobre Juanita, una chica inca de 12 años sacrificada para los dioses en la década de 1450. La momia se halla en una urna refrigerada de cristal. De enero a abril, Juanita se cambia por una momia diferente.

Las visitas duran 1 h aproximadamente y los guías esperan propina.

Plaza de Armas
PLAZA

La plaza principal de Arequipa, que ha resistido las interferencias modernas, es un museo de la arquitectura de sillares de la ciudad, blanca, poderosa y única en su estética. Tres de sus lados están bordeados por unos impresionantes balcones con columnas. El cuarto pertenece a la catedral más ancha de Perú, un monumental edificio con dos elevadas torres, aunque eclipsado por los centinelas coronados de nieve del Misti y el Chanchani, visibles desde varios puntos del parque del centro.

Antaño era un escenario de protestas políticas y bocinazos de taxis, pero a mediados del 2015 se prohibieron aquí las protestas y el tráfico (aunque no sin controversia) para que fuera más accesible a los turistas.

Catedral de Arequipa
CATEDRAL

(☎054-23-2635; ☺7.00-11.30 y 17.00-19.30 lu-sa, 7.00-13.00 y 17.00-19.00 do) GRATIS Este enorme edificio situado en la plaza de Armas, destaca por sus blanquísimos sillares. Es la única catedral de Perú que ocupa toda la longitud de una plaza. Además resurgió de sus propias cenizas. La estructura original, de 1656, fue engullida por el fuego en 1844. Se reconstruyó pero el terremoto de 1868 la volvió a destruir. Gran parte de lo que se ve en la actualidad es lo que se ha reconstruido desde entonces.

El terremoto del 2001 derribó una de sus torres y consiguió que la otra se inclinara de forma precaria, aunque a finales del año siguiente la catedral lucía como nueva.

El interior es sencillo, espacioso y muy luminoso y sus altas bóvedas no están recargadas. También posee un marcado ambiente internacional; es una de las menos de 100 basílicas del mundo con derecho a exhibir la bandera vaticana, a la diestra del altar. Tanto el altar como sus 12 columnas (que simbolizan los 12 apóstoles) son de mármol italiano. La enorme lámpara de latón de estilo bizantino que cuelga frente al altar es española y el púlpito se talló en Francia. En 1870 Bélgica aportó un impresionante órgano, que se dice es el más grande de Sudamérica, aunque el daño que sufrió durante el trayecto condenó a los devotos a oír sus distorsionadas notas durante más de un siglo.

Iglesia de la Compañía
IGLESIA

(☺9.00-12.30 y 15.00-18.00 do-vi, 11.30-12.30 y 15.00-18.00 sa) GRATIS Esta diminuta iglesia jesuita situada en la esquina sureste de la plaza de Armas, es una interesante respuesta a quien argumentase que la catedral de Arequipa es demasiado grande (y que demuestra que lo bueno, en frasco pequeño). Su fachada es una obra maestra intrincadamente tallada en estilo churrigueresco (el recargado barroco español de finales del s. XVII). El altar, igual de detallado y recubierto con pan de oro, se recrea aún más en ese estilo y resultará familiar a quien haya visitado la catedral de Sevilla en España.

A la izquierda del altar está la capilla de San Ignacio (entrada 4 PEN; ☺9.00-12.30 y 15.00-18.00 do-vi, 11.30-12.30 y 15.00-18.00 sa), con una cúpula policromada cubierta por una jungla poco habitual de murales de flores tropicales, frutas, aves, guerreros y ángeles.

Al lado, con entrada por la calle Santo Domingo, los Claustros de la Compañía (p. 161), también muy ornamentados y dispuestos en torno a un doble patio, albergan en la actualidad uno de los centros comerciales más elegantes de Sudamérica.

Monasterio de la Recoleta — MONASTERIO
(La Recoleta 117; entrada 10 PEN; ☻9.00-12.00 y 15.00-17.00 diarios, hasta 20.00 mi y vi) Fue construido por monjes franciscanos en el lado oeste del río Chili en 1648, aunque ha sido reconstruido por completo. El estudio era un elemento importante de esta orden y los bibliófilos se deleitarán en la enorme biblioteca del monasterio, con su olor a cerrado y sus más de 20 000 polvorientos libros y mapas. El volumen más antiguo es de 1494. La biblioteca se abre para visitas supervisadas; hay que preguntar a la entrada.

Posee un conocido museo de objetos amazónicos reunidos por los misioneros (entre ellos animales disecados) y una amplia colección de objetos anteriores a la conquista y de arte religioso de la escuela cuzqueña. Hay que dar propina a los guías.

Está en un barrio algo peligroso, a poca distancia en taxi desde el centro.

Museo de Arte Virreinal de Santa Teresa — MUSEO
(☎054-28-1188; Melgar 303; entrada 20 PEN; ☻9.00-17.00 lu-ju y sa, hasta 20.00 vi) Este precioso convento carmelita del s. XVII se abrió al público como museo viviente hace unos años. Sus edificios coloniales tienen justa fama por sus muros decorados y salas restauradas llenas de inestimables objetos de arte votivo, murales, bonitas obras de forjas, cuadros anteriores a la época colonial y otros objetos históricos. En sus circuitos guiados, unos estudiantes ofrecen explicaciones muy competentes en diversas lenguas; agradecen las propinas. Una encantadora tienda a la entrada del complejo vende repostería y jabón de rosas elaborados por las monjas.

Casa del Moral — EDIFICIO HISTÓRICO
(☎054-21-4907; entrada 5 PEN; ☻9.00-17.00 lu-sa) Elegante casa de estilo barroco construida en 1730 que debe su nombre a un moral de 200 años de su patio central. Pertenece al Banco de Crédito del Perú desde el 2003 y ahora es un museo famoso por sus mapas antiguos, sus muebles pesados, sus obras de arte religioso y una enorme colección de monedas y billetes peruanos (cortesía del BCP).

Casa Ricketts — EDIFICIO HISTÓRICO
(Casa Tristán del Pozo; ☎054-21-5060; San Francisco 108; ☻9.00-18.00 lu-vi, hasta 13.00 sa) GRATIS Esta ornamentada casa construida en 1738 se utilizó como seminario, palacio del arzobispo, colegio y hogar de familias adineradas. En la actualidad es el banco más imponente de la ciudad y quizá del país. Aunque no se vaya a hacer una transacción, vale la pena curiosear su pequeña galería de arte arequipeño y sus dos patios interiores cuyas fuentes están adornadas por unas cabezas de puma.

La Mansión del Fundador — EDIFICIO HISTÓRICO
(☎054-44-2460; www.lamansiondelfundador.com; entrada 15 PEN; ☻9.00-17.00) Esta mansión del s. XVII, que en tiempos fue propiedad de Garcí Manuel de Carbajal, fundador de Arequipa, se ha renovado con mobiliario y cuadros originales, y posee una capilla. Se encuentra en el pueblo de Huasacache, a 9 km de Arequipa, al que se llega fácilmente en taxi (20 PEN ida y vuelta). Los circuitos por la ciudad suelen parar en ella.

Iglesia de San Francisco — IGLESIA
(☎054-22-3048; Zela cuadra 1; entrada 5 PEN; ☻9.00-12.30 y 15.00-18.30 lu-vi) Se construyó en el s. XVI, pero sufrió grandes daños en varios terremotos. Sin embargo, sigue en pie y los visitantes apreciarán una gran grieta en la cúpula, testimonio de la intensidad de los seísmos. Otras iglesias coloniales del centro son San Agustín, La Merced y Santo Domingo.

Museo Arqueológico de la Universidad Católica de Santa María — MUSEO
(☎054-22-1083; Cruz Verde 303; con donativo; ☻8.30-16.00 lu-vi) Este museo gestionado por la universidad posee unas interesantes exposiciones sobre los yacimientos arqueológicos locales y algunos objetos de cerámica muy bien conservados. Ofrece circuitos guiados. Se agradecen las propinas.

Museo Histórico Municipal — MUSEO
(Plazuela San Francisco 407; entrada 10 PEN; ☻9.00-17.00 lu-sa, hasta 13.00 do) Educativo, aunque poco interesante museo, dividido en salas dedicadas a distintas épocas, que expone la trayectoria histórica de Arequipa y, por ende, de Perú. Muestra el período prehispánico, la independencia, la república y la Guerra del Pacífico. Tras contar los numerosos héroes caídos, se puede pasar al anejo Museo Arqueológico Chiribaya (☎054-28-6528; La Merced 117; entrada 15 PEN; ☻8.30-19.00 lu-vi, 9.00-15.00 do), que alberga una impresionante colección de objetos de la civilización preincaica chiribaya, entre ellos tejidos bien

AREQUIPA Y LA TIERRA DE LOS CAÑONES PUNTOS DE INTERÉS

conservados y la única colección de oro preincaica del sur de Perú.

Museo de la Universidad Nacional de San Agustín
MUSEO

(UNAS; Álvarez Thomas 200; entrada 2 PEN; ⊙9.00-16.00 lu-vi) Este es uno de los numerosos y pequeños museos universitarios de la ciudad, aunque algo más esotérico que la mayoría, con una temática que va de los restos arqueológicos a los muebles barrocos, pasando por el arte colonial de la escuela cuzqueña.

🏃 Actividades

Arequipa ofrece muchos puntos de interés y actividades en la zona montañosa al norte y el este del núcleo urbano. Las tres principales actividades que se practican son senderismo, alpinismo y descenso de ríos, pero hay muchas más opciones.

Senderismo y alpinismo

Los espectaculares cañones cercanos a Arequipa ofrecen excelentes oportunidades para hacer excursiones. Las agencias organizan rutas poco frecuentadas que se adaptan al tiempo disponible y al nivel de forma física.

Practicar senderismo por cuenta propia en el concurrido del cañón del Colca es muy popular y fácil, pero si se recela de hacerlo sin guías o se desea explorar rutas menos limitadas, en Arequipa hay docenas de agencias que organizan excursiones guiadas.

Los alrededores proporcionan unas fantásticas montañas para la práctica de la escalada. Es necesario aclimatarse a la zona y conviene pasar un tiempo en Cuzco o Puno antes de emprender expediciones de altura. En los campamentos a mayor altitud, donde la temperatura baja a -29°C, es imprescindible la ropa de abrigo.

La Asociación de Guías de Montaña de Perú advierte que muchos guías carecen de la certificación y formación adecuada, y avisa a los montañeros que se informen sobre cuestiones médicas y de supervivencia en la naturaleza. La mayoría de las agencias ofrece paquetes de escalada que incluyen transporte, por lo que los precios varían pero el coste habitual de un guía es de 80 US$/día. Se puede ir de excursión todo el año, pero la mejor temporada (la más seca) es de abril a diciembre.

Se consiguen mapas en Colca Trek, en Arequipa, o en el Instituto Geográfico Nacional y en South American Explorers Club, en Lima. Carlos Zárate Adventures y Peru Camping Shop (p. 154) alquilan tiendas de campaña, piolets, crampones, hornillos y botas.

Carlos Zárate Adventures
DEPORTES DE AVENTURA

(☎054-20-2461; www.zarateadventures.com; Santa Catalina 204, Oficina 3) Empresa muy profesional fundada en 1954 por Carlos Zárate, pionero de la escalada de Arequipa. Uno de sus hijos, Miguel, junto con unos arqueólogos, desenterró a Juanita "la doncella de hielo" en lo alto del monte Ampato en 1995. Ahora lleva la empresa otro hijo, el experimentado guía Carlos Zárate Flores. Ofrece varias excursiones y escaladas a los picos de la zona.

Los precios dependen del tamaño del grupo y del medio de transporte. Cobran desde 250 US$/persona por el ascenso de un grupo de cuatro al Misti, y 220 US$ por una excursión de tres días por el cañón del Colca, en ambos casos con transporte privado, guía, comidas y todo el equipamiento.

También alquilan todo tipo de material para escaladores y excursionistas: piolets, crampones y botas de montaña.

Colca Trek
DEPORTES DE AVENTURA

(☎054-20-6217; www.colcatrek.com.pe; Jerusalén 401B) Es una tienda y agencia ecologista de circuitos de aventura dirigida por Vlado Soto, un experto en la materia. Además de circuitos de senderismo, organiza alpinismo, bicicleta de montaña y descensos de ríos, y es uno de los pocos establecimientos que vende mapas topográficos decentes de la zona. Su propietario es una venerable fuente de información para los que aspiren a explorar la zona por cuenta propia. Hay que tener cuidado con las agencias de viajes que utilizan el nombre o una dirección de internet similar a la de esta.

Naturaleza Activa
DEPORTES DE AVENTURA

(☎96-896-9544; naturactiva@yahoo.com; Santa Catalina 211) Este es uno de los lugares favoritos de quienes buscan circuitos de aventuras ya que ofrece una gran variedad de opciones de excursionismo, escalada y ciclismo de montaña. La principal ventaja es que el viajero habla directamente con guías cualificados, no con vendedores, por lo que recibirá respuestas con fundamento a las preguntas que haga.

Pablo Tour
SENDERISMO, AVENTURA

(☎054-20-3737; www.pablotour.com; Jerusalén 400 AB-1) Sus guías, muy recomendados por los lectores, son expertos en senderismo y circuitos por la región. Proporciona el equipo y mapas topográficos a los senderistas.

Descenso de ríos

Arequipa es uno de los mejores lugares de Perú para practicar el descenso de ríos y el kayak. Durante la temporada de lluvias (diciembre-marzo), cuando el nivel del agua es demasiado alto, se desaconseja hacer algunos descensos. Para más información y asesoramiento, véase www.peruwhitewater.com.

El río Chili, a 7 km de la ciudad, es el que más se desciende. Hay excursiones de medio día adecuadas para principiantes casi a diario de abril a noviembre (desde 40 US$). El río Majes, en el que desemboca el río Colca, también es adecuado para realizar excursiones relativamente fáciles. Los tramos más recorridos tienen rápidos de nivel II y III.

Una opción menos convencional es el río Cotahuasi, una aventura en aguas rápidas –desaconsejada para los pusilánimes– que pasa por las secciones más hondas del supuesto cañón más profundo del mundo. Las pocas excursiones que se ofrecen suelen durar nueve días, solo aptas para deportistas experimentados y pasan por rápidos de nivel IV y V. El río Colca se descendió por primera vez en 1981, pero es una excursión peligrosa y difícil que no ha de tomarse a la ligera. Algunas agencias ofrecen escasos y caros viajes para hacer *rafting*, y hay secciones más fáciles subiendo río arriba desde el cañón.

Casa de Mauro RAFTING
(📞98-383-9729; lacasademauromajes@hotmail.com; Ongoro, km 5; parcela 15 PEN/persona, dc 30 PEN) Este práctico campamento base para hacer *rafting* en el río Majes se encuentra en el pueblo de Ongoro, 190 km por carretera al oeste de Arequipa. Ofrecen recorridos para principiantes y para deportistas experimentados (1½ h, 70 PEN/persona). Hay zona de acampada (20 PEN/persona) y habitaciones triples con baños privados (130 PEN/habitación).

Es más barato tomar un autobús de Transportes del Carpio desde la terminal terrestre de Arequipa a Aplao (12 PEN, 3 h, cada hora) y luego una combi (2 PEN) o un taxi (15 PEN) a Ongoro.

Majes River Lodge RAFTING
(📞054-66-0219, 95-979-7731; www.majesriver.com) Propone excursiones de *rafting* fácil de 1 h (70 PEN), o más difícil y de 3 h en rápidos de nivel IV (120 PEN), en el río Majes. Ofrece casitas sencillas/dobles con duchas de agua caliente obtenida mediante energía solar (100 PEN), *camping*, comidas de gambas de río frescas y visitas a los petroglifos de Toro Muerto. Se puede ir en taxi (12 PEN) o combi (2 PEN) desde Aplao a Majes River Lodge.

JUANITA – LA 'DONCELLA DEL HIELO'

En 1992, el escalador local Miguel Zárate, guía de una expedición al nevado Ampato (6288 m), encontró unos curiosos restos de madera cerca de la helada cumbre que podían pertenecer a un lugar de enterramiento. En septiembre de 1995 convenció al montañero y arqueólogo estadounidense Johan Reinhard para ascender a la cima, que tras una reciente erupción del cercano volcán Sabancaya estaba cubierta de ceniza. Esta había fundido la nieve y había dejado al descubierto la sepultura. Al llegar encontraron una estatua y otras ofrendas, pero la tumba se había derrumbado y no vieron ningún cuerpo. El equipo hizo rodar piedras por la ladera y al seguirlas Zárate divisó el fardo momificado de una niña inca, que había caído cuesta abajo al desplomarse la tumba.

La niña estaba envuelta y se había conservado casi perfectamente durante cerca de 500 años gracias a la gélida temperatura reinante, y por la remota ubicación de su tumba y por el cuidado y ceremonia que habían acompañado su entierro (además del golpe que mostraba en la ceja derecha) parecía claro que aquella niña de 12 o 14 años había sido sacrificada a los dioses. Para los incas las montañas eran dioses que podían matar mediante erupciones volcánicas, avalanchas o catástrofes climáticas. Solo los sacrificios de sus súbditos, siendo el máximo el de un niño, podían aplacar a esas deidades.

Tardaron días en bajar el fardo al pueblo de Cabanaconde. Desde allí se transportó en un regio lecho, el propio congelador de alimentos de la casa de Zárate, hasta la Universidad Católica de Arequipa, donde fue sometido a pruebas científicas. Rápidamente se dio a la momia el nombre de "Juanita, la doncella de hielo", así como un museo propio en 1998 (el Museo Santuarios Andinos). Desde 1950 se han descubierto casi dos docenas de sacrificios incas en distintas montañas de los Andes.

Ecotours
CIRCUITOS DE AVENTURAS

(☎054-20-2562; Jerusalén 409) Lleva 20 años en el negocio y organiza 3 h de *rafting* (85 PEN) en los rápidos de nivel II-IV del río Chili, así como excursiones de tres días al cañón del Colca (150 PEN), con comida y alojamiento.

Bicicleta de montaña
Los alrededores de la ciudad ofrecen posibilidades de practicar bicicleta de montaña. Muchas de las empresas que ofrecen senderismo o montañismo también organizan descenso de volcanes en bicicleta en el Chachani y el Misti, como circuitos personalizados. Si se tiene experiencia y medios, esas agencias alquilan bicicletas de calidad y ofrecen asesoramiento experto para practicar este deporte por cuenta propia. Para opciones más básicas, **Peru Camping Shop** (☎054-22-1658; www.perucampingshop.com; Jerusalén 410) alquila bicicletas por 35 PEN/medio día, incluidos el casco, los guantes y un mapa de la zona. También organiza descensos rápidos en bicicleta cerca del Misti por 68 PEN (1 día), incluido el transporte.

Cursos

Cepesma
CURSOS

(☎054-95-996-1638; www.cepesmaidiomasceci.com; av. Puente Grau 108) Ofrece cursos de español para extranjeros y también otras actividades que pueden interesar a los hispanohablantes, como clases de cocina, baile y opciones de voluntariado, que ayudan a sumergirse en la cultura local.

Centro Cultural Peruano Norteamericano
CURSOS

(ICPNA; ☎054-39-1020; www.cultural.edu.pe; Melgar 109) Aparte de cursos de español para extranjeros, esta agradable casona del centro programa muchos cursos y actividades culturales como teatro y música, entre otros.

Circuitos

En las calles Santa Catalina y Jerusalén hay docenas de agencias de viajes que ofrecen circuitos por la ciudad y excursiones a los cañones, la mayoría con salidas diarias. Algunas son profesionales, pero también hay muchos oportunistas, por lo que conviene elegir con cuidado. Nunca hay que contratar los circuitos que ofrecen por la calle y, si es posible, conviene pagar en efectivo, ya que ha habido casos de fraudes con tarjetas de crédito.

La excursión estándar de dos días al cañón del Colca (p. 166) cuesta de 65 a 225 PEN/persona, en función de la temporada, el tamaño del grupo y el nivel de comodidad del hotel que se elija en Chivay. Diferentes agencias venden billetes para los mismos circuitos, así que conviene comparar. Todas las excursiones salen de Arequipa entre las 7.00 y las 9.00 y paran en la Reserva Nacional de Salinas y Aguada Blanca (p. 164), en Chivay, en el manantial de La Calera (p. 167) y en una peña por la noche (coste adicional). También visitan la Cruz del Cóndor (p. 170).

AI Travel Tours
CIRCUITOS CULTURALES

(☎95-939-1436; www.aitraveltours.com; av. Lima 610, Vallecito) Su propietario, Miguel Fernández, propone circuitos únicos que incluyen un popular "Reality Tour" (desde 60 PEN/persona, mín. 2 personas), en que se visita un barrio pobre de picapedreros de Arequipa. Gran parte de los beneficios se destinan a las cooperativas locales de trabajadores. Miguel visita a los viajeros en sus alojamientos para explicarles los circuitos que ofrece.

Free Walking Tour Peru
CIRCUITOS A PIE

(☎99-895-9567; www.fwtperu.com/fwt-arequipa.html; plaza San Francisco; con donativo; ⊙12.15) GRATIS El apasionado, erudito y poco convencional guía de chaleco verde lleva a quien lo desee a recorrer a pie (2½ h) los lugares más emblemáticos de la ciudad, como la iglesia de San Lázaro, aunque también visita lugares comerciales (donde no fuerzan a comprar) para asistir a catas de cerveza artesanal, chocolate, té y pisco. Los circuitos son gratis pero casi todo el mundo acaba dando propina.

Tours Class Arequipa
CIRCUITOS EN AUTOBÚS

(www.toursclassarequipa.com.pe; Portal de San Agustín 103, plaza de Armas; 2½ /4½ h 35/45 PEN) Este circuito en autobús descubierto es una forma práctica de visitar algunos puntos de interés del extrarradio de la ciudad. Se para en Cayma y en Yanahuara y el circuito por la campiña, que es más largo, continúa hasta la Mansión del Fundador.

Fiestas y celebraciones

Semana Santa
RELIGIOSA

Los arequipeños aseguran que las celebraciones de su Semana Santa son muy similares a las solemnes y tradicionales festividades españolas de Sevilla. Las procesiones de Jueves Santo, Viernes Santo y Sábado Santo son especialmente coloridas y a veces acaban con la quema de una figura de Judas.

Fiesta de la Virgen de Chapi RELIGIOSA
(☺may 1) Arequipa se abarrota para esta fiesta, que se celebra en el distrito de Yanahuara.

15 de agosto CULTURAL
El aniversario de la fundación de la ciudad se celebra con desfiles, bailes, concursos de belleza, competiciones de escalada al Misti y otros animados acontecimientos a lo largo de la primera quincena de agosto. No hay que perderse los fuegos artificiales nocturnos en la plaza de Armas el 14 de agosto.

🛏 Dónde dormir

En el centro hay hoteles de todo tipo y precio. Gracias a la arquitectura de esta zona declarada Patrimonio Mundial, muchos de ellos se encuentran en atractivos edificios con gruesas paredes de sillares. Casi todos disponen de televisión por cable y wifi, excepto los más económicos. También suelen incluir el desayuno, aunque en los más baratos se reduce a pan, jamón y café. Los precios suben mucho en temporada alta (jun-ago).

La Casa de Sillar HOTEL $
(☎054-28-4249; www.lacasadesillar.com; Rivero 504; i con/sin baño 45/35 PEN, d 70/60 PEN; @🛜) Esta mansión colonial de gruesas paredes hechas –como su nombre indica– con sillares extraídos del Misti ofrece gangas si se comparte baño. Unos enormes mapas y un TV adornan el salón.

Le Foyer ALBERGUE $
(☎054-28-6473; www.hlefoyer.com; Ugarte 114; i/d/tr con baño 75/95/115 PEN, dc/d/tr sin baño 25/60/85 PEN, todas c/ desayuno incl.; @🛜) Este hospedaje económico, con una veranda que rodea el piso superior donde se puede disfrutar del habitual desayuno de pan con jamón viendo la ajetreada calle Jerusalén, posee un marcado ambiente de Nueva Orleans. Las habitaciones no son nada del otro mundo pero está cerca de muchos restaurantes y de la zona de marcha (abajo hay un atractivo local mexicano).

Wild Rover Hostel ALBERGUE $
(☎054-21-2830; www.wildroverhostels.com; Calle Ugarte 111; dc/d 21/70 PEN; @🛜🏊) Si a mitad del viaje por Perú apetece comer salchichas con puré de patatas, rodeado de mochileros suecos en el ambiente familiar de un *pub* irlandés, este establecimiento recibe con los brazos abiertos.

Los Andes Bed & Breakfast HOTEL, B&B $
(☎054-33-0015; www.losandesarequipa.com; La Merced 123; i/d sin baño 31/50 PEN, con baño 48/72

PEN; @🛜) Tiene un cierto aire de hospital por sus gigantescas habitaciones y su amplia cocina común. Suele dedicarse a grupos de escaladores y estancias largas pero el precio está bien y es una gran fuente de información sobre la zona.

La Posada del Parque B&B $
(☎054-21-2275; www.parkhostel.net; Deán Valdivia 238A; dc/i/d desayuno incl. 25/60/80 PEN; @🛜) Esta ganga entre los *bed & breakfast* está cerca del mercado y sus habitaciones de techos altos se hallan bajo una deslucida pero maravillosa terraza desde la que parece que puede tocarse el Misti. Ofrece cocina compartida.

Hotel Real Arequipa HOTEL $
(☎054-79-9248; hotelrealarequipa@hotmail.com; Jerusalén 412; h con/sin baño 70/40 PEN; 🛜) Las habitaciones son sencillas y oscuras pero la cocina es pulcra y resulta perfecto si a uno no le sobran los soles pero no quiere alejarse de la plaza.

Point Hostel ALBERGUE $
(☎054-28-6920; www.thepointhostels.com; Palacio Viejo 325; dc/d desayuno incl. 21/70 PEN; @🛜) Es uno de los cinco albergues de Point en Perú y está a dos manzanas de la plaza principal. Tiene una popular mesa de billar y un bar, pero cuidado, aquí a la gente le gusta relacionarse y no necesita irse a la cama a las 22.00.

Hostal Núñez ALBERGUE $
(☎054-21-8648; www.hotel-nunez.de; Jerusalén 528; i/d con baño 100/120 PEN, sin baño 50/80 PEN, todas c/ desayuno incl.; 🛜) Este seguro y acogedor albergue en una calle llena de anodinas pensiones siempre está lleno de norteamericanos. Sus coloridas habitaciones cuentan con una decoración recargada y televisión por cable, aunque las individuales son un poco pequeñas.

La Posada del Cacique HOTEL $
(☎054-20-2170; Jerusalén 404; i/d/tr 30/50/60 PEN; @🛜) Este albergue en un segundo piso ofrece habitaciones espaciosas y soleadas, cocina compartida bien equipada, agua caliente y una tranquila zona para sentarse en la azotea. Los propietarios, padre e hijo, son una buena fuente de información y consiguen que sus huéspedes se sientan como en casa.

Hostal El Descanso del Fundador HOTEL $
(☎054-20-2341; Jerusalén 605; i/d 75/85 PEN; 🛜) Está antigua y encantadora mansión color azul pálido en lo alto del centro colonial posee un ambiente más clásico que las que

se encuentran más al sur y son más barrocas. A las habitaciones les vendría bien una reforma, pero el servicio es agradable y servicial.

★ **Hotel Casona Solar** HOTEL **$$**
(☎054-22-8991; www.casonasolar.com; Consuelo 116; i/d/ste 158/240/354 PEN; ☎) En este precioso "jardín secreto" (por su increíble tranquilidad), a solo tres manzanas de la plaza principal, se puede vivir como un caballero de la época colonial. Las habitaciones del s. XVIII con muros de sillería son magníficas y algunas tienen altillo. El servicio es igual de deslumbrante: lavandería en el mismo día, reservas de autobús, facturación de vuelos gratis. Ofrece la mejor relación calidad-precio de la ciudad y quizá de Perú.

Casablanca Hostal HOTEL **$$**
(☎054-22-1327; www.casablancahostal.com; Puente Bolognesi 104; i/d/tr desayuno incl. 95/145/200 PEN; ☎) El "Frugal Traveler" (viajero frugal) del *New York Times* no fue el único viajero de presupuesto ajustado que quedó maravillado con este lugar. Está en una esquina estupenda de la plaza, con preciosos muros de sillería y habitaciones lo bastante grandes como para guardar uno o dos caballos. El servicio es discreto y el desayuno se toma en una encantadora cafetería bañada por el sol.

Hotel Casona Terrace HOTEL **$$**
(☎054-21-2318; www.hotelcasonaterrace.com; Álvarez Thomas 211; i/d desayuno bufé incl. 120/170 PEN; ✱@☎) Preciosa y antigua casa colonial con habitaciones que han preferido la sencillez moderna al esplendor antiguo. Está a una manzana de la plaza pero tiene una entrada segura y terraza en la azotea.

La casa de Melgar HOTEL **$$**
(☎054-22-2459; www.lacasademelgar.com; Melgar 108; i/d desayuno bufé incl. 55/75 US$; ☎) A pesar de estar instalado en un edificio del s. XVIII, cuenta con todas las comodidades modernas. Sus altos techos abovedados y excepcional decoración realzan su ambiente clásico; además, sus cómodas camas y escondidos patios interiores lo convierten en un romántico refugio dentro de los límites de la ciudad.

Terruño de Yarabaya HOTEL **$$**
(☎95-061-0077; www.terrunodeyarabaya.weebly.com; Desaguadero 104-106 esq. Campo Redondo; i/d/ste desayuno incl. 85/110/195 PEN; ☎) Cómo cambia todo si hay un jardín... Las espaciosas habitaciones dan a este tranquilo espacio verde y los baños y habitaciones están limpios y son modernos, con televisión por cable, mi-

croondas y nevera. Las puertas recicladas dan un toque artístico. El café anejo sirve delicias inesperadas como curris japoneses y frutas tropicales, incluida la lúcuma con sabor a arce, que se puede disfrutar en una tumbona.

Casa de Ávila HOTEL **$$**
(☎054-21-3177; www.casadeavila.com; San Martín 116, Vallecito; i/d/tr desayuno incl. 105/165/210 PEN; @☎) Si el espacioso jardín no cautiva lo suficiente, el agradable servicio personalizado debería; no es un hotel de cadena donde dicen que sí a todo. También ofrecen un excepcional curso de cocina en el soleado jardín tres veces por semana.

Hostal las Torres de Ugarte HOTEL **$$**
(☎054-28-3532; www.hotelista.com; Ugarte 401A; i/d/tr desayuno incl. 144/176/211 PEN; @☎) Cordial albergue en una tranquila ubicación detrás del monasterio de Santa Catalina. Ofrece habitaciones inmaculadas con TV y coloridas colchas de lana. Es mejor no hacer caso al cacofónico eco de los pasillos. El precio baja considerablemente en temporada baja.

Colonial House Inn PENSIÓN **$$**
(☎054-22-3533; colonialhouseinn@hotmail.com; av. Puente Grau 114; i/d 35/50 PEN; @) Tranquila aunque algo decaída casa colonial con terraza en la azotea y un jardín con vistas impresionantes del Misti los días despejados. No incluye desayuno pero el amable personal siempre puede ofrecer algo sencillo si se les pide con amabilidad.

Hostal Solar HOTEL **$$**
(☎054-24-1793; www.hostalsolar.com; Ayacucho 108; i/d desayuno incl. 100/130 PEN; ☎) Este vistoso lugar está limpio, es espacioso y tiene una decoración contemporánea. Los precios incluyen la recogida en el aeropuerto y un desayuno de bufé que se sirve en la azotea.

Posada Nueva España HOTEL **$$**
(☎054-25-2941; Antiquilla 106, Yanahuara; i/d/tr desayuno incl. 75/100/125 PEN; @) Distinguida casa colonial del s. XIX que cuenta con poco más de 12 habitaciones con duchas de agua caliente por energía solar. Está en el pintoresco barrio residencial de Yanahuara; recogen gratis a los huéspedes en el centro de Arequipa si se les llama antes.

Hostal Los Tambos HOTEL-BOUTIQUE **$$$**
(☎054-60-0900; www.lostambos.com.pe; Puente Bolognesi 129; d 219-289 PEN; ✱@☎) Ubicado junto a la plaza, moderno, con pequeños pero importantes extras y un servicio excepcional

que justifica cada uno de los soles de su precio, rompe moldes en la histórica Arequipa. Algunos de sus atractivos son las botellas de agua gratis, las chocolatinas en la almohada, la selección de jabones aromáticos, el copioso desayuno de *gourmet* (incluido en el precio), y el transporte gratis a y desde el aeropuerto o la estación de autobuses.

Libertador Ciudad Blanca   HOTEL DE LUJO $$$
(☎054-21-5110; www.libertador.com.pe; plaza Bolívar s/n, Selva Alegre; h 470 PEN; ste 600-725 PEN; ✴✽@🔊🏊) Es el hotel más lujoso de la ciudad y está 1 km al norte del centro. Posee jardines con piscina y columpios. Ofrece habitaciones espaciosas y opulentas zonas comunes, y su *spa* cuenta con sauna, *jacuzzi* y gimnasio. Los domingos, su sobrio restaurante sirve un excelente *brunch*. El vecino parque Selva Alegre es bonito, pero es preferible no alejarse de la gente y evitarlo por la noche.

La Hostería   HOTEL $$$
(☎054-28-9269; www.lahosteriaqp.com.pe; Bolívar 405; i/d/ste desayuno incl. 220/255/300 PEN; 🔊) Este pintoresco hotel colonial vale todos los soles que cuesta. Tiene un patio florido, habitaciones luminosas y tranquilas con minibar, antigüedades escogidas con mimo, una terraza soleada y un *lounge*. En algunas habitaciones se oye el ruido de la calle, por lo que convienen las de la parte trasera. Las suites tipo apartamento de los pisos superiores ofrecen vistas estelares de la ciudad.

Casa Arequipa   HOTEL-BOUTIQUE $$$
(☎054-28-4219; www.arequipacasa.com; av. Lima 409, Vallecito; i/d 220/315 PEN; 🔊) B&B frecuentado por gais, en el interior de una mansión colonial color algodón de azúcar rosa situada en los jardines del barrio de Vallecito. Ofrece más de media docena de habitaciones con bonitos detalles de diseño, como paredes suntuosamente pintadas, lavabos con pie, mobiliario antiguo hecho a mano y mantas de lana de alpaca. En el vestíbulo funciona un agradable bar de cócteles.

La Posada del Puente   HOTEL $$$
(☎054-25-3132; www.posadadelpuente.com; Bolognesi 101; i/d 359/403 PEN; @🔊) Los amplios jardines que descienden hasta el río de este exclusivo hotel son un tranquilo entorno sorprendentemente ajeno al ruido del tráfico. La estancia proporciona acceso gratuito a las instalaciones deportivas y piscina del cercano complejo deportivo Club Internacional.

Casa Andina   HOTEL-BOUTIQUE $$$
(☎054-213-9739; www.casa-andina.com; Jerusalén 603; h/ste desayuno incl. 283/446 PEN; ✴@🔊) Al igual que los otros establecimientos de la cadena Casa Andina, coquetea con la decoración tipo *boutique*, pero el precio parece algo excesivo si se tiene en cuenta su restaurante oscuro, su servicio adulador y las habitaciones, que parecen de motel aunque con diestras notas de color. El *spa* le concede cierta credibilidad, con sus masajes a 110 PEN/h.

Hotel La Posada del Monasterio   HOTEL $$$
(☎054-40-5728; www.hotelessanagustin.com.pe; Santa Catalina 300; i/d/tr desayuno bufé incl. desde 70/80/100 US$; @🔊) Situado junto a una calle peatonal, este hotel ocupa con elegancia un edificio que combina la mejor arquitectura del Viejo y el Nuevo Mundo. Suele haber grupos europeos. Las cómodas habitaciones modernas tienen todos los servicios. Desde la terraza de la azotea se ve el convento de Santa Catalina al otro lado de la calle.

🍴 Dónde comer

Si se quiere conocer bien Arequipa hay que probar su comida. Se empieza con lo básico: rocoto relleno y chupe de camarones y se continúa con comidas que no se encuentran al este del Amazonas (al menos en un plato). ¿Apetece cuy (cobaya)? La calle San Francisco, al norte de la plaza de Armas, está llena de exclusivos restaurantes de moda, mientras que los turísticos cafés con terraza se agrupan en el pasaje Catedral, detrás de la catedral y lejos de la plaza.

Tradición Arequipeña   PERUANA $
(☎054-42-6467; www.tradicionarequipena.com; av. Dolores 111; comidas 18-40 PEN; ⏰11.30-18.00 lu-vi, 11.30-1.00 sa, 8.30-18.00 do) Este restaurante localmente famoso ofrece jardines tipo laberinto, música folclórica y criolla (animada música de la costa) en directo y los domingos por la mañana desayuno de adobo de cerdo, un plato tradicional preparado a fuego lento. Está 2 km al sureste del centro; un taxi aquí cuesta unos 5 PEN.

Crepísimo   CAFÉ, CREPERIE $
(www.crepisimo.com; Alianza Francesa, Santa Catalina 208; principales 7-16 PEN; ⏰8.00-23.00 lu-sa, 12.00-23.00 do; 🔊) Todos los componentes de un gran café (comida, entorno, servicio, ambiente) se conjugan en Crepísimo, en el centro cultural francés. En este elegante entorno colonial, la sencilla crepe se ofrece con 100 tipos diferentes de relleno, desde trucha

chilena ahumada a exóticas frutas sudamericanas, mientras los informales camareros sirven un café tan bueno como el parisino.

Café Fez-Istanbul
ORIENTE MEDIO **$**

(San Francisco 229; principales 9-14 PEN; ⊗9.00-24.00) El nombre sugiere dos ciudades, pero la comida es más de Oriente Próximo que de Marruecos. Su principal reclamo es el *falafel* -en pan plano o en sándwich–, servido en un moderno restaurante-bar con un altillo ideal para observar a la gente. Otras de sus especialidades son *hummus*, patatas fritas y sándwiches. Las raciones son tipo tentempié, pero el entorno es agradable.

Hatunpa
PERUANA **$**

(Ugarte 208; platos 11-15 PEN; ⊗12.30-21.30 lu-sa) Con solo cuatro mesas y el jardín común como ingrediente estrella, quizá no suene muy prometedor, pero cada vez tiene más adeptos. El truco son las patatas. Son originarias de Perú y los arequipeños saben cómo prepararlas con imaginativas salsas y guarniciones como alpaca, chorizo o verduras. Y lo que es mejor, son baratas (y llenan).

El Turko
TURCA **$**

(www.elturko.com.pe; San Francisco 225; principales 7-16 PEN; ⊗8.00-24.00 do-mi, 24 h vi y sa; 🖉) Este marchoso y pequeño local, que forma parte de un imperio otomano de restaurantes siempre en expansión, sirve kebabs, ensaladas de Oriente Próximo y esponjoso *falafel* vegetariano para quienes tienen hambre por la noche, además de excelentes cafés y pasteles durante el día.

Ribs Café
BARBACOAS **$**

(🖉054-28-8188; Álvarez Thomas 107; costillas desde 26 PEN; empanadas 5-9 PEN; ⊗9.00-21.00 lu-sa) Este café prepara costillas a la barbacoa con una gran variedad de salsas, que van desde chocolate a mostaza con miel o vino tinto, así como empanadas de carne o queso y contundentes desayunos al estilo de EE UU.

Inkari Pub Pizzería
PIZZERÍA **$**

(Pasaje Catedral; *pizzas* desde 14 PEN; ⊗9.00-23.00) Es casi imposible no encontrarse a un gringo en este popularísimo local detrás de la catedral, que mima a los paladares con su oferta de *pizza* y copa de vino por 18 PEN.

Manolo's
PERUANA **$**

(🖉054-21-9009; Mercaderes 107 y 113; principales 10-30 PEN; ⊗7.30-24.00) ¿Se está viendo doble? Sí, hay dos Manolo's a 20 m de distancia en la peatonal y comercial calle Mercaderes. A los cansados compradores les cuesta resistirse al silbido de su cafetera y a su escaparate lleno de generosas raciones de tarta.

El Capriccio
CAFÉ **$**

(Santa Catalina 120; tentempiés desde 10 PEN; ⊗12.30-22.30, hasta 23.00 vi y sa; 🖳) Café, tarta de zanahoria, quiche y wifi; el altillo de este refinado café es ideal para escribir el blog de las vacaciones.

El Súper
SUPERMERCADO **$**

(⊗9.00-14.00 y 16.00-21.00 lu-vi, 9.00-21.00 sa, 9.30-13.30 do) Tiene locales en la plaza de Armas (plaza de Armas, Portal de la Municipalidad 130) y Piérola (N de Piérola, Cuadra 1, Piérola). Venden productos de alimentación.

★ Zíngaro
PERUANA **$$**

(www.zingaro-restaurante.com; San Francisco 309; principales 30-49 PEN; ⊗12.00-23.00 lu-sa) En este antiguo edificio de sillares con balcones de madera, vidrieras y pianista se preparan leyendas culinarias. Es líder en innovación gastronómica, por lo que es el lugar ideal para probar nuevas versiones de platos típicos peruanos como costillas de alpaca, ceviche o quizá cuy (cobaya).

Dos puertas más adelante, en San Francisco 315, el restaurante hermano **Parrilla de Zíngaro,** del mismo dueño, se especializa en carnes al estilo argentino con resultados igual de satisfactorios.

Zig Zag
PERUANA **$$**

(🖉054-20-6020; www.zigzagrestaurant.com; Zela 210; principales 33-45 PEN; ⊗12.00-24.00) Exclusivo, pero no excesivamente caro, es un restaurante peruano con modulaciones europeas instalado en una casa colonial de dos pisos, con una escalera metálica diseñada por Gustavo Eiffel (¡sí que estaba ocupado ese hombre!). Su clásica carta propone una selección de carnes, servidas en una parrilla de piedra volcánica con distintas salsas. Las *fondues* también son sabrosas.

Algunos afirman que es incluso mejor que el Chicha (p. 160), del famoso chef peruano Gastón Acurio. Los diversos menús de almuerzo (desde 45 PEN) son una forma accesible de empezar a catar la gastronomía peruana.

Nina-Yaku
PERUANA, FUSIÓN **$$**

(🖉054-28-1432; San Francisco 211; menús 28 PEN; principales 28-38 PEN; ⊗11.00-23.00) Huye del tumulto de la calle San Francisco y ofrece asequibles especialidades arequipeñas como suflé de brócoli, patatas con salsa de huacatay

YA LO HAS PROBADO, AHORA COCÍNALO

Si uno sabe quién es Gastón Acurio y está de acuerdo en que Perú es la capital gastronómica de Latinoamérica, quizá desee hacer un **curso de cocina** en Arequipa. El guía local y chef cualificado Miguel Fernández, que dirige Al Travel, organiza Peru Flavors, un curso de cocina de 4 h (100 PEN, mínimo dos personas) en el que se aprende a preparar un trío de aperitivos y platos principales de las tres diferentes regiones geográficas de Perú: la Amazonia, los Andes y la Costa. Los platos son el rocoto relleno (pimiento rojo picante relleno), lomo saltado (tiras de ternera salteada con cebolla, tomate, patata y guindilla) y chupe (sopa) de camarones.

Otra opción popular es la Peruvian Cooking Experience (☑054-213-177; www.peruviancookingexperience.com; San Martín 116, Vallecito), del hotel Casa de Ávila, cuatro manzanas al suroeste de la plaza de Armas. Hay cursos de 3 h (11.00-14.00; 65 PEN) de lunes a sábado. Se aprende el arte de preparar ceviche e incluso permite optar por recetas vegetarianas. Las clases se imparten en grupos de un máximo de seis personas.

y *fettucini* al pesto con alpaca, en un ambiente refinado.

Lakshmivan
VEGETARIANA $$
(Jerusalén 400; principales 12-21 PEN, menús almuerzo 4-6 PEN, cena 18-20 PEN; ⊙9.00-21.00; ☑) Situado en un colorido edificio antiguo con un diminuto patio al aire libre, ofrece varios menús de almuerzo y cena, así como una amplia selección a la carta, todo con un sabor del sur de Asia.

La Trattoria del Monasterio
ITALIANA $$
(☑054-20-4062; www.latrattoriadelmonasterio.com; Santa Catalina 309; principales 21-46 PEN; ⊙almuerzo desde 12.00 diarios, cena desde 19.00 lu-sa) Una ración de delicias epicúreas justo al lado del austero monasterio de Santa Catalina. Su carta de especialidades italianas, creada con la colaboración del famoso chef peruano Gastón Acurio, está imbuida de sabores de Arequipa. Imprescindible reservar.

La Nueva Palomino
PERUANA $$
(Leoncio Prado 122; principales 14-29 PEN; ⊙12.00-18.00) Sin duda es el favorito de los lugareños. El ambiente de esta picantería es informal y puede volverse ruidoso entre semana, cuando llegan grupos de familias y amigos para comer las especialidades de la zona y beber copiosas cantidades de chicha de jora (cerveza de maíz fermentada). Se halla en el distrito de Yanahuara, 2 km al noroeste el centro.

El Charrua
ARGENTINA $$
(☑054-34-6688; www.elcharrua.com; Cuesta del Olivo 318, Yanahuara; principales 28-55 PEN; ⊙12.30-23.00 lu-sa, 12.00-19.00 do) Este asador argentino-uruguayo, con su madera oscura y su coctelería al estilo de los clubs masculinos, está en el distrito de Yanahuara, junto al mirador. Desde su terraza, que goza de una de las mejores vistas de la ciudad, parece que se pudiera tocar la simétrica giba del Misti. Su carta, muy orientada a las carnes, se marida bien con unos buenos tintos malbec. No extraña que no sea barato.

Sus menús de almuerzo (35-65 PEN) ofrecen una buena relación calidad-precio.

El tío Dario
PESCADO $$
(☑054-27-0473; Callejón de Cabildo 100, Yanahuara; principales 27-45 PEN) ¿Gusta el pescado? ¿Y un entorno de jardines íntimos? Entonces hay que tomar un taxi (o ir a pie) hasta el agradable distrito de Yanahuara para tomar los mejores ceviches o pescados a la parrilla servidos en un jardín de flores con unas soberbias vistas de los volcanes. Se halla pasado el encantador arco que hay a la izquierda del mirador de Yanahuara.

Los leños
PIZZERÍA $$
(☑054-28-1818; Jerusalén 407; *pizzas* 12-46 PEN; ⊙17.00-23.00 ma-do) Aunque hay mucho humo del horno de leña y de los fumadores, vale la pena por probar la que quizá sea la mejor *pizza* de Arequipa: finos cuadrados crujientes cargados de sabor. Además, el alto techo abovedado mantiene el lugar ventilado.

Sol de mayo
PERUANA $$
(☑054-25-4148; Jerusalén 207, Yanahuara; principales 28-50 PEN) Esta picantería del distrito Yanahuara sirve buena comida peruana y ofrece música folclórica en directo de 13.00 a 16.00. Conviene reservar con antelación. Se puede combinar una visita aquí con una parada en el mirador de Yanahuara.

AREQUIPA Y LA TIERRA DE LOS CAÑONES DÓNDE COMER

YANAHUARA

El tranquilo barrio de Yanahuara ofrece una entretenida excursión desde el centro de Arequipa, que se puede hacer caminando. Hay que ir al oeste por la av. Puente Grau y pasar el Puente Grau para continuar después por la av. Ejército durante una docena de manzanas. Se gira a la derecha por la av. Lima y se camina cinco manzanas hasta una pequeña plaza, en la que se encuentra la **iglesia de San Juan Bautista** (plaza de Yanahuara) GRATIS, que data de 1750. Alberga la muy venerada Virgen de Chapi desde el 2001, cuando el terremoto derrumbó su iglesia original. La popular Fiesta de la Virgen de Chapi tiene lugar el 1 de mayo. A un lado de la plaza hay un mirador con arcos de piedra que muestra inscripciones de poemas y unas excelentes vistas de Arequipa y el Misti.

Se regresa por la av. Jerusalén, paralela a la av. Lima, y antes de llegar a la av. Ejército se ve el conocido restaurante Sol de Mayo, que invita a detenerse para tomar un sabroso almuerzo arequipeño. El paseo de ida y vuelta dura 2 h aproximadamente. También hay combis a Yanahuara (1 PEN, 10 min, cada pocos minutos) que salen de la av. Puente Grau y vuelven a la ciudad desde la plaza de Yanahuara.

Cevichería Fory Fay   CEVICHE **$$**
(☏054-24-5454; Álvarez Thomas 221; principales 20-25 PEN; ⊗almuerzo) Pequeña y concisa, solo sirve el mejor ceviche (pescado crudo marinado con zumo de lima). Uno se sienta a una de sus desvencijadas mesas y le sirven cerveza, aunque solo una por persona. El nombre es la reproducción de la forma en que los peruanos pronuncian 45 en inglés.

Chicha   PERUANA, FUSIÓN **$$$**
(☏054-28-7360; www.chicha.com.pe; Santa Catalina 210; principales 28-49 PEN; ⊗12.00-24.00 lu-sa, hasta 21.00 do) El chef peruano Gastón Acurio, es el dueño de este restaurante experimental donde la carta nunca se aleja de las raíces incas y españolas de Perú. Las gambas de río destacan en su temporada (abr-dic), pero Acurio prepara platos básicos peruanos con el mismo garbo, además de tiernas hamburguesas de alpaca y platos de pasta.

Hay que probar el *tacu-tacu* (una fusión peruana de arroz, fréjoles y una proteína), el lomo saltado (tiras de ternera fritas con cebolla, tomate, patata y chile), o el ceviche. Como en muchos locales de famosos, la opinión se divide entre esnobs de la comida y puristas. No hay más que pisar su magnífico interior colonial para participar en el debate.

⊗ Dónde beber y vida nocturna

La vida nocturna de Arequipa es tan vital como la de Lima, pero confinada a una zona céntrica. Entre semana es escasa, pero se anima los fines de semana. Los viernes y sábados después de las 21.00 todo el que se precia pasea por la calle San Francisco. Muchos bares anuncian ofertas que valen la pena. La cuadra 300 (entre Ugarte y Zela) posee la mayor concentración de lugares de moda.

Split   PUB
(Zela 207; ⊗17.00-1.00 lu-mi, 18.00-2.00 ju-sa) Son dos bares divididos entre dos plantas, aunque no hay planta baja. Ambos son oscuros, estrechos y se llenan de lugareños a quienes gusta empezar la noche con una bebida fuerte, como Misti Colado, piña colada con pisco; o "tóxicos", mezclas de todo tipo de alcoholes. Hay tentadoras *pizzas*, crepes y pasta.

Déjà Vu   COCTELERÍA BAR
(San Francisco 319B; ⊗9.00-hasta tarde) Este popular local con una terraza en la azotea que da a la iglesia de San Francisco ofrece una larga lista de peligrosos cócteles y una *happy hour* letal. Por la noche unos decentes DJ lo mantienen animado los siete días de la semana.

Chelawasi Public House   MICROCERVECERÍA
(Campo Redondo 102; cerveza 12 PEN; ⊗16.00-24.00 ju-sa, hasta 22.00 do) Si alguien no ha probado la cerveza artesana, los agradables dueños peruano-canadienses pueden guiar al visitante por las mejores, procedentes de microcervecerías peruanas, y además aconsejar sobre viajes por la zona. Se trata de un *pub* moderno pero nada pretencioso en la zona de San Lázaro, que parece un pueblecito. También se puede encargar una *pizza* cerca de aquí y comerla en sus mesas hechas a mano.

Museo del Pisco   COCTELERÍA BAR
(http://museodelpisco.org; Santa Catalina esq. Moral; degustación 1/2 personas 45/60 PEN, bebidas 16-32 PEN; ⊗12.00-24.00) Aunque se llame museo,

las mesas de diseño de piedra y cristal y la carta de más de 100 piscos lo convierte en coctelería. Se puede elegir el pisco favorito entre una degustación que incluye tres de tipo artesanal con una explicación de los entendidos camareros. Luego cada uno puede hacer su mezcla (30 PEN). También sirven hamburguesas y *hummus*.

Farren's Irish Pub
PUB

(pasaje Catedral; ☎12.00-23.00) ¿Qué es una ciudad sin un *pub* irlandés? Este refugio para gringos escondido detrás de la catedral ofrece, ¡sorpresa!, Guinness, comida de *pub* y fútbol en televisión por satélite.

Brujas Bar
BAR

(San Francisco 300; ☎17.00-hasta tarde) *Pub* con banderas del Reino Unido, cócteles de oferta a ciertas horas y muchos lugareños y extranjeros de charla.

Casona Forum
CLUB

(www.casonaforum.com; San Francisco 317) Un pretexto cinco en uno para acudir a este edificio de sillares con *pub* (Retro), club de billares (Zero), bar con sofás (Chill Out), local nocturno (Forum) y restaurante (Terrasse).

Zoom
CLUB

(Santa Catalina 111) Los sábados a las 20.00 ya se está bailando en este juvenil *pub*/club cerca de la plaza de Armas, con suficientes espacios para encontrar el rincón preferido. Cuidado con el poco melodioso karaoke.

☆ Ocio

En la avenida Dolores, 2 km al sureste del centro (5 PEN/ida en taxi), dominan la salsa y la cumbia.

Café Art Montréal
MÚSICA EN DIRECTO

(Ugarte 210; ☎17.00-1.00) Este íntimo bar lleno de humo, con grupos que actúan en un escenario de la parte trasera, podría ser perfectamente un local de estudiantes bohemios de la margen izquierda del Sena en París.

Deportes

Las peleas de toros estilo arequipeño son menos sangrientas que la mayoría. En ellas se enfrentan dos toros por los favores de una hembra fértil hasta que uno se da por vencido. Se celebran los domingos entre abril y diciembre. En los alojamientos dan información sobre dónde presenciarlas, normalmente en plazas en las afueras. Las tres más importantes son en abril, mediados de agosto y principios de diciembre (entrada 18 PEN).

🔒 De compras

Arequipa posee numerosas tiendas de antigüedades y artesanía, en especial en las calles cercanas al monasterio de Santa Catalina. Lo que más se compra y vende son productos de cuero, de alpaca y vicuña (en peligro de extinción) y otros artículos hechos a mano.

Casona Santa Catalina
ROPA, RECUERDOS

(☎054-28-1334; www.santacatalina-sa.com.pe; Santa Catalina 210; ☎mayoría de las tiendas 10.00-18.00) En el interior de este elegante complejo turístico hay tiendas de las marcas de exportación más importantes, como Sol Alpaca y Biondi Piscos.

Patio del Ekeko
ROPA, RECUERDOS

(☎054-21-5861; www.elekeko.pe; Mercaderes 141; ☎10.00-21.00 lu-sa, 11.00-20.00 do) Este lujoso centro comercial para turistas ofrece abundantes artículos de lana de alpaca y vicuña, caros pero buenos, joyería, cerámica y otros recuerdos artísticos.

Galería de Artesanías 'El Tumi de Oro'
MERCADO DE ARTESANÍA

(Portal de Flores 126; ☎10.00-18.00) Pequeño mercado de artesanía bajo los portales de la plaza de Armas.

Claustros de la Compañía
CENTRO COMERCIAL

(Santo Domingo) Es uno de los más elegantes de Sudamérica. Su ornamentado patio doble está rodeado por claustros con columnas de sillería talladas con destreza. Hay una bodega de vinos, una heladería, numerosas tiendas de lana de alpaca y un par de elegantes cafés en el patio. Las plantas superiores están llenas de parejas jóvenes que disfrutan del entorno romántico y las vistas del sur.

Fundo El Fierro
MERCADO DE ARTESANÍA

(San Francisco 200; ☎9.00-20.00 lu-sa, hasta 14.00 do) El primer mercado de artesanía de la ciudad ocupa un bonito patio colonial de sillares cercano a la iglesia de San Francisco. Predomina la ropa, los cuadros y objetos de artesanía y joyería, pero también se ven poco frecuentes alfombras de alpaca de Cotahuasi. Hay una feria de artesanía con puestos especiales en agosto.

Librería el Lector
LIBROS

(☎054-28-8677; San Francisco 213; ☎9.00-12.00 lu-sa) Espacio elegante y moderno que ofrece una excelente selección de títulos de interés local, guías y CD. Cuenta con diversas áreas especializadas, además de un importante fondo de libro peruano.

ⓘ Información

PELIGROS Y ADVERTENCIAS

Dado que se denuncian con frecuencia peque-ños robos, se insta a los viajeros a esconder sus objetos de valor. La mayoría de los delitos son oportunistas, cuando se está en restaurantes y cibercafés conviene mantener las pertenencias a la vista. La zona al sur de la plaza de Armas es segura, pero se debe tener cuidado al pasear por zonas no turísticas por la noche. En el parque Selva Alegre, al norte del centro, se recomienda ser especialmente precavido, pues se ha infor-mado de atracos. En vez de parar un taxi en la calle es mejor pedir en el alojamiento o al opera-dor turístico que solicite uno oficial; la seguridad compensa el tiempo y dinero extra. Solo hay que pagar por los circuitos a una agencia reconocida y nunca a los ganchos de la calle; engatusan a un gran número de viajeros.

URGENCIAS

Policía de Turismo (☎054-20-1258; Jerusalén 315-317; ⏱24 h) Útil si se necesita la denuncia de robo para reclamar al seguro.

INMIGRACIÓN

Oficina de Migraciones (☎054-42-1759; Urb. Quinta Tristán, Parque 2, Distrito José Bustamante y Rivero; ⏱8.00-15.30 lu-vi) Para ampliaciones de visados.

ACCESO A INTERNET

La mayoría de los cibercafés cobra 1,50 PEN/h. Muchos también ofrecen llamadas locales e internacionales baratas. Todos los hoteles, excepto los más económicos, ofrecen wifi gratis, al igual que muchos cafés.

ASISTENCIA MÉDICA

Clínica Arequipa (☎054-25-3424, 054-25-3416; Bolognesi esq. Puente Grau; ⏱8.00-20.00 lu-vi, hasta 12.30 sa) La mejor clínica de Arequipa, y la más cara.

Hospital Regional Honorio Delgado Espinoza (☎054-21-9702, 054-23-3812; av. Carrión s/n; ⏱24 h) Atención médica de urgencias las 24 h.

InkaFarma (☎054-20-1565; Santo Domingo 113; ⏱24 h) Una de las mayores cadenas de farmacias de Perú; bien abastecida.

Policlínica Paz Holandesa (☎054-43-2281; www.pazholandesa.com; av. Chávez 527; ⏱8.00-20.00 lu-sa) Esta clínica también va-cuna, pero solo con cita previa. Los beneficios se destinan a proporcionar atención médica gratuita a los niños peruanos desfavorecidos.

DINERO

En las calles al este de la plaza de Armas hay ofi-cinas de cambio y cajeros automáticos. Es más fácil encontrar cajeros automáticos las zonas frecuentadas por viajeros, como el complejo Casona Santa Catalina, la terminal de autobuses y el aeropuerto.

Tanto BCP como Interbank cambian cheques de viaje.

BCP (San Juan de Dios 125) Tiene cajero de Visa y cambia dólares estadounidenses.

Interbank (Mercaderes 217) Posee un cajero automático.

CORREOS

DHL (☎054-22-5332; Santa Catalina 115; ⏱8.30-19.00 lu-vi, 9.00-13.00 sa)

Serpost (Moral 118; ⏱8.00-20.00 lu-sa, 9.00-13.00 do)

INFORMACIÓN TURÍSTICA

Indecopi (☎054-21-2054; Hipólito Unanue 100A, Urb. Victoria; ⏱8.30-16.00 lu-vi) Agen-cia nacional para la protección de los turistas, que se encarga de las quejas contra empresas locales, incluidos operadores turísticos y agencias de viajes.

iPerú (☎054-22-3265; iperuarequipa@prom-peru.gob.pe; Portal de la Municipalidad 110, plaza de Armas; ⏱9.00-18.00 lu-sa, hasta 13.00 do) Fuente de información objetiva financiada por el Gobierno sobre atracciones locales y regionales. También tiene una oficina en el **aeropuerto** (☎054-44-4564; Aeropuerto Rodríguez Ballón, Vestíbulo principal, 1º piso; ⏱10.00-19.30).

ⓘ Cómo llegar y salir

AVIÓN

El **aeropuerto internacional Rodríguez Ballón** (AQP; ☎054-44-3458) de Arequipa está 8 km al noroeste del centro.

LAN (☎054-20-1100; Santa Catalina 118C) ofrece vuelos diarios a Lima y Cuzco. **LCPeru** (☎01-204-1313; www.lcperu.pe) también fleta vuelos diarios a Lima. **Sky Airline** (☎054-28-2899; www.skyairline.cl; La Merced 121) vuela a Santiago de Chile.

AUTOBÚS

Los autobuses nocturnos son una práctica forma de llegar a destinos lejanos en una ciudad con limitada oferta de vuelos, aunque en algunas rutas se han producido accidentes, secuestros y robos. A menudo compensa pagar un poco más por la seguridad y comodidad de un autobús de lujo. En los autobuses conviene tener cuidado con las pertenencias y no colocar las maletas en el portaequipaje superior. También se recomien-da llevar comida en viajes largos, en caso de avería o de la carretera cortada.

Autobuses desde Arequipa:

DESTINO	TARIFA (PEN)	DURACIÓN (H)
Cabanaconde	20	6
Camaná	50	7
Chivay	15	3½
Cotahuasi	40-45	10
Cuzco	70-135	6-11
Ica	45-120	11-15
Juliaca	20-80	6
Lima	80-160	14-17
Mollendo	10-15	2-2½
Moquegua	18	4
Nazca	59-154	10-12
Pisco	40-144	15
Puno	20-90	6
Tacna	20-57	6

Internacional

Desde la estación de autobuses de Terrapuerto, **Ormeño** (☎054-42-7788) ofrece dos autobuses semanales a Santiago de Chile (140 US$, 2½ días), y tres semanales a Buenos Aires, Argentina (200 US$, 3 días).

Largo recorrido

La mayoría de las compañías de autobuses ofrecen salidas desde la terminal terrestre o la terminal de autobuses Terrapuerto, más pequeña, de la av. Andrés Avelino Cáceres, a menos de 3 km al sur del centro (un taxi cuesta 5 PEN). Se debe comprobar de qué terminal sale el autobús y vigilar las pertenencias mientras se espera. Ambas terminales cobran un impuesto de salida de 2 PEN y cuentan con tiendas, restaurantes y consigna. La terminal terrestre, más caótica, posee un cajero automático y una oficina de información turística.

En la terminal terrestre hay decenas de mostradores de empresas de autobuses; conviene comparar. Los precios indicados en el recuadro abarcan una amplia gama, desde las lujosas **Cruz del Sur** (☎054-42-7375; www.cruzdelsur.com.pe) y **Ormeño** (☎054-42-3855) con asientos-cama que se reclinan 180°, hasta la sencilla **Flores** (☎054-42-9905, 054-43-2228; http://floresbuses.tripod.com), que cubre una gran variedad de destinos como Mollendo, Moquegua e Ilo.

Desde la terminal terrestre y Terrapuerto también salen muchos autobuses para hacer turismo por las tierras de los cañones. Los horarios y precios varían según las condiciones de las carreteras. En temporada de lluvias (diciembre-abril) se producen grandes retrasos.

Las mejores compañías que van al cañón del Colca (Cabanaconde y Chivay) son **Andalucía** (☎054-44-5089) y **Reyna** (☎054-43-0612). Es mejor tomar el primer autobús que salga por la mañana, normalmente a las 5.00, y reservar los billetes con antelación.

Para ver los petroglifos de Toro Muerto, **Transportes del Carpio** y **Eros Tour** ofrecen servicios cada hora durante el día a Corire (12 PEN, 3 h), desde donde se puede continuar hasta Aplao, en el valle del Majes (12 PEN, 3 h) para hacer descenso de ríos. **Transportes Trebol** (☎054-42-5936) ofrece un servicio que sale a las 16.00 y continúa hasta Andagua (25 PEN, 10-12 h) para visitar el valle de los Volcanes. El autobús de regreso a Arequipa sale de Andagua a las 17.30.

Reyna ofrece una salida a las 16.00 y **Transportes Alex** (☎054-42-4605) otra a las 16.30 para ir al cañón del Cotahuasi (30 PEN, 12 h).

❶ Cómo desplazarse

A/DESDE EL AEROPUERTO

No hay autobuses o taxis compartidos en el aeropuerto. Un taxi oficial desde el centro de Arequipa hasta el aeropuerto cuesta unos 25 PEN. De ser posible, las combis con carteles "Río Seco" o "Zamacola" que salen de la av. Puente Grau y Ejército llevan a un inseguro barrio a unos 700 m de la entrada del aeropuerto.

AUTOBÚS

Las combis van hacia el sur por Bolívar y llegan hasta la terminal terrestre (0,80 PEN, 25 min), al lado de la estación de autobuses de Terrapuerto, pero tardan más porque pasan por la zona del mercado. Un taxi cuesta unos 8 PEN.

TAXI

Normalmente se puede alquilar un taxi con conductor por menos de lo que cuesta alquilar un vehículo en una agencia de viajes. Algunas empresas de taxis locales son **Turismo Arequipa** (☎054-45-8888) y **Taxitel** (☎054-45-2020). Una carrera corta por la ciudad cuesta en torno a los 4 PEN pero ir de la plaza de Armas a las estaciones de autobuses cuesta 8 PEN aproximadamente. Para las recogidas es preferible llamar a una compañía reputada, pues se ha informado de viajeros estafados o robados por conductores de taxi. De tener que parar un taxi en la calle son mejores los sedanes de tamaño normal o los ranchera que los taxis amarillos.

TIERRA DE LOS CAÑONES

Ir a Arequipa y no ver el cañón del Colca es como ir a Cuzco y perderse Machu Picchu. Los viajeros que tengan tiempo podrán elegir entre muchas excursiones que merecen la pena, como la escalada al guardián de la ciudad, el volcán Misti, hacer *rafting* en el cañón del Majes y ver los petroglifos de Toro Muerto, explorar el valle de los Volcanes y hacer senderismo en Cotahuasi, el cañón más profundo del mundo. La mayoría de estos lugares pueden visitarse combinando autobuses públicos y haciendo senderismo. También se puede alquilar un taxi o un todoterreno con conductor; un viaje de dos días cuesta más de 150 US$.

Reserva Nacional de Salinas y Aguada Blanca

El problema de los circuitos organizados por el cañón del Colca es que pasan a todo correr por una de las reservas mejor protegidas de Perú, la Reserva Nacional de Salinas y Aguada Blanca (☎054-25-7461; ⊗24 h) GRATIS, una vasta extensión andina de decenas de volcanes dormidos y una resistente fauna y flora que sobrevive contra todo pronóstico a varios kilómetros sobre el nivel del mar. En vehículo se asciende a 4910 m, donde mareado y jadeando por la falta de oxígeno se reflexiona sobre extrañas formaciones rocosas erosionadas por el viento, se recorren antiguos caminos incas y se ven veloces vicuñas correteando por la desierta pampa a más de 85 km/h. Al ser reserva nacional, Salinas y Aguada Blanca disfruta de más protección que el cañón del Colca, principalmente porque, aparte de algún pastor de llamas, nadie vive allí. Su misión es proteger a una rica variedad de especies de altura como las vicuñas, tarucas (venado andino), guanacos y distintas aves, en especial flamencos. Los volcanes Misti y Chachani están dentro de la reserva.

De Arequipa a Chivay

◉ Puntos de interés

Patahuasi PUNTO DE REFERENCIA
El único rastro de civilización entre Arequipa y Chivay, aparte de algunas granjas alejadas entre sí, es esta bifurcación en la carretera, que sirve de parada de camiones y autobuses y de punto para repostar (hay autobuses

hacia el sureste en dirección a Puno cada hora). En este descuidado paraje se encuentran algunos puestos de tentempiés y a un kilómetro, pasado del desvío a Puno, aparece El Chinito (autopista 34A s/n, San Antonio de Chucha; tentempiés desde 5 PEN), la parada favorita de los autobuses para desayunar. Al lado del restaurante hay varias tiendas de artesanía. Muy cerca, y accesible por una corta pista, se llega al bosque de piedras, una surrealista colección de piedras con forma de champiñón erosionadas por el viento que montan guardia junto al río Sumbay.

Pampa de Toccra RESERVA NATURAL
El altiplano entre Misti/Chachani y el cañón del Colca, tiene una altura media de unos 4300 m y allí viven abundantes aves y otros animales. En esta pampa habitan cuatro especies de la familia sudamericana de los camélidos: la llama y la alpaca, domesticadas, y la vicuña y el tímido y raro guanaco, que son salvajes. Es casi imposible no ver alguna junto a la carretera en la "zona de vicuñas", en las proximidades de Patahuasi, pero los guanacos son más tímidos y difíciles de ver. Más adelante, en un lago pantanoso y a veces helado, anidan algunas temporadas flamencos y otras aves acuáticas. Hay un mirador para contemplarlas.

El Centro de Interpretación de la Reserva Nacional de Salinas (⊗9.00-17.00) GRATIS tiene explicaciones detalladas sobre la geología y la fauna de la zona.

Paso de Patapampa MIRADOR
El punto más alto en la carretera de Arequipa a Chivay es este desolado paso a 4910 m, mucho más alto que el Mont Blanc en Europa y que las Montañas Rocosas en Norteamérica. Si los glóbulos rojos lo soportan, desde el enrarecido aire del mirador de los Volcanes se divisa un poderoso consorcio de ocho volcanes coronados de nieve: Ubinas (5675 m), Misti (5822 m), Chachani (6075 m), Ampato (6310 m), Sabancaya (5976 m), Huaka Hualca (6025 m), Mismi (5597 m) y Chucura (5360 m). Menos espectacular, aunque no menos extraordinaria es la achaparrada yareta, una de las pocas plantas que sobrevive en este inclemente paisaje. Las yaretas viven varios milenios y su crecimiento anual se mide en milímetros en vez de en centímetros. Durante el día unas mujeres con vestidos tradicionales ofrecen sus mercancías en el mirador. ¿Es tal vez el centro comercial más alto del mundo?

LAGUNA DE SALINAS

Este lago (a 4300 m de altitud), al este de Arequipa y bajo el Pichu Pichu y el Misti, es un lago salado que se convierte en una blanca llanura de sal en los meses secos, de mayo a diciembre. Su tamaño y caudal anual dependen del tiempo que haga. Durante la estación de las lluvias (ene-may) es un buen lugar para ver tres especies de flamencos, así como un sinfín de otras aves acuáticas andinas.

Los autobuses que van a Ubinas (13 PEN, 3½ h) pasan por el lago y se pueden tomar en la av. Sepúlveda de Arequipa. Los billetes se compran en una pequeña taquilla en esa misma avenida. Conviene informarse porque los horarios varían. La excursión alrededor del lago dura unos dos días y se regresa en los abarrotados autobuses diarios de las 15.00 (hay que esperar).

Un circuito de un día en microbús desde Arequipa cuesta 150 PEN/persona; también puede recorrerse en bicicleta de montaña.

El Misti

El volcán protector de la ciudad se alza 5822 m sobre Arequipa y ofrece la escalada más popular de la zona. Técnicamente es uno de los ascensos más fáciles del mundo en una montaña de esa altura, pero es una ardua empresa que normalmente requiere piolet y a veces crampones. Se recomienda contratar un guía. Una excursión de dos días suele costar entre 50 y 70 US$/persona. El ascenso se realiza mejor de julio a noviembre y los últimos de esos meses son los menos fríos. Bajo la cima hay un cráter amarillo sulfuroso con fumarolas volcánicas que expulsan gas y se goza de vistas espectaculares de la laguna de Salinas y de la ciudad.

Hay varias rutas de ascenso, y la mayoría se hacen en dos días. La del Apurímac es conocida por los robos. Una ruta muy popular comienza en Chiguata con unas arduas 8 h de ascensión hasta el campamento base (4500 m), desde el que se tardan otras 8 h en llegar y regresar de la cima, mientras que solo cuesta 3 h o menos regresar del campamento base a Chiguata. La ruta Aguada Blanca está restringida a unos pocos operadores turísticos oficiales y permite ascender a 4100 m antes de comenzar a escalar.

Los escaladores más resueltos pueden llegar a la ruta Chiguata en transporte público. Los autobuses a Chiguata salen de la av. Sepúlveda de Arequipa (8 PEN ida, 1 h) cada hora a partir de las 5.30 y dejan al comienzo de un sendero sin señalizar, desde donde se inicia la larga ascensión hasta el campamento base. A la vuelta se puede tomar el mismo autobús en dirección opuesta. La forma más común de llegar a la montaña es alquilar un todoterreno con conductor por 250 PEN aproximadamente, que sube hasta 3300 m y espera al viajero para llevarlo de vuelta.

Chachani

Tan cercano a Arequipa como el Misti, Chachani (6075 m) es uno de los picos de 6000 m más fáciles del mundo. Se necesitan crampones, piolet y buen equipo. Hay varias rutas para ascenderlo, por una de ellas se sube en todoterreno hasta el campamento de Azufrera, a 4950 m. Desde allí se llega a la cima en 9 h y se regresa en 4. En una ascensión de dos días hay un buen lugar para acampar a 5200 m. Por otras rutas se tardan tres días, pero son más fáciles de hacer en todoterreno (125-180 US$).

Otras montañas

El nevado Sabancaya (5976 m) forma parte del macizo del borde meridional del cañón del Colca, que también incluye el extinto nevado Hualca Hualca (6025 m) y el nevado Ampato (6310 m). Sabancaya entró en erupción en el 2014, después de 15 años de inactividad; por lo que solo se debe ir con un guía que conozca la actividad geológica de la zona. El vecino nevado Ampato requiere una ascensión de tres días bastante sencilla pero agotadora y desde su cima se disfruta de unas vistas más seguras del Sabancaya.

Entre los demás montes interesantes cercanos a Arequipa se encuentra el Ubinas (5675 m), que era la cima más fácil de coronar. Sin embargo, del 2013 al 2015 emitió cenizas tóxicas y no se recomienda su escalada. El nevado Mismi (5597 m) requiere una fácil ascensión de tres o cuatro días por la cara norte del cañón del Colca. Se puede ir en transporte público y con un guía encontrar el lago en el que se supone nace el Amazonas. La montaña más alta del sur de Perú es el difícil nevado Coropuna (6613 m).

Cañón del Colca

Lo que lo hace tan fantástico no es su inmensidad o profundidad, sino su diversidad. En sus 100 km hay más cambios de paisaje que en la mayoría de los países europeos; desde la árida estepa de Sibayo, pasando por las antiguas tierras de cultivo en terrazas de Yanque y Chivay, al propio cañón de profundas laderas más allá de Cabanaconde, que no se exploró a fondo hasta la década de 1980. Por supuesto, también importa su tamaño. Es el segundo cañón más profundo del mundo, un poquito menos que el vecino Cotahuasi y el doble de profundo que el famoso Gran Cañón estadounidense. Pero, aparte de eso, está lleno de historia, cultura, ruinas, tradiciones y –al igual que Machu Picchu– intangible magia peruana.

A pesar de su profundidad es geológicamente joven. El río Colca se abrió paso en lechos de roca volcánica depositados hace menos de 100 millones de años por una gran falla en la corteza terrestre. Aunque frío y seco en las colinas, el profundo valle y el tiempo generalmente soleado producen frecuentes corrientes ascendentes que los cóndores aprovechan para planear. En el borde del cañón también abundan las vizcachas (unos roedores parientes cercanos de las chinchillas), que corretean furtivamente entre las rocas. En las laderas crecen cactus y si están en flor quizá se vean las diminutas aves nectívoras que desafían a las espinas para alimentarse. Las profundidades del cañón son casi tropicales, con palmeras, helechos e incluso orquídeas en algunas zonas aisladas.

Los lugareños son descendientes de dos grupos enfrentados que ocuparon la zona: los cabana y los collagua. Para diferenciarse, ambos practicaban una deformación propia de los cráneos de los niños al nacer, pero en la actualidad utilizan diferentes sombreros y trajes tradicionales con intrincados bordados para indicar su ascendencia. En la zona de Chivay, en el extremo oriental del cañón, los sombreros blancos de las mujeres se tejen con paja y se embellecen con encajes, lentejuelas y medallones. En el extremo occidental del cañón, la parte superior de los sombreros es redondeada y están hechos de algodón laboriosamente bordado.

Parte alta del cañón

En la parte alta (en realidad aún es un valle) el paisaje es más frío y áspero que en los campos en terrazas cercanos a Chivay y Yanque, y recibe pocas visitas. La recorre una sola carretera que se dirige hacia el noroeste, pasando por el pueblo de Tuti, hasta Sibayo. En su herboso paisaje pasta el ganado y su todavía joven río es ideal para hacer *rafting* y pescar truchas.

SIBAYO

Está situado a 3900 m en la cabecera del cañón y es un tradicional pueblo rural poco frecuentado por el turismo. Muchas de sus casas de adobe siguen conservando sus techos de paja y su diminuta plaza está enmarcada por la iglesia de San Juan Bautista, restaurada hace poco. Al noroeste del pueblo hay un tranquilo punto en el río que se ha embellecido con el puente colgante Portillo, que cruza el Colca, y el mirador del Lagarto, bautizado así por una montaña en forma de lagarto en la parte superior del valle. Se puede ir de excursión hacia el suroeste, bajando el cañón hasta Tuti y después Chivay.

Sibayo cuenta con alojamiento básico en casas tradicionales particulares. Una de ellas es Samana Wasi (📞990-049-5793; av. Mariscal Castilla; h 25 PEN), cuyos propietarios, deseosos de agradar, improvisan una cena (15 PEN) y llevan a pescar truchas.

Las combis (10 PEN, 1 h, cada hora) a Sibayo salen del mercado, en Chivay.

TUTI

Es uno de los pueblos con poco turismo a solo 19 km al noreste de la población principal del Colca, Chivay. Su economía se basa en el cultivo de habas y en la elaboración de tejidos artesanales, y está rodeado por algunos puntos de interés conectados por senderos. La excursión más fácil es hacia el norte, donde se hallan dos cuevas en unas colinas visibles desde la carretera y accesibles tras una ascensión de 3,5 km desde el pueblo. Desde el mismo punto de partida se pueden hacer 8 km hasta un pueblo abandonado del s. XVII, conocido como Ran Ran o "Espinar de Tute". Después de Ran Ran se llega al sendero que lleva al nacimiento del Amazonas, en la cara norte del nevado Mismi. Abajo, en el valle, se puede tomar un taxi o un colectivo de Chivay a Tuti o volver caminando hasta Chivay por una senda bien señalizada a lo largo del río Colca. Este tramo del río es muy popular entre quienes practican *rafting*.

Parte media del cañón

Es la sección más accesible y popular, con un paisaje dominado por la agricultura y algunas de las laderas con más terrazas del mundo. Esa facilidad de acceso y su vegetación la han convertido en la región más activa del cañón, con la mayoría de sus negocios concentrados en el pequeño pueblo de Chivay.

CHIVAY

054 / 7700 HAB. / ALT. 3630 M

Chivay es el desvencijado núcleo del cañón del Colca, un pueblo tradicional que ha acogido el turismo sin perder, de momento, su descuidada identidad del altiplano. ¡Ojalá le dure mucho tiempo!

En la zona del mercado y la plaza se pueden ver los vestidos de las mujeres del Colca. El pueblo también ofrece unas vistas de picos cubiertos de nieve y laderas con terrazas y sirve como base desde la cual explorar pueblos más pequeños valle arriba.

⊙ Puntos de interés y actividades

Observatorio astronómico   OBSERVATORIO
(Planetario; ☎054-53-1020; Huayna Cápac; entrada 25 PEN; ⊘abr-dic) La ausencia de contaminación lumínica permite tener excelentes vistas de la Vía Láctea. El hotel Casa Andina cuenta con un pequeño observatorio que ofrece funciones con vistas nocturnas del cielo. La entrada incluye una explicación de 30 min y la oportunidad de mirar por el telescopio. Cierra de enero a marzo porque de noche el cielo no suele estar despejado.

La Calera   BAÑOS TERMALES
(entrada 15 PEN; ⊘4.30-19.00) Si se ha llegado desde Arequipa en autobús o automóvil, una buena forma de aclimatarse es caminar 3 km hasta las fuentes termales de La Calera (al aire libre) y examinar las paredes del cañón (sorprendentemente bajas) desde las calientes piscinas naturales. El entorno es idílico, y es entretenido ver a los que pasan por encima en tirolina. Los colectivos desde Chivay cuestan 1-2 PEN.

Excursionismo

Chivay es un buen punto de partida para emprender excursiones por el cañón, cortas o largas. El sendero de 7 km hasta Coporaque, en la parte norte del cañón, empieza en el extremo norte del pueblo. Se va a la izquierda en la bifurcación de la carretera a La Calera,

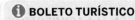

se cruza el puente inca y se siguen los fértiles campos hasta el pueblo. En vez de regresar, se puede ir colina abajo saliendo de Coporaque, pasando por unas pequeñas ruinas, y descender hasta el puente de color naranja que cruza el río Colca. Desde Yanque, en la orilla sur, se puede tomar un autobús por el camino o un colectivo para hacer los 7 km de vuelta a Chivay (o caminar junto a la carretera). Para ir más rápido, es posible alquilar una bicicleta de montaña en Chivay.

Si se desea ir más al oeste, hay que continuar subiendo la cara norte del cañón desde Coporaque hasta los pueblos de **Ichupampa**, **Lari** y finalmente **Madrigal**. Algunas combis recorren esos pueblos y salen de las calles cercanas al mercado de Chivay. Otra opción es ir hacia el noroeste desde cerca del puente inca y emprender un sendero que sigue el río hasta los pueblos de Tuti y Sibayo.

Tirolina

Uno puede balancearse sobre el río Colca y entretener a los bañistas que se relajan abajo, en las termas de La Calera, mientras practica el deporte más moderno del cañón, la tirolina. Se empieza nada más pasar La Calera, a 3,5 km de Chivay; se puede organizar la actividad con una de las agencias del pueblo o directamente con **Colca Zip-lining** (☎95-898-9931; www.colcaziplining.com; 2/4 cables 50/100 PEN; ⊘desde 9.00 lu-sa, desde 10.30 do).

🛏 Dónde dormir

A pesar de ser pequeño, Chivay cuenta con muchas pensiones baratas dónde elegir. Las

EXCURSIÓN AL NACIMIENTO DEL AMAZONAS

Fue uno de los grandes misterios del mundo durante siglos. El ser humano había lanzado sondas a Marte y dividido el átomo antes de encontrar y –lo que es más importante– ponerse de acuerdo sobre el nacimiento del río más caudaloso y el más largo de la tierra, el Amazonas. Muchos, desde Alexander von Humboldt a Jean-Michel Cousteau, aportaron sus teorías (a menudo avaladas por costosas expediciones) antes de que en el 2007 se estableciera su cabecera: una fisura en un abrupto acantilado a 5170 m de la ladera septentrional del nevado Mismi y a 6992 km de la desembocadura del río en la costa atlántica de Brasil. Las aguas del deshielo recogidas en la laguna McIntyre fluyen a los ríos Apacheta, Apurímac, Ucayali y Marañón antes de formar el Amazonas.

Desde el cañón del Colca es fácil llegar al nacimiento del Amazonas (marcado con una cruz de madera). Hay senderos en dirección norte que llevan allí desde los pueblos de Lari y Tuti. Desde este último se tardan dos días en ir y volver, aunque hay quien prefiere hacer la sinuosa ruta que comienza en Lari y acaba en Tuti, con la que se circunda el nevado Mismi. En la estación seca se puede ir en todoterreno y después hacer una excursión de 30 min hasta el risco del Apacheta. En Arequipa, Carlos Zárate Adventures (p. 152) organiza unas memorables excursiones guiadas. Los viajeros independientes deben ir provistos de mapas, comida, tienda y ropa de abrigo.

más prácticas están en Siglo XX, al lado de la plaza. Una habitación doble básica cuesta unos 40 PEN.

Hostal La Pascana
HOTEL $

(☎054-53-1001; Siglo XX 106; i/d/tr desayuno incl. 50/70/100 PEN; 🕸) Agradable y anticuado, seguramente parecerá un lujo después de varios días de excursión por el cañón. Sus sencillas habitaciones disponen de mantas (¡por suerte!), el personal es amable y cuenta con un pequeño pero decente restaurante. Es muy superior al resto de pensiones modestas y está junto a la plaza.

Hostal Estrella de David
PENSIÓN $

(☎054-53-1233; Siglo XX 209; i/d/tr 30/40/60 PEN) Hospedaje sencillo, limpio y familiar con baños y algunas habitaciones con televisión por cable. Está a un par de manzanas de la plaza en dirección a la estación de autobuses. Por 20 PEN hay habitaciones sencillas con raídos baños compartidos para los viajeros de presupuesto ajustado.

Inkari Ecolodge Colca
HOSTAL $$

(☎95-900-350, 054-531-019; inkaricolca@hotmail. com; Espinar s/n; i/d desayuno incl. 95/121/143 PEN) A siete minutos en taxi encima de Chivay, los irregulares precipicios se apiñan en torno a los extensos jardines de este alojamiento, mientras el sol se pone tras las montañas. Las habitaciones de madera contribuyen a crear el ambiente de chalet, al igual que el frío, así que mejor no apagar el radiador. Las duchas de agua caliente son casi tan grandes como el

restaurante, y las noches son tranquilísimas, sobre todo porque no hay wifi.

★ Hotel Pozo del Cielo
HOTEL $$$

(☎054-34-6547; www.pozodelcielo.com.pe; Calle Huáscar s/n; d/ste 310/637 PEN; 🕸) Se parece a las obras de Gaudí: tiene puertas bajas, habitaciones de formas extrañas y caminos serpenteantes. Es fácil imaginarse a los siete enanitos desfilando por aquí. Pero, aparte de esto, es un establecimiento funcional y cómodo, con cierto aire de hotel-*boutique* en sus habitaciones de diseño y su excelente restaurante-mirador.

Casa Andina
HOTEL-BOUTIQUE $$$

(☎054-53-1020, 054-53-1022; www.casa-andina. com; Huayna Cápac; i/d desayuno incl. desde 250 PEN; 🕸) Las habitaciones son rústicas a propósito y están en casitas de piedra con tejados de paja en unos terrenos muy bien cuidados. Lo mejor son los servicios extra poco convencionales: un observatorio, oxígeno (por si alguien se marea por la falta de él) y espectáculos culturales nocturnos en los que se mezclan músicos y artesanos locales y un chamán adivina el futuro con hojas de coca.

🍴 Dónde comer

Innkas Café
PERUANA $

(plaza de Armas 705; principales 12-20 PEN; ⊙7.00-22.00) Está instalado en un edificio antiguo con agradables rincones junto a las ventanas y calentado con modernas estufas de gas (que se agradecen). Quizá sea la altura, pero el lomo saltado sabe tan bien como el de Gastón Acurio. Su dulce servicio se ve subrayado por unos pasteles aún más dulces con café.

Aromas Caffee   CAFÉ $

(www.aromascaffee.com; plaza de Armas esq. av. Salaverry) Al meticuloso camarero de este diminuto café tipo "tres son multitud" le cuesta 10 min operar la pequeña máquina para hacer capuchinos, pero el café peruano, cuando llega, merece la espera.

Cusi Alina   PERUANA $$

(plaza de Armas 201; bufé 27 PEN; 🖋) Es uno de los dos restaurantes de Chivay que ofrece bufé de almuerzo, donde están presentes variadas comidas peruanas y abundantes opciones vegetarianas. Es muy popular entre los viajeros de los autobuses que hacen circuitos, por lo que conviene llegar antes de las 13.00 para encontrar sitio.

❶ Información

En la plaza hay una útil **oficina de información** (📞054-53-1143; plaza de Armas 119; ⊗8.00-13.00 y 15.00-19.00). La comisaría de policía está junto a la Municipalidad, también en la plaza. En la calle Salaverry, una manzana al oeste de la plaza, se encuentra el único cajero automático del pueblo. Algunos de los mejores hoteles y unas pocas tiendas cambian dólares estadounidenses, euros o cheques de viaje con tipos poco ventajosos. Unos pocos cibercafés cercanos a la plaza ofrecen acceso a internet.

❶ Cómo llegar y desplazarse

La terminal de autobuses está 15 min a pie de la plaza. Hay nueve salidas diarias a Arequipa (15 PEN, 3 h). Los cuatro autobuses diarios a Cabanaconde (5 PEN, 2½ h) paran en localidades del lado sur del cañón y en Cruz del Cóndor.

Las combis (2-5 PEN) y los taxis colectivos a los pueblos cercanos salen desde las esquinas de las calles próximas a la zona del mercado, al norte de la plaza. También se puede pedir un taxi privado. Por unos 5 PEN/día se pueden alquilar bicicletas de montaña de distinta calidad en las agencias de viajes de la plaza o en **BiciSport** (📞95-880-7652; Zaramilla 112; ⊗9.00-18.00), detrás del mercado.

Desde Chivay se puede viajar a Cuzco, pero es muy complicado y poco recomendable. A pesar de que algunos viajeros han conseguido combis a Puente Callalli y después han parado un autobús allí, es mucho más seguro y quizá igual de rápido regresar a Arequipa.

Para llegar a Puno, es más barato volver a Arequipa, pero uno se ahorra unas horas si toma un autobús turístico directo desde Chivay (que hace una parada para que los viajeros coman y saquen fotografías) con **4M Express** (📞95-974-6330; www.4m-express.com; Chivay hasta Puno 45 US$) o **Rutas del Sur** (📞95-102-4754; chivay@rutasurperu.com; av. 22 de Agosto s/n; Chivay hasta Puno 35 US$). Ambos salen de cerca de la plaza de Chivay a las 13.30 y llegan a la plaza de Puno a las 19.30. Si el viajero ha ido en un circuito desde Arequipa, debe decirle al guía que no va a volver.

YANQUE

📞054 / 2100 HAB.

De la docena de pueblos del cañón, Yanque, situado 7 km al oeste de Chivay, posee la plaza más bonita y animada. Allí se encuentra la **iglesia de la Inmaculada Concepción**, la mejor del cañón al menos desde fuera, cuyo ornamentado pórtico parece casi churrigueresco. Muchas mañanas, las mujeres del lugar bailan ataviadas con trajes tradicionales en la plaza en torno a las 7.00, para atraer a los turistas que van a la Cruz del Cóndor.

⊙ Puntos de interés

Museo de Yanque   MUSEO

(http://yanqueperu.com; entrada 5 PEN; ⊗9.00-18.30) Este museo gestionado por la universidad, bastante completo para estar en un pueblo pequeño, explica la cultura del cañón del Colca con todo lujo de detalles. Está en la plaza, frente a la iglesia. Sus exposiciones proporcionan información sobre tejidos incas, deformaciones craneales, agricultura local, arquitectura religiosa, además de una muestra sobre Juanita, la "doncella del hielo".

Baños Chacapi   TERMAS

(entrada 10 PEN; ⊗4.00-19.00) Desde la plaza se desciende hacia el río en un paseo de 30 min a pie para llegar a estas termas, una especie de La Calera en miniatura. Su temprana hora de apertura se debe a que la mayoría de los lugareños no dispone de agua caliente.

🛏 Dónde dormir

Sumaq Huayta Wasi   PENSIÓN $

(📞92-929-2315; www.casabellaflor.com; Cusco 303) En Yanque se abrieron varias pensiones familiares sencillas como parte de un proyecto local. Están repartidas por el pueblo y ofrecen alojamiento por 15 PEN por habitación y noche. Los viajeros han recomendado Sumaq Huayta Wasi (Casa Bella Flor), a solo dos manzanas de la plaza. Ofrece un excelente equilibrio entre tradición y comodidad.

Hotel Collahua   HOTEL **$$**
(☎054-22-6098; www.hotelcollahua.com; av. Collahua Cuadra 7; i/d/tr 75/95/105 PEN; 🐾) Es una opción bastante exclusiva con habitaciones coloridas en bungalós independientes, situados en unos extensos terrenos por los que campan las alpacas. Cuenta con un restaurante muy completo.

COPORAQUE

Coporaque, que no se ha comercializado, posee la iglesia más antigua del valle y poco más, a menos que se cuenten las espléndidas vistas de las laderas del cañón, llenas de campos dispuestos en terrazas.

◉ Puntos de interés

Aunque el viajero no se aloje en el Colca Lodge puede usar los baños termales por 35 PEN (el precio incluye una comida en el restaurante).

Oyu Oyu   RUINAS
Aunque no se ven desde la carretera, en media hora de ascenso a pie se llega a los restos de este asentamiento preincaico. Después se puede continuar hasta una cascada que proviene de las escorrentías del nevado Mismi. Colca Lodge proporciona guías.

🛏 Dónde dormir

La Casa de Mamayacchi   PENSIÓN **$$**
(www.lacasademamayacchi.com; d/tr desayuno incl. desde 223/293 PEN) Esta pensión escondida cuatro edificios más abajo de la plaza se construyó con materiales tradicionales y su ubicación sobre un terreno distribuido en terrazas proporciona unas fantásticas vistas del valle. Sus acogedoras habitaciones no tienen TV, pero cuenta con una estantería con juegos, chimenea y bar. Se puede reservar en la oficina de Arequipa (☎054-24-1206; Jerusalén 606).

★ Colca Lodge   HOTEL DE LUJO **$$$**
(☎054-28-2177; www.colca-lodge.com; d/ste desayuno incl. 554/904 PEN; ❄🐾🏊) Este alojamiento es caro pero muy romántico. Sus artísticos y cuidados jardines se extienden majestuosos junto al ondulante río Colca. Las espléndidas habitaciones están repletas de batas elegantes, estufas de leña, velas, cafeteras y camas extragrandes, pero el verdadero atractivo son los baños termales al aire libre (37-39°C) esculpidos en caprichosas piscinas junto al río.

Las reservas previas se realizan en la oficina de Arequipa (☎054-20-2587, 054-20-3604; Benavides 201).

LARI

Esta tranquila población, 16 km al oeste de Coporaque, en la parte norte del río, posee la mayor iglesia del cañón. También es un posible punto de partida para la excursión al nacimiento del Amazonas (p. 168), que de regreso puede ampliarse a Tuti en el noroeste. En la plaza hay un hotel muy barato y dos restaurantes muy básicos, pero es mejor pernoctar en Chivay o Cabanaconde.

MADRIGAL

Es el último pueblo de la parte norte del cañón al que llega la carretera (sin asfaltar a partir de ahí). Aparte de su gran iglesia y el penoso alojamiento en el Hostal Municipalidad (plaza de Armas; h 12 PEN), es un lugar bucólico perfecto para una lenta y relajada digestión de la vida tradicional en el Colca. Hacia el oeste se puede ir a pie hasta dos yacimientos arqueológicos: la Fortaleza de Chimpa, una ciudadela amurallada de la cultura collagua en lo alto de una colina, y el Pueblo Perdido Matata, unas ruinas abandonadas hace tiempo.

PINCHOLLO

Está a 30 km de Chivay y es uno de los pueblos más pobres del valle. Desde esta población sale un sendero hacia el Hualca Hualca (volcán coronado de nieve de 6025 m de altitud), hasta una zona geotérmica activa con un interesante paisaje. Aunque no está muy bien señalizado, hay un sendero de 4 h hasta un géiser que solía entrar en erupción hasta que lo cerró un reciente terremoto. Se pueden pedir indicaciones o ascender hacia la izquierda en dirección a la montaña y seguir el curso del agua hasta el final.

CRUZ DEL CÓNDOR

Algunos puntos de interés muy publicitados resultan decepcionantes a la luz del día, pero no este. Ningún tipo de propaganda consigue reflejar lo que es la Cruz del Cóndor (Chaq'lla; entrada con boleto turístico), un famoso mirador conocido localmente como Chaclla, 50 km al oeste de Chivay. Una gran familia de cóndores andinos anida en un afloramiento rocoso cercano y, si el tiempo y la estación lo permiten, se los puede ver sobrevolando las corrientes térmicas del cañón y planeando sobre las cabezas de los visitantes (los cóndo-

SENDERO "EL CLÁSICO"

¿Se tiene poco tiempo? ¿Desorienta la cantidad de senderos del Colca? ¿No se soportan las multitudes del Camino Inca? Lo que se necesita es "El Clásico," nombre extraoficial de la excursión de dos a tres días que recorre lo mejor de la parte media y baja del cañón del Colca, por debajo de la Cruz del Cóndor y Cabanaconde.

Se empieza saliendo a pie de Cabanaconde por la carretera de Chivay. En el mirador de San Miguel se emprende un descenso de 1200 m hacia el cañón por un serpenteante camino. Hay que cruzar el río Colca por un puente y entrar en el pueblo de San Juan de Chuccho. Allí se puede encontrar alojamiento en la Casa de Rivelino (h sin baño 15 PEN), que ofrece casitas con agua caliente y un sencillo restaurante. Otra opción es subir al encantador pueblo de Tapay, donde se puede acampar o alojarse en el Hostal Isidro, cuyo dueño es guía y tiene una tienda, teléfono por satélite y alquiler de mulas. El segundo día se desciende al puente de Cinkumayu antes de subir a los pueblos de Coshñirwa y Malata. Este último cuenta con un pequeño museo familiar, de hecho, una casa típica local cuyo propietario explica la cultura colca. De Malata se desciende al bonito oasis de Sangalle (se cruza el río de nuevo), con más opciones para pernoctar, antes de realizar los asfixiantes 4 km de regreso a Cabanaconde (1200 m de ascensión).

Aunque es fácil hacerlo por cuenta propia, esta excursión puede organizarse en cualquier reputada agencia de viajes de Arequipa.

res casi nunca baten sus alas) de 8.00 a 10.00. Es una escena fascinante, intensificada por la espectacular caída de 1200 m hasta el río y la vista del nevado Mismi, que se alza a más de 3000 m sobre el lecho del cañón, al otro lado de la quebrada.

En los últimos tiempos resulta más difícil ver cóndores, debido sobre todo a la contaminación del aire provocada por los fuegos de los viajeros y los gases de los escapes de los autobuses de los circuitos. También es menos probable que aparezcan en días lluviosos, así que es mejor ir durante la estación seca. Es muy poco probable verlos de enero a febrero. En el mirador nunca se está solo, en temporada hay que contar con un par de cientos de personas durante el espectáculo de las 8.00. Después se pueden hacer a pie los 12,5 km desde el mirador a Cabanaconde.

Parte baja del cañón

La parte baja y estrecha del cañón es el Colca más profundo. Se extiende de Cabanaconde a Huambo. En Tapay y Sangalle hay árboles frutales, pero esta parte no tiene mucha actividad económica.

CABANACONDE

☑ 054 / 2400 HAB. / ALT. 3290 M

Solo en torno al 20% de los visitantes del cañón del Colca llegan hasta el destartalado Cabanaconde (casi todos los itinerarios organizados se dan la vuelta en la Cruz del Cóndor). Para los que llegan, los atractivos son evidentes: menos gente, más autenticidad y mayor tranquilidad. Es el auténtico cañón. El Colca es mucho más profundo y ofrece empinados y zigzagueantes caminos que tientan a los aptos y valientes a descender 1200 m hasta el río homónimo. No hay cajeros automáticos, es necesario llevar dinero en efectivo.

🏃 Actividades

Si no se ha bajado al cañón a pie (la única forma al oeste de Madrigal), solo se conoce el Colca a medias. El camino más corto es la espectacular caminata de 2 h desde Cabanaconde a Sangalle (también conocido como "el oasis"), al fondo del cañón. Las paredes de las montañas crean en efecto un tranquilo oasis verde y florido, cubierto de noche por un manto de estrellas.

Aquí se han instalado cuatro grupos de bungalós básicos y zonas de acampada, que cuestan entre 15 y 20 PEN/persona. Hay dos piscinas naturales para bañarse y la mayor de ellas pertenece a Oasis Bungalows, que cobra 5 PEN (gratis si uno se aloja en sus bungalós) por usarla. Paraíso Bungalows no cobra por la piscina pequeña y existe cierto desacuerdo entre los lugareños sobre si debe cobrarse a los viajeros por su uso. No se deben encender fuegos, pues la mitad de los árboles de la zona se han quemado en incendios y hay que llevarse toda la basura. El regreso a Cabanaconde implica una empinada y ardua ascensión que requiere 1½ h (si se está muy

AREQUIPA Y LA TIERRA DE LOS CAÑONES CAÑÓN DEL COLCA

en forma), 2-2½ h (en forma) o 3 h o más (estado físico normal). En Sangalle se puede conseguir comida y bebida.

Circuitos

Los alojamientos y la Municipalidad de Cabanaconde ofrecen guías locales. El precio es de 30 a 60 PEN/día, según el tipo de excursión, temporada y número de participantes. También puede alquilarse un caballo o una mula, que es una forma excelente de llevar agua al cañón y cargar la basura, por 60 PEN/día.

Dónde dormir y comer

En Cabanaconde las opciones de alojamiento son limitadas. La mayoría de los visitantes come donde se aloja, aunque hay un par de restaurantes baratos cerca de la plaza.

★ **Pachamama** ALBERGUE **$**
(☑95-931-6322, 054-25-3879; www.pachamamahome.com; San Pedro 209; desayuno incl. dc 25 PEN, d sin/con baño 50/70 PEN; @) Lo lleva el majísimo y servicial Ludwig y ofrece muchos tipos de habitaciones (dobles, triples y otras combinaciones), un horno para hacer *pizza*, un fantástico desayuno de crepes y un inesperado y acogedor bar. Organiza excursiones desde la Cruz del Cóndor (cuesta abajo) en bicicleta a partir de 95 PEN, incluido el transporte de ciclistas y bicicletas hasta allí para ver los cóndores antes de comenzar a pedalear.

★ **Hotel Kuntur Wassi** HOTEL **$$**
(☑054-81-2166; www.arequipacolca.com; Cruz Blanca s/n; i/d/ste desayuno incl. 175/207/287 PEN; @♠) Lo más exclusivo que se encuentra en Cabanaconde es este hotel, realmente encantador, que se encuentra en una ladera cercana al pueblo y ofrece baños de piedra y ventanas trapezoidales. Las suites poseen unas bañeras enormes. También cuenta con bar, restaurante, biblioteca, lavandería y cambio de moneda. Sirve comida de primera tan buena como la de la ciudad.

La Posada del Conde HOTEL **$$**
(☑054-40-0408, 054-83-0033; www.posadadelconde.com; San Pedro s/n; i/d desayuno incl. 95/128 PEN; ♠) Este pequeño hotel para obreros ofrece sobre todo habitaciones dobles, pero cuidadas y con baños limpios. El precio suele incluir un mate (té de hierbas) de bienvenida o un pisco *sour* en el restaurante. Los mismos propietarios regentan un hotel más pequeño, lujoso y caro subiendo la carretera.

Restaurante Las Terrazas INTERNACIONAL **$**
(☑95-810-3553; www.villapastorcolca.com; plaza de Armas s/n; tentempiés 10-15 PEN) En este restaurante ofrecen *pizza*, pasta, sándwiches y cubalibres baratos con vistas a la plaza y su bucólico tráfico de burros. También cuenta con un ordenador con acceso gratis a internet. Dispone de habitaciones.

Cómo llegar y salir

Desde la plaza de Cabanaconde salen siete veces al día hacia Chivay (5 PEN, 2½ h) y Arequipa (17 PEN, 6 h) autobuses que pasan por Cruz del Cóndor. Pertenecen a cuatro empresas, entre ellas, **Andalucía** (☑054-44-5089) y **Reyna** (☑054-43-0612). Los horarios suelen cambiar, conviene comprobarlos en la oficina de las compañías de autobuses en la plaza. Si se solicita, paran en los pueblos de la carretera principal de la parte meridional del cañón. Los autobuses matinales suelen llenarse de granjeros que van a Chivay, así que es mejor llegar antes.

Petroglifos de Toro Muerto

Este fascinante y místico lugar en el desierto debe su nombre a las manadas de ganado que morían allí por deshidratación cuando se llevaban de las montañas a la costa. Esta árida ladera posee unas rocas volcánicas blancas con grabados de estilizadas figuras humanas, animales y aves. Los arqueólogos han documentado más de 5000 petroglifos, repartidos en varios kilómetros cuadrados del desierto. Aunque se desconoce el origen cultural del lugar, la mayoría de los estudiosos atribuyen esas misteriosas formas al período del dominio huari, hace unos 1200 años. La interpretación de los dibujos varía; los guías explican algunos de los más sencillos y al pasear entre las rocas cada cual formula su propia versión del mensaje que se quería transmitir.

Para llegar en transporte público se toma un autobús a Corire desde Arequipa (12 PEN, 3 h). Si no se desea pernoctar en Corire es mejor tomar un autobús muy temprano (empiezan a circular a las 4.00) y apearse en la gasolinera pasado el cartel a partir del cual comienza el pueblo de Corire. Desde allí se ascienden los 2 km de cálida y polvorienta carretera hasta un puesto de control donde los visitantes han de firmar. También se puede continuar hasta Corire y tomar un taxi hasta donde comienzan los petroglifos (desde 45 PEN ida y vuelta si el taxi espera). En Corire, el **Hostal Willy** (☑054-47-2046; av. Progreso;

i/d/tr 40/45/60 PEN) tiene habitaciones básicas y puede ofrecer información sobre cómo llegar al yacimiento. Hay que llevar agua en abundancia, filtro solar y repelente de insectos (en el camino hay muchos mosquitos).

Los autobuses regresan de Corire a Arequipa cada hora. Los petroglifos de Toro Muerto también pueden visitarse con mayor comodidad en caros circuitos de un día en todoterreno desde Arequipa.

El valle de los Volcanes

Se trata de un amplio valle, al oeste del cañón del Colca y al pie del nevado Coropuna (6613 m), famoso por sus inusuales características geológicas. Su lecho está alfombrado de ríos de lava de la que se elevan pequeños conos (de hasta 200 m de altura) de ceniza, unos 80 en total, alineados en una gran fisura y cada uno formado en una sola erupción. La escasa erosión de algunos conos y la poca vegetación en los ríos de lava hace suponer que la actividad volcánica se produjo hace unos pocos miles de años, y una parte de ella en época más reciente: algunas reseñas históricas apuntan hasta el s. XVII.

Este valle de 65 km rodea el pueblo de Andagua, cercano a la cima nevada del Coropuna. Los visitantes que busquen un destino repleto de maravillas naturales, y casi inalterado por el turismo, disfrutarán de este remoto entorno. Andagua cuenta con varios lugares para visitar a pie o en automóvil, como el ascenso a la cima de los volcanes cónicos gemelos situados a 10 km del pueblo, aunque el sendero no está bien definido. Otras excursiones populares son al cercano mirador, a 3800 m de altura, y a las cascadas de 40 m de Izanquillay, que se forman en el lugar donde el río Andahua pasa por un cañón de lava al noreste del pueblo. En Soporo, a 2 h de excursión o ½ h en automóvil hacia el sur de Andagua, hay varias *chullpas* (torres funerarias). De camino a Soporo se encuentran las ruinas de una ciudad precolombina, Antaymarca. Otra forma de entrar al valle es empezar en Cabanaconde, cruzar el cañón del Colca y ascender a un paso a 5500 m antes de descender al valle de los Volcanes. Esa excursión requiere al menos cinco días (más el tiempo previo para aclimatarse) y es mejor hacerla con un guía experimentado y mulas de carga.

Andagua cuenta con varios hostales y restaurantes baratos y sencillos, como el recomendable Hostal Volcanes (054-83-4065; 15 de Agosto s/n; h 20 PEN). También está permitido acampar, aunque se necesita abundante agua y protección solar. Para llegar al valle desde Arequipa tómese un autobús Reyna hasta Andagua (45 PEN, 10-12 h), que sale de Arequipa a las 16.00. Los autobuses de regreso parten de Andagua a las 14.00. Algunas empresas turísticas también visitan el valle de los Volcanes como parte de caros circuitos en todoterrenos que pueden incluir también visitas al cañón del Cotahuasi y Chivay.

Cañón del Cotahuasi

A pesar de que el cañón del Colca ha acaparado todo el protagonismo durante años, lo cierto es que el más profundo del mundo es este remoto cañón, 200 km al noroeste de Arequipa en línea recta. Es dos veces más profundo que el Gran Cañón, con tramos que se hunden hasta a 3500 m. Aunque la quebrada solo es accesible a los más experimentados practicantes de descenso de ríos, el resto de este fértil valle ofrece un impresionante paisaje y oportunidades para hacer senderismo. También alberga varios asentamientos rurales tradicionales que solo visitan un puñado de avezados viajeros.

Puntos de interés y actividades

El pueblo de acceso tiene el apropiado nombre de Cotahuasi (3800 hab.) y se encuentra a 2620 m de altitud, en la parte sureste del cañón. Al noreste de Cotahuasi y subiendo el cañón están los pueblos de Tomepampa (a 10 km; 2500 m) y Alca (a 20 km; 2660 m), que ofrecen alojamiento básico. De camino se pasa por un par de termas (entrada 2 PEN).

Los autobuses al puente Sipia (3 PEN, 1 h) salen a diario de la plaza de Cotahuasi a las 6.30. Desde el puente pueden acometerse varias excursiones interesantes a las partes más profundas del cañón. Tras 45 min de ascenso, se encuentra la cascada de Sipia, formada en una impresionante caída de 100 m del río Cotahuasi; hay un mirador encima. Tras andar 1 ½ h por un camino muy frecuentado se llega a Chaupo, un oasis de elevados cactus y restos de asentamientos preincaicos. La acampada está permitida. Desde allí un polvoriento camino asciende a Velinga y otras remotas comunidades que ofrecen alojamiento o desciende a Mallu, unas verdes tierras de cultivo a la orilla del río, en las que su propietario, Ignacio, permite acampar y alquila una cocina por 12 PEN/noche. Un autobús de regreso a Cotahuasi sale a diario del puente Sipia a las 11.30.

Otra excursión de un día consiste en ir de Cotahuasi a Pampamarca. Desde allí un ascenso de 2 h por un empinado y sinuoso sendero conduce a un interesante conjunto de formaciones rocosas que los lugareños han relacionado con figuras místicas. Un paseo desde el pueblo lleva hasta un mirador con vistas de las veloces cascadas de Uscune, de 80 m de altura. Las combis a Pampamarca (5 PEN, 2 h), salen de la plaza de Cotahuasi dos veces al día sobre las 7.00 y las 14.00 y vuelven poco después de llegar allí.

En Arequipa pueden organizarse excursiones de varios días; algunas se combinan con los petroglifos de Toro Muerto, y, de requerirse, regresan pasando por una colección de huellas de dinosaurios en el extremo oeste.

🛏 Dónde dormir y comer

En Pampamarca hay varias pensiones (10 PEN/ persona) familiares básicas que ofrecen cama y comida.

Hostal Hatunhuasi   PENSIÓN $
(☎054-58-1054, en Lima 01-531-0803; www.ha tunhuasi.com; Centenario 309, Cotahuasi; i/d 30/ 60 PEN) Esta acogedora pensión, superior al resto de opciones, ofrece unas cuantas habitaciones alrededor de un soleado patio interior y agua caliente la mayor parte del tiempo. De requerirse, prepara comidas y los propietarios son una buena fuente de información, difícil de conseguir.

Hospedaje Casa Primavera   PENSIÓN $
(☎054-28-5089; primaverahostal@hotmail.com; Unión 112, Tomepampa; i/d desayuno incl. 25/ 64 PEN) Este envejecido edificio tipo hacien-

da, un buen hallazgo en el pequeño pueblo de Tomepampa, posee un balcón con flores y vistas. Ofrece varias habitaciones, sencillas pero limpias, de distinto tamaño.

Hotel Vallehermoso   HOTEL $$
(☎054-58-1057; www.hotelvallehermoso.com; Tacna 106-108, Cotahuasi; i/d/tr desayuno incl. 75/140/ 195 PEN) El establecimiento más elegante de Cotahuasi, con el que seguramente se sueña después de 12 polvorientas horas en autobús, ofrece confort en medio de la nada, sin alejarse demasiado de la tradición rústica. Tienen un restaurante que incluso trata de hacer su propia cocina novoandina.

Hostal Alcalá   PENSIÓN $
(☎054-83-0011; plaza de Armas, Alca; i/d 25/ 40 PEN, dc/i/d sin baño 10/15/25 PEN) Esta pensión ofrece una buena combinación de habitaciones limpias y a buen precio, algunas son las más cómodas del valle. Agua caliente las 24 h.

ℹ Cómo llegar y salir

Si no hay problemas en el viaje de 420 km en autobús desde Arequipa, la mitad por carreteras sin asfaltar, se tarda 12 h en llegar. Pasadas tres cuartas partes del camino, la carretera corona un paso a 4500 m de altitud, entre las enormes montañas cubiertas de glaciares de Coropuna (6613 m) y Solimana (6323 m), antes de bajar a Cotahuasi. También pueden verse vicuñas salvajes corriendo por el altiplano. **Reyna** (☎054-43-0612) y **Transportes Alex** (☎054-42-4605) ofrecen autobuses (25 PEN) que salen de Arequipa sobre las 16.00. Los que vuelven a Arequipa desde Cotahuasi salen sobre las 17.00.

Desde la plaza de Cotahuasi hay combis cada hora a Alca (4 PEN, 1 h) vía Tomepampa (2 PEN, 30 min) y dos autobuses diarios (5 PEN, 2 h) a Pampamarca que salen temprano por la mañana y a media tarde.

Lago Titicaca

Los mejores alojamientos y restaurantes

➡ Titilaka (p. 190)

➡ Casa Andina Isla Suasi (p. 191)

➡ Casa Panq'arani (p. 183)

➡ Estancias en la comunidad de Capachica (p. 191)

➡ Mojsa (p. 185)

Las mejores fiestas y celebraciones

➡ La Virgen de la Candelaria (p. 182)

➡ Semana de Puno (p. 182)

➡ Fiesta de San Juan (p. 182)

➡ Alasitas (p. 182)

➡ Fiesta de Santiago (p. 182)

Por qué ir

Según las creencias andinas, en Titicaca nació el Sol. Además, es el mayor lago de Sudamérica y la masa de agua navegable a mayor altitud del mundo. Sus cielos de azul intenso contrastan con unas noches extremadamente frías. En el fascinante Titicaca han habitado diversas culturas del Altiplano inmersas en sus tradiciones desde tiempos remotos.

Los pucarás preincaicos son parte de la impronta que dejaron en el paisaje los tiahuanaco (o tiwanaku) y los colla. Hoy en día, la región luce una mezcla de catedrales en ruinas, desolado Altiplano y parcelados campos con colinas y picos, donde se sigue sembrando y cosechando a mano. Los campesinos calzan sandalias hechas con neumáticos de camión, las mujeres visten enaguas y sombreros hongos y sus animales domésticos son las llamas.

A primera vista quizá parezca un lugar austero, pero sus ancestrales festividades se celebran con apasionadas procesiones, elaborados trajes y música que da paso al frenesí.

Cuándo ir
Puno

Ppios feb Para disfrutar de la celebración de la Virgen de la Candelaria.

Jun-ago La estación seca de invierno augura noches frías y días soleados.

Ppios nov En Puno se conmemora el nacimiento de Manco Cápac, el primer inca.

ⓘ Cómo llegar y desplazarse

Desde Lima y Cuzco hay vuelos a Juliaca (1 h desde Puno) y autobuses desde Arequipa, Cuzco y Lima a Juliaca y Puno. También existe un ferrocarril de Cuzco a Puno. Si se llega desde una población a nivel del mar, es mejor viajar por tierra para ir aclimatándose a la altura.

También se puede llegar en autobús desde Bolivia o en un circuito por las islas del Titicaca.

Juliaca

♪ 051 / ALT. 3826 M

El único aeropuerto comercial de la región convierte esta ciudad, la mayor del Altiplano, en un inevitable nudo de comunicaciones. Dada su proximidad a la frontera, cuenta con un floreciente comercio (y contrabando). Los atracos a la luz del día y los borrachos en la calle son algo habitual. Puesto que tiene poco

Imprescindible

① Navegar por la serena extensión azul hasta las **islas** (p. 188) del lago.

② Celebrar las fiestas con bandas estrepitosas y vistosos trajes en **Puno** (p. 179), capital folclórica de Perú.

③ Admirar los elaborados templos de los bucólicos **pueblos de la orilla sur** del lago (p. 194).

④ Atravesar campos de cultivo y subir colinas hasta las ruinas de **Ichu** (p. 194).

⑤ Visitar las asombrosas *chullpas* de **Sillustani** (p. 187) y **Cutimbo** (p. 188).

⑥ Recargar las pilas en la soleada **península de Capachica** (p. 191).

⑦ Observar las estrellas y dormir a bordo del histórico vapor **Yavari** (p. 178).

⑧ Cruzar a Bolivia para explorar la legendaria **Isla del Sol** (p. 199).

que ofrecer, es mejor pernoctar en la cercana Lampa o en Puno.

En San Román, junto a la plaza Bolognesi hay muchos hoteles, restaurantes, casas de cambio y cibercafés. Cerca, en Núñez, hay cajeros automáticos y bancos.

Si no hay más remedio, el **Royal Inn Hotel** (☑051-32-1561; www.royalinnhoteles.com; San Román 158; i/d/tr desayuno incl. 315/330/420 PEN) es una excelente opción por su precio. Cuenta con habitaciones modernas, con duchas de agua caliente, calefacción, televisión por cable y uno de los mejores restaurantes de Juliaca (platos principales desde 20 PEN).

❶ Cómo llegar y salir

AVIÓN

El **aeropuerto** (JUL; ☑051-32-4248) se halla 2 km al oeste de la ciudad. **LAN** (☑051-32-2228; San Román 125; ◷8.00-19.00 lu-vi, hasta 18.00 sa) ofrece vuelos diarios a/desde Lima, Arequipa y Cuzco. **Avianca** (☑051-827-4951; www.avianca.com; Centro Comercial Real Plaza, Jirón Tumbes 391, Local LC-105; ◷11.00-20.00 lu-vi, hasta 18.00 sa y do) también vuela a Lima.

Los taxis oficiales del aeropuerto van a Puno (80 PEN) y Juliaca (10 PEN). Los colectivos directos (15 PEN) a Puno son más baratos y dejan a los pasajeros en los hoteles. Para la vuelta, casi todos los hoteles de Puno pueden organizar trayectos al aeropuerto.

AUTOBÚS Y TAXI

Las compañías de autobuses de largo recorrido se encuentran en la **terminal terrestre** (Jirón San Martín esq. av. Miraflores). Hay autobuses cada hora a Cuzco de 5.00 a 23.00 y a Arequipa de 2.30 a 23.30.

Los autobuses a la costa parten de San Martín y alrededores, pasando las vías férreas, a poca distancia de la plaza Bolognesi.

Julsa (☑051-32-6602, 051-33-1952) ofrece las salidas más frecuentes a Arequipa y **Power** (☑051-32-1952) las más frecuentes a Cuzco. Civa, Ormeño y San Cristóbal van a Lima.

Sur Oriente fleta un autobús diario a Tacna a las 19.00. Mucho más céntricas, **San Martín** (☑051-32-7501) y otras empresas en Tumbes (entre Moquegua y Piérola) viajan a Tacna (30 PEN, 10 h) vía Moquegua.

Las combis a Puno (3,50 PEN, 50 min) salen de la plaza Bolognesi cuando están llenas, igual que las que van a Lampa (2,50 PEN, 30 min), desde Jirón Huáscar. Las combis a Huancané

(3,50 PEN, 1 h) salen cada 15 min de Ballón y Sucre, a cuatro cuadras al este de Apurímac y 1½ cuadras al norte de Lambayeque. Las combis a Capachica (4 PEN, 1½ h) salen de la **terminal zonal** (av. Tacna, cuadra 11). Las que van a Escallani (3,50 PEN, 1½ h), por una pintoresca carretera secundaria sin asfaltar, salen de la esquina de Cahuide y Gonzáles Prada. Todas estas estaciones se hallan a un corto trayecto del centro de la ciudad en un mototaxi de tres ruedas (3 PEN).

Autobuses de Juliaca:

DESTINO	TARIFA* (PEN)	DURACIÓN (H)
Arequipa	15/50	6
Cuzco	20/40	5-6
Lima	80/170	20
Puno	3,5 (solo normal)	1
Tacna	30/60	10-11

* Tarifas aproximadas de autobuses normales/de lujo.

❶ Cómo desplazarse

La mejor opción para moverse por la ciudad es el mototaxi. Los trayectos a destinos urbanos, incluidas las estaciones de autobuses, cuestan 3 PEN aproximadamente. La línea 1B de autobuses rodea la ciudad y baja por la calle 2 de Mayo antes de dirigirse al aeropuerto (0,60 PEN).

Lampa

☑051 / 2500 HAB. / ALT. 3860 M

A esta pequeña y encantadora población situada 36 km al noroeste de Juliaca se la conoce como la "ciudad rosada" por sus polvorientos edificios de color rosa. Fue un destacado centro comercial en la época virreinal y hoy aún conserva su influencia española. Excelente para pasar varias horas antes de tomar un vuelo en Juliaca o para disfrutar de una noche tranquila.

◉ Puntos de interés

En las afueras de la localidad hay un precioso **puente** colonial. Unos 4 km al oeste de Lampa se halla la **cueva de los Toros**, cuya entrada forma parte de una peculiar formación rocosa y tiene forma de toro. En el interior hay grabados prehistóricos de llamas y otros animales. Se halla a mano derecha de la carretera hacia el oeste. En el camino se pueden admirar varias *chullpas* (torres funerarias) parecidas a las de Sillustani y Cutimbo.

DULCES SUEÑOS EN UN BARCO DE VAPOR

El barco de vapor más antiguo del lago Titicaca, el famoso 'Yavarí' (☑051-36-9329; www. yavari.org; entrada con donativo; ☺8.00-13.00 y 15.00-17.30) es un buque de guerra británico ahora convertido en museo y recomendable *bed & breakfast*, con literas y un servicio atento al mando de su capitán. Para alojarse en él no es necesario ser un amante de los barcos: este es seguramente el lugar más tranquilo de Puno.

El *Yavarí* y su gemelo el *Yapura* se construyeron en Birmingham en 1862 y se enviaron desmontados bordeando el cabo de Hornos hasta Arica (en el actual norte de Chile), de allí se transportaron en tren a Tacna y finalmente se acarrearon en mulas a través de los Andes a Puno en un periplo que duró seis años.

Tras ensamblar las partes, el *Yavarí* se botó el día de Navidad de 1870. El *Yapura* adoptó el nuevo nombre de *BAP Puno*, se convirtió en buque médico de la Marina peruana y aún se puede admirar en Puno. Ambos tenían motores de vapor alimentados por carbón, pero dada su escasez se utilizaron excrementos secos de llama.

Tras numerosos años de servicio, la Marina peruana se deshizo de él y dejó el casco oxidándose a orillas del lago. En 1982 la inglesa Meriel Larken visitó el barco, decidió recuperarlo y fundó el Proyecto Yavari con el objetivo de adquirirlo y restaurarlo.

Hoy en día está amarrado detrás del Sonesta Posada Hotel del Inca, a 5 km del centro de Puno, y su abnegada tripulación ofrece circuitos guiados. Si se avisa, es posible ver cómo se ponen en marcha los motores. Gracias a su restaurado motor, el *Yavarí* cruza el lago siete veces al año, aunque habrá que descubrir por uno mismo si el combustible sigue siendo el excremento de llama.

Iglesia de Santiago Apóstol   IGLESIA
(Plaza de Armas; circuito 10 PEN; ☺9.00-12.30 y 14.00-16.00) Esta iglesia de piedra caliza y argamasa es el orgullo de los lugareños. Alberga una fascinante escultura a tamaño natural de *La última cena;* otra de Santiago a lomos de un caballo disecado, volviendo de entre los muertos para aplastar a los moros; unas catacumbas escalofriantes; túneles secretos; una tumba abovedada coronada por una maravillosa copia de *La Piedad* de Miguel Ángel; y cientos de esqueletos y calaveras que cuelgan de sus paredes. Ver para creer. Los guías son excelentes.

Museo Kampac   MUSEO
(☑95-182-0085; Ugarte esq. Ayacucho; entrada 5 PEN; ☺8.00-18.00 lu-vi) Los dependientes de la tienda que está frente al museo, dos manzanas al oeste de la plaza de Armas, ofrecen un circuito por esta pequeña pero importante colección. Incluye cerámica, monolitos y una momia del período preincaico. También suelen enseñar un excepcional jarrón con grabados de la cosmología sagrada de los incas.

Municipalidad de Lampa   AYUNTAMIENTO
(☺8.00-18.00 lu-vi) GRATIS Se halla en la plaza situada junto a la iglesia y se reconoce por sus murales que muestran la historia de Lampa. Su interior alberga un magnífico patio, otra réplica de *La Piedad* y un museo que rinde

homenaje al famoso pintor Víctor Humareda (1920-1986), nacido en la localidad.

🛏 Dónde dormir y comer

Lampa no está muy preparada en cuanto a hospedaje, pero cuenta con algunos alojamientos básicos. En la zona de la plaza de Armas hay un par de restaurantes.

Casa Romero   PENSIÓN
(☑952-71-9073; Aguirre 327; i/d/tr desayuno incl. 55/80/120 PEN) Recomendada, con servicio agradable, cálidos edredones de plumas y habitaciones bien amuebladas. Ofrece pensión completa si se reserva con antelación.

❶ Cómo llegar y salir

Desde Jirón Huáscar, en Juliaca, salen combis hacia Lampa (2,50 PEN, 30 min) cuando están llenas. Si se dispone de tiempo después de facturar en el aeropuerto se puede tomar un taxi para visitar Lampa (5 PEN).

Pucará

☑051 / 675 HAB. / ALT. 3860 M

Este aletargado pueblo, situado a más de 60 km al noroeste de Juliaca, es famoso por su fiesta de la Virgen del Carmen (16 de julio) y por su cerámica color tierra, sobre todo por los toritos que suelen verse sobre los tejados de las casas como amuletos de la buena suerte. Hay varios talleres abiertos al público que ofrecen clases de cerámica, como el recomendado Maki Pucará (☎951-79-0618), en la carretera cercana a la parada de autobuses.

El Museo Lítico Pucará (Jirón Lima; entrada 10 PEN; ☺8.30-17.00 ma-do), junto a la iglesia, muestra una selección excelente de monolitos antropomórficos del yacimiento preincaico del pueblo: Kalasaya. Las ruinas están ubicadas por encima de la localidad, a un paseo corto subiendo por Jirón Lima desde la plaza principal. Por solo 6 PEN se pueden visitar el yacimiento y el museo, aunque en las ruinas no hay nadie para revisar las entradas.

Si no hay más remedio, se puede pernoctar en uno de los sencillos alojamientos cerca de la parada de autobuses. Para ir a Juliaca (3,50 PEN, 1 h, 6.00-20.00) los autobuses salen desde Jirón 2 de mayo.

Abra La Raya

Desde Ayaviri, la ruta asciende durante otros casi 100 km hasta este puerto de montaña andino (4470 m), el punto más alto del trayecto a Cuzco. Los autobuses suelen parar aquí para que los pasajeros disfruten de las fotogénicas vistas de las montañas nevadas y compren en los puestos de artesanías. El puerto es también la frontera entre los departamentos de Puno y Cuzco.

Puno

☎051 / 141 100 HAB. / ALT. 3830 M

Puno, que posee una regia plaza y edificios de ladrillos que se funden con las colinas, combina desánimo y alegría. Sirve de punto de partida para ir al lago Titicaca y como parada para los viajeros entre Cuzco y La Paz. Pero también cautiva por su bullicioso encanto.

El humo de las cocinas flota en sus calles junto con ruidosas oleadas de tráfico, incluidos mototaxis y triciclos, que confinan a los peatones en sus estrechas aceras. El centro urbano está contaminado y es frío, pero sus habitantes son optimistas, atrevidos y están dispuestos a pasar un buen rato.

Al ser un centro de comercio (y de contrabando) entre Perú, Bolivia y las dos costas de Sudamérica es mayoritariamente comercial y progresista. Para hacerse una idea de su identidad colonial y naval basta con examinar su

EN FORMA EN LAS ALTURAS

Si se asciende a casi 4000 m directamente desde la costa se corre el riesgo de padecer soroche (mal de altura). Conviene pasar un tiempo en lugares elevados como Arequipa (2350 m) o Cuzco (3326 m) para aclimatarse, o tomárselo con calma al llegar a Puno. Los hoteles más exclusivos (e incluso algunos autobuses) ofrecen oxígeno, pero solo es un remedio pasajero; el cuerpo ha de aclimatarse.

La altura propicia un tiempo extremo y las noches son muy frías, por lo que conviene saber si el hotel dispone de calefacción. En los meses de invierno, junio-agosto (temporada alta turística), los termómetros bajan del cero. Al tiempo, los días son muy cálidos y las quemaduras frecuentes.

arquitectura, los trajes regionales que visten muchos de sus habitantes y la abundancia de jóvenes cadetes en sus calles.

Se la conoce como "la capital folclórica de Perú". Sus desfiles para la fiesta de la Virgen de la Candelaria se retransmiten para todo el país y las borracheras asociadas a la misma son legendarias. La diversión no se limita a las festividades religiosas, en Puno se encuentran los bares más animados de Perú.

⊙ Puntos de interés

Puno es compacta y práctica. Si se llega lleno de energía, se puede ir andando al centro desde el puerto o las estaciones de autobuses; en caso contrario, puede tomarse un mototaxi. Desplazarse a pie por el centro es fácil. Jirón Lima, la principal calle peatonal, se llena por la tarde de puneños que salen a pasear.

Catedral de Puno   IGLESIA
(☺8.00-12.00 y 15.00-18.00) GRATIS En el extremo occidental de la plaza de Armas se yergue la catedral barroca de Puno, que se terminó de construir en 1757. Su interior es más espartano de lo que cabe esperar tras admirar su magnífica fachada; destaca su altar recubierto de plata, con una bandera del Vaticano a mano derecha en honor a la visita del papa Pablo VI en 1964.

Casa del Corregidor   EDIFICIO HISTÓRICO
(☎051-35-1921; www.casadelcorregidor.pe; Deustua 576; ☺9.00-20.00 lu-sa, 10.00-19.00 do) GRATIS Esta

LAGO TITICACA PUNO

Puno

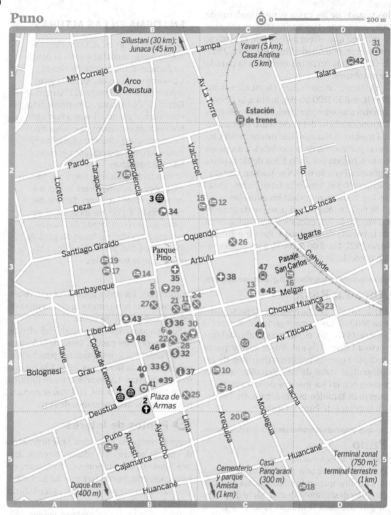

casa del s. XVII, atracción por derecho propio, es una de las residencias más antiguas de la ciudad. Hoy alberga una tienda de artesanía y comercio justo y un café.

Museo Carlos Dreyer MUSEO
(Conde de Lemos 289; entrada 15 PEN; ⊙9.00-19.00 lu-vi, hasta 13.00 sa) Fascinante colección de piezas arqueológicas y artísticas relacionadas con la ciudad. En la parte superior hay tres momias y una *chullpa* de fibra de vidrio de tamaño natural. Está a la vuelta de la esquina de la Casa del Corregidor (p. 179).

Museo de la Coca MUSEO
(☑051-36-5087; Deza 301; entrada 5 PEN; ⊙9.00-13.00 y 15.00-20.00) Este curioso museo ofrece abundante e interesante información –histórica, medicinal y cultural– sobre la planta de la coca y sus muchos usos, aunque su presentación deja que desear: montones de texto (solo en inglés) pegados a la pared e intercalados con fotografías y antiguos anuncios de Coca-Cola. La exposición de trajes tradicionales sí merece la pena.

A pesar de que no pueda establecerse la relación de la coca con los trajes tradicionales,

Puno

LAGO TITICACA CIRCUITOS

sirve de ayuda para entender los que se ven en las procesiones.

El museo estaba cerrado por renovación mientras se escribía esta guía pero debería volver a estar abierto cuando se publique la obra.

☞ Circuitos

Conviene comparar los precios de los operadores turísticos. Hay muchas agencias y la competencia propicia que los 'ganchos' en la calle y en las terminales de autobuses prometan precios tan bajos que no permiten salarios justos. Varias de las agencias más baratas tienen fama de explotar a los habitantes de Amantaní y Taquile, con los que pernoctan los viajeros y cuya cultura constituye uno de los principales atractivos de estas rutas.

Los circuitos que van de isla en isla, incluso con las mejores agencias, suelen ser formales, anodinos y rígidos, además de atestados de turistas. Aunque si solo se tiene un día o dos, un circuito con una empresa acreditada puede dar una buena idea, que no se podría obtener de otra forma. Si se dispone de más tiempo, es recomendable ver las islas por libre. Uno puede caminar solo y pasar más tiempo en los lugares que prefiera.

All Ways Travel   CIRCUITOS CULTURALES
(☏051-35-3979; www.titicacaperu.com; Deustua 576, 2º piso) Ofrece circuitos clásicos y otros no turísticos.

Edgar Adventures   CIRCUITOS CULTURALES
(☏051-35-3444; www.edgaradventures.com; Lima 328) Agencia veterana con participación positiva en la comunidad.

Las Balsas Tours   CIRCUITOS EN BARCO
(☏051-36-4362; www.balsastours.com; Lima 419, 2º piso, oficina 213,) Ofrece circuitos clásicos diarios.

Nayra Travel   CIRCUITOS EN BARCO
(☏051-36-4774; www.nayratravel.com; Lima 419, oficina 105) Operador turístico que ofrece paquetes.

✨ Fiestas y celebraciones

Muchos festivos y fiestas regionales se celebran varios días antes y después de la fecha señalada. Casi todos incluyen música y baile tradicionales, así como un alegre tumulto.

La Virgen de la Candelaria — RELIGIOSA
(☺feb 2-18) La fiesta más espectacular de la región dura varios días antes y después del 2 de febrero, dependiendo del día de la semana en que caiga la fecha. Si es entre domingo y martes, la celebración empieza el sábado anterior; si cae entre miércoles y viernes, se alarga hasta el sábado siguiente.

Semana de Puno — CULTURAL
(☺nov) Importante conmemoración del nacimiento de Manco Cápac, el primer inca. Se festeja la primera semana de noviembre y se concentran en el día de Puno (5 de noviembre).

Epifanía — RELIGIOSA
(☺ene 6) El día de los Reyes Magos, fuera de cada iglesia y en la plaza de Armas, unas mujeres con ropa tradicional venden muñecos para que los niños los coloquen en los altares durante la misa.

Fiesta de San Juan — FIESTA
(☺mar 8) San Juan es el patrón de los enfermos y los hospitales y su imagen se lleva en procesión por las calles principales de Puno, acompañada de plegarias y canciones para pedir buena salud. Hay comida, fuegos artificiales y música.

Alasitas — FIESTA
(☺may 2-8) Tras la bendición de objetos en miniatura como automóviles o casas, los devotos rezan por conseguirlos a tamaño real al año siguiente. El 2 de mayo se instala una feria de artesanía en Puno.

Las Cruces — FIESTA
(☺may 3-4) En la isla Taquile y en Huancané se colocan cruces (no crucifijos) en las colinas más altas y la gente baila, come y bebe en honor de esta fusión cristiano-andina que representa la vida.

Fiesta de Santiago — FIESTA
(☺jul 25) Los lugareños vestidos con sus peculiares trajes multicolores bailan y tocan música para el santo patrón de Taquile. Hay fuegos artificiales. Se celebra sobre todo en la isla Taquile.

Nuestra Señora de las Mercedes — FIESTA
(☺sep 24) La Virgen es la patrona de Perú. Esta fiesta se celebra sobre todo en Juliaca con ceremonias religiosas y bailes. Las imágenes muestran a Nuestra Señora de las Mercedes vestida de blanco y rezando por los prisioneros cautivos y por la gente de todas las clases sociales.

FIESTAS Y FOLCLORE EN EL LAGO TITICACA

Puno, capital folclórica de Perú, presume de tener 300 bailes tradicionales y celebrar numerosas fiestas al año. Aunque los bailes suelen verse en las fiestas católicas, muchos hunden sus raíces en las celebraciones precoloniales (en general vinculados al calendario agrícola). Los elaborados e imaginativos trajes que visten en estas ocasiones suelen costar más que la ropa de toda una familia y abarcan desde las máscaras grotescas y los disfraces de animales hasta los brillantes uniformes de lentejuelas.

El acompañamiento musical implica muchos instrumentos, desde los de metal y viento de influencia española hasta los de percusión y viento de la época inca. Entre ellos se encuentran las *tinyas* (tambores de madera que se tocan con las manos) y las *wankaras* (tambores más grandes usados en la guerra), así como un coro de zampoñas que abarcan desde las diminutas de tono agudo hasta las enormes, graves y casi tan altas como una persona. También destacan las flautas: desde las sencillas quenas de bambú a grandes flautas de madera ahuecada. El más esotérico es el *piruru*, que se talla tradicionalmente en el hueso del ala de un cóndor andino.

Puede planearse ver alguna fiesta en la calle, pero a veces es cuestión de suerte. Algunas se concentran en una población y en otras en toda la región. En la oficina turística de Puno informan sobre los fiestas de la zona. Las que se listan son importantes sobre todo en la región del lago Titicaca, pero también se celebran muchas fiestas nacionales.

Si se pretende disfrutar de alguna celebración, hay que reservar con antelación o llegar varios días antes; conviene saber que el alojamiento será más caro.

🛏 Dónde dormir

Inka's Rest ALBERGUE **$**

(☎051-36-8720; www.inkasresthostel.com; Pasaje San Carlos 158; dc/d desayuno incl. 23/70 PEN; @📶) El servicio de este albergue escondido en un callejón es excelente. Es limpio y ofrece literas con edredones de plumas, bonitos azulejos antiguos y suelos de parqué. Cuenta con una preciosa zona para el desayuno, una cocina para los huéspedes y una sala con un enorme televisor de pantalla plana. Las habitaciones privadas son menos atractivas. Hay un interfono a la entrada pero conviene ir en taxi si se llega de noche.

Duque Inn HOTEL **$**

(☎051-20-5014; www.duqueinn.com; Ayaviri 152; i/d con baño 25/45 PEN, sin baño 20/35 PEN) Agradable pero peculiar, este económico alojamiento está engalanado con colchas de satén y arañas de luces. Su propietario y arqueólogo, Ricardo Conde, ofrece circuitos gratis. Es una ganga para viajeros de presupuesto ajustado y excursionistas expertos. Para llegar, se sigue tres manzanas por Ilave una vez pasado Huancané, luego se gira a la derecha por Ayaviri. Al ver la colina interminable, dan ganas de derrochar y tomar un taxi.

Hostal Uros HOTEL **$**

(☎051-35-2141; Valcárcel 135; i/d/tr 30/50/75 PEN; @📶) Acogedor albergue a buen precio, tranquilo, pero cercano a los lugares más animados. Las mejores habitaciones se encuentran en los pisos superiores; conviene solicitar una con ventana. Las que tienen baño compartido son ideales para presupuestos ajustados (5 PEN menos por persona). Los calentadores cuestan 10 PEN más. En el patio pueden guardarse bicicletas o motocicletas.

⭐**Casa Panq'arani** B&B **$$**

(☎951-677-005, 051-36-4892; www.casapanqa rani.com; Arequipa 1086; i/tw/d desayuno incl. 80/135/145 PEN; 📶) Casa tradicional de Puno, con un patio lleno de flores y acogedoras habitaciones que bordean un balcón del segundo piso; aunque su verdadero atractivo es la hospitalidad de sus propietarios, Edgar y Consuelo. Las habitaciones son espaciosas y con cómodas camas. Cuenta con amplios y soleados rincones para relajarse. No hay que perderse la comida del Altiplano de Consuelo (comidas 35 PEN, solicitadas con antelación).

Hotel Casona Colón Inn HOTEL **$$**

(☎051-35-1432; www.coloninn.com; Tacna 290 esq. Libertad; i/d/tr desayuno incl. 150/180/225 PEN;

@📶) Parte del encanto de esta elegante casona de propiedad europea con atento personal se debe a su edificio de la época republicana, decorado con cuadros de la escuela de Cuzco y frescos, y a su patio cubierto. Su restaurante se especializa en cocina belga y francesa; conviene reservar. Las habitaciones son más bien pequeñas pero tienen todo lo necesario, p. ej., calentadores portátiles. Las zonas compartidas son coloniales y suntuosas.

Mosoq Inn HOTEL **$$**

(☎051-36-7518; www.mosoqinnperu.com; Moquegua 673; i/d/tr desayuno incl. 143/175/223 PEN; @📶) Moderno edificio de tres plantas. La calidad de sus colchones asegura el sueño en sus 15 espaciosas habitaciones en tonos mandarina. Cuenta con amplios armarios, televisión por cable y estufas, además de un centro de negocios.

Posada Luna Azul HOTEL **$$**

(☎95-159-0835; www.posadalunaazul.com; Cajamarca 242; i/d desayuno incl. 60/90 PEN; 📶) Lo de luna azul quizá evoque un lugar tranquilo y acogedor para descansar por la noche. Y este pequeño hotel está tan lejos del ruido que es cierto. Las pequeñas habitaciones limpias y enmoquetadas cuentan con televisor de pantalla plana y buenos radiadores, por lo que hace un calor impresionante toda la noche, y el agua de la ducha sale caliente y con fuerza. Por fin algo de calor en Puno.

Hotel Italia HOTEL **$$**

(☎051-36-7706; www.hotelitaliaperu.com; Valcárcel 122; i/d/tr 110/150/190 PEN; @📶) Las habitaciones son confortables, cuentan con suelos de parqué, televisión por cable, duchas de agua caliente y calefacción, pero varían en calidad. El personal es cordial y muy bien acicalado. El delicioso desayuno de bufé incluye aceitunas negras saladas y el pan de anís triangular de Puno. Acepta tarjetas de crédito.

Intiqa Hotel HOTEL **$$**

(☎051-36-6900; www.intiqahotel.com; Tarapacá 272; i/d desayuno incl. 176/203 PEN; 📶) Alojamiento con estilo que cuenta con 33 amplios cuartos en tonos terrosos, con calefacción, confortables edredones, almohadas extra, escritorios, televisión de pantalla plana y caja fuerte. Tiene ascensor, algo poco común. Recogen gratis a los huéspedes en la terminal terrestre. Aceptan tarjetas de crédito.

Hostal Pukara HOTEL **$$**

(☎051-368-448; www.pukaradeltitikaka.com; Libertad 328; i/d desayuno incl. 70/120 PEN; @📶)

Todos los rincones de este luminoso y alegre hotel están decorados con distintos detalles. Las habitaciones cuentan con televisión por cable, teléfono y calefacción. Las que dan a la calle pueden ser ruidosas de noche. El desayuno de bufé se sirve en la cafetería de la azotea cubierta por un techo de cristal y con estupendas vistas.

Hostal La Hacienda
HOTEL **$$**
(☎051-35-6109; www.hhp.com.pe; Deustua 297; d/tr 178/223 PEN; @🖥) De estilo colonial, tiene unos espacios comunes preciosos y amplios y un comedor en la 6ª planta con vistas panorámicas. Las estancias son cómodas y cálidas y cuentan con televisión por cable y teléfono; algunas incluso con bañera.

Hotel El Búho
HOTEL **$$**
(☎051-36-6122; www.hotelbuho.com; Lambayeque 142; i/d/tw desayuno incl. 120/180/220 PEN; @🖥) El personal es servicial y las habitaciones, bonitas, aunque algo anodinas. Cuenta con una agencia de circuitos. Hacen un 25% de descuento por reservar en su sitio web.

Posada Don Giorgio
HOTEL **$$**
(☎051-36-3648; www.posadadongiorgio.com; Tarapacá 238; i/d/tr 90/155/180 PEN; @🖥) Su decoración mezcla varias culturas y las habitaciones son limpias y cómodas, con teléfono, televisión por cable y espaciosos armarios. Proporciona servicio personalizado.

Conde de Lemos Inn
HOTEL **$$**
(☎051-36-9898; www.condelemosinn.com; Puno 675-681; i/d desayuno incl. 130/165 PEN; @🖥) Situado en plena plaza de Armas. Muchos viajeros lo han recomendado por su agradable personal y su excelente calidad. Se aconsejan las habitaciones de las esquinas, que poseen balcones.

Casa Andina
HOTEL DE LUJO **$$$**
(☎051-213-9739; www.casa-andina.com; av. Sesquicentenario 1970; d desayuno incl. desde 506 PEN; @🖥) A las afueras de Puno, en una ubicación maravillosa a orillas del lago, la versión de lujo de esta cadena hotelera ofrece 46 habitaciones, jardines y un restaurante *gourmet*. Incluso cuenta con su propia parada de trenes para los viajeros que llegan desde Cuzco. El estilo es rústico pero elegante y los cuartos cuentan con ropa de cama impecable y una decoración sutil, algunos con chimeneas y todos con oxígeno para ayudar a aclimatarse. Aceptan tarjetas de crédito.

Casa Andina Classic
HOTEL **$$$**
(☎051-213-9739; www.casa-andina.com; Independencia 143; d desayuno incl. 284 PEN; @🖥) La versión clásica de esta moderna cadena peruana ofrece un servicio eficiente y 50 habitaciones bien decoradas con motivos populares andinos. Todas cuentan con calefacción, caja fuerte, cortinas gruesas y televisores de pantalla plana. También ofrecen oxígeno gratis y *mate* para aclimatarse. Un acogedor comedor sirve *pizzas* y sopas después de las excursiones. Acepta tarjetas de crédito.

Casona Plaza Hotel
HOTEL **$$$**
(☎051-36-5614; www.casonaplazahotel.com; Arequipa 655; h desayuno incl. 318 PEN; @🖥) Este céntrico hotel bien gestionado es uno de los más grandes de Puno, pero suele estar lleno. Ofrece 64 habitaciones y suites matrimoniales, sobre todo para parejas. Muchas son lo bastante grandes como para bailar la marinera (la danza nacional de Perú) entre la cama y el salón.

🍴 Dónde comer

Casi todos los restaurantes turísticos están en Jirón Lima. Para ahorrar, se puede ir unas manzanas más allá. Muchos locales no anuncian el menú, que es más barato que pedir platos de la carta. Los lugareños comen pollo a la brasa y menús económicos en Jirón Tacna, entre las calles Puno y Libertad.

Un tentempié barato es el api (zumo de maíz caliente). Deja satisfecho y lo tienen en varios lugares de la calle Oquendo, entre el parque Pino y el supermercado. Se puede pedir con un finísimo y delicioso rollo de masa frita.

Si se tiene antojo de comida oriental, los baratos y animados chifas (restaurantes chinos) (comidas 9-11 PEN) de la calle Arbulú son una buena opción. En el **Supermercado Central** (Oquendo s/n; ⊗8.00-22.00) venden alimentos, pero hay que tener cuidado con los carteristas.

Loving Hut
VEGETARIANA **$**
(www.lovinghut.com; Choque Huanca 188; principales 15-18 PEN, menú 12 PEN; ⊗9.00-18.00 lu-sa; 🖥🍴) Contundentes almuerzos vegetarianos con ensalada, soja texturizada y arroz integral al estilo asiático y peruano. Pruébese la hamburguesa de quinua o los anticuchos veganos (brochetas de ternera vegana). El menú vale la pena aunque solo sea por la leche caliente de soja sin edulcorar o el mate ilimitados.

Machu Pizza PIZZERÍA $

(☑95-139-0652; Arequipa 409; principales 8-18 PEN; ☺17.30-23.00 lu-sa, hasta 22.00 do; ☑) Aunque no sea italiano, el alioli de ají para untar en las finas *pizzas* es un delicioso toque peruano. La iluminación tenue, el acogedor entresuelo y la sala de atrás, junto a las *pizzas* de tamaño personalizado hacen de este un buen lugar para cenar solo o con esa persona favorita.

La Casa del Corregidor CAFÉ $

(bebidas 4-9 PEN, tentempiés 8-21 PEN; ☎☑) Situado junto a la plaza, sorprende por su peculiar estilo: paredes decoradas con discos de vinilo peruanos de antaño y mesas listas para llenarse de teteras de arcilla y juegos de mesa. Ofrecen buenas infusiones recién hechas o brochetas de alpaca a la barbacoa.

★ Mojsa PERUANA $$

(☑051-36-3182; Lima 394; principales 22-30 PEN; ☺8.00-22.00) Favorito de lugareños y viajeros, hace honor a su nombre aimara que significa "delicioso". Ofrece una amplia variedad de comida peruana e internacional, como innovadores platos de trucha y la opción de elegir los ingredientes de las ensaladas. Todas las comidas se sirven con pan y un cuenco de aceitunas locales. Por la noche ofrece crujientes *pizzas* de horno de ladrillos.

La Casona PERUANA $$

(☑051-35-1108; http://lacasona-restaurant.com; Lima 423, 2º piso; principales 22-42 PEN) Una opción de buena calidad, con comida criolla e internacional, aunque las raciones son pequeñas. Sirven trucha con salsa de ajo o chile y también pasta, ensalada y sopa.

Tulipans PIZZERÍA $$

(☑051-35-1796; Lima 394; principales 15-30 PEN; ☺11.00-22.00) Situado dentro de la Casona Parodi y muy recomendable por sus deliciosos sándwiches y sus grandes platos de carne y verduras, que sirve al calor del horno para *pizzas* situado en un rincón y acompañados de una selección de vinos sudamericanos. Su patio es muy atractivo en los días cálidos. Solo sirve *pizzas* por la noche.

Balcones de Puno PERUANA $$

(☑051-36-5300; Libertad 354; principales 15-35 PEN) Comida tradicional y espectáculo (19.30-21.00). Destaca por su calidad y sinceridad, nada de flautas de Pan machacando *El cóndor pasa*. Guárdese lugar para el postre,

uno de sus grandes atractivos. Conviene reservar con antelación.

Ukuku's PERUANA $$

(Grau 172, 2º piso; principales 20-27 PEN, cena menú 25 PEN; ☺12.00-22.00; ☎☑) Muchos viajeros y lugareños acuden a este cálido restaurante, que sirve buena comida local y andina (pruébese el filete de alpaca con manzanas asadas o la tortilla de quinua), así como *pizzas*, pasta, platos vegetarianos asiáticos y café exprés. El menú de la cena (con buena relación calidad-precio) incluye un pisco.

◖ Dónde beber y vida nocturna

La vida nocturna del centro de Puno está orientada al turismo y se concentra en los animados bares de la iluminada Jirón Lima (donde los 'ganchos' ofrecen vales para beber gratis) y junto a la plaza de Jirón Puno.

Kamizaraky Rock Pub PUB

(Grau 158) Tiene una banda sonora de *rock* clásico, camareros *grunge* y bebidas de café con licor, para calentarse durante las heladoras noches de Puno. Cuesta irse de aquí.

Ekeko's CLUB

(Lima 355, 2º piso; ☺21.00-hasta tarde) GRATIS Viajeros y lugareños acuden a esta diminuta pista de baile decorada con luz ultravioleta y murales psicodélicos. Pincha una mezcla de ritmos modernos y antiguos éxitos, desde salsa a *techno* y *trance*. Se oye desde varias manzanas de distancia.

🛍 De compras

Numerosas tiendas del centro de la ciudad venden artesanías (desde instrumentos musicales y joyas hasta maquetas de islas de totora), jerséis de lana de oveja y alpaca y otros objetos típicos para turistas.

Feria ARTESANÍA

(av. Costanera, puerto de Puno; ☺7.00-17.00) Este mercado de artesanía situado a la entrada del puerto vende llamas de juguete, alfombras, jerséis de lana de alpaca, máscaras de la fiesta de la Virgen de Candelaria y otros objetos de artesanía que se ven por la ciudad y en las islas, pero con más posibilidades de regatear.

Mercado Bellavista MERCADO

(av. El Sol) Venden ropa y objetos de menaje. Cuidado con los carteristas.

ℹ️ Información

PELIGROS Y ADVERTENCIAS

En las colinas que rodean la ciudad hay miradores, pero debido a las agresiones y robos (incluso a grupos) no se recomienda visitarlos hasta que mejore su seguridad.

URGENCIAS

Policía de Turismo (☎051-35-3988; Deustua 558; ☺24 h) En caso de necesidad, en la terminal terrestre también hay un policía de guardia (24 h).

INMIGRACIÓN

Consulado de Bolivia (☎051-35-1251; fax 051-35-1251; Arequipa 136, 3º piso; ☺8.00-16.00 lu-vi)

Oficina de Migraciones (☎051-35-7103; Ayacucho 270-280; ☺8.00-13.00 y 14.00-16.15 lu-vi) Ayuda con los visados de estudiantes y de negocios; no se encarga de las prórrogas de tarjetas de turista.

ASISTENCIA MÉDICA

Botica Fasa (☎051-36-6862; Arequipa 314; 24 h) Una farmacia bien surtida con servicio las 24 h, aunque de madrugada quizá haya que aporrear la puerta.

Medicentro Tourist's Health (☎051-36-5909, 951-62-0937; Moquegua 191; ☺24 h) También visitan en hoteles.

DINERO

Los bolivianos se pueden cambiar en Puno o en la frontera. En la terminal terrestre hay un cajero que acepta casi todas las tarjetas bancarias y expende dólares estadounidenses y soles.

Scotiabank (Jirón Lima 458), **Interbank** (Lima 444), **BCP** (Jirón Lima 444) y **Banco Continental** (Lima esq. Grau) tienen sucursales y cajeros automáticos en Jirón Lima; en Libertad hay otro Banco Continental.

CORREOS

Serpost (Moquegua 267; h8.00-20.00 lu-sa)

INFORMACIÓN TURÍSTICA

iPerú (☎051-36-5088; plaza de Armas, Lima esq. Deustua; ☺9.00-18.00 lu-sa, hasta 13.00 do) La oficina de turismo de Puno es práctica y ofrece buena información. También Indecopi, la agencia de protección del turismo, que se encarga de las reclamaciones sobre agencias de viajes y hoteles.

ℹ️ Cómo llegar y salir

AVIÓN

El aeropuerto más cercano es el de Juliaca, a 1h. Los hoteles pueden reservar plazas en un autobús directo (15 PEN aprox.). Las aerolíneas con oficina en Puno son **LAN** (☎051-36-7227; Tacna 299) y **Star Perú** (Jirón Lima 154).

BARCO

No hay ferris de pasajeros que crucen el lago de Puno a Bolivia, pero se puede ir a La Paz en los lujosos circuitos de uno o dos días que visitan la Isla del Sol y otros puntos de interés. **Transturin** (☎051-35-2771; www.transturin. com; Ayacucho 148; circuito de 2 días 255 US$) ofrece una combinación de autobús/catamarán/autobús que sale a las 6.30 de Puno y llega a La Paz a las 19.30 o al día siguiente a las 12.00, con pernocta a bordo. **Crillon Tours** (☎051-35-2771; www.titicaca.com; Ayacucho 148) visita la Isla del Sol en hidrodeslizadores, de camino a La Paz, en un viaje de 13 h. Leon Tours es su operador en Puno.

AUTOBÚS

La **terminal terrestre** (☎051-36-4737; Primero de Mayo 703), a tres manzanas yendo por Ricardo Palma desde la av. El Sol, concentra las empresas de autobuses de larga distancia. Cuenta con un cajero automático y cobra una tasa de salida de 1,50 PEN, que se paga en una cabina aparte antes de salir.

Hay autobuses a Cuzco cada hora de 4.00 a 22.00 y a Arequipa cada hora de 2.00 a 22.00. Los nuevos autobuses de **Ormeño** (☎051-36-8176; www.grupoormeno.com.pe; terminal terrestre) son más rápidos y seguros. **Cruz del Sur** (☎en Lima 01-311-5050; www.cruzdelsur. com.pe) ofrece servicios a Arequipa. **CIVA** (☎051-365-882; www.civa.com.pe) va a Lima. **Tour Perú** (☎051-20-6088; www.tourperu. com.pe; Tacna 285) va a Cuzco y también cruza a La Paz, Bolivia, por Copacabana, a diario a las 7.30.

La manera más agradable de viajar a Cuzco es con **Inka Express** (☎051-36-5654; www. inkaexpress.com; Tacna 346), cuyos autobuses de lujo con ventanas panorámicas salen cada mañana a las 8.00. Incluye bufé de almuerzo, guía del circuito y oxígeno. Se visitan brevemente Andahuaylillas, Raqchi, Abra La Raya y Pucará. El viaje dura 8 h y cuesta 159 PEN.

Autobuses desde Puno:

DESTINO	TARIFA* (PEN)	DURACIÓN (H)
Arequipa	25/75	5
Cuzco	30/80	6-7
Juliaca	3.50	1
Lima	140/170	18-21

DESTINO	TARIFA* (PEN)	DURACIÓN (H)
Copacabana, Bolivia	20	3-4
La Paz, Bolivia	50	6

* Tarifas aprox. de autobuses normales/de lujo.

Las combis locales a Chucuito, Juli, Pomata y la frontera boliviana salen de la terminal zonal (Simón Bolívar s/n), al noroeste de la terminal terrestre. Bájese por la av. El Sol hasta ver el hospital a mano derecha; y luego gírese a la izquierda; tras dos largas cuadras se llegará a la terminal zonal (estación regional).

Las combis a Capachica (1¼ h, 4 PEN) se toman en Jirón Talara, junto a av. El Sol, frente al mercado Bellavista. Sale una cada hora de 6.00 a 14.00. Las combis a Luquina salen por las mañanas, cada hora, de enfrente de la distribuidora de cerveza Brahma en Manchero Rossi, cerca de 1,5 km al sur de la ciudad.

TREN

El viaje en tren de Puno a Cuzco mantiene la fama de la lejana época en que la carretera no estaba asfaltada y el trayecto en autobús era una pesadilla. Los precios de los billetes se han disparado en los últimos años y la mayoría de los viajeros prefieren el autobús. El lujoso ferrocarril *Explorador Andino*, que ofrece un vagón acristalado e incluye el almuerzo, cuesta 289 US$; no hay opción más barata. Es para los aficionados a los trenes, ya que es solo un poco más cómodo que los autobuses buenos y la vía discurre junto a la carretera casi todo el trayecto, por lo que el paisaje, aunque es maravilloso, es comparable al de un trayecto mucho más barato en autobús.

Sale de la **estación de trenes** de Puno (☏051-36-9179; www.perurail.com; av. La Torre 224; ☉7.00-12.00 y 15.00-18.00 lu-vi, 7.00-15.00 sa) a las 8.00, y llega a Cuzco sobre las 18.00. Realiza el trayecto los lunes, miércoles y sábados de noviembre a marzo, y los viernes de abril a octubre. Los billetes se pueden comprar en línea.

❶ Cómo desplazarse

Una carrera corta en taxi a cualquier parte de la ciudad (incluso a las estaciones) cuesta 4,50 PEN. Los mototaxis son algo más baratos (2,50 PEN), y los triciclos, aún más económicos (2 PEN), pero el trayecto es cuesta arriba, por lo que es probable que uno gaste más en darle una generosa propina al conductor.

Alrededores de Puno

Sillustani

Situadas sobre las colinas de la península del lago Umayo, las *chullpas* (torres funerarias) de Sillustani (entrada 10 PEN) se divisan desde kilómetros de distancia en medio del desolado paisaje del Altiplano.

El antiguo pueblo colla dominó en su día la zona del lago Titicaca. Eran guerreros de lengua aimara, que más tarde se integraron al grupo suroriental de los incas. Enterraban a sus nobles en *chullpas*, que se pueden ver diseminadas por todas las colinas de la región.

Las más impresionantes están en Sillustani: la más alta mide 12 m. Estos edificios cilíndricos albergaban los restos mortales de familias completas, así como comida y sus pertenencias personales para el viaje al más allá. La única abertura era un agujero orientado hacia el este lo bastante grande como para que accediera una persona a gatas, que se sellaba justo después del enterramiento. Hoy en día no queda nada de ello en su interior, pero las *chullpas* están bien conservadas. La luz de la tarde es ideal para tomar fotografías, aunque el yacimiento suele estar muy concurrido a esas horas.

Las paredes de las torres se levantaron con enormes bloques que recuerdan a los de la mampostería inca, aunque era incluso más complicada que esta. Del yacimiento destacan unos bloques tallados sin colocar y una rampa que se usaba para levantarlos. También se puede visitar la cantera improvisada. Varios bloques están decorados: en una de las *chullpas* más cercanas al aparcamiento se puede ver la famosa talla de un lagarto.

Sillustani está parcialmente rodeado por el lago Umayo (3890 m), hábitat de una amplia variedad de plantas y aves acuáticas andinas. El lago también alberga una pequeña isla con vicuñas. Se trata de uno de los mejores lugares de la zona para observar aves.

Los circuitos a Sillustani salen de Puno a diario en torno a las 14.30 y cuestan un mínimo de 30 PEN. El viaje de ida y vuelta dura unas 3½ h y la estancia en las ruinas es de cerca de 1½ h. Si se desea pasar más tiempo en el lugar, conviene alquilar un taxi por 80 PEN, con 1 h de espera. Si se quiere ahorrar, se toma un autobús a Juliaca y se solicita que pare en la bifurcación de la carretera (3,50 PEN, 25 min), desde donde hay combis (3 PEN, 20 min) a las ruinas.

LOS PUNTOS DE INTERÉS MÁS PECULIARES

Incluso si no se cree en las historias de colonias de extraterrestres y extraños avistamientos, en el lago Titicaca abundan las leyendas surrealistas.

➡ Islas hechas con **juncos** (p. 188)

➡ **Imitación de** *La Piedad* **de Miguel Ángel** (p. 178)

➡ La antigua tradición de comer arcilla (p. 188)

➡ Enormes falos de piedra (p. 194)

Para estancias más largas, **Atuncolla** (📞951-50-2390; Centro Artesanal, Atuncolla; h 20 PEN) ofrece turismo vivencial (alojamiento con familias desde 20 PEN/persona/noche). El huésped puede ayudar a su familia anfitriona en las labores del campo, practicar senderismo hasta los miradores y yacimientos menos conocidos y visitar el diminuto museo de la localidad. También puede comer tierra, pues esta zona es conocida por su arcilla comestible; resulta sorprendente lo bien que pasa si se sirve como salsa sobre una patata hervida.

Cutimbo

A poco más de 20 km de Puno, el espectacular **Cutimbo** (entrada 8 PEN) goza de una magnífica ubicación en lo alto de una colina volcánica de cima plana rodeada de una fértil llanura. Sus escasas *chullpas* bien conservadas son de planta cuadrada o cilíndrica y fueron erigidas por las culturas colla, lupaca e inca; todavía se pueden admirar las rampas que usaron para levantarlas. Si se observa bien, se verán monos, pumas y serpientes tallados en sus bloques.

Pocos visitan este remoto yacimiento, por lo que resulta muy atractivo aunque más peligroso para los viajeros solitarios, en especial si son mujeres. Es preferible ir en grupo y estar atento a los atracadores. Al parecer, se esconden detrás de las rocas en lo alto del empinado sendero de 2 km que sube desde la carretera.

Las combis con destino a Laraqueri salen del cementerio junto al parque Amistad, situado a 1 km del centro de Puno (3 PEN, 1 h). El yacimiento está a mano izquierda de la carretera y bien señalizado; solo hay que preguntarle al conductor dónde bajarse. Si no, las opciones más caras desde Puno son un taxi (ida y vuelta 30 PEN aprox., con espera de 30 min) o un viaje organizado (59 US$).

Islas del lago Titicaca

Son famosas por su apacible belleza y las tradiciones vivas de su cultura agrícola, que data de tiempos precolombinos. Alojarse en una casa particular permite experimentar otra forma de vida.

Debe tenerse presente que no todos los isleños reciben con agrado al turismo, algo comprensible ya que no todos se benefician de él y algunos lo consideran una intrusión en sus vidas. Se debe ser respetuoso con su intimidad.

Todas las agencias de viajes de Puno ofrecen circuitos de uno y dos días a Uros, Taquile y Amantaní. Muchos viajeros se quejan de que los circuitos de isla en isla ofrecen una visión superficial de ellas y de su cultura. Para conocerlas mejor se recomienda ir por cuenta propia. Todos los billetes de ferri son válidos durante 15 días, por lo que es posible cambiar de isla cuando se quiera.

Islas Uros

Estas excepcionales **islas flotantes** (entrada 5 PEN), 7 km al este de Puno, son la principal atracción del lago Titicaca. Su singularidad se debe a su construcción: se crearon de la nada utilizando los juncos de totora que crecen en las aguas poco profundas del lago. La vida de la gente de las Uros se entreteje con estos juncos. Estos son comestibles en parte (saben a caña de azúcar no dulce) y también se usan para hacer casas, barcos y artesanía. Las islas se construyen con muchas capas de totora, que se reponen continuamente desde arriba a medida que las capas inferiores se pudren, por lo que el suelo siempre es mullido.

Algunas islas también cuentan con elaboradas versiones de los fuertemente entretejidos barcos tradicionales de juncos y otras caprichosas creaciones, como arcos y columpios. Normalmente se paga por los paseos en barca (10 PEN) y por hacer fotografías.

Debido a los matrimonios mixtos con otros pueblos de lengua aimara, los uros de pura sangre han desaparecido; hoy en día todos hablan aimara. Siempre fueron un pueblo pequeño que inició su peculiar vida flotante hace siglos para aislarse de los agresivos collas e incas.

La popularidad de las islas ha provocado su creciente comercialización. Las islas de juncos más tradicionales, a las que se llega en barcos privados a través de un laberinto de pequeños canales, están más alejadas de Puno. Los isleños siguen viviendo de forma relativamente tradicional y prefieren no ser fotografiados.

Llegar a las Uros es sencillo, no hace falta un viaje organizado, aunque yendo por libre uno se pierde las clases de historia de los guías. Los ferris salen del puerto de Uros (10 PEN i/v) como mínimo cada hora de 6.00 a 16.00. El servicio de ferris, propiedad de la comunidad, visita dos islas siguiendo un orden rotatorio. Los ferris a Taquile y Amantaní también pueden dejar al viajero en las Uros.

Una opción extraordinaria es alojarse en la isla Khantati, en las cabañas de juncos de **Cristina Suaña** (☎951-69-5121, 951-47-2355; uroskhantati@hotmail.com; pensión completa 180 PEN/persona), una nativa uro de personalidad desbordante cuyo espíritu emprendedor le ha procurado elogios en todo el mundo. A lo largo de los años, su familia ha construido una serie de impecables cabañas semitradicionales (con energía solar y excusados exteriores) que ocupan la mitad de la diminuta isla, con terrazas cubiertas, gatos y algún flamenco. El precio incluye el transporte desde Puno, comidas variadas, pesca, explicaciones sobre la cultura y la compañía de la animada Cristina. El relajado ritmo de vida no encaja con las personas que disponen de poco tiempo.

Isla Taquile

Habitada durante miles de años, **Taquile** (entrada 8 PEN), situada 35 km al este de Puno, es una diminuta isla de 7 km² con una población de unas 2200 personas. Su encantador paisaje recuerda al del Mediterráneo. Bajo la fuerte luz de la isla, la tierra roja contrasta con el intenso azul del lago y el brillante fondo de la cordillera Real nevada de Bolivia, al otro lado del lago. Varias colinas tienen terrazas incas en las laderas y pequeñas ruinas en lo alto.

Lo que distingue a esta isla es su belleza natural. Sus habitantes hablan quechua y son muy diferentes de la mayoría de las comunidades de las islas circundantes, de lengua aimara. Además, conservan una fuerte identidad de grupo; rara vez se casan con gente de fuera de la isla.

Taquile mantiene una fascinante tradición artesana. Las artesanías se realizan conforme a un sistema de costumbres sociales muy

VIAJE EN BARCO POR EL LAGO TITICACA

Los viajes en barco por el Titicaca a veces requieren entereza, por lo que conviene preguntar en qué barco se viajará y llevar ropa de abrigo para estar en cubierta. Existen tres tipos de barcos: los de alta velocidad transportan grupos de 30 a 40 personas; las lanchas rápidas, la opción más común, son algo más lentas; pero las más lentas son las embarcaciones artesanales, que invierten el doble de tiempo que los barcos en llegar al destino. A veces los ferris tienen motores de camión y transportan mucha carga, lo que los ralentiza. Las embarcaciones que tienen el motor en la cabina despiden un olor que puede provocar mareos, en especial si se está en el interior o hay oleaje.

arraigadas. Los hombres llevan gorros flexibles de lana muy tupida, que tejen ellos mismos (solo los hombres, que aprenden desde los ocho años). Estos sombreros poseen un simbolismo social: los casados los llevan rojos y los solteros, rojos y blancos. Además, los diferentes colores indican la posición social actual o pasada.

Las mujeres tejen fajas gruesas y coloridas para sus maridos, que estos combinan con camisas blancas toscamente tejidas y pantalones negros y gruesos, hasta media pierna. Ellas visten llamativos trajes compuestos por faldas de varias capas y blusas bordadas, que están considerados como los mejor elaborados de Perú y se pueden comprar en la cooperativa situada en la plaza principal de la isla.

Conviene asegurarse de traer billetes pequeños de la moneda local, pues el cambio no abunda y no hay ningún lugar en la isla para cambiar dólares. Quizá interese traer más dinero de lo previsto para comprar algunas de las exquisitas artesanías que se venden en la cooperativa. En la década de 1990 se introdujo un limitado suministro de electricidad en la isla, con la que no siempre se puede contar, por lo que se aconseja llevar una linterna si se va a pernoctar.

⦿ Puntos de interés y actividades

Los visitantes pueden deambular a sus anchas, explorar las ruinas y disfrutar de la

TITILAKA

Apartado en la escarpada orilla del lago Titicaca, el lujoso hotel **Titilaka** (☑en Lima 1-700-5105; www.titilaka.com; lago Titicaca; i/d c/pensión completa desde 648/1002 US$; @☎) es un atractivo en sí mismo. Los enormes ventanales permiten empaparse de los tranquilos paisajes en todas direcciones. Las habitaciones cuentan con camas extragrandes calentadas con botellas de agua caliente, bañeras profundas, plataformas para iPod y asientos en el alféizar de la ventana. Hay juegos para niños, *spa* y restaurante *gourmet*.

El estilo es una caprichosa mezcla euro-andina, con colores que van de los tonos neutros a coquetos matices rosa y morado. Sus detalles de arte tradicional combinan con las esculturas y fotografías en blanco y negro de conocidos artistas peruanos. El personal está dispuesto a agradar. Sus circuitos guiados ofrecen una visita íntima a las islas. A pesar de que muchos de los huéspedes optan por el paquete de tres días, el precio por noche incluye pensión completa y excursiones, como paseos o kayaks. Está a 1 h al sur de Puno.

tranquilidad. Es maravillosa para ver la puesta de sol y la luna, que parece más brillante mientras surge entre los picos de la cordillera Real. Conviene recorrer la isla de día; sin carreteras, iluminación o edificios grandes que puedan servir de punto de referencia, muchos viajeros se han perdido en la oscuridad y han tenido que dormir a la intemperie.

Una escalera de más de 500 peldaños conduce del muelle al centro de la isla. El duro ascenso se realiza en 20 min.

✺✺ Fiestas y celebraciones

Semana Santa y **Año Nuevo** también son festivos y bulliciosos. Muchos isleños acuden a Puno durante las fiestas de la Virgen de Candelaria y la Semana Jubilar Turística de Puno, y la isla se queda casi desierta.

Fiesta de San Santiago   RELIGIOSA
(☺jul 25) Es un gran día festivo en Taquile. Los bailes, la música y la juerga generalizada duran hasta principios de agosto, cuando los isleños hacen ofrendas tradicionales a la Pachamama (Madre Tierra).

🛏 Dónde dormir y comer

Los hospedajes (pequeñas pensiones familiares) ofrecen alojamiento básico por 20 PEN/noche. Las comidas se pagan aparte (desayuno 10-15 PEN, almuerzo 20 PEN). Las opciones abarcan desde una habitación en una casa familiar a pequeños hostales. La mayoría ofrecen baños interiores y duchas. El alojamiento puede reservarse mediante un operador turístico o por cuenta propia. Como la comunidad aloja a los visitantes de forma rotativa, hay pocas posibilidades de elegir.

Todos los restaurantes ofrecen la misma sopa de quinua (deliciosa en todo el lago Titicaca) y trucha del lago a partir de 20 PEN. No es mala idea comer en el **Restaurante Comunal,** el único restaurante comunitario de Taquile.

ℹ Cómo llegar y salir

Los ferris (ida y vuelta 30 PEN; entrada a la isla 8 PEN) salen del puerto de Puno desde las 6.45. Si paran en las islas Uros, también hay que pagar entrada allí. Hay un ferri de Amantaní a Taquile por la mañana; también se puede llegar en ferri desde Llachón.

Isla Amantaní

La **isla Amantaní** (entrada 8 PEN), la más remota y con 4000 habitantes, está a pocos kilómetros de Taquile. Casi todos los viajes a Amantaní incluyen una noche de alojamiento con los isleños. Los huéspedes ayudan a cocinar en hogueras encendidas sobre el suelo de tierra. Ser testigo de la diversidad de la vida rural procura una memorable experiencia.

A veces se organizan bailes tradicionales y se permite a los viajeros vestirse con los trajes de fiesta para bailar durante toda la noche. Por supuesto, las botas de montaña los delatan. No hay que olvidarse de mirar al increíble cielo estrellado cuando se vuelva a casa dando tumbos.

La isla es muy tranquila (no se permiten perros), ofrece unas vistas excelentes y no tiene carreteras ni vehículos. Algunas colinas están coronadas por ruinas; entre las más altas y conocidas se encuentran las de **Pachamama** (Madre Tierra) y **Pachatata** (Padre Tierra) que se remontan a la cultura tiahuanaco, principalmente boliviana, que surgió en torno al lago Titicaca y se expandió con rapidez entre el 200 a.C. y el 1000 d.C.

Los isleños hablan quechua, como en Taquile, pero su cultura está más influenciada por los aimaras.

🛌 Dónde dormir y comer

**Turismo Rural
Comunitario Amantaní**   CASA PARTICULAR

(☎051-36-9714; h desde 30 PEN) Al llegar, Turismo Rural Comunitario Amantaní, es decir, las familias isleñas, llevan al visitante a su alojamiento según un sistema rotativo. Es necesario respetar el orden de este proceso, incluso si se viaja en grupo con guía. No hay ningún problema en solicitar alojarse juntos toda la familia o un grupo de amigos. El precio de la cama y pensión completa comienza en 30 PEN/persona y noche.

ℹ Cómo llegar y salir

A diario, a las 8.00, salen ferris (ida y vuelta 30 PEN; entrada a la isla 8 PEN) del puerto de Puno en dirección a Amantaní. También hay servicios de Amantaní a Taquile y Puno a diario alrededor de las 16.00 (conviene asegurarse, pues los horarios cambian) y a veces de Amantaní a Puno alrededor de las 8.00, según la demanda.

Isla Suasi

Esta bonita isla en la orilla noroeste del lago ofrece un retiro absoluto en plena naturaleza. Es la única de propiedad privada en el Titicaca y se ha alquilado a una cadena hotelera de lujo. El remoto hotel ecológico **Casa Andina Isla Suasi** (☎1-213-9739; www.casa-andina.com; 2 días/1 noche todo incluido 1090 PEN/persona) funciona con energía solar y es todo lo exclusivo que pueda ser un complejo turístico. Sus habitaciones en terrazas están bien equipadas, con edredones de plumas, chimenea y vistas al lago. Es excepcional en esta región, pues sus exuberantes jardines llenos de flores, senderos, vicuñas y lugares para bañarse ofrecen una experiencia más natural que cultural. Los tratamientos de su *spa* y las saunas con vapor y hojas de eucalipto proporcionan cierto nivel de complacencia. Gracias a los juegos, canoas y actividades con guía, también es un buen destino para las familias. Está a 5 h en barco desde Puno y a 3 h en automóvil por una pista de tierra, con un corto trasbordo en barco desde Cambria. La entrada de 12 US$ (incluida en el precio del alojamiento) se destina a proyectos locales de conservación.

El hotel ofrece traslados para los huéspedes a las 7.30 desde el muelle de Puno, con paradas para visitar las islas Uros y la isla Taquile.

Península de Capachica y alrededores

Esta península, que sobresale en la orilla noroeste del lago, entre Juliaca y Puno, posee la misma belleza que las islas del lago, pero sin aglomeraciones ni predisposición comercial. Cada pueblecito posee su propio paisaje espectacular que abarca desde lo bucólico hasta lo majestuoso. Unos días entre los lugareños –hombres bien parecidos y dignos, vestidos con chalecos y sombreros negros, y tímidas y sonrientes mujeres con intrincados tocados– sin nada que hacer excepto comer bien, subir a colinas y árboles y mirar al lago, son un auténtico retiro. El alojamiento es solo en casas particulares, lo que contribuye al disfrute.

Ubicados a lo largo de la península entre las poblaciones de Capachica y Llachón, los pueblos de Ccotos y Chifrón están unidos por pistas de tierra desiertas (que se recorren sobre todo a pie) y servicios de autobús bastante lentos (suele ser más rápido subir la colina a pie que dar la vuelta por la carretera en autobús). Escallani está más al norte, no muy lejos de Juliaca y algo apartado de la península propiamente dicha. Los lugareños viajan a la península en lanchas que suelen alquilar a los extranjeros.

No hay señal de internet, pero los teléfonos móviles sí funcionan. Tampoco hay bancos ni cajeros y, como ocurre en el resto del país, puede resultar muy difícil encontrar cambio para billetes grandes. Hay que llevar todo el dinero necesario en billetes de 20 PEN o menos si es posible.

Las agencias de viajes de Puno llevan al viajero a cualquiera de las comunidades de la península. **Cedesos** (☎051-36-7915; www.cedesos.org; Moquegua 348, 3er piso) ofrece viajes guiados estándar y a medida a estas comunidades y otras de la zona. Esta ONG trabaja para mejorar los ingresos y la calidad de vida locales a través del turismo. Ofrece programas de capacitación y créditos baratos a los habitantes de la zona para prepararlos para el turismo. Los circuitos no son baratos, pero están bien organizados y los lectores los recomiendan.

Casi todas las comunidades de la zona ofrecen el mismo tipo de comida y alojamiento, similares a los de la isla Amantaní. Las familias de la zona han construido o adaptado en sus casas habitaciones sencillas para turistas; cobran unos 25 PEN/persona y noche por una cama o unos 65 PEN la pensión completa. Es mejor esta última opción ya que todos los pueblos tienen al menos una tienda, pero los víveres son limitados y las comidas que preparan las familias son saludables y deliciosas. A excepción de la trucha, la dieta es vegetariana, a base de quinua, patatas y habas cultivadas en la región.

Llachón y, en menor medida, Escallani están preparados para viajeros que llegan sin avisar. Sin embargo, en otras comunidades es muy importante reservar el alojamiento con antelación, pues los anfitriones tienen que comprar víveres y demás. Es mejor llamar por teléfono que reservar por internet.

Capachica

El centro comercial de la península es poco interesante. Tiene un par de restaurantes y hospedajes muy básicos, así como una iglesia

bonita y un estadio enorme; todo se ve desde el autobús. No hay razón para detenerse, a menos que haya que cambiar de autobús, utilizar internet o un teléfono público (hay dos en la plaza); servicios que no se encuentran en el resto de la península.

Llachón

Unos 75 km al noreste de Puno, este hermoso pueblo, cerca de la punta meridional de la península ofrece unas vistas fantásticas y excursiones cortas a pie a los yacimientos preincaicos de los alrededores. Aunque es la comunidad más desarrollada de la península gracias al turismo gestionado localmente, conserva un ambiente muy alejado del Perú moderno. Con pocos automóviles y ningún perro, es un lugar muy tranquilo, ideal para relajarse y disfrutar de las vistas del lago Titicaca. De enero a marzo, las aves autóctonas también son un atractivo a tener en cuenta.

Es posible ir al pueblo sin reserva y buscar allí alojamiento.

TURISMO ÉTICO COMUNITARIO

El turismo vivencial empezó a florecer en Puno y hoy es el eje de la industria turística local. Existen decenas de agencias de viajes que, en muchos casos, ofrecen lo mismo a precios muy diferentes. Lo que marca la diferencia es el precio que la agencia paga a las familias. La mayoría de las agencias baratas (y algunas de las caras) pagan poco más del coste de las comidas del huésped. Aunque resulta difícil saber qué agencias las compensan mejor, los siguientes consejos ayudan a mejorar la experiencia:

➡ Son preferibles las agencias recomendadas por esta guía o por otros viajeros.

➡ Comprobar que el guía alterna las casas particulares y las visitas a las islas flotantes.

➡ Insistir en entregar el dinero por el alojamiento directamente a la familia.

➡ Se suele pagar bien por este tipo de experiencia; al menos 50 US$ por la típica excursión de dos días a las islas para que la familia anfitriona pueda obtener beneficios de la estancia del viajero.

➡ Viajar a las islas de forma independiente.

➡ Llevarse toda la basura, los isleños no tienen forma de hacerlo.

➡ Regalar a los isleños cosas que no pueden producir (fruta fresca o material escolar).

➡ No hay que dar caramelos ni dinero a los niños: fomenta que vuelvan a pedir.

➡ Apoyar las iniciativas comunitarias que benefician a todos. En Taquile, las familias se turnan en el Restaurante Comunal, lo que supone que muchos se beneficien de las oleadas de turistas que llegan a diario a la isla. Luquina Chico y la isla Ticonata gestionan su turismo de manera comunal, mediante la rotación de los alojamientos, compartiendo los beneficios y trabajando juntos para ofrecer comida, transporte, guías y actividades.

➡ Merece la pena visitar una de las comunidades de los alrededores del lago. Son menos accesibles que las islas pero hay menos turismo y permiten ver la vida de una comunidad agrícola.

🛏 Dónde dormir y comer

Félix Turpo   CASA PARTICULAR $

(📞951-66-4828; hospedajesamary@hotmail.com; 25 PEN/persona, pensión completa 65 PEN) Félix tiene un jardín precioso y la vista más espectacular de la península de Capachica, con vistas a la isla de Taquile. También disfrutar de una ducha de agua caliente, que consiste en una tubería de goma de color negro sobre una roca caliente (se recomienda ducharse durante el día).

Magno Cahui   CASA PARTICULAR $

(📞951-82-5316; hospedajetikawasi@yahoo.es; 25 PEN/persona, pensión completa 65 PEN) Magno y su familia ofrecen seis acogedoras cabañas en torno al altar de piedra de su abuelo. Goza de vistas increíbles del lago Titicaca.

Valentín Quispe   CASA PARTICULAR $

(📞951-82-1392; llachon@yahoo.com; 25 PEN/persona, pensión completa 65 PEN) Valentín y su mujer Lucila tienen una encantadora pensión al final de un camino de piedra, junto a un cautivador cementerio cubierto de vegetación. También alquilan kayaks.

Richard Cahui Flores   CASA PARTICULAR $

(📞951-63-7382; hospedajesamary@hotmail.com; 25 PEN/persona, pensión completa 65 PEN) Richard trabaja con muchas familias y es el mejor contacto para hacer reservas. Si no tiene sitio en su tranquila granja, alojará al viajero con otra familia.

Chifrón

Si Llachón parece demasiado urbanizado, el diminuto Chifrón (24 hab.) resultará perfecto. Se halla cerca de la carretera principal, en el extremo nororiental de la península. Entre eucaliptos y sobre una playa desierta, tres familias ofrecen un alojamiento muy básico para un máximo de 15 personas. Esto es otro mundo. Hay que ponerse en contacto con **Emiliano** (📞951-91-9252, 951-91-9652; playa chifron_01@hotmail.com) para reservar alojamiento.

Ccotos y la isla Ticonata

Resulta casi imposible ir más allá del circuito turístico. En Ccotos, en la costa este de la península, no ocurre nada en todo el año, excepto el certamen de Miss Playa, durante el cual los trajes de baño son motivo de encendidas polémicas. Conviene alojarse con el amable **Alfonso Quispe** (📞951-85-6462; incasamana tours@yahoo.es) y su familia, a orillas del lago. Uno podrá pescar para el desayuno, observar aves, caminar hasta el mirador y unas ruinas cubiertas de maleza o relajarse en la playa, al parecer la más bonita de Capachica, aunque resulta difícil elegir.

A unos 200 m de Ccotos, la isla Ticonata alberga una comunidad muy unida y algunas interesantes momias, fósiles y yacimientos arqueológicos. Solo se puede acceder en circuito organizado. Se trata de un ejemplo peculiar de una comunidad del lago Titicaca que tiene la última palabra frente a las agencias de viajes en beneficio de todos. Los circuitos se reservan en Puno avisando con poca antelación a través de Cedesos (p. 191) o las agencias de viajes. Entre las actividades que incluyen está la pesca, la danza, la cocina y ayudar a cultivar las chacras familiares.

Escallani

Se pueden pasar días contemplando las majestuosas vistas de juncales, campos de diferentes colores, rocas escarpadas y las nieves eternas del Illimani (la montaña más alta de Bolivia, 6438 m). Desde el asentamiento de Escallani, situado junto a la península, de camino a Juliaca, el lago se ve de forma distinta. **Rufino Paucar** (📞97-319-0552) y su numerosa familia han construido un complejo de más de una docena de cabañas rústicas con tejado de paja en lo alto del pueblo. Este lugar está un poco más preparado que otras comunidades para recibir a huéspedes sin previo aviso; para encontrarlo, pregúntese en la plaza. Se rumorea que hay zonas de escalada.

El viaje de Juliaca a Escallani por Pusi en microbús es muy recomendable para viajeros avezados. El paisaje que se ve desde esta carretera sin asfaltar es incomparable. Hay que sentarse en el lado izquierdo, si se va de Juliaca a Escallani, para ver el lago.

ℹ Cómo llegar y desplazarse

Desde Puno las combis a Capachica o Llachón salen desde el exterior del mercado Bellavista. Todas paran en Capachica (4 PEN, 80 min). Desde la plaza se continúa hasta Llachón (2,50 PEN, 45 min) u otros destinos.

Para ir a Ccotos (2 PEN, 35 min) o Escallani (2,50 PEN, 45 min) las combis salen de la plaza de Capachica, solo los domingos de 8.00 a 14.00. También se puede tomar un taxi (20 PEN) o un mototaxi (10 PEN) a Ccotos; el camino a Escallani (70 PEN) es algo más empinado.

Desde Capachica se puede ir a Chifrón en colectivo (1 PEN), taxi (10 PEN) o mototaxi (7 PEN). También se puede cruzar la colina desde Llachón o caminar los 3 km desde Capachica.

Otra forma de acceder a Llachón es con el ferri de Taquile. El modo más fácil de combinar los dos consiste en llegar por carretera y preguntar a la familia anfitriona de Llachón dónde se toma el ferri a Taquile.

Pueblos de la orilla sur

La carretera a Bolivia que recorre la orilla meridional del lago Titicaca pasa por bucólicos pueblos famosos por sus iglesias coloniales y sus hermosas vistas. Esta ruta permite observar la cultura tradicional de la región de un modo poco turístico. Si se coordinan las conexiones desde Puno en un día se pueden visitar los siguientes pueblos, o continuar hasta Bolivia.

El transporte público a cualquier pueblo de la orilla meridional sale de la terminal zonal de Puno. Las combis parten cuando están llenas. La ruta incluye Ichu (1 PEN, 15 min), Chucuito (2 PEN, 30 min), Juli (4 PEN, 1 h), Pomata (6 PEN, 1½ h) y la frontera boliviana en Yunguyo (7 PEN, 2¼ h) o Desaguadero (7,50 PEN, 2½ h). El transporte directo a las poblaciones cercanas a Puno es frecuente, pero las combis a las otras localidades salen por lo menos cada hora.

Ichu

Esta comunidad rural, a 10 km de Puno, se extiende por un maravilloso valle verde y alberga ruinas poco conocidas y vistas increíbles. Es ideal para disfrutar de una caminata.

Hay que salir de la carretera Panamericana por la segunda salida de Ichu (pasada la gasolinera) y dirigirse hacia el interior hasta la casa que reza "Villa Lago 1960". Tras caminar 2 km se gira a la izquierda en el cruce, en dirección a las dos pequeñas colinas con terrazas de cultivo que se ven a la izquierda del valle. Después de girar a la izquierda en el segundo cruce (si el caminante se ha pasado verá el colegio), la carretera pasa entre las dos colinas. Se debe girar nuevamente a la izquierda y subir la primera colina. Tras un ascenso empinado de 15 min se llega a la cima, donde se verán los restos de un complejo de templos en varios niveles y unas espectaculares vistas panorámicas.

Esta excursión se puede realizar en medio día desde Puno. Llévese suficiente agua y comida, pues no hay tiendas.

Chucuito
☑ 051 / 1100 HAB.

◉ Puntos de interés

Templo de la Fertilidad TEMPLO
(Inca Uyu; entrada 5 PEN; h8.00-17.00) La principal atracción de la tranquila Chucuito es el extravagante templo de la Fertilidad. Por su polvoriento recinto se encuentran diseminados enormes falos de piedra, algunos de hasta 1,2 m de altura. Los guías locales cuentan divertidas historias sobre ellos, como las de las solteras que se sentaban encima para aumentar su fertilidad. Más arriba de la carretera se halla la plaza principal, que alberga dos bonitas iglesias coloniales: Santo Domingo y Nuestra Señora de la Asunción. Para ver su interior hay que localizar a los escurridizos guardianes.

⌂ Dónde dormir y comer

Junto a la plaza hay un par de alojamientos básicos para comer, ambos poseen restaurantes con menús turísticos.

Albergue Las Cabañas CABAÑAS $$
(☑051-36-8494; www.chucuito.com; Tarapacá 153; i/d/tr desayuno incl. 64/96/126 PEN) Cercano a la plaza, cuenta con un agradable y descuidado jardín, cabañas rústicas de piedra y bungalós para familias con estufas de leña.

Taypikala Lago HOTEL $$$
(☑051-79-2266; www.taypikala.com; Sandia s/n; i/d/tr 194/245/309 US$) Al otro lado de la carretera, la versión más lujosa del hotel original Taypikala ofrece unas vistas aún mejores, con una sencilla y sutil arquitectura.

Luquina Chico

Esta diminuta comunidad, situada 53 km al este de Puno, en la península de Chucuito, es impresionante. Si uno quiere relajarse en una comunidad rural, Luquina Chico también cuenta con los mejores alojamientos en casas de tipo estándar de todas las poblaciones del lago. La comunidad está mejorando económicamente gracias al turismo.

Tanto desde la parte alta del cabo, como desde las fértiles llanuras cercanas al lago, las vistas de Puno, Juliaca y las islas son magníficas. En la estación de lluvias se forma una laguna que atrae a aves migratorias de zonas húmedas.

Hay *chullpitas* (torres funerarias en miniatura) diseminadas por toda la zona. Según dicen, albergan los cuerpos de los gentiles, un pueblo enano que vivió en los "tiempos oscuros", antes de que naciera el Sol, que los envió bajo tierra.

En las estancias en casas particulares (desde 20 PEN) se puede solicitar pensión completa (70 PEN). Para llegar se toma una combi con el letrero "Luquina Chico" (4,50 PEN, 1½ h) desde Puno o el ferri a/desde Taquile y se solicita al capitán desembarcar allí. Hay kayaks de alquiler. **Edgar Adventures** también lleva a los viajeros en bicicleta de montaña; se trata de un trayecto de 3 h bastante agotador pero muy bello a lo largo de la península.

Juli
📞051 / 8000 HAB.

Pasado Chucuito, la carretera se separa del lago hacia el sureste y pasa por el centro de **Ilave,** conocido por su mercado de ganado y por su extremo sentido de la justicia, cuya manifestación más célebre fue el linchamiento del alcalde en el 2004. Es mejor evitarlo en momentos de conflicto. La aletargada y acogedora Juli es más adecuada para los viajeros. La llaman "la pequeña Roma de Perú" por sus cuatro iglesias coloniales de los ss. XVI y XVII, que están siendo restauradas poco a poco. Quizá estén abiertas los domingos, aunque los horarios no deben tomarse muy en serio. Merece la pena llamar con fuerza en la puerta si están cerradas.

San Juan de Letrán (entrada 8 PEN; ⊙8.30-17.00 ma-do) es una iglesia barroca de adobe de 1570; alberga cuadros de la escuela cuzqueña con suntuosos marcos que representan las vidas de santos. La imponente **Nuestra Señora de la Asunción** (entrada 8 PEN; ⊙8.30-17.00 ma-do), acabada en 1557, tiene un amplio patio que incita a la oración. Su interior es amplio y el púlpito está cubierto con pan de oro. La iglesia de la **Santa Cruz** ha perdido medio tejado y está cerrada hasta nuevo aviso. En la plaza principal, la iglesia de **San Pedro,** erigida en piedra en 1560, está en óptimas condiciones; con sus techos de madera tallada y una pila bautismal de mármol. La misa se celebra todos los domingos a las 8.00.

El domingo también es el día de mercado en Juli (el más grande de la región). El miércoles hay uno más pequeño.

Las combis (4,50 PEN, 1 h) desde la terminal zonal de Puno dejan junto al mercado, 10 min a pie del centro, pero salen de Jirón Lima, dos manzanas subiendo desde la plaza. En esta zona se pueden encontrar cibercafés y hostales básicos.

Pomata
📞051 / 1800 HAB.

Pasado Juli, la carretera sigue hacia el sureste hasta Pomata, a 105 km de Puno. Nada más llegar se ve el **templo de Santiago Apóstol** (entrada 2 PEN), de dimensiones y esplendor desproporcionados en relación al pueblo, situado en lo alto de una pequeña colina. Fundado por los dominicos en 1700, es conocido por sus ventanales de alabastro translúcido y su fachada barroca de arenisca con intrincadas tallas. Búsquense las tallas de los pumas (Pomata significa "lugar del puma" en aimara).

Al salir de Pomata la carretera se bifurca. El ramal principal sigue hacia el sureste y cruza Zepita hasta la población fronteriza nada acogedora de Desaguadero. La bifurcación de la izquierda bordea el lago Titicaca y llega hasta otro cruce fronterizo más agradable llamado Yunguyo. Si se sigue esta última ruta conviene detenerse en el **mirador natural de Asiru Patjata,** situado a varios kilómetros de Yunguyo. Aquí se extiende una formación rocosa de 5000 m de longitud que tiene forma de culebra; su cabeza constituye un mirador con vistas a la Isla del Sol. Esta zona es conocida por sus pueblos aislados y sus chamanes.

Los colectivos desde la terminal zonal de Puno (8 PEN, 1½ h) están indicados con los letreros Yunguyo o Desaguadero.

Orilla boliviana
Si se piensa pasar un tiempo en Bolivia, la guía de Lonely Planet *Bolivia* proporciona información más completa.

Copacabana
📞591-02 / 54 300 HAB. / ALT. 3808 M

Al otro lado de la frontera frente a Yunguyo, Copacabana es una tranquila población boliviana en la orilla meridional del lago Titicaca. Durante siglos fue un centro de procesiones religiosas y hoy en día los peregrinos acuden a sus fiestas. Pequeña y luminosa, es una práctica base para visitar las famosas islas

CRUCE FRONTERIZO: BOLIVIA

Existen dos rutas viables de Puno a Bolivia. La de la orilla septentrional recorre zonas muy remotas y rara vez se usa. El cruce por la orilla meridional se puede hacer a través de Yunguyo o de Desaguadero. La única razón para cruzar por Desaguadero es si se tiene prisa. La ruta por Yunguyo es más segura, bonita y mucho más popular; además, pasa por la relajada población boliviana de Copacabana, a orillas del lago, desde donde se puede visitar la Isla del Sol (quizá el lugar más importante de la mitología andina).

Los ciudadanos de EE UU tienen que pagar 135 US$ en efectivo por un visado de turista para entrar en Bolivia. Se puede pagar en la frontera y allí hay tiendas donde se pueden conseguir las dos fotos y fotocopias necesarias. También hay un consulado de Bolivia en Puno. Los ciudadanos de la Unión Europea no tienen que pagar ni entregar fotos.

Los agentes fronterizos bolivianos suelen intentar cobrar de manera oficiosa 30 BOB (tasa de colaboración) por utilizar la frontera. Hay que negarse con educación. Cuando se cruce hay que llevar el equipaje siempre encima.

La diferencia horaria es de 1 h menos en Perú que en Bolivia.

A Copacabana vía Yunguyo

Existen dos maneras de hacerlo. La forma más rápida y fácil de ir es con una empresa de autobuses que cruzan la frontera como **Tour Perú** (☏95-167-6600; Tacna 285, oficina103) u **Ormeño** (p. 186). Los billetes deben comprarse con al menos un día de antelación en la estación (o en la oficina de Tour Perú, en el centro de Puno, mucho más práctica). Los autobuses paran en una casa de cambio en la frontera y esperan a que los pasajeros paguen antes de continuar hasta Copacabana (20-25 PEN, 3-4 h). Aquí hay otro autobús que espera para seguir hasta La Paz (30 BOB, 3½ h), previa parada de 1½ h.

La alternativa es tomar un microbús local en la terminal zonal. Es mucho más lento y solo se recomienda si se quiere parar en alguno de los pueblos de la orilla sur. Conviene salir a las 8.00 para tener tiempo suficiente. Entre los pueblos, los microbuses circulan con regularidad, sobre todo los domingos, día de mercado en Juli y Yunguyo. Es una buena forma de alejarse de los recorridos convencionales y relacionarse con los lugareños.

del Sol y de la Luna. Los fines de semana se llena de visitantes de La Paz y entre semana está vacía.

En el s. xvi ofrecieron a la población una imagen de la Virgen de la Candelaria (la actual patrona de Bolivia), que realizó numerosos milagros. La catedral mudéjar de Copacabana, donde reside la Virgen en una sórdida y desconcertante capilla, sigue siendo un importante punto de peregrinación.

Se recomienda estar preparado para las fuertes lluvias, en especial en diciembre y enero, y para las noches heladas durante todo el año.

⊙ Puntos de interés y actividades

Gran parte de las actividades de Copacabana se llevan a cabo en la plaza 2 de Febrero y en la av. 6 de Agosto, la principal calle comercial, que va de este a oeste. El núcleo de transportes es la confluencia de la av. 16 de Julio con la plaza Sucre, parada final de los autobuses. En el extremo oeste de 6 de Agosto se encuentra el lago, con una costanera que discurre paralela a la orilla.

Catedral   IGLESIA
(6 de Agosto) GRATIS Esta blanca catedral de estilo mudéjar, con cúpulas y coloridos azulejos, domina la ciudad.

La negra imagen del **camarín de la Virgen de la Candelaria**, tallada por Francisco Yupanqui, nieto del inca Túpac Yupanqui, se encuentra sobre el altar. Las horas de visita son poco de fiar. La imagen nunca ha salido de la catedral y se dice que molestarla provocaría una devastadora inundación procedente del lago.

El templo alberga arte religioso local y europeo y el **Museo de la Catedral** (10 BOB/ persona) exhibe algunos objetos interesantes ofrecidos por los devotos. Por desgracia, solo abre a grupos de cuatro personas o más (a menos que se quieran pagar cuatro entradas) y normalmente hay que localizar a una hermana para que organice la visita.

Yunguyo es final de trayecto. Se toma un triciclo a Kasani o se cruza a pie en un paseo de 2 km por la av. Ejército. Las casas de cambio ofrecen mejores tipos que las bolivianas.

Primero se va a la policía peruana y después al Control Migratorio. Para realizar los trámites bolivianos de inmigración se cruza el arco con el letrero "Bienvenido a Bolivia".

Las combis a Copacabana cuestan 3 BOB y salen con más frecuencia los domingos; entre semana quizá haya que esperar hasta 1 h. Si se prefieren caminar los 8 km, es un sencillo paseo bordeando el lago.

La frontera está abierta de 7.30 a 18.00, hora peruana.

A La Paz vía Desaguadero

Ir de Puno a La Paz por la insulsa Desaguadero es más rápido, algo más barato y más directo que por Yunguyo. También es menos pintoresco y menos seguro, aunque no hay ningún problema si se viaja en un autobús turístico, que solo para allí un rato. No se aconseja pernoctar en Desaguadero.

Las combis a Desaguadero (8 PEN, 2½ h) salen durante el día de la terminal zonal de Puno.

En Desaguadero hay que ir a la Dirección General de Migraciones y Naturalización peruana para conseguir el sello de salida de Perú. Para las formalidades bolivianas, hay que dirigirse al edificio de "Migraciones Desaguadero", a la izquierda del puente.

Tómese un triciclo a la terminal de transportes del lado boliviano, desde donde se llega a La Paz en 3½ h, en combi o colectivo (30 BOB).

La frontera está abierta de 8.30 a 20.30, hora boliviana.

Atención: la policía peruana tiene muy mala reputación aquí. A veces exigen un "impuesto de salida" que no existe. No es obligatorio ir a la policía peruana antes de salir del país, así que si alguno pide que se le acompañe solo hay que negarse educadamente, pero con firmeza. En Desaguadero no hay cajeros automáticos, por lo que si se necesita un visado de turista conviene llevar dinero efectivo.

LAGO TITICACA COPACABANA

Cerro Calvario   MIRADOR

La ascensión de ½ h merece la pena, en especial por la tarde, para ver la puesta del sol en el lago. La senda que lleva a la cima pasando por las 14 estaciones del viacrucis empieza cerca de la iglesia, al final de la calle Destacamento, al noroeste de la plaza Sucre.

Museo Taypi   MUSEO

(Hotel Rosario del Lago; Paredes, cerca de la costanera) GRATIS Es un pequeño museo privado en los jardines del Hotel Rosario. Alberga una pequeña y preciosa colección de antigüedades, exposiciones culturales sobre la región y la tienda de comercio justo Jalsuri, que vende artesanía de calidad.

Fiestas y celebraciones

Fiesta de Alasitas   ESPIRITUAL

(◷ene 24) La gente compra miniaturas de diplomas, pasaportes, electrodomésticos, etc., con la esperanza de que se hagan realidad. La música y bailes tradicionales llenan las plazas principales y se lleva en procesión un equeco (una efigie que representa la abundancia).

Fiesta de la Virgen de la Candelaria   RELIGIOSA

(◷feb 2-5) Conmemora la patrona de Copacabana y de Bolivia con música, bailes tradicionales aimara, bebida y comida. Culmina con el acorralamiento de 100 toros.

Semana Santa   RELIGIOSA

La ciudad se llena de peregrinos y procesiones, en especial el Viernes Santo.

Día de la Independencia Boliviana   FIESTA NACIONAL

(◷ago) La primera semana de agosto la ciudad organiza su fiesta mayor con música, desfiles, bandas de metales, fuegos artificiales y un impresionante consumo de alcohol a todas horas. Coincide con una peregrinación tradicional que atrae a miles de peruanos para ver a la Virgen.

☞ Circuitos

Para visitar la Isla del Sol y la Isla de la Luna, tómese un ferri o contrátese una excursión guiada con una agencia de viajes de La Paz (pasando sin duda una noche o dos en un hotel de la Isla del Sol).

🛏 Dónde dormir

En Copacabana los hoteles (muchos de muy mala calidad) proliferan como los juncos. Hay muchas opciones económicas, (30 BOB/persona aprox., mucho más en temporada alta y durante las fiestas), sobre todo en la calle Jáuregui.

Hostal Flores del Lago   HOTEL $
(📞591-02-862-2117; www.hostalfloresdellago.com; Jáuregui; i/d/tr 100/140/210 BOB; 🛜) Una opción económica y de calidad es este gran hotel de cuatro pisos en el lado norte del puerto. Las limpias habitaciones tienen algo de humedad pero las vistas son preciosas y el vestíbulo muy acogedor.

Hostal Sonia   HOTEL $
(📞591-02-862-2019; hostalsoniacopacabana@gmail.com; Murillo 256; 50 BOB/persona; @🛜) Animado alojamiento con habitaciones luminosas y acogedoras, buenas vistas desde las de los pisos superiores y una terraza en la azotea. Es una de las mejores alternativas económicas de la ciudad. Situado en la calle al lado este de la catedral.

⭐ Las Olas   HOTEL-BOUTIQUE $$
(📞28622112, 7250-8668; www.hostallasolas.com; Michel Pérez 1-3; i/d/tr 39/49/64 US$, ste 74 US$; @🛜) Creativo, con estilo y vistas excepcionales, ofrece una experiencia única que compensa el dispendio. Cuenta con cocinas, terrazas privadas con hamacas y *jacuzzi* alimentado por energía solar. Conviene reservar con antelación.

Hotel La Cúpula   HOTEL $$
(📞591-02-862-2029; www.hotelcupula.com; Michel Pérez 1-3; i/d/tr 19/39/52 US$, suites i/d/tr 30/55/66 US$; 🛜) Un atractivo oasis en las laderas del Cerro Calvario. Las habitaciones son básicas (y las camas quizá demasiado blandas), pero los jardines, las hamacas, la cocina compartida y el ambiente agradable están muy bien y el personal es muy amable. Conviene reservar con antelación.

Ecolodge Copacabana   HOSTAL $$
(📞862-2500; www.ecocopacabana.com; av. Costanera s/n; desayuno incl. 180 BOB/persona) Este alojamiento ecológico, a 20 min a pie por Costanera (o un corto viaje en taxi), está junto al lago, en un maravilloso paraje natural. Sus peculiares cabañas de adobe totalmente equipadas se calientan con energía solar. El jardín de dalias y gladiolos permite unas excelentes vistas del lago.

Hotel Mirador   HOTEL $$
(av. Busch esq. Costanera; i/d 80/200 BOB) Ofrece una excelente relación calidad-precio (suele haber grupos) por la impresionante vista del lago que brilla como un faro desde el fondo de las largas habitaciones. Los suelos de madera, el baño y los televisores son antiguos pero el enorme tamaño del hotel le otorga un encanto especial.

🍴 Dónde comer y beber

En la última manzana de la av. 6 de Agosto se concentran los restaurantes turísticos, aunque la comida variada y fascinante no abunda en Copacabana. La especialidad local es la trucha del lago Titicaca. Muchos puestos a lo largo de la orilla la preparan de diversas maneras. La incluyen en casi todos los menús de almuerzo y cena (15-30 BOB) de la calle 6 de Agosto. En una mañana fría hay que dirigirse al mercado para degustar una reconfortante taza de api (una bebida dulce y caliente elaborada con maíz morado).

Pit Stop   PANADERÍA $
(av. 16 de Julio; tentempiés 7-15 BOB; ⏱10.00-14.00 y 16.30-19.30) Los italianos han llevado cafés exprés de calidad y deliciosos *brownies* y bizcochos a Copacabana. Hay empanadas y *pizza* en otras partes de la ciudad, pero Luciano y compañía las hacen mejor en este pequeño local donde paran los autobuses.

Restaurant Aransaya   BOLIVIANA $
(av. 6 de Agosto 121; almuerzo menú 15 BOB, principales 30-45 BOB; ⏱almuerzo) Los lugareños se reúnen aquí para tomar cerveza fría y trucha con la guarnición tradicional. Se halla al este de la plaza Sucre.

La Orilla   INTERNACIONAL $$
(📞591-02-862-2267; av. 6 de Agosto s/n; principales 45-52 BOB; ⏱16.00-21.30 lu-sa; 🖉) Agradable restaurante de temática marinera que sirve verdura recién recogida, crujientes y sabrosas *pizzas* y unas interesantes creaciones con trucha, que incorporan espinacas y beicon. Situado cerca del extremo de la calle que da al lago.

La Cúpula Restaurant   INTERNACIONAL $$
(www.hotelcupula.com; Michel Pérez 1-3; principales 24-59 BOB; ⏱7.30-15.00 y 18.00-21.00 diarios, cerrado almuerzo ma; 🖉) Su imaginativo uso de los productos locales incluye una lasaña

vegetariana y opciones con carne. La *fondue* de auténtico queso gruyer es excelente. Las vistas del lago son fabulosas.

Kota Kahuaña   INTERNACIONAL **$$**
(☎591-02-862-2141; Paredes, cerca de Costanera, dentro de Hotel Rosario; principales 25-55 BOB) Este hotel-restaurante ofrece excelentes vistas, buen servicio y platos internacionales bien preparados. Su trucha rellena, un excelente mostrador de ensaladas, sustanciosos platos y vinos bolivianos aseguran una buena cena.

Flor de Mi Tierra   INTERNACIONAL
(av. Costanera esq. 6 de Agosto; principales 28-55 BOB, menús 40-65 BOB) Esta terraza en la azotea de un bar-restaurante permite tomar una bebida al atardecer mientras se contempla cómo el lago se funde en brillantes tonos naranja. Las hamburguesas, las *pizzas* y la trucha están bien, aunque se paga por las vistas.

ⓘ Información

PELIGROS Y ADVERTENCIAS

Conviene tener cuidado con los microbuses y taxis ilegales que ofrecen viajes entre Copacabana y La Paz: se ha informado de secuestros. Se recomienda tomar los autobuses para turistas (más grandes) y viajar de día.

Durante las fiestas hay que apartarse de los fuegos artificiales y estar atento a los juerguistas. En general, los perros callejeros son inofensivos si uno guarda las distancias.

ASISTENCIA MÉDICA

En la periferia meridional de la ciudad hay un hospital. Las urgencias se derivan a La Paz.

DINERO

Las tiendas de la av. 6 de Agosto cambian moneda extranjera (en especial dólares). El **Banco Fie ATM** (6 de Agosto esq. Plaza Sucre; ☾24 h) es fiable, mientras que el **cajero automático del Banco Bisa** (6 de Agosto esq. Pando) solo funciona a veces.

CORREOS

Oficina de correos (☾8.30-12.00 y 14.30-16.00 ma-do) Está en el lado norte de la plaza 2 de Febrero, pero a menudo está cerrado o no hay personal.

TELÉFONO

Hay locutorios por toda la ciudad, especialmente en la av. 6 de Agosto.

INFORMACIÓN TURÍSTICA

Centro de información turística (☎72516220, 67179612; www.visitacopacabana.com; av. 16 de Julio esq. av. 6 de Agosto; ☾9.00-13.00 y 14.00-18.00 mi-do) Personal amable, pero solo proporciona información rudimentaria.

ⓘ Cómo llegar y salir

AUTOBÚS

La mayoría de los autobuses salen de las cercanías de las plazas 2 de Febrero y Sucre. Los directos a La Paz (3½ h), más cómodos, sobre todo los de **Titicaca** (av. 16 de Julio esq. av. 6 de Agosto) y **Vicuña Travel** (☎591-02-236-9052; av. 16 de Julio esq. Max Paredes), cuestan 30 BOB aproximadamente y salen de Copacabana a las 13.30 y a las 18.30. Los billetes se pueden comprar en las agencias de viajes. Es necesario bajar del autobús en el estrecho de Tiquina para cruzar en **ferri** (2 BOB/persona, 35-40 BOB/ automóvil; ☾5.00-21.00) entre las ciudades de San Pedro de Tiquina (la oficina de turismo está en la plaza) y San Pablo de Tiquina. No se puede permanecer en el vehículo mientras se cruza el estrecho.

Los autobuses a Perú, incluidas Arequipa, Cuzco y Puno salen y llegan a la av. 6 de Agosto de Copacabana. También se puede ir a Puno en un microbús público desde la plaza Sucre hasta Kasani (5 BOB, 15 min), en la frontera.

BARCO

Los billetes para los circuitos en barco a la Isla de la Luna y a la del Sol se compran en las agencias de la av. 6 de Agosto o en los quioscos que hay frente a la playa, aunque estos "circuitos" no son más que barcos compartidos con un capitán silencioso. Hay servicio de regreso por separado desde ambas islas.

Asociación Unión Marines (Costanera; ida 3 BOB, ida y vuelta 50 BOB; ☾salida Copacabana 8.30 y 13.30) Servicio de ferris al norte y sur de la Isla del Sol con parada a la vuelta en una isla flotante.

Titicaca Tours (Costanera; ida y vuelta 40 BOB; ☾salida Copacabana 8.30) Ofrece un circuito en barco que para 1 h en la Isla de la Luna y otras dos en el sur de la Isla del Sol antes de regresar a Copacabana.

Isla del Sol e Isla de la Luna

La más famosa del lago Titicaca es la Isla del Sol donde, según la leyenda, nacieron Manco Cápac y su hermana-esposa Mama Ocllo, así como el Sol. Tanto esta como la de la Luna albergan ruinas incas, a las que se llega por maravillosos senderos que cruzan espectaculares paisajes salpicados de pueblos tradicionales. En las islas no hay automóviles. El sol y la altitud se hacen sentir, por lo que conviene llevar mucha agua, comida y crema de protección solar. Se pueden visitar los principales puntos de interés en un día, pero pernoctar en la zona resulta mucho más interesante.

El agua escasea. La isla aún no cuenta con suministro de agua y la acarrean hombres y burros. Hay que hacer un uso responsable, sin derrocharla en duchas excesivas.

En temporada alta (junio-agosto y durante las fiestas) los precios se duplican.

⊙ Puntos de interés y actividades

Entre las ruinas incas de la Isla del Sol se halla el laberíntico complejo de Chincana en el norte, y la fortaleza de Pilkokayna y la impresionante escalinata inca cubierta de hierba, en el sur. En Chincana está la Titi Khar'ka (Roca del Puma) sagrada, que aparece en la leyenda inca de la creación del mundo y dio su nombre al lago. Los pueblos más grandes son Yumani al sur y Ch'allapampa al norte.

Mucho menos turística, la tranquila Isla de la Luna alberga las ruinas parcialmente reconstruidas del convento de las vírgenes del Sol, donde vivían las niñas elegidas para servir al dios del Sol Inti.

🛏 Dónde dormir y comer

En la Isla del Sol, los albergues básicos del tranquilo Cha'llapampa, se hallan junto a la playa (30-40 BOB/persona y noche). También hay varios restaurantes y tiendas básicas.

No obstante, el lugar más pintoresco para alojarse es Yumani, al otro lado de la isla. Está mucho más urbanizado y hay decenas de alojamientos que cuestan entre 30 y 100 BOB/persona, además de opciones para comer relativamente sofisticadas (pizza y comida vegetariana).

En la Isla de la Luna hay tres albergues en la población principal, en el lado este de la isla, con habitaciones sencillísimas (20-

25 BOB/persona). La comida cuesta 25-30 BOB. Conviene comparar. El hotel en el turístico muelle oriental cuesta 20 BOB/persona, pero uno se pierde el estar en la comunidad principal.

Si se prefiere acampar conviene pedir permiso a las autoridades locales y hacerlo lejos de los pueblos, evitando las tierras de cultivo (debe ofrecerse un pago de 10 BOB).

❶ Cómo llegar y desplazarse

BARCO

A la Isla de la Luna se llega en ferri desde Copacabana o Yampupata, o en un circuito guiado.

Los billetes se compran en los quioscos de la playa o en las agencias de Copacabana. Los barcos que van al extremo norte de la isla atracan en Cha'llapampa y los que van al extremo sur, en Pilko Kaina o en la Escalera del Inca (Yumani).

Las lanchas embarcan en la playa de Copacabana a las 8.30 y 13.30 a diario. Según la estación o la compañía, dejan donde se elija, en el norte o sur de la isla (hay que preguntar en la agencia). Los viajes de vuelta salen de Yampupata a las 10.30 y 15.30 (ida 20 BOB) y de Cha'llapampa a las 13.30 (20 BOB).

La mayoría de los viajes de un día van al norte, hasta Cha'llapampa (2-2½ h). Los barcos solo fondean 1½ h, tiempo suficiente para ver las ruinas de Chincana y regresar para subir al barco de las 13.00 a la Escalera del Inca y Pilko Kaina en el sur de la isla, donde se pasan 2 h antes de zarpar hacia Copacabana.

Las excursiones de medio día suelen ir solo al sur de la Isla del Sol y no dan más que 1 h para explorar antes de embarcar de vuelta. Solo da tiempo a subir la hermosa Escalera del Inca (Yumani) y volver.

Los viajeros que deseen cruzar a pie la isla pueden desembarcar en Cha'llapampa por la mañana y dirigirse al sur hasta la Escalera del Inca para tomar el barco de regreso.

También se puede pernoctar o estar más tiempo en la isla (muy recomendado) y comprar un billete de ida a Copacabana en cualquiera de las compañías de barcos.

Cuzco
y el Valle Sagrado

Los mejores restaurantes

➡ Cicciolina (p. 230)

➡ La Bodega 138 (p. 230)

➡ Huacatay (p. 248)

➡ Indio Feliz (p. 258)

➡ Marcelo Batata (p. 230)

Los mejores alojamientos

➡ Machu Picchu Pueblo Hotel (p. 257)

➡ Apu Lodge (p. 253)

➡ Ecopackers (p. 222)

➡ Niños Hotel (p. 223)

➡ Inkaterra La Casona (p. 225)

Por qué ir

Para los incas, era el ombligo del mundo. Visitar Cuzco es revivir el reino cósmico de la antigua cultura andina abatida y fusionada con el esplendor colonial español, y ahora convertida en tan solo una próspera meca para turistas. Pero Cuzco es solo la puerta que conduce al Valle Sagrado, a la campiña andina salpicada de pueblos, a las aldeas y ruinas de las alturas conectadas por caminos y vías férreas al mayor reclamo del continente: Machu Picchu.

Aquí se conservan las costumbres. Las telas de colores mantienen vivo el pasado, así como las fiestas salvajes y los carnavales donde se mezclan las tradiciones paganas con los solemnes rituales católicos. El imponente paisaje abarca desde los picos andinos a los bosques nubosos llenos de orquídeas y las tierras bajas amazónicas. Puede explorarse a pie, en bicicleta de montaña, haciendo *rafting* por el río o atreviéndose con los autobuses locales para llegar hasta los rincones más remotos de este departamento recóndito y lleno de cultura.

Cuándo ir
Cuzco

Jun-ago Temporada alta turística, eventos y fiestas, días soleados y noches frías.

Finales jun Celebración del solsticio en la Inti Raymi, la mayor festividad del año.

Sep-oct Temporada media turística, con menos gentío en Machu Picchu.

CUZCO

📞 084 / 427 000 HAB. / ALT. 3326 M

La cosmopolita capital inca (también llamada Cusco o Qosq'o en quechua) prospera inmersa en contradicciones. Ricas catedrales se elevan sobre templos incas, masajistas ambulantes abarrotan las callejuelas adoquinadas, una mujer con traje regional y bombín ofrece agua embotellada a una llama doméstica, mientras en las tiendas más elegantes se pregonan prendas de alpaca por pequeñas fortunas. Hoy en día, la ciudad principal del Imperio inca es la capital arqueológica indiscutible de América, así como la ciudad más

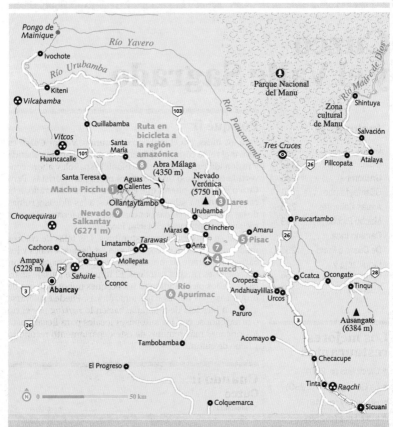

Imprescindible

1 Empaparse de la majestuosidad de **Machu Picchu** (p. 259).

2 Sumergirse en el frenesí de un **festival** (p. 221) tradicional.

3 Emprender la **caminata a Lares** (p. 215) por pueblos tradicionales y cultivos en bancales.

4 Explorar las callejas y tiendas del bohemio **San Blas** (p. 212).

5 Pasear entre las antiguas ruinas del impresionante **Valle Sagrado** (p. 242).

6 Enfrentarse a los salvajes ríos Apurímac o Tampobata haciendo **'rafting'** (p. 216).

7 Cenar alta cocina o cuy (cobaya): los **restaurantes**

de Cuzco (p. 229) son para todos los gustos.

8 Descender en **bicicleta de montaña** (p. 218) desde el Altiplano andino hasta el Amazonas.

9 Ascender desde el trópico hasta Machu Picchu por la ruta **Salkantay** (p. 47)

antigua del continente habitada sin interrupción. Son pocos los visitantes que se saltan este destino clave, puerta a Machu Picchu.

Al llegar a Cuzco, enseguida se percibe su rico valor patrimonial. Con el ajetreo propio del s. XXI, en ocasiones resulta algo desconcertante, como ver el KFC y el McDonalds tras unos muros incas. El aumento de los alquileres en la plaza de Armas y en el moderno San Blas empuja a los lugareños a vivir en las afueras. No cabe duda de que quienes llevan la voz cantante son los huéspedes extranjeros, pero es menester respetar la imagen actual de esta cultura puntal.

Historia

Según la leyenda, en el s. XII el primer inca (rey), Manco Cápac, buscó por orden del ancestral dios del Sol, Inti, un lugar donde pudiera hundir una vara de oro en el suelo por completo. En ese punto, considerado el ombligo (*qosq'o* en quechua) del mundo, fundó Cuzco, ciudad que se convertiría en la capital del imperio más grande de América.

La mayor expansión del Imperio inca se produjo cien años antes de la llegada de los conquistadores en 1532. Con el 9º Inca, Pachacutec, se saboreó por primera vez la conquista gracias a su inesperada victoria en 1438 frente a los chancas, el pueblo dominante. Esta primera expansión crearía el Imperio inca.

Pachacutec también demostró ser un sofisticado urbanista; a él se debe la famosa forma de puma de Cuzco y el desvío de los ríos para que cruzaran la ciudad. Construyó grandes edificios, incluyendo el famoso templo Qorikancha y un palacio en la actual plaza de Armas. Entre otros monumentos erigidos en honor a las victorias incas están Sacsayhuamán, el templo-fortaleza de Ollantaytambo y puede que incluso Machu Picchu.

La expansión siguió hasta la llegada de los españoles; entonces el Imperio abarcaba desde Quito (Ecuador) hasta la zona al sur de Santiago de Chile. Poco antes de la conquista, Huayna Cápac lo había dividido entre sus dos hijos: el norte lo cedió a Atahualpa y la zona meridional, con Cuzco, se lo dio a Huáscar. La herencia desencadenó una lucha fratricida. Huáscar, cuzqueño de pura cepa, contaba con el apoyo del pueblo, pero Atahualpa gozaba del respaldo del ejército norteño, curtido por la lucha. A principios de 1532 ganó una ba-

CUZCO Y EL VALLE SAGRADO EN...

Dos días

El primer día comienza tomando un zumo en el mercado San Pedro (p. 235) y se visita alguno de los numerosos museos de la ciudad. Se recomienda el Museo del Quijote (p. 215) y el Museo Histórico Regional (p. 211) por sus excelentes obras; el Museo de Arte Popular (p. 212) por sus obras de arte popular cuzqueño; y el Museo Inka (p. 210) por sus piezas prehispánicas. Tras almorzar, véanse las impresionantes reliquias de Qorikancha (p. 212) y La Catedral (p. 205) obra de los incas y de los conquistadores españoles respectivamente. A las 18.45 no hay que perderse el espectáculo musical y de baile en el Centro Qosqo de Arte Nativo (p. 234). Al día siguiente, habrá que levantarse temprano para tomar el tren a Machu Picchu (p. 259), el yacimiento más famoso de Perú.

Cuatro días

El primer día se organiza como en el itinerario de dos días. El segundo día, tras disfrutar de un buen desayuno, se explora Sacsayhuamán (p. 241) por la mañana. Luego se toma un autobús hasta el antiguo Ollantaytambo (p. 251) y se pasa la tarde pasenado por las ruinas que coronan la ciudad. A primera hora de la mañana siguiente se toma un tren a Aguas Calientes (p. 255) y después un autobús a Machu Picchu (p. 259). Inviértase el día en pasear por esta magnífica ciudadela inca; para conocerla a fondo contrátese un guía. De retorno a Ollantaytambo, queda tiempo para tomar el autobús local e ir a **Salinas** (p. 249) de regreso a Cuzco.

Una semana

El primer día se organiza como en el itinerario de dos días. El segundo día se hace un **circuito a pie** (p. 217) por el artesanal San Blas hasta la fortaleza de **Sacsayhuamán.** En un autobús local se va a los yacimientos de **Q'enqo, Pukapukara** y **Tambomachay.** El resto se dedica al senderismo por la bella y accidentada **ruta Salkantay** a **Machu Picchu.**

ℹ️ ACLIMATACIÓN

Si se procede de zonas más bajas es posible sufrir mal de altura. Los primeros días hay que tomárselo con calma, o empezar por el Valle Sagrado, de menor altitud.

talla clave y capturó a Huáscar a las afueras de Cuzco.

Mientras tanto, Francisco Pizarro desembarcaba en el norte de Perú y marchaba hacia el sur. Atahualpa había estado demasiado absorto en la guerra civil para preocuparse por un puñado de extranjeros, pero en 1532 se concertó un fatídico encuentro con los españoles en Cajamarca. Este hecho cambiaría de forma radical el curso de la historia de Sudamérica. Unas cuantas docenas de conquistadores tendieron una emboscada a Atahualpa, lo apresaron, mataron a miles de nativos y sometieron a otros tantos.

En un intento por recobrar su libertad, el soberano inca ofreció un rescate consistente en una cámara repleta de oro y dos de plata, que incluía el oro de los muros del templo de Qorikancha. Pero, tras retenerlo preso durante meses, Pizarro lo asesinó y emprendió de inmediato la marcha hacia Cuzco. La caballería española, protegida por sus armaduras y sus espadas de acero, era sin duda imparable.

Pizarro entró en Cuzco el 8 de noviembre de 1533. Para entonces ya había colocado a Manco, hermanastro de Huáscar y Atahualpa, como nuevo dirigente títere. Pero tras unos años de obediencia, este se rebeló. En 1536, Manco Inca se dispuso a expulsar a los españoles de su Imperio y sitió Cuzco con un ejército de más de cien mil soldados. De hecho, los españoles se salvaron de la aniquilación total gracias a una última y desesperada batalla en Sacsayhuamán.

Tras su derrota, Manco Inca se retiró a Ollantaytambo y luego a la selva de Vilcabamba. Después de recuperar Cuzco, saquearla y establecerse de nuevo en ella, los españoles centraron su atención en Lima, la recién fundada capital colonial. Y así decayó la importancia de Cuzco, que acabó por convertirse en otra estancada población colonial. Se la despojó de todo su oro y plata, y se derribaron muchos edificios incas para dar cabida a iglesias y casas coloniales.

Los españoles escribieron crónicas sobre Cuzco, como la historia inca contada por los mismos protagonistas. La más famosa son los *Comentarios reales de los incas*, escrita por el Inca Garcilaso de la Vega, hijo de una princesa inca y de un capitán militar español.

⊙ Puntos de interés

La ciudad es extensa, pero las zonas de interés quedan cerca entre sí como para recorrerlas a pie, con alguna que otra cuesta empinada. El centro de la urbe es la plaza de Armas, y la cercana y embotellada av. El Sol es la principal calle comercial. Unas manzanas al norte y al este de la plaza, se llega a unas empinadas calles adoquinadas y sinuosas, que el paso de los siglos apenas ha cambiado. Las zonas llanas al sur y al oeste forman el centro comercial.

El callejón que sale del lado noroeste de la plaza se llama Procuradores, pero se apoda "callejón del gringo" por sus restaurantes turísticos, agencias y demás servicios dirigidos a extranjeros; hay que resguardarse de los vendedores a la caza de clientes. Junto a la catedral, en la misma plaza, la estrecha calle Triunfo asciende abrupta hacia la plaza San Blas, corazón del ecléctico barrio artístico cuzqueño.

Con el resurgir del orgullo indígena, los nombres de muchas calles se indican con su nueva denominación en quechua, aunque la gente suele usar los nombres españoles. El ejemplo más notable es el de la calle Triunfo, que hoy se llama Sunturwasi.

En los lugares turísticos hay guías independientes que hablan varios idiomas. Si se desea hacer circuitos más amplios en grandes puntos de interés, como Qorikancha o la catedral, se aconseja acordar un precio justo por adelantado. Por otro lado, la propina mínima por un circuito breve es de 5 PEN/persona en grupos pequeños, y un poco más por uno individual.

Los horarios comerciales son muy irregulares y cambian por cualquier motivo, desde las fiestas religiosas de guardar hasta las escapadas del encargado para tomarse unas cervezas con sus amigos. Un buen momento para visitar las iglesias coloniales, conservadas en perfecto estado, es a primera hora de la mañana (de 6.00 a 8.00), cuando abren para oficiar misa. En teoría, a esas horas están cerradas a los turistas, pero se pueden ver si uno entra en silencio y se comporta de forma respetuosa como un miembro más de la congregación. No se permite fotografiar con flash en iglesias ni museos.

Centro de Cuzco

Plaza de Armas PLAZA

(plano p. 206) En tiempos de los incas, esta plaza, llamada Huacaypata o Aucaypata, era el corazón de la capital. Hoy es el centro neurálgico de la ciudad moderna. Suelen ondear dos banderas: la rojiblanca peruana y la multicolor de Tahuantinsuyo, que representa las cuatro regiones del Imperio inca, aunque suele confundirse con el estandarte internacional gay.

Unos soportales coloniales rodean la plaza, que antaño era el doble de grande, pues comprendía la actual plaza Regocijo. En su lado nororiental se alza la imponente catedral, precedida por un largo tramo de escaleras y flanqueada por las iglesias de Jesús María y El Triunfo. En el lado sureste está la iglesia de la Compañía de Jesús, que destaca por su ornamentación. El tranquilo callejón peatonal de Loreto, con sus muros incas, es una vía histórica de acceso a la plaza.

Merece la pena visitarla al menos dos veces, de día y de noche, pues cuando se ilumina cambia por completo.

Catedral de Cuzco IGLESIA

(plano p. 206; plaza de Armas; entrada 25 PEN; ⊗10.00-17.45) Se construyó sobre el palacio de Viracocha Inca y se utilizaron bloques de piedra robados del cercano yacimiento de Sacsayhuamán. Iniciada en 1559, se tardó casi un siglo en erigirla. A su derecha se le une la iglesia del Triunfo (1536) y a su izquierda se alza la iglesia de Jesús María (1733).

El Triunfo, la iglesia más antigua de Cuzco, alberga una bóveda con los restos del famoso cronista Inca Garcilaso de la Vega, que nació en Cuzco en 1539 y murió en Córdoba (España), en 1616. El rey Juan Carlos I devolvió parte de sus restos a la ciudad en 1978.

La catedral es uno de los mayores exponentes del arte colonial de Cuzco, sobre todo de obras de la escuela cuzqueña, célebre por su combinación de los estilos pictóricos religiosos europeos del siglo XVII y la paleta e iconografía de los artistas indígenas andinos. Un ejemplo clásico de ello es el cuadro de la Virgen María luciendo una falda en forma de montaña, con un río que recorre el dobladillo. Dicho retrato la identifica con la Pachamama ("la madre tierra").

Uno de los cuadros más famosos de la escuela cuzqueña es *La última cena,* del artista quechua Marcos Zapata. Situada en el ángulo noreste del templo, representa una de las escenas más solemnes de la fe cristiana, pero adornada con un pequeño banquete de pitanzas andinas ceremoniales; el rollizo y jugoso cuy asado, boca arriba, acapara la atención.

También merece la pena ver el cuadro más antiguo de Cuzco, que muestra la ciudad durante el gran terremoto de 1650. Los cuzqueños desfilan en torno a la plaza con un crucifijo, rezando para que pare el temblor, lo que, milagrosamente, pasó. Este precioso crucifijo, llamado El Señor de los Temblores, aún puede verse en la hornacina a la derecha de la puerta que da a Triunfo. Cada Lunes Santo se lleva en procesión y los fieles le arrojan flores de *ñucchu* (salvia escarlata) que, como gotas de sangre, recuerdan las heridas de Cristo. Las flores dejan una resina pegajosa que atrapa el humo de los cirios votivos encendidos a los pies de la estatua: por eso hoy el Cristo es negro. Se dice que bajo el faldón es de un blanco inmaculado.

La sacristía está llena de cuadros de los obispos de Cuzco, entre ellos el de Vicente de Valverde, el fraile que acompañó a Pizarro en la conquista. *La Crucifixión,* al fondo de esta sala, se atribuye al pintor flamenco Anton van Dyck, aunque según ciertos guías es obra del español del s. XVII Alonso Cano. El altar original de madera está al fondo de la catedral, tras el altar de plata, y frente a ambos se halla el magnífico coro tallado, que data del s. XVII. También hay capillas laterales adornadas con oro y plata e historiados altares y plataformas que contrastan con la austera mampostería del templo.

Las enormes puertas principales están abiertas a los fieles de 6.00 a 10.00. Las festividades religiosas brindan una ocasión única para visitarla. Por ejemplo, durante la fiesta del Corpus Christi se llena de imponentes estatuas de santos y miles de velas, con bandas de música que los honran con melodías andinas.

Iglesia de La Compañía de Jesús IGLESIA

(plano p. 206; plaza de Armas; entrada 15 PEN; ⊗9.00-11.30 y 13.00-17.30) Se construyó sobre el palacio de Huayna Cápac, el último Inca que gobernó un imperio unido e invicto.

Erigida por los jesuitas en 1571, fue reconstruida tras el terremoto de 1650. Los jesuitas pretendían que fuera la iglesia más suntuosa de Cuzco. Pero el arzobispo apuntó que su esplendor no podía hacer sombra a la catedral. La disputa llegó a tal punto que el papa Pablo III tuvo que mediar, y decidió en

Centro de Cuzco

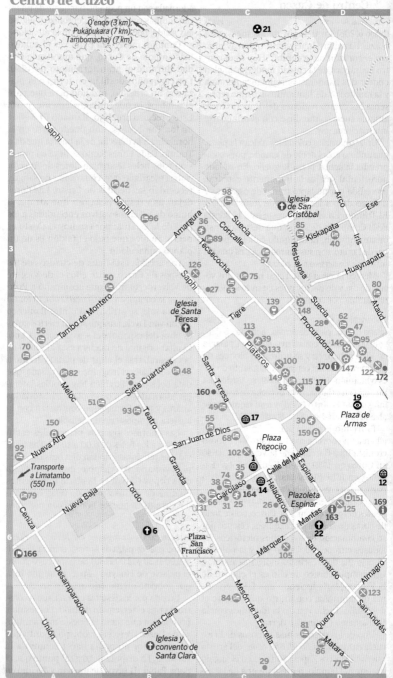

Q'enqo (3 km);
Pukapukara (7 km);
Tambomachay (7 km)

21

Saphi

42

96

Iglesia
de San
Cristóbal

85

Kiskapata
40

98

Suecia

Amargura

Coricalle

36

89

Tecsecocha

57

Resbalosa

Arco

Ese

Iris

Huaynapata

126

75

63

27

50

Saphi

Iglesia
de Santa
Teresa

Tigre

139

148

80

Ataúd

62

47

95

146

144

122

172

28

Procuradores

Suecia

113

39

133

100

170

147

Plateros

149

53

115

171

56

70

Tambo de Montero

82

33

48

Siete Cuartones

160

Santa Teresa

19
Plaza de
Armas

Meloc

51

93

49

55

30

159

150

Nueva Alta

Teatro

San Juan de Dios

68

102

Plaza
Regocijo

Calle del Medio

17

92

12

79

Nueva Baja

Granada

Tordo

1

35

74

38

164

14

31

25

26

Heladeros

Espinar

Plazoleta
Espinar

151

125

169

163

66

131

154

22

Mantas

Transporte
a Limatambo
(550 m)

6

Plaza
San
Francisco

Márquez

105

San Bernardo

Almagro

166

Desamparados

Unión

Santa Clara

84

Mesón de la Estrella

123

San Andrés

81

Quera

Matara

86

77

Iglesia y
convento de
Santa Clara

29

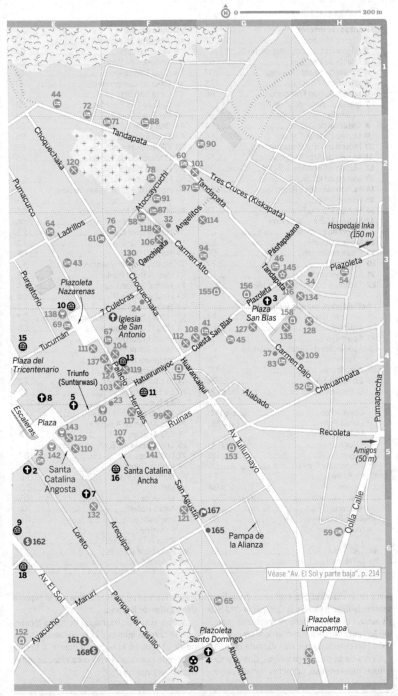

Véase "Av. El Sol y parte baja", p. 214

CUZCO Y EL VALLE SAGRADO

Centro de Cuzco

favor de la catedral. Sin embargo, cuando su sentencia llegó a Cuzco, la Compañía de Jesús ya estaba casi terminada, y lucía una increíble fachada barroca y el mayor altar de Perú, todo ello coronado por una elevada cúpula.

Cerca de la puerta principal, dos grandes lienzos muestran las primeras bodas cuzqueñas; merece la pena admirarlos por la riqueza de detalles de la época.

Varios estudiantes hacen de guías locales y muestran la iglesia y la espectacular vista desde el coro en la segunda planta, a la que se accede por unas viejas escaleras. Se agradecen las propinas.

Choco Museo MUSEO
(plano p. 206; ☎084-24-4765; www.chocomuseo.com; Garcilaso 210; ◉10.30-18.30; 🏫 GRATIS Los aromas de burbujeante chocolate cautivan nada más entrar. Aunque el museo es bastante soso, lo mejor de esta iniciativa de propiedad francesa son los talleres de elaboración de chocolate ecológico (70 PEN/per-

sona). Otro aliciente es la *fondue* o una taza de chocolate caliente de comercio justo. Se organizan circuitos a una fábrica chocolatera cerca de Santa María. Apto para niños.

Museo de Arte Precolombino MUSEO
(plano p. 206; ☎084-23-3210; www.map.museolarco.org; plazoleta Nazarenas 231; entrada 20 PEN;

LA ASTRONOMÍA Y LOS ANTIGUOS

Los incas fueron el único pueblo del mundo que describió no solo las constelaciones luminosas sino también las oscuras. Se tomaban la astrología muy en serio: algunas de las calles principales de Cuzco, por su diseño, se alínean con las estrellas en ciertas épocas del año. Entender su interés es una forma amena de conocer su cosmovisión. Se recomienda visitar el Planetarium Cuzco (☏974-782-692; www.planetariumcusco. com; ctra Sacsayhuamán km 2; 50 PEN/persona) antes de ir de excursión nocturna para observar el cielo por cuenta propia. ¡Y lo bien que queda uno al reconocer la Llama Negra! Imprescindible reservar. El precio incluye el transporte desde la plaza Regocijo.

⊙9.00-22.00) Ocupa una mansión colonial española con un patio de ceremonias inca y, gracias a un excelente comisariado, recoge una colección variada aunque pequeña de piezas arqueológicas procedentes de los almacenes del Museo Larco de Lima. Los objetos, que datan de entre 1250 a.C. a 1532 d.C., muestran logros artísticos y culturales de muchas culturas peruanas antiguas, con textos explicativos. Entre las más destacadas se cuentan las galerías de cerámica multicolor nazca y mochica, los queros (vasos ceremoniales incas de madera) y deslumbrantes e historiadas joyas de oro y plata.

Museo Inka   MUSEO

(plano p. 206; ☏084-23-7380; Cuesta del Almirante 103; entrada 10 PEN; ⊙8.00-18.00 lu-vi, 9.00-16.00 sa) Situado una calle empinada al noreste de la plaza de Armas, este encantador y modesto museo es el mejor si interesa la cultura inca. Su interior restaurado está lleno de piezas de oro y metal, joyas, cerámica, tejidos y momias. Reúne la mayor colección de queros y la información interpretativa es excelente.

El edificio que lo alberga descansa sobre cimientos incas y se conoce como la Casa del Almirante, en honor a su primer propietario, el almirante Francisco Aldrete Maldonado. Muy afectado por el terremoto de 1650, fue reconstruido por Pedro Peralta de los Ríos, conde de Laguna, cuyo emblema se halla encima del porche. En 1950 sufrió los daños de otro terremoto, pero hoy está totalmente res-

taurado y ha recobrado su posición entre las casas coloniales más bellas de Cuzco. Obsérvese su enorme escalera y sus dos esculturas de criaturas míticas, así como la columna en la ventana esquinera, que desde dentro parece la figura de un hombre barbado y desde fuera una mujer desnuda. Los techos están profusamente ornamentados y las ventanas brindan buenas vistas de la plaza de Armas.

Abajo, en el soleado patio, las tejedoras del Altiplano andino exhiben su arte y venden telas tradicionales.

Museo de Historia Natural   MUSEO

(plano p. 206; plaza de Armas; entrada 3 PEN; ⊙9.00-17.00 lu-vi) Gestionado por la universidad, alberga una variopinta colección de animales de la zona disecados y más de 150 serpientes del Amazonas. La entrada está en una bocacalle de la plaza de Armas, a la derecha de la iglesia de la Compañía de Jesús.

Iglesia y monasterio
de Santa Catalina   IGLESIA

(plano p. 206; Arequipa s/n; entrada 8 PEN; ⊙8.30-17.30 lu-sa) El convento atesora muchas pinturas coloniales de la escuela cuzqueña, así como una impresionante colección de vestiduras y otros elaborados bordados. En la capilla barroca adyacente se observan espectaculares frisos y muchas figuras a tamaño real (algunas alarmantes) de monjas rezando, cosiendo o dedicándose a sus cosas. En el convento viven 13 monjas de clausura de carne y hueso.

Templo y Convento de La Merced   IGLESIA

(plano p. 206; ☏084-23-1821; Mantas 121; entrada 10 PEN; ⊙8.00-12.00 y 14.00-17.00 lu-sa, claustro 8.00-11.00) La tercera iglesia colonial más importante de Cuzco fue destruida por el terremoto de 1650, pero pronto se reconstruyó. A su izquierda, al fondo de un pequeño patio, se halla la entrada al monasterio y el museo. Los cuadros sobre la vida de San Pedro Nolasco, que fundó la orden de La Merced en Barcelona en 1218, cuelgan de las paredes de su hermoso claustro colonial.

La iglesia, situada en el extremo más alejado del claustro, contiene las tumbas de dos conquistadores famosos: Diego de Almagro y Gonzalo Pizarro (hermano de Francisco). Esta parte del claustro alberga asimismo un museo religioso donde se exponen vestiduras que, al parecer, pertenecieron al fraile y conquistador Vicente de Valverde. Pero la pieza más famosa es una custodia de oro macizo e incalculable valor de 1,2 m de altura, cubierta de rubíes, esmeraldas y, como poco, 1500 diamantes y 600 perlas. Si la sala que la alberga está cerrada, se puede pedir que la abran para verla.

Museo de la Coca
MUSEO

(plano p. 206; ☎084-50-1020; museodelacoca@hotmail.com; Palacios 122; entrada 10 PEN; ⊙9.00-18.00) Maravilloso museo que repasa los usos de la hoja de coca, desde los rituales sagrados a su lado más traicionero. Se recomienda dar propina en las visitas guiadas. Una muy buena introducción a la cultura andina.

Museo Machu Picchu
MUSEO

(Casa Concha; plano p. 206; ☎084-25-5535; Santa Catalina Ancha 320; adultos/niños 20/10 PEN; ⊙8.00-17.00 lu-vi, 9.00-17.00 sa) Este nuevo museo expone 360 piezas de Machu Picchu devueltas por la Universidad de Yale, incluyendo líticos, metales, cerámicas y huesos; todo ello en un precioso edificio colonial restaurado que perteneció a un aristócrata durante la conquista.

Museo Histórico Regional
MUSEO

(plano p. 206; Garcilaso esq. Heladeros; adultos/estudiantes menores de 26 años con carné ISIC 130/70 PEN; ⊙8.00-17.00 ma-do) Ecléctico museo situado en la Casa Garcilaso de la Vega, residencia del cronista hispanoinca. La colección se exhibe en orden cronológico: empieza con varias puntas de flecha del período precerámico y sigue con piezas de cerámica y joyería de las culturas huari, pucará e inca. También se expone una momia nazca, unos cuantos tapices incas, varios adornos pequeños de oro y una maqueta a escala algo siniestra de la plaza de Armas. La grande y práctica tabla del patio esboza la cronología y los personajes de la escuela cuzqueña. Solo se puede entrar con el boleto turístico, que da acceso a 16 instalaciones durante 10 días.

Museo Municipal de Arte Contemporáneo
MUSEO

(plano p. 206; plaza Regocijo; adultos/estudiantes menores de 26 años con carné ISIC 130/70 PEN; ⊙9.00-18.00 lu-sa) La pequeña colección de arte andino contemporáneo expuesta en el edificio municipal es para auténticos fans. El Museo del Quijote tiene una colección mucho mejor, con un abanico representativo de artistas peruanos contemporáneos e información que sitúa el arte en su contexto histórico. Solo se puede entrar con el boleto turístico, que da acceso a 16 instalaciones durante 10 días.

Iglesia de San Francisco
IGLESIA

(plano p. 206; plaza San Francisco; entrada museo 5 PEN; ⊙6.30-8.00 y 17.30-20.00 lu-sa, 6.30-12.00 y 18.30-20.00 do, museo 9.00-12.00 y 15.00-17.00 lu-vi, 9.00-12.00 sa) Esta iglesia, más austera que otras de sus hermanas cuzqueñas, data de los ss. XVI y XVII, y es una de las pocas que se salvó de la destrucción durante el terremoto de 1650. Tiene una gran colección de cuadros religiosos coloniales y un coro de cedro de talla soberbia.

El contiguo museo alberga el cuadro supuestamente más grande de Sudamérica, que mide 9 x 12 m y muestra el árbol genealógico de San Francisco de Asís, fundador de la or-

CUZCO Y EL VALLE SAGRADO PUNTOS DE INTERÉS

ⓘ BOLETO TURÍSTICO Y BOLETO RELIGIOSO

Para visitar casi todos los yacimientos de la región es necesario el boleto turístico (adultos/estudiantes menores de 26 años con carné ISIC 130/70 PEN) oficial de Cuzco, válido por 10 días. Da acceso, entre otros, a Sacsayhuamán, Q'enqo, Pukapukara, Tambomachay, Pisac, Ollantaytambo, Chinchero y Moray, así como a un espectáculo nocturno de danzas y música andina en el Centro Qosqo de Arte Nativo. Si bien algunos son un fiasco, es imposible visitar un yacimiento sin dicho carné.

Hay tres boletos parciales (adultos/estudiantes 70/35 PEN) para los yacimientos a las afueras de Cuzco, los museos cuzqueños y las ruinas del Valle Sagrado. Este último vale por dos días, los otros, por uno.

Pueden comprarse en Dircetur/Cosituc (☎084-261-465; www.boletoturisticocusco.net; Municipalidad, av. El Sol 103, despacho 102; ⊙8.00-18.00 lu-vi) o en los mismos yacimientos, menos el Centro Qosqo de Arte Nativo. Los estudiantes deben mostrar una identificación vigente.

El boleto religioso (adultos/estudiantes 50/25 PEN), con una validez de 10 días, permite visitar las iglesias de Cuzco, el Museo de Arte Religioso y el Museo del Quijote, con la exposición de arte contemporáneo más importante de la ciudad. Disponible en los lugares de interés.

❶ ENTRADAS AL MACHU PICCHU

Se recomienda comprar las entradas para Machu Picchu (p. 259) por avanzado en Cuzco, pues a menudo se agotan. Las agencias autorizadas para vender entradas como PeruRail, están listadas en la página web de Machu Picchu y en Dircetur (p. 237) en Cuzco.

den. También hay dos criptas de interés macabro, que no están totalmente enterradas, y contienen huesos humanos, algunos colocados con formas que recuerdan la naturaleza transitoria de la vida.

Museo de Arte Religioso   MUSEO
(plano p. 206; Hatunrumiyoc esq. Herrajes; entrada 10 PEN; ◷8.00-11.00 y 15.00-18.00 lu-sa) Los cimientos de este museo, en su origen el palacio de Inca Roca, se convirtieron en una majestuosa residencia colonial y después en el palacio del arzobispo. La hermosa mansión alberga hoy una colección de arte religioso importante por sus detalles de época, en especial por su visión de la interacción de los pueblos nativos con los conquistadores españoles.

Asimismo, se observan algunos techos y alicatados de estilo colonial pero no originales, puesto que se sustituyeron en la década de 1940.

◉ San Blas

Conocido como el barrio de los artistas, se halla en una empinada ladera junto al centro. Su arquitectura clásica, sus puertas azules y sus callejuelas sin coches lo han convertido en la atracción de moda, con abundantes restaurantes, bares y tiendas.

Iglesia de San Blas   IGLESIA
(plano p. 206; plaza San Blas; entrada 10 PEN; ◷10.00-18.00 lu-sa, 14.00-18.00 do) Esta sencilla **iglesia** de adobe es más bien pequeña, pero su altar mayor, de estilo barroco y revestido de pan de oro, es sorprendente. El púlpito, de exquisita talla y hecho en un solo tronco, se considera el ejemplo más bello de talla colonial en madera de América. Cuenta la leyenda que su creador fue un indígena aquejado de una enfermedad letal que, tras su milagrosa recuperación, dedicó su vida a tallar el púlpito para la iglesia. Se dice que su cráneo descansa en lo alto de la talla, pero en realidad nadie sabe con certeza ni la identidad de la calavera ni la del tallista.

◉ Avenida El Sol y parte baja

Museo de Arte Popular   MUSEO
(plano p. 206; av. El Sol 103; adultos/estudiantes menores de 26 años con carné ISIC 130/70 PEN; ◷9.00-18.00 lu-sa, 8.00-13.00 do) En este atractivo museo se exponen las piezas ganadoras del Concurso de Artes Plásticas Populares de Cuzco. Los artesanos y artistas de San Blas muestran su talento en todos los estilos, desde elitista hasta descarado; ofrece una perspectiva cómica de la vida diaria entre la pompa y la solemnidad de una cultura otrora imponente. Sus maquetas de cerámica a pequeña escala representan el ebrio libertinaje de las picanterías, la tortura en la silla del dentista, las matanzas del carnicero e incluso la práctica de la cesárea.

También se exponen fotografías de Cuzco de 1900 a 1950, muchas del célebre fotógrafo local Martín Chambi. Solo se puede entrar con el boleto turístico, que da acceso a 16 instalaciones durante 10 días.

Qorikancha   RUINAS
(plano p. 206; plazoleta Santo Domingo; entrada 10 PEN; ◷8.30-17.30 lu-sa, 14.00-17.00 do) Si solo se visita un yacimiento en Cuzco, que sean estas ruinas incas, cimientos de la iglesia colonial y el convento de Santo Domingo. En su día este fue el templo más rico del Imperio inca. Hoy solo se conserva su magnífica mampostería.

En tiempos de los incas, Qorikancha ("patio dorado") estaba literalmente cubierto de oro. Sus muros estaban forrados con unas 700 láminas de oro macizo, de 2 kg cada una. Tenía réplicas de maíz de oro y plata a tamaño natural, que se "plantaban" en rituales agrícolas ceremoniales. Se dice que también había tesoros de oro macizo, como altares, llamas y bebés, así como una réplica del Sol. Pero, al poco de llegar los primeros conquistadores, toda esta riqueza se saqueó y se fundió.

En el templo se celebraban otros ritos religiosos. Se dice que aquí se guardaron los cuerpos momificados de varios incas (reyes), que se sacaban a la luz del día a diario para rendirles ofrendas de comida y bebida, que luego se quemaban de forma ritual. Qorikancha fue también un observatorio desde el que los altos sacerdotes contemplaban la esfera celeste. Casi todo esto se deja a la imaginación del visitante, pero la mampostería que ha sobrevivido está a la altura de la mejor arquitectura inca del país. Un perfecto muro

ADVERTENCIA: LA VISIÓN SAGRADA EN VENTA

Puede que los ritos chamánicos sean propios del Amazonas, pero en Cuzco y el Valle Sagrado están muy solicitados. La fama de las propiedades psicodélicas del san Pedro y la ayahuasca han despertado la curiosidad de la gente y el interés de los que viajan en busca de esas experiencias. Son drogas muy fuertes y altamente tóxicas, por lo que no se recomienda tomarlas.

Y aun así, están por doquier. En Cuzco, muchos vendedores callejeros ofrecen el san Pedro con sus masajes; las ceremonias de ayahuasca se anuncian en los albergues. Si duda, es el viajero quien decide lo que le conviene y lo que no. Cabe subrayar que no se trata de fármacos recreativos. Un chamán de verdad conoce perfectamente lo que un profesional debe hacer, y además selecciona a los participantes. Una ceremonia puede requerir varios días de preparación, el ayuno y otros rituales.

Cuesta no mostrarse escéptico ante una experiencia espiritual confeccionada en serie. Muchos cuzqueños creen que convertir estos ritos en minas de oro es una burla. Con todo, participar en una 'ceremonia guiada' puede ser mucho más seguro que ingerir cualquier narcótico fuerte por libre, siempre y cuando se tenga confianza en el profesional que realice la práctica (algunas mujeres han sido agredidas cuando estaban narcotizadas). Evítense las propuestas informales. En los rituales serios suelen emplearse cuestionarios médicos. Es buena idea poder ver las ceremonias y preguntar a participantes anteriores por sus experiencias antes de apuntarse.

curvo de 6 m de altura se ve desde dentro y desde fuera; ha soportado los violentos terremotos que destruyeron casi todos los edificios coloniales de Cuzco.

Una vez dentro del recinto, se entra en un patio en cuyo centro hay una fuente octogonal originalmente recubierta por 55 kg de oro macizo. A ambos lados del patio hay cámaras incas. Se cree que las mayores, a la derecha, eran los templos de la Luna y las estrellas, y estaban cubiertas con láminas de plata maciza. Con sus paredes ahusadas y sus nichos y entradas, son un excelente ejemplo de arquitectura trapezoidal inca. Los bloques encajan de modo tan preciso que, en algunos puntos, no se distingue dónde acaba uno y empieza otro.

Frente a estas cámaras, al otro lado del patio, hay pequeños templos dedicados a los truenos y el arcoíris. En los muros de dicha sección se tallaron tres agujeros que conectan con la calle y que los eruditos creen que eran desagües, ya fueran para la chicha (cerveza de maíz fermentada) o la sangre sacrificial, o para algo más mundano, como el agua de lluvia. Pero también pudieron ser tubos para comunicar mensajes desde el exterior al templo. Destaca también el suelo frente a las cámaras, que data de tiempos incas y está adoquinado con guijarros.

El templo se erigió a mediados del s. xv, durante el reinado del décimo inca, Túpac Yupanqui. Tras la conquista, Francisco Pizarro se lo dio a su hermano Juan, si bien este no lo disfrutó por mucho tiempo, pues pereció en la batalla de Sacsayhuamán, en 1536. En su testamento, legó Qorikancha a los dominicos, en cuyas manos reside desde entonces. El recinto actual es una curiosa combinación de arquitectura inca y colonial, coronada por un tejado de cristal y metal.

En la parte exterior del patio hay unas pinturas de la época colonial que explican la vida de santo Domingo, incluyendo varias representaciones de perros con antorchas en sus dientes. Son canes guardianes de Dios (*dominicanus* en latín), de ahí el nombre de la orden religiosa.

Iglesia de Santo Domingo   IGLESIA

(plano p. 206) GRATIS Se halla junto a Qorikancha. Es menos barroca que muchas otras iglesias cuzqueñas y destaca por sus cuadros de arcángeles representados como niños andinos en vaqueros y camisetas. El horario de abertura es muy irregular.

Museo de Sitio de Qorikancha   MUSEO

(plano p. 214; av. El Son s/n; adultos/estudiantes menores de 26 años con cané ISIC 130/70 PEN; ⊘9.00-18.00 lu-sa, 8.00-13.00 do) Desvencijado museo arqueológico, pequeño y subterráneo, con exposiciones apolilladas sobre las culturas inca y preincaica. Acceso por la av. El Sol.

Solo se puede entrar con el boleto turístico, que da acceso a 16 instalaciones durante 10 días.

Av. El Sol y parte baja

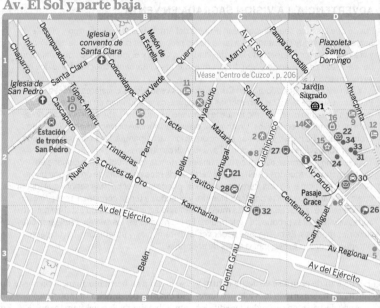

Véase "Centro de Cuzco", p. 206

Plazoleta Limacpampa

Estadio Universitario

Traveler's Clinic Cuzco (350 m);
hospital Regional (600 m);
Manu Expeditions (600 m)

Av de la Cultura

20

23

Av Tullumayo

Huayna Cápac

18

35 29

Av Garcilaso

Transportes
Siwar (650 m)

Av Huáscar

Manco Inca

3

Manco Cápac

7

AV El Sol

Monumento

Pachacutec

Fertur (500 m);
Inka Express (500 m);
terminal terrestre (500 m);
Turismo Mer (500 m);
El Molino (700 m); Journey
Experience (2 km);
aeropuerto (2 km)

17

4

Senderismo

El departamento de Cuzco es el paraíso de los excursionistas. En estas enormes cordilleras los ecosistemas van desde las selvas hasta los altos entornos alpinos. Puede que los senderistas den con aldeas aisladas y ruinas perdidas entre la maleza. Como la altitud varía mucho, es importante aclimatarse antes de emprender cualquier marcha.

Sin duda, la mayoría viene por el famoso Camino Inca a Machu Picchu, pero cuidado, porque no es el único "camino inca". Lo que los avispados representantes turísticos y agencias de circuitos han bautizado como el Camino Inca no es más que uno entre una docena de senderos que los incas construyeron para llegar a Machu Picchu, entre los miles que atravesaban el Imperio. Y hoy en día se están llevando a cabo excavaciones arqueológicas en varias de estas rutas selváticas. Se han desarrollado otros tantos para el turismo y son cada vez más los excursionistas que optan por recorrerlos.

La publicación *Alternative Inca Trails Information Packet* (Paquete de información sobre otros caminos incas), del South American Explorers (p. 237), ofrece información más detallada. Ya más cerca de Cuzco, varios operadores han desarrollado itinerarios de varios días por el Valle Sagrado que se apartan mucho de las rutas marcadas y llegan hasta aldeas y ruinas poco frecuentadas.

Otras rutas recomendadas son Lares y Ausangate y, por sus yacimientos arqueológicos, Choquequirao y Vilcabamba.

Galería-Museo de la Fundación Cultural del Banco de la Nación MUSEO

(plano p. 206; www.fundaciondelanacion.com; Almagro s/n, Galería Banco de la Nación; 9.00-18.00 Mom-vi, 9.00-13.00 do) GRATIS También conocido como museo del Quijote, funciona en el interior del banco y expone una minuciosa y variada colección de pinturas y esculturas contemporáneas, desde lo popular hasta lo macabro. Ofrece información detallada sobre la historia del arte peruano del s. xx.

Actividades

En Cuzco hay montones de agencias de deportes al aire libre que proponen senderismo, *rafting*, bicicleta de montaña, alpinismo, paseos a caballo y parapente. La guerra de precios puede generar mal ambiente entre los lugareños, con guías mal pagados y vehículos abarrotados. Los circuitos más baratos suelen ser los más llenos. Como las nuevas agencias gozan de exenciones fiscales, las más económicas a menudo cambian de nombre y de sede. Conviene dejarse aconsejar por otros viajeros.

Nunca se puede recomendar una compañía al 100%, pero las enumeradas a continuación son establecimientos con muy buena reputación, que han recibido muchos comentarios positivos de los lectores.

GENIAL PARA NIÑOS: EL CHIQUITY CLUB

Este excelente centro de actividades infantiles (084-23-3344; www.chiqui tyclubcusco.com; Márquez 259; niños con padres 20 PEN; 9.00-13.00 y 15.00-19.00 lu-vi, hasta 20.00 sa) ofrece a las familias la oportunidad de relajarse. Creado por un profesor del método Waldorf, este espacio multifacético incluye áreas de juego cubiertas, una pared de escalada y una caja de arena con "fósiles". También hay una biblioteca, una sala de arte, teatro con disfraces y una mini discoteca con luces y divertidas melodías. La edad ideal es de 1 a 9 años. También ofrece servicios de canguro y equipos de actividades para llevar.

El mejor momento para ir de ruta por los Andes o el Amazonas es durante la estación seca, entre mayo y septiembre, más fría que las otras. Para las excursiones en temporada alta conviene reservar con meses de antelación, incluso un año para el Camino Inca. Durante los meses más húmedos, de enero a marzo, los caminos se convierten en lodazales por los que cuesta moverse y las vistas quedan ocultas bajo un manto de nubes. El Camino Inca se cierra durante todo febrero para ponerlo a punto. A causa de las fuertes lluvias se desaconseja emprender la excursión por la jungla alta a Vilcabamba si no es entre junio y agosto. Las temperaturas pueden descender por debajo de 0ºC durante todo el año en el resto de senderos situados a mayor altitud, y de vez en cuando llueve incluso en temporada seca.

En varios locales de la calle Plateros se pueden alquilar mochilas de marco interno, tiendas, sacos de dormir y hornillos por 21-45 PEN por objeto y día. Se recomienda revisar todo el equipo antes de alquilarlo para comprobar que es moderno, ligero y está en buenas condiciones.

También hay que llevarse pastillas potabilizadoras o un sistema de potabilización del agua. Una vez en ruta, no suele haber ningún lugar donde comprar comida, y en las pequeñas aldeas desde donde arrancan los senderos las existencias son limitadas, de modo que habrá que comprar por adelantado en Cuzco. Si se contrata una excursión con guía, es aconsejable llevar algo de efectivo para darle propina a él y a los arrieros. Unos 12 US$ diarios por senderista es la propina mínima para un guía, y a los arrieros suele dárseles una cantidad similar a dividir entre ellos.

★ **Apu's Peru** EXCURSIONISMO
(plano p. 214; ☎084-23-3691; www.apus-peru.com/es; Cuichipunco 366) Agencia recomendada para hacer el Camino Inca; ofrece también circuitos convencionales. Son responsables y populares entre los viajeros.

Eco Trek Peru EXCURSIONISMO
(☎084-24-7286; www.ecotrekperu.net) Expertos en senderismo.

X-Treme Tourbulencia EXCURSIONISMO
(plano p. 206; ☎084-22-4362; www.x-tremetourbulencia.com; Plateros 364) Esta recomendable agencia de Cuzco ofrece acceso multideportivo a Machu Picchu por Santa Teresa y por el Camino Inca alternativo por la selva.

Llama Path EXCURSIONISMO
(plano p. 206; ☎084-24-0822; www.llamapath.com; San Juan de Dios 250) Pequeña y agradable compañía de excursionismo con comentarios muy positivos de algunos viajeros.

Peru Treks EXCURSIONISMO
(plano p. 214; ☎084-22-2722; www.perutreks.com; av. Pardo 540) Ofrece circuitos a pie a Machu Picchu.

'Rafting'

En Perú no es una actividad regulada, de modo que cualquiera –literalmente– puede montar una empresa para ofrecer este servicio. Para colmo, la competencia agresiva ha hecho que muchos operadores baratos descuiden la seguridad. Todo esfuerzo es poco para advertir el grado de riesgo: se producen accidentes mortales cada año. Las empresas que aceptan reservas por adelantado en línea suelen tener más en cuenta la seguridad (y ser más caras) que las que operan frente a los escaparates de Cuzco.

Al elegir una, por prudencia, es mejor preguntar sobre el equipo de seguridad, la formación del instructor y la calidad del material usado (por ejemplo, la antigüedad de las barcas), así como saber qué piensan otros viajeros. Cuidado con las agencias nuevas sin referencias conocidas.

Las siguientes empresas de *rafting* tienen la mejor reputación en cuanto a seguridad.

En cuanto a la ubicación, hay muchos ríos para elegir.

Hacer *rafting* por el **río Urubamba** a través del Valle Sagrado podría ser la mejor excursión de este tipo de Sudamérica, pero Cuzco y todas las aldeas que hay a su paso disponen del río como una vía de alcantarillado sin tratar, lo que convierte el trayecto en un maloliente y contaminado viaje. Esto va en serio: que el viajero cierre la boca si se cae al agua.

Pero, pese a su repugnante aspecto, la sección de Ollantaytambo a Chilca (nivel II a III) es muy popular y ofrece 1½ h de suave descenso por el río con solo dos rápidos destacados. Otros tramos afectados por la contaminación son el de Huarán y el de Huambutio a Pisac.

Existen varios tramos más limpios al sur de Cuzco, en la parte superior del Urubamba (también llamado Vilcanota), como el popular trecho de **Chuquicahuana** (nivel III a IV+; nivel V+ en temporada de lluvias). Otro tramo menos frenético es el divertido y pintoresco de **Cusipata a Quiquihana** (principalmente nivel II a III). En la temporada de

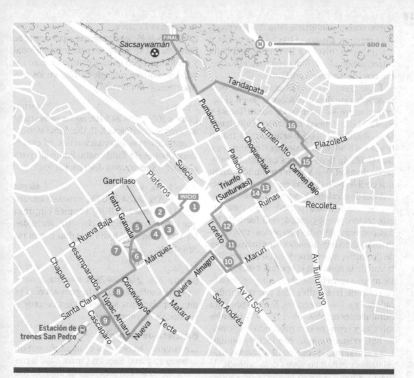

Circuito a pie
Cuzco

INICIO PLAZA DE ARMAS
FINAL SACSAYHUAMÁN
DISTANCIA 4 KM
DURACIÓN 3 H CON PARADAS

Se empieza por la **1 plaza de Armas** (p. 205), luego se pasea por la calle del Medio y la **2 Plaza Regocijo**. A la izquierda, un hermoso **3 edificio** alberga restaurantes y tiendas. Se sube por la calle Garcilaso, para ver el **4 Museo Histórico Regional** (p. 211), antaño casa de Garcilaso de la Vega. Entre las mansiones coloniales destaca el **5 Hotel Los Marqueses** (p. 225).

Los domingos, los lugareños se reúnen en la **6 plaza San Francisco**. Visítese **7 la iglesia y el Museo de San Francisco**. Pasada la arcada colonial se halla **8 la iglesia y el convento de Santa Clara**. Si está abierta, véanse los espejos, que en la época colonial se usaban para atraer a los indígenas.

Detrás está el **9 mercado San Pedro** (p. 235). Se puede tomar un zumo y salir por la calle Nueva hasta la av. El Sol a la altura del **10 Palacio de Justicia**, un edificio blanco con un par de llamas en el jardín. Saliendo por Maruri, gírese a la izquierda por **11 Loreto**, una calle con muros incas a los lados. El del oeste pertenece a Amaruqancha (Patio de las Serpientes) y el oriental a Acllahuasi (Casa de las Escogidas), uno de los más antiguos de Cuzco. Tras la conquista se convirtió en parte del **12 convento de claurura de Santa Catalina**.

Volviendo a la plaza de Armas por Loreto, gírese a la derecha en Triunfo (Sunturwasi) hacia Hatunrumiyoc, otro callejón que toma el nombre de **13 la piedra de los 12 ángulos**. Forma parte del muro del palacio del 6º inca, Roca, convertido ahora en **14 Museo de Arte Religioso** (p. 212).

Hatunrumiyoc acaba en Choquechaca. Desde aquí hay un camino hasta la **15 plaza San Blas**, centro bohemio. Para ver los adoquinados, gírese a la izquierda por **16 Tandapata**. Los canales de riego incas bajan por escaleras y las rocas talladas adornan los muros del camino. Por último, se sube hasta Sacsayhuamán.

lluvias suelen combinarse estas dos secciones. Más cerca de Cuzco, el trecho de Pampa a Huambutio (nivel I a II) brinda una bella introducción al *rafting,* ideal para niños pequeños (de 3 años en adelante).

El río Santa Teresa es espectacular para practicar este deporte, sobre todo en el barranco entre los pueblos de Santa Teresa y Santa María y luego, corriente abajo, hasta Quillabamba. Una advertencia: el tramo desde los Baños termales de Cocalmayo a Santa María tiene rápidos casi ininterrumpidos de nivel IV a V en un profundo cañón inaccesible. Solo debería recorrerse con operadores de excelente reputación, como los expertos Cola de Mono (p. 268). Se advierte que este tramo, por seguridad, está fuera de las competencias de guías inexpertos (más baratos). Aquí no hay que ahorrar dinero. Antes de decidirse, no estaría de más recorrer otro tramo de la zona con el operador elegido.

De mayo a noviembre, el río Apurímac ofrece rutas de tres a diez días por profundos cañones y selvas protegidas. Este río presenta estimulantes rápidos (nivel IV y V) y paisajes salvajes y remotos con profundos cañones. Se han avistado cóndores e incluso pumas. Las excursiones de cuatro días son las más relajadas y evitan las zonas de acampada de mayor afluencia, pero la oferta de salidas de tres días es más amplia. Se acampa en playas de arena, cada vez más abarrotadas. Los mosquitos pueden resultar molestos. Lo ideal es que la agencia deje el campamento limpio y se guíe por una ética de impacto mínimo.

Una expedición aún más fuerte es la de 10-12 días por el exigente río Tambopata, que solo puede hacerse de mayo a octubre. Se empieza en los Andes, al norte del lago Titicaca, y se desciende por el corazón del Parque Nacional Bahuaja-Sonene hasta la jungla amazónica. Desde Cuzco hasta el punto de partida son dos días de automóvil. En los primeros días en el río hay rápidos que exigen cierto nivel de técnica (niveles III y IV) en el agreste paisaje andino, y el viaje acaba con un par de días de dulce navegación por la selva. Algunos viajeros atentos han visto tapires, capibaras, caimanes, nutrias gigantes y jaguares.

Los ríos lejos de Cuzco quedan a días de socorro en caso de enfermedad o accidente. Es importante realizar la reserva con una agencia de primera, con guías muy experimentados y con certificado de primeros auxilios y conocimientos de técnicas de rescate en aguas rápidas.

Amazonas Explorer   RAFTING
(☎084-25-2846; www.amazonas-explorer.com; av. Collasuyu 910, Miravalle) Agencia internacional y profesional con guías y equipo de gran calidad que ofrece rutas de *rafting* en los ríos Apurímac y Tambopata.

Apumayo   RAFTING
(plano p. 206; ☎084-24-6018; www.apumayo.com/ es; Jirón Ricardo Palma Ñ-11, Urb. Santa Mónica) Acepta reservas internacionales de excursiones por el río Tambopata. Equipada para atender a viajeros con discapacidades.

River Explorers   RAFTING
(plano p. 206; ☎084-26-0926; www.riverexplorers. com; Urb. Kennedy A, B-36) Popular empresa que ofrece todo tipo de circuitos, incluidas las excursiones de hasta seis días por el río Apurímac.

Mayuc   RAFTING
(plano p. 206; ☎084-24-2824; www.mayuc.com/ sp; Portal Confiturías 211) Esta gran agencia es muy popular entre los buscadores de gangas y eclipsa a la competencia.

Bicicleta de montaña

Los circuitos en bicicleta de montaña son un negocio en pleno auge en Cuzco, cuyo terreno es soberbio. Las bicicletas de alquiler son de baja calidad y en su mayoría rígidas (suspensión individual), aptas para las fuertes pendientes. Tampoco resulta fácil comprar una buena, ya sea nueva o de segunda mano, en Cuzco. Por tanto, si se es un ciclista de verdad, se recomienda llevar su propia bici. Luego se puede vender en Cuzco, lo cual es más que factible.

Los ciclistas veteranos pueden disfrutar de rutas asombrosas a las que se accede rápido y fácilmente con transporte público. Tómese el autobús a Pisac (hay que colocar la bici en el techo) y pídase al conductor que pare en Abra de Ccorao. Desde allí gírese a la derecha y regrésese a Cuzco por varios caminos para carros y senderos de vía única. A medio camino hay un parque de saltos construido por lugareños aficionados. Esta ruta se conoce como Yuncaypata, y tiene muchas variaciones. Pero al final, se vaya por donde se vaya, se acabará en la periferia meridional de Cuzco, desde donde se puede tomar un taxi para volver a casa.

Si se va hacia el otro lado del paso, a la izquierda de la carretera, se llega a un sendero rápido que atraviesa un estrecho valle; es difícil perderse. Conduce a la carretera de

Ccorao. Desde allí, continúese por la carretera a través de un tramo llano seguido de una serie de curvas. Cuando el valle se ensancha, gírese a la izquierda tras pasar una granja y desciéndase por una abrupta cuesta a la izquierda para seguir luego por el desafiante sendero de vía única que surca otro estrecho valle. Habrá que cruzar un río espeluznante y bajar por varias cuestas traicioneras, empinadas y accidentadas en el último trecho, que conducen hasta la aldea de Taray. Desde allí hay un tramo de 10 min por la orilla del río hasta Pisac, donde se puede tomar un autobús de vuelta a Cuzco.

Pueden hacerse salidas más largas, pero se necesitará un guía profesional y un vehículo de avituallamiento. La carretera parcialmente asfaltada que desciende desde Abra Málaga a Santa María, aunque no requiere de técnica, es recorrido obligado para todo ciclista y forma parte de la ruta alternativa del Camino Inca alternativo por la selva, que incluyen muchos operadores de Cuzco. El trayecto de Maras a Salinas supone una pequeña gran misión. Y el del valle de Lares ofrece un desafiante sendero de vía única, al que puede accederse desde Cuzco en un día largo. Si se va a Manu, en la cuenca del Amazonas, se puede interrumpir el largo viaje en autobús yendo en bici desde Tres Cruces a La Unión –espectacular y hermoso descenso–, o bien recorrer toda la ruta en bicicleta. Los operadores de viajes a Manu pueden encargarse del alquiler de la bici y de contratar a los guías. El descenso hasta el río Apurímac es toda una excursión, al igual que el viaje hasta el río Tambopata, que incluye un descenso de 3500 m en 5 h. Unos cuantos ciclistas se atreven con el viaje de más de 500 km hasta Puerto Maldonado. Se llega acalorado y empapado en sudor, pero es todo un reto.

Gravity Peru　CIRCUITOS DE AVENTURA
(plano p. 206; ☑084-22-8032; www.gravityperu. com; Santa Catalina Ancha 398) Este operador profesional, aliado del célebre Gravity Bolivia, es el único que ofrece bicicletas con doble suspensión para excursiones de un día. Su circuito *Back Door Machu Picchu* (entrada trasera a Machu Picchu) se ha convertido en una alternativa muy popular para acceder a las ruinas. Puede hacerse solo en bicicleta o combinando otras opciones de aventura. Muy recomendable.

Amazonas Explorer　CIRCUITOS DE AVENTURA
(☑084-25-2846; www.amazonas-explorer.com; av. Collasuyu 910, Miravalle) Ofrece excelentes aven-

turas de 2 a 10 días en bicicleta de montaña. Es excelente para familias, pues tiene bicis para niños.

Party Bike　CIRCUITOS DE AVENTURA
(plano p. 206; ☑084-24-0399; www.partybiketravel. com; Carmen Alto 246) Recomendada por los viajeros, ofrece descensos y rutas hasta el valle y por Cuzco.

Paseos a caballo

La mayoría de las agencias organizan paseos matutinos o vespertinos. Si no, se puede ir a pie hasta Sacsayhuamán, donde hay muchos ranchos y allí negociar lo que uno quiere. De todos modos, escójase con cuidado porque los caballos a veces están en un estado lamentable.

Las agencias más selectas ofrecen viajes de varios días a los alrededores de Limatambo. Hay varios ranchos de primera categoría con purasangres peruanos de paso muy bien entrenados en Urubamba.

Observación de aves

Los amantes de las aves deberían hacerse con un ejemplar de *Birds of the High Andes* (Aves del altiplano andino), de Jon Fjeldså y Niels Krabbe. Una de las mejores excursiones es la de Ollantaytambo a Santa Teresa o Quillabamba, pasando por Abra Málaga, que brinda todo un abanico de hábitats, desde los 4600 m hasta por debajo de los 1000 m. *The Birds of Machu Picchu* (Aves del Machu Picchu), de Barry Walker, es una buena guía local.

Otras Actividades

Para darse un capricho tras una larga excursión se puede acudir a un *spa* de los muchos que ofrecen masajes, como el Samana Spa (plano p. 206; ☑084-23-3721; www.samana-spa. com; Tecsecocha 536; ☺10.00-19.00 lu-sa). Atención: los masajes baratos solicitados en la calle pueden ser mucho más "íntimos" de lo esperado.

'Vía ferrata' y tirolina
en el Valle Sagrado　DEPORTES DE AVENTURAS
(☑974-360-269; www.naturavive.com; *via ferrata* o tirolina por persona 165 PEN, ambas 255 PEN) La *via ferrata* combina la escalada con escalones, agarraderos y puentes en una pared de roca vertical que permite admirar el imponente Valle Sagrado. Consiste en 300 m de ascensión vertical, un puente colgante que acelera el pulso, y 100 m de rápel. Esta actividad permite que novatos de la escalada en roca en relativa buena forma se diviertan con una

descarga de adrenalina. De su construcción y gestión se encargan escaladores y profesionales de la montaña. Su última novedad son unos refugios colgantes totalmente transparentes atornillados a una pared vertical donde se puede dormir o quedarse despierto.

A la tirolina se accede tras una caminata de 40 min. Las actividades duran de 3 h a 4 h. Incluye el transporte de Cuzco o Urubamba, la escalada y la comida.

Action Valley DEPORTES DE AVENTURA
(☑084-24-0835; www.actionvalley.com; ⊙9.00-17.00 do-vi, cerrado med ene-med feb) Una pesadilla para los acrófobos pero un sueño hecho realidad para niños y jóvenes. Ofrece *paintball* (77 PEN), escalada en una pared de 10 m (34 PEN), *puenting* de 122 m (253 PEN) y *puenting slingshot* (219 PEN). También se puede hacer parapente (216 PEN) desde el mirador de Racchi. El parque se encuentra a 11 km de Cuzco en la carretera de Poroy. Su oficina de reservas (plano p. 206; Santa Teresa 325) está en Cuzco.

🍴 Cursos

⭐ **Marcelo Batata** CURSO DE COCINA
(plano p. 206 www.cuzcodining.com; Palacio 135; curso 240 PEN; ⊙14.00) Si la cocina peruana causa furor, este curso de 4 h es imprescindible. La bien provista alacena contiene los deliciosos condimentos de la región, y la cocina ofrece un entorno agradable de trabajo. Incluye aperitivos, un sabroso pisco y un plato principal. El curso es también adecuado para vegetarianos.

CIRCUITOS EN TAXI

Altamente recomendable si no se dispone de mucho tiempo para ver los puntos de interés en las afueras de Cuzco. Si viajan dos o más personas sale muy bien de precio y permite tomarse el tiempo necesario (o no) para visitar las ruinas y los mercados. Desde Cuzco, un circuito por el Valle Sagrado, posiblemente incluyendo Pisac, Ollantaytambo, Chinchero, Maras y Moray, cuesta aproximadamente 180 PEN por vehículo; para el Valle Sur, con opción de ir a Tipón, Piquillacta y Raqchi, en torno a 270 PEN.

Virgin Estrella Taxi Tours (☑974-955-374, 973-195-551) es una opción fiable en Cuzco.

Circuitos

Se recomienda preguntar a otros viajeros por su experiencia con las agencias de viajes. Las hay que venden excursiones preparadas por otras agencias, cosa que suele llevar a errores. Si la agencia también vende ponchos, cambia dinero y ofrece conexión a internet, es probable que no organice los circuitos.

Los circuitos estándar suelen tener grupos grandes y mucha prisa. Entre las ofertas clásicas se cuenta un circuito de medio día por la ciudad y/o las ruinas cercanas, otra a los mercados dominicales de Pisac o Chinchero y un circuito de día entero al Valle Sagrado (p. ej.: Pisac, Ollantaytambo y Chinchero). Todas estas actividades pueden hacerse al ritmo del viajero en taxi o transporte público. También ofrecen caros circuitos a Machu Picchu que incluyen el transporte, la entrada al yacimiento arqueológico, un guía y comida. Puesto que solo se pasan unas pocas horas en las ruinas, es mejor y más barato contratar un guía directamente en Machu Picchu.

Manu Expeditions (p. 221) y Manu Nature Tours (p. 467) también se adentran en la selva.

⭐ **Journey Experience** CIRCUITOS DE AVENTURA
(JOEX; ☑084-24-5642; www.joextravel.com; av. Túpac Amaru V-2-A, Progreso) Agencia para hacer excursionismo y actividades culturales.

Antipode CIRCUITOS DE AVENTURA
(plano p. 206; ☑970-440-448; www.antipode-peru.com; Choquechaca 229) Solícita agencia francesa con circuitos clásicos, rutas de senderismo y propuestas de aventura en la zona.

Chaski Ventura CIRCUITOS CULTURALES
(plano p. 214; ☑084-23-3952; www.chaskiventura.com; Manco Cápac 517) 🌿 Pioneros del turismo alternativo, proponen itinerarios y guías de calidad, comprometidos con el desarrollo de la comunidad. Ofrecen paquetes de viajes a la selva, estancias en comunidades del Valle Sagrado y Machu Picchu.

Fertur CIRCUITOS
(☑084-22-1304; www.fertur-travel.com; Simon Bolívar F23) Consolidada agencia local fiable para vuelos y circuitos convencionales. Muy recomendada por los lectores. Sus oficinas se encuentran cerca de la terminal de autobuses.

Milla Turismo CIRCUITOS
(plano p. 214; ☑084-23-1710; www.millaturismo.com; av. Pardo 800) Operador clásico de confianza con servicio de agencia de viajes y circuitos privados con conductores expertos.

Respons CIRCUITOS CULTURALES
(plano p. 206; ☑084-23-3903; www.responsible
travelperu.com; Suyt'u Qhatu 777-B) Operador
ecosostenible de primera calidad, colabora en el desarrollo de las comunidades del
Valle Sagrado. Ofrece circuitos a una comunidad de tejedores cerca de Pisac. También
organizan circuitos sobre el café y el chocolate incluidos en el Camino Inca alternativo
por la selva.

SAS Travel CIRCUITOS
(plano p. 206; ☑084-24-9194; www.sastravelperu.
com; Garcilaso 270) Agencia de propietarios locales. Ofrece circuitos de lujo a Machu Picchu, senderismo por el Camino Inca, viajes
por la selva y circuitos por Cuzco. Aunque
la satisfacción de los viajeros suele ser alta,
hay quejas de la gran diferencia de precio
respecto a compañías similares más baratas.

SATO CIRCUITOS
(plano p. 214; ☑084-26-1505; www.southamerica
travelsonline.com; Matará 437, interior-G) Agencia
europea famosa que colabora con operadores
locales en sus propuestas de senderismo, excursionismo y *rafting;* especialista en ofertas
de última hora.

Turismo Caith CIRCUITOS CULTURALES
(☑084-23-3595; www.caith.org; Pasaje Santo Toribio N-4, Urb. Ucchullo Alto, Centro Yanapanakusun)
🍃 Líder en turismo en comunidades y en
viajes clásicos de uno o varios días. Los participantes pueden colaborar en proyectos de
educación.

Manu Expeditions CIRCUITOS DE AVENTURA
(☑084-22-5990; www.manuexpeditions.com;
Jirón Los Geranios 2-G, Urb. Mariscal Gamarra)
Entre sus destinos están la Reserva de la
Biosfera del Manu y paseos a caballo por el
Valle Sagrado.

Guías
**Asociación de Guías Oficiales
de Turismo** CIRCUITOS GUIADOS
(Agotur; plano p. 206; ☑084-24-9758; www.ago
turcusco.com; Heladeros 157, 34-F) Es una muy
buena manera de ponerse en contacto con
los guías.

Adam Weintraub CIRCUITOS GUIADOS
(www.photoexperience.net) Adam, originario de
Seattle, cuenta con muchos años de experiencia en Perú y conduce circuitos fotográficos
personalizados de calidad y talleres por todo
el país; también organiza breves rutas fuera
de Cuzco.

Alain Machaca Cruz CIRCUITOS GUIADOS
(☑984-056-635; www.alternativeincatrails.com) Visitas recomendadas al pueblo de Paruro donde se puede hacer chicha (cerveza fermentada de maíz) o ver granjas de cuy (cobayas);
excursiones de varios días por Choquequirao
y otras regiones.

Leo Garcia CIRCUITOS GUIADOS
(☑984-70-2933, 984-75-4022; leogacia@hotmail.
com) Es amable, apasionado y tiene grandes
conocimientos sobre la cultura inca, especialmente de arqueología, historia y antropología.

Raul Castelo CIRCUITOS GUIADOS
(☑084-24-3234, 984-692-270; www.topturperu.
com) Guía recomendable con transporte propio. Especializado en circuitos personalizados
por el Valle Sagrado, Machu Picchu, Cuzco,
Cuzco-Puno y Lares.

🎆 Fiestas y celebraciones

Cuzco y las zonas montañosas de alrededor
celebran múltiples fiestas. Durante los festivales locales y los festivos nacionales acude
una auténtica multitud a la región. Se recomienda reservar alojamiento con mucha
antelación por estas fechas.

El Señor de los Temblores CULTURAL
Esta procesión se celebra el lunes antes de
Pascua y se remonta al terremoto de 1650.

Cruz velacuy FESTIVAL
(🕑2 o 3 may) La vigilia de la cruz se celebra
coronando con cruces las laderas del cerro.

Q'oyoriti CULTURAL
Menos conocidos que el espectacular Inti
Raymi en junio, los ritos andinos tradicio-
nales de este festival se celebran al pie del
Ausangate el jueves antes del Corpus Christi,
a finales de mayo o primeros de junio.

Corpus Christi RELIGIÓN
El noveno jueves después de Pascua, normalmente a principios de junio, se llevan a
cabo impresionantes procesiones religiosas y
celebraciones en la catedral.

Inti Raymi CULTURAL
El festival más importante de Cuzco se celebra el 24 de junio. Atrae a visitantes de todo
Perú y del mundo, y toda la ciudad lo celebra
en la calle. Culmina con una representación
del festival inca del solsticio de invierno en
Sacsayhuamán. Pese a ser muy turístico, me-

rece la pena ver sus bailes y desfiles callejeros, así como el boato en Sacsayhuamán.

Santuranticuy   FERIA DE ARTESANOS

Las paradas de artesanos se instalan en la plaza de Armas el 24 de diciembre para ofrecer sus figuras y todo lo necesario par armar el pesebre.

🛏 Dónde dormir

Cuzco tiene cientos de hoteles de todo tipo, algunos con los precios más altos de Perú. La temporada alta es entre junio y agosto, especialmente durante los 10 días antes del Inti Raymi (24 de junio) o durante las Fiestas Patrias (28 y 29 de julio). En esas fechas hay que reservar antes.

Los precios se rigen por el mercado y varían mucho según la estación y la demanda. Las tarifas proporcionadas son de temporada alta.

La plaza de Armas es la zona más céntrica y aunque el alojamiento en la av. El Sol es anodino, caro y dirigido a grupos turísticos, se pueden encontrar algunas gangas en los alrededores. Hay mucha oferta al oeste de la plaza de Armas, en la plaza Regocijo, en la zona comercial hacia el Mercado Central y colina abajo desde el centro, en las calles al noreste de la av. El Sol. Como Cuzco es una ciudad muy compacta, es igual de práctico alojarse en otro barrio cercano. Por ejemplo, el escarpado San Blas tiene las mejores vistas y es muy popular.

Muchos de los hoteles y pensiones ocupan bellos edificios coloniales con patios interiores que reverberan con el ruido de otros huéspedes o de la calle. Los edificios antiguos de piedra suelen tener muy mala conexión wifi, y a menudo solo se puede usar internet en el vestíbulo. Los hoteles que ofrecen desayuno, lo empiezan a servir a las 5.00 para atender a los huéspedes que van a Machu Picchu. De ahí que el registro y la salida del hotel se hagan pronto.

Si se avisa de la llegada, casi todos los alojamientos de precio medio y alto recogen al viajero de forma gratuita en el aeropuerto, la estación de trenes o de autobuses.

Conviene preguntar por el agua caliente de las duchas; puede ser intermitente. Lo mejor es evitar ducharse en hora punta y comunicar sin falta en recepción si se tiene algún problema a este respecto: a veces basta con que giren una válvula o cambien una bombona de gas.

Los alojamientos citados a continuación afirman tener agua caliente las 24 h, y los de precio medio y alto incluyen televisión por satélite; los de precio alto tienen habitaciones con calefacción y teléfono; las excepciones se indican en su reseña. Asimismo, los de precio alto y algunos de precio medio tienen tanques de oxígeno –aunque caros– por si se padece de mal de altura.

Los hoteles de lujo en Cuzco suelen estar llenos en temporada alta. Tal vez se obtengan mejores tarifas reservando a través de una agencia de viajes o por la página web del hotel.

🛏 Centro de Cuzco

Muchas de las calles secundarias que suben por el noroeste de la plaza hacia Sacsayhuamán (sobre todo Tigre, Tecsecocha, Suecia, Kiskapata, Resbalosa y 7 Culebras) abundan en sitios baratos. Los hoteles de lujo de la plaza cobran tarifa extra por su ubicación.

★ Ecopackers   ALBERGUE **$**

(plano p. 206; ☑084-23-1800; www.ecopackerspe ru.com; Santa Teresa 375; dc 35-52 PEN, d/ste 120/165 PEN; @🛜) Gran complejo para mochileros, situado cerca de la plaza Regocijo. Ofrece de todo (bar, sala de billares y terraza) y, además, está limpio, es agradable y cuidan el servicio. En el patio hay tumbonas de mimbre y las sólidas camas son larguísimas. Vigilancia las 24 h.

Pariwana   ALBERGUE **$**

(plano p. 206; ☑084-23-3751; www.pariwana-hostel. com; av. Mesón de la Estrella 136; dc 22-42 PEN, d/tr 150/195 PEN; @🛜) Nuevo y limpio, es uno de los mejores. Tiene salones llenos de pufs y tenis de mesa en el patio de un gran edificio colonial. En las zonas comunes hay wifi. Las camas, en dormitorios bastante nuevos, gozan de espacio. La suite del ático compensa el dispendio. Al elegante bar solo se entra con invitación. Hay una agencia de viajes.

Intro Hostel   ALBERGUE **$**

(plano p. 206; ☑084-223-869; www.introhosteles. com; Cuesta Santa Ana 515; dc 25-40 PEN, d 99 PEN, con desayuno incl.; 🛜) De los propietarios del 1900 Backpackers de Lima, este antiguo edificio colonial ofrece un buen servicio, un gran patio y unas habitaciones bonitas y limpias. Dispone de una zona cubierta para cocinar en el exterior, mesas de billar y una agencia de viajes. La recepción está abierta las 24 h; por seguridad, se recomienda ir en taxi si se llega de noche.

Dragonfly
ALBERGUE **$**

(plano p. 206; www.dragonflyhostels.com; Siete Cuartones 245; dc 30-35 PEN, d/tr 95/120 PEN, i/d/tr sin baño 48/90/99 PEN; 📶) Antiguo edificio colonial del s. xvi rediseñado con colores vivos y dirigido por franceses. La cerveza artesana cosigue que el bar sea un punto de encuentro entre los huéspedes. Se puede usar la cocina; organizan barbacoas semanales. Personal amable.

Wild Rover
ALBERGUE **$**

(plano p. 214; 📞084-22-1515; www.wildroverhostels.com; Matará 261; dc 21-38 PEN, d 90 PEN, desayuno incl.; @📶) Albergue limpio y organizado que atrae tanto a peruanos como a viajeros internacionales. Hay seguridad en la entrada, dormitorios solo para mujeres y hasta una habitación con secadores de pelo y espejos para prepararse antes de salir de fiesta (solo para mujeres). También hay un gran bar cafetería y un armario cerrado con enchufes para los móviles. Se aconseja evitar las habitaciones cerca del bar si se quiere dormir temprano.

Hostal Suecia I
HOTEL **$**

(plano p. 206; 📞084-23-3282; www.hostalsuecia1.com; Suecia 332; i/d/tr desayuno incl. 90/120/150 PEN; 📶) Casi todas las habitaciones de este minúsculo hostal son muy básicas, pero su ubicación y su personal son fabulosos, y tiene un patio interior de piedra ideal para socializar. Las dos dobles más nuevas de la planta superior (311 y 312) son una ganga.

Milhouse
ALBERGUE **$**

(plano p. 206; 📞084-23-2151; www.milhousehostel.com; Quera 270; dc 29-38 PEN, d/tr 135/155 PEN; 📶) Casa colonial llena de mochileros con todas las características que se pueden esperar de un sitio así: pufs, tenis de mesa, agencia de viajes y *happy hour*. Los dormitorios pueden ser un poco sofocantes. A los fans de los deportes les gustará saber que organizan excursiones para ir a ver partidos de fútbol locales. Calle ruidosa.

Mama Simona
ALBERGUE **$**

(plano p. 206; 📞084-26-0408; www.mamasimona.com; Ceniza 364; dc 30-36 PEN, d con/sin baño 90/72 PEN; @📶) Estiloso, cómodo y limpio, con un sofá de terciopelo y decoración excéntrica. Los cubrecamas son bonitos, así como las mesas de pícnic de la cocina compartida. Situado a dos manzanas al noreste de la plaza San Francisco.

Albergue Municipal
ALBERGUE **$**

(plano p. 206; 📞084-25-2506; alberguegobiernocusco@hotmail.com; Kiskapata 240; dc/d 15/40 PEN;

@📶) Es la respuesta de Cuzco a las Asociaciones Cristianas de Jóvenes, una buena elección por presupuestos limitados. Las instalaciones inmaculadas son espaciosas y gozan de vistas fantásticas. Permite el acceso a la cocina (solo para desayunar) y la lavandería. Todos los cuartos tienen baño compartido. Consúltese su página de Facebook.

Hospedaje Monte Horeb
PENSIÓN **$**

(plano p. 206; 📞084-23-6775; montehorebcusco@yahoo.com; San Juan de Dios 260, 2º piso; i/d/tr desayuno incl. 84/120/165 PEN; 📶) Un balcón y un bonito patio en la entrada invitan a quedarse en esta pensión tranquila y bien atendida. Las grandes y antiguas habitaciones presentan una curiosa mezcla de muebles y camas tan duras como una piedra *intihuatana*. Las mantas sustituyen la inexistente calefacción.

WalkOn Inn
ALBERGUE **$**

(plano p. 206; 📞084-23-5065; www.walkoninn.com.pe; Suecia 504; dc 25 PEN, i/d 100/110 PEN, i/d sin baño 90/100 PEN; @📶) Albergue tranquilo, a 5 min de la plaza de Armas, cuenta con buenas vistas, pero el servicio es mediocre. Desayuno no incluido.

Hostal Suecia II
HOTEL **$**

(plano p. 206; 📞084-23-9757; www.hostalsuecia2cusco.com; Tecsecocha 465; i/d/tr 60/80/100 PEN, i/d/tr sin baño 50/60/80 PEN; 📶) Desde siempre es la primera elección de los mochileros. Sus agradables propietarios siguen ofreciendo un excelente precio en una posición céntrica y con habitaciones decentes. Entre las instalaciones destaca un luminoso patio con flores y una biblioteca con servicio de préstamo.

Hitchhikers
ALBERGUE **$**

(plano p. 206; 📞084-26-0079; www.hhikersperu.com; Saphi 440; dc/d 28/70 PEN; 📶) Céntrico albergue deteriorado y de suelos inclinados, pero ordenado y limpio. Las habitaciones están en el lado frío. Servicio atento.

Hostal Andrea
PENSIÓN **$**

(plano p. 206; 📞084-23-6713; salemrey@hotmail.com; Cuesta Santa Ana 514; i/d 35/45 PEN, i/d sin baño 13/30 PEN; @📶) Es la pensión más barata de Cuzco, pero con un servicio amable y modesto que la convierte en la favorita de los lectores. Solo hay wifi en el salón.

★ Niños Hotel
HOTEL **$$**

(plano p. 206; 📞084-23-1424; www.ninoshotel.com; Meloc 442; i sin baño 77 PEN, d con/sin baño 170/155 PEN, tr 244 PEN; @📶) Muchos aman y recomiendan este hotel dirigido por una

ONG holandesa que atiende a niños desfavorecidos en Cuzco. Situado en un edificio colonial con un patio soleado. Las habitaciones reformadas con tapicería vivaz tienen mantas de cuadros escoceses y radiadores portátiles. Para los meses más fríos, disponen de bolsas de agua caliente para la cama. Tienen otro hotel en Fierro 476.

En la cafetería pública se sirven tartas, panes caseros y también fiambreras. No se incluye el desayuno.

Tierra Viva
HOTEL **$$**

(plano p. 214; ☑084-60-1317; www.tierravivahoteles.com; Saphi 766; i/d desayuno incl. 281/312 PEN; @🛜) Con estilo moderno y un servicio excelente, esta cadena peruana ofrece cuatro buenas opciones en el centro de Cuzco. Las habitaciones dobles cuentan con sábanas blancas y coloridas mantas. El desayuno de bufé se sirve a partir de las 5.00. Su ubicación consigue crear un equilibrio perfecto entre céntrico y tranquilo.

Hay otros hoteles en el Centro (plano p. 214; ☑084-26-3300; Cruz Verde 390; d desayuno incl. 255 PEN; @🛜), San Blas (plano p. 206; ☑084-23-070; Carmen Alto 194; d desayuno incl. 255 PEN; @🛜) y la Plaza de Armas (plano p. 206; ☑084-24-5858; Suecia 345; d desayuno incl. 320 PEN; 🛜).

Hotel Arqueólogo
HOTEL-BOUTIQUE **$$**

(plano p. 206; ☑084-23-2569; www.hotelarqueologo.com; Pumacurco 408; d desayuno incl. 337 PEN; @🛜) En esta antigua pensión de propiedad francesa, elegante y acogedora, se percibe el verdadero Cuzco, hasta en la cantería inca. Los dormitorios, decorados con buen gusto, dan a un amplio patio empedrado. Las habitaciones superiores (507 PEN) son mejores. Uno se puede relajar en el jardín o saborear un pisco *sour*, obsequio de la casa, en el salón con chimenea. Los ingresos por la venta de tejidos locales se destinan a las bibliotecas públicas.

Andenes de Saphi
HOTEL **$$**

(plano p. 206; ☑084-22-7561; www.andenesdesaphi.com; Saphi 848; i/d/tr 170/192/223 PEN; 🛜) Al final de Saphi, donde la ciudad se vuelve más rural, este moderno hotel fiable ofrece instalaciones rústicas de madera con tragaluces y murales en todas las habitaciones.

Hostal Corihuasi
PENSIÓN **$$**

(plano p. 206; ☑084-23-2233; www.corihuasi.com; Suecia 561; i/d/tr desayuno incl. 151/183/216 PEN) Tras un brioso paseo cuesta arriba desde la plaza principal se llega a esta pensión de ambiente familiar ubicada en un laberíntico edificio colonial con vistas de postal. Las amplias habitaciones están decoradas en un estilo cálido y rústico, con mantas de lana de alpaca, alfombras tejidas a mano y robustos muebles de madera. La más solicitada es la nº 1 por sus ventanales, ideales para disfrutar del panorámico atardecer. Se incluyen traslados al aeropuerto.

El Balcón Hostal
HOTEL **$$**

(plano p. 206; ☑084-23-6738; www.balconcusco.com; Tambo de Montero 222; i/d/tr desayuno incl. 185/232/448 PEN; @🛜) Uno de los favoritos de los lectores, este edificio renovado del s. XVII exhibe antigüedades regionales y cuenta con 16 habitaciones sencillas pero agradables, todas con balcón, teléfono y TV. Desde el florido jardín se disfruta de unas fantásticas vistas de Cuzco. También hay una sauna.

Piccola Locanda
PENSIÓN **$$**

(plano p. 206; ☑084-23-6775; www.piccolalocanda.com; Kiskapata 215; d con/sin baño 170/140 PEN; @🛜) Colorida y acogedora pensión de propiedad italiana con habitaciones luminosas, vistas a la plaza y un salón lleno de cojines que parece una cueva. Colabora con una agencia de turismo responsable y patrocina proyectos de la comunidad. Se entra por la Resbalosa.

Tambo del Arriero
HOTEL **$$**

(plano p. 206; ☑084-26-0709; www.tambodelarriero.com; Nueva Alta 484; i/d/ste desayuno incl. 278/371/464 PEN; 🛜) Espacioso, tranquilo y con un patio. Si se prefiere tener espacio es una buena opción, aunque el barrio aún está emergiendo. Habitaciones con acentos florales, toalleros eléctricos y edredones de plumas; algunas de ellas tienen bañera. Ofrece desayuno bufé y circuitos a pie gratuitos.

Midori
HOTEL **$$**

(plano p. 206; ☑084-24-8144; www.midori-cusco.com; Ataúd 204; i/d/tr desayuno incl. 240/310/390 PEN; @🛜) Establecimiento clásico y cómodo, popular entre los pequeños grupos de excursionistas. Las enormes habitaciones disponen de salón, camas firmes y brocados. Recomendado por los lugareños.

Teatro Inka B&B
PENSIÓN **$$**

(plano p. 206; ☑084-24-7372, en Lima 01-976-0523; www.teatroinka.com; Teatro 391; i/d/tr desayuno incl. 145/190/225 PEN; @🛜) El conjunto de habitaciones dobles, oscuras pero decentes, se dispone alrededor de un patio interior. Aunque no se trata de una pensión espectacular, es una opción de precio medio muy asequible. Vale la pena derrochar un poco para ir a la suite del ático.

Hotel Los Marqueses
HOTEL **$$**

(plano p. 206; 084-26-4249; www.hotelmarque ses.com; Garcilaso 256; i/d/tr desayuno incl. desde 216/278/340 PEN;) Emplazado en una romántica villa colonial construida para los conquistadores españoles en el s. XVI, entre sus elementos clásicos hay cuadros de la escuela cuzqueña, patios con fuentes y balcones con vistas a la catedral. Los dormitorios son espaciosos, algunos con camas de bronce y puertas de madera tallada; otros, con la zona de descanso en dos niveles y tragaluz. Casi todos los huéspedes proceden de circuitos organizados. Solo hay wifi en el patio.

Loreto Boutique Hotel
HOTEL **$$**

(plano p. 206; 084-22-6352; www.loretobouti quehotel.com; Loreto 115; i/d/tr desayuno incl. 263/324/386 PEN) Lo de *boutique* es exagerado, pero lo que sí se paga es su ubicación en la plaza. Durante el día tiene poca luz. Ofrece habitaciones lujosas y cómodas de colores neutros. Lo mejor: los cuatro dormitorios con paredes incas originales.

Samana Spa B&B
B&B **$$**

(plano p. 206; 084-23-3721; www.samana-spa. com; Tecsecocha 536; i/d 250/300 PEN;) Pequeño hotel y *spa* en una casa colonial de paredes de piedra y techos de vigas descubiertas. Amplias habitaciones con televisores de pantalla plana y radiadores eléctricos. Destacan las grandes ventanas y las terrazas privadas desde donde se puede ver el deslumbrante paisaje por encima de los tejados. El servicio podría ser mejor.

Los Angeles B&B
HOTEL **$$**

(plano p. 206; 084-26-1101; www.losangeles cusco.com; Tecsecocha 474; i/d/tr desayuno incl. 110/140/150 PEN;) Hotel colonial con buen ambiente y barato. Los dormitorios con cubrecamas dorados, colchones gelatinosos y muebles grabados oscuros se disponen alrededor de un agradable patio central con geranios.

★Inkaterra La Casona
HOTEL-BOUTIQUE **$$$**

(plano p. 206; en Lima 01-610-0400; www.lacaso na.info; Atocsaycuchi 616; stes desayuno incl. desde 1292 PEN;) Acogedora y elegante, esta espléndida y renovada casona colonial de la plazoleta Nazarenas es una auténtica delicia. Lo rústico se funde con lo majestuoso en detalles como las grandes puertas talladas, las chimeneas de piedra sobre suelos brillantes y los excepcionales tejidos andinos.

Aunque los televisores están escondidos, lo tecnológico está en las bases para iPod y el préstamo de portátiles. Servicio impecable y muy personal.

★Casa Cartagena
HOTEL-BOUTIQUE **$$$**

(plano p. 206; en Lima 01-242-3147; www.casacar tagena.com; Pumacurco 336; ste desde 927 PEN;) Hotel-*boutique* de propiedad italiana que mezcla estilo colonial y moderno. Las 16 suites cuentan con paredes de rayas anchas, camas extragrandes, bases para iPod, ramos de rosas de tallo largo y enormes bañeras con velas. Hay un encantador *spa* y el servicio de habitaciones es gratuito.

Desde la dirección presumen que Neruda y *el Che* Guevara se alojaron en esta histórica mansión, que hace medio siglo no era más que una modesta pensión.

La Lune
HOTEL-BOUTIQUE **$$$**

(plano p. 206; 984-347-070; www.onesuitehotel cusco.com; San Agustín 275; d desayuno incl. 1081-1670 PEN;) Bautizado como el "antihotel", cuesta encontrar algo más exclusivo: solo dos suites, con servicio de conserje las 24 h a cargo del propietario francés, Artur. Su deseo es que el viajero se relaje, de ahí que la estancia incluya las bebidas de un bar completo y un masaje profesional bajo una vidriera. Por ahora es todo un éxito entre famosos y diplomáticos de visita.

Las lujosas suites presentan una decoración moderna de buen gusto, ropa de cama orgánica y una cama opcional para el perro. Cada una puede alojar un máximo de dos huéspedes, y la más cara incluye *jacuzzi* (con pétalos de rosa si se pide).

El Mercado de Tunqui
DISEÑO HOTEL **$$$**

(plano p. 206; 084-58-2640; www.elmercadoho tel.com; Siete Cuartones 306; d/ste desayuno incl. 918/1109 PEN;) Combina modernidad y frescura con estilo colonial; destacan los caballos balancines de juguete y las carretas de mercado. La actividad se centra en un patio abierto de piedra con tumbonas donde se hacen fogatas nocturnas. Las grandes habitaciones del segundo piso cuentan con calefacción radiante (un lujo en la zona) y chimenea. El desayuno es variado, con zumos hechos al momento en un carrito de mercado antiguo. Tiene ascensor.

Pertenece a Mountain Lodges de Perú, por lo que la mayoría de los huéspedes está realizando un circuito del Valle Sagrado.

Hotel Monasterio HOTEL DE LUJO **$$$**
(plano p. 206; ☎084-60-4000; www.belmond.
com/hotel-monasterio-cusco; Palacio 136; d desde
1190 PEN; @🛜) Dispuesto en torno a un ele-
gante claustro del s. XVI, este hotel de cinco
estrellas lleva tiempo siendo el más preciado
de Cuzco; cuenta con majestuosas zonas co-
munes y más de 100 habitaciones en torno a
refinados patios. Las raíces jesuitas se ven en
los diseños de planta irregulares, y algunas de
las mejoras (p. ej., los televisores de plasma al
pie de la cama) son un poco torpes.

Aparte de los dos restaurantes de prime-
ra categoría, no hay que perderse la capilla,
que conserva las pinturas originales de pan
de oro.

Los Andes de América HOTEL **$$$**
(plano p. 206; ☎084-60-6060; www.cuscoan-
des.com; Garcilaso 150; i/d desayuno incl. 278/
340 PEN) Un buen hotel célebre por su bufé
de desayuno, que incluye especialidades regionales como el mote con queso (maíz con
queso) y la patata helada. Las habitaciones
son cálidas y cómodas, los baños son grandes
y en el vestíbulo hay una maqueta a escala de
Machu Picchu.

Del Prado Inn HOTEL **$$$**
(plano p. 206; ☎084-224-442; www.delpradoinn.
com; Suecia 310; i/d/tr desayuno bufé incl.
226/402/448 PEN; @🛜) Es una buena opción,
con personal eficiente y 12 acogedoras ha-
bitaciones, algunas de las cuales gozan de
balconcito con vistas parciales de la plaza.
El comedor posee muros incas originales.
Hay ascensor.

Hotel Royal Inca I HOTEL **$$$**
(plano p. 206; ☎084-23-1067; www.royalinkahotel.
com; plaza Regocijo 299; i/d desayuno incl. 306/
380 PEN; @🛜) Céntrico y silencioso; ofrece
habitaciones de buena calidad. Las ubicadas
en el edificio colonial están algo anticuadas
pero son cómodas y lujosas; las modernas
son amplias, luminosas y alegres. Resulta
rara la mezcla de elementos *kitsch* en las zonas comunes, como las máscaras de oro o el
enorme y curioso mural de la pared.

🛏 San Blas

Kuntur Wasi Cusco PENSIÓN **$**
(plano p. 206; ☎084-22-7570; www.hospedajekun
turwasi.com; Tandapata 352; h desayuno incl.
50 PEN/persona) Pensión tranquila y económica con servicio atento y un desayuno bufé
gratuito. Las habitaciones son ordenadas,

tienen una bonita decoración y edredones de
plumas, aunque las interiores no tienen luz
natural. Es difícil superar esta ganga.

Pantastico PENSIÓN **$**
(plano p. 206; ☎084-954-387; www.pan-tastico.com;
Carmen Bajo 226; dc 35 PEN, i/d 75/105 PEN, i/d/
tr sin baño, desayuno incl. 50/90/120 PEN; @🛜)
Dirigida por franceses y con un aire bohemio,
esta pensión dispone de una buena presión
del agua pero tiene camas un poco blandas.
Sirven pan caliente a las 5.00 y el calor resi-
dual del horno calienta el lugar. Ofrece clases
de cocina y agencia de viajes. La habitación
doble con vistas cuesta 20 PEN más.

Pisko & Soul ALBERGUE **$**
(plano p. 206; ☎084-22-1998; info@piskoandsoul.
com; Carmen Alto 294; dc/i desayuno incl. 47/
72 PEN; @🛜) Los pequeños dormitorios colectivos tienen edredones de plumón, pero
en los baños falta un poco de lejía.

Samay Wasi ALBERGUE **$**
(plano p. 206; ☎084-25-3108; www.samaywasipe
ru.com; Atocsaycuchi 416; dc/d desayuno incl. 34/
85 PEN; @🛜) Agradable hotel destartalado, en
precario equilibrio en una ladera, se esconde
tras una larga escalinata en la zona alta de
la ciudad. Cuenta con una cocina decente y
habitaciones en orden. Como algunas hue-
len un poco a rancio, es mejor verlas antes.
Buenas vistas de la ciudad. Aceptan tarjeta
de crédito.

Hospedaje
El Artesano de San Blas PENSIÓN **$**
(plano p. 206; ☎084-26-3968; hospedajearte
sano790@hotmail.com; Suytuccato 790; d/tr/c
56/83/108 PEN; 🛜) ¿Por qué cuesta tan poco?
Después de subir a pie con la mochila llena
no hará falta responder. De todos modos, esta
encantadora y tranquila casa colonial medio
desmoronada ofrece habitaciones grandes, un
soleado patio, cocina y wifi en la recepción.

Hospedaje Inka PENSIÓN **$**
(☎084-23-1995; www.hospedajeinka.weebly.com;
Suytuccato 848; dc/i/d desayuno incl. 20/40/
50 PEN; 🛜) Desaliñada pero encantadora
granja remodelada, situada en una ladera
por encima de la plaza San Blas con unas
vistas excelsas. No siempre tiene agua caliente, pero sí baños privados y una gran
cocina para uso de los huéspedes. Los taxis
no pueden subir por el último tramo de la
cuesta, así que habrá que ir preparado para
un empinado paseo.

★ Quinua Villa Boutique APARTAMENTOS **$$**
(plano p. 206; ✆084-24-2646; www.quinua.com.
pe; Pasaje Santa Rosa A-8; apt 2 o 3 personas 294-
464 PEN; ☎) Cómodos apartamentos encima
de la colina (acceso solo por escaleras) con
suites temáticas, según los distintos períodos
históricos de Perú, y detalles curiosos como
un cubrecamas hecho de tejanos usados,
chimeneas y cocinas equipadas con cestas
de utensilios. Tiene cajas fuertes, televisores
LCD, radiadores y hasta una suite con sauna.

Second Home Cusco HOTEL-BOUTIQUE **$$**
(plano p. 206; ✆084-23-5873; www.secondhome
cusco.com; Atocsaycuchi 616; i/d desayuno incl.
340/380 PEN; @☎) Tres acogedoras suites
con originales cuadros, paredes de adobe y
tragaluces. Carlos Delfín, el afable y cosmopolita propietario, arregla los traslados al
aeropuerto gratis e incluso organiza circuitos
privados; además, ha dado con las mejores
baguetes de Cuzco y las sirve con el desayuno continental en el patio. Descuentos en
estancias largas.

Hostal Pensión Alemana HOTEL **$$**
(plano p. 206; ✆084-22-6861; www.cuzco-stay.
de; Tandapata 260; i/d/tr desayuno incl. 183/219/
276 PEN; @☎) Este establecimiento germano-
suizo, solícito y encantador, no desentonaría
en los Alpes. Cabe destacar los purificadores
de aire y el té y la fruta gratis. Disponen de
pocas camas matrimoniales. Disfrútese del
jardín con suelo de cerámica, poco común
en Cuzco, y de las terrazas con amplias vistas.

Tika Wasi HOTEL-BOUTIQUE **$$**
(plano p. 206; ✆084-23-1609; www.tikawasi.
com; Tandapata 491; i/d/tr desayuno incl. desde
163/195/226 PEN; ☎) Situado tras una alta
pared, ofrece una opción personalizable con
imaginativas habitaciones temáticas con fotos familiares y toques coloniales. Las soleadas plataformas compensan la pequeñez de
las habitaciones. Sirve un esayuno bufé en la
cafetería. Los viajeros internacionales deben
asegurarse de que se les deduce el impuesto
del precio de la habitación.

La Encantada HOTEL-BOUTIQUE **$$**
(plano p. 206; ✆084-24-2206; www.encantadape
ru.com; Tandapata 354; i/d desayuno incl. 278/
340 PEN; @☎) Moderno, luminoso y alegre,
con amplios jardines y excelentes vistas desde
los balcones. Una escalera circular conduce a
las pequeñas pero coquetas habitaciones, de
camas *king-size* y sábanas suaves. Los excur-
sionistas se sentirán como nuevos después de

pasar por el *spa*. Atención: hay que dejar la
habitación a las 9.00.

Madre Tierra B&B **$$**
(plano p. 206; ✆084-24-8452; www.hostalmadre
tierra.com; Atocsaycuchi 647; i/d/tr 138/168/
226 PEN; @☎) Cálida y muy acogedora, en
esta pequeña joya envuelta en enredaderas,
algo claustrofóbica, abundan los toques elegantes. Las habitaciones tienen tragaluz y un aspecto moderno. Buena relación calidad-precio.

Amaru Hostal HOTEL **$$**
(plano p. 206; ✆084-22-5933; www.amaruhostal.
com; Cuesta San Blas 541; i/d/tr desayuno incl.
150/180/240 PEN; @☎) Este antiguo edificio
con personalidad goza de una ubicación pri-
vilegiada y de una merecida popularidad. El
estilo de las habitaciones, bien cuidadas, está
algo pasado de moda. Algunas cuentan con
mecedoras desde las que se puede disfrutar
de las vistas de las azoteas. Las del patio
exterior son más ruidosas y las de la parte
posterior, más nuevas.

Hostal Rumi Punku HOTEL **$$**
(plano p. 206; ✆084-22-1102; www.rumipunku.com;
Choquechaca 339; i/d desayuno incl. 294/340 PEN;
@☎) Elegante complejo de viejas casas coloniales, jardines y terrazas, cuyo nombre
significa "puerta de piedra". Se reconoce por
la monumental mampostería inca de la entrada. Las terrazas de la azotea y otras zonas
al aire libre son un encanto. Las habitaciones rebosan comodidad y clase, disponen de
calefacción central, suelos de madera y fundas nórdicas. No vale la pena pagar por una
habitación superior a menos que se quiera
una cama más grande. Por una módica suma
adicional se puede disfrutar de una sauna o
un *jacuzzi*.

Casona Les Pleiades B&B **$$**
(plano p. 206; ✆084-50-6430; www.casona-pleia-
des.com; Tandapata 116; d/tr desayuno incl. 205/260
PEN; @☎) Agradable B&B de gestión france-
sa, con un soleado patio con flores y una gale-
ría. El desayuno es de bufé y las habitaciones
cuentan con calefactor y taquilla.

Casa de Campo Hostal HOTEL **$$**
(plano p. 206; ✆084-24-4404; www.hotelcasade
campo.com; Tandapata 298; i/d/tr desayuno incl.
155/170/247 PEN; @☎) Tras la empinada subida el viajero estará molido, pero las vistas
impresionan. El ambiente es cálido y agradable, aunque sus instalaciones están algo
anticuadas. Algunas habitaciones ni siquiera
tienen enchufes que funcionen (y la mayoría

tiene uno), por eso es mejor comprobarlo antes de acomodarse. En el generoso bufé del desayuno se sirve fruta del tiempo y cereales. Los calefactores se pagan aparte.

Los Apus Hotel & Mirador
HOTEL **$$**

(plano p. 206; ☑084-26-4243; www.losapushotel. com; Atocsaycuchi 515; i/d desayuno incl. 240/295 PEN; ✳@🛜) Hotel de discreta elegancia y gestión suiza, cuenta con calefacción central, grandes habitaciones con edredones de plumón y decoración de estilo colonial. Parece algo caro, pero aquí también se paga por el sistema de alarma de alta tecnología y el depósito de agua de emergencia. Dispone de habitaciones para viajeros con silla de ruedas.

Eureka Hostal
HOTEL **$$**

(plano p. 206; ☑084-23-3505; www.peru-eureka. com; Chihuampata 591; i/d/tr 229/269/346 PEN; @🛜) El elegante vestíbulo y la soleada cafetería de este hotel, invitan a pasar a su interior. Las habitaciones son cómodas, con motivos tradicionales pintados con un toque infantil. Los colchones anatómicos y las colchas las hacen tan cómodas como modernas. Y sus precios negociables lo convierten en una oferta aún más interesante.

Hostal El Grial
HOTEL **$$**

(plano p. 206; ☑084-22-3012; www.hotelelgrial. com; Carmen Alto 112; i/d/tr 108/161/223 PEN) Propuesta bien de precio en un viejo edificio desvencijado con suelos de madera; todas las habitaciones tienen colchón anatómico y algunas, vistas.

Casa San Blas
HOTEL-BOUTIQUE **$$$**

(plano p. 206; ☑084-23-7900; www.casasanblas. com; Tocuyeros 566; d/ste desayuno incl. 420/ 510 PEN; @🛜) En el corto pasillo del edificio colonial renovado se encuentran las elegantes habitaciones extras con sábanas bonitas, suelos de madera y tejidos andinos. Es acogedor, pero el servicio es impersonal.

🛏 Avenida El Sol y parte baja

Hostal San Juan Masías
PENSIÓN **$**

(plano p. 214; ☑084-43-1563; hostalsanjuanmasias. com; Ahuacpinta 600; i/d/tw 70/100/140 PEN, i/d/ tw sin baño 50/80/110 PEN, todas c/ desayuno incl.; @) Excelente pensión alternativa gestionada por unas monjas dominicas en el recinto del concurrido Colegio San Martín de Porres. Es limpio, seguro y agradable, y con vistas frecuentes de los partidos de voleibol en el patio. Los dormitorios, sencillos e inmaculados, disponen de calefacción y están dispuestos a lo largo de un pasillo soleado. Para dos personas es más barato reservar una sola cama que dos individuales. Se incluye desayuno continental.

Yanantin Guest House
PENSIÓN **$$**

(plano p. 214; ☑084-25-4205; www.yanantin.com; Ahuacpinta 775; d desayuno incl. 148 PEN; 🛜) Pequeña pensión con una selección de cuartos lujosos e inmaculados lo suficientemente grandes como para tener escritorio y mesa de café. Los artículos de aseo son ecológicos y las cómodas camas tienen sábanas de algodón y edredones de plumón. Bien de precio.

Los Aticos
HOTEL **$$**

(plano p. 206; ☑084-23-1710; www.losaticos.com; Quera 253, Pasaje Hurtado Álvarez; d/apt desayuno incl. 155/201 PEN; @🛜) Escondido en un pequeño callejón, es un alojamiento tranquilo y poco conocido pero que vale la pena. Las habitaciones tienen cómodas camas con edredones de plumón y suelo de parqué. Se puede usar la lavandería y la cocina. Si se viaja en grupo o en familia los tres miniapartamentos salen bien de precio y caben hasta cuatro personas.

Hostal Inkarri
HOTEL **$$**

(plano p. 206; ☑084-24-2692; www.inkarrihos tal.com; Collacalle 204; i/d/tr desayuno incl. 155/185/263 PEN; @🛜) Amplio, con un agradable patio de piedra, balcones coloniales bien conservados y una colección de viejas máquinas de coser, teléfonos y máquinas de escribir. Muy bien de precio, pero las habitaciones son algo rancias.

Picol Hostal
HOTEL **$$**

(plano p. 206; ☑084-24-9191; www.picolhostal.com; Quera 253, Pasaje Hurtado Álvarez; i/d/tr desayuno incl. 90/130/150 PEN; 🛜) Hotelito situado en un animado distrito comercial, con personal agradable y habitaciones dobles diminutas pero ventiladas y cuidadas. Las triples también son pequeñas.

Hotel Libertador
Palacio del Inka
HOTEL DE LUJO **$$$**

(plano p. 206; ☑084-23-1961; www.libertador. com.pe; plazoleta Santo Domingo 259; d/ste 803/ 2178 US$; ✳@🛜🏊) Mansión colonial construida por Pizarro sobre las ruinas de un templo inca; algunas partes del edificio datan del s. XVI. Es tan lujoso y espectacular como cabe esperar, con un precioso patio y estancias anchas renovadas y con cubrecamas opulentos. La habitación debe dejarse a las 9.00.

También tiene un restaurante peruano, bar, *spa* y centro de negocios.

Área metropolitana de Cuzco

Hospedaje Turismo Caith PENSIÓN $
(☏084-23-3595; www.caith.org; Pasaje Santo Toribio N-4, Urb. Ucchullo Alto; i/d/tr desayuno incl. 80/150/190 PEN; ☏) Esta destartalada pensión con aspecto de granja también gestiona una fundación para niñas. Los enormes ventanales y varios balcones y patios dan hacia la plaza de Armas, situada a 20 min a pie o 5 min en taxi. Es ideal para las familias ya que las habitaciones son grandes, dispone de cunas y el verde jardín es perfecto para que los niños correteen.

Torre Dorada Residencial PENSIÓN $$
(☏084-24-1698; www.torredorada.com; Los Cipreses N-5, Residencial Huancaro; i/d desayuno incl. 325/402 PEN; @) Moderno alojamiento de gestión local, con una deliciosa decoración; situado en un tranquilo barrio residencial cerca de la terminal de autobuses. No está en pleno centro, pero a los huéspedes les encanta por la calidad del servicio. Ofrece transporte gratis al aeropuerto, las estaciones de trenes y el centro.

Hostal San Juan de Dios PENSIÓN $$
(☏084-24-0135; www.hotelsanjuandedios.com; Manzanares 264, Urb. Manuel Prado; i/d desayuno incl. 150/180 PEN; @☏) El total de los beneficios de esta inmaculada pensión se destinan a una iniciativa sin ánimo de lucro que respalda una clínica y da trabajo a jóvenes discapacitados. Las tranquilas habitaciones tienen grandes ventanas; casi todas tienen dos camas aunque hay alguna de matrimonio. El maravilloso personal ayuda en todo, desde la lavandería hasta las llamadas telefónicas internacionales.

Se halla a 30 min a pie del centro, cerca de tiendas y otros servicios.

Dónde comer

La ubicación de la ciudad, casi al borde de la vertiente oriental de los Andes, le da acceso a una gran variedad de cultivos, desde patatas y quinua hasta aguacates y ají picante.

Casi todos los restaurantes más frecuentados están fuera del centro histórico y sirven sobre todo almuerzos; pocos abren para cenar. La comida es excelente en todos ellos. Pampa de Castillo, cerca de Qorikancha, es la calle donde van los trabajadores locales a comer los platos clásicos cuzqueños. En muchos restaurantes sirven caldo de gallina y chicharrón (cerdo frito) con maíz, menta y patatas.

Para los viajeros que no dispongan de pensión completa, hay tiendas de comida carísimas cerca de la plaza de Armas, como Gato's Market (plano p. 206; Santa Catalina Ancha 377; ☑9.00-23.00) y Market (plano p. 206; Mantas 119; ☑8.00-23.00). Para aprovisionarse es mejor ir al supermercado Mega (plano p. 214; Matará esq. Ayacucho; ☑10.00-20.00 lu-sa, hasta 18.00 do).

Centro de Cuzco

La Justina PIZZERÍA $
(plano p. 206; ☏084-25-5474; Palacio 110; *pizzas* 19-35 PEN; ☑18.00-23.00 lu-sa) Tras un paseo por un patio de piedras, se llega a esta joya que ofrece excepcionales *pizzas* al horno de leña. El condimento clásico es tomate, beicon y albahaca o espinacas y ajo.

Mr. Soup INTERNACIONAL $
(plano p. 206; ☏084-25-3806; Saphi 448; principales 18-22 PEN; ☑12.00-22.00 ma-do) Si apetece un buen plato de sopa, aquí se puede satisfacer este capricho con un delicioso plato de *udon* al curri, *Thai tom kha* o alguna de las sopas de quinua andina. Todas las recetas son caseras.

Pantastico PANADERÍA $
(plano p. 206; ☏084-25-4387; Tandapata 1024; principales 4-13 PEN; ☑8.30-20.00) Pequeñ comercio que ofrece panes, empanadas, porciones de tarta de fruta de la pasión o de pan de coco con zumo fresco.

Deli Monasterio PANADERÍA $
(plano p. 206; Palacio 136; principales 6-18 PEN; ☑8.00-21.00 lu-sa, 10.00-16.00 do) El producto estrella son las genuinas baguetes crujientes (lléguese pronto) pero también venden deliciosas fiambreras (perfectas para las excursiones de un día) con propuestas *gourmet* y vegetarianas. Tampoco están mal las galletas de maracuyá ni los mini *pain au chocolat*.

Jardín Secreto PERUANO $
(plano p. 206; ☏084-26-2972; Plateros 380; principales 15-25 PEN; ☑8.00-2.00) Dirigido por Pantastico, es una picantería tradicional que ofrece trucha, lomo saltado (tiras de carne fritas con cebolla, tomates, patatas y chili) y arroz frito. Atrae tanto a lugareños como a turistas gracias a su menú (8 PEN), las cervezas baratas de 1 L y la música en directo (21.30). Suena *rock*, *reggae* y salsa, y los domingos,

COCINA ANDINA

Acompañar el almuerzo del domingo con un paseo por el campo es un ritual de Cuzco. Los lugareños se dirigen a los pueblos del sur: a **Tipón** se va por el cuy, **Saylla** es la cuna de los chicharrones y **Lucre** es famoso por el pato.

Tanto en los restaurantes, como por la calle y en las fiestas, se aconsejan estos platos:

Anticuchos Brocheta de corazón de res y patatas, el tentempié callejero perfecto para la noche.

Caldo de gallina Sana y sustanciosa sopa, la receta de los lugareños contra la resaca.

Chicharrones Este plato es mucho más que la suma de sus ingredientes: cerdo frito servido con mote, hojas de menta, patatas fritas y cebolla.

Choclo con queso Enormes mazorcas de maíz tierno servidas con un trozo de queso que rechina al masticarlo; en el Valle Sagrado.

Cuy Cobaya alimentada con grano en las casas; más orgánico imposible. Los más delicados pueden pedirlo como un filete, sin cabeza ni patas.

Lechón Cochinillo joven crujiente, servido con tamales.

huayno (música tradicional andina). También dan clases de cocina usando el tradicional horno de barro.

Aldea Yanapay   CAFÉ **$**
(plano p. 206 ☑084-25-5134; Ruinas 415, 2º piso; almuerzo bufé 10 PEN, principales desde 22 PEN; ☺9.00-23.30; ☑) Con animales disecados, juegos de mesa y una decoración que evoca un circo, el Aldea Yanapay se dirige a familias pero atrae a cualquiera con gusto por lo quijotesco. Sus burritos, *falafel*, pequeños bocados fritos para picar y un bufé vegetariano están a muy bien precio.

Destina beneficios a ayudar a niños abandonados. Muy recomendable.

Los Toldos   PERUANO **$**
(plano p. 206; Almagro esq. San Andrés; principales 12-28 PEN; ☺12.00-23.00 lu-sa) Local predilecto de los lugareños por sus abundantes propuestas baratas y su buen bufé de ensaladas (pruébese la salsa de olivas negras). Casi nadie sale sin el cuarto de pollo, un clásico de la cocina peruana, cocinado a la perfección.

El Ayllu   CAFÉ **$**
(plano p. 206; Márquez 263; principales 7-16 PEN; ☺6.30-22.00 lu-sa, hasta 13.00 do) Los cuzqueños adoran este antiguo café donde el personal de toda la vida charla con los clientes y sirve dulces como lengua de suegra y bocadillos de cerdo. Merece la pena probar los desayunos tradicionales: El café se tuesta según la costumbre local: con naranja, azúcar y piel de cebolla.

★**La Bodega 138**   PIZZERÍA **$$**
(plano p. 206; ☑084-26-0272; Herrajes 138; principales 23-35 PEN; ☺18.30-23.00 lu-sa) A veces se echa en falta un buen ambiente, menús sencillos y cerveza artesana. Todo esto se puede encontrar en este negocio dirigido por una familia en lo que solía ser su casa. Hacen *pizzas* finas en el horno de adobe, las ensaladas orgánicas son frescas y los precios razonables. Un buen hallazgo. Aceptan solo efectivo.

★**Marcelo Batata**   PERUANO **$$**
(plano p. 206; Palacio 121; principales 23-43 PEN; ☺14.00-23.00) Una buena apuesta para probar la cocina andina tradicional con un toque innovador, como por ejemplo un sencillo *hummus* hecho con la legumbre *tarwi*. La sopa de pollo con hierbaluisa es exquisita, igual que el *quinotto* (parecido al *risotto*) de remolacha, los tiernos antichucos (pinchos de carne) y las patatas andinas al horno, una delicia crujiente y cremosa.

Quizá apetezca ateverse con sus variados cócteles en la terraza de la azotea, cuyas vistas lo convierten en el mejor local al aire libre de Cuzco.

★**Cicciolina**   INTERNACIONAL **$$**
(plano p. 206; ☑084-23-9510; Triunfo 393, 2º piso; principales 35-55 PEN; ☺8.00-hasta tarde) Situado en una imponente mansión colonial, lleva tiempo siendo considerado uno de los mejores restaurantes de Cuzco. La comida ecléctica y sofisticada es divina, empezando por las aceitunas marinadas de la casa, siguiendo con los crujientes bloques de polenta con co-

nejo curado, las grandes ensaladas verdes o el pulpo asado y los deliciosos platos principales como la pasta con tinta de calamar, los ravioli de remolacha y el cordero tierno. Servicio impecable y asientos bien iluminados.

Uchu Peruvian Steakhouse   PERUANO $$
(plano p. 206; ☑084-24-6598; Palacio 135; principales 28-59 PEN; ⏱12.30-23.00) Este asador chic propone un ambiente íntimo con luz tenue, mesas oscuras y paredes de un turquesa intenso. Su sencillo menú tiene carnes (filete, alpaca o pollo) y pescados cocinados en piedras volcánicas calientes que se colocan en la mesa, junto con unas salsas deliciosas. Los entrantes son geniales, como el cheviche al jengibre con pescado del día. El personal experto sirve con presteza, una maravilla.

Limo   PERUANO $$
(plano p. 206; ☑084-24-068; Portal de Carnes 236, 2º piso; principales 20-60 PEN; ⏱11.00-23.00 lu-sa) La tarta agria de pisco es el complemento perfecto para las creaciones de marisco peruano-asiáticas de la carta. Como entrante, en lugar de pan, pídase una cesta de patatas nativas con varias salsas. Los tiraditos (pez crudo con salsa) se deshacen en la boca. Destacan también las cremosas causas y el sudadito, a base de varios tipos de hortalizas, maíz y vieiras a la plancha. Ambiente elegante y servicio atento.

Cafe Morena   PERUANO $$
(plano p. 206; Plateros 348B; principales 25-30 PEN; ⏱11.00-22.00 lu-sa) Popular y estiloso café que ofrece la mejor cocina peruana a precios asequibles. Sirve quinua, hamburguesas y clásicos peruanos como anticuchos (pinchos de carne) en salsas suntuosas y sopas abundantes.

Green's Organic   CAFÉ $$
(plano p. 206; ☑084-24-3399; Santa Catalina Angosta 235, 2º piso; principales 28-46 PEN; ⏱11.00-22.00; 🔊🍴) 🍴 Entre los ingredientes de cultivo ecológico y el luminoso aspecto casero, aquí se respira salud. Para variar, se agradecen sus ensaladas con hinojo tostado, queso de cabra, remolacha y verduras de primavera, y entre sus otras sanas propuestas destacan las pastas y los platos de alpaca. Lléguese pronto (o tarde) ya que se llena rápido y el servicio es particularmente lento.

Trujillo Restaurant   PERUANO $$
(plano p. 206; ☑084-233-465; av. Tullumayo 542, cerca de la plaza Limacpampa; principales 17-37 PEN; ⏱9.00-20.00 lu-sa, hasta 17.00 do) Gestionado por una familia del norte del país, este restaurante simple y limpio cerca de Qorikancha prepara a la perfección los platos clásicos norteños con el seco de cabrito (cabra estofada con cerveza y cilantro) y una variedad de ceviches servidos con jarras de chicha morada (bebida lila de maíz sin alcohol). Su ají de gallina (estofado cremoso de pollo con arroz y patatas) es el mejor de Cuzco.

Kintaro   JAPONESA $$
(plano p. 206; ☑084-22-6181; Plateros 326, 2º piso; rollitos 10-38 PEN; ⏱12.00-15.30 y 18.30-22.00 lu-sa) A los inmigrantes afincados aquí les encantan los cuencos de fideos. El menú del día (15 PEN) sale bien de precio y es un agradable cambio frente a los sabores locales. También sirven buen *sushi* y sake. La entrada del callejón es difícil de encontrar.

Papachos   HAMBURGUESERÍA $$
(plano p. 206; www.papachos.com; Portal de Belen 115; principales 29-39 PEN; ⏱12.00-24.00) Hay sitios mucho peores para satisfacer el capricho de una hamburguesa que un local de Gastón Acurio. Las grandes hamburguesas se sirven con toda clase de ingredientes exóticos y reconfortantes. También hay opciones vegetarianas, alitas de pollo con salsa de pimiento amazónico y pescado con patatas.

Inkazuela   INTERNACIONAL $$
(plano p. 206; ☑084-23-4924; plazoleta Nazarenas 167, 2º piso; principales 16-34 PEN; ⏱13.00-21.30 lu-sa) La combinación de enormes platos de humeante estofado de carne al estilo cubano, sopa de coco caribeña y quinua andina es un regalo del cielo en este café situado en una segunda planta y con luz tenue. Servicio simpático y atento.

A Mi Manera   PERUANO $$
(plano p. 206; ☑084-22-2219; www.amimanerape ru.com; Triunfo 392, 2º piso; principales 26-40 PEN; ⏱10.00-22.00) En este romántico y algo caro restaurante sirven platos típicos peruanos y pasta. Propuestas como la ternera al oporto, la yuca picante o el puré de patatas con *muña* (ajedrea) son buenas y llenan.

Divina Comedia   INTERNACIONAL $$
(plano p. 206; ☑084-23-2522; www.hotelarqueo logo.com; Pumacurco 408; principales 25-45 PEN; ⏱12.00-15.00 y 18.00-23.00 lu-sa) Este excepcional restaurante de categoría, con sopranos cantando arias en directo, cubre la demanda de locales románticos con espectáculo. La comida combina ingredientes peruanos con influencia mediterránea; se puede empezar con

CUZCO Y EL VALLE SAGRADO DÓNDE COMER

unas tapas u optar por la especialidad, el pato cocinado lentamente hasta que se derrite.

Le Soleil
FRANCESA $$$

(plano p. 206; ☏084-24-0543; San Agustín 275; principales 41-72 PEN; ⊗12.30-15.00 y 19.00-23.30 ju-ma) Este romántico restaurante no decepciona si se busca comida tradicional francesa. La carta recoge clásicos como la trucha al brandi, *ratatouille* con queso de cabra y hierbas, y pato a la naranja. También hay un menú degustación (desde 145 PEN). Atención vegetarianos: puede haber caldo de pescado en los platos sin carne.

Chicha
NOVOANDINA $$$

(plano p. 206; ☏084-24-0520; Regocijo 261, 2º piso; principales 34-65 PEN) Gastón Acurio propone una revisión de los clásicos cuzqueños en una cocina abierta. Su versión del anticucho (pinchos de carne) es un exquisito pulpo a la parilla con rodajas de crujiente patata a las finas hierbas. También destacan platos como el rocoto relleno (pimientos rellenos), la sopa de gallina al estilo *wonton* y el chairo, caldo de carne servida en cuenco de barro.

La chicha morada (bebida de maíz sin alcohol) es muy refrescante.

✎ San Blas

Jack's Café
CAFÉ $

(plano p. 206; ☏084-25-4606; Choquechaca 509; principales 12-26 PEN; ⊗7.30-23.30) A menudo hay cola frente este local de cocina occidental y gestión australiana. Y es fácil comprenderlo si se prueban sus zumos recién hechos con menta o jengibre, café fuerte y huevos con salmón ahumado o tomates asados. También hay comida de cafetería y sopas, y el servicio es bueno.

La Bohème
CREPERÍA $

(plano p. 206; ☏084-23-5694; Carmen Alto 283; principales 6-18 PEN, menú 15 PEN; ⊗12.00-22.00 ma-do) Las famosas crepes de este local de propiedad marsellesa están elaboradas con ingredientes de fusión, como cebolla caramelizada, queso andino, setas y besamel. El menú del día sale a buen precio. Se recomienda su crepe insignia, de mantequilla salada y caramelo.

Greenpoint
VEGETARIANA $

(plano p. 206; ☏084-43-1146; Carmen Bajo 235; principales 8-22 PEN; ⊗8.00-22.00; ⏍) Incluso los no vegetarianos son habituales de este restaurante y panadería donde ofrecen varios menús del día. Disponen de *sushi* vege-

tariano y ceviche de setas. Se entra por un patio interior. Los mejores asientos están en la terraza del segundo piso. También sirve cerveza y vino.

El Hada
HELADERÍA $

(plano p. 206; Qanchipata 596; helados desde 10 PEN; ⊗8.00-19.00) Estos helados, en cucuruchos con aroma de vainilla o limón, son un delirio. Sabores como la canela indonesia, el chocolate amargo o la manzana asada no defraudarán. Como guinda, un exprés Bisetti, el mejor café torrefacto de Perú.

The Meeting Place
CAFÉ $

(plano p. 206; ☏084-24-0465; plazoleta San Blas; principales 15-21 PEN; ⊗8.30-16.00 lu-sa; ⏍) Este café de propiedad peruano-estadounidense sirve un buen desayuno gringo. Combinan café orgánico o té de hojas con gigantescos gofres y huevos. Sus espesos batidos tienen hasta fans. El servicio es rápido y simpático. Disponen de un puesto de intercambio de libros.

Juanito's
BOCADILLOS $

(plano p. 206; Angelitos 638; sándwiches 12-24 PEN; ⊗11.00-22.00 lu-sa) En su parrilla siempre bien caliente se preparan montones de bocadillos con gran variedad de salsas. Los vegetarianos optan por los de huevos fritos, y las nuevas combinaciones, como pollo con nueces, son deliciosas.

Prasada
VEGETARIANA $

(plano p. 206; ☏084-25-3644; Qanchipata 269; principales 9-12 PEN; ⊗10.00-21.00 lu-vi, 10.00-16.00 sa-do; ⏍) Es el mejor mexicano, con tacos, sopa de tortilla y hamburguesas de lentejas, ingredientes frescos y generosas raciones. Si se acompaña con un té de *kombucha* da la energía necesaria para subir al Sacsayhuamán.

Cafeteria 7&7
CAFÉ $

(plano p. 206; Tandapata s/n; principales 7-9 PEN; ⊗10.00-14.00 y 16.00-22.00 lu-sa, hasta 14.00 do; ⏍) Este café situado en una tercera planta con vistas espectaculares es una gran aportación al barrio. Al estar apartado de la calle es un sitio tranquilo para relajarse. En sus reservados de cuero blanco se puede saborear una buena selección de pasteles alemanes caseros, comida ligera, como ensaladas de quinua, bebidas y copas heladas.

Tacomania
MEXICANA $

(plano p. 206; ☏984-132-032; Tandapata 917; principales 22 PEN; ⊗18.00-22.00) Sencillo y popular restaurante mexicano donde sirven nachos, burritos y tacos a tan solo cinco mesas. Los *chips* de tortilla son frágiles, pero no se puede fallar con un guacamole de cebolla roja. Si se pide picante, cumplirán. Dispone de opciones vegetarianas.

Granja Heidi CAFÉ $$
(plano p. 206; ☑084-23-8383; Cuesta San Blas 525, 2º piso; principales 10-46 PEN; ☺11.30-21.30 lu-sa) Café alpino acogedor donde sirven buenos alimentos; algunos provienen de la pequeña granja del propietario alemán. Además de comida peruana (como rocoto vegetariano relleno de chili y cacahuete), hay crepes y grandes cuencos de sopas y ensaladas. Conviene dejar sitio para el postre.

La Quinta Eulalia PERUANO $$
(plano p. 206; ☑084-22-4951; Choquechaca 384; principales 25-54 PEN; ☺9.00-19.00 ma-do) Este clásico de la oferta cuzqueña lleva abierto más de medio siglo, con un concurrido patio cuando hace sol. El menú escrito en una pizarra anuncia un cordero asado jugosísimo, alpaca y acompañamientos típicos como el fantástico rocoto relleno, pimiento picante relleno de carne, guisantes y zanahorias con queso por encima. Es uno de los mejores sitios para probar el cuy (cobaya).

Pacha Papa PERUANO $$
(plano p. 206; ☑084-24-1318; Plazoleta Plaza San Blas 120; principales 23-45 PEN; ☺11.30-16.00 y 19.00-23.00) En este patio abierto se sirven platos típicos peruanos bien preparados, cocinados en fuego de leña o en cuencos de barro. Los fines de semana el ambiente se anima con la música de un arpista. Es un buen sitio para probar el maíz con mantequilla y hierbas, el ají de gallina y la trucha al horno. El cuy (cobaya) debe pedirse con antelación.

Korma Sutra INDIA $$
(plano p. 206; ☑084-23-3023; Tandapata 909; principales 12-32 PEN; ☺18.00-22.00 lu-sa; ☑) Si uno tiene antojo de picante, este restaurante indio al estilo londinense le complacerá, con su *naan* de ajo, *lassies* y un abanico de cremosas *kormas* y curris. De noche su ambiente resulta relajante.

✗ Avenida El Sol y parte baja

Valeriana PANADERÍA $
(plano p. 214; ☑084-50-6941; av. El Sol 576; principales 2-14 PEN; ☺7.00-22.00 lu-sa, 8.00-21.00 do; ☺) Delante del jardín sagrado, esta panade-

ría vende magdalenas trufadas, bocadillos de trigo integral y empanadas vegetarianas servidas en porcelana estampada. También tiene café y zumos refrescantes mezclados con hierbas medicinales. Una buena parada para recargar las pilas.

Área metropolitana de Cuzco

Olas Bravas CEVICHE $
(☑084-43-9328; Mariscal Gamarra 11A; ceviche 25 PEN; ☺9.00-17.00) Muchos cuzqueños opinan que tiene el mejor ceviche de la ciudad, por lo que suele estar lleno. Pero también son excepcionales los platos de criollo (costillar) o el seco a la norteña (estofado de cabra). No hay que perderse las hamacas y el mural del surfista.

🍺 Dónde beber y vida nocturna

En los *pubs* europeos se pueden seguir los partidos de fútbol más importantes, ya que suelen contar con televisión por satélite sintonizada casi siempre en los canales deportivos.

★**Museo del Pisco** BAR
(plano p. 206; ☑084-26-2709; www.museodelpisco. org; Santa Catalina Ancha 398; ☺11.00-1.00) Tras un día de arte colonial, qué mejor que relajarse en este lugar donde se exaltan y se prueban las maravillas de la bebida nacional. Abierto por un extranjero entusiasta, este bar-museo ofrece una lección básica sobre el pisco acompañado de unas tapas. Conviene

asegurar el sitio para poder ver la música en directo (21.00-23.00 h cada noche).

Además del típico pisco *sour* preparan otros originales combinados como el *valicha*, pisco con kion (jengibre), hierbabuena y manzana agria. Para aplacar el hambre pruébense las minihamburguesas de alpaca en panecillos de sésamo y los tiraditos (versión japonesa del ceviche) marinados con comino y chili. En su página web anuncian catas especiales y talleres de destilería.

Memoria
BAR

(plano p. 206; ☎084-24-4111; Plateros 354; ⌚20.00-hasta tarde) Un bar fantástico y elegante con camareros atentos y bebidas que invitan a quedarse y hacer una segunda ronda. Consúltese su página de Facebook para saber cuando habrá música en directo de estilo *jazz*, acústico o tecno.

Fallen Angel
COCTELERÍA

(plano p. 206; ☎084-25-8184; plazoleta Nazarenas 221; ⌚18.00-hasta tarde) *Lounge* muy de moda que le da otro sentido a lo *kitsch*, con bolas brillantes, pieles sintéticas y mesas-acuario con pececitos de colores. No es barato, pero la decoración ya merece la pena y las ocasionales fiestas temáticas son históricas.

Norton Rats
PUB

(plano p. 206; Santa Catalina Angosta esq. plaza de Armas, 2º piso; ⌚19.00-hasta tarde) Regentado por un amante de las motos, este modesto bar orientado a extranjeros da a la plaza de Armas. Es perfecto para contemplar a la gente pasar, si se consigue sitio en la terraza. Aunque es famoso por sus hamburguesas de 200 gr, las televisiones, los dardos y los billares también acaban dando sed. Evítense los burritos. *Happy hour* de 19.00 a 21.00.

La Chupitería
BAR

(plano p. 206; ☎984-725-241; Tecsecocha 400; ⌚20.00-4.00) Popular chupitería de moda. Tiene una larga lista de bebidas. Los vasos de chupito se llenan con una tetera hasta arriba de cóctel.

Paddy Flaherty's
PUB

(plano p. 206; ☎084-24-7719; Triunfo 124; ⌚11.00-hasta tarde) Pequeño *pub* irlandés abarrotado de curiosos recuerdos, además de viajeros europeos con morriña que acuden a comer sus bocadillos calientes de excelente relación calidad-precio. La *happy hour* se celebra de 19.00 a 20.00 y de 22.00 a 22.30.

Ocio

Las discotecas abren temprano, pero se animan después de las 23.00. La *happy hour* es un fenómeno omnipresente y suele ofrecer dos por uno en cerveza y ciertas mezclas.

En las discotecas más famosas, sobre todo las de la plaza de Armas, tanto hombres como mujeres deben vigilar las bebidas para que no les echen nada raro (cuando un local se anuncia como *nightclub*, se refiere a un bar de alterne). Las paradas obligadas durante una noche de marcha en Cuzco son las discotecas Inka Team, Roots y Ukuku's.

★Ukuku's
MÚSICA EN DIRECTO

(plano p. 206; ☎084-24-2951; Plateros 316; ⌚20.00-hasta tarde) Es el local nocturno más popular de la ciudad. Ofrece una combinación ganadora: *rock* latino y occidental, *reggae* y reguetón (mezcla de *bomba* puertorriqueña, *dancehall* y *hip-hop*), salsa, *hip-hop*, etc. Y además suele haber música en directo. Normalmente se llena a rebosar tras la medianoche, tanto de turistas como de peruanos, y brinda una excelente noche de maratón de baile. La *happy hour* es de 20.00 a 22.30.

Roots
DISCOTECA

(plano p. 206; Tecsecocha s/n; ⌚20.00-hasta tarde) Transmite buenas vibraciones con su pista de baile subterránea, famosa entre lugareños y viajeros.

Centro Qosqo de Arte Nativo
ARTES ESCÉNICAS

(plano p. 214; ☎084-22-7901; www.boletoturistico cusco.net/arte-nativo.html; av. El Sol 604; adultos/estudiantes menores de 26 años con carné ISIC 130/70 PEN) Espectáculos de música y danza andinas a diario a las 18.45. Solo se puede entrar con el boleto turístico, que da acceso a 16 instalaciones durante 10 días.

Km 0
MÚSICA EN DIRECTO

(plano p. 206; ☎084-23-6009; Tandapata 100; ⌚11.00-hasta tarde ma-sa, 17.00-hasta tarde do y lu) Este alegre local en una bocacalle de la plaza San Blas tiene un poco de todo. Sirve buenas cenas tailandesas y propone música en directo todas las noches. Hay *happy hour* de 21.00 a 24.00.

Muse
MÚSICA EN DIRECTO

(plano p. 206; ☎084-25-3631, 984-23-1717; Triunfo 338, 2º piso; 🕿) Restaurante-*lounge* famoso para empezar la velada, un clásico de la movida cuzqueña. Suena música en directo por las noches y la carta cuenta con buenos platos vegetarianos.

Inka Team DISCOTECA
(plano p. 206; Portal de Carnes 298; ⊙20.00-hasta tarde) Aunque cambie de nombre, suele ofrecer lo último en música electrónica, que sazona con *trance*, *house* y *hip-hop*. En la planta superior hay sofás para relajarse, aunque no es ideal para charlar. Recibe a lugareños y viajeros. La *happy hour* es de 21.00 a 24.00.

Mythology DISCOTECA
(plano p. 206; ☎084-25-5770; Portal de Carnes 298, 2º piso; ⊙20.00-hasta tarde) Siempre hay fiesta en esta abarrotada discoteca donde suena desde salsa a pop comercial. Aviso a las mujeres: los chicos no son tímidos.

Mama Africa DISCOTECA
(plano p. 206; Portal de Harinas 191, 2ª planta; ⊙19.00-hasta tarde) Este favorito de israelíes es el típico antro de mochileros, con gente desparramada en cojines o bailando al ritmo de *rock* y *reggae*. La *happy hour* es de 20.30 a 23.00.

🛍 De compras

San Blas –la propia plaza, Cuesta San Blas, Carmen Alto y Tandapata, al este de la plaza– es la mejor zona comercial de Cuzco. Es el barrio artesano, lleno de talleres y salas de exposiciones de artesanía local. En algunos se puede ver a los artesanos manos a la obra y también el interior de sus edificios coloniales. Los precios y la calidad varían mucho, por lo que se recomienda darse una vuelta y regatear, salvo en las tiendas más caras, donde los precios suelen ser fijos. Entre los más conocidos está el Taller Olave (plano p. 206; ☎084-23-1835; plaza San Blas 651), que vende reproducciones de esculturas coloniales y cerámica precolombina. El Taller Mendivil es famoso en el país por sus figuras religiosas con cuello de jirafa y espejos en forma de sol; tiene tiendas en San Blas (plano p. 206; ☎084-23-3247; Cuesta de San Blas, plaza San Blas) y en el centro de la ciudad (plano p. 206; ☎084-23-3247; Hatunrumiyoc esq. Choquechaca). El Taller y Museo Mérida (plano p. 206; ☎084-22-1714; Carmen Alto 133) ofrece estatuas de cerámica impresionantes, que son a la vez artesanía y arte.

En la misma zona también hay una serie de joyerías en constante evolución y curiosas tiendas de ropa de diseño exclusivo, prueba de que la estética local no se limita a los ponchos y las representaciones de Machu Picchu en piezas de piel de carnero. Estas y otras fruslerías que se fabrican en serie para turistas abarcan desde tapices a teteras y se venden en casi cualquier tienda del centro histórico, así como en el enorme Centro

Artesanal Cuzco (plano p. 214; av. El Sol esq. av. Tullumayo; ⊙9.00-22.00).

Si se desea resolver con rapidez las compras de recuerdos, Aymi Wasi (plano p. 206; Nueva Alta s/n) es ideal. Tiene de todo: ropa, adornos, juguetes, velas, joyas, arte, cerámica, bolsos... Y nadie jamás sospechará que todo se compró en una sola tienda. Además, todos los productos proceden del comercio justo y están hechos a mano.

Cuzco no es célebre por su oferta de ropa, aunque tiene unas cuantas tiendas ocultas en el Centro Comercial de Cuzco (plano p. 206; Ayacucho esq. San Andrés; ⊙11.00-22.00).

Tatoo (plano p. 206; ☎084-25-4211; Calle del Medio 130; ⊙9.00-21.30) tiene equipo técnico y ropa deportiva cara de marca. Muchas tiendas de la calle Plateros y el mercado El Molino ofrecen un buen surtido de ropa mucho más barata y de peor calidad.

Textiles

Centro de Textiles Tradicionales de Cuzco ARTESANÍA
(plano p. 214; av. El Sol 603A; ⊙7.30-20.30) Organización sin ánimo de lucro, fundada en 1996, que fomenta la supervivencia del arte textil tradicional. Las demostraciones que ofrece en la planta comercial ilustran distintas técnicas de tejido en toda su complejidad manual. Los productos en venta son de primera calidad.

Los amantes de los tejidos pueden visitar el maravilloso museo gratuito.

Inkakunaq Ruwaynin ARTESANÍA
(plano p. 206; ☎084-26-0942; www.tejidosandinos.com; Tullumayo 274, dentro de CBC; ⊙9.00-19.00) Cooperativa textil con productos de calidad gestionada por 12 comunidades de montaña de Cuzco y Apurímac. Situada al final de un patio interno. Consúltese el catálogo en su página web.

Mercados

Mercado San Pedro MERCADO
(plano p. 214; plazoleta San Pedro) Es el mercado central, y por tanto, de visita obligada. Entre otros productos, se pueden encontrar cabezas de cerdo para el caldo, ranas para mejorar el rendimiento sexual, tinas de zumo de fruta, lechón y tamales (pasteles de maíz). En la periferia se vende ropa típica, baratijas, incienso y diversos artículos que entretendrán durante horas.

Mercado Modelo de Huanchac MERCADO
(plano p. 214; av. Garcilaso esq. av. Huáscar) Los lugareños van a Huanchac para tomar el au-

téntico desayuno antiresaca; ceviche ácido y chicarrón (cerdo frito) grasiento.

El Molino MERCADO
(Urb. Ttio) Esta es la versión cuzqueña de un centro comercial, justo pasada la terminal terrestre. Es el paraíso para los que buscan gangas de ropa, artículos del hogar, comida al por mayor, alcohol, electrodomésticos, equipo de acampada, CD y DVD piratas.

Librerías
Muchas pensiones, cafeterías y *pubs* ofrecen intercambios de libros. La mejor fuente de información histórica y arqueológica sobre la ciudad y alrededores es la obra de bolsillo *Exploring Cuzco* (Explorar Cuzco), de Peter Frost.

Jerusalén LIBROS
(plano p. 206; ☑084-23-5428; Heladeros 143; ☺10.00-14.00 y 16.00-20.00 lu-sa) Intercambio de libros (dos libros usados, o uno más 8 PEN, a cambio de un libro). También vende guías, novedades y CD.

ℹ Información

PELIGROS Y ADVERTENCIAS
Casi nadie tendrá problemas en Cuzco. La mayoría de los delitos declarados son robos de bolsos en respaldos de sillas en sitios públicos o en el portaequipaje de los autobuses nocturnos. Se recomienda salir a la calle con el dinero en efectivo justo y pocas pertenencias. Con la bolsa delante y estando atento a los carteristas en las calles más concurridas, terminales de transporte y mercados, es muy poco probable sufrir una agresión.

Se han denunciado robos e incluso violaciones en taxis. Por ello, se aconseja subir únicamente a taxis oficiales, sobre todo de noche (se identifican por el número de la empresa iluminado en lo alto del vehículo). Una vez dentro, hay que echar el seguro a las puertas y no permitir que el taxista admita a otro segundo pasajero. Los lectores han informado de que los taxistas a bordo de unidades Tico cobran de más.

Se recomienda no caminar a solas de noche o a primera hora de la mañana. Los trasnochadores que vuelven tarde de los bares o los madrugadores que se levantan antes del alba para emprender el Camino Inca son más vulnerables a sufrir un tirón.

No deben comprarse drogas. Los traficantes y la policía suelen trabajar juntos, y Procuradores es una de las muchas zonas en que puede adquirirse droga y ser detenido en cuestión de minu-

tos. También se ha informado de adulteración de bebidas con alcohol. Las mujeres deben tener especial cuidado con sus vasos y no aceptar bebidas de extraños.

Si se procede de zonas más bajas, conviene no hacer excesivos esfuerzos durante los primeros días en Cuzco. Es posible notar que falta el aliento al pasear por las callejuelas de la ciudad.

EMBAJADAS Y CONSULADOS
La mayoría de embajadas y consulados están en Lima, aunque en Cuzco hay varios consulados honorarios.
Consulado honorario de EEUU (plano p. 214; ☑984-621-369, 084-23-1474; av. Pardo 845)
Consulado de España (☑24-2224)

URGENCIAS
Policía de Turismo (PolTur; ☑084-23-5123; Plaza Túpac Amaru s/n; ☺24 h) En caso de sufrir un robo, es necesario obtener un informe policial oficial para el seguro.

INMIGRACIÓN
Oficina de Migraciones (plano p. 214; ☑084-22-2741; www.migraciones.gob.pe; av. El Sol 612; ☺8.00-16.15 lu-vi, 9.00-12.00 sa) Pueden reemplazar las Tarjetas Andinas perdidas (tarjeta turista). Son muy burocráticos.

ACCESO A INTERNET
Hay un cibercafé casi en cada esquina; muchos hoteles y cafeterías tienen wifi gratis.

LAVANDERÍAS
Lavan, secan y doblan la ropa a partir de unos 4 PEN/kg. Las hay por doquier, pero se concentran sobre todo alrededor de la plaza de Armas, en Suecia, Procuradores y Plateros, así como en Carmen Bajo, en San Blas. Las más alejadas de la plaza de Armas son más baratas.

CONSIGNA
En caso de decidir hacer senderismo durante unos días o una excursión con noche incluida, los albergues guardan el equipaje gratis. Se recomienda pedir siempre el recibo y cerrar las maletas con candado. Lo ideal es identificarlas con etiquetas donde figure el nombre y las fechas de consigna y recogida de las mismas.

Si se trata de bolsas de viaje blandas, conviene ponerlas dentro de una bolsa más grande de plástico, sellarla con cinta adhesiva y escribir el nombre justo encima para comprobar luego si ha sido abierta en ausencia del viajero.

Es importante llevar todos los objetos de valor encima (p. ej. pasaporte, tarjetas de crédito, dinero). En el Camino Inca se exige el pasaporte a los senderistas.

ASISTENCIA MÉDICA

En la av. El Sol hay muchas farmacias. Los servicios médicos de Cuzco son limitados. Si ocurre algo de gravedad es mejor ir a Lima.

Clinica Pardo (plano p. 214; ☑084-24-0997; av. de la Cultura 710; ☺24 h) Cara y bien equipada; perfecta si el seguro del viajero cubre la asistencia médica.

Clínica Paredes (plano p. 214; ☑084-22-5265; Lechugal 405; ☺24 h) Consultas externas.

Hospital Regional (☑084-23-9792, emergencias 084-22-3691; av. de la Cultura s/n; ☺24 h) Pública y gratuita; la espera puede ser muy larga y no se garantiza una buena atención.

Traveler's Clinic Cusco (☑084-22-1213; Puputi 148; ☺24 h) Clínica privada y médico de guardia, trata principalmente pacientes con mal de altura y otras enfermedades del viajero. A 10 min a pie de San Blas.

DINERO

Hay muchos cajeros en la plaza de Armas y alrededores, así como en el aeropuerto, en la estación de trenes de Huanchac y en la de autobuses. Todos aceptan Visa y casi todos MasterCard. En la av. El Sol hay varias grandes sucursales bancarias, donde se pueden retirar cantidades en efectivo superiores al límite diario del cajero. Las "casas de cambio" ofrecen mejores tipos que los bancos. Se hallan en las plazas principales y sobre todo en la av. El Sol. Desconfíese de los cambistas fuera de los bancos, los timos son frecuentes.

BBVA Continental (plano p. 206; av. El Sol 368; ☺9.15-18.30 lu-vi, 9.30-12.30 sa)

BCP (plano p. 206; av. El Sol 189; ☺9.00-18.30 lu-ju, hasta 19.30 vi, hasta 13.00 sa)

Interbank (plano p. 206; av. El Sol 380; ☺9.00-18.30 lu-vi, 9.15-12.30 sa)

CORREOS

DHL (plano p. 214; ☑084-24-4167; av. El Sol 608; ☺8.30-19.00 lu-vi, 9.00-13.00 sa) Correo internacional exprés y servicios de mensajería.

Serpost (plano p. 214; av. El Sol 800; ☺8.00-20.00 lu-sa) Esta oficina se encarga de las entregas generales (lista de correos). Hay que presentar un documento de identidad.

INFORMACIÓN TURÍSTICA

Las entradas para Machu Picchu pueden comprarse en DIRCETUR, IncaRail, PeruRail y el Museo Histórico Regional (p. 211). Las agencias ayudan en la organización de viajes... a cambio de una suculenta comisión.

DIRCETUR (plano p. 206; ☑084-58-2361, 084-58-2360; www.dirceturcusco.gob.pe; Mantas 117; ☺9.00-20.00 lu-vi, 9.00-13.00 sa) Principal punto de venta de entradas para Machu Picchu en Cuzco. Cierra los festivos.

Dirección Regional de Cultura Cusco (plano p. 214; ☑084-58-2030; www.drc-cusco.gob. pe; a.v de la Cultura 238; ☺7.15-18.30 lu-sa) Es la delegación local del Instituto Nacional de Cultura.

Fertur Peru Travel (plano p. 206; ☑084-22-1304; www.fertur-travel.com; San Agustín 317) Agencia local fiable y consolidada de vuelos y circuitos convencionales.

iPerú (plano p. 206; ☑084-25-2974; www. peru.travel; Portal de Harinas 177, plaza de Armas; ☺9.00-19.00 lu-vi, hasta 13.00 sa-do) Eficiente y de gran ayuda. Excelente fuente de información tanto de la región como de todo el país. Dispone de una sección adyacente de cajeros automáticos vigilados y de otra oficina en el aeropuerto (plano p. 206; ☑084-23-7364; ☺6.00-17.00).

South American Explorers (SAE; plano p. 214; ☑084-24-5484; www.saexplorers.org; av. Pardo 847; ☺9.30-17.00 lu-vi, hasta 13.00 sa; ☎) La sede cuzqueña vende mapas de buena calidad, libros y folletos; además cuenta con un amplio fondo de información sobre viajes y sugerencias, acceso wifi, intercambio de libros y alquiler de habitaciones. Quienes no pertenecen al club disponen de información limitada sobre el voluntariado y los acontecimientos de la semana.

SITIOS WEB ÚTILES

Andean Travel Web (www.andeantravelweb. com) Más de 1000 páginas de información.

Diario del Cusco (www.diariodelcusco.com) Edición en línea del periódico local.

Municipalidad del Cusco (www.cusco.gob.pe) Sitio web oficial de la ciudad.

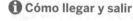 Cómo llegar y salir

AVIÓN

Casi todos los vuelos que operan en el **Aeropuerto Internacional Alejandro Velasco Astete** (CUZ; ☑084-22-2611) de Cuzco son matinales, pues las condiciones climáticas dificultan los despegues y aterizajes por la tarde. Si se tiene una escala con poco tiempo, es mejor reservar el primer vuelo disponible, pues, cuanto más tarde se vuele, más posibilidades existen de sufrir retrasos o cancelaciones.

Hay vuelos diarios a Lima, Juliaca, Puerto Maldonado y Arequipa. Se recomienda facturar al menos 2 h antes del embarque para evitar problemas de *overbooking*. Durante la estación de lluvias, los vuelos a Puerto Maldonado suelen sufrir serios retrasos. Las tasas de salida se incluyen en el precio del billete.

Un taxi oficial desde el aeropuerto hasta una dirección cerca del centro ronda los 20-25 PEN.

Avianca (plano p. 214; ☎0800-18-2222; www.avianca.com; av. El Sol 602; ☺8.30-19.00 lu-vi, 9.00-14.00 sa) Servicios a/desde Lima de lunes a sábado.

LAN (plano p. 214; ☎084-25-5555; www.lan.com; av. El Sol 627B; ☺8.30-19.00 lu-sa, hasta 13.00 do) Vuelos directos a Lima, Arequipa, Juliaca y Puerto Maldonado.

Peruvian Airlines (plano p. 214; ☎084-25-4890; www.peruvian.pe; av. El Sol 627-A; ☺9.00-19.30 lu-sa, hasta 12.00 do)

Star Perú (plano p. 214; ☎01-705-9000; www.starperu.com; av. El Sol 679; ☺9.00-13.00 y 15.00-18.30 lu-sa, 9.00-12.30 do)

AUTOBÚS Y TAXI

Los tiempos de recorrido son aproximados y se aplican cuando las condiciones de la carretera lo permiten. Los retrasos son habituales durante la estación de lluvias, especialmente hacia Puerto Maldonado o Lima pasando por Abancay. La carretera está pavimentada, pero los desprendimientos pueden bloquear el camino.

Internacional

Todos los servicios internacionales salen de la **terminal terrestre** (☎084-22-4471; Vía de Evitamiento 429), unos 2 km a las afueras en dirección al aeropuerto. Se puede ir en taxi (14 PEN) o a pie por la av. El Sol. Cuando la calle se convierte en Alameda Pachacutec, los viandantes pueden ir por la mediana. Detrás de la torre y la estatua de Pachacuti se tuerce a la derecha siguiendo las vías hacia la calle lateral, que desemboca en la terminal en 5 min.

Hacia Bolivia, **Transportes Internacional Litoral** (☎084-23-1155; www.litoral-miramar.com), **Tour Perú** (☎084-23-6463; www.tourperu.com.pe), **Transzela** (☎084-23-8223; www.transzela.com.pe) ofrecen servicios diarios a Copacabana (10 h, 60-80 PEN) y **Transporte Salvador** (☎084-23-3680), a La Paz por Desaguadero (12 h, 80-120 PEN). Es el modo más rápido de ir a La Paz.

Ormeño (☎084-24-1426) ofrece transporte a casi todas las capitales de Sudamérica.

Larga distancia

Los autobuses que viajan a grandes ciudades salen desde la terminal terrestre. Los que se dirigen a destinos menos frecuentes salen de muchos otros sitios. Se aconseja comprobarlo con antelación.

Ormeño (☎084-24-1426) y **Cruz del Sur** (☎084-74-0444; www.cruzdelsur.com.pe) tienen los autobuses más seguros y cómodos.

Entre las empresas más económicas, **Tour Peru** (☎084-23-6463; www.tourperu.com.pe) y **Wari Palomino** (☎084-22-2694) son las que cuentan con los mejores vehículos.

Hay salidas a Juliaca y Puno cada hora de 4.00 a 23.00, y a horas al azar durante el día. Las compañías baratas y lentas como **Libertad** (☎084-22-4571) efectúan paradas en varios pueblos a lo largo del trayecto, por lo que son útiles para acceder a los mismos. Entre las de precio medio, **Transportes Internacional Litoral** (☎084-23-1155; www.litoral-miramar.com) y **CIAL** (☎965-401-414) son las más rápidas y cómodas.

Una de las mejores maneras de ir a Puno es con **Inka Express** (☎084-24-7887; www.inkaexpress.com; av. 28 de Julio 211) o **Turismo Mer** (☎084-24-5171; www.turismomer.com; av. La Paz A3, El Óvalo), pues fletan autobuses de lujo todas las mañanas. El servicio incluye la comida y varias paradas (como Andahuaylillas, Raqchi, Abra La Raya y Pucará) para una breve visita de los yacimientos en compañía de un guía. El viaje dura 8 h aproximadamente y ronda los 150 PEN.

Las salidas a Arequipa se concentran entre las 6.00 y 7.00 y las 19.00 y 21.30. Ormeño tiene un sevicio de lujo a las 9.00.

Cruz del Sur y **CIVA** (☎084-24-9961; www.civa.com.pe) ofrecen buenos servicios a Lima. La mejor opción barata es Wari. La mayoría de los autobuses a Lima paran en Nazca (13 h) e Ica (16 h) por Abancay, donde puede haber atascos en la estación lluviosa. Entre enero y abril es mejor ir por Arequipa (25-27 h).

Wari Palomino y **Expreso Los Chankas** (☎084-26-2909) salen cada 2 h durante el día hacia Abancay y Andahuaylas (45 PEN, 9 h). Para ir a Ayacucho se debe hacer trasbordo en Andahuaylas; la carretera es dura y de noche hace mucho frío, por lo que conviene llevar ropa de abrigo y saco de dormir (si se tiene) encima.

San Martín (☎984-61-2520) y **Julsa** (☎084-24-4308, 951-298-798) fletan autobuses directos a Tacna.

Varias compañías salen de Puerto Maldonado entre las 15.00 y las 16.30; CIVA es seguramente la mejor opción.

Los autobuses a Quillabamba vía Santa María (4½ h) salen de la terminal Santiago, a unos 20 min a pie del centro. A la vuelta de la esquina, en la calle Antonio Lorena, hay otras compañías que ofrecen microbuses rápidos, cómodos y climatizados que cuestan el doble y tardan 2 h menos. Ambos servicios operan a las 8.00, 10.00, 13.00 y 20.00. Para llegar a Santa Teresa se ha de hacer trasbordo en Santa María. Desde Cuzco, solo **Turismo Cusco Imperial** (📞940-223-356; terminal Santiago) va a Santa Teresa (25 PEN, 6 h) tres veces al día.

Transportes Siwar (📞993-407-105; av. Tito Condemayta 1613) y otras compañías llevan a Ocongate y Tinqui (10 PEN, 3 h), inicio de la ruta de Ausangante; los autobuses salen desde detrás del Coliseo Cerrado cada ½ h.

Varios autobuses y microbuses salen diariamente hacia Paucartambo (9-12 PEN, 3 h) desde Paradero Control en el distrito de San Jerónimo, los taxistas saben dónde.

Autobuses de Cuzco:

DESTINO	TARIFA* (PEN)	DURACIÓN (H)
Abancay	20/30	5
Arequipa	40/100	10
Ayacucho	65/95	16
Copacabana (Bolivia)	60/80	10
Ica	100/190	16
Juliaca	30/40	5
La Paz (Bolivia)	80/120	12
Lima	100/190	21
Nazca	100/140	13
Puerto Maldonado	50/70	10
Puno	20/70	6
Quillabamba	25/35	6½
Tacna	70/100	15

*Tarifas estimadas para autobuses normales/ de lujo.

Servicios regionales

Puede que el gobierno restrinja el uso de los autobuses viejos, por lo que algunos de estos servicios pueden ser eliminados o reducidos en un futuro. La mayoría de ellos funciona de 5.00 a 19.00. Los servicios de primera y última hora pueden sufrir más cambios.

➡ Los microbuses a Calca (6 PEN, 1½ h) que pasan por Pisac (4 PEN, 1 h) salen con frecuencia de la terminal en Tullumayo 207.

➡ Los que van a Urubamba (8 PEN, 1½ h) por Pisac salen con frecuencia de la terminal de Puputi 208, al norte de la av. de la Cultura.

➡ Los microbuses a Urubamba (6 PEN, 1½ h) y Ollantaytambo (12 PEN, 2 h) que van por Chinchero (4 PEN; 1 h) salen desde cerca del puente Grau. A la vuelta de la esquina, en Pavitos, los colectivos, más rápidos, parten cuando se

llenan para Urubamba (7 PEN, 1 h) y Ollantaytambo (10-15 PEN, 1½ h) por Chinchero.

➡ Los colectivos a Urcos (5 PEN, 1 h) por Tipón (1 PEN, 40 min), Piquillacta (5 PEN) y Andahuaylillas (5 PEN) salen desde el medio de la calle, a las puertas de la estación de Tullumayo 207. Por 80 PEN llevan a las ruinas de Tipón y Piquillacta, esperan y luego regresan.

Para estos destinos y hacia Saylla también puede tomarse un microbús a Urcos (5 PEN) desde la terminal de av. de la Cultura, delante del hospital regional. Los taxis compartidos a Lucre (3 PEN, 1 h) salen desde Huáscar, entre la av. Garcilaso y Manco Cápac, entre las 7.00 y las 19.00.

➡ Los microbuses a Limatambo (12 PEN, 2 h) y Curahuasi (15 PEN, 3 h) parten cuando se llenan en Arcopata, un par de manzanas al oeste de Meloc, hasta alrededor de las 15.00.

AUTOMÓVIL Y MOTOCICLETA

Dados los peligros potenciales de conducir por cuenta propia se aconseja alquilar un taxi para todo un día, que sale más barato que alquilar un coche. Pero si no hay más remedio, hay un par de agencias de alquiler de automóviles en la última manzana de la av. El Sol así como en la primera manzana de Saphi, alejándose de la plaza de Armas.

TREN

Cuzco tiene dos estaciones de trenes. Desde la **estación Huanchac** (📞084-58-1414; h7.00-17.00 lu-vi, hasta 24.00 sa y do), cerca del final de la av. El Sol, se puede viajar a Juliaca y Puno, en el lago Titicaca. Desde **la estación de Poroy,** al este de la ciudad, parten servicios a Ollantaytambo y Machu Picchu. Ambas estaciones no están conectadas entre sí, de modo que no se puede viajar directamente de Puno a Machu Picchu. La céntrica estación de San Pedro solo ofrece servicios de cercanías, pero no permite viajar a los extranjeros.

Desde Cuzco puede tomarse un taxi a Poroy (30 PEN) o la estación de Ollantaytambo (80 PEN). Los viajes de ida y vuelta son algo más caros.

Los pasajes pueden adquirirse en la estación Huanchac, donde también hay cajeros automáticos, aunque el modo más sencillo es comprarlos directamente a través de las compañías ferroviarias.

De enero a marzo no hay trenes entre Cuzco y Aguas Calientes a causa de los frecuentes desprendimientos en el camino.

A Ollantaytambo y Machu Picchu

A Aguas Calientes (para acceder a Machu Picchu) solo se puede llegar en tren (3 h).

Las tarifas varían según la hora de salida; el mejor horario tiende a ser el más caro. Los billetes suelen agotarse, especialmente en horas punta, por lo que se recomienda comprarlos con la máxima antelación posible.

La manera más rápida y económica de llegar es en combi desde la estación Huanchac hasta Ollantaytambo, y desde en tren hasta Aguas Calientes.

PeruRail (plano p. 206; www.perurail.com; estación Huanchac; ☺7.00-17.00 lu-vi, hasta 12.00 sa) Servicio insignia de Aguas Calientes, con múltiples salidas diarias de la estación Poroy, a 20 min de Cuzco. Hay tres categorías de servicio: Expedition (ida desde 223 PEN), Vistadome (ida desde 261 PEN) y el lujoso Hiram Bingham (ida desde 1153 PEN). Este último incluye *brunch*, té a media tarde, entrada a Machu Picchu y circuito guiado. A diario menos los domingos.

IncaRail (plano p. 206; ☎084-25-2974; www.incarail.com; Portal de Panes 105, plaza de Armas; ☺8.00-21.00 lu-vi, 9.00-19.00 sa, hasta 14.00 do) Ofrece tres salidas diarias desde Ollantaytambo y cuatro tipos de servicio. Grandes descuentos para niños. Empresa que practica y promueve el turismo sostenible.

A Puno

PeruRail (plano p. 206; www.perurail.com; estación Huanchac; billete 838 PEN; ☺7.00-17.00 lu-vi, 7.00-12.00 sa) El Andean Explorer, un tren de lujo con un vagón acristalado, va hasta Puno. Sale de la estación Huanchac a las 8.00 y llega a Puno hacia las 18.00 los lunes, miércoles y sábados de noviembre a marzo, con una salida adicional los viernes de abril a octubre. Se incluye el almuerzo.

❶ Cómo desplazarse

A/DESDE EL AEROPUERTO

El aeropuerto está unos 6 km al sur del centro. Las líneas de combi Imperial y C4M (0,70 PEN, 20 min) van desde la av. El Sol hasta las puertas del aeropuerto. Un taxi a/desde el centro al aeropuerto cuesta 20 PEN; un teletaxi oficial desde el aeropuerto cuesta 25 PEN. Si se reserva con antelación, muchos hoteles ofrecen un servicio de recogida en el aeropuerto.

AUTOBÚS

Los trayectos locales en transporte público cuestan 0,70 PEN. Hay que estar atento a los carteles y el destino final.

TAXI

No llevan taxímetro y tienen tarifas fijas. En el momento de redactar esta guía, los viajes por el centro costaban 4 PEN, y los trayectos a destinos más alejados, como El Molino, 8 PEN. Se aconseja comprobar en el hotel si estos precios siguen vigentes, y, en vez de negociar, simplemente entregar la cantidad correcta al conductor al final del viaje. No suele discutirse el precio si uno parece saber de qué habla. Los taxis oficiales se identifican por el número de teléfono iluminado de su compañía que llevan en el techo. Son más caros que los que se paran en la calle, pero también más seguros.

Los taxis 'piratas' no oficiales, que solo tienen un adhesivo que los identifica como taxis en la ventana, se han visto implicados en robos, atracos con violencia y raptos de turistas. Antes de subirse a uno, se aconseja hacer lo que hacen los lugareños: tomar nota –y de forma visible– de la matrícula.

AloCusco (☺084-22-2222) Compañía fiable.

TRANVÍA

Este **tranvía** (billete 25 PEN; ☺lu-sa) gratis y sin vías, hace un circuito de 1½ h por la ciudad, durante el cual se puede subir y bajar para ver los puntos de interés. Sale a las 8.30, 10.00, 11.30, 14.00, 15.30, 17.00 y 18.30 desde la plaza de Armas.

ALREDEDORES DE CUZCO

Las cuatro ruinas más cercanas a Cuzco son las de Sacsayhuamán, Q'enqo, Pukapukara y Tambomachay. Todas pueden visitarse en un día o en menos, si se hace en un circuito guiado acelerado. Si solo se dispone de tiempo para visitar un sitio, Sacsayhuamán es el más destacado. Está a una caminata de menos de 2 km colina arriba desde la plaza de Armas, en el centro de Cuzco.

La forma más barata de visitar los cuatro yacimientos es tomar un autobús a Pisac y pedirle al conductor que pare en Tambomachay, el sitio más alejado de Cuzco y también el más elevado, con 3700 m de altitud. En un paseo de 8 km de vuelta a Cuzco, se visitan todos los puntos de interés del camino. Otra opción es visitar los cuatro sitios en taxi, que cobrará unos 70 PEN por todo el trayecto.

A los yacimientos solo se accede con el boleto turístico (p. 211). Abren a diario de 7.00 a 18.00. Abundan los guías locales que ofrecen sus servicios, a veces con mucha insistencia.

Conviene acordar el precio antes de empezar el circuito.

No suele haber robos en estos sitios, pero alguno ha ocurrido. La policía turística de Cuzco recomienda visitarlos entre 9.00 y 17.00.

Sacsayhuamán

Estas grandes **ruinas** (plano p. 243; boleto turístico adultos/estudiantes menores de 26 años con carné ISIC 130/70 PEN) de importancia militar y religiosa se hallan a 2 km de Cuzco. El nombre en quechua significa "halcón satisfecho". Sacsayhuamán parece enorme, pero solo queda en pie un 20% de la estructura original. Tras la conquista, los españoles derribaron los muros y usaron los bloques para construir sus casas cuzqueñas, pero dejaron las rocas más grandes e impresionantes, especialmente las de las almenas principales.

En 1536 esta fortaleza fue el escenario de una de las batallas más amargas de la conquista española. Más de dos años después de que Pizarro entrara en Cuzco, el rebelde Manco Inca reconquistó la indefensa Sacsayhuamán y la utilizó como base para sitiar a los conquistadores en Cuzco. Estuvo a punto de derrotarlos, pero en un último y desesperado ataque 50 soldados de la caballería española al mando de Juan Pizarro, hermano de Francisco, lograron retomar Sacsayhuamán y someter la rebelión. Manco Inca sobrevivió y se retiró a la fortaleza de Ollantaytambo, pero la mayoría de sus hombres murieron. Tras la derrota inca, miles de cadáveres cubrían el suelo y atrajeron a bandadas de cóndores andinos carroñeros. La tragedia fue inmortalizada en el escudo de armas de Cuzco con ocho cóndores.

El yacimiento se compone de tres áreas bien diferenciadas. La más imponente la forman las magníficas fortificaciones de tres plantas. Por increíble que parezca, una piedra pesa más de 300 t. Fue el 9º Inca, Pachacutec, quien imaginó Cuzco en forma de puma, con Sacsayhuamán por cabeza y sus 22 serpenteantes muros por dientes. Los muros constituían también un mecanismo defensivo muy eficaz que obligaba a los enemigos a exponer sus flancos al atacar.

Enfrente está la colina de Rodadero, con muros de contención, rocas pulidas y un conjunto de bancos de piedra de exquisita talla conocidos como el Trono del Inca. En su día, se alzaron tres torres frente a estos muros. Hoy solo quedan los cimientos, pero el más grande, con un diámetro de 22 m, el Muyuc Marca, da una idea de cómo debieron ser. Con sus perfectos conductos de piedra, esta torre se usó quizá como depósito de agua para la guarnición. Otros edificios situados dentro de las murallas sirvieron de refugios y almacenes de víveres para unos 5000 soldados. Los españoles y los posteriores habitantes de Cuzco derribaron casi todas estas estructuras.

Entre las zigzagueantes murallas y la colina hay una gran plaza de armas donde se celebra el colorido espectáculo turístico de Inti Raymi el 24 de junio.

Ascender hasta aquí a pie desde la plaza de Armas lleva de 30 a 50 min, de modo que hay que asegurarse de que se está aclimatado antes de emprender la marcha. Si se llega al alba se tendrá el sitio prácticamente para uno solo, aunque no se recomienda visitar este lugar a solas a esa hora del día.

Como alternativa, óptese por un circuito en taxi que también incluya Q'enkqo, Pukapukara y Tambomachay (70 PEN).

El boleto turístico da acceso a 16 instalaciones durante 10 días.

Q'enqo

El nombre de estas pequeñas pero fascinantes ruinas significa "zig-zag". Se componen de una vasta roca de piedra caliza sembrada de nichos, escaleras y tallas simbólicas, incluidos los sinuosos canales que tal vez le dieron nombre. En lo más alto hay una superficie lisa que usaban en las ceremonias: si se presta atención se observan los minuciosos grabados en forma de puma, cóndor y llama. Abajo se puede explorar una misteriosa cueva subterránea con altares labrados en la roca. Q'enqo está unos 4 km al noreste de Cuzco, a la izquierda de la carretera según se desciende desde Tambomachay.

Pukapukara

Justo al otro lado de la carretera principal desde Tambomachay se halla esta estructura con vistas al valle de Cuzco. Según la luz del día, la roca parece rosada. No en vano su nombre significa "fortaleza roja", aunque lo más probable es que fuera un refugio de cazadores, un puesto vigía o una parada de viajeros. Se compone de varias cámaras residenciales en la planta baja, despensas y una explanada superior con vistas panorámicas.

Tambomachay

Escondida a unos 300 m de la carretera principal se encuentra esta fuente de piedra ceremonial (☉amanecer-anocher) formada por una serie de caídas de agua proveniente de un manantial cercano a través de unos acueductos que aún hoy funcionan. Varias teorías vinculan este sitio a un culto inca al agua, por ello se conoce popularmente como El Baño del Inca. Se halla 8 km al noreste de Cuzco.

VALLE SAGRADO

Encajado entre unas formidables faldas montañosas, el precioso valle del río Urubamba, conocido como Valle Sagrado, está unos 15 km al norte de Cuzco en línea recta, por una estrecha carretera de curvas cerradas. Durante mucho tiempo acogió bonitas poblaciones coloniales y aisladas aldeas de tejedoras, pero en los últimos años se ha convertido en una meta turística por méritos propios. Destacan los mercados y las altas ciudadelas incas de Pisac y Ollantaytambo, si bien el valle está repleto de otros yacimientos incas. Las rutas de senderismo se han ganado a pulso su popularidad. Si lo que se desea es descargar adrenalina, aquí se puede practicar desde *rafting* hasta escalada en roca. Casi todas las atividades pueden organizarse desde Cuzco o a través de algunos hoteles de Urubamba.

Muchas agencias de viajes de Cuzco ofrecen circuitos relámpago por la zona, con paradas en los mercados y en los yacimientos arqueológicos más importantes. Si el viajero dispone de uno o dos días libres, quizá quiera dedicarse a explorar a su ritmo este tranquilo y cautivador rincón de los Andes. Los enclaves arqueológicos de Pisac, Ollantaytambo y Chinchero pueden visitarse con un boleto turístico (p. 211), de venta en el lugar.

Pisac

📞084 / 900 HAB. / ALT. 2715 M

Es fácil dejarse seducir por los encantos del soleado Pisac, una animada aldea colonial en crecimiento situada al pie de una fortaleza inca espectacular que se posa en el saliente de una montaña. La legendaria sabiduría de los incas atrae a quienes buscan una regeneración física y espiritual; y la industria turística local ha respondido ofreciendo des-

de limpiezas y retiros de yoga hasta viajes alucinógenos guiados. Pero también tiene interés para el viajero corriente por las ruinas, el mercado y los pueblos textiles. Situada tan solo 33 km al noreste de Cuzco por una carretera asfaltada, es el punto de partida más práctico hacia el Valle Sagrado.

◉ Puntos de interés y actividades

Mercado de Artesanía   MERCADO

Pisac es célebre por su mercado, el más grande y turístico de la región. Oficialmente funciona los martes, jueves y domingos, días en que la ciudad recibe autobuses cargados de turistas. Sin embargo, el mercado ha invadido Pisac hasta tal punto que llena la plaza de Armas y las calles circundantes a diario. Para evitar las multitudes, se aconseja visitarlo en lunes, miércoles, viernes o sábado.

Ruinas de Pisac   RUINAS

(boleto turístico adultos/estudiantes menores de 26 años con carné ISIC 130/70 PEN; ☉amanecer-anocher) Esta ciudadela inca se alza sobre el pueblo en una meseta triangular, con profundos cañones a ambos lados. Es un yacimiento verdaderamente impresionante y con pocos turistas; puede explorarse a gusto durante horas. El espectacular pero empinado camino de 4 km hacia las ruinas empieza en la parte oeste de la iglesia del pueblo. Se tardan 2 h en subir y 1½ h en bajar. Aunque es agotador vale la pena, ¡y es un buen entrenamiento para el Camino Inca! Una buena opción es subir en taxi y bajar a pie.

Lo más impresionante son sus bancales, que invaden los flancos meridional y oriental de la montaña con sus vastas y suaves curvas, sin apenas escalones (que exigen un mantenimiento constante y fomentan la erosión). En su lugar, se ven tramos diagonales de escaleras de losas colocadas en los muros de los bancales. Por encima de los bancales hay senderos junto a riscos vigilados por halcones caracara y defendidos por enormes puertas de piedra, empinadas escaleras y un breve túnel tallado en la roca. Arriba hay vendedores de bebidas.

Este imponente sitio no solo preside el valle de Urubamba, que descansa a sus pies, sino también un paso que lleva a la selva del noreste. Coronando los bancales se halla un centro ceremonial, que tiene un *intihuatana* (literalmente, "amarradero del Sol", un artefacto astronómico inca), varios canales de agua en funcionamiento y exquisitas mues-

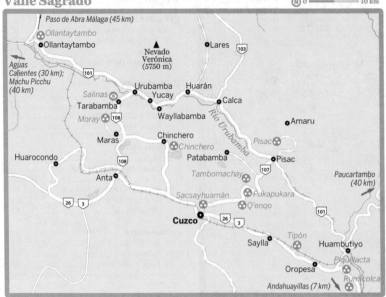

tras de mampostería en los **templos,** muy
bien conservados. Un sendero asciende por
la colina hasta unos baños ceremoniales y
la zona militar. Si se contempla el cañón de
Kitamayo desde el fondo, también se verán
cientos de agujeros, como si el muro del acantilado fuese un panal. Se trata de **tumbas
incas** que los huaqueros (saqueadores de
tumbas) robaron y que hoy se hallan cerradas a los turistas.

Los que suban a pie deben tener en cuenta que hay muchos senderos entrecruzados,
pero si se va en dirección a los bancales es
difícil perderse. Al oeste, o a la izquierda de
la colina, subiendo, está el cañón del río Kitamayo; al este, o la derecha, el valle del río
Congo. La hora punta es cuando llega la ma-
rea de grupos a media mañana los domingos,
martes y jueves.

Horno Colonial
San Francisco   PUNTO DE INTERÉS
(Mariscal Castilla s/n; tentempiés 2,50 PEN; ⊗6.00-
18.00) Por todas partes hay hornos de barro
donde se preparan empanadas y otras delicias, así como castillos de cuyes (castillos en
miniatura habitados por cuyes), sobre todo
por Mariscal Castilla. Sin embargo, este es el
más genuino del pueblo, ya que se trata de
un horno colonial de 1830.

Jardín Botanico   JARDINES
(☎084-63-5563; Grau, cuadra 4; entrada 8 PEN;
⊗8.00-16.30) Iniciativa privada con un patio
enorme lleno de bellos especímenes y un gato
residente.

La Capilla   IGLESIA
El INC (Instituto Nacional de Cultura), en
una decisión polémica, ordenó hace poco
derribar la iglesia de la plaza principal para
reconstruirla en estilo colonial. Vale la pena
asistir a las misas celebradas en una capilla
cercana. El servicio en quechua es los domingos a las 11.00.

A esa hora acuden los lugareños vestidos
con ropa tradicional, incluidos hombres con
el típico atuendo del Altiplano tocando cuer-
nos y *varayocs* (autoridades locales) con sus
bastones de mando de plata.

Amaru   ALDEA
Los interesados en los tejidos deben visitar
esta comunidad textil situada a 40 min en
taxi de Pisac.

Club Royal Inka   NATACIÓN
(entrada 10 PEN; ⊗8.00-16.00) Ideal para familias, esta zona de recreo privada es un buen
lugar para pasar la tarde. El pase diario da
acceso a una piscina olímpica cubierta decorada con fuentes, césped y un estanque de

Pisac

patos ornamental. También dispone de restaurante, sauna, estanque de truchas, instalaciones para barbacoas, billar, tenis de mesa, voleibol, tenis y sapo.

Situado aproximadamente a 1,5 km de la ciudad.

✦✦ Fiestas y celebraciones

La Virgen del Carmen   FESTIVAL
Las procesiones callejeras y los bailes de máscaras caracterizan la celebración de Mamacha Carmen, que derrota a los demonios subiendo por los tejados y balcones. Se celebra del 15 al 18 de julio aproximadamente.

🛏 Dónde dormir

En las afueras del pueblo hay retiros místicos y espirituales de gestión extranjera que ofrecen paquetes con ceremonias chamánicas; algunos son más comerciales que otros.

Hotel Pisac Quishu   PENSIÓN **$**
(📞084-43-6921; www.pisacinca.com; Vigil 242; i/d 50/100 PEN, i/d sin baño 40/70 PEN, todas c/ desayuno incl.; @ 🛜) Pensión pequeña y familiar supervisada por la simpática Tatiana. Dispone de unas pocas habitaciones coloridas, con derecho a cocina, distribuidas alrededor de un patio minúsculo. Hay una pensión hermana a 10 min a pie.

Kinsa Ccocha Inn   HOTEL **$**
(📞084-20-3101; kinsaccocha_inn@hotmail.com; Arequipa 307A; i/d 60/80 PEN, tr/c sin baño 75/100 PEN; 🛜) Con una higuera en su patio empedrado, este hotel sencillo desprende buenas vibraciones y está lleno de detalles atentos, como abundantes enchufes, buenas toallas y duchas calientes. No sirven desayuno, pero hay un café al lado.

Hotel Pisac Inca   PENSIÓN **$**
(📞084-50-9106; www.pisacinca.com; Wayna Picchu s/n; i/d/tr 136/179/223 PEN, i/d sin baño 56/99 PEN) A solo unas manzanas del centro, esta amplia pensión está impoluta. Las habitaciones se distribuyen alrededor de un jardín. Algunas tienen una pequeña cocina. También hay una terraza con vistas. Esta pensión y el Hotel Pisac Quishu están dirigidos por la misma familia hospitalaria.

Hospedaje Beho   PENSIÓN **$**
(📞084-20-3001, 984-848-538; hospedajebehopisac@gmail.com; Intihuatana 113; i/d 40/80 PEN, i/d sin baño 30/70 PEN; 🅿🛜) De camino a las ruinas, esta pensión familiar situada justo enfrente de una tienda de artesanía ofrece duchas calientes y un servicio sin lujos. El patio destartalado es un buen refugio del bullicio de las calles del mercado justo al lado. Ofrecen transporte al aeropuerto y alquiler de coches.

Club Royal Inka CAMPING **$**

(☑084-20-3066, 084-20-3064; parcela 25 PEN/persona; ⊠) No existe un *camping* mejor. Se monta la tienda en la parcela escogida, cercada y con luz, toma de corriente y un espacio para hacer fuego. Además, se puede disfrutar de todas las comodidades del club, incluida la piscina olímpica. También hay parque infantil.

★Pisac Inn PENSIÓN **$$**

(☑084-20-3062; www.pisacinn.com; plaza de Armas; i/d/tr desayuno incl. 185/230/295 PEN; @🛜)¡Ubicación excepcional! Encantador hostal en la plaza, con un tentador patio y románticos dormitorios con edredones de plumón de ganso y decoración andina. Las habitaciones con camas *king-size* son son más caras, pero más grandes. A diferencia de otros alojamientos, este abre todo el año y tiene buenos descuentos fuera de temporada. Debido a su ubicación, algunas habitaciones son ruidosas por la mañana cuando los vendedores se preparan fuera.

Melissa Wasi PENSIÓN **$$**

(i/d 181/294 PEN, bungaló 417 PEN; 🛜) Los huéspedes hablan maravillas del trato recibido en esta consolidada pensión situada a 2 km de Pisac, al lado de una carretera sombreada. También es un centro espiritual. El restaurante sirve cada noche cenas de chef. Solo hay wifi en las áreas comunes. Los bungalós dan cabida a cuatro personas.

La Casa del Conde PENSIÓN **$$**

(☑084-78-7818; www.cuzcovalle.com; i/d/ste desayuno incl. 185/247/309 PEN; 🛜) Bonita casa de campo llena de flores y encajada entre dos laderas. Esta pensión familiar con personalidad propia dispone de habitaciones agradables con edredones de plumas, calefacción y televisión por cable. Está a 10 min subiendo desde la plaza; no se puede llegar en automóvil, pero sí en mototaxi (moto de tres redas con techo) hasta la capilla que queda a unos 5 min.

Royal Inka Hotel Pisac HOTEL **$$**

(☑084-20-3066, 084-20-3064; www.royalinkahotel.pe; i/d desayuno incl. 147/205 PEN; 🛜⊠) Antigua gran hacienda reconvertida en un hotel nada pretencioso. Las habitaciones son amplias (muchas con vistas a las ruinas), rodeadas de jardines bien cuidados y porches techados. Los huéspedes pueden disfrutar de las instalaciones del Club Royal Inka, al otro lado de la carretera, además del *jacuzzi* y el *spa*. La

wifi solo funciona en algunos puntos. Situada a unos 1,5 km desde la plaza subiendo por la carretera a las ruinas.

🍴 Dónde comer

Restaurante Yoly PERUANO **$**

(☑084-20-3114; Amazonas s/n; menú 5 PEN; ⊙6.00-22.00) Popular entre los lugareños, este limpio restaurante ofrece comidas caseras con sopa y bebida incluidas.

Restaurante Valle Sagrado PERUANO **$**

(☑084-20-3009; Amazonas s/n; menú 8-23 PEN; ⊙8.00-21.00) Tiene un menú turístico más sofisticado, pero si se prefiere comer como los lugareños, pídase el menú básico.

Ulrike's Café CAFÉ **$$**

(☑084-20-3195; Manuel Pardo 613; menú vegetariano/con carne 22/25 PEN, principales 15-33 PEN; ⊙9.00-21.00; 🛜🍴) Soleado y sabroso café donde sirven un buen menú vegetariano, además de pasta casera, delicioso pastel de queso y un legendario pastel de zanahoria esponjoso. Hay un puesto de intercambio de libros, DVD y eventos especiales.

Mullu FUSIÓN **$$**

(☑084-20-3073; www.mullu.pe; San Francisco s/n, 2º piso; principales 14-32 PEN; ⊙9.00-21.00) Es tranquilo y acogedor. El balcón es el mejor sitio para observar el bullicioso mercado situado abajo en la plaza. Sirve un menú fusión que mezcla comida tailandesa y amazónica con un toque de las tierras altas peruanas. El cordero tradicional se deshace en la boca, y las sopas y zumos también están ricos.

**Restaurante
Cuchara de Palo** INTERNACIONAL **$$**

(☑084-20-3062; plaza de Armas; principales 15-38 PEN; ⊙7.30-9.30 y 12.00-20.00) Situado en el Pisac Inn, es un restaurante elegante, con ensaladas de cultivo ecológico y platos originales, como los raviolis de calabaza con maíz y nata. Las velas en las mesas del patio crean un buen ambiente. El servicio es lento.

ℹ️ Información

En la plaza de Armas funciona un cajero automático. En los alrededores hay lentos cibercafés y un pequeño supermercado en Bolognesi.

ℹ️ Cómo llegar y salir

Los autobuses a Urubamba (3 PEN, 1h) salen a menudo del puente del centro entre las 6.00 y las 20.00. Los microbuses a Cuzco (5 PEN, 1 h) parten desde la calle Amazonas cuando

TURISMO COMUNITARIO EN EL VALLE SAGRADO

Recientemente, las comunidades rurales se han vuelto más acesibles a los visitantes. Aunque son muy hospitalarias disponen de poca infraestructura para los viajeros, por lo que se recomienda organizar la visita con antelación.

➡ **La Tierra de los Yachaqs** (☎971-502-223; www.yachaqs.com) Red de turismo rural. Visitas a comunidades andinas, excursiones a los lagos del Altiplano y talleres para aprender medicina natural y tradiciones artesanas.

➡ **Parque de la Papa** (☎084-24-5021; www.parquedelapapa.org; Pisac) Esta nueva ONG organiza, entre otras actividades, excursiones de un día y talleres de cocina; fomenta el cultivo comunitario y la diversidad de la patata.

➡ Para visitar las comunidades tradicionales en ruta guiada se recomiendan **Journey Experience** (www.thejoex.com), **Chaski Ventura** (www.chaskiventura.com) y **Respons** (www.respons.org).

se llenan. Muchas agencias de viajes de Cuzco también tienen autobuses a Pisac, sobre todo los días de mercado.

Para ir a las ruinas de Pisac, óptese por los microbuses (ida 25-30 PEN por vehículo) que salen con frecuencia desde las proximidades de la plaza, o bien alquílese un taxi cerca del puente situado a la entrada del pueblo para recorrer los 7,5 km de carretera asfaltada hasta el yacimiento.

De Pisac a Urubamba

Entre Pisac y Urubamba hay un conjunto de bonitas aldeas que pueden explorarse en un solo día (también el pueblo de Calca, poco turístico pero soso). **Yucay y Huarán** disponen de alojamiento de lujo y varios restaurantes, y además son bases excelentes para explorar el seguro y pintoresco Valle Sagrado y sus muchos y curiosos ruinas secundarias. En la comunidad de **Patabamba** se puede ver o participar en una demostración del proceso de elaboración de los textiles, que comprende desde esquilar las ovejas o mon-

tar el telar hasta la elección de las plantas para el teñido, así como explicaciones sobre el significado de los colores y los dibujos de los estampados. Las opciones de senderismo también son excelentes. Es posible alojarse en *campings* o en casas particulares si se avisa con antelación. Los precios varían según el tamaño del grupo y el tipo de transporte. Tanto **Journey Experience** (www.thejoex.com) como **Chaski Ventura** (www.chaskiventura.com) ofrecen visitas.

En Huarán, la pensión **Greenhouse** (☎984-770-130; www.thegreenhouseperu.com; ctra Pisac-Ollantaytambo km 56,9; i/d/tr 232/309/417 PEN; @🛜) ofrece tranquilidad en el frondoso jardín con hamacas y máxima intimidad en las grandes e impolutas habitaciones. Cuenta con paneles solares, elabora compost y recicla, además de utilizar el agua del río para regar. Hay una sala de curación con masajes, acupuntura y *reiki*. Las cenas familiares (70 PEN) reúnen a todos los huéspedes en una mesa común. Para llegar tómese un autobús entre Pisac y Urubamba o un taxi (15 PEN) desde Urubamba.

También en Huarán, la agencia de aventuras **Munaycha** (☎984-770-381; www.munaycha.com; ctra Pisac-Ollantaytambo km 60,2) es altamente recomendable. Ofrece, entre otros viajes, caminatas guiadas a Lares y otras metas más cercanas, aparte de un abanico de rutas en bicicleta de montaña. Las opiniones sobre los circuitos mixtos de bicicleta de montaña y senderismo al lago de Huaipo, cerca de Chinchero, son excelentes.

Urubamba

☎084 / 27 00 HAB. / ALT. 2870 M

Este ajetreado y sencillo centro urbano es un núcleo de transportes rodeado de bucólicas laderas y cimas nevadas. Es muy popular entre los viajeros de circuitos organizados y abundan los hoteles buenos porque tiene a su favor la relativa cercanía a Machu Picchu y la altitud inferior. Aunque tiene poco interés histórico, el bonito paisaje y el buen tiempo lo convierten en una práctica base para explorar las extraordinarias minas de sal de Salinas y los bancales de Moray.

Urubamba es bastante extensa, así que la gente se desplaza en mototaxis. La plaza de Armas está cinco manzanas al este y cuatro al norte de la terminal, rodeada por la calle Comercio y Jirón Grau.

🏃 Actividades

Muchas actividades al aire libre que se desarrollan por la zona se organizan desde Cuzco, como los paseos a caballo, la escalada en roca, la bicicleta de montaña, el parapente y los vuelos en globo aerostático.

Perol Chico   PASEOS A CABALLO
(☑950-314-065; www.perolchico.com; paquetes con estancia desde 590 US$) Eduard van Brunschot Vega, peruano de origen holandés, gestiona este excelente rancho de caballos de paso peruanos a las afueras de Urubamba. Organiza rutas a caballo de hasta quince días; la que se adentra en el Valle Sagrado pasando por Salinas, Maras y Moray incluye todas las comidas y alojamiento de lujo. Es necesario reservar con antelación.

Cusco for You   PASEOS A CABALLO
(☑084-79-5301, 987-841-000; www.cuscoforyou.com; ctra a Salineras de Maras; paseo de un día 170 US$) Muy recomendado para rutas a caballo y a pie de uno a ocho días. Las rutas a caballo llegan hasta Moray y Salinas entre otras destinaciones regionales. Pregúntese por las tarifas especiales para familias y grupos.

Sacred Wheels   CIRCUITOS EN BICICLETA
(☑954-700-844; www.sacredwheels.com) Hasta el ciclista ocasional puede disfrutar de estos circuitos en bicicleta de montaña por el valle y la zona urbana de Urubamba.

🛏 Dónde dormir

Este nuevo centro de hoteles de lujo, sorprende por la reducida oferta de alojamiento de precio medio y económico. Casi todos los hoteles se concentran en la carretera, al oeste de la ciudad y la estación de autobuses, de camino a Ollantaytambo.

Los Jardines   HOTEL $
(☑084-20-1331; www.losjardines.weebly.com; Jirón Convención 459; i/d/tr 60/80/90 PEN) La ubicación de este hotel familiar, en una gran casa de adobe dentro de un recinto vallado y con jardines en flor, hace olvidar que fuera hay una ciudad. Habitaciones sencillas pero limpias, algunas con enormes ventanales. Famoso por su buen servicio. El desayuno bufé servido en el jardín se considera un extra (12 PEN). Se puede llegar a pie desde la plaza.

Llama Pack   ALBERGUE $
(dc desayuno incl. 35 PEN) Situado fuera de la ciudad en la carretera principal, este afable hostal está rodeado por un muro. Cuenta con varias habitaciones con literas, un área común y cocina compartida limpia. Los propietarios tienen mucha información sobre circuitos a pie y en bici, y dirigen rutas en llama a Lares y otros destinos. Es necesario contactar con antelación, pues normalmente nadie atiende la puerta.

Los Perales Ecolodge   PENSIÓN $
(☑084-20-1151; www.ecolodgeurubamba.com; Pasaje Arenales 102; h 35 PEN/persona) Escondida en una ladera, esta acogedora pensión familiar ofrece cuartos sencillos a buen precio rodeados de enormes jardines. Los agradables propietarios sirven panqueques de plátano y mermelada de tomate de su propio huerto para desayunar. Para evitar perderse, se recomienda ir en mototaxi (1 PEN) desde la terminal.

★Las Chullpas Ecolodge   CABAÑAS $$
(☑084-20-1568; www.chullpas.pe; Querocancha s/n; i/d/tr/c desayuno incl. 140/200/270/300 PEN; @🛜) Un grupo de acogedoras cabañas de adobe en medio del bosque, escondidas 3 km más arriba del pueblo, son una vía de escape perfecta. Las habitaciones cuentan con cómodas camas y chimenea. El recinto, enclavado entre eucaliptos, se extiende entre sugerentes senderos y zonas de descanso con hamacas. En la cocina abierta se sirven platos vegetarianos. También realizan tratamientos holísticos (bajo pedido).

Gran parte de los productos que utilizan son de cultivo ecológico y se esfuerzan por elaborar compost y reciclar. Su amable propietario chileno también es guía de senderismo, sobre todo de rutas por el valle de Lares. Muy recomendable. Conviene apuntar bien las señas, porque las carreteras no están señalizadas y no todos los taxistas lo conocen.

★Sol y Luna   HOTEL-BOUTIQUE $$$
(☑084-20-1620; www.hotelsolyluna.com; Fundo Huincho lote A-5; d/tr desde 905/1199 PEN; @🛜🏊) Este extravagante hotel de lujo, propiedad de Relais & Chateaux, es como un cuento de hadas. Los amantes del arte popular estarán encantados con las 43 casitas con murales y divertidas estatuas gigantes del famoso artista peruano Federico Bauer. El ambiente alegre se refleja en los llamativos tonos tropicales y en una decoración con camas de madera tallada, bañeras de pie y refinadas arañas.

En esta propiedad francosuiza, todo cautiva al viajero. La diversión nocturna está asegurada con las actuaciones circenses de antiguos artistas del Cirque du Soleil. Durante el día se puede montar en caballos peruanos de paso por las 15 Ha del recinto o ir más allá. Su aclamado restaurante Wayna es una creación del famoso chef del Malabar en Lima. También ofrece otras opciones más informales al aire libre con circuitos gastronómicos y visitas de chefs.

Río Sagrado Hotel HOTEL DE LUJO **$$$**

(☎084-20-1631; www.riosagradohotel.com; d desayuno incl. desde 1190 PEN; @🔊) Esta propiedad de la empresa Belmond es el paradigma del lujo discreto. Refugio de diseño con habitaciones rústico con vigas irregulares y detalles de exquisitos bordados de Ayacucho. Su ubicación en una escarpada ladera confiere intimidad a las estancias, dispuestas en terrazas comunicadas por senderos. Desde las hamacas, situadas entre las cascadas, se goza de vistas del río. Ofrece *spa, jacuzzi*, sauna y restaurante.

K'uychi Rumi BUNGALÓS **$$$**

(☎084-20-1169; www.urubamba.com; d/c desayuno incl. 432/710 PEN; @🔊) El nombre en quechua significa "piedra arcoíris", este recinto vallado con cabañas de dos pisos situadas entre jardines proporciona un auténtico retiro. Frecuentado por familias y popular entre los viajeros europeos. La mayoría de los bungalós consta de dos habitaciones con cocina pequeña, chimenea, terraza y balcón; y se comunican por un laberíntico sendero lleno de colibríes y simpáticos perros. Está entre el km 74 y el km 75 de la carretera principal, más de 2 km al oeste del pueblo.

Tambo del Inka HOTEL DE LUJO **$$$**

(☎084-58-1777; www.libertador.com.pe; d/ste desde 661/1282 PEN; @🔊🌊) Igual que Hogwarts, tiene su propia estación de tren, muy práctica para un paseo matutino por Machu Picchu. Austero e imponente, este hotel con certificado LEED (planta de tratamiento de agua y filtros UVA de aire propios) ocupa un inmenso terreno salpicado de eucaliptos gigantes junto al río. Este árbol se emplea también en la decoración de los interiores e incluso en los tratamientos del *spa*.

Lo mejor es la piscina cromoterapéutica interior-exterior y el moderno salón con un inmenso mural retroiluminado hecho con fragmentos de ónice. Las habitaciones son agradables y cómodas, pero sorprende que

servicios básicos como el desayuno y el wifi se cobren aparte.

Casa Andina HOTEL DE LUJO **$$$**

(☎en Lima 01-213-9739; www.casa-andina.com; 5º Paradero, Yanahuara; d/ste desayuno incl. desde 386/426 PEN; @🔊) Este hotel de una cadena peruana se halla en un encantador entorno campestre y ofrece 92 habitaciones repartidas en casitas adosadas rodeadas de jardines. El vestíbulo principal y el restaurante están en un recinto acristalado de techos altos. Las habitaciones clásicas ofrecen los servicios estándar y televisión de plasma. Organizan paseos a caballo, en bicicleta y visitas a Maras y Moray, entre otras actividades.

🍴 Dónde comer y beber

Los hoteles de categoría tienen buenos restaurantes abiertos al público. Algunas quintas turísticas situadas por la la autopista al este del grifo (gasolinera) sirven comida andina típica.

Kaia CAFÉ **$**

(☎084-20-1192; av. Berriozabal; principales 12-22 PEN; ⊙12.00-18.00 do-ju, hasta 21.00 vi-sa) Una buena incorporación a Urubamba, esta cafetería con jardín ofrece rica comida vegetariana, menú del día (18-24 PEN) y hasta comida casera para bebés (8 PEN), además de hamburguesas de lentejas, tacos, salsa picante casera y acompañamientos de crujientes verduras salteadas. Los deliciosos zumos frescos llevan una pizca de miel o maca, un estimulante natural. Ocasionalmente hay música en vivo.

★Huacatay PERUANO **$$**

(☎084-20-1790; Arica 620; principales 32-50 PEN; ⊙13.00-21.30 lu-sa) Acogedora casita para pasar la noche situada en una estrecha calle lateral. Aunque no todos los platos son un éxito, nadie puede perderse el filete tierno de alpaca con una reducción de oporto acompañado de un cremoso *risotto* de quinua con brochetas de patatas fritas. El personal es servicial y el ambiente cálido.

Tres Keros
Restaurant Grill & Bar NOVOANDINA **$$**

(☎084-20-1701; ctra Señor de Torrechayoc; principales desde 26 PEN; ⊙almuerzo y cena) El parlanchín chef Ricardo Behar prepara unos sabrosos platos *gourmet,* ahúma sus propias truchas e importa carne argentina. Disfrútese aquí del placer de comer como se merece. Situado 500 m al oeste de la ciudad.

🛍 De compras

Seminario Cerámicas CERÁMICA
(☎084-20-1002; www.ceramicaseminario.com; av. Berriozabal 405; ☺8.00-19.00) El ceramista local de fama internacional Pablo Seminario crea originales piezas de influencia prehispánica. Su taller, en realidad una pequeña fábrica, está abierto al público y ofrece un circuito organizado que muestra todo el proceso de elaboración de la cerámica.

ℹ Información

El **Banco de la Nación** (Mariscal Castilla s/n) cambia dólares estadounidenses. Hay cajeros en la gasolinera de la esquina de la carretera con la calle principal, Mariscal Castilla, así como en la carretera que queda al este. La **Clínica Pardo** (☎984-10-8948), en la carretera, un par de manzanas al oeste de la gasolinera, ofrece asistencia médica.

ℹ Cómo llegar y desplazarse

Urubamba es el principal centro de transporte del valle. La terminal de autobuses está aproximadamente 1 km al oeste del pueblo por la carretera. Hay servicios cada 15 min a Cuzco (4 PEN, 2 h) vía Pisac (4 PEN, 1 h) o Chinchero (3 PEN, 50 min), así como autobuses frecuentes (1,50 PEN, 30 min) y colectivos (2,50 PEN, 25 min) a Ollantaytambo.

Los colectivos a Quillabamba (35 PEN, 5 h) salen desde la gasolinera (grifo).

Un viaje estándar en mototaxi por el pueblo cuesta 1 PEN.

Salinas

Salinas (entrada 10 PEN; ☺9.00-16.30) es una de las vistas más espectaculares del área de Cuzco, con numerosas salinas usadas para extraer sal desde los tiempos de los incas. Una fuente de agua termal en lo alto del valle vierte un pequeño arroyo de agua muy salada, que se desvía hacia las salinas y se evapora para suministrar pastos de sal para el ganado. Suena todo muy prosaico, pero el efecto general es bello y surrealista.

Para llegar, se cruza el río Urubamba por encima del puente de Tarabamba, unos 4 km valle abajo desde Urubamba, se gira a la derecha y se toma un sendero que discurre a lo largo de la orilla sur hasta un pequeño cementerio, donde hay que girar a la izquierda y caminar 500 m colina arriba hasta las salinas de Salinas. Una agreste carretera que puede recorrerse en taxi se adentra en Salinas desde arriba y brinda espectaculares vistas. Casi a diario llegan grupos organizados por esta ruta. Un taxi desde Urubamba para visitar Salinas y la cercana Moray cuesta 120 PEN aproximadamente. También se puede ir a pie o en bicicleta desde Maras. Si no hace calor, bájese a pie desde Maras y contrátese con antelación un taxi para la recogida.

Chinchero

📍084 / 900 HAB. / ALT. 3762 M

Esta típica aldea andina, que para los incas era la cuna del arcoíris, combina las ruinas incas con una iglesia colonial, magníficas vistas de las montañas y un colorido mercado dominical. Por su altitud, no se recomienda pasar la noche, a menos que uno ya se haya aclimatado. Para entrar al recinto de las ruinas, la iglesia y el museo se necesita el boleto turístico (adultos/estudiantes menores de 26 años con carné ISIC 130/70 PEN) que durante 10 días da acceso a 16 instalaciones de la región, incluyendo Cuzco.

◎ Puntos de interés y actividades

Iglesia Colonial de Chinchero IGLESIA
(adultos/estudiantes menores de 26 años con carné ISIC 130/70 PEN; ☺8.00-17.30) Este templo colonial construido sobre unos cimientos incas es uno de los más hermosos del valle. Vale la pena visitar su interior, decorado con alegres motivos florales y religiosos.

Mercado de Chinchero MERCADO
Abierto los martes, jueves y, sobre todo, domingos. Es menos turístico que el de Pisac y merece el desplazamiento. Los domingos, lugareños en trajes típicos bajan de las montañas para acudir al mercado agrícola, donde todavía se hacen auténticos trueques. Es una de las pocas ocasiones de presenciarlos.

Centro de Textiles Tradicionales ARTESANÍA
(Manzanares s/n) El mejor taller de artesanía de la población.

Ruinas incas RUINAS
El complejo arqueológico más extenso está formado por un conjunto de bancales. Si se recorren por el lado derecho del valle al salir

del pueblo, se observan varias rocas talladas en forma de asiento y escaleras.

Museo de Sitio MUSEO
(☎084-22-3245; adultos/estudiantes menores de 26 años con carné ISIC 70/35 PEN; ⊙9.00-17.00 ma-do) ✐ Pequeño museo arqueológico frente a la iglesia con una gran colección de cuencos de cerámica rotos. Para entrar se necesita el boleto turístico parcial, válido por dos días y con acceso a la ruinas cercanas.

Wayllabamba EXCURSIONISMO
En el otro lado del valle, un camino sube antes de dirigirse al norte y bajar al valle del río Urubamba (4 h aprox.). Una vez en el río, el sendero gira a la izquierda y continúa hasta un puente en Wayllabamba. Al cruzarlo se puede ir o bien a la carretera del Valle Sagrado en dirección a Calca (giro a la derecha, 13 km aprox.) o bien a Urubamba (giro a la izquierda, 9 km aprox.).

Se puede parar cualquier autobús que pase por allí hasta media tarde, o bien seguir caminando hasta Yucay, final oficial del camino. Allí se hallará una iglesia colonial, unas ruinas incas y un seductor alojamiento.

🛌 Dónde dormir y comer

Ambos alojamientos cuentan con buenos restaurantes abiertos a los no huéspedes. No hay mucha más oferta en el pueblo.

La Casa de Barro PENSIÓN $$
(☎084-30-6031; www.lacasadebarro.com; Miraflores 147; i/d/tr desayuno incl. 185/247/294 PEN) Un maravilloso retiro para parejas o familias.

MÁS POR EXPLORAR EN OLLANTA

¿Cautivado por este pueblecito? Pues aún queda mucho por hacer:

➡ Explorar las ruinas de Pinkulluna con magníficas vistas a la población. Se entra por la calle Lari. El sendero es empinadísimo, así que hay que caminar con cuidado y calzar unas buenas botas de agarre.

➡ Excursión de un día a Intipunku (p. 261), un antiguo puesto de vigilancia inca.

➡ Ir caminando o en bicicleta de montaña hasta Pumamarka, un yacimiento inca casi olvidado. Ruta de medio día. Los hoteles locales pueden indicar el camino.

Casa de adobe, de diseño, con influencia italiana, que cuenta con laberínticas escaleras de caracol, un jardín exuberante y habitaciones de buen gusto con colchas agradables. Además está preparado para los niños, con una sala de juegos y columpios. Los empleados pueden organizar excursiones por toda la región. El menú del día del restaurante cuesta 60 PEN, y la versión vegetariana, 50 PEN.

Hospedaje Mi Piuray PENSIÓN $
(☎084-30-6029; www.hospedajemipiuraycus co.com; Garcilaso 187; i/d/tr/c desayuno incl. 70/100/110/120 PEN) Acogedor hospedaje familiar con habitaciones grandes y limpias en tonos pasteles y un patio soleado. Cuenta con un bar y restaurante.

ℹ Cómo llegar y salir

Los colectivos y combis que operan entre Cuzco (6 PEN y 5 PEN respectivamente, 45 min) y Urubamba (6 PEN y 4 PEN respectivamente, 30 min) paran en la esquina de la autopista con la calle Manco Cápac II, solo hay que hacerles una señal. También dejan en puntos intermedios, como el desvío a Maras.

Moray y Maras

Los impresionantes bancales similares a un profundo anfiteatro en Moray (boleto parcial 70 PEN; ⊙amanecer-anocher), accesible desde la pequeña ciudad de Maras (entrada 10 PEN), es un espectáculo fascinante. Como si fuera un cuenco gigante, los distintos niveles de terrazas están excavados en la tierra y cada uno tiene su propio microclima según la profundidad. Según algunas teorías, los incas usaban los bancales como laboratorios para descubrir las condiciones óptimas de cultivo de varias especies. Hay tres cuencos, y uno está sembrado con distintas cosechas, como una suerte de museo vivo.

Aunque está fuera de las rutas marcadas (y por tanto brinda una bocanada de aire fresco), no es difícil acceder a este lugar. Tómese cualquier transporte que viaje entre Urubamba y Cuzco por Chinchero y pídase al conductor que pare en el desvío de Maras/Moray. Normalmente los taxis esperan en este desvío para llevar a los turistas a Moray y traerlos de vuelta por 50 PEN, o para ir y volver de Moray y Salinas por 70 PEN. Un taxi desde Urubamba para visitar Moray y Salinas cuesta 100 PEN aproximadamente.

También se puede emprender por cuenta propia el camino de 4 km hasta la aldea de Maras y desde allí seguir la carretera durante otros 9 km hasta Moray.

Desde Maras se puede ir a pie o en bicicleta hasta Salinas, a unos 6 km. El sendero arranca detrás de la iglesia. La compañía de taxis de Maras alquila bicicletas a tal fin. Es un trayecto divertido, breve y de vía única.

Ollantaytambo

084 / 700 HAB. / ALT. 2800 M

Esta pintoresca aldea está dominada por dos vastas ruinas incas que todos conocen como Ollanta. Es el mejor ejemplo de planificación urbana inca que se conserva, con estrechas calles adoquinadas, habitadas sin interrupción desde el s. XIII. Una vez pasadas las hordas de turistas de camino a Machu Picchu, a última hora de la mañana, Ollanta se convierte en un sitio encantador, perfecto para deambular por sus laberínticos y estrechos pasajes, edificios de piedra y susurrantes canales de riego, y creer que se ha viajado en el tiempo. Además, brinda la oportunidad de practicar ciclismo y excursionismo.

En la actualidad acusa el hecho de ser una vía importante entre Cuzco y la jungla. Como no hay carreteras alternativas, camiones y autobuses pasan de prisa por la estrecha calle principal (casi rozando a los peatones). Los lugareños debaten sobre el trastorno que supone para la vida del pueblo, así como para el desgaste de las ruinas, pero de momento no está prevista la construcción de una vía alternativa.

En la plaza de Armas y alrededores hay un par de cibercafés y cajeros automáticos. No hay bancos, pero sí varios sitios para cambiar dinero.

⦿ Puntos de interés y actividades

Ruinas de Ollantaytambo RUINAS
(adultos/estudiantes menores de 26 años con carné ISIC 130/70 PEN; ⊘7.00-17.00) Los empinados bancales que vigilan las ruinas incas de Ollantaytambo señalan uno de los pocos lugares donde los conquistadores españoles perdieron una gran batalla.

El rebelde Manco Inca, tras la derrota en Sacsayhuamán, se retiró hasta esta fortaleza. En 1536, Hernando Pizarro, hermanastro menor de Francisco, condujo un grupo de 70 soldados de caballería hasta Ollantaytambo, con el apoyo de numerosos indígenas y efectivos españoles de a pie, con la intención de capturar a Manco Inca.

Los conquistadores fueron incapaces de ascender hasta la fortaleza ante la lluvia de flechas, lanzas y rocas que caía desde las terrazas. En una maniobra genial, Manco Inca había hecho construir unos canales en la llanura situada bajo la fortaleza y los inundó. Los caballos de los españoles se atascaron en el agua y Pizarro ordenó la retirada, mientras eran perseguidos por el ejército triunfante de Manco. Aun así, la victoria inca no duró mucho. Pronto, las fuerzas españolas regresaron con su caballería cuadruplicada y Manco huyó a su fortaleza de Vilcabamba, oculta en la jungla.

Aunque Ollantaytambo fue una fortaleza muy eficiente, también ejerció como templo. En lo alto de las terrazas escalonadas se halla un **centro ceremonial** ricamente trabajado. En la época de la conquista se estaban construyendo unos muros de excelente factura que jamás se acabaron. La piedra para tal fin se extrajo de una ladera situada a 6 km, muy por encima de la orilla opuesta del río Urubamba, y el mero hecho de transportar los bloques hasta este lugar ya fue toda una proeza. Para desplazar los gigantescos bloques desde el otro lado del río, los incas tuvieron que arrastrarlos hasta la orilla y luego desviar el cauce a su alrededor.

La excursión de 6 km hasta la cantera inca, en la otra orilla, es un buen paseo desde Ollantaytambo. Parte del puente inca a la entrada de la aldea y se tarda unas horas en llegar al destino. De camino, se encuentran varios bloques de piedra abandonados, llamados "piedras cansadas". Si se echa la vista atrás hacia Ollantaytambo, se verá la enigmática ilusión óptica de una pirámide en los campos y muros frente a la fortaleza, que algunos eruditos creen que señala el legendario lugar donde los primeros incas brotaron de la Tierra.

Choco Museo CURSO DE COCINA
(084-43-6753; Ventiderio s/n; taller 35-75 PEN/persona; ⊘9.00-18.30) El Museo del Chocolate tiene varias tiendas, y justo en esta se pueden encontrar a la venta productos a base de chocolate y cacao. Ofrece también talleres diarios para aprender a hacer chocolate.

Ortiz Adventures Tours BICICLETA DE MONTAÑA
(084-46-6735, 992-532-448; josemanuel_jjm@hotmail.com) Circuitos en bicicleta de montaña a Moray y Maras, Pumamarka y otros destinos solo aptos para ciclistas expertos.

Ollantaytambo

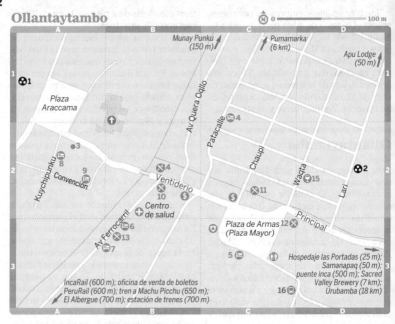

Sota Adventure   DEPORTES DE AVENTURA
(📞984-455-841; www.sotaadventure.com) Negocio de gestión familiar muy recomendado por los lectores, sobre todo por los paseos a caballo. También ofrece rutas en bicicleta de montaña y excursiones de varios días.

🎊 Fiestas y celebraciones

Día de los Reyes Magos   FESTIVAL
Se celebra del 5 al 8 de enero, cuando los habitantes de las comunidades aledañas se acercan a pie hasta Ollanta para celebrar la Epifanía. Tras la procesión, hay danzas tradicionales y una corrida de toros.

Señor de Choquechilca   FESTIVAL
La celebración anual más importante, que tiene lugar en Pentecostés, a finales de mayo o principios de junio, conmemora el milagro local del Señor de Choquechilca, cuando junto al puente inca apareció una cruz de madera. Se festeja con música, danzas y coloridas procesiones.

🛏 Dónde dormir

En las calles al este de la plaza de Armas hay abundante alojamiento de precio económico y medio.

Casa de Wow   ALBERGUE $
(📞084-20-4010; www.casadewow.com; Patacalle s/n; dc 62 PEN, i 124 PEN, d con/sin baño 185/155 PEN; @🛜) Acogedor hogar para cuando se está lejos de casa, dirigido por Wow, un artista local. Las literas son cómodas y calientes y las parejas pueden optar por la fantástica cama real inca hecha a mano (a diferencia de la original, las tablas están sujetas con cuerdas y no con tripas de llama). No olvidarse de firmar en el libro de visitas más grande del mundo al partir.

Hospedaje las Portadas   PENSIÓN $
(📞084-20-4008; las.portadas@yahoo.com; Principal s/n; dc 15 PEN, i/d 30/50 PEN, i/d sin baño 20/35 PEN) Aunque por fuera no paren de pasar turistas y autobuses locales, esta agradable pensión familiar consigue mantener un ambiente tranquilo. Tiene un patio con flores, césped abundante y terraza para ver las estrellas. Las habitaciones son anticuadas y tienen los cojines desgastados, pero aún así sigue siendo una ganga.

Chaska Wasi   ALBERGUE $
(📞084-20-4045; www.hostalchaskawasi.com; plaza de Armas s/n; dc/d desayuno incl. 20/60 PEN; @🛜) Los mochileros aprecian la compañía de la

Ollantaytambo

encantadora y servicial Katy y sus gatos. Los dormitorios son alegres pero simples, con duchas eléctricas y a muy buen precio.

★ **Apu Lodge**   PENSIÓN **$$**
(🖉084-79-7162; www.apulodge.com; Lari s/n; i/d/c desayuno incl. 170/190/280 PEN; @🛜) Este moderno alojamiento, con un amplio jardín y situado junto a las ruinas, es un auténtico refugio gracias al acogedor personal y la amabilidad del propietario escocés. Las amplias y cálidas habitaciones disponen de potentes duchas de agua caliente que disiparán cualquier dolor muscular. Hay wifi en la zona común. El desayuno consta de yogur, cereales, fruta fresca y huevos.

★ **El Albergue**   B&B **$$**
(🖉084-20-4014; www.elalbergue.com; estación de trenes; d desayuno incl. desde 282 PEN; @🛜) Este alojamiento romántico rezuma encanto andino. Rodeado de verdes prados y parterres de flores, sus habitaciones, ubicadas en un edificio de principios del s. xx, tienen ropa de cama de calidad. Hay calefactores portátiles, juegos para niños y sauna. Está a 800 m del centro del pueblo (cuesta arriba). Tiene un excelente restaurante.

La Casa del Abuelo   HOTEL **$$**
(🖉084-43-6747; lacasadelabuelo78@gmail.com; Convencion 143; i/d desayuno incl. 86/170 PEN). Alabado por su servicio atento, este pequeño nuevo hotel de varias plantas está situado al final de la calle. Habitaciones bonitas, inmaculadas y con edredones de plumas. Sirven café recién hecho con el desayuno. Es una buena opción.

Samanapaq   PENSIÓN **$$**
(🖉084-20-4042, 999-583-243; www.samanapaq.com; Principal esq. Alameda de las Cien Ventanas; d/tr desayuno incl. 291/381 PEN; 🛜) Recomendado por la cálida bienvenida de Venus, una dulce gran danés, este complejo en crecimiento tiene una zona de césped para que los niños puedan correr, espacios comunes agradables y 20 habitaciones estilo motel con duchas de hidromasaje. Ofrece desayuno bufé. Tiene un taller de cerámica.

Munay Punku   PENSIÓN **$$**
(🖉084-62-4263; www.munaypunku.com; av. Quera Oqllo 704; i/d/tr 120/150/200 PEN; 🛜) Hogareña pensión de tres plantas en las afueras del pueblo en dirección a las ruinas de Pumamarka. Ruth y su familia son buenos anfitriones y además las habitaciones son anchas e incluyen camas firmes con buenas sábanas. Ofrece vistas al río y al campo.

Hotel Muñay Tika   HOTEL **$$**
(🖉084-20-4111; www.munaytika.com; av. Ferrocarril s/n; i/d/tr desayuno incl. 90/110/130 PEN; @🛜) Moderno y amplio. Las habitaciones con cristales ahumados tienen parqué y edredones de plumón. El jardín es ideal para pasar el rato.

K'uychi Punku Hostal   HOTEL **$$**
(🖉084-20-4175; kuychipunkuhostal@yahoo.com; Kuyuchipunku s/n; i/d/tr desayuno incl. 50/100/150 PEN; 🛜) Gestionado por la maravillosa familia Bejar-Mejía, a veces aceptan el regateo. Los alojamientos se dividen entre un edificio inca con paredes de 2 m de grosor y una construcción moderna con menos carácter. El desayuno, a base de huevos y zumo, se sirve en el comedor al aire libre más fotografiado de Ollanta.

Hostal las Orquídeas   HOTEL **$$**
(🖉084-20-4032; www.hotellasorquideasllanta ytambo.com; av. Ferrocarril s/n; i/d/tr desayuno incl. 85/125/180 PEN; 🛜) Tiene un pequeño patio verde y habitaciones con parqué, edredones de plumón y TV.

CUZCO Y EL VALLE SAGRADO OLLANTAYTAMBO

✖ Dónde comer

Uchucuta
PERUANO $

(📞951-141-514; Ventiderio s/n; principales 22-39 PEN; ⏱12.00-22.00) No es la típica cafetería. Modesto restaurante que sirve fantástica comida peruana con una presentación artística. Su versión del pollo *cordon bleu* está relleno de espinacas y se sirve con un timbal de arroz frito sabroso y esponjoso. También hay jugosos filetes de alpaca y pasta casera. Tiene una cocina abierta impecable y un servicio amable.

Il Piccolo Forno
ITALIANA $

(📞996-400-150; Chaupi s/n; principales 15-25 PEN; ⏱12.00-21.00) Las *pizzas* de borde fino y las ensaladas con crujientes trozos de pollo son las estrellas de este pequeño local dirigido por una pareja ítalo-peruana. Buena opción para satisfacer el hambre sin complicaciones.

La Esquina
CAFÉ $

(📞084-20-4078; principales 12-18 PEN; ⏱7.00-21.00; 📶📞) Cafetería y pastelería situada en la esquina y provista de un menú intimidante hecho para los ojos que sufren vista cansada. Destacan las originales ensaladas con hortalizas frescas, las verduras y la quinua. Los desayunos también están muy ricos.

Tutti Amore
HELADERÍA $

(av. Ferrocarril s/n; helados 5 PEN; ⏱8.30-19.00) Andrés, de Rosario, Argentina, sirve helados caseros al estilo italiano. Se recomienda probar algunos sabores de frutas exóticas. Está a mitad de camino bajando a la estación.

★ El Albergue Restaurante
INTERNACIONAL $$

(📞084-20-4014; estación de trenes; principales 22-41 PEN; ⏱5.30-10.00, 12.00-15.00 y 18.00-21.00) 🍴 Café de paso que sirve cenas peruanas tradicionales elegantes a buen precio. Acogedor, con una cocina abierta rodeada de boles de fruta y velas adornando las mesas. Se recomienda empezar con las causas (plato de patata) o los productos del huerto. Los medallones de cordero con chimichurri son deliciosos, así como el filete con pimienta peruana del árbol que hay afuera.

También sirve cerveza local artesana. Si se tiene poco apetito, óptese por las medias raciones de pasta casera. Si se viaja en tren se puede pasar por el Café Mayu a tomarse un café exprés o una tarta de queso casera.

Hearts Café
CAFÉ $$

(📞084-20-4078; Ventiderio esq. av. Ferrocarril; principales 10-28 PEN; ⏱7.00-21.00; 📞) Ofrece café delicioso, vino, cerveza y comida sana y saludable. Algunos de sus ingredientes son de cultivo orgánico y además preparan fiambreras para excursiones. Destacan los desayunos con huevos rancheros (huevo frito con judías servido en una tortilla). Las mesas exteriores son ideales para ver la gente pasar.

🍺 Dónde beber y vida nocturna

Ganso
BAR

(📞984-30-8499; Waqta s/n; ⏱14.00-hasta tarde) Mezcla de cabaña arborícola, circo y Batman. Su alucinógena decoración atrae a cualquiera. La guinda del pastel son los columpios para sentarse y la barra de bomberos.

Sacred Valley Brewery
FÁBRICA DE CERVEZA

(⏱sa y do) Situada a 7 km fuera del pueblo en dirección a Urubamba, esta fábrica de cerveza artesanal elaborada con ingredientes locales sirve cuatro variedades de pintas, incluso una cerveza ámbar muy suave y apetecible. Visítese su página de facebook para informarse sobre sus barbacoas mensuales.

ℹ Cómo llegar y salir

AUTOBÚS Y TAXI

Hay combis y colectivos frecuentes entre Urubamba y Ollantaytambo (1,5 PEN y 3 PEN respectivamente, 30 min) de 6.00 a 17.00. Para ir a Cuzco lo más fácil es cambiar en Urubamba, aunque hay alguna que otras salida directa de la estación de tren de Ollantaytambo al puente Grau de Cuzco (combis 15 PEN, 2 h; colectivos 15 PEN 1½ h).

Si bien Ollantaytambo está más cerca de Santa María (para quienes sigan hasta Santa Teresa) y Quillabamba, los autobuses que pasan ya están llenos. Lo mejor es retroceder hasta la terminal de Urubamba para asegurarse un sitio.

TREN

Ollantaytambo es un núcleo de transporte entre Cuzco y Machu Picchu, ya que el modo más rápido y barato de viajar entre ambos sitios es tomar una combi (2 h) y luego el tren entre Ollantaytambo y Aguas Calientes (2 h). Dos compañías ofrecen este servicio. En las horas punta el precio es más alto.

IncaRail (📞084-43-6732; www.incarail.com; av. Ferrocarril s/n) Tres salidas diarias desde Ollantaytambo y cuatro clases de servicio (ida 191-423 PEN). Grandes descuentos para niños.

PeruRail (www.perurail.com; av. Ferrocarril s/n; ⏱5.00-21.00) Servicio hacia Aguas Calientes con múltiples salidas diarias. Con tres clases de servicio, aunque algunos viajes tienen extras. Tarifas de ida: Expedition (desde

197 PEN), Vistadome (desde 58 PEN) y el lujoso Hiram Bingham (desde 1153 PEN).

ℹ️ Cómo desplazarse

Ollantaytambo Travel (☎084-62-4263, 984-537-329; www.ollantaytambotravel.com) Servicio de taxi fiable con conductores responsables disponibles para circuitos por el Valle Sagrado y trayectos privados al aeropuerto (110 PEN por tres pasajeros).

MACHU PICCHU Y EL CAMINO INCA

La extensa ciudadela inca de Machu Picchu, envuelta en neblina y rodeada por una frondosa vegetación y pronunciadas vertientes, es un icono que colma todas las expectativas. Con tiempo e interés, recorrer a pie el sugerente Camino Inca hasta Machu Picchu, como antaño hacían sus habitantes, es una experiencia completa. Pero no hay peregrinación sin obstáculos. Todos los viajeros deben pasar por Aguas Calientes, puerta de entrada a Machu Picchu. Esta pobre población, en parte trampa para turistas, en parte el salvaje Oeste, está aislada del resto de la región y solo tiene acceso ferroviario.

Aguas Calientes

☑️084 / 1000 HAB. / ALT. 2410 M

También conocida como Machu Picchu Pueblo, se halla en un profundo cañón bajo las ruinas. Es casi una isla, no llega carretera alguna y está cercada por peñascos, altos bosques nubosos y dos ríos torrenciales. A pesar de su bello entorno, Aguas Calientes es una especie de tierra de nadie, con una población itinerante, servicios orientados a los turistas y una arquitectura tradicional a base de acero corrugado y cemento. Con comerciantes dados a la venta agresiva, cuesta no sentirse agobiado. Lo mejor es llegar sin expectativas.

Aun así, pasar la noche comporta una ventaja de peso: llegar pronto a Machu Picchu. El sendero que va de la estación de trenes a la parada de autobuses de Machu Picchu tiene escalones. Los viajeros con sillas de ruedas deben ir por el pequeño puente hasta Sinchi Roca y atravesar el centro del pueblo.

◉ Puntos de interés y actividades

En el 2017 habrá un nuevo centro turístico y un pequeño museo del Ministerio de Cultura en Puente Ruinas.

Museo de Sitio Manuel Chávez Ballón · MUSEO

(entrada 22 PEN; ⊗9.00-17.00) Ofrece buena información sobre las excavaciones arqueológicas de Machu Picchu y el sistema de construcción inca. Se puede visitar antes o después de las ruinas para hacerse una idea del contexto (y disfrutar del aire acondicionado y la relajante música si se llega después de ver las ruinas tras horas bajo el sol).

Hay un pequeño jardín botánico con orquídeas en el exterior, bajando por unos peldaños incas. Está cerca de Puente Ruinas, al principio del sendero a Machu Picchu.

Las Termas · AGUAS TERMALES

(entrada 10 PEN; ⊗5.00-20.30) Los excursionistas agotados se recuperan de sus dolores poniéndose a remojo en las termas del pueblo, a 10 min a pie subiendo por Pachacutec desde las vías. Se trata de las pequeñas fuentes naturales que dan nombre a la población. Son buenas, pero están lejos de ser las mejores de la zona, y hacia el final de la mañana se notan señales de desatención. Las toallas se alquilan en la entrada a buen precio.

🛏️ Dónde dormir

El alojamiento es bastante caro, puede que hasta un 60% más que en otras zonas menos exclusivas.

Supertramp Hostel · ALBERGUE $

(☎084-43-5830; www.supertramp.com; Chaskatika s/n; dc 30-34 PEN, d con baño compartido 90 PEN, todas c/ desayuno incl.; ☎) Cubierto de murales psicodélicos, este recomendable albergue a menudo está abarrotado. Dispone de buen personal. El pequeño café al lado prepara ensaladas y hamburguesas *gourmet*. Los que se levantan temprano pueden desayunar huevos con café, tostadas y mermelada a las 4.30. Ofrece servicio de recogida en la estación.

Ecopackers · ALBERGUE $

(☎084-21-1121; av. Imperio de los Incas 136; dc 44-47 PEN, d 150 PEN) Aunque el servicio es peor que el de su homólogo en Cuzco, este albergue limpio y práctico sigue siendo un buen hallazgo. Las instalaciones son nuevas, y el patio cubierto de musgo tiene una mesa de billar. Los dormitorios, son de dos y tres literas. Disponen de servicio de lavandería y de un bar restaurante. Se recomienda aceptar los tapones para las orejas que reparten gratis en la recepción.

Aguas Calientes

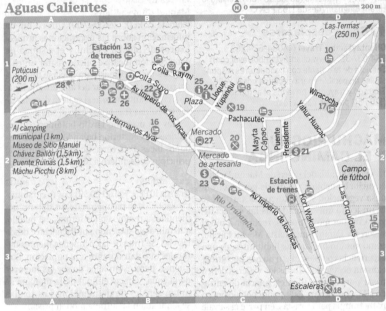

Aguas Calientes

Dónde dormir
1 Casa Andina D2
2 Ecopackers A1
3 El Mapi C2
4 Ferre Machu Picchu C2
5 Gringo Bill's B1
6 Hatun Inti C2
7 Hospedaje los Caminantes A1
8 Hostal Muyurina C1
9 Hotel Presidente B1
10 La Cabaña Hotel D1
11 Machu Picchu Pueblo Hotel D3
12 Machupicchu Hostal B1
13 Rupa Wasi B1
14 Sumaq Machu Picchu Hotel A1
15 Supertramp Hostel D3
16 Tierra Viva B2
17 Wiracocha Inn D1

Dónde comer
18 Café Inkaterra D3
19 Indio Feliz C1
20 La Boulangerie de París C2
    Tree House .... (véase 13)

Información
21 Cajero automático D2
22 Cajero automático B1
23 BCP C2
24 Centro Cultural Machu Picchu C1
25 iPerú C1
26 Centro Médico B1

Transporte
27 Venta de billetes y parada de autobuses
    a Machu Picchu C2
28 Trenes a estación hidroeléctrica
    (Transporte a Santa Teresa) A1

Hospedaje los Caminantes PENSIÓN $
(☎084-21-1007; los-caminantes@hotmail.com; av. Imperio de los Incas 140; con/sin baño 35/20 PEN/persona; ☎) Pensión grande, de varias plantas y buen precio con habitaciones anticuadas pero limpias y suelos laminados. Hay agua caliente asegurada y algunos balcones. El silbido del tren a las 7.00 es la señal para levantarse. No se incluye el desayuno, pero se puede tomar (8-20 PEN) en su extrañamente lujoso café.

Municipal Campground CAMPING $
(parcela 15 PEN) Pequeña y encantadora zona de acampada con lavabos, duchas y cocina de alquiler. Se halla a 20 min bajando del centro del pueblo por la carretera a Machu Picchu, antes del puente.

Wiracocha Inn
HOTEL $$

(☎084-21-1088; www.wiracochainn.com; Wiracocha 206; i/d desayuno incl. 247/309 PEN) Este nuevo hotel situado en una calle secundaria abarrotada de alojamientos de precio medio ofrece habitaciones limpias y en buen estado, con edredones de plumas y TV, un servicio amable y un patio cubierto cerca del río.

Hotel Presidente
HOTEL $$

(☎084-21-1065; reservas@siahotels.com; av. Imperio de los Incas s/n; i/d/tr desayuno incl. desde 190/240/270 PEN; @🖥) Es una buena opción asegurada. Las habitaciones tienen pequeñas camas dobles y televisores de pantalla plana. Conviene pedir una con vistas al río por el mismo precio, no solo por el paisaje, sino también para alejarse de las vías del tren.

Hostal Muyurina
HOTEL $$

(☎084-21-1339; www.hostalmuyurina.com; Lloque Yupanqui s/n; i/d/tr desayuno incl. 120/150/270 PEN; 🖥) Completamente nuevo y dispuesto a deslumbrar, Muyurina es una buena opción. Habitaciones con teléfono y TV.

Machupicchu Hostal
HOTEL $$

(☎084-21-1095; reservas@siahotels.com; av. Imperio de los Incas 520; i/d/tr desayuno incl. 150/160/220 PEN; @🖥) En las pequeñas y oscuras habitaciones de este hotel situado junto a las vías resuenan las voces de los huéspedes y el pitido de cada tren que pasa. Sirven desayuno bufé y hay un pequeño patio interior con flores.

★Machu Picchu Pueblo Hotel
PENSIÓN $$$

(☎en Lima 01-610-0400; www.inkaterra.com; d casitas desde 2040 PEN; villas desde 3457 PEN; 🌡@🖥🏊) 🖉 Repartidas entre jardines tropicales y comunicadas por caminitos de piedra, estas casitas de estilo andino (muchas con piscina privada) son todo un lujo. Los detalles son tentadores: bases para iPod, decoración sencilla y elegante, y duchas acristaladas con vistas a la frondosa vegetación. El *spa* tiene una sauna con bambú y eucalipto, pero lo mejor son las excursiones guiadas (incluidas).

Entre los circuitos propuestos están el de observación de aves, las visitas a unas plantaciones de té o los paseos entre orquídeas; si no, puede optarse por el viaje hasta el área de conservación del hotel donde se protege al oso de anteojos andino, un animal poco común. Las tarifas son por media pensión y los menores de 12 años no pagan.

El Mapi
DISEÑO HOTEL $$$

(☎084-21-1011; www.elmapihotel.com; Pachacutec 109; d 699 PEN; 🌡@🖥) Nuevo hotel de diseño sobrio y contemporáneo situado en el pleno centro del pueblo. Los altos techos, el acero lustrado y las grandes fotos de la naturaleza crean una atmósfera moderna. Como alicientes tiene el pisco *sour* de bienvenida en el elegante bar y el enorme bufé de desayuno.

También hay un estanque artificial para darse un baño, un restaurante con servicio de bufé para la comida (42-56 PEN) y una tienda.

Casa Andina
HOTEL $$$

(☎084-21-1017; www.casa-andina.com; Prolongacion Imperio de Los Incas E-34; d/tr/ste 431/924/862 PEN; 🖥) Alojamiento de la línea clásica de esta cadena de lujo peruana, que propone habitaciones modernas con toques de terracota, televisores de pantalla plana, caja fuerte y duchas acristaladas, además de unas imponentes vistas al río.

Sumaq Machu Picchu Hotel
HOTEL $$$

(☎084-21-1059; www.sumaqhotelperu.com; Hermanos Ayar s/n; d desayuno incl. desde 1377 PEN; 🌡@🖥) Este hotel de categoría cuenta con un reconfortante y luminoso interior de aire moderno, decorado en tonos neutros y con grandes ventanales. Sus habitaciones presumen de vistas al río y las montañas, o a una ladera con cascadas artificiales. Tiene ascensor, café bar y restaurante y un *spa* completo con sauna y *jacuzzi*. Ofrece una clase de cocina gratuita a los clientes.

Está en las afueras, pero el autobús hacia Machu Picchu para justo enfrente de la puerta.

Rupa Wasi
HOTEL $$$

(☎084-21-1101; www.rupawasi.net; Huancaure s/n; d/ste desayuno incl. desde 232/294 PEN; 🖥) Es pintoresco y algo salvaje, pero el precio solo refleja la cercanía a Machu Picchu. Las habitaciones de estilo rústico tienen edredones de plumón y vistas; en el café Tree House se sirve un buen desayuno. Acepta tarjeta de crédito.

Tierra Viva
HOTEL $$$

(☎084-21-1201; www.tierravivahoteles.com; av. Hermanos Ayar 401; i/d/ste desayuno incl. 604/665/725 PEN; @🖥) Hace poco, la respetada cadena peruana ha inaugurado este hotel de cinco plantas. Aunque el diseño no es tan delicado como el de los demás, las habitaciones siguen teniendo un encanto moderno y minimalista y exponen tejidos andinos a la venta para ayudar a una fundación de la zona. Cuenta con una sala de desayunos acristalada y un ascensor panorámico. El personal es amable.

Gringo Bill's
HOTEL $$$

(☑084-21-1046; www.gringobills.com; Colla Raymi 104; d/tr/ste desayuno incl. 279/381/417 PEN; @🛜🏊) Es uno de los primeros alojamientos de Aguas calientes. Dispone de habitaciones elegantes, algunas recién incorporadas, con camas cubiertas con colchas gruesas de algodón y grandes baños. Las suites tienen bañeras con hidromasaje y TV. En la diminuta piscina solo caben dos personas. Hay suites más grandes para familias.

Hatun Inti
HOTEL $$$

(☑084-23-4312; www.grupointi.com; av. Camino de los Incas 606; i/d media pensión incl. 556/618 PEN) Hotel lujoso de estilo sobrio con camas estupendas y grandes habitaciones. Todas tienen televisión de pantalla plana, caja fuerte y *jacuzzi*. El bufé para desayunar, almorzar o cenar está incluido.

Ferre Machu Picchu
HOTEL-BOUTIQUE $$$

(☑084-21-1337; www.hotelferremachupicchu.com; av. Imperio de los Incas 634; d/ste desayuno incl. 417/618 PEN) Exhibe una armónica combinación entre naturaleza y arquitectura, con algunas fantásticas habitaciones modernas junto al río. Está bien de precio, pero utiliza productos de limpieza agresivos. El ascensor estaba en construcción cuando se escribía esta guía. Aceptan Visa.

La Cabaña Hotel
HOTEL $$$

(☑084-21-1048; www.lacabanamachupicchu.com; Pachacutec 805; i/d/tr desayuno incl. 402/464/525 PEN; @🛜) Un poco más cuesta arriba que la mayoría, ofrece románticas habitaciones con edredones de plumas cubiertos con pétalos de rosa, además de una botella de vino y chocolates. Aparte del bufé del desayuno, hay té y fruta gratis a todas horas. Aún así, no se justifica el elevado precio.

✖ Dónde comer

Por la calle, los anunciantes intentan atraer al visitante a su restaurante, pero mejor no tomar una decisión con prisas. La calidad de muchos de ellos no es muy buena, por lo que si no han sido recomendados se aconseja echar un vistazo para controlar la higiene. Puesto que refrigerar los alimentos puede ser un problema, es mejor pedir menú vegetariano en los locales más humildes.

La Boulangerie de París
PANADERÍA $

(☑084-79-7798; Jr Sinchi Roca s/n; tentempiés 3-10 PEN; ⊙5.00-21.00; 🛜) Aunque nadie sabe cómo ha llegado aquí esta panadería, se agradece mucho su presencia. Pequeño café con *pain au chocolat*, cruasanes frescos, café exprés y postres con opciones sin gluten. También venden comida para llevar.

⭐ Indio Feliz
FRANCESA $$

(☑084-21-1090; Lloque Yupanqui 4; principales 34-48 PEN; ⊙11.00-22.00) En este galardonado restaurante, la hospitalidad es el plato fuerte del cocinero francés Patrick, pero la comida no decepciona. Se recomienda empezar con sopa a la criolla, un sabroso caldo servido con pan caliente, mantequilla casera y chilis opcionales. Si se desea un toque de cocina típica gala, elíjanse los tomates a la provenzal, unas crujientes patatas al ajo o la exquisita tarta de manzana.

La original decoración incluye un torso de mujer tallado en madera, que parece un mascarón de proa, y otras insólitas esculturas y objetos antiguos. El menú de 69 PEN es de una excelente relación calidad-precio. Está adaptado para sillas de ruedas y próximamente añadirá un bar con terraza en el piso superior.

Tree House
FUSIÓN $$

(☑084-21-1101; Huanacaure s/n; principales 38-52 PEN; ⊙4.30-22.00) El ambiente rústico de este restaurante, en el hotel Rupa Wasi, crea el marco perfecto para su menú fusión acompañado de cócteles, cervezas artesanas y vinos sudamericanos. Preparan los platos con esmero, como la sopa de pollo con *wontons* y jengibre, el *risotto* a la quinua roja y la trucha crujiente. Los pasteles de fruta son deliciosos. También ofrecen una opción vegetariana cruda. Resérvese con antelación.

Café Inkaterra
PERUANO $$$

(☑084-21-1122; Machu Picchu Pueblo Hotel; menú almuerzo/cena 54/90 PEN; ⊙11.00-21.00; 🍽) Subiendo desde la estación de tren, este restaurante escondido en la orilla del río tiene salas alargadas con vistas al agua golpeando las rocas. Solo ofrece menú del día (entrante, plato principal y postre) con opción vegetariana y sin gluten. Sirve un lomo saltado perfecto (tiras de carne fritas con tomates y patatas), acompañado de una sabrosa salsa y crujientes cebollas rojas.

🍷 Dónde beber y vida nocturna

No existe mucha vida nocturna en Aguas Calientes. Los restaurantes, en un intento desesperado, anuncian *happy hours* de cuatro por uno (quizá no sea la mejor manera de preparar el ascenso al Huayna Picchu).

ℹ Información

Se pueden cambiar divisas y cheques de viaje en varios sitios, pero con una tasa desfavorable, por lo que es mejor traer suficiente moneda peruana desde Cuzco.

BCP (av. Imperio de los Incas s/n) Si este cajero automático se queda sin dinero (los fines de semana está lleno), hay otros cuatro en la población, incluyendo uno en la av. Imperio de los Incas.

Centro Cultural Machu Picchu (☎084-81-1196; av. Pachacutec s/n; ⏱5.30-20.30) Nuevo centro cultural y el único sitio del pueblo donde venden entradas a Machu Picchu.

iPerú (☎084-21-1104; av. Pachacutec, cuadra 1; ⏱9.00-13.00 y 14.00-18.00 lu-sa, hasta 13.00 do) Buen centro de información sobre Machu Picchu.

Centro Médico (☎084-21-1005; av. Imperio de los Incas s/n; ⏱emergencias 24 h) Situado al lado de las vías del tren.

Oficina de correos (Colla Raymi s/n)

ℹ Cómo llegar y salir

Solo hay tres modos de llegar a Aguas Calientes, y de allí a Machu Picchu: a pie, en tren a través de Cuzco y el Valle Sagrado o por carretera y tren, por Santa Teresa.

AUTOBÚS

No hay acceso por carretera a Aguas Calientes. Solo circulan los autobuses que suben por la montaña a Machu Picchu (ida y vuelta 72 PEN, 25 min) de 5.30 a 15.30 y que regresan hasta las 17.45.

TREN

Cómprese un billete de ida y vuelta para asegurarse el regreso; los de vuelta se agotan mucho antes que los de ida. Todas las compañías tienen taquillas en la estación, pero en las respectivas páginas web se pueden consultar los últimos horarios y comprar los billetes.

Hacia Cuzco (3 h), PeruRail (www.perurail.com) cuenta con un servicio a Poroy y los taxis llevan hasta la ciudad en otros 20 min.

PeruRail e **IncaRail** (www.incarail.com) ofrecen servicios a Ollantaytambo (2 h).

Para ir a Santa Teresa (estación hidroeléctrica, 45 min) PeruRail circula a diario a las 8.53, 14.55 y 21.50, además de otras salidas solo para residentes. Los billetes (26 US$) solo se pueden comprar en la estación de tren de Aguas Calientes en el mismo día, pero los trenes salen de la punta oeste del pueblo, al lado de la comisaría. Esta ruta también puede hacerse con algún circuito guiado de aventura.

Machu Picchu

Para muchos viajeros a Perú, e incluso a Sudamérica, la visita a la ciudad inca de Machu Picchu es el anhelado clímax de su ruta. Por su espectacular ubicación, es el yacimiento arqueológico más famoso del continente. Los conquistadores jamás conocieron esta sobrecogedora ciudad antigua, que fue casi olvidada hasta principios del s. xx. En temporada alta, de finales de mayo a principios de septiembre, recibe a diario unas 2500 personas. Pese a este gran flujo turístico, conserva su aire de grandeza y misterio, y es visita obligada para todo el que viaja a Perú.

La mayor afluencia de visitantes es entre las 10.00 y las 14.00. Los meses más concurridos son de junio a agosto.

Historia

Machu Picchu no se menciona en ninguna de las crónicas de los conquistadores españoles. Aparte de un par de aventureros alemanes en la década de 1860, que al parecer saquearon el lugar con permiso del Gobierno peruano, nadie excepto el pueblo quechua sabía de su existencia hasta que el historiador estadounidense Hiram Bingham llegó allí en 1911 guiado por unos lugareños. Bingham narra su 'descubrimiento' en *Machu Picchu, la ciudad perdida de los incas,* obra publicada por primera vez en inglés en 1922.

Bingham buscaba la ciudad perdida de Vilcabamba, última fortaleza de los incas, y creyó que la había encontrado en Machu Picchu. Hoy se sabe que las remotas ruinas de esa ciudad se hallan en las entrañas de la jungla. Machu Picchu se encontró cubierto de una frondosa vegetación, lo que obligó al equipo de Bingham a conformarse con cartografiar el lugar de forma más o menos precisa. Bingham regresó en 1912 y 1915 para llevar a cabo la difícil tarea de limpieza, y entonces descubrió también algunas de las ruinas del llamado Camino Inca. El arqueólogo peruano Luis E. Valcárcel llevó a cabo más estudios en 1934, al igual que la expedición peruano-estadounidense bajo el mando de Paul Fejos en 1940 y 1941.

A pesar de las investigaciones más recientes, el conocimiento sobre Machu Picchu sigue siendo fragmentado. Incluso hoy en día los arqueólogos se ven forzados a especulaciones y conjeturas sobre su función. Algunos creen que la ciudadela se fundó durante los años de declive del Imperio inca en un intento de preservar su cultura o reavivar su dominio, mientras que otros creen que quizá ya era una ciudad deshabitada y olvidada en tiempos de la conquista. Una teoría más reciente sugiere que el lugar era un retiro real o un palacio rural de Pachacutec abandonado durante la invasión española. Para el director del yacimiento se trata de una ciudad que fue centro religioso, político y administrativo. Su ubicación, y el hecho de que se hayan descubierto al menos ocho rutas de acceso, sugiere que era un nexo comercial entre la Amazonia y el Altiplano.

Por la excepcional calidad de la piedra labrada y la riqueza de su trabajo ornamental, parece claro que Machu Picchu fue en su día un importante centro ceremonial. De hecho, hasta cierto punto, lo sigue siendo. Alejandro Toledo, el primer presidente andino indígena, tomó posesión de su cargo aquí con una celebración impresionante en el 2001.

◉ Puntos de interés

No hay que perderse el Museo de Sitio Manuel Chávez Ballón (p. 255), junto a Puente Ruinas, en la base del ascenso a Machu Picchu. Los autobuses que salen de las ruinas para Aguas Calientes paran a petición en el puente. Desde allí hay menos de ½ h a pie hasta el complejo.

◉ Interior del complejo

A menos que se llegue por el Camino Inca, se entrará oficialmente a las ruinas por una puerta con taquilla en la cara sur de Machu Picchu. Un sendero de unos 100 m lleva hasta la laberíntica entrada principal, desde donde se divisan las ruinas, divididas en dos zonas separadas por una serie de plazas.

Cada una de las ruinas lleva el nombre del que se supone que era su uso; de hecho, es poco lo que se sabe. Si se busca la clásica foto de postal y un punto desde el que contemplar todo el yacimiento, súbase la zigzagueante escalera a mano izquierda nada más entrar en el complejo, que conduce hasta la Cabaña del Guardián.

Cabaña del Guardián de la Roca Funeraria RUINAS
Excelente mirador de todo el yacimiento. Es uno de los pocos edificios restaurados con techo de paja, por lo que resguarda en caso de lluvia. El Camino Inca entra en la ciudad justo bajo dicha cabaña. Se cree que la roca tallada tras la misma se usó para momificar a los nobles, de ahí su nombre.

Baños Ceremoniales RUINAS
Siguiendo en línea recta desde la entrada principal y pasando entre unos extensos bancales se llega a un hermoso conjunto de 16 baños ceremoniales conectados que descienden entre las ruinas junto a un tramo de escaleras.

Templo del Sol RUINAS
Justo encima y a la izquierda de los baños ceremoniales se halla la única construcción redonda de Machu Picchu, una estrecha torre circular realizada con una impresionante mampostería.

Tumba Real RUINAS
Esta cueva de roca natural casi escondida, labrada cuidadosamente por los picapedreros incas, se halla bajo el Templo del Sol. Su uso aún es motivo de acalorados debates y aunque se la conoce como la Tumba Real, nunca se halló allí ninguna momia.

Plaza Sagrada PLAZA
Si se sube por las escaleras de encima de los baños ceremoniales, se llegará a una zona llana con una serie de rocas que antaño se usó como cantera. Hay que girar a la derecha en lo alto de las escaleras y cruzar la cantera por el corto sendero que conduce a la plaza Sagrada, de cuatro lados. En el costado más alejado, un pequeño mirador con un muro curvo brinda una vista de la nevada cordillera de Vilcabamba a lo lejos y del río Urubamba abajo.

Templo de las Tres Ventanas RUINAS
En los otros tres lados de la plaza también hay edificios notables. Este templo presenta unos enormes ventanales trapezoidales, de ahí su nombre.

Templo Principal RUINAS
Se le denomina "templo" por la maciza solidez y la perfección de su construcción. Los

daños que se aprecian en su esquina posterior derecha son el resultado del movimiento del suelo bajo esa esquina y no de un fallo de la mampostería. Frente al Templo Principal se halla la casa del Sumo Sacerdote.

Casa del Sumo Sacerdote RUINAS

Poco se sabe de estas misteriosas ruinas situadas justo en frente del templo principal.

Sacristía RUINAS

Esta famosa construcción pequeña está detrás del Templo Principal, al que está unida. Tiene muchos nichos de exquisita talla, que quizá se usaron para guardar objetos ceremoniales, así como un banco de piedra tallada. La Sacristía es especialmente famosa por las dos rocas que flanquean su entrada. Se dice que cada una tiene 32 ángulos, pero cuando se cuentan se obtienen otras cifras.

Intihuatana RUINAS

Esta palabra quechua significa "amarradero del sol" y hace referencia a un pilar de piedra tallada situado en lo alto de la colina de Intihuatana que a menudo es confundido con un reloj de sol. Los astrónomos incas predecían los solsticios con los ángulos de esta columna y así controlaban el regreso de los largos días de verano. Se desconoce su uso exacto, pero la elegante e intricada artesanía lo convierten en uno de los puntos de mayor interés del complejo.

Plaza Central PLAZA

La plaza separa la zona ceremonial de la residencial e industrial.

Grupo de las prisiones RUINAS

En la parte más baja de esta última zona se hallan las cárceles, un laberíntico complejo de celdas, nichos y pasajes que se halla por encima y por debajo del suelo.

Templo del Cóndor RUINAS

El nombre proviene de la cabeza de cóndor tallada en la roca junto a unas formaciones rocosas que parecen alas extendidas. Se considera la atracción principal del grupo de las prisiones.

⊙ Intipunku

El Camino Inca acaba tras su descenso final desde la hendidura llamada **Intipunku** (Puerta del Sol; ⊙ puesto de control hasta las 15.00). Si se mira hacia la colina que queda a la espalda según se entra a las ruinas se verá el camino

---

LECTURA SOBRE LAS RUINAS

Si uno se pregunta cómo es recorrer el Camino Inca, o cuáles son sus alternativas menos conocidas, léase *Dirección Machu Picchu*, de Mark Adams. No es la historia de un héroe, sino un divertido relato en primera persona del viaje de un editor aventurero y torpe. Explica la historia inca desde su divertida perspectiva no experta, así como las duras exploraciones que llevó a cabo Hiram Bingham.

e Intipunku. Esta colina, llamada Machu Picchu ("viejo pico"), da nombre al yacimiento.

Se tarda en torno a una hora en llegar a Intipunku, y si se dispone para este trayecto al menos de medio día entre la ida y la vuelta, tal vez se pueda llegar hasta Wiñay Huayna. Se pagarán 15 PEN aproximadamente o más como una entrada reducida de carácter oficioso al Camino Inca. Hay que regresar antes de las 15.00, que es cuando suele cerrar el puesto de control.

⊙ Puente levadizo Inca

Un bonito paseo llano desde la cabaña del Guardián de la Roca Funeraria pasa por lo alto de los bancales y lleva por un angosto sendero pegado a un risco hasta este puente. En menos de media hora de caminata, el sendero ofrece un panorama de la vegetación propia del bosque nuboso y unas vistas muy distintas de Machu Picchu. Es un paseo recomendado aunque hay que conformarse con sacar la foto del puente de lejos, pues hace unos años alguien intentó cruzarlo y tras una trágica caída, murió.

⊙ Cerro Machu Picchu

Una escalada de 1½ a 2 h conduce hasta la cima de la montaña de Machu Picchu, donde aguardan las vistas más vastas del lugar. Se verá todo el Camino Inca hasta Wiñay Huayna y Phuyupatamarka bajando hasta el suelo del valle, así como los impresionantes bancales cerca del km 104 (donde arranca el Camino Inca de dos días) y hasta el otro lado del yacimiento de Machu Picchu.

Esta **ruta** (24 PEN) es más espectacular y menos abarrotada que la de huayna Picchu, pero hay que comprar una entrada al llegar. Tómese tiempo para disfrutar del paisaje y recuperar el aliento.

◉ Huayna Picchu

Huayna Picchu (o Wayna Picchu) es la pequeña montaña escarpada al fondo de las ruinas. Suele traducirse como "pico joven", aunque la palabra *picchu*, con su correcta pronunciación glotal, alude a la bola que se forma en la mejilla de los mascadores de coca. El acceso diario se limita a 400 personas: las primeras 200 de la cola entran a las 7.00 y las otras 200, a las 10.00. La entrada (24 PEN) incluye una visita al Templo de la Luna, pero solo se puede comprar a la entrada al yacimiento. Las entradas se agotan una semana antes en temporada baja y un mes antes en temporada alta, por lo que se recomienda planificar con antelación.

A primera vista, el ascenso a Huayna Picchu parece difícil, pero, pese a ser abrupto, carece de dificultad técnica. Sin embargo, se desaconseja a los que tienen vértigo. Los excursionistas deben firmar un registro al entrar y al salir en la cabaña situada entre los dos edificios de techo de paja, pasada la Plaza Central. El ascenso de 45 a 90 min por un empinado sendero llevará por un breve trecho de túnel inca.

Si llueve hay que tener cuidado, pues las escaleras pueden resultar muy resbaladizas. El sendero es fácil de seguir, pero tiene tramos escarpados, una escalera y una cueva suspendida en un saliente, donde hay que agacharse para continuar. Durante el ascenso se verá un sendero señalizado que desciende a la izquierda y sigue por detrás de Huayna Picchu hasta el pequeño templo de la Luna. Desde aquí, hay otro sendero señalizado que sube por detrás de las ruinas y sigue empinado hacia la cara posterior del Huayna Picchu.

Dicho descenso lleva cerca de 1 h y el ascenso de vuelta al sendero principal de Huayna Picchu algo más. Es un camino espectacular que desciende y asciende de forma abrupta según rodea las laderas de Huayna Picchu, antes de hundirse en el bosque nuboso. Tras esto, de pronto se llega a un claro donde se hallan las pequeñas y perfectas ruinas.

De no poder hacer esta ruta, el cerro Machu Picchu es una excelente alternativa.

🛏 Dónde dormir y comer

La gran mayoría llega en excursiones de un día desde Cuzco o se queda en Aguas Calientes.

Machu Picchu Sanctuary Lodge   HOTEL $$$
(☎084-21-1038; www.sanctuarylodgehotel.com; d/con vistas a la montaña/ste 625/950/1750 US$)

Propiedad de Belmond, este exclusivo hotel tiene una característica que ningún otro puede igualar: la ubicación. La atención es impecable y las habitaciones son cómodas, de estilo sobrio, con bases para Ipod y servicio de restauración. También hay un *spa*, jardines cuidados y un servicio de guías personalizados para las ruinas. Hay dos restaurantes, incluyendo un popular bufé para el almuerzo abierto a los no huéspedes (120 PEN, 11.30-15.00).

Aunque es el único alojamiento en Machu Picchu no tiene muchas ventajas, pues los autobuses suben a primera hora de la mañana y el yacimiento cierra tan temprano que ni los huéspedes pueden fotografiar la codiciada puesta de sol. Suele estar lleno, por lo que se recomienda reservar con tres meses de antelación.

❶ Información

Santuario Histórico de Machu Picchu (www.machupicchu.gob.pe; adultos/estudiantes 128/65 PEN; ◷6.00-16.00) Lo mejor es comprar las entradas en Cuzco (p. 212), pues se agotan. Se puede entrar hasta las 16.00, pero los visitantes que ya están dentro pueden quedarse hasta las 17.00. Compruébense los posibles cambios en la compra en línea; solo se puede usar tarjeta de débito para las entradas de adultos (a las ruinas, Huayna Picchu y cerro Machu Picchu). Las entradas de estudiantes y niños no se pueden comprar en línea.

El yacimiento tiene un límite de 2500 visitantes diarios, con 400 plazas pagadas para hacer excursiones a Huayna Picchu y a Machu Picchu. A pesar de los esfuerzos gubernamentales para limitar las horas de cada visita, la entrada está poco controlada.

Se aconseja planificar la visita a primera hora o última del día para evitar las horas de mayor concentración de gente. Una visita temprano por la mañana entre semana en temporada de lluvia dará más espacio para respirar, sobre todo en febrero, mes en que se cierra el Camino Inca.

No se permite entrar con bastones o mochilas de más de 20 L. Hay una **consigna** (5 PEN por artículo; ◷6.00-16.00) en la entrada.

A la entrada se encuentran los **guías** locales (individual 150 PEN, en grupos de 6-10 personas 30 PEN) disponibles. Su experiencia varía; búsquese uno con la identificación de guía oficial de DIRCETUR. El precio debe acordarse por adelantado, tras asegurarse de si es por persona o grupo; también hay que determinar la duración y el tamaño del grupo.

Si se quiere hacer una exploración en profundidad, es aconsejable llevarse una copia de *Exploring Cuzco*, de Peter Frost.

En las ruinas no se debe caminar sobre los muros, pues estropea la mampostería y provoca una cacofonía de pitidos de los guardas. Acampar también es ilegal: los guardas comprueban todo el recinto antes del cierre. No se permite entrar con botellas de plástico desechables ni con comida, aunque la vigilancia hace un poco la vista gorda. Lo mejor es comer antes de entrar, usar botellas de *camping* y recoger toda la basura, incluso la orgánica. En el café antes de la entrada venden agua, pero en botella de vidrio.

Los servicios, justo debajo del café, cuestan 1 PEN.

Abundan los insectos como los tábanos. No se nota su picadura, pero conlleva molestias durante una semana. Se recomienda usar repelente de insectos.

El tiempo en Machu Picchu parece tener solo dos caras: lluvia torrencial o un sol ardiente. No hay que olvidar la ropa para la lluvia ni el protector solar.

❶ Cómo llegar y desplazarse

Desde Aguas Calientes hay autobuses frecuentes hacia Machu Picchu (72 PEN ida y vuelta, 25 min); salen desde la taquilla junto a la carretera principal, de 5.30 a 15.30. Los vehículos regresan de las ruinas cuando se llenan. La última salida es a las 17.45.

La alternativa es recorrer a pie la empinada y zigzagueante carretera de montaña (8 km, 1½ h). Al principio hay un tramo llano de 20 min desde Aguas Calientes hasta Puente Ruinas, donde se cruza el río Urubamba, cerca del museo. Un sendero bien señalizado, pero que quita el aliento, asciende otros 2 km hasta Machu Picchu, un trecho que se recorre en 1 h aproximadamente (menos de bajada).

Camino Inca

Cada año miles de visitantes realizan esta caminata de cuatro días, la más famosa de Sudamérica. En total son solo 38 km, pero este antiguo sendero abierto por los incas desde el Valle Sagrado hasta Machu Picchu asciende y desciende tortuosamente entre montañas, serpenteando a su paso por tres elevados pasos andinos. Las vistas de los picos coronados de nieve, los remotos ríos y cordilleras, y los bosques nubosos salpicados de orquídeas son estupendas. Ciertamente,

caminar desde una ruina precolombina junto a un precipicio a la siguiente es una experiencia mística inolvidable.

La excursión

Casi todas las agencias de excursionismo ofrecen autobuses hasta el inicio del camino, también llamado Piscacucho o km 82 en el ferrocarril a Aguas Calientes.

Tras cruzar el río Urubamba (2600 m), y ocuparse del papeleo de registro, empieza un ascenso suave paralelo al río hasta el primer yacimiento arqueológico del camino, Llactapata ("pueblo en lo alto de los bancales"), antes de poner rumbo sur bajando por un valle lateral del río Cusichaca. Si se empieza en el km 88, hay que girar al oeste tras cruzar el río para ver el yacimiento poco visitado de Q'ente ("colibrí"), a cerca de 1 km, y luego regresar al este a Llactapata, en el sendero principal.

El sendero recorre 7 km hacia el sur hasta la aldea de Huayllabamba ("llanura herbosa"; 3000 m), cerca de la cual acampan la primera noche muchos grupos organizados. En este lugar se pueden comprar bebidas embotelladas y aperitivos calóricos, y darse un respiro para contemplar las vistas del nevado Verónica (5750 m), coronado de nieve.

Huayna Picchu está cerca de la bifurcación de los ríos Llulucha y Cusichaca. El sendero cruza el río Llulucha y luego asciende abruptamente junto a él. Esta zona se conoce como Tres Piedras (3300 m), aunque las rocas que dieron origen a su nombre ya no están. Desde aquí hay un largo y escarpado ascenso de 3 km a través de bosques húmedos.

El sendero desemboca en la elevada y desnuda ladera de Llulluchupampa (3750 m), donde hay agua y en los llanos hay lugares de acampada muy fríos de noche. Este es el punto más lejano al que puede llegarse razonablemente el primer día, aunque muchos grupos pasan aquí la segunda noche.

Desde Llulluchupampa, un buen sendero que recorre la cara izquierda del valle asciende durante 2 o 3 h hasta llegar al paso de Huarmihuañusca, también conocido como el "paso de la mujer muerta". Se halla a 4200 m de altura, es la cima más alta del camino y deja sin aliento a más de un excursionista. Desde Huarmihuañusca se ve el río Pacamayo (río Escondido), abajo, y las ruinas de Runkurakay, hacia la mitad de la siguiente colina, por encima del río.

El sendero sigue descendiendo durante un largo trecho, que debe bajarse con las

Camino Inca

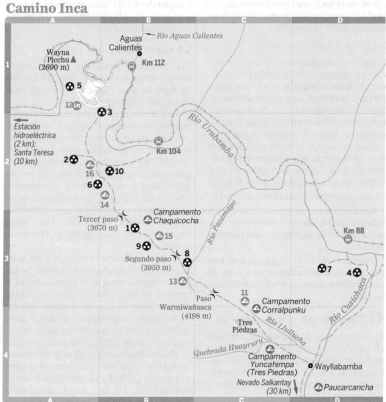

Aguas Calientes — Río Aguas Calientes

Wayna Picchu ▲ (2690 m)

Km 112

5

12 3

Estación hidroeléctrica (2 km); Santa Teresa (10 km)

Río Urubamba

Km 104

2 16 10

6 14

Tercer paso (3670 m) 1

Campamento Chaquicocha

15

9 8

Segundo paso (3950 m)

13

Río Pocamayo

Km 88

7 4

Río Cusichaca

11 Campamento Corralpunku

Paso Warmiwañusca (4198 m)

Tres Piedras

Río Llullucha

Quebrada Huayruru

Campamento Yuncahimpa (Tres Piedras)

Wayllabamba

Nevado Salkantay (30 km)

Paucarcancha

rodillas dobladas, hasta el río, donde hay grandes zonas de acampada en **Paq'amayo**. A una altura de 3600 m aproximadamente, el camino salva el río por un puentecito y asciende hacia **Runkurakay** (3750 m; "ovalado" o "huevo"), unas ruinas redondas con fantásticas vistas. Está aproximadamente a 1 h de camino.

Por encima de Runkurakay, el sendero asciende hasta una cima falsa antes de pasar por dos pequeños lagos hasta la cumbre del segundo paso, a 3950 m, con vistas de la nevada cordillera de Vilcabamba. Se observa un cambio en la flora según se desciende de este paso. Y es que ahora uno se halla en la ladera oriental andina del Amazonas, donde la vegetación es más frondosa. Siguiendo el camino se asciende hasta las ruinas de **Sayaqmarka** ("pueblo dominante"), un denso complejo en lo alto de un saliente de un pequeño monte con unas vistas increíbles. La ruta sigue hacia abajo y cruza un elevado afluente del río Aobamba ("llanura ondulada").

A continuación, se atraviesa una carretera inca y se sube por una ligera pendiente que cruza un bello bosque nuboso y un túnel inca tallado en la roca. Se trata de un tramo relativamente llano que enseguida llevará al tercer paso, a casi 3600 m, que goza de espléndidas vistas del valle del río Urubamba y de zonas de acampada donde algunos grupos pasan su última noche, con la ventaja de admirar la puesta de sol entre un paisaje espectacular, pero con el inconveniente de tener que salir a las 3.00 para llegar a la Puerta del Sol a tiempo para la salida del astro. De acampar aquí, téngase cuidado a primera hora de la mañana con la fuerte pendiente y sus resbaladizos escalones.

Justo debajo de este paso están las bellas y bien restauradas ruinas de **Phuyupatamarka** ("ciudad encima de las nubes"), a 3570 m de

altura, donde se encuentran seis bonitos baños ceremoniales entre los que fluye el agua. Desde Phuyupatamarka, el camino se adentra en picado en el bosque nuboso a través de un tramo de centenares de escalones incas de una construcción increíble (a primera hora del día es desquiciante, úsese un foco delantero). Al cabo de 2 o 3 h, el sendero serpentea en su descenso hasta un edificio blanco con el techo rojo hundido: aquí se acampa la última noche. Un caminito de 500 m, detrás de una vieja taberna fuera de servicio, conduce hasta un pequeño yacimiento inca encantador, Wiñay Wayna (o Huiñay Huayna), que suele traducirse como "siempre joven", aunque Peter Frost señala que en quechua se refiere a una orquídea *(Epidendrum secundum)* que florece en la zona todo el año. Esta zona de acampada semitropical goza de una de las vistas más impresionantes de todo el camino, sobre todo al alba. Para bien o para mal,

la famosa taberna deteriorada está cerrada al público. Un sendero irregular lleva desde aquí hasta otras espectaculares ruinas en terrazas, Intipata, que conviene visitar cuando se llega a Wiñay Wayna; en ese caso, lo mejor es acordarlo con el guía.

Desde el puesto vigía de Wiñay Wayna, el sendero sigue tortuoso sin grandes cambios de altitud a través del bosque nuboso junto al precipicio durante 2 h aproximadamente hasta Intipunku (Puerta del Sol), el penúltimo yacimiento del camino. Aquí los caminantes suelen detenerse para disfrutar de la primera visión del majestuoso Machu Picchu mientras se espera la salida del sol entre los montes circundantes.

El triunfal descenso final lleva casi una hora. Los senderistas suelen llegar mucho antes que las hordas matutinas de turistas, que arriban en tren, y por tanto pueden disfrutar del agotador entusiasmo de alcanzar su objetivo sin tener que abrirse paso a codazos entre los grandes grupos del primer tren de Cuzco.

DE CUZCO A PUNO

La desvencijada vía y la carretera asfaltada al lago Titicaca se hacen sombra según van al sureste desde Cuzco. Por el camino se pueden explorar antiguas ruinas y bucólicos pueblos andinos que brindan desvíos excelentes a los viajeros intrépidos deseosos de alejarse del Camino del Gringo. Se puede llegar a la

EL AUGE CULINARIO DEL CUY

Se ama o se odia: el cuy, conejillo de Indias o cobaya (*Cavia porcellus* para ser exactos) es un plato clásico andino que forma parte de la oferta culinaria local desde la época preincaica. Y antes de que nadie desentierre recuerdos de infancia de adorables mascotas en señal de protesta, hay que dejar claro que estos pícaros roedores honraban las mesas andinas mucho antes de que en Europa los consideraran un animal doméstico.

Explicar con detalle la historia gastronómica del cuy, propio del Nuevo Mundo, es más difícil que intentar cazar uno solo con las manos. Se cree que el cuy se domesticó ya hace 7000 años en las montañas del sur de Perú, donde aún hoy habitan poblaciones salvajes. En Chavín de Huántar se han encontrado pruebas irrefutables de que poblaban la zona de los Andes alrededor del año 900 a.C. Tras la llegada de los españoles en el s. XVIII, el cuy se introdujo en Europa. Ya por esa época, este pequeño y simpático roedor cosechó gran fama en el Viejo Mundo como un animal de compañía exótico (dicen que la reina Isabel I de Inglaterra tenía uno).

Los cuyes son prácticos de criar y llevan siglos adaptándose para sobrevivir en entornos como los altiplanos andinos o los yermos desiertos costeros. Actualmente en muchos hogares andinos se crían cuyes como una cabeza de ganado más y a menudo se ven correteando por la cocina. Son una alternativa perfecta al ganado: tienen un alto contenido proteico, se alimentan de sobras, se reproducen con facilidad y necesitan mucho menos espacio y cuidados que otros animales domésticos tradicionales.

Se lo considera un verdadero manjar, tanto, que en muchas interpretaciones indígenas de *La última cena*, Jesús y sus discípulos se disponen a comer un último y copioso banquete de cuy asado.

Como parte de la cultura andina, y no solo en la mesa, los usan los curanderos en sus ritos ceremoniales. A veces frotan el cuerpo de un paciente con un cuy para percibir el origen de una enfermedad y en las ceremonias chamánicas en ocasiones se ingiere su carne en lugar de las plantas alucinógenas.

Superadas las inhibiciones sentimentales, se recomienda probar esta delicia peluda. Su rico sabor es una mezcla entre conejo y codorniz y, si se prepara bien, es un plato excepcional con miles de años de historia.

mayoría de destinaciones en excursiones de un día desde Cuzco. Inka Express (p. 238) y Turismo Mer (p. 238) ofrecen circuitos en autobuses de lujo entre Cuzco y Puno que visitan algunas de estos destinos, aunque no todos. Los autobuses locales y de largo recorrido son más frecuentes en esta ruta y menos caros.

Tipón

Testimonio del dominio que los incas tenían sobre el entorno, este gran **yacimiento inca** (boleto turístico adultos/estudiantes menores de 26 años con carné ISIC 130/70 PEN; ☺7.00-18.00) comprende unos impresionantes bancales en lo alto de un pequeño valle con un ingenioso sistema de riego. Está a aproximadamente 30 km de Cuzco, justo antes de Oropesa.

Tómese cualquier autobús Urcos en la parada de enfrente del hospital en la av. de la Cultura de Cuzco, o un colectivo desde la av. Huáscar 28 y pídase que pare en el desvío de Tipón (1 PEN, 40 min). Aquí nace una carretera sin asfaltar y empinada que sube 4 km hasta las ruinas. También se puede alquilar un taxi en Cuzco (120 PEN) para que vaya a las ruinas, espere y vuelva.

Solo se puede entrar con el billete turístico, que da acceso a 16 instalaciones de la región durante 10 días.

Piquillacta y Rumicolca

Los autobuses Urcos desde Cuzco pasan por estos dos yacimientos separados por 1 km.

Piquillacta   RUINAS
(adultos/estudiantes menores de 26 años con carné ISIC 130/70 PEN; ☺7.00-18.00) Significa lugar de la pulga y es el único yacimiento preincaico de la zona. Construido hacia el 1100 a.C. por la cultura huari, es un gran centro ceremonial con edificios de dos plantas desmoronados, todos con entradas situadas en el piso superior, y rodeados por un muro defensivo. La mampostería es más tosca que la inca, y las

paredes y suelos fueron hechos con bloques de yeso de los que aún se pueden ver restos.

Solo se puede entrar con el boleto turístico, que da acceso a 16 instalaciones de la región durante 10 días.

Rumicolca

ENTRADA

GRATIS La gran entrada inca de Rumicolca se construyó sobre cimientos huari. La tosca mampostería huari contrasta con los bloques incas. Es interesante ver a los indígenas trabajando el barro que rodea los pantanosos lagos de la zona; la fabricación de ladrillos de adobe es una de las mayores industrias de la región.

Andahuaylillas

📞 084 / 840 HAB. / ALT. 3123 M

No debe confundirse con Andahuaylas, al oeste de Cuzco. Andahuaylillas está a más de 45 km al sureste de Cuzco, unos 7 km antes de que la carretera se bifurque en Urcos. Es una bonita aldea andina célebre por su ornamentada iglesia de San Pedro (entrada 15 PEN; ⏰ 7.00-17.30), de un estilo barroco casi asfixiante. Solo se puede acceder con la entrada denominada "Ruta del Barroco Valle Sur", que incluye además la capilla de la Virgen Purificada en Canincunca y el templo de San Juan Bautista en Huaro.

El edificio data del s. XVII y tiene numerosas tallas y cuadros, incluido el lienzo *Inmaculada Concepción* atribuido a Esteban Murillo. Se cree que contiene un sinfín de tesoros de oro y plata, y todos los aldeanos participan en los turnos de guardia para custodiarla las 24 h. ¿Será cierto el rumor? Todo cuanto pueden decir los autores de esta guía es que los guardas se toman su trabajo muy en serio.

Cerca de la iglesia se halla la tienda de Q'ewar Project, una cooperativa de mujeres que fabrica inconfundibles muñecas ataviadas con trajes tradicionales, y también el ecléctico Museo Ritos Andinos (entrada con donativo; ⏰ 7.00-18.00), cuyas piezas algo dispares incluyen una momia infantil y una impresionante cifra de cráneos deformados.

Para llegar a Andahuaylillas (7 PEN, 1 h) se debe tomar el autobús a Urcos en la terminal que da a la av. de la Cultura, en Cuzco.

Raqchi

📞 084 / 320 HAB. / ALT. 3480 M

El pequeño pueblo de Raqchi, a 125 km al sudeste de Cuzco, se desenvuelve alrededor del Templo de Viracocha (entrada 10 PEN), una ruina inca que desde la carretera parece un extraño acueducto hecho por alienígenas. Estos restos fueron uno de los santuarios más sagrados del Imperio inca. Sus 22 columnas de bloques de piedra soportaban el mayor tejado inca conocido. Los españoles lo destruyeron casi todo, pero sus cimientos aún pueden verse. También quedan restos de muchas casas y almacenes y se está llevando a cabo una reconstrucción.

Los aldeanos son personas encantadoras que cuidan el entorno y trabajan regularmente para eliminar la basura que dejan los visitantes. Además, son célebres ceramistas. Muchas de las piezas a la venta en los mercados de Pisac y Chinchero son de aquí.

Se puede experimentar la vida en Raqchi alojándose con alguna familia. Ofrecen habitaciones básicas pero cómodas con baños privados y ducha. El paquete incluye las comidas, una fiesta por la noche y un día de actividades guiadas muy recomendable. Entre estas se cuenta una visita a las ruinas (entrada no incluida), una trepidante excursión al mirador local y la visita a un taller de cerámica. Para más información, contactar con South American Explorers (p. 237) en Cuzco.

El tercer domingo de junio se celebra en Raqchi una colorida fiesta con música y danzas tradicionales.

De Raqchi a Abra La Raya

Aproximadamente 25 km después de Raqchi está el bullicioso Sicuani, un pueblo de 12 000 habitantes a medio camino entre Cuzco y Puno. No hay motivo para detenerse aquí, salvo para hacer un alto en el camino. Cerca de la terminal de autobuses hay algunos alojamientos económicos.

Tras 20 min de haber pasado Sicuani, antes del paso fronterizo Abra La Raya, frontera entre el departamento de Cuzco y Puno, se encuentra Aguas Calientes de Marangani (entrada 5 PEN; ⏰ amanecer-anochec). Se trata de un complejo de cinco pozas termales comunicadas por puentes rústicos que salvan afluentes de agua hirviendo y sin ningún tipo de cerca. Puede chocar el ver a lugareños lavándose, o a sus hijos e incluso su ropa; tómese como una experiencia alternativa popular.

Se puede usar el transporte local entre Cuzco, Andahuaylillas, Raqchi, Sicuani y los baños desde primera hora hasta las 15.00.

DE CUZCO A LA SELVA

Tres rutas terrestres llevan desde Cuzco a la selva. La menos urbanizada, más barata y rápida va hacia el noroeste desde Ollantaytambo, atraviesa el paso de Abra Málaga y conduce hasta la selva secundaria que rodea Quillabamba, así como a las poco visitadas Ivochote y Pongo de Mainique, algo más lejos.

Las otras dos son más populares, pero rara vez se accede a ellas por carretera. Se puede llegar a la zona que circunda el Parque Nacional del Manu por Paucartambo, Tres Cruces y Shintuya, o hasta Puerto Maldonado por Ocongate y Quince Mil. Para adentrarse más en dichas zonas, se pueden contratar circuitos organizados que incluyen vuelos en ultraligeros para entrar y salir, o, en algunos casos, transporte en todoterreno por carretera.

Algunas de estas carreteras están enfangadas y circular por ellas es lento y peligroso. Hay que pensárselo dos veces antes de viajar por tierra, y ni plantearselo siquiera en la temporada de lluvias (enero-abril). Los viajeros independientes pueden pedir el *Peruvian Jungle Information Packet* (Paquete de información de la jungla peruana), disponible en South American Explorers (p. 237) en Cuzco.

De Cuzco a Ivochote

Poco después de Ollantaytambo, la carretera abandona el cada vez más estrecho Valle Sagrado y asciende de forma abrupta por Abra Málaga, a 4350 m. Desde allí hay un bello y vertiginoso descenso en su mayor parte sin asfaltar que lleva directo a la Amazonia. El polvoriento pueblo de Santa María tiene oficinas de compañías de autobuses, un par de hospedajes sencillos y restaurantes. Esta población señala el punto donde hay que desviarse para Santa Teresa y la ruta trasera a Machu Picchu, o bien el camino para continuar el descenso hasta Quillabamba.

Santa Teresa

084 / 460 HAB. / ALT. 1900 M

En esta población reina un sentimiento de provisionalidad debido a las frecuentes inundaciones. En febrero del 2015 un desprendimiento destruyó el único puente de acceso. Previamente ya habían sufrido daños por inundaciones en el 2010, 1998 y una década antes. A pesar de ser vulnerable ante los elementos, Santa Teresa se esfuerza por ser un destino turístico. Es también una puerta trasera al Machu Picchu, por lo que la mayoría de los visitantes son mochileros en busca de un punto de acceso más barato.

En el pequeño centro, casi todos los edificios son refugios prefabricados para emergencias y, curiosamente, la construcción más permanente es la desconcertante estatua de la plaza de Armas. Los puntos de interés se hallan a las afueras, y son las fuentes termales de Cocalmayo y la tirolina de Cola de Mono. Ambas merecen el esfuerzo y el tiempo invertidos en visitarlas.

🏃 Actividades

Cola de Mono DEPORTES DE AVENTURAS
(📞084-78-6973, 984-992-203; www.canopyperu. com; 2 h tirolina 160 PEN; *rafting* 150 PEN) La tirolina más alta de Sudamérica es una escala obligada para los amantes de las emociones fuertes. Un total de 2500 m de cable dividido en seis secciones distintas permiten pasar zumbando por encima del fabuloso paisaje del valle del Sacsara.

Los propietarios son guías del río desde hace años. Dirigen circuitos de *rafting* de medio día por las espectaculares y poco explotadas aguas del río de Santa Teresa, y también organizan acampadas en su orilla.

Se puede llegar en taxi o a pie por la carretera que sale del pueblo, tras un agradable paseo de 2 km (½ h) hacia el este.

Llactapata EXCURSIONISMO
La excursión hasta la central hidroeléctrica, vía Llactapata, es un ascenso de 6 h que pasa por una montaña del Camino Inca y brinda una panorámica de Machu Picchu así como el acceso a unas ruinas a medio despejar. El sendero está bien señalizado y la ruta se puede realizar sin guía, aunque este es útil a la hora de entender las ruinas, la flora y la fauna del recorrido. Se recomienda partir pronto porque luego hace calor. Tómese un taxi (40 PEN, 30 min) hasta el inicio del camino en Lucmabamba. Luego puede tomarse un colectivo para volver de la central hidroeléctrica o seguir hasta Machu Picchu.

Baños Termales Cocalmayo AGUAS TERMALES
(entrada 10 PEN; ⊙24h) Estas preciosas fuentes termales naturales de gestión municipal son muy atractivas. Y por si estas enormes piscinas de agua caliente con una ducha natural directamente en la selva no fueran suficientes, se puede comprar cerveza y tentempiés.

Están situados a 4 km del pueblo; tómese un colectivo de Santa Teresa a Cocalmayo hacia las 15.00, hora en que acuden a recoger a los senderistas del Camino Inca que llegan de Santa María. Si no, habrá que desafiar el camino polvoriento y sin sombra (con vehículos que pasan a toda velocidad) o pagar 36 PEN de ida y vuelta en taxi. Las pozas, que desaparecieron con las inundaciones del 2010, se han reconstruido, no así las zonas de acampada.

Circuito del Café CIRCUITO

(circuitos 195 PEN) Dirigido por Eco Quechua, este circuito de 2½ h visita una plantación familiar de café que mantiene las tradiciones antiguas e introduce nuevas técnicas sostenibles para mejorar la productividad. También puede recolectarse fruta tropical, ver el funcionamiento de una piscifactoría y los cuyes que crían en la cocina. El 50% de la tarifa pagada por esta interesante visita se destina a ayudar a los campesinos locales.

🛏️ Dónde dormir y comer

En el centro hay un puñado de hospedajes sencillísimos. En el mercado y en los asadores de pollo de la plaza se sirven comidas calientes; elíjase según la higiene.

Hotel El Sol HOTEL $

(☎084-63-7158; av. Calixto Sanchez G-6; i/d 40/70 PEN) Esta construcción de cemento de varios pisos a medio acabar es una de las mejores gangas del pueblo, ¡aunque puede que suban los precios con el aumento de plantas! Ofrece habitaciones limpias con sábanas brillantes, baños con agua caliente y TV por cable.

Eco Quechua PENSIÓN $$

(☎084-63-0877, 984-756-855; www.ecoquechua.com; Sauce Pampa; h 188-278 PEN, paquetes de 3 días desde 990 US$; 🛜) Alojarse bajo estos techos de paja es experimentar la vida en la jungla que hay justo al lado de Santa Teresa. Disponen de circuitos de aventura opcionales que incluyen visitas a Machu Picchu. Aunque las habitaciones están provistas de mosquiteras, se recomienda llevar repelente. El salón abierto está cubierto de vegetación espesa. A pesar de ser rústico y caro, tiene sin duda el mejor ambiente de la zona.

ℹ️ Información

Se recomienda llevar consigo todo el dinero necesario porque no hay bancos ni cajeros. Tal

🛈 ESTAR A SALVO EN LA SELVA

El incremento reciente de la actividad de narcotraficantes y de guerrillas de Sendero Luminoso en zonas de la selva puede alterar algunas rutas o excursiones. El gobierno ha reforzado la presencia militar en estas zonas y para más seguridad ha instalado una base militar en Kiteni. Aun así, no está de más consultar con guías expertos, agencias u organizaciones no afiliadas como South American Explorers (p. 237) antes de ir. Estas áreas de preocupación incluyen Vilcabamba, Ivochote, Kiteni y más allá, aunque la situación puede ir cambiando. Es importante ir con buenos guías locales responsables y nunca ir solo.

vez se consiga cambiar moneda, pero a tipos altísimos. La conexión a internet es mala, aunque la hay en algunos cafés.

Cusco Medical Assistance en Carrión proporciona asistencia médica las 24 h.

ℹ️ Cómo llegar y salir

Para ir a Santa Teresa desde Cuzco se debe tomar un autobús hacia Quillabamba en la terminal Santiago, bajar en Santa María y tomar una combi o un colectivo (25 PEN, 1 h) hasta Santa Teresa. Estas furgonetas y camionetas compartidas recorren la serpenteante carretera sin asfaltar a Santa Teresa como si fueran automóviles de F1; inténtese elegir uno que parezca más conservador, no es fácil soportarlo.

Hacia Machu Picchu, los billetes de tren de este tramo solo se venden en la oficina de **PeruRail** (☺6.00-8.00 y 10.00-15.00 diarios, 18.00-20.00 mi y do) en la estación de autobús. Hay trenes diarios (26 US$ ida) que salen de la estación Hidroeléctrica a unos 8 km de Santa Teresa a las 7.45, 15.00 y 16.35. Se recomienda estar en la estación de autobuses una hora antes de la salida del tren para tomar una combi (7 PEN, 25 min). El trayecto de 13 km en tren hasta Aguas Calientes dura 45 min. Hay quien opta por lo más barato para llegar a Machu Picchu: caminar junto a las vías de ferrocarril; son unas 4 h tragando polvo y sudando.

Esta ruta también se puede recorrer en uno de los circuitos guiados de deportes de aventura.

Las combis directas a Quillabamba (2 h) salen de la plaza de Armas de Santa María cada 15 min. Hay colectivos frecuentes a Santa María

CUZCO Y EL VALLE SAGRADO DE CUZCO A LA SELVA

ALOJAMIENTO YELLOW RIVER

Alojamiento confortable en Quellomayo, a 25 min de Santa María en la ruta alternativa a Machu Picchu. Este acogedor alojamiento familiar (☑084-63-0209; www.quellomayo.com; h 69 PEN/persona) es una granja orgánica donde cultivan café, chocolate y frutas tropicales. Se puede disfrutar de sus simples habitaciones con camas cómodas y paredes coloridas, aunque la mayor parte del tiempo se pasa explorando el exuberante entorno. En el restaurante hacen comida casera (25 PEN).

Hay un campamento en la orilla del río con ducha, barbacoa y horno de adobe. Si se tiene interés en el café, se puede participar en un taller de tostado.

Para llegar, se toma un autobús de Cuzco a Santa María (30 PEN, 4 h) y luego un taxi (50 PEN) desde allí o se anda por el antiguo Camino Inca, detallado en su página web junto a las posibilidades en transporte regional.

desde la terminal de autobuses. Desde Santa María se puede ir a Cuzco (40 PEN, 5 h).

Quillabamba

☑084 / 8800 HAB. / ALT. 1050 M

¡Bienvenidos a la jungla! El ambiente tropical de este pueblo es más que evidente, entre el calor que se vuelve agobiante desde las 9.00, la música estridente toda la noche y la idea de que el aquí el tiempo se ha parado en la mayoría de los hoteles y restaurantes. El pueblo en sí tiene escasos atractivos y recibe pocos turistas, pero en los alrededores hay varios puntos de interés naturales. El centro comercial no es la aletargada plaza de Armas sino las calles al norte y al sur del mercado central.

🏃 Actividades

Los lugareños están orgullosos de Sanbaray (entrada 5 PEN; ☺8.00-hasta tarde), un delicioso complejo de piscinas, zonas verdes, bares y un decente restaurante especializado en trucha. Está a 10 min en mototaxi (4 PEN) del centro.

La Balsa, oculta en lo profundo de un espantoso camino sin asfaltar, es un meandro del río Urubamba perfecto para nadar y hacer *tubing* por el río. Los fines de semana

los emprendedores lugareños venden cerveza y comida.

Mandor, Siete Tinajas y Pacchac son bellas cascadas donde se puede nadar, escalar y comer fruta de la selva recogida directamente de los árboles. A Siete Tinajas y Pacchac se llega en el transporte público hacia Charate; un taxi a Mandor con tiempo de espera cuesta 35 PEN.

Circuitos

Eco Trek Peru   CIRCUITO DE AVENTURAS
(☑en Cuzco 084-24-7286; www.ecotrekperu.com) Esta agencia se especializa en rutas de varios días por la zona.

Roger Jara   CIRCUITOS GUIADOS
(rogerjaraalmiron@hotmail.com) Organiza circuitos guiados a todas las principales atracciones así como al trozo de jungla virgen cerca de Quillabamba. También puede guiar por los grandes puntos de interés de la zona, Pongo de Mainique y Vilcabamba.

🛏 Dónde dormir

Hay muchos albergues baratos con agua fría en los alrededores de la plaza de Armas y el mercado.

Hostal Don Carlos   HOTEL $
(☑084-28-1150; www.hostaldoncarlosquillabamba. com; Jirón Libertad 556; i/d/tr 75/110/120 PEN; @) Con un café en el interior, este hotel de estilo colonial dispone de habitaciones amplias distribuidas alrededor de un soleado patio. Los cuartos tienen ducha caliente y minibar. Está a media cuadra de la plaza de Armas.

Hostal Alto Urubamba   HOTEL $
(☑084-28-1131, 084-28-2516; www.hostalaltouru bamba.com; 2 de Mayo 333; i/d/tr 55/75/95 PEN, i/d/tr sin baño 25/35/45 PEN) Habitaciones limpias y cómodas con ventiladores, distribuidas en torno a un patio. Es muy ruidoso, pero un veterano favorito de los viajeros.

🍴 Dónde comer y beber

A los lugareños les encantan las cevicherías de pescado fresco del río, solo se debe preguntar al taxista cuál es su favorita. Las heladerías también son muy populares.

Pizzería Carlo   PIZZERÍA $
(☑084-28-1558; Jirón Espinar 309; pizzas desde 15 PEN; ☺18.00-22.30 ma-do) Sirve *pizzas* hechas en un horno de piedra y porciones de lasaña. De noche los vecinos van a pasar el rato.

Heladería la Esquina HELADERÍA $
(Espinar esq. Libertad; bocadillos desde 5 PEN;
◷8.00-23.00 lu-sa) Este café sirve deliciosos zumos, pasteles, helados y aperitivos. El servicio
es arisco, pero la decoración de la década de
1950 lo compensa.

Niko's BAR
(Pio Concha s/n) Para tomar algo.

ℹ Información

BCP (Libertad 549) y el Banco Continental en
Bolognesi, cerca de la esquina de Grau, tienen
cajeros automáticos y cambian dólares estadounidenses. En algunos establecimientos de la
plaza de Armas hay conexión a internet, pero es
extremadamente lenta. En el 3er piso de la Municipalidad ofrecen información turística.

ℹ Cómo llegar y salir

Si se camina hacia el sur por Torre, cuatro manzanas más allá de la plaza Grau, hasta la plaza de
Banderas, se encontrará transporte hasta Huancacalle. Hay que girar a la derecha al final de la
plaza de Banderas para dar con las furgonetas
(35 PEN, 5 a 7 h) que van a Cuzco en la primera
cuadra; en la siguiente está la terminal terrestre
(estación de autobuses). Los autobuses a Cuzco
(25 PEN) salen desde aquí varias veces al día
antes de las 8.00 y entre las 13.30 y las 21.30.
Las combis salen por la mañana temprano y por
la tarde; todas paran en ruta en Ollantaytambo
y Urubamba, pero cobran el trayecto entero se
baje donde se baje.

También salen combis desde la zona del
mercado de Quillabamba para Kiteni (3 a 6 h) e
Ivochote (6 a 8 h), más adentrada en la jungla.

ℹ Cómo desplazarse

Un recorrido en mototaxi por la ciudad cuesta en
torno a 3 PEN.

Huancacalle

◷084 / 300 HAB. / ALT. 3200 M
La pacífica y hermosa Huancacalle es sobre
todo célebre como punto de partida de los
senderos a Vilcabamba, aunque desde aquí
pueden hacerse muchas más excursiones de
3 a 10 días, incluidas las que visitan Puncuyo,
Inca Tambo, Choquequirao y Machu Picchu.
El edificio más grande del pueblo es el Hostal Manco Sixpac (☏en Cuzco 971-823-855; sin
baño 20 PEN/persona), gestionado por los Co-
bos, una familia de guías locales. Es el único
alojamiento con agua caliente. Pueden organizar rutas guiadas y paseos en mula.

La fortaleza palaciega de Manco Inca, Vitcos
(también llamada Rosaspata), está a 1 h a pie
colina arriba. Desde allí se puede continuar
hasta la roca sagrada blanca de Yurac Rumi.
El circuito entero es fácil. Empieza pasado el
puente, al final de la carretera, lleva unas tres
placenteras horas, e incluye tiempo de sobra
para hacer fotos y admirar el paisaje y las ruinas.

Vilcabamba

La verdadera "ciudad perdida de los incas",
también llamada Espíritu Pampa, es lo que
Hiram Bingham buscaba cuando topó con
Machu Picchu. El asediado Manco Inca y
sus seguidores huyeron a este refugio tras
ser derrotados por los españoles en Ollantaytambo, en 1536. El sendero a baja altitud, que lleva entre cuatro y nueve días, es
muy accidentado y tiene muchos ascensos y
descensos escarpados antes de llegar a Vilcabamba, situada a 1000 m sobre el nivel
del mar. Se puede empezar en Huancacalle
o en Kiteni.

Esta zona puede ser insegura; antes de ir
es importante consultar a guías expertos, o
agencias u organizaciones no afiliadas cómo
South American Explorers (p. 237) en Cuzco.

De Cuzco a Manu

Paucartambo

1300 HAB. / ALT. 3200 M
Esta pequeña aldea se posa en las laderas orientales de los Andes, unos 115 km y
3 h al noreste de Cuzco por una carretera
que bordea un risco, asfaltada solo hasta
Huancarán.

Paucartambo es famosa por su pintoresca
fiesta en honor a la Virgen del Carmen, que
se celebra entre el 15 y el 18 de julio e incluye hipnóticas danzas callejeras, maravillosas
procesiones y toda clase de extraños atuendos. Las danzas, muy simbólicas, se inspiran
en todo, desde los febriles enfermos de malaria hasta las prácticas homosexuales de los
conquistadores españoles.

Para alojarse aquí en la época del festival es necesaario reservar con antelación. O
bien se paga una habitación en uno de sus
austeros hoteles o se tiene la suerte de que
un lugareño ofrezca un espacio en su casa.
Muchas agencias de turismo de Cuzco fletan
autobuses para la fiesta y buscan alojamiento
en casas particulares.

EL PEREGRINAJE DE Q'OYORITI

Para el pueblo andino, los ríos y las montañas son *apus*, deidades sagradas poseedoras de una fuerza vital llamada "kamaq". Con 6384 m, el Ausangate es la montaña más alta del departamento de Cuzco y el *apu* más importante de la zona. Protagonista de incontables leyendas, es la *packarina* de la llamas y las alpacas, su místico lugar de origen sagrado, y controla su salud y fertilidad. Las almas condenadas están destinadas a vagar por sus alturas nevadas como castigo por sus pecados.

El Ausangate es la sede del festival tradicional de Q'oyoriti ("estrella de la nieve"), que se celebra a finales de mayo o principios de junio entre las festividades cristianas de la Ascensión y Corpus Christi. Pese a su carácter católico –oficialmente conmemora la aparición de una imagen de Cristo en 1783–, el festival sigue siendo sobre todo una celebración para apaciguar al *apu*, que consiste en cuatro o más días de música y danza ininterrumpidas. En este delirante espectáculo se pueden observar disfraces y bailes increíblemente elaborados, música de instrumentos de metal, fuegos artificiales y agua sagrada por doquier. En los casos más extremos hay hasta fetos de llama y azotes mutuos. Aunque suene extraño, no se permite consumir alcohol. El que se salta esta norma recibe los azotes de los encargados de mantener la ley y el orden, unos hombres vestidos de *ukukus* (espíritus de las montañas) con máscaras blancas que ocultan sus rostros para mantener el anonimato.

Muchos cuzqueños creen que si participan tres veces en el Q'oyoriti se cumplirán sus deseos. El modo tradicional de lograrlo es comprando una *alacita* (miniatura) del deseo. Por ello, los puesots que flanquean el sendero de los peregrinos venden por unos pocos soles los deseos más habituales: casas, coches, camiones, gasolineras, diplomas universitarios, carnés de conducir, etc. Los objetos se bendicen en la iglesia. Hay que repetirlo tres años seguidos y ver qué pasa.

Q'oyoriti es un peregrinaje. El único modo de verlo es ascender a pie la montaña durante 3 h o más, por lo general de madrugada, para llegar al alba. La imagen de una línea infinita de personas subiendo y bajando silenciosamente por el camino y desapareciendo tras una curva de la montaña es inolvidable, igual que la sensación inquietante del Q'oyoriti. La mayoría de los asistentes son campesinos con trajes típicos para quienes ver un extranjero tal vez sea una novedad (incluso puede que le señalen con el dedo).

La incomodidad es otro aspecto del peregrinaje. Q'oyoriti se celebra a 4750 m de altitud, con glaciares que se deslizan hasta el valle de Sinakara. El frío es intenso y no hay infraestructuras ni pueblo alguno, solo una enorme iglesia (rematada por luces titilantes alrededor del altar) que se erigió para albergar la imagen del Señor de Q'oyoriti. Los lavabos provisionales son una dura experiencia. El mar de plástico azul de restaurantes, puestos y tiendas se ha llevado hasta allí a pie o en burro. Es una visión imponente: una ciudad provisional construida a los pies de un glaciar, que se monta y desmonta anualmente para honrar dos religiones opuestas pero que coexisten en un festival con danzas y atuendos cuyo origen nadie es capaz de recordar.

Los autobuses de **Transportes Gallito de las Rocas** (☎084-22-6895; Diagonal Angamos esq. av. de la Cultura, 1º bloque) salen de Cuzco a Paucartambo (12 PEN, 3 h) a diario y a Pilcopata (26 PEN, 10-12 h) los lunes, miércoles y viernes. Para hallar la oficina búsquese "Paucartambo", pintado en una farola entre unos concesionarios.

Tres Cruces

A 2 h aproximadamente de Paucartambo aguarda la extraordinaria vista de la selva en Tres Cruces: un mirador en un desvío de la carretera de Paucartambo a Shintuya. La vista de las montañas adentrándose en la cuenca del Amazonas ya es hermosa, pero su magia se incrementa cuando se suma al fenómeno de la salida del sol que se da entre mayo y julio (otros meses son nubosos), sobre todo hacia la época del solsticio de invierno, el 21 de junio. La salida del sol provoca un efecto óptico de distorsión que crea dobles imágenes, halos y un increíble espectáculo de luces multicolores. En esta época del año muchas agencias de viajes y operadores de deportes de aventuras organizan viajes desde Cuzco para contemplarlo.

Durante la fiesta de la Virgen del Carmen hay microbuses que recorren la ruta entre Paucartambo y Tres Cruces toda la noche. También se puede subir a un camión en ruta a Pilcopata y pedir al conductor que pare en el desvío a Tres Cruces (a 13 km a pie). O incluso se puede intentar alquilar un camión en Paucartambo. Hay que salir en mitad de la noche para llegar antes del alba y llevar ropa de abrigo. Se puede acampar pero hay que llevarse todo el equipo.

Está en el Parque Nacional del Manu.

De Cuzco a Puerto Maldonado

Durante la estación seca, se tarda un día entero en recorrer esta carretera de casi 500 km. La mayoría de los viajeros prefiere el avión. La vía, hoy asfaltada, forma parte de la Interoceánica, la primera carretera que une la costa este y oeste de Sudamérica.

Varias compañías salen a diario desde la terminal terrestre de Cuzco para Puerto Maldonado entre las 15.00 y las 16.30. CIVA (60 PEN, 17 h, sale a las 16.00) es quizá la mejor. Si se quiere escalonar el viaje, los mejores sitios donde parar son Ocongate y Quince Mil, que tienen alojamiento básico.

La ruta se dirige hacia Puno hasta poco después de Urcos, donde nace la carretera sin asfaltar que lleva a Puerto Maldonado. A unos 75 km y 2½ h de Cuzco se llega a Ocongate, población del Altiplano con un par de hoteles sencillos alrededor de su plaza.

Desde allí viajan camiones hasta la aldea de Tinqui, a 1 h pasado Ocongate, que es el punto de partida del espectacular sendero de siete días que rodea el Ausangate (6384 m), el monte más alto del sur de Perú.

Tras Tinqui, la carretera desciende sin pausa hasta Quince Mil, a 240 km de Cuzco, punto medio del camino a menos de 1000 m sobre el nivel del mar. La zona es un centro de minas de oro y los hoteles suelen estar llenos. Tras otros 100 km, la carretera que conduce a la selva alcanza la llanura, donde discurre llana durante los últimos 140 km hasta Puerto Maldonado.

Ausangate

Con sus cimas nevadas, el Ausangate (6384 m) es el pico más alto del sur de Perú, visible desde Cuzco si está despejado. El circuito alrededor de su falda es la excursión alpina más desafiante de la zona. Lleva entre cinco y seis días, y atraviesa cuatro pasos situados a gran altitud (dos de ellos a más de 5000 m). La ruta empieza en la ondulada y parda puna (las praderas de la meseta andina) y comprende un paisaje muy variopinto, que incluye cimas heladas, glaciares a punto de desmoronarse, lagos turquesa y verdes valles pantanosos. Por el camino se topará con enormes rebaños de alpacas y minúsculas aldeas que llevan siglos intactas.

La excursión empieza y acaba en Tinqui, donde hay fuentes minerales de agua templada y un sencillo hotel, así como mulas y arrieros que pueden contratarse por 30 PEN por día cada uno. Las excursiones organizadas en tiendas de cinco días cuestan unos 520 US$ con agencias como Apus Peru (☎084-23-2691; www.apus-peru.com) o guías.

Para tener una lujosa experiencia de alojamiento contáctese con Andean Lodges (☎084-22-4613; www.andeanlodges.com; paquete de 3 días desde 870 US$). En los baños y restaurantes usan tecnologías ecosostenibles. Las excursiones van de tres días a una semana con alojamiento y demás incluido.

DE CUZCO AL CENTRO DEL ALTIPLANO

El autobús que va de Cuzco a Lima por Abancay y Nazca pasa por una ruta remota que estuvo cerrada desde finales de la década de 1980 hasta finales de la de 1990 debido a la actividad guerrillera y el bandolerismo. Antes de ponerse en marcha conviene informarse sobre la situación, ya que en época de lluvias los corrimientos de tierras pueden dificultar el viaje. El trayecto hacia el oeste desde Abancay a Andahuaylas y Ayacucho es duro, pues recorre una accidentada carretera que casi nadie usa, salvo los viajeros más curtidos.

De Cuzco a Abancay

Varias paradas merecen la pena en este trayecto de 4 h y 200 km. En un solo día pueden visitarse uno o dos, cambiando de autobús de camino a Abancay. El viaje empieza tomando un colectivo a Limatambo (12 PEN, 2 h) desde Arcopata, en Cuzco.

Limatambo, a 80 km al oeste de Cuzco, toma el nombre del yacimiento inca Rimactambo, popularmente conocido como **Tarawasi** (📞en Cuzco 084-58-2030; entrada 10 PEN), situado al lado de la carretera a unos 2 km al oeste de la ciudad. Se usó como centro ceremonial y como lugar de descanso de los chasquis (corredores incas que entregaban mensajes entre puntos muy distantes). Su excepcional muro de contención poligonal, con 28 nichos de tamaño humano, ya vale la pena el viaje desde Cuzco. En el muro de abajo se pueden observar formas de flores y un corazón de cuatro lados entre un mosaico de rocas encajadas a la perfección. En Limatambo hay alojamiento básico.

Los baños termales naturales de **Cconoc** (📞Abancay 083-32-1664; entrada 2,50 PEN) están a 3 km bajando a pie la colina desde un desvío que hay 10 km al este del pequeño núcleo de transporte **Corahuasi**, 1½ h al este de Abancay. Tiene un restaurante, bar, taxis y un hotel sencillo. Para más información, llámese Dircetur en Abancay (p. 275).

El yacimiento inca de **Saihuite** (📞Abancay 083-32-1664; entrada 10 PEN), a 45 km al este de Abancay, tiene una gran roca intrincadamente tallada llamada "La Piedra de Saihuite", similar a la famosa roca esculpida en Q'enqo, cerca de Cuzco, aunque es más pequeña y más elaborada; los grabados de animales están especialmente trabajados. Pídase al conductor que pare en el desvío a las ruinas, desde donde hay un paseo de 1 km colina abajo.

Cachora, a 15 km de la carretera desde el mismo desvío que Saihuite, es el punto de partida más habitual para emprender la caminata hasta Choquequirao. Cuenta con unas cuantas pensiones, un *camping*, guías locales y mulas de alquiler.

Choquequirao

Las remotas y espectaculares ruinas de Choquequirao, a medio despejar, suelen describirse como un Machu Picchu en miniatura. Y es que este rincón en la conjunción de tres ríos deja sin aliento, y la asequible excursión de cuatro días entre ir y volver ya hace unos cuantos años que se considera "lo mejor del momento".

De hecho, el gobierno ha aprobado un controvertido plan para poner en marcha el primer tranvía del país con una capacidad de 3000 visitantes diarios. Esto hará que se pueda llegar en tan solo 15 min desde la au-topista. Los ecologistas se preocupan por el impacto que pueda tener este proyecto.

Por ahora puede visitarse tranquilamente. Los viajeros pueden organizar fácilmente esta ruta por sí solos, pero hay que tener en cuenta que algunos puentes pueden ser arrastrados por la corriente, imposibilitando el camino. Si se quiere ir por libre, será mejor informarse antes con los operadores.

Una excursión guiada de cuatro días cuesta en torno a 1050 US$ por persona (con dos excursionistas). **Apus Peru** (📞084-23-2691; www.apus-peru.com) sigue esta ruta hasta el Camino Inca durante nueve días espectaculares, culminando en Machu Picchu.

Abancay

📞083 / 13 800 HAB. / ALT. 2378 M

Este aletargado pueblo rural es la capital del departamento de Apurímac, una de las regiones menos exploradas de los Andes peruanos. Puede servir como un alto en el largo y cansado viaje en autobús entre Cuzco y Ayacucho.

Jirón Arequipa, con bancos, es la principal calle comercial; continúa por av. Arenas, con restaurantes y ocio.

🔘 Puntos de interés y actividades

Durante la temporada seca (de finales de mayo a septiembre), los excursionistas y escaladores visitan el pico, a veces nevado, de **Ampay** (5228 m), a aproximadamente 10 km al noroeste de la ciudad. El **Santuario Nacional Ampay** de 3635 Ha es un buen sitio para acampar y observar aves.

🎉 Fiestas y celebraciones

Abancay tiene un pintoresco **carnaval** que se celebra durante la semana antes de la Cuaresma, y brinda la ocasión de asistir a unos festejos sin influencias turísticas. La fiesta incluye un concurso de danzas folclóricas de fama nacional. Hay que reservar con antelación o llegar antes de que empiecen las celebraciones. El **Día de Abancay,** el 3 de noviembre, se conmemora la fecha de su fundación.

🛏️ Dónde dormir y comer

El alojamiento se orienta más bien a gente de negocios que a viajeros. Hay muchos restaurantes y cafés en av. Arenas, con varios asadores y chifas (restaurantes chinos). La vida nocturna se concentra en Arenas y Pasaje Valdivia, al lado.

Hotel Saywa   HOTEL **$**
(☎084-32-4876; www.hotelsaywa.com; av. Arenas 302; i/d/tr desayuno incl. 65/100/135 PEN; 🛜) Es acogedor y una buena opción para lo que viajan solos. Las bonitas habitaciones tienen suelos de parqué y TV. Hay una agencia de circuitos.

Hotel Turistas   HOTEL HISTÓRICO **$$**
(☎084-32-1017; www.turismoapurimac.com; Díaz Bárcenas 500; i/d 100/150 PEN; @🛜) Mansión colonial, punto de referencia de la ciudad, donde aún se respira su antigua majestuosidad. Las habitaciones son más sencillas de lo que cabría esperar, pero son cómodas, tienen teléfono y TV. Se incluye el desayuno, pero se desaconseja el café. Pídase que descuenten el impuesto del 18%.

Villa Venecia   PERUANO **$$**
(☎084-23-4191; av. Bella Abanquina; principales desde 18 PEN; ⏰11.00-16.00) Merece la pena el breve trayecto en taxi que lleva hasta aquí (está detrás del estadio), pues es el restaurante con más renombre de Abancay. Sirve toda clase de comida local y es la viva encarnación del mantra peruano "bueno, barato y bastante".

ⓘ Información

Dircetur (☎084-32-1664; informes@dirce turapurimac.gob.pe; av. Arenas 121, 1er piso) Información de las atracciones de la zona, incluyendo los manantiales de Cconoc y Saihuite.

ⓘ Cómo llegar y desplazarse

Los colectivos a Corahuasi que pasan por Saihuite (12 PEN, 1½ h) salen desde Jirón Huancavelica, dos manzanas colina arriba desde Arenas. Los que van a Cachora salen desde una manzana situada en un punto más alto de la colina. Los autobuses hacia Cuzco, Andahuaylas y Lima salen de la terminal terrestre.

Varias compañías van a Cuzco (20-30 PEN, 5 h), con salidas alrededor de las 6.00, 11.00 y 23.00. Muchos autobuses van a Lima a diario (60-180 PEN, 14 -18 h), la mayoría por la tarde y entre las 22.30 y las 24.00. Las salidas a Andahuaylas (10 PEN 5 h) se concentran entre las 11.30 y las 23.30. También se puede llegar en microbús (25 PEN, 4 h), un medio algo menos temerario, más rápido y cómodo.

La tasa de salida de la terminal es de 1 PEN. Hay taxis al centro (4 PEN).

Centro del Altiplano

Incluye »

Los mejores restaurantes

➡ La Choza de Omar (p. 277)

➡ Daylo Cocina Peruana-Fusión (p. 289)

➡ Leopardo (p. 297)

➡ Via Via (p. 311)

Los mejores alojamientos

➡ Villa Jennifer (p. 285)

➡ Hacienda La Florida (p. 288)

➡ La Casa de la Abuela (p. 295)

➡ Via Via (p. 309)

Por qué ir

Si lo que apetece ver durante el viaje a Perú son ruinas o su interminable naturaleza, el rocoso y remoto centro del Altiplano está a la altura de los destinos más conocidos del país en ese sentido y en muchos otros, con escasa presencia de viajeros.

Esta zona de los Andes alcanza su cenit de Semana Santa a julio, cuando celebra la principal de su miríada de fiestas. No es un lugar para personas apocadas, pero los espíritus aventureros descubrirán unas cualidades en la vida local difíciles de encontrar en otros lugares, relacionándose con los lugareños en traqueteantes autobuses o subiendo altas colinas para visitar palacios incas poco conocidos.

La vida de esta región de austera belleza depende en gran parte de la tierra: en los caminos se ven más burros que automóviles y los coloridos trajes tradicionales predominan en unas comunidades que albergan la mejor artesanía del país. Las montañas y lagos de la parte ulterior de la región parecen protegerla del s. XXI.

Cuándo ir
Ayacucho

Ene El Año Nuevo de Huancayo se celebra en verano, con altas temperaturas y lluvias.

Mar/Abr En Ayacucho se celebra la más importante Semana Santa de Perú.

Jul y Ago Las noches estrelladas invitan a relajarse con un ponche en las termas de Huancavelica.

EL NORTE

La zona menos conocida de Perú ofrece uno de los viajes más emocionantes y curiosos: desde la ciudad minera de Cerro de Pasco, situada a tal altitud que deja al viajero sin aliento, se desciende de nuevo hasta Huánuco, punto de partida de fabulosas excursiones arqueológicas, antes de dirigirse a la tropical Tingo María, en los umbrales de la selva.

De Lima a Cerro de Pasco

La ruta más rápida para llegar a los Andes desde Lima, salva un desnivel de más de 4000 m en pocas horas. Los veraneantes de Lima llegan hasta las pequeñas localidades de Canta y Obrajillo; más allá, el viajero solo encontrará curiosos vestigios de la minería de la zona, en una auténtica aventura andina. La principal atracción es el sorprendente bosque de piedras del Santuario Nacional de Huayllay.

Canta y Obrajillo

📞 1 / 2800 HAB. / ALT. 3000 M

Tras dejar atrás los barrios de chabolas de las afueras de Lima, enseguida aparece una región de exuberantes pastos, cuya agricultura es esencial para atender las necesidades de la capital. Las laderas del valle van ganando altura antes de llegar a Canta, la primera población importante, aunque rezagada en el tiempo, que ofrece actividades al aire libre, al igual que su encantadora vecina a 1 km, Obrajillo. Es una zona muy tranquila, salvo los fines de semana, cuando algunas familias de Lima acuden para disfrutar de esta amable iniciación al estilo de vida andino y la población cobra vida.

Desde Obrajillo se puede acceder a dos cascadas por senderos de corto recorrido, y además cuenta con restaurantes de renombre que salpican la ribera del río. En sus orillas algunos guías ofrecen insistentemente **excursiones a caballo** (5 PEN/h/persona) por el bucólico paisaje.

Ascendiendo desde Canta, a una hora de coche, la señalización en la carretera indica que se está atravesando una zona arqueológica. Numerosas ruinas incas salpican el lugar, pero las más impresionantes son las indicadas en el segundo letrero que se encuentra a la izquierda: Cantamarca, compuesta por una serie de viviendas circulares repartidas por la ladera, que datan del año 1100.

🛏 Dónde dormir y comer

Hotel Cancayvento HOTEL **$$**
(📞 1-422-6344, 1-244-7162; hotelcancayvento3estrellas@hotmail.com; av. 26 de Junio s/n; i/d desayuno incl. desde 120/180 PEN; 🅿@🛜🏊) Situado en la parte alta de la ciudad, oculto tras altos muros de ladrillo, justo antes de que la carretera suba hacia Huallay se encuentra este espacioso y agradable hotel, propiedad de una carismática limeña. Las habitaciones simples son bastante amplias, y el precio incluye un copioso desayuno en el enorme restaurante. Posee piscina y barbacoas.

⭐**La Choza de Omar** PERUANA **$$**
(www.lachozadeomar.com; principales 25-35 PEN) En el lugar donde la carretera se encuentra con el río en el idílico pueblo de Obrajillo, este rústico restaurante atrae el fin de semana a numerosos limeños que enloquecen con las enormes porciones de carne, mientras sus hijos corren a sus anchas por el jardín.

Se aconseja probar la pachamanca (carne cocinada sobre piedras ardiendo en el suelo) y no perderse las partidas de 'sapo', un juego de bar en el que los jugadores intentan colar monedas por los orificios de una especie de cajón, uno de los cuales es la boca de un sapo de mentira.

ℹ Cómo llegar y salir

Los colectivos que paran en la calle principal de Canta ofrecen el trayecto a Lima (20 PEN, 2½-3 h). De regreso a Canta, los vehículos salen del cruce de la av. Grau y Abancay, en Lima.

No hay transporte público más allá de Canta para salvar el trayecto de 5 h hasta Huayllay. Algunos colectivos están dispuestos a hacer este largo e inusual trayecto, pero no por menos de 300 o 400 PEN.

A pesar de las mejoras en la carretera, lo mejor es viajar en un todoterreno después de Canta, aunque también se puede ir en un vehículo convencional.

La agencia de actividades de aventura **Amazandes** (📞 965-982-854; http://amazandes.net) ofrece circuitos a medida por esta remota región.

Huayllay y alrededores

📞 063 / ALT. 4500 M

Aunque se halla a solo 110 km de Canta, se deben calcular 5 h de viaje para llegar a Huayllay. A primera vista parece ofrecer una tregua de las inhóspitas montañas, pero en

Imprescindible

1 Visitar las aisladas ruinas de la cultura inca y preincaica del norte, cercanas a **Canta** (p. 277), **La Unión** (p. 284) o **Tantamayo** (p. 284).

2 Experimentar el estilo de vida agrícola tradicional durante la estancia en una antigua hacienda en **Tarma** (p. 287).

3 Admirar los más de 25 000 libros de la época colonial del convento de **Santa Rosa de Ocopa** (p. 292), Concepción.

4 Llegar a **Huancayo** (p. 292) en el segundo ferrocarril más alto del mundo.

5 Buscar artesanía en los pueblos del valle del **río Mantaro** (p. 292), cerca de Huancayo.

6 Explorar las iglesias y bañarse en las termas de la

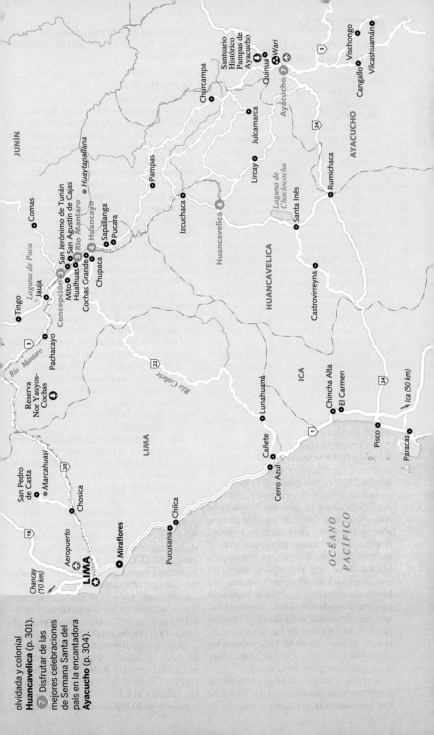

olvidada y colonial **Huancavelica** (p. 301).

7 Disfrutar de las mejores celebraciones de Semana Santa del país en la encantadora **Ayacucho** (p. 304).

UNA AUTÉNTICA DOSIS SE ALTIPLANO: LAGO JUNÍN

Al sur de Cerro de Pasco, en la autopista 3 en dirección a Tarma, se abre el auténtico Altiplano: ningún árbol por encima de los 4000 m, solo pastos amarillentos arrasados por fuertes vientos, solo soportables por unos cuantos rebaños de llamas. Pero la belleza compensa tanta desolación.

Cerca de la aldea de Huayre se halla el principal acceso al interesante lago Junín, que con unos 30 km de longitud y 14 km de anchura es el mayor de Perú después del Titicaca, y el más alto de América. Es conocido por las aves que lo habitan; algunos estudiosos afirman que la zona alberga una población permanente de más de un millón de aves. Entre ellas destaca una de las especies más escasas del mundo occidental, el zampullín del Junín. El cuy salvaje es uno de sus pobladores no alados. El lago y sus aledaños pertenecen a los 53 km² de la Reserva Nacional Junín.

Desde Huayre, un sendero de 1,5 km conduce al lago. Es muy difícil visitarlo o incluso verlo de otra forma, porque está rodeado de pantanos cenagosos.

realidad se trata de un rudo y frío asentamiento minero a 4500 m de altitud.

A 1 km de la ciudad, en la carretera a Cerro de Pasco, se encuentra el Santuario Nacional de Huayllay (Bosque de Piedras; entrada 2 PEN; circuito guiado 30 PEN), con el bosque de piedras más extenso y situado a mayor altitud del mundo. Sus formaciones rocosas acechan desde la desolada pampa, algunas con forma de elefante, o de corona de rey, e incluso una que parece una auténtica llama pastando. Es una zona famosa para la escalada en roca. El santuario abarca un área de varios kilómetros, en la que también hay aguas termales y pinturas rupestres (aunque la ayuda de un guía puede ser útil para encontrarlas). Raúl Rojas, del Hostal Santa Rosa en Cerro de Pasco, es un guía recomendado, y cobra 50 PEN/persona en excursiones de un día. También suele haber otros guías esperando en la zona.

Se puede ir por cuenta propia, aunque tal vez se pasen por alto algunas de las formaciones. Los colectivos que hacen el trayecto de

Huayllay a Cerro de Pasco salen del Parque Minero, cerca de la terminal de autobuses (6 PEN, 45 min).

Cerro de Pasco

☎ 063 / 66 000 HAB. / ALT. 4333 M

Este asentamiento minero del Altiplano, a una altitud que induce al mal de altura, y con un clima gélido y lluvioso, nunca será un destino turístico popular. Sin embargo, la primera impresión que causa es de asombro: sus casas y calles se extienden en desorden alrededor de un sorprendente agujero artificial en las montañas yermas, de varios kilómetros de amplitud. Los españoles descubrieron plata en el s. XVII, lo que, junto con sus otras riquezas minerales, lo ha convertido en un lucrativo activo peruano. Últimamente también se ha esforzado en mejorar su imagen y ofrece hoteles decentes para distraer la atención del frío y del industrial clamor. Aparte de ser el lugar más alto del mundo por su tamaño, atrae a algún viajero que lo usa de trampolín para visitar algunas de las formaciones rocosas más espectaculares de Perú. Si se viaja en taxi colectivo por el Altiplano, este es también un lugar adecuado para las conexiones.

El dinero se cambia en BCP (Arenales 162), que cuenta con cajero automático; se halla bajo el Hotel Arenales, junto a la estación de autobuses. En caso de urgencia médica se puede acudir a la Clínica Gonzáles (☎063-42-1515; Carrión 99).

Desde la estación de autobuses, subiendo la cuesta hasta la plaza Daniel Carrión, el Hostal Santa Rosa (☎063-42-2120; Libertad 269; i/d sin baño 25/30 PEN) ofrece habitaciones sencillas y espaciosas que comparten tres aseos y una codiciada ducha de agua caliente. El propietario es también guía, e informa sobre la visita a las formaciones rocosas del Santuario Nacional de Huayllay. Al otro lado de la plaza se encuentra el Plaza Apart Hotel (☎063-42-3391; Prado 118; i/d 80/120 PEN) con habitaciones bien equipadas y televisión por cable. En cuanto a la comida, a juzgar por los restaurantes de esta localidad, parece ser que a los mineros les gustan las porciones copiosas, y no le dan tanta importancia al sabor o a la decoración del local.

De la terminal situada cinco manzanas al sur de la plaza de Armas, salen autobuses a Huánuco (10 PEN, 3 h), Huancayo (15 PEN, 4 h), Lima (30 a 40 PEN, 8 h), La Oroya (10 PEN, 2½ h) y Tarma. Los colectivos más caros cobran 20 PEN hasta Huánuco. Para ir a Tarma será necesario llegar hasta El Cruce y tomar allí un taxi en el desvío hacia Tarma (tarifa total hasta Tarma 25 PEN).

Huánuco

📞062 / 175 000 HAB. / ALT. 1894 M

Huánuco se encuentra en la importante ruta inca que va de Cuzco a Cajamarca. Era un asentamiento clave al norte del imperio, y creció como núcleo principal de la ruta. Los incas eligieron como su enclave regional a Huánuco Viejo, 150 km al oeste, pero en 1541 su ubicación desprotegida urgió a los españoles a desplazar la población a su actual emplazamiento a orillas del río Huallaga.

Poco queda de su pasado colonial, pero la abundancia de restos arqueológicos en las montañas de los alrededores es motivo suficiente para detenerse en este concurrido pueblecito. Sus habitantes presumen de tener el mejor clima de Perú gracias a su perfecta ubicación: lo cierto es que, tras experimentar el clima tempestuoso del Altiplano, la temperatura resulta agradable, lo cual le convierte en un lugar tentador para hacer una parada en la ruta de Lima a Pucallpa por la selva.

Muy cerca se encuentra uno de los yacimientos arqueológicos andinos más antiguos de Perú, el Templo de Kotosh, y un poco más arriba, en las colinas, se pueden visitar las aún más impresionantes ruinas de Huánuco Viejo y Tantamayo.

⦿ Puntos de interés

En la propia ciudad escasean: se puede visitar la iglesia San Francisco (Huallayco esq. Beraún), si está abierta. Es una de las más bonitas de Huánuco, con ricos altares de estilo barroco e interesantes cuadros de la escuela cuzqueña, pero no hay que hacerse muchas ilusiones.

Templo de Kotosh RUINAS
(entrada circuito guiado incl. 5 PEN; ☺8.00-17.30) También conocido como el templo de las Manos Cruzadas por la moldura en barro de unos brazos que se entrecruzan de tamaño natural, que es el principal atractivo del lugar. La moldura auténtica data del año 2000 a.C. y hoy se encuentra en Lima, en el Museo Nacional de Antropología, Arqueología e Historia del Perú; en su lugar se halla una copia. Se sabe poco de la cultura kotosh, una de las culturas andinas más antiguas. Se llega fácilmente en taxi (12 PEN, ida y vuelta, con espera de 30 min incluida).

En las montañas, 2 km por encima del yacimiento, la cueva de Quillaromi conserva impresionantes pinturas prehistóricas. Kotosh queda unos 5 km al oeste del pueblo, fuera de la carretera de La Unión.

✦✦ Fiestas y celebraciones

Danza de los negritos BAILE TRADICIONAL
El festival más peculiar de Huánuco evoca a los esclavos que trabajaban en las minas. Los participantes llevan máscaras negras y trajes coloridos, y se bebe en abundancia hasta la madrugada. Se celebra los días 1, 6 y 18 de enero.

🛏 Dónde dormir

En el lado sureste de la plaza abundan los alojamientos básicos, poco tentadores, a precios de plaza.

★**Hostal Huánuco** PENSIÓN $
(📞062-51-1617; www.facebook.com/Hostalhua nucos.h.l; Huánuco 777; i con/sin baño 35/20 PEN, d 50 PEN) Es una mansión tradicional con anticuados suelos de baldosas y una terraza en el 2º piso con vistas a un jardín exuberante y un vestíbulo con cuadros y recortes de periódicos antiguos; en definitiva, un lugar con carácter. Las habitaciones son bonitas, con mobiliario antiguo y camas cómodas. Las duchas tienen agua caliente, aunque tarda en llegar, por lo que debe pedirse con tiempo.

Hotel Trapiche Suites HOTEL-BOUTIQUE $$
(📞062-51-7091; hoteltrapichehuanuco@hotmail. com; General Prado 636; i/d 87/137 PEN; ☎) Es el único en su género de Huánuco, por lo que está muy solicitado y hay que reservar con semanas de antelación. Las habitaciones cuentan con grandes y confortables camas con colchas coloristas, un minibar bien provisto, teléfono y modernas obras de arte. Obviamente pretende atraer a clientes en viajes de negocios, y en comparación con otros hoteles de gama alta más formales, ofrece una alternativa lujosa pero asequible.

Hotel Santorini HOTEL $$
(📞062-51-5130; Beraún, entre Valdizán y Bolivar; i/d 80/100 PEN) En sus pasillos inmaculados y vacíos resuenan los pasos de los clientes. Las habitaciones son espaciosas y cuentan con televisión por cable. Aunque la cerveza del minibar podría estar más fría y el agua de la ducha salir más caliente, es una alternativa limpia y razonable para pasar una noche.

Huánuco

Huánuco

Grand Hotel Huánuco   HOTEL $$$
(☎062-51-4222; www.grandhotelhuanuco.com; Beraún 775; i/d 170/230 PEN; P🐾🎮) En la plaza de Armas, es la estrella de los hoteles de la población. Sus zonas comunes son agradables. Las habitaciones tienen techos altos y sólidos suelos de parqué, así como teléfono y televisión por cable (se ve algo borrosa). Incluye sauna, sala de billar, *jacuzzi*, restaurante y bar.

El Inka Comfort Restaurant abre de 7.00 a 22.00 (platos principales desde 15 PEN).

🍴 Dónde comer

La cafetería abierta 24 h del **Hotel Real** (☎062-51-1777; www.realhotelhuanuco.com.pe; Jirón 2 de Mayo 1125; i/d 90/120 PEN) es una opción para antojos nocturnos o desayunos tempranos. Para cenas más formales, acúdase al consolidado restaurante del Grand Hotel Huánuco.

★ **Tradiciones Huanuqueñas**   PERUANA $
(Huallayco 2444; 12-30 PEN; ☺8.00-17.00) Una experiencia gastronómica imprescindible,

con una carta fiel a la cocina de los Andes peruanos, precios muy baratos y porciones que desafían el apetito más insaciable. Todo ello en un entorno tranquilo y natural, a las afueras de la ciudad. Se puede llegar en mototaxi desde el centro por 5 PEN.

Lookcos Burger Grill HAMBURGUESERÍA $
(Castillo 471; comidas 7,50-15 PEN; ☺18.00-24.00) Este espacioso y limpísimo restaurante de dos plantas sirve fabulosas hamburguesas y sándwiches, cuenta con balcón y un bar en el que al caer la noche suena una selección de reguetón a todo volumen.

La Piazzetta PIZZERÍA $
(Beraún 845-847; *pizza* 21-24 PEN; ☺18.00-23.00 lu-sa) Lujoso restaurante que ofrece comida italiana de calidad, incluidas sabrosas *pizzas*. El servicio es eficiente y cuenta con una amplia carta de vinos chilenos y argentinos.

Chifa Khon Wa CHINA $
(www.khonwa.pe; General Prado 820; principales 16-32 PEN; ☺12.00-24.00) El restaurante chino más popular y espacioso de la ciudad.

🍷 Dónde beber y vida nocturna

Alambique BAR
(Beraún 635; ☺18.00-hasta tarde) Un local relajado con una pequeña pista de baile y una zona tranquila para tomar algo, como por ejemplo la sangría de la casa.

ℹ️ Información

Hay muchos locutorios prácticamente idénticos con acceso a internet en casi todas las calles. No hay oficina de turismo pero sí una práctica **web de información** (www.huanuco.com).
BCP (Jirón 2 de Mayo 1005) Con cajero Visa.
Hospital Regional Hermillo Valdizán Med-

¿MINERÍA O SOCAVAMIENTO? LOS PROBLEMAS DE LA RIQUEZA MINERAL DEL ALTIPLANO

La minería es la principal fuente de riqueza de Perú y el centro del Altiplano acapara gran parte de esta actividad. Pero los beneficios que proporciona la extracción de zinc, plomo, plata, cobre y oro (Perú está entre los cuatro mayores exportadores del mundo de estos minerales) suscita interrogantes sobre su distribución y el perjuicio que causa al medioambiente. Además, los centros mineros más importantes se encuentran en las zonas más pobres y más contaminadas del país, si no del continente.

La extracción o el procesamiento del mineral representa el sustento económico de Cerro de Pasco (una de las mayores minas de zinc y plomo de Sudamérica) y de La Oroya (el principal centro de fundición del Altiplano).

Aunque también puede ser la ruina de esos lugares. Los niveles de contaminación son elevados: La Oroya aparece mencionada entre los "zonas más contaminadas del mundo", y Cerro de Pasco le sigue de cerca. Desde que la compañía Doe Run, propietaria de la fundición de La Oroya, puso fin a la producción, algunos habitantes de la zona han reclamado su reapertura a pesar de los riesgos.

Se informa sobre las huelgas por las condiciones laborales y de vida, pero es dolorosamente evidente lo que la gente está dispuesta a soportar para conservar su trabajo. Y aún más en Cerro de Pasco, donde el pozo propiedad de Volcán Compañía Minera está en medio de la población (irónicamente se la llama la mayor plaza de Armas de Perú). No solo 9 de cada 10 niños tienen niveles de minerales por encima de la media en su sangre (según el estudio realizado por los Centros para el Control de Enfermedades de EE UU), sino que la mayor parte del agua disponible se destina a la mina y la de las cañerías solo está disponible unas horas. Gran parte de la población vive en la pobreza. No obstante, existe un peligro más inminente. Las casas se agrupan en torno a la mina y el hundimiento del agujero junto a esas propiedades supone un problema. En el 2008, se permitió que Volcán comprara una parte del centro histórico de la ciudad. Ahora que el pozo está listo para devorar el centro de Cerro de Pasco, el Congreso peruano ha aprobado un proyecto que propone una osada solución al problema: trasladar la ciudad a 20 km de distancia. Pero, según los funcionarios, costará 500 millones de dólares y más de una década. Y el tiempo, para muchos, se está agotando. Hay que verlo. Puede que pronto Cerro de Pasco no exista: víctima, como muchos pueblos mineros peruanos, de su éxito.

rano (☑062-51-8139; www.hospitalvaldizan
hco.gob.pe; Hermillo Valdizán 950)

❶ Cómo llegar y salir

AVIÓN

LC Peru (☑962-673-710, 062-51-8113; www.
lcperu.pe; Jirón 2 de Mayo 1321) vuela a/desde
Lima a diario. El aeropuerto está 5 km al norte
del centro. Tómese un taxi (10 PEN).

AUTOBÚS Y TAXI

Hay varias compañías de autobuses repartidas
por la ciudad, con destino a Lima (25 a 50 PEN, 8
h), Pucallpa (25 a 35 PEN, 11 h), La Merced
(20 PEN, 6 h) y Huancayo (20 PEN, 6 h).

Un taxi colectivo es la mejor opción para ir a
La Unión (25 PEN, 4 h) o Tantamayo (30 PEN,
5 h), porque la carretera de fuerte pendiente
tiene muchas curvas. En la cuadra de Tarapaca
entre San Martín y Huallayco se pueden encontrar varias compañías que van a La Unión.

Para ir a Tingo María se puede tomar el autobús que va Pucallpa (10 PEN, 3½ h) o un taxi
colectivo (20 PEN, 2 h) desde el final de General
Prado que da al río.

Para ir a Cerro de Pasco salen combis (10 PEN,
3 h) y taxis colectivos (20 PEN, 2 h) desde Paradero de Cayhuayna, a 1 km en mototaxi desde
el centro. De allí también salen los colectivos
a La Oroya y al desvío de Tarma en El Cruce
(40 PEN, 3½ h).

Bahía Continental (☑062-51-9999; Valdizán
718) Una de las opciones más lujosas, con
autobuses regulares a Lima a las 10.00, y
autobús-cama a las 21.30, 22.00 y 22.15 (el
último es el más cómodo).

Transportes Chavín (San Martín entre Mayro
y Tarapaca) Los colectivos a Tantamayo no
salen con tanta frecuencia como los que van a
La Unión (la carretera está en peores condiciones), pero hay servicios diarios por la mañana,
aproximadamente a las 5.00, aunque lo mejor
es reservar el día antes.

Turismo Central (☑062-51-1806; Tarapacá
552) Salidas a Pucallpa a las 8.00 y las 20.00;
a Huancayo a las 21.00.

La Unión

6300 HAB. / ALT. 3200M

La Unión es la primera (y única) localidad
importante en la accidentada carretera de
Huánuco a Huaraz, una de las rutas más fascinantes que conectan el centro del Altiplano
y la cordillera Blanca. Desde aquí se puede ir
a pie a las extensas ruinas incas de Huánuco
Viejo (entrada 5 PEN; ⊙8.00-18.00), situadas en
una franja de árida pampa a 3700 m. Detrás
del mercado, una empinada escalera asciende
hasta una torre de agua, y desde allí sale un
sendero marcado que atraviesa hermosos paisajes del Altiplano (1½ a 2 h). Cuando se llega
al llano solo hay que seguir la carretera hasta
llegar a las ruinas visibles a mano derecha.
Se puede preguntar a los lugareños en caso
necesario. Del mercado también salen continuamente combis (3 PEN) que reducen la
distancia a pie a unos 20 min. El yacimiento
ocupa 2 km² y comprende más de mil edificios y almacenes. El más impresionante es
el *usnu*, una enorme plataforma ceremonial
de 4 m de altura con grabados de animales
(monos con cara de león) que adornan la entrada. Illa Túpac, figura clave de la resistencia
inca contra los españoles, defendió Huánuco
Viejo hasta 1543, cuando ya muchos asentamientos incas habían caído. Viendo las ventajas defensivas se puede comprender cómo
lo consiguió.

La Unión tiene un cajero automático Visa
en el **Banco de la Nación** (Jirón 2 de Mayo 798),
que seguramente es el más remoto de Perú.
El **Hostal Inka House** (Virgen del Carmen 123;
h desde 20 PEN) es una buena opción de alojamiento en el centro, cerca del mercado.

El transporte público llega y sale de la terminal de autobuses de Comercio, al oeste de
la ciudad. Las salidas a Lima (20 a 30 PEN,
10 h) son entre las 18.00 y las 20.00. Algunos
autobuses (además de colectivos) cubren a
diario la ruta hacia el este, hasta Huánuco
(15 PEN, 5 h) y Tantamayo (10 PEN, 3 h). La
Unión Huánuco cubre el servicio a Huaraz
con una salida a las 3.00 (15 PEN, 5 h).

Tantamayo

ALT. 3400 M

La única conexión de Tantamayo con el mundo es una carretera sin asfaltar. Esta localidad rodeada por un mosaico de campos verde y marrón destaca en medio de las laderas
desnudas del valle del Alto Marañón. Desde
esta aldea tranquila y fría fluye un río que,
cientos de kilómetros más abajo, se trans-
forma en el Amazonas. Fue la capital de la
cultura precolombina yarowilca, cuyos restos
siguen esparcidos por las montañas cercanas. Las ruinas más impresionantes están en
Piruro y **Susupillo**. Es una de las culturas
más antiguas de Perú, que arquitectónica-
mente estaba muy avanzada. Construían
edificios de hasta seis pisos, conectados in-
teriormente por escaleras en espiral, con una

apariencia muy distinta a las construcciones de los incas, a quienes muchos creen que no eran capaces de emular.

Para llegar a Piruro se sigue el sendero (difícil de encontrar, conviene preguntar) que desciende desde Tantamayo y sube al otro lado del valle (1½ h). Para llegar a Susupillo hay vehículos que van hasta la aldea de Florida, a 20 min desde Tantamayo, desde donde se debe seguir a pie hasta el yacimiento.

En Tantamayo los alojamientos son sencillos; en La Unión hay más opciones. Tantamayo cuenta con teléfonos públicos (no permiten llamadas al extranjero), pero no hay servicio de directorio telefónico ni cobertura de móvil. Tampoco hay bancos. Desde Huánuco, los colectivos, combis y autobuses tardan de 5 a 8 h (autobús 20 PEN, colectivo 30 PEN). Desde Tantamayo también se puede ir a La Unión (3 h), y desde allí hacer transbordo a Lima.

Tingo María

📶 062 / 55 000 HAB. / ALT. 649 M

Esta lánguida y húmeda ciudad universitaria y comercial se encuentra en la llamada ceja de la selva (umbral entre las montañas y la selva), en parte firmemente enraizada en la exuberante y húmeda vegetación de la región amazónica, y en parte extendida sobre las montañas con bosques de coníferas. Tingo María, o Tingo en versión abreviada, es un destino popular de fin de semana para los limeños, y los viajeros paran aquí camino del Amazonas.

Su principal atracción es el Parque Nacional Tingo María: una exuberante extensión arbolada con cuevas y buenos sitios para bañarse.

🎯 Puntos de interés

Parque Nacional Tingo María PARQUE
(entrada 5 PEN) Este parque de 180 km² se encuentra al sur de la ciudad y rodea la desembocadura del río Monzón, un afluente del río Huallaga. Su rasgo característico es la Bella Durmiente, una cadena montañosa que se alza sobre la ciudad y que, desde algunos ángulos, parece una mujer tumbada con una corona inca. Se aconseja a los turistas contratar un guía, ya que la zona no está exenta de peligros.

El parque también alberga la cueva de las Lechuzas, que a pesar de su nombre es el hogar de una colonia de guácharos (las únicas aves nocturnas del mundo que

se alimentan de fruta). Además, en su interior pueden encontrarse estalactitas y estalagmitas, y en la entrada hay murciélagos, aunque la principal atracción son sin duda los guácharos.

La cueva se encuentra a unos 6 km de Tingo; se puede llegar en taxi. Los guías realizan visitas guiadas de 6.00 a 18.00, pero lo mejor es ir por la mañana, cuando el sol ilumina la boca de la cueva, o al anochecer, cuando salen los guácharos. No se pueden usar linternas porque la luz perturba el sueño y las pautas de reproducción de las aves.

En el parque y sus alrededores hay infinitos y magníficos lugares donde bañarse. Se recomiendan las aguas sulfurosas de San Jacintillo, a 1 km de la cueva de las Lechuzas, el Velo de las Ninfas y la cueva de los Tambos, 9 km al sur de Tingo. Hay que pagar una entrada simbólica de entre 3 a 5 PEN en cada uno de estos lugares.

La cueva de las Lechuzas cuenta con protección policial, pero la carretera para llegar sigue siendo peligrosa, al igual que otros destinos remotos.

🛏️ Dónde dormir y comer

⭐ **Villa Jennifer** HOSTERÍA $$
(📞062-79-4714; www.villajennifer.net; Castillo Grande km 3,4; dc 50 PEN, i/d desde 110/130 PEN; ⏰restaurante 10.30-18.00; 📶🏊) Es una tranquila y tropical hacienda y hostería, situada al norte del aeropuerto de Tingo, regentada por una pareja peruano-danesa. Han hecho maravillas con una exuberante sección de monte tropical rodeado por ríos a ambos lados. El alojamiento es neutro y rústico y ofrece desde habitaciones sencillas con baños compartidos hasta apartamentos espaciosos con capacidad para hasta 10 personas.

Todas las opciones de alojamiento tienen un espacio común para relajarse, con terrazas, tumbonas y patios.

Se puede jugar a tenis de mesa, dardos o futbolín, ver una película en la sala de DVD o visitar a los animales de la hacienda (cocodrilos, tortugas, un perezoso y algunos monos especialmente bullangueros a las 7.00, hora del desayuno). Cuenta con un excelente restaurante; se aconseja probar la deliciosa fruta local *anonas* (chirimoya). Además hay dos piscinas y un minigolf, y vale la pena salvar los 30 min hasta el mirador situado en una escarpada colina de forma cónica.

ⓘ Información

Se ha informado de violaciones y robos con pistola a viajeros que iban hacia el Parque Nacional Tingo María. Se recomienda especialmente no aventurarse en el territorio alrededor de Tingo sin guía y asegurarse de regresar antes del anochecer. Aunque se ha intensificado la protección policial en los puntos de interés más visitados del parque, no hay que olvidar que se trata de un área remota.

Asimismo, el valle de Huallaga que se extiende hacia el norte de Tingo a Tarapoto es una zona de producción de cocaína y uno de los últimos bastiones de Sendero Luminoso. Los turistas no son el objetivo de los traficantes de drogas ni de Sendero Luminoso, pero debe tenerse cuidado.

BCP (Raimondi 249) Cambia dólares estadounidenses y hay cajero Visa.

Oficina central de correos (Plaza Leoncio Prado)

ⓘ Cómo llegar y salir

AVIÓN

Hay vuelos diarios entre Tingo y Lima con **LC Peru** (☏062-56-1672; www.lcperu.pe; Raymondi 571).

AUTOBÚS Y TAXI

El transporte cubre sobre todo Lima y los destinos intermedios, como Huánuco, además de aldeas locales y Pucallpa. La carretera entre Tingo y Pucallpa es peligrosa, por lo que es mejor conducir de día.

Entre las compañías de autobuses que van a Lima (40 a 60 PEN, 12 h) destaca **Transportes León de Huánuco** (☏062-56-2030, 962-56-2030; Pimentel 164). Suelen salir a las 7.00 o a las 19.00. Algunas empresas van a Pucallpa (20 PEN, 9 h), aunque se puede llegar más rápido a este destino con los colectivos (45 PEN, 4 ½ h) de **Turismo Ucayali** (Tito Jaime Fernández s/n, cuadra 2).

Desde los alrededores de la gasolinera de la av. Raimondi, cerca de la terminal de autobuses León de Huánuco, salen colectivos a Huánuco (20 PEN, 2½ a 3 h) y otros destinos.

Selva Tours (☏062-56-1137; Raimondi 205-207) ofrece servicio hacia el norte, hasta Tocache (40 PEN, 3 o 4 h) y Tarapoto (95 PEN, 9 h). Los vehículos a Tarapoto van directos, pero normalmente hay que cambiar en Tocache, en Janjui o en ambos. Se aconseja hacer el viaje de día, y solo si no queda más remedio.

Se puede ir en mototaxi a la cueva de las Lechuzas por 25 PEN aprox., ida y vuelta, incluida la espera mientras se visita la cueva.

DE LIMA A TARMA

Esta es la vía más habitual para ir de Lima al corazón del centro del Altiplano en el valle del Alto Mantaro. Sin embargo, la mayoría de los viajeros pasan por alto los bonitos lugares de esta ruta, entre los que destacan formaciones rocosas, ruinas incas, cuevas y aldeas de artesanos, lo cual es una lástima.

San Pedro de Casta y Marcahuasi

El aislamiento de San Pedro de Casta (1300 hab., alt. 3200 m) sirve de introducción a la aventura de los Andes Centrales. La carretera desde Chosica (p. 108) serpentea y trepa espectacularmente durante 40 km rodeando un valle de paredes escarpadas antes de llegar a este pueblo montañés apiñado en una cresta donde resuenan los rebuznos de los burros.

La atracción principal es el yacimiento arqueológico poco conocido de Marcahuasi, en una llanura cercana de 4 km², a 4100 m. El sitio es conocido por sus rocas moldeadas por la erosión con formas que semejan animales como camellos, tortugas y focas. No falta quien ve un significado místico en estas rocas, según ellos, símbolos de una cultura preincaica o vórtices de energía.

Debido a la altitud no se recomienda ir de Lima a Marcahuasi en un solo día; conviene aclimatarse pernoctando en San Pedro. La excursión de 2 km hasta el yacimiento requiere 2 h; a veces se puede tomar un autobús, que si no tiene otros cometidos municipales sale a las 7.30 de la plaza casi a diario. Con él se cubre una parte del trayecto y luego hay que andar unos 45 min. En el Centro de Información (☏01-571-2087; plaza de Armas, San Pedro; ◔9.00-15.00 lu-vi) ofrecen mapas e información un tanto limitada; el personal puede organizar la contratación de guías por 10 PEN. También se pueden alquilar mulas y caballos a un precio similar.

En Marcahuasi se puede acampar, pero se debe llevar agua: la de los lagos no es potable. En San Pedro hay un sencillo hotel justo al lado de la plaza, y también es posible pernoctar en casas privadas (preguntar en el Centro de Información). Los sencillos restaurantes de la plaza sirven menú por unos 5 PEN.

Para llegar hasta aquí debe tomarse un autobús de Lima a Chosica; los microbuses a Chosica salen de la av. Arica de Lima Centro, en la plaza Bolognesi (3,50 PEN, 2 h). Luego debe preguntarse por Transportes Municipal

San Pedro, que sale de la cochera de autobuses que hay junto al parque Echenique, en la avenida principal (la carretera Central) de Chosica a las 9.00 y las 15.00 (6 PEN, 4 h). El autobús de regreso a Chosica sale a las 14.00.

Tarma

☑064 / 46 000 HAB. / ALT. 3050 M

Pocos viajeros llegan a Tarma, pero deberían hacerlo. Es una de las ciudades más acogedoras de la región, con un balsámico clima para ser el Altiplano y un excelente puerto de escala, rodeada de achaparradas montañas que obsequian con fascinantes excursiones, pero situada en lo alto de la ceja de la selva, con una carretera que une los Andes Centrales con la cuenca del Amazonas y las atracciones que ofrece. Los limeños acuden aquí para visitar el tramo de selva más cercano a la desértica capital, por lo que la ciudad está fomentando el turismo y mejora día a día sus instalaciones. También sirve de base para explorar la selva central (centro del Amazonas).

La zona también tiene una larga historia. Ocultas en las montañas hay ruinas incas y preincaicas medio devoradas por la vegetación, que aún no han sido excavadas. Tarma fue uno de los primeros asentamientos fundados por los españoles tras la conquista (se calcula que en el año 1538): el legado todavía visible de esta época son las hermosas haciendas coloniales, algunas de las mejores de Perú, que se han convertido en alojamientos históricos donde se puede pernoctar.

◉ Puntos de interés

Tarma vale la pena, con sus bonitos pasajes abovedados en la calle principal de la ciudad. Destaca la visita a uno de los principales lugares de peregrinación de Perú, el Señor de Muruhuay, cercano a Acobamba (a 9 km de Tarma) y San Pedro de Cajas (a 41 km).

Observatorio astronómico   OBSERVATORIO
(☑064-32-2625; Huánuco 614; entrada 5 PEN; ☺20.00-22.00 vi) Como la población está encaramada en las montañas, en las noches despejadas de junio, julio y agosto es un lugar ideal para ver las estrellas, aunque las montañas limitan la visión del firmamento. Existe un pequeño observatorio astronómico que dirigen los dueños del Hospedaje Central: la entrada incluye una charla sobre las constelaciones y la observación de algunas estrellas. En el momento de escribir esta guía

el observatorio estaba cerrado por reformas (reapertura prevista para mediados del 2016).

Catedral   IGLESIA
(plaza de Armas) La catedral de la ciudad es moderna (1965) y contiene los restos del hijo más ilustre de Tarma, el presidente peruano Manuel Odría (1897-1974). Fue él quien organizó la construcción de la catedral durante su presidencia. El antiguo reloj de la torre data de 1862.

Tarmatambo   YACIMIENTO ARQUEOLÓGICO
De las innumerables ruinas arqueológicas de las inmediaciones, la más conocida es Tarmatambo, 6 km al sur. Antigua capital de la cultura tarama y más tarde importante centro administrativo inca, incluye entre sus restos, bastante extensos, depósitos, palacios y un impresionante sistema de acueductos aún en uso. La oficina turística ofrece información sobre guías que llevan a estas y otras ruinas, ya que por cuenta propia resultan difíciles de encontrar. Los viajeros independientes deben tomar el autobús hacia Jauja hasta el pueblo de Tarmatambo, al pie de la carretera principal, por debajo de las ruinas.

Desde Tarmatambo sale un Camino Inca poco frecuentado que atraviesa las colinas hasta Jauja. Se puede pernoctar en los alojamientos sencillos de Tarmatambo. Desde allí se puede ir a pie hasta Jauja: se debe calcular todo el día para esta excursión extenuante (40 km), aunque vale la pena.

✦ Fiestas y celebraciones

Sin duda, la gran atracción anual es la Semana Santa. Para más información sobre las celebraciones regionales, visítese www.tarma.info.

Semana Santa   RELIGIOSA
(☺mar/abr) Decenas de procesiones recorren las calles a la luz de los cirios, que culminan el Domingo de Pascua, con una maravillosa procesión a la catedral por un trayecto de 11 calles alfombradas con pétalos de flores, lo que atrae a miles de visitantes peruanos. Los hoteles se llenan pronto e incrementan sus precios hasta un 50%.

Semana turística de Tarma   FESTIVAL
(☺fin jul) Hay desfiles de trajes típicos, música, bailes y mucha algarabía.

🛏 Dónde dormir

La oferta se limita a opciones económicas poco espectaculares y un caro hotel en un

Tarma

⊚ Puntos de interés
1	Observatorio astronómico	C1
2	Catedral	C2

🛏 Dónde dormir
3	El Vuelo del Condor	D1
4	Hospedaje El Dorado	C1
5	Los Balcones	C2

🍴 Dónde comer
6	Daylo Cocina Peruana-Fusión	B2
7	Restaurant Chavín de Grima	C2
8	Restaurant Señorial/El Braserito	D1

🍷 Dónde beber y vida nocturna
9	La Colonia 'H'	B1

ℹ Información
10	BCP	C2
11	Casa de Cambio	A2
12	Oficina de turismo	C2

ℹ Transporte
13	Colectivos	A2
	Edatur	(véase 15)
14	Los Canarios	C1
15	Terminal terrestre	A2
	Transportes La Merced	(véase 15)

complejo turístico. A poca distancia en automóvil algunos atractivos B&B en granjas compensan con un pintoresco alojamiento estilo hacienda.

La mayoría de los hoteles económicos ofrece agua caliente, en general solo por las mañanas, aunque afirmarán que el suministro es continuo.

Hospedaje El Dorado PENSIÓN **$**
(☎064-32-4151; www.hospedajeeldoradotarma.com; Huánuco 488; i con/sin baño 30/20 PEN, d 50 PEN) Ofrece habitaciones espaciosas y limpias, algunas algo ajadas, con televisión por cable y duchas de agua caliente, situadas frente a un frondoso patio interior. El personal es agradable, y gracias a su cafetería es la opción preferida de los mochileros en Tarma.

El Vuelo del Condor PENSIÓN **$**
(☎064-32-3602; Jirón 2 de Mayo 471; i/d/tr 50/75/90 PEN; ❄🖥) Esta pensión limpia, segura y bien provista se encuentra muy cerca del mercado. No es nada del otro mundo, pero el wifi funciona y hay agua caliente. Las habitaciones dobles y triples tienen vistas al ajetreo del mercado.

★**Hacienda La Florida** HACIENDA **$$**
(☎064-34-1041; www.haciendalaflorida.com; i/d desayuno incl. 125/215 PEN; 🅿❄🖥) Situada a 6 km de Tarma, en la carretera de Acobamba, esta hacienda de 300 años es hoy un B&B propiedad de una acogedora pareja peruana, Pepe e Inge. Las habitaciones bellamente decoradas, con parqué y baño privado, dan a un gran patio. También ofrecen zona de acampada (15 PEN/persona) y su copioso desayuno tiene un delicioso toque alemán.

Los huéspedes pueden pasear por la propiedad, participar en la actividad de la granja o en diversos talleres de dos días de duración (mínimo de 6 participantes) sobre técnicas de relajación y clases de cocina.

El santuario del Señor de Muruhuay está a 1 h a pie, y también se pueden hacer excursiones a otros puntos de interés. Es mejor contactar con los dueños por teléfono que por correo electrónico.

Los Balcones HOTEL $$
(☎064-32-3600; www.losbalconeshoteltarma.com; Lima, entre Paucartambo y Moquegua; i/d desayuno incl. 100/195 PEN; ☏) Por su buena ubicación, a media manzana de la plaza de Armas, y su renovado estilo colonial puede parecer idílico, pero resulta un tanto impersonal, aunque las habitaciones cumplan con todos los requisitos.

Los Portales HOTEL $$$
(☎064-32-1411; www.losportaleshoteles.com. pe; Castilla 512; i/d/ste desayuno incl. 220/320/670 PEN; ❋@☏) Este hotel con una refinada fachada color mostaza está situado al oeste de la ciudad, en medio de unos solitarios jardines. Cuenta con 44 habitaciones con televisión por cable y wifi, e incluso un parque infantil. Las tarifas incluyen desayuno continental, y el restaurante ofrece servicio de habitaciones. Las dos suites tienen *jacuzzi*. Es el mejor alojamiento dentro de Tarma.

También alberga la mejor discoteca de la ciudad, Kimera, y un popular puesto de comida rápida especializado en pollo.

Hacienda Santa María HACIENDA $$$
(☎064-32-1232; www.haciendasantamaria.com; Vista Alegre 1249; h desayuno incl. 120 PEN/persona; ℗) La calle Vienrich se convierte en Vista Alegre en el noreste de la ciudad y 1 km después llega a esta encantadora hacienda: una casa colonial de paredes blancas del s. XVIII, con balcones de madera, perfectos para contemplar los frondosos y floridos jardines con hamacas. Sus rústicas habitaciones cuentan con mobiliario antiguo. También ofrece circuitos locales alternativos que organizan los propietarios.

✖ Dónde comer y beber

★ **Daylo Cocina Peruana-Fusión** FUSIÓN $
(☎064-32-3048; Lima esq. Jauja; principales 12-25 PEN; ☺12.00-23.00) Tras su elegante inauguración, Daylo ha elevado el nivel gastronómico de Tarma a la más alta categoría. La comida en este local de diseño intimista se desvía de los platos típicos peruanos, aunque sin olvidar sus orígenes. El ceviche estilo oriental combina perfectamente con un vino chileno, por ejemplo; también se puede degustar un fabuloso carpacho. Se recomienda reservar para las cenas.

Restaurant Chavín de Grima PERUANA $
(Lima 270; comidas 14-25 PEN; ☺7.00-22.00) Toda una institución en la plaza de Armas, que sirve desayunos y almuerzos económicos. Un saludable menú del día de dos platos solo cuesta 5 PEN.

Restaurant Señorial/ El Braserito PERUANA $
(Huánuco 138/140; principales 12-24 PEN; ☺8.00-15.00 y 18.00-23.00) Estos dos restaurantes unidos (si hay poca clientela solo abre uno) son los favoritos de los lugareños. Aunque han visto días mejores, su surtido de platos de carne, acompañado de telenovelas y *reality shows* insustanciales a todo volumen, tiene un atractivo inexplicable. Su carta ofrece los habituales platos peruanos, como cuy (cobaya) y trucha.

La Colonia 'H' BAR
(Callao 822; hasta 2.00) Estupendo para tomar una cerveza, o tres.

❶ Información

Las casas de cambio se encuentran en el extremo occidental de la calle Lima. Hay locutorios con internet en casi todas las calles.
BCP (Lima esq. Paucartambo) Cambia moneda y hay un cajero automático.
Oficina de turismo (☎964-638-750, 943-873-366; Arequipa, entre Moquegua y Jirón 2 de Mayo; ☺8.00-13.00 y 15.00-18.00 lu-vi) La nueva oficina de turismo de la plaza de Armas demuestra el afán de Tarma por fomentar esta actividad (aunque a menudo esté cerrada). Ofrece información sobre puntos de interés locales como Tarmatambo, San Pedro de Cajas, la gruta de Huagapo y algunos otros más cercanos a la selva, así como consejos para contratar circuitos organizados.

❶ Cómo llegar y desplazarse

El transporte público se concentra en la nueva **terminal terrestre**, al final de la calle Lima, cerca de la entrada con arcadas al centro de Tarma. Numerosos autobuses van a Lima (20 a 30 PEN, 6 h). También hay servicios a destinos del centro de la selva, como La Merced (autobús 10 PEN, colectivo 15 PEN, 2 h), aunque en el Estadio Unión hay más flexibilidad de horarios, y pasan muchos colectivos y combis con frecuencia. Desde La Merced hay muchas más opciones de transporte para adentrarse en la selva.

AUTOBÚS

Algunas compañías de autobuses cuentan con una terminal propia en Tarma.

Edatur (terminal terrestre) Buen servicio a destinos de la selva, incluido un autobús a Oxapampa (18 PEN, 4 a 5 h) a las 10.30. También van a San Ramón, La Merced y Satipo.

Los Canarios (☎064-32-3357; Amazonas 694) La mejor opción para ir a Huancayo, con pequeños autobuses (10 PEN, 3 h) vía Jauja (7 PEN, 2 h), y salidas casi cada hora de 5.00 a 18.00.

Transportes La Merced (terminal terrestre) Lima a las 11.30, 13.30, 22.00, 23.00 y 23.45.

OTROS TRANSPORTES

Junto a la gasolinera del cruce de Lima, Vienrich y Castilla, los taxis colectivos llevan hasta cuatro pasajeros a Lima (30 PEN/persona) o a destinos locales como Junín, La Oroya (15 PEN) o Huancayo (20 PEN). Si se desea ir a Cerro de Pasco o Huánuco también hay colectivos, pero con cambio en El Cruce (cruce de las carreteras de Tarma y La Oroya-Cerro de Pasco).

Desde el Estadio Unión se puede llegar aquí en mototaxi por 2 PEN. Los vehículos con destino a la Amazonia vía Acobamba (2 PEN, 10 min) pasan por San Ramón y La Merced. El trayecto a La Merced es espectacular, ya que salva un desnivel de 2500 m hasta llegar a la selva en tan solo 1 h. Para otros destinos más alejados se puede hacer transbordo en la terminal de autobuses adecuada en La Merced.

Los vehículos a San Pedro de Cajas (5 PEN) salen del extremo septentrional de Moquegua.

Acobamba

☎064 / 13 500 HAB. / ALT. 2950 M

La pintoresca Acobamba, a unos 9 km de Tarma, se ha beneficiado de su proximidad con el Señor de Muruhuay, un famoso santuario blanco visible en una montaña a 1,5 km.

Es uno de los principales lugares de peregrinación de Perú, construido en torno a una roca con una imagen de Cristo crucificado. Se dice que la imagen se apareció a unos enfermos de viruela durante una epidemia que afectó la región, y que los curó cuando habían sido desahuciados. Los historiadores afirman que la cruz fue tallada con una espada por un oficial realista, uno de los pocos supervivientes tras perder la batalla por la independencia de Junín, aunque esta historia tiene menos adeptos y las leyendas sobre la imagen milagrosa persisten. Una pequeña capilla reemplaza la antigua cabaña con techo de paja que había en 1835 y el actual santuario, inaugurado en 1972, es un edificio moderno con un campanario controlado de forma electrónica y decorado con enormes tapices de San Pedro de Cajas.

La fiesta del Señor de Muruhuay se celebra anualmente desde 1835 durante el mes de mayo. Hay servicios religiosos, procesiones, bailes, fuegos artificiales y gran oferta de productos locales. En los puestos se vende chicha (cerveza de maíz fermentada) y cuy (cobaya), aunque no se recomienda si no se tiene el estomago acostumbrado. Los visitantes suelen alojarse en la cercana Tarma, aunque Acobamba dispone de algunos establecimientos.

San Pedro de Cajas

☎064

A 40 km por encima de Tarma, en las montañas, en el tranquilo pueblo de San Pedro se producen los mejores tapices del país. La mayoría de sus habitantes se dedica a actividades relacionadas con la confección de estos tapices de alta calidad que representan escenas de la vida rural peruana. En los talleres cercanos a la plaza de Armas se puede observar a los tejedores. Es una de las mejores oportunidades de ver la producción de artesanía, y comprar el resultado.

La Casa del Artesano (plaza de Armas; ☺9.00-19.00) es uno de los talleres más grandes. En la misma calle hay hospedajes sencillos (familiares) que ofrecen habitaciones. Los colectivos procedentes de Tarma (5 PEN, 1 h) van a San Pedro con frecuencia.

A 28 km subiendo hacia San Pedro (tras pasar el pueblo de Palcomayo) se llega a la gruta de Huagapo, una enorme cueva subterránea de piedra caliza, una de las más grandes de Perú. Para recorrerla adecuadamente se necesita equipo de espeleología y experiencia: las instalaciones para turistas se limitan a unas cuantas cuerdas. Contiene cascadas, se estrecha y tiene secciones bajo el agua (imprescindible equipo de submarinismo). Se puede recorrer una corta distancia, pero pronto se necesita equipo.

VALLE DEL RÍO MANTARO

Dice la leyenda que en la noche de los tiempos dos enormes serpientes se pelearon, y cuando la vencida cayó a tierra surgió el Mantaro. Este río sinuoso se extiende por una ancha llanura fértil al sureste de Tarma que muestra un aspecto más amable que el resto del áspero Altiplano, con ondulados paisajes bucólicos, la sofisticada y moderna Huancayo, así como numerosas aldeas famosas en todo el mundo por su artesanía. Los que ansíen aventuras en lugares remotos disfrutarán de la Reserva Paisajística Nor Yauyos-Cochas, de las excursiones de altura y los kayaks que ofrece el valle.

Las fiestas son una forma de vida. Los lugareños afirman que se celebra una cada día del año y seguro que el viajero asistirá a alguna. El valle del río Mantaro se extiende de noroeste a sureste entre Jauja y Huancayo. Al sur de Jauja la carretera se divide y discurre por los lados occidental y oriental del valle hasta Huancayo. Los conductores de autobús las llaman derecha (oeste) e izquierda (este).

Desde Huancayo hay algunos exigentes circuitos clásicos andinos que atraviesan los hermosos valles panorámicos hacia el sur, hasta llegar a Huancavelica, Ayacucho, Andahuaylas e incluso Cuzco.

Jauja

📞 064 / 15 000 HAB. / ALT. 3250 M

Desde Lima, el primer lugar por el que se pasa al emprender esta ruta es Jauja, pequeño y bullicioso pueblecito colonial de transitadas calles estrechas, unos 60 km al sureste de Tarma y 50 km al norte de Huancayo. Ofrece algunos alojamientos decentes, que pueden servir de base para visitar algunos puntos de interés, como un centro veraniego junto al lago, y para algunas excursiones.

⊙ Puntos de interés

Jauja fue la primera capital de Francisco Pizarro en Perú, aunque el honor duró poco. De aquellos primeros tiempos coloniales se conservan algunos altares de madera bellamente tallados en la iglesia principal. Antes de la llegada de los incas, esta zona perteneció a una importante comunidad indígena huanca. Es posible visitar algunas ruinas huancas en una colina, unos 3 km al sureste de la ciudad. Se puede llegar caminando o en mototaxi.

En la web de la ciudad se puede encontrar información general (www.jaujamiperu.com).

El bien conservado **Camino Inca** va de Jauja a Tarma. El tramo más espectacular se halla entre Tingo (30 min desde Jauja en taxi) y Inkapatakuna (30 min desde Tarma). Es una ruta exigente pero bonita, de todo un día.

Laguna de Paca   LAGO

A 4 km de Jauja se encuentra la laguna de Paca, con restaurantes, botes de remos y pesca. Un paseo en bote por la laguna cuesta de 5 a 10 PEN por pasajero. Se pueden ver patos y gaviotas, y parar en la isla del Amor, una diminuta isla artificial. Un mototaxi hasta aquí cuesta 4 PEN.

Reserva Paisajística Nor Yauyos Cochas   RESERVA NATURAL

Esta enorme reserva es un icono del paisaje andino, con brillantes lagos de montaña, de un intenso azul turquesa, acurrucados entre altos picos. Alberga además el glaciar Pariacaca. Solo es accesible en todoterreno (se puede alquilar uno en Lima o Huancayo).

Se accede por Pachacayo, a ½ h de viaje al oeste de Jauja en la carretera a Lima.

🛏 Dónde dormir y comer

Muchos viajeros pernoctan en Huancayo y van a Jauja en microbús o taxi colectivo.

En la laguna de Paca, una hilera de restaurantes bordea la orilla e intenta atraer a los comensales con música andina. Aparte de la música, es muy agradable sentarse en las mesas a orillas del agua. Casi todos ofrecen respetables platos de pachamanca (carne, patatas y verduras cocinadas sobre piedras calientes). Otra especialidad es la trucha preparada en olla de barro, con chili, ajo y limón, envuelta en hojas de banano: deliciosa. Jauja también cuenta con algunos restaurantes sencillos y céntricos.

Hostal María Nieves   PENSIÓN **$**

(📞 064-36-2543; Gálvez 491; i con/sin baño 40/35 PEN, d con/sin baño 50/40 PEN) El amable propietario de este hostal está acostumbrado a los turistas despistados, y ofrece nueve acogedoras habitaciones, tres de ellas con baño. Se sirven desayunos previo encargo.

El Paraíso   PERUANA **$**

(Ayacucho 917; principales 15 PEN; ⊙almuerzo y cena) El mejor restaurante de la ciudad es este enorme local lleno de plantas, muy popular entre los lugareños por las especialidades locales a buen precio, como la trucha de la laguna de Paca y el picante de cuy (cobaya asada con salsa picante). Está al sur de la plaza principal.

ℹ Cómo llegar y desplazarse

Jauja cuenta con un aeropuerto regional, con vuelos diarios a Lima de la compañía **LC Peru** (📞 064-21-4514; www.lcperu.pe; Ayacucho 322), con una única oficina en Huancayo. El aeropuerto se encuentra al sur de la ciudad, siguiendo la carretera hacia Huancayo hasta el desvío indicado en una rotonda.

PUEBLOS DEL VALLE DEL RÍO MANTARO

Dos carreteras principales conectan Huancayo con los pueblos del valle del río Mantaro: yendo a Huancayo desde el norte, la que discurre por la orilla este (izquierda) y la que va por la orilla oeste (derecha). Es mejor concentrar las excursiones del día en una sola ribera; hay pocos puentes.

Seguramente la excursión más interesante en el lado oriental es la visita a las aldeas gemelas de Cochas Grande y Cochas Chico, a unos 11 km de Huancayo. Se trata de los mayores centros de producción de mates burilados (calabazas talladas), que han hecho famoso este distrito. Por extraño que parezca, casi todas las calabazas se cultivan en la costa y se llevan a la sierra desde las zonas de Chiclayo e Ica. Los artesanos del lugar las ponen a secar y luego las decoran con herramientas de tallar madera. Varias casas del pueblo permiten ver cómo se tallan.

En el lado oeste, el pueblo de Chupaca tiene un interesante mercado ganadero. Si se sale temprano, se puede visitar y luego proseguir en autobús hasta Ahuac, desde donde se pueden salvar, a pie o en minibús, los 2 km hasta la laguna Ñahuimpuquio, que cuenta con restaurantes y botes para hacer excursiones. De la orilla este sale un sendero que asciende por la cordillera y ofrece magníficas vistas del valle y las ruinas de Arwaturo, construido para aprovechar al máximo la luz solar.

Otros pueblos famosos por su artesanía son San Agustín de Cajas (mobiliario de mimbre); Hualhuas (tejidos de lana y cestería); y San Jerónimo de Tunán (filigrana en plata).

Aunque casi todo el comercio se realiza en Huancayo, el acceso a las aldeas resulta fácil. Cuentan con pocas instalaciones, pero la experiencia de ver la elaboración artesana in situ es irremplazable. La clave está en entablar amistad con los lugareños.

Los autobuses, microbuses y taxis se encuentran en la parte sur de la ciudad, en la estación de autobuses de la intersección de Ricardo Palma con la calle 28 de Julio, a 800 m de la plaza de Armas. Durante el día salen frecuentes microbuses económicos (3 PEN) y colectivos (5 PEN) para Huancayo (50 min) vía Concepción. Los microbuses también salen con destino a Tarma (7 PEN, 1½ h) y La Oroya (2 h). Hay taxis colectivos que cubren estos destinos a demanda; suelen salir cuando reúnen cinco pasajeros (de ellos dos viajan en el asiento delantero).

Los mototaxis circulan por toda la ciudad por 1,50 PEN aproximadamente. Se puede ir en mototaxi hasta la laguna de Paca (4 PEN).

Concepción

📞064 / ALT. 3283 M

Desde Concepción, un pueblo a medio camino entre Jauja y Huancayo, a mano izquierda del valle, se puede viajar hasta la encantadora aldea de Ocopa, que alberga el famoso convento de Santa Rosa de Ocopa (entrada 5 PEN; ⏱9.00-12.00 y 15.00-18.00 mi-lu). La entrada incluye una visitas guiada de 45 min de duración que comienza cada hora, o cuando do se forma un grupo numeroso (mínimo 7 personas). Los estudiantes tienen descuento.

El edificio, rodeado de hermosos jardines y patios, fue construido por los franciscanos a principios del s. XVIII como centro de reunión para los misioneros que se dirigían a la selva. En tiempos de las misiones los frailes reunieron una impresionante colección de objetos indígenas y animales disecados, que se exhiben en el museo del convento. También expone una amplia selección de arte religioso colonial (sobre todo de la escuela cuzqueña, una combinación de estilos artísticos españoles y andinos). Sin embargo, lo más destacado es la fantástica biblioteca del segundo piso, con unos 25 000 volúmenes, muchos de los cuales son del s. XV.

Frecuentes colectivos (lu-sa) salen de la plaza de Concepción para Ocopa, a unos 5 km. Los mototaxis cobran 20 PEN por un viaje de ida y vuelta, incluida la espera de 1 h. Concepción se visita fácilmente con un autobús "izquierda" de Huancayo a Jauja.

Huancayo

📞064 / 365 000 HAB. / ALT. 3244 M

Esta metrópoli bulliciosa del centro del Altiplano combina su apariencia moderna con un profundo sentido de la tradición. Para muchos viajeros esta ciudad cosmopolita y segura de sí misma –en un frondoso valle en la bella ruta de montaña a Cuzco– es su primera experiencia en el Altiplano peruano y, a pesar de que sus lugareños son menos encantadores que en otros destinos andinos, no decepciona.

Sus animadas calles cuentan con algunos de los mejores restaurantes de Perú, aparte de los de Lima y Cuzco, y tras probar su café exprés y la célebre cocina de la región, el viajero estará mejor dispuesto para conocer la artesanía más interesante del país –que se vende en sus mercados y en todo el valle– y las vibrantes y variadas fiestas que se celebran casi a diario.

También ofrece la oportunidad de aprender quechua, tocar instrumentos musicales o hacer pinitos en la cocina andina. Para los aventureros, las polvorientas montañas de los alrededores ocultan formaciones rocosas extrañas y lagos espectaculares, mientras que un poco más allá se puede hacer senderismo en los Andes, bicicleta de montaña y excursiones por la selva. Para rematarlo, es la última parada de dos de los mejores viajes en tren de Perú (y Sudamérica), incluido el segundo a mayor altura del mundo, en los Andes a/desde Lima.

◉ Puntos de interés

Huancayo tiene un tamaño considerable y hay que caminar bastante. La mayoría de las atracciones están fuera del centro. El punto de mayor interés de la ciudad es la **iglesia de La Merced**, en la primera cuadra de la calle Real, en la que se aprobó la Constitución peruana de 1839.

Museo Salesiano   MUSEO
(Arequipa 105; adultos/niños 5/3 PEN; ⊘9.00-13.00 y 15.00-18.00 lu-vi, 9.00-12.00 sa) Se accede al museo desde el colegio de los salesianos. Alberga exposiciones de la fauna representativa de las distintas regiones geográficas de Perú, y también de arqueología y cerámica. El horario es variable.

Cerro de la Libertad   MIRADOR
(Giráldez esq. Torre Tagle; ⊘amanecer-anocher) Al noreste de la av. Giráldez se puede apreciar una bonita vista de la ciudad. A unos 2 km del centro se halla un conocido restaurante para cenar: además de disfrutar de las vistas, hay puestos de artesanía y un patio de juegos.

Parque de la Identidad Huanca   PARQUE
Este imaginativo parque, lleno de estatuas de piedra y edificios en miniatura representa-

DÍAS DE MERCADO EN HUANCAYO

Cada aldea del valle del río Mantaro tiene su propio día de mercado (feria).

Lunes San Agustín de Cajas, Huayucachi

Martes Hualhuas, Pucara

Miércoles San Jerónimo de Tunán, Jauja

Jueves El Tambo, Sapallanga

Viernes Cochas

Sábado Matahuasi, Chupaca, Marco

tivos de la cultura de la zona, se encuentra en el barrio de San Antonio, 3 km al noreste del centro.

🏃 Actividades

Incas del Perú   CIRCUITOS DE AVENTURA
(☏064-22-3303; www.incasdelperu.org; Giráldez 675) El siempre activo Lucho Hurtado, propietario de esta agencia situada en el mismo edificio que el restaurante La Cabaña, organiza muchas actividades. Lucho es un guía local que conoce bien la región. Organiza exigentes circuitos en bicicleta de montaña de varios días y expediciones andinas al lago y el glaciar de las montañas cercanas (excursión de 3 días y 2 noches a partir de 1170 PEN/persona).

También organiza circuitos por las laderas orientales de los Andes y por la selva alta, ya sea a pie, a caballo o en transporte publico. No es lujoso, pero sí un buen modo de experimentar el auténtico Perú rural: se puede pernoctar en el rancho del padre de Lucho, en plena selva alta de la Amazonia central. Los circuitos de 5 días y 4 noches cuestan 975 PEN/persona con pensión completa. Los alojamientos son rústicos y las excursiones pueden incluir acampadas.

Incas del Perú ofrece además cursos de quechua, con la opción de convivir con una familia local (pensión completa), por entre 600 y 900 PEN por semana. El contenido del curso se adapta a cada persona. Además, se puede aprender a preparar platos locales, la artesanía local de talla de calabazas o a tocar las flautas de Pan andinas.

Torre Torre   EXCURSIONISMO
Las erosionadas formaciones geológicas de Torre Torre se encuentran a 2 km subiendo las colinas detrás del Cerro de la Libertad.

Huancayo

Distrito de
El Tambo (1 km);
Ancla (1,25 km);
Huancahuasi (1,5 km)

Terminal Los Andes (200 m);
taxis colectivos a Tarma,
La Oroya y el norte (200 m);
colectivos a San Jerónimo,
Concepción y Jauja (200 m)

Arequipa

Mariscal Castilla

Pje
Salesiano

Río Shulcas

Santa Rosa

2

Centenario

Policía de
Turismo

Malecón

3

Pasaje
Verand

39

42

37

14

20

1

Ayacucho

Ancash

6

4

7

Omar Yali

Amazonas

18

13

Cuzco

Catedral

Plaza de la
Constitución

16

11

5

15

Giráldez

Plaza
Amazonas

22

Puno

Real

8

Moquegua

40

Arequipa

Breña

32

33

27

29

Libertad

Junín

23

Huancavelica

Lima

26

31

Marañón

Feria
Dominical

Loreto

Centro
Cívico

10

Municipalidad

Ica

12

Piura

Piura

21

28

Cajamarca

Huánuco

Arequipa

Moquegua

Tarapacá

17

Huancavelica

Junín

Libertad

Angaraes

7

Se sale del Cerro de la Libertad en Taylor hacia el este, y se sigue por un sendero bastante evidente que asciende hasta las formaciones.

Para ampliar la ruta se sigue por la cresta, dejando Huancayo a la izquierda (oeste). Finalmente se llega a otra formación rocosa conocida como Corona del Fraile, una roca redonda en la parte superior, rodeada por una corona de eucaliptos y varias cascadas.

Se puede regresar a Huancayo desde ese extremo de la cresta. Es seguro durante el día, pero hay que estar atento a las jaurías de perros asilvestrados, en especial en las casas debajo de Torre Torre.

🎎 Fiestas y celebraciones

Hay cientos de fiestas en Huancayo y los pueblos de los alrededores (se dice que se celebra alguna a diario en algún lugar del valle del río Mantaro). Se aconseja preguntar en la oficina de turismo.

Año Nuevo   BAILE TRADICIONAL
(⊙ 1-6 ene) Esta celebración en Huancayo es una de las más inusuales de Perú. Se interpretan bailes como la huaconada, en la que los participantes se visten de peculiares hombres mayores con grandes narices, que representan a los ancianos que en tiempos pasaban por las casas de los vecinos vagos o alborotadores y les fustigaban para que al año siguiente se comportaran bien.

Una hora al norte de Huancayo se encuentra Mito, origen de la *huaconada*, también con animadas fiestas.

Semana Santa   RELIGIOSA
(⊙mar/abr) Las importantes procesiones religiosas constituyen uno de los principales acontecimientos en Huancayo, y atraen a gente de todo el país durante toda la semana.

Fiestas Patrias   FIESTA
(28 y 29 de julio) Los días de la independencia de Perú se celebran con desfiles militares y de los colegios. Los hoteles se llenan y los precios suelen subir bastante.

🛏 Dónde dormir

⭐ **La Casa de la Abuela**   ALBERGUE **$**
(☏064-23-4383; www.incasdelperu.org/casa-de-la-abuela; Prolongación Cusco esq. José Gálvez; dc/i/d sin baño desayuno incl. 30/50/70 PEN; P@🛜) Este albergue ha sido trasladado a una nueva ubicación, a unos 25 min a pie del centro de Huancayo. Está gestionado por Incas del

Huancayo

Perú, que se afanan en acoger a los cansados viajeros. Es limpio, acogedor y ofrece agradables zonas para relajarse, cocina, televisión por cable y DVD.

Es muy popular entre los mochileros, que pueden elegir entre cómodos dormitorios o habitaciones con baño compartido. El precio incluye un copioso desayuno continental, con tostadas, mermelada casera y café recién hecho. También facilita información turística fiable. Merece la pena aunque esté alejado del centro.

Hotel Los Balcones　　　　　　　HOTEL $
(☏064-21-1041; www.losbalconeshuancayo.com.pe; Puno 282; i/d/tr S/50/60/75; @☎) Este atractivo, moderno, aireado y espacioso hotel posee muchos balcones. Las habitaciones están amuebladas con buen gusto, cuentan con televisión por cable, teléfono, reloj con alarma y luces de lectura. También hay acceso a internet y un restaurante propio muy concurrido. No hay que buscar más si se desea un alojamiento céntrico y cómodo a un precio razonable.

Hotel Confort　　　　　　　　　HOTEL $
(☏064-23-3601; Ancash 237; i/d 30/40 PEN) Es todo un superviviente, con décadas de historia, y constituye una de las mejores opciones en el centro de Huancayo. Por 30 PEN no se puede pedir más, y además está impoluto. En la planta baja, el café más elegante de la ciudad, Coqui, ha abierto una sucursal.

Hostal Las Lomas　　　　　　ALBERGUE $
(☏064-23-7587; laslomashyo@yahoo.es; Giráldez 327; i/d 50/60 PEN) Este alojamiento céntrico acostumbrado a los mochileros, con pulcros baños con agua caliente y excelentes colchones, es una buena opción. Muchas de las habitaciones son bastante espaciosas, aunque a algunas llega el bullicio de la calle. Cuenta con lavandería.

Blub Hotel Spa　　　　　　　　HOTEL $$
(☏064-22-1692; www.blubhotelspa.com; Pje Verand 187; i/d desayuno incl. 160/210 PEN; ☎) Con vistas al curso seco del río, este hotel un tanto escondido cuenta con habitaciones acogedoras y bien provistas, con grandes televisores por

cable de pantalla plana, teléfono, minibar, baños de los años 70 y, tal como insinúa su nombre, una sauna.

Hotel Turismo
HOTEL **$$**

(📞064-23-1072; www.turistases.hotelpresidente. com.pe; Ancash 729; i/d 195/215 PEN; 🛜) Este antiguo edificio de aspecto atractivo posee balcones de madera, zonas comunes de marchito esplendor y vistas a los limpiabotas que trabajan frente al Centro Cívico. Las habitaciones varían en tamaño y calidad, pero todas tienen baño.

Hostal El Marquez
HOTEL **$$**

(📞064-21-9026; www.elmarquezhuancayo.com; Puno 294; i/d/ste desayuno incl. 150/190/220 PEN; @🛜) Confortable y recientemente renovado, es mejor que la mayoría, pero le falta carácter, no está a la altura del precio y el servicio podría ser mejor. Ha sido renovado recientemente. Las habitaciones alfombradas cuentan con todas las comodidades, y tres de las suites cuentan con *jacuzzi*, camas enormes y minibar. La pequeña cafetería ofrece servicio de habitaciones.

Isha Hotel
HOTEL DE NEGOCIOS **$$**

(📞064-23-1389; av. Giráldez 246; i/d desayuno incl. 150/170 PEN; @🛜) Da lustre a la av. Giráldez, increíblemente espantosa en este tramo. Es el mejor de los nuevos hoteles del centro, aunque con un acceso poco ortodoxo, ya que se ha de atravesar un restaurante chino (la recepción se encuentra en el segundo piso). Las habitaciones son muy elegantes, aunque algunas no tienen ventanas. Cuenta con un centro de negocios (con ordenadores y excelente wifi) y una sala de conferencias.

Susan's Hotel
HOTEL **$$**

(📞064-20-2251; www.susanshotel.com; Real 851; i 70 PEN, d 70-110 PEN; 🛜) Una buena opción de gama media, limpio y con buen ambiente, aunque el servicio sigue siendo un tanto desagradable. Las habitaciones dispuestas de forma laberíntica cuentan con baños espaciosos, televisión por cable, escritorio y colchones firmes, pero son bastante oscuras. Se recomiendan las de la parte trasera para evitar ruidos, así como subir al bonito y luminoso restaurante de la quinta planta por las vistas.

Hotel Olímpico
HOTEL **$$**

(📞064-21-4555; Ancash 408; i/d 80/120 PEN; 🛜) Del trío de hoteles en el extremo sur de la plaza de la Constitución, este es el mejor y ofrece buenas vistas de la plaza. El servicio en general es decente. Tiene un restaurante del

mismo nombre en la planta baja. Sus amplias aunque sombrías habitaciones cuentan con televisión por cable.

Hotel Presidente
HOTEL **$$$**

(📞064-23-1275; www.huancayoes.hotelpresidente.com.pe; Real 1138; i/d/ste desayuno incl. 240/285/360 PEN; 🅿@🛜) Un buen alojamiento moderno, con espaciosas habitaciones alfombradas y grandes cuartos de baño.

🍴 Dónde comer

Buenas noticias para los amantes del tentempié: en la calle Real, al sur de la plaza, abundan las pastelerías y puestos de comida que venden tiras de pollo y lomo asado, a menudo tipo kebab. También hay restaurantes fabulosos: entre las especialidades regionales figuran las papas a la huancaína (patata hervida en una salsa cremosa de queso, aceite, pimienta picante, limón y yema de huevo, que se sirve con huevo duro y aceitunas). La ciudad es célebre por su trucha, pescada en los lagos de la zona.

El lugar de moda para salir y comer fuera es el Parque Túpac Amaru. El mejor supermercado se encuentra en la planta baja del centro comercial **Real Plaza Huancayo** (Giráldez esq. Ferrocarril; ⊙9.00-22.00).

⭐ Leopardo
PERUANA **$**

(Libertad esq. Huánuco; principales 19-34 PEN; ⊙6.30-19.30) Este local representa el auténtico Huancayo, con una maqueta de trenes en el comedor central y combinando sin esfuerzo la cafetería para un público modesto con la comida de un restaurante de lujo. Como especialidad andina se recomienda el mondongo (sopa de maíz, callos, carne de pie de cerdo picada y verduras), y como especialidad costera el *tacu tacu* (una mezcla de frijoles, arroz y chili fritos que acompañan un bistec).

Tiene tanto éxito que ha abierto una sucursal idéntica (al otro lado de la calle), y se ha ganado la gratitud eterna de algunos escritores de guías de viaje.

Sofa Café Paris
CAFÉ **$**

(Puno 252; tentempiés desde 3 PEN; ⊙16.00-23.00; 🛜) El ambiente relajado y moderno de este animado local hace honor a su nombre, con un entresuelo desde el que se puede ver la planta baja. Prefiere la música de Nirvana que la andina y lo frecuentan jóvenes y modernos huancaínos. Ofrece buenos cafés y pasteles, además de comida peruana más sustanciosa.

Las paredes están curiosamente adornadas con fotos antiguas de Londres.

Café Coqui
PANADERÍA $

(Puno 298; tentempiés desde 3 PEN; ⊘7.00-22.30) Esta moderna cafetería pastelería aspira a ser la mejor parada para desayunar en los Andes Centrales, pues sirve sabrosos sándwiches, pasteles, empanadas y café auténtico. Muy concurrida de la mañana a la noche, también prepara *pizzas* y otras comidas más consistentes. Está un tanto acomodada en su éxito.

La Cabaña
INTERNACIONAL $

(Giráldez 675; principales 20 PEN; ⊘17.00-23.00; 🛜) Muy popular entre lugareños y viajeros por su ambiente relajado, sustanciosa comida y buenos piscos *sours*, aunque también prepara deliciosas *pizzas*, trucha, sabrosas carnes asadas y pasta al dente. Solo por la extravagante decoración vale la pena una visita.

Detrás de la Catedral
PERUANA $

(Ancash 335; principales 14-24 PEN; ⊘11.00-23.00) Atractivo, bien gestionado y con un ambiente cálido, se ha ganado una clientela fija gracias a su extensa carta, con muchas opciones aparte del típico arroz con pollo. Se recomiendan las consistentes hamburguesas (vegetarianas o carnívoras), los platos especiales como el "asado catedral" (carnes a la barbacoa, al estilo de la casa) y los sabrosos postres, como el pionono helado (brazo de gitano relleno de caramelo) empapado en chocolate. De las paredes cuelgan pinturas surrealistas.

Zalema Social Coffee
CAFÉ $

(www.facebook.com/zalemacoffee; Amazonas 461; tentempiés desde 3 PEN, lunches 10 PEN; ⊘12.30-23.00 lu-sa) Este pequeño local bohemio y muy cuidado tiene un gran porvenir, gracias a su sencilla decoración de temática montañera (la otra pasión de los propietarios), el ambiente informal, su buen café, las hogueras por la noche, y los platos de sabrosa comida local, también servidos en forma de tapas.

Chicharronería Cuzco
LATINOAMERICANA $

(Cuzco 173; principales 5-10 PEN) Los platos tradicionales de chicharrón en este local para carnívoros, escondido pero céntrico, cuestan cerca de 7 PEN.

La Italia
ITALIANA $

(Torres 441; pizza/pasta 18-24 PEN; ⊘18.00-23.00 lu-sa) Es uno de los restaurantes cercanos al parque Túpac Amaru y sirve la mejor comida italiana en muchos kilómetros a la redonda. Lo regenta un italiano; no hay más que decir.

Chifa Centro
CHINA $

(www.chifacentro.com.pe; Giráldez 245; comidas 10-20 PEN) Sirve la comida china más sabrosa de Huancayo en generosas raciones.

Huancahuasi
PERUANA $$

(☎064-24-4826; www.huancahuasi.com; Mariscal Castilla 2222; principales 16,50-36 PEN; ⊘9.00-18.00) Al noroeste, la calle Real se convierte en Mariscal Castilla en el distrito de El Tambo y justo ahí se encuentra este establecimiento, que es el preferido de los vecinos. El patio lleno de flores y las paredes decoradas con tapices de San Pedro de Cajas y poemas son el ambiente perfecto para degustar las especialidades regionales, como la pachamanca (carne cocinada sobre piedras calientes).

Otras delicias son las papas a la huancaína (patatas con una cremosa salsa de queso) y el *ceviche* de trucha. Se recomienda acudir aquí para el almuerzo. El trayecto en taxi desde el centro cuesta 3 PEN.

Ancla
CEVICHE $$

(Los Manzanos 830; ceviche 25-35 PEN) No se debe menospreciar el ceviche de los Andes, como demuestra la oferta exquisita de este local.

🍺 Dónde beber y vida nocturna

No hay discotecas destacables, muchas están fuera del centro y pueden ser peligrosas por la noche. El nuevo local más céntrico Insomnico (Cajamarca esq. Moquegua; ⊘20.00-4.00 vi y sa) es más aconsejable.

⭐La Cabaña
MÚSICA TRADICIONAL

(Giráldez 675; ⊘17.00-23.00) En este popular restaurante hay música y danza folclórica en vivo los fines de semana.

Peña Restaurant Turístico Wanka Wanka
MÚSICA TRADICIONAL

(Jirón Parra del Riego 820; ⊘desde 20.00 vi y sa) Peña (bar o club con música en directo) de El Tambo donde actúan grupos locales como Kjantu que tocan buena cumbia y música folclórica. Un taxi cuesta 3 PEN.

Antojitos
MÚSICA EN DIRECTO

(Puno 599; ⊘17.00-hasta tarde lu-sa) En este bar restaurante casi todas las noches hay música en directo de grupos locales a partir de las 21.00. La comida consiste en hamburguesas y *pizzas*.

🛍 De compras

Huancayo es el mejor lugar del centro del Altiplano para comprar, tanto si se buscan mercados tradicionales (cuenta con dos importantes), recuerdos o vaqueros de marcas estadounidenses. Para los que busquen ropa de diseñadores conocidos se aconseja visitar el centro comercial Real Plaza Huancayo (Giráldez esq. Ferrocarril; ⊙9.00-23.00).

Mercado mayorista   MERCADO
(⊙diario) El colorido mercado de abastos rebasa el ecinto cubierto del propio mercado con puestos que se extienden hacia el este siguiendo las vías del ferrocarril. En las carnicerías se pueden comprar especialidades andinas (carne de rana, cobaya y pollo). Llama la atención la increíble variedad de frutas y verduras de nombres impronunciables. No hay que dejar de tomar un *tocosh* (bebida de patata fermentada). Muchos puestos abren a las 4.00 y no cierran hasta medianoche.

Los encargados de los puestos son cordiales y dejan probar antes de comprar. Al pasear por sus distintas secciones se aprecian los olores de los productos: un curso sensorial intensivo sobre los ingredientes de los platos clásicos peruanos. Es uno de los mercados más interesantes de Perú. El mejor día es el domingo, que coincide con el día del mercado semanal de artesanía de Huancayo.

Feria Dominical   ARTESANÍA
(Huancavelica; ⊙do) Este mercado de artesanía se instala los domingos y ocupa varias manzanas de la av. Huancavelica, y llega hacia al noroeste hasta Piura, ofrece cestería, tejidos, bordados, cerámica, tallas en madera, mates burilados (calabazas talladas) y muchos otros objetos de varias aldeas del valle del río Mantaro, lo que resulta útil si no se dispone de tiempo para ir a los pueblos. No hay que perder de vista los objetos de valor.

Casa del Artesano   RECUERDOS
(Plaza de la Constitución; ⊙9.00-18.00) Con su práctica ubicación en la esquina sur de la plaza, es un mercado interior de artesanía con una amplia gama de recuerdos artísticos en un entorno seguro.

❶ Información

BCP, Interbank, Banco Continental, y otros bancos y casas de cambio, se encuentran en la calle Real. Los bancos en su mayoría abren los sábados por la mañana y tienen cajero. Cerca de la calle Real abundan los cibercafés: la tarifa habitual es 1,50 PEN/h, y en casi todos se pueden hacer llamadas internacionales.
Clínica Ortega (☎064-23-2921; Carrión 1124; ⊙24 h) Al suroeste del centro.

Incas del Perú (☎064-22-3303; www.incas delperu.org; Giráldez 675; ⊙10.00-24.00) Fuente de información recomendada sobre toda la zona.
Lavandería Cisne (Breña 154; 5 PEN/kg; ⊙8.00-22.00) También ofrece autoservicio.
Oficina principal de correos (Centro Cívico)
Policía de Turismo (☎064-21-9851; Ferrocarril 580) Información turística y ayuda en urgencias.
Oficina de turismo (Casa del Artesano, Real 481; ⊙8.00-12.00 y 17.00-21.00 lu-sa) En el piso de arriba del mercado de artesanía; información escasa.

❶ Cómo llegar y salir

AUTOBÚS

En Huancayo se están organizando progresivamente las terminales de autobuses: desde la **terminal Los Andes** (av. Ferrocarril esq. Los Andes), situada en el extremo norte de la av. Ferrocarril (se puede llegar en taxi desde el centro por 4 PEN), salen la mayoría de autobuses hacia el norte, a Tarma y la selva central.

Hay salidas cada hora a Satipo (20 a 25 PEN, 6 a 7 h) vía Tarma (10 PEN, 2 h), San Ramón (15 a 17 PEN, 4¼ h) y La Merced (15 a 17 PEN, 4½ h). Muchos continúan hasta Mazamari (25 a 27 PEN, 7½ h).

Para ir a Lima (oeste) y otros destinos de los valles del sur, como Huancavelica y Ayacucho, las compañías de autobuses siguen teniendo sus propias oficinas y paradas repartidas por el centro de la ciudad.

La ruta más solicitada es la que va a Lima, por lo que el precio de los billetes puede variar mucho. El billete sencillo puede costar entre 40 y 60 PEN; en un autobús-cama, entre 60 y 80 PEN; un asiento normal (a veces reclinable) cuesta 40 PEN. El trayecto dura 7 h.

Todas las compañías que se indican a continuación destacan por las rutas que operan. Puesto que hay mucha competencia, vale la pena valorar las opciones, en función de si se prefiere la comodidad, o pagar menos.
Cruz del Sur (☎064-22-3367, 064-22-1767; Ayacucho 281) Aquí se encuentra la oficina de reservas de la compañía con los autobuses más lujosos con destino a Lima, con ocho salidas diarias y autobús-cama nocturno entre 65 y 78 PEN. La parada se encuentra en Ferrocarril 151 (se puede ir en taxi).
Expreso Molina (☎064-22-4501; Angaraes 334) Se recomienda para el trayecto de 7 h a Ayacucho (por la carretera ahora asfaltada), con una salida por la mañana (25 PEN) y

más salidas nocturnas (35 PEN). También ofrece un servicio que pasa por Rumichaca, una ruta más larga, pero más segura (40 PEN, 10 h).

Los Canarios (☎064-21-5149; Puno 739) Salidas a Tarma casi cada hora (10 PEN, 3 h), con parada en Jauja y Concepción.

Selva Tours (Terminal Los Andes) La mejor opción para ir a Satipo y a Mazamari en el centro de la selva amazónica.

Turismo Central (☎064-22-3128; Ayacucho 274) Autobuses a destinos del norte: Huánuco (50 PEN, 7 h), Tingo María (50 PEN, 10 h) y Pucallpa (70 PEN, 22 h). Tiene una oficina en la terminal Los Andes.

Transportes Ticllas (☎954-175-420; av. Ferrocarril 1590) Salidas frecuentes a Huancavelica (13 PEN, 3/4 h).

TAXI

Los taxis colectivos a Huancavelica (25 PEN, 2½ h) salen cuando están llenos (4 pasajeros mínimo) de la cuadra 16 de la av. Ferrocarril, cerca de la estación de autobuses Transportes Ticclas. Los colectivos a destinos andinos del norte, entre ellos Tarma (20 PEN) y La Oroya (18 PEN), ahora salen de una parada en el exterior de la terminal Los Andes, así como los que van a Jauja (7 PEN, 50 min) vía San Jerónimo y Concepción (3 PEN, 30 min).

TREN

Huancayo tiene dos estaciones de trenes no comunicadas entre sí en diferentes puntos de la ciudad.

El Ferrocarril Central Andino (p. 561) es un tren turístico especial que circula cada 15 días, entre abril y octubre, desde la **estación Desamparados** (☎01-263-1515; Ancash 203) de Lima, hasta la **estación central** (av. Ferrocarril, enfrente del centro comercial Real Plaza Huancayo) de Huancayo.

Sale de Lima a las 7.00 los viernes y tarda 12 h en llegar a Huancayo; regresa a las 18.00 del domingo. Para la noche, de vuelta, conviene llevar ropa de abrigo y quizá una manta.

Es un trayecto fabuloso, que alcanza los 4829 m y pasa por La Galera, una de las estaciones de ferrocarril a mayor altitud del mundo (el Tibet ocupa el primer lugar, seguido de Bolivia). Discurre entre túneles y puentes y es popular entre los amantes de los trenes del mundo entero. Para hacer la reserva, lo mejor es entrar en la web de Incas del Perú (www.incasdelperu.org) y rellenar un formulario en línea, o en la web oficial del tren. Los precios del billete varían, y se pueden comprar en Incas del Perú a partir de 105 US$/ida.

La **estación de Chilca** (☎064-21-6662; Prado, cuadra 17 s/n), opera los trenes a Huancavelica y se encuentra en el extremo sur de la ciudad. Salen de Huancayo a las 6.30 los lunes, miércoles y viernes, y regresan a la misma hora desde Huancavelica los martes, jueves y sábados. El billete de primera clase cuesta 9 PEN, y la clase bufé, 12 PEN (confortable, con asientos acolchados reservados; en primera clase los asientos son menos cómodos). El verdadero atractivo de este tren es que lo usan los lugareños (y no solo los turistas), por lo que tiene mucho colorido, con cientos de vendedores de comida. Para obtener información actualizada del servicio se aconseja consultar con Lucho Hurtado de Incas del Perú.

La taquilla abre de 6.00 a 12.00. La estación no queda cerca, conviene ir en taxi.

❶ Cómo desplazarse

Los autobuses locales a las aldeas cercanas salen de los cruces de la calle principal. No hay más que parar al autobús cuando aparezca. Casi todas las líneas tienen autobuses cada pocos minutos. Los autobuses Cochas (desde Giráldez y Huancas) son de color crema y pasan cada 15 min; las combis a Chupaca salen del mismo cruce. Para asegurarse, se puede preguntar a otros pasajeros. La oficina de turismo ofrece buena información sobre los autobuses locales. Los taxis cobran una tarifa fija de 4 PEN para desplazamientos urbanos.

LOS VALLES MERIDIONALES

Las carreteras se vuelven más agrestes y a menudo están cortadas por fiestas espontáneas, los valles son más escarpados y solitarios, y al igual que los insólitos tesoros de un cofre con la tapa medio abierta, la arquitectura colonial brilla en la intensa luz de la montaña. Es la parte más andina del centro del Altiplano. Sus dos joyas más excepcionales son Huancavelica y Ayacucho, que florecieron con una magnífica opulencia gracias a las minas de plata descubiertas en los ss. XVI y XVII en las colinas cercanas. La región también sufrió un triste capítulo en su historia, pues fue el bastión de Sendero Luminoso, el grupo revolucionario que aterrorizó al país en la década de 1980 y consiguió que esa zona estuviera vetada a los viajeros. Hoy, estos valles son la zona más pobre de Perú, aunque saben divertirse como nadie: la Semana Santa de Ayacucho es la mejor del país.

Huancavelica y Ayacucho, junto con Andahuaylas, más al sur, se encuentran a lo largo de la emocionante ruta alternativa a Cuzco.

Huancavelica

📞 067 / 40 000 HAB. / ALT. 3690 M

¿Por qué no recibe más visitantes esta bonita ciudad colonial? Es un misterio. Posee hermosas iglesias, encantadoras plazas y aguas termales, y está pintorescamente rodeada de escarpados picos. Hoy en día es de fácil acceso, pues una buena carretera la comunica con Huancayo, 147 km al norte. Aun así, poca gente se acerca a Huancavelica, y en ello radica otro atractivo: es un lugar seguro y tranquilo para tomarse un respiro del Sendero Gringo y empaparse de la vida local. Esto supone participar en una de sus frecuentes fiestas, explorar los mercados y, sobre todo, sentarse a ver pasar a sus habitantes.

Huancavelica fue un estratégico centro inca y, poco después de la conquista, los españoles descubrieron su riqueza mineral. Hacia 1564 era una importante zona productora de azogue (mercurio), imprescindible para la amalgama del mineral de plata que se extraía en otras zonas del virreinato, como Potosí, en la actual Bolivia. La ciudad fue fundada en 1571 con el nombre de Villa Rica de Oropesa: una paradoja, puesto que Huancavelica es hoy la ciudad más pobre de Perú. Advertencia: con frecuencia la ciudad es azotada por vientos extremadamente fríos y gélidas temperaturas nocturnas.

◉ Puntos de interés

Instituto Nacional de Cultura   MUSEO
(INC; 📞 067-45-3420; Raimondi 205; ⊘ 8.30-13.00 y 15.30-18.30 ma-do) GRATIS El INC, instalado en un edificio colonial en la plaza San Juan de Dios, cuenta con información y exposiciones sobre la región. Se aconseja preguntar al personal si se desea más información. Alberga con una excelente librería, y un pequeño museo (cerrado cuando se redactó esta guía) con objetos de los incas, fósiles, y muestras de trajes típicos y pinturas de artistas peruanos impresionistas.

Minas de Santa Bárbara   MINAS, SENDERISMO
GRATIS Tras una excursión de 1½ h, exigente pero muy gratificante, se llega a las fantasmagóricas minas de Santa Bárbara, en las colinas por encima de Huancavelica. Es la atracción más llamativa de la ciudad y un

ejemplo para las compañías mineras que se concentran en el centro del Altiplano. Cerradas desde el derrumbamiento que puso fin a dos siglos de extracción minera en 1786, hasta entonces era una de las minas más rentables de América. El complejo incluye edificios y una iglesia en una ubicación encantadora y solitaria que vale la pena visitar.

Para llegar al sendero hay que subir las escaleras que empiezan justo por encima del Hospedaje San José en Huancavelica. Al final de la escalera, por encima de los árboles, hay que localizar unas antenas de TV en lo alto de una colina. Justo debajo de ellas el sendero sigue por una pista de grava que conduce a la mina.

Laguna de Choclococha   LAGO
Es uno de los muchos espejos de agua que engalanan la carretera de Rumichaca. Situado 70 km al sur de Huancavelica, se puede visitar tomando un autobús con destino a Rumichaca a las 4.30. Se tarda cerca de 2 h en llegar al "pueblo" de Choclococha (más 10 min a pie); se puede tomar el mismo autobús de regreso a Huancavelica a las 14.00 (pregúntese al conductor). La laguna, a 4700 m de altitud, es deslumbrante en los días soleados, cuando las montañas de los alrededores se reflejan en ella. Se pueden ver cóndores y hacer bonitas excursiones, además de pescar. También hay restaurantes.

Iglesias

Las iglesias de Huancavelica son célebres por sus altares que, a diferencia del resto de los templos coloniales de Perú, son de plata y no de oro. Hay varias iglesias notables, aunque suelen estar cerradas al turismo. Sí se puede acudir como parte de la congregación cuando están abiertas al culto, normalmente temprano por la mañana entre semana, y durante más horas los domingos.

La **iglesia de Santa Ana** (Toril, plaza de Santa Ana), del s. xvi, es la más antigua. Del s. xvii son la **iglesia de San Francisco** (García de los Godos; plaza Bolognesi), conocida por sus 11 altares intricadamente elaborados; la **iglesia de Santo Domingo** (Virrey Toledo entre Carabaya y S. Barranca), que alberga famosas estatuas de Santo Domingo y la Virgen del Rosario, procedentes de Italia; la **iglesia de San Sebastián** (plaza Bolognesi), recientemente renovada; la **iglesia de San Cristóbal** (5 de Agosto esq. Pablo Solís); y la **iglesia de La Ascensión** (plaza Mariano Santos Mateo).

Huancavelica

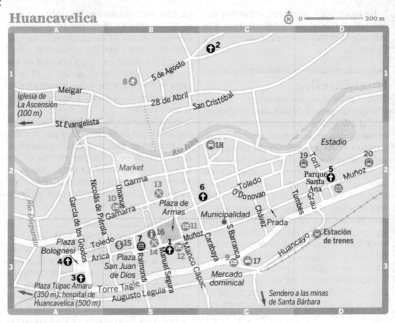

Huancavelica

⊙ Puntos de interés

Catedral CATEDRAL
(Manchego Muñoz, plaza de Armas) El edificio religioso más espectacular de Huancavelica, construido en 1673, se ha restaurado y contiene lo que se cree es el mejor altar colonial de Perú, con intrincadas tallas en cedro y pinturas de la escuela cuzqueña.

🏃 Actividades

Aguas termales de San Cristóbal BAÑOS
(piscina/ducha 1,50/3 PEN; ◷8.00-17.00) Estas aguas termales se recogen en dos grandes y algo turbias piscinas. El agua está tibia y se supone que tiene propiedades curativas. Si uno no dispone del equipo para el baño se pueden alquilar toalla, jabón y bañador (aunque su oferta es limitada y poco sugerente). Al final de las empinadas escaleras que llevan a los manantiales se aprecia una bella panorámica de la ciudad. Los jueves suele cerrar por limpieza.

Saccsachaca MANANTIALES
(entrada 1 PEN; ◷8.00-17.00) Estos manantiales, mucho más espectaculares, se encuentran

2 km al este del centro, por el puente al final de la calle Javier Heraud, junto a Donovan. Se sigue la escarpada carretera que sube por encima del río por la primera de las dos piscinas (Los Incas) y se continúa hasta Tres Boas, donde una serie de piscinas naturales y cascadas se extienden por el valle, arriba del río. El agua no está caliente y hay que llevar bañador.

✨ Fiestas y celebraciones

Las fiestas de Huancavelica son divertidas y famosas y, como predomina la población indígena, desprenden un sabor especialmente auténtico. Se celebran las festividades comunes a todo el país: Carnaval, Semana Santa, Todos los Santos y Navidad. La Semana Turística tiene lugar a finales de septiembre y principios de octubre. El INC (p. 301) informa sobre las fiestas.

Fiesta de las Cruces   RELIGIOSA
(⊙may) La fiesta de las Cruces se celebra durante seis días en mayo. Los participantes bajan las cruces en procesión desde el cerro a la ciudad; durante varios días las bandas de música locales tocan en las plazas y se realizan corridas de toros. La fiesta culmina con fuegos artificiales tras volver a llevar las cruces al cerro.

🛏 Dónde dormir

Hay más de una docena de alojamientos, aunque en su mayoría se trata de opciones económicas sin agua caliente. Siempre quedan los baños termales naturales del pueblo como recurso para paliar achaques y dolores.

Hospedaje San José   PENSIÓN $
(☎067-45-1014; Huancayo s/n; i con/sin baño 35/15 PEN, d con/sin baño 45/30 PEN) Una atestada entrada en el extremo meridional de la av. Barranca, junto al mercado, conduce a unas habitaciones grandes (muchas con buenas vistas de la ciudad), con camas confortables y agua caliente.

Hotel Ascensión   HOTEL $
(☎067-45-3103; Manco Cápac 481; h con/sin baño 60/50 PEN; 🕾) Situado en la bonita plaza de Armas, enfrente del elegante Hotel Presidente, bastante más caro. Es una buena opción, con habitaciones decentes y limpias, y ducha con agua caliente.

Hostal Ccori   PENSIÓN $
(☎067-45-1125; Gamarra esq. Unanue; i/d 35/70 PEN) Bonitas y espaciosas habitaciones que

dan a un agradable patio con jardín, aunque solo las dobles tienen baño.

Hotel Presidente Huancavelica   HOTEL HISTÓRICO $$
(☎067-45-2760; www.huancavelicaes.hotel presidente.com.pe; plaza de Armas; i/d/ste desayuno incl. 240/285/360 PEN; 🕾) Este antiguo y pulcro hotel es, para ser sinceros, demasiado caro, pero su ubicación no puede ser mejor. Las habitaciones son mucho más sencillas de lo que promete la espléndida fachada, pero cuentan con agua caliente, teléfono y televisión por cable. Además, hay servicio de lavandería y restaurante.

🍴 Dónde comer

Son pocos los restaurantes notables, pero abundan los locales de pollo y los chifas (restaurantes chinos).

★Pollos y Parrilladas El Centro   PARRILLA $
(Manuel Segura esq. Manchego Muñoz; principales 15 PEN; ⊙11.00-23.00) Este restaurante, que da a la plaza, cuenta con dos comedores separados por la cocina, que se llenan a la hora del almuerzo; parecería que todos los lugareños comen allí. Se recomienda el bistec a la parrilla, muy sabroso y servido en su propio asador.

Orégano Pastas y Pizzas   PIZZERÍA $
(Gamarra, entre Manuel Segura y Manco Cápac; pizzas 20-30 PEN; ⊙18.00-hasta tarde) Acogedor, sofisticado y con la mejor comida italiana de la ciudad.

🛍 De compras

Hay varios mercados diarios, pero el del domingo es el mejor para ver a los lugareños con sus trajes tradicionales. Serpentea por la av. Barranca y continúa por Torre Tagle, detrás de la catedral. Casi a diario se vende artesanía en la parte norte de la plaza de Armas y también en los alrededores de la Municipalidad. Los pantalones de lana multicolor son muy populares.

ℹ Información

Más de una docena de lugares céntricos proporcionan acceso a internet.
BCP (Toledo s/n) Cajero automático Visa, cambia moneda.
Hospital de Huancavelica (☎067-45-3369; av. Andrés Cáceres)
Oficina central de correos (Pasaje Ferrua 105) Cerca de la iglesia de Santa Ana.
Oficina de turismo (Manuel Segura 140;

EL DURO CAMINO HASTA AYACUCHO

El trayecto desde Huancavelica a Ayacucho es todo un desafío. Además, las principales compañías de autobuses suelen viajar en horario nocturno, lo que supone perderse el espectacular panorama.

La forma "más fácil" de llegar a Ayacucho es tomar la combi de las 4.30 a Rumichaca. Las de la empresa **San Juan Bautista** salen a diario de la Plaza Túpac Amaru, al oeste de Huancavelica (10 PEN, 6 h). En Rumichaca, se espera el autobús con destino Ayacucho procedente de la costa. La mayoría de los que vienen de Lima en horario diurno llegan a Rumichaca después de las 14.00.

Otra posibilidad, con un paisaje aún más impresionante, pero que supone pasar más tiempo en incómodos medios de transporte, es tomar un colectivo desde el Hospedaje San José en Huancavelica hasta Lircay (25 PEN, 3 h). Y desde el mercado en Lircay, hacer transbordo a otro colectivo hacia Julcamarca y Ayacucho (30 PEN, 4 h). El inconveniente de los colectivos a Ayacucho que salen de Lircay es que no suele haber demasiados pasajeros (está demasiado lejos), por lo que a veces hay que pagar el precio del trayecto entero (120 PEN). Se aconseja llegar pronto a Lircay para tener más posibilidades de transporte a Julcamarca o Ayacucho.

🕐 9.00-13.30 y 15.30-18.30 lu-vi, 9.00-13.30 sa) Ofrece buena información sobre transporte y excursiones a pie por la región, como la ruta de 6 km hasta las minas de Santa Bárbara. Puede organizar circuitos para grupos.

ℹ️ Cómo llegar y salir

Hoy, Huancavelica tiene una carretera asfaltada que la comunica con Huancayo (el acceso más fácil). Se trata de una carretera panorámica que asciende por la ladera de la montaña y desciende en cerradas curvas a un estrecho valle y a Izcuchaca, antes de adentrarse de nuevo en frondosas praderas alpinas salpicadas de aldeas de tejados de paja (algunas bellamente pintadas) y rebaños de llamas. También se puede llegar directamente desde Pisco por un paso a 4850 m, y desde Ayacucho vía Rumichaca o Lircay. Los autobuses que hacen esas rutas son lentos y van repletos de lugareños con sus mercancías.

No obstante, la mejor forma de llegar a Huancavelica es en tren desde Huancayo (aunque algo más lenta que en autobús y por una ruta por el lecho del valle).

Si se tiene prisa es mejor tomar un colectivo desde Huancayo.

AUTOBÚS

Las principales compañías de autobuses salen de la terminal terrestre, 2 km al oeste del centro de la ciudad. Un taxi cuesta 3 PEN. Los billetes se compran en las oficinas del centro, y conviene asegurarse de cuál es el punto de partida (puesto que cambia frecuentemente). Muchas compañías tienen salidas nocturnas a Ayacucho vía Rumichaca (30 a 40 PEN, 7 a 8 h) desde la terminal terrestre.

Entre las compañías que van a Huancayo (13 PEN, 3 h) **Transportes Ticllas** (Muñoz 154) ofrece salidas diarias casi cada hora. Otras empresas van con menos frecuencia o por la noche, o pasan por Huancayo de camino a Lima.

Los autobuses con destino a Lima (30 a 60 PEN, 10 a 13 h) pasan por Huancayo o Pisco. Los más caros, y lujosos, son los autobuses-cama. En general, el trayecto por Huancayo es algo más rápido, pero depende de las condiciones de la carretera. Hace mucho frío en la carretera de Pisco por la noche, por lo que hay que llevar ropa de abrigo. Varias compañías con oficina en los alrededores de la plaza de Santa Ana van a Lima, entre ellas **Expreso Lobato** (☎067-36-8264; O'Donovan 519), con confortables autobuses nocturnos vía Huancayo.

TAXI

Los taxis colectivos a Huancayo (25 PEN, 2½ h), salen cuando están completos (mínimo 4 pasajeros), desde la terminal de combis/colectivos en Garma, cerca del río. También se puede esperar cerca de Manchego Muñoz, donde suele haber otras opciones de transporte hacia Huancayo.

TREN

Los trenes salen hacia Huancayo a las 6.30 los martes, jueves y sábados.

Ayacucho

☑️ 066 / 181 000 HAB. / ALT. 2750 M

El nombre de esta deslumbrante ciudad colonial, que procede de las palabras quechua *aya* (muerte o alma) y *cuchu* (remoto), pone en evidencia el paso del tiempo. Su condición de capital aislada en un departamento tradicionalmente pobre sirvió de caldo de cultivo para que el profesor Abimael Guzmán fundara allí el movimiento revolucionario maoísta Sendero Luminoso, decidido a derrocar al Gobierno, y que causó miles de muertos en la región durante las décadas de 1980 y 1990. Su histórico aislamiento contribuyó a forjar entre su población ese espíritu independiente y orgulloso que se manifiesta en todos los ámbitos, ya sea en festividades únicas, como en su poderosa autosuficiencia cultural.

La sombra del oscuro pasado de Ayacucho se disipó hace tiempo, pero solo ahora los viajeros empiezan a descubrir sus tesoros. Iglesias ricamente decoradas dominan el vívido paisaje urbano junto a edificios coloniales de color melocotón y tonos pastel, con balcones de madera. Entre las numerosas festividades urbanas destaca la celebración de la Semana Santa más antigua de Perú. Las montañas de los alrededores contienen algunos de los yacimientos arqueológicos más significativos del país.

Quizá el mayor atractivo de esta ciudad es la autenticidad con la que despliega sus encantos. Su desarrollo urbano ha sido controlado, su comercialización felizmente limitada, y si se abordan las calles peatonales empedradas del centro a primera hora, es fácil imaginar cómo era varios siglos atrás, en los tiempos de la gloria colonial. Sin embargo, hoy en día cada vez se ven más estudiantes y gente de negocios con ropa de diseño, y muchas fachadas coloniales esconden suntuosos alojamientos y sofisticados restaurantes. Lo cierto es que la ciudad andina más atractiva de Perú después de Cuzco está experimentando un resurgimiento, y vale realmente la pena presenciarlo.

Historia

Algunos de los primeros restos humanos de Perú se descubrieron en las cuevas de Pikimachay, cerca de Ayacucho (hoy no conserva ningún interés).

Los huari dominaban las tierras altas peruanas unos 500 años antes del predominio del Imperio inca. Su capital se encontraba a 22 km de Ayacucho. El nombre original de la ciudad fue San Juan de la Frontera de Huamanga (los lugareños siguen llamándola Huamanga) y tras su fundación en 1540 creció rápidamente, pues los españoles querían protegerla de los ataques de Manco Inca. Desempeñó un papel importante en las batallas por la independencia peruana, que se conmemoran en un monumento cercano.

La primera carretera asfaltada que la conectó con el exterior (Lima) se inauguró en 1999, lo que da una idea de su aislamiento. Sin embargo, ha encarado el s. XXI con energía y sus habitantes, que no hablan mucho de los tiempos oscuros de la década de 1980, reciben a los viajeros con los brazos abiertos.

⊙ Puntos de interés

Las principales atracciones de Ayacucho son sus iglesias y museos. Estos últimos tienen

---

LAS IGLESIAS DE AYACUCHO

Ayacucho es conocida como la "ciudad de las Iglesias" por sus más de 30 templos, entre los que destacan:

Templo de San Cristóbal (Jirón 28 de Julio, cuadra 6) La iglesia más antigua de la ciudad, de 1540.

Iglesia de Santa Clara (Grau esq. Nazareno) La imagen de Jesús de Nazaret, en el interior, atrae anualmente a miles de peregrinos.

Iglesia de Santo Domingo (Jirón 9 de Diciembre esq. Bellido) Data de 1548 y es una de las más fotogénicas. Al parecer, fue construida con la piedra de una fortaleza inca y acoge algunos cuadros de estilo churrigueresco extraordinarios.

➡ **Iglesia de La Merced** (Jirón 2 de Mayo esq. San Martín) Repleta de arte colonial, data de 1550. A su lado se halla uno de los conventos más antiguos de Perú (1540).

➡ **Iglesia de Santa Teresa** (Jirón 28 de Julio) Suntuosa iglesia y monasterio con un altar tachonado de conchas.

Iglesia de San Francisco de Asís (Jirón 28 de Julio) Sorprendente edificio de piedra ubicado enfrente del mercado. Alberga preciosos retablos y junto a ella hay un bonito convento del s. XVII.

Ayacucho

0 — 200 m

↑ Museo de la Memoria (500 m)

Quinua

↑ Clínica de la Esperanza (1 km);
Museo Arqueológico
Hipólito Unanue (1 km);
terminal terrestre (3,5 km)

37

46

48

Manco Cápac

45

44

9 de Diciembre

28

Asamblea Independencia

Los Andes

Paradero Magdalena
(colectivos/combis a
las ruinas huari, Quinua
Julcamarca (200 m)
→

Cáceres

33

35

15

Río Totora

36 29

8 31

30

Garcilaso de la Vega

Bellido

42

14

47

Portal
Unión

Iglesia de
San Agustín

F. Pizarro

23

20

Callao

11

39

34

Cuzco

16

27

Plaza
de Armas

ℹ 24
43

Iglesia de
San Francisco
de Paula

22 13

25

1 Catedral

18

Portal Municipal

Arequipa

Lima

40

Portal
Constitución

2

32

Policía de
Turismo

21

Sol

F. Pizarro

Iglesia de La Compañía

3

Museo
de Arte
Popular

Portal
Independencia

Tres Máscaras

San Martín

4

M Castilla

41

10

Pizzería Polizzi (600 m);
terminal terrestre
zona sur (2 km);
aeropuerto (4 km)

19

Nazareno

Arch

Vivanco

Londres

17

Río Alameda

6

Mercado

5

Grau

28 de Julio

Iglesia de San Juan
de Dios

Itana

Chorro

9

38

San Blas

Río Seco

7

12

Bolognesi

BARRIO SANTA
ANA

Barrio gastronómico
(2,5 km); Recreo
Las Flores (2,5 km)

26

Arco de la
Alameda

Ayacucho

un horario establecido (aunque cambia con frecuencia), pero el caso de las iglesias es especial. Algunas cuelgan un horario en la puerta, en otras hay que conformarse con lo que haya. Durante la Semana Santa están abiertas casi todo el día, pero en otras épocas debe preguntarse en la oficina de turismo, que publica la guía Circuito religioso, con información sobre horarios de apertura. Asistir a una misa (normalmente 6.00-8.00 lu-sa) es un modo interesante de visitarlas. La entrada a las iglesias es gratuita pero se suele hacer un donativo.

La plaza de Armas (también conocida como plaza Mayor de Huamanga) es una de las más bonitas de Perú y un buen punto de partida para explorar la ciudad. Sus cuatro lados, empezando por el este, son el Portal Municipal, el Portal Independencia, el Portal Constitución y el Portal Unión. En los alrededores hay hermosas mansiones coloniales, como las oficinas del Departamento de Ayacucho (Prefectura) (Jirón 28 de Julio). La oficina de turismo proporciona información sobre cómo visitar esos edificios, que a menudo están abiertos en horario laboral.

★**Catedral**　IGLESIA
(Portal Municipal) Esta espectacular catedral del s. XVII de la plaza de Armas alberga un museo de arte religioso. Su sombría fachada no hace honor a su complejo interior, y su ornamentado altar cubierto de pan de oro es uno de los mejores ejemplos del estilo barroco-churrigueresco (en las cornisas y otros detalles la influencia española se mezcla con la andina, visible en las representaciones de animales).

★**Museo de la Memoria**　MUSEO
(Prolongación Libertad 1229; entrada 2 PEN; ◎9.00-13.00 y 15.00-17.00) El museo más turbador de Ayacucho, centrado en el impacto que tuvo Sendero Luminoso en la ciudad más afectada por el conflicto, se encuentra en una ubica-

ción poco práctica, 1,5 km al noroeste del centro. Sus sencillos expositores son emotivos: relatos de testigos directos de los horrores y un montaje fotográfico especialmente conmovedor de las madres cuyos hijos perecieron durante el conflicto.

★**Museo de Arte Popular** MUSEO
(Portal Independencia 72; ◷8.00-13.00 y 14.00-16.30 lu-vi) GRATIS Cubre todo el espectro del arte popular local: artesanía en plata, alfombras y tapices, tallas en piedra y madera, cerámica (las maquetas de iglesias son muy interesantes) y los famosos retablos (coloridas cajas de madera de distintos tamaños, con figuras de papel maché), cuya temática abarca desde las escenas rurales peruanas o la natividad a las alusiones políticas o sociales. Las fotografías demuestran cuánto ha cambiado Ayacucho en el s. xx. El horario varía con frecuencia.

Museo Andrés Avelino Cáceres MUSEO
(Jirón 28 de Julio 508-512; entrada 2 PEN; ◷9.30-13.00 y 15.00-18.00 lu-vi, 9.30-13.00 sa) Situado en la casona Vivanco, una impresionante mansión del s. xvi. Andrés Avelino Cáceres, oriundo de Ayacucho, comandó las tropas peruanas en la guerra del Pacífico (1879-1883) contra Chile. El museo alberga mapas y parafernalia militar de ese período, así como enigmáticos retablos y arte colonial, incluso una curiosa pintura de la Última Cena... icon cuy!

**Museo Arqueológico
Hipólito Unanue** MUSEO
(Av. Independencia s/n; entrada 4 PEN; ◷9.00-13.00 y 15.00-17.00 ma-do) Está en el Centro Cultural Simón Bolívar de la universidad, situada a más de 1 km al norte del centro urbano, en Independencia. No tiene pérdida. La exposición es reducida y predomina la cerámica huari, aunque también expone reliquias religiosas de otras civilizaciones. En la universidad también se puede visitar la biblioteca, con una exposición gratuita de momias, calaveras y otras curiosidades. Los edificios están emplazados en un jardín botánico. El mejor momento para visitar el museo es por la mañana, ya que a veces el horario de la tarde no se respeta.

Mirador de Carmen Alto MIRADOR
Ofrece vistas fabulosas de Ayacucho, así como buenos restaurantes. Los taxis cobran 5 PEN, pero también se puede llegar con un autobús desde el Mercado Central o andando (1 h).

**Centro Turístico
Cultural San Cristóbal** PLAZA
(Jirón 28 de Julio 178) Edificio colonial transformado en un centro comercial. Alberga bares, restaurantes y cafeterías, así como galerías de arte, tiendas de artesanía y puestos de flores. Un buen sitio para pasar el día.

Plaza Moré PLAZA
(Jirón 28 de Julio 262) Similar al Centro Turístico Cultural San Cristóbal, pero mejor en cuanto a calidad y cantidad de restaurantes y tiendas.

🍴 Cursos

Via Via CURSOS DE COCINA
(☏066-31-2834; www.viaviacafe.com/es/ayacucho; Portal Constitución 4) Cursos de cocina para aprender a preparar lomo saltado (tiras de carne de res salteada con cebollas, tomates, patatas y chili) y pisco *sour*, y degustarlos a continuación. El curso de 1½ h cuesta 50 PEN/persona.

👉 Circuitos

Varias agencias organizan circuitos por la zona.

Wari Tours CIRCUITOS DE AVENTURA
(☏066-31-1415; Lima 138) Circuitos con enriquecedoras experiencias a destinos de la región. Una ruta de medio día cuesta cerca de 50 PEN.

🎉 Fiestas y celebraciones

La oficina de turismo es una buena fuente de información sobre las fiestas menos mayoritarias de la zona.

Semana Santa RELIGIOSA
(◷mar/abr) Se celebra la semana anterior a la Semana Santa; es la mejor fiesta religiosa de Perú y atrae a visitantes de todo el país. La mayoría de los hoteles se llenan con mucha antelación, por lo que hay que reservar con tiempo. La oficina de turismo proporciona un listado de familias que ofrecen alojamiento.

Cada año, iPerú (p. 312) edita un folleto gratuito sobre las principales procesiones con mapas callejeros. Las celebraciones empiezan el viernes antes del Domingo de Ramos, y se prolongan durante 10 días, hasta el Domingo de Resurrección. El primer día se celebra una procesión en honor a la Virgen de los Dolores, durante la cual se acostumbra a lanzar guijarros con una honda a los espectadores. A veces también a los turistas, por lo que se recomienda precaución.

Los días siguientes salen procesiones solemnes y coloridas y se oficial misas. La víspera del Domingo de Resurrección la fiesta continúa hasta el amanecer y culmina con fuegos artificiales para celebrar la resurrección de Cristo. Si se desea participar hay que tomar precauciones, ya que la fiesta es desenfrenada. La delincuencia aumenta durante estos días: suelen producirse más robos y violaciones.

Además de los servicios religiosos, la Semana Santa ayacuchana incluye exposiciones de arte, concursos de danzas regionales, conciertos de música local, eventos callejeros, competiciones deportivas (sobre todo ecuestres), ferias agrarias y la elaboración de platos tradicionales.

🛏 Dónde dormir

La oferta de alojamientos no es escasa, además de los muchos hoteles pequeños y hospedajes (pequeñas pensiones familiares) normalmente con instalaciones limitadas, hay un creciente número de opciones más lujosas (aunque a precio razonable) con comodidades como agua caliente a todas horas. En Semana Santa los precios suben entre un 25% y un 75%.

Hostal Tres Máscaras PENSIÓN **$**
(☎066-31-2921; hoteltresmascaras@yahoo.com; Tres Máscaras 194; i/d sin baño 30/50 PEN, con baño 53/70 PEN) Es un lugar agradable gracias a su jardín vallado y su amable personal. Las habitaciones que dan al jardín son bastante espaciosas. Hay agua caliente por la mañana; en otro horario, hay que pedirla. Las habitaciones con TV valen 5 PEN más. Se sirven desayunos continental y americano por 7 y 8 PEN respectivamente.

Hotel La Crillonesa HOTEL **$**
(☎066-31-2350; www.hotelcrillonesa.com; Nazareno 165; i/d desde 40/60 PEN) Práctico y popular hotel que ofrece terraza en la azotea con vistas fotogénicas, salón de TV, información sobe circuitos y agua caliente las 24 h. Sus pequeñas y limpias habitaciones cuentan con camas confortables y televisión por cable, que generalmente funciona. Las mejores son las superiores.

Hostal Ayacuchano HOTEL **$**
(☎066-31-9891; Tres Máscaras 588; i/d 20/40 PEN) Las habitaciones son amplias, aunque un tanto sombrías, pero bien amuebladas. Cuentan con televisión por cable y algunas, con balcón. No todas las individuales tienen baño privado, pero los baños de algunas de las dobles son espaciosos, con equipamiento moderno y agua caliente.

Hotel El Mesón HOTEL **$**
(☎066-31-2938; www.hotelelmesonayacucho.com; Arequipa 273; i/d 50/70 PEN) Una excelente opción económica y céntrica, con espaciosos dormitorios (todos con televisión por cable de pantalla grande) situados al otro lado de un patio.

Hostal Florida PENSIÓN **$**
(☎066-31-2565; Cuzco 310; i/d 35/50 PEN) Ofrece la tranquilidad de su patio con jardín y habitaciones limpias (las del piso superior son mejores) con baño y TV, así como agua caliente por la mañana (más tarde hay que pedirla). Cuenta con una sencilla cafetería.

★ Via Via HOTEL **$$**
(☎066-31-2834; www.viaviacafe.com/en/ayacucho; Portal Constitución 4; i/d 115/150 PEN; 🛜) Es una de las opciones más originales para pernoctar en el centro, con una ubicación envidiable en la plaza y habitaciones modernas con una vívida decoración temática sobre los distintos continentes. Los viajeros tienen la sensación de haber llegado a un oasis, cuyo centro es un patio lleno de plantas. Al lado hay un popular restaurante.

Recientemente se ha inaugurado otro hotel Via Via (☎066-31-7040; Bolognesi 720; i/d 95/125 PEN; 🅿) en la finca colonial conocida hasta ahora como Hotel El Marqués de Valdelirios.

Hotel Sevilla HOTEL **$$**
(☎066-31-4388; www.hotelsevillaperu.com; Libertad 635; i/d desayuno incl. 75/100-120 PEN; 🛜) Uno de los hoteles más bonitos y luminosos de Ayacucho y con un precio adecuado. Los dormitorios se encuentran en la parte trasera de un patio; son amplios y cuentan con escritorio, minibar y microondas. En la planta baja hay un restaurante. El desayuno se sirve en la cafetería de la planta superior con estupendas vistas de la ciudad.

Hotel Santa Rosa HOTEL **$$**
(☎066-31-4614; www.hotelsantarosa.com.pe; Lima 166; i/d desayuno incl. 95/130 PEN; 🛜) Este amplio hotel con dos patios gemelos a menos de una cuadra de la plaza de Armas ofrece habitaciones espaciosas, aireadas y bien amuebladas. Algunas cuentan con nevera (un lujo en los Andes Centrales) y todas tienen TV, reproductor de DVD y teléfono. Los baños son grandes y hay agua caliente en las duchas. Tiene un restaurante decente a buen precio.

Hotel Santa María HOTEL $$

(📠/fax 066-31-4988; Arequipa 320; i/d 95/125 PEN; 🛜) Es uno de los mejores hoteles entre los muchos inaugurados a finales de los años 90. La fachada es impresionante y las habitaciones son muy confortables, bastante espaciosas y decoradas con buen gusto.

Hotel San Francisco de Paula HOTEL $$

(📞066-31-2353; www.hotelsanfranciscodepaula. com; Callao 290; i/d desayuno incl. 80/130 PEN; 🛜) Este laberíntico y anticuado hotel no llama la atención, pero es correcto, dispone de zonas comunes decoradas con arte indígena, restaurante y bar, así como habitaciones de buen tamaño, embaldosadas, con las habituales instalaciones de precio medio. Las dobles que dan al exterior son mejores que las individuales del interior, que pueden ser diminutas. Un poco por debajo del estándar de los hoteles del mismo precio del centro.

La Colmena Hotel HOTEL $$

(📞066-31-1318; Cuzco 140; i 70 PEN, d 100-120 PEN) En un excelente edificio renovado, este popular hotel suele estar lleno a primera hora de la tarde, porque es uno de los veteranos y por su proximidad a la plaza. Cuenta con un popular restaurante y un agradable patio.

Ayacucho Hotel Plaza HOTEL $$$

(📞066-31-2202; fax 066-31-2314; Jirón 9 de Diciembre 184; d 283 PEN) El que fuera considerado mejor hotel de la ciudad se encuentra alojado en un edificio colonial de aspecto impresionante, cuyo interior ciertamente rezuma encanto de otras épocas. Pero las habitaciones dejan que desear, aunque son correctas, en relación con el precio. Se aconseja preguntar por las que tienen balcón (son las mejores), algunas con vistas a la plaza. Sin embargo, los demás hoteles céntricos de alta gama no son competencia.

🍴 Dónde comer

Entre las especialidades regionales destacan la *puca* picante (estofado de carne de cerdo con patatas y salsa de cacahuetes rojos, ají y pimienta) servida con arroz, el *patachi* (sopa de trigo con legumbres, patatas secas y carne de res o cordero) y el *mondongo* (sopa de maíz con carne de res o cerdo, pimientos rojos y menta fresca). También son populares los chicharrones y el cuy. Los vegetarianos lo tienen complicado. La mejor opción son los chifas (restaurantes chinos).

En el Centro Turístico Cultural San Cristóbal, algunos establecimientos exclusivos ofrecen comida de calidad en un ambiente pintoresco, aunque dirigido al turismo, mientras que la plaza Moré, bajando la calle, ha subido de categoría y ofrece restaurantes para *gourmets*: un indicador de los cambios en Ayacucho. Después de todo, no hay muchas poblaciones en los Andes que puedan presumir de un barrio gastronómico.

Café Miel CAFÉ $

(Portal Constitución 4; tentempiés desde 2 PEN; ⏰10.00-22.00) Los mejor son los desayunos en este lugar recomendado por lectores, de ambiente animado, con curiosas reminiscencias de un salón de té inglés. Excelentes macedonias y tal vez el mejor café (recién hecho) de Ayacucho. También ofrece copiosos almuerzos y un estupendo pastel de chocolate.

Creamz HELADERÍA $

(Cáceres esq. Jirón 9 de Diciembre; helado 8 PEN; ⏰10.00-21.00) De la gama de sabores que ofrece esta heladería destacan el chocolate belga, la chicha morada (bebida de maíz dulce, no fermentada, de color lila) y Baileys. También hay café auténtico de máquina.

Guilles SÁNDWICHES $

(Bellido, entre Garcilaso de la Vega y Jirón 9 de Diciembre; sándwich y zumo 10-15 PEN; ⏰8.00-13.00 y 16.00-21.00) Los mejores sándwiches y *smoothies* de Ayacucho, si no de todo el centro del Altiplano.

El Niño PARRILLA $

(Jirón 9 de Diciembre 205; principales 15 PEN; ⏰11.00-14.00 y 17.00-23.00) Es uno de los mejores restaurantes de la ciudad, alojado en una mansión colonial con un patio cubierto y mesas que dan al jardín. Especializado en asados, sirve gran variedad de comida peruana. La parrillada individual es estupenda, y es suficiente para dos comensales.

Recreo Las Flores PERUANA $

(José Olaya 106; comidas 12-21,50 PEN; ⏰8.00-18.00) Cuy, cuy y más cuy. Su interior recuerda a una enorme cafetería de estilo comunista, sensación que desaparece al acercarse a las ventanas. Este y otros establecimientos cercanos forman parte del "barrio gastronómico", en Conchapata, al sur del centro.

La Casona PERUANA $

(Bellido 463; principales 12-35 PEN; ⏰7.00-22.30) Este restaurante popular con patio ha sido recomendado por numerosos viajeros por sus generosas porciones de comida peruana, como el excelente lomo saltado (tiras de

SENDERO LUMINOSO: UN CONFLICTO INCONCLUSO

Las actividades de Sendero Luminoso en la década de 1980 se centraron en la agitación política, económica y social. Fueron responsables de episodios violentos, especialmente en el centro del Altiplano y en la selva del Amazonas, que se convirtieron en zonas prácticamente vetadas para los viajeros. Todo cambió cuando el fundador de Sendero Luminoso, Abimael Guzmán, anteriormente profesor de la Universidad de Ayacucho, fue capturado y condenado a cadena perpetua en 1992. Tras Guzmán cayeron sus principales lugartenientes, lo cual supuso un cese de las actividades; sin embargo, aunque algunos grupos revolucionarios escindidos de Sendero Luminoso continuaron actuando en áreas remotas de Perú. Dichos grupos se apartaron de la filosofía maoísta de Guzmán, y en los últimos años se han dedicado principalmente al tráfico de drogas (según confirma el Departamento de Estado de EE UU).

El último altercado grave en esta región tuvo lugar en abril del 2009, cuando los rebeldes asesinaron a 13 militares. En agosto del 2011 hubo un incidente con unos turistas que hacían un exclusivo circuito a Choquequirao: se les pidió 'educadamente' que entregaran sus objetos de valor para contribuir a la revolución. Esto desencadenó noticias sobre el posible resurgimiento de Sendero Luminoso, pero desde entonces no se han registrado otros incidentes de importancia.

Según el *Wall Street Journal*, en la actualidad, solo quedan unos 500 miembros de Sendero Luminoso. Su actividad se centra en los remotos valles del Amazonas, donde casualmente se encuentran las principales áreas productoras de cocaína, ya de por sí inseguras para los turistas. Fuera de estas zonas concretas, apenas hay riesgo para los viajeros, que pueden recorrer la región con tanta seguridad como en el resto de Perú. La gran mayoría de los peruanos no apoyan ninguna facción de Sendero Luminoso, ni tampoco a los militares que siguen buscando al resto de sus miembros.

carne de res salteada con cebollas, tomates, patatas y chili), y a menudo ofrece especialidades regionales.

★ Pizzeria Polizzi   PIZZERÍA $$
(☑066-317255; av. Ejército s/n; *pizza* 21-28 PEN.) No todas las estrellas culinarias de Ayacucho brillan en el centro. Esta pizzería reluce en una galaxia propia en la av. Ejército (pronto abrirán una sucursal más céntrica). La comida es excelente, al igual que el efusivo servicio al estilo italiano (aunque se trata de una empresa peruano-italiana); también ofrecen comida para llevar.

Se puede llegar en taxi indicando al conductor que se dirija al grifo (gasolinera) Santa Rosa.

★ Via Via   INTERNACIONAL $$
(☑066-31-2834; Portal Constitucion 4; *principales* 17-28 PEN; ⊙10.00-22.00 lu-ju, hasta 24.00 vi y sa; 📶🅿️) 🌱 Con un balcón en el piso superior que da a la plaza, ofrece las mejores vistas para acompañar la comida. Sus ingredientes proceden de cultivo ecológico, pero sirve cocina de fusión peruana-europea. Entre los platos que siempre satisfacen a los clientes están el *quinnoto* (*risotto* de quinua) y el salteado de alpaca (tiras de alpaca salteada con cebo-

lla, tomates, patatas y chili), acompañado de vino fresco sudamericano.

Es un local popular entre los viajeros y el primero de esta cadena en la ciudad.

Mamma Mia   ITALIANA $$
(Jirón 28 de Julio 262; *pizza* 25 PEN; ⊙16.00-24.00; 📶) Un local excepcional en la Plaza Moré para comer *pizza*, regentado por un ucraniano con amplia experiencia. Para pasar la tarde en un ambiente relajado tomando café y estupendos pasteles, o cenar *pizza* y pasta deliciosas. La guinda es el cóctel Mamma Mia: vodka, ron de coco, licor de melocotón y melón.

Las Tinajas   BISTECS $$
(Portal Municipal; *principales* 15-31 PEN; ⊙12.00-24.00) Una opción elegante con mesas que dan a la plaza o al patio, servicio ultraprofesional y bistecs excelentes. Forma parte de una minicadena con sucursales en otras ciudades peruanas.

🍷 Dónde beber y vida nocturna

Ayacucho es una importante ciudad universitaria, por lo que ofrece varios bares-club en los que bailar o tomar una copa, en su mayoría destinados a estudiantes.

RETABLOS

En muchos lugares de Perú se pueden ver *retablos* (dioramas o "escenas" vívidamente decoradas, protegidas en el interior de una caja), pero Ayacucho es la orgullosa capital de esta curiosa artesanía. Los *retablos* típicos representan escenas religiosas, pero también hay muestras de la fascinante vida social, política y cultural peruana. Todos tienen en común la complejidad de los personajes representados, ocupados en actividades variadas. Pueden ser uno de los recuerdos con carácter único del Altiplano.

Taberna Magía Negra   BAR
(Jirón 9 de Diciembre 293; ⊘16.00-24.00 lu-sa) Es más veterano que la mayoría y la gente joven prefiere locales nuevos, pero este bar-galería de arte sirve cerveza, *pizza* en un ambiente decorado con obras de arte locales y buena música.

Rock   DISCOTECA
(Cáceres 1035; ⊘22.00-2.00 mi-sa) Es la discoteca más animada, conocida localmente como Maxxo, donde extranjeros y lugareños van a mover el esqueleto. En la misma manzana hay otra especializada en salsa.

Tupana Wasi   MÚSICA EN DIRECTO
(Jirón 9 de Deciembre 206, 2º piso; ⊘19.00-hasta tarde lu-sa) Actuaciones en directo cada noche, desde folclore a rock.

☆ Ocio

Centro Cultural   ACTUACIONES EN DIRECTO
(Portal Unión) Estudiantes y *hipsters* asisten a las habituales actuaciones en el patio al aire libre (música, comedia, y otros eventos), anunciadas con carteles en la entrada. En la planta superior hay un restaurante decente, Mestizo.

🔒 De compras

Ayacucho es un renombrado centro de artesanía; una visita al Museo de Arte Popular da una idea de la oferta local. La oficina de turismo informa sobre artesanos que reciben a los visitantes en sus talleres. El barrio de Santa Ana es conocido sobre todo por su artesanía: hay varios talleres en la plazuela Santa Ana. El **mercado de artesanía** (Independencia esq. Quinua) está abierto todo el día.

Edwin Pizarro   ARTESANÍA
(☎966-180-663) Los retablos de este taller del barrio de Belén son muy recomendables. Edwin es famoso en la región como uno de los mejores artesanos, y se ofrece a personalizar sus creaciones, hechas con mucho cariño, con personajes a gusto del cliente. El taller queda a 15 min a pie del centro (frente al templo de Belén) y no es fácil de encontrar; ir en taxi es buena idea.

ℹ️ Información

Hay cibercafés en casi todas partes, en especial en el tramo peatonal de Jirón 9 de Diciembre. La mayoría de los hoteles ofrecen wifi.

BBVA Banco Continental (Portal Unión 28) Cajero Visa.

Casa de Cambio (Portal Constitución) En la esquina suroeste de la plaza de Armas.

Clínica de la Esperanza (☎066-31-2180; www.hospitalregionalayacucho.gob.pe; Independencia 355; ⊘8.00-20.00)

Inka Farma (Jirón 28 de Julio 250; ⊘7.00-22.30)

Interbank (Jirón 9 de Diciembre 183)

iPerú (☎066-31-8305; Cusco esq. Asamblea; ⊘9.00-18.00 lu-sa, hasta 13.00 do) Es una de las mejores oficinas de turismo de Perú. Consejos prácticos.

Policía (Jirón 28 de Julio 325; ⊘24 h)

Policía de Turismo (☎066-31-7846; Jirón 2 de Mayo 100) Para emergencias.

Serpost (Asamblea 293) A 150 m de la plaza de Armas.

ℹ️ Cómo llegar y desplazarse

AVIÓN

El aeropuerto está a 4 km del centro de la ciudad. Un taxi cuesta 10 PEN aproximadamente. Los horarios de los vuelos y las líneas aéreas pueden cambiarse sin previo aviso, así que conviene comprobar la información en la página web de la aerolínea para asegurarse. Hay vuelos diarios a Lima con **LC Perú** (☎066-31-2151; Jirón 9 de Diciembre 139) a las 6.45.

AUTOBÚS

La mayoría de los autobuses (con destinos de larga distancia tanto al norte como al sur, incluida Lima) llegan y salen de la terminal situada al norte del centro y de nombre grandilocuente **Terrapuerto Libertadores de América** (terminal terrestre; al final de Pérez de Cuellar), aunque los billetes se pueden comprar en las oficinas del centro (al comprarlos pregúntese de

ALREDEDORES DE AYACUCHO

Ayacucho ofrece varias rutas interesantes en sus alrededores, que se pueden recorrer en excursiones de un día con las agencias de la ciudad por 60 PEN/persona.

El extenso complejo de las **ruinas huari** (entrada 3 PEN; ☺8.00-17.30), a 20 km de Ayacucho subiendo por la carretera a Quinua, incluye algunos de los restos más significativos de esta cultura, repartidos por campos de estrambóticos cactus: un lugar un tanto lúgubre para contemplar la que fuera una poderosa civilización. Conviene no regresar muy tarde, los vehículos se llenan.

A 17 km de las ruinas huari se encuentra la bonita aldea de **Quinua**, con un **museo** de horario variable, junto al cual se encuentra la sala en la que las tropas reales españolas firmaron la rendición, tras la Guerra de Independencia peruana, que supuso el fin del colonialismo en Perú. El **obelisco** blanco de 40 m de altura (entrada 1 PEN), que se ve a varios kilómetros de distancia al acercarse a Quinua, conmemora la Batalla de Ayacucho, el conflicto decisivo durante la guerra de la independencia. Se puede llegar a pie (15 min) desde la ciudad ascendiendo por Jirón Sucre. Desde allí se puede ir a **caballo** hasta unas cascadas aptas para nadar. Quinua se encuentra 34 km al noreste de Ayacucho. Toda esta zona –300 Ha del **Santuario Histórico Pampas de Ayacucho**– está protegida.

Las ruinas de **Vilcashuamán** (entrada 2 PEN), una antigua fortaleza inca (considerada el centro geográfico del Imperio inca), están 115 km al sur de Ayacucho, cerca de **Vischongo**. De su pasada magnificencia ha sobrevivido poco más que una pirámide de cinco pisos llamada *usnu*, coronada por un enorme doble trono de piedra tallada. Desde el desvío a Vilcashuamán solo hay 2 km hasta Vischongo, donde se puede pernoctar en alojamientos sencillos. También merece la pena la excursión a pie de 1½ h al **bosque de puyas titanca**.

dónde sale el autobús). Un taxi hasta la terminal cuesta 8 PEN.

Los transportes a Lima circulan por la espectacular y relativamente rápida autopista 24, que atraviesa los Andes pasando por Rumichaca hasta Pisco. Las salidas nocturnas son más frecuentes que las diurnas, pero los viajes de día son más interesantes, ya que se puede contemplar el paisaje. Conviene prestar atención a la hora de escoger el autobús y la empresa. Los precios de los billetes a Lima varían desde 40 PEN por un asiento normal a 90 PEN por una butaca reclinable. El viaje dura aproximadamente 9 h. Es recomendable llevar ropa de abrigo si se viaja de noche.

La carretera que va hacia el norte, a Huancayo (30 a 40 PEN, 7 h), ahora está asfaltada, aunque sigue recorriendo vertiginosos precipicios con poca protección. En Huancayo se puede hacer transbordo para seguir a Huánuco, Tingo María, Pucallpa y Satipo.

La carretera que va hacia el sureste, hasta Andahuaylas (30 PEN, 6 h) y Cuzco (50 a 60 PEN, 14 a 15 h) está completamente asfaltada, pero hasta ahora pocas compañías cuentan con la licencia necesaria, por lo que no hay demasiadas opciones. Ambos trayectos ofrecen un panorama fantástico, y vale la pena viajar de día.

Desde la **terminal terrestre zona sur** salen los autobuses regionales hacia el sur. Los destinos principales para los viajeros son Vischongo y las ruinas de Vilcashuamán. Esta ruta se puede recorrer en distintos tipos de vehículos: las tarifas a Vilcashuamán van de 20 PEN en una combi, a 30 PEN en un colectivo. Las salidas son tempranas, por lo que se recomienda estar allí a las 5.00 para conseguir un billete. Un taxi hasta la terminal cuesta 4 PEN.

Hay furgonetas y autobuses a muchos pueblos cercanos, como Quinua (3 PEN, 1 h) y las ruinas huari (3 PEN, 40 min), que salen del **Paradero Magdalena,** en la rotonda del extremo este de la calle Cáceres. Los colectivos en dirección noroeste a Julcamarca (2½ h), desde donde se puede seguir vía Lircay (2 h más) hasta Huancavelica (otras 3 o 4 h), también salen de Paradero Magdalena (a las 4.30). La duración del trayecto hasta Huancavelica, haciendo transbordo en Julcamarca y Lircay, es de 8 a 9 h y cuesta 120 PEN en total.

Cruz del Sur (☎066-31-2813; www.cruzdelsur.com.pe; Cáceres, entre Libertad y Garcilaso de la Vega) Servicio a Lima de primera categoría, estilo ejecutivo, con asientos confortables y comida incluida. Salidas de su propia terminal, que cuenta con una panadería para aprovisionarse de tentempiés. Los precios varían según el lugar y la manera de comprar el billete: a partir de 70 PEN.

Expreso Internacional Palomino (☏066-32-7543; Manco Cápac esq. Libertad) Situada cerca del extremo norte del mercado, ofrece viajes a Lima, con tres autobuses-cama por la noche, y distintos niveles de calidad. Los billetes sencillos cuestan a partir de 80 PEN.

Expreso Molina (☏066-31-9989; Jirón 9 de Diciembre 473) Buena compañía, que ofrece salidas desde su propia terminal en el centro. No cuenta con los autobuses más cómodos, pero va a Lima (2 salidas durante el día y 7 salidas nocturnas), Huancayo (una salida durante el día, 5 nocturnas) y Huancavelica (salidas nocturnas).

Expreso Turismo Los Chankas (☏066-31-2391; Terrapuerto Libertadores de América) De momento es el único servicio directo a Cuzco (normalmente hay que hacer transbordo en Andahuaylas), con salidas a las 7.30 (lu-sa) y 20.30 (diario). Aunque la carretera ahora está asfaltada, no es mala idea hacer una parada en Andahuaylas.

Transportes Sarmiento (Terrapuerto Libertadores de América) Pequeñas furgonetas (un tanto estrechas) para ir a Andahuaylas (30 PEN) por la nueva carretera. Con salidas diarias bastante regulares, entre las 7.00 y las 9.00.

Turismo Libertadores (☏066-31-9115; Manco Cápac, entre Garcilaso de la Vega y Jirón 9 de Diciembre) Una de las mejores opciones baratas para ir a Lima: cuesta 50 PEN, y tiene 1 salida durante el día y 4 nocturnas.

Andahuaylas

☏083 / 6800 HAB. / ALT. 2980 M

Situada 135 km al oeste de Abancay, a medio camino de Ayacucho, Andahuaylas es la segunda ciudad más importante del departamento de Apurímac, además de una oportuna parada en la ruta panorámica, pero también extenuante, de Ayacucho a Cuzco.

⊙ Puntos de interés

Vale la pena visitar con calma el mercado del domingo; la otra atracción principal es la hermosa laguna de Pacucha, situada a 17 km de la ciudad, a la que se llega en autobús o taxi.

Sondor   RUINAS
(entrada 10 PEN; ☺8.00-17.00) A unos 15 km de la laguna de Pacucha, en lo alto de una colina, en el mismo distrito de Pacucha, se encuentra el imponente yacimiento de Sondor, de la cultura chanca. Aunque los chancas eran los enemigos tradicionales de los incas, compartían con ellos el gusto por unas buenas

vistas. Se cree que en la pirámide central del complejo, a cuya cúspide se accede mediante 500 escalones, se celebraban rituales de sacrificios.

🎊 Fiestas y celebraciones

La Fiesta de Yahuar se celebra el 28 de julio con bailes y música tradicional. En Pacucha, durante el festival se ata un cóndor al lomo de un toro para que luchen, en una representación de la resistencia de los pobladores del Altiplano contra los conquistadores españoles.

🛏 Dónde dormir y comer

Aunque no se puede esperar que haya duchas de agua caliente en los hoteles de Andahuaylas, casi seguro que habrá televisión por cable en la habitación.

El Encanto de Oro Hotel   HOTEL $
(☏083-42-3066; www.hotelandahuaylas.com; av. Casafranca 424; i/d desayuno incl. 50/60 PEN; ☂) Situado cerca del mercado, cuenta con habitaciones impolutas de tamaño variado, con cortinas de volantes y teléfono. El personal es amable y atento.

Hotel Residencial El Edén   HOTEL $
(☏083-42-1746; Ricardo Palma 450; i 40-100 PEN d 60-150 PEN; ☂) Goza de la mejor ubicación, es limpio, seguro y con opciones para todos los bolsillos. Las habitaciones más caras cuentan con *jacuzzi*.

Imperio Chanka   HOTEL $$
(☏083-42-3065; Vallejo 384; i/d desayuno incl. 60/90 PEN; ☂) Este edificio de varias plantas tiene un aspecto moderno, no demasiado atractivo, pero las habitaciones están bien cuidadas y limpias. Cuenta con un restaurante.

El Portal   CAFÉ $
(Plaza de Armas; tentempiés desde 3 PEN; ☺8.00-21.00) Buen café para afrontar el duro trayecto que espera al viajero desde Andahuaylas, en un local bastante agradable.

Puma de Piedra   PERUANA $$
(www.restaurantepumadepiedra.com; Los Sauces s/n; principales 12-34 PEN; ☺9.00-23.00) Es el lugar donde todos querrían estar cuando el calor aprieta en Andahuaylas: un jardín encantador donde se sirve sensacional comida andina. Simplemente, el mejor restaurante. Sería estupendo que el horario anunciado en su Facebook (abierto las 24 h) fuera cierto.

❶ Información

En Ramón Castilla hay una oficina Western Union y varias casas de cambio. El **BCP** (Ramón Castilla s/n) tiene cajero automático y cambia dólares estadounidenses.

❶ Cómo llegar y salir

AVIÓN

LC Peru (🕿 en Lima 083-20-5128; www.lcperu. pe; Ricardo Palma 318) vuela a diario a Lima. Un taxi al aeropuerto cuesta 25 PEN aproximadamente.

AUTOBÚS

La terminal terrestre es la destartalada estación central de autobuses, justo al suroeste del centro, al lado del río, en el Malecón Mil Amores. Algunas compañías cuentan con su propia terminal (todas muy cerca de la terminal terrestre).

Las compañías que viajan hacia el este son **Expreso Los Chankas** (🕿 083-42-2441; Malecón Grau s/n) y **Molina Unión** (🕿 083-42-1248; Malecón Mil Amores) (además de muchas otras que ofrecen el trayecto en furgoneta), con autobuses diarios a Cuzco (30 PEN, 10 h) vía Abancay (10 PEN, 5 h). Las salidas suelen ser por la tarde entre las 17.00 y las 19.00.

Varias compañías con oficina en la terminal terrestre ofrecen minibuses más rápidos y cómodos (aunque el billete es más caro), durante todo el día hacia Abancay (15 a 20 PEN, 4 h), donde esperan otros servicios hacia Cuzco.

Para viajar hacia el oeste, Expreso Los Chankas ofrece salidas diarias a Ayacucho ente las 7.00 y las 8.00 (35 PEN, 5 a 6 h), aunque no siempre en domingo. **Transportes Sarmiento** (🕿 958-808-124; terminal terrestre) hace la misma ruta con casi la misma duración por 30 PEN, con salidas más frecuentes, aunque las furgonetas son más incómodas.

Los mejores autobuses directos a Lima (70 a 130 PEN, 20 h) son los de **Expreso Internacional Palomino** (av. Ejército esq. Ricardo Palma). Los asientos reclinables son más caros.

Para ir a la laguna de Pacucha y Sondor se puede tomar una combi a Sondor (3 PEN, 1 h) desde el cruce de av. Martinelli y av. Casafranca. Salen por la mañana hasta las 16.00. También se puede ir en taxi.

Costa norte

Los mejores restaurantes

➡ La Sirena d'Juan (p. 363)

➡ El Celler de Cler (p. 328)

➡ Café 900 (p. 345)

➡ Capuccino (p. 354)

➡ Restaurant Big Ben (p. 339)

Los mejores alojamientos

➡ Hotel Sunset (p. 362)

➡ Loki del Mar (p. 361)

➡ Chaparrí Ecolodge (p. 351)

➡ Playa Colán Lodge (p. 353)

➡ Hospedaje El Mochilero (p. 327)

Por qué ir

Esta costa salvaje tiene algunas de las mejores olas del mundo y muchos visitantes adoradores del sol. También hay impresionantes yacimientos arqueológicos, ciudades coloniales y evocadores paisajes desérticos que parecen salidos de *Mad Max*. En este desierto de rocas y dunas sobreviven algunos valles verdes, mientras que en el norte, se aferran a la vida los únicos manglares de Perú.

Uno de los rompientes de izquierda más largos del mundo desafía a los surfistas en Puerto Chicama, la civilización más antigua de Sudamérica es un reto para los arqueólogos en Caral y el enorme complejo precolombino de adobe de Chan Chan fue antaño la ciudad más grande de América.

Tanto si se planea practicar surf e ir de juerga en Máncora y Huanchaco, como disfrutar de la tranquilidad de pequeños pueblos pesqueros, como Zorritos y Cabo Blanco, hay aventuras fascinantes para todos en esta escarpada costa.

Cuándo ir

Cajamarca

Mar El calor aún es sofocante, pero los precios bajan ligeramente.

Abr-nov Cuanto más al norte, más brilla el sol y hay menos gente.

Nov-feb Suben las olas y los precios estivales en Máncora, Huanchaco y Puerto Chicama.

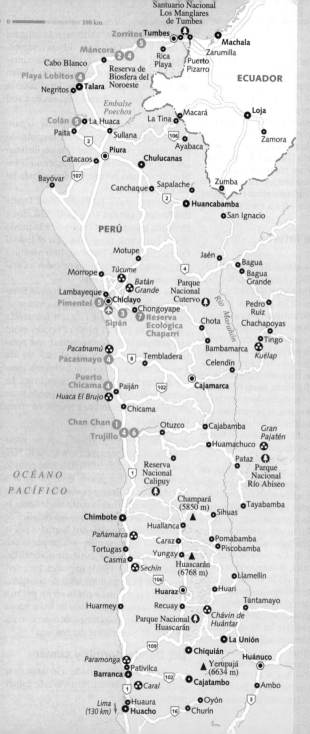

Imprescindible

1 Pasear por las ruinas de **Chan Chan** (p. 332), con sus altas murallas de adobe, y maravillarse con los frisos del año 700..

2 Mimarse a base de sol, surf y playa en **Máncora** (p. 359), la localidad playera de moda del país.

3 Admirar la enorme riqueza del botín expuesto en el mejor museo de la costa norte, el **Museo Tumbas Reales de Sipán** (p. 349), a las afueras de Chiclayo.

4 Cargar con la tabla a cuestas en busca de la esquiva ola perfecta en **Huanchaco** (p. 336), **Playa Lobitos** (p. 357), **Puerto Chicama** (p. 339), **Pacasmayo** (p. 340) y **Máncora** (p. 359).

5 Retirarse en las playas (casi) ocultas de **Pimentel** (p. 342), **Zorritos** (p. 365) y **Colán** (p. 353).

6 Saborear un ceviche salvador en el desierto costero de **Mar Picante** (p. 329) y en el **Restaurant Big Ben** (p. 339).

7 Emprender la búsqueda del huidizo oso de anteojos andino en la rústica **Reserva Ecológica Chaparrí** (p. 351).

Barranca

🎵 01 / 54 000 HAB.

La ruidosa y rebelde Barranca es sobre todo un lugar de tránsito hacia Huaraz o una parada de camino al cercano yacimiento arqueológico de Caral. La vida gira en torno a la plaza, donde hay grupos de niños patinando, parejas dando paseos románticos, una iglesia amarilla y una fuente con surtidor.

En Pativilca, 10 km más al norte, la carretera se bifurca hacia Huaraz y la cordillera Blanca. Se trata de un recorrido espectacular que asciende entre precipicios repletos de cactus y donde las enormes rocas escarpadas dan paso a pastos verdes a medida que se acerca a Huaraz.

🔵 Puntos de interés

Caral   RUINAS

(www.zonacaral.gob.pe; entrada 11 PEN, guía 20 PEN; ⊙9.00-16.00) La cultura caral se estableció en el valle de Supe entre 4500 y 5000 años atrás, es decir, en la época de las primeras grandes ciudades del mundo antiguo (Mesopotamia, Egipto, la India y China). Esta antigua cultura se distribuía en 18 ciudades-estado y controlaba los valles de Supe, Pativilca y Fortaleza, con su asentamiento principal y sede de gobierno en Caral. Las monumentales ruinas se hallan a 25 km de Barranca, hacia el interior.

Los arqueólogos quedaron desconcertados al descubrir que estas ruinas pertenecían a la civilización más antigua de Sudamérica. Antes de esto, se pensaba que Chavín de Huántar, situada cerca de Huaraz y erigida hacia el 900 a.C., ostentaba este título.

En el yacimiento hay seis pirámides de piedra, anfiteatros, salas ceremoniales, altares, estructuras de adobe y plazas circulares hundidas. Casi todas las pirámides tienen escaleras que llevan hasta su cima, donde se hacían ofrendas. En lo alto se goza de magníficas vistas del frondoso valle del río Supe.

Los habitantes de Caral-Supe eran expertos en agricultura, construcción, administración pública y en la elaboración de calendarios e instrumentos musicales. Hay constancia de que celebraban complejas ceremonias religiosas entre la élite, lo que hace suponer que se trataba de una cultura jerarquizada y ordenada según su función social. Los arqueólogos del yacimiento creen que hombres y mujeres gozaron de un trato bastante igualitario. Entre los numerosos objetos hallados hay flautas de hueso milenarias y los quipus (sistema de transmisión de información mediante cuerdas con nudos, propio de las culturas andinas) más antiguos de Perú. Un gran geoglifo –dibujo representado en el suelo– llamado Chupacigaro atestigua las sofisticadas mediciones que hacían del movimiento de los astros. En el 2009 la Unesco declaró la Ciudad Sagrada de Caral Patrimonio Mundial.

Pese a que a Caral llegan pocos visitantes, el yacimiento está bien organizado para recibir visitas. Unos rótulos ilustran los puntos de interés. Es estupendo ir los fines de semana porque venden comida local y artesanía.

Explora Tours (🎵99-367-9948; Ugarte 190, Barranca; circuitos 4/7 h 35/40 PEN) ofrece circuitos guiados con transporte incluido desde Barranca; pregúntese en el Hostal Continental. Lima Tours (p. 103) organiza por encargo caros circuitos privados a Caral y Paramonga desde Lima.

Los taxis colectivos, desde la calle Berenice Dávila en Barranca hasta la cercana aldea de Caral, salen con bastante frecuencia y cuestan 10 PEN (2 h). Otra opción es un taxi privado, difícil de encontrar, que cuesta en torno a 80 PEN por el viaje de ida y vuelta (tiempo de espera incluido); algunos cobran 20 PEN/h por la misma ruta. La carretera está en mal estado y puede estar cortada entre diciembre y marzo, en época de lluvias.

Paramonga   RUINAS

(www.muniparamonga.gob.pe; entrada 10 PEN, guía 10 PEN; ⊙ma-do 9.00-17.00) Este templo de adobe está 4 km pasado el desvío hacia la carretera de Huaraz y es obra de la cultura chimú, que dominó la costa norte hasta la conquista inca. Pese a que los detalles de la decoración han sido casi borrados por la erosión, la construcción escalonada es impresionante y ofrece fantásticas vistas del exuberante valle. Desde Barranca, los colectivos (2,50 PEN, 25 min) salen de la esquina de Ugarte con Lima y paran en un punto a 3 km de la entrada. El viaje de ida y vuelta en taxi privado, con tiempo de espera, ronda los 40 PEN, pero cuesta dar con uno.

🛏️ Dónde dormir y comer

Casi todos los hoteles están a lo largo de la Antigua Panamericana Norte, la calle principal de Barranca.

Hostal Continental HOTEL $

(☎01-235-2458; Ugarte 190; i/d desde 40/55 PEN; ☎) Aunque está algo ruinoso, es la mejor opción económica y ofrece habitaciones sencillas en una buena ubicación, a una manzana de la plaza de Armas. Conviene pedir una habitación trasera para evitar el ruido de la calle.

Hotel Chavín HOTEL $$

(☎01-235-5025; www.hotelchavin.com.pe; Gálvez 222; i 85 PEN, d 165-185 PEN; ☎✸) Destaca por sus cómodas habitaciones, decoradas con un deslumbrante estilo años setenta que choca con los novísimos suelos de madera y los televisores de pantalla plana. Hay un bar con karaoke y una piscina en la parte trasera, además de un buen restaurante anejo, así que es una buena opción para abordar Barranca y tener todo en uno.

Seichi CAFÉ $

(Av. Ugarte 184; principales 7,50-13 PEN, menús 13 PEN; ⊘cerrado cena do) En este moderno café preparan sabrosos menús caseros, y los sirven con una sonrisa. Cuesta encontrarle desventajas.

Mary's PIZZERÍA $

(Av. Arica 101, plaza de Armas; principales 5-7,50 PEN) Este pequeño café y pizzería de barrio tiene un ventanal con vistas a la plaza. Los zumos son buenísimos y los sándwiches y *pizzas*, pasables. El servicio es excelente.

Cafetería El Parador CAFÉ $

(Hotel Chavín, Gálvez 222; desayuno 9-15 PEN, sándwiches 6-12 PEN; ⊘7.00-23.00) Junto al Hotel Chavín ofrece varios menús de desayuno, café aguado y sándwiches en un local clásico con asientos en la barra, una vitrina con tartas y muchos cromados.

ⓘ Cómo llegar y salir

Turismo Barranca (☎99-613-6847; Primavera 250), dos manzanas al este de la plaza de Armas, tiene servicios cada 10 min a Lima (15 PEN, 4 h) de 2.30 a 22.00. Si no, párese alguno de los muchos autobuses que van en esa dirección. En sentido inverso, muchos autobuses que realizan el recorrido de la costa paran en Barranca. Para Huaraz, tómese un colectivo (2 PEN) a la gasolinera Pecsa de Pativilca, a 3 km del desvío a Huaraz. Desde ahí, los colectivos salen cuando están completos (30 PEN, 3 h); los pocos autobuses procedentes de Lima también recogen pasajeros. Z Buss (☎964-404-463) ofrece un servicio más regular, con cuatro salidas diarias desde Pativilca a las 11.00, 12.00, 15.00 y 17.30 (20 PEN, 4 h).

Casma

☎043 / 24 700 HAB.

Esta pequeña y tranquila población costera ofrece poco más que el zumbido de los autobuses de paso. La mayor atracción es el yacimiento arqueológico de Sechín, a unos 5 km. Casma fue un importante puerto colonial (a 11 km) que varios piratas saquearon durante el s. XVII y hoy no es más que una agradable población.

Desde aquí, la Panamericana enlaza con Huaraz por el paso de Callán (4225 m). La carretera está en mal estado, pero ofrece excelentes vistas panorámicas de la cordillera Blanca. Muchos de sus puntos de interés se encuentran a lo largo de esta vía, entre la plaza de Armas, al oeste, y la gasolinera, al este.

⦿ Puntos de interés

Sechín YACIMIENTO ARQUEOLÓGICO

(entrada 5 PEN; ⊘8.00-18.00) Situado 5 km al sureste de Casma, es uno de los yacimientos arqueológicos más antiguos de Perú, ya que data del 1600 a.C., aproximadamente. Es una de las ruinas más importantes y mejor conservadas de la costa, aunque ha sufrido daños a causa de los desastres naturales y los saqueadores de tumbas.

El pueblo de guerreros que construyó este templo-palacio permanece envuelto en el misterio. El yacimiento comprende tres muros exteriores del templo principal, cubiertos de estelas de 4 m de altura talladas en bajorrelieve que representan guerreros y prisioneros sacrificados. Dentro del templo principal se están excavando estructuras anteriores de barro; no se puede entrar, pero se muestra una maqueta en el pequeño museo.

Un mototaxi desde Casma cuesta 6 PEN aproximadamente. En la zona de Sechín hay otros yacimientos anteriores que no se han podido excavar por falta de fondos. Desde el museo se divisa a lo lejos el gran cerro de Sechín Alto. La cercana fortaleza de Chanquillo, que consta de varias torres rodeadas por muros concéntricos, se aprecia mejor desde el aire, como se puede comprobar en las fotos aéreas expuestas en el museo.

El billete de entrada a Sechín permite visitar también las ruinas mochicas de Pañamarca, a 10 km hacia el interior por la Panamericana, camino de Nepeña. Estas ruinas están muy deterioradas, pero se pueden ver algunos de los murales cubiertos si se le pide al guarda.

🛏 Dónde dormir y comer

Hostal Gregori HOTEL **$**

(📞043-58-0573; Ormeño 579; i/d/tr 30/50/ 60 PEN; 🖥) Es el mejor de la ciudad y tiene un bonito patio interior con estatuas. Las camas son bastante firmes y los baños están renovados con cemento y lavabos de vidrio. Las habitaciones cuentan con televisores de pantalla plana.

El Tío Sam PERUANA, CHINA **$**

(📞043-71-1447; Huarmey 138; principales 14- 20 PEN) Medio chifa, medio restaurante regional, es el mejor de Casma. De hecho, su ceviche fue el mejor de la región de Ancash en el 2010. También preparan abundantes fritos, así como apetitosas carnes y marisco.

La Careta ASADOR **$$**

(Perú 885; principales 9,50-34,50 PEN; ⊘desde 18.00, cerrado ma) Con una extraña decoración con cuadros de toros y maquetas de coches, en este popular asador, la parrilla crepita todas las noches. Los platos se sirven con patatas fritas y ensalada, que no está mal, aunque las verduras más impresionantes de la casa son las plantas interiores.

ℹ Información

Hay una sucursal de **BCP** (Bolívar 111). Alrededor de la plaza se encuentran varios cibercafés.

ℹ Cómo llegar y salir

Los taxis colectivos a Chimbote salen a menudo de la parada situada media manzana al este de la plaza de Armas.

Casi todas las compañías de autobús están en la calle Ormeño, frente a la gasolinera, en el extremo este de la ciudad, donde muchos autobuses paran a recoger pasajeros extra. **Cruz del Norte/Transportes Huandoy** (📞043-41-1633; www.transportescruzdelnorte.com; Ormeño 121) ofrecen autobuses frecuentes a Lima y tres salidas diarias a Huaraz a las 9.00, 14.00 y 21.00 (tanto Huandoy como Yungay Express fletan autobuses por la ruta pintoresca, vía el paso de Callán). Las furgonetas a Huaraz, más rápidas, también salen desde delante de esta oficina al llenarse.

Tepsa (📞01-617-9000; www.tepsa.com. pe; Huamay 356) ofrece cómodos autobuses a Lima con salida diaria a las 13.00. **Erick El Rojo** (📞044-47-4957; www.turismoerickelrojo. pe; Ormeño 145) ofrece cinco salidas diarias a Trujillo y una a las 19.30 a Tumbes.

A Sechín se va en mototaxi (6 PEN). Los hay por toda la ciudad, pero Motocars Virgen de Fátima, en la plaza San Martín, es recomendable.

El precio de los billetes varía según la calidad y clase del autobús.

Autobuses desde Casma:

DESTINO	TARIFA (PEN)	DURACIÓN (H)
Chimbote	6	1
Huaraz	20-25	2½-3
Lima	20-65	5½
Máncora	50-60	11
Trujillo	10	3
Tumbes	50-60	12-13

Chimbote

Es el mayor puerto pesquero de Perú. El olor de las fábricas que procesan el pescado, situadas en la carretera de acceso a la ciudad, delatan cuál es su actividad principal. Cuesta un poco acostumbrarse al olor del pescado, pero la tranquila plaza abierta en el corazón de la ciudad es menos agobiante. El sector pesquero ha decaído desde sus días gloriosos de la década de 1960 debido al exceso de pesca, pero aún pueden verse flotillas ancladas frente a la costa al atardecer, mientras se pasea por el malecón. Aunque esta localidad portuaria es un centro de tránsito y no una meta turística, quizás se deba pasar la noche si se pretende salir pronto en autobús hacia Huaraz por la escalofriante ruta del cañón del Pato.

🛏 Dónde dormir

Hospedaje Chimbote HOTEL **$**

(📞043-51-5006; Pardo 205; i/d 30/40 PEN, sin baño 20/30 PEN) Una familia de siete hermanos regenta este encantador hotel económico desde su apertura en 1959. Las habitaciones parecen celdas y tienen ventanas a un pasillo con mucha luz. Solo disponen de agua caliente las habitaciones con baño privado.

Hotel San Felipe HOTEL **$$**

(📞043-32-3401; www.hotelcasinosanfelipe.com; Pardo 514; i/d/ste desayuno incl. 80/115/160 PEN; 🅿@🖥) El mejor alojamiento de la ciudad, situado frente a la plaza de Armas, es regentado por una simpática familia. Dispone de ascensores y habitaciones limpias de estilo ejecutivo con potentes duchas de agua caliente y televisión por cable. Se recomienda tomar el desayuno en la terraza de la 5ª planta, que ofrece vistas a la plaza. En la planta baja hay un casino para sentirse como en Las Vegas.

Hostal Chifa Cantón · HOTEL $$

(☏043-34-4388; Bolognesi 498; i/d desayuno incl. 95/120 PEN; P🖥) Este hotel gana puntos por su original arquitectura, con un peculiar torreón en la fachada, una planta superior en voladizo y materiales sorprendentemente desparejados, cuyo conjunto es una interpretación peruana de Oriente. Tiene grandes habitaciones enmoquetadas (algunas dan al mar), con servicios bastante modernos y almohadas de distintas calidades.

✖ Dónde comer

El restaurante chino del **Hostal Chifa Cantón** (Bolognesi 498; principales 8,50-35,50 PEN) es excelente. También hay buenos establecimientos por Bolognesi y Pardo, cerca de la plaza de Armas.

Mar & Luna · PESCADO $

(Villavicencio esq. Malecón; principales 13-23 PEN) Este *pub* retro-pop pincha éxitos de los años setenta, ochenta y noventa y sirve platos abundantes de marisco y pescado, como ceviche y chupe de cangrejo. Una guitarra gigantesca en el techo rinde homenaje a *Sgt. Pepper's Lonely Hearts Club Band* y hay carteles de grupos de *rock* por todas partes. Probablemente es el lugar más animado de la ciudad y tiene buenas vistas al mar.

Capuccino Café · CAFÉ $$

(Villavicencio 455; principales 20-30 PEN) Sirve café y excelente comida peruana de fusión.

❶ Cómo llegar y salir

AUTOBÚS

Los colectivos hacia Casma (6 PEN, 45 min) salen desde la esquina de Pardo con Balta.

Los autobuses de larga distancia parten de la terminal terrestre El Chimbador, 5 km al este de la ciudad, frente al estadio municipal (6 PEN en taxi o 1,50 PEN en colectivo desde 25 en Pardo). En la terminal hay un cibercafé.

America Express (☏01-424-1352; www.americaexpress.com.pe) ofrece servicios a Trujillo (cada 15 min, de 5.25 a 21.30). Muchas compañías cubren la línea nocturna a Lima, con salidas entre las 22.00 y las 24.00, aunque algunas son diurnas. Algunas empresas fiables (varias de las cuales también tienen oficinas a lo largo de Bolognesi, junto a los bancos) son **Oltursa** (☏01-708-5000; www.oltursa.pe),

Línea (☏043-35-4000; www.linea.pe), **Civa** (☏01-418-1111; www.excluciva.pe) y **Cruz Del Sur** (☏0-801-11111; www.cruzdelsur.com.pe). Esta última tiene las salidas más frecuentes y cómodas a las 11.00, 14.30, 23.15 y 23.30. Cruz del Sur también opera trayectos internacionales a Buenos Aires (776 PEN) y Santiago (530 PEN).

Los vehículos a Huaraz y la cordillera Blanca eligen una de estas tres rutas: la deslumbrante aunque irregular carretera del cañón del Pato; una carretera en igual estado que cruza las montañas de Casma; o por Pativilca, un recorrido más largo pero asfaltado. El viaje dura entre 7 y 9 h, según la ruta. Los autobuses de **Yungay Express** (☏043-35-0855) salen a las 8.30 hacia Caraz y Huaraz por el cañón del Pato, y a las 13.00 y las 22.00 por Casma. **Móvil Tours** (☏01-716-8000; www.moviltours.com.pe) va a Huaraz vía Casma, con parada en Caraz, a las 12.30, 23.10, 23.50 y 0.30. Conviene reservar el billete para los autobuses de Huaraz con un día de antelación.

En la tabla constan la duración y el precio (varía según la calidad y clase del autobús) de referencia de los autobuses de Chimbote.

Autobuses desde Chimbote:

DESTINO	TARIFA (PEN)	DURACIÓN (H)
Caraz	20	6-7
Chiclayo	23-40	6
Huaraz	20-65	5-8
Lima	40-85	6-7
Máncora	90-120	11
Piura	35-80	8
Trujillo	12-15	2
Tumbes	40-120	12

Trujillo

☏044 / 709 500 HAB.

Las encantadoras calles coloniales de Trujillo parecen no haber cambiado desde hace siglos. Aunque hoy en día hay numerosos taxis haciendo sonar sus cláxones, la ciudad conserva la solera de sus elegantes edificios y sus iglesias coloniales. Sin embargo, casi todo el mundo viene para visitar los cercanos y extraordinarios yacimientos arqueológicos preincaicos y pasea poco por el compacto centro urbano.

La enorme capital chimú de Chan Chan fue la ciudad precolombina más grande de América, lo que la convierte en el mayor atractivo de la región. Otros yacimientos

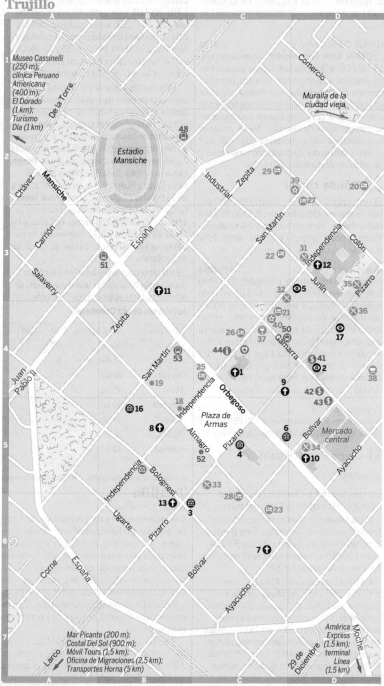

COSTA NORTE

Museo Cassinelli
(250 m);
clínica Peruano
Americana
(400 m);
El Dorado
(1 km);
Turismo
Día (1 km)

Muralla de la
ciudad vieja

Estadio
Mansiche

Plaza de
Armas

Mercado
central

Mar Picante (200 m);
Costal Del Sol (900 m);
Móvil Tours (1,5 km);
Oficina de Migraciones (2,5 km);
Transportes Horna (5 km)

América
Express
(1,5 km);
terminal
Línea
(1,5 km)

chimúes se hallan dispersos en el desierto circundante, entre ellos los inmensos e impresionantes huacas (templos) mochicas del Sol y de la Luna, de 1500 años de antigüedad.

Los aficionados a la playa quizá quieran pernoctar en el tranquilo pueblo de surfistas de Huanchaco (p. 336, a solo 20 min por la misma carretera).

Historia

La zona lleva milenios habitada y varias civilizaciones preincaicas importantes surgieron en este fértil oasis.

Trujillo fue fundada en 1534 por Francisco Pizarro, que le dio a este rincón del desierto el nombre de su ciudad natal extremeña. Gracias al fértil valle del Moche, ha disfrutado de una economía próspera y por ello a sus habitantes les interesa la política. La ciudad tiene fama de ser un vivero de revolucionarios. Estuvo sitiada durante la rebelión inca de 1536 y en 1820 fue la primera de Perú en declarar su independencia de España. La tradición continuó durante el s. xx, que fue prolífico en bohemios y poetas (entre ellos, César Vallejo, el mejor poeta de Perú), y desafiantes rebeldes puño en alto. Aquí se formó el partido de los trabajadores Alianza Popular Revolucionaria Americana (APRA), muchos de cuyos militantes fueron más tarde masacrados.

◉ Puntos de interés

Las mansiones coloniales y las iglesias, casi todas situadas cerca de la plaza de Armas, no tienen horarios fijos. Se recomienda contratar un guía local si se tiene verdadero interés en conocer la historia de la ciudad. Las iglesias suelen estar abiertas para las misas a primera hora de la mañana y por la noche, pero si se accede en estos horarios se debe hacer con respeto y discreción.

Los tonos pastel de las fachadas y las artísticas rejas de hierro forjado aportan un toque de distinción único a los edificios coloniales de la ciudad.

◉ Plaza de Armas

La amplia y lustrosa plaza principal, quizás la más limpia de América y seguramente una de las más bonitas, alberga un colorido conjunto de edificios coloniales bien conservados y una impresionante estatua dedicada al trabajo, las artes y la libertad. Entre las muchas y elegantes mansiones destaca el Hotel Libertador (Independencia 485).

Trujillo

Los domingos a las 9.00 se celebra la ceremonia de izamiento de la bandera, que en ocasiones especiales va acompañada de un desfile, caballos de paso y actuaciones de marinera (baile típico de la costa peruana con mucho movimiento romántico de pañuelo).

Basílica Menor - Catedral IGLESIA
(Plaza de Armas; museo 4 PEN; ⊙iglesia 10.00-11.00, museo 9.00-13.00 y 16.00-19.00 lu-vi, 9.00-12.00 sa) Este templo de vivo color amarillo canario que preside la plaza se conoce como "la Catedral". Se comenzó en 1647, fue destruida en 1759 y reconstruida poco tiempo después. La famosa basílica solo se puede visitar 1 h al día (a no ser que se asista a la misa) y el museo de arte religioso y colo-

nial cuesta más de lo que vale, aunque en el sótano hay misteriosos frescos (y murciélagos).

Casa de Urquiaga EDIFICIO HISTÓRICO
(Pizarro 446; ⊙9.15-15.15 lu-vi, 10.00-13.00 sa) GRATIS Esta hermosa mansión colonial, propiedad del Banco Central de la Reserva del Perú desde 1972, data de 1604, aunque el terremoto de 1619 destruyó por completo la casa original. Reconstruida y conservada de fábula desde entonces, su delicioso mobiliario de época incluye un fascinante escritorio usado por Simón Bolívar, que en 1824 planeó gran parte de su campaña final para liberar a Perú del Imperio español en Trujillo. Además, hay una pequeña colección de cerámica moche, nazca, chimú y

vicús. Se trata de un banco en activo, por lo que la seguridad es alta para ser un lugar de interés gratuito.

⊙ Este de la plaza de Armas

Palacio Iturregui EDIFICIO HISTÓRICO
(Pizarro 688; ⊙9.00-17.00 lu-sa) Esta mansión del s. XIX de color amarillo canario es inconfundible. Es de estilo neoclásico, con hermosas rejas en las ventanas, 36 esbeltas columnas interiores y molduras de oro en los techos. Aquí vivió el general Juan Manuel Iturregui tras su famosa proclamación de independencia. Hoy es un club social privado, de ahí las visitas limitadas. Al patio interior se puede acceder en cualquier momento del día, pero para visitar las decoradas habitaciones hay que atenerse al horario indicado.

Museo de Arqueología MUSEO
(Junín 682; entrada 5 PEN; ⊙9.00-17.00 lu-sa, hasta 13.00 do) Este cuidado museo recorre la historia peruana desde el año 12000 a.C. hasta hoy, con especial hincapié en las civilizaciones moche, chimú e inca, así como en culturas menos conocidas como la cupisnique y la salinar. También vale la pena la casa en sí: una mansión restaurada del s. XVII conocida como La Casa Risco, con asombrosas columnas de cedro y fabulosas pinturas en las paredes del patio.

Casa de la Emancipación EDIFICIO HISTÓRICO
(Pizarro 610) Este edificio, ahora propiedad del Banco Continental, es conocido por ser el lugar dónde se declaró formalmente la independencia de Trujillo del poder colonial el 29 de diciembre de 1820. Su estilo es una mezcla de colonial y republicano; obsérvense los excepcionales suelos de mármol en cubos de Cajabamba. Las galerías están dedicadas a exposiciones de arte itinerantes, al poeta peruano César Vallejo o a muebles de época. Además, acoge eventos musicales (publicitados en carteles por la ciudad).

Iglesia de la Merced IGLESIA
(Pizarro) Esta iglesia del s. XVII merece un vistazo por su órgano y cúpula impresionantes. El altar, algo curioso, está pintado en la pared, la alternativa barata cuando se quedaron sin fondos para el clásico de oro o de madera tallada. Actualmente no está abierta a los visitantes.

Iglesia del Carmen IGLESIA
(Colón esq. Bolívar) Acoge un impresionante museo carmelita. Por desgracia, no estaba abierta al público mientras se preparaba esta guía.

Iglesia de San Agustín IGLESIA
(Orbegoso esq. Bolívar; ⊙9.00-12.00 y 16.00-19.30) Data de 1558 y tiene un magnífico altar mayor dorado.

Iglesia de Belén IGLESIA
(Ayacucho s/n) Esta notable y céntrica iglesia tiene torres gemelas y fue construida a principios del s. XVII.

Casa de Mayorazgo de Facala EDIFICIO HISTÓRICO
(Pizarro 314; ⊙9.30-13.00 y 16.00-19.00 lu-vi) Mansión de 1709, que ahora alberga el Scotiabank y es un ejemplo estupendo de arquitectura colonial.

Casona Orbegoso EDIFICIO HISTÓRICO
(Orbegoso 553) Esta bonita casa señorial del s. XVIII, que debe su nombre al expresidente de Perú, alberga una colección de muebles, lienzos y platería de la de época colonial. Durante la redacción de esta guía estaba cerrada y no se sabía cuándo la volverían a abrir.

⊙ Norte y oeste de la plaza de Armas

Hay varias iglesias interesantes cerca de la plaza de Armas que no están abiertas al público pero merecen ser vistas desde fuera en un circuito a pie: la **iglesia de la Compañía** (Independencia), ahora parte de la Universidad Nacional de Trujillo, la **iglesia de Santa Ana** (Mansiche esq. Zepita), la **iglesia de Santo Domingo** (Pizarro esq. Bolognesi) y la **iglesia de Santa Clara** (Junín esq. Independencia).

Casa Ganoza Chopitea EDIFICIO HISTÓRICO
(Independencia 630) Esta mansión de c. 1735, al noreste de la catedral, se conoce también como la Casa de los Leones y es la mejor conservada de Trujillo del período colonial. Todos los detalles son asombrosos, desde el elaborado zaguán de entrada hasta los frescos tricentenarios, las columnas de pino de Oregón y los techos rústicos del interior, algunos con badanas.

Adviértase la insignia JHS sobre la entrada, entre el león y la leona (de ahí uno de los nombres de la casa); significa "Jesús hombre salvador" y se debe al período en que el edificio fue un convento (como la bandeja giratoria junto a los baños). Hoy tal vez lo mejor de todo sea su café Casona Deza (p. 329).

OTUZCO: CAPITAL DE LA FE DE PERÚ

La pequeña localidad provincial de montaña de Otuzco está a solo 2 h de Trujillo, de modo que es el único lugar de Perú donde en tan poco tiempo se puede pasar de la costa a las cumbres andinas. Las calles empedradas, el clima fresco y la tranquilidad lo hacen atractivo para ir de excursión y pasar un día o parar de camino a Cajamarca. La moderna iglesia aloja a la Virgen de la Puerta, en la galería del 2º piso. La santa patrona es el motivo de la popular peregrinación del 15 de diciembre (una de las más importantes de Sudamérica), cuando fieles de todas las edades recorren a pie los 73 km desde Trujillo para demostrar su fe. Por si fuera poco, Trujillo está a nivel del mar, mientras que Otuzco se halla a 2641 m, con clima más fresco. La creencia del pueblo le ha valido el título de "capital de la fe de Perú".

El viaje por sí solo vale la pena (por carretera, claro), puesto que se atraviesa un excelente paisaje montañoso a través de cultivos subtropicales costeros hasta adentrarse en las regiones agrícolas del Altiplano.

Entre varios alojamientos modestos, destaca el económico Hostal Los Portales (hotellosportalesdeotuzco@hotmail.com; Santa Rosa 680; i con/sin baño 30/15 PEN, d con/sin baño 45/30 PEN, tr con/sin baño 60/30 PEN). Algunos restaurantes baratos sirven comida peruana; el Restaurante Otuzco (Tacna 451; menús 4-5 PEN) goza de buena fama.

Tours Pacífico (☎044-43-6138; Progreso 301) viaja a Otuzco desde Trujillo (6-8 PEN, 1½ h, 6 al día). Se puede tomar un colectivo a Huamachuco (10 PEN, 3½ h) en el cruce que está 3,5 km al sur del pueblo; pasan a las 10.00, 14.30 y 20.00. Un taxi al cruce cuesta 1 PEN.

Museo Cassinelli   MUSEO
(N. de Piérola 607; entrada 7 PEN; ⊘9.00-13.00 y 15.00-18.00 lu-sa) Esta colección arqueológica privada, ubicada en el sótano de una gasolinera Repsol (la del oeste del cruce, no el este), es una maravilla: desde luego, sus casi 2000 piezas de cerámica no deberían estar bajo un grasiento dispensario de combustible. Lo dirige una familia de inmigrantes italianos.

El museo es fascinante y sus piezas merecerían un marco mejor. Entre los objetos más interesantes destacan unas ocarinas de barro que producen cantos de pájaro y notas distintas (se puede pedir al guarda una demostración). En apariencia, los recipientes son iguales, pero de ellas surgen sonidos muy diferentes que se corresponden a los cantos de llamada de machos y hembras. Se cree que el feto momificado de una niña de ocho meses, que nació prematura, data del año 250.

Museo de Zoología   MUSEO
(San Martín 368; entrada 2 PEN; ⊘9.00-18.00) Este museo expone fundamentalmente una colección de animales peruanos disecados (algunos tienen tanto relleno que parecen más bien su caricatura).

👉 Circuitos

En Trujillo hay decenas de agencias que ofrecen circuitos. Algunas cuentan con guías que conocen bien la zona y otras no. Las entradas no están incluidas en los precios de los circuitos. Casi todos los circuitos de un día cuestan en torno a 65 PEN, incluido transporte y guía. Si se prefiere contratar un guía por cuenta propia, lo mejor es elegir uno profesional que conozca bien la zona. En iPerú (p. 330) disponen de una lista con guías acreditados y sus datos de contacto.

Trujillo Tours   CIRCUITOS CULTURALES
(☎044-23-3091; www.trujillotours.com; Almagro 301; ⊘7.30-13.00 y 16.00-20.00) Esta agradable agencia ofrece circuitos de 3 a 4 h a Chan Chan y Huanchaco, así como a las huacas mochicas del Sol y de la Luna y circuitos por la ciudad.

Chan Chan Tours   CIRCUITOS CULTURALES
(☎044-24-3016; chanchantourstrujillo@hotmail.com; Independencia 431; ⊘8.00-13.00 y 15.00-20.00) Consolidada agencia situada en plena plaza de Armas, que organiza excursiones a Chan Chan y las huacas del Sol y de la Luna, así como a lugares más alejados.

Colonial Tours   CIRCUITOS
(☎044-29-1034; www.colonialtoursnorteperu.com; Independencia 616) Circuitos guiados de un día a los principales yacimientos arqueológicos.

✨ Fiestas y celebraciones

La Fiesta de la Marinera DANZA
El concurso nacional de marinera se celebra la última semana de enero.

El Festival Internacional de la Primavera FESTIVAL
El más importante de Trujillo, con desfiles, concursos nacionales de danza (incluido, por supuesto, el de marineras), caballos de paso, deportes, concursos de belleza y diversas actividades culturales. Se celebra la última semana de septiembre, y los mejores hoteles se llenan con mucha antelación.

🛏 Dónde dormir

Algunos prefieren pernoctar en el cercano pueblo costero de Huanchaco. Muchos hoteles económicos y de precio medio son ruidosos si se escogen las habitaciones que dan a la calle. Para una ciudad de su tamaño e historia, Trujillo está rezagada en cuanto a hoteles-*boutique* y de diseño.

⭐ **Hospedaje El Mochilero** ALBERGUE $
(☎044-29-7842; www.elmochileroperu.com; Independencia 887; dc/d 20/50 PEN) De todo Trujillo es lo más parecido a un albergue juvenil. Tiene hamacas en la parte trasera, dos grandes dormitorios en los que caben de 10 a 12 personas (conviene llevar tapones para los oídos), música *funk* a todo volumen y modernas zonas comunes para relajarse. Hay sencillas cabañas de caña en la parte trasera por si se quiere dormir al aire libre. Muy buen ambiente.

Hostal Colonial HOTEL HISTÓRICO $
(☎044-25-8261; www.hostalcolonial.com.pe; Independencia 618; i/d/tr 90/110/140 PEN; 🛜) Esta mansión colonial de color rosa está renovada con gusto y goza de una ubicación magnífica, a solo una manzana de la plaza de Armas. Es una opción a buen precio por tratarse de un hotel de tres estrellas. Atrae a los viajeros por su combinación de personal servicial y parlanchín, el servicio de circuitos, el popular café, los fabulosos patios, los espacios abiertos y el jardín. Algunas de las habitaciones tienen balcón y buenas vistas de la iglesia de San Francisco, enfrente.

Munay Wasi Hostel PENSIÓN $
(☎044-23-1462; munaywasi@hotmail.com; Colón 250; dc 35 PEN, i/d/tr sin baño desayuno incl. 50/70/90 PEN; @🛜) Agradable y familiar opción económica que atrae a los viajeros con un magnífico patio, ocho habitaciones con

agua caliente (así como un pequeño salón común, cocina de invitados y un ambiente muy diferente al de casi todos los lugares de Trujillo). Los baños compartidos están totalmente remodelados.

Hospedaje El Conde de Arce PENSIÓN $
(☎044-29-5117; nathalyarrascue@hotmail.com; Independencia 577; dc 20 PEN, i/d 45/60 PEN; 🛜) Sencillo y seguro alojamiento económico en pleno centro. Está muy desorganizado pero las habitaciones son espaciosas y dan a un luminoso patio con suelo de cemento. Lo lleva la joven y amable Nathaly, hija del dueño.

Hostal El Ensueño PENSIÓN $
(☎99-441-1131; www.elensuenohostal.com; Junín 336; i 50/60 PEN; 🛜) Las habitaciones son decentes y están limpias como una patena, con suelos embaldosados y muebles antiguos, pero hace mucho calor, así que hay que asegurarse de pedir una habitación con ventilador.

La Hacienda HOTEL HISTÓRICO $$
(☎044-23-2234; www.lahaciendatrujillo.pe; San Martín 780; i/d/tr 95/125/160 PEN; 🛜🏊) Este hotel histórico de la época republicana tiene un maravilloso patio interior descubierto con una fuente musical con la figura de una cabeza de león. Las habitaciones podrían ser mejores, pero hay mucho espacio y televisores de pantalla plana, además de una extraña mezcla de muebles de diversas épocas y estilos.

Hay una piscina poco profunda y una sauna en la zona de *spa*.

Hotel Chimor HOTEL $$
(☎044-20-2252; www.hotelchimor.com; Almagro 631; i/d/tr 110/160/220 PEN; 🛜) Muy buena opción de precio medio por su comodidad y su estilo moderno. En las habitaciones nuevas puede hacer un poco de calor, pero son bastante elegantes, con escritorios empotrados, televisores de pantalla plana y cabeceros de cuero. Es agradable, céntrico y casi *boutique*.

Hotel El Brujo HOTEL $$
(☎044-22-3322; www.elbrujohotel.com; Independencia 978; i/d desayuno incl. 151/201 PEN; ❄@🛜) Buena (aunque algo aburrida) opción de precio medio. Su ubicación, cerca de varias estaciones de autobuses del norte lo hace aún más práctico. Es limpio y tranquilo y, pese al mural de un brujo que hay en el vestíbulo, es un hotel de estilo ejecutivo, con habitaciones modernas y enmoquetadas y todos los servicios necesarios (mini-bar, televisión por cable y escritorio).

Pullman Hotel
HOTEL **$$**

(☑022-28-7866; Pizarro 879; i/d desayuno incl. 110/160 PEN; ✳@☎) Su moderna recepción da a una vía peatonal cerca de la plazuela El Recreo, de ahí que se oiga poco el ajetreo de la calle en este hotel impecable y ordenado. Las habitaciones, con suelo de parqué o baldosas, ofrecen todas las comodidades y tienen algunos toques arquitectónicos modernos como unos innovadores ventiladores de techo. Las zonas comunes siguen teniendo un aire institucional.

Quizá haya otras opciones de precio medio con mejor relación calidad-precio.

Hotel Libertador
HOTEL HISTÓRICO **$$$**

(☑044-23-2741; www.hotellibertador.com.pe; Independencia 485; i/d desayuno incl. 387/417 PEN; P✳@☎❄) Con sus 79 habitaciones, la joya hotelera de la ciudad ocupa un bonito edificio considerado la "Audrey Hepburn de Trujillo": lleva su edad con una gracia refinada. Se gana sus cuatro estrellas con una preciosa y lujosa piscina en el patio, muchos arcos y habitaciones modernas con todos los servicios necesarios.

Las habitaciones, repartidas en tres plantas, están dispuestas en torno a un luminoso atrio pero conviene evitar las que dan a la calle porque son ruidosas.

Costa del Sol
COMPLEJO **$$$**

(☑044-48-4150; www.costadelsolperu.com; Los Cocoteros 505; i/d desayuno incl. 510/580 PEN; P✳@☎❄) Este hotel de cadena es un gran complejo a unos 10 min en taxi del centro de la ciudad. Tiene una magnífica piscina circular, *spa*, salas para tratamientos y baños de vapor y unos terrenos enormes patrullados por un grupo de alpacas (que deben de odiar el calor). Las habitaciones son elegantes.

Esto no parece Trujillo para nada, pero es probablemente el mejor complejo hotelero de clase alta de la ciudad.

Los Conquistadores Hotel
HOTEL **$$$**

(☑044-48-1650; www.losconquistadoreshotel.com; Almagro 586; i/d desayuno incl. 273/343 PEN; P✳@☎) A unos pasos de la plaza de Armas, este hotel de inspiración *art déco* tiene las mejores habitaciones modernas del centro. Los baños recién remodelados se han decorado con toques de hormigón y cerámica, aunque los ambientadores pueden ser un poco penetrantes. Con todo, es una buena opción de gama alta pero, si se quiere piscina, es mejor ir a otro lado.

 Dónde comer

En la cuadra 700 de Pizarro convergen las personas influyentes de Trujillo y las familias que no pasan hambre gracias a la hilera de cafés y restaurantes modernos pero bien de precio. Algunos de los mejores restaurantes se hallan fuera del centro y lo más recomendable es recorrer esta breve distancia en taxi.

Juguería San Agustín
ZUMOS, TENTEMPIÉS **$**

(Bolívar 526; zumo 2-5 PEN; sándwiches 6-8 PEN; ◷8.30-13.00 y 16.00-20.00 lu-sa, 9.00-13.00 do) Se distingue por la serpenteante cola de lugareños que en verano esperan su delicioso zumo. Pero eso no es todo: los bocadillos de pollo y de lechón, rellenos con todo tipo de guarniciones, son dignos de ser mencionados en las postales para los amigos.

Chifa Heng Lung
CHINA **$**

(☑044-24-3351; Pizarro 352; principales 10,50-42,50 PEN, menús 7-9,50 PEN; ◷hasta 23.30) Una familia china de veteranos chefs gestiona este apetitoso restaurante donde se preparan intensos y sabrosos platos. Sirven los clásicos platos cantoneses, pero con muchas alternativas y sabores.

Café Bar Museo
CAFÉ **$**

(Junín esq. Independencia; principales 6-15 PEN, cócteles 18-22 PEN; ◷cerrado do) Es el café predilecto de los lugareños. Las altas paredes de madera y la clásica barra de mármol crean un ambiente a medio camino entre el *pub* inglés y una cafetería parisina.

Supermercado Metro
COMPRA DE ALIMENTOS **$**

(Pizarro 700; ◷9.00-21.00 diarios) Para hacer la compra.

★ El Celler de Cler
PERUANA

(Gamarra esq. Independencia; principales 24-48 PEN; ◷18.00-1.00) Este lugar evocador es el único de Trujillo donde se puede disfrutar de una cena (y de un cóctel increíble) en el balcón de una segunda planta. El edificio es de principios del s. xix. La comida es de lujo y deliciosa. Entre otros platos, hay pasta y parrilladas. Las antigüedades son el eje de la decoración, desde una máquina registradora de los años cincuenta hasta una extraordinaria lámpara de polea del Reino Unido, de la época de la Revolución Industrial.

Aunque la comida y el ambiente son estupendos, lo que más destaca son los creativos cócteles. No hay que perderse el clásico chilcano de pisco (pisco, *ginger ale* y zumo de lima), realzado con todo tipo de toques (rocoto, ají limo, maracuyá, etc.). Es mejor ir después de la hora punta o los fines de semana ya que, pese al ambiente, las calles de abajo son ruidosas.

Mar Picante
PERUANA $$

(www.marpicante.com; Húsares de Junín 412; principales 18-30 PEN; ◷10.00-17.00) Si el viajero se va de Trujillo sin probar el ceviche mixto con acompañamiento picante de este palacio del marisco rodeado de bambú, es que no ha vivido al límite. ¡Es el mejor ceviche de la costa norte!

Sirve pescado crudo, cangrejo, vieiras y cebollas, marinadas como siempre con zumo de lima, colocadas sobre yuca y boniato, con un acompañamiento de canchas (mazorcas de maíz tostado).

El servicio es rápido y amable, toda una hazaña teniendo en cuenta que siempre está abarrotado. Tómese un taxi (3,50 PEN) o váyase a pie por Larco en dirección suroeste desde el centro. Húsares de Junín empieza 200 m al sur de España, hacia el sureste.

Casona Deza
PERUANA $$

(Independencia 630; principales 22-35 PEN; 🛜) 🍃 Este café espacioso y evocador está ubicado en una de las casas coloniales mejor conservadas de la ciudad: la Casa Ganoza Chopitea, recuperada tras una subasta por unos hermanos apasionados por Trujillo. Sirve un café exprés excelente, postres caseros, *pizzas* y sándwiches sabrosos, a menudo de ingredientes ecológicos. Es un lugar adictivo, tanto por su café como por su sorprendente arquitectura.

Restaurant Demarco
PERUANA $$

(📞044-23-4251; Pizarro 725; principales 10-45 PEN; ◷7.30-23.00; 🛜) Todo un clásico, elegante y con camareros veteranos con fajín y muy serviciales. Ofrece una carta extensa de sofisticados platos de carne y marisco, y económicos menús de mediodía (14,50 PEN) y *pizzas*. Sirve un riquísimo chupe de camarones: sopa espesa preparada a base de camarones y muy condimentada, con ajo, comino y orégano. Los excelsos postres van desde el clásico tiramisú hasta el enorme tres leches (esponjoso pastel de leche evaporada).

Oviedo
DESAYUNOS, CAFÉ $$

(Pizarro 758; principales 19-28 PEN; ◷8.00-24.00) Si el viajero está harto del diminuto plato de huevos que sirven en el hotel para desayunar, entonces debe echar un vistazo a la larga lista

de propuestas de este café, desde un clásico continental hasta un copioso desayuno criollo (plato peruano picante con influencias españolas y africanas) servido con chuleta de cerdo.

🍷 Dónde beber y vida nocturna

Runa's
MÚSICA EN DIRECTO

(Independencia 610; entrada 15 PEN) En la terraza descubierta de este bar colonial de moda suena música en directo los fines de semana. El ambiente espacioso viene bien después de las ruidosas discotecas cercanas. La entrada suele incluir una consumición.

Picasso Lounge
CAFÉ, BAR

(Bolívar 762) Casi de lo más moderno de Trujillo, ideal para contemplar las obras de arte contemporáneo local de sus exposiciones bimestrales. Cuando está el barman (de jueves a sábado a partir de las 20.00) se sirve una completa lista de cócteles que incluye algunos creativos combinados con pisco.

⭐ Ocio

El periódico local **La Industria** (www.laindustria.com) es la mejor fuente de información sobre ocio en la zona, exposiciones culturales y otros acontecimientos.

Restaurante Turístico Canana
MÚSICA EN DIRECTO

(📞044-23-2503; San Martín 791; entrada 20 PEN; h desde 23.00 ju-sa) Sirve buenos platos peruanos de la costa, amenizados con actuaciones de músicos y bailarines locales de jueves a sábado, a partir de las 23.00. Como a lo mejor el viajero acaba sumándose a la fiesta, es mejor que empiece a beber pronto.

ℹ️ Información

PELIGROS Y ADVERTENCIAS

En los bares, los hombres tienden a importunar a las mujeres que viajan solas. Ante una situación parecida, se aconseja dejar claro que no se está interesada. Lo mejor es citar a un novio o un marido, aunque sea imaginario.

De noche conviene tomar un taxi. Se puede pedir en los hoteles o restaurantes que llamen a un taxi de confianza (suelen llevar un indicador encima). Una pista: si no hay mujeres o niños a la vista, probablemente no sea seguro ir a pie.

Al igual que en otras muchas ciudades, los niveles de contaminación acústica en Trujillo son elevados. Varias entidades cívicas han protestado contra los constantes bocinazos de los taxistas.

URGENCIAS

Policía de Turismo (☎044-29-1770; Independencia 572) Muy serviciales. Visten camisa blanca.

INMIGRACIÓN

Oficina de Migraciones (☎044-28-2217; www.migraciones.com.pe; Larco, cuadra 12; ☺8.00-16.15 lu-vi, 9.00-13.00 sa) Tramitan los visados de los residentes extranjeros y las extensiones de visado de turista.

ASISTENCIA MÉDICA

Clínica Peruano Americana (☎044-24-2400; Mansiche 802) El mejor sitio para recibir atención médica en general; cobran según las posibilidades económicas de cada uno. Los viajeros que no dispongan de seguro médico deben informarlo.

DINERO

Cambiar dinero en Trujillo es un placer, pues algunos bancos se encuentran en magníficos edificios coloniales. Todos poseen cajero automático y aceptan Visa o MasterCard. Si hay mucha cola de espera, se puede acudir a las casas de cambio situadas cerca de Gamarra y Bolívar, que también ofrecen buenos tipos.

Banco Continental (Pizarro 620) Está en la preciosa Casa de la Emancipación.

BCP (Gamarra 562) Banco con cajero automático.

GNB (Gamarra 574) Cajero automático y banco.

CORREOS

Serpost (Independencia 286) Servicios postales.

INFORMACIÓN TURÍSTICA

Las compañías locales de circuitos ofrecen información básica sobre la zona.

iPerú (☎044-29-4561; www.peru.travel; Independencia 467, oficina 106; ☺9.00-18.00 lu-sa, hasta 14.00 do) Ofrece información turística y un listado de guías oficiales y agencias de viajes acreditadas.

⊕ Cómo llegar y salir

AVIÓN

El aeropuerto (TRU) está 10 km al noroeste de la ciudad. **LAN** (☎044-22-1469; www.lan.com; Pizarro 340) tiene tres vuelos diarios entre Lima y Trujillo (entre 343 y 486 PEN). **Avianca** (☎0-800-1-8222; www.avianca.com; centro comercial Real Plaza, César Vallejo Oeste 1345) hace la misma ruta dos veces al día por solo 150 PEN.

AUTOBÚS

Dado que los autobuses salen llenos de Trujillo, se recomienda reservar asiento con un poco de antelación. Varias empresas que se dirigen a destinos en el sur tienen su terminal en la Panamericana Sur, al final de la av. Moche esq. Ejército; conviene preguntar de dónde sale el autobús al comprar el billete.

Línea ofrece servicios a casi todos los destinos de interés y es una de las empresas con autobuses más cómodos.

Hay un enclave de compañías de autobuses en España esq. Amazonas que ofrece vehículos con salidas nocturnas a Lima (8 h).

Para viajar a Huaraz de día hay que ir a Chimbote y allí tomar otro autobús. Desde Chiclayo hay autobuses más frecuentes hacia Cajamarca y el norte del Altiplano.

Hacia Otuzco, las combis están entre las cuadras 17 y 18 de Prolongación Unión, en el noreste de la ciudad. **Tours Pacífico** (☎044-42-7137; Prolongación Unión, cuadra 22) ofrece seis servicios diarios que recorren la ruta de montaña.

America Express (☎01-424-1352; www.americaexpress.com.pe; La Marina 315) Autobuses a Chimbote cada 20 min de 4.00 a 22.30; situada al sur de la ciudad; ir en taxi cuesta 5 PEN.

Cial (☎044-20-1760; www.expresocial.com; Ejército esq. Amazonas 395) Servicio a Lima a las 22.00.

Civa (☎01-418-1111; www.civa.com.pe; Ejército 285) Servicio a Lima a las 22.00.

Cruz del Sur (☎0-801-11111; www.cruzdelsur.com.pe; Amazonas 437) Una de las mayores compañías del país y de las más caras. Ofrece cinco rutas diarias a Lima, y los domingos, miércoles y viernes a las 23.45 a Guayaquil. En el centro hay una oficina de reservas (Gamarra 439; h9.00-21.00 lu-sa).

El Dorado (☎044-29-1778; Nicolás de Piérola 1070) ofrece cinco salidas diarias a Piura (12.30, 20.00, 20.30, 22.20, 23.00) y cuatro a Máncora y Tumbes (12.30, 20.00, 20.30, 21.00).

Ittsa (☎044-25-1415; www.ittsabus.com; Mansiche 143) Servicios a Piura (9.00, 13.30, 23.15, 23.30, 23.45), y 11 salidas diarias hacia Lima de 9.00 a 23.15.

Línea (☎044-29-7000; www.linea.pe) Su oficina de reservas (☎044-24-5181; San Martín esq. Orbegoso; ☺8.00-21.00 lu-sa) está muy bien situada en el centro histórico, aunque todos los autobuses salen de la terminal (☎044-29-9666; Panamericana Sur 2855), a una carrera de 5 PEN en taxi.

Ofrece nueve servicios diarios a Lima entre las 8.30 y las 22.45; a Piura a las 13.30 y 23.00; a Cajamarca a las 10.30, 13.00, 22.00 y 22.30;

seis a Chiclayo entre las 6.00 y las 19.00, con parada en Pacasmayo y Guadalupe; cuatro diarios a Chimbote (5.30, 11.00, 14.00, 19.00); y a Huaraz a las 21.00 y 21.15.

Móvil Tours (☎01-716-8000; www.moviltours.com.pe; Panamericana Sur 3955) Especializado en comodísimos trayectos turísticos largos. Tiene un servicio a Lima a las 22.00; salidas a las 10.00, 21.40 y 22.20 a Huaraz (los dos primeros siguen hasta Caraz); un autobús a Chachapoyas a las 16.45; y otro a las 15.00 a Tarapoto. Para llegar a la estación tómese un taxi (5 PEN) o la combi A roja (California/Esperanza) en av. España y apéese en Óvalo Larco.

Oltursa (☎01-708-5000; www.oltursa.pe; Ejército 342) Tres servicios diarios a las 12.00, 22.00 y 23.00. Comparte agencia de reservas autorizada con Ittsa en la plaza de Armas, aunque dicha agencia a veces cobra comisiones.

Ormeño (☎044-25-9782; Ejército 233) Ofrece dos servicios nocturnos a Lima a las 19.00 y 22.00, y otro a las 21.00 a Máncora y Tumbes, que sigue hasta Guayaquil, en la costa ecuatoriana. Además, los lunes y viernes hay un servicio (22.00) a Quito, que llega hasta Bogotá (Colombia).

Transportes Horna (☎044-25-7605; América Sur 1368) Siete salidas diarias a Huamachuco y tres a Cajamarca (13.30, 20.00 y 23.30).

Turismo Días (☎044-20-1237; www.turdias.com; N de Piérola 1079) Frente a El Dorado, con cuatro salidas a Cajamarca (10.00, 13.15, 22.30 y 23.00) y dos a Cajabamba (20.00 y 21.00).

ALREDEDORES DE TRUJILLO

Las combis B verdes a la huaca Esmeralda (1 PEN), Chan Chan (1 PEN) y Huanchaco (1,50 PEN) pasan por los cruces de España con Ejército y España con Industrial cada pocos minutos. Los autobuses a La Esperanza se dirigen hacia el noroeste por la carretera Panamericana y paran en la huaca Arco Iris. Hacia las huacas del Sol y de la Luna, tómese un taxi (4 PEN) hasta la gasolinera Primax de Óvalo Grau, al sureste del centro, donde las combis (1,50 PEN) pasan más o menos cada 15 min. Es conveniente vigilar muy bien las pertenencias y esconder los objetos de valor porque se producen robos. El trayecto en taxi a estos destinos cuesta entre 10 y 15 PEN.

Es más difícil llegar al complejo arqueológico de la huaca El Brujo, unos 60 km al noroeste de Trujillo. La ruta más segura es tomar un autobús en Trujillo hacia Chocope (3,50 PEN, 1½ h) desde Óvalo del Papa, al suroeste de la ciudad. Luego se cambia a un colectivo hacia Magdalena de Cao (2,50 PEN, 20 min), donde habrá que acordar con un mototaxi un precio por el viaje de ida y vuelta con tiempo de espera incluido (lo normal son 5 PEN por trayecto más algo por la espera; pocos viajeros visitan el yacimiento, así que existen pocas alternativas –mejor no dejar nada por atar–). También hay autobuses en dirección a Chocope desde la terminal interurbana de autobuses provinciales, al sureste del centro, pero más vale que los viajeros eviten este barrio.

Autobuses desde Trujillo:

DESTINO	TARIFA (PEN)	DURACIÓN (H)
Bogotá	495	56
Cajabamba	25-35	12
Cajamarca	16-135	6-7
Caraz	50-65	8
Chachapoyas	65-85	15
Chiclayo	20-45	3-4
Chimbote	10-65	2
Guayaquil (Ec)	138-201	18
Huaraz	45-65	5-9
Lima	30-110	8-9
Máncora	30-70	8-9
Otuzco	6-10	2
Piura	25-45	6
Quito (Ec)	234	32
Tarapoto	95-115	18
Tumbes	39-100	9-12

❶ Cómo desplazarse

La forma más económica de ir al **aeropuerto**, a 10 km al noroeste de Trujillo, es con la combi de Huanchaco, aunque hay que caminar el último kilómetro; se tarda una ½ h. Un taxi desde el centro de la ciudad cuesta 15 PEN.

Un recorrido en taxi por la ciudad suele costar 3,50 PEN aproximadamente. Si se realiza un recorrido turístico, los taxis cobran entre 20 PEN (en la ciudad) y 25 PEN (fuera) por hora.

Alrededores de Trujillo

Las culturas mochica y chimú dejaron profundas huellas en la zona de Trujillo, aunque no fueron las únicas. En un artículo publicado en *National Geographic* en marzo de 1973, los doctores M. E. Moseley y C. J. Mackey aseguraron conocer más de 2000 yacimientos en el valle del río Moche y desde entonces se han descubierto muchos más.

Desde Trujillo se pueden visitar, en autobús local o taxi, cinco de los yacimientos arqueológicos más importantes. Dos de ellos son fundamentalmente moches y datan aproximadamente del 200 a.C. al 850 d.C. Los

Alrededores de Trujillo

Véase "Trujillo", p. 322

otros tres pertenecen a la cultura chimú y están datados entre el 850 y el 1500. También se puede visitar, aunque no tan fácilmente, el yacimiento moche, recientemente excavado, de la huaca El Brujo (p. 336).

Es una buena idea, incluso si el presupuesto es ajustado, unirse a un circuito organizado, pues las ruinas resultan más interesantes con un buen guía. Una alternativa es contratar un guía en el yacimiento.

El precio de la entrada a Chan Chan incluye la visita a los yacimientos chimúes de la huaca Esmeralda y la huaca Arco Iris, así como al museo; la visita debe completarse en un plazo de dos días. Todos los yacimientos están abiertos de 9.00 a 16.00. Las entradas pueden comprarse en cada uno de ellos, excepto en la huaca Esmeralda.

◉ Puntos de interés

Chan Chan   RUINAS
(entrada 10 PEN, guía 15 PEN/persona, mínimo 3 personas; ⊙9.00-16.00, museo cerrado lu) Construida hacia el año 1300 y con una extensión de 20 km², Chan Chan fue la ciudad precolombina más grande de toda América y la mayor de adobe del mundo. Aunque debió de ser un lugar deslumbrante en el pasado, las devastadoras riadas provocadas por El Niño y las lluvias intensas han erosionado seriamente casi todos sus muros de adobe; pero se puede visitar el impresionante complejo restaurado de Tschudi y deleitarse en las anchas plazas, la cámara funeraria real y los intricados motivos que quedan.

Lo mejor es contratar un circuito organizado con guía desde Trujillo o con un guía de allí, ya que hay pocos carteles. Gran parte del yacimiento está cubierta con estructuras en forma de carpa para protegerlo de la erosión.

En el apogeo del imperio chimú, Chan Chan tenía cerca de 60 000 habitantes y una enorme riqueza de oro, plata y cerámica. Tras ser conquistada por los incas, la ciudad permaneció más o menos intacta, pero con la llegada de los españoles comenzó el saqueo y, en las décadas siguientes, quedó poco más que polvo de oro. Hoy, los restos se conservan en los museos cercanos.

La capital chimú se componía de 10 unidades arquitectónicas, conocidas como palacios o residencias reales. En cada una había un túmulo funerario con numerosas ofrendas, incluidas docenas de jóvenes doncellas y cámaras repletas de cerámica, tejidos y joyas. El **palacio Tschudi,** que recibe el nombre de un naturalista suizo, es la única zona parcialmente restaurada de Chan Chan. Quizá en un futuro se restauren más zonas, pero hasta que estén bien señalizadas y vigiladas, su visita comporta el riesgo de sufrir asaltos o robos.

En la entrada al Complejo Tschudi venden tentempiés y recuerdos y hay baños. Allí se encuentra el pequeño **Museo de Sitio de Chan Chan** (gratis con la entrada de Chan Chan) con información y guías.

Los objetos expuestos giran en torno a Chan Chan y la cultura chimú. El museo se halla en la carretera principal, unos 500 m antes de la salida a Chan Chan. Hay algunas explicaciones y un espectáculo de luz y sonido cada 30 min. Son muy interesantes las fotos aéreas y los mapas que muestran la amplia extensión del yacimiento, puesto que solo se puede visitar una pequeña parte del mismo.

Las combis hacia Chan Chan (1,50 PEN) salen de Trujillo cada pocos minutos, pasando por las esquinas de España con Ejército y de España con Industrial. Un taxi desde Trujillo cuesta 10 PEN.

El Complejo Tschudi también se llama palacio Nik-An, y su elemento principal es un enorme patio ceremonial restaurado, cuyos muros interiores, de 4 m de grosor, están decorados casi en su totalidad con dibujos geométricos. Los motivos de la planta baja cercanos a la puerta, que representan tres o cuatro nutrias marinas, son los únicos originales que quedan y están mucho mejor conservados que muchas de las reproducciones. A través de la rampa, al final de la plaza, se accede al segundo piso. Aunque los muros de Chan Chan se han ido derrumbando con el tiempo, los más altos del palacio Tschudi superaron los 10 m de altura.

Si se sale del patio ceremonial y se camina junto al muro exterior se verán algunas de las murallas más decoradas y mejor restauradas. Los frisos de adobe muestran bancos de peces con aves marinas sobrevolándolos. A pesar de su aspecto desgastado, conservan un carácter y una fluidez que no expresan las versiones reconstruidas.

Al final de este muro, el camino señalado conduce a una zona laberíntica conocida como salas de audiencia. Su función no está clara, pero su importancia se refleja tanto en la calidad como en la cantidad de la decoración de las estancias, que poseen los frisos más interesantes de Tschudi. Los chimúes, al vivir tan cerca de la costa, seguían una dieta a base de pescado, y el mar era para ellos de suma importancia. Peces, olas, aves y mamíferos marinos aparecen representados por toda la ciudad y también en estas salas de audiencia. Para los chimúes, la Luna y el mar tenían gran importancia religiosa, a diferencia de los incas, quienes adoraban al Sol y la Tierra.

Más adelante, la plaza ceremonial del segundo sector también posee una rampa al segundo piso. Al oeste de esta plaza, se visita el Gran Hachaque Ceremonial, un estanque de agua dulce rodeado de verdes juncos y hierbas. Sin duda este era un espacio importante para los ritos ceremoniales.

A la izquierda hay una zona de varias decenas de celdas pequeñas y derruidas que ahora se llaman Almacenes. Al lado se encuentra el mausoleo, donde se hallaron los restos de un soberano y de personas sacrificadas, así como objetos ceremoniales. A la izquierda de la tumba principal se descubrió una pirámide con docenas de cuerpos de mujeres jóvenes.

La última zona que se visita es la sala de la asamblea. De forma rectangular, tiene 24 asientos en los nichos de las paredes y posee unas propiedades acústicas tan excepcionales que si una persona sentada en cualquiera de los nichos habla, se puede oír con claridad en toda la sala.

Huaca Esmeralda   RUINAS

(gratis con la entrada de Chan Chan) Este templo chimú, entre Trujillo y Chan Chan, está al sur de la carretera principal, cuatro manzanas por detrás de la iglesia Mansiche. Es mejor visitarlo en grupo, ya que se han denunciado robos.

La huaca Esmeralda estaba oculta bajo la arena y fue descubierta accidentalmente por el propietario de las tierras en 1923. Este intentó excavar las ruinas, pero El Niño de 1925 inició el proceso de erosión que se agravó luego con las lluvias e inundaciones de 1983. Aunque se han restaurado un poco los frisos de adobe, aún se pueden distinguir los originales diseños chimúes de peces, aves, olas y redes de pesca.

Las combis B verdes a la huaca Esmeralda salen de Trujillo cada pocos minutos; pasan por los cruces de España con Ejército y España con Industrial.

Huaca Arco Iris   RUINAS

(gratis con la entrada de Chan Chan) Conocida también como huaca del Dragón, la huaca Arco Iris está en el barrio de La Esperanza, unos 4 km al noroeste de Trujillo.

Data del s. XII y es uno de los templos chimúes mejor conservados. Ello se debe sobre todo a que permaneció enterrado bajo la arena hasta la década de 1960. Un puñado de arqueólogos y huaqueros (saqueadores de tumbas) conocían su ubicación, pero las excavaciones no comenzaron hasta 1963. Por desgracia, El Niño dañó los frisos en 1983.

El lugar estuvo pintado, pero hoy solo quedan huellas de color amarillo. Consta de una muralla defensiva de más de 2 m de grosor que encierra una zona de unos 3000 m². El edificio abarca unos 800 m² distribuidos en dos plantas, con una altura combinada de 7,5 m. Las paredes tienen una suave forma piramidal y están cubiertas de dibujos en forma de arco iris, casi todos restaurados. A través de unas rampas se accede a la parte superior del templo, desde donde se pueden ver depósitos donde se hallaron huesos de niños que quizá fueron sacrificados. Se supone

COSTA NORTE ALREDEDORES DE TRUJILLO

PUEBLOS PRECOLOMBINOS DE LA COSTA NORTE

Desde hace 5000 años, el norte de Perú ha sido la cuna de varias civilizaciones. Las siguientes son las culturas más importantes que florecieron y desaparecieron en las regiones del desierto costero con el paso del tiempo.

Huaca Prieta

Una de las primeras que se asentó en esta zona desértica fue la cultura de Huaca Prieta (p. 336), que vivió en la zona que hoy ocupa el yacimiento del mismo nombre aproximadamente entre los años 3500 y 2300 a.C. Fueron cazadores y recolectores, cultivaban algodón y algunas variedades de judías y pimientos y se alimentaban fundamentalmente de pescado y marisco. Estos pueblos preceramicos desarrollaron la elaboración de redes y tejidos, pero no usaron joyas. Su máxima expresión artística se manifiesta en la sencilla decoración grabada en vasijas fabricadas con calabazas secas. Las casas eran básicamente chozas de una sola habitación medio enterradas en el terreno. Casi todo lo que se sabe de ellos se ha deducido de los restos hallados en los yacimientos.

Chavín

Se establecieron en los alrededores de Huaraz, en los Andes Centrales peruanos, y su influencia cultural fue tan significativa que se extendió hasta la costa, especialmente entre el 800 y el 400 a.C.

Mochica

La cultura mochica, que floreció entre los años 100 a.C. y 800 d.C., destaca por su cerámica, tejidos y objetos de metal y por la construcción de enormes pirámides.

Sus exquisitas obras en cerámica le valieron la entrada en la sala de la fama de las culturas preincaicas. Se consideran las más delicadas y de técnica más evolucionada de todo el país. Las vasijas mochica están decoradas de manera realista, con figuras y escenas agrícolas, animales salvajes y domésticos, fauna marina, construcciones monumentales... En otras vasijas están representadas escenas ceremoniales u objetos cotidianos.

Otros aspectos de la vida social representados son los castigos, las intervenciones quirúrgicas (amputación de una extremidad o recomposición de fracturas) y las escenas eróticas. Una de las salas del Museo Larco de Lima está dedicada exclusivamente a vasijas eróticas, algunas de ellas muy originales. El Museo Cassinelli de Trujillo (p. 326) también alberga una buena colección mochica.

Los dos yacimientos más importantes, las huacas del Sol y de la Luna (véase en esta página), se hallan unos kilómetros al sur de Trujillo.

Su decadencia comenzó hacia el año 700 y se sabe muy poco de los siglos posteriores. La cultura huari, cuyo centro estaba en la zona de lo que hoy es Ayacucho, en los Andes Centrales, comenzó a extenderse y su influencia se reflejó en las culturas sicán y chimú.

que fue un templo consagrado a la fertilidad, pues en muchas culturas antiguas el arco iris representaba la lluvia, portadora de vida.

Existe un pequeño museo en el yacimiento donde se pueden contratar guías locales.

Los autobuses a La Esperanza se dirigen al noroeste por la carretera Panamericana y paran en la huaca Arco Iris.

Huacas del Sol y de la Luna RUINAS
(www.huacasdemoche.pe; entrada huaca 10 PEN, entrada museo 5 PEN; ⊗9.00-16.00) Los templos del Sol y de la Luna superan en más de 700 años de antigüedad a Chan Chan y se atribuyen al período mochica. Se sitúan en la orilla sur del río Moche, unos 10 km al sureste de Trujillo. El precio de la entrada incluye una visita guiada. La huaca del Sol no está abierta al público, puesto que aún se está investigando.

La huaca del Sol es la estructura individual precolombina más grande de Perú, a pesar de que se ha destruido más de un tercio. Se calcula que se usaron unos 140 millones de ladrillos de adobe en su construcción, muchos de los cuales están marcados con el símbolo del trabajador que los fabricó.

En su época, la pirámide estuvo formada por distintos niveles conectados por empi-

Sicán

Al parecer, esta cultura desciende de la mochica y floreció en la misma zona entre los años 750 y 1375 d.C. Fueron básicamente agricultores, pero también desarrollaron la metalurgia y se conocen por sus adornos de oro modelados a la cera perdida y por la producción de cobre arsenical, un material parecido al bronce, propio de los yacimientos arqueológicos de la época precolombina del Nuevo Mundo. Expertos herreros, produjeron aleaciones de oro, plata y cobre arsenical en grandes cantidades usando poco más que fuego de madera de algarrobo y soplando aire con cañas para alcanzar los 1000ºC necesarios para este trabajo.

Los objetos hallados en los yacimientos sicán indican que también fueron activos comerciantes que se relacionaban con otras culturas lejanas del continente y compraban conchas y caracoles de Ecuador, esmeraldas y diamantes de Colombia, lapislázuli de Chile y oro del altiplano peruano.

Con una estructura social y religiosa jerárquica, desarrollaron elaboradas prácticas funerarias, cuyas muestras pueden verse en el Museo Nacional Sicán de Ferreñafe.

Como ocurrió con otras sociedades preincaicas, los desastres meteorológicos fueron responsables de su desaparición. En sus inicios se asentaron e impulsaron la importante ciudad de Batán Grande, al noreste de Trujillo, pero se vieron obligados a trasladarse a Túcume cuando las lluvias devastaron la zona en el s. XIII.

Chimú

El pueblo chimú fue contemporáneo del sicán y se desarrolló entre los años 850 y 1470 d.C. en torno a la monumental ciudad de Chan Chan (p. 332), al norte de Trujillo. Sus obras resultan menos interesantes que las de los mochicas, ya que tendían más a la producción masiva que a la creación artística. En lugar de pintar las piezas de cerámica, emplearon un método más simple y produjeron las típicas piezas negras que se pueden encontrar en muchas colecciones de cerámica chimú. Aunque la calidad de la cerámica disminuyó, desarrollaron la metalurgia y trabajaron con aleaciones de oro y otros metales.

Destacan sobre todo por haber instaurado una sociedad urbana: su gran capital albergaba unas 10 000 viviendas de diferente calidad e importancia. Los edificios se adornaban con frisos cuyos diseños se moldeaban en las paredes de barro, y las zonas nobles se decoraban con capas de metales preciosos. Utilizaban recipientes para almacenar alimentos y otros productos procedentes de su imperio, que se extendía a lo largo de la costa, desde Chancay hasta el golfo de Guayaquil (al sur de Ecuador). Tenían enormes pozos con accesos de entrada, canales, talleres y templos, y enterraban a sus soberanos en túmulos funerarios rodeados de ricas ofrendas.

En 1471 fueron conquistados por los incas. A lo largo de los siglos, las intensas lluvias han erosionado la decoración moldeada en el adobe, material con el que fue construida la entonces gran metrópoli de Chan Chan.

nados tramos de escaleras, enormes rampas y muros con una inclinación de 77º. Sus más de 1500 años de antigüedad han hecho estragos, y hoy parece un montón de ladrillos cubiertos parcialmente por arena. Hay pocas tumbas en su interior, lo que indica que debió utilizarse sobre todo como centro ceremonial. La pirámide, aunque solo sea por su tamaño, es imponente.

Adentrándose unos 500 m en el desierto se halla la huaca de la Luna, más interesante pero más pequeña. Está formada por salas que contienen cerámica, metales preciosos y algunos bellos frisos policromados, característicos de la cultura mochica. Fue construida a lo largo de seis siglos, hasta el 600 d.C., por generaciones sucesivas que prosperaron y completaron la estructura de la generación anterior. Los arqueólogos están retirando de forma selectiva las capas, descubriendo frisos de figuras estilizadas en cada nivel, algunos muy protegidos por las capas posteriores. La visita merece la pena; cada año se descubren frisos nuevos y muchos de los objetos hallados durante las excavaciones pasan a formar parte de la colección permanente del excelente Museo Huacas de Moche (entrada 5 PEN; ☺9.00-16.30), que cuenta con un centro de investigaciones y un cine. A la salida se puede echar un vistazo a los puestos de recuerdos; en algunos venden vasijas hechas con moldes originales hallados en el yacimiento. También es interesante ver los viringos, los singulares perros peruanos sin pelo; su temperatura corporal es más alta que la de los perros normales y tradicionalmente se han utilizado para calentar el cuerpo de personas con artritis.

Las combis hacia las huacas del Sol y de la Luna pasan por Óvalo Grau, Trujillo, cada 15 min aproximadamente. También se llega en taxi (15 PEN).

Complejo Arqueológico Huaca El Brujo

Este **complejo arqueológico** (entrada 10 PEN; ⊙9.00-16.00), a 60 km de Trujillo, comprende la recién excavada huaca mochica Cao Viejo (excavada hace poco y con magníficos relieves murales) y la huaca El Brujo, donde están empezando las excavaciones. Se encuentra en la costa y es de difícil acceso a no ser que se vaya acompañado por un guía. En realidad no está abierto al público, pues hay poco que ver, pero algunas agencias de Trujillo organizan visitas si se solicita con antelación.

Llegar al complejo por cuenta propia es complicado. La ruta más segura es tomar un autobús en Trujillo hacia Chocope (3,50 PEN, 1½ h) desde Óvalo del Papa, al suroeste de la ciudad; luego, cambiar a un colectivo hacia Magdalena de Cao (2,50 PEN, 20 min), donde habrá que acordar con un mototaxi el precio por el viaje de ida y vuelta con tiempo de espera incluido. En este trayecto hay muy poco transporte público.

Huaca Cao Viejo   RUINAS
GRATIS La sección principal de esta huaca es una pirámide truncada de 27 m. Tiene algunos de los mejores frisos de la zona. Estos muestran fantásticos relieves multicolores –mucho más vivos que los de las huacas más cercanas a Chiclayo–, con estilizados guerreros, presos y sacerdotes de tamaño natural, así como sacrificios humanos. También hay muchos yacimientos funerarios de la cultura lambayeque, que siguió cronológicamente a la mochica. Toda la zona se encuentra repleta de ruinas interesantes, pero, por desgracia, pocas han sido estudiadas en profundidad. Quienes viven cerca de esta huaca insisten en su energía positiva, y cuando alguien necesita una dosis de buenas vibraciones, se organizan ceremonias.

Huaca Prieta   RUINAS
Se trata de uno de los yacimientos precolombinos mejor estudiados del país, aunque para los profanos en la materia resulta más interesante leer sobre esta huaca que visitarla. Aunque no es más que un montón de restos prehistóricos, ofrece magníficas vistas de la zona costera y se puede visitar a la vez que el resto de huacas del complejo arqueológico.

Huanchaco
☑ 044 / 41 800 HAB.

Este tranquilo pueblo pesquero, a 12 km de Trujillo, se convirtió de la noche a la mañana en un punto de interés turístico por estar situado en el Sendero Gringo. La fama del pueblo se debe en gran parte a las largas y estrechas balsas de juncos que se ven bordeando el malecón. Unos pocos pescadores de la zona siguen usando estas técnicas antiguas y hasta se ven algunas que regresan con la captura del día. Aunque parezca la clásica ciudad antigua de postal, su playa es bastante normalita. De todos modos, su ritmo pausado atrae a un cierto tipo de holgazanes de playa y ha logrado conservar gran parte de su atractivo rural. Hoy, la ciudad ofrece a sus visitantes un largo listado de alojamientos y locales de restauración, y a los surfistas, buenas olas. En verano, multitud de peruanos y extranjeros llegan a sus costas, pues es excelente como base para explorar las ruinas de los alrededores de Trujillo.

⊙ Puntos de interés

La playa de arena gris es ideal para bañarse entre diciembre y abril (el resto del año hace bastante frío). Durante todo el año hay olas decentes, de modo que también atrae a multitud de surfistas y es perfecta para los principiantes. El rompiente de la playa empieza unos 800 m al sur del muelle con un fondo de rocas y arena. No suele permitir conectar olas largas seguidas, pero es divertido hacer muchas olas cortas de izquierda y de derecha en cualquier lado de la playa.

Cobran 0,50 PEN de 10.30 a 18.30 por entrar al muelle de la ciudad, un lugar pintoresco con un quiosco al final.

Santuario de la Virgen del Socorro   IGLESIA
(⊙9.00-12.30 y 16.00-19.00) **GRATIS** Situada en la parte alta, vale la pena visitarla. Fue construida entre 1535 y 1540, y es la segunda más antigua de Perú. Desde el campanario restaurado las vistas son estupendas.

🏃 Actividades

Varios establecimientos de la calle principal alquilan equipos de surf (30 PEN/día por un traje de neopreno y una tabla de surf). Las clases cuestan en torno a 50 PEN por una sesión de 1½-2 h. En Otra Cosa ofrecen voluntariado en la zona.

Escuela de tabla Muchik   SURF
(☎044-63-3487; www.escueladetablamuchik.com; Larco 650) La escuela de surf más antigua de Huanchaco y, según dicen, la más fiable.

Un Lugar   SURF
(☎94-957-7170;www.facebook.com/Unlugarsur fcamp-1609070812644020/?refid=17; Atahualpa 225) Está a dos manzanas de la principal carretera a la playa. En esta escuela de surf/pensión gestionada por el experimentado Juan Carlos se ofrecen clases particulares de 2 h. Además alquilan tablas y trajes y organizan safaris de surf hasta Puerto Chicama y otros emblemáticos puntos de surf de Perú. Ofrecen sencillas habitaciones de bambú, estilo casita en el árbol, por 15 PEN/persona.

Wave   SURF
(☎044-58-7005; Larco 850) Escuela de surf que alquila material.

SKIP   VOLUNTARIADO
(www.skipperu.org) Supporting Kids in Peru es una organización sin ánimo de lucro que trabaja con niños desfavorecidos en El Porvenir. El alojamiento está incluido en la tarifa que paga el voluntario (a partir de 540 US$/mes).

Otra Cosa   VOLUNTARIADO
(☎044-46-1302; www.otracosa.org; Las Camelias 431) Organización sin ánimo de lucro fundada por la gente del restaurante Otra Cosa, y ahora gestionada por un equipo del Reino Unido. Llevan educación, música y deporte a las comunidades vecinas. Los voluntarios pagan unos 300 US$ al mes con opción a alojamiento.

🎊 Fiestas y celebraciones

Carnaval   FIESTA, RELIGIOSA
(☉feb/mar) Un gran acontecimiento en Huanchaco.

Festival del Mar   CULTURAL
Conmemora la legendaria llegada de Takaynamo, fundador de Chan Chan, con competiciones de surf y danzas, conferencias culturales, degustaciones de comida y actuaciones musicales, todo ello entre un gran jolgorio. Se celebra la primera semana de mayo en años alternos.

🛏 Dónde dormir

Casi todas las pensiones se hallan en la parte sur de la ciudad, en las pequeñas calles perpendiculares a la playa. Excepto en períodos vacacionales y festivos, hacen descuentos de hasta el 50%. Conviene preguntar.

★Naylamp   PENSIÓN $
(☎044-46-1022; www.hostalnaylamp.com; Larco 1420; camping 15-18 PEN, dc/i/d 20/40/60 PEN; @🛜) Es la mejor opción económica. Tiene un edificio frente al mar y otro más grande detrás del hotel. Sus amplias habitaciones comparten un espacioso patio con vistas al mar. Además, hay cocina, lavandería y cafetería. Las camas tienen mosquiteras para poder dejar la ventana abierta de noche. En las habitaciones de arriba corre una refrescante brisa marina.

COSTA NORTE DÓNDE DORMIR

UN ARTE AGONIZANTE: LOS CABALLITOS DE TOTORA

Lo más característico de Huanchaco es que un pequeño número de pescadores locales siguen usando las mismas barcas estrechas de junco que aparecen en la cerámica mochica de 2000 años de antigüedad. Se trata de unas estilizadas balsas sobre las que reman y se deslizan por el agua montados sobre ellas, con las piernas colgando a los lados; por eso reciben el nombre popular de "caballitos de totora". Huanchaco es de los pocos lugares que quedan en la costa peruana que aún utilizan la técnica de construcción de estas frágiles embarcaciones curvas que, tras usarse unos meses y cuando ya no sirven, se hunden en el agua. Los pescadores se alejan hasta una milla remando pero solo consiguen capturas limitadas por el tamaño de sus recipientes (que ahora también llevan poliestireno para que floten).

A la pesca con barcas de junco de Huanchaco le quedan los días contados. Según informes recientes la erosión y otros factores medioambientales están afectando a los lechos donde los pescadores plantan y cultivan los juncos y muchos jóvenes están optando por hacerse instructores de surf, surfistas profesionales o pescadores comerciales en vez de seguir la dura vida de sus padres.

Surf Hostal Meri
ALBERGUE $

(☑044-53-8675; www.surfhostelmeri.com; La Rivera 720; dc/i/d 20/30/50 PEN; @🛜), En este rústico albergue frente a la playa, abarrotado de destartalados muebles antiguos, se respira un ambiente algo *hippy*. También funciona como escuela de surf, ya que sus propietarios son surfistas experimentados. Hay amplias espacios comunes para pasar el rato, con hamacas estupendas y soleadas terrazas con vistas al mar. El restaurante sirve una mezcla de clásicos internacionales. Se puede ampliar la estancia haciendo voluntariado.

Hostal Huanchaco
HOTEL $

(☑044-46-1272; www.huanchacohostal.com; plaza de Armas; i/d 65/120 PEN; 🅿🛜🏊) Situado en la pequeña plaza de Armas de la ciudad, cuenta con habitaciones espartanas y un precioso patio con piscina y jardín. Los toques artísticos lo hacen acogedor y sin duda transmite un aire familiar y amigable.

Hospedaje My Friend
ALBERGUE $

(☑044-46-1080; www.myfriendsurfhostal.com; Los Pinos 158; dc/d 15/30 PEN; 🛜) Es pequeño pero atrae a muchos mochileros y surfistas con presupuestos ajustados. La pequeña cafetería de abajo sirve desayunos, hay una tranquila terraza arriba y también dan clases de surf. Los dormitorios colectivos cuentan con cinco camas; hay duchas de agua calentada por termo eléctrico, taquillas y muchos viajeros guapos y morenos con los que charlar.

Hospedaje Océano
PENSIÓN $

(☑044-46-1653; www.hospedajeoceano1.com; Los Cerezos 105; h 15 PEN/persona; @🛜) En esta pensión familiar muy acogedora, que se halla entre el océano y una de las plazoletas más verdes y agradables del pueblo, uno se siente como en casa. Por fuera es como cualquier otra, pero las fabulosas habitaciones de estilo mediterráneo son una agradable sorpresa.

Lo mejor de todo es que la familia elabora unas cremoladas (helados italianos; 2 PEN) caseras de vicio, que incluyen en el nuevo menú diario (las de coco y capuchino son excelentes).

La Casa Suiza
ALBERGUE $

(☑044-63-9713; www.lacasasuiza.com; Los Pinos 308; dc/i/d 25/35/85 PEN; @🛜) Las habitaciones, espaciosas e impecables, están decoradas con murales de temas peruanos pintados con aerógrafo. El pequeño café de la planta baja prepara crujientes *pizzas*, y el patio de arriba goza de una vista agradable y de alguna que

otra barbacoa. No es tan frecuentado por los surfistas, como los otros alojamientos económicos de la ciudad, pero aun así tiene un ambiente acogedor.

McCallum Lodging House
PENSIÓN $

(☑044-46-2350; mccallumlodginghouse.wordpress.com; Los Ficos 305; dc/i/d/tr 15/25/45/60 PEN; 🛜) Esta pensión familiar compensa su ruda construcción con simpatía y camaradería. Los viajeros se reúnen en torno a la magnífica cocina común y en las hamacas esparcidas por el jardín para hablar sobre las olas del día. Las habitaciones son sencillas pero limpias y tienen agua caliente las 24 h.

Hotel Caballito de Totora
HOTEL-BOUTIQUE $$

(☑044-46-2636; www.hotelcaballitodetotora.pe; La Rivera 348; i/d/tr desayuno incl. 145/205/290 PEN; ❄@🛜🏊) Aunque las habitaciones normales pueden resultar algo sofocantes, las suites son las mejores individuales de Huanchaco y cuentan con decoración moderna, una panorámica perfecta del mar, amplias bañeras circulares y patios privados donde relajarse. Un bar acogedor contribuye al ambiente. Es el único hotel de Huanchaco que merece el nombre de *boutique*.

Hotel Bracamonte
HOTEL $$

(☑044-46-1162; www.hotelbracamonte.com.pe; Los Olivos 160; i/d desayuno incl. desde 148/171 PEN; @🛜🏊) Popular, agradable, acogedor y seguro tras los altos muros y la cancela cerrada, es uno de los hoteles más bonitos y antiguos de Huanchaco y sigue siendo una de las mejores elecciones. Es ideal para las familias por los bellos jardines, la sala de juegos, la barbacoa, el restaurante, el bar y la zona infantil; tal vez las habitaciones ejecutivas son las mejor conservadas de la ciudad.

Conviene pedir una habitación alta para respirar la brisa del mar. Está a la entrada de la ciudad, junto al río. Es el mejor equipado y lo más parecido a un complejo hotelero.

🍴 Dónde comer

En Huanchaco hay variados restaurantes de pescado, sobre todo cerca de los caballitos de totora amontonados en la parte norte de la playa. El ocio gira en torno al *reggae* acompañado de una cerveza. Los fines de semana los trujillanos bajan al pueblo y el ambiente se anima un poco.

Otra Cosa
VEGETARIANA $

(Larco 921; principales 6-13 PEN; ⊘desde 8.00; 🛜🌱) 🍴 Restaurante peruano-holandés junto a la playa y punto de reunión de viajeros donde se preparan sabrosos platos vegetarianos, como *falafel*, crepes, tortilla española, tarta de manzana holandesa y deliciosos burritos con curri. El café también es de cultivo ecológico. Tienen una gran política de responsabilidad social.

★ Restaurant Big Ben PERUANA $$

(📞044-46-1378; www.bigbenhuanchaco.com; Larco 836; principales 17-40 PEN; ⏰11.30-17.30; 🛜) Sofisticado restaurante de marisco en el extremo norte del pueblo. El plato estrella del mediodía es el ceviche (39-46 PEN), preparado con el marisco de mejor calidad. Además, la carta también tiene mucho pescado fresco, sudados (guisos de marisco) y platos de gambas. Todo ello sienta aún mejor en la terraza del tercer piso con vistas al mar.

Restaurante Mococho PERUANA, PESCADO $$

(www.facebook.com/restaurantemococho; Bolognesi 535; menú 45 PEN; ⏰13.00-15.00, cerrado lu) Muy pequeño y apartado detrás de un jardín tapiado. La leyenda del chef Don Víctor sigue viva de la mano de su viuda y su hijo Wen. No es barato, pero el pescado es fresco y el lugar, excelente.

Los pescadores del pueblo llaman cada mañana a su puerta y le gritan "¡Eh, chino! Hoy hemos pescado..." y Wen, el único restaurador chinoperuano del pueblo, solo prepara dos platos con cualquiera que sea la captura del día: un ceviche de aperitivo y un pescado entero al vapor (en filetes para comensales solos), con una salsa criolla llena de sabor y color.

El Caribe PERUANA $$

(Athualpa 150; principales 20-25 PEN; ⏰10.00-17.00) Local predilecto de los lugareños por su marisco a buen precio y la comida criolla. El ceviche cuesta la mitad que en los restaurantes caros y el doble que en los baratos, pero ¿quién comería pescado crudo por menos de 10 PEN? Su ceviche de mero apareció en la revista *Saveur*.

🍸 Dónde beber y Ocio

Jungle Bar Bily BAR, PESCADO

(Larco 420; cocktails 12-18 PEN; ⏰cerrado lu; 🛜) Los viajeros pululan por este bar de temática polinesia por su ubicación (al otro lado del muelle), la buena música (U2, R.E.M.) y un popular ceviche a 15 PEN, entre otros platos de marisco a buen precio. Durante el *happy hour* (18.00-22.00) algunos cócteles cuestan la mitad.

ℹ Información

La mayoría de los servicios están en Trujillo, a poca distancia en automóvil. Hay una **Oficina de correos** (Manco Cápac 220; ⏰9.00-19.00 lu-vi, hasta 13.00 sa) a una manzana del muelle, y junto a la Municipalidad hay tres cajeros automáticos que aceptan tarjetas MasterCard y Visa. Por la noche hay que ir con cuidado por las calles, puesto que los robos son frecuentes.

ℹ Cómo llegar y salir

Algunas empresas de autobuses (Línea y TRC Express) tienen una oficina en Huanchaco, pero los autobuses salen de Trujillo. Hay combis frecuentes a Huanchaco desde Trujillo (1,50 PEN). Para volver, hay que esperar en la carretera de la playa hasta que el autobús aparezca por el extremo norte. Un taxi a o desde Trujillo cuesta 12 PEN.

Puerto Chicama (Puerto Malabrigo)

📞044

Este pequeño puerto, también llamado Puerto Malabrigo, es famoso entre los aficionados al surf. Al parecer, tiene las olas izquierdas más largas del mundo. Se fundó para exportar los cultivos de azúcar y algodón de las haciendas cercanas, y hoy atrae a surfistas que buscan su dosis de adrenalina en estas playas de olas enormes. En abril suele celebrarse el campeonato nacional de surf.

El largo fondo está causado por una playa plana poco profunda y con la ola correcta, el día correcto, a la hora correcta, ¡se puede surfear en una ola de 2 m a lo largo de 3,2 km! Hay buenas olas todo el año, pero las mejores se producen entre marzo y junio. El agua está muy fría, excepto de diciembre a marzo. Se pueden alquilar tablas en Los Delfines a 25 PEN por medio día.

🛏 Dónde dormir y comer

Todos los hoteles están al sur del muelle, sobre el alto afloramiento rocoso que domina la playa.

Surf House Chicama BUNGALÓS $

(📞044-57-6138; h 40-45 PEN/persona; 🛜) Este lugar, antes conocido como El Inti, tiene un restaurante con una terraza con vistas al mar que siempre está abarrotada de surfistas. Cuenta con varios bungalós de bambú con jardín y una espectacular suite nueva en el 2º piso inigualable en el pueblo, con unas fabulosas vistas del mar desde el *jacuzzi*.

El Hombre
HOTEL $

(☏044-57-6077; www.facebook.com/hotelelhombre; i/d 40/80 PEN, sin baño 20/40 PEN) El primer albergue para surfistas es regentado por la hija de la leyenda local "El Hombre", un gurú del surf que ha surcado las olas más de 40 años. Tiene muchas habitaciones con vistas al mar, grandes baños comunes, comidas sanas (10-14 PEN) y un TV común donde suelen poner vídeos de surf. Hay una cocina compartida.

Los Delfines de Chicama
HOTEL $$

(☏044-34-3044; delfinesdechicama@gmail.com; d/tr/ste 180/275/370 PEN; P🅿🛜🏊) Este gran hotel de surfistas tiene sencillas habitaciones de ladrillo pintado que parecen más formales que las de otros alojamientos del pueblo. Todas tienen balcones privados; conviene pedir las de la segunda planta. Cuenta con piscina y un restaurante en la segunda planta con vistas al mar.

❶ Cómo llegar y salir

Algunas tiendas de surf de Huanchaco, como Un Lugar y The Wave, organizan safaris de surf hasta Puerto Chicama. Para ir por libre, lo más sencillo es tomar un autobús El Dorado hasta Puerto Malabrigo (6 PEN, 2 h). Una alternativa más rápida es tomar un colectivo a la localidad de Paiján, 40 km más al norte por la carretera Panamericana (7 PEN, 1½ h). Desde allí se puede tomar un colectivo para hacer el trayecto de 16 km a Puerto Chicama (2 PEN, 20 min).

Pacasmayo

☏044 / 25 700 HAB.

Este animado y casi olvidado pueblo de playa está repleto de edificios coloniales en diversas fases de deterioro y bendecido por un bonito tramo de playa y un malecón de los de antes. Los surfistas pueden disfrutar de buenas olas entre mayo y agosto; también es un buen lugar para relajarse en alguno de los complejos turísticos que ofrece y disfrutar de su ambiente nostálgico.

◉ Puntos de interés y actividades

Pacatnamú
RUINAS

Pocos kilómetros al norte, justo antes del pueblo de Guadalupe, hay una pista que lleva al océano y a unas ruinas poco visitadas, las de Pacatnamú; se trata de un gran yacimiento que había sido poblado por los gallinazos, moches y chimús y que

los arqueólogos consideran uno de los más importantes de la costa.

Muelle Pacasmayo
MUELLE

(entrada 1 PEN) El muelle más largo de Perú, según dicen, tiene una historia legendaria. Se construyó entre 1870 y 1874 y su longitud inicial era de 743,4 m. Hoy llega hasta los 544 m después de que el mar se tragara un trozo en 1924. En los años cuarenta, dos vagones de tren con exceso de carga cayeron al agua desde el muelle.

Balin Surf Shop
SURF

(Junín 84) Alquiler de tablas y reparaciones.

🛏 Dónde dormir y comer

Hay unos pocos hoteles sencillos, limpios y baratos, algunas ajadas mansiones coloniales reconvertidas y nuevas construcciones a lo largo de la playa.

Hotel Pakatnamú
HOTEL HISTÓRICO $$

(☏044-52-2368; www.actiweb.es/hotelpakatnamu; Malecón Grau 103; i/d/ste incl. 100/130/250 PEN; 🅿@🛜) Este edificio colonial recién pintado de amarillo vivo y situado junto al paseo marítimo, tiene más personalidad histórica que otros, pese a los abruptos cambios de color de un pasillo a otro. Las lujosas habitaciones tienen TV y nevera, algunas hasta cuentan con frontales de radio de coche empotrados para cintas (pero no entradas para USB). La decoración es igual de anacrónica. El acogedor restaurante y los pasillos abiertos en los extremos dan a una maravillosa terraza con vistas al mar.

La Estación Gran Hotel
HOTEL $$

(☏044-52-1515; www.hotellaestacion.com.pe; Malecón Grau 69; i/d/ste desayuno incl. 110/160/200 PEN; @🛜) La majestuosidad de la restaurada fachada de época republicana no se mantiene en el interior, pero cuenta con una fantástica azotea, una piscinita y un bar/restaurante en la planta baja (platos principales 20-30 PEN). Las habitaciones tienen sus años pero no están mal.

El restaurante es de los mejores del pueblo. Hay que probar el fabuloso pescado a lo macho (la captura del día coronada por una cremosa salsa de mariscos con ají y ajo).

Hostal El Mirador
HOTEL $$

(☏044-52-1883; www.pacasmayoperu.com; Aurelio Herrera 10; i/d/c desde 60/120/210 PEN; P🅿🛜) Entre baldosas, ladrillos y brasileños, este punto de encuentro de surfistas ofrece buenas habitaciones, desde económicas hasta lujosas, con agua caliente, galerías comunes y televisores de pantalla plana con canales internacionales. Las más bonitas tienen cocina y reproductor de DVD. Está solo una manzana hacia el interior, bajo la estatua de Jesucristo.

ℹ️ Información

Hay cajeros de **BCP** (Ayacucho 20), **BBVA** (2 de Mayo 9) y **Banco de la Nación** (8 de Julio esq. Lima) en el pueblo, aunque el de BCP de la plaza de Armas es el más práctico. Hay internet por doquier.

ℹ️ Cómo llegar y salir

Emtrafesa (www.emtrafesa.com.pe; 28 de Julio 104) ofrece autobuses frecuentes a Trujillo (8 PEN, 1¾ h), Chiclayo (9 PEN, 1¾ h), Cajamarca (20-30 PEN, 4½ h, 14.00 y 23.30) y otras localidades más al norte.

Chiclayo

📞 074 / 553 200 HAB.

Fundada en el s. XVI por misioneros españoles como una pequeña comunidad rural, desde entonces, Chiclayo ha cambiado mucho. Los misioneros eligieron este enclave por su situación como centro de transportes entre la costa, el altiplano y la selva. Como centro comercial, ha logrado desbancar a otras poblaciones importantes de la región, como la cercana Lambayeque; de hecho, se ha convertido en una animada urbe.

Conocida como la "ciudad de la amistad", es un buen lugar para conocer lugareños; además, su gastronomía es única. Destacan también sus curanderos: hay un mercado fascinante donde se puede encontrar toda clase de hierbas medicinales, elixires y objetos chamánicos. Aunque la ciudad ofrece atractivos suficientes, no hay que perderse los yacimientos arqueológicos de las culturas mochica y chimú de los alrededores.

Una gran alternativa para los que van a las ruinas es quedarse en la cercana localidad costera de Pimentel.

⊙ Puntos de interés y actividades

En 1987 unos investigadores localizaron una tumba real mochica en Sipán (p. 348), 30 km al sureste de Chiclayo. Fue un hallazgo extraordinario, pues los arqueólogos recuperaron cientos de piezas de valor incalculable. Las excavaciones continúan. En parte debido a estos tesoros excepcionales, la zona de

Chiclayo ha acaparado el mercado peruano de los museos con un diseño excepcional; un buen ejemplo es el excelente Museo Arqueológico Nacional Brüning (p. 349) en Lambayeque, 11 km al norte de Chiclayo. Otros lugares que vale la pena visitar son las ruinas de Túcume (p. 350), otro museo estupendo en Ferreñafe (p. 350), y varios pueblos costeros.

La plaza de Armas es un buen lugar para pasear; por la noche se llena de parejas, predicadores evangélicos y un ejército de limpiabotas.

Las familias con niños pueden visitar el parque infantil del extremo oeste de Aguirre.

Mercado Modelo MERCADO
(Arica entre Balta y Cuglievan; h 7.00-20.00 lu-sa, hasta 14.00 do) Es uno de los más interesantes de Perú y se extiende a lo largo de varias manzanas. Destaca el mercado de brujos del extremo suroeste, con puestos en los que se vende toda clase de amuletos, huesos de ballena, pieles de serpiente, frascos con tónicos de todo tipo, cactus alucinógenos e hierbas aromáticas.

Se puede concertar una visita con un brujo o curandero, pero hay que tener cuidado con los farsantes. Conviene acudir con una buena recomendación.

Catedral IGLESIA
(Plaza de Armas) Ubicada en el Parque Principal (plaza de Armas), fue proyectada a finales del s. XIX en estilo neoclásico, pero se edificó en varias fases. En su interior alberga una hermosa talla del Cristo Pobre.

Paseo de las Musas PARQUE
En este agradable parque urbano hay estatuas clásicas de personajes mitológicos.

👉 Circuitos

Las agencias a menudo ofrecen circuitos económicos a Sipán, Túcume, Ferreñafe, Batán Grande, Pimentel/Santa Rosa y la Reserva Ecológica Chaparrí, así como a los museos de Lambayeque. Los circuitos a los yacimientos arqueológicos cuestan de 45 PEN a 60 PEN y a la Reserva Ecológica Chaparrí, entre 130 y 140 PEN. Los precios no incluyen las entradas a los museos de sitio.

Sipán Tours CIRCUITOS CULTURALES
(📞074-22-9053; www.sipantours.com; 7 de Enero 772; ⊙8.30-13.30 y 16.30-20.30) Desde hace 25 años ofrece circuitos guiados a los principales yacimientos arqueológicos y a las localidades costeras cercanas. Ahora han añadido un

PUEBLOS PLAYEROS DE CHICLAYO

A solo 20 min de Chiclayo se encuentran tres preciosos pueblos de playa: Puerto Etén, Santa Rosa y Pimentel. Tanto Puerto Etén como Pimentel son mejores alternativas para alojarse que el ruidoso Chiclayo. Las combis desde Chiclayo cuestan entre 1,50 y 2,80 PEN y salen de la esquina de Vicente de la Vega y Ortiz. A continuación, los pueblos se enumeran de sur a norte.

Puerto Etén Tiene un malecón novísimo, una playa de color miel y unas aguas algo turbias. Varios restaurantes con vistas a la playa sirven marisco y pescado. Cuenta con una bonita arquitectura de la época republicana y hoteles venidos a menos.

Santa Rosa Áspero y fascinante pueblo de pescadores. Los barcos en dique seco ofrecen interesantes fotografías para Instagram y aún se usan algunos caballitos de totora. Se dice que en la acogedora iglesia han ocurrido milagros.

Pimentel Es el más exclusivo de los tres, con su largo muelle, un ancho malecón bordeado por lujosas casas con ventanales y la mejor playa en muchos kilómetros. Las olas aquí no suelen ser buenas para surfear, aunque sí para nadar. Es divertido y relajante dar un paseo vespertino por la pasarela de madera y recorrer algunas de las centenarias casas de estructura de madera. Una manzana hacia el interior desde el muelle está el Hostal Garuda (☎074 45-2964; Quiñones 109; i/d 35/60 PEN; ☜), una casa centenaria de fachada amarilla con unas cuantas habitaciones agradables; las de la parte trasera son más modernas y dan a un alegre jardín.

nuevo proyecto de turismo rural que lleva al viajero en un circuito culinario por el campo, con estancias en casas particulares.

Moche Tours   CIRCUITOS TURÍSTICOS
(☎074-23-2184; www.mochetourschiclayo.com.pe; 7 de Enero 638; ◷8.00-20.00 lu-sa, hasta 12.00 do) Muy recomendado por los circuitos diarios con guía a muy buen precio.

🛏 Dónde dormir

Hostal Sicán   HOTEL **$**
(☎074-20-8741; hsican@hotmail.com; Izaga 356; i/d/tr desayuno incl. 40/55/75 PEN; ☜) Atractivo hotel con abundante madera pulida y hierro forjado. Las habitaciones son pequeñas, cómodas y frescas. Todas están revestidas de madera y disponen de TV. Se trata de una excelente opción situada en una de las calles adoquinadas con más encanto de Chiclayo.

Hostal Victoria   HOTEL **$**
(☎074-22-5642; victoriastar2008@hotmail.com; Izaga 933; i/d/tr 30/50/60 PEN; ☜) Fabuloso hallazgo al este de la plaza principal. Es tranquilo, limpio y con alegres habitaciones decoradas con piezas de cerámica y tejidos. Se respira un agradable ambiente familiar.

Ejecutivo Hotel   HOTEL **$**
(☎074-20-6147; 7 de Enero 1351; i 25 PEN, d 30-45 PEN; ☜) Está bien de precio y sus habitaciones son limpias y luminosas, con sábanas

de lunares de inspiración *art déco,* aunque no tienen ventilador y las noches pueden ser calurosas. Los baños están inmaculados, pero los retretes no tienen asiento. El barrio es un poco solitario de noche, conviene tomar un taxi.

Hospedaje San Lucas   PENSIÓN **$**
(☎074-20-6888; www.chiclayohostel.com; Aguirre 412; i/d 20/35 PEN; @☜) Es básico pero está limpio y arreglado y es apropiado para mochileros. Una magnífica vista de la ciudad desde la planta alta, las duchas de agua calentada con termo eléctrico y algunos muebles de madera de laurel hechos en la zona le dan algo de brillo.

Pirámide Real   HOTEL **$**
(☎074-22-4036; piramidereal@hotmail.com; Izaga 726; i/d 30/40 PEN; ☜) Es fácil saltarse su diminuta entrada, dimensiones que tampoco cambian dentro. Pero si uno está dispuesto a renunciar a los amplios espacios, aquí encontrará habitaciones limpias y ordenadas, con escritorio, agua caliente y televisión por cable, nada desdeñable a este precio. Solo hay habitaciones de matrimonio pero no de dos camas.

Hotel Mochiks   HOTEL-BOUTIQUE **$$**
(☎074-20-6620; www.hotelmochiks.com; Tacna 615; i/d incl. desayuno 135/180 PEN; ✻@☜) Este pulido recién llegado causó impresión inmediata-mente en el panorama hotelero de la ciudad

y su éxito se debe en parte a una estética antes inexistente. El vestíbulo es estrecho y de techos altos, la cafetería y el bar del 2º piso están decorados con rojos y cromados, que contrastan con las habitaciones decoradas en suaves tonos beis y más bien pequeñas.

Todo es nuevo y está bien cuidado; lo moderno se compensa con toques indígenas moche. Con sus 25 habitaciones, tiene el tamaño perfecto.

Sun Palace
HOTEL **$$**

(☎074-20-4729; www.hotelsunpalacechiclayo.com; 7 de Enero 1368; i/d desayuno incl. 90/130 PEN; @🛜) Esta fabulosa opción de 23 habitaciones lo dice alto y claro: los colores lima y mandarina son sus favoritos, y asaltan al huésped en cada esquina. Es como si lo batieran a uno en una máquina de hacer helados *art déco*.

Es una opción divertida, festiva, con mucha calidad y personalidad: cuenta con una cafetería minimalista, espejos trapezoidales en los baños, suites con *jacuzzi* y un personal eficiente y amable.

Hostal Colibrí
HOTEL **$$**

(☎074-22-1918; www.hotelcolibriperu.com; Balta 010-A; i/d desayuno incl. 60/100 PEN; 🛜) Este nuevo hotel, con vistas al frondoso paseo de las Musas, está a un más bien largo paseo del centro, pero su calidad es excelente. Bien iluminado y pintado de vivos colores, es una propuesta moderna, con personal agradable en la recepción, una hamburguesería en la planta baja y una coctelería/cafetería en el 2º piso con vistas al parque. Cuartos de baño alegres.

Hotel Paraíso
HOTEL **$$**

(☎074-22-8161; www.hotelesparaiso.com.pe; Ruíz 1064; i/d desayuno incl. 100/110 PEN, c/aire acondicionado extra 30 PEN; ❋@🛜) Más luminoso y alegre que sus vecinos, cuenta con todas las comodidades modernas de los hoteles más elegantes pero a un precio inferior. Las habitaciones impecables, parecidas a celdas, tienen muebles decentes, duchas de agua caliente y televisión por cable. Al personal no le vendrían mal unas clases de buenas maneras.

Latinos Hostal
HOTEL **$$**

(☎074-23-5437; latinohotelsac@hotmail.com; Igaza 600; i/d 90/140 PEN; ❋@🛜) Es una opción excelente, está muy cuidado y tiene habitaciones pequeñas pero perfectas. Algunas de las que ocupan las esquinas tienen gigantescos ventanales curvos que cubren toda la pared y ofrecen vistas estupendas y mucha luz. El personal es muy amable.

Casa Andina Select Chiclayo
HOTEL **$$$**

(☎074-23-4911; www.casa-andina.com; Villarreal 115; h/ste desayuno incl. 616/788 PEN; P❋@🛜) La cadena peruana de hoteles *boutique* Casa Andina se apoderó de esta vieja reliquia, el antiguo Gran Hotel Chiclayo. Es como un hotel de negocios con ambiente andino. Cuenta con una agradable terraza y una zona con piscina, *spa*, gimnasio y restaurante, además de habitaciones modernas, limpias, nuevas y relucientes.

Costa Del Sol
HOTEL DE NEGOCIOS **$$$**

(☎074-22-7272; www.costadelsolperu.com; Balta 399; i/d desayuno incl. 285/350 PEN; P❋@🛜) Este hotel de negocios totalmente equipado es de los mejores de Chiclayo, aunque tiene reseñas positivas y negativas. Ahora debe rendir cuentas a una multinacional de categoría superior, Ramada, que asumió las riendas de la dirección en el 2012. Cuenta con todas las comodidades e instalaciones: piscina, gimnasio, sauna y salas de masajes.

🍴 Dónde comer

Chiclayo es uno de los mejores sitios para comer en la costa norte. El arroz con pato a la chiclayana (cocinado con cilantro y cerveza) y la tortilla de manta raya son motivo de orgullo culinario. De postre se recomienda el dulce local que invade sus calles, llamado King Kong, una gran galleta rellena de crema de dulce caramelo hecho de leche y azúcar. Se vende en todas partes.

El Pescador
MARISCO, PERUANA **$**

(San José 1236; principales 10-20 PEN; ⏱11.00-18.00) En este pequeño escondite secreto de los lugareños se preparan excelentes platos de marisco y regionales a precios irrisorios. El ceviche es tan bueno como el de los restaurantes que cobran el doble o incluso el triple; y los platos especiales del fin de semana, como el cabrito con frijoles (sábados) o el arroz con pato (domingos), son una ganga.

Óscar, el propietario, y su hermano (el chef) se dejan la piel para satisfacer a los clientes.

Mi Tía
HAMBURGUESERÍA **$**

(Aguirre 662; hamburguesa 1-6 PEN) En este sencillo local peruano se forman larguísimas colas de adictos a sus hamburguesas (¡con montones de patatas fritas!), que casi salen

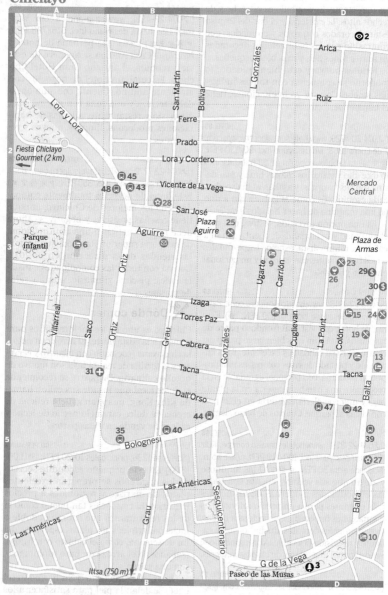

COSTA NORTE CHICLAYO

gratis si se piden para llevar (1-4 PEN). Dentro son más caras (2-6 PEN). También ofrece una larga lista de platos del país servidos por camareros sonrientes. El suspiro de limeña (dulce de leche y merengue) tiene el tamaño adecuado para no sentirse culpable.

Heladería Hoppy   POSTRES $

(www.heladoshoppychiclayo.blogspot.com; centro comercial Real Plaza; bolas 4-8 PEN) Si se sueña con un helado artesanal, aquí los preparan y son decentes, sobre todo teniendo en cuenta que los italianos emigraron a Brasil y Argentina.

★ Cafe 900 PERUANA $$

(www.cafe900.com; Izaga 900; principales 13-28 PEN; ☺8.00-23.00 lu-ju, hasta 13.00 vi y sa; ☏) Música en directo, lentos ventiladores de techo, madera vista y adobe que lo conectan a uno con los elementos. Estos son los sellos del mejor bar-café-restaurante de Chiclayo. El ambiente es fantástico y la comida sencilla, directa, asequible y nada pretenciosa.

Restaurant Romana PERUANA $$

(Balta 512; principales 13-25 PEN; ☺7.00-1.00; ☏) Un local popular que ofrece platos de cocina tradicional. El comensal que se sienta con fuerzas puede probar para desayunar el llamado *chirimpico*: un guiso de callos y vísceras de cabra, ideal contra la resaca (aunque también puede provocar una).

Las humitas (masa cocinada al vapor con maíz y queso y envuelto todo ello en hojas de maíz) son una delicia sabrosa a un precio imbatible de 3,50 PEN. También hay pasta, filetes, marisco, chicharrones de pollo y cerdo (empanados y fritos) con yuca. De todo.

Chez Maggy PIZZERÍA $$

(www.pizzeriaschezmaggy.com; Balta 413; *pizzas* 12-31 PEN; ☺18.00-23.00) No es italiana pero las *pizzas* horneadas al fuego de leña en este local de una pequeña cadena peruana se preparan con una buena masa e ingredientes frescos. Y las hay de tamaño individual.

Hebron PERUANA $$

(☏074-22-2709; www.hebron.com.pe; Balta 605; principales 16-30 PEN, menú turístico 20 PEN; ☺24 h; ☏) Este restaurante de dos pisos, llamativo, moderno y luminoso es un asador de pollos de lujo. Ofrece un menú para turistas bastante completo y muy energético.

Fiesta Chiclayo Gourmet REGIONAL $$$

(☏074-20-1970; www.restaurantfiestagourmet. com; Salaverry 1820; principales 35-49 PEN) Pocas cosas son tan satisfactorias como rascar el fondo de una olla de hierro y saborear el maravilloso arroz con pato a la chiclayana, que aquí se hace con pato de granja de plumas negras de solo tres meses de edad, ni un día más.

Una delicia totalmente inesperada pilla a los paladares por sorpresa: el ceviche a la brasa (el tradicional pescado crudo pero servido caliente en hojas de maíz tras haberlo soasado 11 h). Los pisco *sours* se preparan en la mesa, el servicio es exquisito y cocinan de fábula los mejores platos de la

Entre los buenos sabores están el pisco *sour* y la lúcuma; también hay batidos y tentempiés.

Supermercado Metro COMPRA DE ALIMENTOS $

(Gonzáles esq. Aguirre; ☺8.00-22.00) Un buen supermercado.

Chiclayo

famosa cocina regional. Llámese para reservar o visítese uno de los otros restaurantes en Lima, Trujillo o Tacna. Un trayecto de 5 PEN en taxi cubre los 2 km desde el centro.

🍷 Dónde beber y vida nocturna

Tribal Lounge   BAR
(Lapoint 682; cócteles 12-22 PEN; ⊘cerrado lu) Este animado bar de temática roquera está gestionado por un lugareño que pasó 10 años en San Francisco. Buenos cócteles y buena música (acústicos los jueves, *rock* los viernes y sábados a partir de las 24.00). Perfecto para empinar el codo.

Sabor y Son Cubano   BAR, DISCOTECA
(☑074-27-2555; saborysoncubano.blogspot.com; San José 155; entrada 10 PEN; ⊘cerrado do) Aquí los mayores de 35 años pueden mover el esqueleto los fines de semana, con música tropical, salsa clásica y merengue.

Premium Boulevard   DISCOTECA
(www.premiumboulevard.com; Balta 100; entrada 5-10 PEN; ⊘cerrado do) Esta enorme discoteca tiene capacidad para casi 1500 fiesteros, que se dividen entre una pequeña sala de karaoke, la gran discoteca y una enorme sala de conciertos que acoge actuaciones nacionales e internacionales. Se respira un ambiente bullicioso al son de salsa, merengue, cumbia, bachata y reguetón.

❶ Información

URGENCIAS

Policía de Turismo (☑074-49-0892; Sáenz Peña 830) Útil para denunciar incidentes.

INMIGRACIÓN

Oficina de Migraciones (☑074-20-6838; www.migraciones.gob.pe; La Plata 30; ⊘8.30-12.30 y 14.00-16.00) Cerca del paseo de Las Musas; gestiona problemas de visados.

ASISTENCIA MÉDICA

Clínica del Pacífico (☑074-22-8585; www. clinicadelpacifico.com.pe; Ortiz 420) La mejor de la ciudad.

DINERO

Hay varios bancos en la cuadra 6 de Balta, así como unos prácticos cajeros automáticos dentro del supermercado Metro, frente a la estación Emtrafesa. Las oficinas de cambio ofrecen buenos tipos y un servicio rápido.

Banco Continental (Balta 643)

BCP (Balta 630) Con cajero automático Visa y MasterCard las 24 h.

CORREOS

Serpost (Aguirre 140; ☺9.00-19.00 lu-vi, hasta 13.00 sa) Al oeste de plaza Aguirre.

INFORMACIÓN TURÍSTICA

iPerú (Sáenz Peña 838; ☺7.00-16.30 lu-vi) El mejor lugar de la ciudad para recabar información turística. Tienen más oficinas en el edificio de la Municipalidad de Chiclayo, en San José 823, así como en el Museo Tumbas Reales de Lambayeque. Si están cerradas, se puede preguntar en las agencias de viajes.

❶ Cómo llegar y salir

AVIÓN

El aeropuerto (CIX) está 1,5 km al este de la ciudad, a un trayecto en taxi de 5 PEN. **LAN** (☑074-27-4875; www.lan.com; Izaga 770) vuela de Lima a Chiclayo a diario a las 4.00 y a las 20.10, y vuelve a Lima a las 5.50, 18.15 y 22.00. Más económica es **Avianca** (☑0-800-1-8222; www.avianca.com; Cáceres 222, CC Real Plaza), que sale de Lima a las 6.10 y a las 15.30 y vuelve de Chiclayo a las 8.20 y a las 17.55. Este último vuelo puede llegar a costar tan solo 97 PEN.

AUTOBÚS

Cruz del Sur, Movil Tours, Línea, Ittsa y Oltursa suelen tener los autobuses más cómodos.

La terminal de Tepsa junto a su oficina de venta de billetes alberga una docena de pequeñas compañías que tienen al menos seis autobuses diarios a Cajamarca, dos nocturnos a Tumbes (ambos a las 20.30); a Chachapoyas a las 20.00 y 20.30 (de lunes a sábados) y 19.30 (domingos); al menos seis diarios a Tarapoto; a Yurimaguas a las 10.00, 19.00 y 22.30; y servicios frecuentes a Jaén. Estos horarios suelen cambiar mensualmente, por lo que se aconseja consultarlos con tiempo.

La estación de microbuses en la esquina de San José y Lora ofrece salidas regulares a Lambayeque y Pimentel.

A Ferreñafe, Sipán, Monsefú y Chongoyape salen servicios frecuentes desde la **terminal de microbuses Epsel** (Nicolás de Piérola esq. Oriente).

Las combis a Túcume salen desde Leguia 1306, al norte del centro.

Cial (☑074-20-5587; www.expresocial.com; Bolognesi 15) Servicio diario a Lima a las 19.30.

Civa (☑01-418-1111; www.civa.com.pe; Bolognesi 714) Tiene los autobuses más cómodos y baratos a Lima, con salidas a las 17.00 y 20.45; también a las 20.00 y 20.30; a Jaén a las 9.30 y 21.30; a Tarapoto a las 17.45 y 18.30; y a Chachapoyas a las 18.00. Ahora también hay un servicio a Guayaquil a las 18.15, que es más cómodo y mucho más conveniente que el de Ormeño.

Cruz del Sur (☑0-801-1111; www.cruzdelsur.com.pe; Bolognesi 888) Cuatro salidas diarias a Lima entre las 7.00 y las 20.00.

Empresa Transcade (☑074-23-2552; Balta 110) Autobuses a Jaén (14 PEN) a las 8.30 y 20.30.

Emtrafesa (☑074-22-5538; www.emtrafesa.com; Balta 110) Un autobús a Jaén (22.45) y muchos a Trujillo y Pacasmayo.

Ittsa (☑074-23-3612; www.ittsabus.com; Grau 497) Autobús-cama a Lima a las 20.00.

Línea (☑074-23-2951; Bolognesi 638) Un cómodo servicio a Lima a las 20.00 y cada hora a Trujillo y Piura. También ofrece autobuses a Chimbote a las 9.15, 19.30 y 23.00; a Cajamarca a las 10.00, 11.30, 22.00 y 22.45; y a Jaén a las 14.15 y 23.00.

Móvil Tours (☑01-716-8000; www.moviltours.com.pe; Bolognesi 199) Dos autobuses a Lima a las 19.30 (autobús-cama) y a las 20.00; uno a Tarapoto a las 18.30; y uno a Chachapoyas a las 21.00.

Oltursa (☑01-716-5000; www.oltursa.pe; Vicente de la Vega 101) Se pueden comprar billetes en la terminal o en la oficina del centro (Balta esq. Izaga). Los cuatro autobuses-cama a Lima salen entre las 19.00 y las 21.00.

Ormeño (☑074-23-4206; www.grupo-ormeno.com.pe; Haya de la Torre 242) Los más cómodos para viajar a Ecuador y otros destinos más lejanos, incluida una salida a las 3.00 a Tumbes y Guayaquil así como otras a Bogotá los martes y viernes a la 1.00.

Tepsa (☑074-23-6981; www.tepsa.com.pe; Bolognesi 504) Autobús-cama a Lima a las 20.30 (de lunes a sábados) y a las 19.30 (domingos).

Transportes Chiclayo (☑074-50-3548; www.transporteschiclayo.com; Ortiz 10) Autobuses a Piura cada ½ h de 4.30 a 20.30; y a Máncora y Tumbes a las 10.00 y 21.30. También hay un servicio a Cajamarca a las 23.00 y uno a Tarapoto a las 18.00.

Turismo Dias (☎074-23-3538; www.turdias. com; Cuglievan 190) Esta asequible compañía sale hacia Lima a las 20.00 y hacia Cajamarca a las 6.45, 17.00, 21.45 y a las 22.30.

Microbuses regionales desde Chiclayo:

DESTINO	TARIFA (PEN)	DURACIÓN (H)
Batán Grande	5	¾
Chongoyape	3.50	1½
Ferreñafe	2	½
Lambayeque	1.50	¼
Pimentel	1.60	½
Monsefú	2	¼
Sipán	3.50	¼
Túcume	2.50	1

Autobuses de larga distancia desde Chiclayo:

DESTINO	TARIFA (PEN)	DURACIÓN (H)
Bogotá	486	48
Cajamarca	16-40	6
Chachapoyas	30-50	10
Chimbote	20-25	6
Guayaquil (Ec)	81	17
Jaén	20-25	6
Lima	40-125	12-14
Máncora	30-35	6
Pacasmayo	9	2
Piura	15-21	3
Tarapoto	45-120	14
Tumbes	25-50	8
Yurimaguas	65-70	20

Alrededores de Chiclayo

Como en los últimos años los precios de los guías se han duplicado, apenas tiene sentido viajar por libre a la mayoría de los yacimientos arqueológicos de la zona de Chiclayo; resulta mucho más conveniente hacerlo con un circuito organizado.

Sipán

Está situado unos 30 km al suroeste de Chiclayo. La historia del descubrimiento de **Sipán** (Huaca Rajada; ☎074-80-0048; entrada 10 PEN; ⊙9.00-17.00) es casi tan interesante como la extraordinaria colección de objetos que se encontraron en sus tumbas y podría ser el guion de una película de Indiana Jones: un tesoro enterrado, huaqueros, policía, arqueólogos y como mínimo una muerte.

El yacimiento arqueológico mochica fue descubierto por unos huaqueros de una aldea cercana a Sipán. Cuando el arqueólogo local Walter Alva se percató de la enorme cantidad de objetos de gran valor que circulaban en el mercado negro a principios de 1987, supo de inmediato que un enorme yacimiento estaba siendo saqueado en la zona de Chiclayo. La investigación posterior le condujo a los montículos de Sipán. A simple vista, parecen colinas, pero se trata de un grupo de enormes pirámides truncadas, erigidas en el año 300, en cuya construcción se usaron millones de ladrillos de adobe.

Cuando fue descubierto, los huaqueros ya habían saqueado una tumba importante, pero por la rápida acción de los arqueólogos locales y de la policía impidió que se produjeran más robos. Por fortuna, los ladrones no habían encontrado la excepcional tumba mochica conocida como el Señor de Sipán. En un primer momento, la relación de los arqueólogos con los lugareños fue muy tensa, y la policía disparó contra un huaquero, que resultó muerto. Los vecinos de Sipán pensaban que el yacimiento les pertenecía y que el descubrimiento no les reportaba ningún beneficio. Para resolver el problema, se les empezó a dar formación para que participaran en las excavaciones, la conservación y la seguridad del yacimiento. Hoy, Sipán ofrece empleo fijo a muchos de ellos.

El Dr. Alva publicó la historia en los números de octubre de 1988 y junio de 1990 de la revista *National Geographic* y en el número de mayo de 1994 de *Natural History*.

El Señor de Sipán resultó ser uno de los principales dirigentes mochica, como evidencia su rico entierro en un ataúd de madera rodeado de cientos de objetos de oro, cerámica y piedras semipreciosas, así como su séquito, formado por su esposa, dos chicas, un joven, un jefe militar, un abanderado, dos guardias, dos perros y una llama. En otra tumba importante descansaba el sacerdote, acompañado en su viaje a la otra vida por numerosos tesoros, así como unos cuantos niños, un guardián a quien se le cortaron los pies y una llama sin cabeza. Los arqueólogos no comprenden por qué se mutilaron esas partes del cuerpo, pero creen que los integrantes más importantes de la clase alta mochica se llevaban con ellos al más allá todo lo que había sido su séquito en vida.

Algunas tumbas se han restaurado y reproducen con copias su aspecto original de hace más de 1500 años. Frente a la entrada está el **Museo de Sitio Huaca Rajada-Sipán** (entrada 10 PEN o gratis con la entrada al yacimiento; ⊘9.00-17.00 lu-vi) abierto en enero del 2009, que vale la pena visitar, aunque no hay que olvidar que las piezas más impresionantes, como el Señor de Sipán y el Sacerdote, se llevaron al Museo Tumbas Reales de Sipán en Lambayeque, después de una gira mundial. Pueden contratarse guías (30 PEN).

Las agencias de Chiclayo ofrecen circuitos guiados a diario por 45 PEN aproximadamente. También salen con frecuencia autobuses a Sipán (3,50 PEN, 45 min) desde la terminal de microbuses Epsel de Chiclayo.

Lambayeque

📞074 / 47 900 HAB.

Situada a unos 11 km al norte de Chiclayo, fue en su día la ciudad más importante de la zona. Hoy este honor le corresponde a Chiclayo. La única razón para hacer una escala es visitar los excepcionales museos de la ciudad, que son de los mejores de Perú.

⦿ Puntos de interés

Los dos museos de Lambayeque están a 15 min a pie de la plaza.

★**Museo Tumbas Reales de Sipán** MUSEO

(www.museotumbasrealessipan.pe; entrada 10 PEN; ⊘9.00-17.00 ma-do) Inaugurado en noviembre del 2002, es el orgullo del norte de Perú. Se trata de una construcción piramidal de color burdeos, especialmente diseñada para albergar los maravillosos hallazgos de Sipán, que nada tiene que envidiar a los mejores museos del mundo. No está permitido hacer fotos y hay control de seguridad a la entrada.

Se guía a los visitantes por todo el museo y se les muestran algunos de los numerosos hallazgos procedentes de la tumba en el mismo orden en que los encontraron los arqueólogos; este detalle aislado, poco común en los museos, añade interés a la visita. En la primera sala hay cerámicas que representan dioses, personas, plantas, llamas y otros animales. En la 2ª planta se pueden ver piezas exquisitas, como los pendientes de turquesa y oro con representaciones de patos y ciervos, y el mismo Señor de Sipán. La avanzada técnica y el meticuloso trabajo que requiere la creación de estas joyas las

sitúan entre los objetos más hermosos e importantes de la América precolombina. La planta baja alberga reproducciones fidedignas de las tumbas en el momento en que fueron halladas. Se exponen algunos objetos deslumbrantes, como unas placas pectorales de oro con representaciones de animales marinos, como pulpos y cangrejos. Incluso las sandalias del Señor de Sipán fueron elaboradas con metales preciosos (se le transportaba a todas partes y nunca tenía que andar). Es interesante la explicación sobre la nariguera, que servía para ocultar que los nobles eran iguales a los demás: la nobleza se relacionaba con los animales divinos.

Las explicaciones sobre cómo se llevaron a cabo las excavaciones en este excepcional yacimiento arqueológico son tan interesantes como las piezas expuestas.

La iluminación y la disposición son extraordinarias (aunque se tarda un poco en acostumbrarse a la tenue iluminación del interior). Todo está rotulado y explicado y hay guías por 30 PEN.

Museo Arqueológico Nacional Brüning MUSEO

(www.museobruning.com; entrada 8 PEN; ⊘9.00-17.00) Este museo fue en su día una muestra de los hallazgos de la región, pero hoy está eclipsado por el Museo Tumbas Reales de Sipán. Sin embargo, sigue albergando una buena colección de objetos de las culturas chimú, mochica, chavín y vicús. Los arqueólogos en ciernes disfrutarán de las exposiciones que presentan el desarrollo de la cerámica de las distintas culturas y las piezas que muestran cómo se hicieron los objetos de cerámica y de metal. Los amantes de la arquitectura y la escultura quizá encuentren interesante el edificio de inspiración corbusiana, sus estatuas de bronce y sus murales de azulejos. Las maquetas de varios yacimientos importantes son útiles para poner en perspectiva la arqueología de la zona.

Casa de la Logia CASA

Una cuadra al sur de la plaza principal se encuentra la **Casa de la Logia,** de la que se dice que tiene el balcón más largo de Perú: mide 67 m y tiene 400 años de antigüedad. La mayoría de los visitantes proceden de circuitos organizados de Chiclayo.

ⓘ Cómo llegar y salir

La terminal de microbuses en San José esq. Lora y Lora, en Chiclayo, opera autobuses regulares a Lambayeque (1,50 PEN, 20 min), que paran a una manzana del Museo Brüning.

Ferreñafe

🔖 074 / 34 500 HAB.

Merece la pena visitar Ferreñafe, situada 18 km al noreste de Chiclayo, por su excelente Museo Nacional Sicán. La cultura sicán floreció en la zona de Lambayeque entre los años 750 y 1375, en torno a la misma época que la chimú. El principal yacimiento sicán en Batán Grande se halla en una zona remota del campo ubicada al norte; el mejor modo de visitarlo es mediante un circuito desde Chiclayo o Pacora.

Museo Nacional Sicán   MUSEO
(entrada 8 PEN; ⊘9.00-17.00 ma-do) Este espléndido museo exhibe réplicas de las tumbas de 12 m de profundidad del yacimiento sicán de Batán Grande, que son de las mayores encontradas en Sudamérica.

Se trata de sepulturas enigmáticas, como la del Señor de Sicán, que fue hallado boca abajo en posición fetal, con la cabeza separada del cuerpo. A su lado yacían dos mujeres y dos adolescentes, y estaba protegido por un sofisticado sistema de seguridad para evitar los robos de los saqueadores: polvo de cinabrio, de color rojo, que resulta tóxico cuando se inhala.

Otra tumba importante contenía un noble sentado con las piernas cruzadas mirando hacia el este, con una máscara y un tocado de oro y plumas, rodeado de otras tumbas menores y nichos con los cuerpos de un hombre y 22 mujeres. El museo vale por sí solo el viaje y nunca está lleno. Los circuitos guiados

de Chiclayo a Ferreñafe y Túcume cuestan 45 PEN/persona, pero también hay autobuses frecuentes a Ferreñafe (1,50 PEN) desde la terminal de microbuses Epsel de Chiclayo.

Túcume

Se trata de un inmenso pero poco conocido yacimiento arqueológico (www.tucume.com; entrada 8 PEN; ⊘8.00-16.30 ma-do) situado unos 30 km al norte de Lambayeque, en la carretera Panamericana. Es un conjunto de más de 200 Ha de muros desmoronados, plazas y más de 26 pirámides. Fue la capital de la cultura sicán, hasta que hacia el año 1050 se trasladó a la vecina Batán Grande, cuando la zona quedó afectada por el paso de El Niño.

Las pirámides que hoy se pueden ver se componen de estructuras realizadas por varias civilizaciones. Los niveles inferiores pertenecen a la cultura sicán; los dos superiores, así como los muros que los rodean, fueron obra de los chimúes. Se han llevado a cabo pocas excavaciones y no se han hallado grandes tumbas, pero la propia extensión del yacimiento hace que la visita sea memorable.

Se puede contemplar desde un impresionante mirador ubicado en el cerro Purgatorio. Antes de la conquista española, dicho cerro era conocido como La Raya, pero cambió de nombre cuando los españoles lo usaron para arrojar desde su cima a los nativos que se negaban a ser evangelizados. El museo (cerro La Raya; gratis con la entrada al yacimiento; ⊘cerrado lu) pequeño pero atractivo, alberga exquisiteces interesantes. Hay guías por 30 PEN.

HUAQUEROS – LADRONES DE TUMBAS MODERNOS

Desde la conquista española, los huaqueros han saqueado las tumbas antiguas y las ruinas arqueológicas de Perú, desenterrando antigüedades y vendiéndolas a cualquiera que estuviera dispuesto a pagar.

En principio, se trataba de campesinos pobres que intentaban conseguir dinero. Sin embargo, se han convertido en uno de los mayores enemigos de los arqueólogos. Tras más de 400 años de actividad, se han esmerado tanto que resulta casi imposible encontrar una tumba sin saquear. En algunos casos, los arqueólogos contratan a huaqueros para que investiguen sobre el terreno, pero la práctica centenaria continúa hasta el día de hoy y son especialmente activos en torno a la Semana Santa, cuando se dice que salen a la superficie los tesoros de la tierra. El aumento de las patrullas y la visibilidad han dificultado el desplazamiento de antigüedades y, hasta cierto punto, han logrado que disminuya la actividad de los huaqueros en el norte.

Según los informes del periódico líder de Perú El Comercio, las nuevas amenazas son las empresas privadas, que abren canteras en lo alto de túmulos funerarios, y la gente que empieza a construir de manera ilegal barrios de chabolas en medio del desierto.

Desde Chiclayo (2,50 PEN) las combis salen desde Leguia 1306, al norte del centro. También puede tomarse una en Lambayeque (pregúntese en el Museo Brüning). Los circuitos guiados rondan los 50 PEN/persona.

Reserva Ecológica Chaparrí

Esta reserva privada de 34 000 Ha (www.chaparri.org; entrada 10 PEN, necesario reservar; ☉7.00-17.00), situada 75 km al este de Chiclayo, fue fundada en el 2000 por la comunidad de Santa Catalina y el famoso fotógrafo de naturaleza peruano Heinz Plenge. Ofrece una atmósfera insólita para esta costa, ya que es uno de los pocos lugares del mundo donde se puede avistar el rarísimo oso con anteojos en su hábitat natural; se han contado unos 25 ejemplares (más otros dos en cautividad por rehabilitación).

Además, es el sueño de cualquier ornitólogo, ya que habitan más de 237 especies de aves, incluidos el cóndor andino, el cóndor real, varias especies de águila y la rara pava aliblanca. También se encuentran aquí algunas especies amenazadas, como jaguares, osos hormigueros y mustelas andinas. Casi un tercio de estos vertebrados solo existen en este rincón del mundo. Y también hay uno o dos simpáticos zorros.

Si se reserva con anticipación, se puede hacer noche en el maravilloso y rústico Chaparrí EcoLodge (☎074-45-2299; www.chaparrilodge.com; h pensión completa y guía incl. 351-396 PEN/persona) donde unas casitas de adobe y bambú con todos los detalles necesarios aguardan al viajero bajo la acechante montaña del mismo nombre. Dispone de agua caliente por inducción solar y electricidad con paneles solares, y cada habitación tiene su propio patio con hamaca. No es muy sofisticado, pero es lo bastante bonito como para sorprender gratamente. En las comidas se sirven platos caseros típicos peruanos en una mesa común junto a un arroyo. Los amantes de la naturaleza lo encontrarán ideal.

Se puede realizar una excursión de un día por cuenta propia tomando un autobús desde la terminal de microbuses Epsel de Chiclayo hasta Chongoyape (3,50 PEN), donde habrá que ponerse en contacto con la asociación de guías locales, Acoturch (☎97-889-6377), para organizar el transporte y contratar un guía obligatorio por 140 PEN (hasta tres personas) para recorrer la reserva. De no contactar con la asociación, pásese por la tienda Fotografía Carrasco, donde esta familia se encarga de todo, incluso de proporcionar alojamiento en una zona de acampada muy rústica en un hermoso paraje por encima de Chongoyape.

También hay circuitos de un día organizados por Moche Tours y Sipán Tours en Chiclayo. Incluyen transporte y guía (130-140 PEN/persona, mín. cuatro personas).

Batán Grande y Chota

A mitad del camino entre Chiclayo y Chongoyape se abre una pequeña carretera a la izquierda que lleva hasta las ruinas sicán de Batán Grande, un importante yacimiento arqueológico donde se han identificado unas 50 pirámides y excavado varias tumbas. Por iniciativa del Dr. Walter Alva, entre otros, el yacimiento se ha transformado en el Santuario Histórico Bosque de Pómac, pero aún no dispone de infraestructura turística. La reserva protegida está dentro de uno de los mayores bosques tropicales secos del mundo y alberga más de 50 especies de aves. Frondosos algarrobos ofrecen una agradable sombra en el camino. Las combis a Batán Grande salen desde la terminal Epsel de Chiclayo (5 PEN), pero es mejor ir en un circuito organizado.

Una buena manera de visitar la zona es a lomos de un caballo del Rancho Santana (☎97-971-2145; www.cabalgatasperu.com; parcela con/sin alquiler de tienda 10/5 PEN, h desayuno incl. 35 PEN/persona @), en Pacora, unos 45 km al noreste de Chiclayo. Los lectores hablan maravillas de sus experiencias con los caballos de paso peruanos en este rústico rancho de propiedad suiza. También ofrece un sencillo pero amplio bungaló con hamacas y un gigantesco baño; se preparan comidas y se proporciona leche fresca si se solicita, aunque los huéspedes pueden usar la cocina. Los dueños conocen bien las culturas de Lambayeque y recogen a los viajeros en Chiclayo para hacer cabalgatas por el bosque de Pómac, Batán Grande y las pirámides de Túcume, de entre medio y tres días de duración. Además cuidan de sus caballos de forma excepcional y hacen que hasta el jinete más inexperto se sienta cómodo. Sus circuitos brindan una estupenda relación calidad-precio; la excursión de medio día cuesta 45 PEN y la de tres días, 360 PEN.

Una pintoresca carretera llena de baches asciende hacia el este desde Chongoyape por los Andes hasta llegar a Chota (2400 m de altitud); es un viaje de 170 km que dura cerca de 8 h. Hay dos o tres autobuses diarios desde Chiclayo. En Chota, un autobús diario realiza el trayecto hasta Cajamarca (5 h) por Bambamarca y Hualgayoc.

Piura

📋 073 / 387 200 HAB.

Tras varias horas atravesando el desierto de Sechura, Piura aparece como un espejismo en el horizonte, envuelta en temblorosas olas de calor. Es difícil abstraerse de la sensación de aislamiento de este entorno inolvidable, donde los primeros colonizadores tuvieron que arreglárselas solos. La ciudad, alejada de la costa, sufre un verano tórrido que obliga a buscar constantemente lugares con aire acondicionado y paseos a la sombra. Se puede andar por las encantadoras calles empedradas y estrechas y admirar las casas coloniales del centro: poco más ofrece esta ciudad a los turistas. Por ser un nudo de comunicaciones entre las poblaciones del norte suele ser lugar de paso obligado para pasar la noche.

A los bibliófilos les parecerá interesante pasear por las calles de Piura, escuchar sus sonidos y observar a su gente. En este oasis en medio del desierto vivió el eminente novelista peruano Mario Vargas Llosa durante su infancia, y gran parte de la obra del premio Nobel captura la vida en Piura. Los exploradores literarios deberían echar un vistazo a su segunda novela *La casa verde* (1966), así como a *El héroe discreto* (2013), ambas ambientadas en parte en Piura.

🎯 Puntos de interés

El jirón Lima, una manzana al este de la plaza de Armas, ha conservado su carácter colonial mejor que el resto de zonas de Piura.

Museo Municipal Vicús   MUSEO
(mvicus.blogspot.com; Huánuco 893; ⊙9.00-17.00 ma-sa, 9.00-13.00 do) GRATIS Este monolito de cuatro plantas ofrece un análisis escaso pero decente de la cultura vicús; lo más destacado es la sala de Oro (entrada 4 PEN; ⊙9.00-17.00 ma-vi) subterránea, donde se exponen algunas piezas excelentes, como un cinturón de oro decorado con una cabeza de gato dorada de tamaño real, una auténtica maravilla.

Casa Grau   MUSEO
(📋073-32-6541; Tacna 66; ⊙8.00-13.00 y 15.00-18.00 lu-vi, hasta 12.00 sa) GRATIS En esta casa colonial nació el almirante Miguel Grau el 27 de julio de 1834. Restaurada por la Marina peruana, hoy alberga un museo naval. Grau

fue un héroe de la guerra del Pacífico contra Chile (1879-1883) y capitán del buque *Huáscar,* construido por los ingleses.

Catedral   IGLESIA
(Plaza de Armas) Se construyó en 1588, cuando Piura se asentó por fin en su ubicación actual. El impresionante altar lateral cubierto de oro de principios del s. XVII de la Virgen de Fátima fue antaño el altar mayor de la iglesia. El cuadro de *San Martín de Porres* es obra del conocido pintor peruano Ignacio Merino, de mediados del s. XIX.

🛏 Dónde dormir

Hospedaje San Carlos   PENSIÓN $
(📋073-30-6447; Ayacucho 627; i/d 45/75 PEN; 🛜) El ganador de la categoría económica es este pequeño hospedaje de habitaciones ordenadas e impolutas, todas con TV. Las de atrás son mejores para los de sueño ligero.

Hotel Vicus   HOTEL $
(📋073-34-3201; Guardia Civil B-3; i/d/tr 60/80/105 PEN; ❄@🛜⚟) Es correcto, aunque está un poco descuidado. Las habitaciones están dispuestas a modo de motel de carretera norteamericano en un frondoso patio común y tienen todo lo que uno desearía, incluido el aire acondicionado en las tres matrimoniales. Goza de una buena posición pasado el puente desde el centro, en una zona relativamente tranquila, y la mejor marcha nocturna solo dista una cuadra. Ya está todo dicho.

Mango Verde   B&B $$
(📋073-32-1768; www.mangoverde.com.pe; Country 248; i/d desayuno incl. 160/180 PEN, sin/con aire acondicionado 140/150 PEN; ❄🛜) Este elegante B&B, situado 2 km al norte de la plaza de Armas en una verde área residencial, ofrece 19 habitaciones con mucho encanto y logra crear un ambiente industrial y acogedor a la vez (p. ej., tentadoras terrazas comunes con lujosos muebles de jardín y escaleras de acero). La cerámica de Catacaos y otros objetos decorativos le añaden un poco de color a unas habitaciones más bien sencillas pero con todas las comodidades. No es una maravilla pero se esfuerzan más que en el resto.

Hotel Las Arenas   HOTEL $$
(📋073-30-7583; hotellasarenaspiura@hotmail.com; Loreto 945; i/d desayuno incl. 110/140 PEN, sin/con aire acondicionado 90/120 PEN; ❄@🛜⚟) Esta casona remodelada ahora ofrece un poquito más de personalidad que otros hoteles de la ciudad. Las habitaciones son antiguas y bien

COLÁN ES PURO 'PIURAÍSO'

Si uno quiere perderse unos días en una auténtica playa peruana de arena blanca aún no invadida por extranjeros, debe poner rumbo a Colán, 15 km al norte de Paita, el puerto principal de Piura, unos 50 km al oeste de la ciudad. Paita es una localidad portuaria colonial polvorienta y decadente, como un brote natural del desierto, con el ambiente solitario del salvaje Oeste, pero, en cuanto se atisba Colán al desviarse de la carretera principal, se recupera la emoción de descubrir un lugar desconocido. Colán no solo alberga la iglesia colonial más antigua de Perú, sino que esta playa es el destino estival de moda entre la *jet set* peruana, aunque el resto del año está casi desierta. La playa de la bahía es de aguas poco profundas, perfecta para zambullirse. Hay muchísimos restaurantes en la calle principal y unos cuantos lugares estupendos donde dejarse caer unos cuantos días.

Desde la terminal interprovincial de Gechisa en Piura salen autobuses a Paita (4 PEN, 1 h) cada 15 min. Los colectivos a Colán (4 PEN, 20 min) y Sullana (6 PEN, 1¼ h) salen de la estación principal de Paita, cerca del mercado.

Playa Colán Lodge (☏073-32-6778; www.playacolanlodge.com.pe; en la playa, 1,5 km al sur del pueblo; bungaló 2/4/5 personas 199/252/331 PEN; P🛜🖥) Es el mejor alojamiento de Colán. Construido con una combinación de materiales naturales, es como la casa de Robinson Crusoe pero en versión elegante, con bonitos bungalós de colores pastel junto a la playa. Cuenta con muchas hamacas, palmeras que dan sombra, una cancha de tenis, una deliciosa piscina sinuosa y un excelente restaurante.

Luna Nueva (☏073-66-1761; www.lunanuevadecolan.com; av. Costanera Mz A Lt. 38; i desayuno incl. 809-90 PEN, d incl. desayuno 160-180 PEN; 🛜🖥) cuenta con el mejor restaurante del pueblo y habitaciones decoradas en tonos modernos, pero algo estrechas. La música alta que ponen fuera, en la parte delantera, ya no se oye en el bloque de habitaciones junto a la playa, donde hay una piscina y kayaks gratis para los huéspedes.

Hospedaje Frente del Mar (☏96-966-914; av. Costanera Mz A Lt. 10; i 35 PEN, d 70-100 PEN) Es el mejor lugar económico de la población. En las habitaciones hace calor y las camas son blandas, pero es agradable y limpio y tiene un tranquilo porche con vistas a la playa. Las habitaciones nuevas de la planta superior son las mejores.

cuidadas, con un suelo precioso Cabe destacar la pequeña pero encantadora piscina con atractivas sillas de mimbre para parejas y las numerosas macetas con plantas.

Tiene una pequeña cafetería y a los extranjeros les descuentan 10 PEN de la tarifa.

Los Portales — HOTEL HISTÓRICO $$$
(☏073-32-8887; www.losportales.com.pe; Libertad 875; h desayuno incl. 440-660 PEN; 🌀@🛜🖥) Este bello edificio colonial restaurado es ideal para vivir los sueños de grandeza de un conquistador. Está en la plaza de Armas y sus hermosas zonas comunes llevan a un restaurante junto a una piscina y a habitaciones con televisión por cable, minibar y grandes camas. Las de la parte trasera son nuevas, pero les falta el toque artesanal de las estancias históricas.

Intiotel — HOTEL DE NEGOCIOS $$$
(☏073-28-7600; www.intiotel.com; Arequipa 691; i/d/ste desayuno incl. 210/273/420 PEN; 🌀@🛜) Es moderno, nuevo y está de moda, con yermos pasillos industriales que llevan a habitaciones impolutas pero oscuras, con obras de arte de buen gusto y minibares plateados de estilo *retro,* televisores de pantalla plana y magníficos baños. Cuenta con un centro de negocios y servicio de habitaciones las 24 h.

✗ Dónde comer

Si se quieren probar las delicias regionales, la cercana población de Catacaos es de visita obligada. Los vegetarianos estarán encantados con la gran variedad de platos sin carne.

Snack Bar Romano — PERUANA $
(Ayacucho 580; principales 7,50-15 PEN, menú 6-22 PEN; 🕐cerrado do) Con una lista excelente de varios menús del día, este local es el favorito de los lugareños y lleva abierto los mismos años que sus camareros de mediana edad. Mención de honor para los ceviches, los sudados y las especialidades locales.

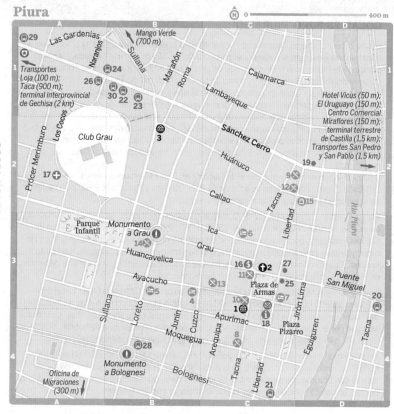

COSTA NORTE PIURA

Matheo's
VEGETARIANA **$**

(☎073-30-8096; Libertad 487; comidas 9-14 PEN; 🖋) Sus dos céntricos establecimientos son el antídoto perfecto a las abundantes parrilladas que abundan por todo el país. La carta vegetariana recoge muchas versiones de platos del lugar pero sin carne, algo increíble. El otro local está en Tacna 532.

Heladería El Chalán
POSTRES **$**

(Tacna 520; tentempiés 6,50-19 PEN) En esta cadena de comida rápida se preparan deliciosas hamburguesas y bocadillos, aunque destaca la excelente selección de zumos y los diversos sabores de los fresquísimos helados. Se recomiendan el de manjar blanco y el de limón. Los otros establecimientos de esta cadena están en Grau 173 y 453.

Supermercado
Multiplaza
COMPRA DE ALIMENTOS **$**

(Óvalo Grau) Para hacer la compra.

★ Capuccino
CAFÉ **$$**

(www.facebook.com/capuccinogourmet; Tacna 786; principales 22-45 PEN; ⊘cerrado do; 🛜) Este moderno café es una auténtica ganga: ofrece bocadillos y ensaladas *gourmet* estupendas para almorzar (aunque suele estar casi vacío). Hay platos más sofisticados para cenas elegantes acompañadas de una botella de vino. Destaca por la creatividad –lomo saltado, lasaña, mero en salsa de soja y salsa de maracuyá–, y los postres (tarta de queso con Toblerone, tarta de pecán) están de muerte.

Los adictos a la cafeína notarán que el exprés (4,50 PEN) es de lo mejor, y además sirven unas excelentes patatas fritas.

Cantón
CHINA **$$**

(Sánchez Cerro esq. Tacna; principales 22-32 PEN) En los restaurantes chinos peruanos la buena comida casi siempre está asegurada y este chifa no es una excepción. El ruido de la calle es una

Piura

lata, pero los platos frescos y sabrosos son el antídoto perfecto cuando se está harto de ceviche. Un plato es suficiente para dos personas.

Don Parce PERUANA $$
(☎073-30-0842; www.donparce.com; Tacna 642; principales 16-33 PEN, menú 39 PEN; 🛜) De lo más agradable, con una larga lista de platos clásicos peruanos y también menú del día, ubicado en un entorno colonial cerca de la plaza de Armas. Lo mejor es su menú de tres platos del mediodía, que incluye un copioso plato principal de carne.

El Uruguayo ASADOR $$$
(Guardia Civil esq. Cayeta, Centro Comercial Miraflores; bistec 25-70 PEN; ⊙desde 18.30) Los amantes de la carne se dan cita en este asador uruguayo que ha caído en desgracia en Trujillo, pero no así en Piura. Los cortes van de 200 a 500 g, se dividen por regiones (Uruguay, Argentina, América) y se acompañan con un sinfín de aderezos (chimichurri, vinagreta, ají).

🍷 Dónde beber

Todos los locales nocturnos de Piura que merecen la pena están en el Centro Comercial Miraflores, al este del centro, en la esquina de Guardia Civil con Cayeta.

Si se busca un buen bar, éntrese en **Atiko** (cócteles 12-22 PEN). Si lo que se quiere es mover el esqueleto, súbase hasta **Queens** (entrada 25-30 PEN), que se alborota los fines de semana cuando se llena de gringos y de peruanos con dinero que bailan al ritmo de una ecléctica mezcla de música internacional. Si alguno de estos locales cerrase, no hay por qué preocuparse: algún otro abriría en el mismo sitio.

🛍 De compras

Centro Artesanal Norte ARTESANÍA
(Huánuco esq. Libertad; ⊙9.30-13.30 y 16.00-20.00 lu-vi, hasta 13.30 do) Es un diminuto centro comercial con una docena de tiendas de artesanía que ofrecen especialidades regionales: cestas, tejidos o cerámica de Chulucanas. Con unos precios justos y negociables, es perfecto para hacer alguna compra si no se dispone de tiempo para ir hasta los pueblecitos de artesanos de las afueras.

ℹ Información

Hay internet por doquier y casi todos los alojamientos tienen lavandería.

ASISTENCIA MÉDICA

Clínica San Miguel (www.clinicasanmiguel piura.com; Los Cocos 111-153; ⊙24 h) Excelente.

DINERO

Las casas de cambio están en el cruce de Ica con Arequipa. El banco **BCP** (Grau 133) tiene cajero automático.

POLICÍA

Comisaría de policía (Sánchez Cerro s/n) Para denunciar robos.

CORREOS

Serpost (Ayacucho esq. Libertad; ⊙9.00-19.00 lu-vi, hasta 13.00 sa) En la plaza.

iPerú (☑073-32-0249; Ayacucho 377; ☺9.00-18.00 lu-sa, hasta 13.00 do) Con mostrador también en el aeropuerto.

Oficina de Migraciones (☑073-33-5536; www.migraciones.gob.pe; Sullana esq. Integración) Gestiona problemas de visados.

❶ Cómo llegar y salir

AVIÓN

El aeropuerto (PIU) está en la orilla suroeste del río Piura, a 2 km del centro. Los horarios cambian a menudo.

LAN (con oficina en el aeropuerto) vuela de Lima a Piura a las 6.10, 16.45 y 19.40 y vuelve a Lima a las 8.20, 11.30, 18.30 y las 21.50. Más baratas son **Avianca** (☑0-800-1-8222; www.avianca.com; Sánchez Cerro 234, CC Real Plaza), que sale de Lima a las 5.50 y a las 17.00 y vuelve a las 8.15 y a las 20.50, y la recién llegada **Peruvian Airlines** (☑011-716-6000; www.peruvian.pe; Libertad 777), que sale de Lima a las 18.00 y vuelve de Piura a las 20.00.

AUTOBÚS

Internacional

La ruta estándar hacia Ecuador recorre la carretera Panamericana hasta Machala pasando por Tumbes. Civa es la opción más cómoda y sale a diario las 21.45. **Transportes Loja** (☑073-30-5446; Sánchez Cerro km 1), que va por La Tina hasta Macará (12 PEN, 4 h) y Loja (28 PEN, 8 h), sale a las 9.30, 13.00 y 21.00. Los autobuses paran en la frontera para formalizar los trámites y luego siguen.

Nacional

Varias compañías tienen oficina en la cuadra 1110 de Sánchez Cerro, aunque para ir a Cajamarca y atravesar los Andes septentrionales, lo mejor es dirigirse a Chiclayo y allí tomar otro transporte.

Al este del puente peatonal de San Miguel hay autobuses y combis en dirección a Catacaos (1,50-2 PEN, 15 min). Los autobuses a Sullana (2 PEN, 45 min) y Paita (4 PEN, 1 h) parten desde la **terminal interprovincial de Gechisa** (Prolongación Sánchez Cerro), a una carrera de 5 PEN en taxi al oeste de la ciudad. Desde la **terminal terrestre de Castilla** (carretera Panamericana s/n), también llamada "El Bosque", al este de la ciudad, salen los autobuses a Chulucanas y Huancabamba. Una carrera en mototaxi hasta allí cuesta 3,50 PEN.

Civa (☑01-418-1111; www.civa.com.pe; Tacna esq. Castilla, al este del puente San Miguel) Autobuses a Lima a las 17.00, 18.00 y 18.30, frecuentes a Chulucanas y dos a Huancabamba a las 9.30 y 18.30 (los dos últimos salen desde la terminal terrestre de Castilla).

Cruz del Sur (☑0-801-11111; www.cruzdelsur.com.pe; Bolognesi esq. Lima) Cómodos autobuses a Lima a las 15.00, 17.30, 18.30 y 19.30, y uno a Trujillo a las 15.00.

El Dorado (☑073-32-5875; www.transporteseldorado.com.pe; Cerro 1119) Con 14 servicios a Tumbes entre las 6.30 y las 12.30, con parada en Máncora.

Eppo (☑073-30-4543; www.eppo.com.pe; Carretera Panamericana 243) Autobuses rápidos a Máncora cada media hora desde su nueva estación situada detrás del centro comercial Real Plaza.

---

❶ CRUCE DE FRONTERA: A ECUADOR POR LA TINA

El puesto fronterizo de La Tina carece de hoteles, pero la población ecuatoriana de Macará (a 3 km de la frontera) dispone de servicios adecuados. A La Tina se llega en colectivos (12 PEN, 2½ h), que salen desde Sullana, 40 km al norte de Piura, durante todo el día. Una opción mejor y muy práctica es Transportes Loja (tres autobuses diarios desde Piura: 9.30, 13.00 y 21.00) que pasan por aquí y siguen hasta Loja (28 PEN, 8 h).

El puente internacional que cruza el río Calvas hace de frontera y está abierto las 24 h. Los trámites son sencillos si se tienen los documentos en regla. No hay bancos, aunque se puede cambiar dinero en la frontera o en Macará. Un puente nuevo y sobre él un edificio de inmigración completamente renovado y compartido por las oficinas de inmigración peruanas y ecuatorianas hacen que el cruce sea facilísimo.

Los viajeros que llegan a Ecuador encontrarán taxis (1 US$) y colectivos (0,50 US$) para ir hasta Macará. En general, se concede una tarjeta turística T3 a casi todas las nacionalidades, que permite una estancia de 90 días en Ecuador y debe devolverse antes de dejar el país. En Macará hay un consulado (☑07-269-4030; www.consuladope rumacara.com; Bolívar 134) peruano. Para más información sobre Ecuador, véase la guía de Lonely Planet *Ecuador y las islas Galápagos*.

Ittsa (☎044-33-3982; www.ittsabus.com; Sánchez Cerro 1142) Autobuses a Trujillo (9.00, 13.30, 23.15), Chimbote (23.00), y un autobús-cama a Lima a las 18.00.

Línea (☎073-30-3894; www.linea.pe; Sánchez Cerro 1215) Autobuses a Chiclayo cada hora entre las 5.00 y las 20.00, así como otros a Trujillo a las 13.30 y las 23.00.

Tepsa (☎01-617-9000; www.tepsa.com.pe; Loreto 1198) Autobuses a Lima a las 15.00, 17.00, 18.30 y 21.00.

Transportes Chiclayo (☎074-50-3548; www. transporteschiclayo.com; Sánchez Cerro 1121) Servicios cada hora a Chiclayo.

Transportes San Pedro y San Pablo (☎073-34-9271; terminal terrestre de Castilla) Servicio semi-cama a Huancabamba a las 18.00.

Autobuses desde Piura:

DESTINO	TARIFA (PEN)	DURACIÓN (H)
Chiclayo	12-20	3
Chimbote	35	8
Guayaquil (Ec)	50-60	10-12
Huancabamba	25-20	8
Lima	59-135	12-16
Loja (Ec)	28	8
Mancará (Ec)	12	4
Máncora	16-25	3
Trujillo	25-45	6
Tumbes	16-25	5

TAXI

Si se va a Máncora, Punta Sal o Tumbes, es mucho son mucho más rápidas las combis de **Sertur** (☎01-658-0071; www.serturperu.com), que salen cada hora entre las 6.30 y las 20.30 de la terminal interprovincial de Gechisa (25 PEN, 3½ h).

Playa Lobitos
☎073

Aunque es relativamente nuevo dentro del panorama surfista peruano ofrece muchas olas estupendas, una playa tranquila y un poquito de vida nocturna. El pueblo surgió alrededor de una industria petrolera en los años veinte y aún quedan algunos edificios de Oregon Pine aquí y allá. Luego se convirtió en una avanzadilla militar. Actualmente comparten sus costas surfistas y trabajadores del petróleo.

🏃 Actividades

Los mejores meses para practicar surf son octubre y de abril a junio, pero hay buen oleaje todo el año. Cuando el mar está más picado, las olas pueden alcanzar los 2 m y extenderse varios centenares de metros. Suele haber sobre todo grandes olas tubulares que rompen en puntos rocosos. Los principiantes pueden probar cerca del muelle, donde las olas rompen en la playa.

🛏 Dónde dormir y comer

Los Muelles Surf Camp　　　ALBERGUE **$**
(☎97-869-3003; www.facebook.com/losmuellessurfcamp; cerca del muelle; parcela 13-15 PEN/persona, dc 10-15 PEN, h 25 PEN/persona) Aunque tiene un aire un poco sectario, está bastante bien. Situado en una antigua bodega de los años veinte, el local al aire libre para surfistas ocupa la segunda planta con una carpa donde hay habitaciones sencillas con colchones y poco más, así como un ambiente de auténtico surf que recupera el apogeo contestatario de este deporte.

Desde la plataforma de la segunda planta se puede ver cómo rompen las olas, beber mate y compartir historias con surfistas y otra gente que llega allí de todas las partes del mundo. El derecho a usar la cocina compartida cuesta 3 PEN.

Lobitos Lodge　　　HOSTAL **$$**
(☎073-67-8723; www.lobitoslodge.com.pe; en la playa, 100 m al sur del muelle; i 120-180 PEN, d 180-270 PEN; 🅿🛜) Sin duda es el mejor de la localidad. Tiene solo ocho habitaciones en un gran terreno frente a la playa. Todas cuentan con camas completamente nuevas, televisores de pantalla plana, balcones con hamacas y unas cuantas fotografías del propietario, magnate y surfista, surcando las olas con su familia. Si se solicita con antelación, preparan comidas caseras.

Merecen la pena las habitaciones que dan al mar porque en las de atrás hace calor.

ℹ Cómo llegar y salir

Para llegar aquí desde Piura, tómese un autobús de Eppo (p. 356) a Talara (9,50 PEN, 2 h) y luego una combi (3 PEN, 30 min) hacia el norte, a Playa Lobitos.

Cabo Blanco
☎073

La Panamericana discurre paralela al mar desde el norte de Talara y a menudo permite divisar la costa. Esta es una de las zonas petroleras más importantes: las bombas de extracción se ven por doquier, tanto en tierra como en plataformas marinas.

DE COMPRAS PARA LOS CHAMANES

Es el destino ideal si apetece la aventura. Merecen la pena, las 10 h de duro viaje desde Piura a Huancabamba, en lo más profundo de las montañas orientales, pues esta región es famosa por los brujos y curanderos que viven y trabajan en los cercanos lagos de Huaringas. Mucha gente acude allí para curarse mediante estas antiguas prácticas de sanación, y la gran mayoría son peruanos (hay pocos extranjeros). No resulta difícil encontrar información y guías.

La mística ciudad de Huancabamba, rodeada de montañas envueltas en niebla, se halla al comienzo del largo y estrecho río del mismo nombre. Las riberas del Huancabamba son muy inestables y se erosionan con mucha facilidad: la ciudad sufre hundimientos y deslizamientos con frecuencia; por este motivo se la denomina "la ciudad que camina".

En Perú, consultar a brujos y curanderos está muy aceptado y tiene una larga tradición anterior a la colonización española.

Gentes de toda condición social acuden a los chamanes, y se pagan grandes sumas de dinero por sus servicios. Ofrecen la curación de todo tipo de dolencias, desde dolores de cabeza a cánceres, así como remedios para la mala suerte y el mal de amores.

La zona lacustre de Huaringas, cerca de Huancabamba, a casi 4000 m de altitud, es conocida por sus poderes curativos y atrae a visitantes de toda Sudamérica. El lago más importante de la zona es la laguna Shimbe, aunque la cercana laguna Negra es la más frecuentada por los curanderos.

Una ceremonia puede durar toda la noche y conlleva el uso de plantas alucinógenas, como el cactus de San Pedro, cantos, invocaciones y danzas, y suele acabar con un baño en las frías aguas de la laguna. Algunas ceremonias incluyen el uso de sustancias más poderosas, como la ayahuasca (en quechua significa "enredadera del alma") que provoca fuertes alucinaciones. Su ingesta suele producir vómitos. Los curanderos también usarán ícaros, que son canciones y cantos místicos empleados para dirigir e influir en la experiencia espiritual. Los curanderos serios pasan muchos años estudiando y esfor-

---

Unos 40 km al norte de Talara se encuentra la tranquila Cabo Blanco, famosa en todo el mundo por la pesca deportiva. Situada en una suave bahía rocosa frente a la cual se balancea en el mar la flota de barcos de pesca, allí donde las corrientes cálidas de Humboldt y El Niño crean un rico microcosmos de vida marina. Se dice que sirvió de inspiración al escritor Ernest Hemingway para escribir su famosa obra *El viejo y el mar* después de pescar aquí a principios de la década de 1950. La pieza más grande capturada fue un merlín negro de 710 kg, pescado en 1953 por Alfred Glassell Jr. Todavía es un buen lugar para la pesca con caña, aunque es más probable pescar un atún de unos 20 kg que un merlín negro, cuya población ha disminuido y, si se encuentran, los ejemplares rara vez sobrepasan los 100 kg. No obstante, en las competiciones de pesca se han capturado algunos de 300 kg.

De noviembre a enero, hay magníficas olas tubulares rápidas de 3 m de altura que atraen a los surfistas expertos.

A través del Hotel El Merlín y otros de la zona se pueden alquilar barcos para la pesca de altura con aparejos de buena calidad;

cuestan 1350 PEN/6 h, con bebidas y almuerzo incluidos. Los mejores meses para pescar son enero, febrero y septiembre.

🛏 Dónde dormir

Hotel El Merlín
HOTEL **$**

(☎073-25-6188; www.elmerlin.webs.com; i/d desayuno incl. desde 60/100 PEN; P🅿🛜) Todas las habitaciones reciben la brisa marina, tienen paredes decoradas con dulces motivos playeros, bonitos suelos enlosados, duchas privadas de agua fría y balcones con vistas al océano. Como no hay muchos visitantes en Cabo Blanco, a veces está casi vacío.

Hospedaje Cabo Blanco
PENSIÓN **$**

(☎073-25-6202; Malecón s/n; i/d 40/80 PEN; 🛜) Situado a la entrada del pueblo, ofrece dos habitaciones sencillas, una cocina compartida y un pequeño salón. Está bien para grupos grandes que quieran alquilar toda la casa.

❶ Cómo llegar y salir

Cabo Blanco se halla a varios kilómetros bajando por una serpenteante carretera desde la ciudad de El Alto, en la carretera Panamericana. Desde

zándose por conseguir el título de maestro curandero. Están saliendo a la luz muchos informes de prácticas peligrosas con ayahuasca (sobre todo en torno a Iquitos, en la Amazonia) y vale la pena pensárselo muy bien antes de ingerir ninguna sustancia. Los autores de esta guía no lo recomiendan. Conviene ir con un amigo, sobre todo las mujeres que viajen solas.

Si se está interesado en realizar una visita de este tipo en Huancabamba se debe tener en cuenta que esta tradición se toma muy en serio y que los curiosos y escépticos no son bien recibidos. Los curanderos con mejor reputación se encuentran en la zona de los lagos. La pequeña **oficina de información turística** (☷8.00-18.00), en la estación de autobuses, dispone de un sencillo mapa de la zona y de un listado de brujos y curanderos acreditados. Cerca de los lagos, en Salala, los chamanes o sus "agentes" ofrecen sus servicios, pero hay que tener cuidado con los farsantes: lo mejor es llegar con un nombre de referencia. También conviene saber que hay brujos que trabajan "en el lado oscuro". Se suele pagar unos 200 PEN por una visita.

Los hoteles son rudimentarios y en muchos hay baños compartidos con agua fría. El **Hostal El Dorado** (✆074-47-3016; Medina 116; i/d sin baño 15/28 PEN) está en la plaza de Armas y su dueño es muy amable.

En la estación de autobuses de Huancabamba, **Civa** (✆01-418-1111; www.civa.com.pe), **Turismo Express** (✆074-34-4330) y **Transportes San Pedro y San Pablo** (✆074-47-3617) ofrecen un autobús matutino a Piura (20 PEN, 8 h) entre las 7.30 y las 8.00. Hay otros tres autobuses por la tarde hacia Piura entre las 17.00 y las 19.00. Para visitar los lagos, tómese la combi de las 5.00 desde esta terminal hasta la localidad de Salala (5-7 PEN, 2 h), desde donde se pueden organizar rutas a caballo hasta los lagos (20-25 PEN).

Hoy en día, los ajetreados peruanos se conectan a la red y consultan a sabios chamanes que saben de negocios a través de la mensajería instantánea. Pero no es lo mismo que los cantos a medianoche con baños helados en lagos remotos de los Andes.

Máncora, se puede tomar una combi a El Alto (2 PEN, 30 min) y luego una camioneta o una combi hasta Cabo Blanco (2 PEN, 15 min).

Máncora

✆073 / 9700 HAB.

Es el lugar ideal para ver y dejarse ver por la costa peruana. En verano los extranjeros acuden en masa a Máncora a codearse con la *jet set* peruana. Es comprensible. Aquí están las mejores playas de arena de Perú, que se extienden varios kilómetros a lo largo de la región más soleada del país. Además hay decenas de complejos hoteleros de lujo y otros de precio económico a pocos pasos de las olas. En la playa, casi todo gira en torno a la ruidosa calle principal, que cuenta con buenos restaurantes de marisco y sabores internacionales para elegir.

Las constantes olas de calidad atraen a los surfistas, mientras que una animada vida nocturna los mantiene ocupados cuando el sol se sumerge en el mar.

Como el clima es bueno durante todo el año, es uno de los pocos pueblos de la costa que no queda desierto después del verano. Máncora está a medio camino entre Talara y Tumbes; lo atraviesa la carretera Panamericana, a 100 m de la playa, donde se convierte en av. Piura y luego en av. Grau en su recorrido por el pueblo. En la entrada sur a la localidad hay una salida de la carretera Panamericana que lleva al sur por la costa siguiendo la antigua Panamericana. Este tranquilo tramo tiene los mejores complejos hoteleros de precio medio y alto, así como acceso directo a Las Pocitas y Vichayito, probablemente las mejores playas de arena del mundo.

🏊 Actividades

Hay varias playas desiertas en los alrededores de Máncora; se puede solicitar un taxi en el hotel o pedir información para ir en autobús o a pie (en este caso, hay que estar preparado para andar varios kilómetros).

Surf y 'kitesurf'

Aunque goza de buenas olas todo el año, la mejor temporada va de noviembre a febrero. El mejor rompiente del pueblo es Punta Ballenas (escarpado, de fondo rocoso y situado a

5 min a pie, al sur de la playa principal). La propia playa de Máncora tiene estupendos rompientes de arena para todos los niveles (aunque a veces hay mucha gente). Sin duda, vale la pena hacer escapadas de un día o incluso pernoctar para probar rompientes cercanos como Los Órganos, Lobitos, Talara y Cabo Blanco.

En el extremo sur de la playa de Máncora varios establecimientos alquilan tablas (10 PEN/h, 20 PEN/día); el mejor está delante del hotel Del Wawa.

Laguna Surf Camp
SURF

(☎99-401-5628; www.vivamancora.com/laguna camp; Veraniego s/n) La simpática Pilar ofrece clases de surf de 90 min a 60 PEN (incluido el alquiler de la tabla).

Máncora Surf Shop
SURF

(www.mancorasurfshop.com; Piura 352) Vende tablas y ropa de surf; también organiza clases por 50 PEN/h.

Wild K
KITESURF

(www.wild-kitesurf-peru.com; Piura 261) De mayo a septiembre ofrece el mejor *kitesurf* de Máncora (en enero y febrero aún queda algo de viento). Ofrecen cursos de tres días por 360 US$ o introductorios (65 US$/h), alquilan tablas de *paddle* surf (60 PEN/medio día y 90 PEN/día entero) y dan clases de este deporte (90 PEN/h).

Ciclismo

Amancay
ALQUILER DE BICICLETAS

(☎94-794-6470; www.amancaybikes.com; Piura Interior s/n) Alquila bicicletas (15 PEN/h, 40 PEN/4 h y 70 PEN/8 h) y además organiza circuitos guiados de 3 h en bicicleta a Eco-Fundo (80 PEN). El camino a Eco-Fundo o la Antigua Panamericana son las mejores rutas para montar en bicicleta.

Baños de barro

Unos 11 km al este de Máncora, subiendo por el boscoso valle de Fernández, se hallan unas fuentes termales (entrada 3 PEN) con un barro finísimo, perfecto para tratamientos faciales. Se dice que las aguas sulfurosas y el barro tienen poderes curativos. Se puede llegar en mototaxi (50 PEN, incluido el tiempo de espera).

Submarinismo y buceo

No es un lugar estupendo para el buceo con tubo ni el submarinismo pero puede ser divertido hacer una excursión por la tarde. En los circuitos de buceo (80 PEN) se nada con tortugas marinas junto al muelle de un pequeño pueblo pesquero llamado El Ñuro, situado 23 km al sur de Máncora, al final de la playa de Los Órganos. Casi todas las inmersiones se hacen desde las cercanas plataformas petrolíferas y se puede descender hasta 70 m. La visibilidad es limitada y hay bancos de peces y pulpos.

Escuela de Buceo Spondylus
SUBMARINISMO, BUCEO

(☎99-989-1268; www.buceaenperu.com; Piura 216) es la única tienda de submarinismo de Máncora y el primer centro de Perú certificado por PADI. Ofrecen cursos en aguas abiertas (990 PEN/3 días), inmersiones de medio día (300 PEN, no hacen falta credenciales de sub-

---

LOS MEJORES ROMPIENTES DE LA COSTA NORTE

Los devotos del surf gozarán de mucha acción en la costa norte de Perú, desde el rompiente más largo del mundo en Puerto Chicama al buen oleaje constante de Máncora. Casi todos los lugares tienen olas de calidad todo el año y en las zonas intermedias hay buenos sitios para principiantes.

Los Órganos Situada 14 km al sur de Máncora. Playa rocosa con buenas olas tubulares que alcanzan los 2 m. Solo para surfistas experimentados.

Cabo Blanco (p. 357) Olas huecas perfectas de entre 1 y 3 m de altura, que rompen en rocas. De nuevo, solo para surfistas experimentados.

Puerto Chicama (p. 339) En un buen día, este es el rompiente más largo del mundo (¡de hasta 3 km!); durante todo el año ofrece buen oleaje para todos los niveles.

Máncora Popular y muy accesible; olas constantes de hasta 2 m de altura. Apropiada para surfistas de todos los niveles.

Huanchaco (p. 336) Olas largas, bien formadas y huecas. Apropiada para todos los niveles.

Playa Lobitos (p. 357) Tiene más de ocho rompientes con nombre propio en un entorno que pretende volver a los valores esenciales del surf.

marinista), y dos divertidas inmersiones para submarinistas con certificado (300 PEN).

Senderismo

Se puede alquilar una camioneta (75 PEN aprox. con tiempo de espera incluido) para explorar el interior desde la costa desértica y subir por el valle de Fernández, pasar por las fuentes termales y llegar hasta el final de la carretera (aprox. 1½ h). Desde allí se continúa durante 2 h a pie a través de bosques con distintas especies de árboles y aves singulares hasta llegar a las pozas de Los Pilares, ideales para darse un baño. También se puede visitar esta zona contratando un circuito.

Circuitos

En el pueblo, varias agencias ofrecen circuitos, como buceo con tubo (80-100 PEN), un viaje a los Manglares del norte (60-100 PEN/9 h), a Chiclayo y Sipán (99 PEN) o a Piura y alrededores (89 PEN). Para dejar más beneficios en la economía de la zona se puede hacer noche en esos lugares retirados.

Iguana Tours CIRCUITOS DE AVENTURAS
(☑073-63-2762; www.iguanastrips.com; Piura 245) Organiza excursiones de un día al bosque seco de Los Pilares, donde se visitan relucientes cascadas, se puede nadar, montar a caballo, untarse en baños de barro y almorzar; todo ello por 180 PEN/persona. También ofrece otros circuitos estándar.

Discovery Tours CIRCUITOS DE AVENTURAS
(☑073-51-1593; www.discoveryperu_chiclayo.com; Piura 300) Es la agencia más veterana y ofrece todos los circuitos principales.

Eco-Fundo La Caprichosa TIROLINA
(☑073-25-8572; www.ecofundolacaprichosa.com) Este "parque de atracciones ecológico" ofrece un circuito entre el follaje por 100 PEN. El de 2 h recorre 1600 m a lo largo de cuatro cables. También se puede montar a caballo por 20 PEN. Está a 10 min hacia el interior en mototaxi (15 PEN).

Dónde dormir

Los precios de los hoteles de Máncora varían según la temporada; entre enero y mediados de marzo (temporada alta) suben hasta un 50% con respecto al resto del año, sobre todo los fines de semana. Durante las tres semanas de vacaciones más importantes (Navidad y Año Nuevo, Semana Santa y Fiestas Patrias), incluso se pueden triplicar, y los hoteles suelen exigir estancias de varias noches y estar abarrotados. Los precios aquí indicados corresponden a la temporada alta.

Yendo al sur del pueblo por la antigua Panamericana se encuentran alojamientos estupendos de precio medio y alto. Un moto taxi de aquí al pueblo cuesta entre 5 y 10 PEN.

 Loki del Mar ALBERGUE $
(☑073-25-8484; www.lokihostel.com; av. Piura 262; dc 28-39 PEN, h 96 PEN, todas con desayuno incl.; ❋@🛜☲) Los animales sociales emigran en manada hasta el rey de los albergues playeros, aunque en realidad es un modesto complejo turístico disfrazado de alojamiento para mochileros. En el encalado edificio hay espaciosos dormitorios comunes con camas extra grandes y unas cuantas habitaciones privadas para quienes buscan un ambiente de albergue sin tener que aguantar ronquidos.

Todo gira en torno a la enorme piscina, el bar y la zona de descanso, donde se exponen bien claras las reglas del *beer pong* (especie de tenis de mesa alcohólico) y una tabla con las actividades gratuitas (casi todas) del día. De lo bueno, lo mejor entre los albergues.

Kokopelli ALBERGUE $
(☑073-25-8091; www.hostelkokopelli.com; Piura 209; dc 32-40 PEN, h 100 PEN, todas con desayuno incl.; ❋@🛜☲) Es el albergue más íntimo de la localidad y forma parte de una exitosa cadena peruana. No tiene acceso a la playa, pero hay una pequeña piscina, un bar estupendo, coloridos dormitorios con paredes de ladrillo visto y tres habitaciones privadas con caja fuerte dentro, una rareza en los albergues peruanos. Es un estupendo plan B si uno no encuentra sitio en su plan A.

Laguna Surf Camp BUNGALÓS $
(☑99-401-5628; www.vivamancora.com/lagunacamp; Veraniego s/n; dc/i/d 30/90/120 PEN, bungalós 80-120 PEN; 🛜☲) Este tranquilo alojamiento es un tesoro oculto, situado a una manzana de la playa y rodeado por su propio oasis rústico. Los bungalós de bambú estilo indonesio, más antiguos, están dispuestos alrededor de un agradable jardín de arena cerca del agua, y las numerosas hamacas a la sombra proporcionan una dosis de ocio. Los nuevos dormitorios de cinco camas son una bendición para los viajeros de presupuesto ajustado.

La alegre dueña, Pilar, que también es instructora de surf, hace años que captó la esencia de Máncora.

Del Wawa
HOTEL **$$**

(☎073-25-8427; www.delwawa.com; 8 de Octubre s/n; i/d 50/100 PEN; ❋☎) Esta meca de los surfistas está en plena playa, pero parece que se toman las cosas un poco a la ligera: abundante pintura desconchada, peligrosos calentadores de agua caliente oxidados y un personal distante en la recepción.

De todos modos, las habitaciones de adobe de vivos colores que dan al océano tienen una ubicación insuperable, así como las del 2º piso, más nuevas y de colores cálidos, en un anexo posterior. Tiene la zona común más idílica de este pueblo de playa, con unas vistas estupendas de los mejores rompientes desde un grupo de cómodas tumbonas protegidas por sombrillas. También alquilan tablas de surf y organizan cursos de *kitesurf*.

Hostal Las Olas
HOTEL **$$**

(☎073-25-8099; www.lasolasmancora.com; i/d/tr desayuno incl. desde 140/160/240 PEN; ☎) Este estupendo alojamiento para parejas destaca por su exterior, en un mediterráneo tono aceituna, que contrasta con las blancas habitaciones minimalistas con toques de madera. El pequeño y acogedor restaurante da a los mejores rompientes de la playa y es el sueño de cualquier oteador de olas.

Las habitaciones más nuevas del 2º y 3er pisos son más grandes y tienen amplias terrazas y vistas al mar, pero las más baratas están bajo una escalera que suena como un terremoto cuando los que han optado por las mejores habitaciones suben a disfrutar de sus aposentos.

Marcilia Beach Bungalows
BUNGALÓS **$$**

(☎073-69-2902; www.marciliadevichayito.com; antigua Panamericana km 1212; h desayuno incl. con/sin vistas al mar 100/80 PEN/persona; @☎) Una simpática pareja peruana puso en marcha estos rústicos bungalós en la playa de Vichayito. Todos tienen agua caliente de termo eléctrico y baños muy buenos, pero el mejor es el que está junto al mar: quien lo reserva tiene la impresión de que toda la playa es su propio paraíso privado.

★ Hotel Sunset
HOTEL-BOUTIQUE **$$$**

(☎073-25-8111; www.sunsetmancora.com; antigua Panamericana 196; i/d desayuno incl. 360/450 PEN; ❋☎☎) Este íntimo hotel-*boutique* no desentonaría en la brillante portada de una revista de viajes. Sus interiores están amueblados con gusto; con estupendas esculturas de roca de temática acuática. Las amplias habitaciones cuentan con colchones sólidos, duchas de agua caliente, balcones y vistas al mar.

La piscina es diminuta y hay rocas en el acceso al mar, aunque dando un paseo corto se llega hasta una playa de arena (eso si uno puede despegarse del restaurante italiano del hotel, uno de los mejores de la zona).

Casa de Playa
COMPLEJO **$$$**

(☎073-25-8005; www.casadeplayamancora.net; antigua Panamericana km 1217; i/d desayuno incl. 200/280 PEN; ⓟ☎☎) Es de lo más agradable, y ofrece modernas y elegantes habitaciones decoradas con cálidos tonos naranjas y amarillos a las que se accede por frondosos corredores con todo tipo de plantas.

Las habitaciones más grandes disponen de agua caliente, cuadros y un balcón con hamaca y hermosas vistas. Hay un sugerente *lounge* de dos pisos donde relajarse frente al mar.

Hotelier
HOTEL **$$$**

(☎073-25-8702; www.hotelier.pe; antigua Panamericana km 1217; i/d desayuno incl. desde 200/270 PEN; ❋☎☎) Si se viaja por la gastronomía, este artístico hotel es el lugar perfecto. El propietario, Javier Ruzo, es hijo de Teresa Ocampo, una famosa chef de Perú, que durante 30 años condujo un programa de televisión sobre cocina. Javier, también chef y hombre polifacético, continúa aquí con la tradición familiar en el fabuloso restaurante, pero además es artista y fotógrafo y sus obras (poemas, cuadros, fotos) confieren una personalidad única a las distintas habitaciones.

DCO Suites
HOTEL-BOUTIQUE **$$$**

(☎073-25-8171; www.hoteldco.com; ste desayuno incl. desde 710 PEN; ❋@☎) Este lugar relativamente nuevo es de los que crean tendencia y sigue siendo la opción preferida de la *jet set*, las estrellas de *rock*, las parejas de luna de miel y otros nómadas de bolsillo abultado.

Aunque la paleta cromática (en blanco y un llamativo azul turquesa) es muy contrastada, las espaciosas habitaciones tienen batas tipo kimono, duchas con efecto lluvia y preciosas paredes de arenisca curvadas que combinan como un puzle arquitectónico.

Es de destacar el servicio, la intimidad y el lujo, tanto en las cabañas con cortinas de la playa, como en el notable *spa* exterior o en la pequeña piscina infinita.

Dónde comer

El pescado es el rey de la gastronomía de Máncora, pero el resto de alimentos son de importación, lo que aumenta su precio. Si se prefiere hacer la compra, en la calle principal hay varios supermercados pequeños.

Green Eggs & Ham
DESAYUNOS $

(Grau 503; comidas 15-18 PEN; ☺7.30-16.30) Este local de desayunos inspirado en las ilustraciones de *Dr Seuss* no tiene nada de infantil: cuenta con un batallón de fans estadounidenses nostálgicos de sus desayunos (panqueques, tostadas, tortitas de patata). Pero el plato fuerte es la terraza del 2º piso: solo una hilera de altas palmeras la separa de las olas.

Angela's Place
DESAYUNOS $

(Piura 396; desayuno 6,50-14 PEN, principales 5-12 PEN; ☺desde 8.00; 🖋) Angela, la maga austríaca del pan, empezó a vender sus deliciosos panes de boniato, yuca y trigo en su bici hace muchos años. Hoy se pueden comprar en su alegre café de la calle principal, junto con creativos y abundantes platos vegetarianos (¡y veganos!), enérgicos desayunos variados y dulces de pastelería.

Beef Grill
HAMBURGUESERÍA, ASADOR $

(Piura 253; hamburguesa 18-23 PEN; ☺desde 17.00) Las mejores hamburguesas de la costa norte son perfectas para combatir la tristeza del marisco, aunque también preparan otros platos de carne más elaborados.

Juguería Mi Janett
ZUMOS

(Piura 677; zumo 3-6 PEN) Los mejores zumos del pueblo, tan grandes y sabrosos que pueden sustituir fácilmente un desayuno. Sirven jarras enormes de la fruta tropical preferida recién exprimida.

★La Sirena d'Juan
PERUANA $$

(☎073-25-8173; Piura 316; principales 30-35 PEN; ☺cerrado ma; 🖘) Juan ha convertido su pequeño local de marisco en el mejor restaurante del norte de Perú. El atún de aleta amarilla recién pescado en las aguas de Máncora causa sensación, tanto si lo prepara en tiradito (una especie de *sashimi* peruano) con curri amarillo o a la parrilla con una salsa de mango, *rocoto* y pimiento rojo.

En la carta también hay imaginativos raviolis y clásicos peruanos con un toque *gourmet* (cabrito con cerveza negra, p. ej.). El servicio en este pequeño espacio, al estilo de una granja francesa, es personalizado y perfecto. Es caro para Máncora, pero probablemente cuesta el triple en otros lugares.

No es mala idea reservar en temporada alta.

Tao
TAILANDESA, CHINA $$

(Piura 240; principales 12-35 PEN; ☺cerrado lu) Los aromas del sureste asiático llegan flotando a la av. Piura procedentes de este fantástico restaurante chino-tailandés. La gente acude por sus novedosos sabores: curris *panang* rojos, verdes y amarillos, salteados fusión y fideos.

Aunque muchos platos se preparan con el atún local, la carta también incluye el cerdo, la ternera, el pollo y las verduras. Es un restaurante elegante, pero siempre está lleno de mochileros en busca de una cena de categoría culinaria superior.

Ají
MEXICANA $$

(Piura Interior s/n; principales 20-30 PEN; 🖘) Lejos del bullicio de la calle principal, este local tranquilo y agradable sirve una gran variedad de platos mexicanos y alguno que otro de *pub*, como alitas picantes y pollo a la barbacoa. El restaurante al aire libre tiene una pequeña barra y el dueño, Eric, es un surfista muy simpático que puede contar muchos trucos.

Donde Teresa
PERUANA $$$

(☎073-25-8702; antigua Panamericana km 1217, Hotelier; principales 32-70 PEN; 🖘) Antes de Gastón Acurio, estaba Teresa Ocampo, la chef más famosa de Perú (incluso antes de que la comida peruana fuera famosa). Ahora vive en Texas, pero su hijo Javier mantiene vivo el sueño en la playa de Las Pocitas (a un trayecto de 5 PEN en mototaxi). Se recomiendan, entre otros, ají de gallina ahumado, arroz salteado con marisco, cualquier cosa con atún de aleta amarilla y el memorable pudin de pan empapado en pisco.

Javier ha vivido en Francia, China y quién sabe dónde más, así que ha mejorado sus destrezas e ¡incluso arponea sus propias capturas de vez en cuando! Si esta leyenda no existiera, los peruanos se amotinarían. Resérvese con antelación en enero, febrero y julio.

⊜ Dónde beber y vida nocturna

Casi todos los restaurantes ofrecen ofertas de dos por uno en las bebidas a ciertas horas. La fiesta empieza en Piura y se traslada luego a los bares y discotecas de la playa. En Loki (p. 361, un DJ pincha los viernes y sábados por la noche (a veces hay que enseñar el pasaporte).

ⓘ Información

En general es bastante seguro pero ha habido denuncias de robos ya entrada la noche. Hay que tener cuidado con los bolsos en los mototaxis, ya que se ha denunciado a algunos taxistas que salieron corriendo con las pertenencias del pasajero. No es recomendable caminar solo por la playa de noche.

Muchos viajeros amplían sus estancias trabajando como voluntarios en los albergues o encuentran trabajo en un restaurante o un bar. Es divertido para el viajero pero no muy bueno para los lugareños, que también compiten por estos trabajos.

No hay una oficina de información, pero la página www.vivamancora.com ofrece información muy útil y abundante. Hay cajeros automáticos de BCP, BBVA, Globalnet y Banco de la Nación por la calle principal, pero solo el último es un banco. Por la misma zona hay lugares con acceso a internet.

Banco de la Nación (Piura 625) Cambia dólares estadounidenses.

Medical Center (☑073-20-8743; www.medicalcentermancora.com; antigua Panamericana s/n; ☺24 h) En caso de picadura de raya o de fractura de un hueso, acúdase a esta completa clínica situada en la entrada norte del pueblo.

ⓘ Cómo llegar y salir

AVIÓN

La mejor forma de llegar en avión es volar a Piura con **LAN** (☑073-30-2145; www.lan.com; Grau 140), Avianca (p. 356) o Peruvian Airlines (p. 356), o a Tumbes con **LAN** (☑072-52-4481; www.lan.com; Bolognesi 250), y tomar allí un transporte por tierra.

AUTOBÚS

Muchas empresas de autobuses tienen sus oficinas en el centro, aunque la mayoría de los trayectos hacia el sur parten de Tumbes. Las combis a Tumbes (10 PEN, 2 h) recorren la calle principal hasta que se llenan. Hay autobuses-cama directos de Máncora a Lima (14 h); otros servicios realizan paradas en ciudades intermedias de camino a Lima (18 h). Los microbuses realizan el trayecto regularmente entre Máncora y Punta Sal (3 PEN, 30 min).

Cial (☑96-540-2235; Piura 520) Un autobús diario a Lima a las 17.30.

Cifa (☑94-181-6863; www.cifainternacional.com; Grau 2121) Baratos autobuses diarios a Guayaquil (60 PEN) y Cuenca (60 PEN) en Ecuador.

Civa (☑01-418-1111; www.excluciva.pe; Piura 704) Servicio económico a Lima a las 15.30 y otros autobuses mejores a las 17.30 y 18.30; también ofrece uno a medianoche a Guayaquil.

Cruz del Sur (☑0-801-11111; www.cruzdelsur.com.pe; Grau 208) Autobuses-cama a Lima a

las 17.30; autobuses a Trujillo y Chimbote los martes, miércoles, viernes y sábados a las 22.30; y también a Guayaquil desde Lima a las 9.00 los lunes, martes, jueves y sábados.

El Dorado (☑073-25-8161; www.transporteseldorado.com.pe; Grau 213) Seis autobuses diarios a Piura entre las 9.30 y 21.30; a Chiclayo (9.30, 21.30, 23.30, 24.00) y Trujillo (9.30, 21.30, 23.00). Hay un autobús hacia Tumbes que recoge pasajeros siete veces al día.

Emtrafesa (☑072-52-5850; www.emtrafesa.com; Grau 193) Servicios a Chiclayo a las 21.30 y 22.00 y a Trujillo a las 20.30, 21.30 y 22.00.

Eppo (☑073-25-6262; Piura 679) Autobuses rápidos y regulares a Sullana y Piura entre las 4.15 y las 19.00. Dejan en Los Órganos por 2 PEN.

Oltursa (☑01-708-5000; www.oltursa.pe; Piura 509; ☎) Autobús-cama a Lima (icon wifi!) a las 17.30 y 18.00 de lunes a sábado; a las 16.00 y 16.30 los domingos.

Sertur (☑01-658-0071; www.serturperu.com; Piura 624) Colectivos rápidos a Piura (cada hora de 7.00 a 21.00) y Tumbes (cada hora de 8.00 a 18.00).

Tepsa (☑01-617-9000; www.tepsa.com.pe; Grau 113) El autobús a Lima sale a las 18.00.

Autobuses desde Máncora:

DESTINO	TARIFA (PEN)	DURACIÓN (H)
Chiclayo	39-100	6
Chimbote	80	14
Guayaquil (Ec)	60-108	9
Lima	60-145	14-18
Piura	20-95	3½
Sullana	12.50	2½
Trujillo	30-87	9-10
Tumbes	10-60	2

Punta Sal

☑072 / 3300 HAB.

La amplia bahía de Punta Sal, 25 km al norte de Máncora, es de arena fina con tramos rocosos, perfecta para nadar en el mar en calma. No hay surfistas, y se ha convertido en un tranquilo oasis de complejos turísticos de ambiente familiar.

🛏 Dónde dormir y comer

Las Terrazas de Punta Sal   HOTEL **$**
(☑072-50-7701; www.lasterrazasdepuntasal.pe; i/d sin baño 25/50 PEN, h con baño desde 80 PEN; @☎) Una de las pocas opciones económicas de esta playa, que ofrece habitaciones sólidas en la casa principal, así como

diminutos cuartos de bambú en la parte de atrás. ¡Hay que escoger bien! El restaurante de la terraza ofrece unas vistas impresionantes del atardecer.

Hotel Caballito de Mar HOTEL-BOUTIQUE $$
(☑072-54-0058; www.hotelcaballitodemar.com; h pensión completa incl. 105-150 PEN/persona; ✳@🛜🛝) Las 23 habitaciones con vistas al mar escalan literalmente el acantilado y tienen hermosos toques de bambú y terrazas privadas. Cuenta con restaurante, bar, *jacuzzi*, sala de TV, sala de juegos y una piscina maravillosa que prácticamente se sumerge en el mar. Se pueden organizar actividades como pesca, salidas en barca, equitación, esquí acuático y surf. Se halla en la parte principal de Punta Sal.

Punta Sal Suites & Bungalows COMPLEJO $$$
(☑072-59-6700; www.puntasal.com.pe; i pensión completa incl. desde 333-440 PEN, d pensión completa incl. 280-390 PEN/persona; 🅿✳@🛜🛝) Saliendo de la carretera Panamericana a la altura del kilómetro 1192, unos 10 km al norte de Punta Sal, se llega a este oasis costero que tiene todo lo bueno que uno espera de un complejo hotelero. Los bungalós tienen capacidad para cinco personas y están completamente equipados, con toques tropicales y un excelente ambiente playero.

A las habitaciones individuales les faltan vistas de la playa. Es un lugar perfecto para familias, ya que cuenta con mini golf, lavandería, paseos en plátano hinchable, esquí acuático, tenis, voleibol, tenis de mesa, billares y una piscina con tumbonas de madera. Y, ¿qué complejo estaría completo sin una réplica casi a tamaño natural de un galeón de los conquistadores?

❶ Cómo llegar y salir

Los microbuses realizan el trayecto entre Máncora y Punta Sal (3 PEN, 30 min) regularmente.

Zorritos

☑072 / 9400 HAB.

Se halla a unos 35 km al sur de Tumbes y es el pueblo de pescadores más grande de la zona. Más al sur, las playas son más bonitas, pero estas costas son interesantes por su fauna de aves marinas. Por los alrededores se pueden ver rabihorcados, pelícanos, garcetas y otras aves migratorias. Un nuevo malecón con un edificio reluciente aún deshabitado promete cosas mayores para el pequeño Zorritos.

🛏 Dónde dormir y comer

Las opciones para comer son limitadas, pero hay unos cuantos restaurantes (casi todos de marisco) frente al malecón.

Grillo Tres Puntas Eco-Hostel HOSTAL $
(☑072-79-4830; www.casagrillo.net; Panamericana Norte km 1235; parcelas 15 PEN, h con/sin baño 55/30 PEN/persona, todas con desayuno incl.; @🛜🛝) ✐ Fue construido, sobre todo por voluntarios, con materiales naturales como el bambú y la caña. Todo, hasta el agua, es reciclado. En la playa hay unas cabañas rústicas con terrazas y hamacas. Los lugares de acampada tienen electricidad y un cobertizo para protegerse del sol. Cuenta con un artístico patio elevado, decorado con madera flotante, ideal para tomarse una cerveza al atardecer. Todas las habitaciones comparten un baño exterior decorado con un mosaico de baldosas y conchas. Organizan excursiones a los baños de barro cercanos, así como un popular circuito de cinco días con alojamiento en hostal y *camping* por playas, montaña, lagunas y los baños de barro, que cuesta solo 600 PEN/persona, ¡todo incluido! Es rústico, pero también es de lo más idílico.

Puerta del Sol HOTEL $
(☑98-593-2412; puertadelsol@rosillotours.com; Piaggio 109; h desayuno incl. 50-60 PEN/persona; 🛜) Situado en pleno Zorritos, es un pequeño hospedaje demasiado hermoso para describirlo con palabras. Su diminuto jardín está dividido por un sinuoso camino de ladrillos amarillos y zonas de un césped profundamente verde. Las habitaciones son sencillas y limpias, y hay un acceso a la playa, aunque no tiene vistas al mar.

Costa Azul COMPLEJO $$
(☑01-446-1644; www.costaazulperu.com; Piaggio s/n; i/d/tr desayuno incl. desde 180/200/250 PEN; 🛜🛝) Aunque el personal no destaca por su simpatía, la opción de tener tres hoteles combinados en uno es imbatible. Se puede elegir desde lo rústico hasta lo exclusivo. Costa Azul ofrece alojamientos rústicos, Brisas tiene toques de mejor calidad y Noelani es el más lujoso de todos, con su propia piscina infinita.

❶ Cómo llegar y salir

Las combis a Zorritos salen con regularidad de Tumbes (2,50 PEN, 1 h aprox.). Desde el sur, tómese cualquier autobús con destino a Tumbes.

REFUGIOS DE ARTESANÍA: CATACAOS Y CHULUCANAS

Esta activa, polvorienta y pequeña **Catacaos,** situada 12 km al suroeste de Piura, se autoproclama capital artesanal de la región. Y con razón: su mercado de artesanía (⊘ 10.00-16.00) es el mejor del norte de Perú. Se extiende a lo largo de varias manzanas, cerca de la plaza de Armas y en él se pueden encontrar excelentes tapices, tejidos, joyas de oro y plata, tallas de madera, cerámica (incluidas piezas de Chulucanas), artículos de piel y demás. El mercado está muy animado los fines de semana, por lo que se aconseja visitarlo esos días para disfrutar del ambiente. Desde la av. Tacna de Piura salen con frecuencia combis y colectivos hacia Catacaos (1,50-2 PEN, 15 min).

Chulucanas se halla unos 55 km al este de Piura, justo antes de que el desierto de Sechura empiece a ascender hacia las estribaciones andinas. Es conocido por su característica cerámica, recipientes de color tierra redondos y vidriados que representan figuras humanas. La cerámica de Chulucanas ha sido declarada oficialmente parte del patrimonio cultural de Perú y está adquiriendo fama también fuera.

El mejor lugar para comprarla es La Encantada, un puesto en las afueras de la ciudad, situado en un enclave rural tranquilo cuyos habitantes se dedican exclusivamente a la artesanía. Allí vivió los últimos años de su vida Max Inga, famoso en la localidad por sus estudios sobre la cerámica de las culturas tallan y vicús, y que fomentó el resurgimiento de este arte. Los artesanos son amables y suelen mostrar encantados el proceso de producción, desde la extracción de arcilla a la aplicación del ahumado de hoja de mango con el que realizan los característicos dibujos en blanco y negro. De Chulucanas a la aldea hay 30 min en mototaxi (10 PEN) por una carretera de 7 km sin asfaltar. Un buen lugar para comenzar la caza es Cerámica Inge (Los Ceramistas 591), pero quizá solo los muy interesados quieran visitar Chulucanas, ya que arrastrar esta excelente pero frágil cerámica por todo Perú no es lo ideal. Desde la terminal terrestre de Castilla, en Piura, los autobuses de Civa salen con frecuencia hacia Chulucanas (4 PEN, 1 h).

Tumbes

☑ 072 / 99 700 HAB.

A 30 km de la frontera con Ecuador, Tumbes destaca por ser la única zona verde de la costa de Perú, donde los desiertos se convierten en manglares como por arte de magia y las reservas ecológicas se extienden en todas direcciones. Es probable pasar por Tumbes si se va a Ecuador, y aunque suele ser un sitio caluroso y polvoriento, y muchas veces infestado de mosquitos debido a las riadas ocasionales, vale la pena visitar las cercanas reservas naturales (aunque muchos prefieren visitarlas en un circuito de un día desde Máncora).

Durante la guerra fronteriza entre Ecuador y Perú (1940-1941), Tumbes fue un punto crítico del conflicto y sigue siendo una guarnición con fuerte presencia militar. Aun así, como ciudad fronteriza no es de las peores: tiene una agradable plaza, interesantes mosaicos, un bonito paseo por encima del río y varias calles peatonales.

◎ Puntos de interés

Al este de la plaza de Armas, en Grau, se levantan unas casas de principios del s. XIX

construidas con bambú y madera, que parecen desafiar a la gravedad y mantenerse en pie por casualidad. En la plaza hay varios restaurantes con terraza, ideales para descansar. Las calles peatonales del norte de la plaza, sobre todo Bolívar, albergan monumentos grandes y modernos, y son muy frecuentadas por jóvenes y mayores.

Museo de Cabeza de Baca MUSEO
(entrada 5 PEN; ⊘ 8.30-16.00 lu-sa) Unos 5 km al sur de Tumbes, cerca de la carretera Panamericana, se halla un descuidado yacimiento arqueológico que perteneció a la cultura tumpi y donde, posteriormente, los incas construyeron el fuerte inca que encontró Pizarro. Esta historia se narra en el diminuto museo del yacimiento, que también exhibe vasijas de cerámica de unos 1500 años de antigüedad, algunas de las cuales son chimús e incas. Una vitrina está dedicada a las piezas confiscadas en la aduana antes de que consiguieran sacarlas ilegalmente del país.

☞ Circuitos

Preference Tours CIRCUITOS GUIADOS
(☎ 072-52-5518; turismomundial@hotmail.com; Grau 427; ⊘ 9.00-19.30 lu-sa, hasta 11.00 do) Esta

agradable tienda organiza algunos de los circuitos más económicos de la ciudad (60 PEN/persona a Puerto Pizarro, 95 PEN/persona al Santuario Nacional Los Manglares de Tumbes, y 97,50 PEN/persona a Cerros de Amotape). Todos los precios son para dos personas como mínimo.

🛏 Dónde dormir

Hay que asegurarse de que la habitación dispone de un ventilador que funciona, sobre todo en los meses de verano (de diciembre a marzo). En la temporada de lluvias y durante las dos cosechas anuales de arroz proliferan los mosquitos y son frecuentes los cortes de agua y electricidad. En el extremo más bajo de esta categoría habrá que tener cuidado con los objetos de valor.

Hotel Roma HOTEL $
(☎072-52-4137; hotelromatumbes@hotmail.com; Bolognesi 425; i/d 45/70 PEN; 🖂) Situado en el mejor edificio de la plaza de Armas, es una opción económica de primera categoría que cuenta con habitaciones limpias y cómodas con ducha de agua caliente, ventiladores potentes, teléfono y televisión por cable. Están acostumbrados a tratar con extranjeros y ofrecen una cálida acogida, pero puede ser ruidoso, ya que hay un interfono encendido a todas horas.

Hospedaje Lourdes PENSIÓN $
(☎072-52-2966; Mayor Bodero 118; i/d 40/60 PEN; 🖂) Limpio, seguro y agradable, ofrece habitaciones austeras (para Tumbes) con ventilador, teléfono, TV y ducha de agua caliente.

★Casa César HOTEL-BOUTIQUE $$
(☎072-52-2883; www.casacesartumbes.com; Huáscar 311; i/d desayuno incl. desde 110/160 PEN; 🕸🖂) Antes era un alojamiento económico, pero fue renovado a fondo y ahora es un hotel-*boutique* de categoría media, profesional, agradable y con todos los detalles necesarios. Los elegantes muebles de diseño colorean la blanca estética minimalista dominante.

Las 20 habitaciones llevan nombres de animales de la fauna autóctona y se dividen entre las estándar, menos elegantes, y las coloridas y luminosas ejecutivas. Para Tumbes, es un progreso y el precio es correcto.

Hotel Rizzo Plaza HOTEL $$
(☎072-52-3991; www.rizzoplazahotel.com; Bolognesi 216; i/d desayuno incl. 116/138 PEN; 🕸@🖂) Los lectores hablan bien de este elegante hotel a poca distancia de la plaza de Armas. Cuenta con un centro de negocios, personal profesional, baños más bien pequeños y excesivas plantas de plástico.

Hotel Costa del Sol HOTEL DE NEGOCIOS $$$
(☎072-52-3991; www.costadelsolperu.com; San Martín 275; i/d desayuno incl. 300/400 PEN; 🕸🌡@🖂) Es el hotel más exclusivo de la ciudad y cuenta con un buen restaurante, un bar y un jardín agradables, así como un *jacuzzi*, una piscina con una zona para niños, un pequeño casino y gimnasio. Las cómodas habitaciones podrían ser mucho mejores si se comparan con las otras que ofrece la cadena. Realizan traslados gratuitos al aeropuerto.

🍴 Dónde comer

En la plaza de Armas hay bares y restaurantes, muchos con terrazas protegidas del sol. Es un lugar agradable para sentarse y ver pasar a la gente mientras se disfruta de una cerveza fría o se espera el autobús.

Moka CAFÉ $
(Bolognesi 252; tentempiés 5-10 PEN; ⏰8.00-13.00 y 16.30-23.00) Esta cafetería moderna desentona tanto en Tumbes que la gente se sorprende al verla. Sirve montones de tartas para chuparse los dedos, *frappés* de sabores, zumos, batidos y cafés exprés no precisamente exprés (aunque la máquina es buena). Para desayunar o tomar un rápido tentempié, óptese por el sabroso menú de *croissantwiches* (pruébese el de ensalada de pollo con aguacate).

Classic Restaurant PERUANA $
(☎072-52-4301; Tumbes 185; principales 20-27 PEN, menú 7 PEN; ⏰8.00-17.00) Pequeño, tranquilo como una funeraria y digno, el Classic Restaurant es un lugar maravilloso para escapar del tórrido Tumbes y relajarse con un largo almuerzo, como hacen muchos de los lugareños mejor enterados. La comida es buena y sobre todo costera, pero lo mejor es el aire acondicionado. El menú del día es una ganga.

Sí, señor PERUANA $$
(Bolívar 115; principales 15-35 PEN) Restaurante clásico de toda la vida, situado en una tranquila esquina de la plaza, con agradables mesitas junto a la calle y lentos ventiladores en el interior. Preparan todo tipo de platos, con especial hincapié en el pescado y el marisco. La carta de clásicos peruanos y mariscos es tan larga que produce vértigo.

ⓘ CRUCE FRONTERIZO: A ECUADOR VÍA TUMBES

Algunas prácticas sospechosas en el cruce fronterizo de Aguas Verdes entre Ecuador y Perú le valieron el dudoso honor de ser "el peor cruce fronterizo de Sudamérica". Ahora cuenta con una nueva oficina integrada, para hacer todos los trámites, y una mayor presencia policial, ello hace que sea más segura. No obstante conviene estar alerta.

Gracias al nuevo CEBAF (Centro Binacional de Atención de Frontera; ⊙24 h) de Huaquillas ahora solo hay que bajarse del autobús en el control de inmigración, presentar la tarjeta de turista de Perú a las autoridades y avanzar unos pasos para que sellen el pasaporte en Ecuador.

Pocos extranjeros necesitan un visado para entrar en Ecuador, pero todos deben poseer la tarjeta de embarque o Tarjeta Andina, disponible gratis en la oficina de inmigración; al abandonar el país tiene que devolverse. Si se extravía no hay que pagar una multa, pero no se permite volver a entrar en el país hasta pasados 90 días. La ley exige un billete de vuelta y dinero suficiente (20 US$ diarios), pero rara vez se comprueba que se tengan. Los turistas pueden pasar 90 días al año en Ecuador sin extender su estancia en un consulado; si se supera este período, se pagará una multa de entre 200 y 2000 US$ al salir.

Es muy recomendable tomar un autobús directo para cruzar la frontera con una de las principales empresas de transporte como Cruz del Sur, Civa, Ormeño o Cifa. La opción más barata es tomar un autobús local a la frontera y cambiar de autobús tras pasar inmigración; uno se ahorra algo de dinero pero se arriesga a que le estafen.

Aguas Verdes es, de hecho, una larga calle llena de puestos ambulantes que se extiende hasta el pueblo ecuatoriano de Huaquillas, por el puente internacional sobre el río Zarumilla. Si se debe pernoctar en la frontera, hay varios hoteles en Aguas Verdes, todos ellos ruidosos y básicos. En Huaquillas los alojamientos son bonitos, pero es mejor pasar la noche en Tumbes o viajar otras 2 h en autobús hasta Machala, donde los hay mucho mejores.

Estafas

Tomar un autobús directo, que hace una sola parada, evita muchos problemas. En el pasado, cuando era habitual tomar un autobús local hasta la frontera y allí cambiar de transporte, los timadores engañaban al viajero haciéndole creer que debía pagar un soborno destinado a la policía fronteriza. También suele haber muchos charlatanes y cambistas de dinero que dan billetes falsos, por lo que es mejor no cambiar dinero aquí.

Conviene evitar la población fronteriza ecuatoriana de Huaquillas. Es mucho mejor seguir directamente en el autobús hasta Machala o Guayaquil, en el interior de Ecuador.

Véase la guía *Ecuador y las islas Galápagos* de Lonely Planet para más información.

Las Terrazas PERUANA $$
(☏072-52-1575; Araujo 549; principales 15-30 PEN) Algo apartado del centro, este popular local merece una visita (el trayecto en mototaxi cuesta 1,50 PEN). Abarrotado a diario con hambrientos comensales, sirven generosos platos de marisco, o ceviche o cualquier cosa desde pescado hasta langosta o pulpo. Todo se prepara según el estilo de la costa norte y de viernes a lunes tienen música a partir de las 15.00.

ⓘ Información

Las agencias de viajes locales, además de organizar circuitos, proporcionan información turística.

PELIGROS Y ADVERTENCIAS

El cruce fronterizo tiene mala reputación, pero puede que las nuevas instalaciones y las oficinas de inmigración lo mejoren.

URGENCIAS

Policía de Turismo (Poltur; ☏97-288-0013; San Pedro 600, 2° piso)

INMIGRACIÓN

Consulado de Ecuador (☏072-52-5949; Bolívar 129, 3er piso) Situado en la plaza de Armas.

Oficina de Migraciones (☏072-52-3422; www.migraciones.gob.pe; carretera Panamericana km 1275.5) Se encuentra 2 km al norte de la ciudad. Gestiona problemas de visados.

ASISTENCIA MÉDICA

Clínica Feijoo (☏072-52-5341; www.clinica-feijoo.blogspot.com; Castilla 305) Una de las mejores de Tumbes.

DINERO

Banco Continental (Bolívar 129) Banco y cajero automático.

BCP (Bolívar 261) Cambia cheques de viajes y dispone de cajero automático.

Serpost (San Martín 208; ⊙9.00-19.00 lu-vi, hasta 13.00 sa) Servicio postal en la cuadra al sur de plaza Bolognesi.

INFORMACIÓN TURÍSTICA

iPerú (☎072-50-6721; Malecón III Milenio, 3er piso) Proporciona información útil. Se llega caminando por Bolognesi al sur hacia el paseo marítimo.

❶ Cómo llegar y salir

AVIÓN

El aeropuerto (TBP), está 8 km al norte de la ciudad. LAN (p. 103) opera un vuelo diario de Lima a Tumbes que sale a las 17.30 y vuelve a Lima a las 19.55. Para extranjeros hay billetes a partir de 379 PEN.

AUTOBÚS

Lo habitual es encontrar un autobús a Lima en un plazo de 24 h tras llegar a Tumbes, pero a veces están llenos (sobre todo en vacaciones y grandes festividades). En ese caso, se puede tomar un autobús hacia el sur a cualquier ciudad importante e intentarlo desde allí.

Algunas compañías ofrecen un servicio especial con paradas limitadas, aire acondicionado, baños y un vídeo con el volumen muy alto. Otras tienen servicios de lujo en autobuses-cama sin paradas.

Otros servicios más lentos paran en Piura, Chiclayo y Trujillo. Si se va hacia Máncora o Piura, es mejor optar por un colectivo, más rápido.

Si el viajero se dirige a Ecuador, lo más sencillo es hacerlo con Cifa, una empresa ecuatoriana, o con Ormeño. Civa sale en plena noche y Cruz del Sur solo tres días a la semana. Todas efectúan parada en la frontera para formalizar los trámites del pasaporte.

En los alrededores del mercado, los colectivos hacia Puerto Pizarro salen desde la esquina de Castilla con Feijoo. Las combis hacia Zorritos parten desde Castilla cerca de Ugarte, y hacia Rica Playa, desde Ugarte 404, cerca de Castilla. Como las paradas no están señalizadas, pregúntese a los lugareños. Las furgonetas hacia Máncora, con aire acondicionado (y más rápidas), se concentran en la esquina de Tumbes con Piura. En el mismo cruce, pero en la esquina sudoeste, hay salidas frecuentes de combis, más baratas y más lentas. Hay autobuses a Casitas a las 13.00 (10 PEN, 5 h).

Cial (☎072-52-6350; www.expresocial.com; Tumbes 958) Aautobús-cama a Lima a las 15.30.

Cifa (☎072-52-5120; www.cifainternacional.com; Tumbes 958) Hacia Machala (con transbordo en Huaquillas) y Guayaquil (ambas localidades en Ecuador) seis servicios diarios, cada 2 h de 6.00 a 17.00.

Civa (☎01-418-1111; www.civa.com.pe; Tumbes 587) Servicios semi-cama más baratos a Lima a las 13.30 y 16.30 y un autobús-cama a las 15.30. El que va a Guayaquil sale a las 2.00.

Cruz del Sur (☎0-801-11111; www.cruzdelsur.com.pe; Tumbes 319) Autobús-cama a Lima a las 15.30 y a Guayaquil los lunes, jueves y sábados a las 11.00.

El Sol (☎072-50-9252; Piura 403) Autobuses económicos a Chiclayo (26 PEN) a las 8.15 y las 9.30. También ofrece un servicio a Lima (55 PEN) que pasa por Chiclayo (20 PEN) y Trujillo (28 PEN) a las 20.20.

Oltursa (☎01-708-5000; www.oltursa.pe; Tumbes 948) Autobuses-cama a Lima a las 15.30 y 16.00 (de lunes a sábado), a las 14.00 y 14.30 los domingos. También ofrece un servicio diario a Trujillo y Chiclayo a las 20.00.

Ormeño (☎072-52-2894; www.grupo-ormeno.com.pe; Tumbes 1187) Salida a Lima a las 19.30 vía Chiclayo y Trujillo. Un autobús directo a Guayaquil a las 9.30.

Sertur (☎01-658-0071; www.serturperu.com; Tumbes 502) Pequeñas furgonetas rápidas que salen hacia Máncora y Piura cada 30 min de 5.30 a 20.30.

Tepsa (☎01-617-9000; www.tepsa.com.pe; Tumbes 199) A Lima a las 16.00.

Transportes Chiclayo (☎074-50-3548; www.transporteschiclayo.com; Tumbes 570) Autobuses diarios a Chiclayo vía Máncora a las 12.30 y 21.00.

Transportes El Dorado (☎072-52-3480; www.transporteseldorado.com.pe; Tacna 251) Trece autobuses diarios a Piura y salidas hacia Chiclayo y Trujillo a las 19.30, 21.00 y 22.30.

Autobuses desde Tumbes:

DESTINO	TARIFA (PEN)	DURACIÓN (H)
Chiclayo	30-100	8
Guayaquil (Ec)	80-100	6
Lima	60-175	16-18
Machala (Ec)	12	3
Máncora	35-60	1½-2
Piura	35-95	4-5
Puerto Pizarro	1.50	¼
Rica Playa	4	1½
Trujillo	39-100	11
Zorritos	2.50	¾

ℹ Cómo desplazarse

Un taxi al aeropuerto ronda los 20 PEN. No hay servicio de combis al aeropuerto.

Puerto Pizarro

☑072

Unos 14 km al norte de Tumbes, el característico frente oceánico cambia su aspecto de desierto costero, que se extiende más de 3000 km desde el centro de Chile hasta el norte de Perú, para dar paso a los bosques de mangles que dominan gran parte de la costa ecuatoriana y colombiana. Este cambio de entorno conlleva la presencia de una enorme variedad de aves, pues unas 200 especies visitan esta zona. Se pueden alquilar barcas para recorrer los manglares. Uno de los circuitos visita un santuario de cocodrilos donde se cría la especie autóctona de Perú, en peligro de extinción. También se puede visitar la cercana isla de Aves (aunque no está permitido atracar) para observar los nidos de varias especies de aves marinas, especialmente entre las 17.00 y 18.00, cuando grandes bandadas de aves vuelven para pasar la noche. Otra alternativa es recorrer la costa de Puerto Pizarro en barco por 30 PEN por hora y barco, o hacer un circuito por los manglares y los lugares antes mencionados por 40 PEN por barco con hasta seis pasajeros. Para entrar a Puerto Pizarro se paga una entrada de 3,50 PEN.

Dos buenas opciones son Turmi (☑97-298-6199; Grau s/n), la asociación de barqueros, que es la mejor apuesta para grupos pequeños y viajeros independientes; y Manglaris Tours (☑972-634-241; Grau s/n), que tiene barcos más grandes y precios tan baratos como 7 PEN/persona por el circuito estándar. Ambos se hallan en la pasarela hacia el muelle. Las agencias de viajes de Tumbes también organizan circuitos guiados por la zona.

Desde Tumbes, una excursión de un día rápida, fácil y que puede hacerse por cuenta propia es a la isla Hueso de Ballena, con algunos establecimientos donde almorzar. Están un poco destartalados, pero el Restaurante Hueso de Ballena (principales 25-28 PEN; ☺9.00-18.00) es casi idílico, en plena playa y con algunas hamacas. Con su promesa de una "orgía de marisco", es un buen lugar donde saborear la especialidad local, las conchas negras, así como el ceviche, los arroces de marisco, los chicharrones y las sopas, con ingredientes recién pescados. En barco cuesta 25 PEN i/v incluido el tiempo de espera.

Existe un servicio regular de combis entre Puerto Pizarro y Tumbes (1,50 PEN, 15 min).

Reserva de Biosfera del Noroeste

Consiste en cuatro enclaves protegidos que cubren una superficie total de 2344 km² en el departamento de Tumbes y el norte de Piura. La falta de fondos estatales hace que haya relativamente pocas infraestructuras o instalaciones turísticas. Mucho de lo que existe en la actualidad está financiado por organizaciones privadas como la Fundación Peruana para la Conservación de la Naturaleza (FPCN; también llamada ProNaturaleza), con la ayuda de organizaciones internacionales como WWF.

En Tumbes es posible obtener información en la oficina de Sernanp (☑072-52-6489; www.sernanp.gob.pe; Panamericana Norte 1739, Tumbes; ☺8.30-12.30 y 15.30-17.30 lu-vi), el departamento gubernamental que administra la región. Para visitar por cuenta propia cualquier zona protegida es necesario obtener los permisos; son gratuitos y se tarda poco en tramitarlos. Conviene preguntar en el consulado, así como en las agencias locales de Tumbes o Máncora para informarse sobre la seguridad en el parque.

Las agencias de Tumbes que ofrecen circuitos pueden organizarlos a las dos zonas más visitadas, el Parque Nacional Cerros de Amotape y el Santuario Nacional Los Manglares de Tumbes. También los organiza Grillo Tres Puntas Eco-Hostel (p. 365), en Zorritos. Dada la escasa infraestructura de carreteras, la visita en los meses lluviosos, entre diciembre y abril, puede ser complicada.

Parque Nacional Cerros de Amotape

El ecosistema del bosque tropical seco de Cerros de Amotape está protegido por este parque de 1515 km², la porción más grande de la Reserva de la Biosfera del Noroeste y hábitat de animales y plantas como jaguares, cóndores y osos hormigueros, aunque los especímenes más vistos son loros, venados y pecaríes. La tala de árboles a gran escala, la caza ilegal y el exceso de pastoreo son algunas de las amenazas a las que se enfrenta este hábitat, difícil de encontrar en otros lugares. El mejor sitio donde avistar todo un abanico de animales salvajes es en la Zona Reservada de Tumbes, hoy dentro de los límites de Amotape. El bosque se parece al bosque tropical seco de otras zonas de Amotape, pero como se halla en un sector más oriental de las montañas, es más húmedo y la flora y la fauna son algo distintas, con presencia de cocodrilos, monos aulladores y nutrias. También se observan varios tipos de orquídeas y una gran variedad de aves.

Es recomendable contratar un guía para observar la fauna; se encuentran en Rica Playa, un pequeño y agradable pueblo situado dentro del parque. No hay hoteles, pero se puede acampar y las familias del lugar venden comida.

Las agencias de Tumbes también organizan circuitos (97,50 PEN/persona, mínimo dos) y solo visitan el parque de mayo a noviembre.

Santuario Nacional Los Manglares de Tumbes

Creado en 1988, se halla en la costa y está separado de las otras tres reservas de bosque tropical seco. Con una extensión de tan solo 30 km², tiene un papel decisivo en la conservación del único bosque de mangles de Perú. La entrada cuesta 10 PEN.

Se puede llegar aquí desde Puerto Pizarro, tomando una carretera de tierra que va al noreste, hacia la pequeña población de El Bendito. Allí el viajero debe preguntar por alguien que pueda guiarlo en canoa. Los circuitos guiados se pueden contratar también en Puerto Pizarro aunque, técnicamente, los manglares de esa zona no están protegidos por la reserva. Las visitas dependen de las mareas. Las agencias de Tumbes también organizan circuitos (95 PEN/persona, mínimo dos).

Huaraz y las cordilleras

Los mejores restaurantes

→ Café Andino (p. 381)

→ Chili Heaven (p. 382)

→ Mi Comedia (p. 382)

→ Buongiorno (p. 408)

→ Taita (p. 381)

Los mejores alojamientos

→ Albergue Churup (p. 380)

→ Lazy Dog Inn (p. 381)

→ Llanganuco Mountain Lodge (p. 399)

→ Cuesta Serena (p. 381)

→ Andes Lodge Peru (p. 410)

Por qué ir

Las cordilleras son uno de los mejores lugares de Sudamérica para practicar excursionismo y senderismo. Sea cual sea la ruta elegida, siempre habrá picos helados aflorando entre extensos valles de color verde lima. Entre estos prodigiosos gigantes se esconden decenas de lagos prístinos de color jade, cuevas de hielo y fuentes termales. La cordillera Blanca es la cadena montañosa más alta del mundo después de los Himalayas, y sus 18 suntuosas cumbres de más de 6000 m así lo corroboran.

Huaraz es como un corazón palpitante cuyos caminos y carreteras actúan como arterias. Los planes para hacer audaces escaladas en hielo, proezas en bicicleta de montaña y escalada en roca se traman tomando unas cervezas en albergues y bares con chimeneas, a menudo interrumpidos por una breve visita a las enigmáticas ruinas de 3000 años de antigüedad de Chavín de Huántar, en el valle oriental.

Cuándo ir
Huaraz

May-sep La estación seca es ideal para hacer senderismo en la cordillera.

Oct-Dec Tras la temporada alta se respira un ambiente relajado en Huaraz, y hay mayor disponibilidad de guías cualificados.

Dic-abr Húmedo y lluvioso, pero los senderistas bien equipados disfrutan del silencio.

HUARAZ

📞 043 / 64 100 HAB. / ALT. 3091 M

Desde los tejados de este indiscutible centro neurálgico de aventuras andinas se puede contemplar una de las cordilleras más impresionantes del mundo. Casi borrada del mapa por el terremoto de 1970, Huaraz no es precisamente bonita, pero posee una personalidad carismática de larga tradición.

Es la metrópoli del senderismo por antonomasia. Durante la temporada alta, sus calles se llenan de centenares de excursionistas y aventureros que han vuelto de las montañas o planean su próxima expedición

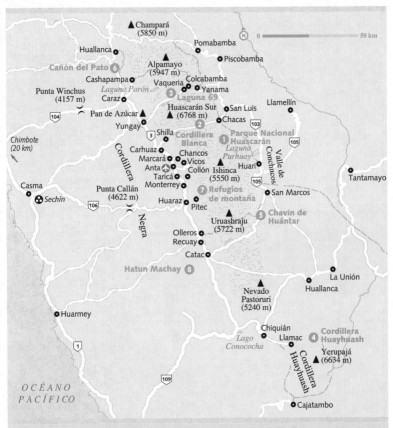

Imprescindible

1 Peregrinar durante semanas por los majestuosos picos del **Parque Nacional Huascarán** (p. 387).

2 Recorrer la asombrosa nueva carretera entre Huaraz y Chacas, en la que el paisaje de la **cordillera Blanca** (p. 387) se despliega ante el viajero como una postal.

3 Maravillarse ante las aguas azules de la **Laguna 69** (p. 391).

4 Adentrarse en el paisaje salvaje del circuito épico de la **cordillera Huayhuash** (p. 393).

5 Explorar los misteriosos pasadizos de las ruinas de **Chavín de Huántar** (p. 405).

6 Poner a prueba la adrenalina en las paredes del **cañón del Pato** (p. 400).

7 Relajarse en un idílico refugio de montaña, como **Lazy Dog Inn** (p. 381) o **Llanganuco Mountain Lodge** (p. 399).

8 Resolver problemas de bloque o escalar las paredes de **Hatun Machay** (p. 404).

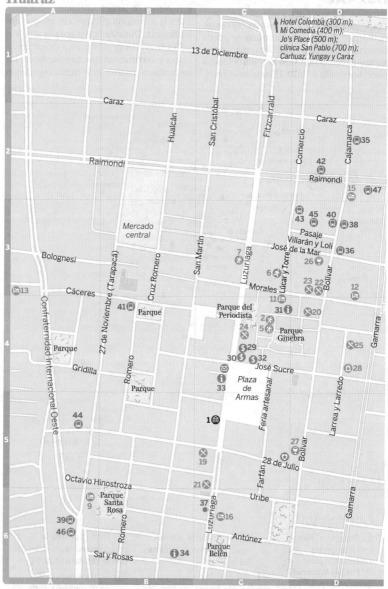

Hotel Colombá (300 m);
Mi Comedia (400 m);
Jo's Place (500 m);
clínica San Pablo (700 m);
Carhuaz, Yungay y Caraz

reuniéndose en uno de los muchos y bonitos bares de la localidad. Docenas de proveedores ayudan a planificar excursiones, alquilan equipos y organizan una inacabable lista de deportes de aventura. Hay infinidad de restaurantes de calidad y bares de copas en el centro que están hasta la bandera y muy animados hasta altas horas. En temporada baja las aventuras en la montaña pueden resultar igualmente satisfactorias, pero hay menos ambiente, y algunos establecimientos cierran en cuanto empieza a llover.

de entre los años 600 y 900 d.C. y es una imitación del templo de Chavín construido al estilo de Tiahuanaco. Wilkahuaín significa en quechua "casa del nieto". Cada piso de este templo de tres plantas tiene siete salas, cada una de las cuales antaño estaba llena de momias. Los cuerpos se mantenían secos gracias a un sistema de conductos de ventilación. En las cercanías hay otro yacimiento más pequeño, Wilkahuaín Pequeño.

La caminata de 2 h hasta Wilkahuaín es bastante sencilla, y compensa por la visión que ofrece de la vida rural andina, al pasar por granjas y pueblos pintorescos. Se puede ir en taxi hasta "El Pinar" (7 PEN), desde donde salen dos caminos hacia las ruinas: uno más directo que aprovecha la carretera principal, y otro más largo pero más bonito vía Marian. Otra alternativa es ir directamente en un taxi por 25 PEN. Se aconseja evitar el camino que desciende desde las ruinas a los baños de Monterrey, puesto que se han producido varios asaltos en este tramo.

Museo Regional de Ancash — MUSEO
(Plaza de Armas; adultos/niños 5/1 PEN; ⊗8.30-17.15 ma-sa, 9.00-14.00 do) Alberga una de las colecciones más significativas de esculturas antiguas de piedra de Sudamérica. Pequeño pero interesante, posee algunas momias, calaveras trepanadas y un jardín de monolitos de piedra de las culturas recuay (400 a.C.-600 d.C.) y huari (600-1100 d.C.).

Jirón José Olaya — ARQUITECTURA, MERCADO
En la parte oriental del centro, es la única calle que se ha conservado intacta tras los terremotos, y su aspecto evoca lo que debía ser el antiguo Huaraz; los domingos se instala un mercado callejero de productos regionales.

Mirador de Retaqeñua — MIRADOR
Está a 45 min a pie del centro y ofrece excelentes vistas de la ciudad y su montañoso telón de fondo. Se aconseja tomar un taxi (15 PEN) porque se han producido atracos en el camino.

🏃 Actividades

Excursiones y montañismo
Huaraz es un punto de partida ideal para las expediciones por la montaña o las excursiones de un día por la región. Hay numerosos proveedores que lo organizan todo: solo hay que presentarse en el lugar indicado a la hora señalada. Muchos visitantes acampan, hacen excursiones y escalan en las montañas sin ayuda de los guías locales, pero hay que

◎ Puntos de interés

Monumento Nacional Wilkahuaín — RUINAS
(adultos/estudiantes 5/2 PEN; ⊗9.00-17.00 ma-do) La pequeña ruina huari situada 8 km al norte de Huaraz se conserva de maravilla. Data

Huaraz

contar con la suficiente experiencia. Eso sin olvidar que llevar una mochila cargada a tope mientras se cruza un puerto a 4800 m puede ser extenuante.

Escalada en roca
La escalada en roca es una de las actividades principales en la cordillera Blanca. Hay vías para principiantes en Chancos, mientras que en la zona próxima a Los Olivos las hay para todos los niveles. Para los escaladores más fanáticos, Recuay y Hatun Machay ofrecen vías deportivas bien equipadas. Para escaladas de varios días conviene ir a la famosa Torre de Parón, conocida localmente como la Esfinge. Casi todas las agencias de senderismo ofrecen también salidas de alpinismo para todos los niveles. Muchas de ellas alquilan el equipo; si se callejea un poco y se recopila suficiente información, se puede organizar la expedición por cuenta propia.

Escalada en hielo
Con glaciares suficientes como para pasarse toda una vida clavando el piolet en el hielo, la cordillera Blanca es un paraíso tanto para quienes desean aprender como para los expertos. Muchas de sus cumbres requieren ciertos conocimientos técnicos. La mayoría de las agencias de excursionismo ofrecen escaladas, alquiler de material y lecciones. Las mejores agencias de senderismo tienen años de experiencia en escalada en hielo y material seguro. En el Parque Nacional Huascarán es obligatorio ir con un guía cualificado.

Bicicleta de montaña
**Mountain Bike
Adventures** BICICLETA DE MONTAÑA
(☏043-2-4259; www.chakinaniperu.com; Lúcar y Torre 530, 2º piso; ☺9.00-13.00 y 15.00-20.00) Esta agencia, con más de 10 años de experiencia recibe repetidas visitas de ciclistas de mon-

taña por su aceptable catálogo de bicicletas, su trato afable y experto y su historial sin mácula. Ofrece circuitos guiados, desde una ruta sencilla de 5 h a excursiones de 12 días por la cordillera Blanca. Las tarifas varían, a partir de 160 PEN por una ruta de un día.

Su propietario, que se dedicó durante un tiempo a practicar el ciclismo de montaña en EE UU, reside desde hace años en Huaraz y conoce mejor que nadie los senderos de la región.

Voluntariado
Las agencias especializadas en turismo sostenible en comunidades organizan actividades de voluntariado en la zona. Si se desea trabajar como voluntario es mejor tramitarlo con antelación, aunque algunas agencias a veces aceptan solicitudes a corto plazo. Para saber en qué actividades se puede ayudar, se pueden consultar los paneles de anuncios de los locales más populares entre los extranjeros.

Seeds of Hope   VOLUNTARIADO
(☎94-352-3353; www.peruseeds.org) Organización que trabaja con los niños más desfavorecidos de Huaraz, y proporciona alojamiento a los voluntarios por un precio módico.

Teach Huaraz Peru   VOLUNTARIADO
(☎043-42-5303; www.teachhuarazperu.org) Trabaja principalmente con niños y organiza clases de inglés, entre otras actividades. Los voluntarios pueden convivir con familias locales.

Turismo comunitario
Respons Sustainable
Tourism Center   CIRCUITO CULTURAL
(☎043-42-7949; www.responsibletravelperu.com; Eulogio del Río 1364, La Soledad; ⊗9.00-13.00 y 15.00-19.00) 🖉 Informa sobre el turismo comunitario local y organiza estancias con familias de Humachucco, desde donde se pueden explorar las lagunas Llanganuco y 69, además de Vicos, una comunidad muy tradicional en las montañas. El alojamiento consiste en bungalós situados cerca de las viviendas de los lugareños, con los que se comparte la comida. También organiza excursiones a Huaripampa, para aprender las técnicas tradicionales de tejido.

Las actividades en las aldeas van desde preparar comida tradicional a participar en la rutina de las granjas y la fabricación de artesanía. En las oficinas hay una tienda que vende productos de comercio justo de artesanos locales. Casi todos los beneficios de estas actividades revierten en las familias y contribuyen a la expansión del turismo comunitario de la región.

Otras actividades
En la cordillera Blanca no hay pistas de esquí, pero los más osados (y que se atrevan a cargar con el equipo) pueden practicar el esquí de montaña. Conviene consultar con los lugareños sobre las condiciones del momento. A veces se ofrece el descenso de aguas bravas por el río Santa, pero está muy contaminado (los residuos de una explotación minera que hay río arriba y el deficiente sistema de desagüe no ayudan mucho); hay quien ha enfermado después de practicarlo y no se recomienda.

Los paseos a caballo son otra opción; aunque no hay ningún proveedor especializado en Huaraz, muchas agencias de viaje facilitan esta actividad. El hostal Lazy Dog Inn (p. 381), en las afueras de Huaraz, tiene sus propios caballos y organiza excursiones por las montañas cercanas. Respons Sustainable Tourism Center ofrece un par de rutas de un día por la aldea de Yungar, en la cordillera Negra.

El parapente es cada vez más popular, pero hay que llevar equipo propio. Jangas, 20 min al norte de Huaraz, Wilcacocha, 40 min al sureste, y Huata, junto a Caraz, son los puntos más populares de lanzamiento en la cordillera Negra.

👉 Circuitos

Circuitos de un día
Muchas agencias de Luzuriaga organizan salidas a puntos de interés locales y excursiones de varios días. En su mayoría están gestionadas por compañías de transporte, por lo que independientemente de con quién se haga la reserva, probablemente todos los visitantes acabarán en el mismo autobús.

Entre las rutas más populares destacan: la visita a las ruinas de Chavín de Huántar; la que atraviesa Yungay hasta las bellas lagunas Llanganuco, con estupendas vistas del Huascarán y otros picos; la que pasa por Caraz hasta la laguna Parón, rodeada de deslumbrantes cumbres nevadas; y la que conduce hasta el glaciar en el nevado Pastoruri, el de más fácil acceso de la cordillera.

Todas estas excursiones cuestan entre 35 y 60 PEN; los precios varían según los integrantes y normalmente incluyen transporte (suelen ser microbuses) y guías, pero no la entrada a los lugares de interés ni la comida. Los circuitos duran todo un día; conviene lle-

TEMBLORES Y CORRIMIENTOS DE TIERRA

El historial de aluviones, mezclas mortíferas de avalancha, cascadas y corrimiento de tierras, se remonta a casi 300 años, pero tres de ellos, más recientes, han tenido consecuencias catastróficas.

En 1941, una avalancha en el valle de Cojup, al oeste de Huaraz, desbordó la laguna Palcacocha y sus aguas inundaron Huaraz: murieron 5000 personas y arrasó el centro de la ciudad. En 1962, una enorme avalancha procedente del Huascarán bajó por sus laderas occidentales y destruyó la población de Ranrahirca: perecieron unas 4000 personas.

El peor desastre se produjo el 31 de mayo de 1970, cuando un terremoto de casi ocho grados en la escala de Richter devastó gran parte del centro de Perú y se cobró unas 70 000 vidas. Murió cerca de la mitad de los 30 000 habitantes de Huaraz, y solo el 10% de la ciudad se mantuvo en pie. El pueblo de Yungay fue sepultado por el aluvión causado por el temblor y murieron muchos de sus 25 000 habitantes (véase p. 399).

Tras estos desastres, se creó un organismo estatal (Hidrandina) encargado de controlar el nivel del agua de los lagos mediante la construcción de presas y túneles. Hoy en día se han instalado sistemas de aviso, aunque a veces se producen falsas alarmas.

---

var el almuerzo, ropa de abrigo, agua potable y protección solar. Salen a diario durante la temporada alta, pero en otras épocas dependen de la demanda. Es mejor no ir a Chavín de Huántar en lunes, pues las ruinas y el museo están cerrados.

Senderismo y andinismo

Para cualquier actividad de senderismo o andinismo que se realice en el Parque Nacional Huascarán se exige ir acompañado de un guía certificado, aunque en la práctica no siempre se controla en todas las entradas del parque. No obstante, se aconseja contratar un guía incluso para actividades sencillas, puesto que las condiciones pueden cambiar muy rápido en las montañas, y el mal de altura puede afectar seriamente incluso a los más experimentados. Además, un buen guía garantiza la visita a todos los puntos de interés.

Todos los guías deben contar con una licencia de las autoridades peruanas, y estar registrados en la oficina de parques nacionales. Los montañeros y excursionistas pueden dirigirse a la Casa de Guías (p. 383), la base de la Asociación de Guías Oficiales de Montaña del Perú, donde se puede consultar el listado de los guías con certificación internacional, que han superado rigurosas pruebas. Cabe decir que esta certificación no es imprescindible para trabajar en el parque, y hay algunos guías independientes excelentes de otras asociaciones con licencia para operar en la región.

Muchas agencias organizan expediciones de escalada y senderismo, con guías, equipo necesario, comida, cocineros, porteadores y transporte. Las tarifas dependen del número de participantes, la duración y los conceptos incluidos, y van desde 100 PEN por una excursión sencilla de un día, a 750 PEN/persona y día para salidas más técnicas a las montañas. No conviene basar la elección solo en el precio, pues se corresponde con las prestaciones.

Un recurso eficaz es preguntar a otros viajeros que acaben de llegar de una excursión para que recomienden (o desaconsejen) guías a partir de su experiencia. El South American Explorers Club (p. 102) en Lima es también un excelente recurso para obtener mapas y más información.

Quechuandes SENDERISMO, ESCALADA EN ROCA
(☎943-562-339; www.quechandes.com; Luzuriaga 522) Una agencia con una excelente organización, recomendada por sus guías de calidad y su enfoque ético del senderismo. Se valora el nivel de cada cliente antes de contratar una excursión o alquilar material. Además de organizar rutas de senderismo y ascensiones a cumbres, el personal es experto en escalada en roca y *boulder*.

También ofrecen cursillos y cuentan con un rocódromo en sus oficinas. La web ofrece información detallada de excursiones y escaladas en la región.

Skyline Adventures SENDERISMO, ALPINISMO
(☎043-42-7097; www.skyline-adventures.com; Pje Industrial 137) Situada a las afueras de Huaraz, esta agencia muy recomendada proporciona guías para excursiones y escaladas, además de cursillos de montañismo de 6 a 12 días.

Montañero SENDERISMO, ALPINISMO
(☎043-42-6386; www.trekkingperu.com; Parque
Ginebra; ⊙9.00-12.00 y 16.00-20.00) Excelente
agencia que organiza excursiones y escalada.
También vende material de calidad.

Eco Ice Peru SENDERISMO
(www.ecoice-peru.com; Figueroa 1185; ⊙8.00-18.00)
Esta nueva agencia regentada por un joven
guía, apasionado y muy sociable, ha recibido
estupendas críticas de viajeros por su atención al cliente. Las salidas suelen terminar
con una cena en casa del propietario en
Huaraz.

Andean Kingdom SENDERISMO
(☎944-913-011; www.andeankingdom.com; Parque
Ginebra) Agencia un tanto informal pero carismática que, además de las excursiones habituales, ofrece rutas menos conocidas y una
gran variedad de salidas de escalada.

Huascarán SENDERISMO
(☎043-42-2523; www.huascaran-peru.com; Campos 711) Operador consolidado que ofrece
todas las excursiones típicas.

✨ Fiestas y celebraciones

Carnaval RELIGIOSA
(⊙feb/mar) En Huaraz el Carnaval es muy
animado. Muchos turistas peruanos acaban
empapados en los juegos de agua del Martes
de Carnaval. Unas coloridas procesiones fú-
nebres por el *ño carnavalón* (rey del carnaval) convergen en la plaza de Armas durante
el Miércoles de Ceniza. Una vez allí, se lee
su "testamento", una oportunidad ideal para
criticar a los políticos y demás autoridades
locales. Luego, la procesión continúa hasta
el río, donde se arroja el ataúd. Los participantes se visten con ropas coloridas y cabezas
hechas de papel maché, algunas de las cuales
representan a personajes famosos.

El Señor de la Soledad CULTURAL
(⊙may) Huaraz rinde homenaje a su patrón
durante una semana desde el 3 de mayo, con
fuegos artificiales, música, bailes, procesiones
con elaborados disfraces y mucha bebida.

Festival de Andinismo ALPINISMO
(⊙jun) Se celebra anualmente y atrae a alpinistas de varios países por sus competiciones
y exhibiciones.

🛏 Dónde dormir

Las tarifas pueden duplicarse en los períodos
vacacionales, cuando es casi imposible encontrar una cama libre. Tal vez por considerarse

MARTES GUERRA

Si se está en Huaraz el martes de Carnaval, un día de intensas guerras de agua,
quizá se desee adquirir un impermeable
o enfrentarse al frío de las alturas en
bañador. En el llamado Martes Guerra,
miles de niños recorren la ciudad con
cubos en busca de fuentes públicas
para emprender encarnizadas batallas
de agua. Las mujeres, los jubilados y los
turistas son sus principales objetivos.
Hay policía por todas partes, e incluso
el ejército, pero no consiguen controlar
a esos desenfrenados malhechores del
líquido. Si no se desea acabar empapado, es mejor permanecer en el hotel.

un centro de senderismo, escalada y montañismo, Huaraz ofrece muchas opciones de
alojamiento económicas. Los hostales envían
a sus empleados a buscar clientes a las paradas de autobús. Se aconseja no pagar nada
hasta haber visto la habitación, para evitar
precios abusivos.

Jo's Place PENSIÓN $
(☎043-42-5505; josplacehuaraz@hotmail.com;
Villazón 278; parcela 10 PEN/persona, dc 15 PEN, h
con/sin baño 50/40 PEN; @🛜) Esta pensión económica y de ambiente informal cuenta con
un gran prado y varias habitaciones sencillas
pero funcionales repartidas en cuatro pisos
conectados por escaleras de caracol. Se puede encargar el desayuno completo. Aunque
no sea lujoso, es difícil encontrar otro sitio
mejor.

Albergue Benkawasi PENSIÓN $
(☎043-43-3150; www.huarazbenkawasi.com; Parque Santa Rosa 928; dc/i/d 25/50/70 PEN; @🛜)
Sus ventanas de vidrio reciclado, las colchas
de cuadros y los muros de ladrillo, dan la
sensación de estar en un chalet de la década
de 1970. El propietario y su esposa peruana-
libanesa son gente joven y divertida, y la relación calidad-precio es excelente.

Familia Meza Lodging PENSIÓN $
(☎94-369-5908; Lúcar y Torre 538; h 25 PEN/per-
sona; 🛜) Esta encantadora pensión familiar
comparte edificio con el Café Andino (p. 381).
Ofrece alegres habitaciones decoradas con
detalles hogareños. Los simpáticos propietarios están siempre dispuestos a aliviar cualquier posible ataque de nostalgia. Los baños y
las duchas de agua caliente son compartidos,

y en la planta superior hay una zona comunal con una pequeña cocina.

Hostal Schatzi
PENSIÓN $

(☎043-42-3074; www.hostalschatzi.com; Bolívar 419; i/d/t 50/80/90 PEN; ☎) Sus carismáticas y pequeñas habitaciones con vigas de madera a la vista rodean un frondoso jardín. Las de la planta superior tienen unas vistas fantásticas (la mejor es la nº 6). Es un acierto seguro.

Aldo's Guest House
PENSIÓN $

(☎043-42-5355; Morales 650; dc/i/d/tr 25/35/50/75 PEN; @☎) Los viajeros con presupuesto ajustado adoran esta pequeña pensión situada en el centro, alegre y acogedora, y decorada con vivos colores. Las habitaciones cuentan con televisión por cable y baño privado con agua caliente, y además se puede utilizar la cocina. Hay una sucursal más económica cerca de Parque Belén.

Cayesh Guesthouse
PENSIÓN $

(☎043-42-8821; Morales 867; dc 20 PEN, i/d 35/50 PEN, sin baño 30/40 PEN; ☎) Una opción económica consolidada que ofrece sencillas habitaciones con cómodas camas y posibilidad de utilizar la cocina.

Edward's Inn
PENSIÓN $

(☎043-42-2692; Bolognesi 121; dc/i/d 25/35/70 PEN; @☎) Todas las habitaciones de esta popular pensión tienen agua caliente, pero por lo demás son muy básicas. Cuenta con un pequeño jardín y los propietarios conocen bien la región.

★ Albergue Churup
ALBERGUE-BOUTIQUE $$

(☎043-42-4200; www.churup.com; Figueroa 1257; dc 30 PEN, i/d desayuno incl. 85/120 PEN; @☎) Este albergue familiar cosecha elogios entre los viajeros con bajo presupuesto. En cada piso hay mullidas y alegres zonas comunes de relax e inmaculadas y cómodas habitaciones. En el último hay un enorme salón con chimenea que brinda unas impagables vistas panorámicas de la cordillera. Por si eso fuera poco, la afable familia Quirós, en especial su hijo Juan, son excelentes anfitriones y ofrecen café, cocina comunal y una oficina de viajes que alquila equipo de senderismo. Es tan popular que han abierto un nuevo, e igual de hogareño, Churup II, a una cuadra, en Arguedas. Imprescindible reservar.

La Aurora
HOTEL $$

(☎043-42-6824; www.laaurorahotel.com; Luzuriaga 915; i/d/t desayuno incl. desde 120/220/270 PEN) No hay que dejarse intimidar por la entrada de este hotel, que comparte con una pollería; Tras tomar el ascensor se comprobará que se trata de una de las opciones más confortables del centro. Las habitaciones nuevas y luminosas cuentan con parqué, lujosos baños de mármol, y detalles con sabor local, como lámparas de paja y colchas de tejidos típicos.

El desayuno se sirve en la fantástica terraza con vistas del Huascarán y la laguna Churup. Una opción de valor excepcional.

Hotel San Sebastián
HOTEL $$

(☎043-42-6960; www.sansebastianhuaraz.com; Italia 1124; i/d desayuno incl. 180/218 PEN; @☎) Este hotel de cuatro pisos es un hallazgo de arquitectura neocolonial. Sosegado y tranquilo, sus balcones y arcadas dan a un jardín con césped y a un patio interior con una relajante fuente. Todas las habitaciones tienen escritorios, buenas camas, duchas de agua caliente y televisión por cable. Muchas cuentan con balcones, pero si no se consigue una, hay terrazas comunales.

El Jacal
HOTEL $$

(☎043-42-4612; www.jacalhuaras.com; Sucre 1044; i/d desayuno incl. 80/105 PEN; ☎) Regentado por una familia, combina el servicio atento con un ambiente hogareño y unas instalaciones confortables y modernas. Las habitaciones no son demasiado grandes, pero sí limpias y acogedoras, y la terraza ofrece magníficas vistas de las montañas.

Olaza's Bed & Breakfast
PENSIÓN $$

(☎043-42-2529; www.olazas.com; Arguedas 1242; i/d/tr desayuno incl. 80/100/150 PEN; @) Es pequeño y elegante y cuenta con espaciosos baños y camas confortables, pero lo mejor es el gran salón de la parte superior y su terraza con vistas panorámicas. El propietario es una figura clave del senderismo en Huaraz; aconseja sobre cualquier lugar al que se quiera ir. Incluye la recogida en la estación de autobuses.

Casa Hotel
HOTEL $$

(☎043-22-1028; www.casahotelhouse.com.pe; Maguiña 1467; i/d/t 90/120/170 PEN) Situado una calle tranquila y apartada de la zona alta, este hotel restaurado ofrece habitaciones bien equipadas con todas las comodidades: colchones de calidad, buenas duchas y televisores de pantalla plana en las paredes. La terraza es fantástica para relajarse, y hay un futbolín.

La Casa de Zarela
PENSIÓN $$

(☎043-42-1694; Arguedas 1263; dc/i/d/t 40/80/120/150 PEN; ☎) La amabilidad de

Zarela es legendaria. Las 18 habitaciones son pulcras y confortables, pero lo mejor son los numerosos patios, terrazas y zonas comunes que dan una sensación de amplitud aunque la pensión esté abarrotada. Los clientes pueden utilizar la luminosa cocina del piso superior.

Hotel Colomba HOTEL **$$**
(☑043-42-1501; www.huarazhotel.com; Francisco de Zela 210; i/d desayuno incl. desde 170/240 PEN; @🖥) Las habitaciones de este maravilloso y sorprendente oasis rodean un denso y recortado bosque de setos; algunas dan a una larga y relajante veranda. Sus extensos jardines cuentan con columpios, por lo que es una excelente opción para familias que buscan un lugar seguro y cerrado donde puedan corretear los niños.

Cuesta Serena HOTEL-BOUTIQUE **$$$**
(☑981-400-038; www.cuestaserena.pe; Anta; h dos comidas incl. 630-930 PEN) Situado cerca del aeropuerto, este hotel de lujo es fantástico si se desea evitar el bullicio de Huaraz y al mismo tiempo estar cerca del transporte y atracciones locales. Las elegantes habitaciones están rodeadas de cuidados jardines, con vistas magníficas de la cordillera Blanca. El lujo se combina con el ambiente hogareño, dando la sensación de estar en un refugio rústico privado.

La comida también recibe buenas críticas. Es imprescindible reservar.

Andino Club Hotel HOTEL **$$$**
(☑043-42-1662; www.hotelandino.com; Pedro Cochachín 357; i/d desde 343/424 PEN, d con balcón 473 PEN; @🖥) Este hotel de gerencia suiza sacrifica el encanto hogareño, pues su estructura es demasiado parecida a la de una cadena hotelera, pero sus 54 inmaculadas habitaciones tienen unas vistas excelentes y cuentan con todas las comodidades. Las que poseen balcón merecen el gasto, por sus vistas de postal del pico Huascarán, chimeneas y terrazas llenas de plantas.

Su excelente restaurante, Chalet Suisse, sirve comida internacional y peruana, además de especialidades suizas.

Lazy Dog Inn HOSTAL **$$$**
(☑94-378-9330; www.thelazydoginn.com; h 420 PEN; @🖥) Este albergue de lujo basado en el turismo sostenible y comunitario se halla a la entrada de la quebrada Llaca, 8 km al este de Huaraz, y ha sido construido artesanalmente con adobe. Se puede escoger entre las confortables habitaciones dobles del edificio principal o las cabañas privadas más sofisticadas, con chimenea y bañera.

Es una buena base para hacer muchas excursiones a pie de un día o a caballo. También ofrece voluntariado de corta y larga duración.

🍴 Dónde comer

Los horarios de los restaurantes son flexibles, abren menos horas en temporada baja y cierran tarde cuando hay más turismo.

Taita PERUANA **$**
(Larrea y Laredo 633, 2º piso; principales 5,50-18; ⊙11.00-15.00 PEN) Local con muy buen ambiente, popular entre los lugareños, ideal para probar la versión alpina del ceviche, chochos, con altramuces en lugar de pescado. También sirve ceviche típico, leche de tigre y chicharrones.

Las paredes están completamente cubiertas con fotos históricas de reinas de belleza, equipos deportivos, promociones escolares y otros "momentos Kodak" huaracinos.

Café Andino CAFÉ **$**
(www.cafeandino.com; Lúcar y Torre 530, 3ᵉʳ piso; desayuno 8-24 PEN, principales 18-25 PEN; 🖥🖊) Moderno café que cuenta con espacio y luz a raudales, cómodos salones, obras de arte, fotos, chimenea, libros y música enrollada. Es el lugar de encuentro de los viajeros. Sirve desayunos a todas horas (gofres belgas, huevos rancheros) y tentempiés (nachos). Es el mejor punto de información sobre senderismo en la zona.

Chris, su propietario estadounidense, es adicto al café de las cordilleras y tuesta sus propios granos de cultivo ecológico. Él fue quien introdujo un café excelente en la ciudad en 1997, así como una forma excepcional de prepararlo: había llegado el año anterior y tuvo que recurrir a una piedra para moler los granos de café ecológico que había traído de Alaska, además de colar el café con un pañuelo para conseguir así su dosis matinal de cafeína (no es broma).

Rustika PERUANA **$**
(Ricardo Palma 200; principales 12-25 PEN; ⊙9.30-23.30) Para experimentar el sabor local hay que subir la colina hasta este restaurante construido con troncos y cristales de colores. Sirve sabrosos platos típicos, incluido el ceviche y el cuy (cobaya) a la barbacoa. Hay mesas por todos los rincones, pero lo mejor es comer en la terraza, con estupendas vistas de las montañas y música pop peruana de fondo.

California Café DESAYUNOS, CAFÉ **$**
(www.huaylas.com; Jirón 28 de Julio 562; desayuno 13-25 PEN; ⏰7.30-18.30, hasta 14.00 do; 🛜) Este enrollado imán para viajeros regentado por un californiano sirve desayunos a todas horas, almuerzos ligeros y ensaladas. Es ideal para pasar el rato escuchando la magnífica colección de música del mundo o leyendo uno de los numerosos libros que se intercambian.

Rinconcito Mineiro PERUANA **$**
(Morales 757; menú 8-16 PEN, principales 12-35 PEN; ⏰7.00-23.00; 🛜) Para tomar menús del día baratos y caseros a elegir entre unas 10 opciones, que incluyen el excelente lomo saltado (tiras de carne de res salteada con cebollas, tomates, patatas y chili), trucha a la parrilla, y *tacu tacu* (una fusión peruana de arroz, frijoles y carne). Todo ello servido en un espacio acogedor y limpio, decorado con buen gusto con artesanía regional.

La Brasa Roja PERUANA **$**
(Luzuriaga 915; principales 11,50-27 PEN; ⏰12.00-23.00) Esta exclusiva pollería (restaurante especializado en pollo asado) es la definitiva escala barata para repostar. El pollo es perfecto y viene acompañado de cinco salsas, en lugar de las tres habituales (la de aceitunas negras y mostaza tienen un aspecto curioso); con los demás platos hay que acertar. Con un poco de suerte un violinista toca en directo. Increíble pero cierto.

Rossonero POSTRES **$**
(Luzuriaga 645, 2º piso; postres 5,50-8,50 PEN; ⏰8.00-23.00; 🛜) Se anuncia como "sofá-café", pero en realidad es una exclusiva cafetería de postres. Hay incontables variaciones de "tres leches" (unas natillas muy dulces), tartas de queso, pastel de pacanas y de chocolate, y helados artesanales caseros, como el de manjar blanco (dulce de leche) con canela y oporto.

Novaplaza AUTOSERVICIO **$**
(Bolívar esq. Morales; ⏰7.00-23.30) Un buen supermercado para aprovisionarse para las excursiones o hacer uno mismo la comida.

⭐**Mi Comedia** ITALIANA **$$**
(Centenario 351; principales 25-32 PEN; ⏰17.00-23.00 lu-sa) En Huaraz hay pizzerías por todas partes, pero ninguna comparable a esta. Las *pizzas* se preparan en el mismo comedor, todas con una masa deliciosa y salsa de tomate casera recién hecha. También ofrece unos cuantos platos de pasta excelentes. Se aconseja reservar.

Chili Heaven INDIA, TAILANDESA **$$**
(Parque Ginebra; principales 17-35 PEN; ⏰12.00-23.00) Los picantes curries se apoderan de las papilas gustativas nada más llegar, las sacuden sin piedad y después las liberan como si se hubieran muerto y se hubieran ido al cielo del chili (de ahí el nombre). También fabrican y envasan sus propias salsas picantes. El antídoto definitivo para la comida peruana.

El Fogón BISTECS **$$**
(Luzuriaga 928, 2º piso; principales 11-39 PEN; ⏰12.00-15.00 y 18.00-23.00) Una versión de lujo, brillante y moderna del tradicional asador peruano, donde se asa todo lo que se mueve, incluido el pollo, la trucha y el conejo típicos, y los deliciosos anticuchos (pinchos de res). Ofrece un buen menú de mediodía por 9 PEN. Los vegetarianos lo tendrán crudo.

Dónde beber y vida nocturna

En este lado de los Andes, no hay mejor lugar que Huaraz para darse un respiro y tomarse unas copas.

⭐**Los 13 Búhos** BAR
(Parque Ginebra; ⏰11.00-hasta tarde) Un moderno café-bar en el recién renovado Parque Ginebra. El propietario, Lucho, fue el primer artesano cervecero de Huaraz. Hay cinco variedades deliciosas, entre ellas la cerveza negra y la roja. También sirve estupendos curries tailandeses y fantásticos menús. El mejor bar de la ciudad para relajarse y conversar bebiendo una refrescante cerveza.

Tío Enrique BAR
(Bolívar 572; ⏰17.00-23.00) Acogedor bar de inspiración suiza, con una larga barra y mesas de madera a compartir. Es muy popular entre los alpinistas por sus tres docenas de variedades de cerveza importada de Reino Unido, Bélgica y Alemania. El carismático propietario, armado de delantal, ofrece además sabrosas salchichas a la brasa.

El Tambo BAR, CLUB
(José de la Mar 776; ⏰21.00-4.00) Es la discoteca más popular, con árboles en las pistas de baile y muchos rincones en los que esconderse. Está de moda entre extranjeros y peruanos, y pincha de *tecnocumbia* a Top 20, salsa y *reggae*, pasando por todos los estilos intermedios.

De compras

Hay suéteres, bufandas, gorros, calcetines, guantes, ponchos y mantas de lana gruesa a precios baratos si uno necesita equiparse para las montañas; muchos de estos artículos se venden en las paradas de los callejones peatonales que salen de Luzuriaga o en la feria artesanal instalada a la salida de la plaza de Armas. Algunas tiendas del parque Ginebra y varias agencias que alquilan equipo y ropa, también venden equipo y ropa de escalada de calidad.

Tejidos Turmanyé ROPA (www.arcoiristurmanye.com; Jr. C. Valenzuela Guardia 1265; ☺11.00-13.00 y 16.00-20.00 lu-sa) 🖉 Vende bonitas telas locales y prendas de punto para ayudar a la fundación que ofrece formación laboral a las madres jóvenes.

ℹ Información

PELIGROS Y ADVERTENCIAS

Es importante dedicar un tiempo a la aclimatación. La altitud de Huaraz provoca dificultades al respirar y dolor de cabeza los primeros días, por lo que no conviene hacer esfuerzos excesivos. La altitud de las montañas circundantes puede ocasionar el soroche (mal de altura) si no ha habido un período de aclimatación previo.

Huaraz es una ciudad segura y se cometen pocos delitos; por desgracia se producen robos a senderistas y turistas, en especial en la zona del mirador de Retaqeñua y las ruinas de Wilkahuaín, y temprano por la mañana cuando los cansados mochileros llegan en los autobuses nocturnos. En estos casos, hay que estar alerta e ir en grupo, o tomar un taxi para evitar problemas.

EMERGENCIAS

Casa de Guías (☎043-42-1811; www.casadeguias.com.pe; Parque Ginebra 28G; ☺9.00-13.00 y 16.00-20.00 lu-vi, 8.00-12.00 sa) Se encarga de las operaciones de rescate de escaladores. También organiza cursos de rescate y seguridad en la montaña, y mantiene actualizada la lista de guías con certificados internacionales. En caso de emprender una ascensión comprometida, se aconseja consultar con ellos para más información.
Policía de Turismo (☎043-42-1341; Luzuriaga 724; ☺24 h) Al oeste de la plaza de Armas.

ASISTENCIA MÉDICA

Clínica San Pablo (☎043-42-8811; www.sanpablo.com.pe; Huaylas 172; ☺24 h) Al norte de la ciudad, es el mejor centro médico de Huaraz.

DINERO

Los siguientes bancos cuentan con cajero automático y cambian dólares estadounidenses y euros:
Banco de la Nación (Luzuriaga 680)
BCP (Luzuriaga 691)
Interbank (José Sucre 687)

CORREO

Serpost (Luzuriaga 702; ☺8.30-20.00 lu-vi, hasta 17.30 sa) Servicio postal.

INFORMACIÓN TURÍSTICA

iPerú (☎043-42-8812; iperuhuaraz@promperu.gob.pe; Pje Atusparia, ofic. 1, plaza de Armas; ☺9.00-18.00 lu-sa, hasta 13.00 do) Ofrece información turística general, pero escasa en cuestión de senderismo.
Oficina de información del Parque Nacional Huascarán (☎043-42-2086; www.sernanp.gob.pe; Sal y Rosas 555; ☺8.30-13.00 y 14.30-18.00 lu-vi, hasta 12.00 sa) El personal dispone de poca información sobre la visita al parque.

ℹ Cómo llegar y salir

AVIÓN

LC Perú (☎043-42-4734; www.lcperu.pe; Luzuriaga 904) opera vuelos diarios de Lima a Huaraz a las 5.30; y de regreso a las 7.05. El aeropuerto de Huaraz está en Anta, 23 km al norte de la ciudad. Un taxi hasta allí cuesta cerca de 40 PEN.

AUTOBÚS

Las combis con destino Caraz, Carhuaz y Yungay salen continuamente durante todo el día desde Cajamarca, en un solar cerca de Raimondi, y paran a petición del viajero en cualquiera de las poblaciones por las que pasan. Las que van hacia el sur por el callejón de Huaylas a Recuay, Catac y otros destinos salen de la terminal situada en el cruce de la calle 27 de Noviembre con Confraternidad Internacional Oeste.

Hay muchas compañías con salidas a Lima; conviene comparar y escoger el precio/clase/horario que más convenga. Casi todas salen a media mañana o a última hora de la tarde. Algunos autobuses empiezan la ruta en Caraz y recogen pasajeros en Huaraz. En temporada alta conviene reservar asiento al menos con un día de antelación.

Los autobuses a Chimbote cruzan el paso Punta Callán, a 4225 m de altura, con vistas espectaculares de la cordillera Blanca antes de descender en picado hasta Casma y seguir hacia el norte.

Muchas empresas pequeñas con osados autobuses destartalados atraviesan la cordillera Blanca hasta las poblaciones al este de Huaraz. De las compañías de larga distancia, se recomiendan Oltursa y Línea.

Cruz del Sur (☎043-42-8726; Bolívar 491) Servicios de lujo directos a Lima a las 11.00 y las 22.00.

Línea (☎043-42-6666; Bolívar 450) Excelentes autobuses a las 21.15 y 21.30 a Chimbote y Trujillo.

Móvil Tours (www.moviltours.com.pe) oficina de venta de billetes (Bolívar 452); terminal (☎043-42-2555; Confraternidad Internacional Oeste 451) Autobuses a Lima a las 9.30, 13.00 y 14.30 y cuatro nocturnos entre las 22.00 y las 23.00. Autobuses a Chimbote vía Casma a las 21.40, 22.20 y 23.10, los dos primeros continúan hasta Trujillo.

Olguita Tours (☎043-39-6309, 943-644-051; Mariscal Cáceres 338) Salidas a Chavín y Huari a las 4.00, 7.30, 11.00, 12.20 y 20.30.

Oltursa (☎043-42-3717; www.oltursa.pe; Raymondi 825) Los autobuses más confortables a Lima con salidas a las 12.15 y 22.00.

Transportes Alas Peruanas (☎943-990-020; Lucar y Torre 444) Servicios a Chimbote vía Casma a las 4.00, 8.15, 10.45, 13.15, 15.30 y 20.45, muy práctico para las conexiones con destino Trujillo.

Transportes El Rápido (☎043-42-2887; 28 de Julio, cuadra 1) Autobuses a Chiquián vía Recuay a las 5.00 y a las 14.00; a Huallanca y La Unión a las 6.00, 13.00 y 15.00.

Transportes El Veloz (☎043-22-1225; Pje Villarán y Loli 143) Servicios a Pomabamba a las 7.15 y 18.30; a Chacas y San Luís a las 17.00.

Transportes Renzo (☎043-42-5371; Raymondi 821) Autobuses no demasiado directos a las 6.45 y 19.00 a Pomabamba, con paradas en Chacas y Piscobamba. Hay otro con salida a las 7.00 con destino San Luís vía Chacas.

Turismo Nazario (☎043-77-0311; Tarapaca 1436) Un autobús a las 5.00 a Chiquián con continuación a Llamac.

Yungay Express (☎043-42-4377; Raimondi 930) Salidas a Chimbote vía Casma a las 7.45, 9.00, 12.45, 14.00, 16.00 y 20.00.

ⓘ Cómo desplazarse

Los desplazamientos en taxi por el centro de Huaraz cuestan 3 PEN aproximadamente; para ir a los barrios de las afueras hay que pagar 2 PEN más.

LAS CORDILLERAS

Huaraz está encajada en un valle surcado por el río Santa. Al oeste se alza la cordillera Negra, y al este, la nevada cordillera Blanca.

Una carretera asfaltada recorre el valle del río, conocido popularmente como el callejón de Huaylas, que comunica una hilera de asentamientos y ofrece a los visitantes unas perfectas vistas de las majestuosas elevaciones.

La cordillera Negra, aunque es bonita, no está nevada y suele quedar eclipsada por las sobrecogedoras cumbres cubiertas de nieve de la cordillera Blanca.

Con unos 20 km de ancho y 180 km de longitud, la cordillera Blanca es una sucesión de cumbres dentadas, crestas afiladas, lagos de color turquesa y verdes valles cubiertos por glaciares. En esta zona relativamente reducida hay más de 50 picos de 5700 m o más. En América del Norte solo hay tres montañas de estas dimensiones y en Europa, ninguna. El Huascarán, que culmina a 6768 m, es la cima más alta de Perú y de cualquier territorio tropical.

Al sur de la cordillera Blanca se halla la cordillera Huayhuash, más pequeña y más alejada, pero no por ello menos espectacular. Alberga la segunda montaña más alta de Perú, el Yerupajá (6634 m) y es la cordillera más escarpada y la menos visitada.

Los altos valles que en su día utilizaron las culturas precolombinas e incas como pasajes para dirigirse a los asentamientos orientales, hoy son explorados por los excursionistas y montañeros que se deleitan ante el espectáculo que les brinda la naturaleza.

Las principales zonas de senderismo de las cordilleras incluyen sectores de la cordillera Blanca, que en su mayor parte está rodeada por el Parque Nacional Huascarán, y la cordillera Huayhuash, hasta el sur de Huaraz. Hay opciones para todos los gustos: desde excursiones cortas de uno o dos días a travesías de varias semanas con requisitos técnicos en escalada. Cada año acuden hordas de extranjeros, muchos de los cuales se decantan por la ruta a Santa Cruz, muy transitada en la temporada alta. Sin embargo, en la cordillera Huayhuash se puede hacer un circuito de 10 días mucho menos frecuentado que el de Santa Cruz y por el que optan los viajeros más hábiles; esta excursión permite disfrutar con tranquilidad de la agreste belleza de la montaña y del agradable trato de las comunidades del altiplano. La cordillera Blanca ofrece infinidad de rutas alternativas que brindan unas vistas sobrecogedoras y que se pueden combinar con excursiones más largas. Entre unas y otras, uno puede pasarse meses caminando por la región.

Senderismo y montañismo

Cuándo ir

Se hacen excursiones durante todo el año, pero la estación seca (de mediados de mayo a septiembre) es la más popular, con buen tiempo y vistas más despejadas. En cualquier caso, conviene consultar siempre el último parte metereológico, ya que en esta época suelen producirse imprevisibles nevadas, tormentas eléctricas y de viento. De diciembre a abril es la época de lluvias y los senderos se embarran, pero aun así, se puede emprender la marcha con el equipo adecuado. Algunos excursionistas la prefieren porque casi todos los senderos más populares están vacíos. Para alpinismo más serio, los escaladores deberían optar por la estación seca.

El Sernamp (Servicio Nacional de Áreas Naturales Protegidas por el Estado; la agen-

cia gubernamental que se ocupa de los parques nacionales, reservas y otras zonas protegidas por el Ministerio del Ambiente) es el organismo que gestiona el Parque Nacional Huascarán y requiere que toda actividad que se desarrolle en él, incluidas excursiones, senderismo y escalada, se realice con guías autorizados.

Guías de senderismo y mapas

La guía más completa de la región es *Peru's Cordilleras Blancas & Huayhuash*, de Neil y Harriet Pike, con mapas detallados de las rutas de senderismo, gráficos de altitud y una clasificación de las excursiones por grado de dificultad. Otra importante fuente de información para la zona de Huayhuash es la detallada guía *Climbs and Treks of the Cordillera Huayhuash of Peru* (2005), de Jeremy Frimer, pero está agotada y solo se puede consultar en Huaraz.

ELEGIR UN OPERADOR DE EXCURSIONES

Antes de pagar una excursión guiada conviene asegurarse de lo que incluye la tarifa, además de preguntar a la compañía o al guía por el listado de servicios, productos y precios de lo que se ofrece. En caso de no obtener lo convenido, quizá se pueda hacer algo o tal vez no, pero ese listado garantiza al menos que la compañía ha entendido con claridad lo que el cliente espera.

Es de suma importancia ser sincero con los guías en cuanto a la experiencia previa y la forma física. Asimismo, es fundamental estar bien aclimatado antes de emprender una ruta. Con demasiada frecuencia se ven grupos que abordan un gran circuito o una expedición de andinismo justo después de llegar a Huaraz. La consecuencia obvia es el mal de altura, y a causa de ello tienen que regresar. Dedíquese un tiempo a aclimatarse a Huaraz: tras un par de excursiones de adaptación se podrá disfrutar de una caminata de varios días sin problemas.

Normalmente se proporciona comida y cobijo a los guías, cocineros y arrieros, lo cual debe acordarse de antemano. La comida deshidratada envasada no abunda en la cordillera Blanca. Lo más probable es que se lleve comida local, que pesa más y acarrearla requiere un mayor esfuerzo.

A continuación se indican algunas cuestiones que pueden ayudar a elegir el guía; no hay que olvidar que las respuestas también repercuten en el precio.

➡ ¿Se puede conocer antes al guía? Es bueno contactar directamente con la persona con la que se va a pasar mucho tiempo, quizá días y noches.

➡ ¿Se utilizará transporte público o privado?

➡ ¿Se dispone de un cocinero y un arriero (portador de mula)?

➡ ¿Habrá una tienda aparte para la cocina y otra para el baño?

➡ ¿Cuántas comidas y tentempiés diarios se prevén? Muchos senderistas se quejan del escaso desayuno y de las comidas poco energéticas.

➡ ¿Cuánta gente participará en la excursión? Un grupo numeroso reduce el precio, pero no siempre es cómodo andar con una docena de extraños.

➡ ¿Se puede revisar el material antes de salir? Si no se dispone de saco de dormir propio hay que asegurarse de que se obtiene uno lo bastante largo y cálido (para temperaturas de -15°C), y revisar las tiendas para que no tengan agujeros y resistan la lluvia.

LOS 15 MINUTOS DE FAMA DE ARTESONRAJU

Si el espectacular pico de Artesonraju (5999 m) resulta familiar es porque su cumbre apareció durante buena parte de las décadas de 1980 y 1990 en el logotipo de Paramount Pictures. Esa famosa imagen es la cara noreste, vista desde la quebrada Arhuaycocha (también conocida como mirador Alpamayo).

La mejor obra sobre rutas en glaciares en la cordillera Blanca es *Classic Climbs of the Cordillera Blanca Peru* (2003), de Brad Johnson, con una nueva edición en el 2009. Para escalada en roca y *boulder*, se aconseja *Huaraz: The Climbing Guide*, de David Lazo y Marie Timmermans.

Cordilleras Blanca y Huayhuash de Felipe Díaz, a escala 1:300 000, es un mapa general de la zona con las principales rutas, poblaciones, y en algunos casos planos de las mismas, aunque no es lo bastante detallado para hacer excursiones más remotas.

Los mapas *Cordillera Blanca Nord, Cordillera Blanca Sur* y *Cordillera Huayhuash*, de la colección Alpenvereinskarte (del Club Alpino Austriaco) son los más exactos y exhaustivos; se aconseja buscar la versión más actualizada a escala 1:100 000, disponible en Caraz, Huaraz y las sedes del South American Explorers Club, por 80 PEN aproximadamente. Los mapas topográficos *Cordillera Blanca* y *Cordillera Huayhuash*, distribuidos por Skyline Adventures, son más económicos y ofrecen una escala similar. Se pueden adquirir en el Café Andino y otras agencias de Huaraz.

Circuitos y guías

Incluso en el caso de los montañeros más experimentados, no está de más incorporar al grupo un guía local, puesto que son quienes están al corriente de cualquier novedad acontecida en las montañas. Se aconseja dirigirse a la Casa de Guías (p. 383) y a las agencias de senderismo en Huaraz (p. 378) y Caraz (p. 402) para encontrar guías cualificados, arrieros y cocineros. Para estar seguro de a quién se contrata, se aconseja pedir el carné con fotografía emitido por la autoridad de turismo. No todos los guías registrados son igual de buenos, pero muchas agencias pueden contactar con uno de sus guías recomendados por una pequeña comisión, aunque en temporada alta suelen estar comprometidos en circuitos organizados.

Si no se tiene mucha prisa, se puede contratar el servicio de arrieros y mulas en las aldeas que están al principio de cada camino, sobre todo en Cashapampa, Colcabamba y Vaquería, entre otras. Se suelen utilizar caballos, burros y mulas como animales de carga, a veces incluso llamas, pero son caras y no pueden llevar tanto peso. Antes de salir conviene tener buenas referencias del arriero, fijar los objetivos de la excursión (p. ej., paso y rutas) y comprobar en qué estado están los animales de carga (que no lleven sobrecarga y sean animales sanos y sin heridas).

La Dirección de Turismo y el sindicato de guías establecen los precios. Se deben calcular en torno a 30 PEN/día para un caballo, 20 PEN para un burro o mula, y 50 PEN al día para el arriero. Las tarifas oficiales para los guías son 210 PEN/día para un guía de senderismo, 360 PEN para un guía de escalada, y de 660 PEN a 750 PEN para un guía técnico. A veces es posible negociar el precio, también en el caso de guías registrados con experiencia.

Los precios no incluyen la comida y es costumbre pagar la manutención y alojamiento del personal contratado. Es mejor asegurarse de qué está incluido en el precio antes de partir. Si la ruta no empieza y acaba en el mismo punto, a veces también hay que pagar el viaje de vuelta de los arrieros.

Equipo y alquileres

Decenas de agencias ofrecen guías y alquilan material, incluidos los burros, además de organizar aventuras enteras. Si se participa en un circuito, las agencias proporcionan todo lo necesario, desde las tiendas a los piolets. La mayoría también alquilan material independientemente.

Entre las más fiables para alquilar un equipo de escalada decente destacan Quechuandes (p. 378), Andean Kingdom (p. 379) y Huascarán (p. 379).

Como suele helar por las noches, se debe llevar un saco de dormir adecuado, ropa impermeable (se necesita todo el año), un sombrero de ala y gafas de sol. También un buen filtro solar y repelente de insectos, fáciles de encontrar en Huaraz.

❶ Información

Para conocer la situación del momento conviene llamar a la Casa de Guías (p. 383), que tiene información sobre el tiempo, las condiciones del terreno, guías y alquiler de mulas. También vende algunos mapas topográficos.

Las agencias de senderismo y alquiler de material son buenas fuentes de información de la zona, y pueden aconsejar sobre gran variedad de excursiones. Para más consejos, conviene visitar algunos locales, como el Café Andino (p. 381) y el California Café (p. 382), cuyos propietarios están al tanto sobre cuestiones locales, venden mapas y guías de excursionismo y proporcionan consejos, además de suculentas delicias.

Cordillera Blanca

Es una de las zonas más impresionantes del continente, y la cordillera tropical más alta del mundo. Comprende algunas de las montañas de mayor altitud de Sudamérica. Entre ellas se encuentra el majestuoso nevado Alpamayo (5947 m), calificado en su día como la "montaña más bella del mundo" por el Club Alpino Austriaco, y otros como el Huascarán (el más alto de Perú, con 6768 m), el Pucajirca (6046 m), el Quitaraju (6036 m) y el Santa Cruz (nevado Pucaraju; 6259 m).

Situada en zona tropical, esta cordillera se verá afectada por el calentamiento global; hay pruebas manifiestas de que los glaciares han disminuido de tamaño y la línea de nieve ha retrocedido en las últimas décadas. Otros peligros que amenazan al parque son la basura y el efecto del pastoreo a grandes altitudes para los árboles qeñua (Polylepis), en peligro de extinción.

Parque Nacional Huascarán

A principios de la década de 1960, el montañero peruano César Morales Arnao fue el primero en señalar que debían protegerse la flora, la fauna y los yacimientos arqueológicos de la cordillera Blanca, pero su proyecto no se materializó hasta 1975, con la creación del parque nacional. Esta zona protegida, de 3400 km², comprende casi toda la cordillera Blanca por encima de los 4000 m, incluye más de 600 glaciares y casi 300 lagos, y alberga especies tan extraordinarias y en peligro de extinción como la gigantesca planta *Puya raimondii*, el oso de anteojos y el cóndor andino.

Los visitantes se deben registrar (hay que llevar el pasaporte) y pagar la entrada en la oficina del parque en Huaraz, aunque también es posible hacerlo en la mayoría de los accesos principales. Cuesta 10 PEN/persona y día, o 65 PEN el pase de 10 días. Puede ocurrir que los guardas del parque se nieguen a vender permisos a excursionistas o escaladores que no hayan contratado los servicios de una agencia registrada o un guía con licencia de la región.

La recaudación de las entradas sirve para el mantenimiento de los senderos, el salario de los guardabosques y para paliar los efectos de las legiones de visitantes que frecuentan la zona. Como la mayoría de los que transitan por la zona son extranjeros, es lógico que el dinero de sus entradas contribuya a la conservación del parque nacional.

HUARAZ Y LAS CORDILLERAS CORDILLERA BLANCA

ELEGIR UN PICO

La cordillera Blanca posee 18 cumbres con glaciares a más de 6000 m de altitud y unas 50 a más de 5700 m, por ello es una de las más importantes del mundo para los alpinistas. Si a la variedad de opciones de escalada se añaden unos accesos generalmente cortos y casi ningún papeleo o tasa de escalada (la entrada al parque sí se paga), el atractivo es obvio. Huascarán Sur es el indiscutible decano del grupo, y Alpamayo, el más bello según escaladores y fotógrafos de todo el mundo, pero Pisco es sin duda el más popular por su acceso directo y sus moderadas exigencias técnicas.

Pero esto puede cambiar. Debido al calentamiento global los glaciares de la cordillera Blanca están menguando y experimentando importantes transformaciones, por ello en los últimos años las rutas se han alterado.

Estos son los 10 ascensos más populares (y las cumbres más altas) de la cordillera Blanca y abarcan desde rutas relativamente fáciles a dura escalada en hielo.

Huascarán Sur (6768 m)	Alpamayo (5947 m)
Chopicalqui (6345 m)	Pisco (5752 m)
Copa Sur (6188 m)	Ishinca (5550 m)
Quitaraju (6036 m)	Urus (5497 m)
Tocllaraju (6034 m)	Maparaju (5326 m)

Ruta a Santa Cruz

Esta ruta de senderismo clásica de la cordillera Blanca recorre la quebrada Huaripampa, cruza el paso de Punta Unión (4760 m), y desciende a través del espectacular valle de la quebrada Santa Cruz. Las obras de una importante carretera que pasa por las lagunas Llanganuco implican una reducción en el recorrido, que ahora pueden hacer en tres días los grupos ya aclimatados, aunque si se dedica un día más habrá más tiempo para disfrutar de la flora alpina y desviarse hasta la base del Alpamayo, con vistas espectaculares.

Es una de las rutas más populares de Perú entre los extranjeros, y se encuentra claramente señalizada en sus 50 km de recorrido. Diariamente se camina entre 5 y 8 h, con un desnivel entre 150 m y 900 m; durante el último tramo se desciende una extenuante pendiente de 800 m.

También se puede hacer en sentido contrario (las agencias ofrecen ambas posibilidades), pero aquí se describe la variante desde Vaquería, ya que para quienes no cuentan con transporte privado es más sencillo acabar en Cashapampa. Además, se evita una penosa cuesta polvorienta justo al empezar a

Ruta a Santa Cruz

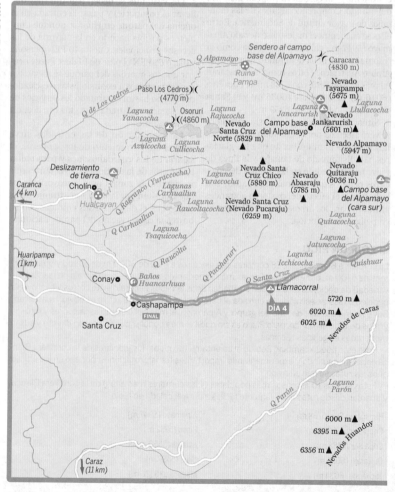

caminar. Los mejores paisajes se encuentran más adelante.

El camino transcurre por lagos color esmeralda, vistas magníficas de muchos de los picos de la cordillera, lechos multicolores de flores silvestres alpinas y los floridos *qeñuas* (quinua) rojos. Otra visión menos estimulante, como en otros senderos muy transitados, es la cantidad de bostas de vaca que cubren valles y praderas. ¡Cuidado!

Saliendo desde Vaquería, el primer día consiste en una corta ascensión bastante sencilla hasta la aldea **Huaripampa**, con casas quechua tradicionales de techo de paja, bajo

las cuales hay unas plataformas de madera por las que suelen corretean las cobayas (destinadas a ocupar un sitio en la mesa). Tras dejar atrás el poblado, el sendero sigue por la quebrada Huaripampa hasta un *camping* en Paria (3850 m).

El segundo día es el más duro debido a la fuerte subida que pasa por la laguna Morococha y una sinuosa pared de roca hasta atravesar el paso de Punta Unión, que desde abajo parece un desfiladero anguloso en un muro sin fracturas. Los excursionistas podrán jactarse de la hazaña, además de admirar el fascinante panorama a ambos lados del paso.

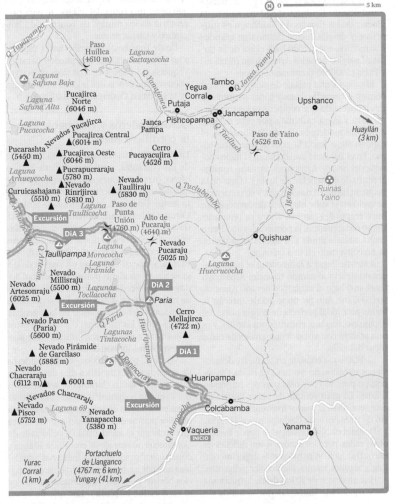

ℹ DATOS BÁSICOS: SANTA CRUZ

Duración: 4 días

Distancia: 50 km

Dificultad: moderada

Inicio: Vaquería (3700 m)

Final: Cashapampa (2900 m)

Al oeste se halla la quebrada Santa Cruz y sus lagos, y al sureste la quebrada Huaripampa desciende en picado. Tras cruzar el paso se puede plantar la tienda en Taullipampa (4250 m), en una preciosa pradera al pie del majestuoso nevado Taulliraju (5830 m). La lengua glaciar de los flancos del Taulliraju es muy activa, y de ella suelen desgajarse grandes fragmentos, sobre todo bajo el sol de la tarde. Al sur, los nevados Artesonraju (6025 m) y Paria (5600 m) dominan el paisaje.

El espectacular paisaje de montaña incluye pequeñas cascadas, lagos y zonas pantanosas interconectadas que compensan los tres días de dura y larga caminata por esta ruta de dificultad moderada. Desde Taullipampa, el camino sigue hacia la gran laguna Jatuncocha. En el 2012 una avalancha en el flanco noreste del nevado Artisonraju arrastró consigo el muro de contención de hielo y fango de la pequeña laguna Artesón Bajo, y su contenido se vació en el valle haciendo desaparecer un buen tramo del camino, ahora ya reparado. Como consecuencia, la pequeña laguna Icchicocha, antaño unida a la laguna Jatuncocha, se ha convertido en una ciénaga.

Antes de llegar a Jatuncocha se puede hacer un desvío al campo base del Alpamayo (cara sur) bajo el magnífico nevado Alpamayo (5947 m). Aunque no se puede apreciar la forma piramidal perfecta de la cara norte del Alpamayo, hay una encantadora laguna, y es una atalaya con vistas fenomenales de otros picos del valle.

El último día consiste en un fuerte descenso por el cañón de Santa Cruz hasta Cashapampa pasando por más paisajes impresionantes. La gran ventaja de hacer la ruta en este sentido es la mayor frecuencia del servicio de transporte de Cashapampa a Huaraz.

Desde el camino principal se puede llegar a otros valles, pero los senderos son difíciles de encontrar incluso para los más experimentados, y algunos tramos pueden ser peligrosos.

Hay un desvío de 10 km desde la quebrada Paria (quebrada Vaquería), que asciende sin descanso durante 3 h con 600 m de desnivel a la sombra del nevado Chacraraju (6108 m), bajo su muy activo glaciar y cascada de hielo. Esta zona es un santuario del oso andino y puede que el acceso esté restringido. Otro desvío conduce a la quebrada Ranincuray a través de de 11 km de recorrido (4 o 5 h), con un desnivel de 800 m, recompensado por las increíbles vistas, estupenda zona de acampada, y acceso a las lagunas Tintacocha, aunque ha habido problemas con los toros salvajes y algunos guías locales prefieren no adentrarse en esta zona.

Se puede utilizar el agua de los ríos para cocinar y beber pero se debe hervir o tratar antes, puesto que hay vacas por doquier. Hay que llevar una copia del pasaporte para presentarla en los puntos de control de Llanganuco y Cashapampa.

Desde Yungay salen combis hacia Yanama a las 7.00 y a las 13.00, que pueden parar en Vaquería (15 PEN, 4 h). Los taxis colectivos salen con frecuencia desde Caraz al comienzo de la senda en Cashapampa (8 PEN, 1½ h).

Otros senderos y excursiones en la cordillera Blanca

La excursión a Santa Cruz atrae a la mayoría de los visitantes, pero la cordillera Blanca ofrece otras opciones con paisajes y vistas que dejan boquiabierto, y todo eso sin tanta gente. Una serie de quebradas –Ishinca, Cojup, Quilcayhuanca, Shallap y Rajucolta (citadas de norte a sur) –, corren paralelas entre sí ascendiendo desde los alrededores de Huaraz hasta el corazón de la cordillera Blanca, y en casi todas hay un lago (o dos) a gran altura en algún punto del camino. Todas ellas ofrecen un sinfín de posibilidades de rutas de uno o varios días. Los senderistas interesados deben preguntar en las agencias locales sobre las rutas que comunican estos valles con travesías de gran altitud, y que suelen explorarse individualmente.

Algunos –pero no todos– de los senderos de las excursiones de varios días descritos en este libro no están claramente señalizados, por lo que se recomienda ir con guía o llevar excelentes mapas de referencia. Para llegar a algunos puntos de partida del camino habrá que atravesar el accidentado y bello valle de Conchucos (al este de la cordillera Blanca), donde hay algunos pueblos indígenas agradables que por un módico precio ofrecen servicios básicos y vívidas experiencias culturales al explorador intrépido. Los que no estén ansiosos por acampar o alojarse en refugios, pueden plantearse una de las excursiones de un día que parten de alguno de los circuitos más largos, y que empiezan temprano pero regresan a tiempo de tomar un transporte hasta el albergue. Para hacer estos recorridos se requiere también la entrada al parque (10 PEN).

HUARAZ-WILKAHUAÍN-LAGUNA AHUAC

Esta excursión relativamente fácil y bien señalizada a la laguna Ahuac (4560 m) se puede empezar desde Huaraz o desde las ruinas de Wilkahuaín. Desde esta última (a una carrera de 20 PEN en taxi) son unas 4 h y es excelente para aclimatarse o, simplemente, para hacer una excursión agradable; si se sale de Huaraz son 2 h más. Se pueden ver peludas vizcachas (roedores emparentados con las chinchillas y parecidos a los conejos) correteando por doquier. Y, alzando la vista, es imposible no disfrutar de la bella imagen de las grandes montañas del extremo sur de la cordillera Blanca. Desde la laguna también hay buenas vistas de la ciudad hasta la cordillera Negra.

LAGUNA CHURUP

La aldea de Pitec (3850 m), justo encima de Huaraz, es un buen punto de partida para la excursión de 6 h hasta la hermosa laguna Churup (4450 m), a los pies del nevado del mismo nombre. Se puede ir por la margen izquierda o derecha del valle, aunque la mayoría de los excursionistas optan por la izquierda por los nuevos cables que facilitan el avance. La fuerte pendiente rocosa es un desafío para quienes tengan problemas con las alturas.

Esta excursión de un día suele servir de adaptación, aunque las altitudes y el ascenso de 600 m son considerables y hay que estar bien preparado para emprenderlos.

Un taxi de Huaraz a Pitec cuesta en torno a 60 PEN; hay combis a Llupa (3 PEN, 30 min) desde Huaraz, en el cruce de Gamarra y Las Américas, cada ½ h aproximadamente (hay que pedir al conductor que pare en el camino a Pitec); desde allí hay 1 h a pie hasta Pitec. Se debe estar de regreso en Llupa a las 17.00 para tomar el transporte de vuelta.

LAGUNA 69

Este lago de un azul vivo, rodeado de picos nevados, es la joya de las cordilleras. Llegar allí es todo un reto, además de una opción de aclimatación. Se puede tomar con calma y acampar cerca del lago para pasar la noche, pero lo más habitual es ir y volver en el día desde Huaraz.

Es un largo y exigente circuito circular de 6 h, pero compensan las fantásticas vistas del Chopicalqui (6345 m), Huascarán Sur (6768 m) y Norte (6655 m) que acompañan al excursionista hasta llegar al lago, justo al pie del Chacraraju (6112 m).

Los caminos a la Laguna 69 salen cerca del Yurac Corral (3800 m), en el extremo norte de una amplia curva de la carretera de Llanganuco.

Algunas agencias de Huaraz ofrecen la ruta del lago con transporte, desayuno y guía incluidos por 45 PEN. Para quienes quieran ir por su cuenta, ofrecen solo el transporte por 30 PEN, que consiste en un autobús hasta el comienzo del sendero, que espera a la vuelta. Otra alternativa es ir en taxi desde Huaraz, por unos 180 PEN ida y vuelta. Hay que pedir al conductor que pare en las lagunas Llanganuco, que quedan a mano derecha de subida, al lado de la carretera.

VALLES DE QUILCAYHUANCA Y COJUP

Esta ruta de tres a cuatro días que parte de Pitec es una de las más bonitas de la cordillera, pero también muy exigente. Hay que estar bien aclimatado par poder hacerla, ya que los animales de carga no suben hasta el paso Choco a más de 5000 m. Una cosa es caminar a gran altitud, y otra muy distinta hacerlo con 15 kg a la espalda.

El camino asciende serpenteando hasta la quebrada Quilcayhuanca a través de bosques de queñuas y prados hasta llegar a la laguna Cuchillacocha y Tullpacocha. Por el camino se aprecian asombrosas vistas del nevado Cayesh (5721 m), el Maparaju (5326 m), el Tumarinaraju (5668 m) y media docena de picos más que superan los 5700 m. El sendero sigue subiendo hasta el empinado paso Choco y desciende por la quebrada Cojup pasando por unas cuantas lagunas. El camino no está bien señalizado, por lo que se recomienda ir con un guía (o contar con buen mapa topográfico y saber interpretarlo).

Una versión más sencilla es subir hasta el valle de Quilcayhuanca y atravesarlo para volver a Pitec en dos o tres días, acampando a 4000 m. También hay que cargar con el equipo, pero la mochila será más ligera. Es una buena alternativa, menos agotadora que la ruta de Santa Cruz, y que igualmente permite gozar de vistas espectaculares de las montañas.

CAMINO INCA

Esta ruta de tres a seis días recorre un tramo del Camino Inca, de Huari a la ciudad de Huánuco, que no está demasiado concurrido, seguramente porque el paisaje no es tan espectacular como en otras partes de la cordillera. Es una excursión bastante sencilla que pasa por secciones bien conservadas del antiguo Camino Inca y acaba en Huánuco Viejo, uno de los más importantes emplazamientos militares incas en el norte de Perú.

No es fácil hallar información detallada sobre esta ruta tan poco frecuentada, pero es posible encontrar guías locales que conozcan el camino en Huaraz o en Huari.

EXCURSIONES POR EL CALLEJÓN DE CONCHUCOS

Quienes dispongan de poco tiempo y aún así quieran cruzar la cordillera, pueden hacer la excursión relativamente fácil de dos o tres días desde Olleros a Chavín de Huántar. Aunque no pasa tan cerca de las cumbres más altas y las vistas de las montañas no son tan impresionantes como en otras partes del parque, es una buena opción.

Se puede empezar esta ruta de 40 km desde cualquiera de las dos localidades, aunque casi todos los excursionistas comienzan en Canray Chico, a las afueras de Olleros, en el callejón de Huaylas, que discurre al oeste de la cordillera Blanca. En el pueblo también se pueden alquilar llamas como animales de carga. De camino se pasa por pueblos bonitos y carreteras preincaicas con magníficas vistas del Uruashraju (5722 m), el Rurec (5700 m) y el Cashan (5716 m), montañas que salpican el paisaje hasta llegar a los 4700 m de altitud en el paso de Punta Yanashallash. El punto final en el callejón de Conchucos es de una belleza incomparable. Lo mejor es que al llegar a Chavín uno podrá recompensar su cuerpo sumergiéndose en las aguas termales y, al día siguiente, madrugar para visitar las ruinas sin tantos turistas. Los ciclistas más esforzados suelen recorrer la ruta en bicicleta de montaña. Los taxis de Huaraz a Canray cuestan cerca de 50 PEN.

Quienes se hayan quedado con ganas de caminar pueden continuar hasta Huari en autobús y desde allí hacer la ruta de dificultad similar de Huari a Chacas, que recorre los flancos orientales de la cordillera Blanca. Conviene reservar para acampar cerca de laguna Purhuay, un pintoresco paraje donde merece la pena pernoctar. La sencilla ruta de dos a tres días pasa por otros lagos, alcanza su punto culminante en un puerto de montaña de 4550 m y termina con el descenso a través de los brumosos bosques tropicales de altura del valle Parhua (3500 m).

Tras descansar en la entrañable localidad de Chacas, se puede seguir la marcha, uno o dos días más, de Chacas a Yanama. De las tres, esta es la excursión más corta y la que atraviesa el paso más bajo, a "solo" 4050 m. Desde Chacas se pasa por Sapcha y Potaca para acabar la excursión en Yanama; también se puede seguir hasta el valle de Keshu, donde hay buenos sitios para acampar. Colcabamba, a unas pocas horas más desde Yanama, es el final de la ruta de Santa Cruz; los excursionistas con más aguante pueden completar este titánico circuito antes de volver a Huaraz.

QUEBRADA AKILLPO-ISHINCA

La hermosa quebrada Akillpo queda fuera del camino trillado, lo cual convierte esta exigente ruta de tres días en una excelente opción para los excursionistas experimentados que quieran huir de las multitudes en la temporada alta. Empieza en Joncopampa y asciende a través de un espectacular bosque de queñuas, para resurgir cerca de la laguna Akillpo a los pies del glaciar Akillpo. Desde aquí hay que cruzar un paso a 4900 m por terreno delicado bajo el Nevado Tocllaraju, con un descenso complicado bordeado de precipicios. El camino continúa descendiendo y pasa por el refugio Ishinca (4390 m) hasta adentrarse en el valle de Ishinca. Los burros no pueden cruzar el paso, además el camino no está bien marcado y discurre por un terreno difícil, por lo que es esencial contar con un buen guía.

En caso de no contar con la suficiente experiencia para hacer todo el circuito, se puede hacer una excursión hasta la quebrada Akillpo de uno o dos días ida y vuelta, que ya permite disfrutar del singular bosque, y además sirve como buena aclimatación. La opción más corta llega hasta las lindes del bosque antes de regresar, y la más larga hasta la laguna, pero sin abordar el paso.

La forma más sencilla de acceder al valle es alquilar caballos en Joncopampa para explorar parte del camino. Un taxi de Huaraz a Joncopampa cuesta aproximadamente 180 PEN ida y vuelta.

Los Cedros-Alpamayo

Es una de las caminatas más deslumbrantes y exigentes de la cordillera. Sus 90 km de recorrido presentan ascensos de fuerte desnivel hasta pasos a gran altitud, un paisaje andino increíble (incluida la regia cara norte del nevado Alpamayo), y comunidades quechuas tradicionales a las que no llega la carretera. El punto de partida es Cashapampa (uno de los lugares donde acaba la ruta de Santa Cruz) o Hualcayan, y finaliza en Pomabamba. Se recomienda únicamente a excursionistas experimentados y aclimatados y con buena técnica de orientación. El camino es relativamente recto, pero no está señalizado. No hay vías de escape alternativas, o sea que una vez se ha empezado hay que llegar al final o desandar el camino. El excursionista puede recompensarse con merecidos chapuzones en fuentes termales minerales al inicio y al final del camino.

Cordillera Huayhuash

Suele quedar relegada a un segundo plano, por detrás de su hermana, la cordillera Blanca. No obstante, Huayhuash atesora un conjunto también impresionante de glaciares, cimas y lagos, todos ellos agrupados en una zona de tan solo 30 km de ancho. Cada vez son más los viajeros que descubren este accidentado y remoto territorio, donde los desfiladeros bordean los barrancos de esta cordillera de altas cumbres. Diversos puertos de montañas, por encima de los 4500 m, son un reto para los excusionistas más avezados. La sensación de estar en territorio virgen, especialmente en la zona más oriental e intacta, es su mayor atractivo. Además, es más probable contar con la compañía de majestuosos cóndores que de grupos organizados.

A finales del 2001, el Ministerio de Agricultura de Perú la declaró "zona protegida", una medida de protección transitoria sobre unos 700 km² de tierra casi virgen. Desde entonces, el Ministerio ha retirado las ayudas oficiales para que arraiguen las tareas de conservación, privadas y comunitarias. Algunas comunidades cuyos territorios tradicionales se encuentran en el centro de la cordillera Huayhuash se han reconocido como Áreas de Conservación Privada. El circuito pasa por nueve distritos, Llamac, Pocpa, Jirishanca, Quishuarcancha, Tupac Amaru, Guñog, Uramasa, Huayllapa y Pacllón, que en el momento de escribir esta guía estaban cobrando una entrada de 15 a 40 PEN, lo que supone unos 195 PEN para recorrer la ruta básica, precio que aumenta de año en año. Una parte de este dinero está destinada a me-

ⓘ DATOS BÁSICOS: CORDILLERA HUAYHUASH

Duración: 9 días

Distancia: 115 km

Dificultad: exigente

Inicio: Pocpa/Matacancha

Final: Llamac

Localidades más cercanas: Chiquián, Llamac y Cajatambo

jorar la seguridad de los excursionistas, y otra a los trabajos de conservación y mejora de las instalaciones, aunque el estado de los baños en algunos tramos está por debajo de lo aceptable. Con su aportación, el viajero contribuye a la iniciativa comunitaria de conservación, pero conviene llevar suficiente cambio y pedir siempre un recibo del pago.

Conviene saber que está prohibido hacer hogueras en toda la región de Huayhuash, porque apenas hay madera. Quienes vayan por su cuenta deben llevar un hornillo de gas.

Circuito por la cordillera Huayhuash

Esta impresionante excursión rodea varios picos, entre ellos el Yerupajá (6634 m), la segunda montaña tropical más alta del mundo, y atraviesa diversos puertos de montaña con vistas vertiginosas. Los flancos orientales están bañados por lagos espectaculares y poseen fantásticas zonas de acampada (ideales para pescar truchas) por donde pasear a gusto.

El ascenso diario varía de 500 a 1200 m, aunque hay un par de días en medio y al final del recorrido en que hay descensos importantes, que pueden ser tan duros como ir cuesta arriba. El promedio de recorrido diario es de unos 12 km, que requieren entre 4 y 8 h de caminata, aunque tal vez deba superarse al menos un día de 10 o 12 h de esfuerzo. Muchos excursionistas se toman días extras para descansar a lo largo del circuito, en parte porque su longitud y altitud lo hacen excesivamente duro y en parte para disfrutar de las sensacionales vistas. Otros prefieren una versión reducida y caminan solo unos cinco días por el apartado lado este del Huayhuash. A continuación se describe el circuito Huayhuash clásico, pero hay otros recorridos secundarios y otras rutas alternativas que merecen uno o dos días más de camino.

Circuito por la cordillera Huayhuash

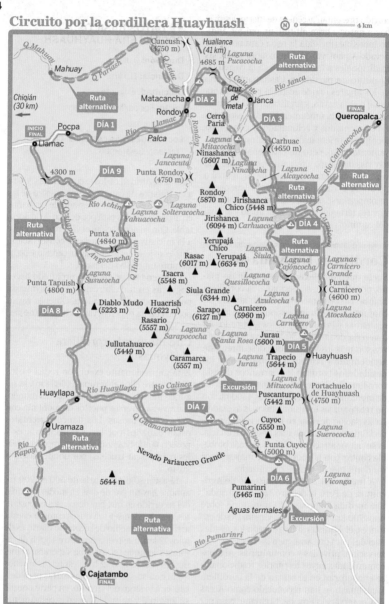

Si se ha contratado una agencia, es posible que el punto de partida sea Matacancha, pero quienes no cuenten con un medio de transporte privado tendrán que salir desde Pocpa, cerca de Llamac, la última localidad antes de abandonar la "civilización". En Pocpa se pueden contratar arrieros y animales de carga, y varias familias locales ofrecen alojamiento y comida.

En el primer tramo, la ruta sigue el curso del río Llamac pasando por la aldea de Palca hasta Matacancha, donde se suele pasar la noche. El segundo día consiste en cruzar un paso a 4700 m para luego descender hasta la laguna Mitacocha (4230 m). El tercer día ofrece más paisajes andinos excepcionales hasta llegar a un promontorio con vistas a la laguna Carhuacocha (4138 m) y las montañas heladas tras el Siula Grande (6344 m) y el Yerupajá, en la distancia.

Hacia la mitad de la travesía se pasa por un corto tramo de Camino Inca pavimentado, de unos 1,5 m de ancho y 50 m de largo: son los vestigios de una antigua calzada que se dirige hacia el sur desde el yacimiento arqueológico de Huánuco Viejo, cerca de La Unión. Se tardan un par de días más hasta la laguna Carnicero (4430 m), la laguna Mitucocha, la parte superior del Portachuelo de Huayhuash (4750 m), y la laguna Viconga (4407 m). Cuando se alcanza a ver varias cimas coronadas de nieve, entre ellas el doble pico del Cuyoc (5550 m), se puede acampar y seguir el circuito principal, o avanzar hacia el suroeste por el valle del río Pumarinri hacia Cajatambo, abandonando pronto el circuito. Si se sigue más allá, habrá que emprender el difícil paso de Punta Cuyoc, de más de 5000 m.

El séptimo día el sendero se encumbra por una pequeña cadena en Pumarinri (5465 m), desde donde se verá el Cuyoc. Búsquese la resistente *Stangea henricii*, una planta en forma de escarapela, plana, de color gris verdoso, cuyas hojas como lenguas superpuestas solo crecen a más de 4700 m de altitud.

El octavo día se puede proseguir por el circuito directo, pasando de largo la aldea de Huayllapa, salir del circuito atravesando Huayllapa y el pueblo de Uramaza hasta Cajatambo, o hacer una excursión adicional al valle del río Calinca hasta las lagunas Jurau, Santa Rosa y Sarapococha, donde hay algunos de los mejores paisajes montañosos de todo el camino. El circuito tradicional va más allá del piramidal Jullutahuarco (5449 m), tachonado de glaciares, y una estupenda cascada de 100 m de altura. Sígase hasta un laguito que hay cerca de Punta Tapuish (4800 m) para encontrar un buen *camping* en las alturas.

Al día siguiente el camino desciende suavemente hasta la laguna Susucocha (4750 m) poco después de un cruce (4400 m) con la quebrada Angocancha. El sendero bordea praderas cenagosas y asciende hacia las rocas y pedregales antes de llegar a Punta Yaucha (4840 m), que ofrece maravillosas vistas de los principales picos de la cordillera, entre

ⓘ EL TIMO DE HUAYHUASH

Algunos viajeros se han quejado de que los guardas de las comunidades del circuito de la cordillera Huayhuash a veces intentan revender entradas usadas, o anotan mal la fecha a propósito para luego poder multar al visitante en los controles que se hacen en las zonas de acampada. Se aconseja no despistarse mientras se hacen estas gestiones y no emprender camino hasta que no haya quedado todo claro.

ellos el Yerupajá, al este, y a muchos de las alturas inferiores heladas del sureste. En esta zona se pueden ver fósiles de amonitas y otras criaturas que antaño habitaban el fondo del océano, del que surgieron los Andes (hay que hacer todo un esfuerzo de imaginación). Finalmente, el camino desciende hasta la maravillosa laguna Yahuacocha.

El último día el trayecto es más corto para poder llegar pronto a Llamac, ya que el transporte público hasta Chiquián para seguir después hasta Huaraz sale a las 11.15. Los senderistas deben estar preparados para los perros agresivos que aparecen a lo largo del camino; normalmente, basta con agacharse a recoger una piedra para que echen a correr, aunque no hay que lanzarla si no es absolutamente necesario.

Cordillera Negra

La pequeña cordillera Negra vive literalmente a la sombra de su hermana mayor, la cordillera Blanca, cuyos altísimos picos helados del este interceptan el sol matutino y cubren teatralmente de sombra cuanto los rodea. Esta cadena de montañas parece algo más desnuda, por su silueta árida, de color marrón barro, en comparación con el asombroso perfil helado y escarpado de la cordillera Blanca. Aun así, la Negra desempeña un papel ecológico importante en la región, ya que impide que los vientos cálidos del Pacífico alcancen a los glaciares de la Blanca y provoquen su descongelación. Es también una importante zona agrícola y minera.

Aunque no puede competir con la otra vertiente del callejón de Huaylas en cuanto a la oferta de circuitos por las grandes montañas, la cordillera Negra también es interesante, sobre todo para los escaladores, que encontrarán excelentes vías deportivas equipadas en Recuay y Hatun Machay. En bicicleta de montaña se pueden recorrer interminables kilómetros de carreteras y senderos por un paisaje escarpado; hay agencias de guías de bicicleta de montaña en Huaraz que conocen bien estos recorridos.

Los excursionistas de un día también pueden explorar estas rutas. Si se alquila un camión para ir a Punta Callan (4225 m), sobre Huaraz, o a Curcuy (4520 m), por encima de Recuay, se puede descender andando hasta los pueblos. Otra ruta alternativa es el ascenso de 3 h al mirador Quitabamba, cerca de Jangas. Se puede tomar un colectivo con destino Carhuaz, y bajar en La Cruz de la Mina para empezar el ascenso.

Las aldeas de esta zona no reciben mucho turismo, por lo que es posible relacionarse con los indígenas que suelen llevar un estilo de vida tradicional y sin contacto exterior.

Laguna Wilkacocha

En la cordillera Negra, a tan solo 10 km de Huaraz, la excursión a la tranquila laguna Wilkacocha (3700 m) es una buena opción para una primera aclimatación. Aunque la laguna vale la pena por sí misma, a menudo sus visitantes planean circuitos más ambiciosos.

Desde aquí, las vistas de la cordillera Blanca son absolutamente espectaculares, abarcando muchos picos nevados: Huantsan, Shaqsha, Vallunaraju y Ranrapalca.

El camino comienza en el puente Santa Cruz, en la autopista al sur de Huaraz, y pasa por varias aldeas tradicionales durante el ascenso. Se recomienda contratar un guía porque el camino no es evidente y algunos excursionistas han despertado la ira de los lugareños al pisotear sus campos. Se tardan unas 2 h de subida y una de vuelta.

Los colectivos desde Huaraz a Recuay pueden parar en el puente Santa Cruz (2 PEN, 20 min). Otra alternativa es tomar un taxi desde Huaraz hasta el lago por 40 PEN, y una vez allí pasear libremente, para regresar después en un colectivo a la ciudad.

AL NORTE DE HUARAZ

Cuando el río Santa se abre paso hacia el norte a través del callejón de Huaylas, una carretera sigue cada uno de sus meandros y recorre tranquilas poblaciones hasta Caraz, desde donde continúa hasta el impresionante cañón del Pato. A lo largo del valle, los blancos picos

andinos de la cordillera Blanca asoman cual centinelas al acecho. De todas estas cumbres, el respetable Huascarán, está a menos de 14 km de la carretera a vista de cóndor. Se puede acceder a muchos senderos desde las poblaciones por las que pasa esta ruta. Hay dos carreteras que atraviesan osadas la cordillera: una recientemente asfaltada que une Carhuaz y Chacas, y otra sin asfaltar de Yungay a Yanama.

Monterrey

☑ 043 / 1100 HAB. / ALT. 2800 M

Acurrucado en medio de unas pocas instalaciones turísticas, este diminuto pueblo 9 km al norte de Huaraz se ha ganado un sitio en el mapa por sus **aguas termales** (entrada 4 PEN; ☺7.00-16.30). Los autobuses finalizan su recorrido justo delante.

Las fuentes termales están repartidas en baños públicos, donde la temperatura del agua a veces deja que desear, y baños privados, con agua hirviendo. Las instalaciones son muy básicas, y la decoración de los baños privados no es demasiado atractiva.

El color marrón del agua se debe a su alto contenido en hierro y no a la falta de higiene, que no hay que poner en duda. Se aconseja bañarse temprano por la mañana para evitar multitudes.

🛏 Dónde dormir y comer

A pesar de que cuenta con un estupendo hotel y algunos buenos restaurantes, lo mejor es visitar Monterrey desde Huaraz. Los domingos muchos restaurantes celebran una comilona tradicional peruana llamada pachamanca (*pacha* significa "tierra" y *manca* "horno" en quechua), un magnífico festín de pollo, cerdo, cordero, cuy, maíz, patatas y otras verduras cocinados durante varias horas sobre piedras caldeadas.

★ **El Patio de Monterrey** HOTEL **$$$**
(☑043-42-4965; www.elpatio.com.pe; i/d desayuno incl. 203/357 PEN; @☎) Es el hotel más lujoso; ubicado en una deliciosa hacienda colonial y con mobiliario del mismo estilo. Casi todas las habitaciones son espaciosas y cuentan con bañera y TV; algunas tienen capacidad para cuatro personas y chimenea, y dan a un patio con jardín, decorado con ruedas de carro y una fuente. Se puede cenar en el restaurante bar con chimenea.

El Cortijo PERUANA **$$**
(Carretera Huaraz; principales 25-40 PEN; ☺8.00-19.00) Sirve excelentes platos de avestruz

(cuando se consigue en Perú), cuy (cobaya) y otras carnes. Las mesas del exterior rodean la fuente del jardín, verde y florido, con columpios para los niños.

ℹ Cómo llegar y salir

Hay combis desde Huaraz hacia el norte por Luzuriaga, al oeste por la calle 28 de Julio, al norte por la calle 27 de Noviembre, al este por Raymondi y al norte por Fitzcarrald. Conviene tomar una temprana, pues se llenan rápidamente. El viaje de 20 min cuesta 1 PEN. Un taxi entre Huaraz y Monterrey cuesta 7 PEN.

Carhuaz

☑043 / 15 400 HAB. / ALT. 2638 M

Situada 35 km al norte de Huaraz, Carhuaz presume de poseer una de las plazas más bonitas del valle; de hecho, pasear entre sus jardines de rosas y altas palmeras es una experiencia muy placentera. En el colorido mercado dominical, los campesinos que bajan de las montañas cercanas venden frutas frescas, hierbas y artesanías. Desde Carhuaz sale una carretera pavimentada que cruza la cordillera Blanca por la hermosa quebrada Ulta y el nuevo túnel Punta Olímpica, hasta Chacas y San Luis.

La fiesta anual de la Virgen de La Merced de Carhuaz se celebra del 14 al 24 de septiembre con procesiones, pirotecnia, bailes, corridas de toros y mucha bebida, tanta, que se suele denominar i"la borrachera de *Carhuaz*"!

En la plaza de Armas, el Banco de la Nación cuenta con un cajero automático Visa/Plus.

🛏 Dónde dormir y comer

Imprescindible probar la *raspadilla,* la especialidad de la ciudad, un granizado con jarabe de frutas.

Hotel La Merced · · · · · · · · · · · · · · HOTEL **$**

(☑043-39-4280; Ucayali 724; i/d 25/45 PEN) Es uno de los más antiguos de la ciudad, con numerosos ventanales para admirar la cordillera, y decorado con muchos pósteres religiosos entre los cuales hay alguno de ABBA. Las habitaciones están limpias y cuentan con duchas de agua caliente.

Alojamiento Cordillera Blanca · · · · PENSIÓN **$**

(☑94-389-7678; Aurora 247; i/d 24/45 PEN) Ofrece estrechas, aunque limpias habitaciones para los que deseen llegar en sábado por la no-

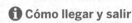

MERECE LA PENA

CHANCOS

Rodeado de un pintoresco paisaje rural por encima de la localidad de Marcará, el complejo gestionado por la comunidad **Baños Termales de Chancos** (Vicos; piscina/baños/sauna 1/2/5 PEN; ⊙6.00-18.00) ofrece unas cuantas piscinas y pozas de agua muy caliente, pero la gran atracción son las cuevas excavadas en la ladera de la montaña, en las que se puede disfrutar de una sauna natural. Las temperaturas se indican a la entrada de cada cueva; las favoritas son la 5, 6 y 7. También se ofrece un servicio de masaje y baños termales especiales aromatizados con hierbas silvestres.

Se puede ir en taxis colectivos (1,50 PEN, 15 min), que salen cuando se llenan desde el puente en Marcará. Quien tenga prisa, puede pagar por todas las plazas. Las combis que van de Huaraz a Cuarhuaz paran en Marcará a petición del viajero (3 PEN, 30 min).

che y despertarse en medio del bullicio del mercado.

★Hotel El Abuelo · · · · · · · · · · · · · · HOTEL **$$**

(☑043-39-4456; www.elabuelohotel.com; 9 de Diciembre 257; i/d desayuno incl. 144/195 PEN; @🛜) Este excelente hotel *boutique* es el alojamiento más soberbio de la ciudad, con inmaculadas y encantadoras habitaciones repartidas entre la casa principal y un nuevo anexo con buenas vistas de la cordillera Negra. Todas son muy luminosas y cuentan con baños modernos completamente equipados y con agua caliente. El bufé de desayuno incluye fruta y zumos del huerto del hotel.

Montaña Jazz · · · · · · · · · · · · · · · · HOTEL **$$$**

(☑043-63-0023; www.montanajazzperu.com; Chucchun s/n; bungaló 330-450 PEN) Bungalós confortables, bien equipados y con ambiente rústico. En medio de un gran jardín con vistas a las montañas y con el trino de los pájaros de fondo, ofrece espacios amplios y elegantes, la mayoría con chimenea, baños modernos y cocina privada. Se puede llegar a pie desde Carhuaz, y es un buen campo base para explorar el callejón de Huaylas.

Si no se tienen ganas de cocinar, se puede degustar la cocina italiana que los amables propietarios sirven en el porche. También

---

REFUGIOS REMOTOS

Fundada por el sacerdote pionero de la orden salesiana Ugo de Censi, la organización italiana sin ánimo de lucro Don Bosco, con base en Marcará, gestiona cuatro remotos **refugios** (☑97-111-0088; www.rifugi-omg.org; cama desayuno incl. 90 PEN; ☺may-sep) en plena cordillera. Todos cuentan con calefacción y radio, agua caliente y botiquín.

Los beneficios se destinan a proyectos de ayuda locales. El Refugio Perú (4765 m), a 2 h andando desde Llanaganuco, es un buen campamento base para escalar el Pisco. El Refugio Ishinca (4350 m) está a 3 h a pie del pueblo de Collón, en el valle de Ishinca. El Refugio Huascarán (4670 m) se halla a 4 h a pie de Musho. El cuarto refugio, Contrahierba (4100 m), solo abre si se reserva con antelación.

Senderistas, montañeros, y turistas en general, son bienvenidos. Fuera de la temporada alta es imprescindible reservar con un mínimo de una semana de antelación, y contar con por lo menos cuatro personas que se comprometan a pasar dos noches.

facilitan la organización de actividades en la región.

Restaurante Gusto y Sabores PERUANA $
(Merced 459; menús 6 PEN; ☺12.00-21.00) Ofrece un sabroso menú que incluye una sustanciosa sopa.

Gerardos Chickens PERUANA $
(2 de Mayo esq. La Merced; principales 9 PEN; ☺17.00-22.00) Frente a la terminal de Huaraz, sirve buen pollo asado.

❶ Cómo llegar y salir

Los minibuses a Yungay (3 PEN, 30 min) y Caraz (3,50 PEN, 45 min) recogen pasajeros en la carretera cerca del cruce con La Merced. Las combis a Huaraz (3 PEN, 50 min) salen de una pequeña terminal en la primera cuadra de La Merced. Los autobuses y colectivos de Huaraz a Chacas y San Luís paran en el cruce de La Merced y Amazonas, a una manzana de la plaza.

Yungay

☑043 / 21 900 HAB. / ALT. 2458 M

Pocos turistas deciden pernoctar en esta pequeña y tranquila localidad, que cuenta con poca infraestructura, pero bien organizada. Es el punto de partida hacia las populares lagunas Llanganuco y Laguna 69, por una pista de tierra que continúa por la cordillera hasta más allá de Yanama. Sorprende que este pequeño nudo de carreteras, rodeado de montañas, fuera el epicentro de una historia desgarradora.

La población original de Yungay, hoy una zona llena de escombros unos 2 km al sur de la ciudad nueva, es el vestigio de la peor catástrofe natural ocurrida en los Andes. El terremoto del 31 de mayo de 1970 liberó 15 millones de metros cúbicos de granito y hielo de la cara occidental del Huascarán Norte. El aluvión se precipitó 3 km en caída vertical hasta Yungay, a 15 km de distancia. El pueblo y la mayoría de sus 25 000 habitantes quedaron sepultados.

🛏 Dónde dormir y comer

Hostal Gledel PENSIÓN $
(☑043-39-3048; Aries Graziani; i/d sin baño 15/25 PEN) La cordial señora Gamboa alquila 13 habitaciones espartanas con buenas camas y alegres colchas coloridas, además de agua caliente. Durante la estancia prodiga al menos un abrazo y una muestra de su cocina. Es el mejor alojamiento y el más económico (merecidamente popular).

Hotel Rima Rima HOTEL $
(☑043-39-3257; rodriortiz@movistar.es; Grau 275; i/d/tw 45/75/80 PEN; ☎) Es el hotel más confortable de la ciudad, con espaciosas y modernas habitaciones con televisión por cable. Las de la parte trasera ofrecen estupendas vistas de la cordillera Negra; si no queda ninguna libre, en la terraza de la azotea se puede disfrutar de un panorama aún mejor.

Restaurant Turístico Alpamayo PERUANA $
(☑043-39-3090; principales 14-24 PEN, menú 7 PEN; ☺7.30-18.00) Rodeado de jardines y junto a la carretera principal en el extremo norte de la ciudad, cuenta con un cenador perfecto para degustar los platos de trucha, cuy (cobaya) o los chicharrones.

Pilar's PERUANA $
(Plaza de Armas; principales 8-28 PEN; ☺7.30-22.00, cerrado mi) Este simpático local situado justo en la plaza sirve excelentes platos típicos peruanos.

🏠 Afueras del pueblo

Humacchuco Community
Tourism Project PENSIÓN $$

(☎043-42-7949; www.responsibletravelperu.com; h comidas y actividades incl. 393 PEN/persona) Consolidado programa de turismo sostenible, que incluye unos confortables bungalós de cuyo mantenimiento se encargan miembros de la comunidad de Humacchuco. Los visitantes pueden profundizar en la cultura local y la gestión de recursos naturales, saborear una *pachamanca* y hacer excursiones guiadas, incluida una salida de un día a la Laguna 69. Respons (p. 377) en Huaraz facilita la organización de un programa de actividades a medida.

⭐**Llanganuco**
Mountain Lodge HOSTAL $$$

(☎94-366-9580; www.llanganucolodge.com; h pensión completa incl. 450-750 PEN) ✈ Este hostal recomendado regentado por el británico Charlie Good se encuentra a unos 45 min en taxi desde Yungay en dirección a las lagunas Llanganuco, en un lugar ideal para hacer una buena aclimatación, explorar la zona de los lagos o emprender la ruta de Santa Cruz. Situado nada menos que a 3500 m de altitud, está muy cerca del recientemente descubierto yacimiento de Keushu, a orillas de una laguna translúcida.

Las habitaciones son espaciosas y confortables con edredones de pluma y balcones con estupendas vistas de las tres cumbres más altas de la sierra. El aspirante a chef, Tito, prepara una comida excelente, y Shackleton, Dino y Zulú, los crestados rodesianos, cumplen con sus obligaciones de mascotas junto con un par de alpacas. Desde Yungay salen taxis frente al hospital que cobran 50 PEN para llegar hasta aquí. Imprescindible reservar.

ℹ Cómo llegar y salir

Desde una pequeña terminal en la carretera salen microbuses a Caraz (2 PEN, 15 min), Carhuaz (3,50 PEN, 30 min) y Huaraz (5 PEN, 1¼ h). Los autobuses desde Caraz a Lima recogen pasajeros en la plaza de Armas. Algunas combis salen de la terminal hacia Yanama (15 PEN, 7.00, 3 h) por la pista que cruza la cordillera Blanca; otro servicio sale desde cerca la comisaría hacia las 13.00. Ambos pasan por Vaquería, el punto de partida de la ruta de Santa Cruz.

INDISPENSABLE

CAMPO SANTO

El 31 de mayo de 1970, cuando gran parte del mundo estaba viendo el partido inaugural de la Copa Mundial de Fútbol entre México y la Unión Soviética, se produjo un terremoto de gran magnitud en los departamentos peruanos de Ancash y La Libertad. La sacudida de 45 segundos convirtió una superficie de 83 km² en zona catastrófica, pero la liberación de unos 50 millones de metros cúbicos de rocas, hielo y nieve en la cara norte del Huascarán causó el mayor desastre producido por un cataclismo en la historia andina. El aluvión se precipitó a una velocidad media de 280-335 km/h y sepultó Yungay y a casi todos sus habitantes. Todo un pueblo desapareció en 3 min.

En el lugar en el que se alzaba Yungay Viejo, Campo Santo (entrada 2 PEN; ☺8.00-18.00) hoy se erige una imponente estatua de Cristo en un montículo del cementerio del pueblo, desde el que se contempla el camino seguido por el aluvión. Paradójicamente, el cementerio salvó la vida a 92 personas, que tuvieron el tiempo justo para ascender a él y librarse del aluvión. Estos y otros 300 habitantes que veían un espectáculo circense en el estadio del pueblo fueron los únicos supervivientes de sus 25 000 pobladores.

Unos jardines llenos de flores adornan el camino que siguió el aluvión, junto con algunas tumbas y monumentos que conmemoran las miles de personas que yacen sepultadas. En la antigua plaza de Armas asoma la punta de la torre de la catedral, lo que queda de un autobús de Expreso Ancash y cuatro extremos de palmeras que sobrevivieron a la arremetida (una de ellas sigue viva). Se ha construido una réplica de la fachada de la catedral en honor a los muertos. Cerca, todos los yungayanos nacidos antes de 1955 están enterrados en una tumba excavada por la madre naturaleza.

Los vendedores de la entrada exponen fotos de antes y después de la tragedia, que permiten hacerse una idea de la brutal destrucción. El lugar está declarado cementerio nacional y está prohibida cualquier excavación.

Lagunas Llanganuco

Desde Yungay, una pista sinuosa asciende 1350 m a lo largo de 28 km hasta el valle de Llanganuco y sus dos asombrosos lagos: la laguna Chinancocha y la laguna Orconcocha. Estas primigenias lagunas, escondidas en un valle glacial a 1000 m de la línea de nieve, brillan al sol con sus intensos tonos turquesa y esmeralda. Un sendero de ½ h rodea Chinancocha y pasa por un embarcadero y una zona de pícnic donde los riscos cortados a pico llegan hasta el lago. Se puede hacer una excursión en bote por la laguna por 3,50 PEN. Llanganuco es un destino popular para pasar un día desde Huaraz, a pesar de que el trayecto dura 6 h (ida y vuelta). Siguiendo por la carretera más allá del lago hay un mirador con vistas impresionantes de los gigantes Huascarán (6768 m), Chopicalqui (6345 m), Chacraraju (6108 m) y Huandoy (6395 m), entre otros. La carretera continúa por el paso de Portachuelo (4760 m) hasta Yanama, al otro lado de la cordillera Blanca.

Para llegar a las lagunas Llanganuco, se puede contratar la excursión desde Huaraz o tomar un colectivo o un taxi desde Yungay. De la pequeña terminal de Yungay, en la carretera principal, salen taxis colectivos que hacen el trayecto de ida y vuelta (30 PEN), con una espera de 2 h en el lago. Hay que pagar la entrada de 10 PEN al parque nacional. Otra alternativa es tomar una combi que vaya a Yanama, pero cuesta lo mismo y puede resultar difícil volver a la ciudad. Un taxi privado desde Yungay cuesta entre 100 y 120 PEN ida y vuelta. Las mejores vistas se disfrutan a primera hora de la mañana, en especial en temporada baja.

Caraz

📍043 / 26 200 HAB. / ALT. 2270 M

Es una buena base de operaciones alternativa, con bellas vistas de las montañas circundantes y un ambiente más relajado que el de la bulliciosa Huaraz. Hay rutas de senderismo y excursionismo en todas direcciones, algunas de un día y otras más largas. Caraz fue uno de los pocos sitios del valle que fue arrasado por el terremoto y el aluvión, pero aún conserva un ligero porte colonial. Su plaza de Armas no estaría fuera de lugar en un pueblo mucho más pequeño.

Caraz es el punto de partida para las excursiones por las remotas regiones sep-

CAÑÓN DE LA MONJA MUERTA

En la versión en español del programa de televisión del History Channel del 2012 sobre el cañón del Pato en *Rutas mortales: Los Andes* se cambió su nombre –poco impactante– por el de "cañón de la Monja Muerta", mucho más aterrador. ¡Horror!

tentrionales de la cordillera Blanca, que se cuentan entre las mejores de toda la zona. También se puede llegar desde aquí a la cara norte del Alpamayo (5947 m), considerada por algunos como la montaña más bella del mundo por su afilada silueta con forma de pirámide perfecta.

⊙ Puntos de interés

Laguna Parón   LAGO

Este lago de postal (4200 m), 25 km al este de Caraz, está rodeado por impresionantes picos cubiertos de nieve, entre los que destaca la Pirámide de Garcilaso (5885 m), en el extremo del lago. La carretera que lleva hasta Parón atraviesa un desfiladero de paredes de granito de 1000 m de altura; conducir por ella es tan espectacular como el más conocido viaje a Llanganuco.

Quien esté bien aclimatado y en forma puede hacer la excursión al lago en un día, pero es más fácil ir en transporte local hasta Pueblo Parón y caminar 4 h hasta el lago. Si se va por cuenta propia hay que saber que no es posible dar la vuelta completa. La orilla norte está bien, pero hay una sección muy peligrosa en la sur, que es infranqueable debido a potenciales caídas de hasta 100 m en el tramo en el que el sendero desaparece, no hay señalización y crece una resbaladiza vegetación pegada a la montaña. Dos excursionistas lo intentaron y perecieron.

Se puede ir en taxi desde Caraz hasta la orilla del lago a partir de 120 PEN ida y vuelta, con una espera de 2 h en el lago (más 10 PEN por cada hora adicional).

Cañón del Pato   CAÑÓN

Desde Caraz, si se sigue hacia el norte por el callejón de Huaylas, se atraviesa el excepcional cañón del Pato. Es aquí donde las cordilleras Blanca y Negra parecen fundirse, pues hay tramos en que solo hay una separación de 15 m y a ambos lados de la carretera se ciernen paredes colosales y ásperas que se elevan a una altura de 1000 m. La espeluz-

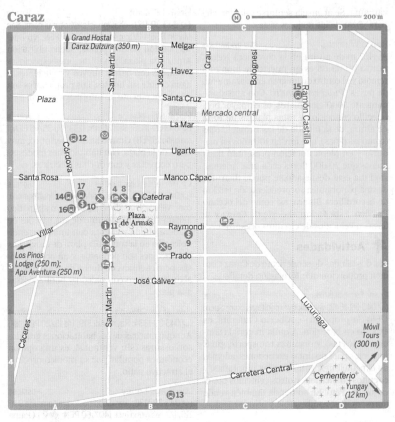

Caraz

Actividades, cursos y circuitos
Pony Expeditions........................ (véase 5)

Dónde dormir
1 Hostal Chavín..B3
2 Hostal La Casona....................................C3
3 Hotel San Marco......................................B3
4 La Perla de Los Andes B2

Dónde comer
5 Café de Rat..B3
6 Cafetería El Turista B3
7 Entre Panes..A2
8 Heladería Caraz Dulzura B2

Información
9 Banco de la Nación.................................B3
10 BCP...A2
11 Oficina de turismo B3

Transporte
12 Colectivos a Huallanca...........................A2
13 Colectivos a Yungay y Huaraz B4
14 Cooperativa Ancash...............................A2
15 Terminal Santa Cruz..............................D1
16 Transportes Julio Cesar A2
17 Yungay Express A2

nante carretera serpentea abriéndose camino por la roca, pasando por un desfiladero escarpado y 54 túneles.

Cuando se empieza a vislumbrar la planta hidroeléctrica del valle, se tiene la impresión de que en el paraje podría esconderse la guarida secreta del peor enemigo de James Bond. El tramo más espectacular se encuentra entre los túneles 10 y 18 del trayecto de Caraz a Huallanca, en el punto más estrecho de la garganta. Se aconseja sentarse a la derecha para gozar de las mejores vistas.

Punta Winchus
RESERVA NATURAL

A 4157 m de altura en la cordillera Negra, Punta Winchus es un puerto de montaña remoto y el centro de un gran emplazamiento de puyas (*Puya raimondii*). Con aproximadamente 5000 ejemplares, es el mayor bosquecillo conocido de estas plantas de 10 m de altura, de la familia de las Bromeliáceas (como las piñas), que tardan 100 años en madurar y en plena floración presentan menos que 20 000 flores cada una. Además, si el día está despejado se puede disfrutar de una panorámica sorprendente de 145 km de la cordillera Blanca, así como del océano Pacífico. Está 45 km al oeste de Caraz y se llega en vehículos de circuitos organizados.

🏃 Actividades

Las dos tiendas de senderismo de Caraz también proporcionan información detallada.

Pony Expeditions
AIRE LIBRE

(☎043-39-1642; www.ponyexpeditions.com; Sucre 1266) Su propietario, Alberto Cafferata, es experto en la región. Alquila material (también bicicletas), y organiza transporte, guías y arrieros para distintas excursiones, además de expediciones, rutas por las montañas, y circuitos en bicicleta y otros vehículos por el cañón del Pato. En su tienda también vende libros, mapas, combustible y otros artículos.

Apu Aventura
SENDERISMO, ESCALADA

(☎043-39-1130; www.apuaventura.pe; Parque San Martín 103) Regentada por Luis, un guía experimentado que organiza excursiones, paseos a caballo y escalada, además de alquilar equipo. También ofrece circuitos en *quad* por la cordillera Negra. Tiene su oficina en Los Pinos Lodge.

🛏 Dónde dormir

Caraz aún no ha alcanzado el desarrollo turístico de Huaraz y cuenta con instalaciones sencillas y alojamientos económicos. Los precios apenas varían en todo el año.

Grand Hostal Caraz Dulzura
HOTEL $

(☎043-39-1523; www.hostalcarazdulzura.com; Sáenz Peña 212; i/d/tr desayuno incl. 45/70/120 PEN; 🛜) A unas 10 manzanas al norte de la plaza yendo por Córdova, este tranquilo hostal ofrece buenas prestaciones. Las habitaciones son luminosas, con duchas de agua caliente eléctricas y cómodas camas.

Hostal Chavín
HOTEL $

(☎043-39-1171; chavinhostel@hotmail.com; San Martín 1135; i/d/tr/c 40/60/80/100 PEN; 🛜) Buena relación calidad-precio, buena ubicación junto a la plaza, y habitaciones espaciosas y limpias con baños nuevos y relucientes, y agua cliente sin límites. Los propietarios son una buena fuente de información local.

Hotel San Marco
HOTEL $

(☎043-39-1836; San Martín 1133; i/d 35/45 PEN, i sin baño 15 PEN) Gran edificio laberíntico, muy cerca de la plaza, con habitaciones modestas pero correctas y con duchas eléctricas.

La Perla de Los Andes
HOTEL $

(☎043-39-2007; hostal_perladelosandes@hotmail.com; Villar 179; i/d 35/55 PEN; 🛜) Un simpático alojamiento que presume de sus paredes de madera pulida y cuenta con una estupenda ubicación en la tranquila plaza de Caraz. Las habitaciones son pequeñas y un poco ruidosas, pero cuentan con ducha de agua caliente, algunas incluso con balcón y bonitas vistas a la plaza.

Hostal La Casona
HOTEL $

(☎043-39-1334; Raymondi 319; i/d 15/20 PEN; @) Aunque muchas de las habitaciones grandes son oscuras (sin ventanas), es una opción económica popular por su módico precio y el atractivo patio.

Los Pinos Lodge
HOSTAL $$

(☎043-39-1130; www.lospinoslodge.com; Pje 9 n° 116; i/d desayuno incl. 140/160 PEN; @🛜) Ocupa una mansión multicolor cuidadosamente decorada por dentro y por fuera. Las habitaciones son excelentes, aunque un poco caras para Caraz; no está demás comparar con otros establecimientos. Cuenta con unos cuantos patios ajardinados fantásticos y el propietario, Luis, organiza excursiones y circuitos por la zona.

🍴 Dónde comer

Café de Rat
CAFÉ $

(*pizzas* 17-32 PEN; ⊗8.00-11.00 y 18.00-22.00) En este restaurante-café con vigas de madera y ambiente evocador se sirven sándwiches, *pizza* y pasta. También ofrece dardos, bar, música e intercambio de libros. Es un local excelente, en especial el piso superior, con chimenea y vistas a la plaza. Se encuentra encima de Pony Expeditions (véase esta página).

Cafetería El Turista
DESAYUNOS, PERUANA $

(San Martín 1127; desayuno 5-12 PEN; ⊗6.30-12.00 y 17.00-20.00) Este diminuto café es fenomenal para desayunar a primera hora; es como el escenario de María, su exuberante dueña, donde se desenvuelve a sus anchas y no hay quien la pare cuando habla de sus viajes.

Heladería Caraz Dulzura   HELADERÍA **$**
(Plaza de Armas; helados 1-5 PEN) Abarrotado en los días calurosos gracias a su oferta de helados caseros, de sabores clásicos y frutos locales.

Entre Panes   INTERNACIONAL **$$**
(Daniel Villar 211; principales 12-38 PEN; ⊗10.00-22.00) Este bistró *gourmet* con manteles a cuadros y coloridas pizarras con la carta ofrece una tregua de las pollerías y menús típicos. Sirve interesantes sándwiches, entre ellos el de cerdo y sésamo y el de lomo saltado, aparte de platos más sustanciosos, como la ternera con salsa roquefort y *goulash*.

❶ Información

El personal de la **Oficina de Turismo** (⊉043-48-3860 ext 143; plaza de Armas; ⊗7.45-13.00 y 14.30-19.00) es muy amable y proporciona información de toda la región.

Tanto el **BCP** (Villar esq. Córdova) como el **Banco de la Nación** (Raymondi 1051) cambian efectivo y tienen cajero automático. La oficina **Serpost** (San Martín 909; ⊗8.00-12.00 y 14.00-18.00) se halla al norte de la catedral.

❶ Cómo llegar y desplazarse

Caraz suele ser la última parada de los autobuses que atraviesan el callejón de Huaylas. La mayoría de los autobuses costeros pasan por Huaraz.

AUTOBÚS

Larga distancia

Transportes Julio Cesar (⊉94-492-8824; Córdova esq. Villar) opera un confortable autobús a Lima a las 20.30, y otro a Trujillo a las 19.45. La **Cooperativa Ancash** (⊉043-39-1126; Córdova 915) ofrece otros servicios bien de precio que salen hacia Lima a las 11.00, 19.00 y 20.00.

Móvil Tours (⊉043-39-1184; Pje Santa Teresita 334) cuenta con el autobús-cama más cómodo a Lima a las 21.00, así como buenas opciones más económicas a las 7.30, 9.00, 13.00 y 20.30. También ofrece un servicio a Chimbote vía Casma a las 20.10 y las 21.30.

Yungay Express (⊉043-39-1492; Córdova 830) Un autobús diario a Chimbote vía el cañón del Pato, a las 9.00, y tres vía Casma a las 7.00, 12.00 y 20.00.

Zona de Caraz

Los colectivos a Yungay, Carhuaz y Huaraz salen de la estación de autobuses situada en la carretera central.

TAXI

Los taxis colectivos a Cashapampa (8 PEN, 1½ h), para quienes quieran ir al final de la ruta de Santa Cruz en el norte, salen cuando se llenan desde la **terminal Santa Cruz** (Jirón Ramón Castilla), cerca del mercado. Los que van a Pueblo Parón (8 PEN, 1 h), a unos 9 km de la famosa laguna Parón, salen de la misma terminal. Es mejor llegar por la mañana temprano, porque las salidas son más frecuentes.

Los colectivos con destino Huallanca (7 PEN, 1 h), para ir al cañón del Pato, salen de la pequeña **terminal** (Córdova 818) en Jirón Córdova cuando se llenan.

Hay mototaxis (1,50 PEN), pero Caraz puede recorrerse fácilmente a pie.

AL SUR DE HUARAZ

Esta zona abarca la parte meridional de la cordillera Blanca y la majestuosa cordillera Huayhuash, una zona de los Andes insuperable por su sobrecogedor paisaje. Varios picos superan los 6000 m de altitud, apiñándose para formar una sierra casi ininterrumpida de cumbres vertiginosas. A **Yerupajá** (6617 m), la segunda montaña más alta de Perú, le sigue **Siulá Grande** (6344 m), donde el alpinista Joe Simpson cayó en una grieta y estuvo a punto de perecer, pero sobrevivió y contó su experiencia en el libro y el documental, *Tocando el vacío*. El agreste y gratificante circuito de 10 días en la cordillera Huayhuash (p. 393), que comienza en el pueblo de Llamac, es la atracción estrella.

El puente Bedoya, unos 18 km al sur de Huaraz, marca el comienzo de una carretera sin asfaltar de 2 km hasta la comunidad de **Olleros**, el punto de partida para la excursión de tres días por la cordillera Blanca hasta Chavín de Huántar. Respons Sustainable Tourism Center (p. 377), en Huaraz, organiza una pintoresca excursión de un día (90 PEN/dos personas, menos por persona en grupos más grandes) a la aldea de **Huaripampa**, a pocos minutos al sur de Huaraz, para ver cómo las mujeres tiñen la lana con plantas de su propio jardín y tejen en sus propios telares artesanales.

Recuay (2900 hab.) es un pueblo a 25 km de Huaraz, uno de los pocos que sobrevivió al terremoto de 1970. Catac (2300 hab.), 10 km al sur de Recuay, es más pequeño y un buen punto de partida para las excursiones en busca de la exótica *Puya raimondii*.

Más al sur, a unos 70 km de Huaraz en la carretera a Lima y en las cercanías del pueblo Pampas Chico, Hatun Machay (entrada 5 PEN) es un paraíso de la escalada en roca, con numerosas vías de escalada repartidas por este "bosque de roca" enclavado en lo alto de la cordillera Negra. Hay un enorme refugio (pernoctar cuesta 30 PEN) con cocina comunitaria, muy popular entre los excursionistas. Por si fuera poco, dos senderos en los alrededores de esta zona pasan por restos arqueológicos de tallas rocosas y ofrecen vistas al océano Pacífico (en días despejados); son magníficas excursiones de adaptación en media jornada. Un taxi desde Catac cuesta unos 50 PEN.

Chiquián

📞 043 / 3600 HAB. / ALT. 3400 M

Este tranquilo pueblo de montaña fue tradicionalente la base de operaciones para los excursionistas del circuito de la cordillera Huayhuash. Ahora se puede pasar de largo debido a la nueva carretera (sin asfaltar) que sigue hasta el comienzo del camino en Pocpa y Llamac, pero resulta mucho más cómodo hacer una parada aquí si se planea pasar la noche en la zona. A la entrada del pueblo hay unas vistas fantásticas de Huayhuash.

A finales de agosto se celebra un festival anual en honor a Santa Rosa de Lima, con bailes, desfiles, música y corridas de toros.

🛏 Dónde dormir y comer

⭐ **Hotel Los Nogales**   PENSIÓN $
(📞043-44-7121; www.hotelnogaleschiquian.com; Comercio 1301; i/d desde 35/60 PEN; 🛜) Un sitio estupendo, limpio atractivo y con mucho colorido, a tan solo un par de manzanas de la plaza. Toda una gama de cómodas habitaciones dan a un encantador patio con jardín de estilo colonial. Se sirven comidas por encargo. Los propietarios y empleados son muy agradables y el agua caliente, televisión por cable, wifi y servicio de café en la habitación rematan la oferta.

Gran Hotel Huayhuash   HOTEL $
(📞043-44-7049; 28 de Julio esq. Amadeo; i/d 30/60 PEN, i sin baño 25 PEN, todas c/desayuno incl.; @🛜) Esta moderna opción en un edificio de varias plantas compensa su falta de carácter con el confort. Las habitaciones son espaciosas, cuentan con agua caliente y televisores de pantalla plana (pero sin cable), y algunas gozan de buenas vistas de la montaña.

Miky   PERUANA $
(2 de Mayo s/n, 2º piso; menú 5-12 PEN, principales 15 PEN; ⏱7.00-21.00, cerrado do) Quienes se pregunten por qué la mayoría de los restaurantes de Chiquián están vacíos, deben saber que casi todo el mundo cena en este restaurante alegre y bien llevado, que sirve un menú de muy buena calidad: sopas fantásticas de primero, seguidas por sabrosos platos principales a elegir.

ℹ Cómo llegar y salir

Los viajeros interesados en Chiquián y la cordillera Huayhuash encontrarán autobuses directos desde Lima. Sin embargo, como es probable que se necesiten unos días para aclimatarse, conviene saber que en Huaraz hay más distracciones. **Turismo Cavassa** (📞043-44-7036; Bolognesi 421) ofrece autobuses directos a Lima (30 PEN, 8 h) a las 8.00 y 20.00, y también a La Unión, donde se puede hacer transbordo a Huánuco.

Para emprender el circuito de Huayhuash se debe tomar el autobús de las 8.00 de **Turismo Nazario** (📞043-77-0311; Comercio 1050) hacia Pocpa vía Llamac (15 PEN, 2½ h). La misma compañía ofrece un servicio a Huaraz a las 14.00 (8 PEN, 2 h) que conecta con el que llega de Pocpa y Llamac. **Transportes El Rápido** (📞043-44-7096; Figueredo 209) va a Huaraz a las 5.00 y las 14.00 (10 PEN).

El trayecto entre Huaraz y Chiquián, ya sea en el autobús de la mañana desde Huaraz (mejor sentarse a la izquierda) o de regreso por la tarde desde Chiquián (mejor a la derecha), ofrece algunos de los paisajes más bellos de Perú.

Llamac

📞 043 / ALT. 3300 M

Esta destartalada aldea de ladrillos y adobe era antaño el punto de partida del circuito Huayhuash, pero ahora que el autobús público continúa hasta el comienzo del camino en Pocpa, más cerca del lugar donde se suele pernoctar en Matacancha, muchos excursionistas solo la visitan para poder regresar a Chiquián en transporte público tras acabar el circuito.

Hay pocos servicios, pero cuenta con una pequeña plaza de Armas y una iglesia diminuta envuelta en buganvillas. La cabecera del sendero que conduce a la laguna Yahuacocha está detrás del ayuntamiento situado en la plaza.

Como es el primer punto del circuito de Huayhuash, los extranjeros deben pagar una entrada de 20 PEN, aunque solo pasen en autobús. Conviene guardar el recibo para evitar volver a pagar al final de la ruta.

🛏 Dónde dormir y comer

Si se pierde el autobús o se llega demasiado cansado para continuar hasta Chiquián o Huaraz, después de haber acabado la ruta, se puede pernoctar en un par de alojamientos sencillos en el pueblo.

Hotel Nazario PENSIÓN **$**
(📞990-300-731; Grau s/n; h con/sin baño 20/15 PEN/persona) Ocupa un edificio enorme de hormigón que se ve de lejos; ofrece habitaciones pulcras y luminosas con vistas a las montañas. Hay una sala de TV, y además sirven comidas (5 a 10 PEN). Los solícitos propietarios ayudan a contratar arrieros y animales de carga.

Casa Fidel Hospedaje PENSIÓN **$**
(📞043-77-0714, 968-282-571; San Pedro s/n; i/d sin baño 15/30 PEN, h 35 PEN) Las habitaciones son muy sencillas, de techos bajos, algunas con baño privado y televisión por cable. Los viajeros se reúnen en el pequeño comedor durante las comidas (7 a 20 PEN) y fingen estar encantados con el enorme televisor de pantalla plana, que acaban de enganchar al cable, relegando la extensa colección de DVD a un estante donde solo acumula polvo.

❶ Cómo llegar y salir

Turismo Nazario (📞990-300-731; Grau s/n) sale diariamente de Chiquián hacia Llamac y Pocpa (15 PEN, 2½ h) a las 8.00. Al llegar a Pocpa, el autobús da media vuelta y regresa pasando por Llamac a las 11.15, antes de seguir hacia Chiquián.

CALLEJÓN DE CONCHUCOS

El valle de Conchucos (llamado localmente el callejón de Conchucos) discurre paralelo al callejón de Huaylas en el lado este de la cordillera.

Salpicado de joyas remotas y poco visitadas, este valle cautivador, con sus aldeas andinas de postal, tiene mucha historia. La región está intercomunicada por senderos excelentes, pero poco frecuentados y sin explotar. La infraestructura turística es incipiente, con tan solo un puñado de hoteles acogedores pero modestos, y medios de transporte poco fiables, que se averían con frecuencia o sufren accidentes al circular por carreteras con baches y sin asfaltar, impracticables en la época de lluvias. Quienes hagan el esfuerzo de llegar hasta allí, verán compensado con creces el viaje interminable y demoledor por la hospitalidad de los campesinos quechua y el alucinante panorama.

Chavín de Huántar, en el extremo sur del valle, es la zona más accesible del territorio y atesora algunas de las ruinas preincaicas más importantes y misteriosas. Para acceder a la zona norte del valle se pasa por el nuevo túnel Punta Olímpica, el de mayor altitud de todo el continente, que da acceso a Chacas, una asombrosa población de montaña, y a la remota Pomabamba. Apenas hay transporte directo entre las dos zonas; si no se desea regresar por Huaraz hay que hacer acopio de paciencia, o bien contar con unas buenas botas y extraordinaria resistencia.

Chavín de Huántar

📞043 / 9200 HAB. / ALT. 3250 M

El apacible pueblo de Chavín colinda en el extremo norte con las ruinas. Con demasiada frecuencia recibe a viajeros en circuitos organizados desde Huaraz, pero solo se quedan un día. Sin embargo, esta atractiva población andina ofrece excelentes infraestructuras turísticas, muchas actividades en plena naturaleza y algunos de los alojamientos con mejor relación calidad-precio de la cordillera. Si uno pernocta aquí, debería visitar los impresionantes yacimientos arqueológicos a primera hora de la mañana para evitar la muchedumbre.

La calle principal es 17 de Enero Sur, recorriéndola a partir de la bonita plaza de Armas rumbo sur, se pasa por varios restaurantes, cibercafés y la entrada al yacimiento arqueológico. El Banco de la Nación (plaza de Armas; ⏰7.00-17.30 lu-vi, 9.00-13.00 sa) tiene cajero Visa/Plus. Hay una pequeña pero interesante oficina de información turística (📞043-45-4235 ext 106; Bolívar s/n; ⏰8.00-12.30 y 14.30-17.30 lu-vi) en el edificio de la Municipalidad situado en la plaza.

Puntos de interés

Chavín de Huántar
RUINAS

Chavín de Huántar (entrada 10 PEN; ⊙9.00-16.00 ma-do) es el principal yacimiento de la etapa formativa media-tardía (aprox. 1200 a 500 a.C) y el más fascinante de los muchos centros ceremoniales rivales, relativamente independientes, del centro de los Andes. Se trata de un fabuloso logro en construcción antigua, con grandes estructuras y laberínticos pasadizos subterráneos (hoy iluminados artificialmente). Aunque ha sufrido las incursiones de saqueadores y un deslizamiento de tierras, se conserva en buen estado y proporciona una visión general de una de las sociedades más antiguas y complejas de Perú.

Chavín está compuesto por una serie de templos antiguos y otros más nuevos construidos entre el 1200 y el 500 a.C., pero la mayor parte de las estructuras visibles hoy en día datan de entre el 900 y el 700 a.C. En el centro hay una plaza, algo hundida, que como el resto del yacimiento posee un extenso y bien diseñado sistema de alcantarillado. Una amplia escalera sale de la plaza y asciende hasta el portal del edificio más grande e importante, llamado "el castillo", que ha sobrevivido a intensos terremotos. Está construido en tres niveles diferentes, con mampostería de piedra y mortero (a veces incorpora bloques de piedra tallada), y antaño sus muros estaban adornados con cabezas clavas (bloques tallados con formas antropomorfas o zoomorfas, con puntas en la parte trasera para insertarlas en los muros). Solo se conserva una de ellas en su lugar original, aunque las otras pueden verse en el museo local de las ruinas.

Los túneles que hay debajo del castillo son una prodigiosa obra de ingeniería, formada por una laberíntica red de corredores, conductos y cámaras. En el centro de ese complejo se encuentra un monolito de granito blanco de 4,5 m de altura exquisitamente tallado, conocido como **Lanzón de Chavín**. El bajorrelieve del Lanzón, como otras imágenes aterradoras de la cultura chavín, representa una cabeza humana de la cual salen serpientes, con unos feroces colmillos de apariencia casi felina. Es muy probable que se tratara de un objeto de culto por su ubicación central en el recinto ceremonial. Aunque es conocido también como el "dios sonriente", su apariencia no es nada amistosa.

Algunas peculiaridades arquitectónicas atractivas, como la curiosa distribución de los canales de agua y el uso de minerales muy pulimentados para reflejar la luz, permitieron a los arqueólogos de Stanford inferir que el conjunto podría haber sido utilizado como lugar para infundir temor y conmoción. Los sacerdotes manipulaban imágenes y sonidos para atraer a los descreídos: emitían extraños ecos con sus trompetas de caracola marina (pututos), amplificaban el sonido del flujo de la corriente de agua a través de canales especialmente diseñados y reflejaban la luz del sol a través de los huecos de ventilación. Probablemente suministraban alucinógenos –como el cactus San Pedro– a los desorientados novicios antes de entrar en el oscuro laberinto. Se supone que estas prácticas otorgaban a los sacerdotes un poder reverencial.

Para sacar el máximo provecho de la visita, vale la pena contratar un guía local (40 PEN) o participar en una excursión guiada (transporte incluido) desde Huaraz; esta última opción es la más económica, pero implica estar acompañado de una multitud de turistas.

Museo Nacional de Chavín
MUSEO

(☑043-45-4011; 17 de Enero s/n; ⊙9.00-17.00 ma-do) GRATIS Este excepcional museo, financiado conjuntamente por los Gobiernos peruano y japonés, alberga la mayoría de las horripilantes cabezas clavas labradas con detalle, así como el magnífico obelisco Tello, otro objeto de culto en piedra con un bajorrelieve de un caimán y otros animales salvajes. El obelisco estuvo alojado en un museo de Lima desde el terremoto de 1945, que destruyó gran parte del museo original, y regresó a Chavín en el 2009.

Ahora se encuentra a unos 2 km de las ruinas en el otro extremo de la ciudad.

🏃 Actividades

La Cafetería Renato organiza paseos a caballo con caballos de paso peruanos por 40 PEN/ h (guía incluido).

Desde Chavín se puede emprender una excursión de unas cuantas horas que pasa por un valle sublime, en dirección a Olleros, hasta un elevado puerto de montaña que brinda unas vistas impresionantes del Huantsán (6395 m), la montaña más alta del sur de la cordillera Blanca.

Don Donato
EXCURSIONISMO

(☑043-45-4136; Tello Sur 275) Este miembro de la Asociación de Servicios de Alta Montaña ofrece un circuito de cuatro días que rodea la parte posterior de la cordillera Blanca, pasa por varios lagos andinos y finaliza atravesando el valle de Carhuascancha. Hay que llevar tienda, sacos de dormir y comida.

Baños termales de Quercos BAÑOS

A unos 30 min a pie hacia el sur desde el centro, los baños termales sulfurosos de Quercos (entrada 4 PEN) albergan innumerables cubículos sin ventana para bañarse. Es una lástima que no se aproveche el entorno ribereño, pero aún así, el agua caliente sienta de maravilla a los músculos después de una excursión. Hay que fijarse bien para encontrar el estrecho sendero señalizado que baja hasta el río. Un taxi desde el centro cuesta 10 PEN.

🛏 Dónde dormir y comer

Sorprendentemente, Chavín cuenta con una buena oferta de alojamientos. La mayoría de los restaurantes se encuentran en la calle 17 de Enero Sur y cerca de la plaza. Téngase en cuenta que suelen cerrar a la puesta de sol.

Hostal Inca PENSIÓN $

(☎043-45-4021; plaza de Armas; i/d 35/70 PEN, bungaló 120 PEN) La reputación de este alojamiento seguro y popular es tan sólida como sus cimientos coloniales. Ofrece habitaciones muy respetables (aunque algunas duchas son un poco estrechas) con vistas sobre los tejados del centro. Cuenta con un pequeño jardín cuidado por la pareja un tanto cascarrabias que lo regenta.

Finca Renato CAMPING $

(☎943-974-062; 10 PEN/tienda) Situado en una colina por encima del pueblo, en esta granja de 6 Ha las duchas son de agua gélida, pero las vistas son fantásticas, y abarcan desde los tejados del centro hasta las ruinas. En el momento de escribir esta guía, se estaba planeando añadir unos bungalós. Se aconseja ir a la Cafetería Renato para más información.

HUARAZ Y LAS CORDILLERAS CHAVÍN DE HUÁNTAR

EL PERÍODO CHAVÍN

Considerado como uno de los períodos culturales más antiguos e importantes de Perú (p. 503), se desarrolló en el marco preincaico del 1200 al 500 a.C. Los chavín y sus contemporáneos ejercieron una gran influencia, en especial entre el 800 y el 500 a.C., cuando destacaron en la producción de patatas y otros cultivos del Altiplano, la cría de animales, la cerámica, la producción de metales y la ingeniería de edificios y canales. Los arqueólogos de Chavín se refieren a ese momento de relevancia política como el Horizonte Chavín.

Su deidad principal era felina (el jaguar o el puma), aunque se adoraba también en menor medida a los dioses cóndor, águila y serpiente. Las representaciones de estas deidades son muy estilizadas y se encuentran en muchos yacimientos chavín y en numerosos objetos extraordinarios, como el obelisco Tello del Museo Nacional de Chavín, el *Lanzón*, al que también se suele llamar "dios sonriente", que se erige en los túneles subterráneos del yacimiento chavín, y la estela Raimondi en el Museo Nacional de Antropología, Arqueología e Historia del Perú de Lima. Esta última (considerada demasiado frágil como para ser trasladada a Chavín) tiene la talla de una figura humana, a veces llamada el "dios de los báculos", con cara de jaguar y largas varas en cada mano, una imagen que ha aparecido en yacimientos arqueológicos de las costas norte y sur de Perú, lo que sugiere el amplio alcance de esta cultura. Al parecer, las imágenes de estos enormes pilares de piedra indican la creencia en un universo tripartito que consistía en los cielos, la tierra y el inframundo, o, tal como señala una teoría alternativa, un cosmos compuesto de aire, tierra y agua, aunque siguen siendo conjeturas y los arqueólogos no han encontrado pruebas que las avalen.

Al tratarse de un centro ceremonial de gran relevancia, los sacerdotes de Chavín ostentaron el poder al impresionar a los altos estamentos con rituales complejos, en ocasiones terroríficos. Una teoría sostiene que los sacerdotes se basaban en una compleja observación y comprensión de los cambios estacionales, de los ciclos de lluvia y sequía, y del movimiento del sol, la luna y las estrellas para elaborar calendarios que contribuyeron a la supremacía agrícola de Chavín, pero no hay pruebas de la existencia de dichos calendarios. Otras teorías apuntan a que los líderes de Chavín estaban llegando al punto de liberarse de servir al sistema y aspiraban a una autoridad basada en la fe, en vez de cumplir un cometido agrícola. Algunos arqueólogos afirman que durante este período había también sacerdotisas que desempeñaron un papel importante en el culto. Al parecer, Chavín continúa sumido en el misterio.

Hostal Chavín
Turístico   PENSIÓN $$

(☎043-45-4051; chavinturistico1@gmail.com; Maytacapac 120; h 90 PEN) Esta nueva y familiar opción ofrece habitaciones bien equipadas, con bonitas colchas, amplios baños y –lo más grato– sin pintura desconchada o tuberías oxidadas. Es un lugar tranquilo, bien cuidado y limpio como una patena. Si no está lleno se puede conseguir una habitación individual económica.

La Casona   PENSIÓN $$

(☎043-45-4116; www.lacasonachavin.com.pe; plaza de Armas 130; i/d 70/140 PEN) Situado en un edificio imponente con un hermoso patio, justo en la plaza, este hotel podría ser estupendo, pero las habitaciones en su mayoría son oscuras con techos bajos y luces fluorescentes. Las de la parte delantera con vistas a la plaza están mejor.

Cafetería Renato   DESAYUNOS, PERUANA $

(☎943-974-062; plaza de Armas; desayuno 6-14 PEN; ☉desde 7.00) Sirve deliciosos desayunos locales e internacionales, además de yogures caseros, queso y manjar blanco (dulce de leche). Cuenta con un encantador jardín donde uno se puede relajar mientras espera el autobús. Los propietarios organizan excursiones a caballo desde aquí.

Chavín Turístico   PERUANA $

(☎043-45-4051; 17 de Enero Sur 439; principales 14-25 PEN; ☉7.00-20.00) Este restaurante consolidado, con mesas desvencijadas en un pequeño patio y una pizarra con la carta de platos tradicionales, es una buena alternativa, especialmente por la trucha al ajo y el sudado de trucha (con salsa). La comida es sabrosa y los arqueólogos locales opinan que es la opción más fiable.

★Buongiorno   PERUANA $$

(17 de Enero Sur s/n; principales 18-30 PEN; ☉7.00-19.00 ma-do) Con innumerables platos sofisticados que desbancan a los de su categoría en esta ubicación, Buongiorno es toda una agradable sorpresa con un encantador jardín. Su lomo a la pimienta, un favorito peruano con salsa de vino, nata y pimienta (27 PEN), tiene la calidad de un tres estrellas de Lima y el ceviche de trucha es una opción muy popular.

Sus cocineros recogen hierbas de cultivo ecológico en sus amplios jardines, un buen detalle. Está a 50 m cruzando el puente desde la entrada a las ruinas. Es mejor el ambiente a la hora del almuerzo.

❶ Cómo llegar y salir

La carretera asfaltada que cruza la cordillera Blanca hasta Chavín pasa por la laguna Querococha a 3980 m, desde la que se pueden admirar las cumbres del Pucaraju (5322 m) y el Yanamarey (5237 m). Luego continúa través del túnel Cahuish (4516 m de altitud), en el paso de Cahuish, y al salir desciende hacia Chavín. No hay que perderse la enorme estatua de Cristo que bendice el viaje, construida por misioneros italianos.

Se supone que en Chavín todo el transporte debe salir de la flamante nueva estación de autobuses situada al sur de la plaza, pero en realidad solo suelen recalar aquí los servicios a Lima. Todos los autobuses locales paran en el cruce de la carretera con la plaza. **Olguita Tours** (☎941-870-525; Gran Terminal Terrestre) ofrece salidas regulares hacia el norte a Huaraz (12 PEN, 3 h) y a Huari (6 PEN, 2 h). Hay combis/colectivos a Huaraz (20/25 PEN, 2½ h) desde la plaza Chupa, una manzana al norte de la pintoresca plaza de Armas.

TIERRA DE LOS PERDIDOS

Cuando la Antamina Mining Company necesitó una carretera asfaltada para transportar el equipo de minería de Yanacancha al cruce de Conococha (200 km al este de Huaraz), la construyó ella misma. Durante las excavaciones del 2009 se hizo un inesperado descubrimiento: más de 100 huellas y restos fosilizados de al menos 12 especies de animales prehistóricos, que los paleontólogos relacionaron con el período Cretácico temprano (hace unos 120 millones de años). Se encontraron esqueletos completos de grandes reptiles marinos conocidos como sauropterigios, además de restos de otras especies extinguidas de cocodrilos, reptiles voladores (pterosaurios), y otros similares a peces llamados ictiosaurios y... ¡huellas de dinosaurios!

El yacimiento, conocido como las Huellas de los Dinosaurios, se encuentra entre los km 77 y 83 de la autopista entre San Marcos y Huallanca. Para poder visitarlo es necesario alquilar un coche privado en Huallanca.

Flor Móvil (☎958-809-378; Gran Terminal Terrestre) y **Turismo Rosario** (☎944-988-425; Gran Terminal Terrestre) parten hacia Lima (40 PEN, 10 h) a las 19.30, mientras que **Turismo Andino** (☎en Lima 01-427-3111; Gran Terminal Terrestre) lo hace a un horario menos práctico, las 3.00.

Para seguir hacia el norte por la parte oriental de la cordillera Blanca, la mayoría de los autobuses que salen de Huaraz siguen hacia Huari (6 PEN, 2 h). Cerca de la plaza de Armas, los colectivos parten con frecuencia hacia San Marcos (2 PEN, 20 min) desde donde se puede tomar otro colectivo a Huari (6 PEN, 45 min). Si se desea continuar hacia el norte, **Transportes Solitario** (☎en Lima 01 426-6934; Gran Terminal Terrestre) ofrece un servicio no demasiado fiable hasta Pomabamba vía Huari cuatro veces a la semana, pasando por Chavín los miércoles, jueves, viernes y domingos hacia las 15.00, aunque, en cuanto a seguridad, deja mucho que desear. Antes de hacer planes se deben consultar los horarios. Aparte de estos autobuses, no hay transporte público más allá de Huari.

Los excursionistas pueden ir andando hasta Chavín desde Olleros en unos tres días; es un trayecto poco concurrido.

Al norte de Chavín

La carretera que toma rumbo norte desde Chavín atraviesa los pueblos de San Marcos (8 km), Huari (40 km, 2 h), San Luis (100 km, 5 h), Pomabamba y, al final, Sihuas. Cuanto más al norte, más difícil se hace el transporte, que puede desaparecer durante la estación lluviosa. Téngase en cuenta que los autobuses que operan esta ruta suelen sufrir averías frecuentes. Además, en esta carretera hay un alto riesgo de accidentes.

Desde Sihuas, en teoría, es posible seguir hacia Huallanca (al final del cañón del Pato) vía Tres Cruces, y regresar al callejón de Huaylas, aunque el transporte es irregular. Este viaje de ida y vuelta es espectacular, remoto y poco transitado.

Hay dos carreteras con desvíos pintorescos que retroceden al callejón de Huaylas. La carretera de Chacas a Carhuaz por el nuevo túnel Punta Olímpica es espectacular. La de Yanama a Yungay atraviesa otro impresionante paso (4767 m) y llega al valle famoso por las lagunas Llanganuco, con vistas a los imponentes picos de Huascarán, Chopicalqui y Huandoy.

Huari

☎043 / 10 300 HAB. / ALT. 3150 M

Esta pequeña localidad quechua enclavada en la ladera de la montaña cuenta con unas vistas panorámicas de casi 360º desde sus empinadas calles. El domingo es día de mercado y los campesinos de las aldeas vecinas bajan para vender sus frutas y verduras. Su fiesta anual, la Señora del Rosario, se celebra a principios de octubre con la extraña tradición de comer gato (a los residentes de Huari se les llama en broma en quechua *mishikanka,* que literalmente significa "gatos fritos", pero en sentido figurado "comedores de gato"). Posee una pequeña y moderna plaza de Armas y otra más grande, la plaza Vigil (conocida como El Parque) a una manzana, donde se encuentran las compañías de autobuses (estos salen de una terminal a unas manzanas de distancia). Junto al mercado está el Banco de la Nación, que cuenta con un cajero automático Visa/Plus.

Para gozar de las vistas panorámicas del valle basta con subir la cuesta en Jirón Simón Bolívar hasta llegar a un mirador. Una buena excursión de un día es la que va a la laguna Purhuay, un bonito lago de montaña a unos 5 km. También se puede ir en taxi por 60 PEN ida y vuelta.

Más allá del lago se puede seguir caminando por una ruta estupenda de dos o tres días que finaliza en Chacas. Otra posible excursión de tres o cuatro días es la que recorre el antiguo Camino Inca hasta Huánuco.

🛏 Dónde dormir y comer

Hay muchos alojamientos económicos en el centro, pero el mejor es el Hostal Huagancu (☎943-523-186; Sucre 335; i/d 30/40 PEN) con habitaciones luminosas y confortables con brillantes suelos de baldosas, muebles de madera y televisión por cable. Muy cerca está el Hostal Paraíso (☎975-440-261; Bolívar 263; i/d 20/30 PEN, sin baño 10/20 PEN), con habitaciones decentes recién pintadas y un patio con algunas plantas. Ninguno de los hoteles ofrece conexión a Internet, pero hay muchos cibercafés en el centro.

❶ Cómo llegar y salir

Para ir de Chavín a Huaraz, lo más rápido es tomar un colectivo a San Marcos desde detrás del mercado (6 PEN, 45 min). **Olguita Tours** (☎954-470-914; plaza Vigil) ofrece un servicio regular de autobuses a Huaraz (15 PEN, 4½ h). Unas cuantas compañías ofrecen servicio direc-

YANAMA

Yanama es un diminuto pueblo rodeado de montañas donde lo más excitante que ha ocurrido en la pasada década es su conexión a la red eléctrica en el 2005. Situado a tan solo 1½ h a pie (o 20 min en coche) del final de la popular ruta de Santa Cruz, es un buen lugar para hacer una pausa, donde los senderistas y ciclistas de montaña podrán reponer fuerzas. Las fiestas locales de Santa Rosa se celebran en agosto.

Las combis entre Yungay y Yanama pasan por las famosas lagunas Llanganuco y el pueblo de Vaquería, el punto de partida del circuito de Santa Cruz. En Yanama las instalaciones son rudimentarias y la temperatura del agua de las duchas puede competir con la del aire de las montañas.

Andes Lodge Peru (043-76-5579; www.andeslodgeperu.com; Gran Chavín s/n; i/d 70/150 PEN, i/tw sin baño 60/100 PEN, todas desayuno incl.; @) se encuentra a un par de manzanas de la plaza de Armas, y es uno de los mejores hostales de montaña del callejón de Huaylas. Regresar para encontrar sus comidas caseras, duchas de agua caliente, cómodas camas con edredones de plumas y solícitos propietarios peruanos después de un día en las montañas es todo un placer. Organiza excursiones por toda la zona, incluida la Laguna 69, y visitas a granjeros y tejedores locales. La pensión completa por persona y día cuesta 30 PEN más.

Hay unos cuantos hospedajes (pequeñas pensiones familiares) con habitaciones austeras por aproximadamente 15 PEN/persona, pero la mejor ganga del pueblo es el Hostal El Pino (971-500-759; i/d sin baño 15/25 PEN), detrás de la iglesia. Excepcionalmente agradable, ofrece camas sencillas pero cómodas y duchas eléctricas, además de vistas brumosas de las montañas. Los propietarios también tienen el mejor restaurante del lugar, Restaurant El Pino II (plaza de Armas; menú 12 PEN), en la plaza, donde hay que preguntar si se desea pernoctar en el hostal.

Los colectivos de Yungay a Yanama salen una manzana al este de la comisaría de policía a las 7.00 y las 13.00, aunque el último servicio no suele ser puntual. Los colectivos de regreso salen de la plaza de Yanama sobre las 3.00, y entre las 12.00 y las 13.00 (15 PEN, 4½ h). Obvia decir que el trayecto es espectacular.

to a Lima (40 PEN, 10 h) desde las oficinas de la plaza Vigil.

Para ir a Pomabamba (25 PEN, 6½ h) **El Solitario** (en Lima 01 426-6934; av. Magisterial 285) pasa por la carretera principal sobre las 17.00 los miércoles, jueves, viernes y domingos. Los horarios pueden cambiar, así que es mejor llamar antes para confirmarlos. Existen otras opciones para llegar allí desde Huaraz, pero esto supone un desvío de la ruta puesto que se encuentra en la dirección contraria.

Si se desea continuar por cuenta propia hasta San Luis, para seguir hasta Chacas y Pomabamba, un taxi cuesta entre 250 y 300 PEN, según la habilidad para negociar. La carretera es accidentada pero bonita.

Chacas

Esta atractiva localidad de montaña se halla en lo alto de una cresta, a 3360 m, rodeada de fértiles colinas y como invitado ocasional el pico nevado de la cordillera. Su carismática plaza de Armas está dominada por una

magnífica iglesia erigida por una organización italiana sin ánimo de lucro, Don Bosco, con sede en Marcará y fundada por el padre Ugo de Censi, un sacerdote salesiano.

Las casas blancas que rodean la plaza armonizan con el fondo montañoso. Muchas cuentan con elaborados balcones de madera, además de puertas y contraventanas pintadas con colores alegres que piden a gritos la foto de rigor. Casi en cada esquina pueden verse mujeres sonrientes hilando lana con aire meditativo. Es un refugio magnífico para unos cuantos días. Hay muy pocos teléfonos fijos, pero en el centro se puede ir a un cibercafé situado en Jirón Lima, a media manzana bajando desde la plaza. También hay una pequeña sucursal del Banco de la Nación, pero el cajero automático más cercano está en San Luís.

Se pueden hacer fantásticas caminatas de dos a tres días desde Chacas hasta Huari o Yanama, desde donde los mejor preparados pueden emprender la excursión de Santa Cruz (p. 388).

📖 Dónde dormir y comer

El único inconveniente de quedarse en este lugar idílico es la comida: si se tiene la suerte de coincidir en domingo se puede ir al pequeño restaurante al lado de la iglesia, donde el personal italiano de la misión religiosa prepara fabulosas *pizzas*. De lo contrario, está Chacas Gourmet (Cochachi s/n; ⊘11.00-21.00) a un par de manzanas bajando desde la plaza, con bastante variedad de platos locales a un precio muy razonable. Prácticamente la única opción para desayunar es Zazón Andino (Lima s/n; menú 5 PEN; ⊘7.00-21.00), en la plaza, que también ofrece un menú decente.

Hostal Asunción PENSIÓN **$**
(☎956-490-064; Bolognesi 370; i/d 30/60 PEN, sin baño 15/30 PEN) Este alojamiento en la plaza de Armas ofrece habitaciones pulcras y atractivas; destacan las que dan a la plaza, cuyas ventanas tienen vistas a la iglesia.

Hospedaje Alameda PENSIÓN **$**
(☎975-686-420; Lima 305; i/d 30/40 PEN, sin baño 15/20 PEN) Las habitaciones son modestas, con camas bien provistas y agua caliente, aunque las que no tienen baño son tan pequeñas que apenas hay sitio para dejar las maletas.

Hostal Pilar HOTEL **$$**
(☎en Monterrey 043-42-3813; Ancash 110; i/d 50/100 PEN, sin baño 30/60 PEN) Es el alojamiento con más carácter del pueblo. Da la sensación de estar en un rancho entrañable, con las paredes decoradas con hierros candentes y otros adminículos de vaqueros. Las habitaciones, que dan a un gran patio con jardín, cuentan con techos altos, suelo de madera y depósitos individuales de agua muy caliente.

ℹ Cómo llegar y salir

Transportes Renzo (☎95-957-1581; Lima 37) y **Transportes El Veloz** (☎043-78-2836; Buenos Aires s/n) viajan a Huaraz (15 a 20 PEN, 3½ h): la primera a las 13.00, y la segunda a las 5.00 y las 14.00, vía el túnel Punta Olímpica y Carhuaz.

Ambas ofrecen servicios a Pomabamba (20 PEN, 4 h) que salen de Huaraz y pasan por Chacas sobre las 10.00. Hay otra opción a Pomabamba a las 22.00, pero no se recomienda hacer este trayecto de noche, ya que se han producido asaltos y accidentes.

Las combis a San Luis (5 PEN, 1 h) salen del cruce de Bolognesi con Buenos Aires, una manzana al este de la plaza. No hay transporte desde este lado del valle a Yanama, aunque se

puede tomar cualquier autobús con destino Pomabamba y pedir que pare en el cruce. Desde allí se pueden salvar a pie los 22 km hasta este pueblo. Un taxi desde San Luís cuesta como mínimo 200 PEN.

Turismo Andino (☎043-78-2994; Buenos Aires s/n), **Transporte Rosario** (Buenos Aires s/n) y **Chavín Express** (Buenos Aires s/n) operan autobuses con destino Lima que pasan más o menos a las 17.00 (45 PEN, 14 h). Puesto que todos pasan por Huaraz, no es mala idea hacer transbordo aquí para seguir en un autobús más cómodo.

Pomabamba

☎043 / 16 300 HAB. / ALT. 2950 M

Conocida como la "ciudad de los cedros" (obsérvese el ejemplar de la plaza), es un lugar fenomenal para pasar algún tiempo antes de partir hacia las montañas. En este pueblo empiezan y acaban muchas excursiones que cruzan la cordillera.

Varias fuentes termales (entrada 1 PEN) a las afueras de la ciudad, esperan la visita de los cansados excursionistas, aunque al igual que otros baños termales de la región, el entorno deja que desear. Muchos lugareños van a bañarse con jabón, pues apenas hay duchas de agua caliente en la localidad.

📖 Dónde dormir y comer

Pomabamba cuenta con una mejor gama de alojamientos que otros pueblos de la cordillera Blanca. Hay varias pollerías y chifas en el centro, pero la verdad es que ninguna es recomendable, y el viajero seguramente acabará en los puestos callejeros de bocadillos con aguacate.

Hotel Mirador HOTEL **$**
(☎043-45-1067; Moquegua esq. Centenario; i/d 40/60 PEN, i sin baño 30 PEN) Este hotel con una buena relación calidad-precio es la opción más confortable en el centro. Se encuentra justo al final de los empinados escalones que salen de la plaza, y ofrece luminosas y espaciosas habitaciones con vistas fantásticas y muebles de pino. Se aconseja preguntar por las que tienen balcón.

Hospedaje Los Begonias PENSIÓN **$**
(☎043-45-1057; lasbegonias_20@yahoo.es; Huamachuco 274; i/d/tw 30/50/60 PEN) Este alojamiento económico en una encantadora casa colonial, con una entrada frondosa y un gran balcón de madera noble, ofrece habitaciones acordes con la fachada, con bonitos suelos de madera y baño privado con agua caliente.

En el anexo recientemente añadido las habitaciones son más asépticas y hay más ruido.

Alojamiento Estrada　　　　　PENSIÓN $
(☎043-50-4615; Huaraz 209; h 20 PEN) es la pensión más barata de Pomabamba, situada detrás de la iglesia en la plaza de Armas. Cuenta con un pequeño patio y su propietario mima a sus clientes como si fuera su abuela, algo de agradecer en comparación con el trato arisco que en ocasiones reciben los viajeros fuera de Huaraz. Dispone de agua caliente si se avisa con tiempo.

Hostal Leo　　　　　HOTEL $
(☎043-45-1307; Perú s/n; i/d 35/40 PEN, sin baño 20/30 PEN) En un rango de precios más elevado, pero menos hospitalario, este hotel de tres plantas situado en la plaza ofrece habitaciones modernas a buen precio.

Davis David　　　　　PERUANA $
(Huaraz 269; menú 5 PEN; ☉6.00-21.00) Su decoración recuerda a los salones del Lejano Oeste, excepto por los dibujos de Peppa Pig a todo volumen en la pantalla plana del televisor. Sirve un menú de mediodía decente y es muy popular entre los lugareños.

ℹ Información

Hay un cajero Visa/Plus en el **Banco de la Nación** (Huamachuco, cuadra 5) y en el centro hay lugares con acceso a Internet. A veces también es posible contratar guías de senderismo; conviene preguntar en el hotel.

ℹ Cómo llegar y salir

Las combis a Sihuas y Piscobamba salen a diario desde el centro. Los autobuses a Huaraz y Lima salen de la plaza de Armas o justo al lado, en Jirón Huaraz. Varias compañías ofrecen servicio a Lima (50 PEN, 18 h) a las 11.00 y pueden parar en Huaraz (30 PEN, 8 h).

Transportes Renzo (☎043-45-1088; Huaraz 430) va a Huaraz (30 PEN, 8 h) vía Chacas (20 PEN, 4 h) a las 8.30 y 19.00 diariamente.
Transportes El Veloz (☎94-303-6951; Perú s/n) hace la misma ruta a las 8.30 y a las 18.45.

El Solitario (☎945-951-763; Huaraz s/n) ofrece un servicio directo a Chavín de Huántar (30 PEN, 10 h) vía Huari los lunes, viernes y domingos a las 10.00. El trayecto es largo y pone a prueba el aguante del viajero, pero aún así es más rápido que yendo por Huaraz.

Norte del Altiplano

Los mejores restaurantes

→ La Patarashca (p. 443)
→ La Olla de Barro (p. 439)
→ La Casa de Seizo (p. 438)
→ El Tejado (p. 428)
→ El Batán de Tayta (p. 428)

Los mejores alojamientos

→ Posada del Purhuay (p. 419)
→ Gocta Andes Lodge (p. 432)
→ Kentitambo (p. 436)
→ Chirapa Manta (p. 443)
→ Pumarinri Amazon Lodge (p. 444)

Por qué ir

Los vastos tramos inexplorados de selva y las cordilleras siempre envueltas en neblina guardan celosamente los secretos de la sierra norte, donde los picos de los Andes y los exuberantes bosques se extienden desde la costa hasta la profunda selva amazónica. Entre reliquias de reyes incas y ruinas de los guerreros moradores de los bosques nubosos en medio de la selva, los accesos a estos puntos se encuentran en los primeros estadios.

Las calles empedradas de Cajamarca atestiguan el principio del fin del otrora poderoso Imperio inca y aún hoy se observan restos de las obras de esta famosa cultura andina. Hace poco que los bosques nubosos de Chachapoyas han desvelado su gran tesoro arqueológico: la imponente fortaleza de Kuélap, que se aferra a una escarpada cumbre caliza. En Tarapoto, puerta a la jungla, el Amazonas espera paciente en la periferia, engalanado con su cornucopia de maravillosa flora y fauna.

Cuándo ir
Cajamarca

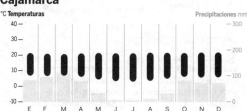

Ene-abr Abundantes lluvias y paisajes exuberantes y llenos de vida. Las cascadas están en todo su esplendor.

Feb-mar Que empiece el alboroto: es Carnaval en Cajamarca.

Jun-oct Las lluvias y los corrimientos de tierras han cesado; disfrútese del sol.

Cajamarca

♪076 / 246 500 HAB. / ALT. 2750 M

Es la ciudad más importante del norte del altiplano, una delicada pero tenaz metrópolis colonial, acunada por un lánguido valle y protegida por recias montañas. Al descender hacia el valle por la carretera se divisan los tejados de tejas rojas de las viviendas, que parecen aferrarse a sus raíces de pequeña aldea. Rodeada de fértiles tierras de cultivo, esta ciudad pertenece por igual a los campesinos ataviados con sombreros de ala ancha y a los jóvenes urbanitas que frecuentan los restaurantes y bares de moda. En el centro colonial, la amplia plaza de Armas está flanqueada por majestuosas iglesias. Muchas de las decadentes mansiones barrocas que bordean sus estrechas calles adoquinadas se han convertido en elegantes hoteles y magníficos restaurantes.

Aquí las cosas van lentas. La controvertida mina de oro de Yanacocha aportó a Cajamara nucho dinero, un constante flujo de ingenieros bien pagados y un enorme descontento. Pero ante el declive de la mina, la ciudad está volviendo a las actividades tradicionales de la elaboración de queso y yogur, además de invertir en el creciente sector turístico.

Historia

Conquistada por los incas hacia 1460, Cajamarca se convirtió en un centro de la ruta inca andina que enlazaba Cuzco con Quito.

Tras la muerte del Inca Huayna Cápac en 1525, lo que quedaba del imperio, que abarcaba desde el sur de Colombia hasta el centro de Chile, se dividió entre sus dos hijos: Atahualpa se quedó con el norte, y Huáscar, con el sur. Esta solución no debió de ser del agrado de todos, ya que pronto estalló una guerra

Imprescindible

❶ Abrirse paso hasta **Kuélap** (p. 433), una inmensa ciudadela de piedra en medio de bosque nuboso.

❷ Acariciar la jungla en **Tarapoto** (p. 440) sin abandonar una carretera asfaltada.

❸ Zambullirse bajo los 771 m de la **catarata de Gocta** (p. 432)

❹ Ver de cerca momias recién descubiertas y el maravilloso colibrí cola de espátula cerca de **Leimebamba** (p. 434).

❺ Descansar unos días disfrutando del ambiente colonial de **Cajamarca** (p. 414).

❻ Pasear por ruinas magníficas en lo alto de una meseta azotada por el viento

en **Marcahuamachuco** (p. 423).

❼ Viajar en el autobús más emocionante y bamboleante por los precipicios de la carretera de **Cajamarca a Chachapoyas** (p. 429).

❽ Pasar una noche memorable saboreando elixires amazónicos a base de raíces en **Chachapoyas** (p. 425) o **Tarapoto** (p. 440).

civil. En 1532, cuando Atahualpa y sus tropas victoriosas se dirigían hacia el sur, a Cuzco, para hacerse con el control d el imperio, se detuvieron en Cajamarca para descansar, y el soberano acampó junto a las fuentes de aguas termales, hoy conocidas como Baños del Inca. Fue entonces cuando se enteró de que los españoles estaban cerca.

Francisco Pizarro y sus tropas, compuestas por 168 hombres, llegaron a Cajamarca el 15 de noviembre de 1532: la ciudad estaba desierta, pues la mayoría de sus 2000 habitantes estaban con Atahualpa en las termas. Los españoles, conscientes de la superioridad numérica de las tropas incas, cuyos efectivos se estimaban entre 40 000 y 80 000 hombres, decidieron convocar a Atahualpa en la plaza y, si se presentaba la ocasión, capturarlo.

Atahualpa aceptó y entró en la ciudad solo con su séquito de nobles y unos 6000 hombres armados con hondas y hachas. Fue recibido por el fraile español Vicente de Valverde, quien tras explicarle su condición de hombre religioso, le entregó una Biblia. Se dice que Atahualpa, furioso, tiró el libro al suelo, por lo que Valverde se sintió plenamente justificado para lanzar el ataque.

Tronaron los cañones y la caballería española se abalanzó sobre Atahualpa y sus tropas. Los indígenas, con sus hachas de mano y hondas, no podían competir con los bien armados españoles, que blandían sus espadas sobre los caballos. Así fue como el pequeño grupo de españoles logró matar hasta 7000 hombres, capturar a Atahualpa y conquistar la ciudad.

Atahualpa se dio cuenta de inmediato de la codicia española y les ofreció un recinto lleno de oro y dos veces de plata a cambio de su libertad. Estos aceptaron, y poco a poco empezaron a llegar grandes cantidades de los preciados metales a Cajamarca. Casi un año después, el pago del rescate se había completado: unos 6000 kg de oro y 12 000 kg de plata se habían fundido y convertido en lingotes. A precios actuales, supondría casi unos 180 millones de PEN, aunque es imposible calcular el valor artístico de los ornamentos y objetos que se fundieron.

Cuando Atahualpa sospechó que no iba a ser liberado, envió mensajes desesperados a sus seguidores de Quito para que acudieran a rescatarlo. Al enterarse los españoles, y asustados por las posibles consecuencias, lo condenaron a muerte. El 26 de julio de 1533 llevaron a Atahualpa al centro de la plaza para quemarlo en la hoguera, pero en el último momento el inca "aceptó" el bautismo, y como recompensa, su condena fue sustituida por una muerte más rápida: la horca.

Gran parte de los edificios incas de Cajamarca fueron demolidos y sus piedras utilizadas para construir las iglesias y mansiones españolas. La enorme plaza donde Atahualpa fue ahorcado ocupaba más o menos el mismo lugar que la actual plaza de Armas. El único edificio inca que sigue en pie es el Cuarto del Rescate, donde estuvo encarcelado.

⊙ Puntos de interés

En la magnífica plaza de Armas de Cajamarca hay un jardín cuidado y una bonita **fuente** central que data 1692 y conmemora el bicentenario de la llegada de Colón a América. Al caer la tarde, los lugareños se congregan en esta plaza para pasear y comentar los acontecimientos del día, un pasatiempo popular en todo el norte de Perú.

Dos iglesias dan a la plaza: la catedral y la iglesia de San Francisco. Se iluminan por la noche, y los fines de semana.

Complejo de Belén

EDIFICIO HISTÓRICO

(Belén esq. Del Comercio; adultos/estudiantes 5/2 PEN; ⊙9.00-13.00 y 15.00-20.00 ma-mi, 9.00-20.00 ju-sa, 9.00-13.00 do) El extenso complejo colonial, la iglesia y el hospital de Belén se construyeron enteramente con piedra volcánica entre 1627 y 1774. El hospital estaba a cargo de monjas y contaba con 31 pequeños dormitorios, a modo de celdas, uno junto al otro en un edificio en forma de T. La iglesia barroca contigua, con su profusa decoración exterior, es una de las mejores de Cajamarca. Posee una cúpula y un púlpito de gran valor artístico, además de varias tallas de madera interesantes, entre ellas un Cristo de aspecto cansado, sentado en un trono con las piernas cruzadas. Destacan los grandes querubines que soportan el elaborado centro, que se supone representa el peso del cielo.

Iglesia de San Francisco

IGLESIA, MUSEO

(Dos de Mayo; entrada 5 PEN; ⊙10.00-12.00 y 16.00-18.00 lu-vi, 10.00-12.00 sa) En su interior se pueden admirar elaboradas piedras talladas y altares. El pequeño **Museo de Arte Religioso** de la iglesia alberga pinturas del s. XVII realizadas por artistas indígenas, así como unas **catacumbas** donde se pueden ver pulcras tumbas de monjes y esqueletos recuperados de las tumbas de indígenas encontrados allí, que se presentan descubiertos y sin ninguna ceremonia.

Cajamarca

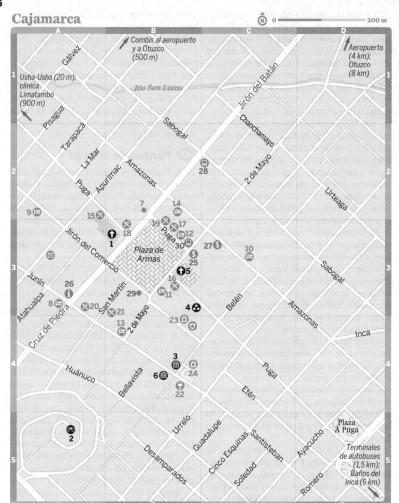

La capilla de la Dolorosa, a la derecha de la nave, profusamente esculpida, se considera una de las mejores de la ciudad.

Cuarto del Rescate · RUINAS

(Puga; adultos/estudiantes 5/2 PEN; ⊙9.00-13.00 y 15.00-20.00 ma-mi, 9.00-20.00 ju-sa, 9.00-13.00 do) Es el único edificio inca que queda en pie en la ciudad; a pesar de su nombre no se trata de la sala dónde se acumuló el oro del rescate sino del lugar dónde estuvo encarcelado Atahualpa. Tiene tres puertas y varios nichos con forma de trapecio, una característica de la arquitectura inca. No se permite a los visitan-tes entrar a la sala, pero desde fuera se puede observar la línea roja que marca el techo ori-ginal de la estructura y el punto hasta dónde debería haberse llenado el cuarto con tesoros para garantizar la liberación de Atahualpa.

En la entrada hay varios cuadros moder-nos que representan la captura y el encarce-lamiento de Atahualpa. La piedra del edifi-cio está bastante desgastada, y hace poco se recubrió la estructura con una gran cúpula protectora. La entrada al Cuarto del Resca-te incluye el Complejo de Belén y el Museo Arqueológico y Etnográfico si se visitan el mismo día.

Cajamarca

NORTE DEL ALTIPLANO FIESTAS Y CELEBRACIONES

Catedral CATEDRAL
(Del Batán; ⊙8.00-11.00 y 16.00-18.00) La catedral de Cajamarca es un edificio achaparrado iniciado a finales del s. xvii y terminado hace poco. Como muchas de las iglesias locales, no tiene campanario. Esto se debe a que la Corona española exigía un impuesto extraordinario a todas las iglesias acabadas; por tanto, dejarlas sin campanario permitía eludir el pago.

Museo Arqueológico y Etnográfico MUSEO
(Belén esq. Del Comercio; entrada 5 PEN; ⊙9.00-13.00 y 15.00-18.00 ma-sa, 9.00-13.00 do) Este museo pequeño pero interesante en el interior del Antiguo Hospital de Mujeres, a unos metros del Complejo de Belén, acoge exposiciones de cerámica y estatuas de piedra precolombinas, así como de ropa de la zona, objetos domésticos, aperos agrícolas, instrumentos musicales y objetos artesanales de madera, hueso, cuero y piedra.

La fachada tiene una estatua fascinante de una mujer con cuatro pechos tallada por artesanos locales y que supuestamente representa un mal muy común (pezones supernumerarios) en una de las poblaciones cercanas.

Cerro Santa Apolonia MIRADOR
(entrada 1 PEN; ⊙7.00-19.00) Este mirador ajardinado tiene vistas a Cajamarca desde el suroeste y es todo un símbolo de la ciudad. Se llega fácilmente subiendo las escaleras al final de la calle Dos de Mayo y siguiendo el camino en espiral en torno a lo cima del cerro. Las rocas de la cumbre fueron talladas durante el período inca, aunque se cree que algunas se remontan al período chavín (p. 407).

Se dice que desde una de ellas, conocida como Trono del Inca por su forma de asiento, el soberano vigilaba sus tropas.

⊙ Circuitos
Varias empresas ofrecen información y organizan baratos circuitos guiados por la ciudad y alrededores. Los que van a Cumbemayo y Outzco valen los 25 PEN que cuestan. A menudo, las agencias combinan esos circuitos. También es posible organizar un grupo propio e ir más lejos, hasta Kuntur Wasi, Ventanillas de Combayo y otros lugares de interés.

Clarín Tours CIRCUITOS TURÍSTICOS
(☑076-36-6829; www.clarintours.com; Del Batán 161) Agradable agencia de viajes con precios económicos y buena atención al cliente.

Mega Tours CIRCUITOS TURÍSTICOS
(☑076-34-1876; www.megatours.org; Puga 691) Una opción popular para circuitos turísticos baratos.

⭐ Fiestas y celebraciones
Carnaval FESTIVAL
El Carnaval es una de las celebraciones más famosas y bulliciosas del país. Se celebra pocos días antes de la Cuaresma.

EL ORO DE LAS MONTAÑAS

Las montañas de los alrededores de Cajamarca están repletas de oro, pero no se trata de las pepitas doradas que ansiaban los buscadores, sino del denominado "oro invisible", formado por gran cantidad de motas minúsculas que solo se pueden extraer mediante técnicas de minería muy avanzadas y nocivas.

La mina de oro de Yanacocha –cuyo mayor accionista es la empresa de Denver Newmont Mining Corporation– está formada por canteras abiertas en los campos que rodean Cajamarca y es una de las más productivas del mundo. Hasta el momento se ha extraído oro por un valor superior a 7000 millones de US$. Ello, sumado a los nuevos empleos y a la llegada de ingenieros internacionales a Cajamarca, ha supuesto el aumento de la riqueza de la región, aunque para muchos lugareños no es oro todo lo que reluce.

En el 2000, un gran vertido tóxico de mercurio cuestionó las prioridades de los dirigentes, pues parecía que era más importante el oro que la seguridad. El preciado metal se obtiene lavando zonas con una solución de cianuro, una técnica peligrosa que se vale de recursos hídricos de los que también dependen los campesinos. Un control medioambiental llevado a cabo por la empresa en el 2004 confirmó las sospechas: sus reservas de agua estaban siendo contaminadas y los peces perecían.

En el otoño del 2004, muchos campesinos, desengañados, se manifestaron en contra de la apertura de una nueva mina en la zona de Quilish y se enfrentaron violentamente con la policía. Tras semanas de conflicto, la empresa cedió y desde entonces ha mejorado la seguridad y su currículo ambiental.

En un intento por evitar futuras protestas, el Gobierno del presidente Ollanta Humala aprobó en el 2012 la Ley de Consulta Previa, por la que las compañías mineras deben negociar con las comunidades locales antes de poner en marcha un proyecto de extracción. No obstante, ese mismo año se dispararon de nuevo las alarmas en Cajamarca cuando Newmont presentó un plan de 4800 millones de US$ para la mina de oro y cobre de Conga. Pese a que la empresa argumentó que dicho plan generaría hasta 7000 empleos en la región, inyectaría 50 000 millones de US$ en la economía local y no dañaría las cuencas de la zona, los lugareños lo rechazaron. Bajo el lema "Conga no va", se declaró una huelga general regional que duró meses, con manifestaciones diarias y protestas en Cajamarca, Celendín y la región aledaña, que se saldó con al menos ocho muertos.

En el momento en que se escribía esta guía y con la producción de Yanacocha a punto de detenerse, el futuro de Conga está en entredicho; algunos residentes apoyan el proyecto mientras que muchos otros, sobre todo en zonas rurales, se muestran apasionadamente en contra. Es habitual ver protestas contra la mina en las que se quema el follaje de las laderas de las colinas que rodean la ciudad. Como las empresas mineras tienen los derechos de explotación de casi el 50% del territorio de Cajamarca, que en su gran mayoría abarca muchos nacimientos de ríos, este es un tema candente.

🛏 Dónde dormir

El precio de muchos hoteles, así como de otros lugares, sube durante las fiestas y en la temporada seca (de mayo a septiembre).

⭐ **Hospedaje Los Jazmines**   HOTEL **$**
(☏076-36-1812; www.hospedajelosjazmines.com. pe; Amazonas 775; i/d/tr 50/80/110 PEN, sin baño 40/60/80 PEN; @☎) ✐ En la tierra de los patios coloniales, este agradable hospedaje destaca por su exuberante versión del jardín posterior. Con habitaciones cómodas, agua muy caliente y una gran ubicación en el centro es una opción estupenda, aun más si se tiene en cuenta que los beneficios contribuyen a mantener un orfanato para niños con necesidades especiales en Baños de Inca.

En consonancia con el entorno, el Espresso Bar gestionado por los dueños de la Heladería Holanda (p. 420), prepara unos de los mejores cafés exprés de la ciudad y se ha convertido en un punto de encuentro de viajeros y lugar de trabajo.

Hostal Plaza   HOTEL **$**
(☏076-36-2058; Puga 669; i/d/tr 30/50/70 PEN; ☎) Este lugar predilecto de los viajeros de presupuesto ajustado está en plena plaza, en una antigua mansión colonial con dos patios interiores. Las 10 habitaciones privadas, a buen precio, son bastante básicas, aunque

están decoradas con agradables toques de color. Cuentan con televisión por cable y agua caliente las 24 h.

Casa Mirita CASA PARTICULAR **$**
(☏076-36-9361; www.casa-mirita.blogspot.com; Cáceres 1337; i sin baño 20 PEN, h 30 PEN; @☏) Este sencillo alojamieto familiar en un barrio residencial al sureste del centro (3 PEN en mototaxi) es ideal para estancias largas o como una experiencia diferente, ya que está en una zona a la que llegan pocos turistas. La gestionan dos hermanas: Mirita, la cocinera, y Vicki, funcionaria de turismo. Las habitaciones son rústicas y se puede usar la cocina o bien pagar las comidas (10 PEN).

Pernoctar aquí es una experiencia diferente, pero está en una zona a la que llegan pocos o ningún gringo.

★ **Posada del Purhuay** HOTEL HISTÓRICO **$$**
(☏076-36-7028; www.posadapurhuay.com.pe; carretera Porcón km 4,5; i/d/tr desayuno incl. 210/260/315 PEN; @☏) Esta lujosa hacienda de 1822 restaurada, ocupa un recinto de 23 Ha cerca de la carretera a la Granja Porcón y es todo un hallazgo. El relajante entorno conduce a un delicioso hotel colonial con un servicio refinado y el atractivo de antaño. Las amplias habitaciones, rebosantes de encanto antiguo y muebles de época, rodean un patio impecable con fuente. Apto para familias y también para una escapada romántica.

Un taxi hasta aquí cuesta unos 15 PEN.

El Portal del Marques HOTEL HISTÓRICO **$$**
(☏076-36-8464; www.portaldelmarques.com; Del Comercio 644; i/d/tr desayuno incl. 197/241/296 PEN; @☏) Dispuesta en torno a unos cuidados jardines, esta restaurada mansión colonial cuenta con habitaciones modernas y bien presentadas con televisor de pantalla plana, buenos colchones, mininevera y caja fuerte. El servicio es amable y profesional y hay un popular bar-restaurante en el patio delantero.

Qhapac Ñan Hotel HOTEL **$$**
(☏956-037-357; www.qhapacnanhotel.com; Nogales, Villa Universitaria; i/d 120/170 PEN) Este hotel nuevo está bien situado respeto a las empresas de autobuses, en un barrio residencial, y ofrece habitaciones modernas muy cómodas con camas firmes, baños bien equipados y conexión rápida a internet. El servicio es muy eficiente y cuenta con un restaurante.

Hostal Casona del Inca HOTEL HISTÓRICO **$$**
(☏076-36-7524; www.casonadelincaperu.com; Dos de Mayo 458; i/d/tr desayuno incl. 140/190/230 PEN; @☏) Las paredes de este edificio colonial parecen estar algo inclinadas. No hay que preocuparse, no lo están, pero la apariencia de vieja atracción de feria contribuye a su encanto. Las habitaciones limpias y acogedoras tienen vigas de madera vista y panorámicas de la plaza. Algunas habitaciones tienen baños diminutos, así que conviene comparar.

Las Americas Hotel HOTEL DE NEGOCIOS **$$**
(☏076-36-3951; www.lasamericashotel.com.pe; Amazonas 622; i/d desayuno incl. 160/230 PEN, ste 320 PEN; @☏) Este edificio moderno se desmarca del típico "acogedor hotel colonial". Sus 38 habitaciones dan a un atrio central rodeado de plantas. Todas cuentan con mininevera, televisión por cable y colchones excelentes; tres tienen *jacuzzi* y seis, balcón. Un restaurante se ocupa del servicio de habitaciones y desde la terraza de la

NORTE DEL ALTIPLANO DÓNDE DORMIR

EL CARNAVAL DE CAJAMARCA

En Perú, el Carnaval se celebra por todo lo alto, generalmente en febrero. No obstante, no todos los carnavales son iguales. Si se le pregunta a cualquier peruano dónde se celebra con más ímpetu, responderá siempre que en Cajamarca.

Los preparativos empiezan con meses de antelación. A veces, en cuanto termina un carnaval ya se empieza a planificar el del año siguiente. En Cajamarca se lo toman muy en serio. Los festejos duran nueve días, en los que hay bailes, comida, música, disfraces, desfiles y mucha juerga. Se trata de una fiesta de lo más húmeda, ya que hay peleas de agua, peores (o mejores, según como se mire) que las de ningún otro lugar: hay que advertir que los lugareños no se limitan a empaparse de agua unos a otros, sino que utilizan pintura, aceite y otros líquidos.

Los hoteles se llenan con semanas de antelación, los precios se ponen por las nubes y cientos de personas acaban durmiendo en la misma plaza. Se trata de una de las fiestas más divertidas del país y a las que decididamente vale la pena asistir.

azotea se goza de buenas vistas de la plaza y de la iglesia.

Hotel Cajamarca
HOTEL HISTÓRICO **$$**

(☎076-36-2532; www.hotelcajamarca.com.pe; Dos de Mayo 311; i/d/tr desayuno incl. 165/230/260 PEN; @🛜) Este hotel espacioso y presentable ubicado en una mansión colonial ocupa dos plantas que rodean un maravilloso patio cubierto con fuente. Todas las habitaciones tienen baños modernos y elegantes muebles de madera.

El Cabildo
HOTEL HISTÓRICO **$$**

(☎076-36-7025; elcabildoh@gmail.com; Junín 1062; i/d/tr desayuno incl. 100/130/180 PEN; @🛜) Esta enorme casona histórica es de las mejores opciones en cuanto a la relación calidad-precio y esconde un variado conjunto de elegantes habitaciones antiguas con una moqueta algo gastada, pero con ambiente familiar. Algunas de ellas tienen dos niveles y en todas hay relucientes muebles de madera y están decoradas con gusto. En el centro de la casona hay un bonito patio con una fuente y estatuas.

Hostal Laguna Seca
COMPLEJO **$$$**

(☎076-58-4300; www.lagunaseca.com.pe; i/d desayuno y transporte aeropuerto incl. 376/464 PEN; ✹⛩🛜≋) Situado a 6 km de Cajamarca, a las afueras de Baños del Inca, este complejo de dueños suizo-peruanos tiene habitaciones bastante genéricas con todas las comodidades. El principal atractivo son unas profundas bañeras para remojarse en las aguas termales. Las habitaciones ejecutivas (524 PEN) son mucho mejores y tienen camas extra grandes.

Ofrecen paseos a caballo (21 PEN/½ h) y tratamientos de masajes y *spa* para mimar al hedonista que todo el mundo lleva dentro.

🍴 Dónde comer

Don Paco
PERUANA **$**

(☎076-36-2655; Puga 726; menú 8 PEN, principales 12-22 PEN; ⊙11.00-22.00) Escondido cerca de la plaza, gusta a lugareños y a extranjeros. Sirve platos para todos los gustos, incluidos desayunos típicos y estupendos clásicos peruanos, además de versiones más sofisticadas de la comida novocajamarquina como el *cordon bleu* de pollo con jamón andino y un queso local en salsa de granada, así como la recomendable pechuga de pato con salsa de sauco.

Salas
PERUANA **$**

(Puga 637; principales 12-32 PEN; ⊙8.00-22.00) Tras una estrecha entrada junto a la plaza de Armas se encuentra este restaurante tradicional donde la gente acude a comer sus platos cajamarquinos preparados a la manera típica. Todo lo que sirven los camareros de pajarita es delicioso. Para probar interesantes platos locales pídase el menú de especialidades. Tienen otro local en Cruz de Piedra.

Castope
PERUANA **$**

(Luis Rebaza Negra 557; principales 15-18 PEN; ⊙9.00-18.00) Este sencillo restaurante cercano a las estaciones de autobuses parece sin duda un almacén, pero debe de ser grande para atender a las hordas de lugareños que acuden a comer. La carta tiene una amplia variedad de clásicos regionales, incluido cuy (cobaya) frito, cecina con mote (maíz) y frito cajamarquino (cerdo frito con patatas).

Tienen más locales cerca de El Quinde y en Baños del Inca.

Sanguchon.com
COMIDA RÁPIDA **$**

(www.sanguchon.com.pe; Junín 1137; sandwiches desde 8,50-12 PEN; ⊙18.00-24.00; 🛜) Popularísimo bar a la moda con una amplia carta de hamburguesas (16 variedades) y bocadillos y una media docena de salsas. Las combinaciones son asombrosas. Es un lugar práctico, pues ofrece comida sabrosa y es muy animado.

Vaca Loca
PIZZERÍA **$**

(San Martín 330; *pizzas* 13-39 PEN; ⊙18.00-23.00) Situada en una seductora casa colonial pintada en colores cálidos, rinde homenaje a la cultura láctea de la zona con sus muebles con estampados bovinos y arte vacuno. Pero la razón para visitar este lugar son sus empanadas de calidad. Las cubren con un delicioso queso local y una amplia selección de ingredientes, algunos de tipo *gourmet* como alcachofa y setas silvestres.

Heladería Holanda
POSTRES **$**

(www.heladosholanda.com.pe; Puga 657; helados 2-4 PEN; ⊙9.00-19.00) 🍦 Una diminuta entrada en la plaza de Armas conduce a un gran café del color naranja donde se sirve el que posiblemente sea el mejor helado del norte de Perú. El personal colma a los clientes con muestras de algunos de sus cerca de 20 sabores (los mejores son los de la zona) y de las frutas regionales que el propietario holandés compra directamente a familias de agricultores, según su filosofía de comercio justo.

Dulces aparte, el personal está formado por madres solteras y personas con discapacidades auditivas, de acuerdo con el proyecto social iniciado por el propietario. Hay otras sucursales en el centro comercial El Quinde y en Baños del Inca.

Cascanuez Café Bar CAFÉ $
(📞076-36-6089; Puga 554; principales 16-27 PEN; ⏰7.30-22.00; 📶) Bonito café donde desayunar o tomar un almuerzo frugal, aunque la gente acude en manada por los dulces: solo de la tarta tres leches preparan nueve variantes (¡pruébese la de chocolate!).

**Centro comercial
El Quinde** COMPRA DE ALIMENTOS $
(www.elquinde.com; av. Hoyos Rubio, cuadra 7; ⏰10.00-22.00) Alberga el supermercado más próximo a la ciudad (Metro), unos 2,5 km al norte de la plaza de Armas.

Querubino PERUANA $$
(📞076-34-0900; Puga 589; principales 17-36 PEN; ⏰12.30-16.00 y 19.00-23.00, cerrado ma) Elegante restaurante donde preparan versiones exclusivas de clásicos peruanos, además de especialidades de temporada. En la carta predomina la carne y el marisco, pero se recomienda probar los ñoquis a la huancaína, un invento maravilloso de pasta fresca bañada en salsa huancaína (queso blanco fresco y chile amarillo) y lomo fino: cremoso, suculento y delicioso.

🍺 Dónde beber y vida nocturna

⭐**Usha-Usha** BAR
(Puga 142; entrada 5 PEN; ⏰21.00-hasta tarde) El excéntrico músico local Jaime Valera lleva este pequeño bar donde ha conseguido crear un ambiente íntimo y agradable. El viajero se llevará el inolvidable recuerdo de escucharlo cantar con pasión con sus amigos músicos.

Taita BAR
(Santisteban esq. Belén; ⏰20.00-hasta tarde vi y sa) Se puede tomar pisco *sour* en una de las salas decoradas con muebles *vintage* de arriba y bajar a bailar luego al patio de este evocador bar situado junto a Belén.

🛍 De compras

A lo largo de la calle Dos de Mayo, al sur de Junín, hay pequeñas tiendas que venden artesanía local y del resto de Perú.

Artesanías El Rescate ARTESANÍA
(Del Comercio 1029; ⏰9.00-20.00) Esta galería comercial al aire libre está rodeada por una docena de tiendecitas que venden artesanía de toda la región, incluidos bolsos y ponchos.

Colors & Creations ARTESANÍA
(📞076-34-3875; Belén 628; ⏰9.00-13.00 y 15.00-19.00 lu-sa, 10.00-13.00 y 15.00-18.00 do) Cooperativa regentada por artesanos donde venden objetos de artesanía de una calidad excelente.

ℹ Información

Casi en cada manzana hay acceso a internet.

URGENCIAS

Policía de Turismo (📞076-36-4515; Del Comercio 1013) Cuerpo especial encargado de delitos contra turistas.

ATENCIÓN MÉDICA

Clínica Limatambo (📞0800-20-900; www.limatambo.com.pe; Puno 265) El mejor servicio médico; al oeste de la ciudad.

DINERO

Interbank (📞076-36-2460; Dos de Mayo 546)
Scotiabank (Amazonas 750)

CORREOS

Serpost (Apurímac 624; ⏰8.00-19.00 lu-sa) Servicios postales.

INFORMACIÓN TURÍSTICA

iPeru (📞076-36-5166; iperucajamarca@promperu.gob.pe; Cruz de Piedra 601; ⏰9.00-18.00 lu-sa, hasta 13.00 do) Oficina de turismo increíblemente útil, con mapas detallados que describen cómo visitar los lugares de interés dentro y fuera de la ciudad.

ℹ Cómo llegar y salir

AVIÓN

El aeropuerto está a 4 km de la ciudad, junto a la carretera de Otuzco (taxis al centro, 10 PEN). La combinación de un terreno difícil y las fuertes y frecuentes lluvias suponen cancelaciones y retrasos frecuentes. Hay que reconfirmar el vuelo antes de ir al aeropuerto. No es prudente reservar vuelos con conexiones cortas si se sale de Cajamarca.

LC Perú (📞076-36-3115; www.lcperu.pe; Del Comercio 1024) es la compañía más económica, con dos vuelos diarios de Lima a Cajamarca a las 5.10 y 15.10, y regresos a las 7.15 y 5.15.

LAN (www.lan.com; Centro Comercial El Quinde) ofrece tres vuelos entre Lima y Cajamarca, con salidas desde la capital a las 5.40, 10.30 y 15.30, y regresos desde Cajamarca a las 7.35, 12.40 y 16.50.

AUTOBÚS

Cajamarca sigue siendo un importante centro de transportes. La mayor parte de las terminales de autobús se encuentran cerca de la calle 3 de Atahualpa, a 1,5 km en dirección sureste del centro, en la carretera a los Baños del Inca (no hay que confundirse con Atahualpa, en el centro).

La ruta va en dirección oeste hacia la carretera Panamericana cerca de Pacasmayo, en la costa, y luego se dirige hacia el norte, a Chiclayo (6 h) o hacia el sur, a Trujillo (6 h) y Lima (15 h).

La antigua carretera sur se ha asfaltado y ya no es una pesadilla para los huesos. Hay autobuses frecuentes a Cajabamba (3 h) de donde salen otros hacia Huamachuco y Trujillo.

El viaje hasta Trujillo dura casi dos veces más por esta carretera estrecha que por la carretera recién asfaltada que pasa por Pacasmayo, aunque la ruta tiene solo 60 km más. El paisaje y los pueblos son más bonitos en la ruta larga, pero los autobuses suelen ser menos cómodos y frecuentes. No se recomienda viajar por esta ruta más allá de Cajabamba por la noche ya que se han denunciado robos.

La abrupta carretera que va en dirección norte a Chota (5 h) atraviesa el atractivo campo de Bambamarca, donde se celebra un concurrido mercado los domingos por la mañana. Los autobuses van entre Chota y Chiclayo por una carretera dura.

La pintoresca carretera en dirección este llega hasta Celendín, y luego avanza dando tumbos por los Andes, pasado Chachapoyas, hasta las tierras bajas amazónicas.

Las combis hacia Ventanillas de Otuzco (1 PEN, 20 min) salen de la esquina de Tayabamba y Los Gladiolos, cerca del barrio del mercado. Pasan por el aeropuerto, aunque meterse en un vehículo atestado con la mochila requiere elegancia y diplomacia. Las combis a Baños del Inca (1 PEN, 25 min) salen con frecuencia de la esquina de Del Batán y Chanchamayo.

Estas son algunas empresas de autobuses:

Civa (☏076-36-1460; www.civa.com.pe; San Martín 957) Buen autobús a Lima a las 17.00.

Cruz del Sur (☏076-36-2024; Atahualpa 884) Magnífico autobús-cama con pantallas en los asientos con salida a Lima a las 18.30.

Línea (☏076-34-0753; Atahualpa 316) Los autobuses-cama más cómodos a Lima con salidas a las 18.00 y a las 18.30. Hay salidas a Chiclayo a las 10.45, 13.30, 22.50 y 23.00, y hacia Trujillo a las 10.30, 13.00, 22.00, 22.15, 22.30 y a las 22.40. Con otra taquilla en la plaza de Armas.

Tepsa (☏076-36-3306; Sucre 422) Cómodo autobús-cama hacia Lima a las 18.30.

Transportes Chiclayo (☏076-36-4628; www.transporteschiclayo.com; Atahualpa 283) Un autobús hacia Chiclayo a las 23.00, práctico para trasladarse a Máncora o Tumbes.

Transportes Rojas (☏076-34-0548; Atahualpa 309) Autobuses a Celendín a las 15.00.

Transportes Unión (☏971-178-423; Atahualpa 293) Servicios regulares a Cajambamba en furgonetas y autobuses.

Turismo Dias (☏076-34-4322; Atahualpa 307) Autobuses regulares a Trujillo y Chiclayo y uno directo a Piura a las 22.30; la mejor opción para llegar a Máncora. Los autobuses salen desde su terminal en Vía de Evitamiento 1370.

Virgen del Carmen (☏98-391-5869; Atahualpa 333-A) Salidas diarias a las 4.30 y a las 15.00 hacia Chachapoyas vía Celendín y Leimebamba.

Autobuses desde Cajamarca:

DESTINO	TARIFA (PEN)	DURACIÓN (H)
Bambamarca	15	3½
Cajabamba	10-20	3
Celendín	10	3½
Chachapoyas	50	12
Chiclayo	20-45	6
Leimebamba	35	10
Lima	80-136	15
Piura	45	9
Trujillo	20-40	6

Alrededores de Cajamarca

Baños del Inca

Atahualpa acampó junto a estos manantiales naturales (entrada 2 PEN, baño privado 4-6 PEN/h, sauna o masaje 10-20 PEN; ☉5.00-20.00), cuando llegó Pizarro. Ahora uno puede sumergirse en las aguas calientes de este atractivo complejo, situado en torno a unos prósperos terrenos. El agua se canaliza en cubículos privados (6-25 PEN/30 min), algunos con capacidad para seis personas a la vez. Por desgracia los baños privados están en el interior, por lo que no es posible admirar el paisaje de montaña desde el agua. Si se quiere estar al aire libre, hay una piscina pública (3 PEN) no muy atractiva. También hay salas de vapor y masajes por 10 PEN y 20 PEN cada una. Acuden cientos de visitantes cada día, por lo que se recomienda ir por la mañana para evitar las masas.

Frente a los baños principales hay un **Complejo Recreativo** (entrada 2,50 PEN;

⊙5.00-19.00) con piscinas y un tobogán de agua. A los niños les encanta.

Los baños se encuentran a 6 km de Cajamarca, y hay alguna opción de alojamiento. Las combis salen hacia los Baños del Inca (1 PEN, 25 min) desde Chanchamayo y la plaza Amalia Puga de Cajamarca; también se organizan circuitos desde Cajamarca (15 PEN). Es necesario llevar la propia toalla, aunque pueden comprarse a alguno de los pocos vendedores. Luego, crúcese la calle para relajarse con un dulce de la Heladería Holanda (p. 420).

Cumbemayo

A unos 20 km en dirección suroeste de Cajamarca, Cumbemayo (del quechua *kumpi mayo,* que significa "canal de agua bien hecho") es una asombrosa obra de ingeniería preincaica. Se trata de unos acueductos tallados en la roca hace unos 2000 años que se prolongan en zig-zag durante 9 km. El objetivo de su construcción sigue siendo incierto, ya que Cajamarca posee abundante provisión de agua. Hay otras formaciones rocosas talladas a modo de altares y tronos, así como unas

RUINAS DE HUAMACHUCO

A pesar de tener dos ruinas prehispánicas de primera categoría a sus puertas, la agradable población de montaña de Huamachuco recibe muy pocos visitantes.

Sin duda, la estrella es el enorme fuerte preincaico en la montaña, Marcahuamachuco GRATIS, unas espectaculares ruinas que se extienden por una meseta azotada por el viento a una mareante altitud de 3600 m.

El yacimiento de 3 km de longitud data aproximadamente del año 400 a.C., está rodeado por una alta muralla defensiva y contiene interesantes edificios ceremoniales. Las investigaciones sugieren que el complejo era un centro de culto religioso que diferentes comunidades de todos los rincones de las tierras de Huamachuco visitaban para venerar a los dioses que, según la creencia, habitaban los picos de las montañas circundantes. Es el mayor yacimiento arqueológico de las montañas del norte y está dividido en cuatro partes principales, dos de las cuales, el cerro del Castillo y el cerro de Las Monjas, están abiertas a los visitantes en un circuito bien señalizado.

Marcahuamachuco está situado al final de una pista de tierra, a 10 km del pueblo. Se puede acceder en taxi hasta la entrada en la Vía de Evitamiento, cerca de la Casa de Arcos, y cuesta de 60 PEN a 80 PEN, dependiendo del tiempo que se quiera estar en el yacimiento.

Aunque empequeñecidas por sus famosas vecinas, las ruinas de Wiracochapampa, de fácil acceso, también merecen una visita. A pesar de la proximidad de ambos yacimientos, las estructuras de estas ruinas no guardan relación con las de Marcahuamachuco. Según los investigadores, estos edificios se terminaron en torno al año 700 d. C. y sirvieron de centro ceremonial de la cultura huari.

A diferencia de otros asentamientos prehispánicos de la región situados en lo alto de la montaña, este se construyó en un valle. Alberga numerosas tumbas distribuidas en un compacto laberinto de nichos separados por paredes de roca, que rodean por tres lados una gran plaza central. Desde el centro de Huamachuco hay una caminata de 45 min hasta Wiracochapampa. También se puede ir en mototaxi por unos 8 PEN.

La oficina de turismo (☎076-44-0048; www.munihuamachuco.gob.pe; Sucre 165) puede conseguir guías para ambos yacimientos, así como para visitar otros puntos de interés de la zona. A una manzana de la plaza, en Huamachuco, el pequeño Museo Municipal Wamachuko (Sucre esq. San Martín; ⊙9.00-12.00 y 14.00-17.00 lu-vi) GRATIS alberga cerámica del período de Huamachuco.

El Hostal Plaza (José Balta esq. San Martín; h 40-50 PEN) ofrece habitaciones con buena relación calidad-precio en la misma plaza. Conviene elegir las exteriores con vistas a la plaza porque las interiores son ruidosas. Se puede comer en Antojitos (Ramón Castilla 534; principales 14 PEN; ⊙7.00-11.00 y 18.00-23.00), que sirve una sabrosa parrillada mixta, así como contundentes desayunos tradicionales.

Los colectivos salen cuando están llenos hacia Cajabamba (10 PEN, 1½ h) desde la terminal del lado este de la población. Tunesa Express (☎076-44-1157; José Balta esq. Suárez) tiene servicios exprés regulares entre Huamachuco y Trujillo (35 PEN, 6 h).

cuevas cercanas con numerosos petroglifos. Se trata de una zona abrupta y azotada por los vientos. Sobre sus formaciones rocosas erosionadas, algunas de las cuales parecen grupos de escaladores petrificados, se cuentan muchas leyendas.

El transporte público a Cumbemayo es esporádico y llegar por libre requiere planificación. Las combis que van al pueblo de Chetilla pasan por la entrada del complejo y salen de la av. Perú entre Jirón Ica y Jirón Loreta a las 4.30, 6.00, 12.00 y 13.30. La última combi que vuelve a Cajamarca pasa por Cumbemayo sobre las 13.40.

Se puede llegar al complejo a pie por una carretera señalizada desde detrás del cerro Santa Apolonia en Cajamarca. La senda sigue partes de los *Qhapac Ñan* (caminos incas) y se tarda unas 4 h si se toman los visibles atajos y se piden indicaciones a los transeúntes.

Ventanillas de Otuzco y Combayo

Se trata de necrópolis preincaicas con abundantes nichos funerarios excavados en una ladera, de ahí el nombre de ventanillas. **Ventanillas de Otuzco** (entrada adultos/niños 5/1 PEN; ☺9.00-18.00) se encuentra en un paisaje atractivo, 8 km al noreste de Cajamarca, y es fácil llegar a pie desde Cajamarca o desde los Baños del Inca (pídanse indicaciones). También hay combis a Ventanillas de Otuzco (1 PEN, 20 min) que salen con frecuencia de la esquina de Jirón Los Gladiolos y Jirón Tayabamba, al norte de la plaza de Armas de Cajamarca.

Las **Ventanillas de Combayo** GRATIS más grandes y mejor conservadas, están a 30 km y la mejor manera de visitarlas es con un circuito desde Cajamarca (20-25 PEN). Si se quiere ir por libre, hay colectivos de frecuencia irregular (5 PEN, 1½ h) que salen cuando están llenos de la segunda manzana de la av. Hoyos Rubios 2 de 5.00 a 16.00. Conviene salir pronto para asegurarse un transporte de vuelta.

Kuntur Wasi

Situado en la cima de una montaña que domina el pueblo de San Pablo, las poco visitadas **ruinas preincaicas de Kuntur Wasi** (entrada adultos/niños 5/1 PEN; ☺9.00-17.30 ma-do) bien valen la pena el viaje desde Cajamarca.

El yacimiento está considerado una de las cunas de la cultura andina: cuatro culturas distintas habitaron la zona y las primeras construcciones se remontan en torno al año 1100 a.C. La estructura principal es un gran templo en forma de U compuesto por tres plataformas elevadas en torno a las que hay numerosas tumbas. Los arqueólogos han desenterrado reliquias fascinantes, incluidas magníficas piezas de oro.

Aunque no son las ruinas más espectaculares de la región (aparte de las murallas y la plaza central, casi todas las estructuras excavadas se han rellenado), las vistas desde el complejo son magníficas.

El verdadero atractivo es el **museo** (☎976-679-484; museo.kunturwasi@gmail.com; adultos/niños 4/1 PEN; ☺9.00-17.00 ma-do), situado al pie de las ruinas, en la aldea de Kuntur Wasi. Expone muchos objetos encontrados en el yacimiento, entre ellos increíbles coronas y joyas de oro. Las piezas del museo se prestan a veces a otras instituciones y se colocan réplicas en su lugar. Para identificar las piezas originales pregúntese al personal.

Kuntur Wasi se halla nada más salir de San Pablo. Un mototaxi del pueblo al museo cuesta 3 PEN. Al yacimiento arqueológico se llega tras 800 m de subida por una senda que nace detrás del museo.

De la pequeña terminal de Jirón Angamos, delante del grifo (gasolinera) Continental de Cajamarca salen combis hacia San Pablo (10 PEN, 1½ h) con regularidad. La última vuelve de San Pablo a las 17.30; conviene reservar sitio con antelación.

Cajabamba

☑076 / 30 600 HAB. / ALT. 2655 M

La primera parada en la antigua carretera de Cajamarca a Trujillo es la agradable población de Cajabamba, situada en una cornisa natural que domina las granjas y plantaciones. Las tejas rojas y una cuidada plaza de Armas rodeada de edificios beige y marrones, confieren al lugar una estética colonial.

Varios lugares de interés se encuentran a menos de 1 h a pie de Cajabamba, incluidas las cautivadoras lagunas de montaña de **Ponte** y **Quengococha**. Vale la pena ir un poco más lejos y ver la **cascada Cochecorral**, elegante y escalonada, que da la impresión de que el río fluyera por un enorme tramo de escalones de hormigón. Hay muy pocas infraestructuras turísticas en la ciudad, pero la Alcaldía, situada en la plaza, ayuda a conseguir transporte y guía. La fiesta de la **Virgen del Rosario** se celebra en torno al primer domingo de octubre, con procesiones, bailes y juerga generalizada.

El alojamiento más cómodo es el Hostal La Casona (076-35-8285; Bolognesi 720; i/d 30/50 PEN; 🛜), que cuenta con bonitas habitaciones con duchas de agua caliente y televisión por cable a buen precio. Hay que seguir a los lugareños hasta Pio's Chicken (Grau s/n; principales 8 PEN; ⏲12.00-22.00) para comer el mejor pollo a la barbacoa del norte de Perú, así como arroz *chaufa* (mixto y frito) y otros platos típicos.

El Banco de la Nación tiene un cajero automático de Visa/Plus. Transportes Unión (976-990-890; Grau 145) ofrece salidas regulares a Cajamarca (10 PEN, 3 h) de 5.00 a 19.00. Las combis y colectivos para Huamachuco (10 PEN, 1½ h) salen cuando están llenos de la pequeña estación situada junto a la comisaría de policía. Unas cuantas empresas de autobuses en la avenida Martínez, cerca del mercado, ofrecen servicios exprés a Trujillo (25 PEN, 7 h).

Celendín

076 / 28 000 HAB. / ALT. 2625 M

Este pequeño pueblo, al que se llega fácilmente desde Cajamarca por una carretera sin asfaltar, es un lugar plácido y adormecido, visitado tan solo por aquellos que toman el camino salvaje y pintoresco a Chachapoyas. Celendín es famoso por sus sombreros de paja de gran calidad, que pueden adquirirse en el interesante mercado de los domingos, y a la vez aprovechar para observar la vida tradicional de la sierra y relacionarse con los lugareños.

En Llanguat, a 30 min en automóvil, hay fuentes termales (entrada 3 PEN) y baños de barro que aliviarán los músculos doloridos. También se puede llegar con una combi que sale a las 7.00 de la plaza de Armas (6 PEN, 45 min). La vuelta es sobre las 12.00.

La organización holandesa Proyecto Yannick (076-77-0590; www.proyectoyannick. org) ofrece voluntariado en proyectos comunitarios y con niños con síndrome de Down. Orange Tours (www.celendinperu.com) destina el 5% de los beneficios al proyecto Yannick. Ofrece diversas excursiones por los alrededores de Celendín, incluidas visitas a las fuentes termales. Como no tiene oficina, solo se puede contactar por correo electrónico.

La fiesta anual de la Virgen del Carmen tiene lugar del 1 de julio al 6 de agosto, pero los mejores días para los visitantes son del 28 de julio al 3 de agosto, con fuegos artificiales, una procesión, y corridas de toros con toreros mexicanos y españoles en una plaza tradicional de madera.

🛏 Dónde dormir y comer

Hotel Villa Madrid HOTEL $
(076-55-5123; villamadridcelendin@hotmail.com; Pardo esq. Dos de Mayo; 🅿🛜) Situado junto a la plaza de Armas, es el mejor de la ciudad, con espaciosas habitaciones modernas en torno a un patio interior.

Hostal Turistas HOTEL $
(076-55-5047; Gálvez 507; i/d 45/60 PEN; 🛜) Es una opción magnífica con nueve habitaciones cómodas y servicio amable, cerca de la plaza.

La Reserve PERUANA $
(José Gálvez 420; comidas 4-32 PEN; ⏲7.00-22.00) Un lugar popular para comer, con asientos en varios niveles y un ambiente cálido. La carta es amplia pero si uno se limita a los platos peruanos comerá bien.

ℹ Información

Banco de la Nación (Dos de Mayo 530) Cambia dólares estadounidenses y tiene un cajero automático de Visa/Plus.

ℹ Cómo llegar y salir

Virgen del Carmen (076-55-5187; www. turismovirgendelcarmen.com.pe; Cáceres 112), situada detrás del mercado, va a Chachapoyas (35 PEN, 8 h) vía Leimebamba (25 PEN, 6 h) a las 8.00 y a las 18.00. También tiene salidas a Cajamarca (10 PEN, 3½ h) a las 5.00 y 15.00.

Chachapoyas

041 / 28 700 HAB. / ALT. 2335 M

También conocida como Chachas, es una tranquila localidad rodeada de bosques nubosos. La población se fundó al principio de la conquista española y fue la base desde la que comenzó la explotación de la región amazónica. Desempeñó un papel importante en el comercio entre la selva y la costa hasta la década de 1940, cuando se construyó la carretera asfaltada que atraviesa el cercano Pedro Ruiz, pero no pasa por Chachapoyas. Esta amable ciudad colonial, hoy concurrida por su mercado, es la remota capital del departamento de Amazonas y constituye una excelente base para explorar las impresionantes ruinas de los temibles chachapoyas ("gentes de las nubes").

Los bosques nubosos de los alrededores ocultan algunos de los tesoros arqueológicos menos conocidos de Perú. A pesar de los estragos del clima y del paso del tiempo –y de los más recientes saqueadores de tumbas y

Chachapoyas

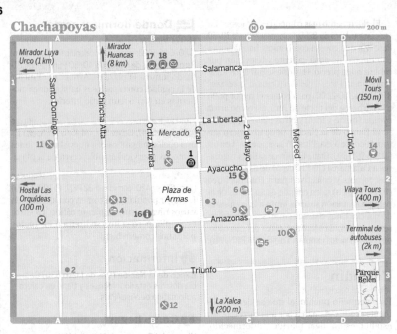

Chachapoyas

buscadores de tesoros–, algunas ruinas han sobrevivido en un estado notable. Kuélap es sin duda el más famoso de estos yacimientos arqueológicos, aunque hay muchos otros desperdigados por la selva.

Historia

Los chachapoyas fueron conquistados, aunque no del todo subyugados, por los incas, varias décadas antes de la llegada de los es-

pañoles. Al parecer, cuando aparecieron los europeos, el jefe local, el curaca Huamán, les ayudó a derrotar a los incas. Dada la escasa influencia inca, el pueblo chachapoyas nunca aprendió el quechua y hoy en día hablan casi exclusivamente en español. Según los historiadores locales, San Juan de la Frontera de las Chachapoyas fue la tercera ciudad fundada por los españoles en Perú (después de Piura y Lima).

⊙ Puntos de interés

Instituto Nacional de Cultura
MUSEO
(INC; Ayacucho 904; ⊙8.00-13.00 y 15.00-17.00 lu-vi) GRATIS Este pequeño museo en la plaza alberga momias encontradas en la región, además de cerámica de varios períodos precolombinos y uno de los sarcófagos originales de Karajía.

Mirador Luya Urco
MIRADOR
Un paseo de 10 min hacia el noroeste por Salamanca lleva a este mirador que ofrece una bonita panorámica de la ciudad.

Mirador Huancas
MIRADOR
(entrada 1 PEN; ⊙7.30-17.30) En taxi (30 PEN, i/v) Ofrece vistas del valle de Utcubamba. Es fácil llegar caminando por la carretera (1½ h) o en colectivo (3 PEN, 25 min) desde la terminal de autobuses.

🏃 Actividades

Senderismo
Es fácil organizar salidas de senderismo desde el pueblo. La más popular es a Gran Vilaya; se tarda entre cuatro y cinco días, y se va desde Choctámal hasta el cañón del Marañón, atravesando un prístino bosque nuboso y pasando por varias ruinas, así como por el paradisíaco valle de Belén.

Otra excursión es la de la laguna de los Cóndores, se trata de un duro viaje a pie y a caballo de tres días de duración, desde Leimebamba. Ambas son aptas solo para caminantes en buena forma, pero también se organizan excursiones a otras ruinas del distrito, adaptadas a las necesidades del viajero.

🗣 Cursos

International
Language Center
CURSOS DE COCINA
(☎041-47-8807; www.ilc-peru.com.pe; Triunfo 1060; ⊙8.00-22.00) Ofrece cursos de cocina peruana, además de clases de idiomas. El amable dueño reparte gratuitamente información turística y tiene almacén de equipaje, por si alguien necesita dejarlo un día o dos.

☞ Circuitos

Todas las agencias que ofrecen circuitos se encuentran cerca de la plaza de Armas. Se recomienda pedir consejo a otros viajeros antes de elegir una. Se paga entre 100 y 150 PEN/persona por las excusiones de senderismo de más de un día (un poco más si el grupo es de menos de cuatro personas) y entre 35 y 90 PEN por las de un día.

Turismo Explorer
CIRCUITOS GUIADOS
(☎041-47-8162; www.turismoexplorerperu.com; Grau 549) Esta empresa goza de mucha fama entre los viajeros por sus viajes cortos y caminatas de varios días. Cuenta con guías profesionales muy cualificados.

Vilaya Tours
CIRCUITOS
(☎041-47-7506; www.vilayatours.com; Amazonas 261) Recomendada agencia gestionada por el experimentado guía británico Rob Dover. Ofrece circuitos a medida y excursiones a pie a los yacimientos arqueológicos y a destinos de naturaleza.

🛏 Dónde dormir

La mayoría son económicos.

★Chachapoyas Backpackers
ALBERGUE $
(☎041-47-8879; www.chachapoyasbackpackers. com; Dos de Mayo 639; d/tr 60/90 PEN, dc/i/d sin baño 18/30/42 PEN; @🖙) Este albergue nuevo ofrece habitaciones económicas y limpias con cocina compartida en una ubicación céntrica. Lo lleva una amable pareja de lugareños y ya se ha convertido en uno de los favoritos de los viajeros de presupuesto ajustado. El dueño y antiguo guía, José, es muy atento y conoce muy bien la región. Organiza circuitos a través de su agencia o proporciona explicaciones detalladas a quien quiera ir por libre.

Hotel Karajía
HOTEL $
(☎041-31-2606; Dos de Mayo 546; i/d 35/60 PEN, sin baño 20/30 PEN; 🖙) Opción sencilla y barata. Las habitaciones son básicas, algunas un poco oscuras pero correctas, con agua caliente y algún que otro adorno, como las fundas de las tapas de los retretes y las colchas con motivos caleidoscópicos.

★La Xalca
HOTEL $$
(☎041-47-9106; www.laxalcahotel.com; Grau 940; i/d/tr desayuno incl. 120/170/250 PEN; P🖙) Elegante y espacioso hotel nuevo, construido en un estilo colonial tradicional. Al atravesar el gran vestíbulo hay un precioso patio central rodeado por una balconada de madera y amplios espacios comunes amueblados con mullidos sofás de cuero. Las cómodas habitaciones tienen colchones de la mejor calidad y reciben abundante luz natural.

Casa Vieja Hostal
PENSIÓN-BOUTIQUE $$
(☎041-47-7353; www.casaviejaperu.com; Chincha Alta 569; i/d desayuno incl. 115/175 PEN; @🖙) Los cómodos cuartos de esta elegante mansión reconvertida en hotel hacen que sea una opción popular, aunque a algunas habitaciones

no les vendría mal una renovación, por lo que conviene comparar antes. Las mejores tienen detalles artesanales en madera, chimeneas decorativas o en funcionamiento, y ventanales que dan al frondoso jardín.

Hostal La Villa de París
HOTEL $$

(☎041-63-1310; www.hotelvilladeparis.com; Prolongación Dos de Mayo, cuadra 5; i/d desayuno incl. 95/140 PEN; @🖼🕾🏊) A solo 1,5 km al sur de la plaza, este precioso hotel de estilo colonial, decorado con mucha madera y antigüedades, da la sensación de ser más caro de lo que en realidad es. Sus grandes ventanas y balcones permiten la entrada de la luz.

La Casona Monsante
HOTEL $$

(☎041-47-7702; www.lacasonamonsante.com; Amazonas 746; h/tr 120/170 PEN) Esta gran mansión colonial es un lugar evocador, pero nada pretencioso. Sus espaciosas habitaciones están ubicadas en torno a un patio de piedra lleno de plantas. En temporada baja, las habitaciones sencillas cuestan 60 PEN, un buen precio.

Hostal Las Orquídeas
PENSIÓN $$

(☎041-47-8271; www.hostallasorquideas.com; Ayacucho 1231; i/d/tr desayuno incl. 80/110/120 PEN; @🕾) Esta pensión exclusiva ofrece luminosas y amplias habitaciones con suelos embaldosados y zonas comunes decoradas con artísticos toques de madera. Algunas habitaciones son más atractivas que otras; las renovadas de la parte delantera tienen paredes enmoquetadas y baños con losas de granito aunque los televisores son antiguos.

✖ Dónde comer

Al desplazarse en dirección este por los Andes, Chachapoyas es la primera población donde se empiezan a encontrar platos de estilo amazónico, aunque con algunas variantes locales. Los *juanes* (arroz al vapor con pescado o pollo, envuelto en hojas de banano) se preparan con yuca en vez de arroz. La *cecina*, que en las tierras bajas se hace con cerdo, aquí se prepara con carne de vacuno.

El Tejado
PERUANA $

(Santo Domingo 426; principales 15-25 PEN; ◉12.00-16.00) Este encantador y pequeño restaurante no parece gran cosa por fuera, pero oculta un delicioso patio interior. Es estupendo para almorzar (menú 8 PEN, lu-vi). Su especialidad es el *tacu-tacu* (plato peruano de fusión con arroz y frijoles), que aquí se sirve en nueve variedades.

Su versión del lomo saltado (tiras de ternera frita con cebolla, tomate, patata y guindilla) es deliciosa.

La Tushpa
ASADOR, PERUANA $

(Ortiz Arrieta 753; principales 15-30 PEN; ◉13.00-23.00) El servicio tiene fama de lento pero la espera vale la pena. En la carta destacan el cuadril, un corte de ternera suculento, y creaciones interesantes como el lomo fino con una especiada salsa de pisco. También hay bastantes platos de cerdo y pollo para elegir, todos con deliciosas salsas caseras.

Café Fusiones
CAFÉ, DESAYUNOS $

(www.cafefusiones.com; Ayacucho, plaza de Armas; desayuno 8-11 PEN, comidas 4-15 PEN; ◉7.00-13.00 y 14.00-21.30; 🕾) 🖉 Los viajeros se congregan en este artístico bar situado en la plaza, que sirve café ecológico y exprés, buenos desayunos (incluidos platos regionales como los juanes), hamburguesas de lentejas y otras comidas ligeras. También hay intercambio de libros, agencia de viajes y una tienda de comercio justo que vende productos regionales.

Terra Mia Café
DESAYUNOS, PERUANA $

(Chincha Alta 557; desayuno 12,50-13,50 PEN; ◉7.00-22.30; 🕾) Sofisticado café que presume de máquina de café exprés y de una carta de desayunos regionales e internacionales, además de bocadillos y ensaladas, todo ello en un ambiente acogedor y limpio con arcos coloniales y motivos tradicionales en los cojines de las sillas. El servicio podría ser mejor.

Dulcería Santa Elena
POSTRES $

(Amazonas 800-804; pasteles 2-5 PEN; ◉8.00-21.00) Un viejo gruñón sirve las mejores pastas del pueblo; si al viajero le cae bien, a lo mejor le invita a algo.

★ El Batán de Tayta
PERUANA $$

(☎959-865-539; La Merced 604; principales 15-46 PEN; ◉11.00-23.00 do-ju, hasta 24.00 vi y sa) Este moderno bar-restaurante sirve versiones creativas de platos tradicionales y una estupenda cocina de fusión, emplatada con estilo en piezas de granito y tejas invertidas. Pruébese el arroz *shutito* (arroz cremoso con lomo y un toque de chicha de jora, un licor de maíz) o la especialidad de la casa: el cuy borracho (cobaya con patatas andinas y una salsa de hierbas).

Para acompañar la comida hay toda una carta de pisco *sours* exóticos, chilcanos (caldo de pescado con cilantro autóctono) y cócteles hechos con ingredientes de *gourmet* locales. Los valientes pueden pedir la caspiroleta de

CARRETERAS A CHACHAPOYAS: UNA ELECCIÓN DIFÍCIL

Tras haberse empapado del sol de la costa y del ambiente colonial de las montañas, a menudo los viajeros desean experimentar un poco de vidilla en la jungla y en los bosques nubosos, así que ponen rumbo a Tarapoto o Chachapoyas. Pero antes hay que tomar una decisión: ¿se tiene el estómago, la paciencia y los nervios suficientes para afrontar la bella y panorámica pero desquiciante ruta de montaña por Celendín y Leimebamba? Si no, quizá sea mejor optar por la ruta larga pero más cómoda de Chiclayo. Hay que elegir.

Vía Celendín

Hermosa carretera cruza un paso a 3085 m antes de descender hasta el río Marañón, en la pobre y abrasadora aldea de **Balsas** (975 m), a 55 km de Celendín. Luego asciende de nuevo a través de maravillosos bosques nubosos y terrenos cubiertos de un exuberante manto de tonos verdes. Aflora 57 km después en el **Abra de Barro Negro** (3678 m), que brinda el mirador más alto del recorrido del río Marañón, a más de 3 km por debajo en vertical. Durante este tramo del viaje las fantasmagóricas nubes bajas y la niebla abrazan las comunidades aisladas y se desplazan entre las montañas. Entonces, la carretera desciende durante 32 km hasta Leimebamba, en la parte alta del valle del río Utcubamba, y sigue el curso fluvial hasta Tingo y Chachapoyas.

Aunque recientemente ha sido asfaltada, sigue siendo un estrecho y retorcido camino a gran altitud. Como no hay guardarraíles a la vista, la vida se bambolea precariamente al borde de cada curva. La única esperanza es que el conductor conozca muy bien la carretera. Conviene llevar agua y comida (y quizá un valium), ya que los pocos restaurantes que hay de camino no ofrecen mucho.

A pesar de todo, en esta ruta suele haber pocos accidentes y casi todos los conductores van con cuidado. De camino hacia el norte, el paisaje se contempla mejor en el lado izquierdo del autobús; el derecho es aconsejable para quien sufra de vértigo.

Vía Chiclayo

Esta es la ruta que suelen elegir la mayoría de los viajeros, más larga y mucho menos emocionante. Desde la antigua carretera Panamericana, 100 km al norte de Chiclayo, sale una carretera asfaltada en dirección este, que pasa por el Abra Porculla, a 2145 m (el más bajo del país), atraviesa la divisoria continental andina y avanza por el valle del río Marañón. A unos 190 km del desvío de la Panamericana, se llega a Jaén, punto de partida de una ruta a Ecuador abierta hace poco. Siguiendo hacia el este, hay una carretera secundaria que llega hasta el pueblo de Bagua Chica, en un valle bajo cercado (a unos 500 m de altitud), que según los peruanos es el lugar más cálido del país. El autobús suele atravesar Bagua Grande (28 830 hab.) por la calle principal y luego sigue por el valle del río Utcubamba hasta la localidad de Pedro Ruiz, situada en un cruce de carreteras a 1½ h de Bagua Grande. Desde aquí, una carretera asfaltada en dirección sur se bifurca hacia Chachapoyas, a 54 km y en torno a 1 h de viaje.

hormigas (25 PEN), un peculiar cóctel de hormigas, vainilla, coñac y canela.

🍷 Dónde beber y vida nocturna

Chachapoyas es famosa por sus licores artesanales, elaborados con todo tipo de hierbas y sabores frutales; catarlos es un buen pasatiempo.

⭐**La Reina**   BAR
(Ayacucho 520; ⊙9.00-13.00 y 15.00-1.00 lu-sa, 19.00-24.00 do) Local artístico que sirve licores de frutas exóticas y del Amazonas en chupitos

(1,50 PEN) o en jarras (desde 18 PEN). De los 11 sabores para elegir, el de mora es el más popular y el de maracuyá, el mejor; el siete de raíces y el *chuchuhuasi* son dos famosos afrodisíacos de la Amazonia.

Sus propietarios también llevan la mejor discoteca de la ciudad, varias manzanas más abajo, en Ayacucho 345.

ℹ️ Información

Banco de la Nación (Ayacucho esq. Dos de Mayo) Con cajero automático Visa/MasterCard.
BCP (plaza Burgos) Cambia dólares estadounidenses y tiene cajero automático.

iPerú (📞041-47-7292; iperuchachapoyas@
promperu.gob.pe; Ortiz Arrieta 582; ⏰9.00-
18.00 lu-sa, hasta 13.00 do) Mapas, información sobre transportes y consejos excelentes.

Policía Nacional (📞041-47-7017; Amazonas
1220)

Serpost (Salamanca 940; ⏰8.00-13.00 y
14.00-19.00 lu-vi, 8.00-13.00 sa) Servicios
postales; situado en el barrio del mercado.

❶ Cómo llegar y salir

AVIÓN

A pesar de que Chachapoyas cuenta con un aeropuerto, cuando se redactó esta guía ninguna
compañía aérea operaba desde el mismo.

AUTOBÚS Y TAXI

Excepto los lujosos autobuses de larga distancia, todos los transportes salen de la nueva
terminal (Triunfo cuadra 2), al este de la ciudad.

La ruta a Chiclayo, con mucho tránsito, y la
posterior etapa hasta Lima, empieza por el
panorámico trayecto hasta Pedro Ruiz por el
río Utcubamba. La comodísima **Móvil Tours**
(📞041-47-8545; Libertad 464) ofrece un autobús exprés a Lima a las 11.00, así como otro a
Trujillo a las 19.30 y a Chiclayo a las 20.00. **Civa**
(📞041-47-8048; Ortiz Arrieta esq. Salamanca)
opera un autobús diario a Chiclayo (18.30) y a
Lima (13.00).

Virgen del Carmen (📞041-79-7707; terminal terrestre) ofrece cómodos autobuses que
recorren una pintoresca ruta de montaña a
Cajamarca vía Celendín y Leimebamba; salen a
diario a las 5.00 y a las 20.00, aunque el personal suele ser reacio a vender un billete solo hasta
Leimebamba. Varias empresas ofrecen combis
directas a Leimebamba.

Turismo Selva (📞961-659-443; terminal de
transporte) se adentra en la cuenca amazónica
y ofrece furgonetas directas a Tarapoto vía
Moyobamba a las 6.30, 20.30, 10.30 y 12.30.
También hay una a las 14.30 que solo va a Moyobamba.

Otra opción es tomar una de las frecuentes
combis a Pedro Ruiz y allí un autobús en dirección este para continuar hasta Tarapoto
(35 PEN, 7 h). Estos pasan con más frecuencia
de 16.00 a 23.00.

Hacia Jaén y la ruta que va a la frontera y a
Ecuador, tómese una combi a Bagua Grande,
que sale con frecuencia de 4.00 a 18.00 y cám-
biese a otra que vaya a Jaén (5 PEN, 1 h).

Un taxi para visitar los alrededores de Chachapoyas y Leimebamba durante todo un día
cuesta de 250 PEN a 300 PEN.

Autobuses desde Chachapoyas:

DESTINO	PRECIO (PEN)	DURACIÓN (H)
Bagua Grande	10	2¼
Cajamarca	50	12
Celendín	30	8
Chiclayo	30-75	9
Kuélap	15	2½
Leimebamba	10	2½
Lima	90-150	22
Moyobamba	24	5
Pedro Ruiz	5	1
Tarapoto	35	7
Tingo Viejo	6	1

Alrededores de Chachapoyas

Las montañas que rodean Chachapoyas se
caracterizan por su vistoso paisaje y por los
numerosos yacimientos arqueológicos de la
cultura chachapoyas, la mayoría de ellos aún
por excavar y muchos casi totalmente absor-
bidos por la exuberante selva.

Gran Vilaya

El nombre de Gran Vilaya se refiere a los
numerosos valles que se extienden hacia el
oeste desde Chachapoyas y que llegan hasta
el río Marañón. Contigua a la húmeda Amazonia, esta región se halla inmersa en un microcosmos único de trópicos de gran altitud
y bosques nubosos perennemente húmedos,
que dieron lugar al nombre de los chachapoyas: "la gente de las nubes", que habitaron
esta región, antes que los incas. Hasta el momento se han hallado más de 30 yacimientos
arqueológicos en sus montañas. Los más importantes, como Paxamarca, Pueblo Alto,
Pueblo Nuevo y Pirquilla están conectados
por sinuosos caminos de cabras, igual que
hace siglos, muchos aún están por excavar
y solo se pueden visitar en excursiones de
más de un día de duración. Los impecables
caminos incas se abren paso por los cerros
y atraviesan ciudades en ruinas, camufladas
por la selva.

En la entrada de Gran Vilaya se encuentra
el valle de Belén, sobrecogedor e increíblemente verde. El tramo final del amplio y serpenteante río Huaylla se enrosca como una
serpiente atravesando el suelo llano del valle,
donde pastan caballos y vacas, y está rodeado

❶ CRUCE DE FRONTERAS: ECUADOR VÍA JAÉN

Para cruzar la frontera con Ecuador ya no es necesario recorrer durante días los tortuosos caminos hacia la costa. Una buena carretera sale desde Jaén en dirección norte y recorre 107 km hasta San Ignacio (10 720 hab.) cerca de la frontera con Ecuador, al otro lado de la cual se halla la población de Zumba.

Se parte de Jaén (70 690 hab.), un centro agrícola que está creciendo rápidamente y cuenta con todos los servicios de una población de tamaño medio, aunque es lamentablemente famosa por los delitos callejeros y, a juzgar por los carteles, por un grave problema de dengue (hay que llevar repelente). El mejor hotel de la ciudad es **Casa del Sol** (☑076-43-4478; Mariscal Castilla 140; i/d/tr 70/120/170 PEN; ❈☎), junto a la plaza, que cuenta con impecables habitaciones modernas, algunas con *jacuzzi*. A una manzana está el **Hotel Cancún** (☑076-43-3511; Palomino 1413; i/d 35/45 PEN; ☎), una buena opción económica, con duchas de agua caliente y televisión por cable. Para comer, el **restaurante El Sabor** (plaza de Armas; comidas 10-12 PEN; ⊗8.00-22.00), en la plaza, ofrece una gran variedad de platos para todos los presupuestos.

Desde Jaén salen taxis compartidos (20 PEN, 2½ h) y combis (15 PEN, 2½ h) hacia **San Ignacio** desde la **Empresa Transporte Jaén-San Ignacio** (Pakumuros 2093, Pueblo Libre; ⊗4.00-20.00). En San Ignacio hay un hotel sencillo y restaurantes. Hay que bajarse en San Ignacio y tomar un colectivo para afrontar la desigual carretera que va a **La Balsa** (15 PEN, 2 h) junto al río Blanco, que separa a Perú de Ecuador. Antes se cruzaba el río en una balsa (de ahí el nombre), pero ahora un nuevo puente internacional une ambos países.

Una vez en Ecuador, hay *rancheras* (camiones con filas de asientos de madera) esperando a los pasajeros para hacer el incómodo e impredecible (por la meteorología) trayecto de 10 km a **Zumba** (2,75 US$, entre 1½ y 2½ h). Desde aquí, hay autobuses hacia **Loja** (7,50 US$, 6 h), desde donde se puede seguir hacia el famoso "valle de la longevidad" de Vilcabamba. Si se parte de Jaén al alba, se puede llegar a **Vilcabamba** en un día.

de majestuosas colinas envueltas en neblina; las vistas son hipnóticas.

Casi todas las agencias de viajes de Chachapoyas ofrecen circuitos a pie de varios días por esta región. El circuito clásico de cuatro días empieza en Cohechán y termina en Kuélap pasando por Choctámal. Hay que estar en buena forma, ya que la caminata requiere duros ascensos a gran altitud.

Karajía

En este extraordinario yacimiento funerario hay seis colosales sarcófagos en lo alto de un acantilado. Las tumbas están construidas en madera, arcilla y paja, y evocan figuras humanas, que miran hacia el valle situado más abajo, donde una vez estuvo la aldea de Chachapoyas.

Originalmente había ocho sarcófagos emparejados, pero dos se derrumbaron, por lo que los ataúdes contiguos se abrieron y dentro se encontraron momias, así como varios objetos de artesanía relacionados con los difuntos. Aún pueden verse huesos dispersos cerca de los ataúdes. Solo los personajes más destacados, como chamanes, guerreros

y caciques, se enterraban con semejante reverencia. Se cree que las calaveras sobre las tumbas representan trofeos de enemigos o quizá provengan de sacrificios humanos. La entrada cuesta 5 PEN.

Karajía está a 40 min a pie desde la diminuta localidad de Cruz Pata, a 2 h de Chachapoyas. Hay microbuses de Chachapoyas a Luya (7 PEN, 50 min), desde donde salen otros hacia Cruz Pata (5 PEN, 50 min). Un circuito de un día desde Chachapoyas (50 PEN) es la mejor opción; la caminata y el trayecto por carretera permiten mirar con prismáticos los acantilados a 100 m de distancia.

Revash

Cerca de la ciudad de Santo Tomás se halla este excelente yacimiento de varios edificios funerarios de colores vivos, oculto en los acantilados de caliza. Estas *chullpas* (antiguas torres funerarias andinas), que parecen cabañas atractivas pero inaccesibles, fueron construidas con pequeñas piedras unidas con barro que después se enyesaron y embellecieron con pintura de color rojo y crema. Esta preferencia local por una decoración vistosa

CATARATA DE GOCTA

No se sabe cómo, pero la cataratade Gocta (entrada 10 PEN; ☺6.00-16.00), de 771 m, logró pasar inadvertida para el Gobierno peruano, los exploradores internacionales y las entrometidas imágenes de satélite hata el 2005, cuando el alemán Stefan Ziemendorff y un grupo de lugareños organizó una expedición para cartografiar las cataratas y registrar su altura. Algunos afirmaban que era la tercera catarata más alta del mundo y otros decían que era la decimoquinta. Esto dio lugar a un revuelo internacional en el siempre emocionante concurso por quedar entre las cascadas más altas.

Tanto si a uno le apasionan los números como si no, no hay duda de que Gocta es impresionante y bastante accesible. Es más fácil ir con una agencia de viajes desde Chachapoyas por unos 30 PEN. Proporcionan vehículo y un guía local para la excursión de 2 h hasta las cataratas, ya que el transporte hasta allí es irregular. Si el viajero quiere ir por libre, puede tomar una combi de Chachapoyas a Pedro Ruiz (5 PEN, 45 min) y pedir que lo dejen en el puente de Cocahuayaco. Con suerte, puede encontrar un mototaxi o una combi que pase por allí y le lleve hasta la entrada de las cataratas en Cocachimba. Si no, deberá caminar 1½ h. Desde la entrada, quedan otras 2 h de caminata hasta la base de las cascadas. La asociación comunal de turismo ofrece guías por 30 PEN.

Es posible visitar las cascadas de arriba y las de abajo en un circuito de 8 h. Hay que tomar cualquier combi en dirección a Pedro Ruiz hasta el desvío de San Pablo y desde aquí caminar 2 h hasta el pueblo de San Pablo, desde donde sale una senda que lleva hasta la base de la cascada de arriba. Volviendo por el mismo camino, se encuentra otra senda a mano izquierda que lleva montaña abajo hasta un fantástico mirador que permite ver claramente ambas cascadas, y luego a un puente colgante que lleva a la base de la cascada inferior. Desde aquí se sale a la senda principal que va a Cocachimba. Hay que partir de Chachapoyas a las 6.00 para poder hacer el recorrido completo.

El elegante Gocta Andes Lodge (☎041-63-0552; www.goctalodge.com; i/d 209/ 249 PEN; ✴), en Cocachimba, destaca por encontrarse en un idílico entorno con vistas perfectas de las cataratas, tanto desde las habitaciones como desde la pequeña piscina infinita. Las habitaciones, amplias pero sencillas, tienen calientes edredones de plumón y un balcón que enmarca las cascadas como si de un cuadro se tratara.

Si el bolsillo no da para tanto, el pueblito apoya una pequeña iniciativa de turismo con varias opciones más baratas, algunos restaurantes y tiendas.

se mantiene en la actualidad. A pesar de que gran parte del yacimiento fue saqueado hace tiempo, los arqueólogos encontraron los esqueletos de 11 adultos y un menor, junto con un ajuar de gran riqueza, con instrumentos musicales y útiles de hueso. Varias pictografías decoran las paredes de los acantilados detrás de las tumbas, así como una cueva, hoy vacía, que originalmente contenía más de 200 fardos funerarios a 1 km del complejo principal.

El camino más corto para llegar a Revash consiste en tomar una combi en dirección a Leimebamba y bajarse en Yerbabuena, desde donde queda una caminata de 1½ h o un trayecto en mototaxi (20 PEN) hasta la entrada de Cruz de San Bartolo. Desde allí hay un trayecto de 4,5 km a pie hasta el yacimiento. También se pueden conseguir caballos en San Bartolo. Un circuito de un día desde Chachapoyas (80 PEN aprox.) incluye la visita al museo de Leimebamba.

La Jalca (Jalca Grande)

El precioso pueblo de montaña La Jalca o Jalca Grande, es un municipio pequeño y empedrado que ha conseguido conservar gran parte de sus raíces históricas, aunque la modernización va penetrando en él poco a poco. Los ancianos aún hablan quechua y en las casas se aprecia la influencia del estilo arquitectónico de los chachapoyas. Se recomienda buscar la Choza Redonda, una casa tradicional chachapoyas que supuestamente estuvo habitada hasta 1964. El tejado se derrumbó pero sigue siendo una de las mejor conservadas de la región y se usó como modelo para la recreación de las casas de Kuélap y Levanto.

En las ruinas de Ollape, a un trayecto de ½ h a pie en dirección oeste, hay varias plataformas de casas y balcones circulares decorados con motivos complejos.

Hay una combi directa de Chachapoyas a La Jalca (10 PEN, 2 h) que sale a las 15.00 de la estación de autobuses y vuelve a Chachapoyas a las 5.00. Otra opción es tomar un autobús de la ruta Chachapoyas-Leimebamba y apearse en la salida de La Jalca, desde donde hay una caminata de 3 h cuesta arriba.

Yalape

En la carretera entre Chachapoyas y Levanto se hallan estas ruinas de edificios residenciales de piedra caliza; se trata de una buena excursión de un día, fácil de realizar desde Chachas. Con buenas vistas de Levanto abajo y Kuélap a lo lejos, Yalape posee unas robustas murallas defensivas con algunos frisos interesantes, todo ello cubierto por una espesa masa forestal.

Frente a las ruinas, al otro lado de la carretera, hay una casa chachapoyas reconstruida sobre la base original de piedra.

Las combis a Levanto (5 PEN, 1 h) salen de la terminal a las 5.00 y a las 11.00 y pueden dejar al viajero en la entrada de las ruinas; luego dan la vuelta en Levanto y bajan directas. Hay una caminata de 12 km cuesta abajo hasta Chachapoyas por tramos del Camino Inca, pavimentado con piedra en algunas zonas, pero embarrado en otras. Conviene llevar botas.

Kuélap

ALT. 3100 M

Comparable en grandeza con Machu Picchu, esta fabulosa ciudadela en ruinas situada en las montañas al suroeste de Chachapoyas es el yacimiento mejor conservado y más espectacular de la zona. Se trata de una monumental ciudadela fortificada en piedra, sobre una escarpada montaña caliza, desde la cual se pueden contemplar excepcionales vistas panorámicas. Sorprendentemente recibe muy pocos visitantes, aunque eso podría cambiar con el teleférico que se piensa construir. Quienes lleguen aquí podrán ver unas de las ruinas precolombinas más significativas e impresionantes de Sudamérica.

◉ Puntos de interés y actividades

Construida entre los años 500 y 1493, y redescubierta en 1843, Kuelap (adultos/niños 15/ 2 PEN; ☺8.00-17.00) está formada por millones de metros cúbicos de piedra en perfecto estado de conservación. Juan Crisóstomo Nieto, el juez de la zona de Chachapoyas que descubrió las ruinas, dijo en un principio que para su construcción se había usado más piedra que para la Gran Pirámide de Egipto, una comparación que en términos matemáticos no tiene sentido, pero que transmite a la perfección la idea: ¡aquí hay mucha piedra! Pese a que la cantería no es tan elaborada como la de los incas, la fortaleza ovalada de 700 m de perímetro está rodeada por una imponente muralla casi impenetrable de unos 20 m de altura. El acceso a este baluarte se realiza a través de tres profundas y estrechas puertas que, según se cree, constituían un ingenioso sistema de seguridad que obligaba a los atacantes a formar en fila india, por lo que resultaban más vulnerables y podían ser derrotados con facilidad.

Dentro hay tres niveles con vestigios dispersos de más de 400 viviendas circulares, algunas decoradas con frisos en forma de zigzag o de rombo; todas tuvieron un altísimo techo de paja. Una de las viviendas ha sido reconstruida, pero debido a la mala calidad del trabajo corre peligro de derrumbarse. En su época de apogeo, Kuelap albergó hasta 3500 personas.

La estructura más enigmática, llamada El Tintero, tiene la forma de un gran cono invertido. En su interior, una cámara subterránea contiene los restos de sacrificios de animales, por lo que los arqueólogos creen que se trataba de un edificio religioso. El arqueólogo del yacimiento, Alfredo Narváez, ha hallado esqueletos de llamas y tumbas en los alrededores de El Tintero que confirman esta teoría. Según una hipótesis elaborada por un equipo de la Universidad de San Diego en 1996, también podría haber sido un calendario solar. Cerca hay una torre de vigilancia desde la cual se aprecian excelentes vistas panorámicas. La cima de la montaña en la que se halla la ciudadela está rodeada de vegetación, altísimos árboles cubiertos de bromelias y orquídeas exóticas. Pueden verse los únicos habitantes modernos de la ciudadela, una manada de llamas, aunque no conviene acercarse mucho ya que a veces escupen y cocean.

Los grupos organizados suelen llegar a las ruinas sobre las 11.30 y para las 15.00 ya se han ido, así que es buena opción hacer noche cerca si se quiere una experiencia más íntima.

Desde el aparcamiento y las taquillas hay que subir 25 min hasta la ciudadela.

☞ Circuitos

Los guardas de Kuélap son muy amables y serviciales; casi siempre hay uno dispuesto a guiar a los visitantes y responder a sus preguntas. Don José Gabriel Portocarrero Chávez, encargado de la taquilla, lleva años en el yacimiento; ya no ejerce de guía, pero puede poner en contacto con alguno (30 PEN).

🛏 Dónde dormir y comer

La oferta de alojamiento de Kuélap es limitada, aunque hay un par de sencillos hospedajes regentados por una familia a los que se llega bajando desde las ruinas por un sendero que suele estar embarrado. Pregúntese por doña Teodula o doña Juana, ambas ofrecen habitaciones sencillas con duchas de agua fría y preparan comidas económicas. Se recomienda llevar saco de dormir.

Los alojamientos más cercanos y de calidad algo mejor están en la aldea de María, a 2 h a pie de Kuélap y conectada con Chachapoyas por microbuses diarios. Se trata de media docena de hospedajes (h 15 PEN/persona) encantadores y casi idénticos. En todos ellos se ofrecen habitaciones limpias y modestas, con agua caliente de suministro eléctrico y en algunos se preparan copiosas comidas para los huéspedes por 10 PEN.

Hospedaje el Torreón HOTEL $
(📞94-170-8040; av. Kuélap s/n; i/d 20/30 PEN) Este sencillo hotel es la mejor apuesta en María, con habitaciones decentes animadas por colchas de colores y además agua caliente. Como la simpática propietaria no cocina, habrá que salir a un restaurante o comprar una de las tartas que venden en el pueblo.

Hospedaje León PENSIÓN $
(📞94-171-5685; i/d 15/30 PEN) En Tingo Viejo, 3 km debajo de Tingo Nuevo, al pie de Kuélap, se halla este sencillo alojamiento con diminutas habitaciones bucólicas y termo de agua eléctrico. Lo lleva una simpática pareja mayor. Es lo mejor que hay en Tingo Viejo.

Estancia Chillo HOSTAL $$
(📞979-340-444, 041-63-0510; www.estanciaelchillo.com; h desayuno y cena incl. 140 PEN/persona) Situado 5 km al sur de Tingo Viejo, es uno de los mejores y más peculiares alojamientos de la zona. El bello recinto de estilo hacienda cuenta con habitaciones rústicas con colchas llamativas, y posee un jardín de buganvillas con loros. Todos los muebles están hechos a mano por el dueño Óscar Arce Cáceres.

Aquí se pueden conseguir guías (150 PEN/día) y caballos o burros para explorar las ruinas cercanas.

ℹ Cómo llegar y desplazarse

La forma más fácil de visitar Kuélap es con un circuito guiado desde Chachapoyas (35 PEN), aunque solo sea por usar el transporte y luego separarse del grupo, ya que llegar por cuenta propia es bastante complicado. Un camino empinado de 9,8 km, señalizado y relativamente fácil de seguir, empieza en el extremo sur de Tingo Viejo y llega hasta las ruinas, situadas a unos 1200 m por encima del pueblo. Se trata de una ardua subida que dura entre 5 y 6 h. Hay que llevar agua porque no hay nada de camino. Durante la estación húmeda (oct-abr), sobre todo durante la segunda mitad, el camino puede estar muy embarrado y es difícil de recorrer. Desde María también se puede llegar a pie a Kuélap en menos de 2 h.

Transportes Roller (terminal terrestre) opera un autobús a Kuélap (15 PEN, 2½ h), vía Tingo Viejo, Choctámal y María, que sale de Chachapoyas a las 4.00 y vuelve de Kuélap a las 6.00, aunque solo si hay demanda. Hay un servicio menos práctico ofrecido por **Evangelio Poder de Dios** (terminal terrestre), que sale de la terminal de Chachapoyas a las 14.00 y vuelve de las ruinas a las 5.00 del día siguiente. Una vez en Kuélap pregúntese si se puede volver a Chachapoyas con alguna de las combis de los grupos organizados. Entre Tingo Viejo y Chachapoyas circulan combis a menudo (8 PEN, 50 min).

Un taxi de Chachapoyas a Kuélap y vuelta cuesta entre 200 PEN y 250 PEN, en función de cuánto tiempo se pase en el yacimiento. El futuro teleférico desde Tingo Nuevo facilitará la visita, aunque un mayor número de visitantes podría tener un efecto perjudicial en las estructuras, que no están bien protegidas.

Leimebamba

📞041 / 4200 HAB. / ALT. 2050 M

Este cordial pueblo de calles empedradas, a veces llamado Leymebamba, está en el nacimiento del río Utcubamba. Tiene un encantador aire relajado preservado por su relativo aislamiento: lo flanquean enormes montañas y la ciudad grande más cercana está a 2 h por una carretera estrecha. Los caballos son aún un medio de transporte muy habitual y la amabilidad de sus habitantes es legendaria en la región. Está rodeado de yacimientos arqueológicos chachapoyas y es un lugar estupendo como base para explorar la provincia.

LOS CHACHAPOYAS

Los chachapoyas ("gentes de las nubes") controlaron la vasta región que rodea la actual Chachapoyas desde el año 500 d.C. hasta 1493 aproximadamente, cuando fueron conquistados por los incas. Se sabe muy poco acerca de este pueblo; al parecer, fueron grandes guerreros, poderosos chamanes y prolíficos constructores, representantes de una de las culturas más avanzadas de la selva peruana. Hoy en día, gracias a las muchas tumbas encontradas en los acantilados y a las numerosas aldeas de estructura circular que siguen en pie, los arqueólogos disponen de más información para conocer más profundamente esta cultura.

Los chachapoyas, a pesar de que vivían bastante aislados en su reino de bosques nubosos y se desarrollaron al margen de las civilizaciones vecinas, comerciaron con otras zonas de Perú. En teoría, rendían un culto extremo a los guerreros; las cabezas trofeo representadas y los cráneos humanos hallados muestran signos de trepanación y de habérseles arrancado el cuero cabelludo intencionadamente. La expansión del Imperio inca en el s. xv fue combatida con una resistencia feroz, y las luchas esporádicas prosiguieron hasta mucho después de la conquista inicial.

Los chachapoyas eran ecologistas mucho antes de que existiera Greenpeace, construían estructuras que armonizaban perfectamente con su entorno y que aprovechaban la estética y las contribuciones prácticas de la naturaleza. Se cree que veneraban importantes criaturas de su entorno: la serpiente, el cóndor y el puma eran poderosos representantes del mundo natural, así como las cuevas, los lagos y las montañas.

Sus construcciones circulares se complementaban con intrincados frisos decorados con formas en zig-zag y romboides. Los edificios se cubrían con techos de paja muy altos y empinados para facilitar el drenaje de las frecuentes lluvias de la zona. Cientos de ruinas ilustran su arquitectura, pero ninguna destaca tanto como la impresionante ciudadela fortificada de Kuélap (p. 433), rodeada por una colosal muralla de 20 m de altura que encierra numerosos templos y viviendas.

◉ Puntos de interés y actividades

★ **Museo Leimebamba**   MUSEO
(www.museoleymebamba.org; adultos/estudiantes 15/8 PEN; ⊙10.00-16.30) Situado 3 km al sur del pueblo, alberga las momias halladas en la laguna de los Cóndores. El museo es propiedad de los habitantes del pueblo y ocupa un complejo muy bien construido con tejados en varios niveles que rinden homenaje a la arquitectura autóctona. Las momias se conservan en vitrinas en una sala climatizada. La mayor parte están envueltas en fardos, aunque hay algunas abiertas, que impresionan.

También se exponen piezas de cerámica, tejidos, figuras de madera y fotografías de laguna de los Cóndores. Un taxi/mototaxi desde el pueblo cuesta 7/5 PEN respectivamente.

La Congona   RUINAS
Se trata de la más cautivadora de las muchas ruinas antiguas cercanas a Leimebamba y sin duda merece la caminata de 3 h necesaria para acceder al lugar. Este yacimiento, cubierto de vegetación, contiene varias viviendas circulares muy bien conservadas que, cosa extraña en la cultura chachapoya, se edificaron sobre una base cuadrada. En el interior, las casas están adornadas con intrincados nichos, y en el exterior hay una amplia terraza circular que rodea cada estructura. El yacimiento destaca por la detallada decoración de los edificios, en particular por los numerosos y sofisticados frisos. Se puede subir a una alta torre por una asombrosa escalinata circular para contemplar una hermosa vista del valle.

Desde Leimebamba se llega al yacimiento por un camino que comienza en la parte baja de la calle 16 de Julio. Se recomienda ir con guía (150 PEN/circuito completo de 8 h). También se pueden alquilar caballos en el pueblo para hacer el recorrido.

Laguna de los Cóndores   YACIMIENTO ARQUEOLÓGICO
Esta zona de Perú fue objeto de atención en 1996, cuando un grupo de campesinos encontró seis *chullpas* en un acantilado a 100 m por encima de un lago en el bosque nuboso. Este yacimiento funerario, con sus 219 momias y más de 2000 objetos ha

brindado a los investigadores la posibilidad de acercarse con mayor detalle a la cultura chachapoyas. El hallazgo fue tan espectacular que Discovery Channel ofreció un documental sobre el descubrimiento y se construyó un museo en Leimebamba para albergar los tesoros.

Algunas de las tumbas, enyesadas y pintadas en blanco o en rojo y amarillo ocre, están decoradas con los típicos frisos en zigzag de los chachapoyas. Todas ellas se encuentran apiñadas en el acantilado, en un saliente natural con una espectacular vista a la laguna de los Cóndores.

La única manera de acceder a la laguna es tras un arduo ascenso de 10 a 12 h, a pie y a caballo, desde Leimebamba. El circuito básico dura tres días: uno de ascenso, uno de visita y otro de regreso (8 o 9 h). Tanto en Leimebamba como en las agencias de viajes de Chachapoyas pueden contratarse caballos y guías.

👉 Circuitos

Los guías de la zona organizan recorridos por las tumbas y otros lugares de interés; algunos se visitan fácilmente en un día mientras que otros requieren de varios.

El mejor lugar para encontrar guías profesionales es la **Asociación Comunal de Turismo** (📞95-107-2028; jabierfarje@hotmail.com), una cooperativa gestionada por los vecinos del pueblo situada en la plaza principal. Ofrece un paquete a la laguna de los Cóndores por 540 PEN que incluye guía, entrada, caballos, alojamiento, comida, ponchos y botas de goma. Solo hay que llevar ropa para cambiarse, linterna y repelente para insectos. También ofrecen una versión larga de la excursión que lleva a la laguna Quinticocha, donde hay panorámicas estupendas de la zona.

Otra excursión recomendable consiste en ir a La Petaca, una zona situada al sur del pueblo, que fue un importante núcleo agrícola chachapoya. Por la senda hay numerosas ruinas de estructuras ceremoniales y residenciales.

Para excursiones más largas, es mejor reservar antes de llegar a Leimebamba.

🛏️ Dónde dormir y comer

La Casona PENSIÓN $$
(📞041-83-0106; www.casonadeleymebamba.com; Amazonas 221; i/d desayuno incl. 120/205 PEN; 📶) Agradable y destartalada pensión, con mucha personalidad y un encanto hogareño,

gestionada por dos hermanos. Las habitaciones viejas tienen suelos de madera, pero todas cuentan con baños nuevos con agua caliente. Algunas tienen pequeños balcones que dan a la tranquila calle de abajo, mientras que otras tienen vistas de los tejados del pueblo y de las montañas circundantes.

Nelly, la matriarca, se encarga de la sencilla cocina para los huéspedes. El desayuno es sorprendente, con café de máquina exprés y queso, mantequilla y leche caseros, de sus vacas.

⭐ **Kentitambo** PENSIÓN $$$
(📞97-111-8273; www.kentitambo.com; i/d desayuno incl. 348/498 PEN; 📶) Esta maravillosa y romántica pensión situada delante del museo ofrece una escapada exclusiva para los amantes de la naturaleza. Las camas extra grandes y las duchas de agua de lluvia filtrada son algunos de los detalles más destacados de las coloridas y rústicas cabañas de estilo quincho, construidas a prueba de terremotos. Pero el plato fuerte es el espacioso porche delantero con hamacas, que se adentra en la naturaleza circundante y es perfecto para ver las exóticas aves que se congregan en la propiedad.

Es imprescindible reservar. Está junto al KentiKafé.

⭐ **Sabor del Mishqui** PERUANA $
(📞95-269-3474; Amazonas 338; menú 7-15 PEN; ⏰7.00-21.00) Trasladado de su antigua ubicación cercana al museo al centro del pueblo, el mejor chef de Leimebamba improvisa fantásticos menús caseros que incluyen sopa, ensalada, una amplia variedad de segundos platos y postre. Son sabrosos, llenan y tienen unos precios fantásticos.

KentiKafé CAFÉ $
(tentempiés 3,50-10; ⏰8.30-17.30 PEN; 📶) Tras un corto paseo cuesta ariba por la calle del Museo Leimebamba se llega a este local en lo alto de una colina con vistas del valle. Sirve un café exquisito, tartas caseras y unos bocadillos maravillosos. Al jardín circundante acuden 17 especies de colibrí, entre ellos el increíble cola de espátula.

Su propietario mantiene una docena de comederos a través de los cuales las aves ingieren unos 5 kg de azúcar diarios. Uno puede esperar para atisbar el colibrí cola de espátula mientras toma un café exprés o pagar 10 PEN por la visita a los comederos, situados en una zona más tranquila y alejada del tintineo de las tazas de café.

🛍 De compras

AMAL
ARTESANÍA

(San Augín 429; ☺9.00-18.00) Situada en la misma plaza, es una cooperativa de mujeres artesanas que vende confecciones de primera calidad y tejidos locales. De todos modos, es mejor ir al pequeño taller, a 5 min a pie por la carretera al museo, donde se las ve trabajando y se puede elegir el material para confeccionar cualquier artículo a medida, desde un monedero hasta una mochila.

ℹ Información

Hay un cibercafé sin nombre dos manzanas cuesta abajo desde Virgen del Carmen. Llévese dinero en efectivo porque no hay cajeros.

ℹ Cómo llegar y salir

Raymi Express (☎942-152-181; Amazonas 420) ofrece furgonetas que salen hacia Chachapoyas (8 PEN, 2½ h) a diario, a las 5.00, 6.00, 6.30 y 12.00. **Hidalgo Tours** (Bolívar 608) sale a las 6.00 por el mismo precio.

Virgen del Carmen (☎96-483-3033; plaza de Armas) ofrece un autobús a Chachapoyas (10 PEN, 2½ h) desde Celendín que pasa por aquí sobre las 14.00. En sentido inverso, hacia Celendín (20 PEN, 6 h) y Cajamarca (30 PEN, 8 h), pasan sobre las 8.00 y las 22.00.

Amazonas Express ofrece furgonetas que realizan el trayecto Chachapoyas–Celendín y salen a las 7.30 y a las 21.30 hacia Celendín (25 PEN, 6 h), y a las 13.00 y las 23.00 hacia Chachapoyas (10 PEN, 2 h).

Pedro Ruiz

Este polvoriento pueblo de paso se encuentra en el cruce de la carretera de Chiclayo-Tarapoto y el desvío a Chachapoyas. Viniendo de Chachapoyas, uno puede tomar un autobús hacia el este o hacia el oeste. El viaje en dirección este desde Pedro Ruiz es espectacular, ya que sube por dos encumbrados desfiladeros y pasa por una preciosa laguna, y entre medio atraviesa un fantástico paisaje de vegetación típica de selva de altura.

En la carretera, a ambos lados del pueblo, suele haber corrimientos de tierra. Si ha llovido, es mejor comprobar las condiciones antes de hacer planes.

Hay un cajero automático de Visa/ MasterCard en Marginal, delante de la gasolinera PetrolPeru.

🛏 Dónde dormir y comer

En las calles principales, Cahuide y Marginal, se suceden los restaurantes locales. Al parecer, **Virgen de Chuquichaca** (av. Marginal; menú 6-9 PEN, principales 10-15 PEN; ☺7.00-21.00) es el más limpio y el lomo saltado no está mal.

Casablanca Hotel
HOTEL **$**

(☎941-902-878; av. Marginal 122; i/d/tr 30/70/90 PEN) Pedro Ruiz no tiene buenos alojamientos, pero este, junto al cruce de carreteras, destaca entre el resto. Las habitaciones, sencillas pero decentes, tienen televisión por cable y agua caliente, pero conviene conseguir una alejada de la ruidosa carretera.

ℹ Cómo llegar y salir

Los autobuses de la costa recogen pasajeros en dirección a Rioja o Moyobamba (25-30 PEN, 5 h) y Tarapoto (30-35 PEN, 7 h) y, en sentido opuesto, a Chiclayo (30 PEN, 7 h) y Lima (70-135 PEN, 18-22 h). Los más cómodos son los de **Movil Tours** (☎83-0085; Cahuide 653), que salen hacia el este a las 6.00 y las 11.00 y hacia el oeste, a Lima, a las 14.00, 14.30 y 19.30. **Civa** (☎94-172-7323; av. Marginal s/n) va hacia el este a las 14.00 y hacia el oeste a Chiclayo y Lima a las 13.00.

Entre las opciones más económicas, **TSP** (☎99-845-5075; Cahuide 890) va a Tarapoto a las 16.00, 20.00 y 22.00, y a Lima a las 17.00 y 20.00. También hay otras alternativas.

Si se llega desde Tarapoto, Los Diplomáticos, junto a la gasolinera de PetrolPeru, ofrece combis a Chachapoyas (5 PEN) de 4.00 a 18.00 cada 30 min, aproximadamente.

Moyobamba

☎042 / 83 500 HAB. / ALT. 860 M

La capital del departamento de San Martín fue fundada en 1542, pero los numerosos terremotos (los más recientes en 1990 y 1991) han contribuido al deterioro de sus edificios históricos. Sin embargo, Moyobamba es una ciudad bastante agradable para pasar unos días y los guías locales cada vez ofecen más actividades en colaboración con los habitantes de la zona. La región es famosa por las orquídeas; en octubre se celebra un **festival** y a la entrada del pueblo hay un monumento a esta flor.

⊙ Puntos de interés y actividades

Reserva Tingana
RESERVA NATURAL

(☎042-78-2803, 942-958-538; www.tingana.org; circuito 70-100 PEN) Esta reserva natural gestiona-

CARIÑO, ¡QUÉ BUEN ASPECTO!

No hay que ser un gran aficionado a la observación de aves para emocionarse al ver el maravilloso colibrí cola de espátula (*Loddigesia mirabilis*), un raro y bellísimo espécimen que vive en ciertos hábitats del bosque a una altitud de entre 2000 m y 2900 m en el valle de Utcubamba, en el norte de Perú. Como ocurre con la mayoría de las especies de aves, los machos de colibrí cola de espátula son mucho más vistosos que las hembras, con una brillante corona azul, el pecho verde y una atractivas y largas plumas curvadas que salen de su parte trasera formando una especie de raqueta o espátula. Son capaces de manejar dichas plumas de forma independiente durante el ritual del cortejo: las cruzan una sobre otra o las balancean por delante de la cabeza mientras se mantienen en el aire frente a la hembra.

Para algunos peruanos del valle de Utcubamba lo más espectacular de la anatomía de los colibríes es su corazón, considerado un alimento afrodisíaco. Quizá su caza sea una de las causas por la cual su población es muy reducida (tal vez queden menos de 1000 parejas), aunque los esfuerzos por conservarlos llevados a cabo en la región han permitido que la gente tome conciencia de su precaria situación y la necesidad de protegerlos, pues su hábitat está desapareciendo con rapidez por la deforestación y el desarrollo de la agricultura. Al frente de esta tarea se encuentran varios centros de conservación de la zona como KentiKafé (p. 436) en Leimebamba o el Centro de Interpretación del Colibrí Maravilloso (www.ecoanperu.org; entrada 30 PEN, i/d desayuno incl. 198/363 PEN; ⊗6.00-18.00), conocido como Heumbo, a 15 min al oeste de Pomacochas, en la carretera que va a Pedro Ruiz. El centro mantiene bebederos en una reserva privada de 12 Ha, que atraen a este y a muchos otros colibríes; aquí es muy probable ver al colibrí cola de espátula en todo su esplendor. Las vistas del valle y de la profunda carretera que sale del centro también son espectaculares. También se puede hacer noche aquí.

da por la comunidad local protege una franja de bosque en la cuenca alta del río Mayo, en la que viven monos y una amplia variedad de aves, ranas y mariposas. Esta cooperativa de turismo ofrece circuitos de un día con desayuno, almuerzo y un paseo en barco incluidos. Para llegar aquí hay que tomar un colectivo desde delante de la Universidad César Vallejo hasta Puerto La Boca. Aquí los guías recogen al viajero en un barco. Es esencial reservar.

Mirador de Tahuishco MIRADOR
(Malecón San Juan) Este mirador situado siete manzanas al noreste de la plaza ofrece unas panorámicas magníficas del valle y el río. Sin embargo, la serenidad del ambiente se ve perturbada por varios bares ruidosos situados en la calle de detrás. Unas escaleras bajan por la ladera hasta el puerto fluvial. El Mirador de San Juan es más tranquilo y está a unas manzanas río abajo.

Centro de orquídeas Waqanki JARDINES
(www.waqanki.com; carretera a Baños de San Mateo; entrada 10 PEN; ⊗7.30-17.00) A unos 3 km de la ciudad se encuentra un precioso bosque en el que crecen unas 380 especies de orquídeas. También hay un jardín de colibríes y un restaurante. Las excursiones para observar

aves en el bosque con un guía profesional (80 US$) solo se realizan con reserva previa.

Baños Termales de San Mateo BAÑOS TERMALES
(entrada 2 PEN; ⊗5.00-20.00) Estos baños termales bien conservados se hallan 5 km al sur de la ciudad y cuentan con seis pozas de diversas temperaturas en un agradable jardín. Un mototaxi cuesta 6 PEN. Los fines de semana se abarrotan de lugareños.

Cuenca alta del río Mayo CIRCUITOS EN BARCA
(Puerto de Tahuishco) Desde el nuevo e impresionante embarcadero turístico, al norte de la plaza, zarpan estrechas barcazas que realizan cortos recorridos turísticos por el río Mayo. Es mejor ir a primera hora de la mañana o por la tarde, cuando hay más aves. Se paga de 50 PEN a 120 PEN por barcaza en función de lo lejos que se quiera viajar.

Un mototaxi al puerto cuesta unos 7 PEN. También se puede bajar por las escaleras desde el Mirador de Tahuishco.

🛏 Dónde dormir y comer

La Casa de Seizo BUNGALÓS $
(☎042-78-4766; rumipata@hotmail.com; Baños de San Mateo; i/d/tw 60/80/90 PEN; 🐾) En las afue-

SOLO PARA AVES... Y MONOS

Las 2960 Ha del Área de Conservación Privada Abra Patricia-Alto Nieva (☎041-816-814; www.ecoanperu.org; entrada 75 PEN, i/d comidas y entrada incl. 444/726 PEN, sin baño 396/660 PEN), unos 40 min al este de Pedro Ruiz en la carretera de Moyobamba (se llega en colectivo por 35 PEN desde Nuevo Cajamarca), son un paraíso para los observadores de aves gestionado por la Asociación de Ecosistemas Andinos (ECOAN). Es el hábitat natural de más de 300 especies, 23 de la cuales están amenazadas. El Owlet Lodge de ECOAN ofrece habitaciones grandes, tranquilas y limpísimas a los amantes de la naturaleza y a cualquiera que desee alejarse del mundanal ruido. Las deliciosas comidas se sirven en un comedor con vistas a un bosque en el que jamás ha entrado ni una motosierra. Aunque recalan grupos organizados para observar algunas especies endémicas como la tangara de bufanda amarilla, el titirijí papamoscas de Lulu y la rarísima lechucita bigotona, también es ideal para avistar el amenazadísimo mono choro de cola amarilla.

ras de Moyobamba, a un corto paseo desde los baños termales de San Mateo se halla este alojamiento (antiguo Hospedaje Rumipata), en un entorno frondoso e idílico. Las bien acondicionadas habitaciones de ladrillo visto son ideales para dormir tras una comilona.

La pareja peruano-japonesa/venezolana que lleva el negocio no puede ser más agradable ni cocinar mejor: Seizo lo mismo pesca una tilapia del estanque y la convierte en *sashimi* al instante, que improvisa un pescado con ajo y jengibre o sirve un pollo ahumado con café. Todas son verdaderas delicias. Las comidas cuestan de 10 PEN a 20 PEN pero la experiencia no tiene precio.

Hay dos hospedajes en la propiedad. Hay que seguir el camino de la derecha hasta el final.

El Portón
PENSIÓN **$**

(☎042-56-2900; casahospedajeelporton@hotmail.com; San Martín 449; i/d 50/70 PEN; ☎) Esta tranquila opción en el centro ofrece habitaciones en torno a un jardín bien cuidado. Algunas son pequeñas pero todo está ordenado y hay pequeños adornos con encanto, así como un ambiente acogedor que lo hacen destacar por encima de sus competidores.

Hospedaje Santa Rosa
PENSIÓN **$**

(☎042-50-9890; Canga 478; i/d desde 17/35 PEN; ☎) Una buena opción muy económica con unas cuantas habitaciones rudimentarias con baño privado en torno a un patio de ladrillo. Hay alguna que otra maceta que alegra esta especie de jungla de cemento.

★La Casa de Mi Sueño
HOTEL **$$**

(☎042-56-2286; www.lacasademisueno.com; Edmundo del Águila cuadra 1, Puerto Tahuishco; i/d 90/150 PEN; P☎) Situado entre unos jardines

preciosos con dos lagos rodeados de bambú y orquídeas, este tranquilo hotelito cerca del río parece estar a años luz del ruido del centro. Las cómodas habitaciones modernas tienen excelentes baños y balcones con hamacas, desde los que se pueden ver las aves en las zonas verdes de abajo.

★La Olla de Barro
AMAZÓNICA, REGIONAL **$**

(☎042-56-3450; www.laolladebarro.com; Canga esq. Filomeno; principales 6-18 PEN) Es toda una institución local. En su comedor decorado al estilo de un *lounge tiki* se pueden comer hormigas fritas o caimán, mientras se saborea la fenomenal *inchicapi* (sopa de pollo con cachuetes, cilantro y yuca). Es el mejor lugar del pueblo para probar platos de la selva y pescado de río, además de exóticos *sours* de fruta regionales como el *camu-camu* y la cocona.

Se recomienda no comer paiche salvaje (un pez de río de la zona que está en peligro de extinción) de octubre a febrero, época en que está prohibida su pesca.

El Matador
ASADOR **$**

(Puno 501; principales 12-23 PEN; ⏱18.00-23.45 lu-sa) Pequeño y estupendo asador de lujo (para Moyobamba) que sirve pollo y cinco cortes de carne a la parrilla: solomillo, colita de cuadril, bistec, chuleta de cerdo y costillas a la barbacoa. La carta cuenta con unos cuantos vinos tintos más que en otros locales.

❶ Información

BCP (Alvarado 903)

Dircetur (☎956-919-486; www.turismosan martin.gob.pe; San Martín 301; ⏱7.30-13.00 y 14.30-17.30 lu-vi) Útil oficina de turismo en la esquina de la plaza, que aconseja sobre viajes por la región.

Oficina de Información Turística (plaza de Armas; ☺8.00-13.00 y 14.30-17.15 lu-vi) Oficina de turismo municipal dedicada a todo lo relacionado con Moyobamba.

❶ Cómo llegar y salir

Las combis a Rioja (2 PEN, 30 min), Chachapoyas (24 PEN, 7 h) y Tarapoto (10 PEN, 2 h) salen a menudo de **Turismo Selva** (Callao 394). Los colectivos a Tarapoto (20 PEN, 2 h) salen de la esquina de Jirón Benavides. Casi todos los autobuses que circulan entre Tarapoto y Chiclayo paran en la estación de autobuses de larga distancia que se halla en Grau, a 1 km del centro aproximadamente.

Tarapoto

☎042 / 73 000 HAB. / ALT. 356 M

La localidad más grande y animada del departamento de San Martín se posa a horcajadas entre las laderas andinas y el límite de las vastas junglas de Perú oriental. Esta sofocante metrópolis de la selva toca la cuenca del Amazonas con la punta de los dedos, pero mantiene el contacto con el resto del país y la civilización a través de una larga carretera asfaltada. Desde aquí se puede profundizar aún más en el Amazonas, o bien sencillamente disfrutar de la zona de selva más accesible. Hay una gran oferta gastronómica y de alojamiento, y buenas conexiones con la costa. Además, abundan los puntos de interés naturales cercanos, como cataratas y lagunas, y se puede practicar el descenso de aguas bravas.

◎ Puntos de interés

Hay poco que hacer en Tarapoto, aparte de visitar la plaza principal, pero sí son interesantes varias excursiones a las localidades cercanas, a cascadas y a lagos. Hay un pequeño museo regional (Maynas 174; ☺8.00-12.00 y 12.30-20.00 lu-vi) gestionado por la universidad de Maynas pero estaba cerrado por reformas en el momento de la preparación de esta guía.

Laguna Azul LAGO
También llamada laguna del Sauce, es un lugar popular al que se accede en ferri por el río Huallaga, a 45 km, y siguiendo en automóvil durante otros 45 min. Hay circuitos de un día (85 PEN/persona, mín. 2 personas) así como excursiones en las que se pernocta. Se puede nadar, ir en barca y pescar. También hay un par de cascadas cerca y unos baños termales bastante poco explotados, nada más pasar el cruce del río. Entre el alojamiento disponible se puede elegir desde acampada hasta bungalós de lujo.

Varias combis (15 PEN, 2 h) viajan diariamente al cercano Sauce desde una parada de autobuses en Marginal Sur, cuadra 7, en el distrito de Banda de Shilcayo, al este del pueblo. Los taxistas la conocen.

Alto Shilcayo RESERVA NATURAL
(final Prolongación Alerta; entrada 10 PEN; ☺7.00-18.00) ✦ A solo 3 km del centro de Tarapoto se encuentra esta sección del Área de Conservación Regional Cordillera Escalera, que protege una densa selva en torno a la cuenca alta del río Shilcayo. La zona está poblada por monos y muchas especies de aves, y hay cinco cascadas poco concurridas, además de un fantástico mirador natural. Algunas sendas son impracticables en la época de lluvias.

Los habitantes de la zona han formado una cooperativa de turismo y ofrecen guías para diversas excursiones: desde viajes cortos a las cascadas a otros de dos noches que terminan al otro lado de la reserva, en la carretera de Yurimaguas. También gestionan un sencillo hostal en la jungla (20 PEN/persona), situado en medio de la reserva.

Cataratas de Ahuashiyacu CASCADA
(Carretera Yurimaguas, km 13) Esta cascada de 40 m de altura se halla a unos 45 min de Tarapoto en dirección a Yurimaguas. Cerca hay un pequeño restaurante y un buen sitio para nadar. Los circuitos de 4 h cuestan en torno a 35 PEN/persona. Las combis a Yurimaguas dejan en la entrada, desde donde tras un corto paseo se llega a las cascadas. Aunque puede ser difícil volver al pueblo, ya que casi todos los vehículos regresan llenos y a veces hay que esperar bastante para encontrar sitio.

También son populares las **cataratas de Huacamaillo**, a las que se accede tras caminar 2 h y vadear el río varias veces; por eso hay muchísima menos gente. Los circuitos cuestan unos 85 PEN/persona.

Para llegar a las cataratas por cuenta propia, tómese un colectivo en Jirón Comandante Chirinos hasta el puente de San Antonio de Cumbaza, donde empieza la senda. Se recomienda ir con guía.

Chazuta ALDEA
Este pueblecito es famoso en la región por su elegante cerámica. Tiene talleres artesanales, un pequeño museo con urnas funerarias preincaicas y un puerto en el río Huallaga, que ofrece una pesca excelente. Cerca están

Tarapoto

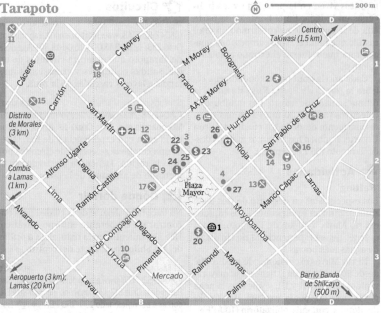

Tarapoto

◎ Puntos de interés
1 Museo Regional C3

⊕ Actividades, cursos y circuitos
2 Ecorutas C1
3 Martín Zamora Tours B2
4 Shilcayo Travel Tours C2

⊜ Dónde dormir
5 Alojamiento Grau B1
6 Casa de Palos C2
7 El Mirador D1
8 La Patarashca D2
9 La Posada Inn B2
10 Sol de Selva..B3

⊗ Dónde comer
11 Brava Grilled A1
12 Café d' Mundo..B2
13 Chifa Tai Pai C2
14 El Brassero C2

15 El Rincón Sureño A1
16 La Patarashca D2
17 Supermercado la Inmaculada.............. B2

◎ Dónde beber y vida nocturna
Café Plaza .... (véase 17)
18 La Alternativa B1
19 Stonewasi Taberna................................ D2

⊕ Información
20 BCP... C3
21 Clínica San Martín................................ B2
22 Interbank... B2
23 Scotiabank.. C2
24 Oficina de información turística B2

⊕ Transporte
25 LAN B2
26 Peruvian C2
27 Star Perú C2

las impresionantes cascadas de Tununtunumba, de 40 m de altura y repartidas en tres niveles, así como los baños termales de Chazutayacu.

Las combis (10 PEN, 2 h) salen de Jirón Olaya, cuadra 13. En la carretera recién asfaltada suelen producirse corrimientos de tierra; conviene comprobar su estado antes de hacer planes.

Lamas ALDEA
Esta pequeña población situada a poca distancia en coche de Tarapoto destaca por la división de su población en dos mitades. Los

mestizos viven en la parte alta y los indígenas en la baja. En el borde de la parte alta de la ciudad se ha construido un gran castillo que imita el estilo europeo, una imagen rara que refuerza el extraño ambiente colonial.

Cada año la gran población indígena celebra la fiesta de Santa Rosa de Lima, la última semana de agosto. Los minibuses y colectivos (5 PEN, 30 min) a Lamas salen regularmente desde la 10ª cuadra de Jirón Urgarte. También hay circuitos guiados desde Tarapoto (35 PEN aprox.).

Actividades

'Rafting'

Los especialistas en descenso de ríos de la zona organizan excursiones a los rápidos del río Mayo, a 30 km de Tarapoto, y para quienes tienen experiencia, al río Huallaga, de aguas más bravas.

El río Mayo (excursiones de medio día, desde 80 PEN/persona) tiene en su mayoría rápidos de nivel II y III, y vale más la pena por la visita que por la aventura. Hay kayaks de alquiler con guía obligatorio (100 PEN/medio día).

Julio, el dueño de Ecorutas (☎042-52-3082; www.ecorutas.pe; Hurtado 435) da prioridad a la seguridad; Kuriyacu (☎042-52-1511, 94-279-3388; www.kuriyacu.com), también ofrece guías.

Rehabilitación

Centro Takiwasi   SALUD Y BIENESTAR
(☎042-52-2818; www.takiwasi.com; Prologación Alerta 466) Los brujos desempeñan un papel primordial en los pueblos de la selva. Unos kilómetros al norte de Tarapoto, en un pequeño pueblo de la selva, se halla el Centro Takiwasi, dedicado a la rehabilitación y la desintoxicación desde su fundación en los años noventa por el médico francés Jacques Mabit. Aquí combinan el uso de plantas y medicinas tradicionales amazónicas, tal como las usan los brujos o los curanderos, con psicoterapia.

Este tratamiento requiere mucha resistencia, ya que se sigue una intensa terapia basada en los vómitos y se utiliza *ayahuasca* (brebaje alucinógeno preparado con lianas de la selva) como parte del proceso de curación. Organizan programas de rehabilitación para todo tipo de afecciones a diversos precios, aunque no rechazan a nadie por falta de fondos. Puede solicitar información, así como una sesión introductoria en el mismo centro.

Circuitos

Martín Zamora Tours   CIRCUITOS GUIADOS
(☎042-52-5148; www.martinzamoratarapoto.com; Grau 233; ⊗8.00-13.00 y 16.00-19.30) Agencia de Tarapoto que organiza circuitos de un día, salidas culturales y excursiones más largas a lagos y cascadas de la zona.

Shilcayo Travel Tours   CIRCUITOS
(☎042-78-2832; www.shilcayotraveltours.com; Moyobamba esq. De la Cruz) Es un operador de la zona con experiencia y de fiar. Ofrece una completa selección de circuitos por toda la región. Tienen un mostrador en el mercado de artesanía de la plaza.

Dónde dormir

No hace falta alejarse de la ciudad para encontrar un exuberante entorno selvático. Hay alojamientos en la naturaleza a orillas del río Shilcayo, al norte del centro.

El Mirador   PENSIÓN $
(☎042-52-2177; www.elmiradortarapoto.com; San Pablo de la Cruz 517; i/d desayuno incl. 60/80 PEN, con aire acondicionado 100/150 PEN; ❋❀) Los viajeros se quedan embelesados con este agradable alojamiento económico, probablemente por su acogedor ambiente familiar; o quizá por el excelente desayuno que sirven en la terraza con hamacas y vistas de la selva. Las habitaciones de la casa principal son sencillas, con ventiladores, duchas de agua caliente y televisión por cable; mientras que las del nuevo edificio anejo son más espaciosas, con aire acondicionado y baños de color amarillo intenso.

Se halla a pocas manzanas del centro, por lo que no hay mucho ruido de mototaxis.

La Posada Inn   PENSIÓN $
(☎042-52-2234; laposada_inn@latinmail.com; San Martín 146; i/d incl. desayuno 60/80 PEN, con aire acondicionado 75/100 PEN; ❋❀) Este pintoresco hotel tiene techos con vigas de madera y una acogedora escalera de madera. Las habitaciones son variadas: algunas tienen balcón y otras, aire acondicionado. Aunque está en pleno centro, es un lugar tranquilo.

Alojamiento Grau   PENSIÓN $
(☎042-52-3777; Grau 243; i/d/tr 35/45 PEN; ❀) Situado en una calle concurrida, cuenta con sencillas y limpias habitaciones con paredes de ladrillo visto y ventanas que dan al interior. Es una buena opción económica.

★**Chirapa Manta** HOSTAL **$$**
(☎997-435-611; www.chirapamanta.com; San Roque de Cumbaza; i/d/tr 80/120/150 PEN) Este tranquilo refugio ecológico rodeado de aves y mariposas es una de las mejores opciones. Está en medio de una vegetación exuberante en la orilla de la cuenca alta del río Cumbaza, a 40 min en coche de Tarapoto. Las cómodas habitaciones tienen termo de agua eléctrico e inodoros secos que funcionan bien, además de paredes de arcilla con vidrios de colores incrustados.

El hostal parece totalmente aislado pese a estar a poca distancia a pie del encantador pueblo de San Roque. Los huéspedes pueden usar la cocina, aunque también sirven comidas. Los amables gerentes organizan caminatas y excursiones ecológicas por la zona, por ejemplo a unas cascadas cercanas donde se puede nadar en unas profundas pozas.

La Patarashca PENSIÓN **$$**
(☎042-52-7554; www.lapatarashca.com; De la Cruz 362; i/d desayuno incl. 90/140 PEN, con aire acondicionado 100/190 PEN; ❉🌐❉) Esta popular pensión se halla en un extenso recinto con abundante fauna selvática. Cuenta con una piscina de buen tamaño, zonas comunes espaciosas y dos plantas de habitaciones cómodas adornadas con magníficos muebles y lámparas artesanales que le dan un toque hogareño y acogedor. Unos cuantos guacamayos le dan a la pensión un aire hogareño y personalidad, al igual que el mejor restaurante regional del pueblo, al que se accede por un sendero.

Cordillera Escalera Lodge HOSTAL **$$**
(☎042-78-1672; www.cordilleraescalera.com; Prolongación Alerta 1521; i/d/tr 145/180/220 PEN) Situado en un precioso jardín rodeado de selva aproximadamente a 1,5 km del pueblo cuesta arriba, este alojamiento bien gestionado tiene unas adorables casitas; desde sus balcones con hamacas se disfruta de unas vistas fantásticas de las montañas pobladas de vegetación. Las habitaciones son sencillas pero funcionales y tienen buenos colchones, ventiladores y agua caliente. Además, en ellas reverberan los sonidos de la selva.

No sirven más comidas que el desayuno pero se puede usar la cocina, que está bien equipada.

Un mototaxi hasta aquí cuesta 8 PEN.

Casa de Palos PENSIÓN **$$**
(☎94-031-7681; www.casadepalos.pe; Prado 155; i/d desayuno incl. 110/175 PEN; ❉🌐) Ofrece nueve elegantes habitaciones con suelos de cemento sin pulir y cabezales rústicos tejidos, los cuales le otorgan una pizca más de personalidad que la de otros alojamientos de esta categoría. Las habitaciones rodean un jardín selvático, lleno de canarios piadores y diminutos monos. El café anejo situado en la enorme terraza al aire libre ofrece a los huéspedes catas gratuitas de cafés de la zona.

Shimiyacu Lodge HOSTAL **$$**
(☎966-609-151; www.shimiyaculodgetarapoto.com; i/d/tr desayuno incl. 150/170/210 PEN) Este pequeño hostal junto a la Reserva Cordillera Escalera ofrece una auténtica experiencia amazónica a solo 3 km del pueblo. En la ladera de una colina hay unos cuantos bungalós bien diseñados, con tejado de paja a dos aguas desde los que se ve la exuberante fronda selvática. Cada uno de ellos tiene una zona para comer al aire libre separada de la selva por vallas en tres lados y una habitación principal cerrada y con suelos de madera pulida.

Los bungalós cuentan con baños, agua caliente y una pequeña habitación en la parte de arriba. Aparte del desayuno, que incluye pan integral casero, no ofrecen comidas, pero hay una pequeña cabaña con una cocina para los huéspedes y se puede solicitar reparto de comida desde el pueblo. A muchos conductores de mototaxis no les gusta el trayecto de 15 min, lleno de baches, así que es mejor pedir al hostal que manden a uno de sus conductores habituales.

Mitu Wasi HOTEL **$$**
(☎042-52-1866; www.mituwasiecohospedaje.com; Jorge Chavez 1153, Barrio Huayco; i/d/tr 120/145/190 PEN; ❉🌐) Tras una anodina fachada urbana se encuentra este tranquilo hotel familiar que ofrece unos cuantos bungalós limpios y cómodos en un largo jardín interminable.

Se accede en mototaxi desde el centro, y ofrece una agradable escapada del bullicio de la ciudad, pese a estar bien comunicado en cuestión de transporte. Los simpáticos dueños se desviven por hacer que los huéspedes se sientan como en casa.

Sol de Selva HOTEL **$$**
(☎042-52-4817; www.soldeselvaperu.com; Pedro de Urzúa 161; i/d/tr 80/120/150 PEN; ❉🌐) Si las zonas verdes no son prioritarias para el viajero, este nuevo hotel a dos manzanas de la plaza es de los mejores del pueblo en calidad y precio. Las habitaciones impecables cuentan con servicios modernos y el simpático

personal organiza con eficiencia actividades por la región.

Tucan Suites HOTEL $$$
(☎042-52-8383; www.tucansuites.com; 1º de Abril 315; h 289-449 PEN, apt desde 389 PEN; ✽@🛜🏊) Situado en el barrio de Banda de Shilcayo es el primer hotel de cuatro estrellas de Tarapoto. Es de los mejores de la ciudad. Las espaciosas suites de una y dos habitaciones cuentan con cocina americana de azulejos cromados y ventanas insonorizadas. Ocho de las habitaciones en dúplex tienen cocina americana y el restaurante da a una piscina rodeada por tres plantas de terrazas. En ningún otro lugar de la ciudad se duerme más profundo.

El restaurante anejo lo lleva un habilidoso chef *nikkei* (peruano de origen japonés) que sirve una cocina creativa preparada de maravilla. Merece la pena visitarlo aunque uno no se aloje aquí.

★Pumarinri Amazon Lodge HOSTAL $$$
(☎042-52-6694; www.pumarinri.com; carretera Chazuta km 16; i/d/ste desayuno incl. 199/239/339 PEN; ✽🏊) Este retiro con techos de caña se halla 30 km al este de Tarapoto, a orillas del río Huallaga, rodeado por una selva montañosa de transición. Casi todas las habitaciones son sencillas pero muy cómodas y tienen terrazas con extensas vistas del río.

Desde este tranquilo lugar se pueden hacer excursiones a cascadas cercanas, caminatas en busca de la rana venenosa punta de flecha, excursiones en barco o paseos para observar algunas de las más de 260 especies de aves catalogadas en un radio de 16 km. A la vuelta, el cocinero puede pescar y cocinar una gamitana de su propio estanque de cría. Los paquetes de tres días y dos noches (599 PEN), que incluyen todas las comidas, excursiones y transportes, ofrecen una relación calidad-precio perfecta.

🍴 Dónde comer

No hay que irse de Tarapoto sin probar el *inchicapi* o los juanes.

Restaurante La Alameda PERUANA $
(frente Hospital Minsa; principales 6-15 PEN; ⊘17.00-23.00) Para vivir una experiencia gastronómica auténtica en Tarapoto, hay que probar este popular asador en plena calle, al aire libre. Solo hay que sentarse en una de las sillas que hay junto a una mesa común y pedir de la extensa carta de baratísima cocina regional. Se puede elegir un enorme pescado entero a la barbacoa, juanes con gambas o pinchos morunos a la parrilla. Para que pase mejor, un buen vaso de chicha morada (bebida de maíz morado).

El ambiente es tranquilo y sociable, así que es posible conversar con los demás comensales.

El Brassero ASADOR $
(San Pablo de la Cruz 254; principales 15-28 PEN; ⊘12.00-14.00 y 19.00-23.00) Las costillas de cerdo son su especialidad; las sirven de forma sencilla, con salsa de pimienta, con orégano o salsas agridulces. El personal amontona todo sobre las brasas: hamburguesas, pollo, chorizo..., y está todo sabrosísimo. Los menús del almuerzo están muy bien de precio (8 PEN).

Brava Grilled HAMBURGUESERÍA $
(San Martín 615; hamburguesas 9-13 PEN; ⊘9.00-12.00 y 17.00-24.00) Grandes y sabrosos filetes de ternera y una variedad de ingredientes frescos de calidad servidos en panecillos de verdad, las convierten en las mejores hamburguesas de la ciudad, aunque las patatas fritas decepcionan. Se pueden acompañar con un batido casero.

Supermercado la Inmaculada COMPRA DE ALIMENTOS $
(Compagnon 126; ⊘8.30-22.00) Este supermercado tiene todo lo que uno pueda necesitar.

★La Patarashca PERUANA $$
(www.lapatarashca.com; Lamas 261; principales 19-38 PEN; ⊘12.00-23.00; 🛜) Este informal restaurante situado en un segundo piso ofrece una excepcional cocina regional amazónica. No hay que perderse la ensalada de chonta, con finas tiras de esta palmera local, aguacates y vinagreta; o las *patarashcas* que dan nombre al local, enormes platos de gambas gigantes servidas en un baño caliente de tomate, pimiento, cebolla, ajo y sacha culantro (cilantro) envuelto todo ella en hoja de bijao.

Café d' Mundo ITALIANA $$
(Morey 157; *pizzas* 16-18 PEN, principales 24-35 PEN; ⊘18.00-24.00) Este bar-restaurante oscuro y seductor está iluminado con la evocadora luz de unas velas. Tiene sillas fuera y acogedores salones en el interior. Destacan las buenas *pizzas* (se recomienda la *caprese* con aguacate), así como las interesantes lasañas y otras pastas con un toque regional. La surtida barra del bar ayudará a pasar una

relajante velada. El servicio es otra gran baza, junto a la comida y el ambiente.

Chifa Tai Pai CHINA **$$**

(Rioja 252; principales 17-45 PEN; ☺11.30-14.00 y 17.00-23.00) Si alguien no se ha adaptado a la cocina de la selva, este chifa (restaurante chino) es su antítesis, como en el yin y el yang, y sirve enormes raciones vibrantes de platos de fusión chino-peruana. El nombre del establecimiento también es un plato, *tai pai* a la plancha, a base de gambas, pato, cerdo y pollo. Con una ración comen dos personas.

El Rincón Sureño ASADOR **$$$**

(☎042-52-2785; Leguia 458; bistec 20-85 PEN) El mejor restaurante de la localidad es un establecimiento elegante con aperos agrícolas y camareros con fajas. Los lugareños juran que la carne es la mejor pero parece que no siempre es así. Para Tarapoto, la carta de vinos es impresionante.

🍷 Dónde beber

⭐**La Alternativa** BAR

(Grau 401; ☺9.00-1.00) Pasar la noche en este bar es como hacerlo en una farmacia medieval, o quizá en una película de Tarantino, ya que el ambiente remite a una época en que el alcohol se usaba como medicamento (para curar enfermedades, no problemas emocionales), y el boticario suministraba Dios sabe qué elixir que venía en una botella.

Los estantes están repletos de polvorientas botellas de brebajes naturales que combinan raíces y lianas, así como licor de caña de azúcar y 15 afrodisíacos diferentes. Es una receta para el caos total.

Stonewasi Taberna BAR

(Lamas 218; ☺12.00-3.00) Esta institución local sigue siendo el lugar donde ver y dejarse ver en Tarapoto. Las mesas de coser recicladas junto a la calle se llenan de tahúres, conductores de mototaxi y gente guapa que se agolpa para divertirse al son de música *house* y *rock* internacional.

Café Plaza CAFÉ

(San Martín 109; ☺7.30-23.00; 🛜) Este moderno café de barrio es el mejor para tomarse un café exprés del día y observar a la gente. Al estar en la plaza es magnífico para sentarse a beber algo pero hay que evitar las comidas.

❶ Información

BCP (Maynas 130) Tiene varios cajeros automáticos.

Clínica San Martín (San Martín 274; ☺24 h) La mejor asistencia médica de la ciudad.

Interbank (Grau 119) Cajero automático.

Policía Nacional (☎042-52-2141; Rioja esq. Hurtado)

Scotiabank (Hurtado 215) Cambia cheques de viaje y tiene cajero automático.

Serpost (San Martín 482; ☺8.00-18.00 lu-sa) Servicios postales.

Oficina de información turística (☎042-52-6188; Hurtado s/n; ☺7.30-23.00) La oficina municipal de turismo está en la plaza. La policía se encarga de ella cuando los empleados de turismo se van a casa.

❶ Cómo llegar y salir

AVIÓN

El **aeropuerto** (TPP; ☎042-53-1165) está 3 km al suroeste del centro (4 PEN en mototaxi).

LAN (☎042-52-9318; www.lan.com; Hurtado 183) opera dos vuelos diarios desde Lima a las 9.20 y las 20.20, con regreso a las 11.00 y las 22.00. Hay un tercer vuelo, pero el horario varía según el día de la semana.

Star Perú (☎042-52-8765; San Pablo de la Cruz 100; ☺9.00-19.00 lu-vi, hasta 17.00 sa, hasta 12.00 do) ofrece un vuelo de Lima a Tarapoto a las 12.30, que vuelve a las 17.45, y otra salida de horario variable, así como cuatro vuelos semanales directos a Pucallpa.

Peruvian (www.peruvian.pe; Ramirez 277; ☺9.00-19.00) vuela de Lima a Tarapoto a las 8.45 y a las 18.00, y vuelve a las 10.30 y a las 19.45.

AUTOBÚS Y TAXI

Varias empresas se dirigen en dirección oeste por la carretera asfaltada que va a Lima, pasando por Moyobamba, Chiclayo y Trujillo, y suelen salir entre las 8.00 y las 16.00. Todas estas compañías están en una misma cuadra en Salaverry y las calles perpendiculares en el distrito de Morales, a 2 PEN de mototaxi desde el centro.

Civa (☎042-52-2269; www.civa.com.pe; Salaverry 840) Cómodo autobús a las 15.10 a Lima, que para en Chiclayo y Trujillo.

Ejetur (☎042-52-6827; Salaverry 810) Autobuses baratos a Chiclayo y Trujillo a las 8.30 y a las 13.00.

Móvil Tours (☎042-52-9193; www.moviltours.com.pe; Salaverry 880) Excelentes autobuses exprés a Lima a las 8.00 y las 13.00; una salida a las 15.00 a Trujillo y una a las 16.00 a Chiclayo.

Transmar Express (☎042-53-2392; Amoraca 117) Sale a las 10.00 los lunes, miércoles y viernes con destino Pucallpa vía Juanjuí, Tocache Nuevo y Tingo María. También ofrece autobuses baratos a Lima.

Turismo Selva (☎042-52-5682; Alfonso Ugarte 1130) Furgonetas a Yurimaguas, Moyobamba y Chachapoyas.

Autobuses desde Tarapoto:

DESTINO	TARIFA (PEN)	DURACIÓN (H)
Chazuta	10	2
Chiclayo	50-80	14
Jaén	40	9-12
Juanjuí	15	3
Lamas	5	¾
Lima	90-165	26-30
Moyobamba	15-20	2

DESTINO	TARIFA (PEN)	DURACIÓN (H)
Pedro Ruiz	40-45	7
Piura	60	16-17
Pucallpa	100	16-18
Sauce	15	4
Tingo María	80	13
Tocache Nuevo	50	8
Trujillo	65-150	15-18
Yurimaguas	15-20	2½

ⓘ Cómo desplazarse

Los mototaxis circulan por doquier. Un paseo corto por la ciudad vale 2 PEN, ir a las terminales de autobús cuesta de 3 a 4 PEN.

Cuenca del Amazonas

ALT. 0-1800 M

Los mejores restaurantes

➡ Burgos's Restaurante (p. 453)

➡ Al Frío y al Fuego (p. 490)

➡ Amazon Bistro (p. 490)

➡ Mercado de Belén (p. 489)

Los mejores alojamientos

➡ Hacienda Concepción (p. 462)

➡ Manu Paradise Lodge (p. 469)

➡ Carolina Egg Gasthaus (p. 475)

➡ La Casa Fitzcarraldo (p. 488)

➡ Samiria Ecolodge (p. 497)

Por qué ir

La extensión más protegida del bosque con mayor biodiversidad del mundo, el extraño, abrasador y seductor país dentro de un país que es la cuenca del Amazonas de Perú, está cambiando. Su inmensidad e impenetrabilidad ha protegido sus comunidades indígenas y su fauna del mundo exterior. En una hectárea de su selva crecen más especies de plantas que en cualquier país europeo y su fauna es tan fantástica que desafía al cómic más imaginativo.

Sin embargo, a medida que el s. XXI penetra en esta zona virgen, la explotación de sus abundantes recursos naturales amenaza con dañarla de forma irreparable. La Amazonia peruana ofrece fantásticas oportunidades de contemplar la fauna salvaje, incursiones para adentrarse en ella desde excelentes alojamientos, y en sus bulliciosas ciudades, pero también pide a gritos ser protegida. Cuando se avanza por accidentadas carreteras y embravecidos ríos, uno se sentirá como los primeros exploradores que atrajeron la atención internacional a esta región.

Cuándo ir
Iquitos

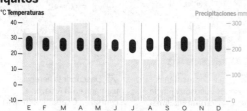

Ene La temperatura y el nivel del agua aumentan; ideal para visitar las cascadas.

Abr y may La lluvia amaina y anuncia la época del cortejo de muchas aves.

Jun Finalizan las lluvias; es tiempo de fiestas, como la de San Juan en Iquitos.

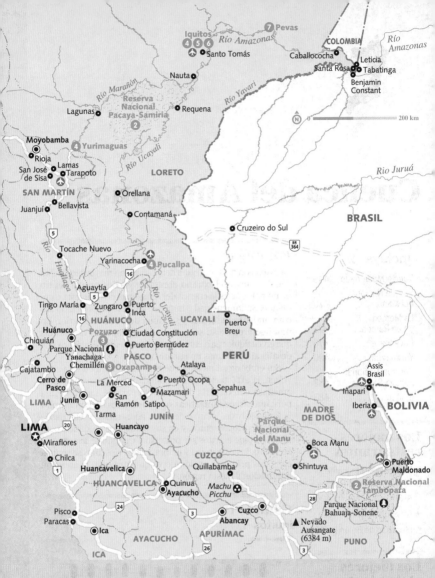

Imprescindible

① Viajar por montañas, bosques nubosos y jungla hasta el **Parque Nacional del Manu** (p. 470).

② Observar la fauna amazónica en la parte más alta del **río Tambopata** (p. 456) y la **Reserva Nacional Pacaya-Samiria** (p. 482).

③ Descubrir la herencia alemana en la Amazonia central en **Oxapampa** (p. 474) y **Pozuzo** (p. 475).

④ Tumbarse en una hamaca en una embarcación fluvial de **Pucallpa** (p. 476), **Yurimaguas** (p. 480) o **Iquitos** (p. 483).

⑤ Madrugar para visitar el mercado de la selva peruana

en el barrio flotante de **Belén** (p. 485), en Iquitos.

⑥ Probar la maravillosa oferta culinaria de **Iquitos** (p. 483).

⑦ Admirar obras de arte de categoría mundial en la galería de Francisco Grippa en **Pevas** (p. 496), en plena selva.

SUR DEL AMAZONAS

La inmensa extensión de la cuenca sur del Amazonas, colindante con Bolivia y Brasil, es uno de los territorios más remotos de Perú, relativamente poco habitado y explorado. Sin embargo, está cambiando rápidamente (casi como los horarios de los autobuses), gracias a la carretera Interoceánica, que atraviesa gran parte de la región. Debido a las excelentes instalaciones para ecoviajeros, los beneficios del viaje son evidentes: con poco esfuerzo se tendrán inolvidables encuentros con la naturaleza.

Puerto Maldonado

☎082 / 56 000 HAB. / ALT. 250 M

Gracias a la reciente conexión por carretera con el mundo exterior, esta capital está prosperando ostensiblemente: las calles de su caótico centro están más arregladas, aunque siguen persistiendo los bocinazos de los mototaxis (motociclos de tres ruedas). Está próxima a la zona de la selva más fácil de visitar de la cuenca del Amazonas y con una gran variedad de vida salvaje; ello representa una bendición para los negocios, pero tiene dos caras: los visitantes llegan a la ciudad para salir de nuevo enseguida con destino a los hostales y el territorio virgen de los ríos cercanos.

Y sin embargo, su ambiente lánguido y relajado invita a quedarse. Se llegue por aire o por tierra, esta población causará un gran impacto. El calor es sofocante y hay una ingente cantidad de mosquitos, pero su hermosa plaza, la progresiva oferta de alojamiento y su animada vida nocturna son motivos suficientes para quedarse aquí un par de días.

Tradicionalmente ha destacado por la explotación de caucho, madera, oro y petróleo. Ahora, su importancia adquiere una nueva dimensión como escala en la carretera Interoceánica. Para los viajeros es un importante punto de partida para recorrer los ríos Tambopata y Madre de Dios, que confluyen aquí. Estas maravillas fluviales ofrecen los destinos de la selva más accesibles, con excelentes alojamientos para los amantes del lujo. No cabe duda de que Puerto Maldonado es el lugar con más posibilidades de ver, sentir y escuchar la selva amazónica.

◉ Puntos de interés y actividades

En Puerto Maldonado hará falta un medio de transporte: aunque el centro es compacto, los dos puertos principales (los muelles de ferris del río Madre de Dios y Tambopata) y algunos puntos de interés están desperdigados por las afueras. En cualquier caso, recorrer la ciudad en mototaxi es una de las memorables experiencias que ofrece la ciudad.

Desde Puerto Maldonado, la calle Ernesto Rivero continúa hacia **Corredor Turístico Bajo Tambopata,** una carretera secundaria que sigue en gran parte el curso del río durante 15 km hacia Sotupo Eco House, el primer hostal del río Tambopata. De camino hay casas de familias que abren sus puertas a los viajeros y ofrecen almuerzos. Interesante para viajeros independientes.

Obelisco TORRE

(Fitzcarrald esq. Madre de Dios; entrada 3 PEN; ◷10.00-16.00) Aunque este edificio de color azul cósmico se diseñó como un moderno mirador, sus 30 m de altura no se elevan lo suficiente por encima de la ciudad como para poder ver los ríos. Con todo, la vista es fantástica: la reverberación de la jungla y los muchos techos de chapa. Hay fotos que documentan momentos históricos, por ejemplo, cuando el primer mototaxi llegó a la ciudad.

Mariposario Tambopata GRANJA

(plano p. 458; http://perubutterfly.com; av. Aeropuerto km 6; entrada 5 US$) Perú presume de tener la mayor variedad de especies de mariposas del mundo (unas 3700) y muchas de ellas se encuentran en este bien dirigido proyecto de conservación de mariposas iniciado en 1996. También cuenta con expositores sobre la conservación de la selva. Las mariposas son bonitas, pero por ese precio se ven muchas especies gratis en la jungla.

Muelle de ferris del río Madre de Dios PUERTO

(Puerto Capitanía; plano p. 450) Este muelle cercano a la plaza de Armas es una forma barata de ver parte de la actividad de un

---

DATOS PRÁCTICOS DE LA AMAZONIA

Porcentaje de territorio abarcado: 60%

Población principal: Iquitos

Sectores económicos: Turismo, café, agricultura, pesca, procesamiento de cocaína, petróleo

Precipitación media anual: 3000 mm

Puerto Maldonado

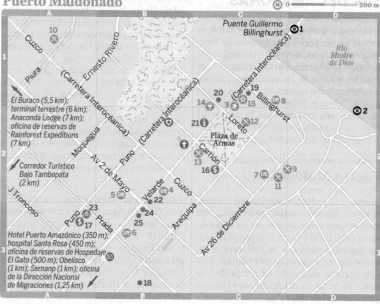

importante río de la jungla peruana (el Madre de Dios), con unos 500 m de ancho en ese punto. Las embarcaciones son coloridas: numerosos *peki-pekis* (canoas con motor de dos tiempos y ejes de hélice muy largos) salen de aquí.

No obstante, la cantidad de embarcaciones ha disminuido considerablemente desde que se inauguró el **puente Guillermo Billinghurst (puente Intercontinental)**, por el que discurre la carretera Interoceánica a unos cientos de metros al noroeste.

Atrás quedan los días en que decrépitos catamaranes cruzaban al otro lado del río a conductores y vehículos en dirección a Brasil, junto con el constante flujo de barcos más pequeños que iban y venían a un puerto u otro entre el resoplido de jadeantes motores. Bienvenidos al s. XXI.

Infierno
CULTURA INDÍGENA

A una hora al sureste de Puerto Maldonado está Infierno, hogar y núcleo de actividad de la comunidad indígena ese eja. Es un animado y extenso asentamiento, famoso por sus rituales con ayahuasca que realizan los chamanes locales. Hay que organizar el transporte en automóvil o motocicleta, pues los mototaxis no resisten el viaje.

Carlos Expeditions   DEPORTES DE AVENTURAS
(plano p. 450; ☑082-57-1320; http://carlos expeditions.com; Velarde 139; ⊗8.00-18.00) Tirolinas y circuitos por los árboles, casi todos en su hostal en la selva Monte Amazónico Lodge (p. 458).

Cursos

Tambopata Hostel   CURSOS
(plano p. 450; ☑082-57-4201; www.tambopata hostel.com; av. 26 de Diciembre 234) Organiza divertidas clases de salsa y cocina peruana a precios razonables.

Circuitos

Casi todos los visitantes llegan en circuitos organizados con antelación y se alojan en un refugio de la selva, lo cual es práctico, pero no es la única opción. Al llegar también se puede organizar uno dirigiéndose a las oficinas de los hostales en el centro, donde probablemente se consiga un precio más económico que si se contratan en Lima o Cuzco.

Asimismo es posible buscar un guía independiente. Sin embargo, para entrar en la Reserva Nacional Tambopata (incluido el lago Sandoval, y todos los destinos más allá del puesto de control La Torre, en el río Tambopata) se exige que los guías cuenten con la licencia oficial, que solo se emite si están afiliados a un hostal o un operador turístico registrado (es importante comprobarlo). Téngase en cuenta que si se elige un guía independiente que no trabaje para un hostal/operador turístico, la cobertura es menor en caso de eventualidades.

La elección de un guía independiente es una lotería: ofrecen lo mismo por menos, pero se tiene noticia de malas experiencias. Se aconseja tener cuidado con los que espe-ran en el aeropuerto para llevar a los viajeros a hoteles "recomendados" solo para recibir una comisión. Hay que callejear un poco, no pagar nada por adelantado, y en caso de hacerlo, pedir un recibo firmado. Cuando se negocia el precio de un trayecto en barco, hay que asegurarse de que este incluye el viaje de regreso, y aclarar si la entrada al parque nacional está incluida o no.

Los mejores guías con licencia oficial del Ministerio de Industria y Turismo en su mayoría trabajan a tiempo completo para algún hostal de la selva. Las tarifas van de 100 a 180 PEN/persona y día, según el destino y el número de viajeros. Contratar un guía con más gente reduce el coste. De hecho, algunos solo aceptan circuitos con un mínimo de tres personas.

La mayoría de los circuitos, ya sea a través de un hostal o con un guía independiente, salen del muelle de ferris en el río Madre de Dios, para bajar por este río o remontar el Tambopata (el combustible para el barco es uno de los principales costes). Algunos hostales/guías independientes reducen el tiempo de trayecto por el río Tambopata iniciando sus rutas en Filadelfia Alto Tambopata (a 45 min en la carretera Interoceánica hacia Cuzco, más 1 h de descenso por una pista sin asfaltar).

Gerson Medina Valera   CIRCUITO GUIADO
(☑082-57-4201; www.tambopatahostel.com) Antiguo guía de Rainforest Expeditions con mucha experiencia en circuitos de observación de aves. Sus excursiones de uno a tres días por el lago Sandoval (en torno a 130 PEN/persona y día) incluyen todos los gastos. Informa sobre la fauna que es posible ver en Tambopata, así que uno sabe a qué atenerse.

SABOREANDO LA CARRETERA INTEROCEÁNICA

La empresa de ciclismo de aventura con base en Cuzco, Tasting the Road (☑973-219-765; www.tastingtheroad.com) se especializa en emocionantes rutas en bicicleta combinadas con sabrosas incursiones en la gastronomía local. Ofrece un circuito de ocho días por la carretera Interoceánica entre Cuzco y Puerto Maldonado que finaliza con una estancia en un hostal de la selva. Una ruta cargada de adrenalina de los Andes a la Amazonia, de casi 500 km.

EL MEJOR HOSTAL DE LA SELVA PARA...

Lo más remoto Tahuayo Lodge (p. 486)

Una estancia de lujo Ceiba Tops (p. 486)

Avistamiento de aves Tambopata Research Center (p. 462), Cock-of-the-Rock Lodge (p. 469)

Observar animales Manu Wildlife Center (p. 471)

Saber más de la selva Otorongo Lodge (p. 495)

Actividades de aventura Monte Amazonico Lodge (p. 463)

Comida sofisticada Hacienda Concepción (p. 462)

Conocer comunidades indígenas Casa Matsiguenka Lodge (p. 471)

También organiza excursiones de pesca por encargo, por unos 150 PEN/persona y día.

Nilthon Tapia Miyashiro CIRCUITO GUIADO
(✆982-788-174; nisa_30@hotmail.com) Conocido y experimentado guía que también puede localizarse a través del Tambopata Hostel.

Jony Valles Rengifo CIRCUITOS GUIADOS
(✆982-704-736; jhony.com@hotmail.es)

Roldan Maron Salcedo CIRCUITOS GUIADOS
(✆982-754-904; leo88_rms@hotmail.com) Guía experimentado.

🛏 Dónde dormir

Además del sinfín de alojamientos económicos, hoy la ciudad ofrece desde agradables hostales para mochileros hasta confortables hoteles y refugios. Se advierte de que no todos los refugios tienen oficinas de reserva en Puerto Maldonado. Algunos solo las tienen en Cuzco, Lima o EE UU.

En las afueras de Puerto Maldonado hay unos 20 refugios en la selva.

⭐ Tambopata Hostel ALBERGUE $
(plano p. 450; ✆082-57-4201; www.tambopatahostel.com; 26 de Diciembre 234; dc 30 PEN, i con/sin baño 50/40 PEN d con/sin baño 80/70 PEN; [P]🅿️🛜) Puerto Maldonado cuenta por fin con el albergue de mochileros que tanto necesitaba. Es limpio y tranquilo y ofrece dormitorios y habitaciones privadas que dan a un patio ajardinado con hamacas. El precio incluye un contundente desayuno. Además, ofrece cursos de cocina, cuenta con una cocina comunal, taquillas de seguridad y su propietario es uno de los mejores guías de la selva.

Hospedaje Rey Port PENSIÓN $
(plano p. 450; ✆082-57-1938; Velarde 457; i 10-30 PEN, d 50 PEN; 🛜) Ideal para los cazadores de gangas que durante generaciones han olfateado sus "encantos". Las habitaciones, con ventiladores y televisión por cable, están un tanto mugrientas: las de la planta baja, con baño compartido, dan al patio y son las más baratas; las de la planta superior (a partir de 20 PEN) son más amplias y luminosas y cuentan con baño privado.

Hospedaje Royal Inn PENSIÓN $
(plano p. 450; ✆082-57-3464; 2 de Mayo 333; i/d con ventilador 35/50 PEN, d con aire acondicionado 80 PEN; 🛜) Una buena opción, con habitaciones espaciosas y limpias, con televisión por cable. El patio ha visto días mejores, pero las habitaciones que dan a él son menos ruidosas que las que dan a la calle.

⭐ Anaconda Lodge HOSTAL $$
(plano p. 450; ✆082-79-2726; www.anacondajunglelodge.com; av. Aeropuerto km 6; i con/sin baño 100 PEN /50 PEN, d con/sin baño 160 PEN /80 PEN, tr 220 PEN; [P]🛜🏊) Hay quien dice que es el hotel de aeropuerto más original de Sudamérica. Arropado en su propio jardín tropical a las afueras de la ciudad, da la sensación de estar en un lugar mucho más remoto. Cuenta con ocho bungalós de dos dormitorios con baño compartido y cuatro de lujo con instalaciones privadas; todos con mosquiteras.

También ofrece parcelas de acampada (20 PEN/persona), una pequeña piscina y un espacioso bar-restaurante de dos plantas que sirve excelente comida tailandesa y desayunos a base de crepes. Destaca la excepcional suite para parejas en viaje de luna de miel, de temática oriental y con mobiliario erótico. Se organizan salidas en kayak.

Wasai Lodge HOSTAL $$
(plano p. 450; ✆082-57-2290; www.wasai.com; Billinghurst esq. Arequipa; i/d 190/220 PEN; ❄️🛜🏊) Este llamativo complejo ofrece confortables bungalós de madera con vistas al río Madre de Dios. Unos cuantos tienen aire acondicionado por 30 PEN adicionales, pero todos cuentan con minineveras, duchas con agua caliente, televisión por cable y vistas al río. La iluminación de las habitaciones es pésima, por lo que se recomienda llevar una linterna.

PELIGRO: AYAHUASCA

En todo el Amazonas peruano hay numerosos lugares que ofrecen la posibilidad de tomar ayahuasca. Es el derivado de una enredadera alucinógena de la jungla utilizada durante siglos por los chamanes para entrar en trance, que en la actualidad es muy popular entre los occidentales. La ingesta de ayahuasca forma parte de una ceremonia que puede durar horas o días enteros, según quien dirija el ritual.

Pero hay que tener cuidado si se desea probarla: puede producir graves efectos secundarios, entre ellos deshidratación severa, convulsiones, acelerado aumento de la presión arterial e incluso ceguera (si se toma de forma habitual). Y, mezclada con ciertas sustancias el resultado puede ser fatal. Los puristas deben saber que en algunos lugares la mezclan con LSD para intensificar "el viaje".

Quienes deseen participar en una ceremonia deben asegurarse de que saben de qué se trata. Aparte de algunos chamanes que ofrecen una experiencia ritual genuina (con los riesgos para la salud mencionados anteriormente), también hay charlatanes que se aprovechan del efecto de la ayahuasca para robar (e incluso violar) a los desprevenidos "gringos". Se denuncian casos similares todos los años.

Lonely Planet no recomienda tomar ayahuasca. Quien así lo desee, debe saber que lo hace por su cuenta y riesgo.

Los que estén convencidos de participar en una ceremonia de ayahuasca deben tener en cuenta que es necesario adaptar la dieta con anterioridad.

Cuenta con un buen restaurante (principales 15-25 PEN), servicio de habitaciones, bar y piscina. Muchas excursiones organizadas por los ríos de la región, normalmente implican pernoctar en este hostal de buena reputación.

Paititi Hostal　　　　　　　　　　HOTEL **$$**
(plano p. 450; ☑082-57-4667; Prada 290; i/d desayuno incl.100/120 PEN; 🛜) Hostal céntrico, con habitaciones amplias y bien ventiladas, muchas de ellas con muebles de madera antiguos, además de teléfono y televisión por cable. Sirven desayuno continental y hay agua caliente por la noche, algo muy poco amazónico.

Hotel Puerto Amazónico　　　HOTEL **$$$**
(☑082-57-2170, 082-50-2354; www.hotelpuertoamazonico.com; León Velarde 1080; i/d desayuno bufé incl.196/238 PEN; 🅿️❄️🛜🏊) Puerto Maldonado lo necesitaba; quizá es un poco caro, pero las habitaciones son probablemente las mejores de la ciudad. Cuanto más caras, mayor es el tamaño del televisor de pantalla plana.

🍴 Dónde comer

Las especialidades regionales incluyen juanes (arroz al vapor con pescado o pollo, envuelto en hoja de banana), chilcano (caldo con trocitos de pescado aromatizado con cilantro), parrillada de la selva (barbacoa de carne marinada, a menudo de caza, con salsa de coquitos de Brasil), y el omnipresente plátano, que se sirve cocido o frito como acompañamiento de muchas comidas.

Una opción es el restaurante de Wasai Lodge a orillas del río, o la deliciosa comida tailandesa en Anaconda Lodge.

El Califa　　　　　　　　　　PERUANA **$**
(plano p. 450; Piura 266; principales 9-21 PEN; ⊙9.00-17.00 lu-vi) Es el restaurante local por excelencia desde hace décadas: un océano de mesas atendidas por formales camareros, que sirven espléndidas raciones de comida barata y sabrosa, con una gran variedad de clásicos de la selva, desde chancho (cerdo del bosque tropical) a parrillada de la selva.

Los Gustitos del Cura　　　　POSTRES **$**
(plano p. 450; Loreto 258; tentempiés 3-8 PEN; ⊙8.00-22.00) Si apetece un dulce o el mejor helado de la ciudad hay que dejarse caer por esta pastelería francesa con un bonito patio en la parte de atrás. Sirve bocadillos, pasteles y bebidas, y además vende artesanía de la zona.

★ Burgos's Restaurante　　　PERUANA **$$**
(plano p. 450; 26 de Diciembre esq. Loreto; principales 15-25 PEN; ⊙11.00-16.00 y 17.00-24.00) Se ha convertido en el restaurante más destacado de Puerto Maldonado. Se presenta como un exponente de la cocina novoamazónica (similar a la novoandina, para *gourmets*, con audaces adaptaciones culinarias de platos

típicos de la Amazonia peruana), aunque en realidad sirven las especialidades básicas de la región. Más que la innovación, destaca la perfección en su ejecución.

El restaurante es enorme, con un personal atento y un par de terrazas con vistas al río, además de muchas opciones vegetarianas aparte de los platos de pescado.

El Catamarán — CEVICHE $$

(plano p. 450; Jirón 26 de Diciembre 241; principales 20-30 PEN; ⊙7.30-15.00) ideal para tomar un estupendo ceviche de agua dulce, además de todo el repertorio de comida local. Cuenta con un bonito comedor con vistas al río.

Pizzería El Hornito/ Chez Maggy — PIZZERÍA $$

(plano p. 450; ☑082-57-2082; Carrión 271; *pizzas* 28-31 PEN; ⊙18.00-hasta tarde) Popular local situado en la plaza de Armas que sirve pasta y generosas *pizzas* hechas en horno de leña (las mejores de la ciudad), acompañadas de telenovelas en enormes televisores. Se pueden encargar para llevar.

🍺 Dónde beber y vida nocturna

La vida nocturna en Puerto Maldonado, aunque nada comparable a la de Lima o Cuzco, es de las más animadas del Amazonas. En las discotecas no suele haber música en directo, pero en los bares y clubes tocan grupos hasta altas horas de la noche durante los fines de semana.

Tsaica — BAR

(plano p. 450; Loreto 329) Animado, con enrollado arte indígena en las paredes.

El Buraco — BAR

(Av. Universitaria, esq. La Joya, Aeropuerto; ⊙21.00-hasta tarde vi-do) Este bar se ha convertido en el más popular al aire libre: se empieza con una cerveza y se acaba bailando. Hay conciertos los viernes y sábados.

Discoteca Witite — DISCOTECA

(plano p. 450; Velarde 151; ⊙21.00-hasta tarde vi y sa) Situado en la calle peatonal cercana a la plaza, sigue siendo el lugar más popular para ir de fiesta toda la noche.

🛍 De compras

Muchos de los refugios de los alrededores, como Posada Amazonas, en el río Tambopata, venden mejores piezas de artesanía local que las tiendas en la propia ciudad.

ℹ Información

INMIGRACIÓN

Se puede entrar en Brasil a través del pueblo fronterizo de Iñapari.

Oficina de la Dirección Nacional de Migraciones (☑082-57-1069; av. 15 de Agosto 658; ⊙8.00-13.00 y 14.30-16.00 lu-vi) Sella el pasaporte para salir de Perú vía Puerto Heath (río) o Iberia (carretera) hacia Bolivia (mejor por la mañana). También renueva visados y tarjetas de turista.

ACCESO A INTERNET

Es más lento que en otras ciudades peruanas. Hay numerosos cibercafés en Velarde, yendo hacia el suroeste desde la plaza (aprox. 2 PEN/h).

LAVANDERÍAS

Lavandería (Velarde 926; ⊙7.00-19.00 diarios) Donde llevar la ropa sucia al volver de la jungla.

SERVICIOS MÉDICOS

Hospital Santa Rosa (☑082-57-1019, 082-57-1046; www.hospitalsantarosa.gob.pe; Cajamarca 171) Atención básica.

DINERO

No es de extrañar que desde la inauguración de la carretera Interoceánica sea mucho más fácil cambiar reales brasileños y pesos bolivianos. Conviene investigar un poco para encontrar el mejor tipo de cambio.

BCP (plano p. 450; plaza de Armas) Cambia efectivo en dólares estadounidenses y cheques de viaje. Su cajero acepta Visa.

Casa de Cambio (plano p. 450; Puno esq. Prada) Tiene tasas estándar para dólares estadounidenses.

POLICÍA

Comisaría de policía (plano p. 450; ☑082-80-3504; Carrión esq. Puno)

CORREOS

Oficina de correos (plano p. 450; Velarde) Situada al suroeste de la plaza de Armas.

INFORMACIÓN TURÍSTICA

Punto de información turística (aeropuerto) Depende del Ministerio de Industria y Turismo y ofrece información un tanto limitada sobre circuitos y hostales en la selva.

ℹ Cómo llegar y salir

La mayoría de los viajeros vuela desde Lima o Cuzco, pero hoy en día también se puede ir en autobús. Los largos viajes por el río desde Manu o Bolivia solo se recomiendan (cuando es posible) a los viajeros más curtidos y aventureros.

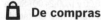

ℹ CRUZAR LA FRONTERA: BRASIL POR PUERTO MALDONADO

Hay una buena carretera asfaltada que forma parte de la carretera Interoceánica, va de Puerto Maldonado a Iberia y sigue hasta Iñapari, a 233 km de Puerto Maldonado en la frontera brasileña. Pasa por pequeños asentamientos de pueblos que viven del cultivo de nueces del Brasil, la ganadería y la tala. Pasados 170 km se llega a Iberia, donde hay algunos hoteles sencillos. El pueblo de Iñapari se halla 70 km más allá de Iberia.

Los trámites de la frontera peruana se pueden realizar en Iñapari. Los comercios de la plaza principal aceptan y cambian moneda peruana y brasileña. Si se sale de Perú, lo mejor es deshacerse de los nuevos soles aquí. Se pueden negociar pequeños pagos en efectivo en dólares estadounidenses, y los hoteles y autobuses suelen dar sus precios en esta moneda. Desde Iñapari se puede cruzar por el nuevo puente hasta Assis Brasil, que tiene mejores hoteles (precios a partir de 10 US$/persona).

Los ciudadanos de EE UU deben solicitar un visado brasileño con antelación, ya sea en EE UU o en Lima. La importante ciudad brasileña de Río Branco está a 325 km (6-7 h) por carretera asfaltada, vía Brasiléia (100 km, 2 h).

Para información más detallada de Brasil, se recomienda la guía de *Brasil* de Lonely Planet.

AVIÓN

El aeropuerto se halla a 7 km de la ciudad. Hay vuelos diarios a Lima vía Cuzco con **LAN** (plano p. 450; ☏082-57-3677; Velarde 503; ☺8.00-18.30 lu-sa) y **Star Perú** (plano p. 450; ☏082-57-3564; Velarde esq. 2 de Mayo; ☺8.00-13.00 y 16.00-20.00 lu-vi, 8.00-18.30 sa, 12.00-18.30 do). Los horarios y las líneas aéreas cambian de un año a otro, pero muchas agencias de viajes del centro tienen información actualizada.

BARCO

Las embarcaciones para hacer excursiones por la región o ir a destinos río abajo, como el lago Sandoval, el río Heath y la frontera boliviana (véase el apartado **"Circuitos"**, p. 451) se contratar en el muelle de ferris del río Madre de Dios. Es difícil encontrar barcos que remonten el río a contracorriente hasta Manu; es más sencillo llegar hasta allí desde Cuzco. A veces hay alguien que llega a Puerto Maldonado en barco desde Manu (en el sentido de la corriente) o desde la frontera boliviana (a contracorriente), aunque estos trayectos no son muy habituales. Si aun así uno se inclina por esta opción, habrá que estar dispuesto a esperar varios días, porque el transporte es poco frecuente.

Todos los pasajeros de los barcos que remontan el río Tambopata deben pasar por el puesto de control La Torre, donde hay que enseñar el pasaporte y el permiso de la Sernanp (30 o 65 PEN según la duración de la estancia), que se obtiene en la **oficina de la Sernanp** (☏082-57-1247; www.sernanp.gob.pe/sernanp; Cajamarca entre Ancash y 28 de Julio), en el centro.

Los barcos que van hasta los hostales en la selva salen de los muelles de los ríos Madre de Dios y Tambopata, dependiendo de su ubicación. Cuando se trata de remontar el Tambopata, algunos hostales se ahorran varias horas de viaje por el río llevando a sus huéspedes por una carretera y una pista sin asfaltar hasta Filadelfia (1¾ h), desde donde se sigue en barco. Esta opción ha de organizarse con antelación.

El muelle de ferris del río Tambopata se halla 2 km al sur del centro, y se puede llegar en mototaxi. Una embarcación pública remonta el río hasta Baltimore los lunes a las 8.00 y regresa el viernes por la mañana. El billete cuesta en torno a 20 PEN, según el destino.

AUTOBÚS Y TAXI

Los camiones, minibuses y colectivos hacia Laberinto (1½ h) salen con frecuencia de la esquina de la av. 28 de Julio y Tacna, y pasan por el desvío de Baltimore en el km 37 de la carretera a Cuzco (desde aquí se puede caminar 3 h hasta el río Tambopata, donde un barco puede recoger a los huéspedes de los hospedajes de Baltimore, si se organiza con antelación).

Hacia Iñapari (30 PEN, 3 h), en la frontera con Brasil y Bolivia, se puede ir en taxi colectivo (salen cuando hay cuatro pasajeros) o furgoneta con la **Empresa de Transportes Turismo** (28 de Julio esq. Fitzcarrald). Otras compañías cuyas oficinas se hallan en la misma manzana también ofrecen este trayecto. Una furgoneta cuesta unos soles menos, pero el viaje es mucho más incómodo y largo.

La **terminal terrestre** (av. Circunvalación Norte s/n) se halla 6 km al noroeste del centro;

de aquí salen los autobuses hacia Cuzco, al suroeste, y hacia Rio Branco en Brasil, al noreste, por la carretera Interoceánica. Numerosas compañías ofrecen salidas por la mañana y por la noche (sobre las 20.00) hacia Cuzco (35 a 70 PEN, 10 h). Los asientos totalmente reclinables son los más caros. Para ir a Rio Branco hay menos opciones, entre las que destaca **Móvil Tours** (☑989-176-306) con salidas los martes y los viernes a mediodía (100 PEN, 9 a 10 h). Se aconseja comprar los billetes con la mayor antelación posible.

❶ Cómo desplazarse

Los mototaxis llevan a dos o tres pasajeros (con poco equipaje) al aeropuerto por 7 PEN. Los desplazamientos cortos por la ciudad cuestan 2 PEN o menos (1 PEN en un mototaxi Honda de los años noventa).

Para visitar los alrededores se puede alquilar una moto; se aconseja ir acompañado por si se sufre una avería o un accidente. Se pueden alquilar en varios sitios, sobre todo en Prada, entre Velarde y Puno. Cobran entre 5 y 10 PEN/h y suelen ser motos pequeñas de 100 cc. Es divertido conducir una, pero los intrépidos conductores locales y las pésimas carreteras hacen que esta opción sea algo intimidante. Se pueden negociar descuentos por el alquiler de un día.

Una opción es **El Gato** (plano p. 450; Puno esq. Gonzáles Prada; 5/h y 40 PEN/día).

Alrededores de Puerto Maldonado

Hay cuatro cursos fluviales interesantes para los viajeros, dos de los cuales confluyen en Puerto Maldonado.

Aunque nace en Bolivia, el río Tambopata recorre gran parte del sur de Perú. Al suroeste de Puerto Maldonado, atraviesa gran parte de la Reserva Nacional Tambopata, y en su curso se encuentran los mejores hostales de la selva.

❶ LO QUE HAY QUE SABER

En la aventura amazónica hay que concederse tiempo: su imprevisible clima ocasiona retrasos por corrimientos de tierras, naufragios o vuelos cancelados. El transporte por la carretera y el río suele ir lleno y puede sufrir atascos incluso con buen tiempo.

El Tambopata es un importante afluente del río Madre de Dios (p. 462), en el que desemboca en Puerto Maldonado. Este amplio caudal de agua procedente del Parque Nacional del Manu, discurre en zig-zag hacia el este, bordeando la Reserva Nacional Tambopata, hacia la frontera con Bolivia en Puerto Heath. Los tramos más interesantes para los viajeros se encuentran río abajo, por lo que resulta mucho más fácil llegar a los hostales a orillas de este río que a los del Tambopata.

El lago Sandoval (p. 464) es idílico: situado al este de Puerto Maldonado, se llega a él desde el río Madre de Dios. Es un paraíso para observar la fauna salvaje, especialmente las nutrias gigantes. Hay un par de hostales de calidad. Para visitarlo se debe pagar la entrada a la Reserva Nacional Tambopata.

A unos 60 km de Puerto Maldonado bajando el curso del Madre de Dios se llega a Puerto Heath, en la frontera con Bolivia, y al río Heath (p. 465), que discurre de norte a sur, y durante gran parte de su recorrido constituye la frontera natural. Atraviesa además el remoto Parque Nacional Bahuaja-Sonene. Hay un hostal básico.

Casi todos los visitantes tendrán como base de su experiencia en la selva una o más de estas zonas. Huelga decir que los ríos Tambopata, Madre de Dios y Heath ocupan una vasta extensión y ofrecen muchos contrastes en sus orillas ricas en fauna salvaje. El lago Sandoval es casi la única zona que puede explorarse en un solo día.

Todos los hostales indican los precios en dólares estadounidenses, y normalmente el transporte está incluido. Hay límites en cuanto al equipaje por persona, pero se puede dejar una parte en las oficinas de los hostales en Puerto Maldonado.

Las actividades ofrecidas consisten en excursiones por la naturaleza y para ir a pescar, visitas a comunidades indígenas, e incluso descensos en tirolina. Los hostales ofrecen botas de goma para recorrer los caminos llenos de barro.

Río Tambopata

Las embarcaciones que remontan el río pasan por buenos hostales y se adentran en la Reserva Nacional Tambopata (plano p. 456; entrada 30 PEN/día, 65 PEN/2-3 días), una importante zona protegida dividida en dos áreas: la reserva propiamente dicha y la zona de amortiguamiento. La entrada al parque se compra en la oficina de la Sernanp (☑082-

57-1247; www.sernanp.gob.pe/sernanp) en Puerto Maldonado. Si se ha contratado un circuito guiado, algo muy habitual, la entrada se paga en la oficina del hostal pertinente. Para entrar en la reserva propiamente dicha (como en el Tambopata Research Center), y no solo en la zona de amortiguamiento, se debe pagar una cuota adicional.

Quienes deseen remontar el río Tambopata deben registrar su número de pasaporte en el **puesto de control La Torre** (plano p. 458) cerca de Explorer's Inn, donde además se deben enseñar los permisos de entrada al parque nacional. La reserva solo puede visitarse si se contrata una estancia con guía en uno de sus refugios. Uno de los atractivos es la **Collpa de Guacamayos**, uno de los mayores muros de arcilla natural del país, que atrae a cientos de aves y constituye todo un espectáculo.

La comunidad de **Baltimore**, justo después del hostal Refugio Amazonas, es el único asentamiento auténtico del río, con unos cuantos hospedajes sencillos. Se puede llegar en uno de los autobuses a Laberinto desde Puerto Maldonado apeándose en el km 37, de donde sale un sendero hasta la comunidad (unas 3 h). No hay transporte público a otros destinos río arriba.

Pasado el Collpas Tambopata Inn, se halla el **puesto de control Malinowski**, el segundo en la ruta, con exposiciones sobre fauna salvaje y posibilidad de alojamiento únicamente para científicos. Un poco más allá se encuentra uno de los mejores muros de arcilla de la reserva, **Collpa Chuncho** (plano p. 458; entrada 30 PEN), donde se puede observar y escuchar a los coloridos guacamayos que dan tanta fama a la región de Tambopata.

🛏 Dónde dormir

Los hostales están listados por su cercanía a Puerto Maldonado, y se indica si ofrecen la posibilidad de pagar la entrada a la Reserva Nacional Tambopata.

⭐ **Sotupa Eco House** HOSTAL $$
(plano p. 458; ☏950-416-257; www.sotupa.pe; i/d 150/180 US$, para parejas 3 días y 2 noches 675 US$) Es el primero del río Tambopata, accesible por carretera y lo bastante cerca de Puerto Maldonado como para pasar una noche, aunque por su situación en lo alto de una colina en una verde pradera, da la sensación de estar aislado. Las habitaciones son idílicas, y hay 9,5 km de senderos para explorar. Ningún otro hostal cuenta con una zona para relajarse en una hamaca con semejantes vistas al río.

Cuenta con un bungaló sobre pilares (325 US$/noche), separado del resto del complejo, ideal para familias. Se encuentra justo al final del Corredor Turístico Bajo Tambopata. No es necesario pagar la entrada a la Reserva Nacional Tambopata.

Posada Amazonas HOSTAL $$$
(plano p. 458; www.perunature.com; i/d 3 días y 2 noches 570/864 US$) A unas 2 h de Puerto Maldonado por el río Tambopata, más unos 10 min a pie cuesta arriba, esta posada se halla en el territorio de la tribu ese eja, algunos de cuyos miembros son guías. Se puede hacer la reserva en línea o en **Rainforest Expeditions** (plano p. 458; ☏082-57-2575; www.perunature.com; av. Aeropuerto, km 6, CPM La Joya) en Puerto Maldonado.

Se ven guacamayos y loros en una pequeña *collpa* cercana y nutrias gigantes en un lago de los alrededores. Los guías suelen ser naturalistas peruanos y acompañan al viajero durante toda su estancia. También se visita el Centro Ñape donde la comunidad ese eja prepara medicinas naturales a partir de plantas autóctonas. Se puede recorrer un sendero y observar las plantas medicinales. Cercano al refugio, un mirador a 30 m de altura brinda vistas soberbias del dosel forestal de la selva tropical. El refugio tiene 30 grandes habitaciones dobles con duchas privadas y ventanas sin cristales que dan a la selva. Proporcionan mosquiteras. Solo hay electricidad por la noche (o se usan velas o linternas).

No es necesario pagar la entrada a la Reserva Nacional Tambopata.

Hay otros dos hostales más de la misma empresa en Tambopata: Refugio Amazonas y Tambopata Research Center.

Explorer's Inn Tambopata Ecolodge HOSTAL $$$
(plano p. 458; www.explorersinn.com; i/d 4 días y 3 noches 769/1138 US$) A unos 58 km de Puerto Maldonado (3 o 4 h por el río) ofrece 15 habitaciones dobles y 15 triples, en estilo rústico, con baño y ventanas con mosquiteras. Abierto desde los años setenta, ofrece un espacio más abierto que los hostales más cercanos a Puerto Maldonado, en un agradable claro en un prado. Se puede reservar en línea o en la **oficina de Puerto Maldonado** (☏082-57-3029; terminal terrestre, av. Circunvalación s/n 2º piso).

La sala principal cuenta con restaurante, bar y un pequeño museo; también ofrece un campo de fútbol y un jardín de plantas medicinales.

Alrededores de Puerto Maldonado

BOLIVIA

Río Heath

Puerto Heath

Parque Nacional Bahuaja-Sonene

Lago Valencia

Lago Sandoval

Río Madre de Dios

Puerto Maldonado

Infierno

Baltimore

Reserva Nacional Tambopata

Río Tambopata

Laberinto

Río de las Piedras

MADRE DE DIOS

Río Inambari

Río de los Amigos

Río Madre de Dios

PERÚ

Itahuania

Quince Mil

Boca Manu

Río Alto Madre de Dios

Shintuya

Salvación

Atalaya

Pillcopata

Zona cultural de Manu

Parque Nacional del Manu

Cocha Salvador

Cocha Otorongo

Río Manu

Manu Paradise Lodge (20 km)

40 km

0

Alrededores de Puerto Maldonado

Se encuentra en la antigua Zona Preservada Tambopata de 55 km² (ahora incluida en la mucho mayor Reserva Nacional Tambopata), donde se han avistado más de 600 especies de aves, todo un récord mundial. A pesar de estos registros (científicamente documentados), el viajero no podrá ver muchas más aves que en cualquier otro hostal del río Tambopata en una visita de dos noches, demasiado corta para visitar el muro de arcilla de Collpa Chuncho.

Los 38 km de senderos que rodean el refugio pueden explorarse por cuenta propia o con guías naturalistas.

Collpas Tambopata Inn　　　HOSTAL **$$**
(plano p. 458; www.tambopatahostel.com; 2 días y 1 noche 150 US$/persona) Casi demasiado bueno para ser verdad: una opción muy económica, situada más lejos río arriba que cualquier otro hostal, a excepción del Tambopata Research Center. Es el más nuevo en el río Tambopata (finales del verano del 2015) y el propietario cuenta con muchos años de experiencia en actividades turísticas en Puerto Maldonado.

Se puede reservar en línea o en la oficina de Puerto Maldonado (plano p. 450; ☎082-57-4201; av. 26 de Diciembre 234).

Ubicado en una pendiente cerca del puesto de control Malinowski, tiene capacidad para 28 personas, y permite a sus huéspedes salir a recolectar para la cena (con ayuda de un guía, claro está). Cuenta con un campo de fútbol para los que todavía reservan energías tras un día de exploración por la selva.

Se aconseja hacer alguna excursión con el propietario, uno de los mejores guías de la región. Aceptan voluntarios (que trabajan a cambio de alojamiento).

Se llega por carretera a Filadelfia y se continúa en barca desde aquí para ahorrar tiempo y costes (lo cual hace posible estancias de una noche). Es el hostal más cercano a Collpa Chuncho.

No es necesario pagar la entrada a la Reserva Nacional Tambopata.

Cayman Lodge Amazonie　　　HOSTAL **$$$**
(plano p. 458; www.cayman-lodge-amazonie.com; i/d 4 días y 3 noches 510/750 US$) A unos 70 km de Puerto Maldonado, este hostal está regentado por Anny, una enérgica francesa, y su compañero peruano, Daniel. El ambiente es relajado y abierto, y cuenta con un exuberante jardín tropical. Las habitaciones son algo pequeñas, pero muy cómodas y con mosquitera. Destaca la casa con hamacas desde la que se puede contemplar el ocaso sobre el río Tambopata. Cuenta con una enorme zona de bar y restaurante que contribuyen a la atmósfera distendida.

Se puede reservar en línea o en la oficina de Puerto Maldonado (plano p. 450; ☎082-

LAS DOS CARAS DE LA CARRETERA INTEROCEÁNICA

Pocos acontecimientos históricos han tenido un efecto tan inmediato en la Amazonia como la construcción de la carretera Interoceánica: tras el fin de las obras en julio de 2011, ahora el asfalto conecta la costa del Pacífico de Perú con la costa Atlántica de Brasil. Esta carretera, en la que se invirtieron más de 2800 millones de dólares, brinda a ambos países una gran oportunidad en cuanto a la exportación (el expresidente peruano Alejandro Toledo calculó un incremento anual del 1,5% en el PIB nacional). Sus más de 2500 km salvan los obstáculos de los Andes y la selva para unir la costa peruana en San Juan de Marcona, cerca de Nazca, vía Cuzco, con el sur del Amazonas, pasando por Puerto Maldonado, y la frontera brasileña en Iñapari. Desde allí la carretera pasa por Río Branco, en Brasil, donde se une a la red brasileña.

Sus efectos, positivos y negativos, ya se han hecho notar. Se han creado miles de puestos de trabajo y Puerto Maldonado, la principal ciudad de la ruta, antes carente de conexión por carretera asfaltada, prospera gracias al aumento del turismo y el comercio (hoy Cuzco está solo a 10 h por carretera).

Pero para las 15 tribus que habitan el extremo sureste antaño aislado de Perú y casi sin contacto con la civilización, la carretera que ahora atraviesa su territorio amenaza con traer nuevas enfermedades y la pérdida de zonas de caza. Según la ONG Survival International, los movimientos migratorios que pueden originarse con esta carretera, y el hecho de no contar con las instalaciones necesarias para soportarlos, podrían tener un efecto desastroso para los pueblos indígenas, además de destruir su hábitat natural. Además de los 15 grupos humanos, hay muchas especies de plantas y animales que corren el mismo riesgo. La zona de selva destruida por la construcción equivale aproximadamente a una sexta parte del territorio de España y, según varios estudios sobre carreteras en el Amazonas brasileño, puede suponer una deforestación de entre 40 y 60 km a ambos lados.

No obstante, la devastación que ha causado la construcción de la carretera es menos importante que la que puede traer consigo la gente que ahora cuenta con un mejor acceso a la selva remota. Diversos medios de comunicación ya han informado de la aparición de *prosibars* (bares con prostitutas, a menudo menores) en zonas ahora muy accesibles para mineros y leñadores, colectivos que ya suponían una amenaza ecológica para esta parte de la Amazonia. La minería ilegal se ha convertido en un problema de tal magnitud, que incluso se recurrió al ejército para resolverlo. Los ecosistemas de la región son famosos por contarse entre los de mayor diversidad y pureza del mundo. Siguen siéndolo, pero cabe preguntar, ¿por cuánto tiempo?

57-1970; Arequipa 655). El precio no incluye la entrada a la reserva.

Entre otras actividades ofrece la visita a las lagunas Sachavacayoc y Condenado. También propone un programa de chamanismo, de cinco a siete días, donde se puede aprender medicina tropical e incluso recibir tratamiento para posibles dolencias.

Refugio Amazonas HOSTAL $$$

(plano p. 458; www.perunature.com; i/d 4 días y 3 noches 854/1232 US$) Se llega tras un trayecto bastante largo remontando el río (80 km). Está construido sobre una reserva privada de 20 km^2 en la zona de amortiguamiento de la Reserva Nacional Tambopata. Aunque da la sensación de estar aislado, ofrece todas las comodidades y las habitaciones son muy confortables. Se puede reservar en línea o en la

oficina de Puerto Maldonado (plano p. 450; ✆082-57-2575; av. Aeropuerto km 6, CPM La Joya).

Cuenta con una espaciosa recepción y zona de comedor. Los pasillos que conducen a las habitaciones están cuidadosamente barnizados, lo cual contribuye a hacer de este hostal uno de los más elegantes de la región sur de la selva (con galería de arte y oferta de masajes).

Entre las actividades ofrecidas, destaca la ruta de las nueces de Brasil y un circuito por la selva pensado para niños. Al estar situado en una zona más remota, suele haber más oportunidades de ver fauna salvaje. Se puede reservar en Rainforest Expeditions (p. 457).

★**Hospedaje el Gato** HOSTAL $$$

(plano p. 458; ✆941-223-676; www.baltimoreperu. org.pe; 2 días y 1 noche desde 150 US$/persona)

ℹ PASOS FRONTERIZOS: BOLIVIA POR PUERTO MALDONADO

Desde la zona de Puerto Maldonado hay tres formas de llegar a Bolivia.

La primera y más fácil es ir a Brasiléia (en Brasil) y cruzar el río Acre en ferri o atajar por Cobija en Bolivia, donde hay hoteles, bancos, una pista de aterrizaje con vuelos regulares (aunque imprevisibles) a otros destinos de Bolivia, y una carretera de grava que atraviesa varios ríos hasta la ciudad de Riberalta (de 7 a 12 h según la época del año).

Desde Iberia, en Perú, situada en la carretera Interoceánica a Iñapari, también sale una carretera a Cobija, pero el transporte público utiliza sobre todo la ruta Iñapari/Assis Brasil.

En Puerto Maldonado también se puede alquilar un barco en el muelle del río Madre de Dios para ir a Puerto Pardo, en la frontera Perú-Bolivia. A unos minutos de Puerto Pardo en barco se halla Puerto Heath, un campamento militar en el lado boliviano. El viaje dura medio día y cuesta 100 US$ negociables. El barco lleva a varios pasajeros. Con suerte, y si no se tiene prisa, se puede encontrar un carguero con el mismo destino que acepte pasajeros, por un precio mucho más económico.

Se puede seguir bajando el río por el lado boliviano, pero organizarlo cuesta días (incluso semanas) y no es barato. Es mejor viajar en grupo para repartir los gastos, y se deben evitar los meses secos de julio a septiembre (cuando el nivel del río está muy bajo). Desde Puerto Heath se sigue bajando el río Madre de Dios hasta Riberalta (en la confluencia del Madre de Dios con el Beni, en el norte de Bolivia), donde hay conexiones por carretera y avión: una aventura clásica en el Amazonas (aunque ardua) con la que no puede competir ningún viaje por carretera. El alojamiento y la comida se hallan por el camino (hay que llevar hamaca). Cuando el nivel de las aguas del río lo permite, un carguero y un barco de pasajeros viaja desde Puerto Maldonado hasta Riberalta y de vuelta unas dos veces al mes, aunque los extranjeros rara vez hacen este viaje.

Quienes no deseen viajar por el río, a la altura de Puerto Heath pueden seguir por una pista que conduce a Chivé (1½ h en autobús), donde hay alojamientos muy sencillos y cada día sobre las 8.00 salen furgonetas hacia Cobija (6 h).

Se debe sellar la salida de Perú en Puerto Maldonado. La entrada a Bolivia se sella en Puerto Heath o Cobija, pero aquí no se puede obtener un visado, quien lo necesite debería solicitarlo con bastante antelación en Lima o en el país de origen. Los ciudadanos de EE UU deben pagar 135 US$ en efectivo por el visado de entrada en Bolivia (160 US$ si se paga en los EE UU).

Estos trámites son lentos.

Para información más detallada de Bolivia, se recomienda la guía de *Bolivia* de Lonely Planet

Este rústico refugio de Baltimore es uno de los pocos de la selva ideales para mochileros. Está situado a 90 km de Puerto Maldonado en lo alto de un promontorio, al lado de un afluente del río Tambopata con cascadas y pozas para bañarse. El precio es competitivo en comparación con otros hostales, que ofrecen la misma experiencia en la selva. Se puede reservar en línea o en la oficina de Puerto Maldonado (☎082-63-2961; Junín, Mza Lote 2).

Se llega en el barco de pasajeros que sale del muelle de ferris del Tambopata en Puerto Maldonado los lunes a las 8.00, y regresa de Baltimore más o menos a la misma hora los viernes. También se puede ir en un colectivo/furgoneta con destino Laberinto hasta el km 37 de la carretera Interoceánica, y desde allí caminar (3 h) hasta la orilla del río opuesta

al hospedaje, donde una barca recoge a los huéspedes. Independientemente de la opción elegida, el precio total es bastante más económico (80 PEN/persona y noche con actividades y comida incluida) que las tarifas estándar, y que corresponde a un paquete que incluye la recogida en el aeropuerto.

Wasai Tambopata Lodge HOSTAL **$$$**
(plano p. 458; www.wasai.com; 2 días y 1 noche 279 US$/persona) Justo pasado Baltimore, este hostal es uno de los más alejados de Puerto Maldonado por el río Tambopata. A diferencia de otros de la zona, no ofrece ecoactividades programadas. Pero se puede leer un libro, relajarse tomando una cerveza, pasear por los 20 km de caminos bien señalizados, pescar o navegar en canoa. Se puede reservar en línea

POLLOS PUNKS

Cuando el barco pasa junto a la orilla del río Tambopata hay que escuchar con atención. Si se oyen muchos siseos, gruñidos y ruidos de ramitas, es probable que se haya tropezado con el intrincado ritual de apareamiento de una de las aves más raras del Amazonas, el hoacín. Se trata de un enorme pollo silvestre con la cara azul y un gran penacho de plumas en la cabeza (de ahí que se apode el "pollo punk"). Los científicos no han logrado clasificarlo en ninguna familia aviar, debido principalmente a las dos garras que los polluelos tienen en cada ala. Para huir de sus depredadores, se lanzan del nido al río y usan dichas garras para trepar por su fangosa orilla. El ala con garras es una característica que no tiene ninguna otra criatura alada desde el pterodáctilo. Pero el aspecto del hoacín se ve eclipsado por su horrendo olor (por su dieta exclusiva a base de hojas, que necesita de múltiples microorganismos en su estómago para hacer la digestión), que suele delatarlos. Su carne tiene mal sabor, de modo que rara vez se cazan y son unas de las pocas aves autóctonas con una población floreciente.

o en la **oficina de Puerto Maldonado** (plano p. 450; ☏082-57-2290; Billinghurst esq. Arequipa).

Tiene cuatro bungalós grandes y dos más pequeños, que alojan a un máximo de 40 huéspedes. Cuenta con una alta torre de observación con buenas vistas de la selva, una sala con biblioteca e incluso wifi. Se llega por carretera a Filadelfia, desde donde se continúa en barca para ahorrar tiempo y costes (lo cual hace posible estancias de una noche). Los circuitos de 4 días y 3 noches (588 US$/persona) incluyen el Tambopata y el lago Sandoval, pero no la zona reservada de Tambopata.

No es necesario pagar la entrada a la Reserva Nacional Tambopata.

Tambopata Research Center HOSTAL $$$
(plano p. 458; www.perunature.com; i/d 5 días y 4 noches 1249/1944 US$) A unas 7 h de viaje por el río desde Puerto Maldonado, este hostal e importante centro de investigación es famoso por un muro cercano que atrae entre 4 y 10 especies de loros y guacamayos todas las mañanas. El hostal es bastante sencillo, con 18 habitaciones dobles que comparten cuatro duchas y cuatro baños. Se puede reservar en línea o en Rainforest Expeditions (p. 457) en Puerto Maldonado.

La investigación aquí se centra en averiguar por qué los guacamayos comen arcilla, sus pautas migratorias, su dieta, costumbres de anidamiento y técnicas para construir nidos artificiales. Vale la pena para quien desee ver más guacamayos de los que nunca ha podido imaginar, aunque los propietarios dicen que a veces el mal tiempo dificulta el avistamiento.

Normalmente, se pasa la primera y última noche del viaje en el Refugio Amazonas. La

última parte del camino se realiza a través de un territorio remoto, donde se pueden ver carpinchos (el roedor acuático más grande del mundo) y otros animales poco frecuentes. Conviene tener el pasaporte a mano para mostrar en el puesto de control Malinowsky (plano p. 458).

Río Madre de Dios

Este importante curso fluvial fluye por Puerto Maldonado hacia el este en dirección a Bolivia y Brasil a través de la Amazonia. En la estación lluviosa es impresionante: sus aguas marrones bajan con fuerza, arrastrando consigo enormes troncos y otros restos de la selva. Hay toda una serie de hostales de fácil acceso, entre los que se cuentan los más lujosos de la zona sur de la selva. Es además la ruta hacia el lago Sandoval y, siguiendo río abajo, al lago Valencia y al río Heath.

◉ Puntos de interés y actividades

Desde muchos de los hostales, se accede fácilmente al lago Sandoval. Hay un par de circuitos por los árboles (Inkaterra Reserva Amazónica y Monte Amazónico Lodge) que ofrecen una alternativa a las actividades típicas programadas en la selva. Monte Amazónico Lodge cuenta incluso con una tirolina.

Hacienda Concepción CENTRO DE VISITANTES
(plano p. 458; www.wcupa.edu/aceer) Anteriormente conocido como ITA Aceer Tambopata Research Center, este hostal reconstruido en Inkaterra, a 8 km de Puerto Maldonado río abajo, es un interesante centro de investigación para 'ecoturistas', con una exposición sobre conservación de la zona, conferencias

puntuales y un laboratorio para científicos. Se construyó en el solar de la casa de uno de los primeros médicos que ejerció en el Amazonas.

El hostal Hacienda Concepción cuenta con un buen restaurante y alojamientos. El hostal Inkaterra's Reserva Amazónica se encuentra a solo 7 km de distancia.

🛏 Dónde dormir

Los hostales se mencionan según su cercanía a Puerto Maldonado.

Corto Maltés · HOSTAL $$$
(plano p. 458; www.cortomaltes-amazonia.com; 3 días y 2 noches 287 US$/persona) El refugio más cercano a Puerto Maldonado en el río Madre de Dios es alegre y muy acogedor. A tan solo 5 km de la ciudad, cuenta con 27 bungalós confortables, de techos altos, con mosquiteras y colchones duros (dos de ellos incluso con camas extragrandes). Se puede reservar en línea o en la oficina de Puerto Maldonado (plano p. 450; ☏082-57-3831; Billinghurst 229).

Los bungalós están decorados con llamativas muestras de arte de los indígenas shipibo y cuentan con hamacas en la terraza. Las zonas comunes también están alegremente decoradas. Hay electricidad desde el anochecer hasta las 10.30 y duchas con agua caliente. Sus amables propietarios franceses están orgullosos de ofrecer un excelente menú de fusión peruano-europeo. Los precios están pensados para un mínimo de dos personas.

Monte Amazónico Lodge · HOSTAL $$$
(plano p. 458; http://carlosexpeditions.com; 3 días y 2 noches 175 US$/persona; ☏) Este popular hostal cercano al lago Sandoval prioriza las aventuras cargadas de adrenalina más que la observación de animales. Cuenta con dos edificios impecables con habitaciones en madera y techo de lata, además de un circuito por los árboles, una tirolina, una piscina decente, una bonita zona comunal con futbolín, y la compañía de un tapir que contribuye al agradable ambiente. Se puede reservar en línea o en la oficina de Puerto Maldonado (plano p. 450; ☏082-57-1320; Velarde 139).

También se puede practicar la pesca y el kayak. Se puede pasar el día por 80 US$/persona. Se reserva en Carlos Expeditions (p. 451).

★ Hacienda Concepción · HOSTAL $$$
(plano p. 458; www.inkaterra.com; i/d 3 días y 2 noches 429/740 US$, cabañas i/d 521/844 US$) ✏

Este luminoso y atractivo refugio es uno de los mejores del sur del Amazonas. Sus instalaciones tienen la calidad propia de las de Inkaterra, pero no sus precios, lo que es su principal reclamo. Sus espaciosas habitaciones, decoradas con madera reciclada, evocan los primeros años del s. xx. Cuenta con un bar con mosquiteras, una zona para relajarse y un restaurante (con una comida increíble). Se puede reservar en línea o en Inkaterra (☏01-610-0400; central@inkaterra.com; Andalucía 174, Miraflores) en Lima.

Su tranquila ubicación es difícil de igualar; además cuenta con un centro de estudios de la selva y un laboratorio, una cocha (palabra indígena para laguna) privada cercana y el lago Sandoval a tiro de piedra. Dispone de electricidad de 5.30 a 9.30 y de 18.00 a 23.00 y es uno de los pocos refugios de la selva con cobertura para móviles y wifi. Las habitaciones están repartidas en el 2º piso, con vistas al claro en la jungla y rodeadas por una terraza, mientras que las cabañas tienen vistas a la laguna y, según el personal, han gustado a famosos como Mick Jagger.

Inkaterra Reserva Amazónica · HOSTAL $$$
(plano p. 458; www.inkaterra.com; i/d 3 días y 2 noches 673/1082 US$) ✏ A casi 16 km de Puerto Maldonado bajando por el río Madre de Dios, este lujoso hostal ofrece una buena oportunidad de explorar la selva. Sus circuitos incluyen 10 km de senderos privados y un conjunto de oscilantes y estrechas pasarelas sobre el dosel forestal a 35 m por encima del suelo de la selva para observar la flora y la fauna. Se puede reservar en línea o en Inkaterra en Lima.

Tiene una recepción de dos pisos en forma de cono con techo tradicional de paja, restaurante, bar (construido en torno a una higuera), biblioteca y zona de descanso. Además, sirve unos de los mejores platos del sur del Amazonas y atiende a viajeros con regímenes especiales. Ofrece barbacoas al aire libre, zonas para sentarse en la planta superior, con vistas o para observar aves, y un edificio aparte que alberga un centro de interpretación. Dispone también de cerca de 40 rústicas cabañas individuales con baño y porche con dos hamacas. Las seis suites tienen grandes baños, escritorios y dos camas de tamaño medio cada una.

Eco Amazonia Lodge · HOSTAL $$$
(plano p. 458; www.ecoamazonia.com; 3 días y 2 noches 295-310 US$/persona; ☏) A unos 30 km de Puerto Maldonado, cuenta con un gran

bar-restaurante con techo de paja y bellas vistas del río desde la segunda planta. Sus 50 bungalós rústicos tienen techo de lata, mosquiteras, baño y una pequeña sala. Se puede reservar en línea o en la oficina de Cuzco (plano p. 207; ☏084-23-6159; reservas@ecoamazonia.com; Garcilaso 210, Of. 206).

Posee una sala de juegos y piscina. Desde el hostal inician varios senderos, incluida una exigente excursión de 14 km a un lago, y otras más cortas. Ofrece además excursiones en barca por los ríos y lagos de la zona.

Estancia Bello Horizonte HOSTAL $$$
(plano p. 458; www.estanciabellohorizonte.com; 3 días y 2 noches 180-230 US$/persona; ✆) ✦ Un excelente refugio a 20 km de Puerto Maldonado, en la orilla este del río Madre de Dios. Los bungalós construidos en madera de la zona se ubican en una zona elevada con vistas a la selva, y cuentan con habitaciones un tanto pequeñas pero confortables, con baño, y una hamaca para descansar. Se puede reservar en línea o en la oficina de Puerto Maldonado (plano p. 450; Loreto 252, Puerto Maldonado).

El edificio principal dispone de una zona para comer, leer, beber y relajarse, y en sus jardines hay un campo de fútbol, una pista de voleibol, una piscina y senderos señalizados por la selva.

El último tramo para llegar al hostal es una carretera privada de 6 km que atraviesa la densa selva.

Lago Sandoval

Este atractivo lago está rodeado por tres tipos distintos de selva tropical y se encuentra a unas 2 h de Puerto Maldonado bajando en barco por el río Madre de Dios, más un paseo de 3 km a pie. El permiso para visitar el lago (incluido si se contrata un guía oficial o un hostal) cuesta 30 PEN/día, o 65 PEN por estancias de dos a tres días. La mejor forma de ver la fauna salvaje es pernoctar en uno de los hostales y hacer una excursión en barca por el lago, aunque también se puede ir a pasar el día. El viaje en barco desde Puerto Maldonado cuesta 100 PEN (el precio incluye varios pasajeros y el viaje de regreso) y llega hasta el punto de partida del sendero, que es evidente, aunque está en mal estado. Con un poco de suerte se divisarán caimanes, tortugas, aves exóticas, monos y, tal vez, las singulares nutrias gigantes que viven en el lago y se encuentran en peligro de extinción.

Una vez en el lago, se puede caminar 2 km por un sendero más estrecho y menos visible hasta el económico hostal Willy Mejía Cepa Lodge, o cruzar en barca hasta el Sandoval Lake Lodge, el mejor de la zona.

Willy Mejía Cepa Lodge HOSTAL $
(plano p. 458; turismomejia@hotmail.com; h 50 US$/persona) Lleva dos décadas ofreciendo alojamiento económico. En el refugio pueden dormir 20 personas en habitaciones de tipo bungaló con baños compartidos. También venden bebidas embotelladas. El precio incluye sencillas comidas caseras, alojamiento y excursiones. Se puede reservar en línea o en la oficina de Puerto Maldonado (plano p. 450; ☏982-684-700, 997-906-139; Velarde 487 interior). El precio de las habitaciones varía: ofrece descuentos según el número de integrantes del grupo y la temporada.

Sandoval Lake Lodge HOSTAL $$$
(plano p. 458; ☏en EE UU 888-870-7378; www.inkanatura.com; i/d 3 días y 2 noches 535/840 US$) Las espaciosas instalaciones coronan una colina a unos 30 m sobre el lago Sandoval y están rodeadas por bosque primario. La gran atracción es el lago, con excelentes posibilidades de avistar fauna local. Las habitaciones son las mejores del área, con duchas de agua caliente y ventiladores en el techo. El restaurante-bar es enorme, e invita a relajarse y charlar. Se puede reservar en línea o en Inkaterra en Lima.

Otro de sus atractivos es el trayecto hasta allí. Tras caminar 3 km hasta el lago hay que embarcar en una canoa para adentrarse por estrechos canales que atraviesan un bosque de palmeras inundado, habitado por guacamayos de vientre rojo, y seguir remando para cruzar el lago hasta el hostal.

Con suerte, se verá a la amenazada nutria gigante de río, de la que hay varias parejas en el lago (es más probable verlas por la mañana temprano). También se podrán observar varias especies de monos y algunas aves y reptiles. En el refugio organizan caminatas hasta el bosque con guías bien informados.

Se construyó con maderas sobrantes, sin haber talado árboles del bosque primario, algo que llena de orgullo a sus propietarios (lo han hecho otros refugios, aunque no siempre se dice). Hay que reservar en InkaNatura (p. 467).

Lago Valencia

Situado a unos 60 km de Puerto Maldonado, al lado del río Madre de Dios y cerca de la frontera con Bolivia. Hacen falta por lo menos dos días para visitar la zona, aunque se recomiendan tres o cuatro. Se dice que es el mejor de la zona para **pescar** y para la **observación de aves**, así como de la **fauna y flora** (conviene llevar prismáticos). Desde el lago salen senderos que se adentran en la selva. Los refugios más próximos a Puerto Maldonado organizan circuitos; los guías independientes, también.

Río Heath

Unas 2 h al sur del río Madre de Dios y a lo largo del el río Heath (que delimita la frontera con Bolivia) se encuentra el **Parque Nacional Bahuaja-Sonene** (plano p. 448; entrada 30 PEN), que hace frontera con la Reserva Nacional Tambopata y cuenta con una de las mejores zonas de fauna salvaje de la Amazonia peruana, incluyendo rarezas como el lobo de crin y el mono araña, aunque son difíciles de ver. La infraestructura del parque, uno de los más grandes del país, es limitada, y los circuitos para ver fauna se hallan aún en una fase primitiva. El parque engloba parte de la extensa reserva natural Tambopata-Madidi, que abarca 14 000 km² de Perú y Bolivia. La entrada se paga en Sernanp (p. 455), en Puerto Maldonado; los puntos de control del camino no venden entradas.

El sencillo **Heath River Wildlife Center** (plano p. 458; www.inkanatura.com; i/d 4 días y 3 noches 913/1512 US$) dispone de 10 habitaciones y es propiedad del pueblo indígena ese eja de Sonene, que ofrece servicios culturales y guías. En el Parque Nacional Bahuaja-Sonene hay senderos y los biólogos de campo han declarado esta zona como una de mayor biodiversidad del sureste de Perú: es demasiado pronto para saber si la construcción de la carretera Interoceánica la alterará. Suelen verse carpinchos, y se organizan circuitos guiados a una cercana *collpa* (banco de arcilla), para ver loros y guacamayos. Hay agua caliente y el precio incluye la entrada al parque. La primera y la última noche de los circuitos se pasa en el Sandoval Lake Lodge; se puede reservar en InkaNatura (p. 467).

ZONA DE MANU

Abarca el Parque Nacional del Manu y gran parte de la jungla y bosque nuboso circundantes. Con una extensión de casi 20 000 km² (aproximadamente el tamaño de Gales), es uno de los mejores lugares de Sudamérica para ver variada fauna y flora tropical.

Se divide en tres zonas. La más grande es la natural, que comprende un 80% de la superficie total del parque y está cerrada a visitantes no autorizados. La entrada a casi todo el parque está restringida a los grupos indígenas de la zona, en especial a los machiguenga, que continúan viviendo como lo han hecho durante generaciones; algunos grupos apenas si han tenido contacto con personas ajenas y parecen no desearlo. Afortunadamente, su forma de vida se respeta, aunque se han producido tensiones y conflictos entre tribus y asentamientos. También se permite la entrada a algunos científicos que investigan la fauna y flora.

La segunda zona, también dentro del parque, es la reservada (recientemente renombrada como sector del río Manu), donde se permite la investigación y el turismo. Solo hay un par de alojamientos oficiales. Se trata de la parte nororiental y ocupa cerca de un 10% del total del parque.

La tercera zona es la cultural (rebautizada como "zona cultural histórica") y abarca el sureste, a donde llegan la mayoría de visitantes.

Para pasar de la zona cultural a la reservada es necesario ir por el río Madre de Dios hasta el principal poblado de tránsito del parque, Boca Manu. Paradójicamente, al sureste de Boca Manu, fuera del parque nacional, es donde hay más opciones de ver fauna, en especial en los salegares de guacamayos y tapires cercanos al Manu Wildlife Center.

Puede encontrarse más información en la web del Parque Nacional del Manu (www.visitmanu.com).

👉 Circuitos

Es importante saber con exactitud el recorrido del circuito: el Manu abarca una zona muy extensa que incluye el parque nacional y gran parte de los alrededores. Algunos circuitos, como los que van al Manu Wildlife Center, en realidad ni siquiera penetran en el

---

INFORMACIÓN SOBRE LA AMAZONIA

Una de las mejores fuentes de información independientes es el **South American Explorer** (www.saexplorers.org), con oficinas en Lima y Cuzco; también se puede visitar las webs de hostales como por ejemplo www.manuexpeditions.com (Manu) y www.inkaterra.com (sur del Amazonas).

LISTA IMPRESCINDIBLE PARA LA SELVA

Los que viajen por primera vez a la selva podrán comprobar que la vida es más relajada de lo que parece en las películas. La jungla se ha organizado para proteger a los delicados visitantes. Gracias a los alojamientos y a la siguiente lista se estará preparado para la mayoría de las eventualidades.

- Dos pares de calzado, uno para la jungla y otro para el campamento.
- Ropa de sobra, con la humedad se moja pronto; también una toalla de repuesto.
- Binoculares y cámara con zoom, para fotos de cerca de la naturaleza.
- Linterna para los paseos nocturnos.
- Repelente de mosquitos con DEET; hay bichos por todas partes.
- Filtro solar y gafas de sol, a pesar del follaje a menudo se está directamente expuesto al sol.
- Botiquín básico para mordeduras, picaduras y diarrea.
- Bolsas de plástico para impermeabilizar el equipo y meter la basura no biodegradable para llevársela.
- Impermeable ligero.
- Saco de dormir, colchón o hamaca si se duerme en el exterior.
- Libros, ya que los móviles casi nunca tienen cobertura, y rara vez se puede ver la TV; la electricidad suele limitarse a unas pocas horas al día.

parque. Aun así, se recomienda el Manu Wildlife Center para la observación de la fauna y flora. Las empresas que no pueden entrar en el parque, ofrecen circuitos por fuera del mismo. Otras trabajan juntas y comparten albergues, guías y servicios de transporte. Por eso la agencia en cuya oficina se contrata el circuito tal vez no sea la misma con la que finalmente se haga. Gran parte combinan, a petición de sus clientes, el Manu con circuitos por el resto de Perú.

Las empresas que se mencionan en esta sección están autorizadas por el servicio del parque nacional para trabajar en el Manu, y están comprometidas con la conservación y las prácticas de bajo impacto ambiental. Los permisos para organizar circuitos en este parque son limitados; solo se permite la entrada de unos pocos miles de visitantes al año. Se aconseja reservar con mucha antelación. Se debe ser flexible con los planes de viaje, pues los retrasos son habituales. El mejor modo de ver Manu es yendo en autobús y barco (río Alto Madre de Dios) y regresar en barco por el mismo río hasta Puerto Maldonado, desde donde se puede tomar un avión.

El precio de los circuitos depende de si se entra o no a la zona reservada, de si se acampa o se pernocta en un refugio, de si llega y se marcha por tierra o en avión. Un circuito por el área reservada no garantiza ver más fauna, aunque, dado que se trata de selva virgen, hay más posibilidades de ver animales grandes. Las compañías más caras merecen la pena. Ofrecen guías más fiables y experimentados, mejor equipo, mayor variedad de comida, un seguro apropiado. Además poseen experiencia en casos de emergencia y garantizan que parte del dinero se dedicará a la conservación del Manu, pues muchas de estas agencias financian programas de conservación.

Todas incluyen transporte, comida, agua potable, guías, permisos y equipo de *camping* o mosquiteras en las habitaciones de los albergues. Los visitantes deben llevar su propio equipo: saco de dormir (no necesario si se alojan en un hostal), repelente de insectos, protección solar, linterna con pilas de recambio, ropa adecuada y bebidas embotelladas. Se recomienda sobre todo llevar prismáticos y cámara con zoom.

Todos los refugios y operadores de circuitos de excursiones a Manu indican sus precios en dólares estadounidenses.

Crees CIRCUITOS DE AVENTURA
(www.crees-manu.org; excursión de 1 semana i/d desde 1695/2650 US$/persona) Organiza viajes de "volunturismo" de una semana a la zona reservada, cada quincena de abril a diciembre: los participantes pueden colaborar en proyectos como reforestación y seguimiento

de jaguares, y al mismo tiempo ven partes de selva restringidas a los turistas normales. Se puede reservar en línea o en la oficina de Cuzco (☑084-26-2433; www.crees-manu.org; Urb Mariscal Garmarra B-5, Zona 1).

Si una semana no es suficiente, también hay proyectos más largos (hasta 16 semanas) en el Manu Learning Centre, donde se puede colaborar directamente con las comunidades locales.

Bonanza Tours CIRCUITOS DE AVENTURA
(plano p. 207; ☑084-50-7871; www.bonanzatours peru.com; Suecia 343, Cuzco) ✐ Ryse Choquepuma y sus hermanos crecieron en el Manu y lo conocen mejor que nadie. Organizan circuitos a la propiedad familiar, ahora convertida en la bien equipada Reserva Ecológica Bonanza. El terreno linda con el parque, con rutas de senderismo y un muro de arcilla que atrae a gran cantidad de fauna.

Incluye baños en aguas termales, clases de tala de cocoteros y una noche especial de cacería arrastrándose y gateando. La opción de 4 días y 3 noches, con dos noches en el refugio de la familia y otra en su nuevo refugio junto a Pilcopata cuesta 490 US\$. También organizan circuitos más largos en la zona reservada.

Pantiacolla Tours CIRCUITOS DE AVENTURA
(plano p. 207; ☑084-23-8323; www.pantiacolla. com; Garcilaso 265 interior, 2º piso, Cuzco) ✐ Los viajeros recomiendan esta agencia por sus circuitos con guías responsables y expertos, en su mayoría oriundos de la zona. Colabora además en la conservación del Manu, con unos criterios ecológicos insuperables. Aunque organizan circuitos más cortos, los que se adentran durante siete días en el Manu son la gran atracción (1580 US\$/persona).

El precio incluye todo el transporte terrestre, además de dos noches en la zona reservada combinando la acampada con los hostales, para continuar río abajo y regresar por la carretera Interoceánica. La agencia ofrece además otros circuitos.

Manu Expeditions CIRCUITOS DE AVENTURA
(☑084-22-5990; www.manuexpeditions.com; Los Geranios 2-G, Urb Mariscal Gamarra, Cuzco) ✐ Es copropietaria del Manu Wildlife Center y cuenta con más de dos décadas de experiencia en el Manu. Sus guías son excelentes, pero si se tiene la suerte de salir con el propietario, Barry Walker, ornitólogo británico y veterano residente en Cuzco, se está en las mejores manos, en especial si se está interesado en la observación de aves.

Una excursión popular sale de Cuzco todos los lunes (salvo de enero a marzo, época en que solo hay salidas el primer lunes de cada mes) y dura nueve días. Incluye el transporte por tierra a Manu con dos noches en el *camping* de la empresa, Cocha Salvador Tented Camp, tres en el Manu Wildlife Center, otras tres en otros refugios y el vuelo de vuelta a Cuzco. Cuesta 2998 US\$/persona, si se comparte habitación doble. Si se organiza con antelación, parte del trayecto por tierra puede realizarse en bicicletas de montaña. También ofrecen viajes personalizados de distinta duración.

Manu Nature Tours CIRCUITOS DE AVENTURA
(plano p. 214; ☑084-25-2721; www.manuperu.com; Pardo 1046, Cuzco) ✐ Esta agencia gestiona el reputado Manu Lodge, el único completamente equipado de la reserva. Cuenta con una red de senderos de 20 km, y ofrece visitas guiadas a lagos y torres de observación. El circuito de cuatro días incluye el traslado en autobús y barco, y dos noches de alojamiento en el Manu Lodge (i/d 1330/2060 US\$), con salidas fijas cada viernes de mayo a octubre).

El precio incluye un guía naturalista y todas las comidas. Por un suplemento se puede realizar parte del trayecto por tierra en bicicletas de montañas o hacer *rafting* en aguas bravas. También ofrecen circuitos más largos (hasta ocho días).

Amazon Trails Peru CIRCUITOS DE AVENTURA
(plano p. 207; ☑084-43-7374; www.amazontrails peru.com; Tandapata 660) ✐ Esta agencia cuenta con la reputación de ofrecer el mejor servicio entre los operadores más económicos. Durante los circuitos, sus expertos ofrecen mucha información, incluidas curiosidades. Proporciona binoculares de gran potencia. Hay circuitos de seis días a la zona reservada a partir de 1515 US\$ (mínimo cuatro personas).

También organiza el transporte en barco/autobús para continuar hacia Puerto Maldonado sin tener que volver a Cuzco.

En su hostal en el bosque nuboso Bambú Lodge también se puede hacer *rafting*.

InkaNatura Travel CIRCUITOS
(www.inkanatura.com) Con oficinas en Cuzco (☑984-691-838, 084-23-1138, 084-25-5255; www. inkanatura.com; Ricardo Palma J1 Urb Santa Mónica y Plateros 361) y Lima (p. 80), es una agencia internacional muy respetada y copropietaria del Manu Wildlife Center. Se puede combinar esta visita con excursiones a otras zonas

de la selva tropical del sur de Perú, como las Pampas del Heath, cerca de Puerto Maldonado, donde también cuenta con un hostal (el Heath Wildlife Center).

De Cuzco a Manu

Este espectacular viaje brinda ocasiones excelentes de observar aves en los refugios en ruta, así como algunos de los contrastes de paisaje más impresionantes de Perú. La ruta abarca desde los pelados montes andinos hasta el bosque nuboso, antes descender por una húmeda y calurosa jungla en las tierras bajas. Se puede llegar por cuenta propia a Boca Manu, a 1 h del punto de entrada a la zona reservada. Constituye todo un desafío, pero es factible: se puede pernoctar en la mayoría de los hostales de la ruta, aunque se aconseja reservar antes. Sin embargo, para entrar en la zona reservada o maximizar la posibilidad de ver animales salvajes, se necesitará un guía y, por tanto, formar parte de un circuito.

Si se va por carretera, el primer tramo se hace en autobús o en camión (o furgoneta si se ha contratado un circuito) desde Cuzco vía Paucartambo (12 PEN, 3 h) hasta Pilcopata y Shintuya. Los autobuses de Gallito de las Rocas (☎084-22-6895; av. Diagonal Angamos 1952, Cuzco) salen a las 5.00 los lunes, miércoles y viernes a Pilcopata (26 PEN, 10-12 h con buen tiempo) y regresan de Pilcopata los mismos días a las 18.00. Se aconseja ir en taxi hasta el punto de partida, ya que es difícil encontrarlo por cuenta propia, y buscar la indicación "Paucartambo" pintada en una farola entre dos concesionarios de coches para encontrar la oficina.

Los camiones son más baratos y salen de vez en cuando desde el cuzqueño Coliseo Cerrado para Shintuya (unas 24 h en temporada seca). Son habituales los retrasos, averías y acumulaciones de gente, y en temporada de lluvias (e incluso en la seca) los vehículos resbalan en la carretera. Es más seguro, cómodo y fiable tomar los autobuses turísticos más caros que ofrecen los operadores de circuitos de Cuzco. Muchas de estas compañías ofrecen circuitos a Manu.

⊙ Puntos de interés y actividades

Tras Paucartambo, la carretera continúa durante 1½ h hasta la entrada al Parque Nacional del Manu (zona cultural; entrada 10 PEN

para visitantes independientes en el desvío a Tres Cruces, unos 13 km más allá). En las siguientes 6 h hasta Pilcopata se atraviesa un espectacular bosque nuboso que ocupa una húmeda elevación de 1600 m y alberga miles de especies de aves, muchas de las cuales aún no están clasificadas. Hay varios refugios para la observación de aves (incluido, si se tiene suerte, el poco común gallito de las rocas, con un llamativo plumaje escarlata y ceremonioso ritual de apareamiento).

El siguiente pueblo, Pilcopata, marca el final de la ruta del autobús público y todo contacto con el mundo exterior: posee el último teléfono público (y cobertura para móviles) antes de llegar a Manu, junto con la principal comisaría de policía de Manu. Cuenta con hoteles sencillos (camas 15 PEN) y tiendas. Salen furgonetas temprano por la mañana hacia Atalaya (45 min) y Shintuya (3 h).

La carretera más allá de Pilcopata es impracticable en temporada de lluvias, por lo que la mayoría de los vehículos renuncian a continuar en Atalaya y se cambia a un barco (todas las agencias de circuitos de Manu continúan en barco desde allí). Se puede seguir por una accidentada carretera hasta Salvación (donde hay una oficina del parque nacional) y Shintuya (con pocos alojamientos básicos), pero no tiene sentido, pues allí no hay barcos para descender el río. Pasado Shintuya, en Itahuanía está el hospital de urgencias de Manu.

El largo viaje en barco bajando el curso alto del Madre de Dios desde Atalaya a Boca Manu, en la confluencia con el río Manu, suele durar casi un día. Boca Manu cuenta con pocas y básicas instalaciones y es famoso por construir las mejores embarcaciones fluviales de la región: es muy interesante verlas en las distintas etapas de construcción. Los viajeros independientes no tendrán acceso a la zona reservada al no formar parte de un grupo que haga un circuito con una agencia autorizada para el Manu, aunque existe la posibilidad de continuar bajando el río Manu hasta el Manu Wildlife Center (p. 471) y Puerto Maldonado.

Debido a la larga duración del trayecto hasta Boca Manu desde Cuzco, algunas agencias prefieren usar la ruta alternativa al Manu: un vuelo a Puerto Maldonado, desde donde se continúa por la carretera Interoceánica y remontando el Madre de Dios.

🛏 Dónde dormir

En esta ruta hay varios buenos refugios y, aunque ninguno se halla en la zona reservada o la zona natural del Parque Nacional del Manu, ofrecen buenas oportunidades para observar aves (no siempre se ve la mejor fauna en la zona reservada). Los refugios se concentran en el bosque nuboso o en el curso alto del río Madre de Dios después de Atalaya: la mayoría admiten viajeros independientes, pero los grupos de circuitos o los circuitos afiliados a refugios tienen prioridad. Si se desea pernoctar en un hostal recomendado, se aconseja reservar como mínimo una noche antes.

Bosque nuboso

Rainforest Lodge HOSTAL $$
(plano p. 458; comidas incl. 40 US$/persona) Este hostal rústico es una opción económica, además de una buena parada en el viaje, y se encuentra a unas 10 h desde Cuzco, cerca de Pilcopata (disfrútese de la vida nocturna de esta localidad). Cuenta con 8 cabañas con capacidad hasta 20 personas, con baño compartido. Se encuentra en la base del bosque nuboso (a 1 h de coche desde el mejor puesto de observación de aves). Reservas en Bonanza Tours (p. 467).

Manu Paradise Lodge HOSTAL $$$
(www.manuparadiselodge.com; i/d 4 días y 3 noches 1819/2122 US$) A 6 h de Cuzco y con vistas al pintoresco valle del río Kosñipata, tiene capacidad para 16 personas en espaciosas habitaciones con baños con agua caliente. Uno de sus atractivos es un acogedor bar-comedor con telescopios para observar la fauna. Reservas en línea.

Anuncia su amplia variedad de circuitos (3-6 noches) en su web. También ofrece *rafting* y bicicleta de montaña, pero la principal atracción es el avistamiento de aves (el precio indicado corresponde a su circuito clásico para observar aves).

Manu Cloud Forest Lodge HOSTAL $$$
(plano p. 458; 084-25-2721; d 130 US$/persona y día) A un trayecto de entre 6 y 7 h en coche desde Cuzco, este sencillo hostal cuenta con seis habitaciones con duchas de agua caliente, entre 16 y 20 camas, y un restaurante. Ofrece la posibilidad de avistar pájaros en la zona alta del bosque nuboso. El transporte y la sauna se pagan aparte. Reservas en Manu Nature Tours (p. 467).

El precio incluye el alojamiento y las comidas, pero no actividades/servicios adicionales: la estancia con todo incluido puede costar unos 300 US$/persona y día.

Cock-of-the-Rock Lodge HOSTAL $$$
(plano p. 458; www.inkanatura.com; i/d 3 días y 2 noches comidas incl. 994/1642 US$) A pocos minutos a pie de un *lek* (zona de apareamiento) de gallitos de las rocas, ofrece una excepcional observación de aves en el bosque nuboso a 1600 m de altura. Al parecer, se pueden fotografiar gallitos de las rocas machos a 7 m de distancia. Este refugio, propiedad de InkaNatura, dispone de restaurante y 12 rústicas cabañas con baño y agua caliente. Reservas en línea o en las oficinas de InkaNatura en Cuzco (p. 467) y Lima (p. 80).

El precio incluye el transporte ida y vuelta desde Cuzco, unas 8 h por trayecto (con paradas en puntos de interés).

Río Alto Madre de Dios

El curso alto del río Madre de Dios, más arriba de Boca Manu, solo es accesible en barco, por lo que resulta difícil para los viajeros independientes pernoctar en uno de los hostales, ya que hay pocas embarcaciones que no estén asociadas a una agencia de circuitos.

Amazonia Lodge HOSTAL $$
(plano p. 458; www.amazonialodge.com; h comidas incl. 85 US$/persona) Es una antigua hacienda colonial al pie de los Andes, que ofrece a sus huéspedes distintos ambientes (aunque hace falta una renovación y el río ha inundado parte del terreno). Cuenta con camas limpias y cómodas, y duchas comunales con agua caliente. Reservas en línea o en cualquiera de las agencias en Cuzco.

Diversos senderos atraviesan la selva, con excelentes oportunidades de observar aves (se ofrecen circuitos guiados), pero no hay electricidad. Por su ubicación justo al otro lado del río desde Atalaya (a unas 11 h de Cuzco), normalmente es posible contratar a un barquero local para cruzar.

Pantiacolla Lodge HOSTAL $$
(plano p. 458; i con/sin baño 175/155 US$, d con/sin baño 230/200 US$) Cuenta con 11 habitaciones dobles, 8 con baño compartido y 3 con baño privado. El precio incluye las comidas, pero no el transporte o los circuitos, aunque junto al refugio hay senderos (algunos ascienden a un bosque nuboso a 900 m de altura), un salegar de loros y aguas termales. Proponen distintas opciones de transporte y circuitos guiados. Reservas en Pantiacolla Tours (p. 467).

Se debe organizar con antelación el barco hasta el hostal (1½ h desde Atalaya en barco, o 12½ h desde Cuzco), que se encuentra en la periferia del parque nacional, justo antes de la aldea de Itahuanía.

Bonanza Ecological Reserve HOSTAL $$
(plano p. 458; comidas incl. 85 US$/persona) Se halla después de Itahuanía, yendo hacia la comunidad de Bonanza, y está regentado por una familia. Puede alojar a 32 personas en cabañas que dan a un amplio claro con un enorme restaurante, y una zona para relajarse en dos alturas con hamacas. Los baños son compartidos y hay electricidad de placas solares. Es el punto de partida de senderos que se adentran en una densa zona de selva, colindante con la zona natural del Manu. Reservas en Bonanza Tours (p. 467).

La gran atracción es la casa en un árbol desde la que se puede otear un muro de arcilla frecuentado por tapires, y 2 torres de observación de 15 m que facilitan la observación de animales. Tienen previsto montar una pasarela sobre los árboles, y disponen de canoas para hacer excursiones por los ríos cercanos. Se encuentra a unas 3 h desde Atalaya en barco, o 14 h desde Cuzco.

Parque Nacional del Manu

Este parque que comienza en las laderas orientales de los Andes y desciende en picado hasta las tierras bajas, alberga una gran diversidad en una cordillera de bosque nuboso y hábitats tropicales. Gran parte del parque está estrictamente protegido, algo muy raro en otras partes del mundo.

Fue creado en 1973 por el Gobierno peruano. La Unesco lo declaró Reserva de la Biosfera en 1977 y 10 años después, Patrimonio Mundial. Conserva una gran extensión de selva virgen y fauna, gracias entre otras razones, a su ubicación remota y relativamente inaccesible, que dificulta el acceso de caucheros, cazadores y demás (aunque existe una disputa entre los lugareños y Hunt Oil, a quien el Gobierno otorgó una concesión para extraer hidrocarburos en la zona cultural de Manu).

Está prohibido entrar en el parque sin un guía. Se pueden organizar circuitos en grupo desde Cuzco o con operadores turísticos internacionales. Es un viaje caro; los que solo dispongan de un presupuesto reducido, deberían visitar otras zonas de la Amazonia peruana. Si, con todo, la idea es visitar Manu, resulta algo más económico organizar la excursión desde Cuzco y sobre todo ser flexibles. Se aconseja no tener un vuelo internacional justo después de un viaje a Manu, pues en ocasiones la vuelta se retrasa varios días.

Las agencias de viajes se encargan de los permisos de entrada al parque. El paquete estándar incluye transporte, alojamiento, comida y guías. Las visitas suelen ser de una semana, pero se pueden organizar estancias de tres noches en un albergue.

La mejor época para visitarlo es durante la estación seca (de junio a noviembre), ya que puede resultar imposible acceder durante el período de lluvias (de enero a abril) o cuando solo entran los viajeros que se hospedan en los dos albergues situados dentro del parque.

Hay selva virgen río arriba al noroeste de Boca Manu. En el puesto de control Limonal, a 1 h aproximadamente desde Boca Manu, puede pagarse la entrada al parque (150 PEN/persona; suele estar incluida en el circuito). Seguir a partir de aquí solo es posible con un guía y un permiso. Hay unos cuantos senderos cerca del punto de control.

A 2 h río arriba se encuentra Cocha Juárez, un lago en forma de herradura donde habitan nutrias gigantes de río. A 4 h más, Cocha Salvador, uno de los lagos más grandes y bonitos del parque, que cuenta con *camping* y excursiones guiadas. Tras ½ h en barca se llega a Cocha Otorongo, otro lago en forma de herradura con una torre de observación de fauna. No son hábitats abiertos como las llanuras africanas. Su espesa vegetación oculta a muchos animales, por lo que un guía experimentado es muy útil para ayudar a verlos.

En un circuito de una semana se pueden ver muchas especies de aves, varias de monos y probablemente otros mamíferos, como jaguares (cada vez hay más avistamientos en la zona reservada), tapires, osos hormigueros, tamanduás, carpinchos, pecaríes y nutrias gigantes. Son muy escurridizos y se puede considerar todo un éxito si se consiguen ver uno o dos durante un par de semanas. Entre los mamíferos más pequeños están los kinkajús, pacas, agutíes, ardillas, corzuelas, ocelotes y armadillos y otros animales como las tortugas de río y los caimanes (que se ven a menudo), serpientes (más difíciles de divisar) y otras variedades de reptiles y anfibios. También abundan las mariposas y multitud de insectos menos agradables.

Los dos hostales del parque y el *camping* con tiendas, están incluidos en los circuitos organizados por propietarios o agencias, por lo que los viajeros independientes no pueden pernoctar en ellos.

El Manu Lodge (plano p. 458) cuenta con dos sencillos edificios un tanto decrépitos, con 12 habitaciones dobles con camas confortables y mosquiteras; las duchas de agua fría y los baños están en un edificio aparte. Se halla en Cocha Juárez, a 1 km del río Manu. Pagando un extra se puede subir a una plataforma colgante; también organiza descensos en el río. Una red de 20 km de senderos, que salen del hostal hacia los alrededores del lago y más allá, ofrecen incontables posibilidades de observar fauna salvaje, incluidas las nutrias gigantes. Hay que contactar con Manu Nature Tours (p. 467).

El Manu Tented Camp (palno p. 458) se halla un poco más lejos que el Manu Lodge, cerca de Cocha Salvador. Este moderno *camping* cuenta con tiendas enormes provistas de mosquiteras, ubicadas sobre una plataforma. Las duchas y los baños están bien y ofrece servicio de comidas. Hay que ponerse en contacto con InkaNatura (p. 467). Manu Expeditions a veces recurre a la opción más rústica Casa Matsiguenka Lodge (plano p. 458; ☏ 084-22-5990; www.manuexpeditions.com; Los Geranios, 2-G, Urb Mariscal Gamarra), construida en el estilo tradicional de la tribu machiguenga.

Otras opciones incluyen acampar en las orillas arenosas del río Manu o cerca de algunos lagos; las agencias proporcionan el material necesario. Durante la época de lluvias (de enero a abril), estas zonas están inundadas y no se puede acampar en el parque. Se debe llevar repelente de insectos.

Manu Wildlife Center y alrededores

Tras un viaje en barco de 2 h hacia el sureste de Boca Manu por el río Madre de Dios se llega a Manu Wildlife Center (plano p. 458; i/d 5 días y 4 noches 2282/3872 US$), un hostal propiedad de InkaNatura Travel (p. 467) y Manu Expeditions (p. 467), que se encargan de las reservas. Aunque no está dentro de la Reserva de la Biosfera, se recomienda para la observación de fauna y flora. Se emplaza en medio de un jardín tropical y cuenta con 22 cabañas dobles con mosquiteras y duchas de agua caliente, un bar y una sala con hamacas. Algunos circuitos comienzan con un vuelo a Puerto Maldonado y remontan el río Madre de Dios hasta el Manu Wildlife Center, una opción que permite explorar tramos poco conocidos. Otras variantes incluyen acampada de una o dos noches en el parque.

Paseando por los 48 km de senderos alrededor del centro se pueden avistar 12 especies de monos, así como otros ejemplares de fauna y flora local. Cuenta con dos plataformas cubiertas, una de ellas está siempre disponible para los huéspedes que quieran ver el dosel de la selva tropical y observar las aves.

Tras una caminata de 3 km por la selva se llega a una *collpa* donde se ha levantado una plataforma con mosquiteras para observar la actividad nocturna de los tapires. Con paciencia, las posibilidades de ver fauna son excelentes. Durante el día la actividad en los bancos de arcilla es escasa.

Cerca, otra *collpa* a la que se llega en barca por el Madre de Dios atrae a varias especies de loros y guacamayos. Por las mañanas se ven cientos de bandadas, sobre todo desde finales de julio a septiembre. Cuando llega la estación de lluvias su número disminuye y en junio las aves no visitan el salegar. En mayo y a principios de julio tampoco hay mucha actividad, aunque los ojos expertos podrán avistar algunas bandadas.

La *collpa* de guacamayos se visita en un catamarán cubierto en el que se pueden ocultar hasta 20 personas para observar la fauna y flora. Es lo bastante estable como para utilizar el trípode y el teleobjetivo, y llega hasta la mitad del río. La tripulación tiene experiencia y nunca se acerca demasiado para no molestar a los pájaros.

Además de los senderos y los salegares, en un par de lagos cercanos, que se visitan en catamarán, pueden verse nutrias gigantes y otros animales. Si se desea ver las *collpas* de guacamayos y tapires, los lagos, el dosel forestal y recorrer los senderos en busca de fauna, se deberá planear una estancia de tres noches en el Manu Wildlife Center. También se pueden negociar estancias más breves o más largas.

Cerca del Manu Wildlife Center, se encuentra el rústico Tambo Blanquillo Lodge (☏ Cuzco 084-23-4517, Lima 01-249-9342; av. Nicolás de Piérola 265, Barranco, Lima) con habitaciones con baño privado o compartido. Algunas compañías de Cuzco combinan esta opción económica con un circuito que incluye otros refugios de la zona de Manu, pero los precios varían. No es posible alojarse solo en Blanquillo. Entre los operadores de circuitos se cuentan Pantiacolla Tours (p. 467).

Los que continúen corriente abajo por el río Madre de Dios, pasando las zonas de lavado de oro hasta Puerto Maldonado, no podrán observar mucha naturaleza virgen.

Amazon Trails Perú (p. 467) también se encarga del transporte para continuar en barco/autobús, pero hasta Puerto Maldonado el transporte es escaso y casi todos los visitantes regresan a Cuzco.

CENTRO DEL AMAZONAS

Los limeños suelen visitar esta zona relativamente accesible del Amazonas (8 h en autobús), durante sus vacaciones. La provincia tropical de Chanchamayo, que abarca casi toda la región, es muy diferente de la franja desértica de la costa o de los Andes. La última hora del viaje es destacable por el rápido cambio de vegetación y clima según se desciende desde los Andes hasta la selva central. La zona es conocida por la producción de café y fruta y comprende dos ciudades principales: La Merced y San Ramón, y otras comunidades remotas. La región ofrece al viajero una buena oportunidad de conocer la forma de vida de la Amazonia en todo su esplendor. Los más aventureros pueden seguir vía Satipo a través del cinturón central de la Amazonia hasta el puerto de Pucallpa, punto de partida de excursiones por el río que se adentran en la selva.

La Merced y San Ramón

☑064 / 52 000 HAB. / ALT. 800 M

San Ramón se halla 295 km al este de Lima, y La Merced, pasados 11 km. Los dos asentamientos clave de Chanchamayo son bastante agradables. La resistencia de los asháninkas a los colonizadores hizo que estas poblaciones no se fundaran hasta el s. XIX. Hoy son populares destinos vacacionales nacionales y estupendas bases para explorar el exuberante paisaje de los alrededores, con fotogénicas colinas boscosas y cascadas que vierten sus aguas en el valle del río Chanchamayo. En temporada alta el precio de las habitaciones casi se duplica y conviene reservar el alojamiento.

◉ Puntos de interés y actividades

Algunos mercados locales añaden algo de colorido, como el mercado diario en La Merced, y el interesante mercado que se celebra el fin de semana en San Luis de Shuaro, a 22 km de La Merced, frecuentado por indígenas. Los asháninkas acuden de vez en cuando a La Merced para vender objetos de artesanía.

Vistas MIRADOR

(Av. 2 de Mayo, La Merced) Las escaleras en el extremo noroeste de la av. 2 de Mayo ofrecen buenas vistas de la localidad, y desde el balcón situado en el extremo suroeste pueden hacer buenas fotos del río.

Catarata El Tirol CASCADA

Entre las muchas cascadas de los alrededores de San Ramón, esta de 35 m de altura es la más visitada. Se halla 5 km al este de San Ramón a un lado de la carretera de La Merced. Se puede tomar un taxi para recorrer los primeros 2 km; y caminar los últimos 3 km, que transcurren por umbrosos senderos y arroyos forestales.

Más allá de La Merced por la carretera Pichanaqui, en el Puente Yurinaki, se pueden ver las cascadas de mayor altura: el Velo de la Novia y la catarata Bayoz. Las agencias de La Merced o Tarma organizan excursiones a las tres cascadas.

Isla Las Turunas DEPORTES DE AVENTURAS

(☑942-600-089; La Merced) En el extremo sur de la calle Las Guanábanas, al sur de la carretera de San Ramón a La Merced, este frondoso enclave salpicado de lagunas se ha convertido en un divertido y bien organizado parque de aventura, que ofrece kayak y descenso en tirolina, además de una tentadora piscina. El restaurante prepara un estupendo tacacho con cecina (banana asada y albóndigas con cerdo ahumado).

🛏 Dónde dormir

La Merced cuenta con muchos alojamientos decentes; algunos atractivos hostales de lujo se hallan a las afueras de San Ramón.

🛏 La Merced

No hay que buscar mucho en las manzanas del centro para encontrar un hospedaje barato, por 20 PEN/persona o menos.

Hotel Rey HOTEL $

(☑064-53-1185, 064-53-2375; www.hotelrey.net; Junín 103; i/d 60/80 PEN) Es muy popular y sus dueños lo saben. Los luminosos y bonitos pasillos (con teléfono público) conducen a habitaciones con ventilador, televisión por cable y duchas de agua caliente. Cuenta con un restaurante en el piso superior, con buena comida y vistas del mar de tejados de lata.

Hotel Elio's
HOTEL $

(☎064-53-1229; Palca 281; i/d 40/50 PEN) Situado junto a la plaza, con habitaciones tan grandes (las que dan a la calle son muy ruidosas) que las camas se pierden en ellas; escritorios, ventiladores, televisión por cable y baños impecables.

Tropical Hotel Suite
HOTEL $$

(☎064-53-2069; info@tropicalhotelsuite.pe; Arica 282; i/d 80/120 PEN) Es el único hotel con la suficiente altura para anunciarse en sentido vertical (siete plantas, bastante alto para lo normal en La Merced). Las amplias e impecables habitaciones están decoradas en un tropical tono verde lima. Una brillante opción de gama media.

Hotel Heliconia
HOTEL $$

(☎064-53-1394; www.heliconiahotel.com; Junín 992; i/d/tr desayuno incl. 100/150/200 PEN; ❊❅☎) El mejor de La Merced; cuenta con enormes habitaciones con aire acondicionado, neveras y baños relucientes. El desayuno se disfruta en un alegre entorno, y las vistas dan al parque Integración.

San Ramón

La ciudad no tiene nada especial. Los mejores sitios donde alojarse están en las afueras, en la carretera de La Merced.

★ Gad Gha Kum Lodge
HOSTAL $$$

(☎064-77-5964, 064-33-1935; www.elmensajerolodge.com; carretera Central km 98; cabañas i/d 180/250 PEN) Es el hostal más bonito de los alrededores: cuenta con un amplio terreno, su propio sendero hacia una cascada, cabañas de gran tamaño bien equipadas con terraza, una coqueta piscina y un restaurante central con techo de paja. También hay espacio para acampar, y el hostal es famoso por sus tratamientos con masajes. Los minibuses de La Merced a San Ramón pasan por delante.

 Dónde comer

Las opciones son muy básicas.

Chifa Felipe Siu
CHINA $

(Progreso 434, San Ramón; comidas 15 PEN; ⊙11.00-14.00 y 18.30-23.00) El mejor restaurante chino del Amazonas.

Restaurant Shambari Campa
PERUANA $$

(Tarma 389, La Merced; principales 18-27 PEN; ⊙6.30-12.30) Este pequeño y famoso restaurante en la plaza ofrece una carta muy extensa, que incluye un sensacional chancho (cerdo de la selva).

 AMAZONIA: PRINCIPALES VIAS DE ACCESO

Puerto Maldonado (sur del Amazonas) Conexión fluvial, por carretera y aeropuerto.

La Merced/San Ramón (Amazonia central) Conexión por carretera.

Pucallpa (Amazonia central) Conexión fluvial, por carretera y aeropuerto.

Yurimaguas (norte del Amazonas) Conexión fluvial y por carretera.

Iquitos (norte del Amazonas) Conexión por carretera y aeropuerto.

🛍 De compras

Chanchamayo Highland Coffee
CAFÉ

(☎064-53-1198; www.highlandproducts.com.pe) El único sitio donde se puede probar y comprar el café que da renombre a Chanchamayo. Perú es uno de los mayores productores de café del mundo, aunque lo exporta casi todo. El local es efectista pero agradable, y junto a la tienda se pueden ver exposiciones sobre la producción cafetera y las antiguas máquinas empleadas en la misma. Está 1 km al noreste de la estación de autobuses en la carretera a Satipo. También ofrece gran variedad de tentadoras mermeladas y helados.

ℹ Información

En ambas localidades hay una sucursal del BCP con cajero automático y muchos teléfonos públicos. La Merced cuenta con mejores instalaciones: es casi imposible recorrer una manzana sin encontrar un cibercafé.

Hospital Selva Central (☎064-53-1408; Los Robles esq. Los Cauchos, La Merced)

Comisaría de policía (Julio Piérola esq. Passuni, La Merced)

Correos (av. 2 de Mayo, La Merced)

ℹ Cómo llegar y salir

AVIÓN

La pista de aterrizaje de Chanchamayo se halla a 30 min a pie desde San Ramón. Los mototaxis llevan allí (por 3 PEN aprox.). En teoría operan aviones pequeños a casi cualquier parte de la región, pero está desierta casi siempre.

AUTOBÚS

La terminal principal de autobuses se halla 1 km al este desde el centro de La Merced, y de ella salen y llegan casi todos los autobuses. La mayoría del transporte se basa en colectivos (que salen cuando se llenan), por lo que los horarios son irregulares; lo mejor es llegar lo más pronto posible y preguntar.

Hay autobuses directos desde Lima a Chanchamayo, aunque muchos viajeros interrumpen el viaje en Tarma. Se aconseja viajar los 70 km desde Tarma a San Ramón de día para disfrutar de las vistas durante el espectacular descenso de 2200 m.

Muchas compañías van a Lima (35 a 50 PEN, 8 h) desde La Merced, entre ellas **Expreso Molina Unión** (☑988-893-599; av. José De Aguirrezabal s/n), con su propia terminal a 1 km de la principal, en la carretera de San Ramón. Otras empresas también van a Lima, como Transportes Salazar, con varias salidas de día y/o de noche. Sus oficinas se encuentran en la terminal principal de autobuses o frente a ella, en Prolongación Tarma.

Autobuses de varias compañías salen con frecuencia hacia Tarma (10 PEN aprox., 2½ h) y siguen hacia Huancayo (15 a 20 PEN, 4½ h) vía Jauja.

El transporte a la selva se efectúa en grandes microbuses o camionetas. Los colectivos recorren algunas rutas por un precio algo más elevado. Salen minibuses para Pichanaqui (5 PEN, 1½ h) y Satipo (10 PEN, 2½ h) cada ½ h, y también con frecuencia para Oxapampa (10 PEN, 3 h), donde se hace transbordo para ir a Pozuzo (4 h más).

TAXI

Los colectivos de cuatro pasajeros que van a Tarma (20 PEN, 1¾ h), Oxapampa (15 PEN, 2 h), Pichanaqui (10 PEN, 1 h) y Satipo (21 PEN, 2 h) desde paradas señalizadas en la terminal de autobuses.

❶ Cómo desplazarse

De la parte exterior de la terminal salen con frecuencia microbuses a La Merced y a San Ramón que paran en los hoteles a lo largo del trayecto (1,50 PEN, 15 min). Los conductores intentan cobrar más si creen que el destino es uno de los hoteles Flash a las afueras de San Ramón. Los mototaxis cobran 1 PEN por llevar desde la estación hasta el centro de La Merced.

Satipo

☑064 / 42 000 HAB. / ALT. 630 M

Esta apacible localidad de la selva es el centro de una región productora de café y fruta situada 130 km al sureste de La Merced, por una carretera que fue asfaltada en el 2000 para facilitar la salida de la producción. Desde entonces, Satipo ha experimentado un rápido crecimiento. Es interesante para los viajeros porque es el origen de una pista poco frecuentada y del trayecto por el río hasta Pucallpa (aunque no demasiados emprenden esta odisea).

En la atractiva plaza principal hay una sucursal del BCP (cajero automático) y numerosas pastelerías y heladerías. Las agencias turísticas del centro ofrecen excursiones a petroglifos y cascadas cercanas (algunas verdaderamente impresionantes).

El alojamiento más destacado entre los muchos de Satipo es el Hostal San Luis (☑064-54-5319; Grau 173 esq. Leguía; i/d 60/90 PEN; ❋☜), con habitaciones de tamaño respetable, que pueden reservarse en la cafetería de la planta baja, además de piscina.

Los microbuses y colectivos salen a menudo hacia Pichanaqui, donde se puede hacer transbordo a La Merced. Algunos van directamente a La Merced (21 PEN, 2 h) con menos frecuencia. Los autobuses salen de la estación de autobuses terminal terrestre, en el extremo suroeste de la localidad. El principal destino es La Merced (10 PEN), que ofrece mejores servicios para Lima y Huancayo.

Desde el cruce de Francisco Irazola con Bolognesi, salen colectivos a Mazamari (5 PEN, 30 min), Puerto Ocapa (25 PEN, 2 h) y finalmente, por una deteriorada carretera, a Atalaya, en la confluencia de los ríos Urubamba, Tambo y Ucayali. Desde allí es posible encontrar barcos a Pucallpa, a 450 km río abajo (un viaje que dura hasta 3 días). Si se emprende ese viaje conviene saber que se hace en lo más remoto de la jungla, con peligros como saboteadores de plantaciones armados.

Oxapampa

☑063 / 14 000 HAB. / ALT. 1800 M

Este pintoresco centro ganadero y productor de café, situado 75 km al norte de La Merced, está marcado por dos períodos clave de la historia: el primero se remonta a mediados del s. XIX, cuando llegaron unos doscientos colonos alemanes, cuyos descendientes (rubios de ojos azules) todavía viven en Oxapampa y alrededores; el segundo corresponde a los últimos años, en los que se ha producido una venta masiva de tierras a precio regalado, que ha atraído a una nueva oleada de pobladores, en su mayoría limeños. Como consecuencia, se han inaugurado nuevos hostales y restaurantes que contribuyen a mantener el atractivo turístico de la localidad. La cercanía de un magnífico parque nacional y la celebración del mejor festival de música de Perú hacen de este lugar uno de los más fascinantes de la Amazonia. Los edificios evocan la región tirolesa, se puede degustar comida austriaca y alemana, y escuchar el alemán antiguo que todavía hablan algunas familias, que además conservan muchas de sus costumbres. Hay una sucursal del BCP con cajero automático en la plaza principal.

◉ Puntos de interés

Parque Nacional
Yanachaga-Chemillén   PARQUE NACIONAL
(entrada 10 PEN) Al norte de Oxapampa se alzan las colinas coronadas por nubes de este parque poco visitado, con un bosque nuboso espectacular y gran diversidad de flora y fauna, incluido el exótico oso andino. La entrada más accesible se encuentra en una curva cercana a Carolina Egg Gasthaus, en el extremo este de la localidad. Una pista de 7 km, de los cuales 5 km son transitables, conduce a la entrada. Desde allí se puede hacer una bonita excursión de 2 h hasta la zona más elevada del bosque en Abra Esperanza (un lugar frío, a 2420 m).

Hay otro acceso al parque en Yuritunqui (tómese un microbús con destino Pozuzo y tras 60 km pregúntese al conductor dónde bajar). Hay refugios básicos en ambas entradas, y también justo por debajo de Abra Esperanza. Se puede obtener más información en la oficina de INRENA (Instituto Nacional de Recursos Naturales; ☎063-46-2544; Jr Pozuzo, cuadra 3 s/n) en Oxapampa.

Pozuzo   POBLACIÓN
Es un reducto germánico situado 4 h al norte de Oxapampa, al que llega un microbús diario. Tanto la arquitectura como sus habitantes parecen salir de un libro ilustrado sobre Tirol (o de un cuento de los Grimm, salvando las distancias).

⚔ Fiestas y celebraciones

Selvámanos   MÚSICA
(www.selvamanos.org) Se celebra en el Parque Nacional Yanachaga-Chemillén en junio desde el 2010. Es uno de los festivales más famosos de Perú, además de escaparate de la música contemporánea nacional: *rock* innovador, música electrónica, *reggae* y curiosas variaciones de cumbia. Es uno de los puntos

fuertes de la Semana Kultura, que se celebra al mismo tiempo, con eventos musicales y culturales variados en distintas poblaciones cercanas.

🍴 Dónde dormir y comer

★**Carolina Egg Gasthaus**   PENSIÓN **$$**
(☎063-46-2331; http://carolinaegg.com; av. San Martin 1085; i/d desayuno incl. 70/120 PEN; P❋❂🐾) Enfrente de la estación de autobuses de Oxapampa se halla este oasis de bonitas cabañas y habitaciones de madera, regentado por descendientes de colonos alemanes. En medio de un precioso jardín, y apartado de la carretera, cuenta con un par de terrazas sombreadas, una piscina y un restaurante. Seguramente es el único lugar del país donde se sirve *strudel* en el desayuno.

Ulcumano Ecolodge   HOSTAL **$$$**
(☎972-679-060; http://ulcumanoecolodge.com; Chontabamba; i/d 229/458 PEN) Situado en Chontabamba, a 10 km de Oxapampa, este hostal en medio del bosque es un paraíso para los observadores de aves. Su nombre hace honor al ulcumano, un árbol en peligro de extinción, que sobrevive en sus terrenos. Cuenta con 6 cabañas con capacidad para 18 personas, y un restaurante con hamacas. La lista de aves en la propiedad sobrepasa las 150 especies.

Ofrece circuitos de senderismo especializados en el Parque Nacional Yanachaga-Chemillén y se pueden hacer excursiones en bicicleta de montaña.

Das Tee Haus   CAFÉ **$**
(dasteehausoxa@gmail.com; Mullembruck 548; tentempiés y comidas ligeras 3-12 PEN; ⊙6.00-12.00 y 15.30-20.30) Es prácticamente el único lugar donde disfrutar de un buen café en toda la región, lo cual no deja de ser irónico. Este salón de té regentado por alemanes ofrece además estupendos pasteles caseros, sabrosas lasañas y varios tipos de té. En la charcutería de al lado se pueden encontrar delicatesen, incluido el queso Floralp.

La Nonna   PIZZERÍA **$$**
(Grau esq. Mariscal Castilla; *pizzas* 20-40 PEN; ⊙18.00-24.00) En la esquina de la plaza. Sirve deliciosas y crujientes *pizzas*.

🍸 Dónde beber

Vatter Otto   BAR
(Grau esq. Mariscal Castilla; ⊙18.00-hasta tarde) Tiene fama de estar abierto hasta que el último cliente decide irse a casa.

De compras

Floralp
COMIDA

(www.floralp-sa.com; carretera a Chontabamba km 2; ⏰9.00-21.00) Perú no sorprende por sus quesos, a excepción de Oxapampa. En la tienda de la factoría se pueden comprar unos cuantos quesos sabrosos, y con un poco de suerte hacer una visita guiada.

❶ Cómo llegar y salir

Los autobuses que van a Pozuzo por una carretera en mal estado (20 PEN, 4 h) salen de la plaza de Oxapampa a las 6.00, 10.00 y 14.00. La agradable estación de autobuses de Oxapampa está a ocho manzanas del centro en la carretera de La Merced, asfaltada en gran parte. De aquí parte el transporte a La Merced (autobuses 10 PEN, colectivos 15 PEN), y también los autobuses directos a Lima por la noche.

Pucallpa

🎵 061 / 205 000 HAB. / ALT. 154 M

El activo puerto de Pucallpa tiene un aspecto menos selvático que el de otras ciudades amazónicas. A pesar de ser un importante centro de distribución de mercancías por el ancho y amarronado río Ucayali, que atraviesa la ciudad de camino al río Amazonas, la selva parece muy lejana. Tras muchos kilómetros de viaje por la espesura tropical, Pucallpa se muestra poco impresionante y anodina, y el precipitado desarrollo moderno de su centro apenas disimula la sencillez de las chabolas, a pocas manzanas. Sin embargo, se ha empezado a adecentar con un atractivo paseo peatonal, y es el punto de partida de una espectacular aventura por el río hacia el norte, hasta Iquitos, e incluso más allá, si el tiempo lo permite, a Brasil y el Atlántico.

Además de la ciudad, hay una razón para quedarse: el encantador lago Yarinacocha, con refugios ribereños donde relajarse e interesantes comunidades indígenas para visitar.

◉ Puntos de interés

Muchos viajeros visitan la cercana Yarinacocha, más interesante que Pucallpa y con buen alojamiento.

Parque Natural
ZOOLÓGICO

(adultos/niños 3/1 PEN; ⏰9.00-17.00) A este zoo situado en medio de exuberantes jardines a unos 4 km del centro de Pucallpa se llega en los autobuses que pasan por la carretera al aeropuerto o en mototaxi (4 PEN). Se accede a través de las fauces de un tigre. Hay muchos animales, aunque la mayoría pueden verse durante cualquier excursión a la selva.

🛏 Dónde dormir

La mayoría de los alojamientos indicados ofrecen baño privado, ventiladores y televisión por cable.

Hostal Arequipa
PENSIÓN $$

(🎵061-57-1348; www.hostal-arequipa.com; Progreso 573; i 60-100 PEN, d 70-120 PEN; ❄🐶) Es una opción de precio medio popular, profesional y a menudo llena. Cuenta con agua caliente, minineveras, restaurante y agradables zonas comunes decoradas con arte shipibo. Las habitaciones con aire acondicionado, más caras, incluyen un desayuno continental.

Hospedaje Komby
PENSIÓN $$

(🎵061-59-2074, 061-57-1562; www.elkombypucallpa.com; Ucayali 360; i 65-80 PEN, d 85-130 PEN; ❄🐶🎵) Las habitaciones están limpias, aunque son sencillas, pero la piscina compensa. Las tarifas más altas corresponden a las que tienen aire acondicionado.

Grand Hotel Mercedes
HOTEL $$

(🎵061-57-5120; www.grandhotelmercedes.com; Raimondi 610; i 115-158 PEN, d 155-255 PEN; ❄🎵) El primer hotel de calidad de Pucallpa ha sido renovado recientemente. Todas las habitaciones cuentan con aire acondicionado y minibar, pero la diferencia cualitativa entre las nuevas y las más antiguas es mayor que la de precio. Con todo, este hotel limpio y confortable tiene cierta elegancia antigua, con un bonito patio ajardinado y piscina.

★ Manish Hotel Ecológico
CABAÑAS $$$

(🎵061-57-7167; www.manishhotel.com.pe; av. Lloque Yupanqui s/n; i/d desayuno incl. 180/230 PEN, bungaló 4 personas desayuno incl. 420 PEN; 🅿❄🐶🎵) Esta apacible extensión frondosa es toda una escapada de las polvorientas calles de Pucallpa. Con cabañas con tejas de terracota, las familias que se alojen en uno de los bungalós podrán relajarse en la terraza mientras los niños corretean en un entorno seguro entre las palmeras y la piscina.

Hotel Sol del Oriente
HOTEL $$$

(🎵061-57-5510; www.hotelessoldeloriente.com; San Martín 552; i/d/ste 230/285/460 PEN; 🅿❄🐶🎵) Es el mejor de la ciudad. No es ostentoso, pero sí confortable. Las habitaciones, un tanto anticuadas pero bastante espaciosas, cuentan con televisión por cable, minibar y ducha de agua caliente y están dispuestas alrededor de la piscina. Sirven un cóctel de bienvenida. Y además tiene gimnasio.

✖ Dónde comer y beber

Pucallpa cuenta con buenas cafeterías y heladerías, pero no demasiados buenos restaurantes. Puesto que hace tanto calor durante el día, suelen abrir a la 7.00 para desayunar.

La cafetería **Fuente Soda Tropitop** (Sucre 401; tentempiés desde 3-12 PEN; ☺7.00-24.00) sirve deliciosos pasteles y helados. Si se va a hacer un viaje largo conviene avituallarse en el **Supermercado Los Andes** (Portillo 545).

Chez Maggy   PIZZERÍA **$$**
(www.chezmaggylosmaderos.com; Inmaculada 643; *pizzas* 24-27 PEN; ☺17.00-24.00) Sirve *pizzas* soberbias elaboradas en un horno de leña en un moderno salón interior. Su curiosa sangría de sabor tropical combina bien con todos los platos.

Chifa Mey Lin   CHINA **$$**
(Inmaculada 698; principales 19-29 PEN; ☺18.00-23.00) Se lleva la palma por ser el mejor chifa (restaurante chino) de Pucallpa. Encontrar mesa puede ser todo un desafío, a pesar de su espacioso comedor. Los platos son espléndidos y la guinda es el karaoke que hay al lado.

El Rincón Ingles   PUB
(www.facebook.com/ElRinconInglesPucallpa; Alamedas esq. Jr Masisea; ☺18.00-24.00 ma-ju, hasta 3.00 vi y sa) No es un error: realmente hay un *pub* inglés en Pucallpa. El propietario es inglés, hay cervezas inglesas y belgas de barril, y comida típica inglesa. Pero cuesta encontrarlo: a 15-20 minutos en mototaxi desde el centro, hay que indicar "al costado de Pollería Junior".

🛍 De compras

Los indígenas shipibo venden recuerdos por las calles de la ciudad. Hay más artesanía cerca de Yarinacocha.

ℹ Información

Hay cibercafés por doquier, varios de ellos en la cuadra 3 de Tacna. Varios bancos tienen cajeros automáticos y cambian dinero y cheques de viaje. En las cuadras 4, 5 y 6 de Raimondi hay oficinas de cambio. Si se quiere contratar un guía para visitar la selva se debe ir a Yarinacocha.

Clínica Monte Horeb (☏061-57-1689; Inmaculada 529; ☺24 h) Buena atención médica.

Lavandería Gasparinet (Portillo 526; ☺9.00-

13.00 y 16.00-20.00 lu-sa) Autoservicio o servicio de lavandería.

Viajes Laser (☏061-57-1120, 961-900-513; www.laserviajes.pe; Raimondi 399) La Western Union está en una de las mejores agencias de viajes de Pucallpa.

ℹ Cómo llegar y salir

AVIÓN

El aeropuerto de Pucallpa está 5 km al noroeste de la ciudad. **Star Perú** (☏061-59-0585; 7 de Junio 865) ofrece vuelos directos a Lima a las 8.30 y las 16.30; el de la mañana continúa hasta Iquitos. De Pucallpa a Lima, los vuelos salen a las 13.00 y a las 18.10. Otra opción es **LAN** (Tarapacá 805) con tres vuelos diarios (aunque mucho más caros) a Lima.

A otras poblaciones, entre ellas Atalaya (en el río Ucayali), Contamaná, Tarapoto y Yurimaguas se llega en avionetas de pequeñas aerolíneas locales; se aconseja preguntar en el aeropuerto.

BARCO

El puerto de Pucallpa cambia de sitio en función del nivel del agua. Durante las aguas altas (enero-abril) los barcos amarran en el muelle que da al parque San Martín, en el centro.

Cuando el nivel del agua baja, el puerto se desplaza a varios puntos de la orilla, como **Puerto Henry** (Manco Capác s/n), y acaba unos 3 km al noreste de la ciudad, adonde se llega en mototaxi (3 PEN). Es muy extenso. Los destinos suelen nombrarse según la carretera de intersección más cercana.

Independientemente de la ubicación del puerto, los barcos van por el río Ucayali desde Pucallpa a Iquitos (80 a 100 PEN, si se trae hamaca propia, con comida sencilla, de 3 a 5 días). Los camarotes con 2/4 literas y baño privado incluyen un mejor servicio de comidas y cuestan de 150 a 400 PEN, dependiendo de la calidad y de las capacidades de negociación del viajero.

Los barcos anuncian las fechas de salida y los destinos en pizarras cerca de los muelles, pero es mejor hablar directamente con el capitán o con el responsable de la carga. Los viajeros deben presentar sus documentos la mañana de

Pucallpa

Zavala
Atahualpa
Inmaculada
Carmen Cabrejos
⊕ 11

Puerto
Henry (1 km);
Capitanía (2 km);
muelles (2 km)

Salaverry
Morey
✕ 5
Bolívar
6 ✕

Cáceres

Yarinacocha
(10 km)
Huáscar
Atahualpa
Castilla
Inmaculada

Tacna
Progreso
Tarapacá
Arica

3
Libertad

Plaza
de Armas
✕ 7
Huáscar
2 de Mayo

2
Catedral
✉ ● 14

Independencia
10 ⑤ ● 13
Tarapacá

Mercado
4 ◰
● 15
Mercado

Turismo
Ucayali (500 m);
El Rincón Inglés (3,5 km);
Parque Natural (4,5 km);
aeropuerto (5,5 km)

Sucre
San Martín
Tacna
9 ⑤

● 16
1 ◰
12 ●
Parque
San Martín

Raimondi
✕ 8

17 ◰
Portillo
Torre
del reloj

7 de Junio
Jr 9 de Diciembre

Vargas

su partida en **Capitanía** (☎061-59-0193; M. Castilla 754), adonde conviene ir para consultar la última información fiable sobre el horario o el itinerario. En Capitanía, solo los encargados de la documentación tienen información exacta sobre las salidas de los barcos. Cuando el río está alto zarpan a diario, pero en la temporada seca se reduce mucho la frecuencia.

Conviene escoger un barco que tenga buen aspecto. El *Henry V* es uno de los mejor equipados, con capacidad para 250 pasajeros.

No se trata de una travesía que pueda afrontarse alegremente; véase la p. 481 para más información sobre los viajes en barco). Hay que llevar una hamaca y repelente de insectos (se compran en el mercado de Pucallpa). En el barco venden bebidas embotelladas, pero se recomienda llevar botellas grandes de agua o zumo.

Para negociar los precios para un pasaje en barco por el río es mejor preguntar en cualquiera de ellos. Nunca se debe pagar antes de que el viajero y su equipaje estén ya a bordo del elegido; y solo al capitán. Se aconseja llegar al puerto con mucha antelación, pues la elección del barco puede llevar horas. Casi todos salen o al alba o bien ya avanzada la tarde o al anochecer.

En el viaje por río a Iquitos se puede desembarcar en varias comunidades, como Conta-

Pucallpa

🛏 Dónde dormir

🍽 Dónde comer

ℹ Información

ℹ Transporte

maná (unos 30 PEN, 15-20 h) y Requena, y continuar en el siguiente barco que pase (aunque en esos pueblos hay poco que hacer). También se puede preguntar por las lanchas motoras a Contamaná (unos 100 PEN, 5 h), que salen a las 6.00 casi a diario. El viaje de ida y vuelta (6 a 7 h) va contracorriente.

A veces hay barcos pequeños que suben por el río hasta Atalaya. Pregúntese en Capitanía o en el puerto.

Los "guías" del paseo marítimo de Pucallpa no se recomiendan. Para hacer excursiones por la selva se aconseja contratar un servicio fiable en Yarinacocha.

AUTOBÚS

El acicalamiento del centro de Pucallpa parece no haber afectado a las compañías de autobuses, las cuales salen de terminales varias a lo largo de la carretera al aeropuerto, a unos 4 km desde el centro, pasado el Parque Natural. Hay un par de compañías que todavía mantienen oficinas centrales de reserva. Se aconseja ir en taxi (unos 5 PEN) hasta la terminal pertinente.

Un autobús directo a Lima (70 a 90 PEN) tarda de 18 a 20 h en la temporada seca; se puede hacer una parada en Tingo María (20 PEN, 9 h) o Huánuco (25 PEN, 12 h). La carretera está asfaltada, pero es vulnerable a las inundaciones y la erosión. El trayecto es más seguro desde que hay presencia policial en algunos tramos de la ruta, pero sigue siendo más aconsejable viajar de día de Pucallpa a Tingo María.

León de Huánuco (☎061-57-5049; Tacna 765) cuenta con una oficina central de reservas y ofrece una salida a Lima a las 20.00, con parada en Tingo María y Huánuco. También hay un autobús cama a las 22.00. Otra compañía recomendable es **Turismo Central** (☎061-60-0122). No obstante, a menudo es mejor ir en taxi hasta el km 4 de la carretera al aeropuerto y preguntar en las distintas oficinas para encontrar el servicio más apropiado según el horario.

Turismo Ucayali (☎061-57-2735; Centenario 150) ofrece vehículos a Tingo María (45 PEN, 4½ h) que salen cada hora durante el día.

Unas cuantas empresas situadas en la cuadra 7 de Raimondi operan camiones y autobuses a poblaciones más remotas de la Amazonia, como Puerto Inca, pero también salen de sus terminales cerca del km 4 de la carretera al aeropuerto.

ℹ Cómo desplazarse

Los mototaxis al aeropuerto o Yarinacocha cuestan unos 7 PEN. Los taxis valen 10 PEN.

Yarinacocha

Unos 10 km al noroeste del centro de Pucallpa se encuentra Yarinacocha, un bonito lago formado en un meandro ideal para navegar en barca o en canoa, observar la fauna y flora, visitar comunidades indígenas y comprar su artesanía. El lago formó parte del Ucayali, pero hoy está cerrado, aunque un pequeño canal conecta las dos masas de agua durante la temporada de lluvias. Merece la pena pasar un par de días aquí.

El pueblo de **Puerto Callao**, a orillas del río, es un alivio del caos de Pucallpa. Está destartalado y solo hay un camino de tierra que flanquea los ajetreados muelles. Las águilas ratoneras deambulan junto a los peatones, y las *peki-pekis* no paran en todo el día.

Hay algunos alojamientos buenos, así como varios sitios donde sirven comida aceptable. También se pueden alquilar **barcos;** de hecho, los encargados de vender esos circuitos insisten a los turistas para llevarlos a su embarcación. Hay que escoger bien el barco, asegurarse de que tenga chalecos salvavidas de aspecto nuevo y bastante gasolina para el viaje, y sobre todo pagar al final del circuito. Se pueden observar delfines de río, perezosos, iguanas de un metro de longitud, el martín pescador verde metálico de la Amazonia y aves exóticas como la jacana, que tiene los dedos de las patas muy largos, lo que le permite caminar sobre las plantas flotantes de ríos y lagos. La temporada seca suele ser la mejor para la pesca.

☞ Circuitos

Muchos propietarios de *peki-pekis* ofrecen circuitos. Conviene tomarse el tiempo necesario antes de elegir uno. También hay guías que organizan circuitos a pie por los bosques de los alrededores, incluidas excursiones nocturnas.

Uno muy recomendable es Gilber Reategui Sangama (☑messages 061-57-9018; www.sacredheritage.com/normita), propietario del barco *La Normita* en Yarinacocha. Tiene equipo para las expediciones (sacos de dormir, mosquiteras, agua potable), es un gran conocedor de la zona y es respetuoso con la fauna, la flora y las personas. Cobra unos 210 PEN/persona y día, mínimo dos personas, para un circuito de entre tres y cinco días. Gilber vive en la aldea junto al lago de Nueva Luz de Fátima y ofrece circuitos para alojarse con su familia. Su padre es un chamán con 50 años de experiencia. Contáctese con él por adelantado si se desea hacer un circuito. Puede que otros guías hagan correr el rumor de que Gilber ya no trabaja o no está disponible; no hay que hacer caso.

Un buen barquero se deslizará lentamente por las aguas para que se puedan observar las aves de la orilla o los perezosos en los árboles. La puesta de sol es una buena hora para disfrutar del lago.

Los viajes en barco a las aldeas shipibo de San Francisco (adonde también se llega por carretera) o, mejor, de Santa Clara (a la que solo se llega en barco) también son populares. Los más breves se cobran a unos 25 PEN/h por el barco, que puede llevar a varias personas. Se puede regatear.

🛏 Dónde dormir y comer

En el muelle de Puerto Callao hay varios restaurantes baratos y animados bares.

La Maloka Ecolodge   HOSTAL $$
(☑061-59-6900; lamaloka@gmail.com; Puerto Callao; i/d 120/180 PEN; ❄) Es el único alojamiento decente de Puerto Callao. Vale la pena pagar un poco más por las comodidades que ofrece. Construido encima del agua, sus amplias y austeras habitaciones se erigen sobre pilares en el lago. Tiene un tranquilo restaurante al aire libre y un bar con vistas al lago; los delfines rosados suelen exhibir sus aletas.

La Jungla   BUNGALÓS
(☑961-971-865, 061-57-1460; bungalós 80 PEN/persona) En la orilla del Yarinacocha, al noreste del muelle de Puerto Callao, ofrece bungalós rústicos para hasta cuatro personas. Tiene un zoo, un tapir y un espacioso bar-restaurante. El padre del propietario organiza excursiones por la jungla cercana.

NORTE DEL AMAZONAS

La cuenca norte del Amazonas es la cuna del río que le da nombre, el cual mana de las profundidades de la selva peruana y llega hasta el océano Atlántico, a través de Brasil. En esta remota región escasean los asentamientos. Yurimaguas, en el oeste, e Iquitos, en el noreste, son los más importantes.

Yurimaguas

☑065 / 72 000 HAB. / ALT. 181 M

Este aletargado y anodino puerto es una de las poblaciones mejor conectadas del Amazonas peruano y la puerta de acceso al tramo septentrional del río. Lo visitan viajeros en busca de barcos que desciendan por el río Huallaga hasta Iquitos y el Amazonas propiamente dicho o quienes desean ver uno de los paraísos más ricos en fauna de Perú, la Reserva Nacional Pacaya-Samiria, accesible desde aquí. Aunque en Yurimaguas se ofrecen muchos, es mejor conseguir un guía para la jungla en Lagunas. Una carretera asfaltada conecta Yurimaguas con Tarapoto, hacia el sur.

🛏 Dónde dormir y comer

Aquí puede que sea más probable encontrar El Dorado que un hotel con agua caliente. Los más económicos flanquean las cuadras de Jáuregui al oeste de la plaza. Para comer, no hay mucho donde elegir, sobre todo si no se es un fan del pollo frito; los mejores restaurantes están en los hoteles.

Alojamiento Yacuruna   PENSIÓN $
(☑965-735-767; Malecón Shanusi 200; h desde 25 PEN/persona) Es un estupendo retiro rústico a orillas del río. Sus sencillas habitaciones, gustosamente decoradas, tienen baño compartido. Organiza circuitos a puntos de interés cercanos y a la Reserva Nacional Pacaya-Samiria. Se accede por unos escalones que bajan desde la plaza.

Río Huallaga Hotel & Business Center
HOTEL DE NEGOCIOS **$$**

(☑065-35-3951; www.hotelriohuallaga.com; Arica 111; i/d 180/220 PEN; ❋🛜🐕) El servicio es atento; las habitaciones, espaciosas, limpias y bien diseñadas; cuenta con piscina, bar y un restaurante (tal vez el mejor en la localidad) de tres niveles con buenas vistas del río Huallaga desde la azotea; e incluso tiene su propia agencia turística. Esta es la razón del alto precio del mejor hotel de la ciudad.

Las habitaciones más baratas (que no están mal) por tan solo 40 PEN/persona, se encuentran en la plata inferior.

Posada Cumpanama
PENSIÓN **$$**

(☑065-35-2957; www.posadacumpanamaperu.com; Progreso 403; i/d 75/85 PEN) Es un alojamiento decente, de precio ajustado, con un bar pequeño y acogedor, y habitaciones amplias dispuestas alrededor de una piscina, en un recinto separado del resto con muros que garantizan un sueño tranquilo.

Cevichería El Dorado
PERUANA **$**

(Aguirre 113; principales 18-25 PEN; ⏱8.00-16.30) La mejor opción para desayunar o almorzar, aunque un poco lejos del centro, por lo que es mejor ir en taxi. No es elegante, pero el ambiente es agradable y las raciones extremadamente generosas.

🏷 De compras

Las tiendas que venden hamacas para los viajes en barco se hallan en la parte norte del mercado, dos manzanas al oeste de la plaza central, en Jáuregui.

ℹ Información

Los circuitos a Pacaya-Samiria se pueden organizar mejor en la vecina Lagunas. El Banco Continental (con cajero Visa) y el BCP cambian dólares estadounidenses en efectivo y cheques de viaje. Las cabinas de internet y para llamadas aparecen y desaparecen, pero siempre hay varias junto a la plaza.

Cabinas de Internet (Jáuregui, en la plaza; 2 PEN/h; ⏱7.30-23.00) Cuenta con numerosos terminales, aunque la conexión en Yurimaguas no siempre es buena.

ℹ Cómo llegar y desplazarse

AVIÓN

Hoy en día ninguna compañía aérea ofrece servicio a Yurimaguas. El aeropuerto más cercano es el de Tarapoto, con vuelos a Lima e Iquitos.

BARCO

El puerto principal de La Boca está 13 cuadras al norte del centro. Los cargueros que salen de Yurimaguas navegan por el río Huallaga hasta el río Marañón y siguen por este río con destino Iquitos; tardan entre 2 y 4 días, con múltiples paradas para cargar y descargar. Suele haber salidas diarias, excepto los domingos. El billete cuesta unos 100 PEN en cubierta hasta Nauta para seguir después a Iquitos (con hamaca propia y comida sencilla) o unos 130 PEN en una litera en los camarotes dobles o cuádruples de la cubierta superior, con mejor comida y más seguridad para el equipaje; en Nauta hay que desembarcar y seguir por carretera hasta Iquitos (1 h). A bordo se vende agua embotellada, refrescos y tentempiés; hay que llevar repelente contra insectos y gorra. Se aconseja llevar también comida y agua suficiente. Los barcos de Eduardo (cinco) se consideran los mejores (aunque los lectores han informado de prácticas de crueldad contra los animales). Puede hacerse un alto en Lagunas (30 PEN, de 10 a 12 h), justo antes de que el río Huallaga se una al Marañón.

Transporte Rápido (☑962-562-270, 980-382-870; La Boca) cuenta con lanchas rápidas a Lagunas, que luego continúan hasta Iquitos, desde el puerto de La Boca. Salen de Yurimaguas a diario a una hora intempestiva, las 2.30. Llegan a Lagunas sobre las 7.30 o 8.00, y a Iquitos sobre las 18.00.

Hay barcos más pequeños y lanchas rápidas a Lagunas (100 PEN, 4½ a 5½ h) que salen del puerto de la ciudad, con una ubicación más práctica, 200 m al noroeste de la plaza de Armas.

AUTOBÚS

Dentro de los parámetros amazónicos, la carretera ahora asfaltada brinda un fácil acceso a Yurimaguas. Hay autobuses y taxis que llegan y salen de sus oficinas, 2 km al suroeste del centro. Varias compañías ofrecen servicio a Tarapoto (15 PEN, 3 h), con salida desde las incontables oficinas en la carretera de Tarapoto, o cerca de la calle Pastaza.

Numerosas empresas de colectivos viajan a Tarapoto (20 PEN, 2 h) desde la cuadra 5 y la 6 de Sifuentes, entre ellas la **Empresa San Martín** (☑065-35-1438; Sifuentes s/n). Salen cuando consiguen cuatro pasajeros.

TAXI

Los mototaxis cobran 1,50 PEN a cualquier punto de la ciudad.

Lagunas

📞 065 / 14 300 HAB. / ALT. 148 M

La razón principal para visitar esta población cenagosa y plagada de mosquitos es que se trata del mejor lugar para embarcarse con destino a la Reserva Nacional Pacaya-Samiria. Es extensa y remota, pero cuenta con tiendas (más caras que en otros lugares del país), aunque su oferta es limitada, por lo que conviene llevar provisiones de reserva. No dispone de servicios para cambiar dinero y apenas hay teléfonos públicos.

Circuitos

Los guías locales organizan excursiones para visitar Pacaya-Samiria. Es ilegal cazar dentro de la reserva, aunque se permite la pesca para consumo propio. La tarifa habitual es de 120-150 PEN/persona y día e incluye guía, barco y alojamiento en cabañas, tiendas y estaciones forestales. La comida y la entrada al parque se pagan aparte, pero los guías pueden cocinar para el viajero.

Hace unos años, dado el gran número de guías en Lagunas se creó una asociación oficial. Pasado un tiempo, de ella surgieron dos organizaciones, aunque la única que perdura es Estypel (📞 065-40-1080; www.estypel.com.pe; Jr Padre Lucero 1345), con una excelente reputación y dirigida por el acreditado guía Juan Manuel Rojas Arévalo.

En la actualidad hay otra asociación que va ganando importancia, Huayruro Tours (📞 965-662-555, 065-40-1186; www.peruselva.com; Alfonso Aiscorbe 2), excelente para organizar circuitos (sus guías conocen la reserva al dedillo). Los hay de hasta 22 días y coopera en programas como el de la reintroducción de tortugas en la reserva.

Dónde dormir y comer

El alojamiento ha mejorado, pero sigue siendo muy básico. Los albergues sirven comida barata. Para pollo y el plátano frito se recomienda el sencillo restaurante de la plaza.

Hostal Samiria PENSIÓN $
(📞 065-40-1061; Fitzcarrald; i/tr 25/50 PEN) Es tal vez la mejor opción de Lagunas. Las habitaciones son pequeñas, pero están limpias y cuentan con TV y baños decentes. Destaca su solitario patio central al que dan las habitaciones, con una zona de hamacas. Está cerca del mercado. Tienen previsto abrir un restaurante.

Hostal Paraíso Verde PENSIÓN $
(📞 959-941-566; contacto@hostalaparaisoverde.com; Daniel A Carrión 320; h desde 25 PEN/persona) Las habitaciones con baldosas están impolutas y son una muestra de la más alta categoría en Lagunas: cuentan con ventilador y TV, aunque hay que tener en cuenta que casi todas las noches hay cortes de luz que afectan a toda la población.

❶ Cómo llegar y salir

Las líneas regulares de barcos que se dirigen río abajo de Yurimaguas a Lagunas tardan entre 10 y 12 h, y zarpan del puerto de La Boca en Yurimaguas entre las 7.00 y las 8.00 casi a diario. Los horarios se anuncian en los tablones del puerto tanto en Yurimaguas como en Lagunas con un día de antelación. Las lanchas rápidas salen de Yurimaguas a las 2.30 (desde La Boca) o entre las 7.00 y las 8.00 desde el puerto cercano a la plaza, y tardan entre 4½ y 5½ h.

El destartalado puerto de Lagunas bulle de actividad entre las 7.00 y las 8.00, cuando muchas lanchas rápidas se disponen a remontar el río hasta Yurimaguas (40 PEN, 5½ a 6½ h), o a bajar hasta Iquitos (100 PEN, 10 h).

Reserva Nacional Pacaya-Samiria

Con una extensión de 20 800 km², la Reserva Nacional Pacaya-Samiria (entrada de 3 días 60 PEN) es el más grande de todos los parques y reservas de Perú. Ofrece hogar y sustento a sus habitantes, y además protege hábitats clave para la ecología. Se calcula que en ella y sus alrededores viven unas 42 000 personas. Unos 30 guardas forestales atienden las necesidades de sus habitantes y protegen la fauna y la flora. También les enseñan a obtener beneficios de los recursos naturales renovables y cuidar de la floreciente población de animales y plantas.

La reserva alberga animales acuáticos, como el manatí del Amazonas, el delfín rosa y gris, dos especies de caimanes, la tortuga gigante de río de Sudamérica, además de muchas especies de aves y otros animales.

Los alrededores de Lagunas han sido víctima de la explotación; hacen falta varios días para penetrar en las zonas más vírgenes. Con 15 días se puede llegar a Cocha Pasto, una laguna donde es posible ver jaguares y mamíferos grandes. Otros puntos destacados son la quebrada Yanayacu, cuyas plantas tiñen sus aguas de negro; el lago Pantean, donde se ven caimanes y se pueden recoger plantas medicinales, y Tipischa de Huana, donde hay nenúfares gigantes *Victoria regia,* tan grandes que un niño pequeño puede sentarse encima sin hundirse.

La oficina de la reserva en Iquitos (p. 492) ofrece información oficial sobre el parque; en Yurimaguas y Lagunas, la información es más limitada.

El mejor modo de visitar la reserva es en piragua, acompañado por un guía de Lagunas, y pasar varios días acampando y explorando la zona. Otra opción es contratar uno de los confortables barcos que salen de Iquitos.

Santa Rosa es el principal acceso desde Lagunas y el lugar donde se paga la entrada al parque (a menudo incluida en el precio de la excursión).

La mejor época para la visita es la estación seca, cuando hay más posibilidades de ver a los animales en las riberas de los ríos. A finales de mayo la lluvia cede. El nivel del agua tarda un mes en descender, de modo que julio y agosto son los mejores meses para visitar la zona (y la pesca es excelente). De septiembre a noviembre no está mal. En enero hay lluvias torrenciales y los meses de febrero a mayo son los peores. Entre febrero y junio hace mucho calor, por lo que el mejor momento para observar animales es muy temprano o al ocaso.

Se recomienda llevar suficiente repelente de insectos, bolsas de plástico para cubrir el equipaje y estar preparado para acampar al aire libre.

Iquitos

🕿 065 / 472 000 HAB. / ALT. 130M

Está comunicada por avión y por barco, pero es la mayor ciudad del mundo a la que no se puede acceder por carretera. Iquitos es una próspera y animada metrópolis de la jungla. Una selva virgen se halla justo enfrente de los elegantes bares y restaurantes con aire acondicionado que flanquean la ribera. Triciclos motorizados surcan las calles mientras los lugareños se reúnen en las plazas del centro. Chozas de adobe se mezclan con magníficas mansiones de azulejos. Diminutas canoas talladas a partir de un solo tronco se codean en el río con colosales cruceros. Quizá se llegue a Iquitos para vivir la aventura de un viaje en barco por el Amazonas, pero esta floreciente ciudad tentará a quedarse más tiempo en ella, ya sea para probar su cocina tropical, gozar de su animada vida nocturna o explorar uno de los mercados más fascinantes de Perú en el barrio flotante de chabolas de Belén. Debido a que todo es "importado", es una ciudad más cara que otras.

Historia

Iquitos fue fundada en la década de 1750 como misión jesuita y rechazó los ataques de las tribus indígenas que no querían ser convertidas. En la década de 1870 la explotación del caucho multiplicó por 16 su población y en los siguientes 30 años compartió al tiempo la riqueza más fastuosa con la pobreza más abyecta. Los barones del caucho se hicieron inmensamente ricos, y los trabajadores (en su mayoría indígenas y mestizos pobres) se convirtieron prácticamente en esclavos, que con frecuencia morían a causa del trato inhumano y las enfermedades.

Cuarenta años después, un empresario británico sacó clandestinamente de Brasil semillas del árbol del caucho, que fueron sembradas en la península de Malaca. Resultaba mucho más barato y fácil recoger el caucho en las plantaciones en hileras, que en los árboles repartidos por la cuenca del Amazonas. Así que a finales de la I Guerra Mundial, la fiebre del caucho en Iquitos se había esfumado.

La ciudad sufrió un grave declive económico en las décadas posteriores y se mantuvo con la tala de árboles, la agricultura (coquitos de Brasil, tabaco, plátanos y barbasco, una vid venenosa utilizada por los indígenas para pescar y que hoy se utiliza en la fabricación de insecticidas) y la captura de animales salvajes para zoológicos. En la década de 1960, el descubrimiento de petróleo trajo nuevamente la prosperidad. En los últimos años, el turismo también ha jugado un papel importante en su desarrollo.

👁 Puntos de interés

Las atracciones culturales de Iquitos, aunque limitadas, eclipsan a las de otras poblaciones de la Amazonia, especialmente con la aparición de dos nuevos museos. El animado malecón discurre entre Nauta y Ricardo Palma, y probablemente sea el principal punto de interés.

Los días de gloria del caucho dejaron como herencia los azulejos hechos a mano e importados de Portugal, que decoran las mansiones de los antiguos barones del caucho. Muchos de estos edificios, en Raimondi y el malecón Tarapacá, hoy son propiedad del Gobierno.

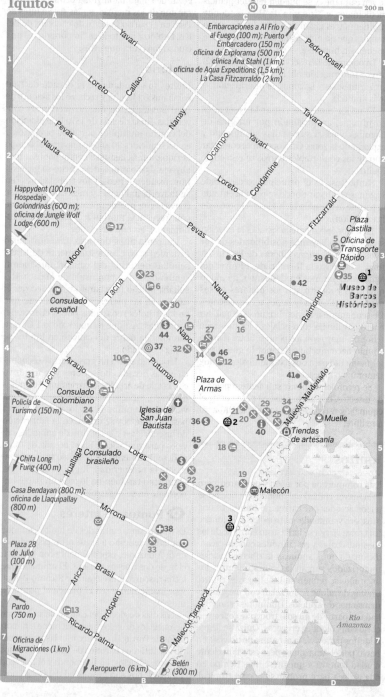

N 0 ————————————— 200 m

Yavari

Callao

Loreto

Pevas

Nauta

Embarcaciones a Al Frío y
al Fuego (100 m); Puerto
Embarcadero (150 m);
oficina de Explorama (500 m);
clínica Ana Stahl (1 km);
oficina de Aqua Expeditions (1,5 km);
La Casa Fitzcarraldo (2 km)

Pedro Rosell

Nanay

Ocampo

Yavari

Tavara

Loreto

Condamine

Happydent (100 m);
Hospedaje
Golondrinas (600 m);
oficina de Jungle Wolf
Lodge (600 m)

Moore

Tacna

Pevas

Nauta

Fitzcarrald

Plaza
Castilla

5 Oficina de
Transporte
Rápido

39

35

1

Museo de
Barcos
Históricos

Raimondi

23

6

30

7

44 Napo

27

32 14

37

10

31

Araujo

Tacna

11

Consulado
colombiano

24

Policía de
Turismo (150 m)

Chifa Long
Fung (400 m)

Huallaga

Consulado
brasileño

Lores

Casa Bendayan (800 m);
oficina de Llaquipallay
(800 m)

Morona

Plaza 28
de Julio
(100 m)

Arica

Brasil

Pardo
(750 m)

Próspero

Oficina de
Migraciones (1 km)

13

Ricardo Palma

Malecón Tarapacá

8

Aeropuerto (6 km)

Belén
(300 m)

17

Consulado
español

43

42

16

46

12

15

9

41

4

Plaza de
Armas

21

29

34

20

25

Malecón Maldonado

Muelle

Iglesia de
San Juan
Bautista

36

2

40

Tiendas
de artesanía

45

18

28

22

26

19

Malecón

3

38

33

Río
Amazonas

CUENCA DEL AMAZONAS

Iquitos

★**Museo de Barcos Históricos** MUSEO
(Plaza Castilla; 10 PEN; ◷8.00-20.00) Detrás de la Plaza Castilla se encuentra este nuevo y lúdico museo alojado en un barco de 1906: el bellamente restaurado *Ayapua*. Las exposiciones reflejan el variopinto pasado del Amazonas: exploradores, tribus, barones del caucho y hasta el rodaje de la película de Herzog *Fitzcarraldo en* 1982. La entrada incluye un paseo de ½ h por el río en un barco histórico (desde el río Itaya hasta el Amazonas).

**Museo de Culturas
Indígenas Amazónicas** MUSEO
(Malecón Tarapacá 332; 15 PEN; ◷8.00-19.30) Otro nuevo museo, cuya presentación intuitiva, invita a conocer los rasgos, tradiciones y creencias de unas 40 culturas indígenas amazónicas, con especial énfasis en las de Perú.

Casa de Fierro EDIFICIO HISTÓRICO
(Putumayo esq. Raymondi) Todas las guías de viaje hablan de la majestuosa casa de hierro diseñada por Gustave Eiffel. Se construyó

en París en 1860 y se importó pieza a pieza hacia 1890 para embellecer la ciudad. Eran los días de opulencia de la fiebre del caucho. Es la única superviviente de las tres que se importaron entonces. Parece un montón de chapas sujetas con pernos, antaño fue sede del Iquitos Club y hoy, en tiempos más humildes, una tienda.

◉ Belén

★**Belén** BARRIO
En el extremo sureste de la ciudad se halla el barrio flotante de chabolas de Belén, formado por una serie de cabañas construidas sobre balsas mecidas por el río. Cuando baja el nivel del agua, las balsas se posan sobre el barro del lecho seco del río, algo bastante insalubre. Sin embargo, durante la mayor parte del año, flotan en el agua ofreciendo un espectáculo exótico y colorido. Unas 7000 personas viven en Belén e innumerables canoas recorren las casas vendiendo productos de la selva. El mejor momento para visitar este barrio de

EL TRASLADO DE BELÉN

La orden viene de arriba: Belén, el barrio más emblemático de Iquitos, debe ser reubicado. La razón principal es la insalubridad: cuando sube el nivel del agua, esta mezcla de barrio de chabolas y mercado aposentado en balsas flota en el río, pero en la época seca éstas yacen en un lecho de barro pestilente. La cuestión es cómo reubicarlo y dónde: todo un quebradero de cabeza. En el momento de redactar la guía, unas cuantas familias de los centenares que viven allí habían aceptado el traslado; los demás se oponen con determinación. Sin el consentimiento de sus habitantes, y con la amenaza de que la reubicación suponga el fin del único medio de subsistencia que conocen (la pesca y el comercio fluvial), el traslado de Belén puede convertirse en un conflicto que se prolongue durante años.

chabolas es a las 7.00, cuando llegan los comerciantes. Hay que tomar un taxi hasta "Los Chinos", caminar hasta el puerto y alquilar una canoa para adentrarse en el barrio.

El mercado de Belén, enfrente del barrio, es ruidoso y está abarrotado, pero en él se puede encontrar todo tipo de productos exóticos entre las bolsas de arroz, azúcar, harina y los utensilios para la casa. No hay que perderse la corteza de los árboles *chuchuhuasi*, que se macera en ron durante semanas y se sirve como bebida tonificante en muchos bares locales. Esta y otras plantas amazónicas son ingredientes comunes en las fórmulas a base de hierbas, fabricadas en Europa y en EE UU y se emplean para reducir el dolor y la artritis. Se hacen compras interesantes pero conviene vigilar las carteras.

🏃 Actividades

Golf

Amazon Golf Club GOLF
(☎065-22-3730; www.amazongolfcourse.com; Quistacocha; golf-club alquiler incl. 75 PEN/día; ⊙6.00-18.00) Por sorprendente que pueda parecer se pueden hacer uno o dos recorridos por los nueve hoyos del único campo de golf de todo el Amazonas. Fundado en el 2004 por un puñado de expatriados nostálgicos, el campo de 2140 m era antaño una zona de monte bajo a unos 15 km de Iquitos. Ahora, aparte de los nueve *greens*, hace alarde de una casa de made-

ra para el club con un bar. El hoyo 4 es una belleza. El viajero podrá jugar frente a una isla rodeada de aguas infestadas de pirañas. ¡Que no pesque pelotas perdidas!

Cruceros por el río

Cruzar el Amazonas es caro. Los viajes más cortos pueden costar más de 1000 US$. También es un pasatiempo muy popular y a menudo es necesario reservar con antelación (se consiguen descuentos). Como es natural, los cruceros se centran en el río Amazonas, tanto corriente abajo (noreste) hacia la frontera de Brasil-Colombia, como corriente arriba hasta Nauta, donde convergen los ríos Marañón y Ucayali. Pasado Nauta, el viaje sigue ascendiendo por estos dos ríos hasta la Reserva Nacional Pacaya-Samiria. También se organizan viajes por los tres ríos que rodean Iquitos: el Itaya, el Amazonas y el Nanay. Los precios se dan en dólares estadounidenses. Una web útil para reservar gran parte de los siguientes es www.amazoncruise.net.

★ Dawn on the Amazon CRUCEROS
(☎065-22-3730; www.dawnontheamazon.com; Malecón Maldonado 185; excursión 1 día almuerzo incl. 79 US$/persona, cruceros de varios días desde 150 US$/día) Esta pequeña agencia tiene la mejor oferta para los viajeros independientes. El *Amazon I* es una bella embarcación de madera de 11 m de eslora con mobiliario moderno, ya sea para excursiones de un día o para cruceros más largos de hasta dos semanas. El precio incluye un guía, todas las comidas y transbordos. Se puede viajar con el anfitrión Bill Grimes y con su veterana tripulación por el Amazonas o bien por sus afluentes, más tranquilos (los cruceros más grandes solo pueden surcar los ríos principales). Aunque muchos operadores de cruceros ofrecen salidas e itinerarios fijos, Bill los adapta según las preferencias. El que recorre tres ríos es uno de los favoritos y la pesca y la observación de aves son las actividades más populares a bordo.

Aqua Expeditions CRUCEROS
(☎965-83-2517, 065-60-1053; www.aquaexpeditions.com; av. La Marina s/n; camarote en crucero de 3 noches por Marañón y Ucayali desde 3135 US$/persona) Ofrece dos barcos de lujo que salen dos veces a la semana con destino a la reserva Pacaya-Samiria. El MV *Aqua*, de 40 m de eslora, cuenta con 12 amplios camarotes de lujo (de más de 22 m²). El MV *Aria* cuenta con 16 espléndidos camarotes de tamaño similar y un *jacuzzi*. Ambas embarcaciones

ofrecen bonitos salones para la observación de animales. Los viajes duran tres, cinco y siete días.

La oficina se encuentra a 1 km del centro, en la av. La Marina.

Los cruceros cuentan con tripulación completa y guías. El precio incluye las comidas y además cuentan con pequeñas lanchas para hacer excursiones, como visitas a comunidades indígenas (para ver sus danzas y comprar objetos de artesanía), caminatas y observación de aves y delfines rosados (en los barcos grandes no se ve mucha fauna rara).

✦ Fiestas y celebraciones

San Juan   CULTURAL

(☉22-27 de jun) Es la gran fiesta del año y se celebra en torno al día de San Juan, el 24 de junio (el día principal). Lo festejan la mayoría de los pueblos del Amazonas, pero Iquitos honra al santo con mayor fervor, con bailes, peleas de gallos y, sobre todo, comida y frivolidad. El plato típico son los juanes (arroz espolvoreado con cúrcuma y mezclado con pollo, olivas o huevos cortados, envuelto en una hoja de bijao). La noche del 23 los lugareños se bañan en el río, pues se considera que ese día las aguas del Itaya tienen propiedades curativas.

Carrera Internacional
de Balsas   DEPORTE ESPECTÁCULO

(www.amazonriverinternationalraftrace.com/en; ☉sep/oct) Descenso anual del río entre Nauta e Iquitos en embarcaciones artesanales. Tiene lugar en septiembre u octubre.

🛏 Dónde dormir

En Iquitos hay una gran variedad de alojamientos: desde albergues económicos a hoteles de cinco estrellas.

Los mosquitos no suelen ser un problema. Los mejores hoteles suelen estar llenos los viernes y sábados, y durante las festividades importantes como San Juan. La temporada más concurrida es de mayo a septiembre, cuando los precios aumentan ligeramente. Gracias a la competencia, incluso los alojamientos económicos son bastante decentes, muchos con ventiladores y baños; los de gama media y superior ofrecen aire acondicionado y baño privado, normalmente con agua caliente. Los precios suelen subir en la temporada vacacional.

Hospedaje Golondrinas   PENSIÓN $

(☎065-23-6428; www.hospedajegolondrinas.com; Putumayo 1024; dc/i/d 20/35/46 PEN; ❄) Esta

pensión para mochileros ha ido ganando reputación gracias a sus precios razonables y las habitaciones bien cuidadas. Cuenta con piscina y ofrece estupendos circuitos por la selva a buen precio con destino a su propio hostal, Jungle Wolf.

La Casa Chacruna   PENSIÓN $

(☎065-53-3189; www.facebook.com/lacasachacruna; Napo 312; d 60 PEN) Aunque parezca increíble, justo enfrente del hotel más caro de Iquitos hay un alojamiento con las mismas vistas a la plaza por 500 PEN menos. Con la decoración más innovadora de la ciudad, en el salón comunal se puede degustar a cualquier hora un buen café.

Aunque las habitaciones no son demasiado espaciosas y pueden ser algo ruidosas por su ubicación en la plaza, esta pensión llena con elegancia el vacío entre albergues y hoteles.

Flying Dog Hostel   ALBERGUE $

(☎en Lima 01-445-6745; www.flyingdogperu.com; Malecón Tarapacá, entre Brasil y Ricardo Palma; dc/i/d/tr desayuno incl. 26/75/90/99 PEN; @🖥🛜) Es el mejor de los alojamientos tradicionales para mochileros: habitaciones limpias, luminosas, agua caliente y cocina comunitaria. Las dobles son un poco caras pero algunas cuentan con baño privado.

Hostal El Colibrí   PENSIÓN $

(☎065-24-1737; Nauta 172; i 60 PEN, d 70-90 PEN; ❄) Una muy buena opción económica, cerca del río y la plaza principal, con agradables y diáfanas habitaciones con ventilador y TV. Las más caras tienen aire acondicionado. Cuenta con tres plantas, lo cual, sumado a la pequeña cafetería, da la sensación de estar en un hotel.

La Casa Del Francés   PENSIÓN $

(☎065-23-1447; www.es.lacasadelfrances.com; Raimondi 183; dc/i/d 20/45/60 PEN) Un patio con hamacas conduce a esta pensión decente y económica. El paso de generaciones de mochileros se nota en el desgaste de las habitaciones de estilo colonial, pero aún así, están bien.

Hostal Florentina   PENSIÓN $

(☎065-23-3591; Huallaga 212; h 60-90 PEN; ❄) Las habitaciones de esta antigua casa colonial son pequeñas pero muy tranquilas. Todas cuentan con televisión por cable, mosquiteras y baños relucientes, y están apartadas de la carretera gracias a un patio con hamacas en la parte trasera. Las habita-

EL AMAZONAS DE HERZOG

El director alemán Werner Herzog, considerado un artista obsesivo e interesado en filmar la "realidad misma", rodó dos largometrajes en la selva peruana: *Aguirre, la cólera de Dios* (1972) y *Fitzcarraldo* (1982). El solo hecho de finalizarlos es ya más loable que las películas en sí.

Klaus Kinski, actor principal de *Aguirre,* era un hombre de carácter cambiante con tendencia a los arrebatos de ira. El documental de Herzog, *Mi enemigo íntimo,* retrata incidentes como cuando Kinski pegó a un extra que hacía de conquistador de forma tan brutal que solo el casco que llevaba debido a su papel lo salvó de la muerte. Casi al final de la filmación, tras varios altercados con un cámara en el río Nanay, Kinski estuvo a punto de abandonar el rodaje en una lancha motora. Herzog le amenazó con una escopeta para que se quedara. Sin embargo, en *Mi enemigo íntimo,* que cuenta ambas versiones del incidente, Herzog admite que estuvo a punto de lanzar una bomba incendiaria a la casa donde se alojaba Kinski y, según otros integrantes del equipo, el director a menudo exageraba. La biografía de Kinski, *Yo necesito amor* –aunque escrita en parte por Herzog– lo muestra como un bufón que no tenía ni idea de hacer películas.

Durante el rodaje de *Fitzcarraldo,* el primer actor elegido para el papel protagonista enfermó y el segundo, Mick Jagger, abandonó el rodaje para hacer una gira con los Rolling Stones. Tras un año de filmación, Herzog se vio obligado a llamar a Kinski una vez más. El colérico actor pronto se enfrentó a los machiguenga, que hacían de extras. Incluso los jefes de esta comunidad preguntaron a Herzog si quería que mataran a Kinski. Mientras rodaban cerca de la frontera entre Perú y Ecuador estalló la guerra entre ambos países y el ejército destruyó el plató. Hubo sequías tan extremas que los ríos quedaron sin agua y el barco de vapor del equipo permaneció varado durante semanas. A ello siguieron inundaciones que destrozaron el barco (de estas se habla en la *Conquista de lo inútil,* los diarios cinematográficos de Herzog). Si se desea saber más sobre el rodaje de la película se aconseja hablar con el personal de La Casa Fitzcarraldo, propiedad de la hija del productor ejecutivo de *Fitzcarraldo.*

Con Herzog resultaba difícil trabajar. Filmaba catástrofes ocurridas en el plató y las usaba en el montaje final. Una vez dijo que rodar en el Amazonas era desafiar a la propia naturaleza. El hecho de que acabara dos películas en la jungla peruana demuestra que, en cierto modo, la desafió verdaderamente, y triunfó.

ciones con ventilador son más baratas; las más caras disponen de aire acondicionado.

Casa Bendayan HOTEL-BOUTIQUE **$$**
(☑965-982-854, 065-50-0489; www.casabendayan.com; Brasil 1209; h desayuno incl. 135-195 PEN; ✳❄🖥🏊) Este hotel de reciente aparición dispone de solo cinco habitaciones enormes, realzadas con brillantes y vivos colores, además de piscina, una cancha de ráquetbol en la azotea y una zona de barbacoa. Carente del esnobismo de otros hoteles de lujo, sus circuitos por la selva con destino a su propio hostal, Llaquipallay Lodge, gozan de buena consideración.

Nativa Apartments APARTAMENTOS **$$**
(☑065-60-0270; www.nativaapartments.com; Nanay 144; apt 177-330 PEN; ✳🖥) Quienes deseen sentirse como en casa y hacerse su propia comida no necesitan seguir buscando: estos apartamentos de tamaño generoso son limpios, seguros, tranquilos y agradables.

Marañón Hotel HOTEL **$$**
(☑065-24-2673; www.hotelmaranon.com; Nauta 289; i/d desayuno continental incl. 99/150 PEN; ✳❄🖥🏊) El edificio recuerda a un ferri varado y está decorado con azulejos azules. Las habitaciones cuentan con baños espaciosos, además de minibar y todas las comodidades habituales. El restaurante ofrece servicio de habitaciones. Muy bien de precio.

★**La Casa Fitzcarraldo** PENSIÓN **$$$**
(☑065-60-1138, 065-60-1139; www.lacasafitzcarraldo.com; av. La Marina 2153; h desayuno incl. 180-420 PEN; 🅿✳❄🖥🏊) Tras los muros de un remoto y apacible jardín, 3 km al norte de la ciudad, este alojamiento es uno de los más interesantes. Toma su nombre de la película de Werner Herzog, pues el director y su equipo se alojaron aquí durante el rodaje de *Fitzcarraldo.* Uno se puede alojar en la habitación que ocupó Mick Jagger, con suelo de caoba, o en la suite de exuberante color verde Klaus

Kinski (con un hermoso cuadro de una mariposa), además de otras cinco habitaciones de diseño original.

Tiene una cabaña en lo alto de un árbol (icon wifi!) y una hermosa piscina (10 PEN para el público general), y el precio incluye un gran desayuno. También hay un bar restaurante, un minicine y varios residentes de cuatro patas. Las zonas comunes están decoradas con fotos del rodaje de *Fitzcarraldo*. Se llega en mototaxi desde el centro (2,50 PEN), y el precio incluye la recogida del aeropuerto.

Casa Morey   HOTEL-BOUTIQUE $$$
(065-23-1913; www.casamorey.com; Loreto 200; i/d desayuno incl. 210/285 PEN; ✳🛜❄) Esta mansión, antigua residencia del magnate del caucho Luis F Morey, data de 1910 y ha sido renovada respetando la elegancia de antaño. Cuenta con 14 suites de gran tamaño y azulejos originales de la época, grandes baños con bañera, vistas al río, un patio con piscina y una biblioteca con una estupenda colección de literatura sobre la Amazonia.

El grandioso comedor ofrece un entorno encantador para el desayuno (aunque los azulejos no son los originales).

Hotel El Dorado Plaza   HOTEL DE NEGOCIOS $$$
(065-22-2555; www.grupo-dorado.com; Napo 258; i/d desayuno incl. desde 784/896 PEN; ✳🛜❄) Con una ubicación privilegiada en la plaza, este moderno hotel es probablemente el mejor, y sin duda el más caro. Cuenta con 64 espaciosas habitaciones bien equipadas (algunas con vistas a la plaza, y otras a la piscina), *jacuzzi*, sauna, gimnasio, restaurante, varias suites, servicio de habitaciones las 24 h, dos bares y un personal muy atento. Los precios suelen reducirse cuando el hotel no está muy lleno.

Los propietarios regentan otros dos alojamientos: El Dorado Isabel (065-23-2574; Napo 362; i/d desayuno bufé incl. desde 264/297 PEN; ✳🛜❄), un poco más económico, y El Dorado Express (065-23-5718; www.doradoexpress.com; Napo 480; i/d desde 180/210 PEN), aún más barato, ambos con posibilidad de aprovechar las instalaciones del hotel en la plaza.

Hotel Victoria Regia   HOTEL $$$
(065-23-1983; www.victoriaregiahotel.com; Ricardo Palma 252; i/d desayuno incl. 330/372 PEN; ✳@❄) Una ráfaga de fresquísimo aire acondicionado recibe a los huéspedes de este confortable hotel. Ofrece excelentes camas y habitaciones de buen tamaño equipadas con modernas luces para leer, minineveras, secadores de pelo y baños con bañeras. Una de las suites cuenta con *jacuzzi*. La piscina climatizada y el elegante restaurante-bar atraen a huéspedes de alta categoría, algunos en viaje de negocios.

No obstante, no es mucho mejor que otros hoteles de la ciudad con un precio inferior en unos 100 PEN, pero en ocasiones tiene ofertas de tarifas reducidas.

Hotel Acosta   HOTEL $$$
(065-23-1761; www.hotelacosta.com; Araujo esq. Huallaga; i/d 198/231 PEN; ✳🛜) Ofrece amplias elegantes habitaciones en delicados tonos marrones y rojizos, con minibar, aire acondicionado, cajas de seguridad y escritorio. Cuenta con un restaurante en la planta baja.

🍴 Dónde comer

En la ciudad hay excelentes restaurantes, pero no hay que olvidar que muchas especialidades regionales se basan en animales en peligro de extinción, como por ejemplo el chicharrón de lagarto y la sopa de tortuga. El paiche, un pescado de río local, está recuperándose gracias a los programas de reproducción. Entre los platos más respetuosos con la naturaleza destaca el ceviche de pescado de río, el chupín de pollo (sabrosa sopa de pollo, huevos y arroz) y los juanes.

Para abastecerse, hay que ir al **Supermercado Los Portales** (Próspero esq. Morona).

★ Mercado de Belén   MERCADO $
(Próspero esq. Jirón 9 de Diciembre; menú desde 5 PEN) Se puede comer muy bien en los mercados de Iquitos, especialmente en el de Belén, donde el menú con un zumo especial cuesta 5 PEN. Hay que buscar especialidades como carnosos gusanos del Amazonas, *ishpa* (intestinos de sábalo y grasa) y *sikisapa* (hormigas cortadoras de hojas fritas; el abdomen es la parte más sabrosa) y cuidar de los objetos de valor. Otro buen mercado para comidas baratas es el **Mercado Central** (Lores cuadra 5).

Cafe Express   CAFÉ $
(Próspero 285; tentempiés/desayunos 3-10 PEN; ⏰7.00-16.00) Este es el mejor lugar para desayunar: hay que esperar turno para el periódico y compartir banco con los locales; el servicio infame forma parte de su encanto, así como la sabrosa comida.

Antica   ITALIANA $
(065-24-1672; Napo 159; principales 22-24 PEN; ⏰7.00-24.00) Es el mejor restaurante ita-

liano de la ciudad. Se dedican sobretodo a las *pizzas* (con un impresionante horno de leña), pero la pasta también ocupa un lugar importante en la carta, en la que destaca la lasaña. La comida se sirve en mesas de madera maciza y se puede acompañar con un buen vino italiano.

Ari's Burger
AMERICANA $

(065-23-1470; Próspero 127; comidas 9-23 PEN; 7.00-3.00) En la esquina de la plaza de Armas, este local limpio, alegre y luminoso recibe el apodo de "gringolandia". Dos de sus muros dan a la calle, con buenas vistas de la plaza y sus transeúntes. Casi siempre está abierto y sirve comida rápida americana (con atractivos toques amazónicos, como la hamburguesa con *paiche* (un pescado local). Es muy popular entre turistas y locales.

Mitos y Cubiertos
PERUANA $

(Napo 337; menús 12 PEN, principales 15 PEN; 11.00-23.30) El interior de este local evoca una visión provocada por la ayahuasca. Probablemente es el lugar más de moda en Iquitos, aunque discreto. La carta se basa en los clásicos nacionales, pero también hay opciones vegetarianas, *bruschettas* y platos imaginativos de pasta, con un toque especial.

El Sitio
PARRILLA $

(Lores esq. Huallaga; parrillas 10 PEN; 18.00-23.00) Gran variedad de deliciosa carne a la brasa. Abierto hasta que se ha vendido todo.

Coma y Punto
CEVICHE $

(Napo 488; principales 16-25 PEN; 9.00-17.00) Se ha convertido en el líder de los que compiten apasionadamente por ofrecer el mejor ceviche de la ciudad.

Huasai
PERUANA $

(www.huasairestaurant.com; Fitzcarrald 131; menús 14 PEN; 7.30-16.00) Céntrico y muy bien de precio, basa su éxito en el eficiente servicio y la gran variedad de sabrosas especialidades de carne y pescado, además de estupendos zumos.

Ivalú
PERUANA $

(Lores 215; tentempiés desde 3 PEN; 8.00-ppios por la tarde) Uno de los bares más populares, con zumos, pasteles y tamales (una masa de maíz rellena de pollo o pescado envuelto en hojas). Se aconseja ir temprano, antes de que se les acaben las existencias.

Chifa Long Fung
CHINA $

(San Martín 454; principales 10-20 PEN; 12.00-14.30 y 19.00-24.00) Entre los chifas de los alrededores de la plaza 28 de Julio, hay algunos más baratos, pero este vale la pena.

Kikiriki
COMIDA RÁPIDA $

(065-23-2020; Napo 159; cuarto de pollo desde 10 PEN) Como indica su nombre, su especialidad es el pollo asado. Lo sirven en un lecho de plátano frito, al estilo de la jungla, con un toque de legendaria salsa verde picante. También para llevar. Cuenta con sucursales por toda la ciudad.

★ Al Frío y al Fuego
FUSIÓN $$

(965-607-474; www.alfrioyalfuego.com; Embarcadero av. La Marina 138; principales 20-40 PEN; 12.00-16.00 y 19.00-23.00 ma-sa, 12.00-17.00 do) A este paraíso culinario flotante situado en medio de la desembocadura del río Itaya solo se llega en barco. Probablemente la mejor comida de la ciudad; pone énfasis en el pescado (como la deliciosa "doncella"), pero también sirve tentadoras parrilladas. La dirección es el punto de embarque del barco.

Se aconseja ir de noche para disfrutar de las vistas de la ciudad iluminada, por encima de la piscina del restaurante.

★ Amazon Bistro
INTERNACIONAL $$

(Malecón Tarapacá 268; desayuno 12 PEN, principales 20-40 PEN; 6.00-24.00;) Este local diseñado con cariño por su dueño belga, cuenta con una barra americana para desayunar (estilo neoyorquino, aunque en versión amazónica) y un comedor con vistas a la planta baja. La comida es imposible de etiquetar: hay bistecs argentinos, por no hablar de la influencia belga, que se impone disimuladamente en los crepes, *escargots*, y la oferta de cervezas belgas.

Además ofrece el mejor café de la ciudad, acompañado de un cruasán recién hecho. Es ideal para desayunar, aunque no está mal para tomar algo por la noche.

Dawn on the Amazon Café
INTERNACIONAL $$

(Malecón Maldonado 185; principales 18-32 PEN; 7.30-22.00;) Con una tentadora hilera de mesas en la calle y una carta con comida norteamericana, peruana, española y (lógicamente) china, es todo un viaje gastronómico. El pescado fresco al vapor es muy bueno. Todos los ingredientes están libres de glutamato y también hay opciones para celíacos.

Fitzcarraldo Restaurant-Bar
INTERNACIONAL $$

(065-50-7545; www.restaurantefitzcarraldo.com; Napo 100; principales 15-40 PEN; 12.00-hasta tarde;) Establecimiento de alta categoría a orillas del río, con comida y servicio de calidad. Hacen buenas *pizzas* (también a domicilio) y varios platos locales e internacionales. El combinado del Amazonas por 80 PEN incluye todas las especialidades de la selva en una fuente enorme. El aire acondicionado está un poco fuerte.

Gran Maloca   PERUANA **$$**
(Lores 170; menús 15 PEN, principales 25-42 PEN; ⊙12.00-23.00; ❄) Aquí se respira el ambiente de los gloriosos días del *boom* del caucho: manteles de seda, espejos que ocupan toda la pared e imaginativas delicias regionales como chupín de pollo, venado del Amazonas con coco tostado y la deliciosa tortilla Loretan con hojas de bijao.

El aire acondicionado hará cuestionarse al viajero por qué no pensó en unas vacaciones en la Antártida.

Karma Cafe   CAFÉ **$$**
(Napo 138; principales 7-30 PEN; ⊙9.00-24.00; 🕿) Este local refrigerado y evocador tiene de todo y muy bueno: comida tailandesa, india, vegetariana, peruana y cócteles. Ofrece un desayuno "hágalo usted mismo", además de la popular *happy hour* y excelente música en vivo varias noches a la semana. Hay un proyecto de jardín interior y piscina.

🍺 Dónde beber y vida nocturnra

Iquitos es una ciudad muy animada y el malecón, su piedra angular.

Arandú Bar   BAR
(Malecón Maldonado 113; ⊙hasta tarde) Es el más marchoso de varios bares colosales del malecón, estupendo para ver gente. Pincha clásicos temas de *rock* a todo volumen.

Musmuqui   BAR
(Raimondi 382; ⊙hasta 24.00 do-ju, hasta 3.00 vi y sa) Animado bar de dos plantas, popular entre los lugareños. Propone una amplia gama de cócteles afrodisíacos elaborados a base de plantas amazónicas.

El Pardo   DISCOTECA
(Cáceres esq. Alzamora; ⊙hasta 5.00 muchas noches) Este complejo alojado en una especie de estadio es el favorito, con una amplia pista de baile al aire libre. También cuenta con restaurante.

🛍 De compras

Unos cuantos puestos en el malecón venden artesanía de la selva, alguna de muy buena calidad, pero en algunos casos cara (el precio no siempre se corresponde con la categoría). Un buen sitio para comprar es el mercado de

---

COMIDA IMPRESCINDIBLE

Juane Arroz al vapor con cerdo o pollo, envuelto en una hoja de bijao.

Ceviche La versión amazónica de este plato de marisco marinado con cítricos, pero con pescado de agua dulce.

Parrilladas de la selva Carne marinada en salsa de nuez de Brasil a la barbacoa.

---

artesanía San Juan, situado en la carretera al aeropuerto (los conductores de autobús y los taxistas lo conocen). No deben comprarse artículos hechos de huesos y pieles de animales, pues se elaboran con fauna de la jungla. Es ilegal importar muchos de dichos productos a EE UU y Europa.

❶ Información

PELIGROS Y ADVERTENCIAS

Los vendedores ambulantes y supuestos guías trabajan a comisión y tienden a ser agresivos; muchos son demasiado insistentes y poco honestos. Se recomienda hablar directamente con hoteles, refugios y compañías de circuitos antes de tomar una decisión. Hay que tener especial cuidado en Belén, donde los pequeños robos son muy frecuentes. En Iquitos no ha habido casi ningún delito violento.

URGENCIAS

Policía nacional (☎065-23-1123; Morona 126) La comisaría de policía más céntrica.
Policía de Turismo (☎965-935-932, 065-24-2081; Lores 834)

INMIGRACIÓN

Quienes lleguen/salgan de Brasil o Colombia, deben pedir el sello de entrada/salida en la frontera.
Consulado brasileño (☎065-23-5151; Lores 363)
Consulado colombiano (☎065-23-1461; Calvo de Araujo 431)
Oficina de migraciones (☎065-23-5371; Mariscal Cáceres, cuadra 18)

ACCESO A INTERNET

En general cuesta 3 PEN/h; la conexión wifi de los hoteles suele ser mejor.
Cyber (Putumayo 374) Muchos ordenadores; sirve cerveza y está casi siempre abierto.

LAVANDERÍAS

Lavandería Imperial (Nauta cuadra 1; 12 PEN; ⊙8.00-20.00 lu-sa)

SERVICIOS MÉDICOS

Clínica Ana Stahl (☑065-25-2535; www.face
book.com/caas.iquitos; La Marina 285; ☺24 h)
Clínica privada 2 km al norte del centro.
Happydent (Putumayo 786) Dentista.
InkaFarma (Próspero 397; ☺7.00-24.00) Fiable.

DINERO

Varios bancos cambian cheques de viaje, facilitan efectivo a cuenta de tarjetas de crédito, o
disponen de cajero automático, incluido el **BCP**
(Próspero esq. Putumayo), con cajeros seguros.
Para cambiar dólares estadounidenses en efectivo con rapidez, hay cambistas en Próspero,
entre Lores y Brasil. Casi todos son sitios decentes, pero uno de los timos habituales es dar el
cambiazo de un billete de 100 PEN por uno de
20 PEN. Se deben extremar las precauciones si
se cambia dinero en la calle; es mejor acudir a un
banco. Las poblaciones en la frontera de Perú/
Brasil/Colombia también cuentan con cambistas. Se pueden hacer transferencias en **Western
Union** (☑065-23-5182; Napo 359).

CORREOS

Serpost (Arica 402; ☺8.00-18.00 lu-vi, hasta
17.00 sa)

INFORMACIÓN TURÍSTICA

Algunos guías y hostales de la selva ofrecen
información turística, obviamente haciendo
publicidad de sí mismos, lo cual está bien si se
desean contratar sus servicios; en caso contrario, rara vez resulta útil.
iPerú (☑065-23-6144; Napo 161; ☺9.00-18.00
lu-sa, hasta 13.00 do) También con oficina en
el aeropuerto (☑065-26-0251; aeropuerto
Francisco Secada Vignetta, vestíbulo principal;
☺solo cuando llegan/salen vuelos).
**Oficina de la Reserva Nacional Pacaya-
Samiria** (☑065-60-7299; Pevas 339; ☺7.00-
15.00 lu-vi)

❶ Cómo llegar y salir

AVIÓN

El pequeño pero activo aeropuerto de Iquitos, a
7 km del centro, recibe vuelos de Lima, Pucallpa,
Tarapoto y la ciudad de Panamá.

Las compañías de vuelos chárter ofrecen avionetas de cinco pasajeros para ir a casi cualquier
destino de la Amazonia, si se está dispuesto a
gastar unos cuantos cientos de dólares.
Copa Airlines (☑en Panamá 1-800-359-2672;
www.copaair.com) Dos vuelos semanales a
Ciudad de Panamá (miércoles y sábado).
LAN (☑065-23-2421; Próspero 232) Entre

cinco y siete vuelos diarios a Lima, varios vía
Tarapoto y Pucallpa.
Star Perú (☑065-23-6208; Napo 260) Dos
vuelos diarios a Lima: el de la mañana hace
escala en Pucallpa y el de la tarde, en Tarapoto.
Volar a Lima cuesta 100 US$ y a Pucallpa o
Tarapoto, aproximadamente 75 US$.

BARCO

Iquitos es el mayor puerto del río y el mejor
organizado del país. En teoría se puede realizar
todo el trayecto desde Iquitos hasta el océano
Atlántico, pero la mayoría de los barcos que
salen de aquí solo surcan aguas peruanas y los
viajeros se ven obligados a cambiar de barco
en la frontera entre Colombia y Brasil. Si se
desea ir por el río se llega a uno de los tres
puertos que están a entre 2 y 3 km al norte del
centro.

Puerto Masusa

Desde Puerto Masusa (Los Rosales), situado
unos 3 km al norte del centro, zarpan los
cargueros hacia Yurimaguas (río arriba, de 3
a 6 días) y Pucallpa (río arriba, de 4 a 7 días).
El billete cuesta de 80 a 100 PEN si solo se
contrata hamaca, y de 130 a 180 PEN por un
camarote diminuto. Casi a diario zarpan barcos hacia ambos destinos, y hay salidas más
frecuentes a los puertos intermedios más cercanos. Los barcos Eduardo son los que gozan
de mejor reputación para ir a Yurimaguas.

Los que navegan río abajo a la frontera con
Brasil y Colombia también salen de Puerto
Masusa. Hay dos o tres salidas semanales que
efectúan este viaje de dos días (80 PEN/perso-
na). Paran en Pevas (espacio para hamaca
40 PEN; 15 h aprox.) y otros puertos en ruta.
Los barcos amarran más cerca del centro si el
nivel del agua es muy elevado (de mayo a julio).

Puerto de barcos Henry

El puerto de los barcos **Henry** (☑965-678-
622; av. La Marina s/n; ☺7.00-19.00) está más
cerca del centro y mejor organizado, y ofrece
destinos de la ruta de Iquitos a Pucallpa.

En ambos puertos hay pizarras que anuncian
los barcos que zarpan, así como el horario, el
lugar de salida y si admiten pasajeros. Aunque
algunas agencias en la ciudad se encargan de
todos los trámites, es mejor acercarse al muelle. Solo hay que fiarse del capitán en lo que
se refiere a la estimación de la hora de salida,
y hay que tener cuidado, pues las fechas de
salida escritas en las pizarras cambian de un
día a otro.

A menudo se puede pasar la noche a bordo del barco mientras se espera a que zarpe, y de ese modo conseguir la mejor hamaca. Nunca se debe dejar el equipaje solo; por la noche se puede pedir que lo guarden bajo llave.

Puerto Embarcadero

El pequeño Puerto Embarcadero es el más próximo al centro, cerca del cruce de la av. La Marina con Ocampo. Desde aquí salen las lanchas rápidas hacia la frontera con Colombia y Brasil, a diario entre las 5.00 y las 6.00, excepto los lunes. El billete se debe comprar con antelación. Las oficinas de las lanchas se concentran en Raimondi, cerca de la plaza Castilla. Los precios habituales son 170 PEN a Pevas o 200 PEN por el viaje de 10-12 h a Santa Rosa, en el lado peruano, comidas incluidas.

Se puede reservar un camarote en un crucero en dirección a Leticia si hay disponibles, aunque suele ser más fácil conseguirlo en la dirección contraria, de Leticia a Iquitos (el capitán suele apiadarse más si se está estancado en Leticia).

ⓘ Cómo desplazarse

Sin duda los activos mototaxis son los transportes más auténticos y divertidos, aunque no muy seguros en caso de accidente. Siempre hay que entrar en ellos por el lado de la acera –el tráfico hace caso omiso de los pasajeros que los abordan– y mantener piernas y brazos dentro del vehículo en todo momento. Es habitual que haya roces y se tuerzan los guardabarros. La mayoría de los trayectos por Iquitos cuestan 1,50-3 PEN; un mototaxi al aeropuerto cuesta 8 PEN y los taxis, más difíciles de localizar, 15 PEN. En la recepción del hotel siempre se puede pedir que llamen un taxi.

Desde las proximidades de la plaza 28 de Julio salen autobuses y camiones a muchos destinos cercanos, incluido el aeropuerto. Los autobuses a este último destino se anuncian con el letrero Nanay-Belén-Aeropuerto y van hacia el sur por Arica.

Una carretera asfaltada se extiende 102 km a través de la selva hasta Nauta, en el río Marañón, cerca de su confluencia con el río Ucayali. Los pasajeros de embarcaciones fluviales procedentes de Yurimaguas normalmente desembarcan en Nauta para tomar un autobús hasta Iquitos, ahorrándose unas 6 h de viaje; los cruceros con destino Pacaya-Samiria y varios hostales de la selva ahora también salen de Nauta.

Las furgonetas a Nauta tardan 1½ h y salen desde el cruce de Próspero con José Gálvez. Es posible darse un chapuzón en las calas y playas que hay por el camino.

Alrededores de Iquitos

A unos 16 km de la ciudad, pasado el aeropuerto, se encuentra Santo Tomás, famoso por su alfarería y sus máscaras. Tiene algunos bares con vistas a Mapacocha, una laguna formada por un afluente del río Nanay. Para alquilar una barca basta con preguntar en los alrededores (una motora con conductor cuesta 30 PEN). Santa Clara está a unos 15 km, a orillas del río Nanay. Cuando desciende el nivel del agua se puede disfrutar de las playas de arena blanca (jul-oct) y alquilar barcas. Se llega a ambas aldeas en mototaxi (15 PEN aprox.) o en furgoneta por 2 PEN desde la parada de furgonetas de Nauta.

Corrientillo es un lago cercano al río Nanay, con unos cuantos bares diseminados por sus orillas. Es muy popular en la zona para bañarse los fines de semana y disfrutar de bonitas puestas de sol. Está a unos 15 km de la ciudad y los mototaxis cobran unos 15 PEN.

◉ Puntos de interés

Pilpintuwasi
Butterfly Farm RESERVA DE FAUNA Y FLORA
(☏065-23-2665; www.amazonanimalorphanage. org; Padre Cocha; adultos/estudiantes 15/9 PEN; ⊗9.00-16.00 ma-do) Se recomienda visitar este invernadero y criadero de mariposas amazónicas, entre las que se incluye la asombrosa morfo azul *(Morpho menelaus)* y la mariposa búho *(Caligo eurilochus)*. Aunque los que acaparan la atención son los animales exóticos. Hay traviesos monos, un tapir, un oso hormiguero y Pedro Bello, un majestuoso jaguar, todos recogidos al quedarse huérfanos y aquí se cuidan y protegen. Se accede en barca desde Bellavista-Nanay, un pequeño puerto 2 km al norte de Iquitos, hasta la aldea de Padre Cocha. Las barcas salen durante todo el día. La granja está bien señalizada y se halla a 15 minutos a pie cruzando la aldea desde el muelle de Padre Cocha.

Laguna Quistacocha LAGO
(entrada 3 PEN) A este laguna situada 15 km al sur de Iquitos se llega en microbuses (2 PEN) que salen a menudo desde cerca de la Plaza 28 de Julio (Bermúdez esq. Moore), y también en mototaxi (15 PEN). Hay un pequeño zoo de fauna local (que ha mejorado mucho en los últimos años) y una piscifactoría, con *paiches* de 2 m de

ℹ CRUZAR LA TRIPLE FRONTERA ENTRE PERÚ, COLOMBIA Y BRASIL

Hasta en medio del Amazonas los funcionarios de fronteras se ciñen a los trámites e impiden el paso si los documentos no están en regla. Con un pasaporte válido y un visado o tarjeta de turista vigente cruzar la frontera no supone ningún problema.

Al salir de Perú hacia Colombia o Brasil se recibe un sello de salida en el puesto de seguridad peruano antes de la frontera. Los barcos suelen parar aquí el tiempo suficiente; se puede preguntar al capitán.

Los puertos de la triple frontera se hallan a varios kilómetros y están conectados por ferris públicos. Se llega a ellos por aire o por barco, pero no por carretera. La ciudad más grande es Leticia, en Colombia, una bonita población fronteriza que presume de tener los mejores hoteles y restaurantes y un hospital. Se puede volar de **Leticia** a Bogotá en vuelos comerciales casi a diario. Otra opción es tomar el barco que pasa con escasa frecuencia hacia Puerto Asís, en el río Putumayo; el viaje puede durar 12 días. Desde allí los autobuses siguen adentrándose en Colombia.

Los dos pequeños puertos de Brasil son **Tabatinga y Benjamin Constant;** en ambos hay hoteles sencillos. Tabatinga tiene un aeropuerto con vuelos a Manaos. Si se va a volar a Manaos hay que pedir un sello oficial de entrada brasileño en la comisaría de policía de Tabatinga, una prolongación de Leticia adonde puede ir a pie o en taxi sin documentos de migración, a no ser que se quiera continuar hacia Brasil o Colombia. Los barcos salen de Tabatinga río abajo, suelen parar una noche en Benjamin Constant y seguir hasta Manaos, a una semana de allí. Se tarda casi 1 h en llegar a Benjamin Constant en ferri. Los ciudadanos españoles no necesitan visado para entrar en Brasil y Colombia, los estadounidenses sí.

Perú se encuentra en la parte sur del río, donde las corrientes desplazan con frecuencia la orilla. Casi todos los barcos que salen de Iquitos dejan al viajero en el pueblecito de Santa Rosa, donde hay servicios peruanos de migración. Las lanchas a motor llegan a Leticia en unos 15 min. Para los viajeros que van a Colombia o Brasil, Lonely Planet y geoPlaneta tiene guías de ambos países.

Si se llega desde Colombia o Brasil hay barcos en Leticia y Tabatinga hacia Iquitos. Se suele pagar entre 10 y 15 US$ por una noche en un viaje en carguero de dos días, o 65 US$ por uno "más rápido" (12-14 h), que zarpan a diario. Las tarifas y salidas son las mismas que para el viaje de vuelta, aunque descender el río desde Iquitos a la triple frontera es más rápido. Se puede subir a un crucero que remonte o descienda el río, pero hacen escalas de camino.

No hay que olvidar que pueden surgir imprevistos y aquí siempre se podrá comer, cambiar dinero, dormir y tomar un barco; basta con preguntarlo por ahí.

---

longitud, una especie hasta hace poco en peligro de extinción debido a la destrucción de su hábitat y a su popularidad por su buen sabor; aquí se intenta recuperarlo gracias a un programa de cría.

Una pasarela rodea la laguna, donde se puede nadar y alquilar botes de pedales (entre 5 y 10 PEN). Hay varios restaurantes y un sendero para ir andando hasta el río Itaya. Los fines de semana recibe muchas visitas.

☞ Circuitos

Los guías de la jungla abordarán al viajero en todo Iquitos. Algunos son operadores independientes y muchos trabajan para un refugio. Se sabe de experiencias diversas con guías privados. Todos han de poseer un permiso o licencia, de no ser así se recomienda consultar en la oficina de turismo. Conviene pedir referencias de los guías y ser cauteloso. Los mejores refugios suelen acaparar los guías más expertos.

Walter Soplin CIRCUITOS DE AVENTURA
(☏965-303-113; noche desde 50 US$/persona) Organiza exigentes circuitos de aventura que se adentran en la Reserva de Tamshiyacu-Tahuayo, increíblemente rica en flora y fauna, a unas 7-8 h en barco desde Iquitos. No hay que esperar lujos en las pequeñas cabañas situadas cerca de una de las comunidades más remotas de la Amazonia, Nuevo Jerusalén, alrededor de un lago de aguas oscuras. Debido al largo trayecto, el circuito dura 7 días y 6 noches.

🛏 Dónde dormir

En esta franja septentrional de selva peruana hay muchos hostales buenos, accesibles desde Iquitos, que ofrecen una gratificante experiencia en la selva.

Muchos de ellos se hallan a ambas orillas del río. Conviene escogerlos con calma, pues la calidad de los programas y actividades es variable. Algunos alojamientos de lujo y refugios más rústicos ofrecen zonas de acampada, excursionismo y pesca (la mejor época es entre julio y septiembre), así como otros viajes alternativos de aventura. Casi todos los refugios tienen oficinas en Iquitos.

En muchos casos, la estancia se puede reservar en Lima o incluso antes de hacer el viaje, pero si se contrata en Iquitos, seguramente saldrá más económico. Si se piensa reservar una vez allí, se aconseja no acudir durante el período vacacional peruano, pues se llena de gente, ni de junio a septiembre (meses secos y vacaciones de verano de viajeros europeos y estadounidenses).

Los refugios están a cierta distancia de Iquitos, por lo que el transporte por el río está incluido en el precio. Gran parte de la zona que rodea la ciudad, hasta 50 km de distancia, no es jungla virgen. La posibilidad de ver grandes mamíferos es muy remota y la visita a tribus locales está orientada al turismo. A pesar de todo, puede verse cómo es la vida en la jungla y observar aves, insectos y pequeños mamíferos. En los refugios más remotos se ve más fauna.

Una excursión clásica de dos días incluye un viaje por el río (2 a 3 h) a un refugio de la jungla razonablemente confortable y con la comida incluida, un almuerzo en la selva, una visita guiada a una aldea indígena para comprar artesanías y ver sus danzas, una cena en el refugio, un paseo nocturno en piragua para ver caimanes con reflectores y paseos por la jungla en busca de fauna. Un viaje así cuesta unos 300 US$, según la agencia de viajes, la distancia y la comodidad del albergue. En los más largos se recorre una parte mayor de selva y el coste por noche es más rentable.

Los precios mencionados son orientativos (con frecuencia se puede regatear) e incluyen comida, excursiones y transporte desde Iquitos. Los hostales cuentan con depósitos de agua purificada, pero hay que llevar agua para beber en el trayecto.

Actualmente, muchos hostales se concentran en los ríos Yarapa y Cumaceba, con un acceso mucho más sencillo (en la estación lluviosa solo se tarda de 1½ a 2 h desde Nauta) debido a un cambio en el curso del río, pero también rodeados de naturaleza virgen.

Jungle Wolf Lodge HOSTAL $$

(☎065-23-6428; www.junglewolfexpeditions.com; Putumayo 1024; desde 70 US$/persona y día) Los cazadores de gangas estarán encantados con este hostal, bonito y a buen precio. Está situado en la zona alta del río Cumaceba, un afluente del Yarapa, donde no hay tráfico fluvial, lo que implica tranquilidad y más posibilidades de ver animales salvajes. Se llega con autobús hasta Nauta, y desde allí en barco.

Amazonas Sinchicuy Lodge HOSTAL $$$

(i/d 3 días y 2 noches 313/534 US$/persona) Se encuentra en un pequeño afluente del Amazonas, 30 km al noreste de Iquitos. Sus 32 habitaciones, donde pueden dormir hasta cuatro personas, tienen duchas privadas con agua fría y se iluminan con faroles. En algunas hay acceso para sillas de ruedas. Se puede visitar en una excursión de un día desde **Iquitos**, (☎065-23-1618; www.paseosamazonicos.com; Pevas 246) donde está la oficina del hostal.

El Tambo Yanayacu Lodge, con techo de hojas de palmera, se halla 60 km al noreste de Iquitos y cuenta con 10 habitaciones rústicas con baños privados.

Las estancias en ambos refugios pueden combinarse en un solo viaje, incluidas visitas a comunidades yagua.

Cumaceba Lodge HOSTAL $$$

(☎065-23-2229; www.cumaceba.com; Putumayo 184-188; 3 días y 2 noches 240-335 US$/persona) Situado a unos 35 km río abajo desde Iquitos, funciona desde 1995. Cuenta con 15 habitaciones rústicas con mosquitera y ducha, y ofrece excursiones por la zona circundante, sin llegar a la selva primaria.

Los mismos propietarios regentan el Amazonas Botanical Lodge, con énfasis en el estudio de la flora de la selva, además de avistamientos de fauna salvaje.

Otorongo Lodge HOSTAL $$$

(www.otorongoexpeditions.com; d 5 días y 4 noches 500 US$/persona) Los viajeros recomiendan este hostal rústico situado a orillas de un apacible afluente del Amazonas, a 100 km de Iquitos. Ofrece 12 habitaciones con baño privado y una relajante zona común. Cuenta con pasarelas para observar de cerca una gran variedad de animales salvajes. Su propietario es un halconero que sabe imitar una cantidad increíble de cantos de aves. La oficina del hostal se encuentra en **Iquitos** (☎965-75-6131, 065-22-4192; Departamento 203, Putumayo 163).

CUENCA DEL AMAZONAS ALREDEDORES DE IQUITOS

PEVAS

Situada unos 145 km río abajo desde Iquitos, es la población más antigua del Amazonas peruano. Fue fundada por los misioneros en 1735 y hoy tiene unos 5000 habitantes pero ningún automóvil, oficina de correos ni bancos. Su primer teléfono se instaló en 1998. Sus habitantes son en su mayoría mestizos o indios de una de las cuatro tribus locales. Pevas es la ciudad más interesante entre Iquitos y la frontera.

Su principal atractivo es el estudio y galería de arte de uno de los artistas peruanos vivos más famosos, Francisco Grippa, quien construye sus lienzos a mano con corteza local, parecida a la que antaño usaban las tribus locales para hacer sus tejidos. Los cuadros expuestos son el resultado de sus dos décadas de observación del pueblo, los lugares y costumbres amazónicos. No hay que perderse la enorme casa con su torre vigía de tejado rojo sobre la colina, que se alza por encima del puerto. El artista a veces ofrece habitaciones en su propiedad a los viajeros. También hay alojamientos sencillos en el centro, donde al caer la noche se enciende el fuego de los puestos de vendedores de pollo frito.

Los cargueros con destino Leticia paran a petición en Pevas, así como los barcos rápidos que zarpan a diario (excepto los lunes) hacia la frontera entre los tres países (y lo mismo si se viene de Leticia). Tanto los lentos cargueros (40 PEN, 15 h) como los barcos rápidos (170 PEN, río abajo/río arriba 3½/5 h) conectan Pevas con Iquitos. Los operadores de circuitos a veces incorporan un viaje a Pevas. Si se llega por cuenta propia, se corre cierto riesgo de quedar atrapado hasta que aparezca algún barco.

La oferta de cinco días incluye visitas fuera de las rutas marcadas a comunidades de los alrededores, y salidas de acampada que permiten adentrarse más en la jungla. Ofrece un precio de 50 US$ diarios a los viajeros de camino a la frontera colombiana. Se aconseja preguntar por su programación de "pesca extrema" y supervivencia en la selva, algo en lo que su propietario es una eminencia.

Tahuayo Lodge
HOSTAL $$$

(☑en EEUU 800-262-9669, 813-907-8475; www.perujungle.com; 8 días y 7 noches 1295 US$/persona) Situado a 140 km de Iquitos, es el único hostal con acceso a la Reserva Tamshiyacu-Tahuayo de 2500 km², una zona de selva virgen donde se han registrado hasta 93 especies de mamíferos.

Sus 15 cabañas se hallan a 65 km subiendo por un afluente del Amazonas, están construidas sobre altos pilares de madera y unidas por pasarelas; la mitad tiene baños privados. También hay un laboratorio y una biblioteca. Aquí hay más posibilidades de ver fauna que en los refugios antes citados. Suelen verse hasta los titíes pigmeos que viven cerca. Los visitantes también pueden alojarse en el cercano Tahuayo River Research Center, que tiene una amplia red de senderos.

Explorama
HOSTAL $$$

(i/d 3 días y 2 noches 549/998 US$/persona) A 80 km de Iquitos navegando por el Amazonas, cerca de la confluencia con el río Napo, es uno de los primeros hostales construidos en la zona (1964) y preserva su encanto rústico. Cuenta con varios edificios de gran tamaño con techo de palma, que albergan 55 habitaciones con baño privado y agua fría. Los edificios están conectados por pasarelas cubiertas y se iluminan con lámparas de queroseno. Sus oficinas están en Iquitos (☑065-25-2530; www.explorama.com; av. La Marina 340).

Ofrece guías para acompañar a los huéspedes por algunos caminos que se adentran en la selva. Se puede organizar una excursión para visitarlo en combinación con otros hostales de Explorama (todos muy distintos entre sí) y el puente colgante situado cerca del ExplorNapo Lodge. Las tarifas indicadas son orientativas; contáctese con Explorama para informarse de las distintas opciones y descuentos.

Ceiba Tops
HOSTAL $$$

(i/d 3 días y 2 noches 580/1040 US$/persona; ❋@☎) Es el mejor equipado de la zona, a unos 40 km al noreste de Iquitos bajando por el Amazonas. Sus 75 habitaciones y suites de lujo cuentan con confortables camas y mobiliario, ventiladores, ventanas con mosquiteras, porches y espaciosos baños con duchas de agua caliente. Un terreno ajardinado rodea el complejo de la piscina, que tiene hidromasaje, tobogán de agua y una caseta para las hamacas. Pertenece a Explorama.

Al lado del restaurante hay un bar con música típica de la Amazonia en vivo cada día. Ofrece paseos cortos guiados y excursiones en barca; hay un bosque primario cerca con ejemplares de *Victoria regia* (nenúfares gigantes del Amazonas). Este refugio se recomienda a los viajeros que no buscan grandes aventuras. Celebra reuniones para incentivar negocios.

ExplorNapo HOSTAL $$$

(i/d 5 días y 4 noches 1280/2360 US$/persona) En el río Napo, a 157 km de Iquitos, este sencillo hostal regentado por Explorama cuenta con 30 habitaciones con duchas compartidas de agua fría. Su mejor baza son las caminatas guiadas por senderos en un remoto bosque primario, la observación de aves, un jardín etnobotánico lleno de plantas (que atiende un chamán local) y una visita a la cercana Canopy Walkway (pasarela del dosel forestal; caminata de ½ h).

El puente colgante es una de las principales atracciones; suspendido a 35 m de altura sobre la selva, ofrece vistas de las copas de los árboles y la fauna que habita en ellos. Téngase en cuenta que, debido a la gran distancia, la primera y última noche del circuito (5 días y 4 noches) se pasan en el Explorama lodge.

ExplorTambos Camp se encuentra a 160 km de Iquitos y a 2 h de caminata desde ExplorNapo. Es un campamento "primitivo" con capacidad para 16 personas como máximo, pero ofrece mejores oportunidades de observar la fauna y la flora que cualquier otro hostal de Explorama, gracias a su remota ubicación.

ACTS Field Station HOSTAL $$$

(srmadigosky@widener.edu) Se encuentra cerca del puente colgante, a unos 150 km de Iquitos, y cuenta con 20 habitaciones rústicas. Hay que reservar con antelación, ya que está muy solicitado por investigadores y grupos de trabajo. Los científicos que deseen pernoctar aquí deben contactar con el jefe de los estudios científicos, el Dr. S. Madigosky, en la dirección de correo indicada. Los viajeros pueden visitar este lugar dentro de un programa que incluye otros alojamientos.

★ Llaquipallay HOSTAL $$$

(☎959-338-607, 065-500-489; www.llaquipallayexpeditions.com; Brasil 1209; 2 días y 1 noche 180 US$/persona) Situado justo antes de la desembocadura del río Yarapa, un pequeño afluente del Ucayali en las lindes de la Reserva Nacional Pacaya-Samiria, está rodeado de agua casi todo el año, por lo que ofrece una experiencia más profunda y una mayor sensación de aislamiento que otros hostales de la selva. Las habitaciones son sencillas pero cuentan con mosquiteras, y los baños ofrecen probablemente las mejores vistas de la selva.

Está regentado por una familia oriunda de la zona. La comida es estupenda, y el sentido del humor del propietario convierte la estancia en una experiencia única. Los guías son excelentes, y las excursiones culturales a una pequeña comunidad cercana constituyen uno de sus principales atractivos. Se llega con autobús hasta Nauta, y desde allí en barco.

Treehouse HOSTAL $$$

(http://treehouselodge.com; i/d 3 días y 2 noches 895/1390 US$) Los ocho apartamentos de lujo encaramados en árboles sobre el río Yarapa resultan muy atrayentes y lo convierten unos de los alojamientos más impresionantes del Amazonas. Pero como suele suceder cuando los propietarios no están presentes, el servicio es lamentable, con personal inhospitalario y poco atento. Es confortable, pero la experiencia de la selva es nula. Se llega con autobús hasta Nauta, y desde allí en barco.

★ Samiria Ecolodge HOSTAL $$$

(www.samiriaecolodge.com; Napo 475; 3 días y 2 noches 400 US$/persona) Este nuevo y bonito hostal en el río Marañón no es mucho más "eco" que otros de la zona, pero sí bastante más llamativo. Las relucientes cabañas de 56 m² en madera oscura, con camas enormes, futones y sábanas de algodón, forman parte de un bello complejo de edificios con techo de paja, restaurante, bar y cafetería. Las actividades programadas tienen buenas referencias e incluyen un curso intensivo sobre botánica local.

★ Muyuna Amazon Lodge HOSTAL $$$

(☎065-24-2858; www.muyuna.com; oficina: Putumayo 163, Iquitos; i/d 3 días y 2 noches 440/735 US$) Este hostal de carácter intimista se encuentra a unos 140 km de Iquitos subiendo por el río Yanayacu. Está circundado por diez lagos bien preservados, en un área remota menos colonizada que la selva río abajo, lo cual contribuye a que sus huéspedes gocen de una experiencia fantástica, además de lujosa. Cuenta con 15 bungalós con capacidad para 2/6 personas, de cuidado diseño aunque un tanto artificiosos, con techo de paja, bonitos baños y balcones con hamacas.

Los propietarios peruanos son muy serviciales y se aseguran de que efectivamente se recicla, el personal se comporta de manera ecológica y ejemplar, y los huéspedes están a gusto. Durante la estación lluviosa el agua llega hasta los bungalós, comunicados con el comedor por amplias pasarelas cubiertas.

Los excelentes guías garantizan la observación de monos, perezosos y delfines, además de numerosas especies de aves típicas de la *varzea* amazónica (bosque inundado), entre ellas el piuri *(Crax globulosa),* seriamente amenazado y que únicamente se puede ver aquí, en la zona oeste de la Amazonia. Una de las actividades más inolvidables es la excursión nocturna en canoa remando por el laberinto de afluentes de aguas negras, con la vegetación y a menudo la fauna salvaje al alcance de la mano.

Comprender
Perú

Perú hoy

Desde la animada Lima hasta los empedrados pueblos andinos, Perú impresiona por su increíble diversidad, su ajetreado comercio y sus iniciativas innovadoras. En el 2011 se convirtió en una de las economías de más rápido crecimiento en el mundo. Aunque el progreso se ha ralentizado, sigue habiendo muchos aspectos positivos. Pero eso no significa que no haya problemas que resolver. Los conflictos medioambientales, el creciente tráfico de drogas y la incertidumbre política son preocupaciones que no tienen salida fácil. Pero aun así, Perú va avanzando.

Los mejores libros

'Los últimos días de los incas' (Kim MacQuarrie; 2007) Una histórica lucha entre civilizaciones.
'La tía Julia y el escribidor' (Mario Vargas Llosa; 1977) Un escritor enamorado de una mujer mucho mayor que él.
'Cuna de oro' (Christopher Heaney; 2010) Amena biografía de Hiram Bingham, el 'auténtico' Indiana Jones.
'Jugando en los campos' del Señor (Peter Matthiessen; 1965) Novela inspirada en los conflictos en la Amazonia.

La mejor música

Uchpa Banda quechua que aúna el punk *rock* peruano con el *blues*.
NovoLima Música afro-peruana y electrónica de fama internacional.
Bareto *Rock* alternativo y ritmos peruanos.
Arturo 'Zambo' Cavero Legendario cantante melódico.
Pauchi Sasaki Violinista que incorpora diversas influencias.

Etiqueta

Modales Las interacciones siempre comienzan con un formal "buenos días" o "buenas tardes".
Fotos Antes de fotografiar a personas en las comunidades indígenas ha de pedirse permiso y no sorprenderse si requieren dinero.
Antigüedades Es ilegal comprar antigüedades precolombinas y sacarlas de Perú.

Un 'boom' sin parangón

La estabilidad ha sido un bien escaso en Perú, que sufrió la violencia de la conquista, el caos de la primera república y varias dictaduras durante parte del s. xx. Pero el nuevo milenio ha tratado al país con más amabilidad. Su economía ha crecido desde el 2003, la inversión extranjera está en alza y las exportaciones –en agricultura, minería y productos manufacturados– han aumentado. El turismo también es una importante fuente de ingresos: el número de visitantes extranjeros pasó de 1,3 a 3,2 millones entre el 2003 y el 2014.

Además, a partir del 2000 se han celebrado una serie de elecciones pacíficas que aportaron estabilidad. En el 2011, un antiguo oficial del ejército, Ollanta Humala, hijo de un abogado laboralista quechua de Ayacucho, fue elegido presidente, y la inclusión social pasó a ser uno de sus objetivos prioritarios. Una de las primeras leyes aprobadas fue la obligatoriedad de consultar a los pueblos indígenas sobre las actividades de minería o la extracción que afectaran a sus territorios.

A medida que se acerca el final de la legislatura de Humala, las discusiones políticas, una economía estancada y la ausencia de un sucesor claro colocan a Perú en un estadio de incertidumbre tras un período relativamente estable de crecimiento.

Renacimiento cultural

Esta buena racha ha propiciado la actividad cultural, en gran parte centrada en su cocina. Si antaño Lima era una ciudad a evitar, hoy es un bastión de los *gourmets,* y sus festivales gastronómicos seducen a visitantes de todo el mundo. La Mistura, una reunión culinaria anual organizada por el célebre chef Gastón Acurio, atrajo a medio millón de personas en el 2013.

El creciente interés por la comida ha tenido un efecto dominó en otros ámbitos culturales. Los jóvenes diseñadores de moda crean líneas vanguardistas con tejidos de alpaca. Los innovadores grupos musicales fusionan el folk con la música electrónica. El aire fresco también ha llegado al arte contemporáneo, con la apertura del Museo Mario Testino, la renovación integral del Museo de Arte de Lima (MALI) y las nuevas galerías de arte en los barrios bohemios de la capital.

Un largo camino

Aún quedan retos importantes. Pese a que la pobreza ha descendido a la mitad desde el 2002, el auge económico no ha llegado a todos: la pobreza en el medio rural, por ejemplo, casi dobla la media nacional.

Además, Sendero Luminoso, el grupo guerrillero maoísta que llevó al país al borde de la guerra civil en la década de 1980, ha resurgido con un pequeño grupo de seguidores supuestamente financiado con el tráfico de drogas. Hoy Perú rivaliza con Colombia en producción de cocaína. Y ello también afecta al medioambiente, por la deforestación de zonas remotas de la selva y la contaminación química debida a la producción de coca.

Las huelgas contra la explotación minera en Cajamarca y Arequipa provocan malestar social así como preocupación medioambiental. Y, por supuesto, está la cuestión de la Amazonia, hoy partida por la carretera Interoceánica, una importante ruta comercial terrestre que conecta Perú y Brasil tanto física como económicamente. Es una maravilla de la ingeniería, pero ha suscitado temor entre los científicos por el impacto que podría tener en una de las últimas grandes zonas naturales del mundo.

SUPERFICIE: **1 279 996 KM²**

POBLACIÓN: **30,4 MILLONES DE HABITANTES**

PIB: **371 300 MILLONES DE DÓLARES**

TASA DE CRECIMIENTO DEL PIB: **2,4%**

INFLACIÓN: **3,2%**

DESEMPLEO: **6%**

si Perú tuviera 100 habitantes

45 serían indígenas
37 serían mestizos (mezcla indígena/blanco)
15 serían blancos
3 serían negros o asiáticos

grupos religiosos
(% de la población)

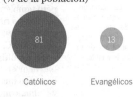

81 — Católicos
13 — Evangélicos
6 — Otros

población por km²

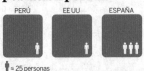

PERÚ   EE UU   ESPAÑA

≈ 25 personas

Historia

En 1532, cuando Francisco Pizarro desembarcó en Perú para conquistarlo en nombre de Dios y de la Corona española, la región ya había visto el auge y caída de otras civilizaciones. Aun así, la conquista lo cambió todo: economía, sistemas políticos, religión y lengua. La historia moderna ha sido una serie de réplicas de ese choque sísmico entre incas y españoles. El conflicto sigue incrustado en la psique peruana. Con él llegaron nuevas culturas, razas, voces, gastronomías y, a la larga, una nueva civilización.

Primeros pobladores

Existen varios debates sobre desde cuándo hay vida humana en Perú. Algunos expertos creen que los humanos poblaron los Andes ya en el 14000 a.C. (y existe al menos un informe académico que asegura incluso una fecha anterior). Sin embargo, la prueba arqueológica más concluyente sitúa a los humanos en esa zona alrededor del 8000 a.C. En las cuevas de Lauricocha (cerca de Huánuco) y Toquepala (a las afueras de Tacna) hay pinturas que muestran escenas de caza de aquel tiempo. En la última se ve un grupo de cazadores acorralando y matando lo que parece ser un grupo de camélidos.

En el año 4000 a.C. se empezaron a domesticar llamas y cobayas en el altiplano y posteriormente comenzó el cultivo de patatas, calabazas, algodón, *lúcuma* (una fruta andina terrosa), quinua, maíz y judías. En el 2500 a.C., aquellos cazadores-recolectores se agruparon en asentamientos en la costa del Pacífico y sobrevivieron gracias a la pesca y la agricultura. Los primitivos peruanos vivían en sencillas viviendas de una habitación, pero también construyeron muchas estructuras para sus prácticas ceremoniales o rituales. Algunas de las más antiguas –templos en plataformas elevadas frente al océano que contienen enterramientos humanos– datan del 3000 a.C.

En los últimos años los estudios en estos yacimientos arqueológicos han demostrado que esas sociedades tempranas estaban más desarrolladas de lo que se creía. Perú está considerado, junto con Egipto, la India y China, como una de las seis cunas de la civilización (un lugar en el

La cultura preincaica de tiahuanaco se estableció en torno al lago Titicaca y está estrechamente vinculada a la huari en muchos sentidos. *Tiwanaku: Ancestors of the Inca* (Tiwanaku: antepasados de los incas), de Margaret Young-Sánchez, ofrece un compendio ilustrado de su arte e historia.

CRONOLOGÍA

8000 a.C.
Cazadores y recolectores pintan escenas de caza en cuevas cerca de Huánuco y en Toquepala. Son los primeros testimonios de vida humana en Perú.

c. 3000 a.C.
Primeros asentamientos en la costa de Perú; se construyen algunos de los primeros centros ceremoniales en Caral, al norte de la actual Lima.

3000 a.C.
Se empiezan a cultivar patatas, calabazas, algodón, maíz, lúcuma y quinua. Al parecer, las llamas, alpacas y cobayas ya habían sido domesticadas hacía unos mil años.

que la urbanización acompañó a la innovación agrícola), la única del hemisferio sur. Las excavaciones en Caral, a 200 km al norte de Lima por la costa, siguen descubriendo pruebas de lo que constituye la civilización más antigua de América.

Un grupo del Altiplano, más o menos contemporáneo de esos asentamientos en la costa, construyó el enigmático templo de Kotosh, cerca de Huánuco, cuya estructura se cree que tiene 4000 años. En el yacimiento hay dos túmulos-templos con nichos y frisos decorativos en las paredes, unas de las construcciones más sofisticadas erigidas en el Altiplano durante ese período.

Arcilla y tejidos

Del 1800 al 900 a.C. se desarrolló la cerámica y una producción textil más elaborada. Algunas de las cerámicas más antiguas de esta época se hallaron en los yacimientos costeros de Las Haldas (en el valle de Casma, al sur de Chimbote) y en la huaca La Florida, un templo inexplorado en el corazón de Lima. La cerámica evolucionó: pasó de cuencos sencillos sin decoración a recipientes de muy buena calidad esculpidos con incisiones. En el Altiplano, el pueblo Kotosh produjo unas piezas muy especializadas, hechas con arcilla de color negro, rojo o marrón.

También en esa época se empezaron a utilizar los telares, que producían sencillos tejidos de algodón, y se hicieron mejoras en la agricultura, como el cultivo en terrazas.

Horizonte Chavín

Fue un fértil período de desarrollo de la cultura andina que se manifestó en el campo artístico y religioso, quizá de forma independiente, en un amplio sector del centro y norte del Altiplano y en la costa, que duró aproximadamente del 1000 al 300 a.C. y cuyo nombre proviene de Chavín de Huántar. Su rasgo más destacado es la repetida representación de una estilizada deidad felina que quizá simbolizaba las transformaciones espirituales experimentadas bajo los efectos de las plantas alucinógenas. Una de las imágenes más famosas de esa figura de múltiples cabezas está presente en la estela Raimondi, un bajorrelieve tallado que se encuentra en el Museo Nacional de Antropología, Arqueología e Historia del Perú en Lima.

El felino de Chavín también aparece representado profusamente en la cerámica, en especial en la austera arcilla negra de la cultura cupisnique, que floreció en la costa norte.

También se desarrolló el arte de la orfebrería en oro, plata y cobre, además de conseguirse importantes avances en el tejido y en la arquitectura. En resumen, fue un período en el que la cultura comenzó a florecer en los Andes.

En la cultura popular la imagen de los pueblos indígenas tiende a ser la de apacibles sirvientes en vastas tierras vírgenes, pero *1491: New Revelations of the Americas Before Columbus* (1491: Nuevas revelaciones de América antes de Colón), de Charles C. Mann, en el que los incas aparecen profusamente representados, indica que el continente contaba con una avanzada urbanización y gran desarrollo tecnológico.

1000 a.C.	200 a.C.	1 d.C.	200
Comienza el Horizonte Chavín, un período en el que varias comunidades del Altiplano y la costa comparten deidades religiosas.	La cultura nazca de la costa meridional crea una serie de enormes glifos que adornan el desierto hasta hoy en día.	Surge en la costa meridional la cultura paracas-necrópolis, conocida por sus tejidos intrincados, con imágenes estilizadas de guerreros, animales y dioses.	La cultura tiahuanaco inicia su dominación de 400 años en la zona del lago Titicaca, internándose en la actual Bolivia y el norte de Chile.

INTRIGA EN PACHACAMAC

El saqueo generalizado de los tesoros arqueológicos de Perú ha dejado innumerables ruinas con más preguntas desconcertantes que respuestas concretas. Así que el descubrimiento en mayo del 2012 de una cámara funeraria intacta con 80 cuerpos en Pachacamac (p. 106) se considera un gran éxito. Unos arqueólogos de la Universidad Libre de Bruselas descubrieron una cámara ovalada de 18 m ante el Templo de Pachacamac, escondida bajo enterramientos más recientes. Se hallaron restos de al menos 12 niños y recién nacidos que rodeaban otros 70 esqueletos y momias dispuestos en el centro de la tumba. Las momias estaban envueltas en tejidos y enterradas con objetos de valor, ofrendas e incluso perros y cobayas. Según *National Geographic*, se cree que podría tratarse de enterramientos de peregrinos que habrían acudido al lugar en busca de curas a enfermedades graves.

El nacimiento de las culturas locales

A partir del 300 a.C., muchos asentamientos locales adquirieron importancia a escala regional. Al sur de Lima, en la zona alrededor de la península de Paracas, vivía una comunidad costera cuya etapa más destacada se conoce como paracas-necrópolis (1-400 d.C.), llamada así por el gran yacimiento funerario donde se descubrieron algunos de los mejores tejidos precolombinos del continente: unas telas coloridas e intrincadas que representan a criaturas marinas, guerreros felinos y estilizadas figuras antropomorfas.

En el sur, el pueblo nazca (200 a.C.-600 d.C.) realizó unos enormes y enigmáticos dibujos en un paisaje desértico que solo pueden verse desde el aire. Conocidas como Líneas de Nazca, se descubrieron a principios del s. xx, aunque su verdadera finalidad sigue suscitando debates. Esa cultura también es conocida por sus delicados tejidos y su cerámica, en la que se utilizó por primera vez en la historia peruana una técnica polícroma de pintura.

Al mismo tiempo, la cultura mochica se asentó en la zona cercana a Trujillo entre el 100 y el 800. Fue un pueblo muy artístico (a él se deben unos de los retratos más extraordinarios de la historia) y dejaron tras de sí importantes túmulos, como las huacas del Sol y de la Luna, cerca de Trujillo, y el lugar de enterramiento de Sipán, en las afueras de Chiclayo. Este último alberga una serie de tumbas –en excavación desde 1987–, que constituyen uno de los hallazgos arqueológicos más importantes de Sudamérica desde Machu Picchu.

Una sequía catastrófica durante la segunda mitad del s. vi puede haber contribuido a la desaparición de la cultura mochica.

500	600	c. 800	c. 850
En el norte la cultura mochica construye las huacas del Sol y de la Luna, templos de adobe situados a las afueras de la actual Trujillo.	Los huari pueblan la zona de Ayacucho y extienden su imperio desde Cuzco a Chiclayo; están estrechamente vinculados a la cultura tiahuanaco de Bolivia.	Los independientes chachapoyas construyen Kuélap, una ciudadela en el norte del Altiplano formada por 400 construcciones elevadas, incluidas sus típicas moradas circulares.	Los chimúes desarrollan el enorme centro urbano de Chan Chan, construido con adobe en las afueras de la actual Trujillo.

La expansión huari

Cuando la influencia de los estados regionales disminuyó, los huari (un grupo étnico procedente de la cuenca de Ayacucho) aparecieron como una fuerza a tener en cuenta durante 500 años a partir del 600 d.C. Eran guerreros conquistadores que construyeron y mantuvieron importantes puestos de avanzada en un amplio territorio que abarcaba desde Chiclayo a Cuzco. Aunque su antigua capital se hallaba en las afueras de la actual Ayacucho (se pueden visitar sus ruinas), también controlaban Pachacamac, el gran centro ceremonial a las afueras de Lima, a donde acudían pobladores de toda la región para rendirles tributo.

Como ocurre con muchas culturas conquistadoras, los huari intentaron someter a otros pueblos imponiendo sus propias tradiciones. Entre el 700 y el 1100, la influencia huari se hizo notar en el arte, la tecnología y la arquitectura de gran parte de Perú. Destacaron, sobre todo, en la elaboración de túnicas teñidas y delicados tejidos con estilizadas figuras humanas y dibujos geométricos, algunos de los cuales contienen 398 hilos por pulgada lineal; así como en la construcción de una amplia red de calzadas y en el desarrollo del sistema agrícola en terrazas, una infraestructura que aprovecharon los incas al tomar el poder varios siglos después.

Reinos regionales

Finalmente, un grupo de pequeñas naciones-estado que prosperaron desde el año 1000 hasta la conquista inca a principios del s. xv reemplazó a los huari. Uno de los más importantes y estudiados es el de los chimúes, radicado en la zona de Trujillo y cuya capital fue la célebre Chan Chan, la ciudad de adobe más grande del mundo. Su economía se basó en la agricultura y su sociedad estaba muy jerarquizada, con una sólida clase de artesanos que producía tejidos pintados y hermosas cerámicas de tinte negro.

Los sicanes, de la zona de Lambayeque, estrechamente vinculados a los chimúes, fueron célebres metalurgistas que fabricaron los tumi, unos cuchillos ceremoniales de hoja redondeada utilizados en los sacrificios (el tumi se ha convertido en el símbolo nacional de Perú y sus réplicas se encuentran en todos los mercados de artesanía).

Hacia el sur, en las cercanías de Lima, el pueblo chancay (1000-1500) produjo unos delicados tejidos con dibujos geométricos y una cerámica toscamente graciosa, decorada con figuras que, en su mayoría, parecen estar bebiendo.

En el Altiplano hubo otras culturas importantes en esa época. En una zona relativamente aislada e inaccesible del valle del Utcubamba, en el bosque nuboso del norte de los Andes, el pueblo Chachapoyas ("gente de las nubes"), erigió un gran asentamiento en la montaña, Kuélap, una de las ruinas del Altiplano más intrigantes e importantes del país. Hacia el sur, varios pe-

HISTORIA REINOS REGIONALES

Armas, gérmenes y acero, el libro de Jared Diamond ganador del Premio Pulitzer, es un serio análisis de las razones por las cuales algunas sociedades sometieron a otras. Se explica en detalle la batalla de Cajamarca y la captura de Atahualpa por los españoles.

1100-1200	1438-1471	1492	1493
Aparecen los incas en Cuzco. Según la leyenda, un ser divino llamado Manco Cápac y su hermana Mama Ocllo les condujeron a esa zona.	El reinado de Inca Yupanqui (Pachacutec) inicia el período de expansión del Imperio inca. Se erigen Machu Picchu y Sacsayhuamán.	Financiado por la Corona española, el explorador Cristóbal Colón llega al continente americano.	Inca Huayna Cápac inicia su reinado y extiende el imperio hasta Colombia. Su prematura muerte en 1525 deja al reino dividido: las consecuencias son funestas.

The Conquest of the Incas (La conquista de los incas), de John Hemming, un clásico del género publicado en 1970, es de lectura obligada para todo el que desee entender la ascensión y decadencia del efímero Imperio inca.

queños reinos del Altiplano cercanos al lago Titicaca construyeron unas impresionantes *chullpas* (torres funerarias). Los mejores ejemplos se hallan en Sillustani y Cutimbo.

Durante este período también se empezaron a consolidar cacicazgos en la región amazónica.

La llegada de los incas

Según la tradición inca su civilización nació cuando Manco Cápac y su hermana Mama Ocllo, hijos del Sol, emergieron del lago Titicaca para establecer una civilización en el valle de Cuzco. Si Manco Cápac fue una figura histórica está aún por dilucidar, pero lo cierto es que la civilización inca se estableció en la zona de Cuzco en algún momento del s. XII. El reinado de los primeros Incas (reyes) no fue nada extraordinario y durante un par de siglos solo fueron un pequeño estado regional.

Su expansión comenzó a principios del s. XV, cuando el noveno rey, el Inca Yupanqui, defendió Cuzco –contra todo pronóstico– contra el pueblo invasor chanca procedente del norte. Tras la victoria adoptó el nombre de Pachacutec ("transformador de la tierra") y pasó los siguientes 25 años conquistando gran parte de los Andes. Bajo su reinado, los incas pasaron de ser un feudo regional del valle de Cuzco a un vasto imperio con unos 10 millones de súbditos conocido como Tahuantinsuyo ("tierra de cuatro regiones"). Ese reino abarcaba gran parte del moderno Perú, además de regiones de los actuales Ecuador, Bolivia y Chile. Todo ello fue aún más sorprendente por el hecho de que los incas, como grupo étnico, nunca sumaron más de 100 000 individuos.

Al parecer, Pachacutec hizo el trazado de Cuzco en forma de puma y mandó construir unos fabulosos monumentos de piedra en honor a las victorias incas, como el de Sacsayhuamán, el templo-fortaleza de Ollantaytambo y seguramente Machu Picchu. También mejoró la red de calzadas que unían el Imperio, desarrolló aún más los sistemas agrícolas en terrazas e hizo del quechua la lengua franca.

El breve reinado de Atahualpa

Los reyes incas continuaron la expansión del imperio comenzada por Pachacutec. El nieto de Pachacutec, Huayna Cápac, que subió al trono en 1493, tomó gran parte del moderno Ecuador y llegó hasta Colombia, por lo que pasó gran parte de su vida gobernando y comandando sus ejércitos en el norte, en vez de en Cuzco.

En aquel tiempo la presencia española ya se dejaba sentir en los Andes. La viruela y otras enfermedades transmitidas por los soldados europeos se extendían por todo el continente americano y eran tan rápidas que llegaron a Perú antes que los propios españoles, cobrándose miles de

1532	1572	1609	1611
Atahualpa vence en la larga guerra por controlar los territorios incas. Casi al mismo tiempo, los españoles llegan a Perú, y en menos de un año, capturan y matan a Atahualpa.	Túpac Amaru, el rey que había logrado resistir a los españoles en Vilcabamba, es capturado y decapitado por las autoridades coloniales.	El Inca Garcilaso de la Vega, escritor y pensador mestizo, publica los *Comentarios Reales*, una crónica sobre la vida de los incas antes y después de la conquista.	Nace en el sur del Altiplano Diego Quispe Tito, uno de los pintores más famosos del movimiento de arte religioso llamado Escuela de Cuzco.

vidas, incluida seguramente la de Huayna Cápac, que murió de un tipo de peste en 1525.

Sin un plan claro de sucesión, la muerte prematura del emperador dejó tras de sí un vacío de poder que enfrentó a dos de sus muchos vástagos: Atahualpa, que había nacido en Quito y estaba al mando del ejército de su padre al norte, y Huáscar, con sede en Cuzco. Atahualpa venció en abril de 1532, pero debido a la cruel naturaleza del conflicto, los incas se granjearon numerosos enemigos por todos los Andes. Por ello, cuando cinco meses más tarde llegaron los españoles, algunas tribus se mostraron dispuestas a cooperar con ellos.

La invasión española

En 1528 el explorador Francisco Pizarro y su mano derecha, Diego de Almagro, desembarcaron en Tumbes, un importante puesto de avanzada en la costa norte de Perú. Allí, un grupo de acogedores indígenas les ofrecieron carne, fruta, pescado y cerveza de maíz. Para deleite de los españoles, un somero examen de la ciudad mostró gran cantidad de oro y plata. Los exploradores regresaron rápidamente a España y la corte financió una expedición más importante.

De vuelta a Tumbes en septiembre de 1532, traían un cargamento de armas, caballos y esclavos, además de un batallón de 168 hombres. Tumbes, la rica ciudad que habían visitado hacía solo cuatro años estaba devastada por las epidemias y una reciente guerra civil inca. Al mismo tiempo, Atahualpa avanzaba desde Quito a Cuzco para reclamar su duramente conquistado trono. Cuando llegaron los españoles se encontraba en el asentamiento del altiplano de Cajamarca, descansando en los baños termales de la zona.

Pizarro pronto dedujo que en aquel imperio reinaba el caos. Acompañado por sus hombres se dirigió a Cajamarca y se presentó ante Atahualpa con saludos reales y promesas de hermandad. Pero aquellas corteses propuestas se transformaron enseguida en un ataque por sorpresa en el que murieron miles de incas y Atahualpa fue hecho prisionero (por sus caballos, armaduras y el acero de sus hojas los españoles eran casi invencibles frente a unos incas armados solo con porras, hondas y cascos de mimbre).

En un intento por recuperar su libertad Atahualpa ofreció a los españoles una recompensa en oro y plata. Los incas intentaron reunir uno de los rescates más famosos de la historia y llenar una habitación entera con esos valiosos metales para aplacar los deseos de los españoles. Pero nunca era suficiente. Los españoles mantuvieron ocho meses cautivo a Atahualpa, antes de ejecutarlo a los 31 años de edad.

El imperio inca nunca se recuperó de ese fatídico encuentro. La llegada de los españoles produjo el catastrófico colapso de la sociedad indígena.

Iglesias históricas

Iglesia de Santo Domingo, Lima

Catedral de Ayacucho

Iglesia de la Compañía de Jesus, Cuzco

Iglesia de San Pedro, Andahuaylillas

Monasterio de Santa Catalina, Arequipa

1613	**1671**	**1717**	**1781**
Guamán Poma de Ayala redacta una misiva de 1 200 páginas al rey español sobre el maltrato que sufren los indígenas. En 1908 se encontró la obra en un archivo danés.	Santa Rosa de Lima, patrona de Perú y las Américas, es canonizada por el papa Clemente X.	La Corona española reduce el poder y alcance del virreinato peruano, al crear el virreinato de Nueva Granada (actuales Ecuador, Colombia y Panamá).	El noble inca Túpac Amaru II (José Gabriel Condorcanqui) es ejecutado por los españoles en Cuzco, tras liderar una infructuosa rebelión indígena.

Un estudioso calcula que en un siglo la población nativa –unos 10 millones al llegar Pizarro– se redujo a 600 000.

La colonia tumultuosa

En el sitio web de la Biblioteca Nacional del Perú pueden consultarse materiales originales de la época colonial (pínchese sobre el enlace "Biblioteca Virtual" en www.bnp.gob.pe).

Tras la muerte de Atahualpa, los españoles se dedicaron a consolidar su poder. El 6 de enero de 1535 Pizarro estableció su nuevo centro administrativo a orillas del río Rímac, en la costa central. Con el tiempo se convertiría en Lima, la llamada "Ciudad de Reyes" (en honor a los Reyes Magos) y capital del Virreinato de Perú, un imperio que durante más de 200 años abarcó gran parte de Sudamérica.

Fue un período de gran agitación, pues al igual que en el resto de América los españoles impusieron el reinado del terror. Hubo frecuentes rebeliones. El hermanastro de Atahualpa, Manco Inca (que en un principio se alió con los españoles y fue un emperador títere de Pizarro) intentó recuperar el control del Altiplano en 1536 –sitió la ciudad de Cuzco durante casi un año–, pero finalmente se vio forzado a retirarse. En 1544, un contingente de soldados españoles lo asesinó a puñaladas.

En este período, los españoles también luchaban entre ellos, divididos en una complicada serie de facciones rivales en puja por el poder. En 1538, Almagro fue condenado a la horca tras su intento de tomar Cuzco. Tres años más tarde, Pizarro fue asesinado en Lima por un grupo de

LOS SANTOS DE PERÚ

El primer siglo de la colonización peruana dio un inusual número de santos católicos, cinco en total, como la muy venerada santa Rosa de Lima (1556-1617), una devota criolla, que hizo voto de castidad y practicó la mortificación física (llevaba un cilicio y dormía en una cama de trozos de cristal y cerámica.) Asimismo, destacaron san Juan Macías (1585-1645), que ayudaba a los necesitados, y san Martín de Porres (1579-1639), el primer santo de negro del Nuevo Mundo.

¿Por qué tantos? En gran parte se debió al empeño español en reemplazar el ancestral orden indígena por las tradiciones traídas de España. Las autoridades católicas, mediante un proceso conocido como extirpación, intentaban erradicar las creencias religiosas indígenas prohibiendo el culto a los antepasados y quemando los ídolos religiosos precolombinos. Aquel proceso dio lugar a una cosecha de personas santas que los dirigentes católicos podían utilizar como ejemplo de beatitud. Los sacerdotes predicaban las maravillas de gente corriente que rechazaba las posesiones mundanas y demostraba una humildad extrema, cualidades que la Iglesia quería inculcar en su nueva grey. En aquellos tiempos hubo muchas canonizaciones y hoy esos santos siguen siendo parte esencial de la cultura espiritual peruana.

En la iglesia de Santo Domingo de Lima pueden verse las reliquias de esos santos.

1810	1821	1824	1826
Nace en Lima el pintor Pancho Fierro, conocido por retratar la vida cotidiana; sus acuarelas ayudaron a definir una identidad peruana exclusiva.	José de San Martín declara la independencia de Perú.	La verdadera soberanía llega por fin a Perú cuando las fuerzas de Simón Bolívar derrotan a las españolas en las batallas de Junín y Ayacucho.	Las últimas tropas españolas zarpan de Callao. A continuación, el país se sume en un período de anarquía.

partidarios de Almagro. Otros conquistadores corrieron suerte parecida. Los ánimos se calmaron con la llegada del virrey Francisco de Toledo, un eficaz administrador que puso orden en la emergente colonia.

Hasta su independencia, Perú estuvo gobernado por una serie de virreyes españoles nombrados por la Corona. Los españoles ocuparon los cargos de más prestigio, mientras que los criollos (hijos de españoles nacidos en la colonia) solían verse relegados a los cuadros medios. Los mestizos –nacidos de padres de distinta raza– se encontraban aún más abajo en la escala social. Los indígenas puros ocupaban el nivel inferior, explotados como peones (trabajadores prescindibles) en encomiendas, un sistema feudal que otorgaba tierras a los colonos españoles e incluía la propiedad de todos los indígenas que vivieran en ellas.

La tensión entre los indígenas y los españoles llegó al límite a finales del s XVIII, cuando la Corona española impuso nuevos impuestos que tuvieron un duro impacto en los indígenas. En 1780, José Gabriel Condorcanqui –descendiente del Inca Túpac Amaru– arrestó y ejecutó a un administrador español, acusado de crueldad. Aquello desencadenó una rebelión indígena que se propagó a Bolivia y Argentina. Condorcanqui tomó el nombre de Túpac Amaru II y recorrió la región instigando a la revolución.

La represalia española fue rápida y brutal. En 1781, el líder indígena fue capturado y llevado a rastras a la plaza principal de Cuzco, donde antes de ser descuartizado pudo ver durante un día entero cómo asesinaban a sus seguidores, su esposa y sus hijos en una orgía de violencia. Varias partes de su cuerpo fueron expuestas en poblaciones de todos los Andes para disuadir a los posibles rebeldes.

La independencia

A comienzos del s. XIX los criollos de muchas colonias españolas estaban muy insatisfechos con su escaso poder en la administración y los altos impuestos de la Corona, lo que propició revueltas en todo el continente. En Perú, los vientos del cambio llegaron de dos direcciones. Tras dirigir campañas independentistas en Argentina y Chile, el revolucionario argentino José de San Martín entró en Perú en 1820 por el puerto de Pisco. Con la llegada de San Martín, las fuerzas realistas se retiraron al Altiplano, lo que le permitió tomar Lima sin obstáculos. El 28 de julio de 1821 declaró la independencia. Sin embargo, la verdadera independencia no se materializó hasta tres años más tarde. Con el grueso de las fuerzas españolas en el interior, San Martín necesitó más hombres para derrotar a los españoles por completo.

Simón Bolívar, el revolucionario venezolano que había dirigido las luchas por la independencia en Venezuela, Colombia y Ecuador, tomó el relevo. En 1823, los peruanos otorgaron poderes absolutos a Bolívar (un

En la web de la Biblioteca Nacional Danesa, www.kb.dk/permalink/2006/poma/info/en/frontpage.htm, se encuentra escaneado el manuscrito del s. XVII de Guamán Poma de Ayala (con ilustraciones), que documenta las atrocidades coloniales contra los pueblos indígenas.

HISTORIA LA INDEPENDENCIA

1845	1872	1879-1883	1892
Ramón Castilla inicia el primero de sus cuatro mandatos presidenciales no consecutivos y consigue estabilizar relativamente al país.	El escritor Ricardo Palma publica el primero de una serie de libros conocidos como Tradiciones Peruanas, crónica de un inconfundible folclore criollo.	Chile entra en guerra contra Perú y Bolivia por el control de las tierras ricas en nitrato del desierto de Atacama. Perú pierde la guerra y Tarapacá, su región más meridional.	Nace en el Altiplano el poeta César Vallejo; muere a los 46 años, pero sus sobrios textos, socialmente comprometidos, lo convierten en una de las figuras literarias transformadoras del continente.

honor que ya había recibido en otros países). En la segunda mitad de 1824, él y su lugarteniente Antonio José de Sucre habían derrotado a los españoles en las batallas decisivas de Junín y Ayacucho. En esta última, los revolucionarios se enfrentaron a una increíble desigualdad numérica, pero aun así consiguieron capturar al virrey y negociar una rendición. Como parte del acuerdo, los españoles retirarían todas sus fuerzas de Perú y Bolivia.

La nueva república

El idealismo revolucionario pronto topó con la dura realidad de tener que gobernar. Entre 1825 y 1841 el régimen cambió dos docenas de veces, pues los caudillos regionales luchaban sin cesar por el poder. La situación mejoró en la década de 1840 gracias a la explotación de los inmensos depósitos de guano cercanos a la costa peruana: las deyecciones de aves, ricas en nitratos, aportaron grandes beneficios como fertilizantes en el mercado internacional. La historia peruana del s. XIX está literalmente plagada de chistes escatológicos.

El país gozó de bastante estabilidad bajo el gobierno de Ramón Castilla, un mestizo que fue elegido para su primer mandato en 1845. Los ingresos procedentes del boom del guano (para el que Castilla había sido fundamental) le ayudaron a aplicar las mejoras económicas, tan necesarias. Abolió la esclavitud, liquidó parte de la deuda externa y creó un sistema de escuelas públicas. Castilla fue presidente tres veces más a lo largo de dos décadas; en ocasiones por la fuerza y en otras provisionalmente (una vez durante menos de una semana). Tras su último mandato, sus rivales le exiliaron, pues querían neutralizarle políticamente. Falleció en 1867 en el norte de Chile mientras intentaba regresar a Perú. En el Panteón de los Próceres, en el centro de Lima, se halla su impresionante cripta.

La Guerra del Pacífico

Tras la muerte de Castilla, el país volvió a sumirse en el caos. Una sucesión de caudillos despilfarraron los enormes beneficios del boom del guano y, en general, administraron la economía de un modo deplorable. Además, estallaron conflictos militares con Ecuador (por asuntos fronterizos) y España (que intentaba dominar sus antiguas colonias sudamericanas), que vaciaron las arcas de la nación. En 1874, Perú estaba en bancarrota.

Por tanto, el país quedó en una posición muy débil para afrontar el conflicto con Chile y Bolivia, que iba en aumento y tenía como objetivo el control de las tierras ricas en nitrato del desierto de Atacama. Las fronteras de la zona no se habían definido claramente y el aumento de las tensiones desembocó en combates militares abiertos. Para empeorar la situación, el presidente Mariano Prado abandonó el país con destino a

Del s. XVI al s. XIX, muchas mujeres de Lima llevaban pañuelos en la cabeza que solo dejaban ver un ojo, por lo que los lugareños las llamaban "las tapadas".

A mediados del s. XIX las exportaciones de guano de Perú sumaban más 20 millones de dólares al año y hoy suman más de 517 millones de dólares. En 1869 el país exportaba anualmente más de medio millón de toneladas de fertilizante rico en nitratos.

1895	1911	1924	1928
Nicolás de Piérola es elegido presidente. Empieza un período de relativa estabilidad gracias al *boom* de la economía mundial.	El historiador estadounidense Hiram Bingham llega a las ruinas de Machu Picchu; su 'descubrimiento' de la antigua ciudad aparece en el National Geographic.	Víctor Raúl Haya de la Torre, un líder político del norte, funda el APRA, un partido populista y antiimperialista que inmediatamente es declarado ilegal.	El periodista y pensador José Carlos Mariátegui publica los Siete ensayos de interpretación de la realidad peruana, en los que critica duramente el carácter feudal de la sociedad del país.

Europa en vísperas de la contienda. La guerra fue desastrosa para Perú en todos los aspectos (por no mencionar a Bolivia, que perdió su costa). A pesar de las valerosas acciones de algunos militares peruanos (como el almirante de la Armada Miguel Grau), los chilenos estaban mejor organizados y tenían más recursos, incluido el apoyo de los británicos. En 1881, se internaron en Perú por tierra y ocuparon Lima; la saquearon y se llevaron los valiosos contenidos de la Biblioteca Nacional. Cuando finalizó la lucha en 1883, Perú había perdido para siempre Tarapacá (su región más meridional) y hasta 1929 no volvió a recuperar la zona alrededor de Tacna.

Una nueva era intelectual

A finales del s. xix, la situación empezó a mejorar para Perú. El auge de la economía mundial contribuyó a su recuperación económica, gracias a la exportación de azúcar, algodón, caucho, lana y plata. En 1895, Nicolás de Piérola fue elegido presidente y se inició un período conocido como "la República Aristocrática". Se erigieron hospitales y escuelas, y el presidente emprendió personalmente una campaña para construir carreteras y vías férreas; y el pensamiento intelectual peruano cambió radicalmente.

Las postrimerías del s. xix habían sido una época en que muchos pensadores (sobre todo de Lima) habían intentado forjar la noción de una identidad intrínsecamente peruana, basada en la experiencia criolla. Entre ellos resultó fundamental Ricardo Palma, un escritor y erudito célebre por haber reconstruido la Biblioteca Nacional de Lima, saqueada por Chile. A partir de 1872 publicó un conjunto de escritos sobre las tradiciones folclóricas criollas bajo el título de *Las tradiciones peruanas,* que hoy en día es de lectura obligada para todos los escolares peruanos.

Sin embargo, a medida que llegaba el cambio de siglo, los círculos intelectuales empezaron a experimentar el auge del indigenismo, un movimiento continental que propugnaba un papel político y social predomi-

---

Los escritores más influyentes

El Inca Garcilaso de la Vega, cronista

Ricardo Palma, folclorista

Abraham Valdelomar, ensayista

César Vallejo, poeta

José Carlos Mariategui, teórico político

Mario Vargas Llosa, escritor

HISTORIA UNA NUEVA ERA INTELECTUAL

UN NOBEL PARA PERÚ

En el 2010 se concedió el Premio Nobel de Literatura a Mario Vargas Llosa (1936), el escritor peruano vivo más famoso, por una obra que exploraba los caprichos del amor, el poder y la corrupción. El premio era la culminación de una vida extraordinaria: de joven, Vargas Llosa tuvo una aventura amorosa con la cuñada de su tío, con la que se casaría después (historia que novelaría en *La tía Julia y el escribidor*). En la década de 1970 llegó a las manos con el también Premio Nobel, el colombiano Gabriel García Márquez por razones que nunca se han revelado. La década siguiente se presentó a la presidencia, pero perdió. Ha escrito novelas, relatos cortos y ensayos políticos. Tras ganar el premio Nobel comentó a un periodista: "La muerte me encontrará con la pluma en la mano".

1932	1948	1962	1968
Más de mil seguidores del APRA son ejecutados por el ejército en las ruinas de Chan Chan tras una sublevación en Trujillo.	El general Manuel Odría asume el poder durante ocho años, impulsa la inversión extranjera y toma represalias contra el movimiento del APRA.	Mario Vargas Llosa publica *La ciudad y los perros,* una novela experimental ambientada en una academia militar de Lima.	El general Juan Velasco Alvarado toma el poder tras un golpe de estado; en sus siete años de mandato impone un programa populista que incluye la "peruanización" de la industria.

nante de los pueblos indígenas. En Perú, esto se tradujo en un movimiento cultural amplio, pero fragmentado. El historiador Luis Valcárcel atacó el modo en que su sociedad degradaba al sector indígena. El poeta César Vallejo escribió obras aclamadas por la crítica cuya temática era la opresión de los indígenas y José Sabogal lideró una generación de artistas plásticos que exploraron los temas indígenas en su pintura. En 1928, el periodista y pensador José Carlos Mariátegui redactó una obra marxista de gran influencia (*Siete ensayos de interpretación de la realidad peruana*), en la que criticaba el carácter feudal de la sociedad peruana y elogiaba los aspectos comunitarios del orden social inca (hoy en día sigue siendo una lectura vital para la izquierda latinoamericana).

En este clima, Víctor Raúl Haya de la Torre (líder político nacido en Trujillo) fundó en 1924 la Alianza Popular Revolucionaria Americana, también conocida como APRA. Este partido defendía valores populistas, elogiaba a "Indoamérica" y abogaba por un movimiento contra el imperialismo estadounidense. El régimen autocrático de Augusto Leguía lo declaró ilegal y siguió siéndolo hasta bien entrado el s. xx. Haya de la Torre tuvo que vivir escondido y en el exilio en varios momentos de su vida y en una ocasión estuvo encarcelado 15 meses como prisionero político.

Dictaduras y revolucionarios

Tras la Gran Depresión de 1929 la historia del país entró en una nebulosa de dictaduras salpicadas por breves períodos de democracia. Leguía, un barón del azúcar de la costa norte, gobernó en un par de ocasiones: primero fue elegido (1908-1912) y luego llegó al poder tras un golpe de estado (1919-1930). En su primer mandato se enfrentó a múltiples conflictos fronterizos y en el segundo reprimió la libertad de prensa y a los disidentes políticos.

Su sucesor, el coronel Luis Sánchez Cerro, tuvo un par de mandatos cortos en la década de 1930. Su gobierno fue turbulento, pero algunos sectores lo elogian porque derogó la Ley de Conscripción Vial, según la cual los hombres sanos debían trabajar en la construcción de carreteras. Aquella ley afectaba especialmente a los indígenas, que no podían pagar la cuota de exención. En 1948 subió al poder otro dictador: el antiguo coronel del ejército Manuel Odría, que dedicó su mandato a tomar medidas enérgicas contra la APRA y fomentar la inversión estadounidense.

Sin embargo, el dictador peruano más fascinante del s. xx fue Juan Velasco Alvarado, antiguo comandante en jefe del ejército que tomó el poder en 1968. Cuando al parecer su gobierno se creía conservador, resultó ser un inveterado populista, tanto que algunos miembros de la APRA se quejaron de que les había robado su programa. Estableció una agenda nacionalista que incluía la "peruanización" de varias industrias (garantizaba

El fotógrafo Martín Chambi (1891-1973) es conocido por sus bellas fotografías en blanco y negro de Cuzco de principios del s. xx, un expresivo retrato de la ciudad antes de la llegada del turismo en masa. Pueden verse en www.martin chambi.org.

1970	1980	1980	1983
En el norte de Perú, un terremoto de 7,7 grados en la escala de Richter se salda con casi 80 000 muertos, 140 000 heridos y 500 000 personas sin hogar.	Sendero Luminoso comete su primera acción violenta –quema de unas urnas electorales– en la región de Ayacucho, un incidente que despierta poco interés por parte de la prensa.	Fernando Belaúnde Terry, primer presidente elegido democráticamente tras 12 años de dictadura militar, afronta la inestabilidad económica y la violencia en los Andes.	En una de las mayores masacres del Conflicto Interno, son asesinados ocho periodistas en el pueblo andino de Uchuraccay.

la propiedad con mayoría peruana). Elogió al campesinado indígena, defendió un programa radical de reformas agrarias y convirtió el quechua en lengua oficial. También limitó la libertad de prensa, lo cual enfureció a la estructura del poder en Lima. A la larga, sus políticas económicas fracasaron. En 1975, su salud se deterioró y fue sustituido por otro régimen militar más conservador.

Conflicto Interno

Perú regresó al gobierno civil en 1980, cuando el presidente Fernando Belaúnde Terry ganó las primeras elecciones en las que podían participar los partidos de izquierda, incluido el APRA, ya legalizado. El mandato de Belaúnde fue de todo menos tranquilo. Las reformas sociales y agrarias pasaron a un segundo plano, mientras el presidente intentaba poner en marcha una economía moribunda.

En aquel momento comenzó el auge sin precedentes de un grupo maoísta radical en la empobrecida región de Ayacucho. Fundado por el profesor de filosofía Abimael Guzmán, Sendero Luminoso quería nada más y nada menos que destruir el orden social a través de la lucha armada. Durante las dos décadas siguientes la situación alcanzó intensos niveles de violencia y el grupo asesinó a líderes políticos y activistas sociales, atacó comisarías de policía y universidades y en una ocasión colgó perros muertos por el centro de Lima (sus actividades consiguieron que el grupo entrara en la lista de organizaciones terroristas extranjeras del Departamento de Estado de EE UU). Al mismo tiempo, entró en acción otro grupo guerrillero izquierdista, el Movimiento Revolucionario Túpac Amaru (MRTA), que centró sus ataques en la policía y las fuerzas armadas.

Para sofocar la violencia, el Gobierno envió al ejército, un torpe cuerpo que no sabía cómo enfrentarse a la insurgencia guerrillera. Hubo casos de tortura, violaciones, desapariciones y masacres, sin que nada de ello detuviera a Sendero Luminoso. Atrapados en medio del conflicto, decenas de miles de campesinos pobres sufrieron la mayor parte de las bajas.

En 1985, Alan García fue elegido presidente. En un principio su elección generó grandes esperanzas. Era joven, popular y un orador de gran talento, así como el primer miembro del APRA que había ganado unas elecciones presidenciales. Sin embargo, su programa económico fue catastrófico: su decisión de nacionalizar los bancos y limitar el pago de la deuda externa llevó al país a la bancarrota. A finales de la década de 1980, Perú se enfrentaba a un increíble índice de hiperinflación del 7500%. Miles de personas quedaron sumidas en la pobreza más absoluta. Había escasez de alimentos y disturbios. Durante toda esta época, Sendero Luminoso y el MRTA intensificaron sus ataques. El Gobierno se vio obligado a declarar el estado de excepción.

> Sendero Luminoso, fundado por Abimael Guzmán, tomó ese nombre de una máxima del escritor y fundador del Partido Comunista José Carlos Mariátegui: "El marxismo-leninismo abrirá el sendero luminoso hacia la revolución".

1985	1987	1990	1992
Alan García es elegido presidente. Su mandato se caracteriza por la hiperinflación y los continuos atentados de grupos terroristas. Huye del país en 1992 tras ser acusado de malversación de fondos.	Cerca de Lambayeque se descubre la excepcional tumba intacta de un guerrero-sacerdote mochica conocido como el "Señor de Sipán".	Alberto Fujimori es elegido presidente. Su gobierno autoritario logra mejoras económicas, pero las acusaciones de corrupción desprestigian su administración.	Sendero Luminoso perpetra atentados con coches-bomba en Miraflores, Lima, con un saldo de 25 muertos y cientos de heridos. La opinión pública se posiciona contra las guerrillas.

TRAS EL CONFLICTO INTERNO

Uno de los logros más notables de la presidencia de Alejandro Toledo (2001-2006) fue la creación de la Comisión de la Verdad y Reconciliación, que estudió los innumerables actos de violencia en masa producidos durante el Conflicto Interno (1980-2000). A pesar de que la Comisión carecía de autoridad judicial, sus audiencias públicas fueron actos emotivos y catárticos. Hombres y mujeres de todas las edades y razas testificaron en contra de las masacres, violaciones y desapariciones a manos del ejército y distintos grupos guerrilleros durante ese terrible período.

En agosto del 2003 la Comisión publicó su informe final, que reveló que el número de víctimas de aquel conflicto era el doble del que se había calculado: casi 70 000 personas habían sido asesinadas o habían desaparecido. Junto con el informe final, la Comisión también organizó una exposición de fotografías llamada *Yuyanapaq* ("recordar" en quechua), que hoy en día está expuesta en el Museo de la Nación de Lima. A pesar del paso de los años, sigue siendo una conmovedora exposición que resulta una experiencia muy emotiva.

Dos años después de finalizar su mandato, García huyó del país tras ser acusado de desfalcar millones de dólares. Regresó a Perú en el 2001, cuando finalmente prescribieron los cargos.

El 'Fujishock'

Con el país en pleno caos, las elecciones presidenciales de 1990 cobraron suma importancia. Los candidatos a la presidencia fueron el famoso novelista Mario Vargas Llosa y el menos conocido agrónomo de origen japonés Alberto Fujimori. Durante la campaña, el programa de "tratamiento económico de choque" propuesto por Vargas Llosa hizo que muchos pensaran que aumentaría el número de pobres. Fujimori ofreció una alternativa al statu quo y ganó sin mayor esfuerzo. Pero en cuanto ocupó el cargo, implementó un plan económico aún más austero que, entre otras cosas, aumentó el precio de la gasolina en un 3000%. A la larga, las medidas (conocidas como "el Fujishock") consiguieron reducir la inflación y estabilizar la economía, pero para el peruano medio resultaron catastróficas.

En abril de 1992, Fujimori provocó un autogolpe de Estado. Disolvió el Congreso y formó uno totalmente nuevo donde predominaban sus aliados. Los peruanos, acostumbrados a los caudillos, toleraron la toma de poder, pues esperaban que Fujimori ayudara a estabilizar la situación económica y política, cosa que hizo. La economía creció. A finales de ese año los líderes de Sendero Luminoso y el MRTA habían sido capturados (aunque no antes de que Sendero Luminoso hubiera asesinado brutalmente a la

1992	1994	1996	2000
Abimael Guzmán, fundador de Sendero Luminoso, es arrestado en Lima. Se hallaba escondido en una escuela de danza en el próspero barrio de Surco.	El chef Gastón Acurio inaugura Astrid y Gastón en el distrito de Miraflores, en Lima. Su restaurante ayuda a catapultar la cocina peruana a escala internacional.	La guerrilla del Movimiento Revolucionario Túpac Amaru (MRTA) asalta la residencia del embajador de Japón en Lima y retiene a 72 rehenes durante cuatro meses.	Fujimori huye a Japón tras salir a la luz unos vídeos en los que aparece el jefe del servicio de inteligencia sobornando a funcionarios y medios de comunicación. El Congreso peruano lo destituye del cargo.

activista social María Elena Moyano y detonara coches-bomba letales en el elegante distrito de Miraflores en Lima).

Sin embargo, el Conflicto Interno no cesó. En diciembre de 1996, 14 miembros del MRTA asaltaron la residencia del embajador japonés, tomaron como rehenes a cientos de destacadas personalidades y, entre otras peticiones, exigieron que el Gobierno liberase a los miembros encarcelados del MRTA. Pronto la mayoría de rehenes fueron liberados, pero mantuvieron cautivos a 72 hombres hasta abril, cuando los comandos peruanos irrumpieron en la embajada, mataron a todos los secuestradores y liberaron a los cautivos.

Al final de su segundo mandato, el Gobierno estaba debilitado por las numerosas acusaciones de corrupción. Fujimori se presentó como candidato para un tercer mandato en el 2000 (lo que era técnicamente inconstitucional) y siguió en el poder, a pesar de no contar con la mayoría simple necesaria para asegurarse la victoria. Sin embargo, ese mismo año se vio obligado a huir del país cuando se descubrió que su jefe de seguridad, Vladimiro Montesinos, había malversado fondos gubernamentales y sobornado a funcionarios y medios de comunicación. Muchos de estos actos fueron grabados: los 2700 "Vladivídeos" dejaron a la nación absorta ante la pantalla cuando se emitieron por primera vez en el 2001. Desde el extranjero, Fujimori presentó su renuncia formal al cargo de presidente, pero el Congreso rechazó este gesto, le destituyó y lo declaró "moralmente incapaz" para gobernar.

Aun así, en Perú se volvería a hablar de Fujimori. En el 2005 regresó a Sudamérica y fue arrestado en Chile para que se enfrentara a las antiguas acusaciones de corrupción, secuestro y violación de derechos humanos. Le extraditaron a Perú en el 2007 y ese mismo año fue declarado culpable de haber ordenado un allanamiento ilegal. Dos años más tarde fue declarado culpable de haber ordenado ejecuciones extrajudiciales; y tres meses después, de haber desviado millones de dólares de fondos estatales a Montesinos. En el 2009 se le declaró culpable de haber realizado escuchas telefónicas y llevado a cabo sobornos. En la actualidad está cumpliendo 25 años en prisión. Al mismo tiempo, Montesinos cumple 20 años por soborno y venta de armas a los rebeldes colombianos.

El continente olvidado es un aclamado (aunque denso) legajo político de Michael Reid, colaborador de *The Economist*. Se publicó en el 2009 y estudia las tensas relaciones de Latinoamérica con EE UU y Europa, además de su desarrollo económico y político en las últimas tres décadas.

El s. XXI

Hasta el momento, el nuevo milenio se porta bien con Perú. En el 2001, Alejandro Toledo (un limpiabotas que estudió Económicas en Stanford) se convirtió en el primer presidente de etnia quechua. Hasta entonces, Perú había tenido presidentes mestizos, pero nunca un indígena puro. Por desgracia, Toledo heredó una política y una economía desastrosas. La situación empeoró por su falta de mayoría en el Congreso, que le restó efectividad en plena recesión económica.

2001	**2003**	**2005**	**2006**
Alejandro Toledo es el primer presidente indígena que gobierna un país andino.	La Comisión de la Verdad y Reconciliación publica su informe final sobre el Conflicto Interno. Se calcula que causó unos 70 000 muertos.	Comienza en el sur de la cuenca del Amazonas la construcción de la carretera Interoceánica, que abre una ruta comercial terrestre entre Perú y Brasil.	Alan García es elegido presidente por segunda vez.

A Toledo le sucedió –nada menos que– Alan García, del APRA, que fue reelegido en el 2006. Su segundo mandato fue mucho más estable. La economía se mantuvo a flote y el Gobierno invirtió dinero en mejorar infraestructuras como puertos, autopistas y la red eléctrica, no sin dificultades. Para empezar hubo denuncias de corrupción (el Consejo de Ministros de García se vio obligado a dimitir en el 2008 tras las acusaciones de soborno) y también se enfrentó al delicado tema de cómo gestionar la riqueza mineral del país. En el 2008, García ratificó una ley que permitía a las empresas extranjeras explotar los recursos naturales del Amazonas. Aquella ley generó una violenta reacción por parte de varias tribus del Amazonas que condujo a un fatídico callejón sin salida en la norteña ciudad de Bagua en el 2009.

El congreso peruano revocó la ley rápidamente, pero este asunto sigue siendo un desafío para el presidente Ollanta Humala, elegido en el 2011. Tras haber hecho campaña por una mayor inclusión de todas las clases sociales, aprobó la Ley de Consulta Previa, una nueva ley histórica que garantiza los derechos de los indígenas, ya que solo con su consentimiento se pueden iniciar proyectos que les afecten a ellos y a sus tierras. En un principio se pensó que el antiguo oficial del ejército era un populista al estilo de Hugo Chávez (la Bolsa de Lima cayó en picado cuando salió elegido), pero su legislatura ha sido bastante favorable a los negocios. Aunque la economía ha funcionado bien durante su mandato, el descontento civil por una mina de oro en el norte y un fallido ataque a un campamento de Sendero Luminoso en el Altiplano, hizo que a mediados del 2012 su índice de valoración cayera en picado.

Aunque el crecimiento repentino y explosivo de la primera parte del milenio se ha ralentizado, el país sigue siendo más estable que en décadas anteriores. No hay candidatos claros para las elecciones del 2016, aunque se espera que se presente la primera dama (Humala no puede presentarse a dos legislaturas consecutivas), así como Keiko Fujimori (hija de Alberto Fujimori) y el expresidente Alan García.

The Peru Reader (El lector de Perú), de Orin Starn, Carlos Iván Degregori y Robin Kirk, es un conjunto de indispensables artículos que abarca todas las épocas históricas –desde extractos de las crónicas españolas a ensayos sobre la economía de la cocaína– para los estudiosos de la historia peruana.

2009	2011	2012	2014
Fujimori es declarado culpable de malversación de fondos, allanamiento ilegal y por ordenar a grupos paramilitares que llevaran a cabo ejecuciones extrajudiciales.	El populista y antiguo oficial del ejército Ollanta Humala asume la presidencia tras vencer en una estrecha segunda vuelta electoral a Keiko, hija de Fujimori.	Se declara el estado de emergencia en cuatro provincias a raíz de las protestas contra la explotación minera que provoca problemas mediomabientales.	Un mensaje de protesta colocado por Greenpeace en las Líneas de Nazca daña de forma irreparable este Patrimonio Mundial y provoca la indignación internacional.

Modo de vida

Perú posee un territorio que comprende desierto, altiplano y jungla, por ello se promociona como una tierra de contrastes; algo que puede también aplicarse a sus habitantes: el país es una mezcla de ricos y pobres, de moderno y antiguo, de agrícola y urbano, de indígena y blanco. La cohabitación puede resultar difícil, pero también muy enriquecedora. Así ha sido la vida en Perú durante siglos.

Población

Perú es en esencia una sociedad bicultural: indígena y europea. La gran mayoría habla español y mantiene la tradición criolla, el legado cultural de los hijos de españoles nacidos en Perú que administraron la colonia. Ese grupo está compuesto por una mezcla de blancos (15%) y mestizos, personas con sangre indígena y europea (37%). Los cargos de liderazgo y con mayor bienestar económico del país normalmente los ocupan personas de este grupo, en especial los blancos o de piel clara.

Cerca de un 45% de la población de Perú son indígenas puros, lo que lo sitúa entre los tres países de Latinoamérica con más alta proporción de indígenas. La inmensa mayoría de ellos vive en zonas rurales de los Andes y trabaja en la agricultura.

Los afroperuanos, asiáticos y otros grupos de inmigrantes también están representados, pero solo suman el 3% de la población.

Un 78% de los peruanos vive en ciudades, lo que supone un gran contraste con la década de 1960, en la que más de la mitad de la población vivía en el campo. Esta situación ha creado tensión en las infraestructuras municipales, especialmente en la capital, y algunas cuestiones como la recogida efectiva de basura y el tendido eléctrico siguen sin resolverse, sobre todo en los asentamientos ilegales conocidos como "pueblos jóvenes".

En 1971, el sacerdote peruano Gustavo Gutiérrez articuló los principios de la teología de la liberación, una teoría que vincula el pensamiento cristiano con la justicia social. En el 2003 recibió el premio Príncipe de Asturias de Comunicación y Humanidades.

Forma de vida

Aunque el país ha experimentado un reciente *boom* económico, aún existe una enorme diferencia entre ricos y pobres. El salario mensual mínimo son 238 US$. Según el Banco Mundial, en torno al 24% de la población vive bajo el umbral de la pobreza. Aunque la tasa de desempleo nacional oficial es sólo del 7,6%, el subempleo está incontrolado, sobre todo en Lima y otras ciudades.

La población con menores recursos de las zonas rurales sobrevive gracias a la agricultura de subsistencia, en casas tradicionales de adobe u hojalata, que a menudo carecen de electricidad y fontanería. En las ciudades, los más pobres viven en chabolas, mientras que las clases baja y media lo hacen en casas de cemento tipo apartamento o individuales. Las viviendas urbanas de los más adinerados suelen ser grandes casas independientes, a menudo rodeadas de altos muros.

En general, en las casas viven miembros de más de una generación.

Cortesía social

Los peruanos son educados, e incluso ceremoniosos, en sus relaciones. Estrechar la mano es adecuado en situaciones de negocios, pero con los

VIVA EL PERÚ…, ¡CARAJO!

Debido a las enormes diferencias entre los pueblos que habitan un territorio tan amplio, la identidad nacional siempre ha sido un tema espinoso. Sin embargo, si hay algo que los une es un sólido sentimiento de desafío. En la década de 1950, el periodista Jorge Donayre Belaúnde escribió un poema a su patria titulado *Viva el Perú… ¡Carajo!* Esos versos son un tributo épico a Perú, con todos sus defectos, que describe la vida en los pueblos andinos y en las chabolas urbanas. "A los peruanos –escribió Donayre–, no les asustan las circunstancias difíciles, ni los terremotos catastróficos, ni su enrevesada geografía ni los hábitos corruptos de sus políticos. Frente a la adversidad, poseen un obstinado sentimiento de seguridad". Medio siglo después de que Donayre escribiera estas palabras, nada ha cambiado. Viva el Perú…, ¡Carajo!

amigos lo habitual son los abrazos. Las mujeres se saludan con un beso, al igual que los hombres y las mujeres. Los indígenas no se besan y cuando dan la mano suele ser con poca energía.

Los lugareños están acostumbrados a tener menos espacio personal que el habitual para algunos viajeros: los asientos en los autobuses están muy juntos.

Religión

A pesar de que existe la libertad religiosa, Perú sigue siendo un país mayoritariamente católico. Más del 81% de la población asegura serlo (aunque solo el 15% de ellos va a misa cada semana). La Iglesia tiene apoyo del Estado: posee un estatus en gran parte libre de impuestos y el catolicismo es la religión oficial del Ejército. Todos los obispos y hasta una octava parte del clero percibe un salario mensual del Estado, lo que ha provocado las protestas de algunos grupos evangelistas, que no reciben un trato tan generoso. Aun así, ellos y otros grupos protestantes son una fuerza en aumento que representa el 13% de la población.

Mujeres en Perú

Las mujeres pueden votar y tener propiedades, pero su situación sigue siendo delicada en un país extraoficialmente dominado por el machismo. Sobre todo en zonas rurales, la alfabetización femenina está muy por detrás de la masculina (un 27% de analfabetismo entre las mujeres frente a un 7% entre los hombres). El salario medio de las mujeres es aproximadamente la mitad del de los hombres. No osbstante, la situación ha mejorado. Se han aprobado leyes que prohíben la violencia doméstica y las agresiones sexuales, y las mujeres integran el 28% de las profesiones liberales del país (directivos, gerentes y legisladores) y casi un tercio del Congreso.

Deportes espectáculo

El fútbol es el deporte rey. La temporada empieza a finales de marzo y acaba en noviembre. Aunque existen muchos equipos, Perú no ha destacado especialmente: no se ha clasificado para la Copa del Mundo desde 1982, aunque ganó la Copa América en el 2004. Los mejores equipos están en Lima y el clásico tradicional es el partido entre Alianza Lima y el Universitario de Deportes (la U).

Las corridas de toros también cuentan con seguidores, en especial en Lima, donde gozan de mayor popularidad. La temporada comienza en octubre y acaba a principios de diciembre: en la Plaza de Acho de Lima torean matadores internacionales.

Todo lo que se quiera saber sobre los equipos peruanos de fútbol –grandes y pequeños– se encuentra en www.peru.com/futbol.

Gastronomía

En Perú, el concepto de 'fusión' siempre fue una característica natural de la cocina diaria. Durante los últimos 400 años, los guisos andinos se han combinado con los salteados asiáticos y los arroces españoles han absorbido los sabores de la Amazonia, creando la famosa cocina criolla. Recientemente, una generación de jóvenes innovadores y experimentales ha catapultado la comida local al estrellato gastronómico. En Perú nunca se pasa hambre: desde los humildes establecimientos de Moyobamba a los restaurantes de moda de Miraflores, este es un país entregado a deleitar los paladares.

Aprovechar la gastronomía local

Antaño, en Perú, a los invitados importantes se les ofrecían comidas francesas y whisky escocés. Hoy en día sus restaurantes más exclusivos centran su atención en impecables interpretaciones de los platos favoritos andinos, como la quinua y la cobaya. El panorama gastronómico ha florecido y las empresas dedicadas al turismo han empezado a incorporar una experiencia culinaria en sus circuitos. En el 2000 se instaló en Perú la primera sede del Instituto Cordon Bleu en Latinoamérica y en el 2009 la revista *Bon Appétit* describió a Lima como "la nueva gran ciudad gastronómica". En Lima, la Casa de La Gastronomía Peruana es un nuevo museo dedicado a celebrar el complejo patrimonio culinario del país. En el 2015 Perú fue elegido "mejor destino culinario", por tercera vez, en los World Travel Awards. De los 3,1 millones de visitantes anuales de Perú, el 40% hace turismo gastronómico. Vale la pena.

La fiebre gastronómica ha contagiado a todos los peruanos y hoy incluso el más humilde vendedor callejero de chicharrones presta atención a su preparación y presentación. En gran parte se debe al famoso y mediático chef Gastón Acurio, cuyas técnicas culinarias y visión del negocio (posee decenas de restaurantes en todo el mundo) le han procurado un estatus de estrella del *rock*.

Lima, cocina peruana, del famoso chef Virgilio Martínez Véliz presenta un compendio con más de 100 recetas utilizando ingredientes propios de Perú.

Alimentos básicos y especialidades

La escarpada topografía del país propició la aparición de infinitas cocinas regionales, pero a escala nacional, gran parte de la cocina comienza y acaba en la humilde patata, que procede de los Andes (todas las variedades de patatas tienen su origen en un solo progenitor de Perú).

Los platos más destacados son la ocopa (patatas con salsa picante de cacahuetes), las papas a la huancaína (patatas cubiertas con una cremosa salsa de queso) y la causa (terrina de puré de patata rellena de marisco, verdura o pollo). También son muy populares las papas rellenas, un puré de patata relleno de carne picada y frito. Las patatas también se encuentran en las sopas, conocidas como chupe y en el lomo saltado, la sencilla ternera salteada que encabeza todas las cartas peruanas.

Otros platos muy populares son los tamales (tortas de maíz), con sus diferentes variedades regionales, como las humitas (de maíz fresco) y los juanes (de mandioca).

La costa

La web culinaria yanuq (www.yanuq.com) contiene una amplia base de datos de recetas peruanas.

En la costa abundan los productos del mar y, naturalmente, el ceviche es el protagonista. Esta preparación de pescado, gambas u otro marisco marinados en zumo de lima, cebollas, cilantro y chiles se sirve fría y normalmente con maíz hervido y boniato. El pescado se adoba en el zumo gracias a un proceso de oxidación (sin embargo, algunos chefs han empezado a reducir el marinado, con lo que algunos ceviches se sirven con una textura similar a la del sushi). Otro popular cóctel de marisco es el tiradito, un ceviche con influencia japonesa, que consiste en finas tiras de pescado servidas sin cebolla y a veces con una cremosa salsa de pimientos picantes.

El pescado se prepara en una docena de formas: al ajo, frito o a la chorrillana (cocinado con vino blanco, tomates y cebollas), este último procede de la ciudad de Chorrillos, al sur de Lima. Las sopas y guisos también son una popular comida básica, como el aguadito (un caldoso *risotto*), el picante (un guiso picante) y el chupe (sopa de marisco), que pueden llevar pescado, marisco y otros ingredientes.

Otros platos que suelen aparecer en las cartas de marisco son las conchitas a la parmesana (vieiras horneadas con queso), pulpo al olivo (pulpo con salsa de aceitunas machacadas) y chorros a la chalaca (mejillones con salsa de maíz tierno). Un plato típico de la costa norte, cerca de Chiclayo, son las tortillas de manta raya.

Pero también el cerdo, el pollo y la ternera tienen seguidores. El ají de gallina (guiso de tiras de pollo con nueces) es un plato típico peruano. Un par de platos locales del norte que merecen repetirse son el arroz con pato a la chiclayana (pato y arroz guisados con cilantro, típico de Chiclayo) y el seco de cabrito (cabrito guisado con cilantro, chile y cerveza).

LAS MEJORES COMIDAS

En conjunto, los autores de esta guía han pasado meses en la carretera y han probado centenares de comidas. Los siguientes establecimientos son tan buenos que hicieron brotar sus lágrimas y colmaron de placer sus paladares:

Arequipa En Zig Zag la suculenta bandeja de carne de alpaca, ternera y cordero –asada en piedras volcánicas– es una delicia para los carnívoros.

Cajamarca El restaurante antifusión Salas prepara meticulosamente toda la gama de los platos típicos cajamarquinos según recetas clásicas.

Cuzco El elegante Uchu sirve alpaca asada a la piedra con salsas picantes. También se puede pedir de la carta en Marcelo Batata, en la planta superior. Las patatas andinas doblemente horneadas son imprescindibles.

Huancayo Huancahuasi ofrece las papas a la huancaína (patatas hervidas con salsa de queso) más cremosas del país en un patio lleno de flores.

Iquitos Situado en la desembocadura del río Itaya, Al Frío y al Fuego tiene unas excelentes vistas nocturnas de Iquitos y unos platos deliciosos elaborados con pescado del Amazonas.

Lima El afrodisíaco ceviche se puede degustar en El Mercado, La Mar y Al Toke Pez.

Máncora El fresco atún de aleta amarilla, pescado en el Pacífico, merece su precio en La Sirena d'Juan.

Tarapoto En La Patarashca no hay que perderse el plato del mismo nombre: una bandeja de pescado o gambas del Amazonas a la parrilla, rociado con tomates, ajo y cilantro.

Trujillo El Mar Picante es famoso por servir unas raciones enormes del divino ceviche mixto, lleno de gambas, pescado, cangrejo y vieiras.

En la costa, donde hay una importante presencia asiática, se encue...
restaurantes peruano-chinos conocidos como "chifas". Su comi...
una gran influencia cantonesa: platos sencillos sin salsas pes...

Altiplano

En el frío Altiplano abundan las sopas, que suelen s...
reconfortante experiencia, preparadas con verdura, cal...
hierbas locales y distintas carnes. La sopa a la criolla (...
cremosa sopa de fideos con ternera y verdura) suele estar pr...
las cartas, al igual que el caldo de gallina (una nutritiva sopa d...
con patatas y hierbas). En la zona cercana a Arequipa, el chup...
camarones (sopa de camarones de río) es un plato habitual.

En el Altiplano también se preparan innumerables platos con cobaya. A menudo se la prepara asada o chactada (frita bajo rocas calientes); tiene un sabor muy parecido al del conejo y suele servirse
entera. La trucha de río –cocinada en infinidad de formas– también
es muy popular.

Arequipa cuenta con una cocina regional muy variada, en la que
destacan los picantes (guisos picantes con trozos de queso blanco), el
rocoto relleno (pimientos rojos rellenos de carne) y el *solterito* (ensalada de judías).

En las ocasiones señaladas, como las bodas, las familias se reúnen
para preparar pachamanca: una mezcla de carnes marinadas, verdura, queso, pimientos y hierbas aromáticas asada en piedras calientes
enterradas en el suelo.

Amazonas

En los últimos años los ingredientes amazónicos, aunque no son tan populares en todo el país, han empezado a abrirse camino. Varios restaurantes
de lujo de Lima han comenzado a hacer versiones gourmet de platos
típicos de la selva, con una extraordinaria acogida. Entre ellos están los
caracoles y el pescado de río (como el paiche y la doncella), el aguaje
(fruto del moriche), la yuca (mandioca) y la chonta (palmitos). Los juanes
(una hoja de bijao rellena de arroz, yuca, pollo o cerdo) son un sabroso
alimento básico de la zona.

UN MANUAL DEL PISCO

El pisco, el omnipresente licor de uva servido en todas las ocasiones, tanto en las más
usuales como en las trascendentales, es la bebida nacional. Su producción se remonta
a la colonia española de Ica, cuando se destilaba en las haciendas y se vendía a los mari-
neros que pasaban por el puerto de Pisco. En aquellos tiempos era el aguardiente local:
una buena forma de ser estafado y al día siguiente levantarse como si alguien le hubiera
golpeado la cabeza con un martillo.

A principios del s. XX hizo su aparición el pisco *sour* (con zumo de lima y azúcar) y rápidamente se convirtió en la bebida predilecta. En las últimas décadas su producción se ha
sofisticado y los piscos tienen más matices y sabor (sin el efecto del día siguiente).

Hay tres variedades principales de pisco peruano: el quebranta (un pisco de olor puro)
y el italia (ligeramente aromático) reciben el nombre de la variedad de uva con la que se
elaboran, y el acholado es una mezcla de variedades que tiene más alcohol (mejor para
mezclarlo). Existen muchos piscos de producción limitada, elaborados con mosto y conocidos como mosto verde. Poseen un fragante olor y saben mejor sin mezclarlos.

Las marcas más conocidas son Tres Generaciones, Ocucaje, Ferreyros y La Botija,
mientras que Viñas de Oro, Viejo Tonel, Estirpe Peruano, Lablanco y Gran Cruz son las
mejores. Todo el pisco que se compre en una botella que recuerda a la cabeza de un inca
será un inusual objeto de decoración, nada más.

Postres

Los postres suelen ser muy dulces. El suspiro limeño es el más famoso y se prepara con manjar blanco coronado de merengue. Los alfajores y la crema volteada (flan) también son muy populares. La mazamorra morada, un pudin de maíz morado con trozos de fruta de origen afroperuano, es más ligera y afrutada.

En octubre las pastelerías venden turrón de Doña Pepa, un pegajoso pastel bañado en melaza, que se toma en honor al Señor de los Milagros.

Bebidas

Existen todas las marcas de refrescos, pero a los lugareños les encanta la Inca Kola, que sabe a chicle y tiene un espectacular tono amarillo verdoso nuclear. También son populares los zumos de frutas recién exprimidos, así como bebidas tradicionales como la chicha morada, una refrescante bebida sin alcohol hecha con maíz morado y especias.

Aunque el país exporta café a todo el mundo, muchos peruanos lo toman instantáneo: algunos restaurantes sirven sobres de Nescafé o un oscuro café condensado que se mezcla con agua caliente. En las zonas más cosmopolitas y turísticas han proliferado las cafeterías que sirven café exprés y capuchino. También hay infusiones como té, mate, manzanilla, menta y mate de coca. Este último no tiene efectos narcóticos pero alivia los problemas estomacales y se cree que ayuda a adaptarse a grandes altitudes.

Cerveza y vino

La moda de la cerveza artesanal ha llegado a Perú, con interesantes innovaciones como la cerveza de quinua. Han surgido pequeños fabricantes en Huaraz, Cuzco y Lima. Las marcas de cerveza más conocidas son Pilsen Callao, Brahma, Cristal y Cusqueña, todas ellas rubias. Arequipeña

---

NOVOANDINA Y LA NUEVA OLA PERUANA

El actual renacimiento gastronómico peruano hunde sus raíces en la década de 1980, cuando en el país reinaba la confusión y la economía caía en picado. El periodista Bernardo Roca Rey experimentaba con ingredientes andinos en su cocina: cuy (cobaya) asado, variedades raras de patatas y risottos de quinua (un plato conocido como *quinotto*). Al mismo tiempo, Cucho La Rosa, el chef de El Comensal (ahora cerrado), actualizaba recetas peruanas mejorando las técnicas culinarias: cocinar ligeramente al vapor en vez de hervir; soasar en vez de freír. Estos primeros protagonistas detallaron sus descubrimientos en artículos de periódicos y libros de recetas. La cocina se llamó "novoandina" pero, dados los desafíos de la época, nunca llegó a convertirse en un verdadero movimiento.

Sin embargo, en 1994 las circunstancias cambiaron. La economía se recuperaba y la situación política empezaba a mejorar. Cuando Gastón Acurio (que había estudiado cocina en Le Cordon Bleu de París) abrió Astrid y Gastón en Lima, puso en práctica los principios en que se basaron los pioneros de la cocina novoandina: interpretar la cocina tradicional peruana desde la perspectiva de la alta cocina. El restaurante se convirtió pronto en un lugar de peregrinación. Desde entonces han surgido otros chefs innovadores, como Rafael Piqueras y Pedro Miguel Schiaffino. Entre todos han ampliado la definición de novoandina y han añadido influencias e ingredientes europeos, chinos y japoneses: hoy la comida peruana es un fenómeno cultural mundial.

En la actualidad, la cocina novoandina va más allá, experimentando con gastronomía molecular, alimentos antiguos y técnicas de cultivo. El chef Virgilio Martínez, de Central, está desarrollando cultivos en terrazas para experimentar con prácticas de cultivo similares a las que usaban los incas. Mientras tanto, incluso en la vida cotidiana, el paladar de los lugareños se va volviendo cada vez más atrevido.

y Trujillana son cervezas regionales que se sirven en Arequipa, Trujillo y alrededores. En los Andes es muy popular la chicha casera (cerveza de maíz fermentado), que tiene un sabor algo dulce y contiene poco alcohol. En los pueblos de los Andes, una bandera roja cercana a una puerta indica que se vende chicha.

Los vinos locales han mejorado mucho. Las mejores marcas son Tabernero, Tacama, Ocucaje y Vista Alegre. El pisco también es muy popular.

Dónde comer y beber

En su mayoría, los restaurantes de Perú son negocios familiares y los establecimientos locales atienden a una clientela variada de familias, turistas, adolescentes y hombres de negocios. A la hora del almuerzo muchos ofrecen un menú de dos o tres platos. Suelen tener muy buen precio (si no se desea el menú hay que pedir la carta).

Las cevicherías son habituales en la costa y suelen abrir para el almuerzo, que se prepara con la pesca de la mañana; más fresco imposible. En las zonas rurales los restaurantes más informales y locales como las picanterías son lo más habitual. En algunos casos están en casas particulares.

Comida rápida

Perú cuenta con una animada cultura de comida callejera. Los productos más populares son los anticuchos (brochetas de corazón de ternera), el ceviche, los tamales, los huevos de codorniz hervidos y el choclo (maíz hervido) con queso. También son deliciosos los picarones (rosquillas dulces fritas), que suelen servirse con un almíbar dulce.

Vegetarianos y veganos

En un país en el que muchas personas sobreviven a base de patatas la gente puede sorprenderse de que alguien elija ser vegetariano. No obstante, esta actitud ha comenzado a cambiar y en algunas de las ciudades grandes se han abierto restaurantes exclusivamente vegetarianos. En los últimos años Lima y Cuzco se han convertido en centros progresistas de la comida vegetariana y sostenible y hay opciones crudívoras, ecológicas y veganas que por fin están acorde con su ambicioso panorama de gastronomía de calidad.

Además, siempre se pueden encontrar platos vegetarianos en un restaurante peruano normal. Muchas de las ensaladas de patatas, como las papas a la huancaína, la ocopa y la causa se preparan sin carne, al igual que la palta a la jardinera, un aguacate relleno de verdura. La sopa de verdura, la tortilla y el *tacu tacu* (judías y arroz fritos) son otras opciones. Los chifas también son un buen recurso para los vegetarianos. No obstante, antes de pedir conviene preguntar si son platos vegetarianos, pues "sin carne", significa sin carne roja o de cerdo y pueden acabar sirviendo una comida con pollo o marisco.

Los veganos lo pasarán peor en los restaurantes convencionales. La gastronomía peruana se basa en los huevos, los productos lácteos y combinaciones infinitas de ambos. Hay tiendas de alimentación y unos cuantos restaurantes con productos sin gluten, casi todos en las zonas turísticas.

La obra en cartoné de dos volúmenes *El arte de la cocina peruana*, de Tony Custer y Miguel Etchepare contiene suntuosas fotografías y recetas. Uno puede visitar www.artperucuisine.com para que se le haga la boca agua por adelantado.

GASTRONOMÍA DÓNDE COMER Y BEBER

Los chefs más influyentes

Gastón Acurio, de Astrid y Gastón y otros

Virgilio Martínez, de Central

Pedro Miguel Schiaffino, de Malabar y ámaZ

Rafael Osterling, de Rafael y El Mercado

Perú antiguo

Según los incas, un *pachacuti* era un cataclismo que dividía las distintas épocas de la historia. Para las culturas indígenas del Perú del s. xvi, la llegada de los españoles fue el *pachacuti* más transcendental imaginable. Los conquistadores arrasaron con la historia de los indígenas: fundiendo objetos de oro, inmolando iconos religiosos y prohibiendo antiguas tradiciones. Ninguna cultura andina dejó tras de sí un lenguaje escrito. Los historiadores aún siguen recomponiendo la historia precolombina de Perú. Por suerte, el legado físico es abundante: suntuosos tejidos, impresionantes cerámicas y estructuras monumentales.

The Art of Ancient Peru (El arte del antiguo Perú), de Ferdinand Anton, es un excelente manual del arte prehispánico de Perú. Sus descripciones son concisas y accesibles, y contiene casi 300 imágenes fotográficas a gran escala.

Caral

A un par de cientos de kilómetros al norte de Lima se halla uno de los yacimientos arqueológicos más interesantes de Perú. Puede no parecer gran cosa –media docena de polvorientos templos tumulares, algunos anfiteatros a nivel más bajo y restos de estructuras de adobe y piedra– pero lo es. Es la ciudad conocida más antigua de América: Caral.

Esta antigua sociedad ubicada en el valle del Supe se desarrolló de forma simultánea hace 5000 años con las de Mesopotamia y Egipto, y es 1500 años anterior a las primeras civilizaciones de México. Poco se sabe del pueblo que construyó este impresionante centro urbano de 626 Ha, pero los arqueólogos, liderados por Ruth Shady Solís, antigua directora del Museo Nacional de Antropología, Arqueología e Historia del Perú de Lima, han conseguido desenterrar algunos preciosos objetos.

Caral fue un centro religioso que veneraba a sus hombres santos y pagaba tributos a desconocidas deidades agrícolas. Cultivaban algodón, calabaza, judías y chiles, recolectaban fruta y eran hábiles pescadores. Los hallazgos arqueológicos incluyen restos de tejidos, collares, tumbas ceremoniales y toscas figuras de arcilla sin cocer con formas femeninas. Las primeras excavaciones en la zona comenzaron en 1996 y aún queda por estudiar gran parte del complejo.

Chavín

Si Caral es la prueba de una temprana urbanización, Chavín de Huántar, cerca de Huaraz, representa la expansión de una religión unificada y una iconografía artística. En una amplia zona del norte de los Andes, aproximadamente del 1000 al 300 a.C., una estilizada deidad felina empezó a aparecer en tallas, frisos, cerámica y tejidos. Al igual que en Caral, solo se dispone de información fragmentada sobre las sociedades de la época, pero su importancia es manifiesta: es el momento que anuncia el verdadero nacimiento del arte en Perú.

Todavía no está claro si el templo de Chavín de Huántar era la capital o solo se trata de un importante centro ceremonial, pero no cabe duda de que el emplazamiento es extraordinario. Los restos de este recargado complejo ceremonial –construido a lo largo de cientos de años– incluyen una serie de templos y un patio a nivel más bajo, con frisos de jaguares tallados en piedra y la imponente cordillera Blanca como telón de fondo. Se ha hallado cerámica de toda la región llena de ofrendas, incluidas

La web www. arqueologia.com. ar/peru/ ofrece unos útiles enlaces con noticias de arqueología de Perú. También ofrece cronologías y algunas sencillas fotos dedicadas a diferentes grupos culturales.

conchas de lugares tan lejanos como la costa ecuatoriana y huesos tallados (algunos humanos) con motivos sobrenaturales. Lo más destacado es un laberinto de galerías bajo el complejo del templo, en una de las cuales hay una roca de casi 5 m de altura, que muestra la talla de una deidad antropomórfica con colmillos conocida como "Lanzón", una criatura de aspecto feroz que seguro volvía creyente a todo el mundo.

Paracas y Nazca

El Horizonte Temprano, etapa en que se desarrolló la civilización chavín, fue seguido por el desarrollo de diversos grupos étnicos regionales menores. En la costa sur, entre el 700 a.C. y el 400 d.C., aproximadamente, la cultura paracas –situada cerca de la actual Ica– produjo algunos de los tejidos más célebres jamás creados. Los más impresionantes se elaboraron durante el período conocido como paracas-necrópolis (del 1 al 400 d.C.), llamado así por una tumba masiva en la península de Paracas, descubierta por el famoso arqueólogo peruano Julio Tello en la década de 1920.

The Moche of Ancient Peru: Media and Messages (Los mochica del antiguo Perú: medios de comunicación y mensajes), de Jeffrey Quilter, publicado por el Museo Peabody de la Universidad de Harvard es una excepcional introducción a la historia, el arte y la arquitectura de la cultura mochica de la costa norte.

Los datos históricos sobre esta cultura son escasos, pero los espléndidos tejidos hallados en las tumbas –capas de telas delicadamente tejidas que envuelven a las momias– proporcionaron información muy valiosa sobre su vida cotidiana y sus creencias. Las prendas muestran flores, peces, aves, cuchillos y gatos, y algunos animales se representan con dos cabezas. También son importantes las figuras humanas: guerreros que portan cabezas reducidas como trofeos y criaturas antropomórficas sobrenaturales dotadas de alas, lengua de serpiente y garras (el Museo Larco de Lima exhibe algunos ejemplos fantásticos). Muchas de las momias halladas en ese yacimiento mostraban deformaciones craneales y en la mayoría estaba claro que la cabeza se había prensado intencionalmente utilizando dos tablas.

Aproximadamente en el mismo período, la cultura nazca (200 a.C. al 600 d.C.), en el sur, producía cerámica pintada y unos increíbles tejidos que mostraban objetos de la vida cotidiana (judías, aves y peces), además de unos sobrenaturales hombres, medio gato medio halcón, con intensos colores. Los nazca eran unos expertos bordadores: algunos tejidos muestran diminutas figurillas colgantes (el Museo Andrés del Castillo de Lima expone algunas muestras muy bien conservadas) Sin embargo, esta cultura es más conocida por las Líneas de Nazca, una serie de misteriosos geoglifos dibujados en una superficie de 500 km² en el desierto del sur de Perú. Una reciente investigación japonesa sugirió que los glifos fueron hechos por dos grupos diferentes. Las líneas se convirtieron en objeto de un escándalo mundial en el 2014, cuando unos activistas de Greenpeace dañaron sin querer la zona al entrar sin autorización para dejar un mensaje medioambiental que decía "Es la hora del cambio, el futuro es renovable". Véase la p. 131 para más información.

DRONES Y RUINAS

Cuando las Líneas de Nazca quedaron dañadas debido a una protesta de Greenpeace por el cambio climático, el Gobierno peruano envió drones a inspeccionar los daños. Estos dispositivos también se utilizan para proteger yacimientos arqueológicos, ya que documentan la intrusión de ladrones y ocupantes ilegales en zonas protegidas. Los drones han demostrado ser útiles en la conservación, para rastrear los efectos de tormentas como El Niño sobre Chan Chan. Los octocópteros, de tecnología puntera, llevan una cámara giratoria de alta definición que permite hacer un seguimiento preciso. En definitiva, alta tecnología al servicio de lo antiguo.

Mochica

No existe civilización andina que pueda compararse en producción de cerámica a la mochica, una cultura que habitó la costa norte peruana entre el 100 y el 800. A pesar de no ser básicamente urbanos, construyeron sofisticados centros ceremoniales, como las huacas del Sol y de la Luna, decoradas con numerosos de frisos, en las afueras de la actual Trujillo, y el recargado lugar de enterramiento de Sipán, cerca de Chiclayo. Poseían una cuidada red de carreteras y una serie de corredores de relevos que llevaban mensajes, seguramente en símbolos tallados en pallares (judía del Perú, gruesa y grande).

Destacan sobre todo los retratos en cerámica: sus representaciones de personas (con cicatrices y todo) son marcadamente realistas. Los artesanos solían hacer varios retratos de una misma persona a lo largo de su vida. De hecho, un estudioso documentó 45 piezas que mostraban a la misma persona. Otras cerámicas representan actividades masculinas como la caza, el combate y los sacrificios rituales. Sin embargo, eso no significa que no supieran nada del amor: son famosas sus figuras eróticas de parejas en posturas acrobáticas (expuestas en el Museo Larco de Lima).

Huari

Aproximadamente del 600 al 1100, los Andes fueron testigos del nacimiento del primer reino realmente expansivo. Los huari fueron los ávidos constructores de un imperio que, desde su base cercana a Ayacucho, se extendió a casi todo el Altiplano, además de una parte de la costa norte. Avezados agricultores, mejoraron su producción desarrollando un sistema de terrazas y creando complejas redes de canales de riego.

Al igual que muchas culturas conquistadoras de la región, los huari construyeron sobre lo que ya existía, y usurparon y destruyeron la infraestructura existente creada por estados regionales más pequeños. Por ejemplo, el centro ceremonial costero de Pachacamac, fue edificado por la cultura lima, y posteriormente ampliado por la huari. Pero también existen lugares plenamente huari: a las afueras de Ayacucho se encuentran los restos de lo que antaño fue una ciudad de 1500 Ha y en Piquillacta, cerca de Cuzco, hay un centro ceremonial. Por desgracia, la arquitectura huari era más tosca que la inca y los edificios no han soportado el paso del tiempo con elegancia.

Los huari poseían una gran destreza para tejer y produjeron elegantes tejidos con diseños elaborados. Eran unos maestros del color y utilizaron más de 150 tonos distintos para teñir los hilos con los que creaban fantásticos dibujos. Muchos tejidos muestran diseños abstractos y geométricos, además de figuras sobrenaturales, la más común es la de una deidad alada sujetando un bastón.

En el 2013, en la localidad de Huarmey, al norte de Lima, se descubrió el yacimiento arqueológico conocido como el Castillo de Huarmey. Se trata de la primera tumba imperial huari que fue hallada intacta, gracias a las 30 toneladas de piedras que la protegieron de los saqueadores. Dentro de la tumba real de 1200 años de antigüedad, que se ha descrito como el "Templo de los Muertos", había tres reinas huari acompañadas de momias sedentes, copas de alabastro, vasijas de cerámica decoradas y utensilios de oro para tejer. En el 2015 se desenterró en el valle de Cotahuasi otro centro ceremonial conocido como Tenahaha, donde se hallaron centenares de momias y utensilios que proporcionarán más información sobre la cultura huari.

Chimú y chachapoyas

Tras la desaparición de los huari surgieron una serie de pequeñas naciones-estado en distintos rincones del país. Son demasiado numerosas

Tejidos milenarios del Perú: Ancient Peruvian Textiles es una enciclopedia suntuosamente ilustrada sobre tejidos peruanos, desde la cultura chavín a los incas. Es un legado tan rico que la obra ocupa más de 800 páginas y pesa más de 10 kg.

EL PADRE DE LA ARQUEOLOGÍA PERUANA

Mucho de lo que se sabe sobre las culturas precolombinas más importantes de Perú se debe a Julio C. Tello (1880-1947), el elogiado "padre de la arqueología peruana". Tello, que se autodefinía como un "indio de la montaña", nació en el pueblo de Huarochirí, en el Altiplano, al este de Lima. Estudió medicina en la Universidad Nacional Mayor de San Marco Lima y más tarde arqueología en la Universidad de Harvard, un gran logro para un indígena pobre del Perú de comienzos del s. XX.

En los años veinte emprendió una serie de estudios arqueológicos de los yacimientos huari cercanos a Ayacucho y del complejo de templos de Chavín de Huántar, donde hay una estela ornamentada (el obelisco de Tello) que lleva su nombre (expuesta en el Museo Nacional de Chavín). Tello también descubrió centenares de fardos de momias en la península de Paracas en 1927, lo cual proporcionó una de las más importantes fuentes de información sobre esta cultura preincaica. Y lo que es más, aportó rigor científico a los pujantes trabajos arqueológicos en Perú. En el s. XIX, en las excavaciones a menudo se destruía más de lo que se conservaba y el saqueo era ampliamente aceptado. Tello ayudó a que se aprobaran leyes que protegían los yacimientos arqueológicos más importantes.

Para saber más sobre esta carismática figura, se puede leer *The Life and Writings of Julio C Tello: America's First Indigenous Archaeologist* (*Vida y escritos de Julio C. Tello: primer arqueólogo indígena de América*), publicado por University of Iowa Press. Este texto es el primero que reúne sus obras clave.

para citarlas todas, pero dos de ellas merecen destacarse por su legado artístico y arquitectónico.

La primera es la cultura chimú, ubicada en las cercanías de la actual Trujillo. Esta sofisticada sociedad construyó entre el 1000 y el 1400. la ciudad precolombina más grande de América. Chan Chan es un extenso complejo de 36 km² que antaño albergó a unas 60 000 personas. A pesar de que con el tiempo esta ciudad de adobe se ha ido deteriorando, se han restaurado parte de los frisos geométricos del complejo y hoy es posible tener una idea de su pasado esplendor. Los chimú eran unos consumados artesanos y metalurgistas que, entre otras cosas, produjeron unos curiosos tejidos llenos de borlas.

En el interior del bosque nuboso del norte del Altiplano se halla la ciudadela de Kuélap, construida por la cultura chachapoyas en el remoto valle del Utcubamba, hacia el año 800. Es una estructura increíble o, para ser precisos, una serie de estructuras. Consta de más de 400 moradas circulares, además de inusuales piezas de arquitectura parecen desafiar la gravedad, como el cono invertido conocido como El Tintero. El recinto incorpora una estrecha cumbre y está rodeado por una muralla de 6 a 12 m de altura que hacía a la ciudad casi impenetrable. Por ello, hay quien apunta que si los incas hubieran librado su última batalla contra los españoles allí, en vez de a las afueras de Cuzco, quizá la historia habría sido muy diferente.

Incas

Fueron los mejores ingenieros y constructores de Perú. Gracias a su contacto directo con los españoles, es la cultura andina precolombina mejor documentada, no solo por las crónicas de los conquistadores, sino también por los relatos de los descendientes incas (el más famoso de esos escritores fue el Inca Garcilaso de la Vega, que vivió en el s. XVI).

Los incas descienden de pastores quechuas de alpacas del sur de los Andes. Durante varias generaciones, desde el 1100. hasta la llegada de los españoles en 1532, se expandieron hasta convertirse en un imperio

En su momento de máximo esplendor el Imperio inca fue más extenso que el romano y contaba con 40 000 km de calzadas. Una red de chasquis (corredores) mantenía conectado el territorio y llevaba pescado recién capturado de la costa a Cuzco en 24 h.

LOS MEJORES MUSEOS ARQUEOLÓGICOS

altamente organizado que se extendió más allá de la latitud 37°, ocupando parte de Colombia y Chile. Fue un estado absolutista con un gran ejército, cuyo poder supremo residía en el Inca, o emperador.

Su sociedad se regía por un severo sistema de castas compuesto por los nobles, los artesanos y mercaderes, y los campesinos. Estos últimos construyeron la mayoría de las obras públicas del imperio. Los ciudadanos pagaban tributos en forma de trabajo –normalmente tres meses al año– lo que les permitió construir y mantener monumentos, canales y calzadas. Los incas también contaban con un sistema de comunicaciones muy eficaz, que consistía en un grupo de chasquis (corredores de relevos), que recorrían los 1600 km entre Quito y Cuzco en solo siete días (hoy un viajero medio tarda de tres a cuatro días en completar el Camino Inca de Ollantaytambo a Machu Picchu, de tan solo 43 km). A pesar de ser un régimen brutal (guerras sangrientas, sacrificios humanos), sostenía un notable sistema de asistencia social mediante el cual se almacenaba el excedente de alimentos para distribuirlos entre las personas que los necesitaran.

En el terreno cultural, los incas desarrollaron una importante tradición musical y de literatura oral; también destacaron en la elaboración de tejidos, en general de colores llamativos y lisos, con dibujos abstractos y geométricos. Pero sobre todo son conocidos por su monumental arquitectura. Las construcciones de Cuzco, Sacsayhuamán, Pisac, Ollantaytambo y el fabuloso Machu Picchu son ejemplos notables de su estilo imperial de construcción. Las rocas talladas, sin mortero, están colocadas tan juntas que resulta imposible introducir un cuchillo entre ellas. Lo más interesante es que construían los muros en ángulo y las ventanas con forma trapezoidal para que resistieran la actividad sísmica. El exterior de sus edificios era austero, pero decoraban el interior con ricas colgaduras en las paredes hechas con metales preciosos.

A pesar de estar en ruinas, sus estructuras, cobijadas por bellos parajes naturales, son un espectáculo inolvidable. Incluso los españoles reconocieron su majestuosidad, aunque las derribaran para construir sus propios monumentos. "Ahora que los gobernantes incas han perdido su poder —escribió el cronista español Pedro Cieza de León en el s. XVI— todos estos palacios, jardines y otras de sus grandes obras se han derrumbado y solo sobreviven sus restos. Pero, puesto que se construyeron con sólidas piedras y la mampostería es excelente, se elevarán como monumentos conmemorativos durante muchos siglos". Y estaba en lo cierto. La civilización inca no sobrevivió al *pachacuti* español, pero su arquitectura sí, y constituye un legado de las grandes sociedades, que ahora se empieza a comprender.

Perú indígena

A pesar de que el orden social quedó indeleblemente marcado por las costumbres españolas, el alma peruana sigue siendo rotundamente indígena. Según la oficina del censo del país, esta escarpada parte de los Andes sudamericanos alberga 52 etnias, 13 familias lingüísticas y 1786 comunidades nativas. De hecho, casi la mitad de los más de 30 millones de peruanos se siente amerindio. Esos grupos aglutinan un número infinito de rituales, tradiciones artísticas y formas de vida, un legado cultural tan rico como ancestral.

La vida tras la conquista

Tras la conquista española, las autoridades coloniales cambiaron la forma de vida de los pueblos de los Andes. Los indígenas, que solo habían conocido una vida rural y agrícola, fueron obligados a vivir en reducciones (misiones) por las autoridades coloniales. Estos "pueblos", dirigidos por sacerdotes, facilitaban la evangelización y permitían a los españoles el control político, cultural y social de los nativos, a quienes además se les prohibía hablar en su lengua o llevar ropa tradicional.

En el s. XVII, una vez consolidado el poder español, muchos indígenas regresaron al campo. Pero en vez de trabajar en los *aillus* (grupos autosuficientes) que existían en los tiempos precolombinos, se les forzó a que lo hicieran en un sistema de peonaje por deuda: a una familia nativa se le otorgaba una parcela de subsistencia en las tierras de un hacendado español y, a cambio, el campesino trabajaba para el patrón. En muchos casos a los campesinos no se les permitía salir de la tierra en que vivían. Ese sistema se mantuvo en vigor hasta entrado el s. XX.

> En español, la palabra adecuada para denominarlos es indígena. Llamarlos "indios" puede resultar insultante, en especial si lo hace un extranjero. La palabra "cholo" (campesino indio) se considera despectiva, aunque algunos peruanos la utilizan como atributo de poder.

El cambio en el s. XX

En los últimos 100 años se han hecho importantes progresos. Desde los movimientos sociales indigenistas de la década de 1920, varias constituciones y leyes han garantizado protección legal y tierras comunales a los indígenas (aunque no siempre en la práctica). En 1979 la Constitución peruana reconoció el derecho de sus ciudadanos a adherirse a su "identidad cultural" y estableció el derecho a la educación bilingüe (hasta entonces el sistema público de enseñanza había llevado a cabo un sistemático esfuerzo por eliminar el uso de las lenguas nativas y había presionado a los indígenas para que abandonaran su cultura y se asimilaran a la sociedad española-criolla). Al año siguiente se retiraron las restricciones de voto a los analfabetos, lo que permitió a los indígenas participar en el proceso político.

En el 2011 el presidente Humala aprobó una ley que exigía que se consultara a los indígenas sobre todas las actividades de minería y extracción en sus territorios. Aun así, el conflicto todavía está muy arraigado. En septiembre del 2014 cuatro activistas indígenas fueron asesinados cuando se dirigían a una reunión para hablar sobre la tala ilegal.

Presión de la pobreza y el medioambiente

A pesar de que los indígenas dan pasos adelante, siguen encontrando muchos obstáculos. Los casos de extrema pobreza entre los indígenas

El racismo está muy presente en la sociedad peruana. Aun así, un estudio de ADN publicado hace poco por National Geographic muestra que los habitantes de Lima tienen un 68% de sangre indígena.

duplican a los de los peruanos de ascendencia europea. Además, su acceso a los servicios básicos es problemático. Casi el 60% de las comunidades indígenas no tiene acceso a instalaciones sanitarias y sufren una alta tasa de mortalidad materna (mayor que la de Iraq o la Franja de Gaza).

El problema más importante al que se enfrentan algunas etnias es la pérdida de tierras. El tráfico de drogas y la explotación de recursos naturales en zonas remotas están aumentando la presión sobre las comunidades indígenas cuyos territorios suelen tener límites imprecisos y cuyas necesidades están mal representadas por el gobierno federal de Lima. Según Aidesep –una organización indígena peruana que representa a varios grupos étnicos de la selva–, hoy en día se están llevando a cabo prospecciones y extracciones petrolíferas en más del 80% de los territorios indígenas del Amazonas. A finales del 2014 la remota tribu mashco-piro, con quienes no se había entrado en contacto hasta hacía poco tiempo, saqueó un pueblo mestizo en busca de provisiones tras haber sido desplazados de sus propias tierras por la tala y el tráfico de drogas.

Multitud de culturas

Las culturas indígenas se identifican por su región o su nombre, como Arequipa o Chachapoyas. Pero debido a que existen más de mil culturas regionales solo en los Andes peruanos, resulta más fácil identificar a los grupos por su lengua. Predomina el quechua –la lengua franca de los incas–, que es la lengua nativa que más se habla en América y se oye en todos los Andes. En Perú es la lengua materna de más del 13% de la población.

El aimara es la segunda lengua indígena más utilizada y habitualmente la hablan más del 2% de peruanos, en especial en la zona del lago Titicaca. Casi un 1% de los peruanos habla alguno de los más de 50 dialectos regionales, entre los que se incluyen los de muchas culturas del Amazonas que habitan en la selva.

Quechua

Los descendientes de los incas (junto con otros muchos pueblos que estos conquistaron) habitan gran parte de la columna vertebral andina de Perú y forman el grupo indígena más numeroso del país. Sin embargo, el departamento de Cuzco sigue siendo el centro simbólico de la vida quechua. Los quechuas tradicionales se denominan a sí mismos como *runakuna* y llaman *mistikuna* a los mestizos o indígenas que adoptaron la cultura española-peruana. Entre los *runakuna* el ritual de mascar coca está considerado como la mayor señal de una identidad propia. Sin embargo, conforme los indígenas adoptan las costumbres criollas para poder participar en una economía más amplia, esas características distintivas pierden nitidez.

A pesar de todo, muchas personas siguen hablando su lengua, mascando coca y vistiendo sus trajes tradicionales. Los hombres visten ponchos de intensos colores y gorros con orejeras, llamados chullos. Los vestidos de las mujeres son muy elaborados y vistosos: sobrero hongo o de copa plana con una especie de chal tejido o jersey, y múltiples capas de brillantes faldas tejidas a mano (la falda de muchas capas se considera muy femenina). A menudo se combinan elementos de vestimenta tradicional y occidental.

Palabras procedentes del quechua

Coca

Cóndor

Guano

Llama

Pampa

Puma

Quinua

Aimara

Aunque subyugados por los incas de lengua quechua en el s. xv, los aimara mantuvieron su propia lengua e identidad. Era una sociedad tradicionalmente agrícola que se vio reducida casi a la esclavitud, debido al peonaje por deuda, y que posteriormente fue obligada a trabajar en las minas de plata de Bolivia. En Perú se encuentran en la zona cercana a Puno y el lago Titicaca.

'OLLANTAY': LA GRAN EPOPEYA LITERARIA QUECHUA

Ollantay cuenta la historia de dos amantes desventurados: Ollanta, un famoso guerrero de origen humilde, y Cusi Cuyllur, una encantadora princesa inca. Debido a que Ollanta no es noble, las convenciones sociales impiden que pueda casarse con su amada. A pesar de todo, reúne el valor suficiente como para pedir al emperador Pachacutec la mano de su hija. El emperador enfurece ante la osadía de los jóvenes amantes, expulsa a Ollanta de Cuzco y encarcela a su hija. Se entablan varias batallas, nace una niña y, tras muchas intrigas palaciegas, los amantes vuelven a reunirse.

Ollantay es una obra en quechua clásico, el tipo de quechua que se hablaba en tiempos de la conquista. Pero como los incas no dejaron un lenguaje escrito, su origen es incierto: nadie sabe quién lo escribió ni cuándo. Apareció por primera vez en los manuscritos de un sacerdote del s. XVIII llamado Antonio Valdés, que trabajaba en el departamento de Cuzco. Algunos estudiosos suponen que Valdés escribió *Ollantay* y otros opinan que es uno de los muchos poemas épicos transmitidos oralmente entre los incas y que Valdés solo lo recogió. También hay quien cree que Valdés escribió una obra indígena que se adaptaba a los gustos españoles. A pesar de todo es una obra de teatro muy popular en Perú y una de las grandes obras en quechua.

A pesar de que su identificación con las costumbres indígenas es manifiesta, en su vida espiritual están presentes algunos elementos españoles. Casi todos han incorporado el Dios católico a sus creencias. Al igual que los quechua, muchos aimara practican el sincretismo, que aúna las costumbres indígenas con el pensamiento católico. El 2 de febrero se celebra una importante fiesta en honor a La Virgen de la Candelaria en Puno. No obstante, la Virgen está muy relacionada con la Pachamama (diosa peruana de la tierra), así como con elementos naturales como el relámpago y la fertilidad.

Culturas del Amazonas

En la vasta Amazonia peruana viven más de 330 000 indígenas de más de cinco docenas de etnias, algunas estrechamente relacionadas y otras muy diferentes en cuanto a tradiciones y lengua.

El mayor grupo demográfico está compuesto por los ashánincas (también conocidos como campas). Representan aproximadamente un cuarto de la población indígena de la Amazonia peruana y viven en numerosos valles fluviales al este del centro del altiplano. Debido a esta ubicación, los ashánincas sufrieron muchísimo durante el Conflicto Interno de 1980 al 2000, cuando Sendero Luminoso hacía incursiones en la región oriental.

El segundo grupo más importante del Amazonas son los aguaruna, que ocupan los valles de los ríos Marañón, Nieva y Santiago, en el norte. Este grupo no solo resistió los intentos de conquista inca, sino que también repelió a los españoles. De hecho, siguen ocupando las tierras anteriores a la conquista y sobreviven gracias a la horticultura, la caza y la pesca.

Existen muchos otros grupos étnicos más pequeños, como los shipibo, los matsiguenga y las llamadas "tribus no contactadas", que han aparecido en primera plana en los últimos años. Estas comunidades son extremadamente vulnerables a la pérdida de tierras y a la contaminación producida por la extracción de petróleo y minerales. Para los grupos más remotos el mayor problema es la inmunidad: en la década de 1980 más de la mitad de los nahuas, del sur del Amazonas, murieron tras contraer enfermedades propagadas por los leñadores y trabajadores de las compañías petrolíferas.

Para un análisis bien escrito de la vida quechua en Perú, puede leerse *La coca sabe. Coca e identidad cultural en una comunidad andina*, de Catherine Allen. Este intrigante estudio etnográfico, actualizado en el 2002, trata desde los sistemas de creencias a los rituales de la vida cotidiana en el sur del Altiplano.

Música y arte

La patria de dos imperios, uno indígena y otro europeo, posee una rica tradición cultural y artística. Tal vez los hitos más importantes se han alcanzado en el ámbito de la música (indígena y de otros géneros), la pintura y la literatura; esta última captó la atención mundial en el 2010 cuando el novelista peruano Mario Vargas Llosa recibió el Premio Nobel.

Música

De las infinitas variedades de música que existen en todo Perú, las melodías afroperuanas de la costa son quizá las más marchosas. Un excelente aperitivo es la recopilación producida por David Byrne *Los clásicos afroperuanos. El alma del Perú negro*.

Al igual que su pueblo, la música peruana es una fusión de elementos de todos los continentes. Las culturas precolombinas aportaron las flautas de bambú, los españoles incorporaron los instrumentos de cuerda y los africanos añadieron el ritmo fluido de la percusión. En líneas generales, la música varía bastante según la región: en la costa predominan los landós de influencia africana con sonidos de percusión graves; en los Andes se escuchan agudos huaynos ejecutados con numerosos instrumentos de viento de bambú; y en cualquier danza del litoral suenan valses criollos.

En las últimas décadas, el *huayno* se ha mezclado con guitarras surf y cumbia colombiana (un tipo de música de baile afrocaribeña) para dar origen a la chicha, un ritmo bailable muy identificado con la Amazonia y cada vez más popular (algunos de los grupos más famosos de chicha son Los Shapis y Los Mirlos). La cumbia también es popular; Grupo 5, oriundos de Chiclayo, destacan en este género.

En la costa, la música criolla modulada con guitarras hunde sus raíces en España y África. El estilo criollo más famoso es el vals peruano, un vals de tres tiempos, de movimientos rápidos y lleno de complejas melodías de guitarras. Algunos de los cantantes más conocidos de este género son la también compositora Chabuca Granda (1920-1983), Lucha Reyes (1936-1973) y Arturo Zambo Cavero (1940-2009); este último era admirado por su voz cavernosa y sus emotivas interpretaciones. El landó está estrechamente relacionado con este tipo de música, pero añade patrones de llamada-respuesta. En este estilo destacan las cantantes Susana Baca (n. 1944) y Eva Ayllón (n. 1956).

Perú está haciendo contribuciones significativas al panorama actual de rock alternativo, con bandas de fusión como Uchpa, NovaLima, Bareto, La Sarita y el premiado Lucho Quequezana, que aúna entre otras, influencias quechuas y afroperuanas. La banda La Mente crea un ambiente festivo y Bareto destaca por versionar clásicas cumbias peruanas.

Libros de ficción imprescindibles

La guerra del fin del mundo (Mario Vargas Llosa; 1981)

Guerra en la penumbra (Daniel Alarcón; 2006)

Crónica de San Gabriel (Julio Ramón Ribeyro; 2004)

Artes gráficas

El movimiento artístico más destacado data de los ss. XVII-XVIII, cuando los artistas de la escuela cuzqueña produjeron pinturas religiosas, en su mayoría anónimas. Creadas por artistas indígenas y mestizos, las obras representan figuras sagradas decoradas con pintura dorada y retratadas en un estilo inspirado por el arte manierista y el gótico tardío, pero con vestigios de una paleta de color y una iconografía de influencia indígena. En la actualidad estos lienzos se exponen en museos e iglesias de todo Perú, y en muchos mercados de artesanía se venden reproducciones.

ARTESANÍA TRADICIONAL

Perú tiene una larga y extraordinaria tradición de producción de artesanía y arte folclórico. Estas son las piezas más destacables:

➡ **Tejidos** En todo el país se elaboran complejos tejidos con patrones geométricos y antropomórficos. Algunos de los más bonitos se producen en los alrededores de Cuzco.

➡ **Cerámica** Las más impresionantes son las de la tradición precolombina de los moche, en la costa norte. También merecen la pena las de estilo chancay: figuras redondas hechas con arcilla. Se pueden encontrar en los mercados de Lima.

➡ **Artesanía religiosa** Los retablos de Ayacucho son los más espectaculares.

Uno de los artistas más famosos del s. XIX es Pancho Fierro (1807-1879), hijo ilegítimo de un cura y una esclava, que se caracterizó por pintar acuarelas de personajes cotidianos de las calles limeñas: pescaderos, maestros y sacerdotes católicos ataviados con lujosas prendas.

A principios del s. XX, un movimiento indigenista liderado por el pintor José Sabogal (1888-1956) alcanzó relevancia nacional. Sabogal solía pintar figuras indígenas e incorporaba diseños precolombinos en sus obras. Como director de la Escuela Nacional Superior Autónoma de Bellas Artes de Lima, influyó en toda una generación de pintores que buscaban inspiración en la tradición andina, como Julia Codesido (1892-1979), Mario Urteaga (1875-1957) y Enrique Camino Brent (1909-1960).

Literatura

Mario Vargas Llosa (n. 1936) es el escritor peruano más famoso, aclamado junto a otras celebridades de las letras latinoamericanas del s. XX como Gabriel García Márquez, Julio Cortázar y Carlos Fuentes. Sus novelas recuerdan a James Joyce por la complejidad, los saltos en el tiempo y la multitud de perspectivas. También es un agudo observador social, que centra su atención en la corrupción de la clase gobernante y en los rasgos propios de la sociedad peruana. Sus más de veinte novelas han sido traducidas a muchos idiomas. Un buen inicio es *La ciudad y los perros* (1962), basada en su experiencia en el colegio militar peruano (los alumnos de esta academia respondieron al escritor quemando ejemplares).

Otro sagaz observador es Alfredo Bryce Echenique (n. 1939), cronista de las costumbres de la clase alta en novelas como *El huerto de mi amada* (2004), donde relata la aventura de una mujer de 33 años con un adolescente en la Lima de la década de 1950. Julio Ramón Ribeyro (1929-1994) demostró la típica propensión peruana al humor negro. Aunque nunca fue un autor de éxito, la crítica lo aclama por sus obras reveladoras, centradas en los antojos de la vida de la clase media baja.

También destaca Daniel Alarcón (n. 1977), un prometedor escritor de nacionalidad peruana y estadounidense cuyos premiados relatos cortos han sido publicados por la revista *New Yorker*. Su primera novela, *Radio Ciudad Perdida* (2007), que narra la historia de un país que se recupera de una guerra civil, ganó un premio PEN en el 2008.

Si Vargas Llosa es el gran novelista del país, César Vallejo (1892-1938) es el gran poeta. Durante su carrera solo publicó tres breves poemarios –*Los heraldos negros* (1919), *Trilce* (1922) y *Poemas humanos* (1939)– pero siempre se le ha considerado uno de los exponentes latinoamericanos de la lírica más innovadores del s. XX. Vallejo solía tratar temas existenciales y era famoso por llevar el lenguaje hasta sus límites, con la invención de palabras cuando las existentes no le valían.

César Vallejo es uno de los poetas más famosos a nivel mundial y ha influido en los escritores de todo Occidente. Sus poesías se han publicado en un único volumen bajo el título *Obra poética completa* (2009).

El entorno natural

Pocos países tienen un territorio tan accidentado, desafiante y diverso como Perú. Se halla en el trópico, al sur del Ecuador, y abarca tres zonas geográficas muy distintas: la árida costa del Pacífico, la escarpada cordillera de los Andes y una buena porción de la cuenca del Amazonas. Se visite lo que se visite, nunca se va en línea recta. Entre ríos serpenteantes, cañones profundos y carreteras de montaña zigzagueantes, recorrer el paisaje peruano consiste en sortear obstáculos naturales, un camino emocionante de una belleza sorprendente.

La tierra

Con 1 285 220 km², Perú es el tercer país más grande de Sudamérica. En la costa, una estrecha franja de tierra situada a menos de 1000 m de altitud abraza el extenso litoral nacional, de 3 000 km de largo. Consiste en un monte bajo y un desierto que acaba fundiéndose en el sur con el desierto chileno de Atacama, uno de los rincones más secos de la Tierra. En la costa, además de Lima, la capital, se hallan varios importantes centros agrícolas, oasis irrigados por multitud de ríos que descienden de los Andes. Estas localidades constituyen parajes poco comunes: de un desierto yermo se pasa a una explosión de campos verdes en tan solo unos metros. La costa comprende parte del terreno más llano de Perú, por lo que no es de extrañar que la carretera Panamericana atraviese el país pasando junto al Pacífico.

Los Andes, la segunda mayor cordillera del mundo, forma la espina dorsal de Perú. La cadena montañosa se eleva abrupta desde la costa, crece bruscamente y en pendiente de norte a sur, alcanzando alturas espectaculares de más de 6000 m a 100 km tierra adentro. La cima más alta del país, Huascarán (6768 m), al noreste de Huaraz, es el pico tropical de mayor altura del planeta y la sexta montaña más alta de América. Aunque los Andes peruanos están en los trópicos, sus montes están cubiertos de glaciares que superan los 5000 m de altitud. Entre los 3000 y los 4000 m se halla el Altiplano andino agrícola, que abastece a más de un tercio de la población peruana.

Las laderas orientales de los Andes reciben mucha más lluvia que las occidentales y se cubren de frondosos bosques nubosos según descienden a la selva en las tierras bajas de la Amazonia. Aquí, el paisaje ondulado apenas se eleva más de 500 m sobre el nivel del mar, ya que varios afluentes desembocan en el gran río Amazonas, el mayor del mundo. El clima es húmedo y caluroso todo el año, y las lluvias suelen concentrarse entre diciembre y mayo.

Fauna y flora

Con pliegues y curvas en su geografía y profundos valles fluviales, Perú acoge un sinfín de ecosistemas, cada uno con un clima, una elevación, una vegetación y un tipo de suelo propio. De ahí que presuma de una espectacular variedad de plantas y animales. Las colonias de leones marinos ocupan los afloramientos rocosos de la costa, mientras que estridentes grupos de guacamayos de vivos colores bajan a las orillas del Amazonas

Se desconoce el origen de la palabra "Andes". Para algunos historiadores procede del quechua *anti*, que significa "este", o del término aimara *anta*, "de color cobrizo". Curiosamente, las montañas no se acaban en la costa del Pacífico: 100 km mar adentro hay un tramo cuya profundidad iguala la altura de los Andes.

Travellers' Wildlife Guides: Peru (Guías de la naturaleza para viajeros: Perú) de David Pearson y Les Beletsky (2014) es una obra útil que recoge las aves, los mamíferos, los anfibios, los reptiles y los hábitats de los ecosistemas más importantes y frecuentes del país.

para comer arcilla. En los Andes, las escasas vicuñas (especie amenazada de la familia de la alpaca) trotan en grupo y los cóndores se adaptan a las corrientes de los vientos. Perú es uno de los 12 países del mundo considerados "megadiversos".

Los apasionados de la fauna lo visitan para ver un sinfín de aves, así como camélidos, delfines de agua dulce, mariposas, jaguares, anacondas, guacamayos y osos de anteojos, y muchos más...

Aves

En Perú habitan más de 1800 especies de aves. Desde los más diminutos colibríes hasta el majestuoso cóndor andino, la variedad es colorida y casi infinita, pues se descubren nuevas especies con regularidad. En la costa del Pacífico es fácil ver aves marinas de toda índole, sobre todo en el sur, donde se agrupan en los afloramientos de la costa. Allí se verán exuberantes flamencos chilenos, colosales pelícanos peruanos, orondas golondrinas de mar incas con mostachos de plumas blancas y relucientes picos naranjas, colonias de pájaros bobos pardos (alcatraces) inmersos en sus complejas danzas de apareamiento, cormoranes y pingüinos Humboldt en peligro de extinción caminando con su típico balanceo por las islas Ballestas.

El Altiplano es el dominio del cóndor andino (de la familia de los buitres). Está considerado el pájaro volador más grande del mundo, puede pesar hasta 10 kg y tiene una envergadura de más de 3 m. En la década de 1970 pasó a engrosar la lista de especies amenazadas, debido en gran medida a la contaminación y a la reducción de su hábitat, que antiguamente abarcaba la totalidad de la cordillera andina desde Venezuela hasta Tierra del Fuego. Otro factor que contribuyó a la drástica disminución del número de ejemplares fue la caza, por creerse que algunas partes de su cuerpo aumentaban la virilidad masculina y alejaban las pesadillas. Los cóndores suelen anidar en acantilados inaccesibles situados a gran altura para proteger a las crías de sus depredadores. Se alimentan sobre todo de carroña y suelen avistarse fácilmente cuando aprovechan las corrientes térmicas en los cañones de Arequipa.

Un ave que también habita a gran altitud es la gaviota andina, que frecuenta los lagos y ríos a 4500 m de altura. Los montes también albergan varias especies de ibis, como el ibis de la puna, que vive en las ciénagas lacustres, así como cerca de doce tipos de pájaros churretes, una clase de hornero (sus nidos de arcilla recuerdan a hornos) autóctono de los Andes. Entre las especies de la zona se cuentan también patos torrenteras, que

Una visión de conjunto sobre la gran variedad de aves se recoge en la guía *Aves del Perú* (2010), de Thomas Schulenberg.

FAUNA Y FLORA EN PERÚ

Muchos viajeros van a Perú específicamente para observar su extraordinaria fauna: leones marinos, vicuñas, guacamayos macaos y monos. He aquí algunos consejos para sacar mayor partido a esta actividad:

➡ Estar dispuesto a viajar: en la costa la fauna es escasa y en ciertas áreas del Altiplano se ha abusado de la caza. Para ver fauna habrá que ir a zonas remotas.

➡ Contratar a un guía local experto: sabrá qué buscar y dónde.

➡ Levantarse muy pero que muy temprano: los animales suelen mostrarse más activos al alba y al anochecer.

➡ Llevarse unos prismáticos ligeros. Mejorarán mucho la observación.

➡ Guardar silencio: los animales suelen evitar los ruidosos grupos de humanos, así que es mejor susurrar; en el Amazonas es mejor ir en una piragua que en una motora.

➡ Tener expectativas realistas: la vegetación puede ser densa y los animales, tímidos; con una sola excursión no siempre basta.

VOLADORES EMPEDERNIDOS

Para muchos amantes de las aves que visitan Perú la observación de los pequeños colibríes supone una de las actividades más atractivas. Se han documentado más de 100 especies en el país, y sus nombres están a la altura de su exquisita belleza: colibrí esmeraldino, coqueta coronada, brillante pechigamuza o ángel gorgiamatista. Especies como el picaflor andino de vientre rojo, que vive en la puna (prados del Altiplano), han desarrollado una increíble estrategia para sobrevivir a las frías noches. Entran en un estado de letargo, una especie de hibernación nocturna, reduciendo la temperatura de su cuerpo hasta 30°C y ralentizando así su metabolismo.

Una de las especies más insólitas es el maravilloso colibrí cola de espátula que habita en el valle de Utcubamba, en el norte de Perú. Los machos adultos lucen dos vistosas espátulas plumosas en la cola que emplean en los ritos de apareamiento para atraer a las hembras.

anidan en pequeñas cuevas junto al agua, gansos andinos, carpinteros de pechera moteados andinos, jilgueros andinos negros y amarillos y, naturalmente, todo un despliegue de colibríes.

Si se desciende hacia el Amazonas se verán las aves más típicas de los trópicos, incluidas las chillonas bandadas de loros y guacamayos engalanados con su brillante plumaje. También se pueden observar grupos de arasaríes, tucanes, periquitos, tucancitos, ibises, majestuosos trompeteros de alas grises, pájaros paraguas, gallitos de las rocas de color carmesí, halcones planeadores y águilas arpía. La lista es interminable.

Mamíferos

La selva amazónica también alberga muchos mamíferos. Allí habitan más de dos docenas de especies de monos, incluidos los aulladores, los acróbatas monos araña y los titíes de grandes ojos. Con la ayuda de un guía también se verán perezosos, murciélagos, pecaríes (parecidos a cerdos), osos hormigueros, armadillos y coatíes (parientes de cola listada de los mapaches). Y, con mucha suerte, nutrias gigantes de río, capibaras (roedores de gran tamaño), delfines de río, tapires y tal vez hasta uno de la media docena de esquivos felinos, como el legendario jaguar.

Hacia el oeste, los bosques nubosos, a caballo entre la Amazonia y las laderas orientales del Altiplano, son el hogar del oso de anteojos, en peligro de extinción. Se trata del único oso de Sudamérica y es un mamífero negro y peludo de hasta 1,8 m de longitud, con unas características marcas blancas en la cara, que parecen una máscara.

El Altiplano alberga rebaños errantes de camélidos. Los más fáciles de ver son las llamas y las alpacas, que están domesticadas y se crían como ganado por su lana. Las vicuñas y los guanacos solo viven en libertad. Asimismo, en los taludes del Altiplano pueden verse vizcachas, zorros, ciervos, cobayas y pumas.

En la costa, enormes leones marinos y focas pueblan las islas Ballestas. Rara vez se ven ballenas frente a la costa, pero es muy común ver delfines. En la franja desértica del litoral hay unas cuantas especies únicas, como el zorro de Sechura, casi en peligro de extinción. Es el zorro de menor tamaño de Sudamérica (habita solo en el norte de Perú) y tiene una cola rematada en negro, pelo claro del color de la arena y un apetito omnívoro de pequeños roedores y vainas.

Reptiles, anfibios, insectos y vida marina

La mayor variedad de reptiles, anfibios y vida marina se halla en la cuenca del Amazonas. Aquí hay cientos de especies, como sapos, ranas arborícolas

Un compañero neotropical, de John Kricher, introduce a la flora, la fauna y los ecosistemas de los trópicos del Nuevo Mundo, incluidas las regiones costeras y del Altiplano.

PERROS PERUANOS SIN PELO

Si se visitan varios de los puntos de interés más antiguos de Perú se gozará de una extraña e impresionante visión canina: perros sin pelo, algunos con pequeños mechones al estilo mohicano en la coronilla, merodeando por las ruinas. Se trata de una raza preincaica cuyas raíces andinas se remontan a casi 3000 años. El llamado perro *viringo* o perro *calato* (desnudo) aparece representado en la cerámica mochica, chimú y chancay.

Con el paso de los siglos, según se fueron introduciendo razas extranjeras, la población de perros peruanos pelones menguó. Pero, en los últimos años empieza a crecer. Criadores de Lima se esfuerzan por mantener la raza viva y el Gobierno los emplea como atracción especial en los puntos de interés precolombinos. En el 2009 incluso se los galardonó con un sello conmemorativo.

y diminutas ranas punta de flecha (antaño los indígenas impregnaban la punta de los dardos con su veneno mortal). En los ríos abundan los bancos de pirañas, paiches y doncellas (peces de agua dulce), mientras que en el aire se percibe el constante zumbido de miles de insectos: ejércitos de hormigas, escuadrones de escarabajos, saltamontes longicornios, insectos palo, orugas, arañas, mantis religiosas, polillas transparentes y mariposas de todo tipo. Divisar una morfo azul volando es todo un acontecimiento: con sus alas abiertas, que alcanzan hasta 10 cm, de color azul tornasolado, es una visión alucinante.

Naturalmente, también hay toda clase de reptiles, como tortugas de tierra y de agua, lagartos, caimanes y, por supuesto, la anaconda, una boa acuática que puede medir hasta más de 10 m de largo. Tiende emboscadas a su presa a orillas del agua, se enrosca alrededor de la víctima y la ahoga en el río. Los caimanes, tapires, ciervos, tortugas y pecaríes son sus platos preferidos. Las víctimas humanas son muy raras. Mucho más preocupante es el crótalo, una letal víbora de color rojo pardo que se esconde en troncos huecos y merodea entre las raíces descubiertas de los árboles. Por fortuna, es una criatura solitaria y rara vez asoma por senderos frecuentados.

El Sistema de Información Botánica Andina (www.sacha.org) es una auténtica enciclopedia en línea sobre plantas florales de las zonas costeras y los Andes peruanos.

Plantas

A grandes altitudes, sobre todo en las cordilleras Blanca y de Huayhuash, a las afueras de Huaraz, abunda una flora y fauna características. Entre las plantas de la región se cuentan altramuces autóctonos, espigadas matas de icho, imponentes árboles queñua (Polylepis) con su peculiar corteza roja y rizada parecida al papel, además de insólitas bromeliáceas. Muchas flores silvestres alpinas brotan durante la temporada de senderismo, entre mayo y septiembre.

En el sur se verá el típico ecosistema de la puna. Se trata de una zona con una flora muy limitada de hierbas secas, plantas en cojín, pequeñas matas de hierbas, maleza y árboles enanos. Muchas plantas de este entorno han desarrollado hojas pequeñas y gruesas, menos sensibles a la congelación y la radiación. En el norte hay páramos que tienen un clima más duro, menos hierba y una extraña mezcla de paisajes, como turberas, valles formados por glaciares, lagos alpinos, pastizales húmedos y zonas de matorral y bosque.

Vegetación de los bosques nubosos y pluviales

A medida que las laderas orientales andinas descienden hacia el Altiplano occidental del Amazonas, el escenario natural va cambiando. Los bosques nubosos tropicales –llamados así porque atrapan (y ayudan a formar) nubes que impregnan la selva de una fina niebla– dan lugar a delicadas formas de flora. Los árboles de estos bosques están adaptados a las abrup-

LAS FLORES GIGANTES DE LAS MONTAÑAS

La *Puya raimondii* alcanza una altura de más de 10 m y su explosiva forma de cigarro puro incrustado de flores parece sacada de un libro del doctor Seuss. La planta de flores más alta del mundo pertenece a la misma familia de la piña (bromeliáceas) y tarda un siglo o más en madurar. Cuando florece, cada planta luce hasta 8000 flores blancas parecidas a lirios. Sólo lo hace una vez en la vida y luego muere. Algunos de los grupos más famosos de *Puya raimondii* se encuentran en los Andes peruanos, en las rocosas montañas que se hallan a las afueras de Huaraz, cerca de Catac y Punta Winchus.

tas laderas, los suelos rocosos y un clima feroz. Se caracterizan por sus densos doseles de hojas pequeñas y retorcidas de escasa altura y por las ramas cubiertas de musgo que sirven de base a todo un conjunto de plantas, como las orquídeas, los helechos y las bromeliáceas. La neblina y la densa vegetación confieren al bosque nuboso un fabuloso halo de misterio.

En la selva amazónica, la densidad es sorprendente: decenas de miles de especies de plantas viven unas encima de otras. Hay higuerones (llamados matapalos), palmeras, helechos, epifitas, bromeliáceas, orquídeas, hongos, musgo y lianas, por citar solo unas cuantas. Algunos árboles –como la palma que camina– presentan unas extrañas raíces parecidas a zancos. Se hallan sobre todo donde se producen inundaciones periódicas, por lo que se cree que dichas raíces mantienen los troncos rectos durante la subida de las aguas.

La miríada de árboles amazónicos impresiona. Un buen ejemplo de ello es la ceiba (también llamada Kapok o árbol del algodón de seda), que tiene alrededor de su base grandes troncos planos a modo de soporte, conocidos como arbotantes. El tronco de una ceiba puede llegar a medir 3 m de diámetro y alcanzar los 50 m de altura antes de llegar a las primeras ramas. Estas se extienden en una enorme corona de forma algo plana. La asombrosa altura de muchos árboles amazónicos, algunos de los cuales superan los 80 m, crea un ecosistema completo en la capa del dosel, poblada por criaturas que jamás descienden al suelo forestal.

Principales zonas protegidas

Cañón del Colca, Arequipa

Cordillera Blanca, Áncash

Lago Titicaca, Puno

Parque Nacional del Manu, Amazonia

Islas Ballestas, Pisco

Desierto costero

En marcado contraste con la Amazonia, el desierto costero suele ser yermo, salvo por las zonas que rodean fuentes de agua, que llegan a convertirse en lagunas bordeadas de palmeras. De lo contrario, su escasa vegetación se limita a cactos y demás plantas suculentas, así como a lomas (una mezcla de hierbas y especies herbáceas en áreas propensas a la neblina). En la costa del extremo norte, en las reservas ecológicas situadas alrededor de Tumbes, hay un pequeño grupo de manglares, así como un ecosistema forestal seco tropical, cosa poco habitual en Perú.

Parques nacionales

La vasta riqueza faunística de Perú está protegida por una red de parques y reservas nacionales con 60 áreas que cubren cerca del 15% del país. La más nueva es la Zona Reservada Sierra del Divisor, creada en el 2006 para proteger una superficie de 1 500 000 Ha de selva forestal en la frontera brasileña. El Instituto Nacional de Recursos Naturales (Inrena; www.inrena.gob.pe), organismo del Ministerio de Agricultura, administra todas estas zonas.

Por desgracia, faltan recursos para conservar áreas protegidas, que permanecen sujetas a la caza, pesca, tala y minería furtivas. El Gobierno no tiene fondos para contratar a suficientes guardabosques y dotarlos del equipo necesario para patrullar los parques. Sin embargo, varias agencias internacionales y algunas ONG contribuyen con dinero, personal y recursos para ayudar a su conservación y colaboran en proyectos educativos.

Cuestiones medioambientales

Perú se enfrenta a grandes retos relacionados con la administración de sus recursos naturales, si bien muchos de sus problemas podrán resolverse con un buen código de leyes medioambientales estrictas. La deforestación y la erosión son dos de las preocupaciones principales, así como la polución industrial, el crecimiento urbano y los constantes intentos de erradicación de las plantaciones de coca en algunas laderas andinas. Además, la carretera Interoceánica que atraviesa el corazón de la Amazonia podría poner en peligro miles de kilómetros cuadrados de selva.

El reducido crecimiento de las ganancias mineras en los últimos años ha llevado al Gobierno a adoptar medidas proteccionistas, en detrimento del medio ambiente. Una nueva ley aprobada en julio del 2014 debilitó la protección medioambiental al quitarle al Ministerio de Medio Ambiente de Perú la jurisdicción sobre los niveles de calidad del aire, el suelo y el agua.

Problemas de deforestación, aire y agua

Se ha producido una grave erosión del suelo a causa de la tala indiscriminada, tanto en las tierras altas, para obtener leña, como en las selvas, por sus valiosos árboles de maderas duras. Además, en ambas zonas también se ha deforestado para despejar tierras destinadas a la agricultura, a las excavaciones petrolíferas y a la explotación minera. En el Altiplano, donde la deforestación y el pastoreo excesivo de los bosques andinos y la puna son extremos, la calidad del suelo se deteriora a pasos agigantados. En la selva amazónica, la deforestación también ha provocado el declive de especies precursoras como las ranas. La erosión también ha supuesto una disminución de la calidad del agua en la zona, donde los sedimentos impiden que se desarrollen los microorganismos de la base de la cadena alimenticia.

El agua potable es un problema para muchos peruanos: en las zonas urbanas el 87% de la población tiene acceso, mientras que en las zonas rura-

Uno de los libros más cautivadores sobre la vida en la selva es *Tropical Nature: Life and Death in the Rain Forests of Central and South America* (Naturaleza tropical. Vida y muerte en las selvas tropicales de América Central y Sudamérica), de Adrian Forsyth y Ken Miyata. Es un manual básico sobre la vida en los trópicos de las tierras bajas, documentado en parte en la cuenca amazónica.

LA HOJA DE COCA: PASADO Y PRESENTE

El cultivo de la planta de coca se remonta al menos a 5000 años y tradicionalmente se le ha dado usos prácticos y religiosos. En la época prehispánica, mascar coca era un tratamiento para todo, desde un simple dolor de muelas hasta el agotamiento. También se usó durante mucho tiempo como ofrenda sagrada en los rituales religiosos. Cuando llegaron los españoles en el s. xv trataron de prohibir su cultivo. Sin embargo, finalmente tuvieron que ceder al comprobar que mascar la coca era un elemento vital en los grupos de trabajo indígenas de la colonia (inhibe el apetito y es estimulante).

Hoy la lucha que rodea la coca sigue vigente, pero está relacionada sobre todo con su subproducto, la cocaína (en su elaboración se emplea una pasta derivada de las hojas de coca que se trata con queroseno y se refina hasta convertirla en polvo). En un intento de detener el narcotráfico, EE UU lideró programas de erradicación de la planta de coca en Perú a principios de la década del 2000. Dichos programas no han frenado el cultivo de coca (o el comercio de cocaína), pero los herbicidas empleados han dañado tierras agrícolas en comunidades indígenas. Quienes critican los planes estadounidenses –como los cocaleros peruanos o el presidente de Bolivia Evo Morales– exigen que se regule su erradicación.

En el 2014, el presidente Humala anunció que Perú detendría su campaña de erradicación de la coca, que contaba con mucho apoyo de EE UU, y reforzaría la promoción de cultivos como café y cacao en regiones cocaleras.

les, el porcentaje se reduce a un 62% de los habitantes. La contaminación del agua causada por la minería afecta seriamente a regiones del Altiplano, mientras que en el litoral, muchas playas han sido declaradas no aptas para el baño debido a la contaminación por aguas residuales. En el sur, la polución y la sobrepesca están causando una continua disminución de la población de pingüinos Humboldt (desde la década de 1980 se ha reducido en más de un tercio).

La polución del aire es otro problema grave, sobre todo en Lima, donde en el 2009 se calculó que los contaminantes industriales y las emisiones de los vehículos superaban cuatro veces el límite legal.

Medidas de protección

Monga Bay (http://es.mongabay.com) es una buena fuente en línea de noticias e información sobre el Amazonas y otras selvas del mundo entero.

A principios de la década de 1990, Perú dio los primeros pasos para formular un código nacional de recursos medioambientales y naturales, pero el Gobierno (ocupado en una cruenta guerra de guerrillas en el Altiplano) carecía de los fondos y de la voluntad política necesarios para aplicarlo. En 1995 el Congreso creó un Consejo Nacional de Medio Ambiente (Conam) para dirigir su política medioambiental. Si bien se han cosechado algunos éxitos (como la imposición de multas a los principales contaminadores por malas prácticas), la aplicación de las políticas aún es débil.

Se están tomando medidas para ayudar a proteger el medio ambiente del país. El Gobierno peruano y los intereses privados en el sector turístico se han unido para programar viajes sostenibles en la Amazonia. En el 2012 se crearon tres nuevas zonas protegidas en el territorio de Loreto, en el norte de la Amazonia, que abarcan casi 600 000 Ha. Se trata de un territorio clave por su biodiversidad y de gran importancia cultural por las poblaciones ancestrales que lo habitan. Esta iniciativa conjunta de gestión regional por parte de Perú, Ecuador y Colombia, se conoce como Corredor Trinacional de Conservación del Putumayo.

El primer ministro de medio ambiente de Perú, Antonio Brack (fallecido en el 2014) adoptó una postura agresiva en cuestión de deforestación, copiando a otros países de la Amazonia en una petición para que los países desarrollados colaboren en la conservación, y comprometiéndose a frenar los incendios forestales y a reducir el índice de explotación forestal. Por desgracia la política oficial suele tener poca relevancia en zonas remotas sin supervisión.

La minería ilegal es un grave peligro medioambiental. En el 2014 el Gobierno declaró una crisis económica en 17 comunidades indígenas a lo largo del río Marañón en la cuenca del Amazonas porque la contaminación por aceites suponía una grave amenaza para la población. El mercurio líquido, utilizado para extraer oro, contamina las fuentes de agua y mata los peces.

Lima ha comenzado a usar una tecnología local (Súper Árbol) para combatir la polución del aire. El dispositivo (que no es un árbol) usa la presión termodinámica para purificar el aire; es el equivalente a tener 1200 árboles, una cifra nada despreciable en este deforestado país. Los subproductos son el barro y el agua no potable.

Guía práctica

Datos prácticos
A-Z

Acceso a Internet

→ Casi todas las regiones tiene una excelente conexión a Internet y precios razonables; los hoteles y hostales suelen ofrecer wifi y ordenadores.

→ Las pensiones familiares, sobre todo fuera de las áreas urbanas, están algo rezagadas en este sentido.

→ Hay muchos cibercafés. Cuestan 1 PEN/hora o más en zonas remotas.

Aduana

→ Se permite importar 3 L de alcohol y 20 cajetillas de cigarrillos, 50 puros o 250 g de tabaco libres de impuestos, y regalos por valor de 300 US$. Legalmente se puede entrar con objetos como un ordenador portátil, una cámara de fotos, un reproductor portátil de música, una piragua, material de escalada, una bicicleta de montaña y otros similares para uso personal.

→ Es ilegal sacar del país piezas precolombinas o coloniales, así como introducirlas. Si se compran reproducciones, que sea en un establecimiento acreditado y pídase una factura. También es ilegal comprar objetos hechos con animales de especies amenazadas, así como transportarlos por el país.

→ En Perú, las hojas de coca son legales, pero no en la mayoría de los países, ni siquiera como bolsitas de té. Si uno es sometido a un análisis de consumo de drogas se debe saber que la coca deja restos en la orina, incluso si se consume como té.

→ Si se pretende volver a casa con un producto caro o poco común, conviene informarse en el servicio aduanero del país de residencia sobre las posibles restricciones o tasas aplicables. Muchos permiten que sus ciudadanos importen un cierto número de objetos libres de impuestos, aunque la normativa podría cambiar.

Alojamiento

→ Perú ofrece alojamiento para todos los bolsillos, sobre todo en los núcleos urbanos y turísticos.

→ Muchos establecimientos cuentan con servicio de lavandería y de consigna breve (pídase un recibo). Las habitaciones simples solo tienen una cama; las dobles, dos; y las matrimoniales, una cama doble o una *queen size*.

→ Casi ningún alojamiento se libra de los problemas de ruido, por eso se recomienda elegir bien la habitación. Se aconseja pedir verla antes.

→ Las escuelas de idiomas ofrecen alojamientos en casas de familias. Hay pocas zonas de acampada.

Precios

Cabe decir que los precios pueden fluctuar según el tipo de cambio.

Cobros adicionales Los extranjeros están exentos del pago del impuesto hotelero del 18% (a veces incluido en el precio en soles) pero deberán presentar el pasaporte y la tarjeta de turista

DUCHAS DE AGUA CALIENTE

Los alojamientos económicos no siempre tienen agua caliente. Conviene saber que los más madrugadores pueden agotar las reservas.

Atención con las duchas eléctricas. Para tener agua caliente hay que encenderlas y esperar unos minutos. Si la presión es baja, el agua es más caliente. Bajo la ducha es mejor no tocar el calentador para evitar calambres.

CATEGORÍAS DE PRECIOS DE LOS ALOJAMIENTOS

Los alojamientos en Perú son bastante más caros en las zonas turísticas, como Lima y Cuzco y el Valle Sagrado. Todos los precios mencionados en esta obra son para habitaciones dobles con baño privado y en temporada alta, a menos que se diga lo contrario.

Lima y Cuzco y el Valle Sagrado

$ menos de 125 PEN

$$ 125 PEN-380 PEN

$$$ más de 380 PEN

Provincias

$ menos de 85 PEN

$$ 85 PEN-250 PEN

$$$ más de 250 PEN

para que hagan una fotocopia. El recargo del 7% o más aplicado a las transacciones con tarjeta de crédito no incluye la tasa de cambio que pueda establecer el propio banco nacional. En algunos lugares aceptan dólares estadounidenses, pero el tipo de cambio suele ser malo.

Paquetes En los refugios lejanos de la Amazonia y en populares destinos playeros como Máncora, predominan las tarifas de todo incluido propias de los complejos vacacionales.

Temporada alta En Cuzco hay mucha demanda durante la temporada alta (jun-ago). También hay gran actividad durante el Inti Raymi, la Semana Santa y las Fiestas Patrias, épocas en que es imprescindible reservar. En Lima los precios no varían durante el año; en internet pueden encontrarse ofertas de última hora. Pagar en efectivo siempre ayuda; para las estancias largas, pídase un descuento.

Reservas

Llegada al aeropuerto Como muchos vuelos aterrizan en Lima de noche, no es aconsejable buscar alojamiento al llegar. Conviene reservar con antelación la primera noche. Casi todos los hoteles ofrecen servicio de recogida en el aeropuerto.

Cuándo reservar En todo el país, conviene reservar durante las fiestas importantes (Inti Raymi en Cuzco o en Semana Santa, que es festivo en todo Perú). En el Amazonas, resérvese para los alojamientos más remotos. En los pueblecitos y en las zonas menos turísticas, el alojamiento se ocupa a medida que uno llega.

Llegada tardía En los alojamientos baratos podrían no guardar la reserva si se llega tarde. Incluso habiendo reservado, se recomienda confirmar la hora de llegada. En los hoteles de precio medio y alto se puede hacer el *check-in* tarde, aunque suele pedirse un depósito.

Pago por adelantado Algunos hostales, sobre todo en la Amazonia, exigen parte del pago por adelantado. En este caso, hay que asegurarse de que el plan de viaje sea definitivo, ya que obtener un reembolso puede resultar difícil.

Descuentos Reservar por internet sale a cuenta, aunque fuera de temporada alta a veces ofrecen tarifas inferiores si no se reserva. Sin embargo, en los hoteles de precio alto hay frecuentes ofertas de última hora, por eso se recomienda visitar su página web para obtener un descuento o contratar un paquete promocional.

Apartamentos

Hay alquileres de corta duración de precio medio y alto, sobre todo en Lima.

Para más información, visítese www.vrbo.com y www.airbnb.com.

Hostales

En Perú hay diversidad y abundancia de hostales: hechos polvo, tipo *boutique*, albergues para fiesteros o apacibles refugios con todos los servicios. También hay afiliados a **Hostelling International** (www.hihostels.com).

Hoteles

PRECIO ECONÓMICO

Los hostales, hospedajes y albergues son los alojamientos más baratos. Ofrecen habitaciones pequeñas, con baño propio o compartido. En las ciudades principales, suelen tener duchas de agua caliente, que escasean en las zonas más rurales y remotas. Algunos incluyen un sencillo desayuno, a base de café de sobre y tostadas.

Evítense las habitaciones de aspecto poco seguro; compruébese que las puertas y las ventanas cierran bien. Vale la pena comparar antes de decidirse.

PRECIO MEDIO

Las habitaciones suelen tener baño propio con duchas de agua caliente y pequeños calefactores o ventiladores, y algunas también aire acondicionado. Suelen contar con televisión por cable, teléfono y caja fuerte. Normalmente se incluye el desayuno continental o norteamericano.

PRECIO ALTO

Los hoteles de categoría superior suelen contar con baños propios con bañera, teléfonos con línea internacional directa, prácticos enchufes de doble voltaje, calefacción central o aire acondicionado, secador de pelo, caja fuerte, televisión por cable y acceso a internet (de alta velocidad, por cable o wifi); en algunas habitaciones hay mininevera, microondas o cafetera. En los más grandes puede que incluso haya un bar, una cafetería o un restaurante (o varios), aparte de servicio de habitaciones y de conserje, además de un personal atento que habla varios idiomas. Asimismo, pueden contar (sobre todo en Lima) con centro de convenciones, *spa* y salón de belleza. En el Amazonas, donde están más aislados, los alojamientos tienen menos servicios y son más rústicos.

Comunidad homosexual

Perú es un país católico muy conservador. En el 2015 el Congreso peruano rechazó una ley que pretendía aprobar las uniones civiles homosexuales, pese a que ya se habían adoptado medidas similares en otros países del Cono Sur. Aunque al hablar con extranjeros muchos peruanos toleran la homosexualidad mientras no se hable de ella abiertamente, los homosexuales aún no tienen plenos derechos. Por eso, muchos homosexuales en Perú no dicen públicamente que lo son.

No es muy frecuente ver muestras de afecto de parejas homosexuales en público. Fuera de las discotecas de ambiente, lo mejor es no llamar demasiado la atención. La ciudad más tolerante es Lima, pero es un dato relativo. Cuzco, Arequipa y Trujillo también son más abiertas de lo habitual. Los medios sociales como Tinder y Grindr son buenos para descubrir más sobre el ambiente.

Las banderas con los colores del arcoíris que cuelgan en Cuzco y los Andes no son la del orgullo gay, sino la del Imperio inca.

Información

Gay Lima (lima.gaycities. com) Guía práctica de los últimos locales gais y de ambiente de la capital, con otros muchos enlaces.

Global Gayz (www. globalgayz.com) Excelente información sobre el panorama homosexual y político de Perú, con enlaces a recursos internacionales.

Purpleroofs.com (www. purpleroofs.com) Enorme portal LGBTIQ con enlaces a agencias de viaje y alojamientos donde los homosexuales son bienvenidos.

Circuitos

Lima Tours (plano p. 62; ☑01-619-6900; www.limatours. com.pe; Nicolás de Piérola 589, planta 18º, Lima Centro) Agencia de viajes no exclusivamente homosexual, pero con planes de viajes para grupos gais por el país.

Rainbow Peruvian Tours (plano p. 72; ☑01-215-6000; www.perurainbow.com; Río de Janeiro 216, Miraflores, Lima) Agencia de viajes, propiedad de un homosexual, con sede en Lima.

Correos

El sistema postal privatizado está gestionado por **Serpost** (www.serpost.com.pe). El servicio es bastante eficiente y fiable, pero carísimo. Casi todo el correo internacional tarda unas dos semanas en llegar desde Lima, y más desde las provincias.

Cuestiones legales

Asistencia legal Las embajadas son de poca ayuda si se tienen problemas con la ley en Perú, puesto que se aplica la presunción de culpabilidad hasta que se demuestra la inocencia. En caso de ser la víctima, acúdase a la policía de turismo (Poltur),

con comisarías en las principales ciudades.

Sobornos Aunque algunos policías (incluso la policía turística) tienen fama de corruptos, el soborno es ilegal. Puede ocurrir que algunos policías de tráfico o de las fronteras pidan una comisión. Como esto también es ilegal, los que tengan tiempo y fortaleza pueden y deberían insistir en no pagar.

Drogas Evítese toda conversación con cualquiera que ofrezca drogas. Perú impone penas draconianas por poseer droga; la mínima son varios años de cárcel.

Policía Si al viajero lo parara un agente de civil, no debe entregar ningún documento ni dinero. Nunca hay que entrar en un vehículo con alguien que diga ser agente de policía. Hay que insistir en ir a pie a una comisaría de verdad.

Protestas No se recomienda asistir a protestas políticas ni acercarse a sitios bloqueados.

Detenciones En caso de ser encarcelado, hay que comunicárselo a alguien lo antes posible. Las detenciones prolongadas antes del proceso son frecuentes. Los peruanos llevan comida y ropa a los familiares encarcelados, donde las condiciones son muy duras.

Quejas Si se tienen problemas con un hotel o una agencia de circuitos, se puede presentar una queja ante el **Instituto Nacional de Defensa de la Competencia y de la Protección de la Pro-**

DIRECCIONES EN PERÚ

Se puede recibir el correo en los apartados postales (abreviado "apartado", "Apto" o "AP"), o en las casillas postales ("casilla" o "CP"). En algunas direcciones se indica s/n (sin número) o el número de la cuadra detrás del nombre de la calle.

Solo en Lima y en la vecina Callao es necesario poner el código postal. Los más usados por los viajeros son Lima 1 (Lima Centro), Lima 4 (Barranco), Lima 18 (Miraflores) y Lima 27 (San Isidro). Siempre hay que escribir "Lima" junto a estos códigos.

CATEGORÍAS DE PRECIOS DE LOS RESTAURANTES

Los restaurantes de precio medio a alto cobran un 10% de servicio y un impuesto del 19%. Las siguientes categorías de precios se refieren a un plato principal.

$ menos de 20 PEN

$$ 20 PEN-60 PEN

$$$ más de 60 PEN

piedad Intelectual (Indecopi; ☏01-224-7800; www.indecopi.gob.pe) en Lima.

Cursos de idiomas

Se puede estudiar quechua con clases particulares o en uno de los varios centros de Lima, Cuzco y Huancayo.

Descuentos

El carné de estudiante internacional (ISIC), con fotografía, garantiza un descuento del 50% en algunos museos, atracciones y circuitos organizados. Las tarjetas de jubilados no son válidas.

Dinero

➡ La moneda peruana es el nuevo sol (PEN).

➡ Se recomienda llevar dinero en efectivo, tarjeta de débito y de crédito, que pueden usarse para pagos en caso de urgencia.

➡ Los fraudes con tarjetas de crédito son muy comunes. Se recomienda al viajero que informe a su banco de que está en Perú y use su tarjeta con cuidado.

➡ Conviene pedir billetes pequeños, ya que los de 100 PEN son difíciles de cambiar en poblaciones pequeñas o en compras de poca cuantía.

➡ Las casas de cambio son rápidas, abren muchas horas y suelen ofrecer mejor cambio que los bancos.

➡ Muchos establecimientos aceptan dólares.

➡ No hay que aceptar dinero roto ya que probablemente los peruanos no lo aceptarán.

➡ Evítese cambiar dinero en la calle, porque hay casos de falsificaciones.

Cajeros automáticos

➡ Hay cajeros en casi todas las ciudades y pueblos de Perú, así como en los principales aeropuertos, estaciones de autobuses y zonas comerciales.

➡ Los cajeros están vinculados a los sistemas internacionales de Plus (Visa), Cirrus (Maestro/MasterCard), American Express y otras redes.

➡ Los usuarios necesitan un PIN de cuatro dígitos. Para evitar problemas, conviene avisar al banco de que se va a usar la tarjeta en el extranjero.

➡ Si se tiene una tarjeta que funcione en el Banco de la Nación, esa es la mejor opción, ya que no cobra comisión (al menos cuando se escribió esta guía).

➡ Se puede extraer tanto dólares como nuevos soles.

➡ El banco del viajero aplicará un recargo por cualquier operación en un cajero extranjero.

➡ Abiertos las 24 h.

➡ Por motivos de seguridad, úsense los situados dentro de los bancos con guardias de seguridad y mejor de día. Conviene tapar el teclado al introducir el PIN.

Dinero en efectivo

Los nuevos soles se emiten en billetes de 10 PEN, 20 PEN, 50 PEN, 100 PEN y 200 PEN (poco frecuentes).

El PEN se divide en 100 céntimos, acuñados en monedas color cobre de 0,05 PEN, 0,10 PEN y 0,20 PEN, y color plata de 0,50 PEN y 1 PEN. Las monedas de 2 PEN y 5 PEN están forjadas en dos metales, con un centro cobrizo y un contorno plateado.

En muchos negocios orientados al turismo aceptan dólares estadounidenses, aunque el transporte local, las comidas y otros imprevistos deben pagarse con nuevos soles.

En Perú circulan billetes falsos (de dólares y de nuevos soles). Los comerciantes sospechan tanto de los billetes estropeados como de los de denominación alta. Conviene rechazarlos.

Para detectar los billetes falsos, hay que buscar una marca de agua y examinar una franja metálica que cruza el billete y sobre la que se repite la palabra Perú en letras claras, no deformes. El hilo de color, los ológrafos y las palabras escritas a lo largo de la parte superior del billete tienen que estar grabadas y no pegadas.

Tarjetas de crédito

Los hoteles de precio medio y alto y las tiendas aceptan tarjetas de crédito con una comisión del 7% o más. Puede que el banco del viajero también añada comisiones adicionales por cada transacción en moneda extranjera. Las tarjetas más aceptadas son Visa y MasterCard.

Cambistas

La mejor divisa para cambiar es el dólar estadounidense, aunque el euro se acepta en casi todos los lugares turísticos. También pueden cambiarse otras monedas fuertes, pero cuesta más y solo puede hacerse en ciudades importantes. Las divisas no deben presentar defectos.

Los cambistas se juntan en las esquinas cerca de los bancos y las casas de cambio, y ofrecen tipos competitivos aunque no siempre son honestos. Los oficiales deben vestir un chaleco con una placa que los identifica como operadores legales. Resultan prácticos tras el cierre habitual de otros establecimientos o en las fronteras, donde no hay alternativa.

Impuestos, propinas y reembolsos

➡ Los hoteles caros añaden un Impuesto General a las Ventas del 19% y cobran un 10% de servicio; esto último no suele estar incluido en los precios anunciados. Los extranjeros pueden solicitar solo el reembolso del IGV.

➡ Algunos restaurantes cobran más de un 19% por varios impuestos, más el 10% del servicio o propina. Si no es así, se puede dar un 10% de propina a los camareros por el servicio.

➡ Los taxistas no suelen esperar propinas (a menos que ayuden con un equipaje pesado), pero sí los mozos y los guías de los circuitos.

➡ En las compras no se devuelve el IVA.

Electricidad

220V/60Hz

220V/60Hz

La corriente eléctrica tiene 220V y 60Hz AC. Las tomas de corriente admiten enchufes de puntas redondas; algunas tienen enchufes de voltaje dual que aceptan puntas planas. Aun así, quizá haga falta un adaptador con protector de sobretensión incorporado.

Embajadas y consulados

La mayoría de las embajadas están en Lima y hay algunos servicios consulares en los principales centros turísticos, como Cuzco.

Es importante saber bien qué problemas puede solucionar la embajada y cuáles no. No serán muy comprensivos si el viajero acaba en la cárcel por un delito, aunque sea legal en el país de origen. En cambio, si a uno le roban el dinero y los documentos, ayudan a conseguir un nuevo pasaporte.

Llámese con antelación para comprobar el horario o fijar una cita. Aunque suele haber personal en muchos consulados y embajadas durante el horario comercial normal, la atención al público suele ser más limitada. Para conocer los números de contacto en caso de emergencia y fuera de horas, visítese la página del país.

En las oficinas de Migraciones se sella el pasaporte al salir o se proporciona una nueva tarjeta de entrada.

Consulado de Bolivia (plano p. 180; ☑051-35-1251; fax 051-35-1251; Arequipa 136, 3er piso, Puno; ◷8.00-16.00 lu-vi).

Embajada de Bolivia (plano p. 70; ☑01-440-2095; www.boliviaenperu.com; Los Castaños 235, San Isidro, Lima)

Embajada de Brasil (plano p. 72; ☑01-512-0830; www.embajadabrasil.org.pe; av. José Pardo 850, Miraflores, Lima 18)

Embajada de Chile (plano p. 70; ☑01-710-2211; chileabroad.gov.cl/peru; Javier Prado Oeste 790, San Isidro, Lima 27)

Consulado de Colombia (☑065-23-1461; Calvo de Araujo 431, Iquitos)

Embajada de Colombia (☑01-462-0294; peru.embajada.gov.co; c. Clemente X, 335, San Isidro, Lima)

Consulado de Ecuador (☑072-52-5949; Bolívar 129, 3 er piso, Plaza de Armas, Tumbes)

Embajada de Ecuador (plano p. 70; ☑01-212-4027; peru.embajada.gob.ec; Las Palmeras 356, San Isidro, Lima 27)

Consulado de España (plano p. 70; ☑01-513-7930; www.consuladolima.com.pe; c. Los Pinos, San Isidro, Lima; ◷8.30-13.00 lu-vi)

Embajada de EE UU (☑01-618-2000; lima.usembassy.gov; av. Encalada, cuadra 17, Surco, Lima) Es una fortaleza. Hay que llamar antes de ir.

Festivos

Los principales festivos se celebran varios días en torno a la fecha oficial. Durante las Fiestas Patrias, la mayor fiesta nacional, parece que todos los peruanos viajan.

Año Nuevo 1 de enero

Viernes Santo Marzo/abril

Día de los Trabajadores 1 de mayo

Inti Raymi 24 de junio

Fiestas de San Pedro y San Pablo 29 de junio

Fiestas Patrias 28-29 de julio

Fiesta de Santa Rosa de Lima 30 de agosto

Combate de Angamos 8 de octubre

Todos los Santos 1 de noviembre

Fiesta de la Inmaculada Concepción 8 de diciembre

Navidad 25 de diciembre

Hora local

➡ Es 5 h menos que la del meridiano de Greenwich (GMT) y coincide con la de la costa este norteamericana (EST). Cuando en Lima son las 12.00, en Los Ángeles son las 9.00, en Ciudad de México las 11.00, en Nueva York las 12.00 y en Madrid las 18.00.

➡ Perú no sigue el Daylight Saving Time (DST), por lo que debe sumarse una hora a todas las precedentes entre el primer domingo de abril y el último de octubre.

➡ Hay que acostumbrarse a esperar: la puntualidad no es un punto fuerte en América Latina. Los autobuses pocas veces salen o llegan a la hora. Los viajeros más perspicaces organizarán sus itinerarios con cierto margen de maniobra.

➡ No hay que olvidar el despertador de viaje: los autobuses de largo recorrido y los circuitos a menudo salen antes de las 6.00.

Horario comercial

Los horarios son variables y pueden cambiar, sobre todo en las ciudades pequeñas. Los mencionados a continuación son orientativos. Lima ofrece los servicios más continuados. En otras ciudades importantes, los taxistas suelen saber dónde están las tiendas y las farmacias que abren hasta tarde.

Bancos (9.00-18.00, lu-vi; 9.00-13.00, sa)

Edificios del Gobierno y negocios (9.00-17.00, lu-vi)

Museos Suelen cerrar los lunes

Restaurantes (10.00-22.00; muchos cierran de 15.00 a 18.00)

Tiendas (9.00-18.00, lu-vi, algunas 9.00-18.00, sa)

Lavabos públicos

Es posible que al tirar de la cadena el baño se inunde, incluso una pequeña cantidad de papel de váter puede taponar el sistema, de ahí el cubo de plástico que colocan para tirar el papel. No parece muy higiénico, pero es mucho mejor que encontrarse con el suelo inundado o el lavabo atascado. En los hoteles y restaurantes bien gestionados, incluso los baratos, vacían la basura y limpian el baño a diario. En las áreas rurales, a lo mejor solo hay una destartalada letrina de madera construida sobre un agujero en el suelo.

Cuesta encontrar lavabos públicos si no es en terminales de transporte, restaurantes y museos, aunque en los restaurantes suelen permitir que los viajeros los usen (a veces pagando). En los de las terminales suele haber un empleado que cobra unos 0,50 PEN por entrar y da un poco de papel higiénico. Como este se acaba con frecuencia, es mejor llevar siempre encima.

Mapas y planos

El mejor mapa de carreteras es el *Mapa Vial* 1:2 000 000 publicado por Lima2000, disponible en las mejores librerías. El *Peru South and Lima* 1:1500 000 (Sur de Perú y Lima) de International Travel Maps cubre con detalle el país al sur de una línea horizontal trazada por Tingo María y cuenta con un buen callejero de Lima, San Isidro, Miraflores y Barranco en el revés.

De necesitar mapas topográficos, acúdase al **Instituto Geográfico Nacional** (IGN; ☎ 01-475-3030, ext 119; www.ign.gob.pe; Aramburu 1190-98, Surquillo, Lima; ⏰ 8.00-18.00 lu-vi, hasta 13.00 sa), donde venden mapas de referencia, entre otros. En enero, el IGN cierra pronto, así que llámese antes. También existen mapas topográficos de senderismo, aunque cuesta encontrar los que cubren las zonas fronterizas. Asimismo, se venden CD-ROM y mapas geológicos y demográficos.

En las sedes de South American Explorers en

NOTA SOBRE LOS PRECIOS

Suelen aparecer en nuevos soles peruanos, pero muchos alojamientos incluidos en paquetes y hoteles de categoría alta solo anuncian sus precios en dólares estadounidenses, al igual que agencias de viajes y de circuitos; en esos casos, están incluidos así en esta guía. Ambas divisas han fluctuado en los últimos años, por lo que muchos precios pueden ser diferentes.

DETALLES PRÁCTICOS

➡ **Periódicos** *El Comercio* (www.elcomercioperu.com. pe), progubernamental, es el periódico líder. También, con una ligera tendencia hacia la izquierda, está *La República* (www.elcomercioperu.com.pe).

➡ **Información en Internet** Hay recursos útiles en www. expatperu.com y en www.theperuguide.com.

➡ **Revistas** El semanario político y cultural más famoso es *Caretas* (www.caretas.com.pe), mientras que *Etiqueta Negra* (etiquetanegra.com.pe) se centra en la cultura. Como publicación bilingüe de viajes destaca la mensual *Rumbos* (www.rumbosdelperu.com).

➡ **TV** La televisión por cable y satélite, que permite ver la CNN o incluso noticias japonesas, llega a todas partes.

➡ **Pesos y medidas** Perú utiliza el sistema métrico, pero la gasolina se mide en galones estadounidenses (1 galón equivale a 3,78 l).

Lima (p. 102) y Cuzco (p. 237) también hay mapas de carreteras, topográficos y callejeros.

Los mapas topográficos más actualizados suelen encontrarse en los establecimientos deportivos de los centros senderistas, como por ejemplo Cuzco, Huaraz y Arequipa. Si se dispone de un GPS, téngase en cuenta que la corriente es de 220 V, 60 Hz CA y es recomendable llevar siempre una brújula.

Mujeres viajeras

En América Latina el machismo está muy presente. La mayoría de las mujeres viajeras no sufrirán más que algún piropo o silbido. Claro que si la viajera es de piel clara y pelo rubio será el centro de atención. Los hombres peruanos consideran que las extranjeras suelen ser de moral más relajada que las peruanas y es habitual que hagan comentarios insinuantes a las solteras.

Atención no deseada Son comunes las miradas, silbidos, pitidos y piropos en las calles. Muchos hombres echan piropos

por pasar el rato. En cualquier caso, no pretenden ofender. Un hombre casi nunca sigue con la cháchara (a menos que se haya herido su virilidad). Ignorar las provocaciones y mirar fijamente hacia adelante suele ser la mejor respuesta. Si alguien insiste, se puede probar una frase que mata pasiones como "estoy casada". De necesitar ayuda de un lugareño, las viajeras advertirán que los peruanos son muy protectores con respecto a las mujeres que viajan solas, y expresarán su sorpresa y preocupación si les dicen que recorren el país sin la familia o el marido.

Bricheros Los seductores con labia suelen pegarse a las extranjeras, sobre todo en ciudades turísticas como Cuzco. Muchos de estos casanovas, llamados "bricheros" en Perú, buscan a alguien que los mantenga, por eso se aconseja tomarse con el máximo escepticismo cualquier declaración de amor eterno. Los hombres no están exentos.

Primeras impresiones Salvo en algunas grandes ciudades, es raro que una mujer vaya sola a un bar a tomar una cerveza y las que lo hacen suelen ser prostitutas. Si apetece un cóctel por la noche, es mejor

ir a un restaurante. Algunos hombres pueden interpretar que una mujer que bebe mucho es promiscua. Al quedar con alguien, conviene dejar claro que es solo por amistad, si ese es el caso. Este consejo es aún más recomendable con guías de circuitos y actividades. Si una mujer conoce a alguien, es aconsejable que no diga dónde se aloja hasta no saber si la persona es de fiar.

Agresiones sexuales

Como en cualquier parte del mundo, se puede ser víctima de una violación o de un asalto. Basta con usar el sentido común (incluso en los pueblecitos). Las viajeras que sufran una agresión sexual pueden denunciarla en la comisaría de policía más próxima o en la policía turística. Sin embargo, en estos casos los peruanos se muestran a favor del agresor, no de la víctima. La violación suele considerarse una deshonra y es difícil de castigar. Como la policía suele ser de poca ayuda, es recomendable llamar a la embajada o al consulado para pedir consejo, incluso sobre dónde recibir tratamiento médico, que debe ser la prioridad. Algunos consejos:

➡ No es recomendable hacer autoestop ni tomar taxis sin licencia (los taxis con licencia tienen un número en la puerta y una pegatina de autorización en el parabrisas).

➡ Evítese caminar sola por zonas desconocidas de noche; si un desconocido se acerca por la calle y pregunta algo, es mejor responder solo si apetece: nunca hay que dejar de caminar porque los posibles atacantes podrían rodear a la viajera.

➡ Evítense los autobuses nocturnos que atraviesan zonas de bandidos.

➡ Cuidado con el entorno más inmediato; se han

producido ataques en pleno día en puntos muy turísticos y en populares rutas de senderismo

➡ Al contratar a un guía para un circuito privado o una actividad, conviene buscar una agencia recomendada o de confianza.

Detalles prácticos

➡ En el Altiplano la vestimenta suele ser bastante conservadora y las mujeres rara vez llevan pantalón corto, optando más bien por faldas largas. Los pantalones cortos, minifaldas y blusas insinuantes pueden atraer una atención no deseada.

➡ Cuesta encontrar tampones en las localidades pequeñas, por eso es mejor hacer acopio en las ciudades.

➡ Las píldoras de control de natalidad y anticonceptivos (incluso los preservativos) escasean fuera de las ciudades y no siempre son de fiar, así que conviene llevarlos en el equipaje. Están aumentando los índices de infección por VIH.

➡ El aborto es ilegal excepto cuando la vida de la madre está en peligro.

Organizaciones útiles

Centro de La Mujer Peruana Flora Tristán (plano p. 62; ☑01-433-1457; www.flora.org.pe; Parque Hernán Velarde 14, Lima; ☺13.00-17.00 lu-vi) Grupo de apoyo social y político feminista que lucha por los derechos humanos y de la mujer en Perú, con página web y una biblioteca en Lima.

Instituto Peruano de Paternidad Responsable (Inppares; ☑01-583-9012; www.inppares.org.pe) Organización que gestiona una docena de clínicas de salud reproductiva y sexual para ambos sexos en todo el país, incluida Lima.

Precauciones

Los viajeros pueden encontrarse con protestas periódicas, robos y conductores de autobús que actúan como si hubiera que tomar cada curva a gran velocidad. Sin duda, no es un país para miedosos pero, como en cualquier otro lugar, con sentido común todo va bien.

Robos, atracos y otros delitos

La situación ha mejorado muchísimo en los últimos años, sobre todo en Lima. Aunque algunos delitos callejeros como el robo de carteras, los tirones de bolsos y los asaltos siguen siendo frecuentes. Con mucho, el delito más extendido son los robos ordinarios; hay muchos menos casos de asaltos, pero ocurren. Con las precauciones básicas y sentido común es menos probable sufrir un robo. Estos son algunos consejos:

➡ Los carteristas frecuentan los lugares concurridos, como las terminales de autobuses, estaciones de trenes, mercados y fiestas; llévese la mochila delante o el bolso protegido bajo el brazo.

➡ Los ladrones buscan blancos fáciles, como carteras abultadas en un bolsillo trasero o una cámara a la vista; métase el dinero en el bolsillo delantero y guárdese la cámara si no se utiliza.

➡ Los pasaportes y las grandes sumas de efectivo deben guardarse en una riñonera o en un bolsillo con cremallera o cerrado, o mejor aún, en la caja fuerte del hotel.

➡ Los tirones pueden producirse al dejar el bolso en el suelo (solo unos segundos) o al dormir en un autobús nocturno; nunca debe colocarse la bolsa con la cartera y el pasaporte en el compartimento superior de un autobús.

➡ No hay que guardar los objetos de valor en bolsas que se pierden de vista; ir por ahí con material de senderismo nuevo o con una chaqueta de piel reluciente llama la atención; mejor vestir con sencillez; las joyas y los relojes caros están mejor en casa.

➡ Los hoteles, sobre todo los baratos, no siempre son de confianza; se recomienda cerrar con candado la maleta con los objetos de valor dentro o usar los depósitos de seguridad.

➡ Camínese con seguridad aunque se esté perdido; si hay que consultar el mapa, mejor dentro de una tienda o un restaurante.

➡ Se recomienda tomar siempre un taxi oficial de noche y desde el aeropuerto o las estaciones de autobuses. Si se recibe una amenaza,

DOCUMENTOS IMPORTANTES

Hay que tener en cuenta que todos los documentos importantes (pasaporte, tarjetas de crédito, póliza de seguro de viajes, carnet de conducir, etc.) deberían fotocopiarse o fotografiarse antes de salir de viaje. Se puede dejar una copia en casa o en la nube y llevar otra consigo, separada de los originales.

es mejor dar los objetos de valor que sufrir daño físico.

TÁCTICAS DELICTIVAS

Distracción Algunos ladrones trabajan en parejas o grupos. Uno distrae mientras el otro comete el robo. Puede tratarse de una pandilla de niños que se pelean delante del viajero, o una persona mayor que se tropieza "sin querer", o quizás alguien que vierte algo en la ropa. Algunos rajan las mochilas, ya esté en la espalda o en el portaequipajes de un autobús.

Atracos armados En algunos casos, se han producido robos y asaltos a mano armada a senderistas que recorrían caminos populares de la zona de Huaraz y en rutas de la jungla en el sur. Para evitarlo, puede viajarse en grupo con un guía local. Aparte, los alrededores de Tingo María, en el extremo oriental del Altiplano central, son una zona famosa de bandolerismo, donde proliferan los robos armados y otros crímenes. Aquí se aconseja llevar a cabo toda actividad de día, incluso los viajes en autobús.

Secuestro exprés En los últimos años han tenido lugar, sobre todo en algunos barrios desagradables que rodean el aeropuerto de Lima, e incluso nada más salir del aeropuerto. El atacante (o atacantes) armado agarra a alguien del interior de un taxi o lo rapta en plena calle y luego lo obliga a ir al banco más cercano a sacar efectivo en el cajero. Quienes no oponen resistencia no suelen sufrir daños físicos graves.

DENUNCIAR LOS DELITOS

La policía de turismo está en las principales ciudades y zonas turísticas y puede ser de utilidad en caso de delitos. Si uno no sabe bien dónde encontrarla, puede ponerse en contacto con la sede central de Lima. Si uno es víctima de un delito, debe denunciarlo ante ella de inmediato. Luego, infórmese de lo ocurrido a la embajada. No podrán hacer mucho, pero mantienen un registro de los delitos contra los extranjeros con el fin de alertar a otros ante posibles peligros.

De poseer un seguro de viajes y tener que hacer una reclamación, Poltur facilita un informe policial. Los pasaportes robados se pueden reexpedir en las embajadas, aunque es probable que soliciten otra forma de identificación. Tras recibir el nuevo pasaporte, hay que ir a la oficina de Migraciones más cercana para conseguir una nueva tarjeta turística.

Corrupción y estafas

Policía El ejército y la policía (a veces incluso la turística) tienen fama de corruptos. Si bien un extranjero puede sufrir un mínimo acoso (en general el pago de un soborno), la mayoría de los agentes son amables con los turistas, o los dejan en paz.

Cazaclientes Puede que lo peor sean los insistentes charlatanes que se reúnen en las estaciones de autobús, trenes, aeropuertos y otros núcleos turísticos para ofrecer de todo, desde habitaciones de hotel con descuentos hasta circuitos locales. Muchos, entre ellos los taxistas, dicen lo que sea para conducir al viajero hasta los lugares a los que representan. Al viajero le dirán que el establecimiento que busca es un célebre antro de la droga, que está cerrado o lleno. No hay que hacerles caso. Si surgieran dudas sobre el lugar escogido para pernoctar, pídase ver una habitación antes de pagar nada.

Agentes de viaje No es aconsejable reservar hoteles ni organizar viajes ni transportes a través de cazaclientes independientes. A menudo piden adelantos en efectivo por un servicio que nunca llegará a cumplirse. Lo mejor es acudir siempre a una agencia respetable y recomendada.

Problemas con el transporte

Hay que elegir la compañía de autobuses con atención. Las más baratas tienden a contratar a conductores temerarios y sufren averías en carretera. En el Altiplano se puede pasar muchísimo frío viajando de noche (llévese una manta o saco de dormir). En algunas zonas, los viajes nocturnos también están sujetos a los asaltos de los bandoleros de la carretera, que montan barricadas de la nada y se llevan los objetos de valor de los pasajeros. Se han denunciado robos armados en los autobuses nocturnos entre Trujillo y Cajabamba.

Peligros medioambientales

Algunos peligros naturales del país son los terremotos y las avalanchas. El rescate en zonas remotas suele hacerse a pie porque los helicópteros no consiguen acceder a ciertos puntos de la topografía del país. Quizás la amenaza más común es la diarrea, por el consumo de agua o comida contaminada. También se puede sufrir mal de altura, picaduras de animales e insectos, quemaduras del sol, golpes de calor e incluso hipotermia; en la mayoría de estos casos pueden tomarse medidas de precaución.

Protestas y otros conflictos

Protestas Durante el Conflicto Interno, en los años ochenta y noventa, el terrorismo, los conflictos sociales y los secuestros hicieron que regiones enteras quedaran vedadas a los viajeros nacionales y extranjeros. Ahora se puede visitar gran parte del país sin problemas. Aun así, sigue siendo habitual ver protestas públicas pero no suelen afectar a los turistas.

Durante la estancia en el país se aconseja estar al corriente de la actualidad; si se corta una carretera o se limita una zona, respétese tal situación. Ser extranjero no garantiza la inmunidad ante actos violentos.

Sendero Luminoso El resurgimiento de Sendero Luminoso ha creado incidentes violentos aislados en las zonas cocaleras de las provincias de Ayacucho, Cuzco (la ruta de senderismo que va a Espíritu Pampa), Huancavelica, Huánuco, Junín y San Martín. En general son ataques dirigidos al ejército o a la policía. Pero es mejor ser precavido: evítese viajar por zonas aisladas de noche y antes de emprender una ruta de senderismo lejana, consúltese con un operador respetable.

Tráfico de drogas Las zonas de tráfico de drogas pueden ser peligrosas, sobre todo de noche. Los viajeros deberían evitar el valle de la cuenca alta del río Huallaga entre Tingo María y Juanjuí, Puerto Bermúdez, y el valle del río Apurímac cerca de Ayacucho, donde tiene lugar la mayor parte del cultivo ilegal de drogas de Perú. Actúese con la misma prudencia cerca de la frontera colombiana, donde también prolifera el narcotráfico.

Minas antipersona

En 1998 por fin se resolvió medio siglo de conflicto armado en la región de la cordillera del Cóndor, en la frontera nororiental de Perú con Ecuador. Sin embargo, la zona no está limpia de minas. Crúcese solo por los pasos fronterizos oficiales, sin apartarse del camino señalado al viajar por esta región.

Seguro de viaje

Es muy recomendable contar con una póliza en caso de robo, pérdida, accidente o enfermedad. Siempre hay que llevar encima la tarjeta del seguro. No todas las pólizas compensan a los viaje-

CONSEJOS GUBERNAMENTALES

En las siguientes páginas estatales se ofrecen consejos de viaje sobre los puntos conflictivos del momento.

Ministerio de Asuntos Exteriores y de Cooperación de España (☎91 379 17 00; www.exteriores.gob.es)

Departamento de Estado de EE UU (☎888-407-4747; travel.state.gov)

ros por equipajes perdidos o enviados a otro destino. Léase la letra pequeña para comprobar si excluye "actividades peligrosas", como submarinismo, motociclismo o incluso senderismo. También conviene cerciorarse de que el seguro es válido en los peores casos, como evacuaciones o vuelos de regreso.

En www.lonelyplanet.com/travel-insurance se ofrecen seguros de viaje internacionales. Se pueden comprar, ampliar y reclamar en línea en cualquier momento, aunque ya se esté de viaje.

Cualquier robo o pérdida debe denunciarse a la policía local (o autoridades aeroportuarias) en un plazo de 24 h. Para cursar una reclamación hay que guardar todos los papeles.

Teléfono

Aún quedan algunas cabinas públicas de Movistar y Claro, sobre todo en poblaciones pequeñas. Funcionan con monedas o tarjetas telefónicas que pueden comprarse en supermercados y tiendas de alimentación. A menudo en los cibercafés se puede llamar a un teléfono a través de internet o de ordenador a ordenador (p. ej., con Skype), hablar por poco dinero o incluso gratis.

Teléfonos móviles

En Lima y otras ciudades grandes, por unos 40 PEN se pueden comprar en el

supermercado teléfonos móviles y se les puede meter tarjetas SIM que se venden a partir de 15 PEN. Se puede comprar saldo en farmacias y supermercados. Claro es un popular plan de prepago. En ciudades importantes y zonas turísticas alquilan teléfonos móviles. La cobertura puede ser mala en las montañas o en la selva.

Prefijos telefónicos

Para llamar a Perú desde el extranjero hay que marcar el prefijo internacional, luego el nacional de Perú (☎51), después el prefijo regional sin el ☎0 y por último, el número local. Al realizar una llamada internacional desde Perú, márquese el prefijo internacional (☎00) seguido del prefijo del país al que se llama, luego el prefijo regional y al final, el número local.

En Perú los números de teléfono móvil empiezan con ☎9. Los que empiezan con ☎0800 suelen ser gratuitos si se llama desde un fijo particular. Para realizar una llamada a cobro revertido o con tarjeta mediante AT&T, márquese ☎0800-50288. Las páginas amarillas pueden consultarse por internet en www.paginasamarillas.com.pe.

Tarjetas telefónicas

Están muy extendidas y las ofrecen muchas empresas a precios diferentes. Hay algunas para llamadas internacionales.

Trabajo

Quienes vayan en un breve viaje de negocios normalmente podrán entrar con visado turístico. Muchos hoteles caros tienen centros de negocios bien equipados y teléfonos para llamar directamente al extranjero (IDD) desde la habitación; pregúntese al hacer la reserva. Los mejores hoteles ofrecen instalaciones de doble voltaje y transformadores eléctricos y están, mientras que los de lujo tienen personal de conserjería que puede facilitar de todo. Los hoteles más pequeños y casas de huéspedes suelen tener personal eficiente en la recepción, capaz de ayudar a los huéspedes en viaje de negocios.

Cada vez cuesta más conseguir un permiso de residencia y laboral, y lo mismo para lograr un puesto sin el debido visado de trabajo. Muchos de los trabajos suelen conseguirse por el boca a oreja pero las posibilidades son escasas.

Viajeros con discapacidades

Perú ofrece pocos servicios para estos viajeros. Los carteles en braille o los teléfonos para personas con discapacidades acústicas casi no existen, las rampas para sillas de ruedas y los ascensores son pocos e infrecuentes, y en las aceras abundan los baches y las grietas. La mayoría de los hoteles carecen de habitaciones habilitadas para sillas de ruedas, o al menos no las designan como tal. Las dimensiones de los baños permiten que una persona sin discapacidades entre a duras penas, y son menos aún los adaptados para una silla de ruedas.

Sin embargo, los peruanos con discapacidades se mueven y normalmente reciben la ayuda de los demás.

Access-Able Travel Source (www.access-able.com) Listados parciales de transportes, circuitos, alojamiento, atracciones y restaurantes adaptados.

Apumayo (☎/fax 084-24-6018; apumayo.com; Jirón Ricardo Palma Ñ-11, urb. Santa Mónica, Cuzco) Empresa de turismo de aventuras que lleva a viajeros discapacitados a Machu Picchu y otros lugares históricos del Valle Sagrado.

Conadis (plano p64; ☎01-332-0808; www.conadisperu.gob.pe; av. Arequipa 375, Santa Beatriz, Lima) Agencia del Gobierno para información y apoyo a los discapacitados.

Emerging Horizons (www.emerginghorizons.com) Revista de viajes para discapacitados, con consejos prácticos y noticias.

Mobility International (☎541-343 1284; www.miusa.org; 132 E Broadway, Ste 343, Eugene, EE UU) Aconseja a viajeros discapacitados sobre temas de movilidad y gestiona un programa de intercambio educativo.

Visados

➡ Salvo algunas excepciones, no se necesita visado para entrar al país. A los turistas se les permite una estancia de 183 días no prolongable, lo cual aparece en un sello en el pasaporte y en una tarjeta turística llamada Tarjeta Andina de Migración. Hay que conservarla porque se debe devolver al salir del país. Si se necesita estar todo el período permitido, conviene preguntar al agente de inmigración al entrar al país, ya que suelen expedir estancias de 30 o 90 días.

➡ Si se pierde la tarjeta turística, visítese una oficina de Migraciones (www.migraciones.gob.pe) para obtener un duplicado. Oficialmente ya no hay ampliaciones del visado.

Si alguien pretende trabajar, acudir a la escuela o residir en Perú por un período superior, debe obtener un visado por adelantado. Este trámite se realiza en la embajada o consulado peruano del propio país.

➡ Siempre hay que llevar encima el pasaporte y la tarjeta de turista, sobre todo en las zonas remotas (la ley lo exige en el Camino Inca). Por seguridad, se recomienda fotocopiar ambos documentos y guardarlos en un lugar distinto que los originales.

Voluntariado

Para conseguir trabajo como voluntario por lo general se pregunta en las academias de idiomas, donde suelen informar de programas adecuados para sus alumnos. South American Explorers (SAE) tiene una base de datos de voluntarios en línea, así como carpetas con informes que han dejado los voluntarios extranjeros en los clubes de SAE en Lima (p. 102) y Cuzco (p. 237).

En las organizaciones con y sin ánimo de lucro proponen trabajos de voluntariado si se contactan con antelación.

Action Without Borders (www.idealist.org) Base de datos en línea sobre trabajos de tipo social, prácticas y voluntariado.

Cross-Cultural Solutions (en EE UU 800-380-4777; www.crossculturalsolutions.org) Proyectos educativos y de servicios sociales en Lima y Ayacucho; la tarifa del programa incluye apoyo profesional en el país.

Earthwatch Institute
(☎en EE UU 800-776-0188;
www.earthwatch.org) Do-
naciones para ayudar a los
científicos en las expediciones
arqueológicas, ecológicas y
otras en la cuenca del Amazonas y en los Andes.

Global Crossroad (en
EE UU 866-387-7816; www.
globalcrossroad.com) Voluntariado, prácticas y trabajos
en los Andes. Programas de
verano de inmersión cultural
para gente de 18 a 29 años, con
clases de lengua, estancia en
casas particulares, voluntariado
y turismo.

Global Volunteers (☎en
EE UU 800-487-1074; www.glo
balvolunteers.org; 375 E Little
Canada Rd, St Paul, EE UU)
Propuestas de voluntariado por

breves períodos ayudando a los
huérfanos limeños.

HoPe Foundation (☎084-
24-9885; www.stichtinghope.
org; Casilla 59, Correo Central,
Cuzco) Apoyo educativo y
sanitario en los Andes.

**Kiya Survivors/Peru
Positive Action** (☎en UK
1273-721902; www.kiyasurvi
vors.org; 1 Sussex Rd, Hove,
UK) Organiza programas de voluntariado de dos a seis meses
para profesores y terapeutas
adjuntos para trabajar con
niños con necesidades especiales en Cuzco, Urubamba en el
Valle Sagrado y Máncora en la
costa norte.

ProWorld Service Corps
(ProPeru; en EE UU 877-
429-6753; www.proworldsc.

org) Organización muy recomendable con un programa
de experiencias culturales,
académicas y de servicios
de 2 a 26 semanas, en zonas
que incluyen el Valle Sagrado
y el Amazonas. Colabora con
diversas ONG peruanas y
ofrece trabajos a particulares
o grupos.

Volunteers for Peace
(VFP; ☎802-259-2759; www.
vfp.org; 7 Kilburn Street, Ste
316, Burlington, Vermont,
EE UU) Coloca a voluntarios
en programas en campos de
trabajo por breves períodos,
normalmente en Lima o Ayacucho. Las tarifas de los programas son más que razonables
y a veces la mitad se paga
directamente a las comunidades locales.

Transporte

CÓMO LLEGAR Y SALIR

En lonelyplanet.com/boo kings se pueden reservar vuelos, automóviles y circuitos.

Llegada al país

Los viajeros deben tener un pasaporte válido hasta al menos seis meses después de la fecha de partida.

Al llegar, es posible que los funcionarios de inmigración sellen el pasaporte por un período de solo 30 días, aunque lo normal son 180 días. Si ocurre esto, conviene detallar cuántos días adicionales se van a necesitar y enseñar el billete de salida del país.

El soborno (o *"coima"* en lenguaje coloquial) es ilegal, pero es posible que algunos funcionarios intenten cobrar 'tasas' adicionales en las fronteras. Véase la p. 544 para más información.

Avión

Perú (sobre todo Lima) está conectado con toda América y Europa por una red de vuelos directos. Para viajar a otros destinos es necesario hacer algún transbordo. La tasa de salida internacional está incluida en el precio del billete.

Aeropuertos y aerolíneas

Situado en la ciudad portuaria de Callao, el **aeropuerto internacional Jorge Chávez** de Lima (☎01-517-3500, horarios 01-511-6055; www.lap.com.pe) cuenta con terminales relucientes, con tiendas y servicios. Se trata de un centro neurálgico al que llegan vuelos de todo el continente americano, así como vuelos regulares desde Europa. Puede consultarse la información de último minuto sobre las salidas y llegadas en el sitio web del aeropuerto o llamando por teléfono. El otro aeropuerto internacional de Perú es el de Cuzco.

Billetes

Temporada alta Puede resultar relativamente caro viajar a Sudamérica desde cualquier parte del mundo. La temporada alta para volar a/desde Perú abarca desde finales de mayo hasta principios de septiembre, y también las principales fiestas. En otros períodos se consiguen tarifas más bajas.

Descuentos Comparando precios en línea se pueden encontrar billetes más baratos. Los estudiantes con carné internacional (ISIC es de los más reconocidos) y los menores de 26 años suelen obtener descuentos con agencias de viajes económicas o especializadas. Conviene visitar **STA**

EL CAMBIO CLIMÁTICO Y LOS VIAJES

Todos los viajes con motor generan una cierta cantidad de CO_2, la principal causa del cambio climático provocado por el hombre. En la actualidad, el principal medio de transporte para los viajes son los aviones, que emplean menos cantidad de combustible por kilómetro y persona que la mayoría de los automóviles, pero también recorren distancias mucho mayores. La altura a la que los aviones emiten gases (incluido el CO_2) y partículas también contribuye a su impacto en el cambio climático. Muchas páginas web ofrecen "calculadoras de carbono" que permiten al viajero hacer un cálculo estimado de las emisiones de carbono que genera en su viaje y, si lo desea, compensar el impacto de los gases invernadero emitidos participando en iniciativas de carácter ecológico por todo el mundo. Lonely Planet compensa todos los viajes de su personal y de los autores de sus guías.

Rutas aéreas de Perú

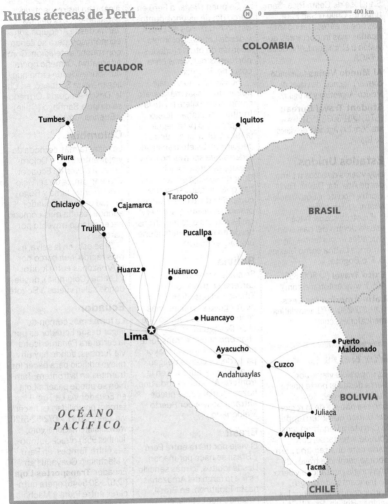

0 ——————— 400 km

COLOMBIA

ECUADOR

Tumbes

Iquitos

Piura

Tarapoto

Chiclayo

Cajamarca

BRASIL

Trujillo

Pucallpa

Huaraz

Huánuco

Huancayo

Lima

Puerto
Maldonado

Ayacucho

Cuzco

Andahuaylas

BOLIVIA

OCÉANO
PACÍFICO

Juliaca

Arequipa

Tacna

CHILE

Travel (www.statravel.com), con oficinas en todo el mundo.

Tasas Los billetes comprados en Perú están gravados con una tasa del 19% (incluida en el precio del billete).

Reconfirmar vuelos Es necesario confirmar de nuevo cualquier vuelo con 72 horas de antelación, por teléfono o por internet, para evitar quedarse en tierra. Si se viaja a zonas remotas, conviene dejar esos trámites en manos de una agencia acreditada.

Europa

Hay vuelos directos a Perú desde Ámsterdam y Madrid, pero suele ser más barato hacer transbordo en EE UU, Centroamérica o Colombia.

España

Iberia (☎902 400 500; www. iberia.com) fleta vuelos directos desde Madrid a Lima (desde 560 €); también **Lan Airlines** (☎902 112 424; www. lan.com), desde 551 €, o **Air Europa** (☎902 401 501; www.

air-europa.com), desde 628 €. Desde Barcelona operan con vuelos de una escala: Iberia (desde 945 €), KLM (927 €), Lan (885 €) o Avianca (869 €).

Latinoamérica

Hay vuelos directos a Perú desde muchas ciudades latinoamericanas como Bogotá, Leticia, Buenos Aires, Caracas, Guayaquil, La Paz, México D. F., Ciudad de Panamá, Quito, Río de Janeiro,

San José de Costa Rica, Santiago de Chile o São Paulo. Las líneas aéreas latinoamericanas más importantes que viajan a Lima son LAN, Copa y TACA.

Al Mundo Viajes (almundo.com.ar) Agencia de viajes de México, Argentina y Uruguay.

Student Travel Bureau (STB; ☎11-3038-1551; www.stb.com.br) Agencia de viajes de Brasil.

Estados Unidos

Hay vuelos directos a Lima desde Atlanta, Dallas-Fort Worth, Houston, Los Ángeles, Miami y Nueva York.

En otros casos, hacen escala dentro del país o en ciudades importantes de América Latina como México D. F. o Bogotá.

Exito Travel (☎800-655-4053; www.exitotravel.com)

Latin America for Less (☎1-817-230-4971; www.latinamericaforless.com)

Por tierra y río

Es imposible viajar por tierra desde el norte hasta Sudamérica debido a la barrera natural de la región del Darién que interrumpe la carretera Panamericana (puede intentarse, pero haría falta una semana para abrirse camino a través de una jungla pantanosa y llena de traficantes de droga). Entrar conduciendo por las vecinas Bolivia, Brasil, Chile, Colombia y Ecuador supone una planificación logística minuciosa.

Ormeño (☎01-472-1710; www.grupo-ormeno.com.pe) es la principal compañía internacional de autobuses que viaja a Chile, Ecuador, Colombia, Bolivia y Argentina. Existen otras regionales más pequeñas que cubren la ruta transfronteriza, pero con servicios más limitados. El único tren que cruza la frontera peruana es el que enlaza Arica, en Chile, con Tacna en la costa meridional del país.

Se puede llegar a Perú en barco desde algunos puntos del río Amazonas en Brasil y desde Leticia, Colombia, además de otras ciudades portuarias peruanas en la costa del Pacífico.

Se viaje como se viaje, puede que salga más barato comprar un billete hasta la frontera, cruzarla y luego comprar otro para seguir la ruta al otro lado, aunque adquirir un billete transfronterizo suele ser mucho más rápido, seguro y sencillo. Cuando se viaja en autobús hay que asegurarse con la compañía de lo que incluye el precio del billete, y si el servicio es directo se hará transbordo en la frontera (supone una larga espera).

Bolivia

Se suele entrar a Perú por carretera a través del lago Titicaca; el paso fronterizo de Yunguyo es mucho más seguro y menos caótico que el del Desaguadero. Hay muchas opciones de transporte para ambas rutas, la mayor parte de las cuales obligan a cambiar de autobús en la frontera. Aunque es toda una hazaña logística, se puede entrar a Bolivia por Puerto Maldonado.

Brasil

El viaje por tierra entre Perú y Brasil se hace por Iñapari. Desde Iquitos, lo más sencillo es ir a lo largo del Amazonas hasta Tabatinga, en Brasil, pasando por Leticia, en Colombia.

Chile

Yendo por la carretera Panamericana, la frontera principal está entre Arica (Chile) y Tacna en la costa meridional de Perú. Los autobuses de largo recorrido a Tacna salen de Lima, Arequipa y Puno. Los taxis colectivos son más rápidos y fiables para desplazarse entre Tacna y Arica. Además, también se puede cruzar en tren, aunque es mucho más lento; los trámites fronterizos se llevan

a cabo en las respectivas estaciones. Los vuelos a Tacna desde Arequipa son económicos, pero se llenan con mucha antelación. Como alternativa, Ormeño opera autobuses desde Lima que llegan hasta Santiago, en Chile. Desde Arequipa, Ormeño se dirige a Santiago (Chile) y Buenos Aires.

Colombia

La manera más cómoda de viajar entre Perú y Colombia es a través de Ecuador. Ormeño ofrece un servicio directo entre Lima y Bogotá, que pasa por Ecuador, aunque resulta más cómodo hacer el largo trayecto por partes.

Si se está en la selva, es más rápido ir en barco por el Amazonas entre Iquitos y Leticia (Colombia), desde donde salen vuelos a Bogotá.

Ecuador

La forma más común de llegar desde Ecuador es por la carretera Panamericana vía Tumbes, donde hay un nuevo edificio para hacer los trámites en la frontera. También se puede pasar a Loja en Ecuador vía La Tina. Una tercera posibilidad es hacerlo vía Jaén. **Cifa** (☎072-52-5120; www.cifainternacional.com; Tumbes 958) ofrece autobuses entre Tumbes, en Perú y Machala o Guayaquil en Ecuador. **Transportes Loja** (☎073-30 5446) opera autocares entre Piura y Machala o Loja (Ecuador). Ormeño ofrece un autobús semanal entre Lima y Quito.

Circuitos

Existe una amplia oferta de circuitos para quienes prefieren viajar en compañía o disponen de poco tiempo. Viajar con un guía experto es un plus. Vale la pena para las actividades al aire libre especializadas, como descenso de ríos, alpinismo, observación de aves y bicicleta de montaña.

Para reservar un circuito una vez en Perú, el mayor número de agencias se halla en Lima, Cuzco, Arequipa, Puno, Trujillo, Huaraz, Puerto Maldonado e Iquitos. Para circuitos más especializados, individuales o en pequeños grupos, se puede contratar a un guía a partir de 20 US$ la hora o de 80 US$ más gastos (los precios pueden variar según el tipo de cambio). Los estudiantes o guías no oficiales cobran menos; algunos son buenos y otros no.

Para obtener más información visítese la página www.leaplocal.org, de una iniciativa que fomenta el turismo social responsable.

Desde España

Ambar Viajes (✆913 645 912; www.ambarviajes.com; Toledo 73, Cava Alta 17, 28005 Madrid) Agencia independiente que ofrece expediciones y viajes de aventura a Perú.

Andes Fénix (✆91 576 63 08; www.andesfenix.com; Jorge Juan 96, bajos 8, 28009 Madrid) Agencia de viajes especializada en Perú que ofrece numerosas y variadas propuestas. Muy recomendable.

Deviaje (✆915 779 899; www.deviaje.com; Serrano 41, 28001 Madrid) Completa oferta al país andino con circuitos personalizados.

Tuareg Viatges (✆93 265 23 91; www.tuaregviatges.es; Consell de Cent 378, Barcelona) Agencia de viajes alternativos y de aventura que ofrece la posibilidad de realizar senderismo por la cordillera Blanca (Huayhuash) y el Valle Sagrado así como una travesía Arequipa-Titicaca-Cuzco y litoral Pacífico.

Otras opciones son las siguientes mayoristas:

Julia Tours (✆93 402 69 00; www.juliatours.es)
Politours (✆93 317 50 99; www.politours.com)

Transrutas (✆93 231 50 11; www.transrutas.com)

Desde Estados Unidos

EE UU tiene buenas conexiones entre vuelos, y es el país con el mayor número de agencias que ofertan circuitos por Perú en el mundo.

Adventure Life (✆406-541-2677, 800-344-6118; www.adventure-life.com; 712 W Spruce St, Ste 1, Missoula, MT 5980) Itinerarios de senderismo andino, exploración amazónica y multideportivos; agencia respetable con guías, hoteles de gestión familiar y transporte local.

Explorations (✆800-446-9660, 239-992-9660; www.explorationsinc.com; 27655 Kent Rd, Bonita Springs, FL 34135) Ofrece excursiones por el Amazonas que incluyen cruceros guiados por biólogos, expediciones con estancia en cabañas y excursiones de pesca en la Reserva Nacional Pacaya-Samiria.

International Expeditions (✆205-428-1700, 800-230-7665; www.ietravel.com; One Environs Park, Helena, AL 35080) Ofrece circuitos por el Amazonas, estancias en refugios en la jungla y en barcazas de río, con hincapié en la historia natural y la observación de aves.

Mountain Travel Sobek (✆510-594-6000, 888-831-7526; www.mtsobek.com; 1266 66th St, Emeryville, CA 94608) Lujosos circuitos de senderismo por el Camino Inca o la cordillera Blanca, además de excursiones de rafting ocasionales por río Tambopata.

Southwind Adventures (✆303-972-0701, 800-377-9463; www.southwindadventures.com; PO Box 621057, Littleton, CO 80162) Operador turístico peruano-estadounidense que organiza itinerarios de senderismo, ciclismo, rafting y paseos en barco en los Andes y el Amazonas.

Wilderness Travel (✆510-558-2488, 800-368-2794; www.wildernesstravel.com; 1102 Ninth St, Berkeley, CA 94710) Lujosos itinerarios de senderismo por el Altiplano y el Amazonas que duran entre cuatro días y dos semanas.

Wildland Adventures (✆206-365-0686, 800-345-4453; www.wildland.com; 3516 NE 155th St, Seattle, WA 98155) Ofrece itinerarios de senderismo culturales y respetuosos con el medio ambiente por el Valle Sagrado y la cordillera Blanca, además de circuitos por el Amazonas.

Desde Europa

Andean Trails (✆44-131-467-7086; www.andeantrails.co.uk; 33 Sandport St, Lieth, Edimburgo, Escocia EH6 5QG) Circuitos en bicicleta de montaña, escalada, senderismo y rafting por algunos lugares insólitos.

Exodus (✆44-208-675-5550; www.exodus.co.uk; Grange Mills, Weir Rd, London SW12 ONE, UK) Premiado operador de viajes responsables que ofrece viajes de larga distancia por tierra y recorridos culturales y de senderismo más cortos.

Hauser Exkursionen (✆89-235-0060; www.hauserexkursionen.de; Spiegelstrasse 9, D-81241 Múnich, Alemania) Agencia alemana de turismo sostenible.

Huwans Clubaventure (✆04 96 1510 20; www.clubaventure.fr; 18 rue Séguier, 75006 París, Francia) Famosa empresa francesa que organiza excursiones y circuitos.

Journey Latin America (✆020-3432-9702; www.journeylatinamerica.co.uk; 12 & 13 Heathfield Tce, Chiswick, Londres W4 4JE, UK) Viajes culturales y excursiones por la cordillera Blanca, la de Huayhuash y Machu Picchu.

CÓMO DESPLAZARSE

Perú cuenta con un constante flujo de vuelos y autobuses que cubren rutas nacionales. En concreto, las rutas terrestres hacia la jungla han mejorado considerablemente. No hay que olvidar que pueden cancelarse vuelos y autobuses por mal tiempo. Otro obstáculo en las rutas regionales son las huelgas; consúltese con un experto el itinerario previsto por el viajero.

Avión

Los horarios y precios de los vuelos nacionales cambian con frecuencia. Cada año cierran algunas líneas aéreas y se inauguran otras. Los aviones modernos llegan a casi a todas las ciudades grandes, mientras que a las poblaciones pequeñas solo lo hacen aviones de hélices.

Aerolíneas en Perú

Casi todas las aerolíneas nacionales tienen oficinas en Lima. También hay compañías más pequeñas y vuelos chárter. Para llegar a poblaciones alejadas quizá haya que hacer transbordo y a las ciudades más pequeñas no hay vuelos diarios; muchos de los aeropuertos de estas poblaciones no son más que una pista de aterrizaje de tierra.

Lléguese al aeropuerto con 2 h de antelación. A veces hay *overbooking*, la facturación suele ser caótica y los vuelos incluso pueden salir antes de la hora oficial por aviso de mal tiempo.

La mayoría de las líneas aéreas hacen el trayecto desde Lima a las capitales regionales, pero el servicio entre ciudades provinciales es limitado.

LAN (LPE; ☎01-213-8200; www.lan.com) La principal compañía nacional de Perú vuela a Arequipa, Chiclayo, Cuzco, Iquitos, Juliaca, Piura, Puerto Maldonado, Tacna, Tarapoto, Trujillo y Tumbes. Además, dispone de conexiones entre Arequipa y Cuzco, Arequipa y Juliaca, Arequipa y Tacna, Cuzco y Juliaca, Cuzco y Puerto Maldonado.

LC Peru (☎01-204-1313; www.lcperu.pe; av. Pablo

Carriquirry 857, San Isidro) Vuela de Lima a Andahuaylas, Ayacucho, Cajamarca, Huánuco, Huaraz, Iquitos y Huancayo (Jauja) en pequeños aviones de turbohélice.

Peruvian Airlines (www. peruvianairlines.pe) Vuela a Lima, Arequipa, Cuzco, Piura, Iquitos y Tacna.

Star Perú (SRU; ☎01-705-9000; www.starperu.com) Compañía nacional con enlace a Ayacucho, Cajamarca, Cuzco, Huancayo (Jauja), Iquitos, Pucallpa, Puerto Maldonado, Talara y Tarapoto; con un servicio de enlace entre Tarapoto e Iquitos.

Billetes

Muchos viajeros se desplazan en una dirección por tierra y luego regresan en avión para ahorrar tiempo. A veces se pueden comprar billetes en el aeropuerto si hay asientos libres, pero es mejor no contar con ello.

Temporada alta La temporada alta para los vuelos domésticos va de finales de mayo a principios de septiembre, así como en torno a las principales festividades. Conviene comprar con antelación los billetes para destinos menos populares, ya que son vuelos poco frecuentes y se llenan rápido. Es casi imposible comprar billetes justo antes de los principales festivos, en especial Semana Santa y las Fiestas Patrias (última semana de julio). Lo normal es que haya *overbooking*.

Descuentos Los vuelos domésticos suelen ser más baratos cuando se anuncian en el sitio web peruano (y no en el internacional); si se puede esperar a llegar a Perú para comprar esos billetes, se horrará dinero.

Reconfirmación de vuelos En zonas remotas, es mejor comprar billetes y reconfirmar vuelos en las oficinas de las aerolíneas. Otra opción es hacerlo en línea o en una agencia de viajes recomendada. Conviene asegurarse de que las reservas están confirmadas entre 72 y 24 h antes del vuelo, pues sus horarios varían

o se cancelan con frecuencia, por lo que incluso merece la pena llamar directamente a las líneas aéreas o al aeropuerto justo antes de dirigirse hacia allí. La confirmación es aún más necesaria en temporada alta.

Bicicleta

Seguridad Las autovías son estrechas y de dos direcciones, y los conductores son una seria amenaza. Pasear en bicicleta es mucho más agradable y seguro, aunque también mucho más arduo, fuera de las carreteras asfaltadas. Se recomienda el uso de bicicletas de montaña, ya que las de carretera no soportan las duras condiciones del terreno.

Alquileres Se pueden alquilar bicicletas a precios razonables en los destinos turísticos más populares, entre ellos Cuzco, Arequipa, Huaraz y Huancayo. Estos vehículos están pensados para realizar excursiones cortas. Para circuitos más largos hay que traer la bicicleta propia.

Transporte de bicicletas La política de las compañías aéreas sobre el transporte de bicicletas varía; es mejor informarse antes.

Barco

No hay servicios de pasajeros por la costa. En el Altiplano hay barcos en el lago Titicaca; pequeñas motoras zarpan de Puno para visitar varias islas del lago y se ofrece servicio de catamaranes a Bolivia.

En la cuenca amazónica peruana el transporte por barco es muy importante. Las embarcaciones de mayor tamaño navegan por los ríos más anchos, mientras que las canoas propulsadas por un motor fuera borda hacen de taxis acuáticos en los ríos más pequeños. Las llamadas *peki-pekis* son lentas y hacen bastante ruido. En algunos lugares se ven lanchas modernas.

Barco mercante

Algunos viajeros sueñan con recorrer el Amazonas balanceándose en una hamaca en la borda de un barco de transporte de plátanos con la bodega llena de mercancía. Es posible hacerlo desde Pucallpa o Yurimaguas hasta Iquitos y adentrarse en Brasil por el río.

Salidas En los puertos hay pizarras con los nombres de los barcos, su destino y la hora de salida (suelen ser optimistas). El capitán tiene que recoger los documentos de autorización en Capitanía el día de la salida, así que nadie mejor que él sabrá responder sobre posibles cambios. A menudo se zarpa cuando se carga toda la mercancía. En general, se puede dormir en el barco para esperar la salida y así ahorrarse el hotel. Nunca se debe dejar el equipaje sin vigilancia.

Dónde dormir Se recomienda contar con una hamaca propia o bien alquilar un camarote. Si se usa una hamaca hay que colgarla lo más lejos posible de la sala de los motores y nunca debajo de una luz, ya que muchas veces estas permanecen encendidas toda la noche: es molesta y atrae a los insectos. Muchos camarotes son como jaulas calientes sin ventilación, pero se pueden cerrar con candado. Los baños son sencillos y suele haber una ducha a bordo.

Dónde comer El precio del pasaje suele incluir comidas muy sencillas para los que viajen en camarote, las cuales se están mal en los buques más grandes,. El viajero puede llevar su propia comida. Suele haber botellas de refrescos.

Autobús

El autobús es el medio de transporte más común entre los peruanos y los extranjeros. Las tarifas son baratas y los servicios para las rutas de largo recorrido más importantes son frecuentes, pero la calidad de los vehículos

varía. Por las carreteras rurales más alejadas suelen circular vehículos viejos y destartalados. En los asientos posteriores se notan más los baches.

Muchas ciudades carecen de una terminal de autobuses principal. Los autobuses rara vez llegan o salen a tiempo, así que conviene considerar las duraciones medias de los viajes como la mejor opción posible. Los retrasos suelen ser considerables durante la estación lluviosa, sobre todo en el altiplano y en la selva. De enero a abril, la duración de un viaje puede duplicarse o sufrir retrasos indefinidos a causa de los corrimientos de tierra y el mal estado de las carreteras.

Los accidentes mortales son corrientes. Se recomienda evitar los trayectos nocturnos, en los que se producen más atracos.

Clases

Autobuses de lujo Servicios exprés de precio alto que suelen llamarse Imperial, Royal, Business o Executive, tienen servicio, vídeos y aire acondicionado. Los autobuses de lujo sirven refrigerios irrisorios y no hacen paradas.

Autobuses-cama Cuentan con asientos parcial o totalmente reclinables. Los de larga distancia, de mejor calidad, paran para ir al servicio y avituallarse en áreas de descanso especiales con comida económica pero a veces no muy apetecible. En casi todas las terminales hay algunos quioscos con provisiones básicas.

Económico Para los viajes de menos de 6 h, no hay más opción que tomar los autobuses *económicos*, que suelen estar bastante machacados. Como los servicios "económicos" no se detienen para comer, los vendedores suben al autobús y venden tentempiés.

Precios y reservas

Los horarios y tarifas cambian con frecuencia y varían según la compañía; los

precios reseñados son solo orientativos.

Las tarifas varían según si es temporada alta o no. Se recomienda comprar el billete al menos un día antes para los viajes de largo recorrido y nocturnos, o con destino a zonas remotas con pocos servicios. La mayoría de las agencias permite reservar, pero aplican un recargo. Excepto en Lima, resulta más barato tomar un taxi hasta la terminal y comprar el billete uno mismo.

Casi todas las compañías permiten consultar los horarios en línea (pero no hacer reservas, al menos no todavía). Estas son algunas:

Cruz del Sur (www.cruzdelsur.com.pe)

Oltursa (www.oltursa.com.pe)

Ormeño (☎022-779-3443; www.grupo-ormeno.com.pe)

Transportes Línea (www.transporteslinea.com.pe)

Equipaje

En las terminales hay que vigilarlo con mucha atención; algunas disponen de consignas.

Por lo general, los bultos colocados en el compartimento del equipaje están seguros. Otra cosa es el equipaje de mano. Mientras el viajero duerme, puede que le quiten cosas. Por eso se desaconseja usar los compartimentos superiores y se recomienda llevar consigo cosas que quepan entre las piernas o en el regazo.

Automóvil y motocicleta

➡ En Perú las distancias son largas, de ahí que sea mejor desplazarse en autobús o volar hasta una región y allí alquilar un automóvil. A menudo alquilar un taxi es más barato y sencillo.

➡ En los puestos de carretera, la policía o

el ejército lleva a cabo meticulosos controles de documentos. Los conductores que ofrecen algo de dinero para pasar con menos contratiempos lo consideran un "obsequio" o una "multa en el acto" para seguir adelante. Estas transacciones son una desagradable realidad en Perú y Lonely Planet no las aprueba.

➡ Al echar gasolina, hay que asegurarse de que el contador esté a cero.

Permiso de conducir

El permiso de conducir del país de origen basta para alquilar un vehículo. El carné internacional solo es necesario si se va a conducir durante más de 30 días.

Alquiler

Las principales empresas de alquiler de vehículos cuentan con oficina en Lima y en algunas otras ciudades grandes. Una opción consiste en alquilar una moto de *cross*. Se pueden dar paseos cortos en moto por el centro de los pueblos de la selva, pero no se puede ir mucho más lejos.

Es posible alquilar un automóvil económico por 25 US$ diarios sin el 19% de IVA, el "súper" seguro de colisión, el seguro por accidente personal y otros, lo que al final puede ascender a más de 100 US$ al día, sin contar el kilometraje extra. Los vehículos todo terreno son más caros.

Conviene asegurarse de que se entiende bien el acuerdo de alquiler antes de firmarlo. En general, hay que tener tarjeta de crédito y el conductor debe ser mayor de 25 años.

Normas de circulación y peligros de la carretera

Los vehículos de alquiler no suelen estar en las mejores condiciones, las carreteras tienen muchos baches (incluso la asfaltada Panamericana), la gasolina es cara y los conductores son agresivos y suelen saltarse los límites de velocidad, los semáforos y las señales de tráfico; además, estas últimas suelen ser pequeñas y confusas.

Se conduce por el lado derecho de la carretera. No se recomienda hacerlo de noche, dada la condición de las autovías, los autobuses que circulan con exceso de velocidad y los camiones, mal iluminados y muy lentos.

El robo es muy común, por lo que no hay que dejar el vehículo aparcado en la calle. De noche conviene aparcarlo en algún lugar con vigilancia (es común en los hoteles de mayor categoría).

➡ Hay pocas gasolineras (llamadas "grifos") y están muy dispersas.

Autostop

Nunca es totalmente seguro hacer autostop en ningún país y no se recomienda; quien decida hacerlo debe tener en cuenta que se expone a un riesgo muy grande. Es mejor viajar en pareja y comentarle a alguien adónde se pretende ir. En Perú no es una opción muy práctica porque hay pocos automóviles particulares, el transporte público es barato y los camiones hacen las veces de autocares en las zonas más apartadas.

Transporte local

En casi todos los pueblos y ciudades es fácil ir a cualquier sitio a pie o en taxi. Desplazarse en autobús o combi puede resultar difícil, pero es muy barato.

Autobús

Los autobuses locales son lentos y siempre están llenos, pero resultan baratísimos. Lo mejor es preguntar a los lugareños, ya que a menudo los itinerarios varían.

Una alternativa es tomar una combi, que en ocasiones se conocen como "colectivos", aunque este término también suele hacer referencia a los taxis compartidos. Los microbuses y las combis son furgonetas colmadas de pasajeros. Se identifican por etiquetas adhesivas en los paneles exteriores y por la placa con el destino en el parabrisas. Paran en cualquier punto de la ruta para dejar o recoger pasajeros. El conductor suele sacar la cabeza por la ventana y va gritando el destino. Una vez dentro, hay que apresurarse a ocupar cualquier asiento disponible, de lo contrario se viajará de pie. El conductor pasa a cobrar el billete aunque se puede pagar al apearse. La seguridad no es una de las prioridades de los conductores de combis. El único lugar en el que el pasajero puede ponerse cinturón de seguridad es en el asiento de delante, pero en caso de un choque frontal (algo habitual), es el peor sitio.

Taxi

Hay taxis en todas partes. Algunos vehículos privados llevan una pequeña etiqueta adhesiva en el parabrisas, pero no siempre poseen licencia. Los que sí la tienen son más seguros y llevan el número de teléfono de la compañía en el techo, iluminado; aunque son algo más caros, siempre resulta más fiable llamar el taxi por teléfono que pararlo en la calle.

Tarifas Pregúntese siempre lo que cuesta por anticipado, puesto que no llevan taxímetros. Normalmente, se suele pactar el precio; es aconsejable enterarse previamente de las tarifas habituales, sobre todo para un trayecto largo. Un recorrido corto en casi todas las ciudades no llega a 5 PEN.

Propinas No es común dar propinas, a menos que se haya viajado en el mismo taxi por un período largo o que el taxista haya ayudado con el equipaje.

Viajes de larga distancia Alquilar un taxi privado para viajes de larga distancia cuesta menos que alquilar un coche y evita muchos de los problemas de los automóviles de alquiler. No todos los taxistas están dispuestos a recorrer largas distancias; antes de contratar uno hay que ver su licencia.

Tren

El sistema de ferrocarril privatizado, **PeruRail** (www.perurail.com), ofrece trenes diarios entre Cuzco y Aguas Calientes (también conocido como Machu Picchu Pueblo), y entre Cuzco y Puno en las playas del lago Titicaca (tres servicios semanales). Se han suspendido indefinidamente los trenes de pasajeros entre Puno y Arequipa, pero hay servicios chárter para grupos. **IncaRail** (plano p. 200; ☎084-25-2974; www.incarail.com; Portal de Panes 105, plaza de Armas; ☺8.00-21.00 lu-vi, 9.00-19.00 sa, hasta las 14.00 do) también ofrece trenes

entre Ollantaytambo y Aguas Calientes.

Si al viajero le gustan los trenes, no debe perderse el encantador **Ferrocarril Central Andino** (☎01-226-6363; www.ferrocarrilcentral.com.pe), que alcanza la vertiginosa altitud de 4829 m. Suele circular semanalmente entre Lima y Huancayo de mediados de abril a octubre. En Huancayo, hay otros trenes más baratos hasta Huancavelica con salidas diarias desde una estación distinta. Existe otro tren histórico con encanto y barato que circula a diario entre Tacna, en la costa sur peruana, y Arica, en Chile.

Salud

No es inusual sufrir mal de altura en los Andes o problemas de estómago, a pesar de la maravillosa reputación culinaria de Perú. Debido a la variedad climática del país el viajero se enfrentará a riesgos diferentes en cada zona. Muchas de las infecciones transmitidas por alimentos o por mosquitos, no son mortales pero pueden arruinar un viaje.

Además de vacunarse, es importante aplicarse repelente de insectos y tener cuidado con la comida y bebida.

ANTES DE IR

Como casi ninguna vacuna proporciona inmunidad hasta al menos dos semanas después de su aplicación, conviene ir al médico de cuatro a ocho semanas antes de salir de viaje.

Pídase al médico un Certificado Internacional de Vacunación (o "cuadernillo amarillo"), donde se señalan todas las vacunas recibidas. Es obligatorio para los países que requieren una prueba de haberse vacunado de la fiebre amarilla, pero es buena idea llevarlo siempre que se va de viaje.

Los medicamentos se deben llevar en sus envases originales y claramente etiquetados. También es buena idea llevar una carta del médico con su firma, la fecha y una descripción de las enfermedades y medica-mentos, incluidos sus nombres genéricos. Si se llevan jeringuillas o agujas, no hay que olvidar llevar una carta del médico que documente su necesidad médica.

Casi todos los doctores y hospitales esperan pagos en efectivo, tanto si se tiene seguro de salud en viaje como si no.

Seguro

Todos los viajeros deben tener seguro de viaje. Si se tiene uno que no cubre los gastos médicos en el extranjero, es buena idea pagar un suplemento. Conviene averiguar con antelación si la aseguradora pagará directa-mente a los proveedores o si devolverá al viajero el dinero de los gastos de salud realizados en el extranjero.

Vacunas recomendadas

La única vacuna obligatoria para entrar en Perú es la de la fiebre amarilla, y solo si se proviene de un país de África o América en el que esté presente. No obstante, se recomienda a los que visiten la jungla, lo mismo que las pastillas contra la malaria.

En Perú se dan infecciones transmitidas por mosquitos como la malaria, la fiebre amarilla y el dengue, aunque son raras en regiones templadas.

Botiquín

- ☐ antibióticos
- ☐ antidiarreicos (p. ej., loperamida)
- ☐ analgésicos suaves, tipo aspirina o paracetamol
- ☐ antiinflamatorios (p. ej., ibuprofeno)
- ☐ antihistamínicos (contra el mareo, las alergias como la fiebre del heno, las picaduras de insectos)
- ☐ antiséptico para cortes y heridas (p. ej., Betadine)
- ☐ crema a base de esteroides o cortisona (para la urticaria provocada por hiedra o zumaque venenosos y otras reacciones alérgicas)
- ☐ vendas, tiritas y otros protectores para las heridas
- ☐ esparadrapo
- ☐ tijeras, imperdibles, pinzas
- ☐ termómetro (recuérdese que los de mercurio están prohibidos en los aviones)
- ☐ navaja
- ☐ repelente de insectos con dietiltoluamida (DEET) para la piel
- ☐ insecticida con permetrina para ropa, tiendas de campaña y mosquiteras

VACUNAS OBLIGATORIAS Y RECOMENDADAS

VACUNA	RECOMENDADA PARA	DOSIS	EFECTOS SECUNDARIOS
varicela	quienes nunca hayan tenido varicela	2 dosis con 1 mes de separación	fiebre; caso leve de varicela
hepatitis A	todos	1 dosis antes del viaje; un recordatorio de 6 a 12 meses después	dolor muscular en la zona de la inyección; dolor de cabeza; dolor corporal
hepatitis B	quienes vayan a estar mucho tiempo y en contacto y cercano con la población	3 dosis durante un período de 6 meses	dolor muscular en la zona de la inyección; fiebre leve
Sarampión	viajeros nacidos después de 1956 que solo hayan recibido una vacuna contra el sarampión	1 dosis	fiebre; erupción; dolor articular; reacciones alérgicas
Rabia	quienes puedan tener contacto con animales y puedan tener problemas para acceder a atención médica	3 dosis durante un período de 3 a 4 semanas	dolor muscular en la zona de la inyección; dolores de cabeza; dolores corporales
tétanos-difteria	quienes no hayan recibido un recordatorio en 10 años	1 dosis dura 10 años	dolor muscular en la zona de la inyección
fiebre tifoidea	todos	4 cápsulas por vía oral, tomas en días alternos	dolor abdominal; náuseas; erupción
fiebre amarilla	todos	1 dosis dura 10 años	dolores de cabeza; dolores corporales; las reacciones graves son raras

☐ crema solar de alta protección

☐ tratamiento contra la deshidratación tras una diarrea, muy importante en el caso de niños

☐ pastillas y filtros purificadores de agua

☐ acetazolamida (contra el mal de altura)

Webs

Organización Mundial de la Salud (http://www.who.int/ith/es/index.html) Descarga gratis de Viajes internacionales y salud.

MD Travel Health (www.mdtravelhealth.com) Recomendaciones sanitarias en viajes.

EN PERÚ

Asistencia médica

Lima cuenta con clínicas abiertas las 24 h. Véase la guía del sitio web de la **embajada de EE UU** (lima.usembassy.gov/emergency_services.html). Las zonas rurales cuentan con servicios médicos básicos. Aunque se disponga de un seguro de viaje quizá haya que pagar en efectivo.

Ante problemas médicos graves suele evacuarse al paciente. En el sitio web del **Departamento de Estado de EE UU** (travel.state.gov/content/passports/en/go/health/insurance-providers.html) hay una lista de evacuación médica y de empresas aseguradoras.

Las farmacias se identifican con una cruz verde o roja, y cuentan con la mayoría de los medicamentos disponibles en otros países.

Enfermedades infecciosas

La mayoría de las siguientes enfermedades son transmitidas por los mosquitos. Conviene tomar precauciones para minimizar las posibilidades de recibir picaduras. Esto también protegerá frente a otras enfermedades transmitidas por insectos como la bartonellosis (fiebre de la oroya), la leishmaniasis y la enfermedad de Chagas.

Cólera

Infección intestinal que se contagia a través de comida o agua contaminadas y causa una intensa diarrea que puede provocar una deshidratación mortal. Se trata con rehidratación oral y posiblemente antibióticos.

Dengue

Infección viral transmitida por mosquitos de charcas o contenedores de agua estancada. Se suele contraer en entornos urbanos densamente poblados como Lima y Cuzco.

Sus síntomas, parecidos a los de la gripe, incluyen fiebre, dolor muscular, de las articulaciones y de cabeza, náuseas, vómitos y a menudo sarpullido. El dolor corporal incomoda, pero suele curarse en pocos días.

Se trata con analgésicos como el acetaminofén/paracetamol y bebiendo abundante líquido. Los casos graves pueden requerir hospitalización.

Malaria

Transmitida por la picadura de mosquitos, en general entre el anochecer y el amanecer. Provoca fiebre alta, en ocasiones acompañada de escalofríos, dolor de cabeza y corporal, debilidad, vómitos o diarrea. En los casos más graves provoca confusión, ataques de apoplejía, el coma y la muerte.

Es muy recomendable tomar las píldoras contra la malaria si se va a viajar a cualquier parte de Perú, excepto a Lima y alrededores, el litoral al sur de Lima y las zonas montañosas (entre ellas los alrededores de Cuzco, Machu Picchu, lago Titicaca y Arequipa). La mayoría de los casos se localizan en Loreto, en la zona noreste del país, donde ha alcanzado un nivel epidémico.

Fiebre tifoidea

Causada por la ingesta de comida o agua contaminada por *Salmonella typhi*. Provoca fiebre en casi todos los casos; otros síntomas son dolor de cabeza, malestar, dolores musculares, mareo, pérdida de apetito, náuseas, dolor abdominal, diarrea

o estreñimiento. También puede provocar perforación de los intestinos, hemorragia intestinal, confusión, delirio y, rara vez, el coma.

La vacuna se administra por vía oral o parenteral. Se trata con un antibiótico del grupo de las quinolonas, como ciprofloxacino o levofloxacina.

Fiebre amarilla

Es una infección viral muy grave, transmitida por un mosquito de las zonas boscosas. Los síntomas recuerdan a los de la gripe: fiebre, escalofríos, dolor de cabeza, dolores musculares y abdominales, vómitos, pérdida de apetito y náuseas. Suelen desaparecer al cabo de unos días, pero una de cada seis personas entra en una segunda fase más tóxica caracterizada por fiebre recurrente, vómitos, apatía, ictericia, insuficiencia renal y hemorragias que pueden provocar la muerte. No existe tratamiento, solo cuidados paliativos.

La vacuna de la fiebre amarilla es del todo recomendable para los que visiten las zonas selváticas de altitud inferior a los 2300 m. Casi todos los casos se producen en los departamentos de la selva central. La vacuna ha de administrarse al menos 10 días antes de una potencial exposición; es efectiva durante 10 años.

Riesgos específicos

Mal de altura

Provocado por la ascensión rápida a altitudes superiores a 2500 m (como Cuzco, Machu Picchu y el lago Titicaca). La buena forma física no lo previene. Los síntomas incluyen dolor de cabeza, náuseas, vómitos, mareo, malestar, insomnio y pérdida de apetito. Los casos más graves pueden presentar fluido en los pulmones (edema pulmonar de gran altitud) o

hinchazón del cerebro (edema cerebral de gran altitud). Si los síntomas persisten más de 24 h hay que descender al menos 500 m y acudir al médico.

La mejor prevención es pasar un par de noches o más cada 1000 m de ascensión. Puede tomarse acetazolamida 24 h antes del ascenso. Una alternativa natural es el ginkgo.

También es importante evitar los esfuerzos, tomar comidas ligeras y no consumir alcohol. Si los síntomas no son leves o no desaparecen rápido hay que acudir a un médico, pues los casos más graves pueden provocar la muerte.

Hipotermia

Para prevenirla conviene ponerse varias capas de ropa: la seda, la lana y los tejidos sintéticos térmicos son buenos aislantes. Es esencial llevar gorro, impermeable, comida y muchos líquidos. Una manta térmica de repuesto es muy útil.

Los síntomas incluyen agotamiento, entumecimiento, escalofríos, dificultad al hablar, letargo, tropiezos, vahídos, calambres, violentos arranques de energía y un comportamiento irracional.

El tratamiento incluye cambiar la ropa húmeda por seca, tomar líquidos calientes —nada de alcohol— y comida rica en calorías, fácil de digerir. No hay que dar friegas, si son demasiado bruscas pueden provocar un paro cardíaco.

Picaduras de mosquito

La mejor protección es llevar mangas largas, pantalones largos, sombrero, calzado cerrado y repelente de insectos con un 25% o 35% de DEET, cuya protección dura unas 6 h. Para los niños de 2 a 12 años debe tener un 10% de DEET o menos, que dura unas 3 h.

Los repelentes de insectos elaborados con aceite de eucalipto y de soja cumplen su cometido, pero solo duran de 1½ a 2 h.

Si se duerme al raso o en lugares en los que haya mosquitos conviene utilizar una mosquitera con malla de 1,5 mm, preferentemente tratada con permetrina y meter los extremos bajo el colchón.

Insolación y golpe de calor

Conviene no exponerse al sol del mediodía, llevar gafas de sol, sombrero de ala ancha y filtro solar con protección SPF para los rayos UVA y UVB. No debe olvidarse que el sol es más intenso a medida que aumenta la altitud.

La deshidratación y la insuficiencia de sales pueden causar el agotamiento por calor. Cuando se llega a un clima caluroso hay que tomar muchos líquidos y evitar el exceso de alcohol o la actividad agotadora. La exposición larga y continua al sol puede provocar un golpe de calor.

Agua

En general, no es seguro beber agua corriente. Hervirla durante 1 min es lo más efectivo para depurarla. A altitudes de más de 2000 m hay que hervirla 3 min.

También puede desinfectarse con yodo o pastillas purificadoras, o utilizar un filtro de agua o Steripen. Las tiendas de material para actividades al aire libre son buena fuente de información.

Salud de las mujeres

Viajar a Lima es relativamente seguro si se está embarazada, pero encontrar atención obstétrica fuera de la capital puede ser difícil. No se recomienda que las mujeres embarazadas asciendan a grandes altitudes. Durante el embarazo no debe administrarse la vacuna de la fiebre amarilla.

Glosario

altiplano – altiplanicie, meseta. Hace especial referencia a las altas y yermas tierras de la cordillera andina, aunque el término se emplea sobre todo en Bolivia. Véase "puna"

apu – ser tutelar personificado en una montaña. Del quechua *apu*, literalmente "jefe", "superior", "mandatario"

areneros – pequeños vehículos, con tracción a las cuatro ruedas, que se usan para desplazarse por las dunas del desierto costero

autobús-cama – autobús de larga distancia y dos pisos cuyos asientos se transforman en camas. El primer piso es más espacioso y caro. Suele incluir baños, proyectar películas de vídeo y ofrecer tentempiés

ayahuasca – potente infusión alucinógena hecha con las hojas de una liana salvaje y usada por los chamanes y los curanderos tradicionales

caballitos – pequeñas embarcaciones tradicionales fabricadas con totora; se pueden encontrar en los alrededores de Huanchaco.

cajón – instrumento de percusión que consiste básicamente en lo que su nombre indica: una caja hueca sobre la que el músico se sienta y cuya parte frontal golpea con las palmas de las manos. Es típico de la música afroperuana

camión – medio de transporte muy común en la cuenca amazónica y en algunos lugares apartados de la sierra

cerro – pico nevado

chacra o chakra – voz de origen quechua, "granja", "alquería"

chasqui – en el Tahuantinsuyo, mensajero que transmitía órdenes y noticias

chicha – bebida alcohólica obtenida de la fermentación del maíz

chicha (música) – mezcla de la música andina tradicional con el *pop-rock* occidental

chifa – restaurante de comida china

chullpas – antiguas torres funerarias

andinas descubiertas en los alrededores del lago Titicaca

cocha – en quechua, "lago". Se encuentra en el nombre de muchos de ellos, por ejemplo Conocoha

colectivo – en general, cualquier medio de transporte público; más concretamente hace referencia a los taxis compartidos, microbuses o lanchas fluviales

colpa – pared de arcilla natural que acuden a lamer los mamíferos y pájaros para obtener sales minerales. Se encuentran en la cuenca amazónica

combi – pequeños microbuses que cubren rutas urbanas o de cercanías

criollo/criolla – peculiar o propio del país, en especial aplicado a manifestaciones culturales de la costa: música criolla, comida criolla, etc.

cuadra – manzana

cuy – cobaya o conejillo de indias

cuzqueño o cusqueño – gentilicio de Cuzco

escuela cuzqueña – escuela de Cuzco. Movimiento artístico colonial que combinó el estilo de arte español y el estilo de arte andino

garúa – llovizna muy fina, niebla; típica de la costa peruana

grifo – surtidor de gasolina

gringo/gringa – en general cualquier extranjero, proceda de donde proceda

guanaco – camélido grande y salvaje que habita por toda Sudamérica. Actualmente, está en peligro de extinción en Perú

huaca – del quechua *waca*, "dios tutelar de la casa". Sepulcro prehispánico

huahua – del quechua *wawa*, niño de pecho

huaqueros – salteadores de tumbas o yacimientos prehispánicos en general

huayno – canción tradicional andina

AIMARA Y QUECHUA

Aunque la siguiente lista de palabras y expresiones es, evidentemente, muy limitada, puede resultar útil en regiones en las que se hablan estas lenguas. La pronunciación es igual a la española.

Un apóstrofo significa una oclusión de la glotis.

Expresiones básicas

Español	Aimara	Quechua
¿Cómo se dice...?	¿Cun saña sauca'ha...?	¿Imainata nincha chaita...?
¿Cuánto?	¿K'gauka?	¿Maik'ata'g?
Gracias.	Yuspagara.	Yusulipayki.
Hola.	Kamisaraki.	Napaykullayki.
Por favor.	Mirá.	Allichu.
Repita, por favor.	Uastata sita. niway.	Ua'manta
Se llama...	Ucan sutipa'h...	Chaipa'g sutin'ha...

Español	Aimara	Quechua
no	janiwa	mana
padre	auqui	tayta
pico	nevado riti-orko	kollu
río	jawira	mayu
ruinas	champir	champir
sed	phara	chchaqui
sendero	taiu	chakiñan
sol	yinti	inti
mujer	warmi	warmi
sí	jisa ari	

Algunas palabras útiles

Español	Aimara	Quechua
agua	uma	yacu
alojamiento	korpa	pascana
amigo	kgochu	kgochu
casa	uta	huasi
comida	manka	mikíuy
cóndor	malku	condor
hombre	chacha k'gari	
llama	yama-karhua	karhua
luna	pha'gsi	kiya
joven	wuayna	huayna
madre	taica	mama

Números

Español	Aimara	Quechua
1	maya	u'
2	paya	iskai
3	quimsa	quinsa
4	pusi	tahua
5	pesca	phiska
6	zo'hta	so'gta
7	pakalko	khanchis
8	quimsa kalko	pusa'g
9	yatunca	iskon
10	tunca	chunca

INRENA – Instituto Nacional de Recursos Naturales. Agencia gubernamental encargada de la administración de los parques naturales, reservas, santuarios de vida salvaje y demás espacios protegidos
Inti – dios del Sol en el antiguo Perú. Esposo de Pachamama, diosa de la Tierra

jirón – vía urbana compuesta de varias calles

marinera – baile popular de la costa de Perú en el que se agitan pañuelos de una manera insinuante

motocarro, **mototaxi** – triciclo de alquiler
muña – planta que se utiliza como condimento en las comidas cuzqueña y puneña, de suave sabor a menta

nevado – pico de nieves perpetuas
nuevo sol – unidad monetaria de Perú

pachamama – la "madre tierra"
paiche – pez de agua dulce, uno de los más grandes del planeta que vive en ríos y lagos
Panamericana – principal carretera de

América Latina. Discurre desde México hasta Argentina (a excepción del llamado tapón del Darién, entre Panamá y Colombia). En algunos países se la conoce como Interamericana

peki-peki – canoas con motores de dos tiempos y ejes muy largos al final de los cuales se encuentra la hélice. Típicas de la cuenca amazónica. El nombre es una onomatopeya del sonido que produce el motor

peña – bar o club donde se programan actuaciones en directo de música folclórica

picantería – pequeño establecimiento donde se sirven chicha y comidas

pongo – paso angosto y peligroso de un río; antiguamente, indígena que trabajaba como criado

puna – altiplano

puya – planta de la familia de las bromeliáceas, la misma familia que las piñas

quebrada – paso estrecho entre montañas; hendidura entre estas

quena – flauta autóctona de la cordillera andina, fabricada habitualmente con caña

de bambú, aunque también pueden ser de hueso o barro

quero – vasos ceremoniales incas

quinta – casa donde se sirve comida andina

sillar – cada una de las piedras que forma parte de una construcción en sillería

soroche – mal de altura

tambo – en épocas prehispánicas, especie de casa de postas o almacenes en los que hacían escala los chasquis o se aprovisionaban los funcionarios reales en viaje oficial. Hoy en día, pequeña tienda rural

totora – planta, muy común en las zonas lacustres, con la que los indígenas confeccionan esteras, barcas e, incluso, las islas flotantes del lago Titicaca

vals peruano – vals alegre acompañado por una guitarra. Es popular en las zonas costeras

vicuña – especie salvaje amenazada similar a la alpaca. Es el camélido de menor tamaño

zampoña – tradicional flauta andina

Entre bastidores

LA OPINIÓN DEL LECTOR

Agradecemos a los lectores cualquier comentario que ayude a que la próxima edición pueda ser más exacta. Toda la correspondencia recibida se envía al equipo editorial para su verificación. Es posible que algún fragmento de esta correspondencia se use en las guías o en la web de Lonely Planet. Aquellos que no quieran ver publicados sus textos ni su nombre, deben hacerlo constar. La correspondencia debe enviarse, indicando en el sobre Lonely Planet/ Actualizaciones, a la dirección de geoPlaneta en España: Av. Diagonal 662-664. 08034 Barcelona. También puede remitirse un correo electrónico a: viajeros@lonelyplanet.es. Para información, sugerencias y actualizaciones, se puede visitar www.lonelyplanet.es.

NUESTROS LECTORES

Muchas gracias a los viajeros que usaron la última edición y enviaron consejos útiles y anécdotas interesantes:
Abby Furnish, Adriana Kaufmann, Ailniery Wu, Alberto Garro, Aleix Megias, Aleksei Trofimov, Alfonso Mendocilla, Amy Wattridge, Andrea Meichtry, Andrea Polvicino, Andreas Dehlholm-Lambertsen, Andreas Pecnik, Andrew Agnew, Andy Aegerter, Anne de la Vega, Ansie Serbon, Badong Abesamis, Benjamin Kutz, Bertolt Eicke, Blanquart Noemie, Brooke Aldrich, Candida Silva, Carlos Manay, Carol Janney, Celine Heinbecker, Charles Motley, Christa Jenni, Christian Jay, Christoph Frigge, Danielle Breitenbuecher, Dave Dalpiaz, David Johnson, Davide Camisa, Deborah Galef, Desiree Weins, Diego Corimanya, Edwin Junco, Elizabeth MacLean, Erica Lazarow, Francesco Davi, Guy Duke, Hanna Hommes, Havala Hanson, Helen O'Leary, Jackie Chase, Jandra Fischer, Jean-Philippe Hardy, Jenna Lindsay, Jenny Blaker, Jesus Villacorta, Jim Doherty, JoAnn Spangler, Johan Desser, Johan Reinhard, Jorge Riveros-Cayo, Kate Convissor, Kathy Kieffer, Kelsi Luhnow, Kiara Gallop, Kristina Solheim, Laura King, Laura Sanfilippo, Laurent Tschumi, Lisa Bucolo, Lynn Haanen, Marco Rodriguez, Marie Rognes, Mary de Sousa, Massimiliano Malloni, Michele Oechsle, Mitch Gruber, Nicole McGrath, Patricia Kohlmann, Paul Dumont, Pedro Obando, Philip Jensen, Rick Vecchio, Roberto Filho, Rudy Bovee, Ryan Bates, Sabine Gerull, Sandeep Gaonkar, Sandy Lee, Sebastian Engel, Sheena Gilby, Sonia Matlochova, Sophie Young, Stefan Hey, Stefan Pielmeier, Stefanie Hess, Susan Waldock, Sveta Karelsky, Tawny Welch, Tessa Hermanussen, Tiffany Doan, Veronika Arnyas-Turcsanyi, Vetillart Tania, Walter Soplin, Wendelin Zahoransky, Wendy Grayburn, Wesley Reisser, Willeke Norder e Yvonne Streit.

AGRADECIMIENTOS

Carolyn McCarthy

Muchas gracias a los chefs peruanos y vendedores callejeros, indispensables para mantenerme satisfecha. También agradezco la amistad, los consejos y ayuda de Jorge Riveros Cayo, Arturo Rojas, Mandy Kalitsis, Louise Norton, Elizabeth Shumaker, John Leivers, Paolo Greer e Illa Liendo. A mis trabajadores coautores, un pisco *sour* bien frío y "chinchín".

Greg Benchwick

Muchísimas gracias a mi coordinadora Carolyn McCarthy y a los pioneros que trabajaron en ediciones previas. Estos libros son un esfuerzo de equipo y mi dinámica editora de destino MaSovaida Morgan y el resto del equipo de Lonley Planet son increíbles. Aunque estuve a punto de echarlo del coche, mi copiloto de aventuras en el norte, Santiago, desveló muchas informaciones útiles sobre las costumbres peruanas. Gracias por esforzarse al máximo a María Isabel de Sipán Tours, a Peter de Aproturpisco, y a la hermosa Sandra de Desert Travel en Ica. Por último, pero no por ello menos importante, este libro es para Violeta.

Alex Egerton

Gracias a todos los que ayudaron en la carretera (demasiados para mencionarlos) y un agradecimiento especial a Adriana Von Hagen, Rob y José en Chachas, Susan en Celendín, y a Luis y a las cobayas borrachas chilenas en el Amazonas. En Huaraz y alrededores, un agradecimiento especial a Juan, Pablo, Marie y David, Alberto, Rex, Julio, Chris, y al equipo de Respons. En Lonely Planet, gracias a Carolyn por apoyar como siempre y a MaSovaida por reunir todo.

Phillip Tang

En Arequipa, gracias a Paul y a José Luis por la hospitalidad. Gracias a Luis por el paseo nocturno y el mirador. A Ingrid por las aventuras con cóndores; a L. A. Raúl y Nuvia por las risas. A Justo Béjar y José Lopera en Lima; y a Gabriel, Yoko y Kristian en La Paz. Sobre todo, gracias a los australianos y mexicanos que alegraron el viaje de vuelta: a Lisa N'paisan, Shane, Lee, Vek Lewis, Wendy Risteska, Ben y Waimei García-Lee, Craig Burgess, Jocsan L Alfaro, Manuel Aveleyra García, Alberto R Romero y Ernesto A. Alanis Cataño.

Luke Waterson

Otra lista tan larga como un viaje épico en autobús por los Andes. En primer lugar, gracias a Marcel por un inolvidable viaje en todoterreno a través de los Andes. A Lucho en Huancayo, a Pauline en Ayacucho, a Gerson y Donald en Puerto Maldonado, a Ryse y Katie en Cuzco, a James en Yurimaguas, y a Bill y Analia en Iquitos. También merecen una mención especial, los innumerables conductores y pilotos de taxis, autobuses, barcos y aviones que NO se estrellaron y tejieron otro viaje inolvidable a esta tierra también inolvidable.

RECONOCIMIENTOS

Los datos del mapa climatológico están adaptados de M. C. Peel, B. L. Finlayson y T. A. McMahon (2007) "Updated World Map of the Köppen-Geiger Climate Classification" (Mapa mundial actualizado de la clasificación climática de Kóppen-Geiger), en *Hydrology and Earth System Sciences*, 11, pp. 1633-1644.
Imagen de cubierta: Una joven con ropa tradicional, Michael Melford/Alamy

ESTE LIBRO

Esta es la traducción al español de la novena edición de *Perú* de Lonely Planet, escrita por Carolyn McCarthy, Greg Benchwick, Alex Egerton, Phillip Tang y Luke Waterson. La edición anterior también fue escrita por Carolyn, con Carolina A. Miranda, Kevin Raub, Brendan Sainsbury y Luke Waterson.

GeoPlaneta, que posee los derechos de traducción y distribución de las guías Lonely Planet en los países de habla hispana, ha adaptado para sus lectores los contenidos de este libro.

Lonely Planet y GeoPlaneta quieren ofrecer al viajero independiente una selección de títulos en español; esta colaboración incluye, además, la distribución en España de los libros de Lonely Planet en inglés e italiano, así como un sitio web, www.lonelyplanet. es, donde el lector encontrará amplia información de viajes y las opiniones de los viajeros.

Gracias a Bruce Evans, Ryan Evans, Larissa Frost, Andi Jones, Kate Mathews, Wayne Murphy, Karyn Noble, Kirsten Rawlings, Julie Sheridan, Ellie Simpson, Ross Taylor, Angela Tinson, Maureen Wheeler, Tracy Whitmey

VERSIÓN EN ESPAÑOL

GeoPlaneta, que posee los derechos de traducción y distribución de las guías Lonely Planet en los países de habla hispana, ha adaptado para sus lectores los contenidos de este libro.

Lonely Planet y GeoPlaneta quieren ofrecer al viajero independiente una selección de títulos en español; esta colaboración incluye, además, la distribución en España de los libros de Lonely Planet en inglés e italiano, así como un sitio web, www.lonelyplanet. es, donde el lector encontrará amplia información de viajes y las opiniones de los viajeros.

Índice

NOTAS

Leyendas de los mapas

Puntos de interés

- Playa
- Reserva de aves
- Templo budista
- Castillo/palacio
- Templo cristiano
- Templo confuciano
- Templo hindú
- Templo islámico
- Templo jainita
- Templo judío
- Monumento
- Museo/galería de arte/edificio histórico
- Ruinas
- *Sento* (baño público)/*onsen*
- Templo sintoísta
- Templo sij
- Templo taoísta
- Lagar/viñedo
- Zoo/santuario de vida silvestre
- Otros puntos de interés

Actividades, cursos y circuitos

- *Bodysurf*
- Submarinismo/buceo
- Canoa/kayak
- Curso/circuito
- Esquí
- Buceo
- Surf
- Natación/piscina
- Senderismo
- *Windsurf*
- Otras actividades

Alojamiento

- Alojamiento
- *Camping*

Dónde comer

- Lugar donde comer

Dónde beber

- Lugar donde beber
- Café

Ocio

- Ocio

De compras

- Comercio

Información

- Banco, cajero automático
- Embajada/consulado
- Hospital/médico
- Acceso a internet
- Comisaría de policía
- Oficina de correos
- Teléfono
- Aseos públicos
- Información turística
- Otra información

Otros

- Playa
- Cabaña/refugio
- Faro
- Puesto de observación
- Montaña/volcán
- Oasis
- Parque
- Puerto de montaña
- Zona de *picnic*
- Cascada

Núcleos de población

- Capital (nacional)
- Capital (provincial)
- Ciudad/gran ciudad
- Pueblo/aldea

Transporte

- Aeropuerto
- Puesto fronterizo
- Autobús
- Teleférico/funicular
- Ciclismo
- Ferri
- Metro
- Monorraíl
- Aparcamiento
- Gasolinera
- S-Bahn
- Taxi
- Tren
- Tranvía
- U-Bahn
- Otros transportes

Nota: No todos los símbolos aparecen en los mapas de este libro.

Red de carreteras

- Autopista
- Autovía
- Ctra. principal
- Ctra. secundaria
- Ctra. local
- Callejón
- Ctra. sin asfaltar
- Camino en construcción
- Zona peatonal
- Escaleras
- Túnel
- Puente peatonal
- Circuito a pie
- Desvío del circuito
- Camino de tierra

Límites

- Internacional
- 2º rango, provincial
- En litigio
- Regional/suburbano
- Parque marítimo
- Acantilado
- Muralla

Hidrografía

- Río/arroyo
- Agua estacional
- Canal
- Agua
- Lago seco/salado/estacional
- Arrecife

Áreas delimitadas

- Aeropuerto/pista
- Playa, desierto
- Cementerio cristiano
- Cementerio (otro tipo)
- Glaciar
- Marisma
- Parque/bosque
- Edificio de interés
- Zona deportiva
- Pantano/manglar

Phillip Tang

Arequipa y la tierra de los cañones, Lago Titicaca. Una carrera de estudios latinoamericanos llevó a Phillip a estas costas y más de una década después aún se queda sin aliento (a veces literalmente) reflexionando sobre un cañón en Colca o sobre el océano en Miraflores. Escribe sobre viajes por sus dos amores, Asia y Latinoamérica, y ha contribuido a las guías de Lonely Planet *China, Japón* y *México*, además de escribir sobre Perú para otras editoriales. Sus fotos de Instagram de Perú de esta visita se pueden ver en philliptang.co.uk.

Luke Waterson

Centro del Altiplano, Cuenca del Amazonas, Gastronomía de Perú. En la 3ª edición de *Perú de* Lonely Planet, a Luke le encanta salirse de los caminos trillados, lo cual es evidente al ver los capítulos que ha escrito en esta guía. Se especializa en escribir sobre los Andes y sobre la Sudamérica amazónica como escritor de viajes y novelista: su primera novela, *Roebuck: Adventures of an Admirable Adventurer* (Roebuck: aventuras de un aventurero admirable) está ambientada en la selva de Sudamérica en el s. XVI. Escribe sobre Latinoamérica para el *Independent*, el *Telegraph* y la BBC y gestiona un blog de viaje y cultura sobre su hogar actual, Eslovaquia: Englishmaninslovakia.com.

LOS AUTORES

Carolyn McCarthy

Coordinadora; Lima, Cuzco y el Valle Sagrado. Carolyn McCarthy descubrió la cumbia mientras acampaba en el Camino Inca hace muchos años. En este viaje se embarcó en una misión para buscar el ceviche perfecto y lo encontró. Ha contribuido en más de 30 títulos para Lonely Planet, incluidos *Panama, Trekking in the Patagonian Andes, Argentina, Chile, Colorado, The Southwest* y guías de parques nacionales. También ha escrito para *Outside, BBC Magazine, National Geographic* y otras publicaciones. Se puede visitar www.carolynmccarthy. pressfolios.com o se la puede seguir en Instagram @masmerquen y Twitter @RoamingMcC.

Greg Benchwick

Costa norte, Costa sur. Lleva los últimos 15 años recorriendo Sudamérica en camión. Para este viaje, el veterano de Lonely Planet cubrió más de 5000 km de costa, esforzándose al máximo por explorar destinos alternativos de surf. Greg ha escrito discursos para la ONU, ha entrevistado a ganadores de los premios Grammy y ha creado decenas de vídeos y aplicaciones para LonelyPlanet.com, *National Geographic Traveler* y otras publicaciones internacionales. Es experto en viaje sostenible, desarrollo internacional, comida, vino y pasárselo bien.

Se puede leer más sobre Greg en:
https://auth.lonelyplanet.com/profiles/gregbenchwick

Alex Egerton

Huaraz y las cordilleras, Norte del altiplano. Periodista de oficio, Alex escribe sobre viajes y cultura en destinos de toda Latinoamérica pero tiene una pasión especial por los Andes y por las partes del mapa cubiertas de selva que rara vez se visitan. Con base en el sur de Colombia, hace viajes regulares a Perú en busca de las mejores comidas especiadas y los viajes más espectaculares en autobús por las montañas. Cuando no está de viaje por trabajo, se le puede encontrar en las mesetas o viendo mucho fútbol.

PÁGINA ANTERIOR MÁS AUTORES

geoPlaneta
Av. Diagonal 662-664. 08034 Barcelona
viajeros@lonelyplanet.es
www.geoplaneta.com - www.lonelyplanet.es

Lonely Planet Global
Lonely Planet Global Limited, Unit E, Digital Court, The Digital Hub,
Rainsford Street, Dublín 8, Irlanda
(oficinas también en Reino Unido y Estados Unidos)
© Lonely Planet Global Limited
www.lonelyplanet.com · talk2us@lonelyplanet.com.au

Perú
6ª edición en español – julio del 2016
Traducción de *Peru*, 9ª edición – abril del 2016
1ª edición en español – mayo del 2001

Editorial Planeta, S.A.
Av. Diagonal 662-664, 7º. 08034 Barcelona (España)
Con la autorización para la edición en español de Lonely Planet Global Ltd
A.B.N. 36 005 607 983, Lonely Planet Global Limited, Unit E, Digital Court,
The Digital Hub, Rainsford Street, Dublín 8, Irlanda
© Textos y mapas: Lonely Planet, 2016

© Fotografías 2016, según se relaciona en cada imagen
© Edición en español: Editorial Planeta, S.A., 2016
© Traducción: Ana Duque, María Olalla Gastón,
Marta Bru de Sala, 2016

ISBN: 978-84-08-15213-2

Depósito legal: B. 70-2016
Impresión y encuadernación: Grafo
Printed in Spain – Impreso en España